刘成果 主编

中国奶業年鉴

2003

中国农业出版社

编 辑 说 明

《中国奶业年鉴》是农业部年鉴系列中最新编纂的一部重要产业年鉴。经农业部批准，由中国奶业协会主持编纂《中国奶业年鉴》，2002年卷为首卷本，2003卷为第二卷本。《中国奶业年鉴》是客观记述我国奶业发展历程的大型综合性资料工具书，是中国奶业发展的编年史册，是中国奶业信息建设的重要组成部分，具有政府公报性质。编纂《中国奶业年鉴》是中国奶业协会在市场经济条件下，服务行业发展的重要工作内容。

《中国奶业年鉴》编委会由农业部、科技部、国家统计局、国务院发展研究中心、国家学生饮用奶计划办公室、中国奶业协会、中国乳制品工业协会、中国科学院、中国社会科学院、中国农业科学院、中国农业大学等部门和单位的领导、专家、企业家等组成，特邀编辑由各省、自治区、直辖市和计划单列市相关主管部门和奶业协会的负责同志担任，编委和特邀编辑共同组成本刊编撰队伍。

《中国奶业年鉴》(2003) 主要记载我国奶业发展方针、政策和措施，全面反映我国奶业发展现状，包括奶业产业化、饲草饲料、奶畜养殖、乳制品加工、乳制品消费等整个产业链发展的基本态势；记载我国奶业及相关行业重要科技成果，以及奶业企业发展的典型经验和业绩；记载国家和地方重要奶业法规、标准和行业大事记；记载国内外奶业统计资料和奶业行业名录等。

《中国奶业年鉴》(2003) 数据资料主要采用国家统计局公开发表的统计数据，部分资料由农业部畜牧兽医局、农垦局和全国畜牧兽医总站，海关总署，中国奶业协会和中国乳制品工业协会等部门和单位提供。国内数据资料范围仅限于内地31个省、自治区、直辖市。

《中国奶业年鉴》(2003) 中各省、自治区、直辖市按行政区划顺序排列。

《中国奶业年鉴》(2003) 所刊载资料一般截止2002年底，部分时效性较强的资料，如行业名录等，不限于2002年。

《中国奶业年鉴》(2003) 的编辑、出版和发行工作得到了各级行政主管部门、各有关单位、生产企业、奶业行业协会和奶业知名专家、学者的大力支持和帮助，谨此表示诚挚的感谢。

《中国奶业年鉴》编辑委员会

2003年1月2日，中共中央总书记胡锦涛到内蒙古蒙牛乳业（集团）股份有限公司通辽分公司视察工作

2002年4月15日，"万枚高产奶牛胚胎移植富民工程"项目启动仪式在北京奶牛中心举行，农业部副部长齐景发，总经济师、畜牧兽医局局长贾幼陵及九个项目区畜牧厅（局、办）领导、胚胎移植技术人员一百多人出席

2002年10月18日，科技部、农业部联合举行奶业发展重大科技专项启动签约仪式，科技部副部长李学勇、农业部副部长韩长赋发表讲话并与承担示范区课题的省、自治区、直辖市政府签定了执行协议

2002年8月28日，光明乳业上市仪式在上海证交所举行，农业部副部长刘成果、副部长张宝文，上海市副市长周太彤，光明乳业部分大股东代表出席，光明乳业董事长王佳芬为当天证券市场鸣锣开市

2002年10月15日，中国奶业协会第四次会员代表大会暨成立二十周年纪念会在北京召开，会议选举刘成果为理事长、魏克佳为秘书长，并对中国奶业优秀企业和优秀工作者进行表彰

2002年12月6日，云南邓川蝶泉乳品有限责任公司与四川新希望集团合作项目签约仪式在昆明举行

2002 年 12 月 19 日，摩根士丹利、鼎辉投资、英联投资有限公司投资蒙牛乳业股份有限公司签字仪式

2002 年 5 月 18 日，山东济南市政府在高新技术农业开发区举行“济南佳宝乳业工业园”开工仪式，图为工业园内的单体生产车间

光明
新鲜光明 新鲜生活
当地生产
日日新鲜
天天新鲜
生产日期
请在此处拉开
光明
新鲜
纯鲜
PURE FRESH MILK
无防腐剂
无抗生素
麦风
麦风来了
美/味新关系
青春即是美味
用美丽戏弄时间 时间应之却步 静享光明芦荟酸奶 舌尖上青春的味道久久停留
抹茶新上市
光明乳业

三元品质源自

业

人民币，是1997年5月在
公司总股本48500万元，
限公司、呼伦贝尔三元乳

系列、超高温灭菌奶系列、
”等著名商标，销售网点

三元乳品

全程无污染
放心奶
100个放心
天然＋科技，一百个放心
黑龙江省完达山乳业股份有限公司

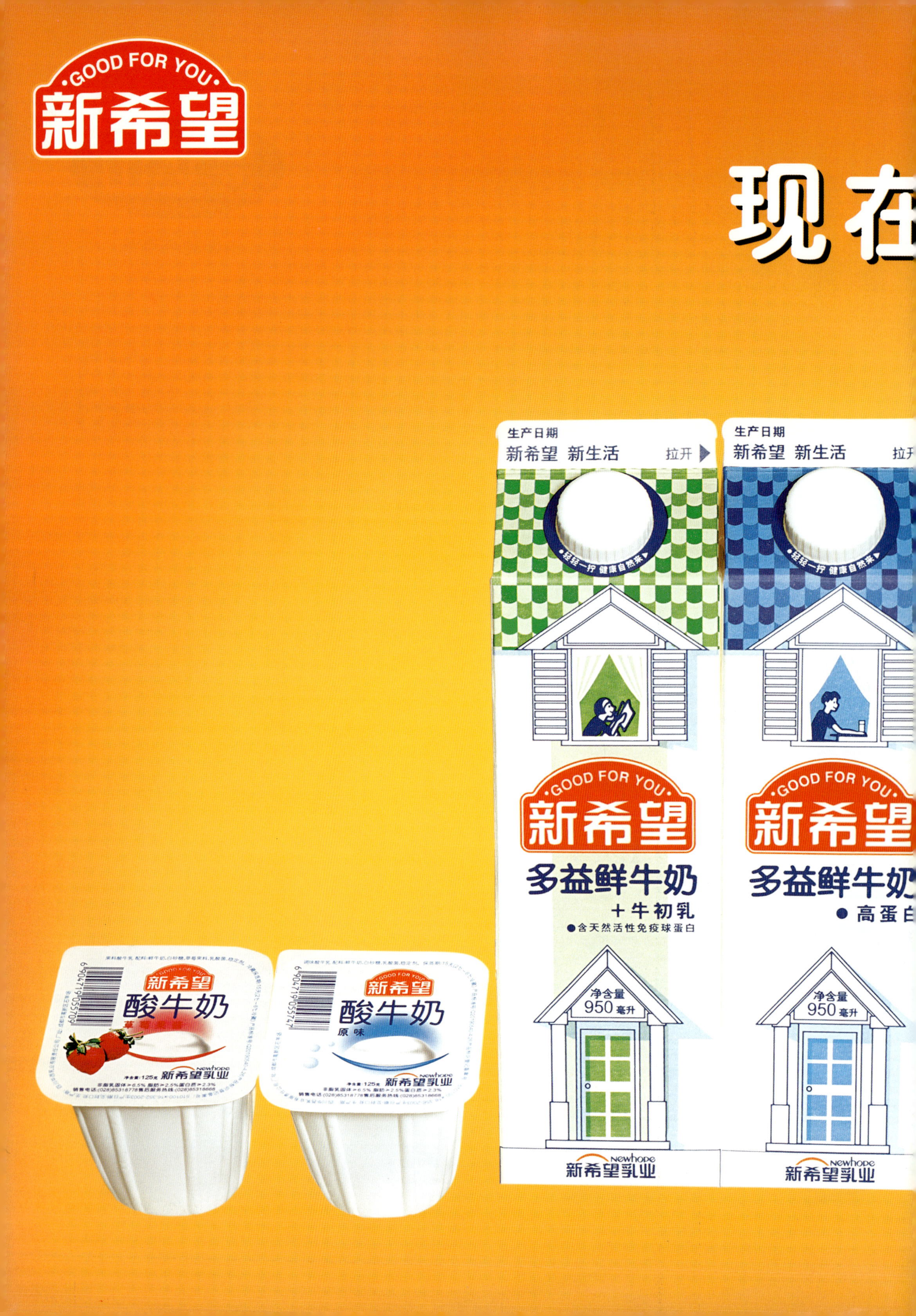

GOOD FOR YOU
新希望
现在
生产日期
新希望 新生活
拉开
轻轻一拧 健康自然来
GOOD FOR YOU
新希望
多益鲜牛奶
＋牛初乳
●含天然活性免疫球蛋白
净含量
950毫升
Newhope
新希望乳业
生产日期
新希望 新生活
轻轻一拧 健康自然来
GOOD FOR YOU
新希望
●高蛋白
净含量
950毫升
Newhope
新希望乳业
新希望
酸牛奶
新希望
酸牛奶
原味

中国航天员专用牛奶
SPECIAL MILK FOR CHINA'S ASTRONAUTS
蒙牛牛奶
强壮中国
中国航天员专用牛

MENGNIU
蒙牛
自然好味道
CHINA
蒙牛
纯牛奶
绿色食品
中国驰名商标
纯鲜牛奶

均瑶乳业
ISO9001:2000质量管理体系认证企业
绿色食品认证企业
中国学生饮用奶指定企业
国家质量管理协会认证企业
中国乳制品十大企业之一
中国液体乳专业生产企业
国家免检产品
上海均瑶国际广场

均瑶好奶新鲜到家！
高钙
鲜牛奶
当阳基地

山西古城乳业集团

一、企业概况与发展

山西古城乳业集团有限公司组建于1997年10月，其核心层企业山西古城乳品业有限公司、中荷合资山西古城依美口乳品有限公司的前身是山阴城奶粉厂，经过二十多年的发展，山阴城奶粉厂在各级政府、职能部门的帮助支持下，在创业人乔九崇的领导下，全体员工发扬自力更生、艰苦奋斗光荣传统，历经几次大型技改扩建、体制变革，由一个投资5 000元的小厂发展成为拥有总资产2.8亿元、下设五家乳品加工厂、一家奶牛养殖示范场（存栏奶牛800头）和一家包装制造厂，已形成日处理鲜奶1 000吨的全国大型二类企业。1996年公司跻身全国十大乳品企业集团（2001年按利税排全国第五名），1997年以来连续被评为全国食品行业质量效益型先进企业、全国食品行业重点企业，是山西省农副产品加工先进企业，省委省政府联合授予山西省模范单位。2000年被农业部等八部委联合认定为首批“农业产业化国家级重点龙头企业”，2001年被中华全国总工会授予“全国五一劳动奖状”，2002被农业部、教育部等七部委联合认定为山西省惟一的“中国学生饮用奶定点生产企业”。

集团组建以来，一直坚持“诚信、敬业、创新、发展”的经营理念，以市场为导向，以科技为依托，向质量要市场，向市场要效益，生产的古城牌系列乳制品以其优良的质量、完善的售后服务赢得了市场的认同、消费者的认可，2002年继古城牌系列婴幼儿配方奶粉、灭菌奶被评为首批国家质量免检产品之后，古城牌乳粉与奇强洗衣粉并肩荣登“中国名牌”榜，让晋藉名牌首次亮相全国。据有关部门统计2002年古城牌系列乳制品全国市场占有率3.2%，山西市场占有率70%，2003年公司完成销售收入2.5亿元，上缴税金1 108万元，实现利润1 321万元。

2002年集团为了适应加入WTO后国内外乳制品行业的竞争，结合国家“十五”规划重点发展农副产品深加工食品工业工程的计划，经国家计委批准投资1.9亿元 “扩建年产16万吨液体奶乳品加工专项项目”，项目由中央财政专项资金补贴1 200万元，农业银行承诺贷款1.33亿元，企业自筹5 555万元。一期工程已全部竣工投产，已完成新增康美包无菌灌装生产线两条，百利包生产线七条，屋顶包生产线一条，八联杯生产线一条。项目完成达产达效后，新增销售收入6.9亿元，届时古城乳业将发展成为拥有总资产5亿元，年产系列乳制品20万吨，年销售收入10亿元，创利税2.1亿元。乳制品工业每增加一万吨鲜奶处理量，将带动增加3 300多头奶牛，届时集团年处理鲜奶能力达到29万吨，将带动奶牛养殖存栏数达到10万头，全县奶牛养殖业可增加农民纯收入2亿元，新增带动农户1万户。

2004年，公司计划投资1亿元，在四分水兴建万头高产奶牛养殖示范园区，利用集团公司现有的资金、技术等方面的优势，利用当地奶牛养殖业发展的优势条件，按照朔州市委、市政府“创造特色、争先发展”的总体要求，立足 “拓展基地、做强企业”两个基点，创新思维、攻坚克难、开拓创新，圆满完成古城乳业在雁门关生态经济畜

公司地址：山西省山阴县古城镇乳品开发区
法人代表：乔道首 董事长
电　　话：0349-7082088　7082003
http：//www.guchengmilk.com

有限公司

牧区建设中率先发展的任务。

二、在农村小康建设中的经验及推动作用

全面建设小康社会，重点在农村，难点在农民。农业产业化龙头企业以其特有的引导和组织基地生产经营、开拓市场、科技创新的功能，担当着引领和帮助农民全面实现小康的重任，在经济的市场化程度越来越高的时代，只有通过龙头企业的带动，打造高品质、优势产业，才能实现农民增收、企业增效、财政增税。围绕这一目标，古城乳业作为当地惟一的农业产业化国家重点龙头企业，多年来一直坚持不懈地狠抓奶牛养殖基地建设，在大力扶持奶牛养殖园区建设的同时，用“以质论价”的鲜奶收购方式，引导农民实施科学养殖、提高单产水平、向规模要效益、向质量要效益，创新地发展了“公司＋基地＋农户”这一乳业产业化模式，使奶农与企业通过基地联结形成利益共同体，用奶业产业链做纽带，将两万多户分散奶牛养殖户与企业的发展战略连在一起。两年以来，通过带动奶户实现粗放经营向规模集约经营的转变、由数量型养殖向质量效益型养殖的转变，通过这两个转变有效地解决了农民增产不增收、企业增产不增效的根源问题。新的奶源生产方式已经显现了良好的效益，奶农的养殖收益提高到了4 000元／头，通过奶牛养殖的收入占奶农总收入的2/3左右，转化玉米、秸秆等粮食作物，可以提高农民收入的1/4左右，牛粪改良土壤、降低生产成本以及相关产业的发展每年可给农民增收300元左右。经集团扶持的示范户，不仅因规模效应收入大幅度提高，园区周围也被建设成水草丰茂的饲草（料）基地。农区养殖基地建设正在走上新的良性循环。现已形成跨朔州、忻州两市遍布15个乡镇，涉及农户近3万户，奶牛存栏6万余头的全国农区奶牛养殖基地，奶农养殖一头奶牛年纯收入3 500余元，加上玉米的就地转化、秸秆过腹还田，解决剩余劳动力等带来的经济增长，每头牛可为奶农年纯收入4 000元。2002年，公司和奶农签订了鲜奶收购合同12万吨，带动了山阴、应县、朔城区、忻州市定襄等地的奶农近3万户，基地农户奶业年收入近2亿元，培训了养殖户8 000余户，直接解决了就业人员400余人，真正起到了龙头企业对农民增收的带动作用。

总 经 理：李忠祥
传　　真：0349-7082001
E-mail：clj@guchengmilk.com

Yakult
益力多®
中国大陆
中国香港
泰国
荷兰
比利时
英国
韩
每
全世界
国
250
西班牙
法国
卢森堡
德国
新加坡
印尼
文莱
澳
广州益力多乳品有限公司
电话：020-82521198 82520690
网站：www.yakult-gz.com

国台湾
日本
美国
墨西哥
个
地区
0000 人
的选择
乌拉圭
阿根廷
巴西
菲律宾
亚
100亿
活性益力多菌
为您保持肠道生态平衡
肠内菌丛平衡力
肠内腐败打击力
身体免疫调和力
排泄系统改善力
活性乳酸菌乳饮品
LIVE LACTOBACILLUS DRINK
特选优质益力多菌
Yakult
益力多
您今日饮咗未?
ISO9001 及 ISO14001 认证工厂
广州市青少年科普教育基地
绿色环保产品生产基地
Yakult

燕塘牛奶

燕　塘

公司大门

旺销的促销现场

先进的挤奶设备

乳品大楼

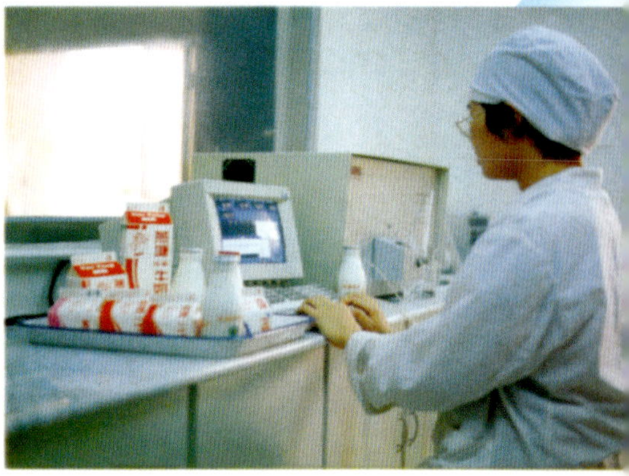

严谨、科学的产品检验

广东燕塘乳业有限公司 Tel:(020)61372250 Fax:87700451

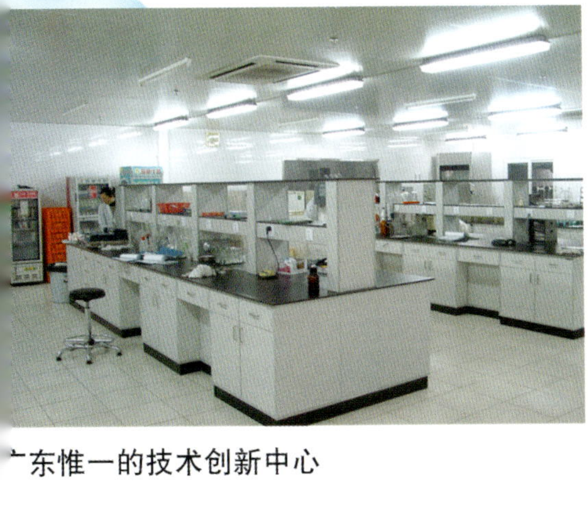

广东惟一的技术创新中心

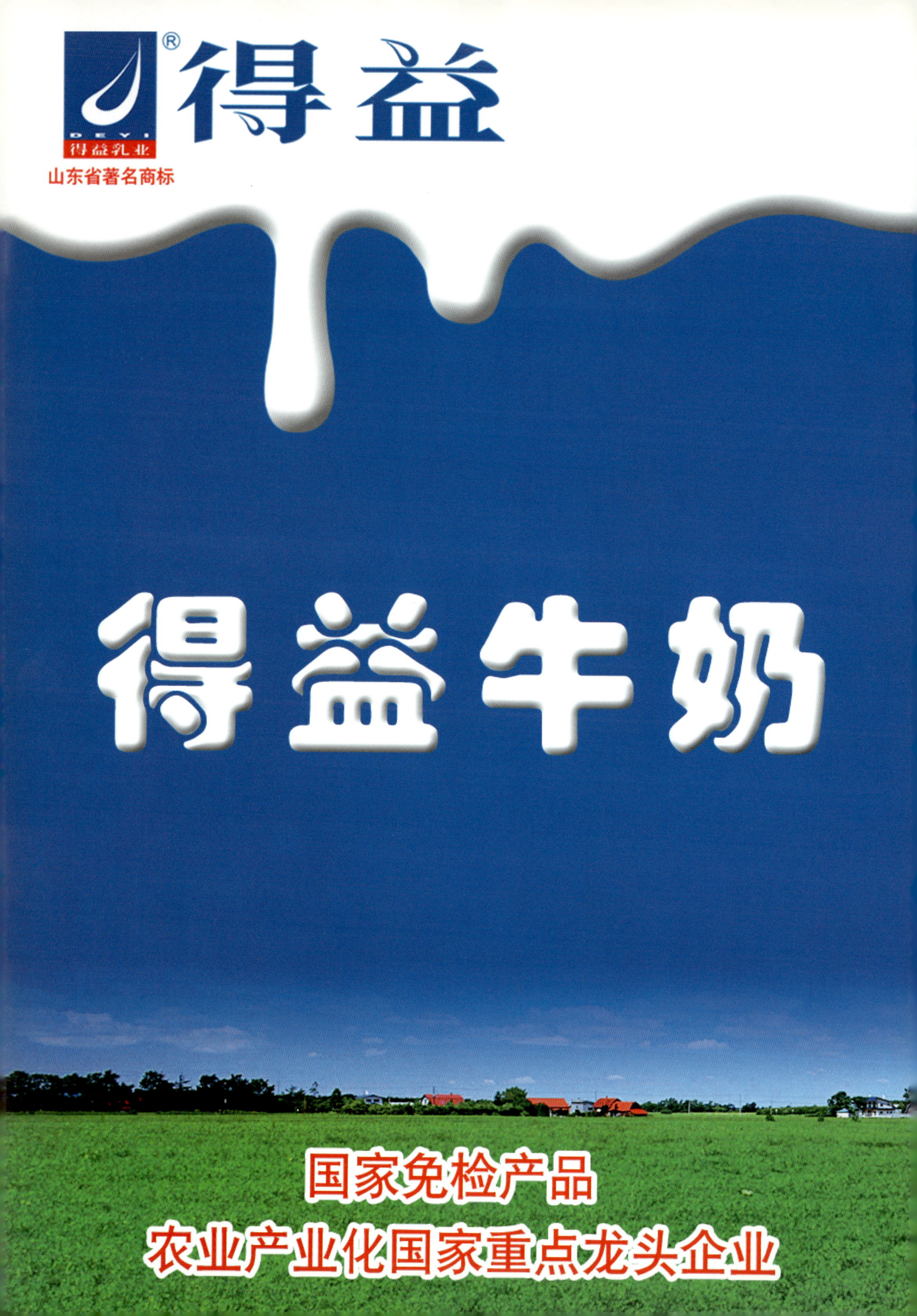

得益
DEYI
得益乳业
山东省著名商标
得益牛奶
国家免检产品
农业产业化国家重点龙头企业

代代得益
山东得益乳业有限公司
地址：山东省淄博高新技术开发区得益乳品工业园
电话：0533-3915888 http://www.deyidairy.com.cn

广泽
GROUND
广泽牛奶
新鲜到家
核桃牛奶
乳酸奶
甜牛奶
早餐牛奶
纯鲜牛奶
纯牛奶
广泽
广泽鲜鲜乳
GUANGZEXIANXIANRU
广泽乳业
GROUND

INTERNATIONAL PAPER
屋 顶 包 的 领 导

泉林包装
TRALIN PAK
选择
泉林包装，拥有先进的液体无菌包装生产基地
服务于所有乳制品、饮料行业企业。
山东泉林包装有限公司　北京
北京市朝阳区酒仙桥路14号A区4-2/F
邮编：100016
电话：+86 10 6435 6368
传真：+86 10 6435 6068
山东
山东高唐县官道街北首26号
邮编：252800
电话：+86 635 3961380
传真：+86 635 3961290
上海
上海闵行区沪闵路6555号
建行大厦1805室
邮编：201100
电话：+86 21 64133100
传真：+86 21 64133477

才是硬道理
我们改变了过去没有选择的时代，给您带来的，
是更多的机会和无限可能。
■ 泉林无菌砖
Tralin Brick Aseptic
■ 泉林无菌枕
Tralin Pilo Aseptic
TRALIN PAK
■ 泉林屋顶包
Tralin Gable Top Aseptic
http://www.tralinpak.com

GEA

Westfalia Separator Food Tec GmbH

分离技术

德国韦斯伐里亚分离机公司是世界上领导生产分离机的厂家，在世界各地享有盛誉，它的高质产品树立了优质和可靠的标准。它涉及乳品、医药、化工、饮料、酒类、食用油、生物、环保和矿物油等领域。

应用范围包括：

乳及乳清的脱脂
乳及乳清的净化
乳及乳清的细菌分离
奶油的浓缩

制造／回收：

干酪素
奶酪
软奶酪
新鲜奶酪
乳糖
乳清蛋白
黄油
乳脂肪

香港总部（负责人：李仕德）
香港湾仔港湾道26号
华润大厦27楼2708室
电话：00852-28660009　传真：00852-25200432
电子邮件：wschina@netvigator.com

北京代表处（负责人：于凯健）
北京市朝阳区光华路甲8号，和乔大厦北座209室
邮编：100026
电话：010-65814606/7/8/9　传真：010-65814610
电子邮件：wsbj@public.bta.net.cn

瑞海 REACH-HIGH 黑龙江农垦畜牧工程技术装备有限公司

Heilongjiang Animal Husbandry Engineering Technology & Equipment Co.Ltd

黑龙江农垦畜牧工程技术装备有限公司是从事挤奶机械及其相关技术设备生产和销售的专业公司。

本公司提供移动式、提桶式、管道式和厅式4种类型十几种规格的挤奶设备，适合于奶牛专业户、奶牛场和集中奶牛饲养小区。作为世界著名的挤奶设备生产商德国 WEST-FALIASURGE公司东北地区的独家经销商，向用户提供国际领先技术的成套挤奶设备和CVS、UES、KRYOS三种类型、几十种规格的牛奶冷却罐。我公司以零件质量过硬、整机性能可靠、售后服务满意、产品价格合理为优势，是国内奶源基地建设领域规模最大的成套设备供应商之一。

“瑞海”系列挤奶机关键部件从意大利进口，技术先进，性能符合奶牛泌乳规律，对奶牛乳房产生刺激，提高产奶量，减少乳房炎，可靠性高，维护简单，适合在低温下作业。

9JN-2 移动式挤奶机

9JN-1 提桶式挤奶机

型　　号		9JN-1	9JN-2	9JN-3
型　　式		推车	推车、提桶	提桶
挤奶杯组	脉动频率	60次/分	60次/分	60次/分
	脉动比率	60:40	60:40	60:40
	杯组数量	1	2	3
	挤奶时间	4~6分钟/头	4~6分钟/头	4~6分钟/头
真空泵	型　号	PV-120	PV-250	PV-250
	空气流量	120升/分	220升/分	280升/分
	真空度	50千帕	50千帕	50千帕
	润滑油耗	2毫升/小时	2毫升/小时	2毫升/小时
电　机	功　率	550瓦	1.1千瓦	1.1千瓦
	电　压	220伏	220伏	220/380伏

地　址：黑龙江省哈尔滨市香坊区香康街7号　　总经理：石海星
电　话：0451-55199768　55199782　55640216　传　真：0451-55637384
E-mail: nkte@public.hr.hl.cn

唐山市奶业

1.唐山市副市长王元孝（右三）参加蒙牛落户的奠基仪式
2.唐山市副市长王元孝（左一）视察唐山奶业工作
3.市政府组织视察奶牛胚胎移植成果
4.市政府组织视察奶牛养殖小区建设情况（右二市政府秘书长肖玉文，右三市畜牧水产局长杨学诚）
5.省畜牧局副局长李景华（左二）到滦南县宋道口视察奶牛胚胎移植成果
6.奶牛规模养殖场

唐山市近邻京津，素有“冀东粮仓”之称，饲草、饲料资源丰富，发展奶牛养殖具有得天独厚的资源和区位优势。近年来，市委、市政府把发展奶业作为畜牧业结构调整的重点，加快建设全国第一奶业大市。通过加大政策引导扶持，推行标准化生产，培育壮大龙头，实施产业化经营，深化服务等多项措施，使奶牛养殖得到快速发展。2003年，全市奶牛存栏已达到34万头，年产鲜奶71万吨。建成存栏千头以上规模的奶牛专业村28个，小区64个，存栏5头以上的奶牛专业户6 800个，规模饲养量已达40%以上。在丰润、滦南、丰南、开平、芦台和汉沽形成了环城市奶业特色经济区。

丰富的奶源吸引了乐百氏、三鹿、伊利、均瑶、蒙牛等多家大型乳品企业落户唐山，全市已建成较大规模的乳品企业13家，年生产奶粉2万吨，液态奶15万吨，利税近亿元。

奶业的发展，也带动了饲料等相关行业，促进了种植业结构调整，实现了良好的经济效益、社会效益和生态效益。

地址：唐山市西山道7号院1号楼306室
邮编：063000
电话：0315-2801271
传真：0315-2822645
email:tanimal@tom.com

奶业之乡 诚信丰润

近年来，唐山市丰润区充分利用得天独厚的自然条件和优越的交通、区位、资源等优势，以创建"全国奶业之乡"为目标，突出抓好中国唐山奶业科技园和经营产业化、生产标准化、品种优良化、利益联结组织化建设，不断提高奶业生产经营水平，取得明显成效。截至2003年10月底，全区奶牛存栏达到8万头，日产鲜奶680吨，建成百头以上奶牛规模养殖场（区）42个，其中千头以上的达到13个，规模化养殖比率达到40%以上；国富润兴奶牛养殖小区等7家奶牛规模养殖场（区）通过了省级无公害畜产品产地认证。全区奶牛养殖户达到2.56万户，直接或间接从事奶业生产的人员达到3万多人，占农村劳动力的8%。规划建设了占地1万亩、投资10亿元的全国唯一奶业高科技综合园区—中国唐山奶业科技园，成功引进了投资3.5亿元的内蒙古蒙牛乳业（集团）丰润有限责任公司、投资2.5亿元的乐百氏（丰润）食品饮料有限公司、投资1亿元的唐山均瑶乳品有限公司等知名奶业龙头企业，投资7200万元与加拿大IND公司、河北国富农业投资公司合作建设了年产加拿大优质奶牛10000头规模的良种奶牛繁育中心。预计到2003年年底，全区奶牛存栏可达到8.5万头，日产鲜奶750吨，来自奶业及相关产业的产值可达到11.4亿元，农业人口人均1700元；奶业纯收入可达到4.42亿元，全区农业人口人均675元。丰润区已成为目前河北省最大的奶牛养殖县区，被农业部确定为全国奶业重点发展区域，被科技部确定为国家"十五"科技攻关项目奶牛良种繁育示范基地，被国家标准化管理委员会批准为国家级奶业标准化示范区。

中国唐山奶业科技园总体规划图

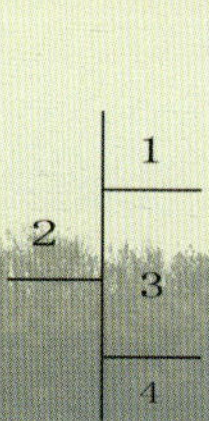

1、河北省委书记白克明视察中国唐山奶业科技园

2、中国奶协理事长刘成果、河北省副省长宋恩华视察中国唐山奶业科技园

3、河北省省委常委、常务副省长郭庚茂视察中国唐山奶业科技园

4、河北省副省长宋恩华、蒙牛集团总裁牛根生视察丰润奶业

河北省行唐县畜牧局

①

②

③

① 河北省行唐县奶牛存栏4万头，其中单泌乳期产奶7.5吨以上的高产奶牛1万多头。全县奶牛养殖小区34个，其中11个小区已达到生产无公害产品标准，图为河北省委书记王旭东（中）视察行唐县军鹏奶牛养殖小区，县委书记丁光辉（右）、副县长赵海军（左）汇报情况。

② 石家庄市市长臧胜业视察万吨奶啤生产线。

③ 石家庄市委书记吴振华（右），副书记李遵英（左）视察行唐万吨奶啤生产线，县畜牧局局长王吉秋（中）汇报情况。

行唐县三鹿乳业有限公司有日处理鲜奶130吨的加工能力，年利税2000多万元。图为行唐三鹿第二制粉车间。

河北行唐县是地处太行山东麓的一个半山区县，共管辖15个乡镇，330个行政村，总面积1025平方公里，是一个传统的农业县，得天独厚的优势使行唐县的奶业成为太行山麓一颗灿烂的经济明珠。

行唐县的奶牛养殖业和商品化发展始于上世纪70年代末，至今已有25年历史。此间，行唐人民积累和总结了丰富的饲养管理经验，使奶业生产由小到大，由弱到强。目前，行唐县奶牛存栏数4万头，其中单泌乳期产奶7.5吨以上的优秀高产牛1万头以上，属中国荷斯坦奶牛中的佼佼者。养牛户遍及15个乡镇，300多个村，10000多个农业户，日产鲜奶400吨，乳业年总产值4亿元。

近几年来，县委、县政府抓住机遇，因势利导颁布了一系列办法和措施，积极鼓励各方人员投身奶牛养殖事业。积极招商引资，推进奶业产业化、标准化建设。一批大企业纷纷前来寻求合作、寻找奶源。目前，行唐县养牛集中的几个乡镇已调整出适宜养牛的沙荒地筹建养牛小区，欢迎有识之士前来投资发展。

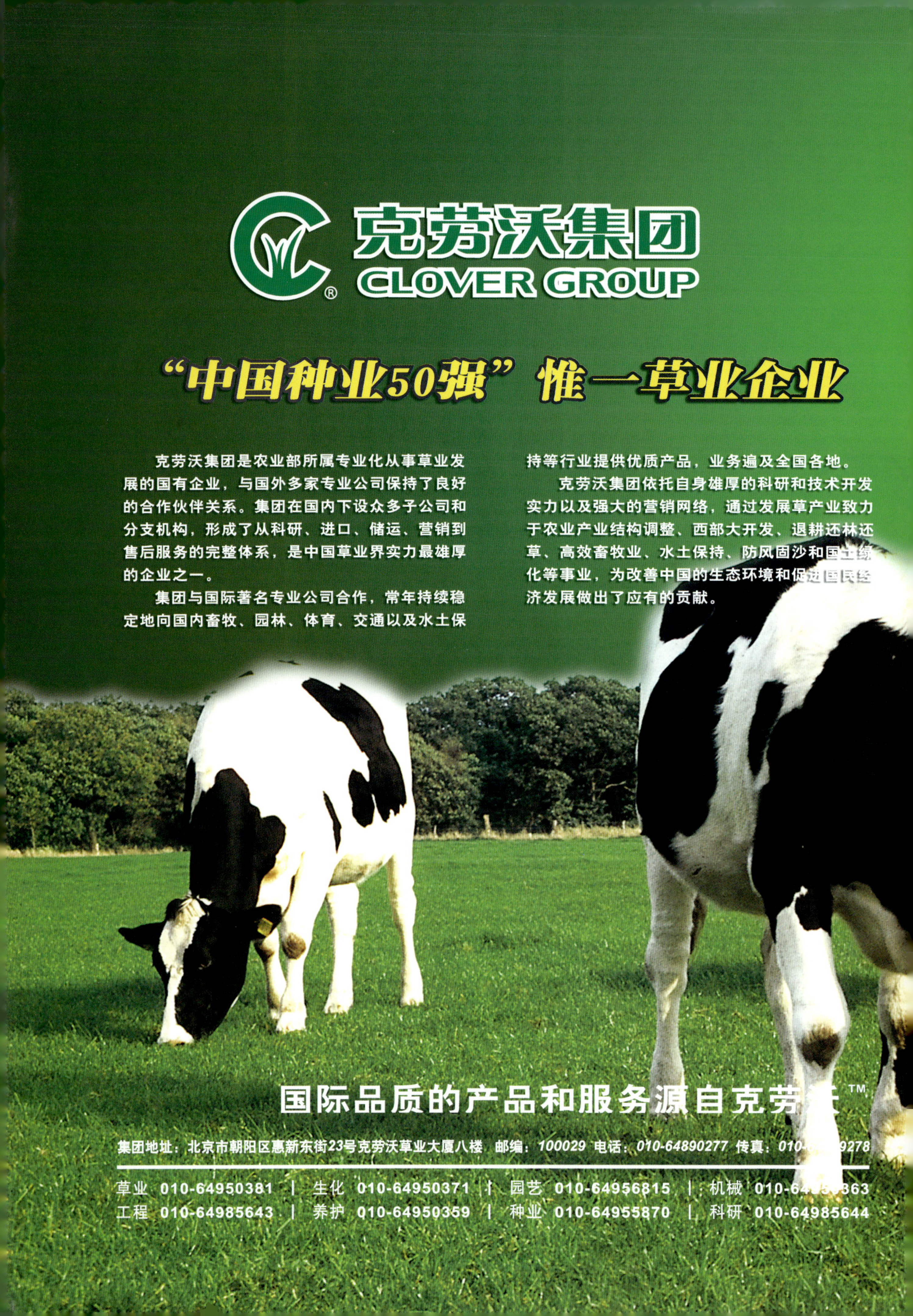

克劳沃集团
CLOVER GROUP
"中国种业50强"惟一草业企业
克劳沃集团是农业部所属专业化从事草业发展的国有企业，与国外多家专业公司保持了良好的合作伙伴关系。集团在国内下设众多子公司和分支机构，形成了从科研、进口、储运、营销到售后服务的完整体系，是中国草业界实力最雄厚的企业之一。
集团与国际著名专业公司合作，常年持续稳定地向国内畜牧、园林、体育、交通以及水土保持等行业提供优质产品，业务遍及全国各地。
克劳沃集团依托自身雄厚的科研和技术开发实力以及强大的营销网络，通过发展草产业致力于农业产业结构调整、西部大开发、退耕还林还草、高效畜牧业、水土保持、防风固沙和国土绿化等事业，为改善中国的生态环境和促进国民经济发展做出了应有的贡献。
国际品质的产品和服务源自克劳
集团地址：北京市朝阳区惠新东街23号克劳沃草业大厦八楼 邮编：100029 电话：010-64890277 传真：010-
草业 010-64950381 | 生化 010-64950371 | 园艺 010-64956815 | 机械 010-64
工程 010-64985643 | 养护 010-64950359 | 种业 010-64955870 | 科研 010-64985644

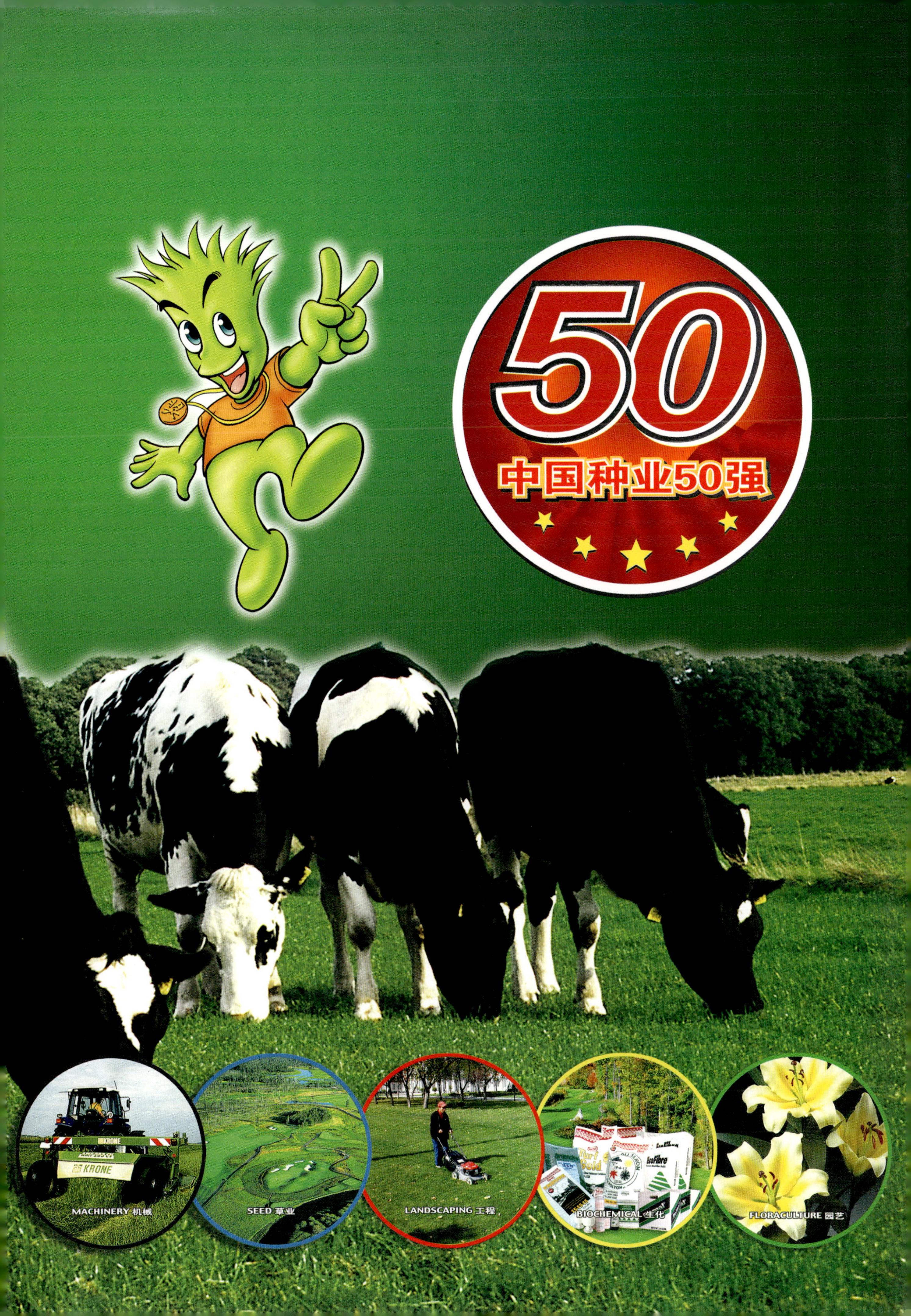
50
中国种业50强
MACHINERY 机械
SEED 草业
LANDSCAPING 工程
BIOCHEMICAL 生化
FLORACULTURE 园艺

IDEXX LABORATORIES

爱德士(IDEXX)SNAP 牛奶快速测试试剂盒

- 拥有世界各地不同国籍的客户
- 每年销售高达 600 万个
- 通过美国食品及药物管理局（FDA）批准
- 通过美国分析协会（AOAC）批准
- 能快速测试原始及混合牛奶内的青霉素 (Beta Lactam) 等的残余

首部使用触碰式屏幕技术的残余测试仪器

SNAP 判读机(SNAP shot Reader)

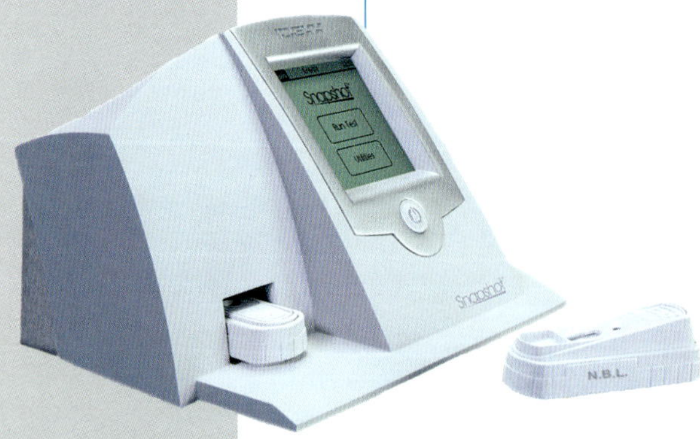

- 容易了解的自助式说明让您能照步骤完成测试程序
- 培训时间明显减少
- 测试结果于数秒内出现
- 日期及时间
- 试剂盒种类
- 批号
- 技术人员身份及样品确认
- 判读结果系数
- 阳／阴性结果

内蒙古家畜改良站

法人代表：那达木德 研究员

Nadamude,Director and Corporate Entity

内蒙古家畜改良站与您携手共创美好明天

内蒙古家畜改良站是内蒙古农牧业厅所属的集科研、生产、开发、监测、推广为一体的畜牧工作总站，同时又是内蒙古良种奶牛繁育中心、良种肉牛繁育中心、内蒙古家畜胚胎移植中心、农业部种羊和羊毛绒质检中心。

我站拥有雄厚的技术力量和一流的科研开发设备仪器，拥有世界一流的5个品种肉用种牛及荷斯坦种牛80头。年生产达标冻精100万剂。58名科技人员中博士2名，硕士6名，高级专业技术人员26名。

胚胎生物技术开发近16年，已形成年生产移植牛胚胎5000枚，羊胚胎15 000～20 000枚的规模。个体冲胚数和移植成功率均达到国内领先水平。"九五"以来共承担国家和自治区科技攻关、示范、跨越、948、丰收、推广、863项目十几项，均获理想成果。40多年来，共培育出25个家畜新品种。

引智工作显著。先后聘请法、英、美、日、加专家在胚胎技术、繁殖育种、动物营养、牧场管理等方面解决技术难题，创造可观效益。先后派出10几名技术人员赴美、加、法、瑞、澳、日进行培训学习，大大提高技术水平和能力。

我站热忱欢迎国内外合作同仁的合资、合作、协作，共创畜牧科技美好明天。

自治区党委书记储波视察我站

Chubo,General Secretary of Neimongu,Coming to Our Static

技术人员制做细管冻精

Frozen Semen Straw Production

技术人员检测羊毛、羊绒洗净率

Determination of Wool and Cashmere Fibre Yield

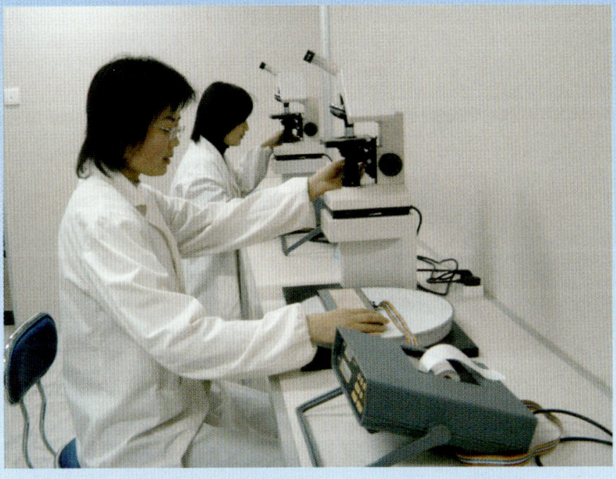

技术人员检测羊毛、羊绒细度

Determination of Wool and Cashmere Fiber Diameter

国务委员兼国务院秘书长华建敏视察我站

Huajianmin,Secretary of the Department of State,Coming to Our Station

自治区副主席雷.额尔德尼视察我站

Lei Erdeni,Deputy Chairman of Neimenggu,Coming to Our Station

内蒙古家畜改良工作站

地　　址：内蒙古呼和浩特市乌兰察布东路

电　　话：(0471) 4951147　4963287

传　　真：(0471) 4951147　4963294

邮　　编：010010

电子邮件：nmgjxglz@163.com

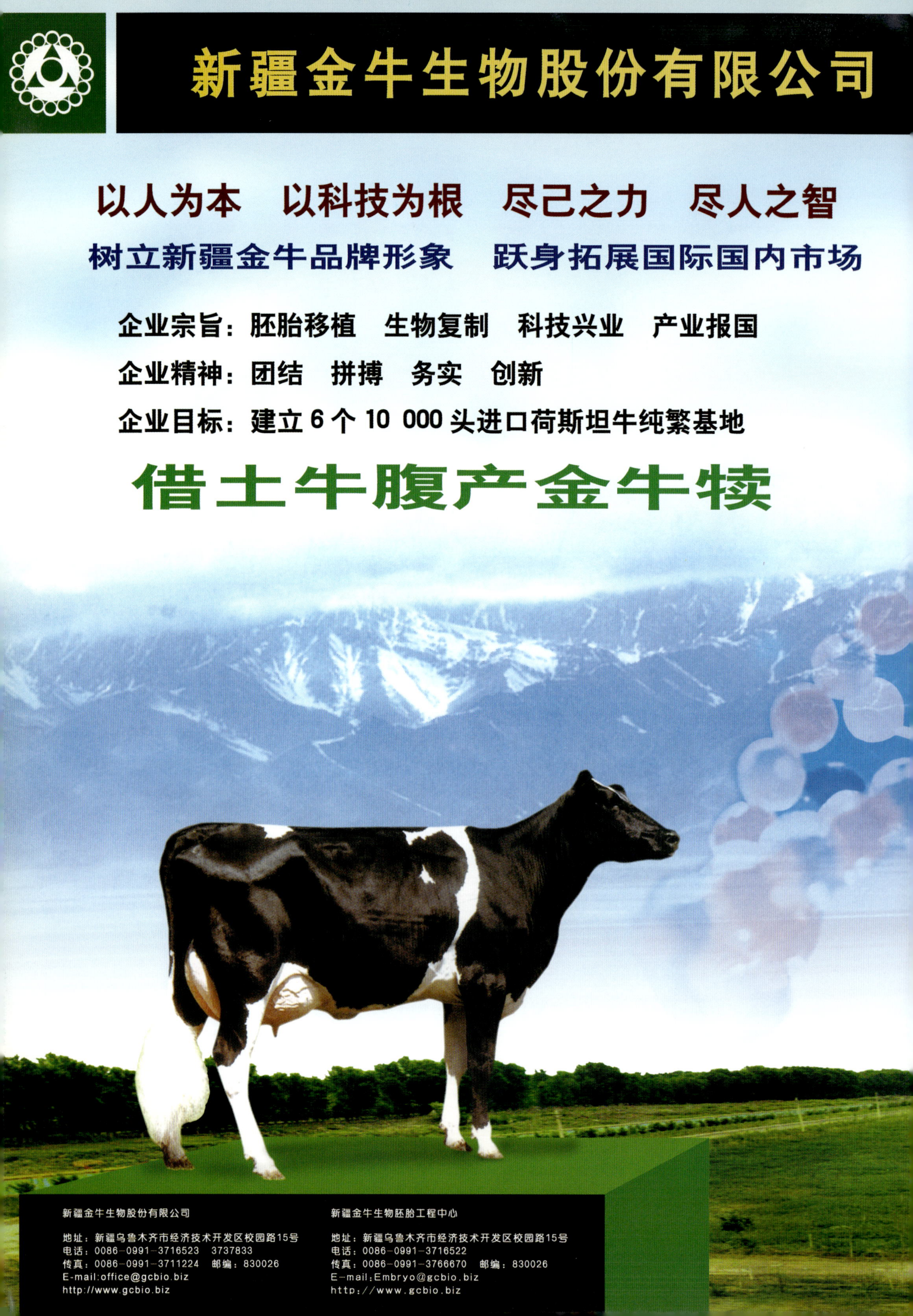

董事长 冯立社

新疆金牛生物股份有限公司是民营企业“乌鲁木齐昆仑集团生物有限公司”、国有上市公司“新疆友好（集团）股份有限公司”、“新疆塔里木农业综合开发股份有限公司”、“中国种畜进出口有限公司”四位法人、七位自然人股东共同出资组建的股份制企业。新疆金牛生物股份有限公司是以生物技术为先导、以胚胎工程产业化为龙头、以草饲畜牧业和乳品加工为支柱的股份制畜牧高科技龙头企业。

胚胎

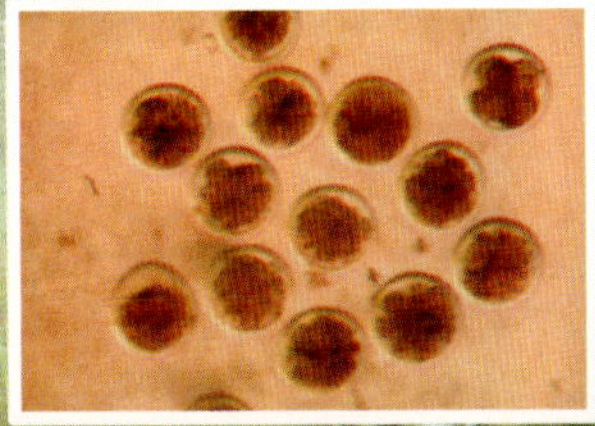

克隆

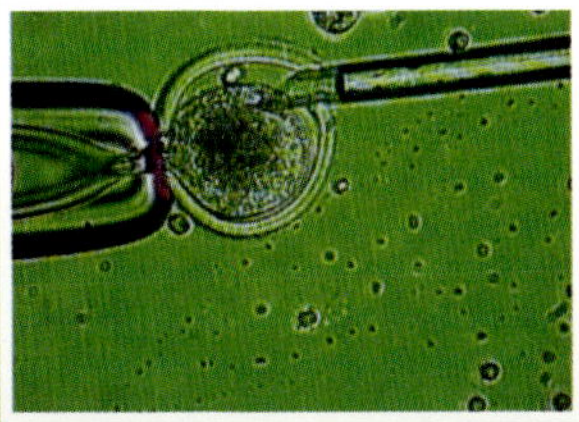

冻精

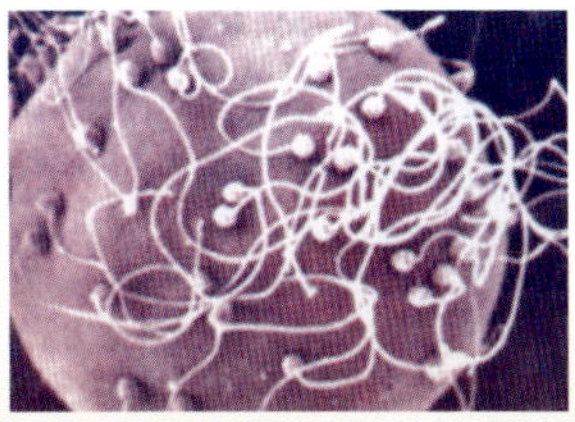

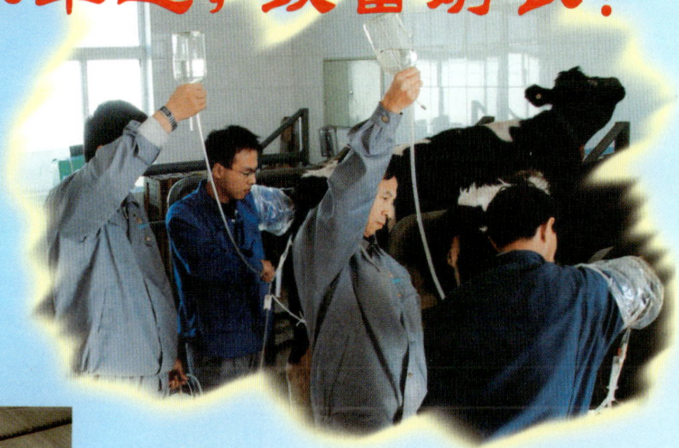

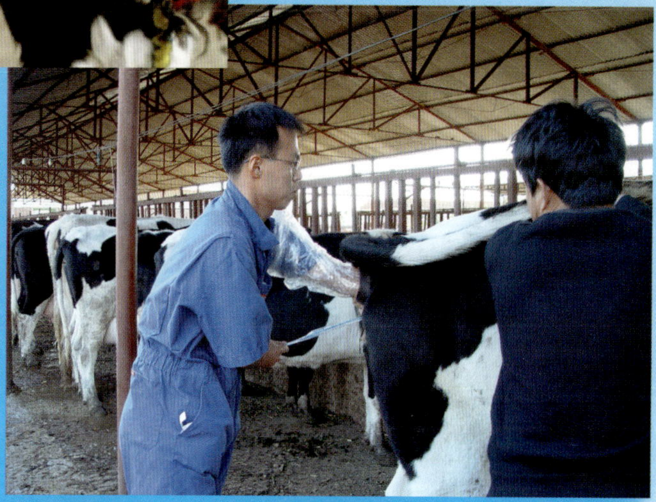

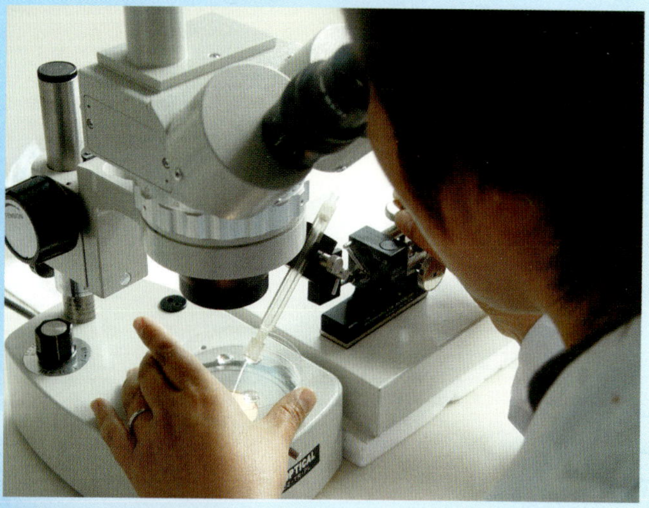

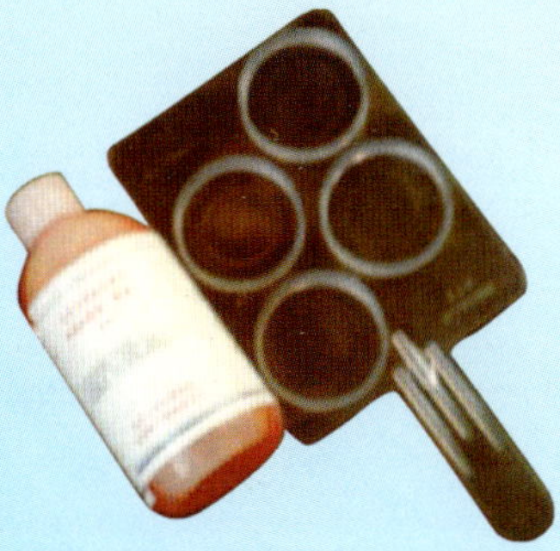

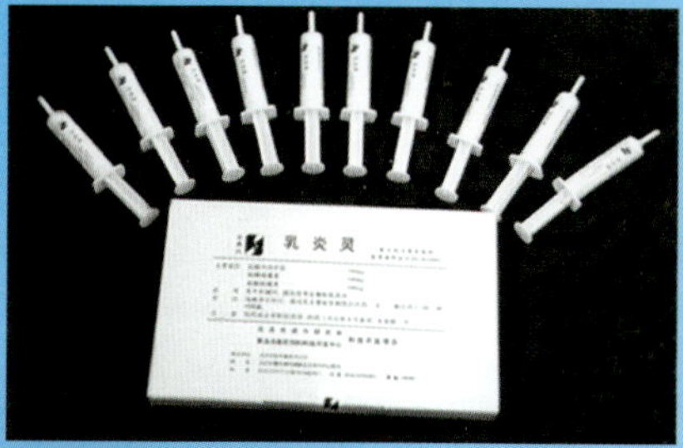
乳炎灵

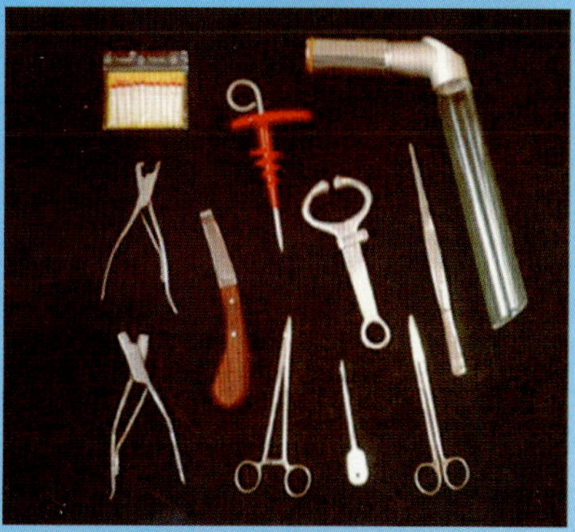

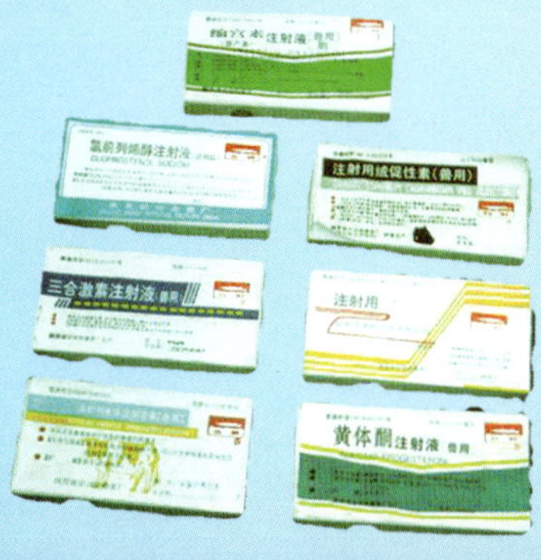
三合激素注射液
黄体酮注射液

乳泉 RU QUAN

内蒙古乳泉奶业有限公司

中国奶业协会理事长（原农业部副部长）刘成果到公司视察

内蒙古乳泉奶业有限公司是由国家农业产业化经营重点龙头企业——华资实业为主投资组建的，于2002年经包头市工商行政管理局批准注册，注册资本1.03亿元人民币。乳泉奶业拟建成中国西部地区最大的集约化绿色奶源基地，基地的建成对西部经济具有极大的拉动作用，必将成为中国西部的良种奶牛繁育及养殖示范基地。

公司计划总投资17.9亿元，项目建设分三期实施。一期工程投资3.56亿元，饲养基础母牛1万头；二期工程投资7.93亿元，饲养基础母牛2万头；三期工程投资6.39亿元，饲养基础母牛1.6万头。项目建成达产后，饲养基础母牛7.2 万头，青年母牛1.4万头，后备母牛1.4万头，总饲养规模达到10万头。

地址：内蒙古包头市土右旗振华大街花苑小区　邮编：014100

总经理　郭予丰

电话：0472-8922416　　传真：0472-8922552

中地种业

SINOFARM GENETI

中地种业有限公司是经外经贸部批准、在
工商行政管理局核准注册的；拥有进出口
权、主要从事 种畜进口、繁育和生产的企

公司注册资金3000万元人民币；

AA级信用企业；拥有专家教授和高级
专业人才18名；拥有三个进口种畜隔离
(广西北海、浙江宁波及北京空运隔离场
拥有三个千头奶牛养殖基地（北京、内
古和辽宁）； 是我国第一个采用海运方
进口奶牛的企业；拥有一支擅长企业管
熟谙国际贸易、精通专业技术的人才队
与世界上畜牧业发达的国家有广泛的业
和贸易关系。在投资建场、种畜引进、
养、管理、防疫检疫、产品加工等诸多
面提供优质的全方位的服务。

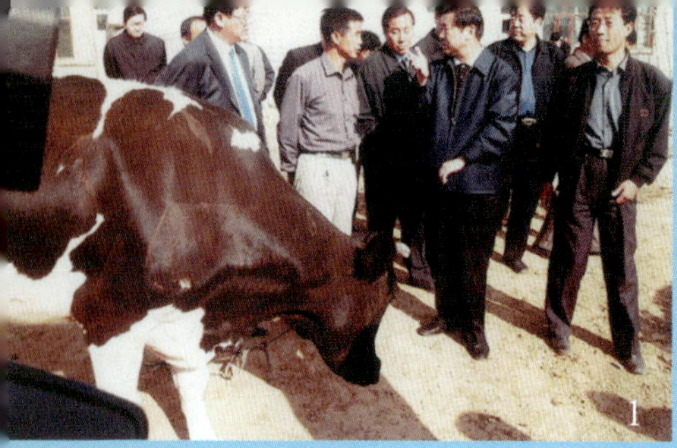

迅速崛起的包头奶产业

包头市奶业以1957年建成的国营黄河乳牛场为标志，经过近50年的建设与发展，具有了一定规模和水平。到2001年末，全市共有奶牛1.8万头，其中基础母牛1.2万头，牛奶产量5.1万吨，鲜奶年加工能力10.6万吨，全市人均鲜奶占有量为22千克。2002年2月中共包头市委九届二次全委扩大会议确立“解放思想，大胆构筑，与时俱进，做大做强奶牛业”的指导思想以来，市委、市政府积极推进奶业产业化和集约化经营进程，奶牛业呈现出迅猛发展的良好势头，短期内实现了超常规、跨越式发展。经过两年的快速发展，到2003年末全市累计投入奶业发展资金21亿元，奶牛存栏总数达21.4万头，其中基础母牛15.1万头，牛奶产量40万吨；鲜奶年加工能力50万吨，人均鲜奶占有量达到170千克，奶牛头数、牛奶产量和人均鲜奶占有量分别是2001年的12倍、7.8倍、7.7倍，全市农牧民从奶业及相关产业中得到收入580元，占全市农牧民人均纯收入的1/6。

奶业产业化已具雏形。两年来，包头市紧紧依托伊利、蒙牛及市属乳品加工龙头企业，积极推进奶业产业化进程，奶产业的生产、加工、储运和销售链已基本形成，带动了包头地区的奶业迅速发展。

1 内蒙古自治区党委书记储波，包头市委副书记、市长苏青视察包头市固阳县贫困地区奶源基地

2 内蒙古自治区党委常委、包头市委书记邢云，包头市委副书记哈达，市委常委、市委秘书长廉素视察包头市创伟实业有限公司奶牛饲草料基地

3 内蒙古自治区人民政府副主席雷·额尔德尼、包头市人民政府副市长王智视察内蒙古乳泉有限公司美加系良种繁育基地

4 国家奶协理事长刘成果，副理事长魏克佳、徐定人，考察调研包头市土右旗奶牛良种繁育基地

5 包头市人民政府副市长王智、市政府副秘书长任福调研奶牛性别优选胚胎移植进展情况

6 包头市房地产经营管理处兴旺奶牛养殖场

目 录

中央领导重要指示

中共中央总书记胡锦涛指示

牛奶本身就是温饱之后小康来临时的健康食品，不仅小孩喝、老人喝，最重要的是中小学生都要喝上牛奶，提升整个中华民族的身体素质。

——摘自中共中央总书记胡锦涛2003年1月在蒙牛乳业集团视察时的谈话

国务院总理温家宝指示

要总结经验。保证奶品质量，坚持群众自愿，运用市场机制，不强求一律，是四条原则。

——摘自国务院总理温家宝2003年6月15日对专家关于坚持实施国家学生饮用奶计划建议的批示

国务院副总理回良玉指示

发展牛奶产业，倡导国民喝奶，是推进农业结构调整的重要内容，是增强国民体质的一大举措。

——摘自国务院副总理回良玉2003年6月17日对专家关于坚持实施国家学生饮用奶计划建议的批示

特　载

农业部副部长张宝文在全国实施“学生饮用奶计划”工作会议上的讲话

（2003年2月25日）

这次会议是在“十六大”后全国人民向“全面建设小康社会”的目标奋进的大好形势下、在实施国家“学生饮用奶计划”进入关键时期召开的。会议的主题是：贯彻十六大精神，总结、交流过去三年实施“学生饮用奶计划”的工作经验，明确今后的发展思路和目标，部署下一阶段的工作。我代表部际协调小组讲以下几个问题：

一、过去一年的工作和三年的基本经验

2002年我们认真贯彻落实李岚清副总理的批示和2001年10月在京召开的全国实施“学生饮用奶计划”工作会议精神，在五个城市试点的基础上，稳步推进“学生饮用奶计划”工作，总的情况是好的。一年来主要抓了以下几项工作：一是加强学校对学生饮用奶的管理工作。2002年12月12日由教育部、农业部联合发出《关于加强“学生饮用奶计划”管理的意见》（教体艺〈2002〉16号文件），除了明确实施“学生饮用奶计划”是学校的一项重要任务外，还对学校在加强管理、健全制度、把好学生奶进校关、建立学生奶安全防范机制、确保学生饮用奶卫生安全等方面提出明确的要求。这个文件的下发，对加强学校对学生奶的管理、规范学生奶供应秩序发挥了重要的指导作用。二是建立完善学生奶协调组织和工作机构。先后建立学生奶工作机构的已有29个省、自治区、直辖市，已指定工作机构的大中城市有38个（包括4个直辖市），初步形成从中央到省（自治区）、直辖市的三级学生奶工作机构，为扩大实施“学生饮用奶计划”提供了组织保证。三是认定定点企业。在第一批认定7家学生奶定点企业后，2002年又有41家乳品企业被认定为学生饮用奶定点生产企业。已认定的48家定点企业，分布在全国22个省、自治区、直辖市的27个大中城市。四是加强了质量和安全监管工作。建立了省市学生奶工作机构和定点企业层层负责、严格把关的学生奶安全和生产质量管理制度，包括生产、配送学生奶的情况报告、发生学生奶安全事故报告、定点企业资质审查等的动态管理制度，初步形成对定点企业的动态管理的机制；根据李岚清副总理批示的精神，组织开展了学生饮用奶质量与安全检查工作，各地学生奶工作机构对定点企业生产、配送学生奶中质量安全情况、学生饮用奶供应秩序以及学生饮奶的组织管理工作及时进行检查，全年没有发生大的安全责任事故。五是开展干部培训。2002年4月国家学生奶办公室组织举办了一期有定点企业生产、质量管理负责人参加的HACCP培训班，培训企业干部100多人；在加拿大组织两期安全与质量管理高级培训班，共培训管理干部30人，为下一步在定点企业中全面推行HACCP管理体系、提高企业的质量管理水平奠定了基础。六是进一步开展宣传工作。主要是编辑、印制了宣传“学生饮用奶计划”的光盘和小册子，通过中央电视台播发学生饮用奶的公益广告，利用中国学生营养日、世界学生奶日等时机通

过新华社、人民日报、中央电视台、光明日报、经济日报等中央和地方媒体从不同侧面进行深入宣传报道，使“学生饮用奶计划”进一步深入人心。

2002年的工作是在前两年工作的基础上完成的，经过三年有关部门、企业、学校和社会各界的共同努力，目前已经制定一套政策法规，结束试点，将“学生饮用奶计划”适时地推广到全国28个省会和大中城市。据不完全统计：有4 468所中小学校正式供应学生奶，日供学生奶约190万份，饮奶人数占全国城市中小学生的5.84%。应该说“学生饮用奶计划”的实施，取得了突破性进展，对改变人们传统饮食观念、促进我国奶业发展和增加农民收入等方面产生了很大的作用，同时还产生了较大的国际影响。联合国粮农组织和一些发展中国家对我国“学生饮用奶计划”都给予极大的关注。2001年11月，我们在上海成功举办了第二次亚太地区国际学生奶会议，2002年5月我们又组团参加了联合国粮农组织在墨西哥举行的学生奶国际会议，我们的经验受到许多国家的重视和欢迎。最近印度召开第四次奶业会议，专门邀请农业部农垦局丁力同志去介绍实施“学生饮用奶计划”的经验，引起印度政府有关负责人和与会各国代表的极大兴趣，受到热烈欢迎。

三年来，实施“学生饮用奶计划”工作取得了显著成绩，其基本经验是：

第一，政府高度重视、相关部门密切配合是前提。“学生饮用奶计划”工作一直得到中央和国务院领导的高度重视和支持，特别是李岚清副总理多次做出重要批示，仅2002年就分别于6月11日、9月12日、11月12日对学生奶供应秩序、“乳糖不耐”的宣传、假冒学生奶的查处等重要问题三次做出批示，为实施“学生饮用奶计划”进一步把关定向。尤其是在国家进行行政审批制度改革、大幅度减少行政审批项目的情况下，学生饮用奶定点企业的认定和审批仍予以保留，充分说明国家对这项工作的高度重视。各地方开展“学生饮用奶计划”工作的进展情况也充分说明，凡是工作开展好的地方都是政府领导亲自挂帅，各部门密切配合，协调行动，制定了法规文件，不少地方由副市长或秘书长担任协调组织负责人，有的还在财政方面给予支持。例如云南省昆明市在市人大和政府的重视和支持下，由副秘书长亲自督促，学生奶办、教育部门和定点企业密切配合，宣传到位，工作扎实有序，“学生饮用奶计划”得到健康发展；广东省政府十分重视“学生饮用奶计划”工作，各部门密切配合，工作机构得力，4个定点企业质量、安全等项工作落实得好，在广州、深圳、汕头三个城市的试点取得了很好的成效。

第二，搞好宣传教育、提高认识是基础。要在一个没有饮奶习惯而且奶业发展水平较低的国家开展“学生饮用奶计划”，毫无疑问是会有很大困难的，这里主要难在人们的传统观念和生活习惯上，而要改变人们的传统观念和生活习惯，就必须开展深入持久的宣传教育工作，提高人们对饮奶与学生营养健康关系的认识，这是实施“学生饮用奶计划”的重要基础。前一段，我们做了大量的宣传工作，各地方学生奶工作机构也结合实际，开展学生奶知识竞赛、印制宣传品等，收到较好的效果。如上海市学生奶办等积极协调有关部门和企业，利用报刊、电视等媒体开展了多种形式的生动活泼的宣传工作，业绩也很显著。

第三，定点企业积极主动发挥作用是关键。定点企业在实施“学生饮用奶计划”中处于特殊的关键地位，是生产、配送学生饮用奶的主体。因此，在实施“学生饮用奶计划”中，始终都要注意调动、保护和发挥定点企业的积极作用，让定点企业在有关政策、法规的框架内，充分发挥自己的优势，主动开展工作，政府有关部门和学生奶工作机构，应该积极为定点企业提供服务。如上海光明乳业对实施“学生饮用奶计划”认识到位，工作积极主动，学生奶的生产和供应量一直在定点企业中名列前茅，2002年最多时日供46万份，即使在发生一起原因不明的学生饮奶事故、外部环境十分不利的情况下，仍然坚持生产供应学生奶不动摇，而且将学生奶供应到海南等外地省市；伊利、娃哈哈等企业学生奶工作虽然启动较晚，但是他们认识到了其中的重大意义和商机，积极跟进，开拓外地市场，也取得不菲的业绩。

第四，贯彻“安全第一”的方针、加强卫生质量监管是保证。我们从“学生饮用奶计划”启动，就确定了“安全、营养、方便、价廉”的基本原则和“统一部署、规范管理、严格把关、确保质量”的工作方针，把学生奶的质量和学生饮奶安全放在十分突出的位置。2001年10月召开的第一次全国实施“学生饮用奶计划”工作会议，更以质量和安全作为会议的中心内容，会后开展的一系列工作也都是围绕学生奶的质量和安全问题展开。正是由于在工作中突出抓质量和安全，才避免了重大安全事故的发生，保证了“学生饮用奶计划”健康发展。青岛雀巢公司在这方面给我们树立了很好的榜样，该企业对学生饮用奶已经完全按照HACCP体系进行管理，从奶源、生产到配送建立了非常严格的规范的管理制度，使学生奶的质量和安全得到很好的保证。其他许多定点企业在这方面也有许多值得总结的经验。

在充分肯定过去工作成绩的同时，我们必须清醒地看到，实施“学生饮用奶计划”时间尚短，仍处于初始阶段，在发展进程中仍存在一些不容忽视的问题。一是管理体制和运行机制不完善。在协调组织内部部门职责不清，协调难度大，管理工作跟不上；工作机构不健全，缺乏必要的条件，难以适应工作的需要；还没有形成适合中国国情的、高效的学生奶运行机制，少数地方实行“双轨制”，除国家认定的定点企业和学生奶产品标准外，又自行认定省级甚至地市级的学生奶定点企业，执行低于国家学生饮用奶标准的地方学生奶质量标准，存在较大的安全隐患。二是企业行为有待进一步规范。还有将近一半的定点企业没有生产和供应学生奶，致使总体发展进程较慢；有的定点企业没有执行统一的学生饮用奶标准，没有按规定生产和向学校供应合格的学生饮用奶；有的不执行学生饮用奶只能直接向学校配送、不准在市场上销售的规定，将印有“中国学生饮用奶”专用标志的学生饮用奶推向市场。三是宣传教育工作有待深入。学生饮用奶的品牌形象还没有树立起来，目前一些学校、学生家长对“学生饮用奶计划”了解不够，不能区分合格的学生奶和假冒的学生奶，一些孩子处于被动饮奶的状态。四是社会各界参与不够。如何让社会上更多的团体和个人关心、支持和参与学生奶工作还是一个需要认真研究解决的问题。以上问题的存在，是由于“学生饮用奶计划”是一项全新的工作，上下都缺乏经验，产生一些问题在所难免。但是有些问题如果任其发展下去，将会干扰“学生饮用奶计划”的实施，造成严重的后果，必须切实采取措施认真加以解决。

二、新时期工作的思路与目标

当前，实施“学生饮用奶计划”进入了一个关键时期，面临新的发展形势，迫切要求我们进一步理清工作思路，确定今后的发展目标。为此，必须从新的高度，正确认识实施国家“学生饮用奶计划”的重要战略意义，坚定不移地将“学生饮用奶计划”继续向前推进。应当看到，实施“学生饮用奶计划”是贯彻“十六大”精神、落实“三个代表”重要思想的体现。除了我们原来讲的对改善青少年营养健康、调整农业结构等重大意义外，其重要的战略意义还可以从以下几方面来认识：一是实现全面建设小康目标的需要。全面建设小康社会要求人民的生活更加富足，生活质量要有大的提高。实施“学生饮用奶计划”，要解决的是合理的饮食结构和营养问题，是提高生活质量的重要方面。今年1月，胡锦涛总书记在蒙牛乳业视察时说：“牛奶本身就是温饱之后小康来临时的健康食品，不仅小孩喝、老人喝，最重要的是中小学生都要喝上牛奶，提升整个中华民族的身体素质。”这是中央领导站在战略高度对“学生饮用奶计划”的肯定，也是对我们工作的巨大激励和鼓舞。二是建设现代农业、促进农民增收的需要。十六大的报告指出：“建设现代农业，发展农村经济，增加农民收入，是全面建设小康社会的重大任务。”奶业是最具现代性的产业，其发展需要有高投入和高科技的支撑，需要发育完善的市场。通过实施“学生饮用奶计划”开拓市场，促进企业提高经营管理水平，必然拉动奶业快速发展，从而推动整个农业的结构调整和现代化进程，促进农民增加收入，最终有利于“三农”问题的解决。三是转变政府职能、完善社会政策的需要。实施“学生饮用奶计划”，政府主要从制定政策法规、宣传引导、质量监管等宏观层面创造良好的环境，发挥引导和促进作用，不干涉企业的具体生产经营活动，这将为政府职能的转换提供经验。实施国家“学生饮用奶计划”也是一项重要的社会政策，充分体现了党和国家对青少年的极大关心，已经列入国务院发布的《中国儿童发展纲要 2001—2010》和《国务院关于基础教育改革与发展的决定》

两个重要文件，将来还要进一步解决好贫困家庭儿童和贫困地区儿童的喝奶和健康问题，这都是促进社会均衡发展要解决的政策问题。四是与国际接轨、借鉴当代文明成果的需要。目前，全世界有几十个国家采取不同的方式开展学生奶计划，联合国每年都要召开国际会议，交流有关经验。中国作为一个人口最多的发展中国家，应该跟上世界的发展趋势，与国际接轨。坚持与时俱进、开拓创新，是一个民族进步的灵魂，一个国家兴旺不竭的动力，这就要求我们吸收、借鉴当代人类文明的有益成果，推动制度、科技、文化的创新。实施国家“学生饮用奶计划”正是借鉴世界许多国家的有益成果和经验、结合我国的实际做出的一项重要的制度安排，其中有不少创新的成分，这已为世界所公认。总之，实施“学生饮用奶计划”决非一时的权宜之计，而是一项关系国家、民族根本利益的长远大计，是一项必须长期坚持下去的重要战略任务。

根据以上的认识和形势发展的要求，今后一段时间我们的工作思路是：认真贯彻十六大精神，围绕全面建设小康目标，与时俱进，开拓创新，夯实基础，完善体制，加强监管，确保安全，树立品牌形象，调动和发挥各方面的积极性，推进“学生饮用奶计划”健康发展。

到 2010 年争取实现以下目标：

——形成稳定的有优质奶源和质量保证的定点企业群。通过正规程序汇集全国最优秀的乳品企业，定点企业全部完成 HACCP 体系的认证工作，学生饮用奶的质量 100％达标，杜绝饮奶安全事故的发生。

——建立与完善适合我国国情的学生饮用奶计划管理体制和运行机制。完善各级学生奶协调组织和工作机构，明确职责，形成制度，有危机处理的组织和预案，建立完善的监管体系，形成政府主导、市场运作、企业学校和社会参与的高效的运行机制。

——完善政策、法规体系，实现对学生饮用奶的法制和规范管理。对已经出台的政策法规进行修订和完善，根据需要制定和出台新的法规，并争取通过立法程序将“学生饮用奶计划”纳入国家的有关法律，实现从学生饮用奶的奶源、乳品生产、配送到学校组织饮用的全程法制和规范管理。

——实施范围扩大到全国多数大中城市，并逐步增加供奶数量。初步计划，经过两三年推广到全国 40 个以上大中城市，日供奶 300 万份左右，饮奶人数约占全国城市普通中小学在校学生的 8％左右。经过五到六年的时间，扩大到 100 个以上城市，日供学生奶 700 万份左右，饮奶人数约占全国城市在校中小学生的 20％左右。到 2010 年，推广到全国更多的城市和有条件的县镇，日供学生奶 1 000 万份以上，约占全国城市在校中小学生的 30％左右（以上学生人数的百分比其基数中不含县镇学生人数和幼儿园的孩子）。

提出以上工作目标的基本出发点是，要在保证学生奶质量和饮奶安全的前提下，谋求稳步发展。上次工作会议把重点放在质量和安全上是完全必要的，今后仍然要十分重视质量和安全，但是不能因此否定稳步发展的重要性和必要性，两者应该是辩证统一的。如果不重视质量和安全，有违实施“学生饮用奶计划”的初衷，也无法将此计划继续实施下去；如果不谋求稳步发展，“学生饮用奶计划”将失去存在的意义。对这个关系，我们必须有一个明确的认识。

同时我们应该看到，以上工作目标经过努力是完全可以实现的。这是因为：第一，我们已经有了一个较好的工作基础，大的工作框架已经搭建起来了，而且开局良好。第二，十六大以后，在“全面建设小康社会”的奋斗目标下，实施“学生饮用奶计划”的社会、政策环境将进一步改善。第三，已经拥有一批具有较强实力的定点企业，无论生产能力和技术条件，都能够胜任未来的任务。第四，随着我国奶业的快速发展，实施“学生饮用奶计划”的物质基础将更加充实，到 2010 年如果实现日供学生奶 1 000 万份的目标，每年需要消费牛奶约为 64 万吨左右，还不到当时全国牛奶预计产量的 2％。尽管比重不是很大，但在改善青少年营养健康状况、促进农村产业结构调整和我国奶业发展等方面的作用将更加明显。我们在目标中提出的量化指标，是留有充分余地的，主要是为了便于检查工作的进展和成效，各地方和城市要从实际出发，条件好的可以发展快一点，条件差的可以慢一点，暂不具备条件的也可以暂时不搞，总之，不“一刀切”，更不要层层提出不切实际的指标，防止片面追求数量而影响质量和安全。

三、实现目标的主要措施

实施国家“学生饮用奶计划”是一项需要长期坚持的工作，有一个逐步完善和深入的过程。从面上的情况看，各省、自治区、直辖市的条件不同，“学生饮用奶计划”启动时间有先有后，进展情况也不一样，因此各地学生奶工作机构和定点企业应根据自身情况制定自己的工作计划和具体落实措施。下面，仅就总体的工作措施提出几点意见：

（一）完善学生奶管理体制和运行机制

“学生饮用奶计划”是一项政府领导下的长期专项工作，涉及面广，责任重大，必须建立和完善一种有效的管理体制和运行机制。下一步的主要工作：一是要充实完善协调组织和办公机构。目前已经建立起来的三级协调组织和办公机构，总的看还不完善也不够有力，难以适应工作的要求，应主动争取当地政府、部门领导的支持，在人员、经费、办公条件等方面给予保证；在协调组织中，领导人员发生变动的，要及时增补和充实；有的办公机构放在下属企、事业单位而工作又拿不起来的，应考虑进行调整。二是要明确各部门职责。参加协调组织的各政府行政部门，要根据政府职能明确职责和分工，将“学生饮用奶计划”，列入本部门的经常性工作，例如农牧部门主要负责奶源基地建设的指导和政策支持；教育部门负责学生奶在学校的落实和管理工作，把好学生奶进校关；质检、卫生部门主要负责学生奶的质量和卫生方面的检查和监督；宣传部门负责有关学生奶计划的宣传工作等。三是要加强部门间的协调和合作，发挥各自的职能作用。各学生奶办公机构要通过一定的方式，及时将学生饮用奶计划运行中的情况和问题向有关成员单位沟通和交流，凡涉及实施“学生饮用奶计划”中的重大举措，应在进行沟通和协调后再采取措施。四是要重申全国统一认定定点企业和学生奶的质量标准的规定。地方学生奶工作机构和行政部门不能自定标准认定地方一级的定点企业，也不能降低学生奶的质量标准，用市场上的一般奶制品作为学生奶推向学校。

在完善学生奶管理体制的同时，逐步建立与完善政府主导、市场运作、企业学校和社会参与的高效运行机制，实行有限的市场竞争。包括对定点企业严格考核和有进有出的动态管理机制，对学生饮用奶产品卫生、质量和饮奶安全进行严格监管的机制，学生饮用奶的风险管理、危机处理和预警机制，动员社会和新闻媒体对学生奶进行监督和信息反馈的机制等。

（二）加强监管，建立良好的学生奶供应秩序

全国有乳品企业 1 600 多家，已经认定的学生奶定点企业只有 48 家，你们是全国乳品企业中的佼佼者。国家把定点企业的牌子给你们，是国家对你们的极大信任，随着宣传的深入和“学生饮用奶计划”的推进，这块牌子的含金量将大大提高。但是，作为定点企业，在享有国家赋予的权利的同时，应该同时承担起按照规定标准生产、配送合格学生奶的责任，不能只享有权利，不尽责任。大家还应该看到，“学生饮用奶计划”的实施，为定点企业开辟了一个潜力很大的市场，提供了新的渠道，有远见的企业家应该抓住机遇，用自己高质量的产品去占领市场，而不应该局限于眼前的利益得失，犹豫观望，停步不前。在这点上，应该学习上海光明的做法。在此，我还要提请代表们注意，“中国学生饮用奶”是以国家信誉铸造的一块金牌，也是所有定点企业共同拥有的一笔巨大的无形资产，大家应该珍惜她，爱护她，维护她的声誉，共同努力将其培育成为中国和世界的名牌。为了建立良好的学生奶供应秩序，重点应从以下几方面加强监管工作：一是开展对定点企业学生奶产品质量、包装、标志、配送组织达标和检查活动（具体办法另定），发现违规情节要限期整改，对长期不达标的定点企业要进行查处。二是要求定点企业在取得资格后，要尽快生产和向学校供应学生奶。今后要将定点企业生产供应学生奶的数量、质量和安全情况同时作为考核的内容，无合理原因长期不生产学生奶、质量不合格发生安全事故的，要提出警告或根据情况进行查处。三是重申学生奶必须向学校配送、不进入市场销售的规定，对无视这一规定的要进行曝光或查处。四是定点企业要按照规定，经城市学生奶工作机构或教育部门同意后，才可向学校供应学生饮用奶。特别是异地供奶的企业，要遵守当地学生奶工作机构和教育部门的具体规定。五是各省、市学生奶工作机构，要开放学生奶市场，要为外地的定点企业进入本地供奶提供方便条件，过去有的城市设置的限制外地定点企业进入的规定应予撤销。

（三）加强学校对学生奶的管理工作

学校是实施“学生饮用奶计划”的重要环节，承担着学生饮奶的组织和管理工作，这个环节的工作搞得怎样，直接关系学生奶的推广进程。为了抓好这方面的工作，各地学生奶工作机构要积极配合教育部门落实教育、农业两部《关于加强“学生饮用奶计划”管理的意见》（教体艺〈2002〉16号文件），使学校领导提高认识，积极参与“学生饮用奶计划”，并将其作为一项经常性工作，进行妥善安排，把好学生饮用奶进校关，加强各个环节的管理工作，搞好宣传教育（包括对乳糖不耐的宣传），建立危机处理机制和预案，形成良好的工作秩序。学校每年都有新生入学，因此宣传教育要长期进行下去，并不断补充新内容。定点企业要搞好配送服务，及时发现并帮助解决学生奶配送和饮用过程中出现的问题。

（四）帮助定点企业建立 HACCP 管理体系

为了使学生饮用奶的质量和学生饮奶安全从源头上和生产过程的各环节得到保证，我们要求所有定点企业都要逐步建立 HACCP 管理体系。部际协调小组办公室今年上半年要拿出具体方案，继续组织企业骨干培训，并选择几个定点企业进行试点，2004 年开始推开，到 2005 年全部定点企业都要建立 HACCP 体系，凡没有通过 HACCP 认证的定点企业，三年期满不再给予定点企业的资格认证。我们这样做的目的是为了保证学生饮用奶的质量和安全，但是 HACCP 体系的建立，对于企业来说却是为你的全部产品提供了质量安全的保证，这对企业的生存和发展，以至提高企业的核心竞争力都有极为重要的意义。因为入世后，随着奶业市场的国际化，能够在市场竞争中取胜的，只有那些建立了公认的质量管理体系、产品质量有保证的企业。国家学生奶办将组织专家小组，对有关建立 HACCP 体系问题进行指导和提供咨询服务。

（五）进一步加强宣传工作

要围绕树立“中国学生饮用奶”的正面形象和培育打造名牌的目标，加大宣传工作的力度，利用多种宣传手段，增加信息交流的通道，使实施“学生饮用奶计划”的方针、政策、有关的知识进一步深入到社会各阶层，深入到学校教师、学生和家长。其重点：一是建立“中国学生奶”网站；二是出版学生饮用奶专刊；三是利用公益广告进行宣传；四是在中国学生营养日和国际学生奶日组织大型宣传活动；五是出版指导“学生饮用奶计划”发展的书籍。国家学生奶办专门制定了宣传计划，各地学生奶工作机构和定点企业要积极配合，除了积极参加统一组织的宣传活动外，还要配合地方教育部门和学校开展生动的、有针对性的多种形式的宣传活动。

（六）扩大社会参与“学生饮用奶计划”的通道

在上次工作会议的讲话中，我曾提出要研究争取国内外组织和社会各界支持或资助“学生饮用奶计划”实施的方式，用于开展有关研究工作、加强监测体系的建设、解决困难学生饮奶问题等。现在看来，这个问题显得十分重要，也很迫切。因为，随着“学生饮用奶计划”的发展，有些问题单靠政府有限的经费支持难以解决，迫切需要整合社会资源，扩大国际间的交流与合作，调动社会各界参与、支持和资助“学生饮用奶计划”的积极性。会后，学生奶办公室要尽快拿出方案，经过论证以后付诸实施。各地方学生奶工作机构也可以根据自身实际情况，探讨具体的办法和途径。

刘成果理事长在中国奶业协会四届二次理事会暨2003年会上的工作报告

这次会议是中国奶业协会自去年10月换届以来召开的一次重要会议，除举办中国国际奶业展览会外，会议期间还将同时召开四届二次理事会，举办中国奶业的高层论坛，研讨和交流我国奶业发展的重大问题。许多国外知名企业参加了这次会议。会议内容比较充实、丰富。下面我讲三个问题：

一、我国奶业发展面临的新形势

如何认识我国奶业发展的形势，是业内人士普遍关心的问题，因为只有认清形势，才能把握全局，形成正确的工作思路和对策。在2002年10月召开的中国奶业协会第四次会员代表大会上，我讲了一些意见，现在看我国奶业发展形势与一年前相比总的走向没有大的变化，但发展的脉络更清晰了。下面根据一年来的新情况，再谈一些看法，供大家参考。

近年来我国奶业已经步入快速发展的新阶段，发展速度连续几年超过两位数。近一年来，奶业发展形势更呈现以下三个特点：

（一）原料奶生产、乳品加工、消费同步快速增长

在奶源生产方面，2002年是近年来增长幅度最大的一年。据统计，良种和改良种奶牛年末存栏687.3万头，比上年的566.2万头增长21.4%；奶类总产量1 400.4万吨（其中牛奶1 299.8万吨），比上年的1 122.9万吨增长24.7%。2003年以来，从各地反映的情况看，仍保持了很好的发展势头。

在乳品加工方面，2002年全国乳制品产量93.2万吨，比上年的74.29万吨增长25.45%；液态奶产量355万吨，比上年的246万吨增长44.3%；乳制品产值373.6亿元，比上年的291.68亿元增长28.1%。增长幅度与原料奶生产的情况接近。据国家统计局资料，2003年1～6月与上年同期相比，乳制品产量增长30.87%，液态奶增长63.27%，乳制品工业产值增长36.82%，销售收入增长39.35%。

在消费需求方面，总体上仍然处于上升趋势。目前，我国奶制品的消费仍集中在大中城市，增幅保持在20%～30%，并逐步向小城市扩展。2002年北京人均消费奶制品达40千克，2003年1～5月与去年同期相比，北京增长19.6%，增幅略有降低；过去消费较少的城市如天津、重庆，2002年消费分别为22千克、23.5千克，2003年1～5月同比增长40.8%和35.5%。

（二）产业的整体素质和经济效益有所提高

我们欣喜地看到，我国的奶业在快速增长的同时，整个产业的素质也在提高。主要表现在三个方面：一是产业的集中度在提高。一些乳品加工企业通过股份制改造和强强联合等要素整合方式形成了一批有实力的奶业集团，众多中小乳品企业与实力较强的企业联合或并入大型乳品企业、企业集团。2002年，销售额排名前10位的企业，共完成销售收入183.4亿元，占全行业规模以上企业的53%；利税总额近22亿元，占规模以上企业的60%，分别比上年增加4.8和16.9个百分点，这表明大型龙头企业的规模在扩大，竞争实力有所增强，这将有利于应对入世后我国奶业面临的国际竞争。二是乳品加工企业与奶源基地关系的紧密度在加强。不少加工企业更加重视奶源基地建设，并采取为奶牛养殖户提供贷款或担保、实行保护价收奶、提供优质服务、加强挤（收）奶站服务功能等多种措施，少数乳品企业还吸收奶农入股，使生产、加工、销售各个环节关系更加密切，并开始向“利益共享、风险共担”的利益共同体方向发展。三是奶牛饲养的组织化程度在提高。为适应我国奶业产业化发展的需要，一大批突破庭院经济局限、开展专业合作、实行适度规模饲养的奶牛养殖小区在各地建立，有的地方成立了奶业合作社，提高了原奶生产的科技含量和劳动生产率。同时，不少地方由奶农自发组织成立了奶农（业）协会，开展多种服务，并承担起与加工企业协商原料奶的价格，在维护奶农利益方面发挥了作用。四是乳制品的花色品种显著增加，商店和超市里乳制品琳琅满目，更好地满足了人们不同的消费需要，同时也说明企业更注重研究市场和消费需求的变化，不断开发出更多适销对路的新产品。以上四个方面的变化，反映出我国奶业的产业素质有所提高，这对提高乳品企业经济效益产生了积极的作用。据国家统计局对国有乳品企业和销售收入500万元以上的非国有乳品企业的统计，2002年利税总额40.91亿元，比上年增长28%；2003年1～6月，利税总额达25.20亿元，比上年同期增长40%。

（三）奶业市场的竞争进一步加剧

当前奶业市场的竞争有进一步加剧的趋势，有的新闻媒体称为群雄逐鹿的“战国时代”。仔细观察，乳品企业之间的竞争，实际上是分层次的，大致可分为几个“板块”：第一板块是具有较强实力和全国品牌的新老乳业巨头；第二板块是拥有地方知名品牌和区域市场并日益壮大起来的乳品企业；第三板块是立足中小城市和地方市场的大批小企业。还有新涉足乳业领域且拥有雄厚资本实力的企业，他们属于哪个板块要作具体分析，他们中有的可能进入第一板块，有的属于第二板块，总之是乳业中一股不可小看的重要力量。几大板块中的企业实力不同，处境不同，竞争对象不同，应对措施也不一样。处于第一板块中的企业，虽然实力强大，品牌知名度高，市场覆盖面广，但是本身的压力也很大，特别是在京、津、沪等消费群体比较成熟的市场，除了乳业巨头之间的竞争，还要应对外资企业和业外资本的竞争、区域品牌的联手阻击，如何在守住原有阵地的同时谋求新的发展，是这些企业面对的共同问题。处于第二板块的企业，不但面临乳业巨头的威胁，还要提防外资企业的吞蚀和众多小企业的围追堵击。占乳品企业绝大多数的地方小企业，虽处于乳业竞争的边缘地带，但处境更为艰难，基本只能在夹缝中寻找生存空间。乳业市场的竞争看起来纷繁复杂，但是竞争的重点基本上还是围绕争夺奶源、争消费市场、争要素投入，以及人才、技术、管理、服务等方面展开，总之已经从过去侧重于某个方面的竞争转变为综合实力的竞争，而且各大板块的企业之间、中资企业与外资企业之间、乳业与其他相关企业之间，也存在复杂多变的竞争形势。这些在市场经济大潮中按照统一游戏规则开展的竞争，是正常的，不可避免的。这种竞争，有利于资源的合理配置，有利于提高企业的技术和管理水平，有利于整个产业的发展。

以上几点，是当前我国奶业发展的主流，因此总的发展形势是好的。对于今后几年我国奶业发展的基本趋势，我赞成一些专家和业内人士的看法，总体上持积极的乐观态度。我认为今后5至10年甚至更长时间，我国奶业仍将保持快速发展的势头。奶牛存栏和原料奶产量将继续增加，布局将向优势区域集中；加工企业的规模将进一步扩大，产业化程度和行业的集中度将进一步提高；奶业在国民经济中的比重将会加大，并将成为区域经济的新增长点和农民增收的重要途径。之所以做出这样的判断，有两方面的依据：一方面是产业内部存在巨大的发展动力，实质是利益驱动。这种利益驱动体现在原料奶生产和加工企业两头都有较好的经济效益。一般说，农民养一头奶牛一年可从产奶和犊牛获得3 000～5 000元的收入，高于从事其他养殖业和种植业收入，因此农民有很高的积极性；在乳品加工方面，据测算，每加工1吨鲜奶搞好了企业可得到500元左右的盈利，所以加工企业也有积极性。这两种来自产业内部的积极性加在一起，就形成奶业发展的一种巨大驱动力量，近年各地掀起的“奶牛热”其主要根源就在于此。另一方面是外部环境条件有利于奶业的发展，近年来我国已经形成了一个十分有利于奶业发展的大环境：一是党的十六大提出了全面建设小康社会的目标，要求人民的生活更加富足，生活质量有大的提高。发展奶业是改善居民的饮食结构和营养状况、提高生活质量的重要方面。今年1月，胡锦涛总书记在蒙牛乳业视察时说：“牛奶本身就是温饱之后小康来临时的健康食品，不仅小孩喝、老人喝，最重要的是中小学生都要喝上牛奶，提升整个中华民族的身体素质。”这是中央领导站在战略高度对发展我国奶业的高度重视和肯定，必将对奶业发展产生巨大的推动作用。二是国家在产业政策上将奶业作为重点支持的产业，各级政府都给予足够的重视和政策倾斜。2002年农业部制定了《奶业优势区域发展规划》，今年开始全面组织实施；科技部去年启动的"奶业专项"，在项目示范区已全面开展，对奶业科技和产业化示范投入近5亿元资金，是过去从未有过的；各级地方政府和部门也加大了支持的力度。其实政府重视和支持奶业发展，也有一个利益驱动问题，因为通过发展奶业可以"一箭双雕"：农民增收，可以推进农业的发展和保障地方的稳定；加工业发展，可以增加税收。据测算，政府从企业加工每吨鲜奶中，可收取增值税200多元、所得税100多元，两项相加约400元。三是消费市场潜力很大。目前，我国居民奶制品消费水平还很低，根据一些国家的经验，居民奶品的消费与国家经济的发展水平有关。例如，日本在1958年人均GNP284美元时，人均牛奶的消费量为12千克，到1970年人均GNP1 690美元时，人均牛奶消费量增加到50.1千克；韩国1970年人均GNP为252美元时，人均占有牛奶1.6千克，到1980年人均GNP1 592美元时，牛奶的人均占有量增至19.8千克。随着我国全面建设小康社会的推进，国民经济持续增长，居民收入的增加，奶制品消费水平必将有大的增加。

必须指出，在预测我国奶业今后若干年仍将持续发展的同时，也要清醒地看到在某一阶段和某些局部地区发生波动的可能性。这种阶段性、局部性的波动虽然不会改变全国奶业总的发展趋势，但是如果不采取有效的预防措施，将会对全国奶业发展产生一定的影响，有时甚至是巨大的影响，因此，应该引起我们的高度重视，绝不能掉以轻心。我认为，可能对我国奶业发展产生不利影响的因素主要有以下几点：一是奶牛和原料奶的质量问题。要承认目前我国良种奶牛数量少、奶牛和原料奶总体质量不高的现实，它与我国奶业的快速发展形势形成巨大的反差。有的地方确实存在单纯追求奶牛头数增加、不重视奶牛质量的现象，导致奶牛良种覆盖率低，平均个体产奶水平低下；许多地方奶牛养殖规模小而且分散、动物防疫体系薄弱、机械化挤奶比例较小，影响了奶牛的健康和原料奶质量。如果这种情况长期存在下去、不尽快改变的话，必将影响到整个奶业的健康发展，同时也会使我国奶业在与国外奶业的竞争中处于不利地位。二是奶业的市场竞争秩序问题。前面谈到，正常的、有序的市场竞争，有利于行业的发展，竞争也是在更高层次上的合作。但是，现实生活中，确实存在无序的、扭曲的竞争，如采取竞相杀价、概念炒作、欺骗宣传、弄虚作假等不讲诚信的手段进行过度、不正当的竞争，这种竞争会导致奶业市场的混乱，消费者对产品失去信任，最终受损害的是整个行业，这就迫切要求加强行业自律和对乳品市场进一步规范。三是行业的协调发展问题。包括奶牛养殖与加工环节之间、奶业发展与消费需求增长之间、国产乳品与进口乳品之间都存在一个协调和比例关系问题，需要很好地把握，并遵循自然规律和经济规律。盲目追求发展速度、搞重复建设，进口乳品过多，都会给产业发展带来不利的影响。许多专家认为，按照奶牛生长繁殖的规律，年增长10%左右是正常的，超常规增长在短期内可以，但不可能持久，因此，各地在制定发展计划和指导工作上应保持清醒的头脑，不要热过了头。四是产品的质量和安全问题。奶业不同于其他产业，由于产品的易腐性和不耐储存的特点，对产品质量和安全有更高的要求，必须绝对保证产品的质量和安全。即使是个别企业的劣质产品，受损害的不仅是企业本身，更可能对整个产业带来破坏性影响，这绝非危言耸听，今年3月发生的海城学生豆奶中毒事件就是一个典型例子，虽然它不属于奶业范围，但对我们有很强的警示作用。这件事的恶劣影响不仅危及东北三省学生豆奶计划的继续推行，而且影响到国家"学生饮用奶计划"的实施，有的地方因为怕再出中毒事故，连学生奶、营养午餐也不让进入学校了。这个教训必须吸取。

二、一年来协会开展的主要工作

奶业协会第四次会员代表大会以后，在上级主管部门的关怀下，在各会员单位的大力支持下，今年重点抓了一些涉及奶业发展的基础性工作，并努力拓展为企业服务的新途径。上半年虽受非典影响，但有的工作已经见效，有的工作正在进行中，整个协会工作有了新的进展。

（一）加强了协会的组织建设

组织建设是协会开展工作的基础。换届后，我们主要抓了三个方面的工作：一是开展会员登记工作，制作了团体会员标牌、团体会员证书、个人会员证书，并已开始发放。到这次会议前为止，经登记的中国奶业协会正式团体会员有462家，个人会员387人。在对原有会员进行登记的同时，我们还积极发展新会员、壮大会员队伍，到9月25日为止又有49个单位申请入会，这次年会上我们将提交理事会审议通过。二是按照四届一次理事会关于成立专业委员会的意见，经反复协商，已于2003年7月完成了中国奶业协会育种专业委员会、繁殖专业委员会、饲养与饲料专业委员会、卫生保健专业委员会、奶业经济专业委员会、乳品工业专业委员会、信息专业委员会七个专业委员会的组建工作。明确了各专业委员会的职能定位、工作任务、机构及人员组成和近期工作的重点。人员组成不但具有代表性，同时又具有一定的权威性，包括企业、技术推广部门、教学科研机构的专家、学者、学科带头人等一大批专门人才。三是加强了秘书处的工作，充实了工作人员，改善了工作条件，进一步完善了各项规章制度，使协会的工作有章可循。

（二）加强信息体系建设

为了更好地为会员和我国奶业发展服务，换届后，我们始终把信息体系建设作为一项重要工作来抓，由克佳秘书长亲自担任信息专业委员会主任。一是在部委有关部门的支持下，抓紧进行“全国奶牛数据处理中心”项目建设，现已完成土建改造，第一期设备已安装调试完毕。建成后可为全国荷斯坦奶牛登记、生产性能测定、育种等工作提供服务。二是经与原中国乳业信息网磋商，将中国奶业协会信息网与中国乳业信息网合并，建立新的“中国奶业协会信息网”，已于9月1日正式开通。内容从养殖、加工到市场整个产业链，国内国际行业发展动态、新技术、最新政策与信息等。我们的目标是把网站办成行业内内容最丰富、信息最及时、涵盖面最广、真正受读者欢迎的一流网站。欢迎各会员单位充分利用，可以从“中国奶业协会信息网”获取有益信息，宣传自己，发布信息，刊登广告。三是在继续办好会刊《中国奶牛》杂志的同时，我们又同《中国食品报》合作，协办“乳品专刊”，同《中国乡镇企业报》合作，创办中国奶业专刊，为企业和中国奶业的健康发展提供了更广阔的宣传阵地。四是为了全面系统地反映我国奶业发展的进程，促进中国奶业的发展，经农业部批准，正式出版了中国奶业协会组织编撰的《中国奶业年鉴》（2002）首卷本，受到广泛的好评。为了把《中国奶业年鉴》办成为具有权威性、科学性、完整性、史存性和可读性的大型工具书，希望奶业界同行和有关方面给予大力支持和协作，共同把年鉴办好。

（三）筹办“中国国际奶业展览暨高层论坛”

为了推动奶业的健康发展，充分体现行业协会为奶农、企业、政府服务的宗旨，在年初的理事长办公会上，我们研究决定在召开中国奶业协会年会、理事会、常务理事会的同时，举办“中国国际奶业展览暨高层论坛”，包括四个方面的内容：一是展览会。共有100多个单位参展，展位面积6 000多平方米，包括奶源基地建设、乳品加工、乳品加工机械、添加剂、包装等。二是年会报告会。除工作报告外，协会邀请了农业部、科技部、中国农业大学、中国农科院等国内外专家就行业发展的重点、热点、焦点问题作专题报告。三是中法合作交流日活动。由协会同法国大使馆共同举办，由法国专家介绍法国先进的管理、加工等技术，目的是提升国内企业的竞争力。四是企业家论坛。是给企业提供一个交流、借鉴、合作的平台，共同促进行业发展。由于我们第一次组织这样的活动，经验不足，难免有不足之处。会后，我们将认真总结，并召集相关人士座谈，征求意见，力争把明年的活动搞得更符合行业和企业发展的需要。

（四）积极推进鲜奶标识制度出台

鉴于目前市场上液态奶销售状况和一些企业的要求，经过一段时间的酝酿和准备，由中国奶业协会主办，北京市奶协、天津市奶协、上海市奶协、广东省奶协、广州市奶协、武汉市奶业管理办公室和大连市奶协联合支持，我们组织召开了“鲜奶标识与奶业健康发展研讨会”。农业部、国家学生饮用奶计划办公室、科技部、国家质检总局、国务院发展研究中心、中国乳制品工业协会、中国消费者协会、各地主要奶业协会等单位的领导、专家和奶业企业家和领导，20多家知名企业以及新闻单位近百人出席了此次研讨会。通过会议研讨，对尽快建立我国的鲜奶标识制度的必要性和重要性形成了共识，我们将研讨情况及时向有关部门作了反映，引起了全行业和政府部门的重视，今后将继续为政府主管部门当好参谋，推进这项工作。

（五）各专业委员会工作初见成效

年初在研究组建七个专业委员会时，我们就强调职能定位要准，机构及人员组成要有代表性、权威性，工作重点要突出，要结合行业发展实际、大家关心的热点、焦点问题，集中力量办好一到两件事。现在看各专业委员会工作活跃，已初见成效。育种专业委员会现已召开三次会议：一是4月在南京，完成了专业委员会的组建，落实了修改“中国荷斯坦牛遗传改良方案”计划和分工，布置了2003年奶牛生产性能测定（DHI）、良种登记和公牛后裔测定工作；二是8月在黑龙江，进行了DHI的培训和交流，并研讨和修订了DHI技术规范和实施细则；三是8月在银川，完成了“奶牛体型鉴定规程”的修改。繁殖专业委员会8月在四川召开了“第十八次奶牛繁殖技术研讨会”，专题讨论了奶牛营养与繁殖、乳腺疾病控制、胚胎工程、新技术与新产品的推广运用等问题，评选出优秀论文，并印制了论文集。奶业经济专业委员会承担和开展了《中国奶业国际竞争力“国家钻石模型”的测度和分析》、《实施“学生饮用奶计划”对经济发展的影响》等课题研究，对有关部门和地方进行政策咨询等方面积极开展工作，并取得初步进展。此外，乳品工业专业委员会在组织奶业科普宣传、筹备HACCP管理系统培训，饲养与饲料专业委员会在建立奶牛养殖标准化示范基地、编写《奶业发展战略》一书，卫生保健专业委员会在开展“增乳灵”试验研究、组织基层技术培训等方面都开展了积极、有效的工作，为今后全面开展协会工作打下了很好的基础。

（六）配合国家食品药品放心工程积极开展工作

根据《国务院办公厅关于实施食品药品放心工程的通知》（国办发［2003］65号）精神，国家食品药品监督管理局7月28日召开有关协会、学会负责人会议，就贯彻落实由国家食品药品监督管理局牵头，公安部、农业部、商务部、卫生部、工商总局、质检总局、海关总署共同制定的《食品药品放心工程实施方案》，提出了要求，我们专门召开了理事长办公会，进行了认真研究，并将落实方案上报国家食品药品监督管理局，我们将按照协会的职能和条件准备在“奶制品放心工程”、保证奶制品安全方面积极开展工作。此外，为了配合“食品药品放心工程”的宣传工作，我们还组织编写了“饮奶与健康”方面的50多个小题目和10篇宣传材料。为抓好企业信用建设，最近协会还组织了三鹿、伊利、光明、蒙牛、完达山、三元六家大型奶业企业向全国奶制品企业发出了“规范企业行为，让广大消费者喝上放心奶”的倡议书，以加强行业自律。

（七）开展调查研究和国际交流

2003年协会主要领导分别到河南、陕西、内蒙古、河北、黑龙江、北京、天津等地的奶源基地、养殖小区、乳品加工企业进行实地调查研究，最近又组织了赴台考察，对协会工作很有帮助，今后还要继续加强。

同时积极开展国际交流与合作。中加奶牛育种项目的续建项目已同加方代表达成继续合作意向。今年协会还同澳大利亚、法国、荷兰、新西兰、韩国、日本、美国等国家就奶业发展问题进行了交流，增进了解，促进合作。

2003年，是第四届奶业协会开展工作的第一年，上半年虽然受“非典”影响，但是各级地方奶业协会积极支持和配合中国奶业协会开展了大量的组织、协调、宣传、培训、咨询、调研、技术推广服务等工作，各会员单位的职工坚持生产，为促进奶业的发展和“非典”防治做出了贡献。我们虽然在协会工作中作了积极的探索，但肯定还存在许多不尽如人意之处，希望各位理事广开言路，坦诚提出意见和建议，我们一定会在今后的工作中，认真加以改进。

三、2004年工作的初步打算

2004年工作总的想法是：在党的十六大全面建设小康社会和“三个代表”重要思想指引下，弘扬“勤”、“智”、“诚”三个字为主要内容的协会精神，按照协会第四次会员代表大会对协会工作的职能定位、确定的工作思路和工作部署抓好落实工作，努力开创协会工作的新局面，促进我国奶业的健康发展。主要工作是：

（一）继续加强协会的组织建设

加强协会的组织建设是一项长期的任务。协会的组织建设包括两方面的工作：一是继续发展新会员，扩大协会的会员队伍。会员的多少反映协会的影响力和作用，同时也是协会开展各项工作的基础，要使中国奶业协会的会员（包括单位和个人）形成一个巨大的网络，争取做到凡有奶业的地方，就有中国奶协的会员。二是加强地方奶业协会建设，更好地发挥作用。要根据奶业产业化发展的新形势，加强各级奶协的组织建设，特别是基层奶协的组织建设，使奶业协会逐步形成为功能齐全、层次分明、运转高效的网络。地方奶协既是中国奶业协会的会员单位，又是中国奶协的工作支柱，没有地方奶协的配合和支持，我们的许多工作将无法开展。今后要继续加强地方奶协的工作，密切联系，及时沟通信息，反映他们的要求，推广他们的工作经验。

（二）抓好奶牛良种繁育几项基础性工作

抓好奶牛生产性能测定（DHI）、牛群定期的良种登记、青年公牛后裔测定、育种数据处理与种牛遗传评定等基础性工作，是建立奶牛良种繁育体系、提高我国奶牛整体质量的关键性措施。虽然中国奶业协会过去在农业部有关部门指导下负责开展了一些工作，但是远不能适应当今奶业快速发展的需要。明年要作为协会的一项重点工作抓好落实。一是组织专家完成《中国荷斯坦奶牛群改良方案》的修订工作。原方案是协会于 1994 年制定的，现已不适应新情况的需要，这次修订既要力求科学、规范，与国际接轨，又要符合我国的实际情况，有可操作性。二是继续开展全国奶牛生产性能测定（DHI）工作，在总结交流 2003 年工作的基础上，提出 2004 年的工作目标和具体措施，争取今后五年将 DHI 测定规模逐步扩大到每年 20 万头。三是组织修订《中国荷斯坦奶牛品种标准》，抓好荷斯坦奶牛品种登记试点工作。农业部畜牧兽医局已批转了中国奶协品种登记实施方案，先在奶业优势地区登记试行，逐步在全国开展品种登记工作，摸清我国奶牛资源的家底，为全国奶牛育种工作服务。四是继续进行青年公牛后裔测定工作，在完成修订《后测技术规范》的基础上，完成第 20、21 次后裔测定的数据收集、处理和遗传评定工作。

（三）进一步完善信息体系建设

完成“全国奶牛数据处理中心”建设项目是明年信息体系建设的重中之重。世界奶业发展的历程表明，良种奶牛是提高奶牛养殖整体水平的基础，而建立全国性统一的“奶牛数据处理中心”是奶牛群体改良工作基础的基础。为此，我们明年要集中力量把这件事办好，今年年底前完成全部设备安装和调试工作，明年上半年完成世界先进软件的引进工作，并启动运行。要求全国各地的奶牛登记及测定数据都要传输到“全国奶牛数据处理中心”，提供基础数据支持，然后通过软件支撑进行处理，形成有效的资料，为各级政府管理部门、企业和奶农服务。希望各地有关部门和测定单位顾全大局，积极配合，给予大力支持。

同时，我们还要下力气办好“中国奶业协会信息网”，争取办成一流的网站；办好一刊——《中国奶牛》，扩大发行量；提高两报——《中国食品报》的“乳业周刊”和《中国乡镇企业报》的“中国奶业专刊”的协办水平；提高《中国奶业年鉴》的编辑出版水平。

（四）落实“放心工程”，保障乳品安全

“食品药品放心工程”是党中央国务院实践“三个代表”的重要举措，奶制品的安全是其中的一个重点。一是要积极组织乳品加工和奶牛养殖企业（养殖场）进行 HACCP 体系的知识培训，推进 HACCP 体系的尽快建立、完善。抓好奶业企业的产品、服务、体系认证工作。二是积极配合国家“食品药品放心工程”的实施，按照上级的统一部署，组织好奶制品放心工程。三是加强对《食品卫生法》、《产品质量法》、《标准化法》等法律法规的宣传教育工作，贯彻落实《食品标签法》，为鲜奶标识制度的出台努力做好准备。四是积极配合政府主管部门，做好动物防疫工作。特别是在会员企业中，加强口蹄疫、布病和结核病的预防和净化工作，杜绝奶牛企业出售病牛，损害他人的做法，以保障奶牛业的持续健康发展，为消费者提供安全和优质的奶制品。

（五）开好中国奶牛发展大会，促进奶牛养殖业健康发展

为提高我国奶牛业专业化、规模化、现代化水平，提高奶制品质量和安全，促进农牧民增收，经农业部批准，定于2004年4月召开以“奶源基地建设与奶业健康协调发展”为主题的中国奶牛发展大会，围绕奶源基地建设与奶业健康协调发展展开讨论和交流，组织现场参观学习。会议还将表彰一批模范养殖小区及奶牛养殖场。

（六）加强奶业发展战略研究

开展我国奶业的发展战略研究，是当前中国奶业协会应该主动承担的一项具有深远意义的重要工作。1989年农业部根据欧共体派出的中—欧奶类发展项目评估团对我国奶业状况进行考察后提出的建议，组织荷兰奶业集团的6位专家和中国的17位专家，在对中国14个城市和农村进行深入调研后，提出了“中国奶业发展战略研究报告”，得到政府有关部门的高度重视，对我国改革开放后奶业的发展发挥了很好的作用。现在我国奶业的情况已经发生了很大的变化，迫切需要对我国奶业发展的历史经验和新的情况，进行深入的调查研究，全面分析我国奶业的发展进程、有利条件和限制因素，提出未来五年、十年或更长时间我国奶业发展的战略方向、战略目标、战略重点和战略措施，从而为政府有关部门制定发展规划、制定有关政策提供科学依据。研究发展战略与研究一般的工作计划有根本区别，其最大的不同点是：前者是长远的、全局性的，是战略性的；而后者则是短期的、较小范围的，属于战术性质。因此，研究发展战略要十分注意环境、条件的变化，要把眼界放宽，要有超前意识，要有新的思路。这项工作中国奶业协会将专门组织专家、学者负责，各专业委员会以及各地方奶协要积极配合，年底先拿出一个方案，明年开始展开工作。争取有关部门给予立题和支持。

（七）继续加强国际交流和合作

在2003年工作的基础上，首先继续争取“中加奶牛育种项目”的续建项目，这项工作已同加方达成共识，正在等待加方主管部门批准。落实后，我们将认真组织实施。同时协会要加强同其他国家的交流与合作，并有计划地组织会员单位出国考察、培训，更好地学习和借鉴国外奶业发展的经验。

全国实施“学生饮用奶计划”工作会议总结

农业部总经济师、农垦局局长、国家“学生饮用奶计划”
部际协调小组办公室主任　朱秀岩

（2003年2月26日）

这次全国实施“学生饮用奶计划”工作会议，在各有关部门领导的关心和支持下，在全体与会代表的共同努力下，即将完成预定的议程，圆满地结束。

会议期间，“学生饮用奶计划”部际协调小组负责人、农业部张宝文副部长作了题为《认真贯彻党的十六大精神，推进“学生饮用奶计划”健康发展》的主题报告，教育部、财政部、国家质检总局等国家机关部门领导同志分别作了重要讲话。这些讲话高度概括了过去几年“学生饮用奶计划”的工作成绩和经验，提出了今后工作的指导思想、目标和措施，具有非常重要的指导意义。广东省学生奶办、昆明市教育局、上海光明、青岛雀巢介绍了工作经验；蒋建平等几位专家围绕学生奶的有关问题作了专题发言，让大家开阔了眼界，增长了见识。与会代表通过会议交流、讨论，发表了很多好的意见。大家普遍认为收获很大。

下面，我结合会上讨论的情况和今后的具体工作，讲六点意见。

一、正确认识当前形势和下一步工作的指导思想

正确分析和认识“学生饮用奶计划”面临的形势，对理解好张部长在讲话中提出的工作指导思想，搞好学生奶工作很重要。结合张部长的讲话，我认为应该把握住以下重点：

一是要把握形势的主流。当前实施“学生饮用奶计划”的主流是什么？张副部长在讲话中说得很清楚，我们在短短3年时间，形成了一套专门的法规，建立了组织领导机构；汇集了全国比较优秀的乳品企业，成为生产配送学生奶的基本力量；结束试点，将学生饮用奶计划推向全国28个省会和大中城市；对改善学生营养、健康状况，对推进全国奶业发展和农村产业结构调整、农民增收等产生积极作用和影响；国际上对我们的评价很高，很多国家表示要向我们学习。更重要的是，党和国家领导同志对“学生饮用奶计划”一直给予高度重视和关心，李岚清副总理专门为“学生饮用奶计划”先后作了6次批示；特别需要指出的是胡锦涛总书记最近在考察奶业时关于要让“中小学生都要喝上牛奶，提升整个中华民族的身体素质”的重要指示，将使“学生饮用奶计划”的实施，得到更大的重视和支持，我们的政策环境和社会环境将得到更大的改善。这些都是形势的主流，是“学生饮用奶计划”今后发展的决定性因素。把握住形势的主流，我们就能够坚定信心，振奋精神，高屋建瓴、积极主动地做好工作。但是也要看到，除了主流之外，还有支流，甚至还有暗流、逆流。支流就是张副部长讲的工作中的不足与问题，例如体制与机制问题，企业行为问题，宣传教育问题等等，虽然是支流问题，也要认真加以解决，不然的话，有些支流问题也会发展成为影响大局的重大问题。所说“暗流”、“逆流”是什么？就是社会上有人出于不可告人的动机，利用网络和个别小报小刊，甚至写匿名信，污蔑、攻击“学生饮用奶计划”和从事此项工作的专家、工作人员，我们对此要有所警惕，不要受这种暗流和逆流的干扰。

二是要辩证地认识质量、安全与发展的关系。张副部长在讲话中提出要正确认识学生奶的质量、安全与稳步发展的关系问题，对此，我们应该进一步加深理解。我们一直把学生奶的质量和安

全放在十分突出的位置，反复强调，抓住不放，这是非常必要的。没有质量和安全，其他一切都谈不上。但是，在讲这个原则问题时，也要讲这是“学生饮用奶计划”发展进程中的质量和安全，没有学生饮用奶计划一定的发展，谈质量、安全就没有任何意义。两者应该是一种辩证、统一的关系。这与发展航空、航天事业中遇到的情况有相似之处。我们的态度是，既要谋求稳步发展，又要十分注意学生奶的质量和学生饮奶安全。应该指出，由定点企业按照文件规定标准生产的学生奶，质量安全是有保证的，学校可以放心地组织学生饮用。有些学校因为怕学生饮奶发生安全事故，就不让学生奶进入学校，这样的顾虑和做法是不必要的。同样，有的地方、有的定点企业，认为搞学生奶有风险，就犹豫观望，停步不前，不求发展，也是没有道理的。这种状况应该从提高认识入手加以改变。

三是要坚定信心，积极、稳妥地推进“学生饮用奶计划”。要推进“学生饮用奶计划”的健康发展，既要积极，又要稳妥。正确处理积极与稳妥的关系，是各地在实施“学生饮用奶计划”中必须十分注意的问题。积极是指地方工作机构要积极进行组织、协调和正确引导；教育部门和学校要积极开展宣传教育、组织好学生饮奶工作；定点企业要积极按照文件、法规的规定生产、配送学生奶。各级领导还要注意调动、保护企业、学校和社会各界参与的积极性，共同为推进“学生饮用奶计划”而努力。没有政府部门、企业、学校和社会各界积极性的充分发挥，“学生饮用奶计划”就很难取得实质性的进展。但是，光有积极性还不行，还要稳妥。主要是：工作计划要稳妥，工作进程要稳妥，安全措施要稳妥，一旦发生事故处理要稳妥。总之是一切从实际出发，不盲目追求速度，不搞高指标，稳扎稳打，实实在在，使“学生饮用奶计划”得到稳步、健康的发展。

过去 20 多年，我国经济持续高速发展，人民生活水平不断提高，营养健康意识的增强以及我国奶业的快速成长，为学生奶计划的实施提供了良好的基础。尤其是加入 WTO 和党的“十六大”的召开，我国进入了全面建设小康社会的新时期，所有这些都将为学生奶计划的实施创造更加良好的外部环境。此外，这三年我们的学生奶工作，已探索了不少切实有效的做法，不但开局良好，而且已经上路，只要我们坚持以往的成功经验，按照积极、稳妥的发展方针一步一个脚印地前进，在社会各界的共同努力下，我们相信，学生奶计划的明天会更加美好。

二、中国“学生饮用奶计划”的运行模式

目前，世界上有几十个国家在搞学生奶计划，但是各国情况不同，具体的运行模式也不一样。蒋建平先生的专题发言介绍了这方面的情况。中国“学生饮用奶计划”的运行模式是什么样的？这是许多外国朋友比较关心的问题，也是我们搞这项工作的同志应该认真研究的一个问题。因为，在制定和执行学生奶的政策、法规中，在制定中长期发展规划中，以及在平时开展工作中都会遇到这个问题。

运行模式实际上是一个国家根据自己的具体情况做出的一种制度安排，它通过一系列的政策法规来体现，带有很大的制度约束功能，是在战略谋划和考虑工作全局时必须遵循而不能随意违反的。当然，运行模式也不是一成不变的，它在发展中有一个逐步完善的过程。根据我们已经出台的政策、法规，我想把中国学生奶计划的运行模式简洁地用 4 句话、16 个字来概括，不一定准确，愿与大家探讨，这就是：政府主导，企业运作，学校参与，有限竞争。

政府主导。这是我国学生奶运行的核心，在 7 部委联合《通知》中的第二条讲的是“政府引导”，其含义相近，但我认为用“主导”比“引导”更准确一些。为什么必须由政府主导？这是由“学生饮用奶计划”本身的特殊性、重要性和我国的实际情况决定的，也体现了我国政府对这项计划的高度重视。在我们正式推出“学生饮用奶计划”以前，曾经有一些企业和社会团体组织“学生奶活动”，但是由于没有政府牵头和推动，出现了很多不好解决的问题，难以扩大规模，保证安全，实现持续、健康发展。怎样体现政府的主导作用？主要是通过制定统一的游戏规则（政策法规），统一认定定点企业，统一学生奶标准，统一部署工作和组织监管，统一组织大的宣传活动等。必须

指出的是，政府主导，不等于政府包揽一切，有的定点企业把希望寄托于政府给经费补助，给项目，给投资，否则就没有积极性，这种认识是片面的，也是不现实的。国外学生奶计划的实践证明，完全依靠政府出资推动的计划，都难以实现可持续发展。我国是一个发展中的大国，国家要办的事情很多，不能干什么事都指望政府包揽和付费。当然，这并不是说搞学生奶不要政府支持，关键在于政府的支持要找准着力点，从而起到“四两拨千斤”的作用，例如要争取政府在税收方面对学生奶有优惠政策，我们还要继续做出努力。

企业运作。在市场经济条件下要想把学生奶的事业做大，并且持续发展，必须以企业为运作的重要主体。这里讲的企业运作包括两层含义：一是学生奶的生产权只给符合条件经政府认定的定点企业；二是定点企业按照规定标准生产学生奶并负责配送到学校。明确这两层含义很重要，前者是限定参加学生奶计划的主体，并为此规定了严格的准入条件，其出发点是为了保证学生奶的质量和学生饮奶安全。后者则是明确必须按照规定标准生产学生奶，并直接配送到学校，而不能拿到市场销售。执行统一规定的标准很重要，同样是为了保证学生奶的质量和安全。而直接配送到校，一方面可以减少中间环节，可以降低学生奶的价格，以利于推广；另一方面，是为了树立学生奶的特殊品牌形象，不使学生奶成为市场上的一般性商品。如果学生奶成为市场上随处可得的一般商品，那就等于取消了学生奶计划。

学校参与。学生奶既然是学生在学校喝的奶，学校自然就是学生奶计划运行模式中很重要的环节。这几年的实践也证明，没有教育部门和学校的积极参与和配合，学生奶计划就不可能顺利推行。这次会议把各地方教育部门的领导请来，就是希望教育部门与各地方学生奶工作机构协调一致，按照两部文件的要求，抓好学生奶在学校的落实和组织管理等工作。

有限竞争。前面讲了，学生奶工作要健康持续地开展，必须以企业为主体，按照市场经济原则展开竞争。但学生奶是一个质量安全要求高的特殊商品，必须实行“有限竞争”，这里的“有限”，有四层含义：一是竞争的主体限于学生奶定点企业，非定点企业不在此范围内；二是竞争的产品品种，只限于定点企业按标准生产的学生奶，其他品种不在此列；三是竞争的场所是实施学生奶计划的学校；四是竞争的方式主要通过主管机构在定点企业中进行招标，以及各学校在组织学生饮奶中进行效果比较。这样的竞争是有限的，也就是有条件的，是为了便于规范和管理，防止过度的、无序的竞争，把“学生饮用奶计划”引向歧途。

我国学生奶运行模式的形成和特点，应该说具有中国特色。这几年实践的效果不错，当然随着形势的发展变化，以后还要完善和提高。我们在工作中注意从理论与实践的结合上研究这个学生奶的运行模式问题，实际上就减少了盲目性，增强了主动性和前瞻性，使政府、企业、学校等都有了明确的角色定位，他们就可以按照游戏规则，在各自的角色范围内，围绕学生奶计划的健康发展，发挥优势，各展所长，创造出令人瞩目的业绩。

三、定点企业的规范管理

定点企业在推进学生奶计划中起着非常重要的作用。为了推进学生奶计划健康发展，张部长的报告对定点企业寄予厚望，但我们也要正视存在的问题，并认真加以解决。当前比较突出的是以下几个问题：

一是部分企业没有生产学生奶问题。据了解，到2002年年末在已经认定的48家定点企业中，只有25家在按标准生产和供应学生奶，还有相当多的企业没有实质性的运作。其中，有的是设备没有准备好，有的是包装材料没有到货，有的是进入学校的渠道还没有疏通，还有的企业认为学生奶风险大、利润低不愿意生产等等。第二批定点企业已经认定快一年了，我们要求所有的定点企业都要按照规定的标准，生产并向学校供应合格的学生奶。个别企业如果有实际困难，不要仓促上阵，防止急于求成导致质量事故，但应该抓紧工作，积极创造条件，以便尽快进入实际运作。今后要将定点企业生产供应学生奶的数量也列为考核内容，定期考核和公布，凡业绩不佳的，将不予通过。总之，定点企业不能只享有权利，不尽责任，只拿牌子不生产，这在任何情况下都是不允许的。

二是生产、配送学生奶中存在违规行为。已经发现的定点企业违规行为主要是：有的定点企业将巴氏奶和含乳饮料作为学生奶向学校供应；有的定点企业用二次灭菌及其他不符合要求的包装；有的企业将印有统一标志的学生奶进入市场销售等。以上违规行为，必须尽快改正。今后，凡定点企业不按规定生产和配送学生奶的，要提出警告，仍不改正且情节严重的，要进行查处，直至取消定点企业资格。

三是第三批定点企业的申报认定问题。2002年以来，先后又有一些乳品企业提出申报定点企业的要求。我们对第三批定点企业的申报和审批有以下几点考虑：第一，凡提出申报的企业必须符合规定条件，由所在城市政府指定的学生奶工作机构受理；第二，省、市学生奶工作机构必须严格把关，对提出申报的企业进行认真考核，符合条件才可以报国家学生奶办公室；第三，国家学生奶办将在2003年适当时间组织审查和认定。当前，国家根据入世后的新形势，正在大力进行行政审批制度改革，大幅度减少不必要的行政审批项目。学生奶定点企业的审批认定，属于近年新增加的行政审批项目。能够保留下来，说明国家对学生奶计划的高度重视，更由于它关系到广大中小学生的健康和安全。因此，各级工作机构责任重大，一定要认真负责，层层把关，把真正符合条件的、全国最优秀的乳品企业汇集到学生奶计划中来。但是我们发现，个别省市学生奶办把关不严，把明显不符合条件的企业报上来，矛盾上交，这是不允许的。要告诉那些小企业的领导，我们规定只能让那些规模较大、设备条件好、有优质奶源保证的乳品企业进入定点企业行列，除了主要从质量、安全方面考虑外，还因为其中确实存在一定的风险，过去有的定点企业发生一次饮奶事故其损失可达几十万、甚至上百万元，这对于小企业是很难承受的。俗话说："没有金刚钻，别揽瓷器活。"我们不让这些小企业进入，既是对青少年学生负责，也是对小企业的关心和爱护。

四、树立"中国学生饮用奶"的品牌形象

品牌是商品进入市场的通行证。学生奶是一种特殊的商品，也需要树立自己的品牌形象。如何利用多种渠道和方式，打造出学生奶的高品质形象，使学生奶区别于其他零售乳制品，让社会认知学生奶是"不一样的奶"，是"最优质的奶"，是"放心奶"，这是今后工作的一个重点。品牌不仅要家长和老师接受，品牌的意义还在于让孩子们这个学生奶的最终受益者能够接受这个产品，自觉参与这项计划。我国现在饮奶的孩子大多是独生子女，处在非理性消费阶段，对他们来讲好吃、好玩更重要。所以，在坚持过去那些行之有效的宣传教育的同时，要借鉴国际经验，讲究学生奶的口感和包装，并通过网络、漫画、卡通片等儿童们喜闻乐见的方式和手段吸引学生，树立起孩子们喜爱的生动、活泼、有吸引力同时又有教育意义的品牌形象，让学生奶从"要我喝"变成"我要喝"，从而在提高饮奶率的同时为中国学生奶计划长远发展奠定基础。

树立有中国特色的学生奶的品牌形象，将"中国学生饮用奶"打造成儿童们喜爱、国内外知名的金字招牌，需要各方面积极配合并进行长期不懈的努力。除统一组织的宣传和其他活动以外，各定点企业主要是通过研发生产高质量的、区别于市场上大路货的学生奶，并提供优质服务来维护学生奶的品牌形象。"中国学生饮用奶"的品牌形象，知识产权属于国家学生奶办，受益的是各地政府、企业、学校和社会。希望各方面都来培育她，爱护她。谁要是不珍惜，不爱护，搞假冒伪劣，给这块牌子"抹黑"，不仅会遭到大家的谴责，还将受到严厉的惩罚！

五、确保学生饮用奶的质量安全

学生奶的质量与安全问题始终是需要我们给予高度重视的一个重大问题。随着学生奶推广范围的扩大，学生奶供应量的增加，发生质量安全事故或者饮奶不适的情况可能会相应增加。我们一定

要坚持高标准、严要求，从认识、制度、机制、新闻监督等几个层面上加大工作力度，以保证学生奶的质量和学生饮奶安全。在认识上，各级学生奶工作机构、定点企业一定要从对青少年的健康和生命安全负责的高度，重视学生奶的质量和安全问题，不能有丝毫的麻痹和大意。同时要注意新时期学生奶质量安全问题的新特点，例如有的定点企业是依靠当地的经销商来使产品进入学校，这就有个对经销商的监督、管理问题。总之，要做到与时俱进，才能掌握工作的主动权。在制度上，要在坚持完善学生奶安全责任制度、企业内部各项有效的质量管理制度的同时，积极准备建立HACCP管理体系，开展相关培训，列出时间表，尽快取得HACCP的认证资格。现在我们考虑定点企业在三年复审时都应该取得相关认证，我们要从软硬件两方面保证学生奶定点企业处在国内乳品企业“第一集团军”的领先地位。所以第一批的七家定点生产企业2003年就应该把这项工作列入议事日程。在机制上，主要是通过开展全国范围的、高标准的市场竞争，建立一种长期有效的机制，来保证学生奶的质量和安全。由此我要专门谈谈所谓的“双轨制”问题。有的省、市学生奶机构除按照全国的文件规定认定定点企业、组织学生奶运作外，还另行制定了一套低于全国标准的地方学生奶标准，认定地方省、市一级的定点企业，形成“双轨制”现象。他们的初衷可能是为了支持地方乳品企业的发展、加快学生奶推广进程。但是这样做却对学生奶计划带来严重的负面影响，存在很大的安全隐患，而且一旦发生大的安全事故，必然损害整个学生奶的品牌形象。同时，由于成本、价格的差异，低标准的学生奶可以大量进入学校，而正规产品却难以进校，影响学生奶计划的健康发展。我们希望实行“双轨制”的地方认清危害，尽快调整政策予以解决。在新闻监督方面，要充分发挥舆论监督的作用，对学生奶的安全隐患、对假冒伪劣学生奶要曝光，保持高压态势。但也要强调宣传纪律，防止不负责任的炒作，特别是对还没有经过政府权威部门查清事实、做出结论的所谓学生饮奶事故，不要急于报道，以免造成负面影响。

六、进一步开放学生饮用奶市场

“鼓励具有集团优势的定点企业跨城市、跨地区向学校供奶”，这是实施学生饮用奶计划的一项长期基本政策，在《国家“学生饮用奶计划”暂行管理办法》第十七条对此作了明确规定。这样做符合市场经济的要求和加入WTO后与国际接轨的需要，有利于定点企业之间开展公平竞争，降低成本，提高产品质量；有利于发挥大企业的集团优势，树立学生奶品牌形象；有利于扩大和增加学生奶供应范围，使奶业发展慢的地区城市尽快进入学生奶计划的行列。

但是，目前仍有一些省、市存在明显的地方保护倾向，有的规定外地定点企业不能进入本地供奶，有的招标时可供选择的企业数量少，有的操作不规范，对本地企业与外地企业实行两种政策，不一视同仁。这样做既违背了统一的政策规定，也不利于本地企业提高质量，改进服务。取消壁垒，开放学生奶市场，是大势所趋，不应有任何的顾虑。如何开放？主要是地方确定供奶企业一定要通过面向全国招标的方法，对竞标企业不能限制数量，招标要公开、公正、公平，让外地企业享有同等待遇，还要发挥舆论监督的作用，防止搞假招标、真保护。

有的地方政府为支持“学生饮用奶计划”工作，专门拿出部分资金补贴学生奶，起了很好的作用。今后随着招标工作逐渐规范化，这些资金还应增加，但应更多地用于地方开展学生奶的宣传教育、帮助经济困难学生饮奶和支持奶牛基地建设等方面，使有限的资金发挥更大的作用。

教育部门要加强“学生饮用奶计划”管理工作*

教育部体卫艺司副司长　廖文科

(2003年2月25日)

国家“学生饮用奶计划”部际协调小组在这里召开实施国家“学生饮用奶计划”工作会议。农业部副部长张宝文同志代表国家“学生饮用奶计划”部际协调小组对国家“学生饮用奶计划”实施三年来的工作情况以及所取得的成绩、存在的问题进行了全面的总结与分析。正如张宝文副部长刚才所总结的那样，从2002年开给实施国家“学生饮用奶计划”以来，在各级政府的重视和统一领导下，在各有关部门的通力协作与配合下，国家“学生饮用奶计划”的实施工作取得了可喜的进展。目前，实施学生饮用奶计划的城市已达28个，日供奶份数达190万份。可以说，“学生饮用奶计划”的实施已经产生了广泛的社会效益，并得到广大师生、家长和社会各界的普遍关注。但是，我们也应看到，在推行学生饮用奶计划的过程中，也还存在一些需要进一步完善和改进的地方。例如，如何进一步加大对实施“学生饮用奶计划”各具体环节的监督管理力度，如何进一步规范“学生饮用奶计划”的管理，以确保学生饮奶安全，如何进一步加强各部门间的配合和协作，以共同推进学生饮用奶计划的实施等。张宝文副部长在总结分析前一段工作的基础上，已经针对这些问题，代表国家“学生饮用奶计划”部际协调小组对下一阶段提出了具体工作要求。希望大家一定要按照张部长的讲话精神，积极、稳妥地做好“学生饮用奶计划”的实施和推广工作。下面，我结合教育部门和学校的实际，讲几点补充意见：

一、要进一步提高对实施国家“学生饮用奶计划”的重要性认识，增强对实施国家“学生饮用奶计划”的责任感、使命感

青少年学生是祖国的未来，民族的希望，加强学生营养工作，在青少年学生中普及营养科学知识，帮助其建立营养健康意识，平衡膳食的观念和良好的饮食卫生习惯，对青少年学生的健康成长乃至整个国民素质的提高都有着十分重要的意义。正因为如此，江泽民同志在担任总书记期间，多次就学生营养工作发表重要讲话，朱镕基总理专门召开总理办公会研究学生豆奶计划，李岚清副总理专门召开座谈会研究学生营养问题，并多次批示要加强学生营养工作和食品卫生工作。《中共中央国务院关于深化教育改革全面推进素质教育的决定》也特别强调：“健康体魄是青少年为祖国和人民服务的基本前提，是中华民族旺盛生命力的体现。学校教育要树立健康第一的指导思想。”党的十六大报告明确将全民族的思想道德素质、科学文化素质和健康素质的提高以及促进人的全面发展作为全面建设小康社会的目标之一。全民族健康素质的提高以及促进人的全面发展，必须从青少年健康素质提高抓起。而实施国家“学生饮用奶计划”则是改善学生营养与健康状况的一项有效干预措施，对促进青少年学生的健康成长乃至全民健康素质的提高有着十分重要的意义，此项计划的实施，充分体现了党和国家对青少年学生营养健康状况的高度重视和关怀，也代表了广大人民群众的利益。因此，我们一定要充分认识实施国家“学生饮用奶计划”的重要意义，把实施“学生饮用奶计划”作为实践“三个代表”重要思想的具体举措，作为贯彻“学校教育要树立健康第一”指导思想的具体内容，作为提高全民族身体健康素质的基础工作列入教育部门的工作计划，各司其职，

* 此文为教育部卫艺司廖文科副司长在全国“实施‘国家学生饮用奶计划’工作会议”上的讲话。

各负其责，确保实施此项计划的各项措施得到落实。

二、要以宣传教育为先导，积极、稳步推进“学生饮用奶计划”的实施

实施国家“学生饮用奶计划”是政府为改善学生营养健康状况而采取的一项重要措施，因此，在实施推广中要充分体现和发挥政府引导作用，各地教育部门和学校一定要在当地政府的统一领导和部署下，按照7部委联合印发的《关于实施国家“学生饮用奶计划”的通知》，《国家“学生饮用奶计划”实施方案》以及我部与农业部联合印发的《关于加强“学生饮用奶计划”管理的意见》的要求，按照先试点、后推广的原则，积极、稳步开展工作。

营造一个有利于“学生饮用奶计划”实施的社会氛围对推进学生饮用奶计划的实施有着十分重要作用。各地应充分重视“学生饮用奶计划”的宣传教育工作，要以宣传队教育为先导，推动“学生饮用奶计划”的实施工作。各地应充分借助当地新闻媒体，加强对国家“学生饮用奶计划”的宣传工作，通过宣传让老百姓了解国家实施“学生饮用奶计划”的重要意义、相关政策、具体要求，了解有关牛奶与营养健康的科学知识，了解学生饮用奶的质量标准、生产过程、质量保障体系（与一般牛奶的区别）等，使国家“学生饮用奶计划”真正深入人心。学校也应通过开展多种形式的营养科普知识，了解牛奶的营养价值和饮奶的好处，了解食物中毒与乳糖不耐症的区别等知识，提高学生及其家长的营养意识，引导学生家长和学生自觉参与到“学生饮用奶计划”实施中来。

另外，开展“学生饮用奶计划”的学校，应坚持学生饮奶自愿的原则，尊重学生的意愿和选择，只能通过宣传教育引导学生自愿加入到饮奶的行列中来，教育行政部门和学校均不得下达指令性指标或强迫学生喝奶。

三、要加强责任意识，严把卫生、质量关与学生饮用奶进校关，确保学生饮奶安全

保证“学生饮用奶计划”实施的各个环节（包括生产、配送、发放、饮用等）的卫生安全，是国家“学生饮用奶计划”得以顺利进行的关键所在。因此，无论是“学生饮用奶计划”管理部门，学生奶定点生产企业，卫生与质量监督部门，还是教育部门，都要高度重视这个问题，并把学生饮用奶的卫生安全放在实施工作的首位。

“学生饮用奶计划”管理部门，生产企业，卫生与质量监督等部门应该严格按照《关于实施国家“学生饮用奶计划”的通知》，《国家“学生饮用奶计划”实施方案》，《国家“学生饮用奶计划”暂行管理办法》要求，认真履行各自的职责，切实做到为推广实施“学生饮用奶计划”，为学生这一特殊消费群体的饮奶卫生安全“保驾护航”。

教育行政部门和学校必须强化食品卫生安全意识，树立安全第一的指导思想，严格学生饮用奶准入制度，加强对“学生饮用奶计划”实施过程的管理。学校选用的牛奶必须是通过国家有关部门认定的定点企业按照规定标准生产的，并在包装上印有“中国学生饮用奶”标志的学生饮用奶。各地教育行政部门必须重视建立规范的“学生饮用奶计划”供奶秩序，不得违背《国家“学生饮用奶计划”暂行管理办法》的规定要求，自行认定学生饮用奶定点企业。任何单位和个人均不得以实施“学生饮用奶计划”的名义组织学生饮用未经国家有关部门认定和审批的牛奶。

试点地区的教育行政部门要主动与当地所指定的“学生饮用奶计划”管理部门沟通情况，并建立起一种和谐、双向的沟通机制，及时了解并通报实施中的有关情况，严防假冒学生饮用奶的企业和产品以任何名目进入学校（包括定点企业的不合格产品和非定点企业的乳品）。

开展“学生饮用奶计划”的学校，应加强学生喝奶的各个环节的卫生安全监管工作，例如：为牛奶在学校的存放提供卫生安全的环境，防止牛奶在学校存放时间超过保质期而变质，为学生提供

洗手的设施和条件，督促学生喝奶前的洗手并进行科学的操作，做好牛奶空袋的回收等，严防因学校环节造成污染而致食物中毒事件的发生。

四、加强管理，健全制度，保障“学生饮用奶计划”顺利实施

在“学生饮用奶计划”实施过程中，各级教育行政部门要认真履行职责，按照教育部与农业部联合印发的《关于加强“学生饮用奶计划”管理的意见》，加强对“学生饮用奶计划”的管理。

实施“学生饮用奶计划”的学校，应明确一名校领导负责此项工作，并确定一名教师或相应的工作人员负责具体的组织实施。实施“学生饮用奶计划”的学校，应结合学校实际制定具体的管理制度和措施，包括协助定点企业做好牛奶订购、分发、交费、废弃包装物的统一收集处理等工作。学生饮用奶在学校储藏、保管、发送中发生的费用由企业承担，其费用由企业与当地教育行政部门协商并报物价部门统一核定，学校不得在核定的价格之外任意加价或收取其他费用。

实施“学生饮用奶计划”的学校应加强有关牛奶与营养健康（包括乳糖不耐现象）、食品卫生知识的宣传教育，使师生不仅知道牛奶的营养价值，养成饮奶的习惯，而且懂得如何从外观和口感上辨别合格的牛奶和变质的牛奶，在发现有问题的牛奶或发生饮奶不适反应时，如何正确对待和处理。

五、要建立学生饮用奶卫生安全防范机制与事故报告制度

实施“学生饮用奶计划”的学校，要强化食品卫生安全意识，必须树立安全第一的指导思想，要在当地卫生部门的指导下，与“学生饮用奶计划”定点企业一道，建立健全学生饮奶安全防范和事故处理机制，包括日常的安全防范措施，发生安全事故的处理办法，防止学生产生心因性反应的预案等。

要重视乳糖不耐所致的饮奶不适应的防范，防止个别学生因乳糖不耐而产生饮奶不适所造成的不良影响。首先要向学生及其家长进行相应的宣传教育，告诉他们个别个体可能因乳糖不耐而产生饮奶不适，这是正常现象，其中一部分人是可以逐步适应的。对个别有乳糖不耐且不能适应的学生，不要动员他们饮奶，一旦发生乳糖不耐所致的饮奶不适反应，教师应向学生进行解释，并及时让学生停止饮奶，进行必要的观察。要严格区分乳糖不耐症与食物中毒症状，未经卫生部门检测和化验，不要轻易得出食物中毒的结论，以免产生不良的社会反响。

学校应建立健全学生饮用奶安全事故的报告制度，发生食物中毒或疑似食物中毒事故，应及时报告当地教育行政部门和卫生行政部门，还应及时与当地学生饮用奶办公室取得联系，以使各有关方面充分发挥各自的优势，调动各方面的力量和资源，共同采取措施，有效控制事态发展，降低事件的不良反响以及妥善处理有关善后事宜。

加强学生营养工作，积极推动“学生饮用奶计划”的实施，有效改善学生营养状况是我们教育主管部门义不容辞的职责，希望教育部门的与会代表以江泽民同志“三个代表”重要思想为指导，从提高中华民族素质，实现党的十六大提出的全面建设小康社会的宏伟目标的高度，重视“学生饮用奶计划”的实施与推广工作，在当地政府的领导下，与各有关部门密切配合，齐心协力，共同做好“学生饮用奶计划”的实施与推广工作。我相信，“学生饮用奶计划”在各级政府的领导下，在各有关部门密切配合和社会各界的大力支持下，一定会取得更大的成效，为提高中华民族素质，实现党的十六大提出的全面建设小康社会的宏伟目标做出应有的贡献。

鲜奶标识与奶业健康发展研讨会会议纪要

中国奶业协会

由中国奶业协会主办、中国奶业年鉴编辑部承办的“鲜奶标识与奶业健康发展研讨会”于6月28日在北京召开。会议得到了北京市奶业协会、天津市奶业协会、上海市奶业协会、广东省奶业协会、广州市奶业协会、武汉市奶业管理办公室和大连市奶业协会的支持。中国奶业协会秘书长魏克佳为会议致辞并主持了会议，理事长刘成果在大会结束时作了总结发言。

国家农业部、科技部、国家质量监督检验检疫总局、国家学生饮用奶计划领导小组办公室、国务院发展研究中心、中国奶业协会、中国乳制品工业协会、中国消费者协会和地方奶业协会等单位的领导、专家和奶业企业家以及新闻界的同志等100余人出席了此次研讨会。与会代表对当前奶业发展中实施鲜奶标识的意义和作用，国际鲜奶标识实施经验，实施鲜奶标识要解决的主要问题，鲜奶标识与维护消费者知情权，新鲜牛奶与复原奶比较、认定与检测，国内外对以奶粉为原料生产液态奶的有关规定，进口奶粉生产液态奶对我国奶业发展的影响和奶业发展中一系列焦点、热点问题进行研讨。现将会议研究的重点问题纪要如下。

一

会议认为，要正确认识和对待复原奶。第一，复原奶是在一定的条件下形成的。复原奶或再制奶是用全脂奶粉和水或用脱脂奶粉、无水奶油和水按一定比例混合而成的液态奶。在贫奶的国家和地区生产复原奶是对生鲜原料奶不足的补充。20世纪80年代我国与世界粮食计划署（WFP）、欧共体（EEC）建立奶类发展项目，10年中接受脱脂奶粉9万吨和无水奶油3万吨，加工成的再制奶一同与当地奶混合销售，其销售收入用于发展当地奶业，这对缓解当时鲜奶供应紧张状态和促进项目地区奶业发展发挥了重要作用。随着人民生活水平的提高，乳制品特别是液态奶的需求迅速增长，乳品加工能力不断扩大，近年来，一些企业利用进口奶粉生产液态奶供应市场，尤其是我国加入WTO以后，关税下降，门槛放低，进口奶粉每吨只需1.3万～1.5万元，折合成液态奶每千克价格比收购当地鲜奶的价格还要低，企业生产复原奶经济效益好，有积极性，所以复原奶是我国奶业发展初级阶段的产物。第二，复原奶与当地生鲜奶生产的液态奶的营养成分是有差别的。原料奶经过一次高温处理生产成奶粉，再经过加水勾兑成液态奶，经过两次加工，它的营养成分有一定的破坏和损失，维生素、活性物质和口味都有变化。应该指出，以奶粉为原料生产液态奶质量是可以保证的，消费者可以放心饮用，但不能等同以生鲜原料奶生产的液态奶。第三，要正确处理牛奶生产与复原奶的关系。建立奶源基地，扩大牛奶生产是保障乳品市场供求平衡与奶的生产、乳品加工和市场营销协调发展的基础，牛奶生产是主体，复原奶生产是辅助。牛奶生产者要逐步扩大生产规模，提高科技含量，降低成本，保证质量；乳品企业要发挥在奶业发展中的龙头作用，带动和扶助奶源基地建设，使自己拥有足够的优质奶源，增强企业在国内外的市场竞争能力。政府部门要在政策上采取措施，引导国产奶的生产，保证奶业健康发展，逐步建立强大的民族奶业。

二

会议认为，实行鲜奶标识是必要的。实施鲜奶标识，规范乳品市场，促进中国奶业健康发展，这已经形成共识。一是维护消费者知情权和选择权的要求。中国的消费者乳品营养知识缺乏，迫切需要正确引导，维护消费者的权益，做到健康消费，明白消费。维护消费者的知情权是商业行为不能违背的最高原则。二是企业讲求诚信和实行公平竞争的要求。以鲜奶为原料生产的液态奶和以进口奶粉做原料生产的液态奶在营养成分和生产成本上是不同的，这两种产品如果不加标识同时在市场上竞争销售，就是不公平，不规范，不讲求诚信。三是维护奶农根本利益的要求。在奶业产业链条中的奶牛饲养这个环节上，奶农的利益一直得不到很好的保护，有些奶农的生鲜牛奶被降价和限量收购，甚至被倒掉，这不能说和进口奶粉生产液态奶无关。四是执行有关法规的要求。国家《食品标签法》中规定食品标签要真实反映食品内容包含物及含量；现行国家标准 GB5408.1－1999《巴氏杀菌乳》规定原料仅限牛乳或羊乳，国家标准 GB5408.2－1999《灭菌乳》规定原料可以是牛（羊）乳或复原奶，但是规定以复原奶为原料的产品标签必须标明为“复原奶”。现在的问题是这些法规和标准没有得到落实，在组织上、检测上和管理上没有保障，难以依法监管。实施鲜奶标识就是落实国家原有法规标准的重要措施。五是落实全国人大代表和政协委员的建议和提案的要求。“两会”期间，十届全国人大代表娃哈哈集团总裁宗庆后、三鹿集团总裁田文华、黑龙江振兴奶业办公室唐修亭、完达山乳业集团董事长王德胜等纷纷提出“国家应对鲜奶制品实行统一标识”的建议，提出要对鲜奶实行政府指定标识授权，强化牛奶业的绿色产品意识。全国政协委员赵乃岩也建议对鲜奶制品实行统一标志，还消费者一个知情权。六是与国际接轨的要求。世界不少国家和地区都对奶业采取了保护性政策。美国规定市场销售的鲜牛奶必须采用本国生产的鲜奶作原料，日本则规定还复奶制品必须在包装上注明“再制奶”。我国台湾省早已对鲜奶实行了特殊的专用标识管理，只有低温消毒的鲜奶才有资格贴上专用标识，消费者可根据标识选择产品。香港特别行政区实行鲜奶专用标识管理，对规范鲜奶品牌产品市场发挥了积极的作用。

三

会议认为，要加强复原奶检测技术的攻关。实施鲜奶标识，首先要解决复原奶检测问题，因此必须把复原奶检测纳入日程，进行技术攻关。农业部天津乳品检测中心、广州市奶业管理办公室、武汉市奶业管理办公室、内蒙古伊利集团和北京三元集团等正在进行研究，有的已经取得突破性成果，建议有关部门加大支持力度，并组织联合攻关，尽快拿出复原奶的检测方法，为实施学生饮用奶计划和实施鲜奶标识服务。

四

会议认为，要采取措施推动《鲜奶标识管理办法》尽快出台。实施鲜奶标识是一项新的工作，它涉及到牛奶生产者、乳品加工者和市场消费者的利益，涉及到农业、工商管理和技术监督等有关部门，政策性很强。现在广东、天津等地都在酝酿实行鲜奶标识。但是，由于全国乳品流通量很大，一个和几个地方搞标识都难以有效实施，应该全国统一行动。为此，由中国奶业协会建议，农业部拟会同有关部门协商制定《鲜奶标识管理办法》，并做了许多基础工作。奶业行业协会要加强调查研究，反映各方面对实行鲜奶标识的要求和意见，提出如何组织实施鲜奶标识，如何实行检验监测，如何进行监督检查等建议，以供主管部门参考，促进《鲜奶标识管理办法》早日出台。

专　文

农业部副部长齐景发谈“万枚高产奶牛胚胎移植富民工程”的实施

“万枚高产奶牛胚胎移植富民工程”，是2002年农业部为落实江泽民同志“三个代表”重要思想而决定实施的一项为民实事。其内容是：利用我国高产奶牛良种资源，生产1.5万枚优质胚胎，通过胚胎生物工程技术，移植到农牧民饲养的母牛体内，计划生产3 000～4 000头高产奶牛。项目旨在加快高产奶牛繁育速度，满足农牧民养殖高产奶牛的迫切需求，促进其增收致富，推动奶业发展。

项目选定在奶业发展基础较好的北京、新疆、黑龙江、内蒙古、宁夏、陕西、山西、河北和山东九个省、自治区、直辖市实施。在九省、自治区、直辖市畜牧厅（局）的精心组织下，经第一线胚胎移植技术人员的辛勤工作和广大奶牛养殖户的积极配合，项目成功实施，胚胎移植的数量和质量均达到规定要求。

一、认真组织，抓好落实

为完成好这项富民工程，根据农业部的要求和统一部署，各项目区全力以赴，认真落实各项措施，保证了项目的成功实施。

一是成立领导机构。为加强对项目的组织协调，农业部成立了项目协调领导小组，由张喜武副局长任组长，成员由全国畜牧兽医总站和九省、自治区、直辖市畜牧厅（局、办）的负责人组成，负责项目的领导、决策和协调。与此同时，各地也分别成立了相应的领导机构。

二是制定科学方案。实施前农业部畜牧兽医局召集部分省、自治区、直辖市的畜牧主管部门领导和有关胚胎移植专家就如何实施该项目进行了认真研究，在此基础上制定了详细、科学的实施方案。

三是搞好技术保障。聘请国内11名权威的胚胎移植专家成立了专家顾问组。负责胚胎移植的技术指导、咨询，对项目区移植方案进行评估，对供、受体牛及胚胎质量进行鉴定，对项目执行过程进行检查并提出意见。为统一技术规范，畜牧兽医局还专门举办了项目区有关人员参加的移植技术培训班。

四是创造有利条件。在2002年的良种工程建设项目中，农业部对这九个项目区的胚胎移植中心、种公牛站或重点奶牛良种繁育场给予了重点支持，帮助引进良种，充实必要的仪器设备，购买有关的药品等，从而为项目的实施创造了有利条件。

五是明确责任要求。为保证项目如期实施，按时、保质、保量完成，畜牧兽医局与各项目省、自治区、直辖市畜牧厅（局、办）及胚胎移植具体承担单位签订了项目合同，对实施对象、项目进度、供体及受体牛的选择、胚胎质量、技术路线等做出了明确的规定。同时，还要求各项目区：一是高度重视，精心实施，积极做好有关组织和协调工作；二是项目的实施一定要坚持农户自愿、使农户受益的原则，移植价格要真正优惠，让富民工程真正富民、利民；三是要做好项目实施各阶段资料的收集、整理以及项目的宣传和报道工作；四是各地要按照项目的总体要求制定具体的实施方案。

六是加强质量监督。质量是项目成败的关键，为加强质量监督，农业部畜牧兽医局为每个项目区确定了联系专家。各项目区也注意充分发挥专家顾问组的作用，严把胚胎生产、移植各环节的质量关。农业部畜牧兽医局还两次组织特聘专家及有关管理人员赴项目区巡回检查，开展质量监督。针对项目执行过程中出现的困难和问题，又专门在山西召开了由项目省（自治区、直辖市）畜牧厅局负责人参加的项目协调工作会议。

七是领导重视。项目的实施得到了各级领导和有关部门的高度重视。农业部杜青林部长及齐景发、张宝文副部长亲临项目点视察指导；山西省委书记田成平、副省长范堆相亲自赴山西省家畜胚胎生物工程中心调研；内蒙古自治区主席将该项目列为“主席工程”，并拿出650万元支持该项目；北京市将该项目作为“中小企业技术创新重点项目”，并拿出240万元作为移植农户的补贴。

二、项目取得圆满成功

（一）提高奶牛质量，促进农民增收

项目共组织胚胎供体牛3 000多头，受体牛近5万头，移植高产奶牛胚胎15 757枚，完成任务的105%，受胎成功率平均为47.7%。预计在2003年项目结束时，可生产高产奶犊牛3 700多头，为农民增加直接经济效益5 000余万元。

（二）促进了胚胎移植技术的普及和推广

一是培养锻炼了一批技术骨干。据初步统计，直接参与项目的技术人员300人以上，以前他们从事该项工作主要是个人单干，缺乏互相学习的机会。该项目的实施为他们创造了互相学习借鉴、共同提高的良好机会，为胚胎移植技术培养了骨干。

二是健全了操作规程。为保证该项目的实施，由国内权威专家在总结国内外一系列成功经验的基础上制定的胚胎移植规程，是我国第一个有关胚胎移植的技术规程，对推动此项工作的标准化、规范化、科学化，推广胚胎移植工作的逐步开展有着重要意义。

三是打下了群众基础。此项工程的实施及一系列宣传报道活动，无疑将提高移植工作的知名度，使广大群众尤其是奶牛饲养者增强对这项新技术的认识和了解，有利于该项技术的普及和推广。

四是带动了全国的发展。2002年全国奶牛胚胎移植总量超过4万枚，较上年大幅增加，为解决良种奶牛数量不足这一制约我国奶业快速发展的瓶颈发挥了重要作用。

实施奶业优势区域发展规划的任务与措施

农业部总经济师、畜牧兽医局局长 贾幼陵

以“三个代表”重要思想和党的“十六大”精神为指导，从调整农村经济结构、增加农民收入和全面建设小康社会的战略高度出发，尽快把奶业发展成为畜牧业、农业和国民经济中的一个大产业。在当前和今后一个时期，奶业发展的指导思想是，以奶牛良种改良为基础，大力提高奶牛单产和饲养规模；以产业化经营为纽带，以奶产品加工业带动奶业健康发展；加强奶牛疫病控制力度，完善奶产品质量检测体系，大力提高奶产品质量安全水平。全面推动奶业发展的集约化、优质化和现代化，逐步增强我国奶业在国内外市场的竞争力，实现畜牧业的可持续发展。

原料奶产量在未来5年平均增长速度保持在12%～15%，力争到2007年使鲜奶产量增长到2 600万吨，年递增13.3%，奶牛单产水平提高到4 500千克，奶业产值占畜牧业的比重由3.3%提高到8%～10%；奶牛良种比例由目前的1/4提高到1/3，经过几年的发展，形成与优势区域规划相应的产业布局，培植3～5个年产值达到10亿美元的加工龙头企业，接近世界30强，为在2030年左右实现我国奶类年产1亿吨的目标奠定坚实的基础。

一、实现奶业可持续发展的主要任务

按照奶业可持续发展的思路，围绕发展目标，针对我国奶业发展中的薄弱环节，紧紧围绕《奶业优势区域发展规划》和《种养业良种体系建设规划》，奶业发展的主要任务是：

（一）加快良种繁育体系建设

在数量扩张上，采用先进的生物技术，采取人工授精和胚胎移植并举，使繁育速度和奶产量、质量同步提高。一要完善种公牛站建设，改善设施，扩大生产能力，提高冻精质量；二要完善人工授精站点建设，更新设备，增加熟练人员；三要建设一批良种奶牛繁育场，开展胚胎移植，形成高产奶牛群体，进而为培育优秀种公牛奠定基础；四要支持重点省、自治区、直辖市胚胎移植中心建设，提高优质奶牛的扩群建设，进而成为奶牛业高新技术的科研基地和先进实用技术的孵化器。

（二）加强奶源基地建设，提高我国奶业整体生产水平

以优势农产品奶业发展规划为指导，在奶业优势产区，积极发展适度规模经营，大力推进奶牛养殖大户和奶牛饲养小区建设。广辟饲料资源，扩大青贮饲料、优质牧草种植，加强配合饲料加工、牧草加工和青贮氨化建设。大力推广“规模饲养、标准化饲养、集中挤奶、统一服务”的生产模式。建立奶农合作组织，鼓励奶源基地与大型乳品加工企业对接，加强奶农与加工企业的紧密联系，走产业化经营的路子。

（三）大力发展乳制品加工业，充分发挥加工企业龙头带动作用

积极鼓励乳品加工企业建立自己的奶源基地，与奶牛饲养农户形成“公司+农户”的产业化经营形式，对农户奶牛饲养实行统一的技术支持和配套服务，以获得数量充足和质量合格的鲜奶供应。以企业自愿、政府扶持、市场运作为原则，鼓励和支持优势企业，通过资产重组，兼并收购，强强联合，实现资产、品牌、经营的整合，进而形成可以与国外大型企业集团相竞争的民族奶业集团。大力支持乳品企业的技术更新改造和科技创新，使企业真正成为技术创新的主体，对乳品加工企业进行技术改造，引进先进的加工设备和加工工艺，扩大生产规模，提高产品质量，大力提高乳制品加工业的现代化和国际化水平。

（四）突出奶牛防疫和质量检测体系建设，确保乳制品质量安全水平的提高

加强对奶牛常见病和某些传染病的控制，尽快完善奶牛疫病预测预报网络，加强基层兽医站配套完善建设，确保原料奶的质量安全。

建立完善的质量标准体系，重点加强牛奶质量检测、乳品质量监测标准化和质量保证体系、乳品加工质量标准以及质量认证体系，把好市场准入关口。

二、实现奶业可持续发展的主要措施

（一）明确奶业发展道路，正确处理好市场、速度、效益和质量之间的关系

各地要用科学的、实事求是的态度，认真分析当地奶业发展条件，发挥区域比较优势，因地制宜地制定区域发展规划，在确保奶业资源、养殖、加工、市场的协调发展的基础上，走因地制宜、多种模式发展的道路。要在抓住机遇、转变观念、加快奶业发展的同时，进一步加快我国奶业基础设施的建设步伐，确保奶业发展的后劲和可持续性。要重视市场需求的变化，正确理解和把握奶业市场发展变化的规律和特点，一切从市场出发，避免发展过热。奶业发展既要重视发展的量又要重视发展的质；既要注重增长速度，又要注重增长效益。在注重奶牛存栏、奶类总产以及乳品加工总量的同时，要逐渐把单产、效益、产品质量放在重要位置，实现由速度数量型发展向质量效益型转变。

（二）实施《奶业优势区域发展规划》

为推进我国畜牧业结构战略性调整，做好畜产品生产区域布局，建设优势奶业生产产业带，我部编制了《奶业优势区域发展规划》，目的是充分发挥区域比较优势，提高市场竞争能力，把我国奶业做大做强。目前，《奶业优势区域发展规划》的实施工作已启动，同时新疆、山东、河南和宁夏等省、自治区奶业发展也非常快。因此，实施好规划，必须要在做好生产性能测定、良种登记、后裔测定和饲养实用技术普及等基础性工作的同时，重点要做好奶牛的良种繁育，发展养殖小区，主攻奶牛单产和牛奶质量安全水平，改进乳制品加工工艺，提高乳制品质量。

（三）以市场需求为导向，正确引导消费市场

消费市场的不断扩大和升级是我国奶业可持续发展的重要前提，要把培育消费市场当作第一大事来抓。开展多种形式的宣传，坚持乳品营养周等行之有效的宣传方式，尤其是注重对中小城市及农村目前奶类消费较少人群的宣传。积极稳妥推进学生奶计划，在安全第一的前提下，加强宣传，从娃娃抓起，培养其良好的饮奶习惯，为奶业发展培育市场。推动乳品消费升级，加大奶酪、黄油、冰激凌等消费品的市场推广力度。加强标识管理，加强监管力度，保障奶类消费市场的健康发展。

（四）扶强龙头，壮大基地，大力推行产业化经营

乳品加工龙头企业的发展能够对奶业发展产生强大的牵动力，要从战略的高度出发，继续做大做强龙头企业。要积极通过政策导向、投资扶持、信贷优惠、招商引资和社会融资等多种形式，建设一批大规模的新型加工企业，对奶业发展形成强劲的牵动作用。对现有龙头企业进行体制创新，技术改造，产业升级，建立具有竞争能力的民族乳品加工业。制定优惠政策，继续吸引外资进入乳品加工业，进一步提高乳品加工业的技术水平和产品质量，带动奶业发展。

要围绕龙头企业，充分利用当地资源，建设具有一定规模和集中度的生产基地。在生产基地内，专业户、专业小区、奶牛场等不同层次水平的经营模式共同发展。扶持农户建设家庭牧场，逐渐形成专业户、专业村、专业小区，大力发展规模经营，引导农民逐步走上专业化生产。

要采取有效手段组织龙头企业与基地农户通过服务机制、契约机制以及股份合作机制等方式，加快龙头与基地的利益对接，形成风险共担、利益均沾的一体化关系。鼓励龙头企业反哺奶牛饲养业，通过向鲜奶生产者提供贷款担保、技术服务、原料供应以及出资建设奶站等措施，加快奶牛产业化的进程。

（五）加快科技进步，提高产业发展水平

加快奶牛改良育种步伐。要以种公牛站、种母牛场为核心，充分利用国内外遗传资源，建立种源生产基地，提供满足生产需要的优质冷冻精液、胚胎和种牛。要加快人工授精、胚胎移植技术的推广应用，特别是要充分发挥胚胎移植技术在奶业发展中的作用。要从奶牛良种登记入手，建档立卡，认真组织好奶牛生产性能测定，积极做好人工授精技术的推广应用工作，采用常规技术与新技术相结合的办法，不断选育提高奶牛质量，扩大数量。

提高奶牛的科学饲养管理水平。根据奶牛不同生长发育和生产阶段对营养需求的不同，采取分阶段饲养管理的办法，并将在实践中总结出来的科学饲养管理办法形成模式，大力推进模式化饲养，充分挖掘奶牛产奶的遗传潜力。同时，需要改善奶牛饲养环境条件。牛舍建设要能够满足奶牛对当地自然气候的适应。要把青贮饲料和优质牧草供给作为奶牛业发展的必备条件。要增强环境保护意识，特别是大中城市的集约化奶牛场，要完善配套环保设施。配置自动饮水器，节约用水，减少污水量。垃圾、粪便分类处理，减轻污染。对奶牛场的垃圾、污物采取生物的、物理的、化学的方法进行综合处理，避免对环境造成污染。

提高机械装备和加工技术的现代化水平。要根据生产水平和经营模式的不同，采用不同方式的机械挤奶，全面普及机械化挤奶。乳品加工企业要在引进国外先进生产设备和技术的基础上，改造落后的技术和装备，生产具有市场竞争力的产品，不断引导消费新潮流，带动我国奶业的健康发展。

（六）建立多元化投资机制，对奶业发展实行优惠政策

积极争取各级政府及财政部门对奶业发展的资金投入，支持奶源基地配套服务设施建设、奶牛良种工程、饲料安全与开发、先进技术的推广应用、贷款贴息等。积极争取金融部门对奶业发展的信贷支持，为养奶牛场（户）提供中长期低息或无息贷款和小额贷款，同时适当简化贷款手续，扩大信贷范围和金额。制定优惠政策和宣传发动，引导外资和社会资金投入奶业生产。

优先安排奶牛饲养场、生产小区，以及机械化挤奶站建设用地。鼓励奶农种植青贮饲料，要从乡村机动地及农业种植结构调整中拿出耕地，优先扶持奶农建设专用奶牛饲料基地。采取增值税抵扣的办法，鼓励学生奶生产企业薄利多销，推动“学生饮用奶计划”实施。实施补贴政策，对优质冻精使用给予50%～70%补贴，对实施“三元结构”种植优质牧草的农户享受退耕还林、还草的补贴政策。

（七）加强乳制品质量监测，大力提高乳制品质量

建设好疫病监测、防治体系，完善无规定动物疫病区项目建设。进一步强化对奶牛疫病的监测，全面推行强制免疫制度。对泌乳牛实施健康合格证管理，实时监控。建设权威的奶及奶制品检测机构，按国家标准对饲料、鲜奶和乳制品进行质量和安全检测；坚决查禁违禁药品、添加剂的使用；要以开发绿色食品为契机，增加对奶及奶制品安全方面的投入，并修改和完善有关法律法规，使之完全纳入法制化的管理轨道。

（八）强化宏观管理，对奶业发展进行统一规划、统一领导和统一协调

加强奶业管理，提高宏观调控能力。要根据本地市场和资源优势，把优先发展奶业作为发展畜牧业的突破口，进一步加快调整畜牧业结构，促进农村经济发展，带动农民增收。重视对奶业和乳品市场的调查研究，及时掌握奶业发展动态，加强对奶业发展的指导，制定和完善发展奶业的相关配套政策，加快制定鲜奶生产与收购管理办法以及奶制品的国家标准。各地要建立奶业发展基金或风险基金，增强奶业抗风险的能力。重视对我国加入世界贸易组织后出现的新形势的研究，并及时采取应对措施。要重视对行业协会工作的领导，发挥其在行业管理中的作用，加强行业自律，以保证我国奶业的持续、稳定、健康发展。

“十五”奶业重大科技专项启动

科学技术部农村与社会发展司　贾敬敦

(一) 我国奶业科技发展现状

改革开放以来，国家在科技攻关计划、“863”计划、地方和部门重点科研项目以及各种科学研究基金中对奶业科学不同研究领域给予支持，使得在奶业关键技术领域取得了一定的突破。1985年“中国黑白花奶牛”的育成通过鉴定。2000年，“应用MOET体系选育高产黑白花奶牛的研究”获国家科技进步二等奖。经过从“七五”到“九五”的持续攻关，我国的奶牛胚胎生物技术达到比较成熟的水平，进入构建胚胎工厂化生产技术体系的阶段。在营养调控领域，20世纪80年代初制定了奶牛饲养标准并于90年代末进行了修订；“九五”期间具自主知识产权的反刍动物专用饲料添加剂脲酶抑制剂研制成功，并于1999年获国家科技进步二等奖。在奶牛疫病防治领域，开发出了针对口蹄疫等主要传染病的疫苗，建立了隐性乳房炎和卵巢疾病的诊断技术。在乳制品加工与质量检测方面，真空浓缩、喷雾干燥、高压杀菌等关键技术的研究取得了很大的进展，建立了专门从事奶制品质量监督检验的国家级检测机构，基本具备奶品质量的室内检测技术。但总体来看，我国奶业科技仍然全面落后于国际先进水平，在全世界有关奶业的7万多项专利中，只有26项的知识产权属于中国。良种数量不足，饲料结构不合理，饲养管理水平低，奶业质量安全监测体系不健全，乳制品质量不稳定，社会化技术服务体系不健全等技术难题严重制约着我国奶业的发展。

(二) 实施奶业科技专项的意义与作用

进入新世纪，农业发展进入新阶段，我国实现了农产品从长期短缺到供需基本平衡、丰年有余的历史性跨越，农业产业结构调整成为当前农业发展的核心，发展农村经济，尽快增加农民收入成为全面建设小康社会的首要任务。我国居民的人均肉类占有量超过世界平均水平10千克，人均蛋类占有量接近发达国家水平，而人均奶类占有量2001年不足10千克，只有世界平均水平的1/9左右。如果人均奶类占有量能够达到20世纪90年代末亚洲平均水平40千克，奶业年产值将达到3 000亿元以上，成为农业乃至国民经济新的支柱产业。因此，大力发展奶业成为推进畜牧业发展，加快农业结构战略调整的重要突破口，增加农民收入，创造就业机会的重要途径，发展奶业也是改善现阶段城乡居民膳食结构，提高国民身体素质，建设小康社会的战略需要。

各级政府对奶业发展的高度重视，奶业企业和广大农民对奶业经济效益的深刻体会以及城乡居民对奶产品营养价值的逐步了解，为我国奶业的发展创造了良好的政策、资金、市场和社会条件。抓住这一有利时机，实施奶业重大科技专项，通过奶业科技创新与产业化示范，解决制约奶业发展的技术难题，将带动奶业实现超常规跨越式发展，极大推动我国农业生产结构的调整，增加农民收入，促进我国农业和农村经济的可持续发展。

(三) 奶业科技专项的内容与措施

1. 奶业科技专项的内容　奶业专项旨在突破制约我国奶业发展的技术瓶颈，构建我国奶业科技创新体系与现代奶业产业化生产模式。专项针对我国奶业发展最迫切的技术需求，从重大共性关键技术研究、现代化生产技术集成与产业化示范两个层次统筹部署，设置四类课题：

围绕奶牛良种快速繁育、营养调控与饲养管理、优质饲草高效生产、高效乳品加工与质量监测等设置共性关键技术研究与开发类课题6个，致力于取得一批奶业发展急需的关键技术、设备和产品。

以华北、东北、西北和华东地区传统奶业优势区域为重点，设置第一层次奶业现代化生产技术集成与产业化示范课题10个，推动尽快建立我国的现代奶业产业化生产模式。

在奶业发展相对薄弱的地区设置第二层次奶业现代化生产技术集成与产业化示范研究课题5个，探索新兴地区奶业发展的技术支撑模式。

围绕奶业发展的重大科技问题设置奶业发展战略与科技对策研究课题1个，对我国奶业发展的中长期科技对策进行研究，为国家制定下一步的奶业科技规划提供依据。

2. 推动奶业专项的主要措施　中央政府各部门以及中央与地方政府之间密切合作，共同组织实施。科技部与农业部共同组织，以签约的方式明确地方政府对示范课题的管理责任，支持地方政府发挥主导作用，地方政府也密切配合，形成了地方科技、农业部门、企业和有关科研教学单位共同负责的示范课题实施机制。此外，科技部与国家知识产权局初步建立了在奶业专项中实施专利战略的机制。

加大经费投入力度。项目实施期限为4年(2002—2005)，共落实总经费4.05亿元，其中中央财政拨款1.5亿元，示范课题所在地方政府配套0.85亿元，承担示范课题的企业自筹1.7亿元。从经费投入力度看，这是历年来国家在奶业乃至畜牧业科技领域投入最大的项目。

集成全国优势实施力量。项目吸纳了中国农业科学院、国家乳品工程中心、中国农业大学等36家科研单位，上海光明、内蒙古伊利等全国最大的10家乳品企业和福建长富、新疆麦趣尔等5家中小型企业。承担第一层次示范课题的10个奶业大省均在国家规划的优势产业带内。

形成产学研结合的运行机制。奶业专项的示范类课题全部由企业作为主持单位，以科研教学单位为技术依托，联合开展研究与示范工作；以科研院所、大专院校为主持单位的共性技术课题也都吸纳相关企业共同参与研究与产业化开发，初步形成了以企业为主体、产学研结合的科技创新机制。

充分发挥行业协会和专家的咨询、建议作用，调动社会各界积极性。奶业专项聘请国内知名专家成立专项总体专家组，充分发挥专家的技术优势，参与项目的咨询、论证、评估；在专项的具体管理活动中，根据需要邀请总体组以外的专利参与管理。在项目实施过程中，与中国奶业协会、乳品工业协会等行业协会和学术团体保持密切联系，继续听取有关意见和建议。

（四）奶业科技专项实施进展

自2002年6月课题立项以来，专项的实施进展顺利。共性课题已经取得一批技术突破，18项专利技术进入申报阶段，4个牧草新品种通过审定，2个新兽药获得批号，3种饲草收获及乳品加工设备设计定型；4个胚胎工厂化生产中心已经具备年提供胚胎20 000枚的能力，应用PCR技术快速鉴定胚胎性别已达到实用水平；奶牛直接饲喂微生物添加剂产品研究成功，日增奶2千克以上；3种原料奶致病菌快速检测试剂盒达到实用水平。示范区建设全面展开，技术集成初见成效。到2002年底，十大示范区共落实示范牛群45万头、示范饲草基地30万公顷，“公司+基地+农户+集成技术”的模式在农区普遍推广。以承担本项目为契机，上海光明和北京三元在企业科技创新平台建设方面成效显著，东北、华北、西北及内蒙古农区则加快了社会化技术服务体系建设的步伐。伊利公司在实施本项目的过程中，提出“牧场园区”的新模式，丰富了在充分依靠广大奶农的基础上进一步推动我国奶业向集约化、规模化方向发展的思路。从2002年的发展形势看，奶业专项已经开始发挥对我国奶业的推动作用。2002年，承担示范课题的9个省、自治区、直辖市的奶业发展速度超过全国平均水平，牛奶产量占全国总产的70%，比2001年提高4个百分点。北京、上海两个示范区的奶牛平均单产超过8 500千克，达到发达国家水平。

综　述

我国奶业发展的现状与趋势

一、我国奶业发展现状

（一）奶类生产概况

我国奶业经过长时间的缓慢发展后，进入了一个快速增长时期。到2002年，全国存栏良种及改良奶牛达687万头，比1978年的48万头增加了639万头；奶类（包括牛奶和羊奶）产量由1978年的97万吨增加到1 400.4万吨，其中牛奶产量为1 299.8万吨。特别是1997—2002年的6年间，牛奶产量的年均增长速度达到14%以上。我国奶类产值比重占畜牧业产值的10%左右，约为农业的3%。2002年我国人均占有奶类11.8千克。与世界先进国家比较，我国鲜奶产量仅为美国的15%，人均占有奶量仅为世界平均水平的1/13，为发达国家的1/37。

1. 奶类生产区域　我国奶牛生产主要由牧区、农区和城市郊区三部分组成。在奶牛饲养数量的分布上，牧区的内蒙古、新疆，占全国奶牛总数的36%。在农区饲养数量较大的省份有黑龙江、河北、山东、山西和陕西省，奶牛数量占全国的38%。大中城市郊区以北京、上海、天津饲养量最大，占全国的4%。

在原料奶的生产上，奶类产量在100万吨以上的有黑龙江、河北和内蒙古3省、自治区，约占全国总量的38%，其中，黑龙江是我国奶类生产第一大省，奶类产量占全国总量的17%。其他几个奶类生产大省山东、新疆、陕西和山西，占全国总量的26%。

2. 奶牛品种和生产水平　2002年全国共存栏奶牛687万头，按成年母牛计（约占牛群的55%，约378万头），单产也仅为3 438千克。而美国、以色列等国家成年母牛平均单产则达8 400千克，丹麦、法国、日本等国平均也在6 500千克以上，我国2～3头牛才相当于1头高产奶牛。

在奶牛的品种上，我国饲养奶牛的主要品种是荷斯坦牛及其杂交改良牛，另外还有一些乳肉兼用的西门塔尔牛、草原红牛、三河牛和新疆褐牛。

在奶类生产的技术方面，奶牛的人工授精技术已得到全面普及，目前全国有31个种公牛站，其中在奶牛生产中最具影响力的有北京、上海和黑龙江三个种公牛站，承担奶牛冻精生产和人工授精推广工作，为提高奶牛的产奶水平做出了重要贡献。奶牛胚胎移植，在最近的3年里发展较快。2002年从国外进口高产奶牛胚胎约16 370枚，国内自己生产胚胎约4万枚。

3. 生产方式　我国奶牛饲养以小规模生产、分散的农户饲养为主，户均饲养规模为3～5头，饲养奶牛数量在20头以上的规模经营比重不到1/4。即使是奶业大省黑龙江，规模经营的比重也仅为35%左右。

在原料奶生产的组织上，仍以松散的龙头收购、农户饲养方式为主，有些地方采用了契约合同方式，连接了产加双方。一些大型乳品加工企业开始通过“公司＋基地＋农户”的组织经营模式，建立原料奶基地。这种产业化模式的建立，已逐步被越来越多的加工企业所接受，在带动基地发展的同时，促进了企业竞争力的提高。

（二）乳品加工概况

我国加工乳制品的品种主要有液态奶和固态乳制品两大类。液态奶包括饮用鲜奶、酸奶和其他花色奶。固态乳制品主要是全脂和脱脂奶粉，而黄油、干酪和炼乳等由于加工技术和国内消费量的制约，产量很少。

近年来，我国乳品加工业加大了体制改革和技术改造力度，大力实施产业化经营，通过股份制改造和强强联合等方式组建了一批有实力的奶业集团，如上海光明、内蒙古伊利、河北三鹿、北京三元、黑龙江完达山等，初步改变了小规模分散经营的局面。目前，我国乳品加工企业有1 500余家，其中年销售额500万元以上的有359家，上亿元的12家。销售额排名前10位的企业，其液体奶的市场份额约占全国总产量的62%，奶粉销量约占全国奶粉总产量的33%。

（三）乳品消费概况

我国的乳品消费受居民收入、消费习惯、营养知识、城市化水平等多方面因素的影响，整体消费水平还不高。乳制品消费主要集中于城市地区，2002年，城镇居民家庭人均乳品消费量约12千克，比1992年增加近1倍；农村居民家庭人均消费乳制品量近1千克。

我国乳制品消费与世界人均消费95千克的平均水平相比，差距较大。目前，在肉蛋奶的消费比例中，发达国家肉、蛋、奶的比例是0.4∶0.06∶1，乳制品消费比例最高；我国的比例是6.7∶2.8∶1，乳制品消费比例最低。

（四）乳品贸易概况

我国乳品贸易量不大，但一直保持着增长的势头。1995—2001年我国液态奶（主要是鲜奶）、浓缩奶（主要是奶粉）、酸奶等乳制品的年出口数量3.0万～4.8万吨，出口金额0.27亿～0.50亿美元；同期，年进口数量7.2万～21.9万吨，进口金额0.53亿～2.16亿美元。从贸易流向来看，我国一直是乳品净进口国，2001年净进口各类乳品15.3万吨，贸易逆差达到1.76亿美元，而且在今后几年里，随着关税的降低，乳制品的进口数量还有可能继续增大。我国乳品的进口来源地主要集中在美国、澳大利亚和新西兰等国家。

（五）存在的主要问题

一是奶牛种源特别是良种奶牛不足。在687万头存栏奶牛中，荷斯坦牛约有300万头左右，良种奶牛数量少，直接导致种牛进口数量的大幅度增加。

二是加工企业规模小。我国有一半的乳品加工企业日处理鲜奶能力在20吨以下，加工企业的设备和工艺老化，质量管理水平低，乳制品加工效率低。在奶粉生产中，每生产1千克奶粉，国外平均需要5.5～6.0千克原料奶，而我国需要7.0～7.5千克。

三是产业化程度不高。由于奶牛饲养分散，组织化程度低，小生产与大市场的矛盾依然突出，相当一部分生产者没有与加工企业建立牢固而稳定合同关系，不利于鲜奶的收购和储运。

四是饲料饲草生产和加工业落后，目前还没有专用饲草饲料种植基地，优质青绿饲料和牧草缺乏，奶牛专用饲料生产加工体系尚未形成。

五是质量标准和监控体系建设滞后。奶业生产中手工挤奶比重过大，致使原料奶质量不稳定。同时我国制定的原料奶质量标准偏低。在质量监测方面，第三方检测基本没有建立。

二、发展思路与区域布局

我国奶业要实现快速、健康发展，必须调整结构，优化区域布局，充分发挥资源、技术、市场、资金等方面的优势，实行非均衡发展战略。农业部在2002年制定出《奶业优势区域发展规划》，明确了优先发展的区域和任务目标，并在2003年全面组织实施。

（一）发展思路和目标

以市场为导向，以良种为基础，以产业化经营为纽带，做大做强龙头企业，提高基地规模经营水平，加快产业科技进步，率先实现生产集约化、产品优质化、产业现代化，尽快缩小与发达国家的差距，带动全国奶业的快速、协调、健康发展。

全国奶业发展目标是：根据农业部编制的《畜牧业“十五”计划和2015年远景目标规划》，到“十五”计划末，奶类总产量达到1 400万吨，比2000年增加481万吨，平均每年增产96万吨，年递增率为9%，人均占有量达到10千克，这个目标在2002年已经达到，比预期的发展速度快；到2015年，奶类总产量达到3 600万吨，比2005年增加2 200万吨，平均每年增加220万吨，年递增率为10%，人均占有量达到25千克左右。

（二）优势区域布局

正在实施的《奶业优势区域发展规划》，根

据资源条件、奶业生产现状、发展潜力和发展趋向，将全国奶业优先发展区域分为三大片，即以京、津、沪等大城市郊区为主的城郊型奶源基地；由黑龙江、内蒙古呼伦贝尔盟为主的东北奶业产区和以河北、山西、内蒙古中南部构成的华北奶业产区。通过重点发展、区域推进的办法，逐步形成优势明显、分布合理、辐射力强、竞争有力的奶源基地群，带动全国奶业上规模、上水平。

奶业优势产区的建设重点：一是奶牛良种繁育体系建设。通过引进、扩繁和选育，推广人工授精和运用胚胎移植等技术，全面提高高产核心奶牛群和种公牛质量以及生产水平，提高供种能力和良种覆盖率。尽快建立和完善良种奶牛登记与奶牛生产性能测定（DHI 测定）体系。二是奶源基地建设。在优势区域内集中建设一批高产奶牛示范园区和规模化饲养小区，发展“规模饲养、集中挤奶、统一服务”的生产模式，建立奶农合作组织，加强奶农与加工企业的紧密联系，走产业化经营的路子。三是饲草、饲料生产体系。通过调整种植业结构，生产优质牧草和青绿饲料，建立和完善奶牛饲料生产与加工体系。四是疫病防治体系。在优势区域内形成奶牛疫病预测预报网络和配套完善的基层兽医服务网络。五是质量监控体系。推行标准化生产，加强质量监测和检验，把好市场准入关口。六是乳品龙头企业培育和建设。乳品龙头企业与奶源基地建设互为依托，对优势产区的重点乳品加工企业进行技术改造，引进先进的加工设备和加工工艺，扩大生产规模，提高产品质量，牵动奶源基地的发展。推动龙头企业与奶牛生产者建立紧密的利益共同体，推进产业化经营的进程。

三、主要措施

（一）大力推进产业化经营，做大做强产业龙头

要以利益对接为核心，大力推行“公司＋农户”模式，采取有效组织手段，协调和引导龙头企业与基地农户通过服务机制、契约机制以及股份合作机制等方式，加快利益对接步伐，形成风险共担、利益均沾的一体化关系。切实保护企业和农户的利益，鼓励龙头企业通过向鲜奶生产者提供技术服务、原料供应、贷款担保以及出资建设奶站等措施，加快奶业产业化发育进程。

龙头企业是发展民族奶业的决定性因素。为此，一要采取积极的政策导向，通过招商引资、社会融资等办法，建设一批大规模、高标准、现代化的新型加工企业，提升加工水平和产品层次，扩大原料辐射范围，对乳业发展形成强劲的牵动作用。二要对现有龙头企业进行体制改革、机制创新、技术改造，使其尽快实现产业升级，建立具有很强竞争能力的民族乳品加工业群体。三要依托优势企业，通过强强联合、兼并重组等办法，形成品牌统一、资本优化、优势互补、资源共享的大型乳业集团，尽快改变乳品加工企业小而分散的不利局面。四要大力实施品牌战略，树立以品牌经营为核心的思想，集中力量培育、壮大民族品牌，扩大市场知名度，从而把奶业提高到一个新层次。

（二）加快科技进步，提高产业发展水平

良种先行，良法配套，规模推进是壮大奶业的必由之路。要加快建立和完善奶牛良种繁育体系，这一体系必须适应我国奶牛改良和育种的需要，以提高生产力水平为重点。要以种公牛站、高产母牛场为核心，充分利用国内外遗传资源，建立种源生产基地，满足奶业大发展的需要。要从奶牛良种登记入手，搞好奶牛生产性能测定，采用常规技术与新技术相结合的办法，不断提高奶牛质量。要大力推广行业标准和模式化饲养技术，不断改进饲料配方和环境控制技术，提高科技含量，要以规模经营为载体，采取规模推进的办法，不断提高奶牛的科学管理水平，提升奶业整体素质。美国在奶业发展的过程中，1980 年全美国平均奶牛个体产奶量仅为 5 393 千克，经过 20 年的品种改良和选育，到 2000 年美国奶牛的饲养头数减少了 170 万头（约减少了 16%），但个体产奶量增加到 8 388 千克，全美的牛奶产量由 5 824 万吨增加到 7 604.92 万吨，奶产量增长了 31%。美国奶业发展的经验值得我们借鉴。

（三）建立和完善质量检测体系，确保鲜奶及乳品安全

要加强标准化建设。制成品要在严格执行国家标准的基础上，推行产品标识制度，明确标明制成品采用何种原料（保鲜奶、消毒奶、复原奶）制造，营养物质含量及卫生、理化指

标，以保护消费者利益。要建设一批质检中心，强化对饲料、鲜奶和乳制品的检验和质量监管。要加强对牛舍、挤奶站的环境控制，防止生产环节可能造成的污染，特别要大力普及机械化挤奶、智能化管理，使鲜奶质量水平得到质的提高。

（四）加大行业保护和支持力度

我国加入 WTO 后，畜产品关税水平大幅度降低，奶制品的关税税率从 50% 下降至 10%～19%，使固态奶制品，特别是奶粉的大量进口成为可能。面对大量进口奶粉进入国内市场的压力，要加强乳品行业管理，制定复原奶标准，对复原奶实行标识制度。借鉴美国和我国台湾省的做法，如美国为保护本国的奶牛业，规定“供应市场的液态奶必须 100% 使用本国生产的第一级原料奶为原料”。我国台湾省奶品消费量的 3/4 依靠进口，为了保护本地奶业发展，规定供应本岛的消毒奶必须 100% 的以本地产牛奶为原料，调味乳中必须有 50% 以上的本地产牛奶为原料。因此，为保护我国奶业的健康发展，要制定有关使用国内生产原料牛奶的规定。

（五）大力扶持合作经济和中介服务组织建设，尽快提高奶业的组织化程度

针对我国加入世界贸易组织后出现的新形势和新情况，要重视对奶业行业协会工作的领导，发挥其在行业管理中的作用。要通过完善协会的组织领导体系和健全规章制度，约束企业行为，保护其正当利益。要按照企业自愿、政府扶持、市场运作为原则，鼓励和支持龙头企业参与服务组织建设。要以建立和完善养牛合作社、奶农生产者协会以及成立股份制产加销一体化联合体为主导形式，把分散的奶农组织起来，形成利益共同体，通过规范各自的生产与经营行为，开展系列化服务，密切基地农户与龙头企业的利益关系，为产加双方的协调发展提供保障。

（六）积极开拓市场，引导城乡居民扩大乳品消费

市场需求决定着产业的发展兴衰。立足现实、立足国内是我们的基本定位，要从普及营养知识和培养科学消费习惯、扩大消费群体、提高服务水平等方面着手，尽快扩大城乡居民乳品消费量。要支持媒体开展奶类营养健康与民族体质增强方面的宣传教育，并给予政策与资金上的扶持。紧紧抓住全国各地启动“学生饮用奶计划”的有利时机，通过政府与市场两种力量的有机结合，培育增量市场，带动更多的人参与早餐革命，使 13 亿人这一巨大消费市场得以充分开发，进而拉动奶业的持续、健康、快速发展。要注重发挥成本和地缘优势，在巩固国内市场的同时，积极开拓国际市场，扩大乳制品出口。

（农业部畜牧兽医局　张喜武）

我国奶业发展形势述评

近年来，我国奶业呈持续发展的态势，一直保持着高速增长。在农业结构战略调整中，加快畜牧业发展，在发展畜牧业时，突出发展奶业，已形成一种共识。党的十六大提出了全面建设小康社会的宏伟目标，全面建设小康社会，必须全面统筹城市经济发展，更多地关注农村、关心农民、支持农业。解决好“三农”问题，成为党的工作的重中之重。奶业发展的形势，很自然的又与“三农”问题联系起来。发展得好，能促进农业结构调整，增加农民收入，但如果发展中出现问题，将直接影响农民的利益。所以，对奶业的发展，不仅业内人士关心，各级政府、社会各界，包括新闻媒体都十分关注。奶业发展中的种种问题，常常成为新闻热点。

（一）2002 年全国奶业生产情况及存在问题

1. 奶源生产　2002 年是近年来全国奶源生产增长幅度最大的一年。据统计，良种及改良种奶牛年末存栏达到 687.3 万头，比上年年末存栏 566.2 万头增加 121.1 万头，增长 21.4%。奶类总产量 1 400.4 万吨，比上年 1 122.9 万吨增加了277.5万吨，增长24.7%。

奶牛头数和产奶量快速增长，这是一个不争的事实，各地都在大力发展，热情很高。但对这个问题，我们要有一个客观、冷静的分析。大致有以下几方面原因：

（1）应该肯定，由于各地对奶牛生产重视，良种良法的推广和应用，整体生产水平有所提高，科学养牛已见成效。长期以来，我国奶牛的单产水平在3 000～3 200千克范围徘徊。按上年统计，单产达到3 438千克（按成母牛占全群55%计算），提高了200多千克。由于广大奶农在生产实践中逐渐认识到良种对奶牛生产的重要性，过去在购买冻精时，大多是选购冻精价格便宜的种公牛，哪头便宜买哪头。现在情况有了很大的改观，不少奶农根据品种改良选种选配的需要，选择优秀种公牛。40～50元一支的优秀种公牛的冻精也供不应求。在饲养方面，全株玉米青贮、苜蓿干草的饲喂已较普遍。包括国外普遍应用的TMR饲养技术在我国也越来越广泛的得到应用。科学养牛，使繁殖成活率、单产水平有了较大提高，这是奶牛头数、产奶量有较大增长的主要原因。

（2）在统计时，我们是将良种及改良种牛放在一起统计。近年来由于各地都在发展奶牛而奶牛资源又不足，出现全国性的买牛热，使黄牛改良也受到重视，黄改牛有较大幅度增加，对这方面却没有准确的统计。最近两年，全国31个种公牛站基本上是满负荷生产，仍感到供不应求，很明显其中一部分冻精被用于黄牛改良。

（3）由于奶源紧张，正常淘汰减少，从牛群结构上看，高胎次产奶牛比例明显增加。即使淘汰，只要还有生产能力、还能繁殖，也是买进单位仍然用于生产，而并非淘汰屠宰，头数仍然存在。

基于以上情况，为了能正确指导生产，进行一次奶牛基本情况普查，在此情况上开展建立个体奶牛档案、良种登记等基础工作对提高我国奶牛整体水平十分必要。

2. 乳制品加工 据国家统计局公布资料，2002年全国有乳制品加工企业499个（国有及国有控股、年销售收入500万元以上的非国有企业统计数），其中国有及国有控股企业141个，集体企业36个，外资及合资企业58个。乳制品产量达到93.2万吨，排在全国前五位的省份是：黑龙江19.25万吨、河北14.28万吨、山东14.27万吨、内蒙古9.9万吨、陕西7.4万吨。

液态奶产量大幅度增长，2002年达到355万吨，比上年213万吨增加142万吨，增长66%。

从生产经营状况看，也有较大增长，499家企业完成工业总产值373亿元，比上年291亿元增加82亿元。实现利润23.73亿元，比上年17.1亿元增加6.63亿元；利税总额40.91亿元比上年32亿元增加8.9亿元。

从乳制品加工发展看，产业结构调整进一步加快，液态奶大幅度增长，其中UHT奶和酸奶增长最快。而利润率的增长幅度明显减少。其原因主要是，乳制品消费仍然主要集中在大中城市，竞争加剧。优势产区北奶南运，加快了UHT奶业发展，销售又集中在超市，价格战日趋激烈。由于近几年各大乳品企业在产能扩张上，加大了步伐，据估计，目前的加工产能超过实际加工需要30%以上，且产能扩张之势仍在继续。这是造成利润增长降低的一个重要原因。

3. 乳制品与消费 近年来，由于对奶与健康知识和宣传力度加大，我国乳制品消费一直呈上升趋势，2002年，全国人均奶类占有量达到11.8千克。

从总体情况看，奶的消费仍主要集中在大中城市，增幅保持在20%～30%，值得注意的是，人均年消费乳品最多的城市北京、上海，消费增长明显趋缓。2002年北京人均消费达到40千克，上海33千克。而过去消费水平相对较低的城市如天津、重庆，消费呈加快趋势，增长率超过30%。农村奶的消费很低，长期徘徊在1千克左右。

（二）我国奶业发展趋势估计

根据农业部编制的《畜牧业“十五”计划和2015年远景目标规划》，到“十五”计划末，全国奶类总产量应达到1 400万吨，比2000年增加481万吨，平均每年增产96万吨，年递增率为9%，人均奶类占有量达到10千克。这个目标在2002年已经达到，奶业的发展比预期的要快，其原因主要有以下几点：首先是全国总的经济形势好，GDP一直保持在7%以上的增长速度。其次是在产业政策上，各级政府对奶业的发展而给予足够的重视和政策倾斜。有的地方政府甚至采取了直接补贴的方式。第三，自1998年以来，中国奶协和其他兄弟协会一起组织饮奶的科学、营养知识的宣传，对启动消费产生了明显的效果。1999年开始启动了学生饮用奶的宣传，饮奶对人体健康的好处逐渐深入人心，这种宣传已经产生了累积效应。

对今年和“十五”后两年奶业发展的基本估计是仍将呈快速发展的态势。其理由是上面分析的三点原因仍在不断加强，2002年农业部制定的《奶业优势区域发展规划》，正在开始全面组织实施。科技部上年启动的“奶业专项”，在项目示范区已全面开展，对奶业科研和生产示范投入4.05亿的资金，是从来没有过的。

正是由于以上因素的综合影响，全国奶类生产和消费仍将保持高速增长的势头。但有几个现象应引起我们的注意：一是在奶源生产上，由于实施优势区域规划，奶类总产的比重逐渐向优势产区集中，但南方非优势区域省份由于原来的比重小，相对发展速度几乎和优势区域省份相等。而牧区牛奶产量增长比重明显下降，低于全国增长水平。发展的不平衡使全国奶牛生产总体水平的提高受到影响；二是在奶制品加工上，液态奶中UHT奶加工能力的增速仍然很快，造成奶源竞争仍十分激烈，在消费市场上打价格战，出现过度竞争的现象；三是在消费上，上海、北京等消费达到30～40千克的城市，增长趋势开始减弱，应引起我们对城市在近期消费增长空间的思考，既要注意避免发展的盲目性，也要注意新的市场，尤其是大中城市周边农村城镇市场的开拓。

（中国奶业协会　方有生）

我国加强奶业法规建设

奶业由原料奶生产、乳制品加工和市场营销三大系统组成，是生物、工程、市场等学科集成的系统工程。因此，许多产业的法规都涉及到奶业。现将有关奶业的主要法规概述如下：

原料奶生产系统方面包括奶畜良种繁育、饲草饲料配制、奶畜疫病防治和奶畜饲养管理等环节，国家制订的涉及原料奶生产系统的法规有：

1．1985年6月18日第六届全国人民代表大会常务委员会第十一次会议通过《中华人民共和国草原法》，该法实施17年后，于2002年12月28日第九届全国人民代表大会常务委员会第三十一次会议修订，自2003年3月1日起施行。该法（修订本）共九章，主要内容为：草原权属、规划、建设、利用、保护、监督检查和法律责任等。

2．1991年10月30日第七届全国人民代表大会常务委员会第二十二次会议通过的《中华人民共和国进出境动植物检疫法》，自1992年4月1日起施行。该法共八章，主要内容为：进境检疫、出境检疫、过境检疫、携带及邮寄物检疫、运输工具检疫、法律责任等。

3．1997年7月3日第八届全国人民代表大会常务委员会第二十六次会议通过的《中华人民共和国动物防疫法》，自1998年1月1日起施行。该法共七章，主要内容为：动物疫病预防、动物疫病的控制和扑灭、动物和动物产品的检疫、动物防疫监督和法律责任等。

4．1987年5月21日国务院发布的，根据2001年11月29日《国务院关于修改〈兽药管理条例〉的决定》修订的《兽药管理条例》，自2001年11月29日公布之日起施行。该条例（修订本）共九章，主要内容有：兽药生产企业的管理、兽药经营企业的管理、兽医单位的药剂管理、新兽药审批和进出口兽药管理、兽药监督、兽药的商标和广告管理及罚则等。

5．1994年4月15日国务院发布的《种畜禽管理条例》，自1994年7月1日起施行。该条例共六章，主要内容有：畜禽品种资源保护、畜禽品种培育和审定、种畜禽生产经营和罚则等。

6．2001年5月23日国务院发布《农业转基因生物安全管理条例》，自公布之日起施行。该条例共八章，主要内容为：研究与试验、生产与加工、经营、进口与出口、监督检查和罚则等。

7. 1999 年 5 月 29 日国务院发布，根据 2001 年 11 月 29 日《国务院关于修订的〈饲料和饲料添加剂管理条例〉的决定》修订的《饲料和饲料添加剂管理条例》，自 2001 年 11 月 29 日公布之日起施行。该条例（修订本）共五章，主要内容为：饲料和饲料添加剂的审定与进口管理、生产经营、使用管理和罚则等。

8. 农业部发布的《兽用生物品管理办法》；农业部关于发布《动物食品中兽药最高残留限量》的通知；农业部、对外贸易经济合作部、国家出入境检验检疫局《关于加强肉骨粉等动物性饲料产品管理的通知》等。

在乳品加工和市场营销系统方面包括原料奶收集、乳制品加工、乳制品贮运、销售和市场开发等环节，国家制订的涉及乳制品加工和市场营销系统的法规有：

1. 1993 年 2 月 22 日第七届全国人民代表大会常务委员会第三十次会议通过的《中华人民共和国产品质量法》，自 1993 年 9 月 1 日起施行。该法共六章，主要内容为：产品质量的监督管理、生产者和销售者的产品质量责任及义务、损害赔偿和罚则等。

2. 1995 年 10 月 30 日第八届全国人民代表大会常务委员会第十六次会议通过的《中华人民共和国食品卫生法》，自 1995 年 10 月 30 日起施行。该法共九章，主要内容为：食品卫生、食品添加剂的卫生、食品容器和包装材料的卫生、食品用具和设备的卫生、食品卫生标准和管理办法的制定、食品卫生管理、食品卫生监督和法律责任等。

3. 1982 年 8 月 23 日第五届全国人民代表大会常务委员会第二十四次会议通过，1993 年 2 月 22 日第七届全国人民代表大会常务委员会第三十次会议第一次修订、2001 年 10 月 27 日第九届全国人民代表大会常务委员会第二十四次会议第二次修订的《中华人民共和国商标法》，自 2001 年 12 月 1 日起施行。该法（修订本）共八章，主要内容为：商标注册的申请、商标注册的审定和核准、注册商标的续展和转让、注册商标的使用许可、注册商标争议的裁定、商标使用管理和注册商标专用权的保护等。

4. 卫生部发布的《乳及乳制品卫生管理办法》。

涉及奶业的法规还有中华人民共和国农业法、农业技术推广法、科学技术进步法、标准法、广告法、专利法、计量法、清洁生产促进法和公司法等。此外，部分省、市还制定了一些奶业地方法规，如上海市人民政府发布的《上海市食用农产品安全监管暂行办法》。上海市农业委员会、技术监督局、卫生局和物价局《关于发布〈上海市生鲜牛乳质量管理暂行办法〉的通知》，重庆市人民政府发布的《重庆市牛奶管理暂行办法》，天津市人民政府发布的《天津市无公害食品管理暂行办法》，太原市人民政府 2001 年 7 月修订出台的《太原市牛奶生产经营管理办法》等。

上述法规对全国和地方奶业的管理和发展起到了十分重要的作用。但是，也还存在一些值得重视的问题亟待解决：

1. 增强法制意识　当前，我国奶业仍存在有法不依，执法不严的现象。有的地方不及时、准确上报奶畜疫情；有的农民倒卖劣质牛奶；有的乳品厂销售不合格的乳制品；有的消费者购买劣质乳制品后，不去投诉索赔；有的执法人员以权谋私，玩忽职守等。今后应采取多种形式加强法制宣传，加大执法力度，使人们懂法、守法，自觉地用法规规范自己的行为，保护自己的权益，使我国奶业早日实现法制化管理。

2. 完善奶业法规　现在我国奶业法规尚未健全，缺少根据自身特点制定的条例、规章。如由于全国缺乏统一的原料奶质量管理条例，各地原料奶质量差距很大，法律责任不清；由于未能根据新的形势完善有关乳制品生产的法规，入世后，不少乳品企业纷纷采用进口奶粉还原生产巴氏奶、保鲜奶等乳制品，对一些地方奶牛养殖业和乳制品生产的冲击日益明显（美国为保护本国的奶牛养殖业，规定供应市场的液态奶必须 100% 使用本国生产的第一级原料奶为原料）；由于缺乏对乳制品市场的规范，在乳制品流通中还出现了一些不正常现象，即无序的甚至是恶性的竞争，在一定的程度上扰乱了乳制品市场秩序。迫切需要完善奶业法规，加强引导和监督管理，同时健全奶业标准化体系，以加速奶业法制化和融入国际市场的进程。

3. 建立健全乳和乳制品质量监督检验体系 其质量监督主要来自行政主管部门、社会团体（消费者协会、奶业行业协会）和群众监督。经授权的乳和乳制品质量监督检验站（中心），出具的检验报告具有权威性、公正性和科学性，属第三方监测，是监督管理部门和单位行使职能不可缺少的手段。目前，我国乳和乳制品质量监督检验体系比较薄弱，已引起有关部门的高度重视，正在增加投入，建设国家和地方监督检验网络，为提高奶业的整体水平和市场竞争力服务。

（中国奶业协会　徐定人）

国际援助奶类项目实施情况

1983年以来，我国接受世界粮食计划署（WFP）和欧盟（EU，过去称欧共体EEC）的无偿援助，实施了五期奶类项目，这是我国农业领域内援助规模最大、地区最广泛、时间最长的开发性项目。在国务院领导的亲切关怀下，农业部、外经贸部、外交部、财政部、轻工业部、商业部、国家海关总署、国家审计署、农业发展银行等有关部门的正确领导与大力支持下，项目地区各级人民政府的共同努力和中外双方密切配合，项目取得了成功，为项目地区以及全国奶业的发展做出了应有的贡献。

（一）奶类项目的实施情况和成效

五期奶类项目实施期间，共计接受WFP和EU无偿援助款（含援助物资销售收入）10.5亿元，加上国内配套资金17.4亿元，总计27.9亿元。其中：

WFP援助中国六大城市及郊区奶类发展项目（简称第一期项目），接受脱脂奶粉45 000吨、无水黄油13 330吨的无偿援助，加工成再制奶后获得销售收入25 239.4万元，配套资金50 618.2万元。受援城市为：北京、上海、天津、武汉、南京、西安。

EEC援助中国20城市奶类发展项目（简称第二期项目），接受脱脂奶粉45 000吨，无水黄油16 700吨的无偿援助，加工成再制奶后获得销售收入4亿元，配套资金8.11亿元。受援城市为：第一期项目的六个城市和重庆、广州、成都、沈阳、福州、青岛、杭州、长沙、合肥、南昌、大连、桂林、苏州、无锡市。

中国—EU过渡期奶类发展项目（简称第三期项目），EU提供财政援助698万欧元，折合人民币6 100万元，国内配套资金6 300万元。受援地区包括第二期项目的20个城市及新疆、甘肃、贵州及黑龙江4个省、自治区的部分地区。

中国—EU奶业和食品加工业的技术及商务合作项目（简称第四期项目），由EU提供财政援助资金3亿元，国内配套资金3亿元。项目地区为：成都、南昌、济南、郑州、石家庄、青岛、大连等市和贵州省（贵州市、遵义市、安顺市）、甘肃省（兰州市、张掖市、武威市）及黑龙江省三江平原（农垦系统和畜牧系统）。

中国—EU水牛开发项目（简称第五期项目），EU提供财政援助337万欧元，折合人民币3 000万元，国内配套资金3 000万元。项目地区为：广西壮族自治区（南宁市、放城港市、合浦县、灵山县、武鸣县）、云南省（德宏傣族景颇族自治州、大理白族自治州）及广东省（汕头市、南海市）。

各项目地区按照协议利用项目资金对奶业的生产、加工、营销网络等进行了系统建设和相关工作，取得了显著的成效。主要表现在：

1. 迅速缓解了受援城市液态奶供应的紧张状况 第一、第二期项目实施后，将援助物资加工成再制奶上市，市场供应明显改善，从1985年开始，项目地区相继取消了城市居民液态奶消费凭票供应制度，放开奶的供应，而且乳及乳制品花色品种增多。为解决当时的喝奶难，稳定乳品市场，起到了立竿见影的效果。

2. 扭转了项目区奶牛发展长期徘徊的局面 北京、天津、上海、武汉、南京、西安六大城市，实施第一至第三期项目，12年间（1983—

1995年）奶牛存栏数增长134.3%，产奶量增长了228.6%，农户私人养牛比重由3.2%上升到32%。广州、杭州、无锡、苏州、沈阳、桂林、重庆、合肥、长沙、福州10市1988—1995年实施第二期和第三期项目期间，奶牛存栏数增长61.36%，产奶量增长了83.92%，农户私人养牛比重由22%上升到61%。成都、南昌、青岛、大连等市自1988年实施第二至第四期项目以来14年间，奶牛存栏数增长150%，产奶量增长了291%，农户私人养牛比重由17%上升到73%。贵州、甘肃、黑龙江省和新疆维吾尔自治区的部分地区自1995年实施第三至第四期奶类项目以来至2002年，奶牛存栏数增长80.3%，产奶量增长了104.6%，农户私人养牛比重由67.9%上升到91%。河北部分地区和济南、郑州市实施第四期项目6年间（1997—2002年），奶牛存栏数增长175.1%，产奶量增长了167.9%，农户私人养牛比重由39.6%上升到95%。奶牛的饲养管理水平也有显著提高。目前，上海、北京、天津市奶牛平均单产分别达到7 985千克、6 500千克、6 300千克，接近发达国家水平。项目地区已成为全国高产奶牛和杂交水牛的基地。据统计，2002年项目地区荷斯坦奶牛存栏数为874 164头，占全国奶牛总头数的14%，产奶量2 985 052吨，占全国牛奶总产量的28.2%。

3. 加强了奶业基础设施建设 五期项目共新建、改建乳品加工厂176个、收奶站716个、组建奶农技术合作社（协会）42个、技术服务中心24个，新建污水处理厂13个、饲料厂127个，建立乳品质量检测检验中心9个、综合服务站728个，牛奶批发和乳品门市部16 110个，购置了先进的仪器和设备，使项目地区奶业面貌一新，为在全国率先实现奶业现代化奠定了物质基础。

4. 提高了奶业产业化程度 项目实施期间，加强了奶源基地建设，奶牛小区和规模奶牛场蓬勃发展，形成了城郊奶牛圈和农村奶牛片，并普遍采用机械化挤奶，提高了奶牛的产量和牛奶的质量。同时，大力推进奶业产业化经营和奶业企业的兼并、联合，及资产重组，涌现出一批大型奶业集团。2001年，全国前10名大型奶业集团中，项目地区占7个，即上海光明乳业股份有限公司、石家庄三鹿集团、黑龙江完达山乳业股份有限公司、北京三元食品股份有限公司、黑龙江乳业集团、西安银桥乳业集团和哈尔滨金星集团，销售收入89亿元，占前10名大型奶业集团销售收入总额69.3%。

5. 培养了技术骨干 五期项目期间，共计组织技术培训班1 354期，共计培训41 986人次，其中国外培训23期，219人次；国内培训1 331期，41 755人次；涉及奶牛繁殖育种、饲养管理、疾病防治、饲料营养、奶农合作组织、乳品加工工艺与设施、质量控制与检验、奶业管理与市场营销等，普遍提高了从业人员的业务素质。

6. 增加了社会就业机会和农民的经济收入 据统计，每发展两头半奶牛，就可增加一个人的就业机会。第一期项目地区奶业从业人员5年内由34 900人增加到71 700人，养奶牛户平均每年增加收入3 000多元。在当时条件下，效益十分可观。

7. 进行了中国奶业发展战略研究 中国欧盟双方专家组在1989年共同进行了《中国奶业发展战略研究》工作，提出了我国奶业近期和中长期奶业发展目标、资源利用、开发重点和构想，以及城市郊区、农村、牧业发展方向及战略布局调整，奶业持续发展的政策性建议等。实践证明，该项研究成果对指导我国奶业持续健康发展具有现实和深远意义。

（二）取得的主要经验

坚持贯彻改革开放的方针，抓住有利时机，开展双边和多边合资合作，建立奶类项目，引进外资、先进技术和管理经验，推动我国农牧业经济的薄弱环节——奶业的迅速振兴。项目实施过程中，要信守项目协议和各项规章制度，保质保量加以实施，建立互利互信的合作关系。

坚持把优先发展奶业作为农业和农村经济结构战略性调整的重点和改善城乡居民膳食结构的重要措施来抓，中外双方与我国各级政府及项目执行部门在这方面达成共识是建立和实施合作项目的基础。

坚持按照奶业自然规律和经济规律办事，把奶业作为一项系统工程，做好项目的前期评估论证、规划和年度实施计划，保障奶业产、加、销各环节的协调发展，并提高项目资金的使用效率。

项目机构和专业队伍要保持稳定，并采取

请进来、派出去的方式进行专业培训，加快从业人员素质的提高，这是保证项目实施连续性和顺利开展的关键。

深化奶业经济体制改革，积极鼓励和扶植私人养牛业的发展，建立奶农经济合作组织，对重点乳品企业进行股份制改造，促进多种所有制并存、多元化奶业经济及相关产业的协调发展，为项目地区奶业经济的健康发展注入活力。

不断推动科技进步，推广普及实用新技术，提高奶牛饲养业的集约化经营水平；采用新技术、新工艺、新设备装备乳品加工企业，并学习先进管理经验。在提高科学管理水平，加快我国奶业现代化建设方面做出示范。

（三）今后的工作

1. 要把正在执行中的项目管理工作继续做细做好　第四期和第五期项目的执行截止日期均为2003年底。按照项目协议的要求，现阶段尚待完成的主要工作是：进一步在项目区内建立和完善奶农合作组织，并把信贷资金滚动使用好；继续执行好牛奶质量改进计划，充分发挥牛奶质量检测中心的作用；督促欧盟方面将已承诺的设备招标资金足额拨付到位，完成项目资金的报账工作；加强项目区内乳品加工企业的环境保护管理工作；扩大水牛冷冻精液配种，加快水牛改良。

2. 应进一步巩固和扩大项目成果　总结实施奶类项目所取得的成效和积累的经验，充分发挥项目期间形成的奶业发展资金和设施的作用，履行中方的承诺（不得将资金和设备挪作他用），力争在全国率先实现奶业现代化。同时，与非项目地区开展交流合作，把国外的先进技术和管理经验及多年来积累的奶业建设成果扩散到全国，为促进奶业持续健康发展服务。

3. 继续发挥奶类（业）管理机构和网络的作用，推动我国奶业的发展　项目执行以来，先后在全国建立了31个奶类项目办公室，涵盖24个省、自治区、直辖市，项目管理人员225人，这支队伍是奶业发展的中坚力量。一部分项目结束的地区将奶类项目办公室已更名为奶业管理办公室（如：上海、天津、广州、沈阳、武汉、重庆等市），部分尚在执行项目的地区在奶类项目办公室的基础上加挂奶业管理办公室的牌子（如：新疆维吾尔自治区、甘肃省、黑龙江省及大连、济南、郑州等市），受政府和主管部门的委托，行使奶业管理的职能。这些做法值得借鉴。

（农业部奶类项目办公室）

加入WTO对中国奶业产生的影响

一、WTO农业协定与WTO协议奶业政策框架

农业历来是受贸易保护最重、贸易壁垒最为森严的领域。在有史以来规模最大、持续时间最长的乌拉圭回合全球贸易谈判（1986—1994年）中，农产品第一次被纳入其中，并最终达成"乌拉圭回合农业协定"，以此为标志，国际农产品贸易朝自由化方向迈出了具有历史意义的一步。

（一）乌拉圭回合农业协定的主要内容

1. 扩大市场准入　将非关税贸易壁垒转化为关税，并在此基础上逐步削减关税。发达国家从1995年到2000年，用6年的时间将农产品的平均关税减低36%；发展中国家到2004年，用10年的时间将其减低24%（表1）。

表1　乌拉圭回合农业协定主要内容

	发达国家6年：1995—2000年	发展中国家10年：1995—2004年
关税：农产品平均关税降低	36%	24%
国内保护：农业保护的AMS指标降低	20%	13%
出口补贴：农产品出口补贴额降低	36%	24%

注：资料来源于世界贸易组织官方网站：www.wto.org

2. 减少国内补贴　发达国家从1995年到2000年，用6年的时间将综合支持量（AMS）减低20%；发展中国家用10年的时间将其减低13%。

3. 限制出口补贴 减低出口补贴的幅度与关税减让的程度大体相同。

4. 统一卫生检疫标准 本国的动物和食品卫生检疫标准不能成为阻碍农产品自由国际贸易的壁垒。

（二）WTO 协议奶业政策框架

（1）WTO 农业协定是世界乳业政策改革的基本依据和纲领。

（2）大部分乳品由于暂时不能完全关税化，目前的改革方向是采用关税配额（TRQ）管理，并逐步扩大关税配额量。

（3）1979 年“关税总协定”（GATT）东京回合签订了规范乳品贸易的协议（国际乳品协议），协议规定了适用于乳品的税号（0401—0404）。在三个附件中分别规定了奶粉、奶脂和奶酪的含脂量、最低出口价和销售条件。协议有效期为 3 年，到期后经成员国讨论、修改并延长。签订乳品协议的目的就是在市场条件尽可能稳定的条件下和在进口国互利的基础上扩大世界乳品贸易，并逐步实现自由化，促进经济和社会发展。

（三）WTO 协议下的乳品贸易

1. 扩大市场准入 国际乳品协议成员国（美国、欧盟、加拿大、日本和澳大利亚等）除关税削减外，还就关税配额量的扩大做出了承诺。然而全世界乳品配额的完成率只有 71%（1998 年）。因此，如何达到 TRQ 的完成率以及降低配额外税率成了各国关注的焦点。

2. 削减国内支持和出口补贴 近年来欧美等发达国家分别出台了各自的农业改革政策，做出了逐渐削减最低保护价和出口补贴的承诺。但各国承诺减少的幅度及过渡期的长短不尽相同，特别是欧盟共同农业政策改革的“2000 议程”中，关于奶业改革部分引起了北美和大洋洲的不满，被称之为“农产品贸易自由化的倒退”。

3. 地区性贸易协议下的奶业自由化 主要涉及以下四大贸易协议：欧盟共同农业政策、北美自由贸易协定、南方共同市场和澳新经济关系协定。这些协定的基本精神就是在协议签订国之间尽可能实现自由贸易，大幅削减或完全取消关税、放开市场，当然包括乳品贸易。

（四）中国奶业面临的主要挑战之一是进口关税降低

目前，中国农产品的平均进口关税税率已经削减至 21.25%，其中原料为 16.5%，半成品为 24.2%，制成品为 27%。

根据 2000 年达成的中美农业协定，美国要求中国农产品进口平均关税到 2004 年降至 17%（表 2）。

表 2 奶类产品关税减让表

	2000 年平均关税（%）	2004 年降至（%）
奶酪	50	12
酸奶	50	10
乳糖	35	10
冰激凌	45	19
奶粉	25	20
其他	25	1

注：资料来源于中美农业协定，www.usda.org

以乌拉圭回合农产品贸易协定的要求衡量中国现行的奶业生产和贸易政策，“入世”后面临的最大问题是乳制品进口关税减让。因为：

（1）在中国乳制品进口环节不存在进口限额或国家垄断贸易等非关税措施产生的贸易壁垒；

（2）在中国的奶业生产中，基本不存在按单位生产量或其他形式的对生产者的直接扶持；

（3）中国是乳制品净进口国，出口量不大，鲜乳制品主要出口目的地是中国香港特别行政区，且不存在出口补贴。

在这种情况下，“入世”后降低乳制品进口关税（目前进口乳制品的平均关税税率为 40%）可能导致进口的进一步增加，加剧国内市场的竞争。

二、“入世”对中国奶业的影响

（一）有利方面

我国已经加入 WTO，这对我国奶业发展有利有弊。其利主要在于：

（1）它将导致国际资本进入我国乳品业，有利于加快我国乳业市场经济的发展，加速我国乳业经济国际化步伐；

（2）使我国乳品贸易主体多元化，促进乳品贸易体制的改革，扩大乳品国际、国内贸易，也为我国乳业拓展国际市场提供了良好条件；

（3）消费者可以获得价格便宜、花色品种更多的乳品，从而促进乳品消费市场的扩大；

（4）有利于加强乳业技术合作和科学交流，促进我国乳业技术改造和管理水平提高。

（二）不利方面

(1) 大幅度削减乳品关税，将会造成乳品进口量的进一步增加，加剧我国乳品市场的竞争，影响民族乳业的发展速度和规模；

(2) 根据 WTO 的农业协议，我国加入 WTO 以后就不能对农产品出口进行补贴，还要停止增加并逐步减少扭曲贸易的国内支持，这将使包括乳品在内的农产品因失去获得补贴的机会而处于不利竞争地位；

(3) 我们与发达国家在国内支持方面的不平衡，将限制政府对乳业的扶持力度；

(4) 有些发达国家可能会利用有关协议的某些反倾销条款对我国乳制品的进口加以限制。

总的看来，加入 WTO 必将进一步繁荣我国奶业经济和奶业市场，推动奶业深化改革，加快奶产业升级和奶业经济增长方式的转变，促使整个奶业产业结构的优化和推动奶业产业进一步向专业化、集约化和大型化发展。但对目前还比较弱小、分散、低层次的我国民族奶业来说，产生一定冲击甚至付出代价也是不可避免的。就影响范围而言，对奶业产业链的初端，即原料奶链条的发展的冲击较小，而对加工和营销链条的发展可能会有较大的影响。

（三）趋利避害，扬长避短，及时解决加入 WTO 后遇到的新问题

我们必须面对已经加入 WTO 这个现实，并不失时机地抓住机遇，趋利避害，扬长避短，落实应对措施，提高竞争能力，赢得市场，求得发展。在宏观指导思想、思维方式和与 WTO 有关的政策，主要应当解决以下问题。

(1) 打破封闭奶业发展的传统思维，建立全球奶业一体化新理念。加入 WTO，表明我国奶业将逐步融入世界奶业经济的圈子，加入全球奶业的竞争。尽管按照 WTO 的有关规则和协议，在一定时期内，各国特别是发展中国家关税还可以保持一定水平，但是迟早是要在同一个水平上竞争的。这应该是我国奶业在未来发展的思维基点。

在 1979 年之后的十多年里，我国奶业主要依靠遍地开花的小型乳品加工和分散的小规模个体奶牛饲养的快速增长，以及关税保护政策这“三条”赢得了长足的发展，将奶业经济推进到一个崭新的阶段。但是，加入 WTO 之后，乳品国际贸易势必进一步扩大，会有更多的外国厂家来我国设厂争夺奶业市场，面对这种态势，这老“三条”不一定灵了。置身于国际奶业的行列，与国际著名奶业集团竞争需要的是新“三条”，那就是资产质量、规模品牌和现代化。因此，无论是各级行政部门还是奶业企业，没有这种意识和理念，仍然沿袭计划经济时代的一套行政干预和地方保护的旧思维，奶业的进一步发展就会受阻。

(2) 加快国内奶业的资产重组和现代化改造。我国民族奶业必须走向国际化，这是加入 WTO 之后惟一的选择。走向国际化，就实际步骤来讲，就是要加快实现奶业企业的资产重组和现代化改造，提高资产质量，扩大生产规模，加快技术改造的步伐，积极进行乳品企业的联合兼并，建造自己的奶业“航空母舰”。实践表明，无论是在国内市场还是在国际市场，大企业均具有竞争优势。据统计，2001 年全国乳制品总产量 74.3 万吨，比上年下降 10.4 个百分点（与数字核实有关）；液态奶产量 246 万吨，比上年增长 83.6%。国有乳品企业及年销售收入 500 万元以上的非国有企业共计 434 家，完成销售收入 271.9 亿元，比上年增长 40.5%。完成工业总产值 291.7 亿元，比上年增长 49.3%；实现利润总额 17.12 亿元，比上年增长 104.3%；利税 31.97 亿元，比上年增长 69.9%。事实上，上海光明、河北三鹿、内蒙古伊利、黑龙江完达山、北京三元等大乳品公司的发展轨迹也证明了这一点。乳品进出口贸易的扩大和国际乳业经济的一体化，必然淘汰一大批资产质量不高、技术力量薄弱、生产规模狭小、产品既无特色质量也差的企业，这既为乳业“航空母舰”的建造创造了物质条件，也为其创造了市场条件。而奶业“航空母舰”的建造过程也必然是奶业产业升级、实现现代化的过程。当然，升级改造是一个系统工程，不仅要积极地在加工领域、储运分销领域进行，也要在生产领域进行。我国 20 多年的经验表明，奶业生产领域（即奶牛业）向规模化、现代化升级的工作更为紧迫和艰巨，这是加工、储运、分销领域的现代化进而使其产品走向国际市场的基础。

(3) 抓住特殊机遇，在奶业链条的“两端”大做文章。乳品消费市场和原料奶市场是在 WTO 架构下我国奶业发展的特殊空间，这是其他食品产业少有的。迄今为止，我国谷物、肉、蛋等产品的人均占有量、消费量都超过了世界平均水平，惟独乳品的人均占有量和消费量远远低于世界平均水平。2000年人均占有奶量仅7.38千克，约为发展中国家人均占有量（36千克）的1/5和世界人均占有量（100千克）的1/14，与欧美发达国家人均占有量200～300千克相比，差距更大。即使不考虑人口增长因素，如果将年人均乳品消费量由2000年的7.3千克提高到10千克，而且增加部分的2/3由地产牛奶解决，这就需要增加年产5吨奶的成年奶牛46.8万头。可见我国乳品市场开发空间之大。因此，加入WTO后奶业发展空间不会受到根本影响。

就奶业的全部链条而言，WTO难以影响我国原料奶生产。加入WTO之后，我国奶业的一级生产会成为农产品市场中的一个特例，不会或不易受到外国原料奶的冲击。某些奶业发达国家的乳品生产成本虽然低廉，但进口奶粉对国内原料奶的替代作用也不会很大。因而，国内原料奶的生产必将随着消费市场的快速扩大而获得高速增长。我们必须了解这个特点，不失时机地抓住这个空间，适应奶业大发展的要求，采取积极措施，有计划地在更高层次上扩大原料奶的生产规模。

（4）积极开发国际市场，努力增加出口。目前，我国大多数民族乳品企业比较注重国内市场的开发和竞争，但对国际市场的关注不够，研究不多。有人认为，我们自己的乳品生产水平还不高，而且乳制品净进口连年大幅度增加，谈论出口来源为时过早。实际上国际市场开发的前景非常广阔。世界乳品贸易量是很大的，而且从全球来看，乳品并不过剩，国际市场开发空间还很大。我们目前进口了这么多乳品，占我国生产量的比例虽高，但这只占世界贸易量的3.4%（1999年）。我们在开发国内市场的同时，应当有战略眼光，关注出口贸易。近几年我国有的乳品企业开始重视国际乳品市场的研究，注意进口贸易的变化，了解国内外市场需要什么奶产品，什么品种和质量有竞争力。实际上，近几年我国一些乳品进口数额在不断扩大的同时，有的产品的出口也在增长，这说明我国某些乳品在国际市场上也是有竞争力的。因此，在注重开发国内市场的同时，也要不失时机地开发国际市场，努力增加出口。

实际上我国的奶产品在世界上还是有竞争优势的。就生产成本来说，尽管目前我国牛、羊奶的生产成本比新西兰、澳大利亚高一些，但比起许多乳业大国仍然有优势。例如，我国城市牛奶收购价（1998年）比欧盟低14%，比美国低20%，比荷兰低23%，比丹麦低27%。农村的牛奶收购价就低得更多，相应的数字是40%、46%、47%和49%。我国的牛、羊奶生产成本比大部分南美洲、亚洲、非洲国家也低。而这些地区的国家乳品进口量占世界乳品进口的绝大部分。再者，进入WTO，为我们增加了竞争对手的同时也提供了公平竞争的机会。我们要减低进口关税，其他国家也要减低进口关税。我们承诺减让进口关税，那些向中国出口乳品的国家也要减少其出口补贴。这对我们更加有利，我国只要进一步在原料奶生产上多做扎实的工作，多生产质量一流的在国际市场上有竞争力的乳品并不困难。另外，民族乳业在国际市场融资、多方位进行资本运营和产权结构改革等方面也有文章可做。这里关键是我国乳业界要有这种投身国际乳业市场的意识和魄力。有了这种意识和魄力，才会按照国际市场的需要去调整自己的战略和结构，开拓出口渠道。

（5）充分利用“绿箱政策”和“黄箱政策”，支持奶业快速发展。根据乌拉圭回合《农业协议》，各成员方必须削减农产品国内支持总量（AMS），削减的对象就是所谓“黄色补贴”（也称黄箱政策），即价格支持、营销贷款、某些有补贴的贷款计划等等。按规定计算，我国到2004年对农业还可以有约57亿美元（约合485亿元人民币）的补贴额度。而政府用于防灾救灾、环保、病虫害控制、基础设施等一般性服务，以及与生产不挂钩的收入支持、结构性调整援助、区域援助计划、环境规划等所谓“绿色补贴”（也称绿箱政策）不在限制之列。因此，政府可以充分利用该条款提供的政策空间，拿出一定的财力在统筹农业发展支持时，给有发展潜力和空间的奶业以财政支持，包括在奶畜改良、饲草、饲料、奶牛保险等方面给予适当补贴。

（6）采取非关税措施和其他技术措施，有效保护本国奶牛业和乳品加工业。乳品国际贸易关税减让已经列出了时间表，依靠关税保护民族奶业发展的空间越来越小，但是美国和欧盟国家采取非关税措施设置屏障进行贸易保护的做法也值得我们研究和借鉴。美国为保护本国的奶牛饲养业，规定供应市场的液态奶必须100%使用本国生产的第一级原料奶为原料。我国台湾省的奶品消费量的3/4依靠进口，为了保护本地奶业，规定供应本岛的消毒奶必须100%的以本地产奶为原料，调味乳中必须有50%以上的本地产奶为原料，可想而知，台湾省如果没有这样的保护措施，本地产奶是难以占据人均消费奶量74千克的1/4份额的。另外，最近我国的蜂产品、肉鸡产品在欧盟遭到封杀，使我国农产品出口遭受重大损失。他们采用的是技术手段，就是提高和改变商品的进口质量技术标准。这是值得我们研究和仿效的。

（《中国奶业发展道路》编委会）

我国奶业品牌经营战略

我国奶业的发展已进入品牌竞争时代，品牌已成为企业进行市场竞争的重要战略资源之一，这是由我国奶业发展的现状和特点决定的，第一，奶业是我国农业产业化系列中发展速度最快，市场潜力最大的产业之一，凡是处于快速发展、增长空间大的品牌宣传推广十分重要。第二，奶业是扩展到全国的产业。因为只有这个产业不再满足于在地方小打小闹，它才敢于走进首都，运用中央电视台，尤其是一频道黄金时段的广告。第三，奶制品在大中城市已成为大众日常营养品来源产业。因此，品牌的大众认同直接关系到企业和产业的发展速度和市场前景。第四，奶业是要形象的产业。只有打造品牌，树立形象，在市场上获得营养、安全食品的声誉，其市场份额才能稳定。第五，奶业相当多的企业集团已经形成，这样竞争格局，强化了品牌战略在奶业竞争的特殊地位和作用。

（一）战略机遇期里发展战略产业需要竞争

1. 战略机遇期里的奶业是战略产业 未来20年的中国将处在战略机遇期。中国未来有良好的国际环境，自身的经济条件也可持续发展，特别是与奶业发展直接相关，就是中国正处于一个千年未有的社会转型和体制转轨阶段，这时期我们国家有一些巨大的战略因素、战略能量将释放出来。首先，人们消费生活方式的巨大变化，会促进人们饮奶增多。其次，经济体制、机制的变化，将使企业和企业家成为社会生活中的主体，第三，加入WTO后，随着与国际接轨，国际国内资源的整和，社会经济生活力将增强，尤其是在这个过程中，中国作为后来发展的国家具有一种后发优势。这种后发优势最突出的特点，就是可以学习发达国家产业发展的先进经验和模式，少走弯路，完成产业升级。与房地产业、汽车产业、金融产业快速发展一样，中国奶业存在巨大的发展潜力和机遇，奶业作为食品饮料业中特殊产业，更有其突出的战略性特点，就是它一方面有食品业的特点，具有广泛而持久的常规消费性；另一方面又有饮料业的特点，具有人群的消费时尚性，等等。这些都和战略机遇期的经济社会发展特点相吻合。所以奶业这个产业从战略角度考虑，在战略机遇期发展的前景应该是明朗的。

2. 奶业发展在新的历史时期中的战略因素 在战略机遇期的发展中，重要的是要抓住影响战略转折阶段一些新的关键性战略因素。党的十六大报告有三点重要启示：第一，全面建设小康社会。小康社会最重要内容就是公民公共健康体系，将具相当水平，牛奶将成为公民日常生活必需品，每人每天喝杯奶，应该是题中应有之意，这将给奶业发展绘就最迷人的蓝图。第二，建设现代农业。现代农业不单是生产，而且包括加工、销售、研发等各个环节组成的现代化的产业体系，它将促使畜牧业发展到新阶段，将使千百万农民和城市居民的消费群体在更高层次上有机衔接，良性互动。第三，城乡统筹。中国三农问题之所以难解决，关键是传统的“三农”和正在现代化的城市经济的巨大反差。中国经济要持续发展，把能量释放出来，关键是城乡统筹，打破城乡分隔的二元结构。而一旦农民转入城市，农村经济城市化，它将迅速地扩展奶业的市场，提升奶业的经营水平。

3. 新时期奶业发展的战略目标有两个基本点 第一个基本点是市场的扩大。第二个基本点是产业的发展。奶业在中国经济中，特别是在中国农村经济中是最具现代性的产业。现代性的产业突出特点就是要在市场的大范围、深层次的扩张中，促使产业的分工深化和结构升级。可以说没有市场的扩展，就没有产业的进步。而奶业由于它的产品主要是鲜活易腐的大众食品，其产业基础是较贫穷的农民养殖较贵重的奶牛，经受不了产业波动的影响。这诸多的产业特性，决定着市场是奶业发展的前提，所以必须作为一个发展的战略目标提出来。当然，奶业的发展也需要产业的扩张和升级。

4. 奶业在战略竞争中的三种力量 由于现在奶业发展比较快，许多金融资本为逐利而迅速地大规模进入奶业。这就提出一个尖锐的问题，现在这么多金融资本进入，包括上市公司，包括国外的资本，能不能够在近期，或者在中长期使这个产业的发展跟市场相均衡呢？其关键的问题在于金融资本是不是和产业资本紧密结合。我们国家过去屡次出现的情况是，一旦金融资本作为一种虚拟状态游动于国民经济的结构变动之中，不跟产业资本紧密结合，那么它原先青睐的产业表现稍微不好，它就无情无义地罢手撤出，造成大潮退去的一片废墟。金融资本在搅动经济泡沫，期待泡沫经济中的金融机会和收益时，不会做长远的谋划和建设性的贡献。但是跟产业资本紧密结合起来以后，情况就是另外一个样了。同时也要看到奶业又是个资金密集型的产业，吸纳资本的能力非常强，人为炒作，吹起些奶业泡沫也有可能，但形成泡沫奶业则比较难。当然，要想使产业和市场形成均衡，以利于奶业持续健康地发展，还要有第三种力量，就是人力资本。能不能够使金融资本和产业资本有效结合，平衡产销，关键是企业家这种人力资本在里面发挥巨大的作用。

5. 现在的奶业竞争有助于产业竞争力的提高 入世后面对激烈的国际竞争，没有竞争力的产业是没有前途的。影响产业竞争力的因素主要有三点。第一是产业的集中度。前十家，几十家大型企业，它的销售额、资产份额是不是在整个行业里占有很高的比例。发达国家中的主要产业都有这样一个特点。现在的奶业前十名的销售额是整个奶业销售额的百分之五十几，在整个农业产业中，在食品行业中，已经是最前列的，但跟国外比还有很大的差距。第二是产业的有序性。任何一个产业如果有竞争力，必然形成大中小企业有序排列的产业格局，尤其是前五位的大企业，应该拉开距离。这样一种竞争状态，有利于国际竞争。而中国奶业还是“群雄并起，逐鹿中原”。第三是产业的协同度。只有形成这样一种有序的格局，产业才能像一条大船或者一个舰队一样，随时协调内部，抵御外部的风险。相对于别的食品产业来讲，奶业的协同度好一些，但是与发达国家比，还有很大的改进余地。所以现在奶业竞争应该更加激烈，促使产业集中度的提高，并以此为基础，来提高产业的有序度和协同度，从而增强奶业的产业竞争力。

（二）品牌和形象在奶业竞争中的战略作用

1. 奶业发展迫切需要品牌和形象 奶制品是一种后验性的产品。其产品里面到底是什么内容，消费时是否可靠，这些质量性能需要在长期的使用中才能有可靠的识别。所以，在交易的过程中，为了降低广大消费者的识别成本，就需要品牌来帮助。同时，奶业的消费对于中国这个传统上不喝奶的国度来讲，是一种现代化的生活方式，需要品牌和形象的集中传播，来造成一种时尚，从而促使人们生活方式随生活理念的变化而变化，以有利于奶制品的销售。

2. 奶业品牌形象建设是综合性问题，它是在竞争中不断提高和积聚企业品牌竞争力和品牌形象的 奶制品的企业品牌和形象不但具有非常强大的正面作用，同时它也是比较脆弱的。我们知道，世界很多著名的食品品牌一旦发生质量安全问题，企业就轰然倒塌。奶制品本来就是鲜活易腐的食品，在人们日益强调食品安全的今天，其品牌形象更是有很大的脆弱性。同时由于产业的竞争和来自产业外面潜在对手的挑战，奶业的这些品牌的脆弱性还表现在别人的进攻上。在市场经济条件下，人们的意识是防御性的，是互相提防的，是喜欢挑毛病的。所以著名企业的品牌形象出了问题，大众从心眼里非常关注。而竞争对手恰恰利用这种状态乘虚而入，这也是奶业品牌建设需要考虑的重要因素。因此奶业品牌需要综合性的考虑，需要考虑它是在一种竞争环境中存在的，必须有适应竞争环境的竞争力，才能够真正体现品牌的作用。

3. 奶业品牌的发展要考虑虚实结合和产业竞争力 虚实结合，就是说，“虚”的品牌关键要有卖点和概念；但从“实”的方面说，若产品本身没有卖点，那么虚的品牌也难以有卖点，难以有概念。尤其是奶制品，它作为一种常规消费品，必须是产品本身的质量好，靠货叫人，传媒只是一种辅助的作用。同时在这样的一种品牌竞争中，要考虑到整个产业的情况。奶业的品牌竞争要考虑现阶段产业的整体情况，要从维护整个产业竞争力的角度来进行产业内的协调。

（三）学生奶是塑造乳业品牌形象的新平台

1. 学生奶是从战略的角度推动奶业的发展 前面已讲，奶业发展的前提是市场。学生奶恰恰在开拓消费市场，培养未来顾客的忠诚度，提升企业开拓市场的技术水平和能力等方面都具有巨大的作用。这两年来，各个学生奶定点企业和各地有关部门都在确保质量安全，开拓市场等方方面面做了很多的工作，得到社会广泛的赞同。

2. 现在学生奶在塑造奶业品牌中存在的问题 现在有一种非常突出的情况，就是有部分学生奶企业不敢发展学生奶，搞了的也如履薄冰，还有一些企业干脆拿着牌子不做学生奶。原因有三点：第一就是怕产品出事，影响企业的品牌和形象。现在的媒体太厉害了，为了吸引读者，专门报道奶业的问题，奶业出了问题，媒体的报道会使企业的形象受损，几年内都缓不过来。第二就是学生奶的价格比较低。很多企业认为，这么低的价格卖不出利润来。第三是进入学校还有很多的困难。这就需要我们正确的认识，同时我们学生奶办公室和有关部委也要创造一个更有利于学生奶发展，有利于企业在这里面发挥作用的良好的政策环境。

学生奶办公室和各有关部委研究，今后要继续建立并完善学生奶安全机制；农业部已经和教育部就推行学生奶联合发文。在文件中明确了学生奶的概念、规范学生奶在学校的准入，整顿学校的食品饮料市场的供应秩序；国家对学生奶的各定点企业给予支持，在所得税、增值税、进出口等方面都有优惠政策；国家计委等部门今后将继续加强对学生奶奶源基地建设的支持。

总之，学生奶在塑造品牌、振兴奶业、造福人民、实现小康中都有巨大的作用。

（国家“学生饮用奶计划”部际协调小组办公室、农业部农垦局 丁 力）

奶业产业化发展

奶牛适度规模饲养小区的新发展

奶牛饲养业要不要由散户饲养向规模化饲养转变？怎样转变？从奶牛适度规模饲养小区蓬勃发展的趋势看已经有了眉目。

（一）历史性转变

家畜饲养由“一大二公”转变为以户有户养为主，生产力得到解放，畜牧业快速发展。毫无疑问，多年来推行的“公司+农户”的饲养模式对我国奶业产业化功不可没，至今依然发挥着重要作用。然而随着经济的发展，市场的变化，奶业产业化经营迫切要求相对集中的奶牛饲养业与之配伍。奶牛饲养过于分散，已经成为制约我国现代化奶业发展的一个瓶颈。除少数国有大型农（牧）场及部分专业大户外，一般农户奶牛饲养规模约5～7头，20头以上的家庭奶牛场为数不多。生产标准不统一，技术管理水平不平衡，科学技术含量不高，劳动生产率低，原料奶的产量和质量也难以保证。公司对农户虽然在管理上有几个统一的要求，但说起来容易，真正落实却难了。可见，简单的“公司+农户”的模式正面临挑战。为了解决这一矛盾，突破庭院经济的局限，奶牛适度规模饲养小区的经营应运而生，发展有如雨后春笋，是又一历史性转变。

天津市静海县东双塘奶牛适度规模饲养小区始建于1982年（时称“奶牛一条街”），入驻农户18家，养牛98头，2002年已扩展到150户，有牛2 730头，其中成年母牛1 400头，日交售原料奶23吨。2002年全市已先后建立奶牛适度规模饲养小区96处（其中达到现代化设施农业市级验收标准的35处），共有奶牛近7万头，约占全市奶牛存栏总数的70%。武清区2002年有奶牛适度规模饲养小区34处，饲养奶牛2.4万头，占全区奶牛总头数的71%。包括国营奶牛场在内，全市已经认定的首批无公害奶牛生产基地共57个。

石家庄三鹿集团为保证优质原料奶的生产供应，推广实施“四统、一分、一集中”（由龙头企业与乡村统一领导、统一规划、统一管理、统一服务，奶牛分户饲养，集中机械化挤奶）的方式，已经建成适度规模饲养小区200余处，拥有大型挤奶厅146座及小型挤奶机械1 100台，挤奶机械化普及率达到60%；加上其他配套措施，初步建成绿色原料奶基地15处，日可提供优质原料奶1 300吨；企业累计投资9 000万元。

北京市农委提供的资料表明，全市已有将近半数的奶牛进入适度规模饲养小区经营。河北省唐山市，以新区田力奶牛养殖小区为典型，大力推广统一规划、统一设计、统一施工、统一服务、分户饲养经营的“四统一分”生产模式，大力发展专业场、专业户和集中生产小区。现在全市已经建成丰润流沙河等10个比较规范的奶牛养殖小区，专业户达到了6 000余个，养殖奶牛8万头，其中存栏10头以上的场户达440个，分别比1999年增长75%、160%和98%。

（二）形式多种多样

1. 联合共建方式 由龙头企业与村委会共同协商，由村或奶牛技术服务站提供场地并建立牛舍和挤奶厅；企业提供挤奶机械、冷奶槽、发电机组设备；养牛大户自愿申请到场养牛，从交奶款中分期支付房租、水电费和占地费等。饲养场管理委员会负责日常管理，提供配合饲料、疫病防治、配种、鲜奶收购等系列服务。比较有代表性的就是三鹿集团率先推行的“四统、一分、一集中”的规模饲养方式。有的地方则在奶牛饲养较为集中的奶牛专业村，在村外选择场地建立挤奶厅，兼事收奶，由企业提供挤奶机械设备等，养牛户按时牵牛前往挤奶。

2. 以场带户 以大型国有奶牛场为核心，带动周边奶牛专业户、专业村发展规模化饲养，有计划地组织附近的农民在规划的场地范围内饲养奶牛，成片建立牛舍，统一供水供电，划拨土地种植饲草饲料，并提供技术服务和收购鲜奶，以便利奶农集中力量多养牛、养好牛。有的国有奶牛场将奶牛场承包到户饲养后，场方仍为他们在饲草饲料的种植、收割、加工、贮存，以及机械挤奶等方面提供服务。

3. 以站带户 以综合服务站为依托，向奶农提供产前、产中、产后有偿服务而形成的适度规模小区经营。所提供的服务项目包括统一配种、统一防治疫病、统一制作青贮，分片集中挤奶，统一交售原料奶，以及其他社会化服务等。

4. 租赁经营 由私人向乡（村）长期租用场地，建设规模饲养场（包括牛舍、住房等），借鉴“招商引资”的方式“招商引牛”，吸纳附近和外地养牛户入驻，按牛、按期向经营者交纳使用费（租金）。双方订立合同，以保证双方履行的权利和义务。

5. 委托经营 有的在奶源基地建立起规模饲养场，吸纳社会投资人出资买牛交给饲养场经营管理，或出资委托经营者代为买牛并负责经营，年终根据经营状况按比例分红，人们戏称它为“托牛所”。

（三）优势显著

1. 科技含量增加 奶牛适度规模饲养小区场地、牛群集中，便于开展科学养牛，进行选种选配、疫病防治、制备青贮，尤其为发挥机械挤奶作业的效率提供了适宜的场所。在调查中发现，各地畜牧兽医部门多以小区为载体开展疫病的检测与防治。天津市武清区由畜牧局牵头，成立奶牛服务中心，下设三个站，即防疫兽医站、品种改良站与饲料饲草站。不少适度规模饲养小区即科技示范园区，其科技含量一般高于散户饲养10%以上，成年母牛头均年产奶量比较高。

利用业主可为入驻奶农提供综合服务之便，一些想养牛而缺乏饲养奶牛技术和管理经验的人，例如城市下岗职工，也较为便捷地投入奶牛生产领域中来。

2. 劳动生产率提高 规模化饲养的另一明显优势则是劳动生产率的提高。建有机械挤奶厅的适度规模饲养小区内户养牛头数一般在20头左右，1～2个劳动力即可承担，劳动强度也大大减轻。

3. 原料奶质量改善 由于饲养环境条件改善和实行机械挤奶，以及杜绝或减少掺杂使假等原因，适度规模饲养小区提供的原料奶，干物质含量、卫生指标等一般优于散户手工挤奶。

4. 经济效益提高 由于奶的产量增加，质量提高，生产成本降低，因而入驻奶农所得的比较效益普遍提高。龙头企业则随之拥有丰富的优质原料奶，从而为乳品企业创名牌提供了保障，增强了市场竞争力。

在贯彻优质优价政策方面，三鹿集团规定，机械挤奶（不包括手推车式挤奶）每千克鲜奶收购价格比手工挤奶提高0.1元。仅此一项，一头年产奶5 000千克的成母牛每年即可增收500元。

为了便利奶农使用青贮饲料并降低生产成本，河北、天津、北京等地的一些奶牛适度规模饲养小区，纷纷采取修建大型青贮窖，为入驻奶农提供青贮饲料的办法。例如，在三鹿集团的奶源基地，一些饲养小区经营者于秋季组织制作青贮，供入驻奶农根据需要定时拉运青贮饲料，不计量，按每头奶牛每日一元收费，奶农戏称为“自助餐”。

5. 环境改善 小区养牛使“千家万户养奶牛，千村万户臭烘烘”的局面大为改观，通过对粪便及时加以清理，进行厩肥还田、沼气利用，以及其他无害化处理等。减少污染，对于环境保护非常有利。

6. 组织化程度加强 奶牛适度规模饲养小区是经营体制上的一种创新，从而也使农民的组织化程度得到加强。一些地方并在此基础上又建立起奶农协会，有的地方的适度规模饲养小区又称“奶业合作社”，成立社员代表会，行使部分民主权利。

7. 聚集效应 奶牛适度规模饲养小区的问世和发展，带来的聚集效应十分可观。大量的社会资金、技术等被吸纳到奶业产业化基础环节中来，形成合力，使原本势单力薄、生产水平落后的奶牛饲养业在走向现代化方面迈开了大步，特别值得一提的是：

天津市，自2001年起，每年由财政安排资金1 000万元，分别以补助和贷款贴息的形式扶持饲养小区的建设，同时要求各区县以1:1的比例配套。武清区2001年以来先后出台了扶持奶业发展的九项优惠政策，从2002年开始，除配套奶牛饲养小区建设补助资金以外，还由财政拨付500万元作为奶牛改良专项资金。由于扶持力度加大，这个区2002年奶牛存栏3.3万头，比上年增长64.8%。北辰区、静海县为了扶持奶牛小区建设，区县政府拨付专项资金为小区修路造桥，便利奶业的发展。

北京市大兴区规定，小区建设达到市奶牛饲养小区标准的，可获得一次性建设补贴30万元；合作社经济组织补贴20万元，用于购置机械挤奶设备；标准化、规范化无公害牛奶生产基地建设补贴10万元；优质冻精配种费，由区政府补贴50%；胚胎移植繁育费用也有优惠，每成功一头牛，由市政府补贴1 000元，区政府补贴1 500元。

（四）值得注意的几个问题

奶牛适度规模饲养小区的发展，总的来说还处于初始阶段，有待不断地加以改进完善和提高。主要是：

1. 因势利导，以防止和克服发展中的盲目性。适度规模经营的要害在于“度”，应当以经济效益为中心，按照自身条件，量体裁衣，选择适当的“度”——饲养规模、集约化程度与经济效益的最佳结合点。

2. 进一步在良种良法配套方面狠下功夫，使小区的奶牛生产水平尽快地普遍得到提高。

3. 要妥善协调解决部分小区业主与入驻奶农之间存在的不合理分配问题。小区业主向入驻奶农收费主要包括三个部分：一是租金、水电费等生产、生活开支；二是配种、疫病防治等技术服务费用和某些生产资料供应（如青贮饲料）费用；三是从乳品企业收购原料奶所支付的收购价格与奶农实际到手的结算价格之间赚取的差价——中间费用（一般在15%～20%）。据调查，由于提供的服务项目多少不一，服务质量有所不同，收费标准有高有低，某些小区存在中间费用偏高，以及所供应的生产资料质次价高等问题。目前，三鹿集团正计划逐步推行直接向奶农结算奶款，然后再与奶站经营者结算管理费的“两次结算”制度，以维护奶农的利益。

（五）前景美好

奶牛适度规模饲养小区经营，统分结合，责权利清晰，既保护了农户养牛的积极性，又发挥了集体经营的优越性；既调动了奶牛饲养者的积极性，又鼓励乳品加工企业的积极性。其所产生的凝聚力在增强，辐射带动作用在扩大。不难预料，这类新型经营方式在城市奶牛圈及主要奶牛带将继续向深度和广度大发展，成为我国奶业经济又一新的增长点，构成我国“畜产品生产安全体系”的重要组成部分。

在自愿互利的基础上组织起来，带有股份合作制性质的奶牛适度规模饲养小区经营方式，可以毫不夸张地说，是我国人民的又一新的创造。

（中国奶业协会　李易方
农村养殖技术杂志社　冷安钟）

奶业龙头企业在产业化经营中的作用

我国奶业在快速发展的同时，整个产业的素质也在不断地提高，一些乳品加工企业通过股份制改造和强强联合等要素整合方式，形成了一批有实力的奶业集团，众多中小乳业企业与实力较强的企业联合或并入大型乳品企业及企业集团。2002年，销售额排名前十位的企业，共完成销售收入183.4亿元，与上年前十位企业相比增长42.7%，占全行业规模以上企业的53%，增加3.8个百分点；利税总额近22亿元，与上年前十位企业相比增长40.1%，占全行业规模以上企业的60%，增加16.9个百分点。事实证明，大型奶业龙头企业的规模在扩大，竞争实力有所增强，这将有利于应对入世后我国奶业面临的国际竞争。乳品加工企业与奶源基地关系的紧密度在加强。不少加工企业更加重视奶源基地建设，并采取为奶牛养殖户提供贷款或担保、实行保护价收购、优惠服务、加强挤（收）奶站建设等多种措施，少数乳品企业还吸收奶农入股，使生产、加工、销售各个环节关系更加密切，并向“利益共享、风险共担”的利益共同体方向发展。其具体做法主要有：

一是投资扶持。龙头企业通过对小区进行投资，向奶农提供贷款或贷款担保等形式，扶持建设奶源基地。例如：三鹿公司近年累计投入2亿多元，购置挤奶设备和牧业机械1 800多台（套），建设挤奶大厅280座，奶牛饲养小区360个，奶牛技术服务站530个。在三鹿支持建设的小区中，农民购牛可自筹资金50%，其余由公司担保从银行贷款，还贷由奶款中抵扣，如遇节假日或奶农有急需时还可以预支奶款。内蒙古伊利和蒙牛公司在呼和浩特、包头二市，奶农购买奶牛，伊利公司提供贷款每头4 500元，蒙牛公司提供贷款每头6 000元。同时，两公司还在这两个城市投资兴建了一批奶牛饲养小区。天津市武清区“金威实业福是妙乳品有限公司”全资兴建奶牛养殖基地，占地40公顷，拥有80套设备完善的牛舍，6座现代化挤奶厅，规划养牛5 000头。基地采取三种管理方式，即“公司+农户”的方式、“全托”养牛的方式和公司自养奶牛的方式。现有57户奶农进驻，奶牛存栏1 978头。40头以下的牛舍每年收租金2 800元，40头以上的每年收租金3 000元。对饲养10头以上奶牛的农户，公司帮助贷款5万元，借给进场费6 000元。

二是以保护价收购牛奶，以解除奶农的后顾之忧。例如：三鹿公司1986年以来采取确定奶、料比价的方式收购牛奶，奶料比价不低于1∶1.4。伊利和蒙牛公司在呼和浩特、包头两市都与奶站或政府签订了牛奶收购最低保护价合同条款，规定奶的最低保护价为1.50元/千克。

三是提供系列服务。许多龙头企业通过奶牛技术服务站和自身的技术人员向奶农提供服务。服务项目包括帮助奶农建立“奶牛系谱档案”，选购优质冷冻精液，进行选种选配，提供饲料配方，引导农民调整种植业结构，从事奶牛疫病防治和人员技术培训，以及开展奶牛保险等。

四是以订立购销合同方式，建立相对稳定的买卖关系。乳品加工企业和奶农，定期订立购销合同，一般为一年，规定原料奶的价格、质量、付款期和服务内容。这种传统方式仍占一定的比例。

随着奶业产业化经营向纵深发展，不仅带动了农民致富，而且使财政增收、企业增效。据呼和浩特市土默特左旗提供的奶业经济分析资料，2003年饲养奶牛预计将达到10万头，产奶总量25万吨，农民纯收入可达30 150万元，其中产奶收入9 650万元、犊牛收入19 500万元、牛粪收入1 000万元，平均每头盈利3 015元；乳品加工企业利润13 358万元，每吨鲜奶平均利润535.4元；地方财政税收10 273万元，平均每吨牛奶411元，其中增值税234元、所得税177元。奶牛饲养者、乳品加工企业和地方财政都很满意。

（农业部奶类项目办公室供稿）

天津市无公害奶牛小区的创建和发展

20世纪80年代初期，天津市静海县东双塘村建立了第一个奶牛养殖小区——东双塘奶牛村，将人的居住与奶牛饲养场所分开。随着农业产业结构调整的不断深入，奶业实施由近郊向远郊的战略转移，宁河、武清等区县相继建设了东棘坨奶牛小区、曹自理奶牛小区。奶牛小区的出现推动了奶牛养殖业向经营规模化、挤奶机械化发展的进程，对提高牛奶产量，提高奶农的组织化程度产生了积极的影响。天津市政府和有关部门及时总结了建设奶牛小区的经验，把它作为现代设施农业来抓，出台了养牛贷款政府财政贴息和建设一个规模小区财政补贴40万元的政策，区县政府相继出台了小区建设用地、用电、打井、修路等优惠政策，引导奶牛小区建设。2002年，全市共建成奶牛养殖小区96个，小区养牛达7万余头，占全市奶牛总头数的71%；经审查验收达到无公害牛奶生产基地标准的小区有57个，饲养奶牛4.6万多头。无公害奶牛养殖小区的发展，使天津市奶牛饲养业的基础设施得到明显改善，科技水平迅速提高，产业素质和整体实力得以提升。

（一）奶牛小区建设投资和管理形式

天津市奶牛小区建设投资和管理形式归纳起来有以下六种：

1. 乡、镇政府投资建设小区，委托其服务站管理，牛舍低价租给农民进区养牛，如宁河县东棘坨、武清区石各庄等奶牛小区。这是小区建设初期的形式。

2. 养牛大户自筹资金建小区，自己管理，自用部分牛舍，大部分租给农民养牛使用，负责挤奶卖奶，靠牛奶购销差价（0.25～0.3元/千克）和牛舍租金（每个牛位每年80～100元）回收投资获得赢利。如武清区大老李奶牛小区、朋成奶牛小区、北辰区荣发奶牛小区等。这是天津市奶牛小区的主要投资方式和管理模式。

3. 农民合伙投资建小区，投资者共同管理，牛舍租给农民养牛，实行集中挤奶，投资者负责收奶卖奶，并靠牛奶差价和牛舍租金回收投资获得赢利。如北辰区线河奶牛小区、静海县光大奶牛小区、宁河县小顷甸奶牛小区等。这是天津市奶牛小区建设投资和管理的又一种主要形式。

4. 业外人士投资建小区，自行管理，自养和招户饲养奶牛相结合，负责挤奶和卖奶，靠自养奶牛和牛舍租金及牛奶差价回收投资获得赢利。如武清区“富贵庄园”小区是天津市“猫不闻食品有限公司”投资建设的，武清区“供电奶牛小区”是区供电公司投资建设的，“海林小区”是一运输专业户投资建设的。

5. 乳品企业投资建小区，作为企业自有奶源基地直接管理，牛舍招租，让农民进区养牛，牛奶由乳品企业自行加工销售。如武清区“金威乳牛庄园”就是天津市金威乳品有限公司投资建设的。“华明奶牛一场”是天津市华明乳品公司投资建设的一个奶牛小区。

6. 村、队集体投资建设奶牛小区并负责管理，主要为本村队农民养牛户使用，收取较低的牛舍租金，负责机械化挤奶和卖奶，靠牛奶差价回收建设投资，如武清区“晨光”奶牛小区，静海县的“中兴”、“运河”、“海翔”等小区都是村队集体投资建设类型。

上述各类小区的设计生产规模都在500头以上，都采用了比较先进的挤奶设备（有近50%是进口挤奶设备），实行分户饲养，集中挤奶、统一管理、系列服务。

（二）无公害奶牛小区建设

建设“无公害奶牛小区”是天津市实施国家“无公害食品行动计划”的内容之一，是推动牛奶生产标准化、无害化的重要措施，也是实现奶牛饲养业现代化的一个途径。

1. 无公害奶牛小区的标准 无公害奶牛小区的标准包括小区的生产规模、外部环境、生产设施和投入品、最终产品——牛奶的质量等四个方面的九条标准，制定这些标准的依据是农业部和国家质量监督检验检疫总局发布的《无公害农产品管理办法》。

2. 无公害奶牛小区评审方法 一是申请无公害牛奶生产基地的小区要经过所在区县畜牧主管部门初审通过后，报送市奶办进行资料审核，无公害牛奶专家组现场评估验收，专家根据验收条件逐项评分，同时进行牛奶质量检验，达到验收标准的由市无公害牛奶行动计划办公室颁发“无公害牛奶生产基地”证书和标牌。

3. 无公害奶牛小区建设的前景 天津市对无公害奶牛小区（无公害牛奶生产基地）评审验收了两批，第一批是2002年9月进行评审的，共有68个奶牛养殖小区（含奶牛场）申报，审验通过了57个，并在报纸上公开发布；第二批有17个奶牛养殖小区申报，审验通过了13个。市政府规定，达到了“无公害牛奶生产基地”标准的小区才能享受现代化设施农业的财政补贴40万元。还规定，“无公害牛奶生产基地”生产的牛奶是“无公害牛奶加工企业”惟一的原料来源，因此，无公害奶牛小区达标与否关系到牛奶销售的价格。

（农业部奶类项目办公室供稿）

国家学生饮用奶计划

国家“学生饮用奶计划”概况

自2000年11月国家7个部、委、局正式推出“学生饮用奶计划”以来，在国务院领导的高度重视和指导下，经过各有关部门、地方政府和企业的积极工作，学生饮用奶计划的实施取得了重要进展，计划的发展和运作是健康、有序的。

（一）实施范围扩大

国家“学生饮用奶计划”的实施，采取先试点、后推广，逐步扩大实施范围的工作步骤。从2000年开始，先在北京、上海、天津、沈阳、广州等5个城市进行试点，取得初步经验后，2002年末扩大到具备条件的全国22个省、自治区的28个省会和重点城市。为加强组织、协调和管理工作，在省、区市一级一般都建立了由农业、教育、卫生、质检、财政、宣传等有关部门组成的协调组织和办事机构，初步形成了从中央到省、自治区、直辖市的三级管理和工作体系。各地还根据全国统一的文件法规，制定了地方实施学生饮用奶计划的实施方案、管理办法，使该项计划的实施从一开始就按照规范化、法制化的要求进行。如广东省政府十分重视“学生饮用奶计划”工作，各部门密切配合，工作机构得力，在广州、深圳、汕头3个城市的试点取得了很好的成效；昆明市在市人大和政府的重视和支持下，由副秘书长亲自督促，学生奶办公室、教育部门和定点企业密切配合，宣传到位，工作扎实有序，“学生饮用奶计划”得到健康发展。

（二）定点企业增加

经过国家有关部门按照严格的条件和程序认定的定点企业，从2001年试点初期的7家，2002年发展到48家。这些定点企业分布在全国22个省、自治区、直辖市的27个大中城市，包括上海光明、内蒙古伊利和蒙牛、北京三元、河北三鹿、黑龙江完达山、宁夏夏进、青岛雀巢、广东燕塘、沈阳辉山、天津娃哈哈、深圳晨光等著名乳品企业，这些企业具有规模较大、设备技术条件较好、并有奶源保证的特点。到2002年年末，已有25家定点企业开始生产、供应学生奶，供奶的中小学校达4 468所，日供学生奶约190万份，饮奶人数占全国城市中小学生的5.84%。其余定点企业正在积极准备生产和向学校供应学生奶。上海光明乳业是第一批认定的7家定点企业之一，该企业对开展学生饮用奶计划认识到位，工作积极主动，学生奶的生产和供应量一直在定点企业中名列前茅，2002年最多时日供46万份，除主要向上海中小学校供奶外，还将学生奶供应到海南等外地省市；伊利、娃哈哈等企业学生奶工作虽然启动较晚，但是他们认识到了其中的重大意义和商机，积极跟进，开拓外地市场，也取得不菲的业绩。

（三）文件法规逐步完善

实施学生饮用奶计划是一项涉及多个政府部门的政策性很强的工作，为了规范运作，2000—2002年末，由农业部、教育部、卫生部、财政部、国家计委、国家质检总局等部门联合或单独发布了6个专门的文件或法规，包括《关于实施国家“学生饮用奶计划”的通知》、《国家“学生饮用奶计划”暂行管理办法》、《学生饮用奶定点企业申报认定暂行办法》、《学生饮用奶标志使用暂行管理办法及使用规范》等。为加强学校对学生饮用奶的管理，2002年12月，教育部和农业部还发出了《关于加强“学生饮用奶计划”管理的意见》。这些文件法规涉及实施“学生饮用奶计划”的目的意义、组织领导、实施步骤和方法、定点企业认定、学校准入、监管措施、违规处罚等方面，初步形成了学生饮用奶计划的政策法规体系，这在世界60多个实施学生奶计划的国家中尚不多见。

（四）监管措施基本落实

贯彻“安全第一”的方针、加强卫生质量监管是实施“学生饮用奶计划”的关键和保证。为了确保学生饮用奶的质量和学生饮奶安全，根据国务院领导关于“要十分注意食品卫生安全”的批示，先后采取了以下措施：一是根据2001年10月召开的全国实施“学生饮用奶计划”工作会议的要求，初步建立和落实了由定点企业内部质量管理、定点企业对省市学生奶工作机构质量承诺、实施“学生饮用奶计划”城市对省级工作机构签订学生奶质量和安全责任状为主要内容的学生奶质量和安全责任制体系；二是建立了包括生产和配送学生奶的情况报告、发生学生奶安全事故报告、定点企业资质审查等的动态管理制度，初步形成对定点企业的动态管理机制；三是针对部分地方和学校学生奶供应秩序混乱的情况，对学生奶供应秩序进行整顿；四是为了推进定点企业尽快建立世界公认的食品质量管理体系，国家学生奶办公室在国内和加拿大组织了三期HACCP（危害分析与关键点控制）管理体系高级培训班，共培训定点企业干部130多人；五是2002年第四季度在全国范围开展了学生奶质量和安全检查，对发现的问题进行整改。通过以上一系列的工作措施，使学生奶的质量和学生饮奶安全得到较好的保证，自计划启动以来，尚无一例因定点企业学生奶产品质量问题引起的中毒事故。

（五）宣传教育进一步深入

要在一个没有饮奶习惯而且奶业发展水平较低的发展中国家开展学生饮用奶计划，是会遇到很大困难的，主要难在人们的传统观念和生活习惯上，而要改变人们的传统观念和生活习惯，就必须开展深入持久的宣传教育工作，提高人们对饮奶与学生营养健康关系的认识，这是实施“学生饮用奶计划”的重要基础。近几年，国家学生奶办公室、地方学生奶工作机构和定点企业，通过报刊、广播、电视、小册子、光盘、知识竞赛、现场参观等多种媒体和方式，开展了深入广泛的宣传教育工作，其中，仅在报刊、电视和广播上发表的宣传报道就有3 000篇以上，对改变人们的饮食观念、增强科学饮奶与营养健康知识、推进学生饮用奶计划的开展发挥了较大的影响。

3年来，我国学生饮用奶计划的实施，已经取得突破性进展，对改善中小学生的营养和健康状况、促进我国奶业和相关产业发展、增加农民收入等方面发挥了积极的作用，同时还产生了较大的国际影响。联合国粮农组织和一些发展中国家对我国“学生饮用奶计划”都给予极大关注和积极评价，2001年11月，我国在上海成功举办了第二次亚太地区国际学生奶会议，2002年5月以农业部张宝文副部长为首的代表团参加了联合国粮农组织在墨西哥举行的学生奶国际会议，我国在这两次会议上介绍了经验，受到许多国家的重视和欢迎。

（国家学生饮用奶计划部际协调小组办公室　孙仁松）

广州积极稳步推进学生饮用奶计划

广州学生饮用奶计划，在广州市学生饮用奶推广协调小组的领导和广州市学生饮用奶办公室的具体指导下，得以顺利推广和稳步推进。在推广实施过程中，始终贯彻“先试点、后推广，分步实施、逐步扩大和稳步推进”的工作原则，推广速度和成绩为全国之首，同时受到了“国家学生饮用奶计划”部际协调小组办公室的肯定。

2002年1月，国家学生饮用奶计划部际协调小组办公室批准了广州风行牛奶有限公司和广东国营燕塘牛奶公司为国家学生饮用奶生产定点企业。3月国家学生饮用奶推广协调小组召开了第三次联系工作会议，研究决定了广州市的学生饮用奶推广实施的试点范围和校园名单，以及对学生饮用奶实行财政补贴等问题。

2002年3月15日广州市教育局直属管辖的17所学校和天河区、越秀区、荔湾区、东山区、海珠区的近百所校园负责人，在市学生饮用奶办公室和市教育局的主持和见证下，与广州风行和广东燕塘两家学生饮用奶定点生产企业进行了供需双方见面并签订了供货合同书，试点学校的学生饮用奶，由上述两家定点生产企业直接送达校园，中间不设中介，广州市的学生饮用奶从此正式准许进入校门。3月22日上述两家定点生产企业分别与广州市学生饮用奶办公室签署了学生饮用奶生产、派送、质量责任承诺书，以确保学生饮用奶的质量和安全饮用。

为学生饮用奶准时和顺利送抵各饮用校园提供方便和保证，广州市学生饮用奶办公室前往广州市公安局交通警察支队为上述两家定点生产企业申请办理和签发了10辆学生饮用奶派送专用车，该车辆享受了特殊交通管制准许待遇。

2002年5月18～19日，广州市奶业管理办公室、学生饮用奶办公室和奶业协会隆重举办广州市第四次“国际牛奶日”大型公益宣传活动，活动中，专门开设了学生饮用奶推广实施宣传咨询专栏和专台。市民对学生饮用奶的政策、营养标准、质量、价格和饮用安全等问题大为关心。

8月14日，广州市学生饮用奶办公室与广州电视台在中山大学校园内联合举办了一场主题为“聚焦学生奶”的电视论坛活动，市奶业办公室、市学生饮用奶办公室、市奶业协会的负责人、学生饮用奶定点生产企业专家评审小组的专家们、广州风行与广东燕塘两家定点生产企业的负责人及员工、南武中学等校的师生和学生家长、利乐（中国）有限公司学生奶项目的代表和其他社会团体的人士100多人出席参加了本次电视论坛活动。此次论坛活动的目的主要是为了给学校老师、学生、学生家长、定点生产企业、政府各主管部门和社会各界进一步了解、认识学生饮用奶提供一个平台，并使之获得他们对开展和推广学生饮用奶计划给予大力配合与支持。8月25日为进一步增加学生饮用奶推广工作的透明度，拉近政府与市民及生产企业之间的距离，广州市学生饮用奶办公室又再次与广州电视台合作，在广州市人民政府门前的大广场组织举办了规模更大、公开性与透明度更大、市民可自由自主自愿参加的主题为“学生奶大家谈”的电视论坛活动。来自各阶层的上千名市民踊跃抵达论坛现场并纷纷举手争先提问，讨论、辩论气氛非常热烈，学生饮用奶的问题已经成为广州市民关注的热点问题。

2002年6月，市政府给予学生饮用奶计划的财政支持专项资金600万元人民币已达广州市学生饮用奶办公室的专用账号，依照2001年9月11日广州市物价局《关于广州市学生饮用奶销售价格的批复》的意见在推试期间，200毫升利乐纸盒包装的广州市学生饮用奶以1.00元/盒价格向校园学生出售，定点生产企业的实际生产成本与此售价的价差0.30元，由市政府财政补贴解决。据统计在推广期间，全市共有89所校园的10万学生享受了政府财政补贴的学生饮用奶。

由于市政府高度重视，工作扎实，广州市学生饮用奶计划取得较好成绩。许多非试点学校，主动争先提前实施学生饮用奶计划。依照广州市学生饮用奶办公室原拟推广计划安排，被推荐出来的百所校园的推试时间约为1年至1年半左右，而一些非试点校园则对此次长久等待感到不耐烦，于是他们主动提出要求提前实施学生饮用奶计划。从2002年6月份起至年末止，全市已有近500所非试点学校提早饮用了学生饮用奶，饮用学生人数高达20万人次，而这些提早饮用的学校并未纳入市政府财政补贴系列，他们只能按两家定点生产企业的生产成本价每盒1.30元供应销售，故导致2002年广州市的学生饮用奶销售价格处于双轨制的状态，然而，社会上对此的反应较为平淡。

学生饮用奶自3月份进入校园以来至年末，广州地区45万名饮用由广州两家定点生产企业提供的学生饮用奶的学生，尚未发生过一宗学生奶中毒事件，广州市质量技术监督局及市卫生防疫检疫部门对两家定点生产企业的学生饮用奶进行了多次的不定期抽检，检查结果全为合格。

两家定点生产企业的学生饮用奶生产能力大幅度提升。为适应越来越多学校饮用学生饮用奶的市场需要，广州风行牛奶有限公司于2002年9月新添置了一条利乐19型学生奶专用生产线。广东国营燕塘牛奶公司在同一时期亦新添了两条较为先进的学生奶生产线。据统计，目前这两个定点生产企业的年学生饮用奶生产加工能力已超万吨以上。而自2002年3月至2002年末，两家定点生产企业共生产和销售了4 500多吨学生饮用奶。

广州学生饮用奶在推进过程中还存在的一些问题：一是学生饮用奶进校园学生饮用后，有相当的学生反映口味和香浓不如社会商场上销售的其他奶品，普遍反映口味较淡，甚至有一些学校集体提出不喝学生饮用奶，而要求改喝其他非定点企业生产的香浓型牛奶。针对此种情况，市学生饮用奶办公室负责人已正面给予解释，认为这主要是学生在家平时饮惯了添加香精调味剂或奶粉香浓型的牛奶，而使口感处于疲劳状态所致。二是一些学校甚至区教育主管部门，生怕承担风险责任而将学生饮用奶拒绝于门外。三是定点生产企业为调动学校的积极配合而以它贮费的名义每盒支付给校方0.05元的费用开支，由于校方对此项费用无法开具发票，故导致生产厂家无法将此项费用列入生产成本，而不得不将其列为坏账呆账处理。看来学生饮用奶的销售、派送过程还有许多地方需要进行规范。

广州学生饮用奶的推广与实施虽较为迟一些，但由于准备工作做得较扎实，学校、学生、家长、生产企业和社会各界都能给予较好的支持与配合。故推广的速度较快，目前仍在稳步推进中。

（广州市学生饮用奶办公室　王丁棉）

昆明学生饮用奶计划实施情况

昆明市学生饮用奶计划是在云南省、昆明市两级学生饮用奶计划协调组的指导下，依托龙头企业昆明雪兰牛奶有限责任公司实施的。

雪兰公司由于自有的奶牛早已普及了机械化挤奶，2001年新建成的合作社有3个已使用了挤奶机，加上大力宣传科学养牛和强调牛奶质量问题，奶源数量和质量已得到充分保证，并在2001年荣获了中国“绿色食品”认证。在省市领导的支持下，雪兰公司于2001年3月向中国学生饮用奶办公室申报了“学生饮用奶定点生产企业”，并及时引入利乐超高温灭菌包装生产线，试生产出“学生饮用奶”在昆明市盘龙、五华、西山3个区中小学学生中进行试饮。

2002年2月，雪兰公司获得“学生饮用奶定点生产企业”证书，同时又有两个农村奶牛合作社挤奶机安装完毕投入了生产，奶源更充分了，因此将学生饮用奶计划扩大推广到更大的范围，从原试饮用的20多所学校1万多学生发展到全市100多所学校4万多学生，并还在继续扩大之中。

学生饮用奶计划的推广按照“政府引导、社会参与、学校组织、学生自愿”的原则进行，市政府学生饮用奶计划办公室、市教育局及雪兰公司做了大量的宣传、准备工作。

昆明市政府为了引导好学生饮用奶计划工作，2002年拨专项资金120万元支持优质奶源基地的建设，180万元支持乳制品企业的技术改造，为支持雪兰公司建设良种奶牛场，拨款150万元用于引购国外良种奶牛，并安排20万元专款用于学生饮用奶的组织、推广、宣传工作。

为了推广学生饮用奶计划，昆明市教育局先后召集各县、区教育局及直属学校分管领导进行宣传动员，邀请乳品专家做技术报告。在市教育局的组织下，各学校成立了学生饮用奶管理组织，由分管领导负责实施。

2002年底，全市组织了10万名中小学生参加学生饮用奶知识竞赛，并对实施计划好的学校进行了表彰。

昆明市学生饮用奶计划办公室与雪兰公司共同制作1万张宣传招贴画发到各学校张贴，制作了10万份学生饮用奶手册发给适龄学生，对如何科学饮奶，学生饮用奶计划对青少年生长发育的好处，对改善国民身体素质、拉动经济增长和增加农民收入方面做了较全面的宣传。

雪兰公司为保证学生饮用奶“安全、营养、方便、价廉”，在优质奶源基地建设和鲜奶质量方面做了大量工作。2002年又有2个奶牛合作社进入用大型挤奶设备挤奶的行列，保证了学生饮用奶优质奶源的需要。为了保证奶源质量，公司修改了挤奶厅操作规程，强化了牛奶卫生管理，又制定了鲜奶按质论价方案，并从饲养管理方面帮助个别未达标合作社提高饲养水平。同时公司加强了原料奶收购时的质量检测制度，要求奶罐车驾驶员初检，加工厂复检，质检中心检测结果为按质论价的最终依据。通过大家共同努力，原料奶的乳脂率、蛋白率、酸度和细菌数等指标均已控制在国家标准范围以内。

公司在产品加工过程中也强化了操作程序和抽样检测程序。经过巴氏消毒的半成品取样交质检中心检测细菌数、芽胞菌和致病菌等，稍有问题的牛奶不能用于加工学生饮用奶。在生产过程中严格按规定取样，目的样、随机样需进行保温实验，并送质检中心进行无菌检测，合格方能放行。为了进一步确保安全，加工车间还对每道工序的产品实施人工直接品尝制度，以便及时掌握产品情况，确保安全。

雪兰公司在学生饮用奶的运输和配送上实行了专人专车，按学校要求时间及时送到学校，做到了送奶车出门签发车时间和到校签收时间。各学校也做到了专人收发牛奶，校领导督促检查。

昆明市的学生饮用奶是用利乐灭菌奶生产线加工、包装的200毫升调味奶，目前有原味、香草、鲜橙、巧克力和草莓5种口味，由公司专人专车送到各学校。公司每盒奶收回1.30元，学校可加收0.10元的手续费，学生每盒付出1.40元，绝大多数学生家长都表示可以承担，支持学生饮用奶计划的实行。

昆明市学生饮用奶计划经过一年以来的实施，效果是比较明显的，课间喝奶有利学习和健康的观点得到广大师生的认同，为今后进一步推广打下了良好的基础。市学生饮用奶协调办公室计划2003年将昆明市中华小学命名为“学生饮用奶计划示范学校”，要求示范学校在组织学生喝奶的过程中做大量的宣传和培训工作，使自愿喝奶的学生达到在校学生90%以上，并保持较高的稳固率，为那些还在持观望态度的学校做出良好的示范。

（昆明市乳畜研究所　徐　松）

光明乳业确保学生饮用奶安全的措施

（一）基本概况

上海实施“国家学生饮用奶计划”已经有3年。光明乳业作为第一批经过国家专门认证的学生奶定点生产企业，在市政府和各区县教育局领导的关心支持下，在市学生饮用奶办公室的指导下，在光明乳业全体员工的积极努力下，通过以点带面的方法，光明学生奶日供已经达到50万盒，供应学校1 374所，其中上海市1 103所学校。光明学生奶已走出上海，向江苏、浙江、福建和海南等地供应学生奶。其中海南每天已有103所学校5万余名学生喝上光明学生奶。目前光明学生奶有朱古力、甜味、纯牛奶、核桃味、香草味和草莓味6个品种。几年来，光明学生奶正在健康有序地稳步发展，得到学生和家长的普遍欢迎。

（二）推广学生奶必须“确保安全，万无一失”

农业部等七部委关于实施推广“学生饮用奶计划”的要求中明确规定了“安全、营养、方便、价廉”的八字方针，安全放在首位。作为首批获得国家认证的学生奶定点生产企业光明乳业制定了从奶源、加工到物流配送整个供应链“确保安全，万无一失”的保障措施，让学生们放心地饮用光明学生奶。

保障措施如下：

1. 从源头抓起

（1）抓好奶源——定点收购。奶源是学生奶产品的生产之本。学生奶的质量必须以优质奶源为基础。认定学生奶生产的定点牧场，必须是符合如下标准的规模牧场：运距在2小时之内，保证生奶新鲜；两病检测阴性；实行机器挤奶；自动冷却恒温系统储奶；生奶细菌总数控制在40万cfu/毫升以下；嗜冷菌检测控制在1万以下。

（2）抓好包材——定点供应商。专业定点供应商必须进行合格供应商的审核。制定学生奶包材验收标准；每批学生奶包材供应商必须提供合格证；每月抽查一批包材。

2. 加强生产现场管理

（1）原料验收——按标准验收入库。收奶奶温≤8℃；72%中性酒精试验2∶1阴性；抗生素残留量检测阴性；滴定酸度≤18°T。

（2）专用设备——加强设备维护与管理。从瑞典利乐公司引进的由CIP自动清洗系统、杀菌机、管式换热器、无菌灌装机、均质机、脱气机、贴管机等组成的全套超高温灭菌奶生产流水线，生产工艺及技术均达到国际先进水平。按标准1 000小时设备保养一次，3 000小时设备大检修一次。

(3) 加强全程检测——提高抽样密度。光明学生奶,构建了一套由操作工、现场品控员、翻箱工、检验员组成的从原料、半成品到成品的层层把关的检验网络。

扩大抽样:UHT产品正常随机抽样率为0.2%,学生奶随机抽样率0.3%。有开机故障、设备停机、换材料时,抽样率为1%,进行封合完整性检测和留样。

延长留样时间:从过去留样60天延长到180天,将样品保存至产品到质期日,使每一批产品可有效全程追溯。

引进了先进的酸包仪,每箱(1×72)抽检1包,做非破坏性试验,可将在常规翻箱检查中无法发现的部分酸包产品在不开包的情况下检出。

(4) 建立专用仓库——产品先进先出。

专用仓库:专用仓库库温控制在常温条件下(常温20℃左右)。

所有产品下线后,直接送入仓库,使产品在微生物生产最适宜的温度下,全数进行恶化培养,促使少数因包装破损、封合完整性受到破坏的产品加速反映出来,在产品准备出库前,全数进行翻箱检查,剔除此类坏包,出厂合格率做到100%。

制作防尘罩:为了确保库存产品清洁卫生,特别定制了仓库专用的防尘罩。翻箱后,套好塑料袋,整洁出厂。

(5) 建立质量保障、控制体系。已经建立ISO9001(2000版)质量保证体系;工厂实行"5S"管理,清扫、清洁、整理、整顿;已经通过HACCP(危害分析与关键点控制程序)认证。

(三) 加强物流配送过程管控

1. 学生奶仓储运作管控

(1) 设立学生奶存放独立仓库,并设持有健康证的专人负责收、发、存。

(2) 建立定时清洁制度、消防安全制度及措施,设立防虫防鼠设施,并定期检查。

(3) 同货位的学生奶产品存放必须是同品种同批号。

(4) 带塑格的学生奶产品,在产品最上面一层覆盖防尘纸。

(5) 学生奶产品严格按照生产日期先进先出。

(6) 对二级配送小仓库设专人现场管理运作。

2. 学生奶运输运作管控

(1) 培训。全部使用送牛奶专用车调拨、配送,司配人员经过培训上岗专职配送学生奶。

(2) 直送。物流根据学生奶销售订单的指令,从物流仓库送至每个学校,学生的饮奶数量都控制在3天以内。

(3) 二级配送。二级配送站仓库产品批次都有物流仓库管理人员进行管控。

二级配送站仓库至各学校的学生奶产品运输,做到专人专用车,由光明物流负责管控全过程,把学生奶安全准确地送到各学校。

(4) 学校分发,设发奶专管员,每天检查,检出胖包和坏包牛奶。

(四) 售前售后服务

(1) 售前向学校老师和学生宣传科学饮奶知识和"六不饮"常识。

(2) 学校专管员培训上岗,建立专管员奖励制度。

(3) 发生质量问题,实行首端负责制。第一时间赶到现场,查明原因,报告情况。多人发生饮用学生奶中毒事件,进入危机程序。

国家学生奶计划已经在中国启动。中国学生饮用奶计划的发展趋势势不可挡。学生奶事业是人类最纯洁、崇高的事业,学生是祖国的未来,人类的希望,我们将一如既往、义无反顾、勇往直前,为中国的学生饮用奶推广计划作出我们应有的贡献。

(光明乳业学生奶公司)

伊利集团实施学生饮用奶的基本做法

国家推出的"学生饮用奶计划",正在内蒙古呼和浩特市逐步推开。政府层层抓落实。实施国家的"学生饮用奶计划"是政府行为,呼和浩特市充分发挥学生饮用奶领导小组规划、组织、协调、监管和指导的职能。将学生奶推行工作分3个阶段进行:即试点阶段(2002年12月开始),先在市4区3~5所学校搞试点,2003年3月在旗县进行试点,总结经验;扩大阶段(2003年9月开始),市区范围内的学校全面推广;展开阶段(2004年3月开始),饮奶范围增加到旗县镇内的学校。在此基础上逐步使全市的中小学生饮用学生奶。

呼和浩特市从学生饮用奶"安全、方便、营养、价廉"的原则考虑,认为学生奶应采用超高温(UHT)灭菌工艺生产,同时要优先考虑已在学生奶工作中有一定经验的企业为供应商。因伊利集团已具备上述条件,呼和浩特市在学生奶试点推广阶段选择了伊利集团,待总结经验、全市大面积推广时,将通过招投标形式吸纳其他符合条件的企业,形成有序的市场竞争。试点时期伊利集团投入必要的资金,印制推行学生奶的图册,开展相关的活动,以增强青少年的饮奶意识和饮奶知识。提倡学生自愿饮奶的同时告知全社会,学生奶收费不属于乱收费,且学生饮用奶价廉,基本上是出厂价。

价格是影响学生奶推行的重要因素,考察团建议政府视财力给予学生奶补贴,尽可能地降低学生奶的价格。企业要坚持学生奶微利的原则,让利于学生。

经呼和浩特市发展计划委员会批准，伊利公司200毫升利乐包学生饮用奶专用产品，每包供给价格为1.20元/盒。

根据学生奶不进入市场的规定，呼和浩特市政府责成市勤工俭学管理中心（即欣学苑教育服务中心）承担学生奶的配送工作，任何单位和个人不得暗中或变相违规操作，否则将严厉追究有关人员的责任。

呼和浩特市政府科学、规范、合理的学生奶管理体系，使得“学生饮用奶计划”很快步入轨道。靳炳初副秘书长讲，呼和浩特市有得天独厚的自然资源和全国知名的两大龙头企业，并且有三家农业部指定的学生奶定点生产企业，“近水楼台先得月”，马背民族的后代再喝不上奶就没有道理了，呼和浩特市的学生奶一定要落到实处。

企业时时查质量。伊利集团从2000年开始，积极响应国家号召，全面、快速地实施“学生饮用奶计划”，成立了“学生饮用奶专管小组”。小组由郑俊怀董事长牵头，伊利液态奶事业部负责具体实施；由生产、质量技术、市场、销售等部门的专业人员组成，标志着“学生饮用奶计划”已列为伊利集团工作中的重中之重，目前仅在呼和浩特市日饮奶量已经达到2万份。

按照国家规定，优质奶源、UHT灭菌生产线、完善的检测体系和配送体系是一个企业有能力做并且做好学生奶的必要条件。为保证最优的牛奶质量，伊利集团在奶牛挤奶到包装出厂的全过程，采用国际上最先进的全自动牛奶加工设备。如TP全自动奶牛挤奶机，牛奶前处理的德国GEA设备和瑞典利乐公司的无菌灌装设备等等，同时集团十分重视生产过程的管理和控制，除引进ISO9000质量认证体系和国际食品行业专用的产品质量认证管理标准体系GMP，另外还引进了HACCP（危害分析和生产关键控制点）体系，加强产品安全的控制。这些技术设备及管控体系的运用，为伊利产品的“安全、健康”提供了最佳保证。伊利集团2001年11月在国家“学生饮用奶”资格评审中顺利达标，获得了国家“学生饮用奶”定点生产企业资格。

2002年2月由国家学生饮用奶计划部际协调小组办公室正式批准，伊利集团成为“中国学生饮用奶”定点生产企业。

2002年12月，呼和浩特市政府批准伊利集团为“市学生奶工作试点期间惟一供应学生奶定点企业”。

特别是在抗击非典的日子里，伊利集团在向前线医务工作者捐助1 000余万元（含牛奶）的基础上，又与市勤工管理中心共同向奋斗在备考前线的高三师生捐赠3万元的学生奶，得到了社会各界的好评。

伊利集团生产的“学生饮用奶”有纯味、草莓味、巧克力味、甜味等多种产品，除供应本自治区外，还销往河南、山东、广东等地。

（伊利集团液态奶事业部　刘　刚整理提供）

蒙牛乳业生产学生饮用奶的基本情况

内蒙古蒙牛乳业（集团）股份有限公司，是国家八部委确定的农业产业化龙头企业，也是重点工业企业之一。公司地址在内蒙古呼和浩特市和林格尔经济园，公司于1999年7月成立，前后三期工程占地面积55万米^2，建筑面积14万米^2，蒙牛现有员工近万人。短短4年时间总资产从1 000多万元增长到20亿元。年销售额由1999年的0.4亿元增长到2002年的21亿元，在全国乳制品企业中的排名上升至第4位。

2002年2月8日内蒙古蒙牛乳业（集团）股份有限公司被选定为国家学生饮用奶定点企业。

4年多来，蒙牛公司在内蒙古地区扶持和发展养牛户约20万个，增加奶牛近30万头，目前日收奶量3 000多吨。

2002年，摩根士丹利、鼎晖投资、英联投资公司同时投资蒙牛，一次性投入2 600多万美元（折合人民币2.16亿元）。这是内蒙古民间一次性引进外资数额最大的项目。

蒙牛1999年销售额0.4亿元，利税106万元；2000年销售额2.94亿元，利税4 000万元；2001年销售额8.5亿元，利税1.04亿元；2002年销售额达21亿元，利税1.35亿元。2002年销售额是1999年销售额的50倍。企业被自治区列为“二十户重点大企业”之一、“亿元工程企业”和“重点保护单位”。市委、市政府授予企业“纳税状元单位”称号，“经济快速发展突出贡献奖”。

“百年蒙牛，强乳兴农”是蒙牛的企业使命。

蒙牛奉行“产品等于人品”的质量理念，追求“出厂合格率100%”的质量目标。企业通过多项认证：绿色食品认证，英国本土NQA质量保证审核，ISO9001，ISO14001，CMP，OHSAS18001，HACCP。蒙牛商标2002年被认定为“中国驰名商标”。产品覆盖32个省、自治区、直辖市和特别行政区。液态奶荣获“中国名牌产品”称号，并被列为免检产品。

蒙牛为使产品脱颖而出，在质量管理上创造性地采取了两项举措，被概括为“一净一稠”。一是着眼“净”，在国内第一个建起了“运奶车桑拿浴车间”，奶罐车从奶源基地每向工厂送完一次奶，都要在高压喷淋设备下进行酸、碱、蒸汽和开水清洗，上上下下，里里外外，杜绝了陈奶残留污染新奶的可能，最大限度地保持了草原牛奶的原汁原味。二是着眼“稠”，添加了“闪蒸”工艺，在百分之百原奶的基础上再剔除一定比例的水分，从而使草原牛奶闻更香饮更浓。

国家大力发展学生饮用奶计划，蒙牛乳业责无旁贷。为增强全国中小学生的体质，蒙牛乳业学生饮用奶小组进行了长期的筹备工作，为全国的孩子们能每天喝上一杯香醇的安全的牛奶，有一个健康的体魄，蒙牛乳业不惜巨资，特地从瑞典引进了当今世界一流的学生奶灌装设备。同时配备了先进的测量仪器，蒙牛具备日产120吨利乐枕学生奶的生产能力，完全可以保障中小学生的需求。目前蒙牛学生奶的规格为国家规定的：200毫升利乐枕（24包/箱），口味有：原味、草莓、巧克力等。作为中国乳品行业中龙头企业，我们具有完善的产品检测体系与国际一流的检测设备，产品在历年来的国家各级检测、抽检中，合格率100%。我们希望通过我们的努力，能为学生奶的生产带个好头，共同推动中国学生奶事业的发展，为中国学生提供安全、营养、方便、价廉的蒙牛学生奶。

（蒙牛乳业学生奶项目部）

国家“学生饮用奶计划”大事记（2002年）

4月

15日 国家“学生饮用奶计划”部际协调小组办公室在北京举办定点企业HACCP培训班，特邀世界超高温灭菌与包装及HACCP资深专家冯·博克曼（瑞典）讲课，参加培训班的学员主要是学生饮用奶定点生产企业的生产和质量管理负责人，共100余人（20日结束）。

5月

19日 农业部张宝文副部长率团参加在墨西哥举行的国际学生奶会议，并在大会作了题为“中国的学生饮用奶计划”的发言，受到大会的高度评价。

20日 《人民日报》报道 自2月以来，广州风行牛奶公司等41家企业先后正式被认定为学生饮用奶定点生产企业，使全国学生饮用奶定点企业增加到48家。

6月

11日 李岚清副总理在新华社记者写的一篇材料上批示：“对学生奶供应秩序必须予以高度重视，否则出了事就是大事，对不合格和假冒者必须严肃查处。”

8月

国家“学生饮用奶计划”部际协调小组办公室向各地方学生奶工作机构发放学生饮用奶光盘和宣传小册子。

9月

2日 国家“学生饮用奶计划”部际协调小组办公室发出《关于加强学生饮用奶质量及安全管理工作的通知》，对实施“学生饮用奶计划”工作中的有关问题做出进一步规定。

10月

22日 根据9月12日李岚清副总理对农业部、教育部给李岚清副总理的《关于国家学生饮用奶供应秩序问题的报告》的批示精神，国家“学生饮用奶计划”部际协调小组办公室发出《关于开展学生饮用奶质量安全和供应秩序检查的通知》，部署在全国开展对学生奶供应秩序、产品质量和安全进行检查。

29日 国家“学生饮用奶计划”部际协调小组办公室召开专家委员会会议，会议由魏克佳主持，除有关专家外，广州、上海、天津奶业办公室，中宣部、教育部、卫生部、国家质检总局有关部门的领导同志参加。会议主要研讨了“学生饮用奶计划”实施的情况和问题，以及准备召开学生饮用奶计划工作会议问题。

11月

12日 李岚清副总理在《解放日报》情况简报2002年第44期刊登的《实施学生饮用奶计划的误区》副题是《不是中毒，而是乳糖不耐症引发》的文章简报上批示：“既然是这样，早应广为宣传。但同时也确应看到有因食品不洁或其他原因造成中毒的，对此要严加防范，杜绝此类事故发生。对由于责任事故造成的问题，必须依法惩办，并追究行政责任。”

14日 农业部杜青林部长批示：“要认真贯彻岚清副总理的批示，进一步加强对实施学生饮用奶计划的宣传和引导，确保学生饮用奶的质量安全。”

12月

12日 教育部、农业部联合发出《关于加强“学生饮用奶计划”管理的意见》。对学生饮用奶在学校的管理等问题做出明确规定。

2002年年末统计，“学生饮用奶计划”已扩展到全国28个大中城市，有25家定点企业向4 468所中小学校供应学生奶，每日供奶190万份，饮奶人数占全国普通中小学生人数的5.84%。

（国家“学生饮用奶计划”部际协调小组办公室　孙仁松）

各 地 奶 业

北 京 市

【概况】北京市奶牛养殖业在农业结构调整方针指引下，在市委、市政府的领导和扶持下，自1999年以来奶牛养殖得到快速发展，据统计4年来本市奶牛养殖数量从1999年末57千头至2002年末存栏达到151千头，4年来增长164%，达到了北京市奶牛养殖历史上的新高。牛奶总产量由1999年的24.36万吨增长到2002年的55.1万吨，增加30.74万吨，增长126%。2002年全市年人均占有牛奶45.45千克，说明北京市对奶和乳制品消费有了较大幅度提高。

市政府在调整农业结构中，要求农民奶牛养殖要从庭院中走出来，引导农民逐步建立奶牛养殖小区，在养殖小区的基础上实现农村奶牛养殖的规模化、规范化，通过小区融合建立奶牛生产合作社。北京西南部及东北部地区的7个区县为本市奶牛养殖的重点区县（密云、顺义、通州、怀柔、延庆、房山、大兴）。7个区县从1999年的21 851头发展至2002年末已达99 023头，4年内增加77 172头，增长353.2%，平均每年增长88.3%。其中密云县从816头增加到16 096头，增长19.7倍；顺义区从1 060头增加到15 254头，增长14.4倍；大兴区从4 928头增加到23 521头，增长4.48倍；延庆县从5 217头增加到20 184头，增长3.87倍，其他3个区县也有较大幅度的增长。

随着北京城市发展功能的确定，大城市小郊区的格局已定。如何以有限的资源饲养高品质的奶牛，满足北京市民对鲜奶和奶制品的需求，在奶牛快速发展中坚持或执行何种技术路线是摆在政府和行业中的首要问题。

【养殖结构】全市奶牛养殖生产结构发生较大变化，区县的奶牛养殖已成为全市奶牛养殖的主体。1999年国营牛场养牛30.7千头，占全市养牛的44.43%。区县养牛35.5千头，占全市养牛55.5%。2002年国营牛场养牛31.8千头，仅占全市养牛的22.6%，区县养牛占全市饲养量的77.4%。

国营牛场以北京三元奶牛养殖中心为代表，目前饲养成乳牛15.6千头，全年每头平均日产奶23.6千克，平均每头年单产奶8 614千克。

截至2002年底，全市共建奶牛小区375个，其中股份制小区119个，合作形式小区160个，租赁形式小区96个。入区户达到5 887户，饲养奶牛7.89万头。

全市牛群结构趋于合理，成乳牛与后备牛比例为59.76:40.24。其中:国营牛场成乳牛与后备牛比为54:46，奶牛养殖小区为63.8:36.2，个体散养户为56.4:43.6。

全市国营牛场已全部实现机械挤奶，冷链保鲜，可以保证优质原料奶的上市供应。区县养殖小区也70%配套普及了机械挤奶的平台管道设施和冷链保鲜，但仍有30%小区采取手推车式挤奶和手工挤奶，也应逐步地改善挤奶和保鲜条件，并加强使用者的生产管理水平，提高奶牛养殖小区全员素质，加大培训力度，发挥设备的使用价值，为北京市提供更多更优质原料奶打下坚实的基础。个体散养户中3/4户养奶牛仍然是手工挤奶，对这部分应进一步改善条件。

【乳品加工】全市乳品加工企业62个，其设备日处理能力5 001吨，目前日处理量2 051吨，其中部分乳制品是以奶粉作为原料，如冰激凌，一部分酸奶和乳酸饮料。北京每天除加工本市生产鲜奶以外，还从环北京的河北地区和天津调入鲜奶200吨，基本上满足北京的乳品加工企业对原料奶的需求。

目前全国各大乳品厂生产的产品都拥入北京。各区县也纷纷引入全国知名企业，如密云县引入伊利、顺义区引入光明、通州区引入蒙牛、昌平区引入妙士等，部分外埠独资及合资企业也正在建设中。

北京市对乳品加工企业，将制定乳制品市场准入的规则、制定北京市生鲜牛奶统一收购标准，确立和完善科学、公正公平的第三方中立监测体系，在市政府领导下发挥行业协会的作用，使全市奶业产业化稳步与国际接轨，确保首都奶制品市场的繁荣、稳定。

为尽快提高奶牛群品质，摸清奶牛分布和品质状况，北京市从2003年起，用3～5年的时间将进行奶牛普查，并对全市乳品加工企业也同时进行普查。

（北京市奶业协会　经宝临）

天 津 市

【概况】2002年，天津市在农业和农村经济结构战略性调整中，继续把发展奶业放在突出位置，奶业工作以市场为导向，以农民增收，繁荣市场为目的，在宣传牛奶，引导消费；建设奶牛养殖小区，推动现代化设施奶业；引进和吸收现代科技，增强奶业整体实力；强化龙头作用，推进奶业产业化经营；提高牛奶质量和卫生安全，开展无公害牛奶行动计划等方面取得了突破性进展，全市奶业呈现出蓬勃发展的好势头。

2002 年末全市奶牛存栏 97 933 头，增长 46.4%；其中成母牛 60 687 头，比上年增长 32.6%。

在奶牛饲养业经济结构的组成中，个体奶业发展迅速，2002 年底，全市个体奶牛存栏 83 124 头，比上年增长 54.3%，占全市奶牛数量的 85%；国有奶牛存栏13 625头，比上年增长 9%，占 14%；集体奶牛存栏1 184头，占 1%。在个体奶牛业主中，除农民以外，近年来一些下岗的城市职工和其他产业转移到奶牛饲养业中的也呈现上升趋势。奶业作为一个独立的产业，其地位已在市场经济的发展过程中逐渐确立起来。

自 2001 年以来，天津市在农业和农村经济结构战略性调整中加大了对奶业的支持力度，确定了积极扩大牛群，实现高速发展；加大新技术推广应用，迅速提高牛奶产量和质量的发展思路。为实现这一目标，市政府出台了发展设施农业的扶持政策，从 2001 年到 2003 年，每年由市、区（县）财政安排专项资金分别以补助和贷款贴息的形式扶持养殖小区的建设。自 2001 年以来，全市共建奶牛养殖小区 96 个，有 78 000 头奶牛在小区里饲养，占全市奶牛总数的 80%多。奶牛养殖小区的建设和发展，改变了传统落后的分散饲养管理方式，通过改善养牛基础条件、装备现代挤奶和冷链设备、运用科学管理和饲养技术，使奶牛饲养业走上了现代奶业的发展道路。

2002 年底，全市自产牛奶总量 335 930 吨，其中商品奶量 322 807 吨，分别比上年增长 39.6%和 40%。全市自产牛奶人均占有量 33.4 千克，其中城市人均占有 46.3 千克，分别比上年增加 9 千克和 6 千克。在全年自产牛奶上市量中，除 64 900 吨原料奶销往外地，其余 257 907 吨在本地加工销售。其中以巴氏消毒奶、超高温灭菌奶为主的液态奶 226 029 吨，平均日生产和销售 619 吨，与上年相比，液态奶平均日生产销售量增长了 42%，占自产牛奶上市量的 70%，占在本地加工销售量的 87.6%。

【科技投入】为了保证奶业发展的高质量，采取了相应的技术措施，一是扩大奶牛生产性能测定的范围，指导全市奶牛改良事业。二是聘请国内外专家，指导奶牛小区的饲料和饲养管理技术；三是推行现代化设施技术，通过装备挤奶机、冷链体系、检验仪器，提高奶业现代化水平；四是采取请进来、走出去的办法对技术队伍进行技术培训；五是抓好奶牛良种繁育工程，在中日奶业技术合作项目的基础上，2002 年又先后申报了宁河县、静海县奶牛良种繁育场和农垦种公牛站建设项目。由于注重了科技的投入，2002 年全市奶牛生产水平有所提高，全市奶牛平均单产 6 312 千克，比上年增加 86 千克，其中农垦系统的 16 个奶牛场平均单产已突破 7 000 千克，天津奶业发展史上尚属首次。

此外，还开展了学生饮用奶计划和无公害牛奶行动计划。已有 16 万中小学生饮用学生奶，已确定 57 个奶牛场和奶牛养殖小区为无公害原料奶生产基地。这两项计划的实施，对改善青少年的营养状况，开拓新的市场空间，对建立牛奶生产、加工、销售标准化体系，提高乳制品安全水平具有十分重要的意义。

（天津市奶业办公室　曲金铎）

河　北　省

【概况】2002 年，在河北省各级党政领导的高度重视和支持下，广大奶牛养殖及乳品加工行业干部职工的共同努力下，通过调整农业产业结构，落实“学生饮用奶计划”“军人饮用奶计划”和“老年饮用奶计划”，进一步开拓奶类消费市场，大力实施科教兴乳战略，加强政策扶持及资金投入，河北省的奶业得到了长足的发展，奶业生产呈现出了更加旺盛的生命力，在增加农民收入、提高人民生活水平及质量等方面起到了很大的作用。

通过农业产业结构调整，奶牛进一步向优势产区集中，河北省被列入了全国优势产区，生产势头强劲，已进入发展的高峰期，全省奶牛存栏 94.4 万头，牛奶产量 137 万吨，比上年分别增长 24.7%和 27.3%。廊坊、保定、张家口等市奶牛存栏、牛奶产量的增幅均超过 40%。光明、伊利、三元、完达山、圣元等国内知名乳业龙头纷纷来河北省投资建厂。

为了适应奶牛业高速发展对优质冻精的需求，河北省从国外引进 20 头优质种公牛，进一步完善了以河北省畜牧良种服务中心为龙头的奶牛良繁体系。开展胚胎移植工作，全年在石家庄、保定、唐山、承德、邯郸的 15 个县移植高产奶牛胚胎 2 516 枚，使全省的奶牛良种覆盖率有了较大提高。

2002 年，河北省乳品加工业中畜牧产业化龙头组织发展到 33 家，全年累计投入 21 805 万元，销售收入 261 186万元，利税 31 030 万元，带动专业村 1 361 个，专业户 44 700 户，充分发挥了龙头的带动作用，使河北省的奶业发展进入了新阶段。

【河北省奶业优势区域布局】在产业区域布局上，依托当地资源和区位优势，充分发挥现有奶业重点企业的带动和聚合作用。石家庄市，要依托三鹿集团、世达乳业公司等龙头企业，重点建设行唐、正定、鹿泉、新乐、晋州、辛集、栾城奶牛养殖园区及发展周边县(市)的养殖大户，突出发展配方奶粉、液态奶、发酵奶及冷饮产品。保定市，要依托龙飞集团、天香公司等龙头企业，重点建设徐水、满城、清苑等县的奶牛养殖园区，突出发展发酵奶、液态奶等产品。唐山市，要依托丰润乐百氏公司、唐山均瑶乳业、芦台伊利等龙头企业，重点建设丰润、芦台农场、汉沽农场等奶牛养殖园区，突出发展液态奶等产品。承德市要依托承德市天辰乳业公司、丰宁三鹿公司，重点建设丰宁、围场、滦平等养殖园区，突出发展配方奶粉、发酵奶和液态奶等产品。邯郸市要依托邯郸市奶牛公司，重点建设邯郸县奶牛养殖园区，突出发展液态奶、冷饮等产品。

【奶牛改良事业又注入新活力】河北省为了加快奶牛的改良步伐，适应目前全国奶牛产业的发展趋势，满足市场对优质奶种公牛精液的需求，不断地加大对全省奶牛改良的龙头单位——河北省畜牧良种服务中心种牛站的投入，2002年又成功从美国引进了10头高育种值的荷斯坦种公牛。

这批种公牛都是世界名牛的后代，具有优秀的生产及遗传性能。其中包括世界排名前三名的种公牛："马歇尔"(2290977)、"元帅"(2297473)和"爱迪森"(839380546)的儿子429、432、453号种公牛，世界排名第一的BETHANY(14821589)种母牛的儿子408号种公牛(其产奶量均在15 000千克以上)。现在，这10头种公牛已经全部投入正常生产，并向社会提供冷冻精液。

【奶业"十五"规划发展重点】

(1) 实施奶源基地建设工程。"十五"期间，以石家庄、保定、唐山、承德和邯郸等市为重点，进一步加快奶源基地建设步伐。计划建立50个奶源基地，每个基地新增奶牛1万头，新增奶牛的平均产奶水平达到6 000千克以上。奶源基地建设要提高规模化饲养和机械化挤奶比例，一时达不到规模化养殖的可采取"分散饲养，集中挤奶"的方法，逐步取消人工挤奶，减少污染，提高原料奶产品质量。

(2) 实施饲料饲草基地建设工程。加强奶畜全价饲料的研制生产和推广，加大奶畜饲料基地建设。一是结合种植业"三元结构"调整，建设一批优质饲料作物生产基地。5年内建成奶畜饲用青绿饲料基地60个，种植面积4万公顷。二是继续搞好苜蓿等专用饲料作物的种植和开发，加快苜蓿加工项目建设。5年内建设苜蓿等专用饲料作物的种植和开发示范县30个，面积达到4万公顷。建设苜蓿等专用饲料作物加工厂15个，生产能力达2万吨。

(3) 实施乳品加工龙头企业带动工程。重点支持石家庄三鹿乳业集团公司等一批重点企业，围绕市场需求，突出发展配方奶粉、液态调制奶、巴氏消毒奶、保鲜奶、保健奶、花色奶、绿色奶、无抗奶和UHT奶、酸奶、奶酪、奶油、乳清制品等产品，提高产品质量，配套建设好原料奶和奶产品的冷链销售体系。扩建5个日处理鲜奶200吨以上，3个日处理500吨以上的乳品加工企业。同时，努力实现高耗奶和低耗奶、液态奶和固态奶品种的均衡发展。

(4) 奶牛良种繁育体系建设。搞好河北省种公牛站和河北省胚胎移植中心基础设施建设，引进20头国外优良种公牛，对全省低产奶牛进行改良。建立河北省高产奶牛群体，引进200头年产奶量在9吨以上的国外优质种母牛作为胚胎移植的供体，每年生产1 000枚优质高产奶牛胚胎进行高产奶牛的商业化生产，并引进1 000头种母牛，扩大高产奶牛群体。

在河北省种公牛站建立奶牛生产性能测定站，负责全省青年公牛后裔测定、生产性能测定以及奶牛良种登记和发布有关奶业信息。

加快配种改良站建设，计划完善现有配种改良站点300个，新建配种改良站点300个。

(5) 卫生防疫体系建设。依法加强对重点奶源基地的疫情监测，进一步完善和提高奶牛疫病防治的基础设施，搞好人员培训，加大奶牛强制免疫力度和检疫力度。推进无规定疫病区和疫情监测站的建设。

(6) 质量监测体系建设。抓好奶畜饲料安全检测中心建设，到2005年，使本省奶畜饲料产品的合格率达到95%以上，饲料添加剂和添加剂混合饲料产品合格率保持在90%左右。建立河北省乳品质量监测站，负责全省乳品质量的检测。

(河北省奶业协会　河北省畜牧良种服务中心　杜　勇　王学彬)

石 家 庄 市

【概况】2002年末石家庄市奶牛存栏达到了12万头，牛奶总产量达到了30万吨，分别比上年增长33%和46.47%。奶业(包括加工等)总产值达到40亿元，全市奶业产业化经营率已达88%，成为全市农村经济中产业化经营率最高、效益最好的产业。

2002年末规模养殖场及存栏百头以上奶牛小区已达124个，比年初增加27个；存栏奶牛2.6万头，比年初增加9 000头。已有87个机械化挤奶厅建成投入使用，日挤鲜奶210吨以上。奶牛小区的快速发展，进一步促进了奶牛饲养方式由分散饲养向集约化饲养的转变。

石家庄市乳品加工企业达到23家，2002年共生产乳制品25万吨，实际处理鲜奶达到35万吨，"龙头"企业三鹿集团已发展成为集奶牛饲养、乳品加工、科研开发于一体的综合性大型企业集团，资产总额达到12.5亿元，共生产8大系列136个品种，年处理鲜奶能力达到

65万吨，年产各种乳品能力达到40万吨。其产品有20多个通过了国家绿色认证，企业也多次获得了国际质量认证。2002年实现销售收入30亿元，利税3.6亿元，分别比上年增长27.2%和29.5%。

【奶业发展特点】

1. 领导重视奶业发展 在2002年11月召开的全市畜牧工作会上，市长亲自出席，是石家庄市近10年来最高规格的畜牧工作会，会议组织的现场参观大多是奶牛养殖小区，会上行唐县、栾城县、三鹿集团就奶业生产、为奶农服务等作了专题经验交流。

在同月市委、市政府下发的《关于进一步加快畜牧业发展的意见》文件中，将奶牛业作为优化畜牧业区域布局的三大产业之一，并明确“奶牛以中国荷斯坦为主，通过引进国内外优秀荷斯坦冻精进行级进改良；稳步实施胚胎移植，加快品种改良步伐；强制淘汰劣质公牛，严格执行统一供精制度，实施人工授精，杜绝本交”。

在扶持龙头企业发展上，市委、市政府始终坚持重点培育，重点扶持的原则。一是制定各项优惠政策，在占地、税收等方面为龙头企业的发展创造宽松环境。二是在资金上给予大力扶持，仅市本级财政用于扶持龙头企业的资金就达1 000多万元。同时积极为龙头企业发展协调贷款，帮助他们上项目，求发展。三是制定激励机制，对龙头企业及其负责人进行考核和奖励，最高奖励达10万元。四是积极帮助三鹿集团申报国家级农业产业化龙头企业，使三鹿成为本市首家国家级农业产业化龙头企业，三鹿商标成为知名品牌。五是为龙头企业配套建立奶源基地，协调他们与奶农的关系，为他们的发展保驾护航。

2. 制定了一系列规划、措施 制定了《石家庄市奶业发展规划（2003—2010）》，明确了石家庄市到2010年奶业的奋斗目标。

在石家庄特色农业区建设总体规划中，明确了环石家庄市县域奶业产业区。

为了提高奶牛养殖小区建设档次，制定了《石家庄市奶牛小区建设标准》，同时配套制定了《石家庄市高产奶牛饲养管理技术规程》，以规范奶农的饲养技术。

制定了《石家庄市县级奶牛良种中心站建设标准》，把建设市、县两级奶牛良种中心站作为重要内容来抓，大力实施奶牛良种工程。

各县市根据各自的不同特点对奶业发展给予优惠。如鹿泉市制定了为奶农发展奶牛提供小额贷款的政策；无极县提出了建立奶牛小区三年免收占地费的优惠政策；藁城市提出了对新建标准化奶牛小区市财政给予10万～20万元补贴资金的政策等等。

3. 工作扎实有效 抓好奶牛养殖小区建设典型，按照《石家庄市奶牛小区建设标准》改建8个小区，在饲料供给、卫生防疫、设施配套方面都达到了很高的水平，为今后石家庄市奶牛养殖小区建设树立了样板。

奶牛养殖小区建设进展快，饲养管理水平明显提高。奶牛小区内存栏成母牛头年单产5.345吨，比全市奶牛平均单产3.998吨的水平提高了33.7%，严格按照卫生检疫和环境保护要求设计的奶牛养殖小区所产鲜奶中的细菌数等指标远远好于小区外所生产鲜奶，达到了国家规定标准。

一批大规模奶牛养殖小区正在形成。如正定县、栾城县、新乐市、鹿泉市、裕华区都出现了存栏800头以上的奶牛养殖小区。

牛群改良工作力度进一步加大。继续与省种公牛站合作，以补贴形式供给各县最优秀的公牛的精液，2002年从省种牛站采购冻精12万支，还从上海引进优质冻精1万支，有效改善了全市奶牛的遗传基础。

重视科技在奶牛业上的作用。2002年加大了胚胎移植工作的力度，完成胚胎移植183例，其中准胎57头。参加了市科技局胚胎移植项目的投标，争取项目资金15万元。

积极与中国人民保险公司河北省分公司制定有关部门奶牛保险条款，为奶业的健康发展提供保障。

大力宣传奶业，引导消费，提高全民素质。利用“国际牛奶日”和全国“乳及乳制品营养周”开展了大规模地宣传活动。并与国家和省的多家媒体积极接触，广泛推介石家庄市奶业发展优势企业，宣传奶业发展的新形势新特点。

主动走出去学习，借鉴外地奶业发展的经验。考察东北奶业情况，并与上海奶业协会交流章程等。还派员参加上海奶牛研讨会，学习外地先进经验，提高业务水平。

开展了乳制品市场调查。组织人员，走进市场，开展了一次乳制品市场的调查，初步掌握了在石家庄销售乳制品的企业，并就市奶业协会的建设、发展等问题，征询意见。

协会工作有声有色。协会坚持以章程为指针开展工作。积极参与奶业产业化的建设；认真搞好会员技术培训和技术服务，做好协会内部宣传服务工作，编辑印发了10期《奶业简报》，向会员通报奶协工作情况，介绍奶业趋势性动态，并针对不同季节、不同疾病的发病高峰期，摘编了有关奶牛饲养、疫病防治的小文章，指导奶农用于生产；积极发展新会员，不断壮大协会队伍。

2002年是石家庄奶业大发展的一年，省委领导在本市上报的《壮大龙头，拓展基地，促进奶业产业化快速发展》的文章作了重要批示，要求在全省推广本市经验。石家庄市奶业协会工作也在全市协会工作评比中名列前茅，年初被石家庄市委市政府授予“先进农民合作组织”称号；2002年末协会又被省政府农村工作办公室选定为全省先进协会表彰大会经验介绍单位。

（石家庄市奶类项目管理中心
石家庄市奶业协会　刘英虎）

山　西　省

【概况】2002年，山西省奶业工作在各级党政领导的重视和支持下，紧紧围绕"奶业可持续发展，提高效益，增加收入"这个中心，通过认真调整产业结构，狠抓强化管理，提高产品质量，扩大饮奶宣传，实施科技兴奶策略，启动"学生饮用奶计划"工程等措施，有效地促进了山西奶业的健康发展，奶业生产呈现出前所未有的良好发展势头。全省奶业产值达15.13亿元（按当年价格计算），奶类总产达471.64千吨，其中牛奶产量447.15千吨，奶牛年末存栏17.56万头，头均单产4 159千克，分别比上年增长19.79%、16.83%、17.98%、20.85%、0.20%。奶类总量、牛奶产量和奶牛存栏分别比1978年增长26.59倍、28.73倍和20.52倍。

山西奶业资源呈点多面广而又相对集中的分布态势。全省84%以上的县市饲养奶牛，其中绝大多数都进行乳品加工。全省奶牛主要分布于大同、朔州、忻州、太原、晋中五市同蒲铁路沿线两侧的县（市）城郊，形成了晋中北奶牛乳品生产带。2002年，国家将本省朔州市的山阴、怀仁、应县和朔城区，大同市的南郊区，忻州市的忻府区，太原市的小店区、清徐县、晋源区列入奶业发展重点区，将给予重点扶持。晋中北奶牛带饲养奶牛15.20万头，产奶398.33千吨，分别占全省总量的86.56%和89.08%。朔州市是本省奶业发展优势区域，2002年，全市奶牛存栏8.02万头，鲜奶产量220.67千吨，分别占全省总量的45.68%和49.35%，农民人均奶业纯收入220元，占农民总收入的9.5%。山阴县2002年存栏奶牛5.10万头，产奶177.00千吨，以奶牛业为主的畜牧业产值约2.03亿元（按1990年不变价计算），占全县农业总产值的68.2%，人均牧业纯收入1 010元，占农民人均纯收入的52.6%，乳品加工企业年加工鲜奶132千吨，实现税收1 750万元，占全县财政总收入的19.85%。

2002年，山西原奶收购价格因外地的伊利、蒙牛、三鹿等企业入晋参与竞争和居民的消费水平不断提高，部分地区的原奶价格较2001年有较大幅度的增长，朔州、大同等地由1.4元/千克升至1.7元/千克左右，其他市地仍保持在1.4元/千克左右。全省人均鲜奶占有量达到13.5千克，实际消费量约为8千克。

山西乳品生产稳定发展，产品质量逐年提高。2002年省内各地乳品加工企业或厂家已发展到120多个，企业规模大小不等，日加工鲜奶能力超过10吨的企业有12家。古城乳业集团公司是山西最大的乳品加工企业，设备生产能力达到500吨/日，目前加工鲜奶能力达到300吨/日。全省原奶加工总量约438千吨，生产乳制品236.5千吨。在原奶加工总量中，271千吨原奶被制成各类奶粉，包括全脂甜奶粉、全脂淡奶粉和配方奶粉三大类；另167千吨原奶被加工成液态奶或其他乳制品。

【学生饮用奶计划】2002年初，太原、朔州两市分别组建了太原市学生饮用奶计划工作领导组和朔州市学生饮用奶计划局际协调组，下设办公室。山西省学生饮用奶计划办公室同朔州、太原两市的学生饮用奶组织机构签订了学生饮用奶计划实施安全管理责任制，山西古城乳业集团向国家、省、市三级学生奶办公室管理机构做出了质量保证承诺。2002年2月，山西古城乳业集团有限公司被国家学生饮用奶计划部际协调组认定为中国学生饮用奶定点生产企业。3月，省学生饮用奶计划办公室召集专家技术组11位专家，对恒康乳业申报国家学生饮用奶定点企业进行了考察与评审，山西恒康乳业的产品经省级质检和省级卫生检验部门检验，质量和卫生指标均达到了国家规定标准的要求，同意上报国家部际协调组予以审批。2002年5月，省市两级学生饮用奶计划组织机构利用省农业厅和太原市人民政府联合主办的国际牛奶日宣传活动机会在太原南宫广场开展了学生饮用奶计划的广泛宣传。8月，省学生饮用奶办公室会同省教育厅将上级下发的《呵护祖国的未来——国家学生饮用奶计划》宣传册和光盘转发给太原、朔州、大同、晋中、吕梁等市地学生饮用奶计划组织机构或教育行政管理部门，责其尽快下发到有关学校予以宣传。同年10月，山西古城乳业向朔州市人民政府和省局际协调领导组上报了《关于上报"山西古城乳业集团有限公司国家学生饮用奶计划实施方案"的报告》，提出了产品设计方案、安全控制方案、事故预防及应急方案和宣传与推广方案。

【奶业支持政策】2002年，许多市、县政府将奶业作为本地农业的重点发展项目之一，加大了扶持力度，重视奶业产业化开发。大同市人民政府依照农业产业化、农村工业化、城乡一体化的发展思路，于2002年9月与宁夏新华百货夏进乳业股份有限公司合作组建了大同夏进乳业有限责任公司，拟定双方共同投资1.6亿元，建设年加工鲜奶100千吨、日加工鲜奶300吨的乳品项目。为保证大同夏进乳业尽快达产达效，促进农民增收，市政府决定扩建、新建38个饲养规模在300～3 000头的奶牛养殖园区，出台了13条优惠政策，包括市农业银行预放贷款3亿元；政府、企业、养殖户三方筹资400万元设立风险基金；企业与养殖户签订10～20年的鲜奶收购合同，并确定高于鲜奶成本的最低保护价；对奶牛养殖户在建场用地和供水供电方面提供优惠；在奶牛饲养、防疫等方面提供服务等优惠政策。朔州市委和市政府确立了"做生态文章，打乳业品牌，建农区奶都”的发展方针，牢牢把握奶业发展前景广阔的市场优势，充分发挥本地奶牛养殖最适生态区和农牧结合部的区位优势，以及奶牛养殖有基础的带动优势，积极借助国家重点支持生态建设和奶业发展的产业政策，把奶业振兴作为富民强市的战略举措，进行重点规划，优先发展。为促进本市奶业的快速发展，朔州市政府出台了一系列优惠政策与措施，如敞开大门，优化环境，开展招商引资；金融部门加大对奶业产业化支持的力度；市县两级政府增加奶牛业的投入，其幅度要高于同级财政增长幅度；要建立奶业发展基金；涉奶部门的项目资金要向奶业倾斜；放宽用地政策，在“四荒”地建牛场应无偿提供土地，允许农民在承包土地上建牛舍；统一规划奶牛养殖园区和规模养殖场，政府提供通电、通水、通路和平整场地等资助；对奶牛养殖户购牛，由银行贷款，企业担保，政府贴息，每新增1头发放贷款3 000～5 000元，3年内放贷1亿元；成立奶业协会，为奶业发展提供服务等。由于市县政府优惠政策的推动作用，群众养牛的积极性空前高涨，奶业发展势头良好。太原市政府2002年拨出专款20万元，用于购置优质冻精进行牛群改良；拨出专款100万元用于新增奶牛的专项补助；拨出专款90万元，用于人工草地的种植；清徐、阳曲等县在奶牛养殖方面也出台了一些优惠政策。

【奶源基地建设】 2002年，许多市县政府进一步认识到发展奶业建设奶源基地的重要性，加强了奶源基地建设。朔州市政府计划在本市的大运高速公路两侧建立奶牛科技示范带，即在朔城区、山阴县、应县、怀仁县建设重点奶源基地，重点建设10个奶牛养殖示范小区、50个高产奶牛养殖小区、50个奶牛养殖专业村、100个奶牛养殖专业大户。目前，山阴县万头奶牛以上的乡镇有1个，5 000头以上的乡镇有2个，超过500头奶牛的村有35个，100头以上的奶牛场达到11座。太原市辖区建立了4个奶牛养殖基地，其中，小店区高中村奶牛存栏达到1 100头、尖草坪区黄花园村达到800头、阳曲县高村380头、小泉沟村260头。大同市辖区建立了6个奶源基地，在南郊区水泊寺乡沙岭村奶牛存栏达到2 000头、北村达到310头、口泉乡张留庄村200头、平旺乡王家园村240头、浑源县城关500头、左云县王京庄村200头。在政府积极抓奶源基地建设的同时，许多乳品加工企业也积极建立奶牛养殖小区，扶持职工或农户饲养奶牛。大同云城乳业有限公司在2001年已投资100多万元扶持100户职工饲养奶牛600多头的基础上，2002年扶持的100户基地养牛小区已经建成。山阴农牧场、朔州红旗牧场等企业积极利用本地土地资源广阔的优势，在统一规划的前提下，允许职工在指定的养殖小区兴建奶牛场，大力发展民营奶牛养殖，优惠提供土地和各种技术服务。

【重点建设项目】 2002年，许多乳品企业增强了产品质量的市场竞争意识，加大了设备更新改造的力度。山西古城乳业集团公司筹资1.9亿元建成年产学生饮用奶3万吨，其他液态奶16万吨的高标准生产线，并配套建设20个现代化收奶站；山西恒康乳业科技公司在引进芬兰、德国先进的乳品加工生产线的基础上，投资600余万元建成依莱克斯德无菌包装生产线；太原长风乳业公司筹资600万元，榆次博瑞乳业公司投资260多万元，分别建起了机械化挤奶、灭菌消毒、无菌灌装的现代化奶业生产加工设施；山西阿牛实业公司投资3 000万元，建成日加工奶制品135吨的乳品生产项目；内蒙古伊利实业集团股份有限公司、蒙牛乳业有限公司、汇源公司分别与本省的康喜公司、雁门公司、溶溶乳业、金风乳业合作组建或拟建分公司。伊利康喜公司建设的5条生产线已建成3条，并配套10个挤奶站；蒙牛怀仁公司建设的5条生产线20个挤奶站、汇源应县公司建设的6条生产线30个挤奶站，以及蒙牛溶溶公司的建设项目计划2003年建成达效；山西省农科院生物所、太原康尔佳乳业公司、大同御宝乳业公司、离石益欣食品公司等许多乳品企业都对乳品生产线进行了改建和扩建，或投资机械化挤奶设备，使乳品的质量上了一个新台阶。

（山西省奶牛协会　王印魁　师骏华　刘富祥）

太　原　市

【概况】 2002年太原市委、市政府把发展奶业生产当做城市建设“菜篮子工程”的二号工程来抓，制定了一系列扶持发展奶牛的政策。由于各级政府政策措施和奶牛发展相配套，太原市奶牛业已快速、协调、健康地发展。2002年太原市奶牛存栏达19 000头，成母牛年单产平均为5 025千克，10头以上50头以下养牛专业户205户，50头以上养牛专业户有51户，100头以上养牛专业户30家。生产方式以圈养为主。品种构成主要是荷斯坦奶牛。太原市奶牛品种改良方面，连续3年引进美国、加拿大优质冻精进行改良。2002年太原市牛奶年总产达65.21千吨，收购价为1.40～1.60元/千克。牛奶加工企业共有20家，其中50吨以上1家，10吨以上3家，其余均在10吨以下。太原市牛奶市场本市产品占全市上市量的80%，外地产品占20%。全市日消费量为20吨，包括液态奶和其他乳制品。人均年牛奶消费量为16千克。喝奶人群结构老年占41%，中壮年占31%，婴幼儿占28%。

随着外地品牌乳制品不断打入太原市场，太原市乳制品所占市场份额将逐渐萎缩，究其原因，主要是：

（1）太原市的大多数奶场仍实行半机械化挤奶，无牛奶化验设备、牛奶冷藏保存设备和规范的牛奶运送设施，仍然采用挤奶桶和各种农用车送奶，做不到现代化的牛奶冷链式生产，产品无法在市场上竞争。

(2) 企业法人法制观念淡，信誉度不高。太原市较大的乳品加工企业，没有把奶牛基地的奶农当做自身发展的重要基础。在奶源紧缺时，什么合同都定，奶价上升幅度很大，资金结算迅速。到奶源过剩时合同成了废纸，大幅度压低奶价，有时停止收购，奶款长期拖欠，最长时间可达3个月。加工企业无信誉度，根本没有法制观念，牛奶生产难以健康发展。

(3) 政府调整能力不强。太原市牛奶消费淡旺季节相差幅度大，每年中、小学生放假期间，牛奶日消费量要减少30吨，这些剩余牛奶全靠加工奶粉进行消化。而奶粉市场早已成为本市上市牛奶的调节站，牛奶销售旺季没奶加工，销售淡季满负荷生产，牛奶收购价为每千克0.6~0.8元，大大低于生产成本，奶农出现严重的亏损生产，奶粉厂由于长期停产，也处在难以生存的境地。

(4) 牛奶销售条件差，大部分牛奶靠早上或下午沿街销售，无任何冷藏设备，坏奶现象经常发生。

【政府奶业扶持政策】市政府为了全面提高太原市牛群质量，2002年拿出20万元资金引进世界优秀种公牛冻精1万支，对全市牛群进行全面改良，为奶牛生产长期稳定发展打下了良好的基础。同时市政府为了实施好太原市奶牛率先发展二号工程，2002年又拿出了90万元资金在饲养奶牛集中的县区实施了退耕还草工程，2002年共种植优质牧草11 947公顷，有效地保证了奶牛发展的需要。晋源区政府制定并实施了新发展1头奶牛补助100元的扶持政策。阳曲县政府拿出2 000多万元贴息贷款扶持奶牛生产。小店区和清徐县积极解决发展饲养奶牛占地问题，饲养奶牛用地免征各种费用。省农业厅先后拿出21万元资金对太原市奶业进行了扶持。

【奶业优势区域】有两个，一个是城南小店区和清徐县奶牛养殖园区；另一个是城北阳曲县奶牛养殖园区。2002年太原市新建规范化百头奶牛场14个，百头奶牛场发展到30个；建成存栏100头以上养牛园区10个。

【奶源基地建设】2002年太原市集中搞了两个奶源基地建设，一是在城南以恒康为龙头乳品加工企业的基地建设，重点建设在小店区和清徐县。2002年已建成了小店区高中村和辛村两个奶牛园区，清徐王答农牧场、安达两个养殖园区，进行了8个百头奶牛场的牛舍建设和机械化挤奶设备的配套工程，实施了龙头与基地的联合。使过去又生产又加工上市的晋华、流涧、兴旺、兴达奶牛场现在都已和恒康联合，把牛奶全部送到恒康加工，自已专心搞奶牛生产发展；另一个奶源基地建设是在城北依托阿牛龙头企业进行了北郑村、小泉沟、高村等6个百头奶牛养殖园区建设，两个集中挤奶站2002年底建成投产。

【学生饮用奶计划】太原市恒康乳业公司建成了学生奶生产线，已通过了国家学生饮用奶办公室验收。

【重点建设项目】

(1) 太原市阿牛公司投资3 000多万元建设国内先进的乳品加工厂；

(2) 太原市维尔生物制品有限公司引进投产了无菌奶生产线和各种全自动酸奶生产线，研制开发了十多种营养酸奶和保健奶，现已投放市场；

(3) 太原市长风乳业公司引进先进设备生产出了无抗奶；

(4) 太原市的清徐县、小店区、阳曲县已被列入2003—2007年国家奶业发展优势产区重点扶持的80个县之列；同时太原乳品测试中心也申请列入国家计划。

（太原市奶牛协会　雷秀敏　王学文）

内蒙古自治区

【概况】作为我国五大牧区之首的内蒙古自治区横跨三北（东北、华北、西北），地理位置处于奶牛饲养黄金地段，得天独厚的自然条件为乳业的发展奠定了坚实的基础。改革开放以来，自治区乳业迅猛发展，无论是奶牛数量还是牛奶产量、质量都在全国占有重要一席之地。今天这些成绩的取得是千千万万个养牛人辛勤劳动的结果，也有伊利人、蒙牛人的勇于开拓创新精神，更离不开各级政府的支持和党的好政策。

奶牛生产快速扩张。2002年全自治区奶牛存栏头数达98.4万头，牛奶总产量为165.2万吨。首府呼和浩特市在新世纪初实现了奶业的跨越式发展。全市奶牛存栏突破20万头，牛奶总产量达60万吨左右，人均占有鲜奶量达到了264.6千克，2002年全市共建成挤奶站675处，奶牛饲养增加至5.5万户，农民鲜奶收入突破10亿元大关，全市乳业及乳制品销售总额突破创纪录的60亿元。

包头市2002年引入伊利、蒙牛两个乳业龙头企业，日处理能力达1 300吨，全市鲜奶加工能力达40.1万吨，加上原有的10.5万吨加工量，2002年全年总加工能力达50.6万吨。2002年末，全市饲养基础母牛4.2万头。产奶量21万吨。其他盟市奶牛头数也有显著增加。

到2002年底，全自治区牛奶产量超万吨的旗、县、市达25个，随着奶牛产业脱颖而出，全自治区已建起乳品加工企业56家，其中呼和浩特市、包头地区大中型乳品加工企业有4家，其余分布在其他8个盟市，形成以伊利、蒙牛、骑士和进驻呼伦贝尔盟的上海光明、北京三元等企业集团为龙头，以“牛妈妈”、“小丽花”等中小型乳品加工厂为辅的产、供、销一条龙的具有地方特色、民族特色的乳品工业体系。

目前，内蒙古养奶牛户人均纯收入达5 160元，是全区农民人均纯收入1 973元的2.6倍；集中饲养户收入水平更高，达到17 430元，是全区农民人均纯收入的8.8倍。伊利、蒙牛两大公司鲜奶日加工能力达1 800吨，带动了18万农民脱贫致富，人均增收1 000元左右。

【发展奶业的优越条件】一是奶牛业是自治区畜牧业的优势产业和支柱产业，奶牛饲养业和鲜奶生产在自治区东部地区和城市郊区拥有传统的饲养基础和物质基础。呼和浩特市和包头市郊区从20世纪50年代开始发展奶业，形成了国家、集体、个人一起上的格局。目前两市拥有奶牛近30万头；二是自治区水草丰美的天然草原，为发展奶牛业绿色食品提供了得天独厚的自然资源；三是饲草饲料资源和剩余的粮食及农副产物是发展奶业的雄厚的物质基础。全自治区每年生产1 000多万吨粮食和大量的农副产物秸秆，每年拿出近500万吨粮食为发展畜牧业，特别是奶业提供丰富的饲料来源；四是距北京、天津等消费大城市较近，市场容量较大，有利于以市场为依托，建设大规模、集约化的经营奶源基地。

但是，自治区奶业发展中仍面临着一些不可忽视的因素，主要表现在：一是饲养奶牛的家庭牧场规模小，饲养管理仍较粗放，奶牛单产较低，目前挤奶方式、鲜奶卫生和质量还难以适应大企业对奶业的需求；二是饲料工业相对滞后，配合饲料入户率低，饲料报酬不高；三是奶业发展速度仍缓慢，满足不了大企业的需求量，企业与奶户关系不紧密，鲜奶价格体系不够完善；四是有些低水平重复建设，产品结构不够合理，附加值较低，向外开拓能力不强；五是企业技术创新力弱，管理较落后，抵御风险能力不强等亟待解决。

（内蒙古自治区奶业协会　那达木德　纪双平）

【学生饮用奶计划】2002年1月25日内蒙古自治区人民政府办公厅发布18号文件，决定成立自治区实施“学生饮用奶计划”工作协调领导小组。以自治区副主席郝益东任组长，畜牧业厅、教育厅负责同志任副组长，政府办公厅、计委、教育厅、财政厅、卫生厅、技术监督局、经贸委、畜牧业厅8个厅局组成的自治区协调领导小组。

成立了“学生饮用奶计划”协调领导小组办公室。根据工作需要，学生饮用奶办公室设在自治区家畜改良工作站，抽调专人负责全区“学生饮用奶计划”的日常工作，学生奶办公室的主要职责是：贯彻执行国家“学生饮用奶计划”的方针、政策；协调各有关部门在实施学生奶工作中的关系；组织定点生产企业的认定工作，并进行监管；组织成立“学生饮用奶计划”专家咨询组；指导各盟市实施国家“学生饮用奶计划”的工作。

成立了自治区“学生”专家咨询组，由畜牧、教育、卫生、质检、企业的专家、教授共9人组成。对“学生饮用奶计划”工作进行技术指导和政策咨询及对产品质量、生产条件改进提出合理化意见。

编写并制定了《内蒙古自治区学生饮用奶定点生产企业申报认定暂行办法》和《内蒙古自治区学生饮用奶计划实施方案》两个材料并下发各盟、市及各申报定点企业贯彻执行。

加强对已批准的三家（伊利公司、蒙牛公司、奈伦公司）定点企业的监督管理。

（内蒙古自治区“学生饮用奶计划”办公室　纪双平）

呼和浩特市

【概况】2002年，呼和浩特市奶业捷报频传。年末，奶牛存栏为220 882头，比2001年末增长56.54%。鲜牛奶产量达到64.5万吨，同比增长61.25%。全市人均鲜奶占有量达到264.6千克，同比增加100千克，仍列全国大中城市之首。全市产奶牛平均单产为5.48吨，较上年提高4.18%。奶牛饲养户增至55 085户，挤奶站已达675处。农民出售鲜奶收入总额突破10亿元大关，全市乳制品销售总额突破60亿元大关。

2002年初，伊利、蒙牛、奈伦被国家学生饮用奶计划办公室确定为“国家学生饮用奶定点生产企业”。到了2002年下半年，伊利、蒙牛的纯牛奶系列产品顺利进入免检“绿色通道”，被国家质检总局评为免检产品；伊利的乳粉和液态奶、蒙牛的液态奶同时被中国名牌战略推进委员会（受国家质量监督检验检疫总局的委托）评价为“2002年中国名牌产品”称号。

呼和浩特市自从实施“奶业兴市”发展战略以来，奶业每年以超过50%的速度递增。2002年国家农业部在产业发展规划中把内蒙古自治区列入了奶牛业发展重点区域。呼和浩特作为自治区的首府，发挥业已形成的奶业优势，在实施“奶业兴市”发展战略的基础上，又提出了打造“中国乳都——呼和浩特”的新思路、新选择。

2002年呼和浩特奶业之所以取得好成绩，是呼和浩特市委、市政府领导及各界对奶业关切、支持的结果。年初，内地个别地区出现倒奶现象；有些地区原奶收购价格下滑；加之“洋奶粉”的冲击，全国奶业出现了“山雨欲来风满楼”的危机风波。针对这些情况，呼和浩特的决策者们派出奶协的同志到北京，从有关部门了解真实情况，然后有的放矢地采取了一系列措施。市人大颁布了《呼和浩特市牛的人工授精管理办法》，政府发布了《呼和浩特市人民政府关于加强奶源基地建设管理的通知》和《呼和浩特市人民政府关于加强奶源质量管理的通告》等文件。同时实行原奶收购价格保持原价不变的政策。加之伊利公司当时又每天从北京地区调运30吨鲜奶，缓解了首都的原奶收购价格可能下滑的暂时困难。从而不仅稳固了呼和浩特当地的奶业发展基础，增大了在全国的乳制品市场份额，更可贵的是为全国平息这次奶业风波作出了应有的贡献。

【科技投入】2002年是呼和浩特市提高奶牛养殖科学水平的奋斗年。全市配合“100万吨奶源基地建设”项目的实施，开展“高产奶牛基地服务体系建设”、“高产奶牛千枚胚胎移植工程”、“秸秆养牛示范区建设”等等一系列科技项目和奶牛养殖科普培训等工作的同时，成功地举办了“奶牛养殖大奖赛”和“首届奶牛科技博览会”两项大型奶牛业科技活动。在“奶牛养殖大奖赛”中，评选出了青城第一牛、养牛第一区、第一乡、第一村和第一户。在评选中，评委们着重于奶牛养殖的科技含量，使这些“第一”们为呼和浩特奶牛业树立了科技的榜样。通过“奶牛科技博览会”，请来国内外的专家、学者举行专题讲座，组织业界人士倾听世界奶牛业的最新动态和科技发展，并把最新的奶牛业科技产品引入呼和浩特。同时，把蓬勃发展的呼和浩特奶业介绍给了来自五湖四海的宾朋们。

【奶源基地】呼和浩特坚持“围绕基地建龙头，发展龙头建基地”的总体思路，按照“区域化布局、专业化生产、基地化建设”的要求，不断加大奶牛基地建设力度，已建成一批规模较大、商品奶量较集中的奶牛业基地群。

截止2002年底，在全市9个旗县区中，已建成5个万头以上的奶牛基地旗（县），比实施“奶业兴市”战略前的1999年增加了3个基地旗（县），增长66.7%，其中赛罕区的奶牛存栏达6.3万头，土默特左旗6.2万头，和林格尔县4.0万头，托克托县2.8万头，玉泉区1.7万头。以上5个基地旗（县）的奶牛存栏数共达21万头，占全市奶牛总存栏的95.5%。在全市77个乡（镇）中，共建成奶牛养殖基地乡（镇）57个，占全市乡（镇）总数的74.03%。全市建成千头以上的奶牛基地乡（镇）36个，比1999年增加19个乡（镇），增长52.78%，其中奶牛存栏达到1千～3千头的基地乡（镇）有15个；3千～5千头的有6个；5千～10千头的有9个；1万头以上的有6个乡镇。以上36个千头以上奶牛基地乡（镇）的奶牛存栏数达20.88万头，占全市奶牛总数的94.9%。

与此同时，各地积极创造条件，营造奶牛养殖示范小区，向基地建设的更高层次迈进。为了尽快改变千家万户经营分散、生产规模小、管理粗放的状况，按照“统一规划，合理布局，相对集中，规模推进”的原则，积极推进奶牛小区建设，截至目前，全市共建成31个奶牛养殖示范小区，其中30个小区是实施“奶业兴市”战略以来3年间新建的。目前，入区农户达2 000多户，饲养奶牛达1.6万头。在这些奶牛小区的示范带动作用下，将会进一步促进本市地区奶牛养殖业整体水平的提高和竞争力的提升。

此外，伊利、蒙牛两大企业，除在呼和浩特地区大搞奶源基地建设外，还不断加大对本地以外的奶源基地建设和奶业资源的整合力度。面对经济全球化带来的挑战，在国内外日益激烈的市场竞争中，他们用“全球资源作全国市场”的战略构思，依靠强大的品牌影响力、财力和市场开拓能力，在全国范围内大力整合乳业资源，营造自己的全国大基地。自2000年以来，到2002年末为止，他们投资数十亿元，通过合资、收购、兼并、重组等方式，先后在内蒙古自治区以外的黑龙江、北京、天津、上海、河北唐山、陕西西安等省市和在自治区内的呼伦贝尔盟、通辽、包头、鄂尔多斯市、巴彦淖尔盟等7个盟市建立了自己的奶源基地和加工基地。从而，形成了以呼和浩特地区为中心，以黑龙江、京津塘和自治区内东3盟（市）为左翼，以西安、银川和自治区内西3盟（市）为右翼的奶业优势区域产业带，构筑起了“中国乳都”的战略框架。

【草原建设】呼和浩特市在实施“奶业兴市”战略过程中，始终坚持以草为本、草业先行的发展思路，为养而种、为牧而农，加快草原建设步伐，促进了草原的永续利用和畜牧业的可持续发展。近3年来，呼和浩特市政府每年投入200万元，专门用于购买草籽，无偿提供给农民，让农民大面积的种植苜蓿、草木樨、沙打旺等多年生优良豆科牧草。与此同时，围绕国家西部大开发，全面实施“黄河上中游地区生态环境保护与建设”、“退耕还林还草”、“京津周边地区沙源治理”等工程项目，大力开展人工种草，使草业得到了空前的发展。

据统计，2002年全市完成人工种草10.72万公顷，其中种植优质牧草7.34万公顷，种植青贮专用玉米3.38万公顷，二者均创历史最高水平，比实施“奶业兴市”战略前的1999年增加了3倍，实现了市委、市政府提出的每头奶牛保证0.133公顷（2亩）青贮玉米和0.133公顷优质牧草的目标。

此外，为了满足奶牛的不断增长对饲草饲料的需要，近年来大力推广了农作物秸秆的加工转化技术。2002年，全市共制作完成“两贮一化”（青贮、微贮和氨化）饲料106.1万吨，其中青贮饲料104.9万吨。按全市22万头奶牛计算，每头奶牛的青贮饲料量达到了5吨，保证了奶牛的饲草料供应。

奶牛业的发展，同时也促进了粮食的转化。2002年全市种玉米、高粱等粮饲兼用作物9万公顷，产量达到60多万吨，占全市粮食总产量的70%。奶牛业的发展，不仅实现了粮食和秸秆的转化增值，促使农业走上了以种促养，以养带种，农牧结合，增产增收的良性循环发展道路。同时为恢复生态环境探索出了一条可行的路子。

【奶牛业配套设施】近几年来，呼和浩特市为了加快奶牛基地配套设施建设，鼓励企业、集体和个人一起上，并采取定向投入、定向服务、定向收奶的方式，大兴奶站建设。

截至2002年底，全市累计建成机械化挤奶站675座，仅在实施“奶业兴市”战略的3年间就新建成611座，是1999年的10.5倍。其中，土默特左旗218座、赛罕区155座、和林县110座、托克托县98座、玉泉区44座、其他旗（县）50座。其中，还包括5座总投资为1 200多万元，各占地面积为1 000平方米的现代化挤奶厅，而且从国外引进了世界一流的现代化挤奶设备和原奶质量检测分析系统，全自动、封闭式的挤奶一次性完成。

呼和浩特市告别了手工挤奶的时代，完全避免了人工挤奶造成的二次污染。同时，在奶站实行“集中挤奶、统一售奶、定期结算、分户饲养”的管理模式。通过“分散饲养、集中挤奶”，成功地解决了在原奶中掺假使假的问题，既保证了原料奶的质量和卫生，也使企业生产高质量的乳制品有了保证；既稳定了生产企业的奶源供应，也解除了农民卖奶难的后顾之忧；同时，极大地方便了农民出售鲜奶，现在95%以上的奶牛村做到了交售鲜奶不出村。奶站的建设，不但方便群众就近售奶，而且保证企业有了稳定优质的奶源。

【牛奶加工企业】呼和浩特市各级政府，在推进奶业产业化进程中，始终把培育壮大龙头企业作为实施产业化的主攻方向和关键措施，按照“扶持农业产业化，就是扶持农业，扶持龙头企业，就是扶持农民”的思路和国家有关规定和政策，对那些能带动产业化发展，能进行乳品深加工，能为广大奶农提供产前、产中、产后服务的重点龙头企业，加大扶持力度，在政策、资金（贷款）、税收（退税）、土地使用等方面给予最大程度的优惠和鼓励。目前，在呼和浩特地区已涌现出伊利、蒙牛、奈伦等大大小小10余家乳品加工企业，具备了年加工100万吨鲜奶的综合生产能力。其中规模大，带动能力强且具有市场竞争力的有伊利和蒙牛两大企业（集团）公司。

2002年伊利集团公司已成为拥有28.99亿元总资产的现代化大型乳品加工企业。不仅已成为内蒙古自治区农业产业化的排头兵，而且已成为全国151户国家级农业产业化重点龙头企业之一，并于年底成功地入围“中国企业500强”。2002年，伊利液态奶产销量突破47万吨，实现销售收入23亿元。超高温灭菌奶在全国牛奶市场中的份额由2001年的24%猛增到37%，产销量再创全国同行业第一；企业的日处理鲜奶能力也由1999年的不足200吨，达到了2 500吨，在短短的3年时间里增长了12倍；主营业销售收入达到40.1亿元，比2001年增长48.40%；当年实现利税6.4亿元（其中上缴税金5亿元），比2001年增长78.83%。2002年底，其主营业销售收入在全国乳业六巨头的排行榜中从第二位上升至第一位。

2002年，蒙牛公司的总资产已达到10亿元之多，是公司成立之初的100倍；第三期扩建工程完工后，到年底其日处理鲜奶能力迅速提高到1 400吨，是3年前的20倍之多；仅问世3年的蒙牛，创造了中国民营企业飞速发展的全国记录，2002年成功荣登中国成长企业百强榜首，其年销售收入达到19.2亿元，又创历史新高，比2001年增长1.26倍，从而蒙牛在全国乳业六巨头的排位中，又从第5位上升至第4位；实现利税1.78亿元（其中上缴税金1.3亿元），比2001年增长71.15%，创造了中国乳业史上的奇迹。

伊利、蒙牛两大企业（集团）生产的乳制品主要有：奶粉（奶茶粉）、雪糕（冰激凌）、液态奶（无菌奶）等三大类产品，共500多个花色品种。这些产品畅销到全国32个省、自治区、直辖市和香港、澳门两个特别行政区，并已形成品牌竞争力。伊利和蒙牛商标，分别于1999年和2002年，被国家工商行政管理局认定为“中国驰名商标”。两大企业生产的液态奶、奶粉和冰激凌产品也赢得2002年中国名牌产品称号。两大企业生产的具有清真特色的“伊利”、“蒙牛”牌产品凭借着绿色品牌优势，覆盖了全国市场，每天从本市销往外地的乳及乳制品已突破2 000吨，市场占有率也随之快速增长。

【奶业与增收】呼和浩特奶牛业的大力发展，不仅为经济发展注入了新的生机与活力，而且为广大农民增收开辟了新的渠道。靠奶牛业增收致富奔小康，已经成为本市各级党委、政府和广大干部、群众的共识。现在，农民养一头年产奶4吨以上的奶牛，可获纯利4 000元左右，相当于农民种1.33公顷小麦的纯收入。

2002年，全市交售商品奶52万吨，企业向农民支付奶款10亿多元，加之每年出售10%～15%的淘汰奶牛和7万多头公牛犊等项收入，奶农的年人均纯收入达3 460元，比全市农民人均收入（2 822元）高22.6%。按全市112万农民计算，仅奶牛业一项收入，就可为农民人均增收720元，占农民人均纯收入的25.5%。呼和浩特市奶牛业已经成为新世纪农民致富奔小康的支柱产业。

乳品加工龙头企业的发展，还为转移农村富余劳动力，安置城市下岗职工等方面做出了巨大贡献。到2002年底，各乳品企业直接解决了1万多人的就业岗位，其中伊利6 000多人，蒙牛4 000多人，其余企业约2 000人。同时，由于这些龙头企业的发展壮大，还带动了种植业、养殖业和其他相关产业的蓬勃发展。并拓展了就业领域，间接创造了20多万人的就业岗位，这些就业人员直接或间接从事着奶牛饲料生产供应、牛奶和饲料运输、兽药生产经营、牧机制造加工、包装印刷、牛奶收购、鲜奶配送服务等与奶业相关的多种行业。这不仅给乳品企业和相关产业带来了巨大的经济效益，也给广大农民和城镇就业人员带来了丰厚的收益。从而，形成了“兴一个产业，带一地经济，富一方百姓”的产业发展新格局。据2002年统计数据显示，全市以奶牛业为主的畜牧业产值达到12.7亿元（按1990年不变价格计算），占农林牧渔业总产值的52.4%，畜牧业由过去从属于农业的副业地位，现在成为国民经济中的一大独立产业。2002年，奶牛业产值达到11.16亿元（按现行价格计算），占畜牧业产值的39.3%，比实施“奶业兴市”战略前的1999年提高了22.3个百分点；奶牛业产值占农业总产值的比重达到20.2%，比1999年提高了13个百分点。大农业内部的农、林、牧、渔业产值之比，由实施“奶业兴市”战略前的48:3:47:2，到2002年调整为40:6:52:2。可见，经过短短3年时间的调整，畜牧业在大农业中的比重提高了10.6%，跃居农林牧渔各业之首，而以粮食生产为主的农业的比重却下降了20.0%，农村经济结构日趋合理化。

（呼和浩特市奶业协会　巴根那）

辽　宁　省

【概况】 2002年辽宁省乳业仍以较快的速度发展，全省奶牛存栏总数达到12.03万头，比上年增加1.43万头，增长了13.5%，牛奶产量28.1万吨，比上年增加3.9万吨，增长了16.1%，实际加工量24.5万吨，占总产奶量的85%，人均占有奶量6.7千克，各项指标均比上年有较大增长。

2002年辽宁省奶牛总量继续实现了较快的增长，科学饲养和规范管理的风气正逐步形成。一些大型奶牛场注重饲养管理新技术的应用、品种更新和改良，在加强育种工作的同时，努力规范饲养、繁殖、防疫等方面的操作规程，强化了配套技术措施的推广应用，种群数量、质量均有所提高。如沈阳乳业公司所属的奶牛场一直坚持科学育种、规范管理，牛群整体水平较高，单产水平连续3年在7吨以上；大连三寰集团乳品厂投资300多万元从美国引进了57头高产奶牛作为胚胎移植的供体牛，以改良牛群质量；本溪市木兰花乳业公司投入大量资金兴建了现代化奶牛基地；阜新的比牛哥乳业和阿森乳业都聘请了国内、省内经验丰富的专家做技术指导，加强了饲养管理和育种工作，牛群质量提高较快，在“辽宁省首届奶牛大赛”中被评为“优秀牛群”。

2002年辽宁省乳品加工业发展速度明显加快。沈阳乳业公司日处理能力400吨的新厂已投入使用，达到了日处理600吨的生产能力，大连三寰乳业和渤海乳业也先后从德国、瑞典引进了3条生产线，日生产能力增加到200吨，阜新比牛哥乳业公司正在兴建总加工能力400吨的加工厂，一期投资3 400多万元，全部引进德国、法国先进设备，日处理能力50吨，基建工程已基本完工，设备正在安装中；鞍山千山乳业公司建成了日处理能力100吨的新厂；海城天天乳业公司日处理能力50吨的新厂已投入使用。阜新阿森乳业公司、辽阳市牛奶公司、朝阳笑笑乳业公司等一批企业新建、扩建工程正在实施，有的已经完工，全省乳品加工业出现了快速增长的势头，全省乳品加工能力猛增到80万吨。乳业产品品种、质量、档次有了很大提高，乳制品品种已达70多个，能生产现有国内所有液态品种，有些品种还属国内首创。

2002年，辽宁省乳业企业资本结构发生了较大改变，乳业企业资本运作的步伐正在加快，这是一个重要特点。辽宁省最大的乳业企业沈阳乳业有限公司被美国隆迪投资公司收购，成为外资控股企业；大连三寰集团乳品厂、本溪木兰花乳业公司正在改制，将成为个人控股企业；丹东市牛奶总公司已改制完毕；鞍山汤岗子奶牛场正在和黑龙江完达山乳业公司合作，已取得重大突破；阜新比牛哥公司与光明乳业的合作取得重大进展。一批有一定规模的、有一定竞争力的民营企业也正在加入到乳业行业中来，民营、合资、股份制企业正在成为辽宁省乳业的主流，打破了过去所有制成分单一的局面。产权主体多元化，投资主体多元化，有利于辽宁省乳业进一步整合和完善，是辽宁省乳业的一个重大变化，也是一次重大进步。

辽宁乳业在发展中还存在一些不足，一是奶牛饲养管理水平需要进一步提高。奶牛总量增加速度较快，但平均单产仍维持4吨左右的水平，奶牛饲养业整体管理水平、牛群质量提高不明显，因此带动饲养户提高科学饲养水平将是今后的一项重点工作。二是乳品加工业依然存在小、散、弱的问题，全省70多家乳品企业，产值超千万的不足20%，没有形成合力和规模效益。三是奶源与乳品加工之间存在不平衡，既存在奶源局部过剩的问题，也存在奶源总体不足的问题，如2002年原料奶产量28.1万吨，加工能力已达到70多万吨。这些方面的问题需进一步改善和解决。

【“农垦杯”首届奶牛大赛】 由辽宁省乳品协会、辽宁省畜牧局、辽宁省电视台共同主办的“农垦杯”辽宁省首届奶牛大赛经过3个多月的紧张角逐后于2002年11月18日落下了帷幕，本溪市小堡畜牧场选送的“5014”号奶牛以线性外貌分84.16分，305天产奶量10 607.5千克的好成绩夺得冠军，并获奖金8 000元。

本次大赛是辽宁省举行的第一次奶牛专业赛事，目的是选拔出优秀奶牛和优秀种群，明确荷斯坦牛的育种方向，选拔出可供胚胎移植的优秀供体牛，提炼出先进的奶牛饲养技术和管理方法，进一步提高本省奶源建设的整体水平，提高整个社会对奶业的关切度。此次大赛共有沈阳、大连、鞍山、本溪、盘锦、丹东、营口、阜新、辽阳等9个城市20 000多头奶牛通过了初审，经过专家组对线性外貌、产奶量、乳脂率、蛋白率等指标进行综合测评，从中评出了22头优胜奶牛，其中冠军牛1头、亚军牛1头，季军牛2头，高产长寿牛3头、优秀奶牛14头，从9城市24个参赛牛群中评出了1个最佳牛群，5个优秀牛群，共发放奖金2万元。

（辽宁省乳品协会　林仁堂　卢戈川）

沈阳市

【概况】近年来，沈阳市委、市政府在农村产业结构调整中，把发展奶业放在突出位置，将奶业生产作为畜牧业的主导产业，进行重点培育和扶持，并以市场为导向，以提升产业化水平为核心，以增加农民收入为目的，通过资产重组、招商引资、政策引导、统筹规划、资金扶持、市场培育等措施，推动了沈阳奶业大发展、快发展。2002年全市奶牛存栏42 157头，比上年增长40%，其中国有奶牛场5 227头，增长7.9%，个体奶牛存栏36 930头，增长46%，全市牛奶总产量129 507吨，比上年增长31.9%，全市人均牛奶占有量18.7千克，增长31.6%。

2002年，沈阳市加大了奶牛饲养业发展力度。各级政府积极扶持奶牛饲养业发展，采取发放贷款、提供贴息、强化服务体系建设等措施，在奶牛饲养比较集中的乡、镇新建奶牛饲养专业区19个。这些奶牛饲养小区采取统一规划、分户饲养、社会化服务的方式，引导奶农将奶牛饲养由庭院饲养向小区转移。奶牛饲养小区的发展，节省了饲养占地，改善了农村卫生环境，强化了防疫体系，方便了技术交流，提高了社会化服务程度，扩大了机械化榨乳规模，极大地促进了农村奶牛饲养业的健康发展。目前，沈阳市奶牛饲养专业区已达43个。

2002年，沈阳市加强了乳品加工企业的整合力度。乳品加工企业整合后，由上年的20多家减少为11家。沈阳农垦辉山乳业与美国隆迪合资组建了沈阳乳业，改进了管理，提高了生产能力。由于龙头企业的拉动，2002年沈阳市鲜奶收购站已达40余家，日收鲜奶300多吨。近期，沈阳乳业又在农业高新技术开发区兴建“乳品城”，投资10亿元人民币建设冰激凌厂、乳品新厂、果汁厂、奶牛繁育中心等6个项目，为做大、做强沈阳乳业，确保沈阳乳业持续稳定发展，加快沈阳农业产业结构调整奠定了坚实的基础。

2002年沈阳市人民政府还理顺了奶业管理体制。改变了过去由农垦总公司、畜牧副食局、农业局多头管理模式，明确市奶业管理办公室在市农村经济发展局领导下负责全市奶业的行业管理。

（沈阳市奶业管理办公室　李殿文　李国辉）

大连市

【概况】大连有国营、集体百头以上奶牛场20个，个体奶牛户1 840户，奶业综合服务站4个，奶农协会6个。据不完全统计，2002年全市奶牛存栏1.73万头，牛奶产量60.76千吨，加工上市鲜奶5万吨。全市有乳品（食品）加工企业16个，设计规模484吨（单班），实际利用能力为140吨（单班），大乳、渤乳两个乳品龙头企业已通过ISO9000质量管理认证。其他小型乳品企业也在蓄势待发，奶业产销两旺，奶业产值约1.8亿元。

【加工业】三寰牛奶公司是大连市最大的乳品加工企业，年加工各种上市奶和奶制品近2.5万吨，UHT袋装消毒奶和塑杯酸奶约占全市乳品消费市场的70%。截至2002年底，该公司筹集资金总计约4 100万元，对加工车间进行大规模技术改造，按照当今国际顶尖标准和技术要求，引进世界20世纪90年代末最先进的乳品加工设备和加工工艺，发挥“三寰”乳品为省优质食品和大连市民最爱的“三寰牌”、“金龙牌”商标品牌效应，抓住企业通过ISO9002体系认证契机，致力于产品的更新换代。该公司引进瑞典、法国、德国3条UHT袋奶无菌包装生产线，这3条先进乳品加工生产线设计能力为单班140吨/日，可生产UHT袋装、盒装纯牛奶、维生素AD铁锌强化奶、原味酸牛奶、乳酸系列饮料等25个新品种，全部达产后年可加工各种奶和奶制品近5万吨。可带动“北三市”农民新发展奶牛8 500头，可使农村从事奶牛业的农户年增收2 550万元。为大连市乳品企业立足本地，面向全国和抵御国外同类乳品产品竞争打下坚实基础。

【奶源基地建设】2002年，为了完成市委、市政府实现大连市农业现代化的目标，加快大连市“121”现代化农业园区工程建设，在金州区三十里堡镇、登沙河镇、普兰店市大刘家镇建立了3个奶牛养殖基地。

三十里堡奶牛园区占地面积200公顷，其中种植苜蓿草120公顷，初步计划集中饲养奶牛5 000头，规划2012年将发展奶牛10 000头；金州区三十堡镇北乐村建成8栋奶牛舍，引入40户奶农进区饲养。该村又新建小型乳品厂1座，年可加工鲜奶1万余吨。

三寰集团公司奶牛基地位于市级的登沙河农业现代化园区内，是该园区第一个开工的畜牧业项目，现已建成牛舍8栋，土建面积1.2万平方米，可饲养高产成母牛1 400头。根据奶牛基地设计方案，建成后的奶牛场实行机械化供料（草）、挤奶，各牛舍封闭式电子摄像监控。

大连三业集团大刘家奶牛基地在2002年5月份正式启用，年末奶牛存栏620头，日上市原料奶5吨。奶牛基地的建设，提高了原料奶的质量，增强了企业产品的竞争力。

【政府支持政策】大连市政府为了鼓励奶业发展，出台了一系列优惠扶持政策。其中规定凡是引进新品种、新技术和新设备，市政府将给予补贴。补贴标准：凡经市畜牧专家组评定为国内先进技术引进项目，市财政按引进总额的30%补贴；评定为国际先进技术的引进项目，市财政按引进总额的40%给予补贴。如2002年大连三寰牛奶公司从美国引进了57头高产奶牛，市财政已按40%的比例给予了补贴。

【奶业服务体系建设】建立了集奶牛饲养、技术指导、奶牛疫病防治、兽医兽药、奶牛饲料生产供应等为一体的奶业服务体系。组织兽医上门服务；聘请养牛行家讲课或示范；在奶牛饲养集中的乡镇建立了4个奶业综合服务站和6个个体奶农协会，就近收购奶农户的牛奶；养牛集中的乡镇都建有奶牛配种站，并实行上门服务。

【学生饮用奶计划】2002年，在市委、市政府重视下，根据农业部等七部委局联合下发的“关于实施国家学生饮用奶计划”的通知，成立了大连市实施国家学生饮用奶计划领导小组及其办公室，制定了有关大连市学生饮用奶管理办法等4个相关文件。确定大连三寰乳业有限公司为学生饮用奶定点生产企业，国家学生饮用奶计划办公室已派专家组对该企业进行了考核验收。这些基础工作为大连市实施国家学生饮用奶计划规范性操作打下了基础。

【奶牛品种改良与国外种牛引进】2002年，大连三寰乳业有限公司从美国引进高产奶牛（单产12吨）57头，年末日产奶平均超过25千克。该公司还与科研部门合作，对奶牛实施了胚胎移植项目，2002年已有200头奶牛进行了胚胎移植。

（大连市奶业协会　金丰久　田　丽）

吉　林　省

【概况】吉林省处于北半球的中纬地带，欧亚大陆的东部。全省土地总面积为18.74万平方公里，人均土地面积0.72公顷，人均耕地0.21公顷，是全国人均数的2.12倍。2002年奶牛存栏9万头，奶类产量18.9万吨，有超过300头规模的较大型的中国荷斯坦奶牛场5处，有中小型乳品加工厂17个，年加工能力45万吨。

【发展奶业的优势】

1. 饲草饲料资源丰富　吉林省是全国八大牧区之一，草地资源丰富，总面积达584.22万公顷，可利用草地面积为437.9万公顷，年降水量550～910毫米，可以满足一季作物的生长需要。粮食生产和人均占有粮食量位于全国首位，是国家的重要商品粮基地，有着丰富的饲草饲料资源，随着退耕还草、草地改良和农业结构的调整，三元种植业结构的建立，以及舍饲技术的推广普及，资源的总量增长与利用的双重效果，为奶业的发展提供了饲草饲料的保障。

2. 区域布局趋于合理　奶牛存栏量从新中国成立初期的500头发展到2002年末的9万头。主要分布在长春、吉林、松原、四平等地区。其奶源基地的格局可划分为三个部分。即长春地区、四平地区、辽源地区等中部奶源基地；吉林地区、延边部分地区等东部奶源基地；白城地区、松原地区等西部奶源基地。目前，全省分布着17个中小型乳品加工企业。九牛乳业有限公司、吉林广泽乳品有限公司、新希望长春乳品集团等龙头加工企业的兴起，推动了吉林省奶业的进一步发展。

3. 发展奶业的基础优势明显　一是本省饲养奶牛的历史悠久，在饲养管理、品种改良、疫病防治等方面，都达到了一定水平。特别是在人工授精和胚胎移植方面，起步早、试验研究早，取得了突破性进展。20世纪80年代就进行了大规模的奶牛胚胎移植项目的推广工作。二是积极推广黄牛改奶牛技术。现改良牛已达到5万余头，奶产量和质量有了较大提高，对缓解奶源不足起到了重要作用。三是建立了省、市、县、乡四级良种繁育体系。全省现有种公牛冷冻精液站5个，地区级繁殖改良站8个，配种站点3 688个，繁殖改良技术人员2 680多人。四是建立了动物疫病防治体系。全省建立了省、市、县、乡四级监督防御网络，有71个市县级畜牧站及动物检查站和783个乡级畜牧站，全省有动物防疫专业人员3 668人。由于启动和实施了无规定动物疫病区建设，基础设施和防疫手段进一步得到完善，动物防疫检疫工作水平有了明显提高。五是为了促进奶业的发展，大力推广了奶牛冷冻精液技术、奶牛饲养配套技术、奶牛疫病防治技术等。总结和交流了乳品企业的先进经验，对乳品厂提高乳品质量、降低成本起到了重要作用。

【发展奶业的指导思想】从应对入世和促进新阶段牧业结构战略性调整的要求出发，以奶业作为牧业经济新的增长点。遵循自然规律和经济规律，着眼“两个市场、两种资源”，以市场为导向，以效益为核心，以良种为源头，以科技为手段，以自愿为依托。依靠科技进步，搞好优良品种繁育，大力推进规模化饲养和产业化经营，加快奶类加工企业制度和技术创新步伐，确保产品质量安全，增强吉林省乳产品在国内外市场上的竞争能力。

【发展奶业遵循的基本原则】

(1) 坚持以市场为导向的原则。要考虑国内市场，更要着眼国际市场；既要瞄准现实需求，也要着眼潜在需求。要立足多样化、优质化市场需求，重点发展市场占有率高、国内和国际市场前景广阔的优势乳产品。

(2) 坚持相对集中的原则。综合考虑各地的基础情况、资源状况等因素，围绕龙头企业、消费市场建设集中连片的奶源基地，形成主导产业突出、区域整体推进的格局。

(3) 坚持龙头企业带动的原则。发展奶业必须做大做强龙头企业，依靠市场力量带动产业发展，瞄准市场，培植名牌企业，打造名牌产品，健全市场网络，通过产业化带动奶业现代化。

(4) 坚持效益统一的原则。通过奶业的发展，加快牧业产业结构的调整和农民致富的步伐，要统筹考虑资源开发和保护、奶牛增长与环境治理等因素，科学化、规范化运作，促进奶业的可持续发展，进而实现社会、经济和生态效益三统一。

【奶业发展的目标和布局】 目标：到2005年，全省奶牛存栏量达到16万头；产奶奶牛平均年产奶量达到3 500千克，全省奶产量达到41.6万吨。人均奶类占有量达到10千克以上。鲜奶加工量达到20万吨，占总产量的48.1%。

到2007年，全省奶牛存栏量达到23万头，其中荷斯坦奶牛占12万头；产奶奶牛年平均产奶量达到4 000千克，全省奶产量达到59.8万吨。鲜奶加工量达到33万吨，占总产量的55.2%。

到2010年，全省奶牛存栏量达到40万头，其中荷斯坦奶牛占30万头；产奶奶牛年平均产奶量达到5 000千克，奶产量达到130万吨。鲜奶加工量达到91万吨，占总产量的70%。

【奶业发展的布局】

1. 奶源基地建设

(1) 建立长春地区、四平地区、辽源地区中部奶源基地。到2005年，奶牛养殖园区发展到100个，奶牛存栏5万头。到2007年，奶牛养殖园区发展到150个，奶牛存栏7.5万头。到2010年，奶牛养殖园区发展到300个，奶牛存栏15万头。

(2) 建立吉林地区、延边地区、通化地区和白山地区东部奶源基地。到2005年，奶牛养殖园区发展到50个，奶牛存栏2.5万头。到2007年，奶牛养殖园区发展到70个，奶牛存栏3. 5万头。到2010年，奶牛养殖园区发展到120个，奶牛存栏6万头。

(3) 建立松原地区、白城地区西部奶源基地。到2005年，奶牛养殖园区发展到40个，奶牛存栏2万头。到2007年，奶牛养殖园区发展到70个，奶牛存栏3.5万头。到2010年，奶牛养殖园区发展到120个，奶牛存栏6万头。

2. 龙头企业建设

(1) 抓住全国奶业重组的契机，与著名企业联姻，实行强强联合、强弱联合。从基地互补走向市场拓展，以资产为纽带与国内外乳品企业联合。长春苗苗豆乳集团已与新希望集团重组，成立了长春新希望乳业有限公司。将投资1.7亿元，建设年产20万吨鲜奶的新型系列乳制品工程。

(2) 以技术、管理优势为纽带，探索多种形式的承包经营和加盟机制。吉林市九牛乳业有限公司，采取“公司加农户、基地加服务”的形式运作，可带动东部周边地区2 000多个农户，饲养奶牛5万多头。到2010年，乳品年加工能力要达到25万吨。

(3) 通过资产重组、承包经营等多种形式，使全省奶业一体化加速进行。吉林省广泽乳业有限公司先后收购了吉林省恒牛科技食品有限公司、通榆红牛奶业有限公司、通榆县草原养殖基地。投资7 700万元，组建现代化的科技示范园，乳品年加工规模要达到30万吨。

3. 服务体系建设

(1) 良种繁育体系。要建立饲养规模为30头奶公牛、年产60万剂冻精的良种奶牛繁育中心，形成优良的种奶牛群体，采取人工授精、胚胎移植等高新技术，加速扩繁优良品种，提高奶牛的产出功能。要依托吉林农业大学奶牛场、长春市示范奶牛场等单位为种源生产基地，建立2 000头以上的高产奶牛核心群，引进国内外优良的奶牛品种，提高奶牛质量。要充分利用和健全现有的家畜繁殖改良网络，配备先进的仪器设备，提高奶牛的受配率、受胎率和繁殖成活率。要建立种奶牛质量监察队伍，坚决杜绝杂交乱配现象，加速实现奶牛良种化。

(2) 疫病防治体系。要健全和发挥现有防疫网络的防疫功能，对重点防疫部门补充、配置先进的防疫设施，完善各级防疫链条。要在边境地区设立检查检疫消毒站，对出入境的奶牛实行严格的查证、验物、检疫和消毒，杜绝未经检疫的奶牛进入境内。要建立健全兽医卫生管理制度，结合无规定动物疫病区建设，全面搞好奶牛防疫工作。

(3) 饲料生产体系。要建立稳定的饲料供应渠道，有条件的地方，应建设高质量的饲料生产基地。要充分利用各种饲料资源，采取生物的化学的物理的技术措施，提高饲料利用率和转化率。要加强饲料和添加剂的管理，保证奶牛饲料无违禁药物、无有毒重金属、无可能传染疯牛病的肉骨粉，向优质、安全、绿色的生产方向快速发展。

(4) 技术推广体系。要形成以当地牧业部门为依托的技术服务组织网络，及时解决和处理技术难题。要以大专院校和科研院所为依托，开展科研攻关，借助科研力量，解决奶业生产中的问题。同时，要发挥各级技术推广部门的作用，组织科技人员深入生产第一线，大力推广高产奶牛配套技术。

(5) 产品加工体系。要逐步扩大龙头加工企业的生产加工能力，整合现有的闲置或负荷不满的乳品加工企业。要实施乳品精深加工，根据不同的消费层次，生产不同的乳制品。

(6) 市场营销体系。培育中介组织，组建强有力的营销队伍，扩大主产品市场，拓展销售方式，尽快打造省名牌产品，使市场份额进一步扩大。要建立信息网络系统，构筑网上交易的平台。同时，要经常发布市场信息，为产销双方牵线搭桥。

(7) 质量检测体系。要建立乳品质量检验监测中心，实行严格管理，把乳品质量安全切实纳入法制轨道，以保护广大消费者和生产者的合法权益。

【发展奶业的保障措施】

(1) 加大政府的引导力度和宏观调控能力。一是政府以正确的政策为导向，保护和支持行业发展。尤其是政府的产业结构调整政策、调控措施、投入政策和发展计划必须向奶业倾斜。二是将奶业发展摆在更加突出的产业地位。奶业是一个朝阳产业，具有广阔的发展前景。三是促进奶业生产的区域化、专业化基地的形成。兴建奶牛饲养小区，完善配套服务体系。四是把公益性基础设施投入纳入农业基础设施建设计划，增加资金投入，特别是对那些公益型的服务体系的投入。

(2) 加快企业联合，提高经济实力，发挥龙头企业的作用。

(3) 依靠科技进步，提升奶业的整体水平。一是大力推广奶牛人工授精技术和冷冻精液技术，完善人工授精站点建设，增加投入，更新设备，培训人员。二是加强防疫监督，做好动物疫病诊断监测工作，强化无规定动物疫病示范区建设。三是大力推广现代科学饲养技术，推动奶业向优质、高产、高效发展。四是大力发展优质饲草饲料生产，建立奶牛饲料基地，合理利用资源，保障奶业的持续健康发展。五是进行以提高社会效益和经济效益为主的科学研究。六是建设和加强奶用种公牛精液、冷冻精液质量监测以及乳品质量监测体系。在社会效益方面应以政府投入为主，科技部门为科技创新主体，在经济效益方面应以企业投入为主，企业为科技创新主体。

(4) 加快奶源基地建设，合理规划，建立多元投资机制。积极发展适度规模经营，深入开展“抓三户（模式户、标准户、专业大户）建强乡（牧业经济强乡）办小区（畜禽饲养小区）”活动。鼓励和支持乳品加工企业建立自己的奶源基地。政府在政策及商业贷款方面对乳品加工企业和奶牛饲养大户大场予以扶持。要吸纳社会上的闲散资金，采用股份合作、租赁经营、独立建场（厂）等方式，形成多元化投资的良好局面。

(5) 加大宣传力度，实施多元启动策略，大力开拓乳品市场。应全面启动“学生饮用奶计划”，大力宣传和普及营养知识，培养科学的消费习惯。在丰富乳制品品种的同时，开发像草原红牛这样具有本地区特色的乳产品，不断提升乳制品的市场占有率。

(6) 强化奶业发展配套服务措施，搞好奶业生产的全程监控。重点建立奶牛生产性能检测站，完善乳品质量检测体系，全面提高乳制品卫生安全。建立信息和质量标准体系，适应市场的需求。

(7) 大力培育合作经济和中介组织，发挥奶业行业协会的作用。

（吉林省畜牧管理局　刘亚学）

黑龙江省

【概况】黑龙江省地处北纬46°至53°，东经121°至135°之间。与荷兰、丹麦、美国北部各州及日本北海道等奶牛发达国家和地区同处在被称为“世界奶牛带”和“世界玉米带”的同一纬度范围内，具有良好的自然环境和气候条件。黑龙江省是全国农业大省，已建成国家最大的奶牛和乳制品生产基地。近十几年来，在省委、省政府的正确领导下，全省奶业呈现出快速、健康发展的态势，已经成为拉动国民经济发展，促进农民增收的重要产业。2002年末，全省荷斯坦牛存栏93.3万头，鲜奶产量240万吨，居全国首位，奶牛业产值49.2亿元，占牧业产值的19.5%，人均奶牛业收入125元，占人均牧业收入的29%。

几年来，省委、省政府高度重视奶业发展，始终把奶业作为一项重要工作来抓。先后出台了《关于加快畜牧业发展的决定》和《关于加快畜牧业发展的实施方案》，并将奶业列为优先和重点发展的产业，确定了奶业在发展全省农村经济中的主导地位。为尽快落实《奶业振兴计划》，于2002年3月召开了全省《奶业振兴计划》启动工作会，申立国副省长参加会议并讲话，对全省奶业工作进行了全面部署，同时提出了具体要求。随后各重点市地县也分别召开了奶业推进会，具体落实全省会议精神。一些市、县份还根据各自特点，分别提出具体要求，如双鸭山通过继续实施“万头奶牛工程”，全面实行目标管理责任制，使一个以生产煤炭为主的矿区一跃成为全省发展奶业的新区。富裕县进一步把发展奶牛作为振兴县城经济的重点，制定了2003—2007年全县《50万吨优质商品奶基地建设发展纲要》，规划了5年内的宏伟发展蓝图，要求全县副处级以上干部和县直部门都要包扶一个村，人人定任务，并作为评价干部政绩的主要依据。

黑龙江省奶牛品种主要是中国荷斯坦牛，全省奶牛已基本实现了良种化、规模化和标准化饲养，2002年末，全省饲养高产奶牛（平均单产达6吨以上）20万头，已占全省产奶母牛的42.8%；全省奶牛平均单产由3.4吨提高到4.3吨，建设1 000头以上的高产园区8处，300头奶牛生产小区达到60处，10头以上的养牛专业户6 120户，奶牛存栏超万头的有15个市、县（区）

和6个农垦分局。目前，全省初步形成了以哈尔滨、绥化、大庆、齐齐哈尔、农垦为主的38个重点奶牛县市"一区两带"奶业发展格局，其中双城、富裕、安达等24个县市被列为国家《奶业优势区域发展规划》。2002全省乳品加工企业64家，日处理鲜奶能力达到7 480吨，年产乳粉15万吨，液体奶45万吨。在乳制品方面，除了培育黑龙江的完达山、龙丹、红星、绿洲、齐梅和大庆等国内知名品牌外，还引进了雀巢、光明、伊利等一批国际、国内驰名品牌，产品80%销往全国各地，覆盖全国市场，部分销往东南亚和东欧市场。在产业化方面，为了进一步推进奶业产业化，继续强化龙头企业与生产基地的利益对接，通过采取契约、服务、合作等三种有效对接机制，有效地实现奶业生产经营一体化、利益分配合理化，逐步形成龙头带基地、基地连农户，风险共担，利益均沾，互促并进的一体化生产格局。在消费方面，2002年，全省鲜奶收购平均价格为1.60元/千克，由于黑龙江城乡收入水平、消费水平比较低，消费乳制品、液态奶量比较小，但是，今后随着城乡居民收入水平和生活水平的不断提高，生活观念的改变，城乡居民乳制品、液态奶消费量将会进一步提高。

（黑龙江省畜牧局　张　闯）

哈尔滨市

【概况】2002年是哈尔滨市奶业振兴计划实施的第一年，市委把奶业振兴计划项目纳入这一年农业重大项目，按照市委重点工作专题推进的要求，以提质增效为核心，大力推进奶业区域化、优质化、产业化进程，加速大基地、大龙头、大市场、大产业建设步伐，不断提高经济效益，促进奶业的快速发展，努力加快小康社会建设步伐。2002年奶牛存栏达到20.6万头，比上年增长16.4%；牛奶产量达到600千吨，增长15%；单产水平达到4.5吨，增长5%。2002年全市召开奶业振兴计划实施推进会，按照市政府的布置重点实施了7个工程。

一是奶牛良种工程。完善奶牛繁育体系建设。建设完善繁育站点30个，全市繁育配种站点达到605个，提高了奶牛良种改良技术水平；大力推广特优级奶牛冻精配种，市财政拨专款30万元用于奶牛繁育改良，重点在购置特优级冻精，奶牛小区、奶牛饲养大户主动购买，全市使用特优级冻精2万剂；呼兰康乐奶牛场开展了胚胎移植，引进加拿大胚胎，移植154枚，受孕率48%，年产优质奶牛母犊36头。

二是青贮和秸秆利用工程。加大秸秆青贮推进力度，重点抓好奶牛生产优势区的青贮种植和收贮工作，全市计划种植青贮作物12 167公顷。

三是草原改良和人工种草工程。加快草原治理、退耕还草和人工种草进度，促进种植结构调整和生态市建设，草原改良面积9 667公顷，人工种草2 667公顷，加快围栏封育、浅翻轻耙、松土补播等技术的推广应用，培育草原改良、人工种草示范区。

四是奶源基地建设工程。以双城、哈尔滨市郊区、呼兰、阿城、五常等地为重点，加快奶牛示范园区、规模场户建设，使奶牛规模化饲养比重提高10个百分点；建设奶牛小区10个，奶牛小区建设标准达到规模在300头以上，人畜分离，防疫合理，实现榨奶、配种、饲草、饲料、防疫灭病等项目服务的五统一。

五是奶业科技创新与推广工程。以提高科技含量和生产水平为目标，加强奶业先进实用技术的研发与推广工作；大力推广"奶牛群体高产综合技术"丰收计划项目，继续推广特优级冻精配种、全价营养日粮、奶牛保健等新技术，培训奶牛户2万人次；单产达到6吨的高产奶牛实现3万头，在双城、哈尔滨市郊区、呼兰、五常等地实施。

六是疫病控制工程。加强四级防疫网络建设，完善奶牛生物制品的运输、贮藏、保管冷链，强化检疫和执法监督工作，严格控制生产、加工、流通各环节的疫病传染，进一步加快无规定疫病区建设，不断提高奶牛健康水平；实施奶牛健康合格证和免疫标识制度，规模化奶牛场的奶牛实行全年两次全群检疫，分散饲养的奶牛实行每年一次检疫，奶牛两病检疫和免疫标识加戴率达到100%，进一步强化对疫区的强制免疫、强制封锁、强制捕杀制度；按照《中华人民共和国动物防疫法》、《黑龙江省动物防疫条例》、《黑龙江省乳用动物健康合格标准及管理办法》、《哈尔滨市生牛奶管理办法》的规定，加强兽药、饲料及添加剂的生产经营管理，确保乳品质量和奶业安全。

七是服务体系建设工程。健全市、县、乡、村四级服务体系，加快畜禽疫病防治、奶牛检疫、繁育改良、供料等全程服务，全市重点扶持乡（镇）畜牧发展中心10个。

（哈尔滨市畜牧局　刘进盛　曲经业）

上海市

【概况】2002年上海的乳制品市场持续繁荣，购销两旺；外地产品大量涌入，竞争激烈。乳品业和奶牛业继续朝着集约化、规范化、质量型及效益型的方向稳健发展。

2002年底上海市奶牛存栏数60.28千头，交售生奶总量261.5千吨，成乳牛平均单产7 967千克，分别比上年增长0.46%、2.95%和4.87%。饲养的奶牛全都是荷斯坦品种，且北美品系血统的比重较以往增加。2002年规模养殖继续发展，百头以上的奶牛场由上年的121

个增至161个；百头以下的个体散养户从上年的499户、7 175头牛减少至230户、4 464头牛。牛群在全市区域内的分布有所调整，金山、奉贤、南汇等区牛头数增加，其他区县养殖的牛数有所减少，或将部分迁往外省市饲养。产权属于上海市所有的奶牛在异地养殖的已有10个牧场，合计6 600头。上海市各奶牛场的设施进一步改进，采用机器挤奶的牛已占全市奶牛总数的95%以上；逐步撤消个体养牛户与乳品加工工厂之间的中间环节——收奶站，直接到牧场上门收奶的已占全市牛群的90%以上。随着集约化程度的提高和先进科技的应用，养牛的经济效益增至每头成乳牛平均获利约3 000元。

上海市生奶收购按质论价的运行体系进一步完善，提高了微生物质量标准，年平均收购价为2.20元/千克。

2002年上海市有关部门继续施行2000年公布的《上海市生鲜牛乳质量管理暂行办法》和2001年公布的《上海市食用农产品安全监管暂行办法》；推行《上海市规模奶牛场标准》及签订落实《质量安全无公害承诺书》。由于狠抓牛奶的安全监管及质量提升工作，生奶安全质量指标明显改善。

【乳品加工及市场】上海现有专门的乳制品加工企业30家，日处理原料奶1 500吨左右，其中大中型企业18家。另有数百家食品加工企业或饲料加工企业等用牛奶、奶粉、乳清粉、奶油、乳糖和干酪素等作为原料生产含乳食品、饲料及其他产品。大中型企业如上海光明乳业股份有限公司、上海真元乳业有限公司、上海三元全佳乳业有限公司、均瑶集团乳业股份有限公司、上海蜜儿可营养乳品有限公司、永安乳品公司、英特儿营养乳品有限公司等生产过程比较规范、产品质量较佳。2002年4月上海奶协与市卫生局合办食品卫生及HACCP（危害分析与关键控制点）培训班；8月组织18家乳品加工企业达成共识，启动HACCP管理体系，以期降低乳制品供应市场的质量风险。

2002年上海乳品市场继续呈现供应充足、品种丰富、新品迭出、销售旺盛的繁荣景象。销售牛奶与乳制品的大卖场、连锁超市、便利店、专卖店、食品店、售奶亭和摊贩小店等遍布全市大街小巷；冷链供应起到了保证质量的作用，还有送奶上门等服务项目，购用方便。上海市场上供应的乳制品主要有巴氏杀菌乳、保鲜乳、UHT灭菌乳、酸牛奶、奶粉、黄油、干酪、含乳饮料、冰激凌及其他含乳点心等数大类。乳品品牌除本市企业生产的光明、真元、三元全佳、均瑶、三岛、多美滋、达能、妙士等之外，还有外省市打入本市市场的许多品牌，如伊利、蒙牛、雀巢、三鹿、安怡、帕玛拉特、完达山、荷兰乳牛等。2002年，上海市居民的人均消费乳品折合奶量约30.84千克，较2001年的29.18千克增长5.7%。上海光明乳业公司2002年销售收入50.2亿元，8月光明乳业A股正式上市。

奶业产业链中，除了鲜奶的生产、乳品加工和市场营销三大系统外，还有许多相关的行业部门，诸如饲料生产、饲料加工、饲料添加剂、兽医药械、畜牧与挤奶机械、乳品加工设备、包装工业、乳品加工辅料与食品添加剂以及有关的信息、贸易、物流行业（含仓储、运输、配送）等。上海奶业正在突破传统的发展模式及行政区域的束缚，依托长江三角洲的腹地，形成长江三角洲奶业圈；努力增强在全国奶业发展中的辐射力、影响力和竞争力，充分发挥上海奶业在人才、信息、技术、管理、资金等方面的优势，服务于长江三角洲乃至全国。如2002年上海继续出版《上海奶业信息》（月刊）、《乳业科学与技术》（季刊），续办"上海市奶业协会网站"；8月在上海成功举办了第二届中国乳品博览会与奶业技术展，组织了中国乳业精英论坛与技术讲座；2002年上海奶协即与英国、美国、日本、法国、丹麦、荷兰、印度、巴西等国以及我国广东、广西、福建、山东、江西、山西、宁夏、内蒙古、湖南、江苏、浙江等20余批国内外同行进行交往，举办研讨会、交流会、培训班等。上海奶牛育种中心以150万支冷冻精液和2 000枚移植胚胎向全国各地推广优良的奶牛遗传种质。

2002年上海继续深入体制改革，调整农业产业结构，大力扶持奶业，加快机制转换。全市的民营乳品加工及奶牛养殖企业继续得到巩固和发展，7月上海市奶业协会举行换届改组，正式转为上海奶业行业协会，新一届奶协的33名理事中，有本地企事业代表26名、外地外资进沪企业代表7名；其中，国有企事业单位、股份制企业、三资企业、集体企业和民营企业分别有代表11名、9名、2名、8名和3名。

（上海市奶业行业协会　陈　新　董德宽）

江　苏　省

【概况】2002年，在贯彻党的十六大会议精神的鼓舞下，在加快推进农业结构战略性调整和"三资"（民间资本、工商资本、外国资本）进入农业开发的带动下，作为江苏农业重点主导产业之一的奶业，持续在健康发展的轨道上又迈进了一大步。全省奶牛年末存栏突破12万头，牛奶年总产量突破45万吨，奶牛数量和牛奶产量分别进入全国第10位和第8位；全省乳品年总产量也突破40万吨，乳品加工年总产值和年销售额分别突破20亿元，均创历史佳绩。之所以形成这一良好局面，其主因乃是诸多有利于奶业发展的经济与社会发展环境，政策与投资环境，乳品消费与市场环境等进一步得到改善。

1. 奶牛养殖业　2002年，全省各地发展奶牛养殖业的"热度"不减，继续从外省、市引购奶牛，徐州维维集团还投巨资从澳大利亚首批引进良种奶牛1 000头，毗邻的上海市郊区、县在奶牛养殖基地调整中，也向江苏境内转移了一批奶牛场和牛群，加上各地原有牛群自然繁殖增长，使江苏奶牛存栏数量持续增加。政府引导扶持，奶业龙头企业参与带动，使奶牛规模化饲养示范推广率先在南京、无锡、苏州、徐州等市取得显著进展，如南京市建设100头以上规模的“奶牛公寓”已达26个，存栏奶牛5 000多头；苏州市饲养50头以上的养牛大户和饲养100头以上（含1 000头以上）的奶牛场已达92家（场、户），共饲养奶牛1.5万头，规模化饲养量已占全市奶牛年末存栏（2.65万头）的56.6%。全省奶牛年单产“七吨工程”实施进入第三年，已有14个规模奶牛场单产达到7 000千克以上，其中张家港市梁丰食品集团畜牧场奶牛单产达到8 000千克以上，创全省奶牛场单产最高水平。奶牛“七吨工程”的实施，带动了全省奶牛综合技术水平和生产水平上了一个新台阶，也促进了奶牛养殖业由数量发展型向质量效益型转变。至2002年底，全省奶牛年末存栏量达到12.75万头，牛奶年总产量达到45.27万吨，全省人均占有牛奶产量达到6.1千克，比2001年分别增长14.25%、27.85%和提高1千克。

2. 乳品加工业 2002年，全省乳品加工业发展势头依然强劲，各市大、中型乳品企业在深化内部改革与激烈的市场竞争中继续发展壮大，一大批县、乡（镇）区域小型乳品企业的崛起成为乳品加工业的生力军。继前几年南京奶业集团与省内数家小型奶业企业成功整合之后，徐州维维集团实现对连云港市双宝乳业有限公司控股重组，开创了省内大、中型奶业企业联合的先例。各地乳品企业新一轮技术改造不断推进，尤其大型乳品企业技改力度加大，如徐州绿健乳业有限责任公司投资1.2亿元，引进全新进口设备，新建日产400吨液态奶的现代化大型乳品车间已落成投产；南京奶业（集团）有限公司总投资2亿元，在江宁开发区新建的大型现代化乳品工业园也正在建设中。新一轮技术改造使乳品企业加工设备、工艺和检测仪器设备得到更新，为提高乳品质量和研发乳品新产品奠定了物质基础；普遍推行企业ISO9001、ISO9002质量体系认证和在学生饮用奶定点生产企业试行建立HACCP体系，促进了企业质量管理水平的提高。坚持以5月“国际牛奶日”为契机、以“牛奶与健康”为主题，组织开展的全省大规模牛奶宣传活动进入第五年，宣传活动规模与范围从大中城市向小城市扩大延伸，宣传活动形式与内容不断创新，加之各地乳品企业强化市场营销网络与营销队伍的建设，进一步拉动了全省乳品市场消费的增长。2002年，全省大、中、小型乳品企业已发展到70家，全省乳品年总产量达到43.7万吨，比2001年增长21.39%；乳品加工年总产值和年销售额分别达到22亿元和20亿元，均创历史新高。

3. 奶业质量建设 2002年，为适应我国“入世”后国际、国内市场竞争的需要，按照省政府加快农产品质量建设的战略部署，大力推进全省奶业质量建设。省农业主管部门与卫生、质量技术监管部门密切配合，以推行无公害牛奶生产为重点，主要采取了4项措施：①加强疫病防治。做好重大奶牛疫病防制的同时，重点加强奶牛“两病”（结核病、布氏杆菌病）监测，实行全省奶牛“两病”检疫和核发《奶牛场（户）“两病”监测合格证》制度。②加强有毒有害物质残留控制。做好兽药、农药、重金属、激素等有害物质控制的同时，重点加强奶牛乳房炎的防治，生产无抗菌素残留的牛奶。③发展奶牛适度规模养殖，重点推广规模化奶牛饲养小区（或“奶牛公寓”）与规模奶牛场，普及科学饲养管理和机械化挤奶。④提高乳品加工企业质量管理水平，从原料奶收购、乳品加工生产工艺流程、产品质量检验到产品配送上市等各个环节上建立和完善质量保证体系。至2002年底，全省已有25个规模奶牛场通过了江苏省无公害农产品基地认定，29个乳品企业共43个奶产品通过了江苏省无公害农产品认证，并有2家乳品企业的消毒牛奶、酸牛奶产品获得了绿色食品标志使用权。

（江苏省奶业协会　刘　敞）

【学生饮用奶计划】加强宣传引导。2002年3月2日，省学生饮用奶计划实施协调小组在南京召开新闻发布会，向社会公布国家和省级学生饮用奶定点生产企业，标志着江苏省“学生饮用奶计划”的实施工作正式进入实质性推进阶段。公布南京奶业（集团）有限公司等5家企业为国家学生饮用奶定点生产企业，批准南京奶业（集团）有限公司、常州红梅乳业有限公司等15家企业为省级学生饮用奶定点生产企业（其中有6家企业具有跨市供应学生饮用奶资格）。9月，省学生饮用奶计划实施协调小组办公室将国家和省实施“学生饮用奶计划”的有关规范性文件汇集，编印了《“学生饮用奶计划”文件资料汇编》，分发至各市工作机构和定点生产企业，供宣传和指导。12月，组织省内各新闻单位和定点生产企业开展“国家学生饮用奶计划好新闻”评比活动，进一步加强对“学生饮用奶计划”的宣传，表彰先进。

规范管理。7月，省学生饮用奶计划实施协调小组公布江苏省学生饮用奶专家库成员名单，专家库由省协调小组成员单位、科研院所、各市工作机构的64位专家组成，建立专家库旨在进一步完善学生饮用奶定点生产企业评定验收工作，切实加强对学生饮用奶的安全监管。一方面，通过建立专家储备制度，调动广大专家参与“学生饮用奶计划”社会公益事业的积极性，提高定点生产评定验收工作的效率，强化对“学生饮用奶计划”的宣传推广和监督管理；另一方面，通过建立和完善专家责任追究制度，杜绝评审、考核中的不正之风，增强责任心，增加透明度。结合江苏省实际情况，在广泛征求省、市学生饮用奶工作机构意见的基础上，印发了《江苏省学生饮用奶定点生产企业认定条件与考核管理办法（试行）》。进一步增强省级学生饮用奶定点生产企业考核验收和认定的可操作性和公正性。

加强安全质量管理。省学生饮用奶计划实施协调小组办公室两次召集有关管理部门、专家、学生饮用奶定点生产企业负责人举行座谈，就学生饮用奶的生产、配送、饮用等质量安全方面问题进行座谈，要求各定点生产企业严格按照国家和省有关管理办法的规定执行，切实加强质量安全监督管理工作。还先后组织国家学生饮用奶定点生产企业参加“学生饮用奶定点生产企业HACCP培训班”；举办乳品检验新技术及检验规范操作技术培训班；召开现代奶牛场管理暨乳腺炎疫苗防治研讨会；组织国家和省级学生饮用奶定点生产企业参加“国际畜产品危害分析与关键控制点（HACCP）管理体系培训班”。对定点生产企业奶牛场普遍开展“两病”（布病、结核病）监测。各定点生产企业奶源基地的所有适龄奶牛（大于20日龄的奶牛）全部开展“两病”检疫，凡阳性牛只必须全部淘汰。建立学生饮用奶定点生产企业月报制度，主要报告供奶情况、奶源情况和发生10人以上学生饮奶不适或中毒事故，强化对学生饮用奶质量安全管理工作。

组织专项检查。根据学生饮用奶计划部际协调小组办公室《关于开展学生饮用奶质量安全和供应秩序检查的通知》精神，组织相关部门对学生饮用奶定点生产企业、学校组织学生饮奶情况、乳品市场等进行了认真细致的检查，发现和解决存在的问题，规范学生饮用奶供应秩序，确保学生饮用奶安全。

组织开展第二批学生饮用奶定点生产企业考核验收。11月底至12月初，省学生饮用奶计划实施协调小组办公室组织专家对申报省第二批学生饮用奶定点生产的企业进行考核验收，并分别下达了验收整改意见，要求各市学生饮用奶工作机构督促企业做好整改工作。

（江苏省学生饮用奶计划实施协调小组办公室　侯庆永）

浙 江 省

【概况】2002年，浙江省奶业继续呈增长态势，奶牛存栏量6.65万头，其中能繁母牛4.43万头，牛奶产量22.15万吨，分别比2001年增长18.96%、26.57%、25.96%；全省奶类人均占有量4.77千克，比2001年增长25.20%。本省奶牛主要分布在金华、杭州、温州、台州、宁波等市，共存栏奶牛6.32万头，占全省存栏总数的95.04%。规模饲养再上新台阶，全省有5头以上奶牛饲养场（户）1 368个，存栏奶牛49 978头，占总存栏的75.15%，比2001年提高9.85个百分点。其中年末存栏20头以上的奶牛场413个，存栏奶牛39 112头，占奶牛存栏总量的58.82%；年末存栏100头以上的奶牛场74个，存栏奶牛25 296头，占规模存栏总数的50.61%；存栏1 000头以上的奶牛场4个，最大的杭州奶业有限公司奶牛存栏达到2 589头。

2002年，是杭州奶业实现强强联合的一年，横店集团草业公司以控股“燕牌”的形式介入奶业，新公司首期投资5.5亿元，将建立年产16万吨国际标准的乳品加工基地、国内最大的供体母牛胚胎移植中心和万头奶牛饲养基地；新希望农业股份公司出资5 100万元，与双峰乳业重组，准备将双峰乳业建成浙江乳品入沪的桥头堡。

为确保乳制品安全供应，全省积极开展了对奶牛结核病和布病的监测、处理。全省共有65个县（市、区）开展了结核病的监测，共监测奶牛约25 000头；有30个县（市、区）开展了布病监测，共监测奶牛12 000多头，这次的监测面、监测量都是有史以来最高的。对监测结果为阴性的牛群发放了健康证，对监测结果为阳性的牛群进行了捕杀和无害化处理，避免了对人畜健康的威胁。

为加快奶业产业化建设，促进奶业快速健康发展，温州市和台州市分别成立了奶业协会，协会对推广成功企业的先进经验，增进企业间的交流与合作，增强企业间的自律意识起到了积极作用。

【奶源基地建设】浙江普新乳业有限公司在海涂圈地400多公顷，计划建成年产4万吨乳制品的万头奶牛养殖基地和种牛育种中心；横店集团草业公司已在德清县启动万头奶牛示范基地；台商独资的顶新集团味全乳业公司在安吉投资2 000万元，建起了占地40公顷，存栏规模上千头的示范奶牛场；上海真元乳品有限公司控股与长兴县农民合股，总投资4 000万元，在长兴县长岗岭建长兴县生态奶牛基地；绍兴市一景食品有限公司在嵊州市一期已建成600头规模的奶牛场；台州市国土特殊乳业开发公司在椒江区新建占地4.87公顷，存栏规模1 000头的奶牛集中饲养小区；金华市共建奶牛集中饲养小区11个，现有存栏奶牛2 740头。

【重要项目】宁波科元家畜胚胎科技有限责任公司申报的“宁波市奶牛胚胎移植中心建设项目”被列为农业部国债项目，总投资768万元，其中国家投资400万元，地方配套200万元，企业自筹168万元，实施期为2002—2005年。目前公司在原实验室的基础上添置了CO_2培养箱、便携式细胞运输器、胚胎冷冻仪等设备，并从美国引进荷斯坦奶牛29头，购买加拿大优良冷冻胚胎100枚、加拿大优良冻精400枚；已在江苏及省内的宁波、金华、台州等地开展移植工作，共制作鲜、冻胚857枚，实施移植503头。

【重要活动】2002年，金华市为促进奶牛乳品业健康持续发展，成功举办了金华·中国南方奶牛乳品业研讨暨高新科技成果展示交易会。省、部有关领导参加了开幕式，此次大会以“科技、品牌、安全、发展”为主题，共有50多家企业、2万多人次参加了大会。会上，农业部畜牧兽医局领导为“中国南方奶牛之乡”金东区多湖街道和“中国南方奶牛和乳品之乡”婺城区长山乡授牌。大会还举行了高产奶牛擂台赛和颁奖仪式，举办了奶牛高产饲养技术讲座及科技咨询等系列活动，并讨论了金华市奶业科技发展规划（2001—2010年）。

【国际合作】为提高奶牛生产水平，邀请以色列奶牛专家在奶牛饲养量最多的金华、杭州就高产奶牛饲养技术、奶牛热应激预防、奶牛疾病防治、奶牛场设计等内容进行授课。以色列驻上海总领事馆总领事出席了金华培训班的结业典礼，培训班对提高浙江省奶牛饲养管理水平具有积极作用。

（浙江省农业厅畜牧管理局　任　丽）

杭　州　市

【概况】2002年，杭州市奶业生产工作的重点：一是加强奶牛业法制化、规范化生产的管理，促进奶业生产的健康发展。二是强化品牌意识，全面提升杭州产的乳制品的美誉度。三是不断加大科技投入，坚持科技兴奶，走可持续发展的道路。四是充分发挥协会的作用，认真做好奶牛业和乳制品加工业的协调工作。

通过奶业生产的不断科技创新，本市的奶业在鲜乳生产、奶牛管理、乳制品加工等方面都有了大幅度的提高和发展。2002年全市存栏荷斯坦品种奶牛16 294头(其中奶牛饲养单位40个；2 000头以上2个、1 000～2 000头3个、500～1 000头6个、300～500头3个、100～300头16个、100头以下10个)，其中成母牛9 872头，牛奶产量61 124吨。鲜奶收购平均价每千克2.20元左右，市区人均消费量约20千克。与2001年相比，存栏奶牛增加2 560头，增长18.6%；成母牛增加1 962头，增长24.8 %；牛奶产量增加15 429.5吨，增长33.7%；统计4 280头成母牛，年平均产奶量7 200千克，成母牛年平均产奶量维持在2001年水平；鲜奶收购价与2001年持平；市区人均消费量比2001年增加2千克。

2002年全市生产纯牛奶和酸牛奶62 070.39吨，比2001年增加14 551.41吨，增长30.6%；乳饮料12 049.43吨，比2001年减少2 450.57吨，减少20.3%。

【奶业发展特点】

1. 随着我国加入WTO，交通条件的改善，洋奶及北方量大价廉的牛乳肯定要冲击本市的奶业市场，应解决好奶牛数量的增加与提高乳制品质量的关系。

2. 在发展中我们如何保持清醒的头脑，认真面对新的形势，处理好生鲜牛乳需求量大与奶牛高速发展的关系。

3. 随着本市城市化和旅游西进进展的加快，如何发展都市型的现代化奶牛规模养殖场，处理好奶牛养殖发展与环境治理的关系。

4. 随着农业生产向“龙型”经济发展的同时，还要处理好养殖成本和乳制品加工成本持续攀高、分散养殖与规模集成养殖、科技能力与人们生活水平提高、市场大流通与疾病防治、“学生饮用奶计划”工作开展相对滞后等方面的矛盾。

【奶业发展的重点】今后一个时期奶业生产的发展思路是：积极发展，增加科技投入，走可持续发展的道路。一是扩大饲养规模，发挥规模效应。二是宣传引导，积极发展。在消费方面，积极宣传牛奶食品的优点、作用和食用方法；在饲养方面，积极宣传饲养知识和实用技术，宣传饲草料生产知识和加工技术；在乳制品加工方面，积极宣传产品质量和加强品牌建设，不断开发新产品；在乳制品销售方面，积极引导向网络化信息化方向进军；在奶牛良种方面，提高高产奶牛的胚胎移植技术和质量，并在高产奶牛的繁育上有新的突破；在饲草料方面，引导开发低耗、高效安全、经济的新型添加剂，并全面推广机械化作业。三是加强培训，提高素质，科教促进，不断提高奶业行业管理人员的业务素质。进一步提高本市的乳品加工、奶牛饲养的科学管理水平，走可持续发展的道路，朝着向高产、高效的目标迈进。

（中共杭州市委　市人民政府农业和农村工作办公室　叶剑华）

安　徽　省

【概况】2002年底，全省存栏奶牛及改良种奶牛27.9千头，比2001年增长1.5%。奶牛中，中国荷斯坦牛占66%，西门塔尔、荷斯坦杂交改良牛占34%；能繁母牛16.4千头，比2001年增长13.9%，其中中国荷斯坦奶牛占87%；全省牛奶产量73 764吨，比2001年增长38.99%。存栏奶牛及改良种奶牛头平均年产奶量2 644千克，能繁母牛头平均年产奶量4 498千克，安徽白帝乳业有限公司的合肥奶牛场核心群年头平均产奶量8 538千克。

2002年全省人均年牛奶占有量为1.17千克，比2001年增长34.48%。

【乳品加工】全省现拥有国内先进的超高温消毒奶

(UHT) 生产线2条，每条生产线设计日单班处理鲜奶能力为50吨，分别建在安徽白帝乳业有限公司和安徽益益乳业有限公司；国内先进的屋顶包生产线5条，每条生产线设计日单班处理鲜奶能力20吨，分别建在安徽白帝奶业有限公司、安徽益益乳业有限公司、蚌埠和平乳业有限公司、淮北相山乳业有限公司、滁州乳品总厂；奶粉生产线5条。2002年底，各类消毒奶的份额已占乳制品总量的85%以上，酸奶及花色奶占14%左右，奶粉只占1%左右。2002年，合肥市正在建设一个日处理30吨鲜奶的乳制品加工厂，主要产品是瓶装消毒奶、酸奶，塑杯装酸奶，预计2003年初投产。滁州市乳品总厂正在扩建超高温消毒奶（UHT）生产线和屋顶包生产线，预计2003年初投产。

【品种改良】奶牛改良方面。在1990年以前，奶牛的品种改良主要引进了日系荷斯坦牛、丹麦荷斯坦牛的基因，安徽保健奶牛场曾培育出日系高产牛群获省科技进步二等奖，培育的种公牛的精液销售到全国各地，对全国黑白花牛的改良作出了贡献。1990年以后，为了更上一层楼，逐步提高单产，先后引进了德系、加系、美系荷斯坦奶牛基因，改良效果是明显的，2002年能繁母牛平均单产比2001年提高578.6千克。

【牛奶及乳制品市场】全省2002年度鲜奶收购价格在1.60～2.10元/千克。大、中城市收购价在1.9～2.1元/千克，农村及县城在1.60～1.95元/千克。

安徽的乳制品消费量应较人均占有奶量为高，因为安徽省乳制品企业生产的乳制品基本上在本省销售，而国内外知名乳制品企业的奶粉、超高温消毒奶、花色奶、消毒奶在安徽各中小城市销售，有些已打到县城，2002年销售量在36千吨。安徽的乳制品市场还处在开发阶段，尚有一定的发展空间，2002年增长率达32%。

【学生饮用奶计划】国家“学生饮用奶计划”实施后，于2001年成立了安徽省“学生饮用奶计划”协调领导小组，安徽省人民政府办公厅发布了《关于安徽省“学生饮用奶计划”的实施意见》，确定了合肥市、淮南市为第一批“学生饮用奶计划”实施试点城市。2002年9月两定点企业——安徽白帝乳业有限公司、淮南益益乳业有限公司正式在两试点城市向学校供应学生奶，最高日供应量达10万份。

（安徽省奶牛协会　李赛明）

福 建 省

【概况】2002年，是福建省畜牧业内部结构调整，突出发展奶业，取得显著成效的一年，年末奶牛存栏数和全年牛奶产量，均比2001年增长两成以上。2002年，奶牛年末存栏58 321头，牛奶产量达138 360吨，分别比2001年增长29.44%和24.67%，奶业发展的好形势，是前所未有的。一是形成区域性突破性发展。2002年全省奶业发展，主要得益于主产区奶牛大幅度增长，南平市发展势头最猛，全市2002年末，奶牛存栏达33 828头，比2001年增加14 295头，增长73.18%，奶牛存栏数占全省58%。牛奶产量达62 356吨，增加27 071吨，增长76.72%，占全省牛奶产量的45.07%；二是龙头企业带动奶业发展。南平市以长富集团、大乘公司、浦城大乘公司和长绿乳业公司为龙头的奶牛企业，截至2002年底，已在8个县（市、区）建成基地牧场45个，奶牛小区和合作社14个，仅年内增加奶牛存栏1.4万头。长绿乳业公司投入100万美元，新建两条乳品加工生产线，进一步壮大乳品龙头的竞争力。南平市2002年乳品产值达3.3亿元，销售收入2.7亿元，以上4个企业成为本省农业重点龙头企业；三是奶业发展拓宽农村就业门路。据调查，由于奶牛业的发展，随着散养方式向规模化、专业化、企业化方向发展，有力地拉动了牧草种植、饲料加工、交通运输和建筑建材等相关行业的发展，仅长富集团为社会提供产品运输、乳品加工、产品营销等就业岗位8 600多个，年人均收入1.28万元；四是招商引资解决资金难题。坚持以乳业龙头企业为载体，打破行业和所有制界限，采取“借梯上楼、借鸡生蛋”的办法，实行招商引资和项目开发同时并举，开展山海协作，采取对外招商等措施，缓解资金难题。据不完全统计，2002年投入奶牛业的资金达2.5亿元；五是2002年根据国家“学生饮用奶”发展计划，正式在福州、厦门两市推广学生饮用奶。长富集团与大乘公司2个定点企业，全年共推广学生饮用奶846吨，其中提供福州600吨、厦门246吨。

【筹建南平市进境动物隔离检疫场】随着奶牛业高速度发展，近年来奶牛饲养数和牛奶产量年增长速度均在两位数以上，但目前普遍存在奶牛单产偏低，全群头平均年产量仅有2 372千克，不仅制约奶业进一步发展，也削弱了乳制品的竞争力。为此，急需通过从国外引进优良高产种奶牛，扩大奶牛育种核心群，加快奶牛品种改良，促进牛群结构更新。但近期正值国内进境动物检疫场均告饱和状态，为满足拟较大批量从国外调进种奶牛需要，2002年，已征得福建省出入境检验检疫局和国家质检总局的审核，同意在南平市建立进境动物临时隔离检疫场，并受到省、市领导和相关部门的重视和支持，投入资金，破土动工筹建，预计在短期即能竣工，投入使用。这不仅可以满足南平市从国外引进种奶牛需要，同时对全省从国外引进种奶牛起着积极作用，也可以为国内其他省、自治区、直辖市提供引种方便，有利于我国奶业的快速发展。

【发展草料有新突破】虽然福建四季常青，山多草多，但能用于奶牛饲料的草太少，天然野草产量极低、质量很差，连片可利用的放牧草场更少，在海拔800米以下的山坡，基本被芒萁骨（害草）所覆盖，可牧的植被条件差，即使土壤条件好的，也早被开发种植经济作物。并且福建还大体有5个月枯草期，所以发展奶牛的难题，草料首当其冲。近年来，福建省南平市随着奶牛饲养数量急剧扩增，意识到草料的重要性，畜牧主管部门，大力倡导发展种植青饲料，到2002年，种植草料面积达到11.56千公顷，已初具规模，其中饲用玉米5千公顷、黑麦草4.49千公顷、紫花苜蓿480公顷、其他牧草1.58千公顷。在2002年，为了达到推广效果，畜牧部门科技人员，共引进各类牧草品种107个，试种后，初步筛选出适宜当地种植的禾本科牧草有杂交狼尾草、象草等9种；豆科牧草有紫花苜蓿、圆叶决明等6种。与此同时，采取举办培训班和现场指导相结合办法，推广种植牧草。先后举办牧草种植专题培训班3期，受训人员达160多人次，发放有关科学种草资料250多份，科技人员经常深入到示范点和田间地头传授牧草田间管理技术和不失时机地抓好牧草病虫害防治，促使牧草种植获得高产。最值得一提的是，过去南方种植豆科牧草，特别是种植“牧草之王”苜蓿，难以越夏的难题，现已取得突破性进展。通过引进试种休眠系数在6～8级的苜蓿，如得龙苜蓿、维多利亚苜蓿、盛世苜蓿等5个品种，均能顺利越夏，而且产量相当高，如长富第二十三牧场种植苜蓿的示范点，年刈割7次，每公顷产量达90多吨，为今后大面积推广种植豆科牧草提供成功借鉴经验。

为确保奶牛生产企业草料供应的稳定性，2002年南平市还推行订单生产牧草，通过采取订单生产牧草，解决供求平衡，达到合理链接，有效地激发和安定农户生产牧草积极性，全市农户年累计签约订单牧草5.42千公顷，出现8 000多个农户专营牧草种植，一个新兴的种草业正在闽北山区形成。

（福建省畜牧兽医总站　杨邦钊）

厦　门　市

【概况】厦门市鲜奶生产量较少，2002年末全市奶牛存栏330头，奶山羊存栏2 812头，鲜奶产量1 953吨，按全市常住人口计算，人均鲜奶年占有量不到2千克。本地消费市场具有较大潜力，目前还没有得到发挥；生产企业仍存在不景气的局面，除了管理体制等原因，关键是奶牛生产的投入不足。根据农业部畜牧业发展“两稳定、两加快、两突出”的指导方针，2002年厦门市继续把发展草食动物作为畜牧业结构调整的主线，以此加快种植业结构的调整步伐，扶持发展龙头企业，促进奶业的发展。在此基础上，重点发展奶制品加工工业，全市形成以“厦门新鲜乳业有限公司”为代表的集牧草种殖、奶牛羊养殖、乳品加工与销售为一体的专业乳品企业和以乳制品加工业为龙头的“厦门惠尔康食品有限公司”。

未来厦门市畜牧业发展将面临新的机遇，其一，由于台湾省的畜牧业生产正在逐步外移，厦门是其首选地之一；其二，随着我国加入WTO，畜牧业生产与内陆地区相比具有价格优势，一方面，低价的进口饲料粮通过本市的天然良港中转，畜牧业生产成本将进一步降低；另一方面，厦门交通便利，畜产品具有区域的价格优势。

要发展畜牧业，草食动物将成为厦门市的发展重点，而发展草食动物首先必须种植牧草，这将推动本市新一轮农业结构特别是种植业结构的调整。

今后发展目标：进一步培育龙头企业，扶持“厦门惠尔康食品有限公司”在厦门大帽山农场建设5 000头奶牛生产基地，鼓励和扶持“厦门心鲜乳品有限公司”加快综合开发步伐，实行“果、草、牧”综合开发，生产绿色无污染的乳制品，实施绿色品牌市场战略，发展生态环保型畜牧业。

（厦门市农业局　蒋重胜）

江　西　省

【概况】为了实现江西省奶业在“十五”期间的新一轮大发展，根据国家《畜牧业发展行动计划》和农业部《关于加快畜牧业发展的意见》、《关于加快调整畜牧业生产结构的意见》、《奶业“十五”计划和2015年远景目标规划》精神，江西省奶业在过去的一年中，从实际出发，依靠江西地理优势、资源优势，依靠政策和科技，建立良种繁育体系，培育和推广优良品种，提高良种比例；建立科学的饲养规范，科学饲喂，达到高产高效的目的；建立和健全防疫、检疫制度，控制常见病、传染病的发生，保证奶业的正常生产；加大原料奶质量检测力度，保证乳品质量的合格。建成健康化、良种化、高效化的南方奶业基地省。

2002年全省奶类总产量达到8万吨，比2001年增长20%。2002年我国人均奶类生产量由1995年的4.6千克提高到9.8千克，而江西省人均奶类生产量只有2千克。作为一个产业，江西省的奶业起步晚，基础比较薄弱。因此，加快奶业发展，优化资源配置，已成为江西省调整农业和农村经济结构的重要课题。2002年江西省奶业发展以南昌地区最为突出的同时，各地区市、县也有相应的发展。其主要特点是：

奶类呈现出快速发展的趋势。随着全省畜产品供求关系的变化，畜产品出现了相对饱和的局面，肉蛋产量出现了缓慢增长的趋势。全省奶类出现了发展的良好形势，1995年和1999年保持5%的递增速度，2002年则高达20%，为近几年养殖业中增长速度最快的产业。

奶源生产区域有所扩展。从奶产量的结构看，江西省的奶源主要由牛奶构成，其中牛奶产量占奶类总产的98%左右。从区域分布看，牛奶生产主要集中在南昌、九江、东乡和于都等地区。南昌地区奶牛存栏占全省奶牛总数的比重由1990年的75%下降到2002年的67.3%，牛奶产量占全省牛奶产量的比重保持在64%左右。全省奶牛年末存栏2.6万头，占全国的0.5%。牛奶总产量7.9万吨，约占全国的0.65%。南昌地区奶牛的增长速度大于各市（县），江西省未来奶产量的增长将主要来自奶源基地。

涌现出乳品龙头加工企业。江西省乳品加工业是改革开放以来逐步发展起来的一个新兴食品加工行业。近几年，乳品加工业加大了结构调整力度，大力发展“公司+农户”的产业化经营，一批有实力的企业集团，如江西金牛企业集团、南昌阳光乳业集团等，初步改变了小规模分散经营的局面。

乳制品生产结构在优化。长期以来，奶粉在我国是主要的加工制品。近年来，液态奶和乳制品加速发展，奶粉增速减缓。液态奶中，发酵乳和巴氏奶比重上升，UHT奶有所下降。

招商引资发展奶业有所突破，2002年，浙江李子园奶业公司、南京卫岗奶业相继落户于都县和新余市，省内奶业企业改制、重组步伐加快，多元化融资体制初步形成，这些都有利促进奶业快速发展。

【存在的主要问题】

（1）牛源不足。特别是良种奶牛不足，已成为制约奶业快速增长的主要因素。最近，由于市场需求的持续拉动，各地都纷纷把发展奶牛业作为当地农村经济和畜牧业发展的新增长点，加之牛的繁殖周期长，而且江西奶牛数量又少，省外奶牛场来江西购牛的多，造成奶牛牛源紧张，奶牛市场出现了有价无货的局面。从良种奶牛来看，目前全省虽然有良种和改良种奶牛近2万头，由于牛源紧缺，良种奶牛数量少，已直接导致种牛从外地引进数量的大幅度增加。但由于没有一个很好的指导机构帮助，引进的奶牛质量大打折扣，更有甚者购买到“假奶牛”的情况，给奶牛生产者造成很大损失。

（2）饲养分散、规模小、单产低。目前，农户养牛已成为奶牛养殖的主体，占全省奶牛总数的70%左右，奶牛单产低，按泌乳奶牛计，单产也仅3000千克左右。本省2~3头奶牛才相当于1头高产奶牛。由于饲养分散，产业化组织程度低，小生产与大市场的矛盾依然突出，不利于产品的收购和贮运。此外，农户散养大多采取手工挤奶的方式，奶类质量参差不齐，卫生难以保证。

（3）饲料饲草基地建设滞后。饲料、饲草基础薄弱，基地建设滞后，是当前制约奶业发展的主要因素。虽然几经呼吁，江西省农区优质青饲料种植但仍然未形成气候，大部分奶牛仍然处于有啥喂啥的状况。农业结构调整也只是在粮食作物上做文章，尚未实现从两元结构的籽实产量为主向三元结构的生物产量为主的转变，限制了奶业生产的发展。

（4）没有形成稳固的奶源基地。目前江西省在南昌奶牛饲养比较集中的地区，企业之间为争奶源，争奶牛饲养户的现象将造成企业之间的竞争，不利于奶源基地的稳固发展。而在赣南、赣东、赣西地区没有奶源基地，也由于科技服务体系落后，始终是处在小规模、低水平的生产，更谈不上奶源基地。

（5）加工企业规模小。我国加入WTO后，奶粉市场将面临国外产品的严重冲击。此外，外资大规模进入，小型加工企业所面临的生存环境也将十分严峻。

（6）奶业科技研究、成果推广、奶畜疫病防治和质量监控体系建设滞后。

（7）政策调整滞后。计划经济时期，为了保证城市居民的鲜奶供应，国家对奶牛饲养实行优惠政策，拨给饲料粮、饲用饼粕、饲用食盐平价指标，划定专用饲料粮基地，对鲜奶实行国家定价，平价供应的政策，这有力的保证了城郊奶畜饲养和城镇居民的鲜奶供应。随着政策的调整，由计划经济转向市场经济，国家关于奶畜的有关政策调整滞后，饲料粮平价指标取消了，但鲜奶供应价格迟迟不能放开。更有甚者，饲料用盐到目前还不能正常的进入市场销售，牛、羊等草食动物用的舔块，因含盐量超过50%，卖几百千克的产品也要到有关部门进行登记，还要加收中央碘盐基金29.85元/吨，地方碘盐基金8.95元/吨。这都限制了奶业的发展。

【奶业发展“十五”规划】江西省奶业发展的总体指导思想是：以农业和畜牧业“十五”规划为指导，以市场为导向，效益为核心，充分发挥区域优势，依靠科技进步，重点解决优良品种繁育和奶畜单产水平，大力推进规模化饲养和产业化经营，加快奶类加工企业的制度和技术创新步伐，确保产品质量安全，增强我国奶产品在国内外市场上的竞争能力。

奶业发展目标是：到“十五”计划末，奶类总产量达到15万吨，比2000年增加8.2万吨，平均每年增产1.64万吨，年递增率为24%，人均占有量达到3.5千克。到2006年，奶类总产量达到20万吨，比2000年增加13.2万吨，平均每年增加2.64万吨，年递增率为8%，人均占有量达到4.65千克左右。

奶业布局和奶牛发展重点：

（1）奶源基地建设。根据奶业发展需要，“十五”期间，建立6个奶源基地，每个奶源基地至少要保证新增2 000头奶牛的养殖规模，奶牛的平均产奶水平达到6 000千克。基地主要分布于：大中城市远郊区县；赣南、赣东和赣西有较大发展潜力的市（县）。

奶源基地建设贯彻以集体、个体奶牛饲养量增加为主、国有饲养场扩建、资金投入以自筹为主的建设原则。资金投入按新建、扩建平均1．2万元/头奶牛计算，总投资约为1.44亿元，其中自筹0.96亿元，银行政策性贷款0.4亿元，中央投入0.08亿元。

(2) 饲料饲草基地建设。“十五”期间，要加强饲料基地建设，一是积极配合种植业“三元结构”调整，建设一批优质饲料作物生产基地。江西省拥有草山草坡384.7万公顷，5年可建成奶畜饲用青绿饲料基地5个，种植面积200万公顷。二是继续搞好玉米、苜蓿等专用饲料作物的种植和开发，加快工业加工工程建设。5年内建设苜蓿等专用饲料作物的种植和开发示范县5个，面积达到200万公顷。建设苜蓿等专用饲料作物加工厂5个，日生产能力达到20吨。每个饲料饲草厂按30万元投资计算，共需150万元，其中中央投入30万元，银行贷款60万元，企业自筹60万元。

(3) 乳品加工与销售体系建设。乳品加工企业建设主要是对现有企业进行技术改造，更新设备，上规模、上档次、上水平。要重点增加巴氏消毒奶、保鲜奶和UHT奶、酸奶、奶酪等多种花色奶的生产能力和提高产品质量。配套建设冷链、销售体系。新建、扩建5个日处理鲜奶50吨，2个日处理鲜奶200吨的乳品加工企业。乳品加工企业要实现现代化企业管理，不断提高技术创新和新产品开发能力。加工企业建设要和奶源基地建设相配套，以龙头带基地，形成产、加、销一条龙的产业化经营。城市的乳品企业要保证居民消毒奶和“学生饮用奶计划”所需鲜奶供应。乳品加工、冷链、销售体系建设需投入资金共1.5亿元，其中企业自筹0.6亿元，银行贷款0.9亿元。

(4) 基础设施与服务体系建设。良种繁育体系：完善江西省荷斯坦种公牛站设施建设，引进国外优良种公牛和胚胎；建设江西省金牛集团胚胎移植中心；建设3个奶牛种子母牛场，产奶水平要求达到8吨以上；建设2个奶牛生产性能测定站；建立江西省奶业信息中心(即江西省奶业协会)，负责处理全省青年公牛后裔测定、生产性能测定、奶牛良种登记资料和发布有关奶业信息。以上5个项目需投入2 000万元。

动物卫生防疫体系：完善重点奶源基地奶牛疫病监测和兽医卫生工作的基础设施建设，需投入3 500万元。

奶畜饲料安全检测中心建设：十五期间通过奶畜饲料安全检测中心的建设，到2006年，使全省奶畜饲料产品的合格率达到95%以上，添加剂和添加剂预混合饲料合格率保持在90%左右，不合格产品和非标化产品控制在5%以下。项目总投资100万元。

乳品质量监测体系建设：完善乳品质量监测站的设施，由江西省奶业协会成立中心监测站。需投入200万元。

乳品企业科技创新中心建设：在日处理鲜奶200吨以上的乳品企业建立科技创新中心，开发新产品、提高产品质量，推动企业的发展，需投入1 000万元。

为了实现江西省奶业发展规划的目标，采取以下主要措施：

(1) 提高认识，加强宣传，进一步开拓奶类消费市场。

(2) 建立稳固的奶源基地。在努力增加奶牛饲养数量的同时，努力提高奶牛单产，大力推广奶牛饲养的先进、实用配套技术；广辟饲料资源，扩大青贮饲料、优质牧草种植；推行规范化饲养和机械化挤奶；强化疫病防治；积极发展适度规模经营，大力推进奶牛饲养小区建设；鼓励奶源基地与大型乳品加工企业对接，形成产业化经营格局，促进奶牛生产向高产、优质、高效方向发展。“十五”期间，建立良种奶牛基地5个，2015年前建立良种奶牛基地10个。

(3) 加强良种繁育、科技推广、疫病防治、饲料检测和质量监控体系建设，加快良种繁育体系建设步伐，加快高产奶牛数量的扩张。采用先进的生物技术，采取人工授精和胚胎移植并举，使繁育速度和奶的产量、质量同步提高。一要完善种公牛站建设，改善设施，扩大生产能力、提高冻精质量；二要完善人工授精站点建设，更新设备，增加熟练人员；三要建设一批良种奶牛繁育场，开展胚胎移植，形成高产奶牛群体，进而为培育优秀种公牛奠定基础；四要支持重点产区胚胎移植中心建设，提高优质奶牛的扩群建设，进而成为奶牛业高新技术的科研基地和先进实用技术的孵化器。五要对南方水牛、乳用山羊等其他奶畜进行改良和选育，提高生产水平。

支持奶业科研推广体系、科技示范园区和疫病防治体系建设。加大奶业科研投资比重，重点开展奶牛良种快速扩繁技术，奶牛营养调控与饲料安全高效利用技术，奶牛疫病防制、饲养管理与环境控制自动化技术，奶产品加工新技术、新工艺和新设备以及奶业卫生安全质量检测监控技术。在重点产区和西部地区建设一批规模适中、饲养规范、科技含量较高的奶牛示范园区，完善服务保障手段，支持科研创新，并开展大规模技能培训。同时，建设好疫病监测、防治体系，完善无规定动物疫病区项目建设。进一步强化对奶牛疫病的监测，全面推行强制免疫制度。对泌乳牛一律实施健康合格证管理，实时监控。建设权威的饲料、奶及奶制品检测机构，按国家标准对饲料、鲜奶和乳产品进行质量和安全检测；坚决查禁违禁药品，添加剂的使用；要以开发绿色食品为契机，增加对奶及奶制品安全方面的投入，并修改和完善有关法律法规，使之完全纳入法制化的管理轨道。

(4) 加快奶类企业产业化、规模化、现代化和集团化步伐。积极鼓励乳品加工企业建立自己的奶源基地，与奶牛饲养农户形成“公司+农户”的产业化经营形式，对农户奶牛饲养实行统一的技术支持和配套服务，以获得数量充足和质量合格的鲜奶供应。以企业自愿、政府扶持、市场运作为原则，鼓励和支持优势企业，通过资产重组，兼并收购，强强联合，实现资产、品牌、经营的整合，进而形成可以与国外大型企业集团相竞争的民族奶业集团。大力支持乳品企业的技术更新改造和科技创新，使企业真正成为技术创新的主体。

(5) 加强奶业宏观管理，进行统一规划、统一领导和统一协调。各级政府要制定本地的奶业发展规划，提出相应的政策措施，保证规划的落实。重视对奶业和乳品市场的调查研究，及时掌握奶业发展动态，加强对奶业发展的指导，调整产业政策，制定和完善发展奶业的相关配套措施，加快制定鲜奶生产与收购管理办法以及奶制品的国家标准。各地要建立奶业发展基金或风险基金，增强奶业抗风险的能力。要加强对行业协会工作的领导，发挥其在行业管理中的作用，加强行业自律，以保证我国奶业的持续、稳定、健康发展。

（江西省畜牧兽医局　张修品）

南　昌　市

【概况】南昌市是江西省省会，土地面积 7 402 平方公里，辖 4 县 5 区。2002 年，全市总人口 432.96 万人，其中城镇人口 211.64 万人，农村人口 221.32 万人，南昌已进入全国大城市行列，与全国同类城市相比，属经济欠发达地区。南昌市属亚热带气候，全市耕地面积 21.29 万公顷，宜牧草地面积 149.9 千公顷，素有江西粮仓之称，饲料资源丰富。全国第一大淡水湖位于本市，湖草资源也十分丰富，草质营养价值高，可谓天然牧草库，具有发展奶牛生产得天独厚之优势。由于历史、经济和技术等多方面原因，南昌市长期以来即为全省牛奶生产、加工和供应的主要基地，特别是近几年来，南昌市生产的巴氏消毒牛奶更以其地缘优势称雄全省市场而成为南昌市乳品企业可与国内外乳品企业竞争的一个优势产品。

截止到 2002 年末，南昌市奶牛存栏全部为荷斯坦奶牛，其总数为 15 636 头，比改革开放前的 1978 年增长了 250%；2002 年，全市牛奶产量、乳品加工总量和人均消费乳品量分别为 44 296.2 吨、82 000 吨和 9.8 千克，分别比改革开放前的 1978 年增长了 308%、590%和 360%。这一年，个体奶牛仍是南昌市奶牛发展的主体，个体奶牛饲养量占全市奶牛饲养总量的 67.7%。除几个大型国营牧场外，股份和个体奶牛饲养规模均不够大，100～200 头规模的仅有 5 家，绝大多数规模在 10 头左右，是典型的家庭式生产。一般每户种植 0.2～0.53 公顷青饲料，奶牛饲养全为舍饲，每天实行 3 次手工挤奶，大型牧场实行机械化挤奶。近年来一般每千克原奶的收购价格为 1.9 元左右，精饲料与原奶的比价约为 1:1.4～1.5。

南昌市目前共有 4 家现代化乳品加工企业，已形成竞争发展之态势，其销售网络已遍布全省各县市。截止到 2002 年末，全市已形成日处理鲜奶加工生产能力 460 吨（其中奶粉 120 吨，液态奶 340 吨），主要产品有，超高温鲜奶系列、巴氏消毒奶系列、酸奶系列、奶粉系列和调味奶系列 30 多个品种。2002 年生产销售乳制品 8.2 万吨，实现产值 3.5 亿元，利税 4 000 万元，影响大效益好。

随着乳品企业的增加，竞争日趋激烈，但乳品销售市场仍然十分火爆，潜力巨大。2002 年，全市城镇居民年人均消费乳品总量 20.1 千克，人均消费液态奶量 13.6 千克。市场容量和发展潜力巨大。南昌市生产的液态奶不仅在本市占有较大的市场份额，而且在省内市场拓展势头也十分强劲，并已发展到邻近省市；南昌乳品消费市场不仅有本地生产的液态奶，而且外地品牌伊利、蒙牛、光明等乳制品亦呈强劲的销售势头。南昌市奶业的国内竞争已趋激烈。

近7 年来南昌市乃至江西省乳品消费市场虽然发展很快，而奶牛数量的增长速度却十分缓慢甚至停滞不前。造成这种反差的原因是由于乳品企业因利益驱动使用大量的奶粉做原料调制还原成液态奶，而不愿多收购奶农的鲜奶。虽然农民对饲养奶牛的积极性很高，但乳品企业却以种种理由限制其发展。针对乳品企业只重视发展市场，而不愿同步大力发展奶牛的实际问题，南昌市曾多次召集有关单位进行研究，目的是把发展乳品市场、做强做大乳品企业，与调整农业结构、发展奶牛致富农民、实现乳业产业化经营有机地结合起来，但由于企业受眼前利益的驱动，仍未能完全改变目前状态。

【奶业发展历史】南昌市奶业发展历史悠久，可追溯到 1932 年，当时余行鲁先生创建行行农场，饲养荷兰、英国、丹麦品种奶牛。1934 年江西农学院兴办奶牛场，从国外引进纯种黑白花奶牛 20 余头。1954 年江西省农业厅在南昌蛟桥创办南昌畜牧繁殖场。1956 年 5 月，48 家奶牛私营户实行公私合营改造，在南昌青云谱建立南昌市奶牛场。1965 年江西乳品厂在南昌市蛟桥建成投产。1970 年南昌市奶牛场创建南昌市乳品厂，1990 年更名南昌市奶业产销公司。1973 年，南昌畜牧繁殖场更名为江西省畜牧良种场，1991 年更名为江西省金牛企业集团公司。1982 年江西省乳制品质量监督检验站成立。同年 4 月，江西省奶牛协会成立。1983 年，一批个体奶牛专业户率先发展。新中国成立以后至改革开放前的 1978 年，南昌市奶业虽得到了一定的发展，但由于计划经济的束缚，发展速度缓慢，乳制品仅作为滋补品凭票供应。改革开放以来，南昌市制定并坚持“国有、集体、股份、个体一起上，重点加快个体奶业的发展”的战略和方针，从此，南昌市的奶业得到了迅速发展，特别是1988年执行中国－欧盟奶类项目以来，由于资金和技术等方面投入的增加，南昌市奶业基础设施得到了加强，奶牛生产和综合技术服务水平得到提高，加工能力得到快速增长，乳品品种开发步伐加快，产品质量稳步提高。在计划经济向市场经济转轨后，南昌市进一步加大了奶业的改革力度，国有企业的改制、兼并重组、大力发展民营经济，按公司加农户的合作发展奶业的模式，初步走出了一条持续稳定协调发展的奶业之路。1999年，以江西金牛企业集团公司所属江西乳品厂、国有奶牛场为主联合7家企业，成立江西英雄乳业股份有限公司。2001年3月，中外合资江西维雀乳业有限公司成立。2002年10月，江西友芝友保健乳品有限公司和江西光明英雄乳业股份有限公司成立。

【乳品加工业】南昌地区现有4家乳品加工企业，其中3家已投产，1家即将投产。江西光明英雄乳业股份有限公司，是于2002年12月由上海光明乳业股份有限公司出资4 580万元控股51%，与江西英雄乳业股份有限公司实行强强联合、优势互补重组成立。其加工厂为原江西乳品厂，该厂为国家二级企业，拥有从丹麦、瑞典、德国、法国等国引进的国内外先进的加工设备，日处理鲜奶能力200吨，生产五大乳品系列30多个品种，是中国首批参加国际乳品联合会（IDF）的15家企业之一，“光明”、“英雄”品牌为全国十大乳品名牌之一，并获得国家授予的绿色产品证书，是国家学生饮用奶定点生产企业。

已实行两次改制的本市民营企业——江西阳光乳业有限公司是江西最大的液态奶加工企业之一，始建于1956年，目前拥有净资产3 100多万元，具有国内先进水平的乳品加工生产线7条，日处理鲜奶能力120吨，生产四大乳品系列20多个品种，“天天阳光”品牌唱响全省，是市政府菜篮子工程实施单位、国家学生奶定点生产企业。

中外合资江西维雀乳业有限公司，隶属于江西正邦集团，是江西省首家中外合资民营乳品企业。公司投资5 000万元，在南昌长堎外商投资工业区新建的乳品加工厂已于2002年正式投产，具有国内先进水平的乳品加工生产线4条，日处理鲜奶能力60吨，生产超高温鲜奶、酸奶和调味奶三大系列10多个品种，是市政府菜篮子工程实施单位。

江西友芝友保健乳品有限公司，是湖北省武汉友芝友保健乳品有限公司投资1.5亿元在南昌市创建的一家大型乳品企业，是集奶牛饲养、乳品加工、科研、销售于一体的高科技股份制企业。公司一期项目投资4 000万元，引进国内外一流的乳品加工生产线6条，日处理鲜奶能力80吨，生产超高温鲜奶、酸奶、风味奶等三大系列20多个品种。公司于2002年10月正式成立，将于2003年6月正式投产。

【重要项目】

1. 中国-欧共体（EEC）一期奶类项目：1988—1994年南昌市执行的中国－EEC一期奶类项目，共接受EEC食品援助数额为1 800吨脱脂奶粉和600吨无水黄油，并获得EEC对本项目提供的技术援助。上述援助物资折合援款金额为1 579.27万元，当地配套资金1 933.64万元。由于项目在资金和技术方面的投入，一是促进了南昌市奶牛的发展和牛奶产量大幅度提高，截止到1994年底，全市奶牛存栏数9 518头，商品奶量23 743.7吨，分别比项目前的1987年增长69.8%和83.7%；二是项目援建了日处理鲜奶120吨的现代化液态奶加工厂一座，改变了南昌市落后的作坊式生产方式；三是加强了基础设施建设，全市牛奶收集分发网络初步形成，县、乡级奶牛综合服务体系建设得到巩固提高；四是市级奶业培训中心建成，为项目区和全国奶业培训服务；五是EEC援助的脱脂奶粉和无水黄油加工还原成再制奶与当地鲜奶按一定比例混合调制成液态奶（巴氏消毒奶、酸奶等）在本市销售，从此，南昌市告别乳品凭票供应历史。

2. 中国-欧盟（EU）过渡期奶类项目：1995—1997年南昌市执行的中国－EU过渡期奶类项目，是中国－EEC一期奶类项目的延续与扩大。项目的重点为：培训项目区奶业生产技术与管理人员；提高奶牛的生产性能及牛奶的质量。南昌市是本项目列入“提高生产性能示范城市”之一，从本期项目的财政技术援助（EU资金260.3万元，配套资金352.5万元）规划中接受EU提供的直接的技术援助与咨询，并使用EU资金用于服务体系建设。通过改进服务体系和技术推广手段，普及推广奶牛标准化饲养技术，加强以兽医、繁殖、收奶为主要内容的综合服务体系建设，提高了奶牛生产性能及奶牛单产，为其他地区和第二期奶类项目的顺利实施提供了示范和经验。

3. 中国-欧盟（EU）二期奶类项目：1998年开始至今正在实施的中国－EU奶业和食品加工业的技术及商务合作项目（下称二期奶类项目），是中国－EEC一期和过渡期奶类项目的延续，本期项目总投资2 758万元，其中EU资金1 252万元，配套资金1 506万元。项目的目的在于支持奶业经济改革，把国有奶业企业转化成面向市场经济能够生存的企业；促进建立乡镇奶农合作组织，特别是支持个体奶农服务的兽医服务和其他技术机构；促进中欧奶业和相关食品加工部门的商务联系，以便鼓励相互间的商业合作；通过本期项目的实施，一是加大了改革的力度，在南昌市个体奶农已占67.7%，批发零售商已全部个体私营化，2个国有乳品厂已改制成为民营股份制企业，乳品行业十分景气，发展快，效益好；二是通过项目技术援助，培训了一大批奶业生产、技术和管理人才，人员素质得到全面提升；三是在奶牛专业村建立奶农合作组织，使其管理规范，饲养科学，降低了生产成本，提高了经济效益；四是建立健全了牛奶质量检测中心，配送冷链系统和CIP自动清洗系统，使牛奶的生产、加工、销售各环节具备了全面的质量保证体系；五是加强环境保护工作，通过废水处理、锅炉烟尘处理、节能节水改造等环保工程项目建设，改善乳品厂的生产环境，消除环境污染；六是增进了中欧双方人员交往、经济技术和商务等方面的合作。

【学生饮用奶计划】南昌市实施“国家学生饮用奶计划”已正式启动。与此同时成立了南昌市实施学生饮用奶计划领导小组和专家组，并先后下发了《南昌市“学生饮用奶计划”暂行管理办法》、《南昌市实施国家学生饮用奶计划专项资金管理暂行办法》、《南昌市实施国家“学生饮用奶计划”招投标工作规程》，为顺利实施国家“学生饮用奶计划”奠定了组织保证和法规依据。其目标是让南昌市1 500余所中小学校的70余万在校学生都能喝上“安全、营养、方便、价廉”的学生饮用奶，促进国民经济发展和民族强盛。目前，南昌市实施“国家学生饮用奶计划”正在有序地进行。

【奶牛品种改良】南昌市现有中国荷斯坦奶牛15 000余头，主要分布在江西省金牛企业集团公司和南昌市郊区（县）。江西金牛企业集团公司直属于江西省农业厅，全民所有制企业，具有独立法人资格，所属江西省畜牧良种场为国家重点种畜场，有农业部颁发的种畜生产经营许可证，位于江西省南昌市北郊。其中3个原种奶牛场现饲养有美国、德国和中国3个品系的核心群荷斯坦奶牛3 500余头，奶牛群体单产进入全国高产奶牛饲养单位行列，小群高产奶牛饲养试验年均产奶量达8 807千克，有70余头305天产奶量超过10 000千克的高产奶牛个体；种公牛站拥有国内最优秀的种公牛，1988年以来，在全国公布的8次种公牛联合后裔测定结果中，先后有5头种公牛5次获全国第一名。种公牛冷冻精液经农业部牛冷冻精液检测中心多次抽检100%合格，被授予农业部“推荐产品”。

目前，江西金牛企业集团公司计划在南昌农业高新科技园区建立良种奶牛培育区，规划用地40公顷，建筑面积6 000米^2，以江西金牛企业集团公司的万头奶牛为基础，再从国内外选择部分高产奶牛，组建3 000头核心种牛群，采用基因诊断、DNA遗传标记、MOET育种等技术从中选择1 500头胚胎供体母牛。以国家高科技项目为依托，建立奶牛胚胎移植实验室，实施奶牛胚胎工程的产业化和完善良种奶牛繁育推广体系。2002年该集团与中国农业大学合作，开始移植高产奶牛胚胎，成功妊娠13头牛。通过利用胚胎移植技术的实施，加速奶牛的改良进程，培育优秀种牛，从而促进奶牛良种化。

【国外种牛引进】江西省奶牛育种中心从美国引进13头荷斯坦种公牛，预期育种值达到国际先进水平；公牛系谱指数高，父亲当时全球TPI排名10名以内，母亲20名以内；母亲305天单产13 000千克，乳脂率在3.8%以上，乳蛋白3.2%以上；发育良好，体格健壮，雄性特征明显，外貌综合评分优秀以上，睾丸匀称、有弹性、肢体健康；无规定传染病，祖先无遗传病史，每头牛互相三代无近亲。2001年5月抵达江西，6月份初次采精成功，精液品质令人满意，到2002年底，共计生产细管冷冻精液30万剂。已向社会推广荷斯坦种公牛细管冷冻精液25万剂，推广区域达湖南、天津、贵州、福建、上海、湖北、陕西、广东、安徽、新疆、云南、广西、浙江、江苏、山东、河南等省、自治区、直辖市。美国荷斯坦牛纯繁和品种间杂交工作已开展，主要利用江西省畜牧良种场的良种美国原种奶牛群，通过MOET育种、胚胎移植技术的实施，选择种子母牛与引进的公牛纯繁，繁育出更多的优秀后备种牛。同时开展了与地方种子母牛进行品种间杂交，改良地方品种，进行良种和精液推广。农业部“948”项目的实施有利于江西省奶牛育种站的进一步发展，有利于提高该站种牛的市场竞争力，对于整个江西、乃至全国的养牛业发展都有巨大的推动作用。

【乳品质量控制与市场监督】江西省乳制品质量监督检验站成立于1982年4月，位于南昌市，经江西省政府授权，承担全省乳与乳制品质量监督检验任务，同时还开展乳品企业申报免检产品的检验以及新产品批量投产前质量鉴定等检测工作，并接受社会委托检验和质量仲裁检验。该站设备先进，技术力量雄厚，通过省级计量认证，具有法律认可的、向社会出具公证数据的资格。

【奶业发展“十五”规划和2010年远景规划】为了进一步解决城乡人民日益增长的对奶制品的消费需求，使农民增收，促进乳品加工企业的发展，计划在“十五”期间继续发展荷斯坦奶牛6 000头，到“十五”计划末，使全市荷斯坦奶牛存栏达到2万头，年均递增7.5%，比“九五”期末增长43%；全市商品奶产量5.5万吨，年均递增8.5%，比“九五”期末增长49%；乳制品加工产量9万吨，产值3.6亿元，年均递增8.5%，比“九五”期末增长50%；全市乳制品消费总量5.5万吨，年均增长8.5%，比“九五”期末增长49%；全市人均占奶量达到12千克(其中城市22千克左右，农村4千克左右)，年均增长7%，比“九五”期末增长41%。

到2010年，力争使全市奶牛总数达到28 000头，比“十五”期末增长40%；商品奶产量达到8.4万吨。乳品加工将根据市场的发展变化，及时调整产品结构，增加适销对路的产品。预计到2010年，全市液态奶产量将占整个乳品产量的90%以上；奶粉产量将压缩到10%以下。同时，积极开拓省内省外和农村市场，全面实施国家学生饮用奶计划，增强企业的竞争能力。计划到2010年，年加工乳制品13万吨，加工产值5.2亿元，均比“十五”期末增长44%，使全市年人均消费乳品量达到18千克以上的发展目标。

（南昌市奶类发展项目办公室　赵建成　陶春文）

山　东　省

【概况】随着居民营养保健意识的增强，以及各级地方政府部门对奶业发展的高度重视，我省奶业生产进入了一个新的发展高峰期。

奶类生产：2002年全省奶牛存栏39万头，增长33.1%。奶类产量116.8万吨、牛奶产量90.3万吨，分别增长29.2%和46.1%。济南、青岛、淄博、烟台、潍坊、威海作为山东奶业发展最早的地区和重点地区，发展步伐加快，奶牛数量和产奶量迅速增加，奶牛数量和产奶量占全省70%以上。泰安、东营、德州、枣庄等新崛起的奶业发展地区，奶牛数量急剧增加。菏泽、济宁、聊城、临沂等市增长幅度高于全省增长幅度。

加工企业发展：山东作为一个人口大省、奶牛生产大省，也是商家必争之地。雀巢、圣·乔治乳业落户山东。瑞士雀巢公司1994年落户青岛莱西市，总投资已增加到6 000万美元，年销售额已达5亿元，日收购鲜奶230余吨，带动发展奶牛4.1万头，年增加农民收入约2亿元，上缴税收3 500万元。新进军青岛胶南的美国圣·乔治乳业，投资1 000万美元的一期已投产，二期工程正在实施中。维维乳业两年内在山东投资近2亿元建了3家乳品厂。光明、汇源、金星、新希望先后在山东建厂，蒙牛、伊利等有实力的企业还在积极选点。济南佳宝乳业公司是全省最大的乳品加工企业，上年液体乳产量近8万吨，实现税收3 000多万元；2002年投资2亿多元扩大乳品加工规模，“佳宝工业园”投产后，鲜奶日处理总量将扩大到600吨。淄博得益工业园年底投产后，鲜奶日处理总量将扩大到500吨。山东凯银乳业集团2002年5月投资1.25亿元新上日处理鲜奶300吨的乳品生产线。凤祥集团从2002年开始涉足奶业，计划投资20亿元发展奶业生产。山东乳品加工设计能力达到180万吨，其中济南、青岛、淄博、烟台、潍坊、威海、东营、泰安、德州9个市达到155万吨。

奶类消费：山东城镇人均年消费鲜乳品达26.6千克，奶及奶制品市场购销两旺，牛奶市场正处于空前繁荣阶段，品种增多，质量提高，购买便利。山东人喝的牛奶中一大半来自外省，外省企业生产的超过七成。

【政府政策支持】各级政府都把发展奶业作为重点，鼓励农民养奶牛，把发展奶业放到突出位置来抓。省政府提出，抓好奶业发展一条线（济青高速路、烟威路的市），重点是建立优质奶源基地，培植大型奶业加工企业，开发精深加工奶制品。东营市政府2002年拿出400万元奖励农民购买奶牛。维维集团乳业项目落户临朐县，得到当地政府的支持，为给企业创造良好外部发展环境，搞好配套奶源建设，县政府自2001年下半年开始实施了奶业“双百工程”，确定在全县范围内兴建100个奶牛小区，每个小区奶牛存栏量不少于100头。荣成市拿出300多万元农发资金，用于扶持奶业生产。不少地方政府出台了加快奶业的优惠政策，如乡、镇及个人投资建设奶牛饲养小区，由县财政给予资金奖励，奶农每购买一头奶牛，由政府帮助解决贷款等。

【科技攻关与推广】由济南佳宝集团主持承担的国家“十五”重大专项“华北农区（山东）奶业现代化生产技术集成与示范”已经启动，项目实施对促进山东奶业产业升级、提升山东奶业竞争力将发挥极大的促进作用。2002年，省财政、省科技厅拿出900万元，用于奶业良种产业化开发技术研究，主要包括奶牛胚胎规模化移植及转基因克隆牛技术的研究与产业化开发、优质高产多抗饲用型和青饲型玉米新品种选育与产业化开发。2002年，省财政还将“奶牛良种繁育改良与配套饲养技术推广”列为重大科技支农项目予以重点扶持。

（山东省畜牧协会　曲绪仙　张思聪）

济　南　市

【概况】济南市奶业2002年发展迅速。年底全市奶牛存栏发展到3.72万头。比2001年增长34.8%，奶类总产量达到10.23万吨，比2001年增长38.7%。乳品加工企业发展到8家，年设计加工能力总计达到20万吨，乳品加工业产值达到7.8亿元，奶业已经成为济南农村经济的重要支柱产业和农民致富的重要途径之一。

奶业龙头企业迅速膨胀。佳宝乳业、维维集团、大强乳业是奶业养加销一条龙的产业化运行机制进一步完善，促进了奶牛数量、质量和效益的同步提高。“佳宝”乳业作为山东乳品加工龙头，投资1.5亿元占地26.7公顷的佳宝工业园一期工程正在加紧建设之中，年内即可建成投产，使日加工能力达到500吨；江苏维维集团济南加工基地4月份全面投产，新增生产能力200吨；民营企业大强乳业异军突起，日销售量达到20吨，奶业养加销一条龙的产业化运行机制进一步完善，促进了奶牛数量、质量和效益的同步提高。

建设了32个奶牛集约化饲养小区，小区内全部实现设施标准化、品种优良化、饲料全价化、挤奶机械化、服务社会化、鲜奶无公害化生产，取得了良好的社会、经济效益。

奶业合作经济发展迅速。奶业合作经济作为现阶段奶业先进生产关系的代表，是奶农自愿组织、自我管理、自我发展、自我壮大的有效途径，呈现出良好的发展势头。全市奶牛合作经济组织发展到23家，其中佳宝奶业合作社入社社员870多户，入社奶牛头数1.5万头。

优质牧草、饲料作物产业化开发取得突破性进展。采用招标方式从两家中标供种企业购进优质饲用玉米中原单32号种子12.5吨，无偿提供给种植基地，通过订单农业的形式，由龙头企业或规模饲养场与种植基地签订协议，建立购销关系，建设了200公顷的优质饲用玉米种植示范基地。全市优质牧草种植面积达到3 000公顷，比上年增加了1倍，初步建立起"粮、经、饲"三元种植结构的新模式。

加快实施"黄牛奶改工程"。采取免费供应奶改所需奶牛细管冻精、统一购进药品器械、统一建档立卡、统一提供技术服务等优惠政策积极发展畜牧高新技术。重点科技攻关项目"良种奶牛胚胎移植项目"进展顺利，圆满完成了"农业部万枚高产奶牛胚胎移植富民工程"的实施工作，2002年移植良种奶牛胚胎186枚，成功率达到35%。

【建设三大奶牛养殖带】从2002年起，济南市根据市场、资源等生产要素情况，确定把奶业发展成具有济南特色优势主导产业，按照区域化布局、专业化生产的原则，坚持规模效益，特别以奶牛饲养小区为载体，把"一大一小"即奶牛饲养专业大户和奶牛饲养小区作为规模经营的重点来抓，注重培养、发现、推广典型大户，走"乡村统一划地，集中建场，分户饲养，规模经营，社会化服务"建设奶牛饲养小区的路子，使奶牛专业大户、奶牛养殖专业村真正成为奶业发展的骨干和主力。发展奶牛集约化规模饲养，推行标准化生产，在全市重点建设三大奶牛养殖带，并形成一批产业化加工龙头企业群体，促进全市奶业的发展。即以佳宝乳业公司、维维乳业公司、大强乳业公司等奶业龙头企业为核心，通过"公司+农户"和"公司+农场+农户"的形式，把奶业生产与加工连在一起，重点发展城市郊区的规模化养牛，实行产业化经营。一是以章丘、历城的部分乡镇为重点，形成环济南国际机场和济青高速公路沿线奶业养殖带；二是以济阳、商河的部分乡镇为重点，发展黄河北两县的集约化规模奶牛饲养，形成济北奶业养殖带；三是以长清、平阴的部分乡镇为重点，形成市南奶牛养殖带，以三大奶业经济带为重点带动全市奶业发展，并逐步向周边地区辐射。在龙头企业建设上，重点抓好佳宝、维维、大强等一批乳制品加工企业的发展，增强辐射带动能力。济南市奶牛平均以15%的速度递增，到2007年奶牛存栏达到10万头，奶牛年平均单产达7 000千克，奶类总产量达到30万吨。实施龙头带动战略，加快培育和壮大"佳宝""维维""大强""旺旺"等四大奶业加工龙头企业，使他们尽快发展成为规模大、档次高、水平优的乳品生产加工龙头企业，组成济南奶业龙头企业群体，达到日加工1 000吨的生产能力，乳品加工业产值20亿元以上。

（济南市畜牧办公室　袁传溪　张大龙）

青 岛 市

【概况】2002年，青岛奶业继续保持了快速发展的强劲势头。全市奶牛存栏8.92万头，比2001年增长了36.39%，其中莱西市达到4.1万头。奶类总产量34万吨，其中牛奶25万吨，比2001年增长了37.86%。人均占有奶量47.5千克，比2001年增加了9.1千克。奶山羊存栏30万只左右。

3年来（2000—2002年）的统计数字表明，奶牛存栏平均增长29.8%，牛奶产量年平均增长17.4%。单产由2001年的4 066千克增加到4 824千克。奶牛饲养规模100头以上的场（户）已达26个，其中8个是2001年以来新建的。全市胚胎移植已产奶牛500余头，胚胎移植数达2 000余枚。《青岛市无规定动物疫病区管理办法》已于2002年10月29日经市政府公布实施。"办法"中明确规定，"鲜奶收购企业和个人收购鲜奶时，应当查验乳用动物的健康证明，不得收购无健康证明的鲜奶。"青岛市奶业正在走上规模化、规范化的发展道路，已经成为畜牧业中活力最强、潜力最大、效益最好的朝阳产业。

【乳品加工业】全市乳品加工企业19个，其中年销售额5 000万元以上的5个，过亿元的2个。1994年落户青岛莱西市的雀巢公司，销售额已达5亿元，日收购鲜奶230余吨，带动莱西市奶牛发展达4.1万头，年增加农民收入约2亿元。其他如"迎春乐"、"每日"、"琴牌"等乳品企业，也都发挥了生机勃勃的龙头作用。全市乳品加工能力达30万吨，实际加工约20万吨。市场销售每年递增40%以上。乳品企业为在愈演愈烈的市场竞争中求生存，求发展，2002年，继开开家食品有限公司与上海光明签订"乳品生产销售合作协议"并付诸实施之后，青岛奶业总公司又以全部资产与四川新希望集团合资成立了青岛琴牌乳业有限公司。新进军青岛胶南的美国圣·乔治乳业，投资1 000万美元的一期工程投产，二期工程正在实施中。

【学生饮用奶计划】2002年2月25日，经国家学生饮用奶计划部际协调小组办公室公布，认定青岛雀巢有限公司和青岛市奶业总公司为学生饮用奶定点生产企业。青岛市学生饮用奶计划领导小组根据市政府《青岛市学生饮用奶计划实施方案》，确定在全市20所中小学先行试点，然后全面推开。9月21日启动以来，3万余名中小学学生喝上了学生饮用奶，学生喝奶率达83%。为了规范学生饮用奶计划的实施，由青岛市畜牧服务中心、教育局、卫生局、物价局、质量技术监督局、公安局于2002年11月22日联合发出了《青岛市学生饮用奶计划实施意见（试行）》，对学生饮用奶计划的组织实施、监督管理、责任处理等做出了明确规定。学生饮用奶供应的品种为200毫升带吸管利乐砖和227毫升带吸管利乐枕，价格分别为1.2元和1.3元。对特困学生，可持政府发放的《城市居民最低生活保障证》，在校期间免费喝奶，费用由政府财政支付。社会调查表明，实施以来，深受学生和家长的一致好评。未实施学校的学生和家长要求实施的呼声很高。由于各方重视，齐抓共管，未发生一例质量和责任事故。

（青岛市畜牧服务中心　杨永东　谢　华）

河　南　省

【概况】大力开发黄河滩区绿色奶业示范带，加快河南奶业发展。自2001年省政府提出建设优质畜产品加工基地的战略举措，省畜牧局及时地提出了建设河南省黄河滩区绿色奶业示范带。两年来，黄河滩区绿色奶业示范带的建设，有力地带动和促进了河南省奶业的健康协调发展，使河南奶业步入了加速发展的快车道。归纳起来有以下4个明显的转变。

（1）各级政府、各级领导对奶业的发展非常重视，采取了强有力的措施，扶持奶业，促进了河南奶业的发展。近两年来，省财政每年拿出500万元专项资金用于引进优良品种、扶持奶牛养殖小区和挤奶站建设，初步建成了一批优质奶源基地。郑州、洛阳等市纷纷出台了对发展奶牛养殖实施贴息贷款的扶持政策，市政府对建设挤奶站每个补贴10万元，乳品加工企业对每个站无偿投资挤奶设备10万元，大力推广机械化挤奶技术，提高了奶源质量，促进了奶牛养殖小区的快速健康发展。2002年底河南省奶牛存栏达到14.47万头，产奶母牛9.7万头，奶类产量达到30万吨、比2001年分别增长18%、50%和43%。全省建成奶牛养殖小区100多个，存栏奶牛6万头。在发展奶业过程中，畜牧部门加强与金融部门的合作，提出了“银行授信，奶农贷款，乳品加工企业担保”的良性互动投资合作模式，为奶农解决了资金短缺问题，促进了奶业的快速发展。

（2）加快河南省黄河滩区绿色奶业示范带开发，为奶业发展寻找新的经济增长点和发展亮点。针对河南省奶业与先进省市的差距，结合河南省的资源优势，自2001年省畜牧局及时提出了花大力气开发黄河滩区绿色奶业示范带以来，通过人工种草和利用黄河滩区优质青草，实现奶牛绿色养殖，通过滩区种草，滩外养牛，牛奶进城，企业加工，形成了优质绿色的奶业产业化链条。黄河滩区绿色奶业示范带主要分布于郑州、洛阳、开封、焦作、新乡、濮阳、济源等8个市，涉及25个县（市），共有黄河滩涂面积26.4万公顷，通过近两年的开发，黄河滩区绿色奶业示范带奶牛存栏和牛奶产量分别占全省的38%和42%；建成高产奶牛养殖小区65个，每个存栏奶牛500～600头；建成千头奶牛场10个。

（3）积极引进良种奶牛，不断改良奶牛品质。为了解决良种奶牛种源不足的问题，2002年3月从澳大利亚引进高产奶牛600头；11月河南省周口莲花集团奶牛场从加拿大引进高产奶牛200头。同时还引进瑞典利拉伐公司生产的国内外最先进的转盘式自动化挤奶系统、TMR全混日粮搅拌车等先进设备装备了河南省奶牛繁育中心；并开展了万枚奶牛胚胎移植工程的研究示范和推广工作。国外优质高产奶牛的引进，缓解了河南省良种奶牛种源供应的紧张局面，又为今后奶业发展提供了良好的基础。

（4）突出发展乳品加工业，打造河南奶业品牌。为加快乳品工业的技术改造，先后引进了利乐包、利乐枕、康美包、芬包等牛奶加工包装生产线20多条，年增加加工能力600万吨，增加花色品种30多个；提高了产品的辐射范围，走出了一条创品牌营销的新路子。2002年乳制品产量达到36万吨，比2001年同比增长30%。10月河南花花牛公司与河北三鹿集团成功合资组建了河南三鹿花花牛股份公司，双方各占50%的股份，实现了强强联合，优势互补。洛阳巨尔、河南商丘科迪集团、郑州山盟、安钢三博公司等均成功引进了先进的加工生产线，走出了一条创品牌经营之路，有力地拉动和促进了河南奶业的快速发展。

（河南省奶业协会　宋洛文）

【前进中的中荷河南奶业培训示范中心】1997年10月荷兰农业部前部长范·阿尔森访华期间，与河南省省长马忠臣，农业部常务副部长刘成果共同签署了《友好合作意向书》，在河南省建立一个农业发展项目，以促进河南省与荷兰王国之间的双边贸易合作，在协议中荷方拟定了奶业项目。1999年3月河南郑州亚卫实业总公司和荷兰国际奶业咨询公司共同承建“中荷奶业培训示范项目”，通过双方努力，于1999年4月12日签署协议，开始启动。2000年6月11日，中荷河南奶业培训示范中心（SIDDAIR）正式落成。河南省省长李克强与荷兰农业部长布林克霍斯特出席并为该中心落成剪彩。

中荷河南奶业培训示范中心建于郑州市东北21公里的黄河岸区，花园口镇八堡村。项目区占地113.3公顷，有完善的排水及灌溉系统，项目区四周设置栅栏

3 490米，使项目区形成了一个功能齐全、相对封闭的整体。牧草地分别种植了黑麦草、高羊茅、苜蓿、高粱、玉米及试验草，总面积为93.3多公顷。

项目总投资3 400万元，根据我国国情，建成了3个技术健全，经济可行，不同环境等级，不同规模，不同饲养模式的奶牛场。其中牛场1是在中国传统小规模私人奶牛场基础上建立起来的，采用自主管理，手工挤奶，人工舍饲喂养，没有饲草种植。牛场2是现代化的传统中国私人奶牛场，自主管理，桶式挤奶，舍饲、放牧相结合。牛场3为现代化荷兰模式奶牛场，采用机械化饲喂，挤奶厅式挤奶，舍饲放牧。

作为先进奶牛饲养管理的培训基地，项目还建成功能齐全的多功能培训厅和展示荷兰先进技术、设备的信息展览中心。

中荷河南奶业培训示范中心是荷兰王国在中国援建的第三个友好合作项目。该项目的首要任务是建立一个在奶业生产方面革新的中心，通过引进、示范和传播荷兰先进的奶牛饲养技术和科学的牛场管理经验，使中国奶业能在激烈竞争的市场经济中生存并提高竞争力。

通过向参观人员展示3个从低级到较高级牛场生产体系和饲料作物生产体系来改变广大奶业人员特别是农民对奶牛饲养管理的落后观念。促使他们更快地向现代化管理实践转变，从而提高牛场工作效率和利润。

三年来，在中荷双方政府的关怀下，经过SIDDAIR全体员工的共同努力，各项工作取得了可喜成绩。

截止2002年12月份，3个牛场共有产奶牛120头，每头奶牛年单产8吨，乳脂率平均4.2%，蛋白质含量3.5%，牛奶体细胞和细菌总数均达到国家规定的特级奶标准。所有这些为中荷奶业培训示范中心的推广示范工作奠定了坚实的基础。目前，“中心”共接待国内外大小参观团体634批次，合计15 370人。其中，来自澳大利亚、法国、日本、新加坡、新西兰、韩国、美国、埃塞俄比亚等国的参观、考察团21个。来自黑龙江、内蒙古、陕西、山西、江苏、上海、北京、安徽、山东、河北、湖南、湖北、重庆等省、自治区、直辖市参观、学习团110余个。

为了更好地传播荷兰先进的奶牛饲喂技术和科学的牛场管理经验，我们每年定期为奶农、技术人员、科研人员和奶业技术推广官员组织开放日、大田日和营养、疾病防治、牛场管理培训班。

目前，“中心”已举办了6次开放日活动，4次奶牛营养知识专题讲座。举办12期奶业新技术培训班，培训学员800余人。并于2001年、2002年11月成功举办两次中荷奶业技术研讨和商贸洽谈会。

中荷河南奶业培训示范中心作为沟通中国和荷兰在奶业生产领域内不同管理方法的桥梁，3年来，80批次170余名荷方专家先后到SIDDAIR指导工作，并同中方奶业人员进行技术交流，中荷河南奶业培训示范中心主要技术人员也参加了在荷兰为期半年的技术培训。

2002年5月和10月，农业部部长杜青林和中国奶协刘成果理事长分别参观考察了中荷河南奶业培训示范中心，他们对中荷河南奶业培训示范中心在引进传播荷兰先进奶牛饲养技术和牛场管理，推动中国奶业发展方面所做的工作表示肯定和赞赏。

在中荷双方的共同努力下，中荷河南奶业培训示范中心一定会在中国奶业发展中发挥越来越重要的作用。

（中荷河南奶业培训示范中心
蒋士传　许文平　胡书梅）

郑　州　市

【概况】郑州市是河南省会城市，位于中华腹地，享有商都美誉。京广、陇海铁路大动脉做“十字支撑”，京深107、连霍310公路干线在此交汇。郑州是物流、人流、资金流、信息流的重要枢纽。郑州市辖六县市六区，总人口687.7万人，农业人口442.7万人；2002年国民生产总值926.8亿元，人均国民生产总值13 584元，农民人均纯收入3 377元；地方财政收入58.3亿元，城镇居民人均可支配收入7 772元。据调查：郑州城区年人均消费奶类制品15千克，在校学生96 %希望尽快实施学生饮用奶计划，潜在消费需求扩大22 000吨/年。这些基础为“中原奶业”提供了优质奶品加工和市场发展空间 。近年来，郑州市委、市政府把发展奶业作为调整畜牧业结构、改善居民生活水平和增加农民收入的重点产业来抓，相继出台了《大力发展畜牧业的决定》、《郑州市奶业“十五”发展规划》，以及扶持发展奶牛养殖小区等政策，使郑州市奶业得到快速发展。到2002年底，全市奶牛存栏达22 600头，牛奶产量5.7万吨，年递增率分别为61.2%和51.8%。

【乳品加工】全市有乳品加工企业13家，日处理鲜奶能力达到750吨，实际处理能力200多吨。特别是省属花花牛、市属山盟两个企业的发展势头强劲。2002年，河南三鹿花花牛乳业有限公司，企业总资产达到1.2亿元，企业日加工能力达到460吨，产品有六大系列40多个品种，企业年加工量近4万吨，产值近亿元，利税470多万元。郑州山盟乳业有限公司自2001年4月投产以来，加工生产能力提高很快。2002年加工各类乳制品6 500余吨，实现产值1 692万元，短保质期产品在郑州市场的占有率接近30%，企业的知名度在市内得到较大提高。

【基地建设】郑州市已建奶牛养殖小区44个。其中，已被验收合格并配备了大型挤奶设备的奶牛小区有28个，已进入奶农873户，进区奶牛12 386头，日产奶95吨左右。

【学生饮用奶计划】2002年9月25日市政府办公厅发文，成立了“郑州市学生饮用奶计划推广协调小组”，下设办公室，先后组织人员到上海、沈阳、青岛等地进行了实地考察，收集了广州、重庆等地的实施方案和管理办法，起草了郑州市学生饮用奶实施方案和管理办法。将于2003年6月在金水区部分学校开展试点工作，然后逐步在全市推广。

【政府扶持政策】

(1) 奶牛养殖小区扶持政策。省农业结构调整领导小组办公室在“十五”期间每年拨款400万元用于绿色奶业示范带建设项目。市政府文件规定：“十五”期间全市每年要建成200头规模的奶牛养殖小区20个，共100个。为此，还制定了郑州市奶牛养殖小区的建设标准和验收标准。市财政、县（市）区和龙头企业按照：1:1:1的比例为每个小区配套30万元，5年共3 000万元，用于为每个小区配备大型机械化挤奶设备。

(2) 奶牛种子工程扶持政策 。市政府决定，从2001年起启动郑州市奶牛种子工程。一是2001—2003年市财政出资285.75万元，用于引进奶牛良种细管6.35万支。二是从科技三项经费中解决32万元，建立郑州市奶牛系谱管理系统，对全市奶牛进行统一管理。三是市政府出资10万元，开始奶牛胚胎移植试点工作。

(3) 龙头加工企业扶持政策。省农业结构调整领导小组办公室在“十五”期间对贷款额度达500万元以上的龙头加工企业给予5%的贴息。市政府在“十五”期间每年拿出500万元用于扶持龙头加工企业。

【黄河滩区绿色奶业带重点建设项目】郑州市黄河滩区从巩义的康店镇起，途经荥阳市、邙山区、金水区，至中牟的狼城岗镇，沿途涉及15个乡镇，104个村庄，长度达百余公里，滩区面积约4万公顷，形成了大面积的天然草丛草场，是郑州市优质奶业发展中最具潜力的一个地区。市政府委托河南农业大学的专家，在充分调研、反复论证的基础上，制定了《郑州黄河滩区绿色奶业示范带总体规划》。计划到2005年，项目区发展奶牛6万头，年供鲜奶12.6万吨，计划建300头规模的奶牛场71个，100头规模的奶牛场90个，30～50头规模的专业户160户，200～300头规模的奶牛养殖小区54个，挤奶厅125个，收奶站100个。人工种植牧草1.93万公顷，年产干草43.5万吨。同时，对奶业示范带远期的目标也进行了规划。目前，该项目正在实施中。

【服务体系】目前全市县级奶农协会7个，市奶业协会兽医“120”正在组建中。协会在奶牛饲养产前、产中服务中发挥越来越大的作用。

（郑州市农业局　杨东宽
郑州市奶业管理办公室　赵书峰　王选顺）

湖　北　省

【概况】2002年，湖北省奶业仍保持着良好的发展态势，全省奶牛存栏5.4万头，其中产奶母牛3.65万头，牛奶产量达到10.1万吨，比2001年增加25%。特别是武汉市奶牛业在几个奶业龙头企业的组织带动下发展迅猛，2002年生产奶牛存栏1.71万头，牛奶产量8万吨，每头奶牛平均产奶量达到4 258千克。全省奶类加工企业对奶农鲜奶的平均收购价格为每千克1.95元，奶业依然是农业特别是城郊农业结构调整和农民增收的有效途径。本年度湖北省奶业发展呈现以下几个显著特点。

1. 市场的拉力使奶业步入了快速发展的轨道　湖北省奶业的发展过程也是牛奶逐步被人民认识、接受和重视的过程，在20世纪90年代牛奶比矿泉水还便宜的时候，奶业处于萧条阶段，湖北奶业也受到重创，年奶牛存栏曾经降到3 000头左右，市场供应的“鲜奶”基本上是奶粉“还原奶”。随着人们生活水平的不断提高，牛奶需求量逐年增加，奶业市场开始出现新的转机，农民养殖奶牛一般可获利3 000～4 000元，积极性也随之高涨，据统计，全省鲜奶产量2000年增幅达到49.9%，2001年增幅达到48.5%，2002年达到25.0%。

2. 规模化养殖和专业化生产成为广大奶牛养殖户新的要求和愿望　由于对食品安全认识的不断提高和奶产品企业自身发展的需要，对奶牛养殖也有新的要求，产奶牛必须是健康的，对收购的鲜奶质量和卫生条件以及抗生素使用等方面有了较严格要求，其中特别强调必须逐渐过渡到机械挤奶，甚至有几个大的乳品企业如武汉扬子江、友芝友、光明等要求非机械挤奶的鲜奶不予收购。原来一家养几头奶牛的粗放养殖模式已经不适应奶业发展的需要。扩大饲养规模，按照养殖小区集中实行专业化生产的模式成为广大奶牛饲养户的新要求。在武汉市东西湖区，区政府专门开辟了“金牛港”奶牛养殖小区，对境内的奶牛进行集中饲养。一些眼光长远的乳品加工企业如武汉光明乳业、友芝友乳业、扬子江乳业等纷纷在小区建立了自己的高标准奶源养殖基地，按照标准化建设奶牛养殖小区，吸引养殖户进入小区。普通的饲养户也纷纷筹集资金扩大养殖规模，并按照要求购置机械挤奶设备。2002年，东西湖区奶牛养殖户规模在100头以上的农户达到75%，并有60%以上的农户自购设备采用了机械挤奶。

3. 龙头加工企业的发展加强了湖北省奶业发展的后劲　本省乳品龙头加工企业在奶业发展和市场竞争中不断发展壮大，乳产品品种不断增加，产品质量和市场竞争力不断提高。2002年，全省乳产品加工企业达到21

家，年生产液态奶在15万吨以上，奶粉产量达到3 000吨。仅武汉市7家乳品加工企业2002年收购的奶农鲜奶在7.67万吨，生产的乳品品种有奶粉、鲜奶、酸奶、甜奶、保久奶等几十个品牌，2002年奶粉产量达到1 077吨，液态奶销售量在10.4万吨，年销售收入达到4.99亿元。咸宁市向阳湖乳品加工企业通过了国家绿色食品质量认证，其产品质量和产量又上了一个档次，2002年生产奶粉1 500吨，是2001年生产销售量的3倍。

4. 高科技繁育技术的应用和推广提高了奶业的发展水平 在奶牛繁殖技术上，采用了人工授精冻配技术，对养殖户由乳品加工企业采取统一供精，统一服务，解决了奶农的技术难题，也保证了奶牛繁殖后代的质量。落户武汉市农业科技示范园的奶牛胚胎移植项目2002年开始动工建设，项目建成后可为湖北省年提供优质高产奶牛5000头。这些奶牛繁育技术的应用将极大地推动湖北省奶牛业的发展。

（湖北省畜牧局　郭安国　陶克艳）

武　汉　市

【概况】2002年，武汉市奶牛存栏数稳中有升，生鲜牛奶产量增幅较大。全市奶牛存栏17 799头，生鲜牛奶产量6.60万吨，分别比2001年增长14.6%和13.83%。液态奶上市量不断上升，全市液态奶产量10.10万吨，比2001年增长38.55%。全市奶业总产值6.40亿元（现价），人均占有奶量达到8.20千克，人均消费奶量12.55千克。学生饮用奶试生产和销售量平均日供应10万份。青饲料种植面积4 667公顷。

1. 抓龙头企业，促进奶业快速发展 武汉市奶业在市委、市政府招商引资、走内涵发展之路，发展奶业产业化经营的思想指导下，从1998年民营企业“友芝友”在东西湖办乳制品加工厂开始，全市6家奶业企业，基本上了完成了所有制及经营机制的转换和改革，引进了大量外资和社会资金，形成了以“扬子江、武汉光明、友芝友、香满楼”等汉货精品为主体的龙头企业，以海浪豆奶、妙士一品乳为代表的奶业产业化生产格局，打破了国营企业一统武汉奶类市场的经营模式。

乳品加工企业是奶业产业化的龙头，壮大和发展乳品加工企业，一是能够把广大消费者连在一起，成为实际意义上的利益共同体；二是将奶源基地连在一起，成为休戚相关的合作伙伴；三是将奶农连在一起，成为“公司+农户”的生产主体；四是把单一的产品（生鲜牛奶）加工成人们需要的各种不同风味的生活必需品。目前，武汉市6家奶业加工企业，固定资产已达到1.87亿元，年设计能力169千吨，所有者权益1.54亿元。2002年，扬子江收购生鲜牛奶29千吨，销售液态奶25千吨，分别比2001年同期增长38.1%和19.1%；武汉光明收购生鲜牛奶15千吨，与2001年持平，销售液态奶24千吨，比2001年同期增长60%；武汉友芝友收购生鲜牛奶28千吨，销售液态奶36千吨，分别比2001年同期增长27.3%和20%；武汉香满楼收购生鲜牛奶2.4千吨，销售液态奶8千吨，分别比2001年同期增长17%和128.6%。全年平均订奶户为89.2万户；建发奶站2 241个；建商业零售网点7 577个；建便民店、放心奶亭763个，办理奶业绿色通道车辆173辆。已初步形成扬子江、武汉光明、武汉友芝友、武汉香满楼为龙头企业的奶业产业化经营格局。

2. 抓奶源基地建设，夯实基础 按照“奶牛下乡，鲜奶进城”，发展区域化、集约化奶业生产基地的总体规划，结合武汉市奶业产业特点，有关部门根据（武政［2000］88号）文件“关于加快全市奶业产业化建设步伐”和（武政［2001］71号）文件“关于大力发展畜牧水产业的决定”，在奶业生产和发展布局方面，突出重点抓东西湖区、汉南区、黄陂区、蔡甸区四个奶源基地建设，在计划安排和实际操作上，重点投资建设东西湖区东流港牧业园区奶源基地建设（2002年落实奶源基地建设资金250万元）和友芝友乳品二厂建设以及武汉惠尔康扬子江设备改造工程（2002年已落实友芝友乳品加工厂建设资金100万元和扬子江贷款贴息资金50万元），解决了奶农担心奶源收购的后顾之忧。为龙头企业收购新鲜而又优质的牛奶提供了条件，极大地夯实了奶源基地建设，调动了奶农的积极性。

3. 加大宣传力度，引导市民消费 奶业产业化的形成和发展，在很大程度上取决于人们对牛奶消费的认识。现在，武汉市民的消费意识和消费观念正在逐步转化，对膳食结构的调整也正朝着改善营养、平衡膳食结构方面以及补钙和增强体质方面转变。为此，牛奶的营养价值已初步被武汉市民所认可。为了让武汉市民更进一步了解和掌握牛奶的营养知识，2002年4月，举办了以“健康消费、饮奶时尚”为主题的第四届武汉奶文化周宣传活动。参加奶文化周的厂商达35个，参加咨询的群众达数万人次，市领导亲临开幕式并讲话。在文化周活动中，企业通过图片、模型和展卖不同风味的60余种奶制品，宣传了牛奶营养，展示了企业的形象，受到广大市民的一致好评。

4. 抓协会组织建设，搞好人才培训 2002年，在市农业局的领导下，市奶业管理办公室积极主动指导市奶业协会帮助东西湖区、黄陂区、汉南区、蔡甸区成立了区级奶业协会，从而建立了奶农自己的组织，搭起与政府沟通的桥梁。各区奶业协会根据协会的职能，积极主动地与龙头企业协调解决奶农交售生鲜牛奶和沟通农户与公司间的矛盾，创造了良好的氛围。2000—2002年市财政累计安排150万元配套资金解决区级奶业协会奶牛诊疗设备及药品，充分发挥协会职能，保证奶源基地的奶牛饲养、防疫、诊疗、供料、挤奶全过程的服务。基本上解决了奶农饲养奶牛“产前、产中、产后”服务等问题，扩大了就业面、丰富了市民菜篮子。2002年全市奶农饲养户500余户，年均成母奶牛纯利润3 000～4 000元，加快了奶农奔小康的步伐，促进了奶业产业化发展。

（武汉市奶业管理办公室　黄继根）

【东西湖区奶源基地建设】武汉市东西湖区作为全市奶业“十五”规划中的四个奶源基地之一，近几年发展十分迅速，奶牛存栏从1998年的不足1 000头，猛增到2002年的9 519头。全区2002年新增奶牛生产基地3个，总投资1 700万元，占地16.7公顷；建牛舍面积22 400米^2,可饲养奶牛4 800头，占全区饲养量的50.4%，为促进东西湖奶牛业的快速、稳定发展打下了良好的基础。

1. 政府搭“台”、企业唱“戏”　为了适应奶业迅速发展，加快奶业产业化进程，2001年，区委、区政府决定成立“东西湖区东流港牧业园”，从有限的土地中划拨1 800公顷专门用于建立以奶业为主的综合园区，为奶牛发展搭好了“舞台”，提出园区开发、业主经营的思路。政府给场地、给环境、给政策，园区业主或企业出资建基地，真正形成了“企业＋基地＋专业户”的奶业产业发展链。

2. 因势利导、招商引资、开发基地　企业筹资办场　武汉友芝友保健乳品有限公司自筹资金420万元，在东西湖区征地20公顷，建成饲养规模为1 000头奶牛的奶源基地。

园区建场　东流港牧业园投资1 100万元，占地40公顷，建设规模为3 000头的奶牛饲养基地，其资金主要来源于招商引资、土地综合开发利用和培植税源，起到了以开发促基地的作用。基地发展后，加工企业利税返还再促园区发展，形成一个良性循环的发展模式。

农场、农户办场　东西湖区慈惠农场，发挥其蔬菜生产场区青饲料供应充足的有利条件，由农场出地6.7公顷，奶牛专业户自筹投资200万元，建设规模1 000头的奶牛饲养小区。

3. 因地制宜、统一部署　奶源基地建设与规划，实行全区因地制宜、统一部署、分步实施的原则。由区畜牧主管部门会同牧业园及龙头加工企业精心设计与安排，坚持节约、实用的原则，尽量为奶农利益着想，减少他们的投资负担。建成的牛舍，在使用方法上，采取不同的方式，或一次买断，分年付款；或租赁使用；或土地承租，自建场房。基地水、电、路及收奶站等配套设施由园区或企业统一投资，尽量给奶牛专业户创造一个良好的生产环境。

目前，东西湖区正规划设计建立奶业经济发展带，力争在3～5年内新建10～15个奶牛基地，实现全区奶牛存栏30千头，牧草种植2 000公顷的目标，以奶业产业化带动全区农业经济的腾飞。

（武汉市东西湖区农业局　李万成）

【规范乳制品市场秩序　保证乳品质量】为了规范武汉市奶业的发展，协调好奶业各个环节的关系，武汉市加大了奶业地方法规制度建设的力度，1991年4月由市农牧局、卫生局、技术监督局、物价局、食品卫生办公室、奶办联合发布了关于《武汉市生鲜牛乳按质论价收购管理暂行规定》的通知（武农牧发［1991］11号文件），标志着武汉市奶业地方法规制度建设的开始，解决了生鲜牛乳收购环节上无章可循的突出矛盾，实现了有法可依。

随着乳制品加工企业的发展和壮大，为了保证乳制品质量，维护消费者的合法利益，1997年6月，武汉市技术监督局、武汉市物价局、武汉市食品工业办公室、武汉市食品卫生领导小组办公室、武汉市奶业管理办公室再次联合下发了《关于规范消毒牛乳、酸牛乳及含乳饮料生产、销售有关问题》的通知（武技监［1997］23号文件)。通知要求乳制品加工销售企业严格执行按国家有关规定，规范企业生产条件、产品标签、产品名称和产品价格，解决了乳制品企业的生产、加工、销售中的有关问题，规范了乳制品市场秩序。

2001年，针对乳品市场上出现的不良竞争现象，武汉市奶业协会及时组织乳制品加工、销售单位制定了武汉市《乳制品行业公约》，对提高奶业行业的职业道德起到了一定的作用，减少了乳制品企业间的不良竞争，净化了乳制品市场环境。

2002年，为了配合武汉市“学生饮用奶”计划的实施，确保人民群众能够饮用到放心、安全的乳制品，武汉市实施学生饮用奶计划领导小组办公室、武汉市质量技术监督局、武汉市卫生局联合成立了“武汉市整顿和规范乳品市场秩序工作小组”，下发《关于整顿和规范乳品市场秩序有关问题》的通知（武学奶办［2002］10号文件)。进一步完善了武汉市乳制品的质量控制、检验、监督和管理。

这次整顿和规范乳品市场秩序工作，对本市各个乳制品加工、销售单位进行了全面检查，针对在检查中发现的有关问题，及时通知乳制品生产企业，指导和帮助本市乳制品企业，按照市卫生监督所制定的“武汉市乳制品企业经常性卫生监督量化评分表”、“武汉市乳品卫生许可量化评分表”的要求，限期整改。同时，工作小组也将跟踪督促，检查整改情况。然后，对市场上销售的各种乳制品进行随机抽样，检查结果将通过相关新闻媒体进行曝光，以引导和提醒消费者，对于被查出问题的单位，有关行政执法部门将依照法律予以相应的处罚。

（武汉市奶业管理办公室　谈宇晴）

【学生饮用奶计划】武汉市城镇人口 804.55 万，现有中、小学校 1 843 所，在校学生 110 万人。2002 年，武汉惠尔康扬子江乳业有限公司和武汉友芝友保健乳品有限公司试行生产学生饮用奶，并在 274 所中、小学校及幼儿园试销售，平均日供 10 万份。

1. 建立健全"学生饮用奶"工作机构 为了保证学生饮用奶计划的顺利实施，2002 年 3 月，市政府召开了市长办公会，成立了以分管农业的副市长为组长，市农业局、计委、财政局、教育局、质监局、卫生局、物价局、国税局、地税局、公安局交通管理局等 10 个职能部门副局长为成员的"武汉市实施学生饮用奶计划领导小组"。成立了以市农业局施纪明副局长为主任的"武汉市实施学生饮用奶计划领导小组办公室"（以下简称"市学生奶办"），认真做好实施前的准备工作。

2. 制定相关文件 武汉市人民政府以（武政办［2002］100 号）文转发"关于实施学生饮用奶计划意见的通知"；制定了武汉市"学生饮用奶计划"暂行管理办法（试行）；制定并下发了成立学生饮用奶专家评审组，整顿和规范乳品市场秩序等保证安全、营养、卫生、方便、价廉实施学生饮用奶计划的相关文件。

3. 评审推荐学生饮用奶定点生产企业 根据农业部等四部局联合下发的《学生饮用奶定点生产企业申报认定暂行办法》，市学生奶办组织"专家评审组"对本市 4 家申报定点生产企业进行评审，推荐武汉惠尔康扬子江乳业有限公司和武汉友芝友保健乳品有限公司两家企业为武汉市第一批学生饮用奶定点生产企业，上报国家"学生饮用奶计划"部际协调小组复查；会同市物价局审定了每 200 毫升学生饮用奶包装为利乐包、利乐枕，价格为 1.20 元；会同市教育局召开了有关学校和管理部门负责人座谈会，由市教育局推选 100 所试点学校。同时市教育局明确指出，在全市中、小学校内，禁止非学生饮用奶定点企业进入学校供应乳制品。

（武汉市奶业管理办公室　黄继根）

湖 南 省

【概况】2002 年，湖南奶业又有新的发展，生产规模不断扩大，鲜奶加工能力不断增强，奶品市场不断拓展，奶品消费群体增加，全省发展奶业已成为农民增收农村经济发展新的经济增长点。据省统计局统计，全省奶牛存栏 2.1 万头，比 2001 年增长 31.92%；鲜奶产量达到 3.0 万吨，较上年增长 30.92%。奶业生产在全省草食牲畜发展中成为增长幅度最大、发展最为迅速的一个产业，取得了良好的经济效益和社会效益，并呈现出以下几个主要特点：

1. 奶牛质量有所提高 2002 年，全省从外地购买的 1 000 多头奶牛，基本上都是从北京、上海、黑龙江等省市奶牛繁育中心或奶牛饲养场引进的高产黑白花奶牛，彻底改变了过去主要从外省引进杂交奶牛和淘汰低产廉价奶牛的状况，从而使全省奶牛质量有所提高。

2. 奶业生产经营管理不断得到改善 2002 年，全省奶业生产经营模式以农户规模化饲养为其主要发展特点，已基本上将省内所有国有奶牛场的奶牛作价卖给农户或整体承包，由农户经营管理。新建的奶牛生产经营公司大多由私营业主投资兴建和管理，政府只起引导作用，从而有效地提高了全省发展奶业生产的经济效益，彻底扭转了国有奶牛场过去长期因经营管理不善而造成亏损的局面。

3. 奶牛饲养开始由城郊向农区扩展 如城步苗族自治县充分利用当地丰富的草山草坡资源和南山牧场鲜奶加工线，发动千家万户，推广家庭式牧场饲养奶牛方式。南山牧场在奶牛集中饲养区建立鲜奶收购站，由加工厂每天定时收购。许多农户因此摆脱了贫困，开始走上富裕之路。目前城步农户饲养的奶牛存栏数已达 8 100 多头，占全省奶牛饲养总数的 37%，为湖南奶牛业生产开拓了一条新的发展途径。

4. 奶业生产已逐步形成区域优势 湖南奶牛大多集中在长沙、邵阳和常德等市，已成为湖南鲜奶主产区。长沙存栏奶牛 5 901 头，占全省存栏奶牛总数的 27.96%；邵阳市存栏奶牛 9 349 头，占全省奶牛存栏总数的 44.29%；常德市存栏奶牛 2 367 头，占 11.21%。三市共存栏奶牛 17 617 头，占全省奶牛存栏总数的 83.46%，产鲜奶 28 457 吨，占全省鲜奶产量的 81.31%。

5. 乳品加工企业发展较快 如亚华种业南山乳业公司、长沙的宾佳乐、光明派派和常德的阳光乳业年加工鲜奶能力均已达到 3 万～10 万吨。这些乳品龙头生产加工企业为了扩大生产规模，开发新产品，提高市场竞争力，纷纷走上联盟或联合发展道路。长沙光明派派乳品发展有限公司与上海光明乳品集团公司联合，在长沙望城新建了一条日处理 100 吨的乳品加工线，同时筹措大量资金培育新的乳源生产基地。南山牧场与亚华种业股份有限公司一起成立南山乳业分公司，在城步县城关镇新建了日处理为 300 吨的乳品加工厂。长沙宾佳乐与亚华种业联合新成立了宾佳乐乳品分公司。这些联合（盟）公司的成立，大大提高了乳品加工和新产品的开发能力。

湖南奶业快速发展的主要经验：

一是领导重视，政策驱动，促使奶业快速发展。省委书记杨正午在邵阳市考察工作时就提出要充分利用草山草坡，发展湖南奶业。省政府下发了湘政发［2001］1 号文件，明确提出优化调整养殖业结构，加快建设湖南奶业基地，重点发展奶业和肉牛等名特优产品的生产，丰富湖南市场。长沙、邵阳等地市纷纷制定出台了许多优惠政策。如给予财政贴息补贴，银行专项贷款，减免税费，批建“绿色通道”等等，极大地调动了广大农户发展奶业生产的积极性。湘潭市实施稻田改制，开展种草养奶牛，发展庭院式奶牛生产的试点。这些措施的实施，促进了全省奶业的快速发展。

二是部门合作，为加快奶牛发展创造了良好的社会环境。城步苗族自治县自1999年实施“围绕奶业建牧业县”，以奶业促脱贫的战略措施以来，全县职能部门积极想办法、出主意，为全县奶业发展出谋划策。县财政压缩开支，多方筹措资金，保证发展奶牛业的资金。县人事局从县畜牧水产局中选派优秀技术干部到乡镇任“牧业”副乡长，专门负责辖区内的奶牛发展。县林业局、国土局、税务、扶贫办、农行等相关部门根据各自的职责，为奶业发展开“绿灯”，优先解决发展奶业生产中的具体问题。

三是实施“加工龙头”带动战略，加快奶牛的发展。湖南奶业生产之所以能形成明显的区域优势，主要是由于几个大的乳品龙头加工企业起到了强有力的带动作用。2002年，亚华南山乳业分公司在城步县城关镇投资7 000万元，新建日处理300吨的乳品加工厂，乳品加工处理能力由年处理3万吨提升到10万吨。长沙光明派派公司投资2 500万元在望城县新建了日处理鲜奶100吨的加工生产线，全面提升了长沙地区乳品加工能力。为了保证奶源供给，公司积极扶持发展奶牛饲养专业户。公司对农户实行统一放贷、统一供牛、统一收购、统一价格、统一供应饲料、统一防疫治病的“六统一”服务。并在生产基地建鲜奶贮运站，由贮运站收购鲜奶，与农户结算，这样既方便了群众，又保证了鲜奶质量，建立了稳定的奶源供应基地，使生产企业与农户真正成为互惠互利、风险共担的利益共同体。

四是积极推广应用先进科学生产技术，推动奶业生产。在奶业生产重点县、乡及场，建立科技服务中心或科技推广站，对农户进行科技培训和做好防病治病工作，严把奶牛引入关，解决农户饲草生产和奶牛饲养中的技术问题，帮助农户做好奶牛的驱虫、护理、挤奶和栏舍消毒等，改良天然草地，种植高产牧草和青绿多汁饲料，保证奶牛生产有充足的饲草。省畜牧水产局还组织专家、教授编写奶牛实用科技书籍及简易读本，举办奶牛饲养和畜产牧草生产技术培训班，全面提高了农户饲养奶牛的科技含量和饲养奶牛的经济效益。

（湖南省畜牧水产局　罗运泉　高春石）

广　东　省

【概况】 2002年广东奶牛养殖业稳步发展，全年奶牛存栏量4.4万头，产奶量10.8万吨，均比2001年增加约6%，增长幅度比前三四年小。全省奶牛分布基本维持原状，超过80%的奶牛集中在广州、深圳、佛山与珠海等珠江三角洲一带，其他约20%分散于粤东潮汕地区、粤西湛江市、河源市等地，不少县区奶牛饲养仍属空白。奶牛品种有中国荷斯坦奶牛及其高代杂交后代，娟姗牛及其杂交后代（以上牛种下文称奶牛），本地水牛、尼里和摩拉水牛及其与本地水牛的杂交后代（下称奶水牛）。

据省农业厅统计，2002年全省共有奶牛（包括奶牛和奶水牛）场（户）数1 067个，存栏量100头以上的奶牛场（户）共39个，共饲养奶牛27 123头，占全省的62%；存栏量20头以上的奶牛场（户）共331个，共饲养奶牛37 334头，占全省的85%。规模比较小的多数是奶水牛场（户）。奶牛单产平均约为4 300千克左右，与前几年差不多。产奶量低除了与品种不纯、气候炎热有关之外，与粗饲料质量差也有很大关系。

奶水牛饲养规模普遍较小，少的只有1～2头，全省平均规模为5.8头。奶水牛仍然采用手工挤奶。水牛奶80%以上由农户直接销给甜品店、饭店、餐厅、学校和订户，也有小部分加工成乳饼和乳豆腐。全省惟一的水牛奶加工厂——南海百富露每天收购加工7～8吨水牛奶。在番禺与佛山一带，随着水牛奶产量的增加和外地牛奶的涌入，水牛奶开始出现滞销现象，水牛奶价格下降幅度也比较大，最低时每千克只有2.5～2.6元，比荷斯坦牛奶还便宜。水牛奶销路已成为制约奶水牛发展的一个重要因素。水牛奶的收购与加工、水牛奶产品开发已成为奶水牛发展的一个最迫切的任务。

1. 奶牛养殖　广东的奶牛场多数位于大中城市外围。随着城市建设步伐的加快，不少奶牛场已被迫迁移。2002年又有部分原广州海珠区的个体奶牛户搬到花都区的花侨镇，还有部分个体奶牛也准备搬迁到清远或英德等地。广州畜牧场也与一个建筑商合作，在离广州不远的增城市建新牛场，准备把1 500多头牛全部迁入。现在仍然留在广州近郊的大牛场有香满楼、华美珠村、强兴和云燕等牛场，这些牛场可能在三五年内也会搬走。香满楼已到各处物色新场址，但至年底仍未找到合适的地方。深圳光明也在寻找新场址，可能会搬到河源或惠州一带。

2002年广东奶牛养殖受“入世”的影响较为明显。随着进口奶粉价格从上年的每吨约2.4万元急剧降至1.5万元左右，使还原奶代替鲜奶有利可图，乳品厂对鲜奶普遍采取压价收购的手法，每吨鲜奶收购价降低100～200元，挫伤了生产者养牛的积极性，加上北方有些地方政府对当地农民发展奶牛采取补贴的优惠政策，使全国奶牛价格上涨，在奶价降低、牛价高涨的情况下，广东发生了近十年来首次大规模卖牛的现象。据不完全统计，全省2002年卖出的奶牛多达3 000多头，且多为青年牛和犊牛，对正在发展中的广东奶业产生了较大影响。

但2002年也有一些养殖单位从国内外引牛扩群。如广东温氏6月份就从澳大利亚进口奶牛360头，其中有娟姗牛176头。

2. 牛奶收购与奶价 乳品厂收购牛奶普遍要求不含抗菌素，且每批牛奶都检测，手工挤奶的一般不收购，须由饲养户另找销路。收购牛奶按细菌数、乳脂率等指标计价。乳脂普遍要求3.25%以上，有些企业还要求无脂固形物在8.35%以上；一级奶要求细菌数低于20万/毫升，二级奶细菌数20万～50万/毫升，每吨价格比一级奶低100～400元不等。细菌数高于50万/毫升的牛奶，多数较大的乳品厂不收购或再压价收购。一般一级奶的比例在70%～80%，夏天较低，冬天较高，可达90%以上。

牛奶：一级奶，夏奶（5～10月份）2.8～3.1元/千克，冬奶（11至翌年4月份）2.3～2.8元/千克，一级奶全省全年平均价约2.7元/千克。但各乳品厂收购价各不一样，质量好与质量差的牛奶，同一乳品厂收购价相差最多可超过0.7元/千克。奶农普遍反映，生产成本高，牛奶收购价太低，养牛利润太低（每头只有1 000元），甚至没利润。而乳品厂则仍说奶价太高，采取各种办法压低收购价。

水牛奶：乳品厂收购，夏奶（5～10月）3.8元/千克，冬奶（11月至翌年4月）3.2元/千克。农民自己销售的5～6元/千克。

3. 乳品工业 2002年，广东新建乳品厂4家，新增生产能力约300吨/天，共有乳制品厂约40家，其中从事液态奶生产加工的占85%。从全省角度来讲，乳品厂的生产能力已大大超过实际加工量，能满负荷生产的厂家只属少数。但由于广东的乳品厂多数以巴氏杀菌奶为主，巴氏奶仍有较大的价格优势，受外地灭菌奶的影响相对比较小，故虽然多数企业生产规模并不大，但经济效益总的来讲还不错。但2002年也有个别老国营企业因内部管理的问题或新办企业因前期投资规模过大产品销路未打开而出现亏损。

2002年正在新建或扩建的企业有广州光明达能、广东燕塘、珠海维维大亨等。广州光明正在广州永和开发区新建日加工能力300吨的工厂，日处理150吨鲜奶的一期工程已投产。维维大亨乳业公司由维维集团与原珠海市大亨牛奶公司联合组成，维维出资占注册资本的70%。珠海市政府已批准拨出18.67公顷土地用于该公司的二期扩建工程。燕塘也准备2003年在原厂区扩建，扩建后日生产能力将从原来的150吨增至300吨。

随着这几个乳品厂新建或扩建工程的完成，广东有限的奶源将会变得愈加紧张。

4. 学生饮用奶 广东风行、燕塘、晨光、太阳宝四家企业2002年2月被批准为学生饮用奶定点生产企业。到2002年底，全省已有900所学校近60万学生饮用学生饮用奶。生产配送量比较大的是风行和晨光这两家企业。学生饮用奶试点城市在2001年的广州、深圳、汕头3个城市的基础上，2002年扩大至珠海、佛山、东莞、梅州、惠州5个地级市，使试点市增至8个，占全省21个市的1/3。由于各有关方面的重视与密切配合，2002年试点工作进行比较顺利，没出现过重大的质量事故，饮用学生奶的学生呈现逐渐上升的趋势。除了广东的定点企业之外，2002年还有两家外省定点厂（维维和伊利）的学生饮用奶进入惠州市的学校。但因这两家企业未按《广东省“学生饮用奶计划”实施方案（暂行）》的规定，向广东省学生饮用奶计划协调小组提交供奶申请和安全承诺，未经审核认可备案，因而受到有关部门点名批评。针对这种情况，广东省学生饮用奶计划协调小组计划在2003年制定一个更为完善的学生饮用奶产品销售管理办法，规范学生饮用奶的销售工作，确保学生奶的饮用安全。

（广东省奶业协会　林树斌）

广 州 市

【概况】 2002年的广州奶业，已是1998年复苏后连续取得好成绩的第4个年头，年末全市奶牛存栏19 024头，比上一年增长4.76%；全年牛奶总产量51 681吨，比上年增长8.23%；原料商品奶49 614吨，比上年增长3%；液态奶乳品加工总量91 020吨，比上年增长41.42%；固态奶奶粉生产加工总量6 000吨，增长10%；本地区人均年占有奶量7千克，比上年增长4.5%；人均年液态奶消费量25千克，比上年增长19%；日均鲜奶上市量81万瓶（盒），比上年增长24.6%。

2002年，广州奶牛存栏增幅不足5%，主要原因有三点，一是由于全国各地大力发展养牛业，而黑龙江、陕西等地奶农南下高价收购奶牛；二是为适应广州市政府关于城市发展的总体要求，市区内不准饲养奶牛，使部分奶农弃养；三是入世后大量低价进口奶粉，使乳品加工厂将收奶价下调100～200元/吨。由于以上原因，广州市首次出现了牛群外买的现象，外售牛群总量超过2 000头。海珠和芳村两市区原有奶牛4 000多头，已搬迁68%，新场址多选择在白云区的东北部、花都区、番禺区的珠江管理区、从化市和增城市等地，在搬迁过程中，相当一部分奶农选择了弃养或者几户联营、股份合作制，使广州的总饲养奶牛户数降至145户，降幅达25.3%。

广州奶业在变革中求发展。原属镇办的广州金鼎乳制品厂，于年初由私人集体经营承包后，投入巨资进行技术改造和新产品开发，新增液态奶生产线，使固、液态奶的日生产加工能力倍增，经济效益亦有较大的提高。广州市风行牛奶公司原隶属广州市农工商集团有限公司，由于企业体制改革，其下属的广州市风行牛奶乳品总厂被升格为广州风行牛奶有限公司，从此，公司的经营更加自主和灵活。原广州市凤凰农工商联合公司第一、第二牧场，自从行政上与广州市农工商集团公司脱钩后，向社会招揽多元经济成分加盟合作经营。该公司原有存栏奶牛 1 600 头，自身只占 33%的股份，中房集团建树工程有限公司占 45%股份，另外 22%股份为个体户李招培拥有。由上述三方联营合作，组建了广州天泉湖奶牛生态养殖有限公司，新的奶牛场选址在增城市仙村镇。

随着中国加入 WTO，广州市加大了乳品加工企业技术改造的力度，扩大了生产规模。广州风行牛奶有限公司年内新购置了一条较先进的 19 型利乐包装生产线，日生产加工能力提高到 130 吨；燕塘牛奶公司原日生产加工能力只有 130 吨，由于新购置安装了 19 型利乐和康美快速生产线，使日生产加工能力提高到 180 吨。地处广州柯榔村的广州强强兴乳品有限公司，其乳品加工基地占地面积 1 万米^2，拥有标准厂房建筑面积 3 600 米^2，总投资达 2 000 万元，日加工能力 60 吨，是广东省惟一的实行牛奶生产、乳品加工、奶品销售一条龙运作的民营乳品企业，其“练士”牌餐饮奶在广州地区深受消费者欢迎。该公司不但做自己本身的品牌，还为广州光明达能贴牌加工生产玻璃瓶装巴氏消毒鲜牛奶。广州益力多乳品有限公司是第二家新兴的乳品企业，由日本株式会社益力多公司（60%股份）、香港益力多乳品有限公司（35%股份）和广州经济开发区建设开发总公司（5%股份）共同组建而成，该公司生产加工基地定址在永和经济开发区内，总投资为 2.475 亿元人民币，于 2002 年 6 月正式投产开业，投资当年的生产规模为日产 15 万瓶。第三家是广州光明乳品有限公司，它是由上海光明乳业集团全资收购广州达能，而成为进入广州市场的首家外地乳品企业。该公司生产基地设在永和经济开发区，总投资为 2.04 亿元人民币，首期工程于 2002 年年底竣工验收投入试产，日加工能力可达 150 吨。由于几家新兴乳品企业的组建和生产规模的扩大，广州市的液态奶日加工能力已达 717 吨，比上一年增加了 240 吨，增长 50.3%。

激烈的市场竞争，迫使广州的奶业企业进行了高层的人事调整，把一批年富力强、具有开拓进取精神的年青人推上了领导岗位，其中包括：广州风行牛奶有限公司、广东国营燕塘牛奶公司、广州金鼎乳品厂、广美香满楼畜牧有限公司、珠江奶牛场、广州凤凰公司第一、第二牧场、华农大乳品厂等单位。领导层的年轻化，使广州奶业充满了朝气与生机，奶品市场产销两旺，奶品消费保持两位数的增长，奶品价格基本平稳，市民的保健意识和饮奶意识也有了一定的加强，实现了人均年消费液态奶 25 千克。学生饮用奶在广州市得以顺利推广实施，有近千所学校的约 25 万名学生开始饮用物美价廉的学生奶，其中还有 10 万学生享受到了 0.30 元/盒的政府财政补贴。同时，学生饮用奶的推广，促进了广州市奶牛饲养与乳品加工业的发展。

（广州市奶业协会　王丁棉）

深　圳　市

【概况】2002 年，深圳市共有存栏奶牛 14 000 多头，其中，深圳光明集团晨光乳业有限公司所辖国有奶场 7 800多头，每头牛年均产奶量 4 100 千克。

深圳市奶业起步比较晚，1978 年仅有 632 头奶牛，年产奶量 1 172 吨。改革开放后，作为全国的窗口，深圳市委、市政府确定了一系列发展奶业的思路和措施，将其列入市民绿色工程、菜篮子计划。1979 年，深圳最大的奶源基地原光明华侨畜牧场以补偿贸易形式与香港豆品有限公司合作，由港方提供有息资金 4 600 万港币，扩建牛场，引进先进设备和良种奶牛。1983 年，原农业部深圳爱地集团在深圳二线关外龙岗区横岗镇兴办时代牛奶公司，进行养、产、销一条龙运作，注重奶牛科学饲养管理，使产奶量有了明显提高，并开始向香港市场出口鲜奶。从 20 世纪 80 年代末到现在，晨光鲜奶出口香港市场始终保持在 10 000～13 000 吨左右，占香港市场消费量的60%～70%。

深圳现有乳及乳制品加工企业 9 个，加工能力仅“晨光”日产就达 500 吨以上。这些企业十分注重引进先进加工设备，推出最新产品品种，质量管理严格。多年来，经省、市质监、卫生检疫部门抽查检测，没有发现质量问题，亦没有消费者投诉生产商。

深圳现在的乳品销售市场基本上由本地奶、内地奶、国外奶三部分构成。共有品牌 47 个，品种 134 个。液态奶中，知名品牌有：晨光、伊利、蒙牛、东鹏、深晖、燕塘、喜之康、卡士、多牧多、锡林郭勒、活力宝等；奶粉中知名品牌有：三鹿、完达山、秦俑、澳牛等。按销售区分，液态奶以本地和内地奶为主，占市场份额 85%以上，奶粉则以内地奶和国外奶为主。

深圳乳业市场营销表现出多姿多彩的竞争格局，作为移民城市，市民消费少有恒定的品种，难以培养忠诚度。加上政府严格按照市场经济规律引导监管市场，允许各地产品共同竞争，促使厂家和销售商纷纷实施各自的营销策略。例如，深圳特区报业集团所属各主流报刊，主动配合企业宣传“常饮奶、多饮奶、饮好奶”，引导市民消费，发起创办了有报刊等新闻单位参加的“深圳乳业峰会”，按不同主题探讨奶业发展和营销中的问题，先后主办了“315 消费日赠饮”，晨光一日行，深晖环保行动等主题活动。深圳的各大超市商场也逐渐增大奶类产品展示面积，并以饮奶健康、营养、安全为主题的宣传促销活动与各大社区的消费者见面，促进了奶类消费量的增加。2002年，深圳市民人均消费奶类产品32.7千克。

深圳本地奶产出成本高于北方产奶地区，不具备性价比优势，一定程度上制约了奶牛养殖量的增加。深圳本地加工企业生产管理成本高，加工规模不易扩张，很难形成企业规模。因此，只有进行品牌整合，资源共享，互相渗透，共同做大做强，才能使深圳乳业今后有更大的发展。

（深圳市奶业协会　徐德福）

【奶源基地建设】2002年，深圳市晨光乳业有限公司奶源基地共饲养奶牛14 000多头，其中国营奶源基地有8个，饲养奶牛7 800多头（成母牛4 800多头），年产鲜奶2.2万吨。公司自1973年购进48头中国荷斯坦奶牛后，开始了饲养奶牛的历史。由于当时生产水平低下，产量很低，每头年均单产多在2.9～3.4吨之间徘徊。1979年晨光与香港豆品有限公司签订协议，由港方提供有息资金4 600万港币，引进先进设备和良种奶牛。1980—1984年逐年建成了凤凰、圳美、东周、木墩、新陂头等奶牛分场，先后从新西兰、丹麦购进良种奶牛，新建奶牛场通风较好，为敞开式牛舍，并从瑞典引进了2台较为先进的鱼骨式挤奶机。2002年，奶源基地国有奶牛场发展迅速。

1. 奶牛群体扩大　奶牛存栏7 800多头，其中成母牛5 377头，育成牛1 720头，犊牛703头。

2. 产奶量上升　2002年，牛奶总产22 000吨。泌乳日单产14千克，饲养日单产11.3千克，每头牛平均单产4 128千克。

3. 奶品质量提高　晨光基地通过加强三级管理（公司、奶牛场、奶厅）三级监制（国家商检局、公司、香港客户）健全了质量管理体系，使晨光奶品长期保持国际先进水平，常年输港均视为优质合格产品，月合格率达到99.1%。

4. 引入奶牛更趋优良化　为了确保出口牛奶的质量和提高单产，制订了"选育耐热、耐粗料、抗病力强、适合南方地区特点、体格健康、乳房结构好、四肢结实、蹄质结实、中产高质乳用型群体"的育种目标，对牛群进行鉴定，建立核心群，并按综合指数进行分级，引入优秀美国、加拿大、德国公牛精液，在核心群进行选配。现在，由良种公牛进行改良新生产的杂交后代已有3 000多头。由于优良品种的引入，提高了奶牛群体优良基因比例，加速了牛群优化的历史进程。

（深圳市奶业协会　徐德福　胡祖海）

【学生饮用奶计划】为了保证深圳市"学生饮用奶计划"顺利实施，2001年7月，深圳市政府办公厅发布《深圳市"学生饮用奶计划"实施方案》，确定深圳市"晨光"学生饮用奶为全市学生饮用奶，并成立了市"学生饮用奶计划"推广工作领导小组办公室，召开了全市"学生饮用奶计划"试点工作会议，正式启动全市"学生饮用奶计划"。目前，全市已有190所学校、幼儿园加入了"学生饮用奶计划"，约15万多学生喝上"安全、营养、方便、价廉"的晨光学生奶。2002年，已累计供应学生奶4 600吨，约2 230万盒。

为做好学生奶生产工作，保证学生奶质量，晨光从奶源上就严把质量关，用最好的原料奶生产学生奶，选用公司现有最好设备进行生产，并专门斥资80万元从芬兰进口了两台质量检验设备。同时还专门成立了学生奶推广部，抽调各部门精兵强将组成一支专业化高素质的销售服务队伍，并配备专门配送车辆，对司机和送货人员严格培训，坚持文明装卸、礼貌待人，确保学生奶供应工作安全、有序运作；为防止意外发生，学生饮用奶配送一律选择周六、日学生离校时进行集中配送，同时，还成立了由总经理负责的学生饮用奶应急小组，确保第一时间应对可能发生的紧急情况。

（深圳市奶业协会　徐德福　胡祖海）

广西壮族自治区

【概况】2002年广西畜牧业总产值306.50万元，占农业总产值的比重为33.4 %。奶业占整个畜牧业的比重很小，但相对于畜牧业中的其他产业来说，发展速度是最快的。近年来，广西把发展奶业特别是水牛奶业列入了广西经济发展纲要，开发水牛奶业成为广西七大重点建设项目之一；各级政府也不同程度地加大了对奶业的投入，2002年总共投入1 865万元扶持奶业。2002年，广西奶牛存栏为1.6万头，与2001年相比，增长41.6%，其中，国有奶牛场奶牛仅占总存栏量的16%，比例较2001年又有所下降，个体和私营奶牛场奶牛占总数的84%，与2001年相比，提高了4%；2002年总产奶量为3.1万吨，与2001年相比，增长了51.5%，其中国有奶场全年产奶量为5 200吨，个体和私营奶场全年产奶量为25 800吨。

2002年，广西牛奶加工企业发展较快，有一定加工能力和固定奶源基地的加工企业有8家。民间资金投资牛奶加工力度较大，如广西黄氏生物工程乳品有限公司投资4 500万元建立了设备先进的牛奶加工厂，并带动了周围地区的奶源基地建设。

从目前情况看，广西奶业生产水平低，产业化程度不高，奶牛单产、奶制品种类和牛奶收购与销售等方面和国内奶业发达的省份相比仍存在很大差距。主要制约因素：一是奶牛来源不足，品质差，多为品种退化和外省淘汰的黑白花奶牛，不能形成高产牛群；二是饲养管理水平不高，尚未形成规模化、标准化饲养经营；三是地方财力十分有限，不能对奶业进行大量的投入和有效的扶持。

（广西壮族自治区畜牧总站　王国利）

海　南　省

【概况】 海南是一个农业省区，奶业发展相对滞后。过去，由于经济、社会等诸多方面因素的原因，奶业生产经历了辉煌、衰退、停滞、复苏几个演变过程。近年来，国家“学生饮用奶计划”项目工程启动以后，在各级政府的大力支持与引导下，海南省的奶业又开始重新起步。随着乳品消费市场的复活与新兴消费群体，尤其是青少年及部分老年消费群体的形成与稳步增长，海南省奶业生产形势正呈逐步好转趋势。2002 年，全省奶牛饲养量增加 550 头，增长了 10%；鲜奶产量达 593 吨，增长 20.53%。目前，“学生饮用奶计划”工作实施推广面已增加到 150 多所学校，比去年增长了 66.7%；饮用“学生饮用奶”在校人数达 6 万多人，约比去年增长了 20%，逐步呈现出较为强劲的发展势头。

奶业生产的发展特点

1. 奶牛生产　饲养规模与方式：目前，海南省奶牛饲养规模还很小。上百头的饲养企业只有 2 家，以舍饲方式饲养。5～15 头的个体饲养户仅有 20 个，以放牧＋舍饲方式饲养。

品种构成和改良：海南饲养的奶牛品种主要为荷斯坦奶牛，还有极少量的摩拉杂交或尼里/拉菲杂交水牛。

乳产品价格：企业自产的鲜奶收购价格为每千克 3.6～4.0 元，个体户生产的鲜奶零售价格为每千克 3.2～3.5 元，水牛奶产量极少，价格为每千克 5.0～6.0 元。

加工企业情况：海南现仅有 2 家乳品加工生产企业。经过几年的发展，这两家企业所能加工生产的奶品种有纯鲜奶、酸奶、风味奶、营养奶及餐饮乳等五大系列 23 个品种。

目前进驻海南的奶产品主要以液态奶为主，有“光明”、“伊利”、“蒙牛”、“完达山”四个品种。奶粉多为从新西兰、美国、澳大利亚等国进口产品，但销售量有限。

2. 乳产品的安全生产与产品质量监测工作得到了逐步加强　随着“无规定动物疫病区示范区”项目建设工作的推进，我省的奶牛饲养与乳品加工基础设施建设得到了进一步加强与完善，奶牛的疫病防治与产品质量监测也逐步走上制度化轨道。

3. 逐步推进奶业“无公害畜产品认证”工作　为了配合“无规定动物疫病区示范区”项目建设，2002 年，组织海南各个乳品生产企业，申报“无公害畜产品产地认证”工作进展顺利。

4. 重组整合，逐步朝着农、工、贸一体化，与产、供、销一条龙方向发展　1995—2000 年间，原有海南红岛奶牛场、文昌市竹琅奶牛场、海口市罗牛山奶牛场、海南艾森牧业有限公司等几个具有一定规模奶牛饲养与乳品加工生产基地，因为受到市场经济、资金、技术、地域等方面因素的影响，已有几个奶牛场逐步转向或进行资产重组。目前尚存有海南艾森乳业有限公司与海口新海乳业有限公司等两家奶牛饲养基地。重组后，企业的技术、资金、设施、人才、市场等资源得到了优化配置，并逐步建立起农、工、贸一体化，产、供、销一条龙体系。

（海南省农业厅畜牧处　邢贻强　张一心）

【艾森乳业有限公司】 海南艾森乳业有限公司是由瑞士艾森集团（ASI GROUP）全额投资，专业从事中高档乳制品及餐饮乳生产与销售的外商独资企业，是海南第一家年生产能力达万吨的乳业公司，年生产总值可达一亿元人民币。目前拥有海南设施最先进、养殖规模最大的机械化生态养牛场，存栏总量可达 1 500 头，形成了牧草种植—奶牛养殖—乳品加工—市场销售—售后服务为一体的产业链。

艾森乳业于 1999 年 8 月在海南注册成立，总投资 269 万美元，拥有世界一流乳品企业的生产设备，其工艺设计、设备供应、安装调试均由世界知名的乳品加工机械生产厂商——丹麦 APV 公司实行交钥匙工程总体承揽；以新鲜屋顶盒包装为主的保鲜奶产品，生产工艺沿用欧洲乳品加工技术结合现代生物工程技术制造；酸奶制品从世界著名的菌种公司——丹麦汉森公司引进优质乳酸菌种（NCFM），并采用专利技术生产，在 4℃冷藏温度下可存活 12 个月，其存活率远远高于其他商业乳酸菌。

艾森牧业坐落于海口市石山镇美鳌村美造水库旁，实行科学化养殖，培育的奶牛品种是世界上产奶量最高、奶质极佳的良种荷斯坦奶牛，每头牛均有惟一编号，经微机跟踪管理，对奶牛每日的营养摄入、健康状况、产奶量都定时进行跟踪记录，并专门配置科学的饲料配方，以保证牛奶中各营养素含量达标。艾森牧业采用了世界先进的机械化挤奶设备和恒温冷藏系统，保证牛奶挤出后迅速降温到 4℃以下，经冷藏运输到艾森乳业生产车间加工。艾森牧业自行规模化种植优质牧草，并扶持和带动当地农民种植牧草，确保饲料纯净无污染，青草种植和收购都须经过严格的检验。

2002 年，海南艾森乳业已拥有纯鲜牛奶、酸奶、风味牛奶、营养奶及“妙客”餐饮乳等五大系列 23 个品种，形成了较为科学和完善的营销模式。

为更好地贴近生活服务百姓，艾森提出了“服务零距离”的口号，建立了完善的物流配送网络和社区“新鲜屋”送奶上门的直销订送系统，为适应现代健康时尚消费的需求，推出“妙客”餐饮乳销售系统，以其优越的品质和独特口味占领餐饮乳的高档市场。

艾森乳业热心公益事业，积极树立企业的社会形象，先后为海口市福利院的全体孤残儿童免费提供了为期半年的优质牛奶，捐赠价值达6万元；向海口17所中学2 000多名教师赠送牛奶；结合海南人生活饮食特点，以多种形式开展营养知识、牛奶与身体健康方面的大众教育讲座。这些举措充分体现了艾森“投资海南，造福百姓”的决心，以及建设符合自身特点的企业文化的经营理念。

经过不断努力，艾森乳业得到了社会及政府的认可：2001年8月，艾森乳业被省外经贸厅认定为海南省“外商投资先进技术企业”，成为海南技术最先进的乳品企业；2002年10月，分别获得“中国奶业优秀企业”和“全国质量信得过食品”荣誉称号；2002年12月，通过了“ISO9001国际质量管理体系认证”；2001年、2002年连续两年被指定为“博鳌亚洲论坛惟一专用牛奶”。

（海南艾森乳业有限公司）

【新海乳业有限公司】 海南新海乳业有限公司属国有投资控股公司，总部设在新疆乌鲁木齐，是一家多种经营的综合性开发公司，多年来在畜牧养殖和乳品开发方面积累了丰富的经验。

公司生产基地位于海口市罗牛山农业综合开发区奶牛场。1992年，在海口市人民政府的支持下，新疆石油化工产品开发总公司联合新疆呼图壁种牛场，与海南颇负盛名的海口农工（罗牛山）股份有限公司实现了合资经营，由新疆石油化工公司投入人民币769万元，海口农工贸（罗牛山）股份有限公司下属的海口罗牛山综合农业开发区公司投入土地5.3公顷和100多万人民币，新疆呼图壁种牛场投入100头荷斯坦黑白花奶牛，三方分别占有64%、19%、17%的股份，成立了海南新海乳业有限公司，并被市政府确立为海口市重要的菜篮子工程基地。同时，被海南省营养学会遴选为海南省营养宣教奶牛基地。目前，是惟一被海南省营养学会指定的公众营养改善计划推广牛奶。

公司现有奶牛养殖基地20余公顷，荷斯坦良种奶牛200多头，年产鲜牛奶近500吨。鲜奶产量居海南省第一位。安全、卫生、新鲜，是海南真正的地产鲜奶。预计在未来5年内，公司将发展成拥有近千头牛的现代化良种奶牛养殖基地和乳品生产加工基地。海南岛绿色天然健康的生态环境，形成了新海牛奶独具特色的100%新鲜纯正健康的品牌特征。

目前，公司已经形成了科研、开发、生产加工、销售一条龙式的市场运作体系。产品全部采用罗牛山无污染、无公害的新鲜地产鲜牛奶为原料，实施标准化工艺生产。先进的生产工艺、保鲜技术和先进的牛奶罐装生产线，一流的质量检测体系，充分保证了产品的品质。根据市场运作的需要，公司向国家工商局申请注册了“雪古丽”牌商标。“雪古丽”牌系列产品包括生鲜牛奶、纯甜牛奶、纯鲜牛奶、乳酸牛奶、风味酸乐牛奶饮料、麦香牛奶等，其安全配送系统覆盖海南全省。

（海南新海乳业有限公司）

重 庆 市

【概况】 2002年，重庆市奶牛存栏2.7万头，比上年增长29.6%，牛奶产量8.1万吨，比上年增长21.7%；人均占有奶量2.4千克。全市奶牛平均奶产量4 720千克，初具规模的乳品加工企业11家，日单班处理能力达400吨以上，乳制品花色品种达50多种。随着国民经济的发展和居民食物结构的改善，消费者对高蛋白食物需求不断增加，牛奶及其制品已越来越受到消费者的青睐，再加上“学生饮用奶计划”的实施，牛奶市场前景十分看好。奶业已成为“政府大力支持，农民积极发展，社会热心关注，企业踊跃参与”的一个热点产业。然而，重庆市奶业发展还面临许多问题，如：奶牛单产水平低，总产量不足，人均占有量低；乳制品加工产品花色品种不多，档次不高；技术服务体系跟不上奶业发展的需要；挤奶手段落后，广大农户还是以手工挤奶为主，机械化挤奶才刚起步；奶业投入严重不足，极不适应奶业快速发展的需要。

重庆市大力发展奶业的具体措施：

1. 大力宣传，加强引导，培养消费习惯 重庆市农业局和重庆市奶业协会于2002年5月在市中心地带——解放碑举行了丰富多彩的“国际牛奶日”宣传活动，主题是“安全饮奶，饮放心奶”。市教委、市质量技术监督局、市牛奶质量监督检验站、市长江农工商控股（集团）公司等相关部门以及“天友”、“太易”、“海浪”、“江龙”、“前进”、“龙麦”等六家乳品加工企业参加了宣传活动。同时，重庆市已加入全国实施“学生饮用奶计划”的行业，旨在提高全民身体素质，培养未来消费群体。

2. 建立奶牛生产基地，走产业化经营道路 为适应今后奶业的发展，市农业局规划在近郊逐步建立10个“优质、高产、高效、生态、环保”的奶牛生产基地（养殖小区）。2002年已经建成南岸峡口、渝北天堡寨两个养殖小区。在生产方式上，大力扶植农村散养户，帮助他们适当扩大规模，按照产业化模式组织各个环节的生产，实现规模化生产、机械化操作、集约化经营和科学化饲养，积极做好产前、产中和产后各环节的服务工作，带动广大农户共同发展。

3. 依靠科技进步建设现代化奶业 在奶牛生产方

面，着重抓了奶牛育种、饲料饲养、挤奶机械化和疫病防治等重要环节的工作：（1）积极引进奶牛优良品种，重庆市牛良种繁育中心耗资20余万元引进了3头产奶能力10吨以上的高产良种奶牛，加大奶牛品种改良力度，充分挖掘产奶潜力；（2）大力推广高产奶牛细管冻精配种和胚胎移植等技术，2002年市政府有关部门投入30万元专门用于奶牛的胚胎移植；在近郊奶牛基地完成了10个标准化乡镇奶牛冷配站建设并已投入使用；（3）广泛推广青贮、微贮、氨化等新技术，保障青粗饲料供应，并大力推广犊牛早期断奶、早期补饲和早期乳房按摩等实用技术，强化疫病防治，保证奶牛健康；（4）结合实施“学生饮用奶计划”，积极推广管道式、鱼骨式挤奶系统和手推车挤奶器等机械化挤奶设备，提高原料奶质量和科学管理水平。

4. 加强“龙头”企业的培育和建设 引导乳品加工企业加大产品开发力度，根据市场的需要开发适应不同消费群众、不同消费场合、不同消费水平、不同消费习惯，开发不同营养成分、不同风味、不同包装形式及规格的多元化新产品，用高质量、差异化增加市场竞争力，把市场做大，满足不同市民的饮奶需求。扶持“龙头”乳品企业，建立和完善产、加、销一体化经营模式和与基地、农户风险共担机制，增强抵御自然和市场风险能力。

今后的发展重点：一是要将奶业发展作为畜牧业结构调整的中心工作，与继续提高肉类总产量和调整畜牧业结构放在同等重要的位置；二是促进奶业生产的区域化、专业化基地的形成；三是制定促进奶制品加工业发展的优惠政策，在投入、税收等方面予以大力支持，促使奶类加工业大发展。

发展目标：2005年，全市奶牛存栏数达到3.0万头；牛奶产量达到12.6万吨。奶牛单产由目前的5 000千克提高到6 000千克。

（重庆市农业局　罗　健）

四　川　省

【概况】 2002年，四川奶业按照“良种牛、优质草、生态奶”的发展思路，扎实推进奶业产业化进程，加大了奶业资源合理配置和整合的力度，全省奶业发展充满了生机与活力。

1. 存栏奶牛数与乳品产量快速增长 2002年，全省奶牛存栏8.4万头，比2001年增加2.8万头，增长33%；牛奶总产量达到38.9万吨，比2001年增加5.9万吨，增长15%。

2. 奶源基地建设成效显著 全省主要奶源基地按照“（奶牛）场为依托，农户所有，集中饲养”的模式，在成都、眉山等地形成集中分布，有力地提高了鲜奶质量，促进了规模化经营，为奶业健康发展奠定了坚实的基础。

3. 奶业“龙头”企业发展出现新局面 新希望集团兼并四川华西乳业和阳坪乳业，形成了一个资源优势互补、企业实力较强的四川奶业“龙头”。同时，在当地市场拥有较大影响的雅安熊猫乳业和自贡—对山乳业进行了大规模技术改造，菊乐、奶奇乐等乳品加工企业也在产品开发和营销等方面迈上了新的台阶。全省奶业“龙头”企业普遍形成了实力增强、销售扩大、利润增长的新局面。

（四川省奶业协会）

成　都　市

【概况】 2002年，成都市奶牛存栏、牛奶产量大幅增长，奶牛规模养殖和奶源基地建设稳步推进，乳品加工能力显著增强。据统计，全市奶牛存栏达到2.69万头，品种为荷斯坦奶牛，比2001年增加0.57万头，增长26.92%，其中产奶牛2.04万头，占奶牛存栏总数的76.40%。牛奶产量8.4万吨，增加2.25万吨，增长36.5%，产奶牛头平产奶量达4 120千克，提高1.88%。全年牛奶价格平均每千克1.90元。全市奶牛饲养场（户）2 925个，其中饲养20头以上的达326个、50头以上的52个、100头以上的17个、200头以上6个、500头以上的1个。奶牛规范化饲养迅速兴起，建成菊乐奶牛饲养示范园区、金牛奶牛公寓、奶奇乐美国荷斯坦奶牛饲养示范园区等奶牛规范化饲养小区（场）13个，建成菊乐、奶奇乐、邛崃旺林3个无公害奶业生产基地。中远郊奶源基地奶牛养殖规模不断壮大，郫县奶牛存栏达5 054头，成为全市最大的奶源基地，发展较快的还有新都区2 319头、双流县1 604头、彭州市1 251头。华西、菊乐日处理鲜奶能力均达到200吨，奶奇乐达30吨，加上沙河、鑫华生、邛崃旺林等企业，全市乳品加工企业达到8个，日处理鲜奶能力达到475吨，增加108吨，年鲜奶加工能力达14.25万吨，增加3.75万吨。目前，几家企业还在继续进行技改扩建，菊乐公司温江、青羊、都江堰厂区扩建后，2003年底将拥有10条现代化生产线，达到年加工鲜奶10万吨的生产能力；奶奇乐已从瑞士引进长效奶生产线，2003年4月份已投产，到年底日处理鲜奶能力将达到70吨。

（成都市农牧局畜牧饲料处　余建明）

贵　州　省

【概况】 2002年，贵州省奶业仍保持快速发展的态势，全省共存栏奶牛14千头，比2001年10千头净增4.0千头，增幅42%，其中成年母牛为8.5千头，比

2001年5千头净增3.5千头，增幅70%；全年总产奶量25千吨，比2001年20千吨净增5.0千吨，增幅26.5%。存栏奶牛主要分布在贵阳、遵义、黔南州、黔西南州。2002年个体奶牛存栏数首次超过国有奶牛存栏数，全省14.2千头存栏奶牛中，个体存栏7.31千头，占51.47%，国有存栏6.98千头，占48.53%。饲养规模方面，有1 000头以上的奶牛场1个、500～1 000头的奶牛场1个、100～500头的奶牛场5个、10～100头的奶牛场8个，另有10头以下的奶牛饲养户1 200多户。

贵州省为积极响应国家关于做好“三农”工作的有关精神，结合本省关于乳业产业发展的中长期规划，充分利用当地丰富的自然资源和日益扩张的乳品消费市场，贵阳三联乳业有限公司又在开阳县的三合村和息烽县雨洒村建立原料奶生产基地，至此，贵州“公司加基地、基地连农户”的奶业生产基地总数已发展到7个。2002年，新增的两个基地共发展奶牛户137户，购进青年怀孕母牛298头，部分母牛已产犊，日总产奶量已达2.3吨，为解决贵阳三联乳业原料奶不足问题起到积极作用。

为了做好奶源基地养牛户的产前、产中、产后的服务，按照“公司＋基地＋农户”小区奶业发展模式，由三联乳业公司奶牛技术服务中心配备专业技术人员常驻基地，就奶牛的繁殖、疾病防治、挤奶机操作及收奶等实行昼夜服务。并经常对农户进行现场培训和指导，最大限度地降低农户饲养奶牛的风险，增加了农户的收入，调动了当地个体养牛户的生产积极性。

贵州省委、省政府决定近几年内投资3.4亿元，在全省9个市（州、地）的郊区及高等级公路沿线建设30个奶源生产基地，每个基地发展200个奶牛专业户，饲养奶牛1 000头。到2005年，全省将年产鲜奶80千吨，到2010年，年产鲜奶将达到170千吨。

【乳品加工及市场】 2002年，全省乳品加工销售量为27.26千吨，比2002年21.56千吨净增5.7千吨，增幅26.44%，乳制品种类依其产量大小分别为巴氏奶、超高温灭菌奶、酸奶、奶饮料和奶粉。以“山花”为品牌的贵阳三联乳制品公司生产量为14.4千吨，占全省生产量的52.82%。2002年，光明、伊利、蒙牛、完达山、夏进、三元、雀巢等知名品牌的乳制品纷纷抢滩贵阳市乃至各市（州、地）、县商品牛奶市场，对贵州乳品加工企业造成很大冲击，省内乳品加工企业之间也展开了份额之争。由于生产规模小，设备和工艺水平相对滞后，加上原料奶价格过高（每千克入厂价2.20～2.40元），使贵州省乳品加工企业生产的盒装保鲜奶、乳配饮料和奶粉的竞争力减弱。但是，由于本省乳品企业多以生产简装巴氏奶和酸奶为主，依靠多年形成的分发销售体系和在订户中的信任度，市场占有份额尚未遭受太大的影响。

【奶类项目通过验收】 历时7年（1995—2001年），实际完成总投资4 444.32万元（其中欧盟无偿援助1 845.46万元，地方配套2 598.86万元）的中—欧奶类项目贵州项目区项目建设工作如期完成后，于2002年4月29日通过了由农业部奶类项目办公室、贵州省政府有关领导和专家组成的验收组的终审验收，并签署了合格意见，同时对项目后续工作提出了多项建议。

（贵州省奶类项目办公室
廖正录　赵小筑　胡　萍）

云　南　省

【概况】 2002年，云南省奶牛存栏数130千头，较2001年增加24千头，增长18.46%；能繁母牛72.4千头，增加4.9千头，增长7.29%；奶类总产190千吨，增加19.84千吨，增长11.63%，其中牛奶总产175千吨，增加19千吨，增长10.86%；人均占有奶量4.1千克，增加0.42千克，增长10.55%。云南省奶业发展的特点：

1. 加大奶业的科技投入　(1) 省农业厅畜牧兽医局针对云南奶牛饲养业中科技含量不高、饲养管理粗放、单产低等问题，委托云南省畜牧兽医学会奶业分会于5月、11月分别在洱源县、宜良县举办了科学养奶牛技术培训班，对来自全省9个地州市、38个县及6个乳品企业从事奶业科技、生产、管理的191人进行了培训，并对当前农村奶牛饲养管理中存在的问题与解决办法进行了研讨；(2) 编辑出版了《奶与人类健康》一书，指导人们科学饮奶，并由云南省畜牧兽医学会组织了省内外专家教授，结合实际编辑了《科学养奶牛》一书；(3) 投入124万元，首次在10个县设立“高产奶牛配套技术推广”与“兴建奶牛合作社扶持”项目；(4) 加大农田种草养奶牛项目的推广力度，2002年农田种草2 070公顷，为2001年的5倍，同时改良天然草场种草24 180公顷，建人工草场4 050公顷，共投资6 000多万元，逐步建立优质饲草基地，以确保奶牛尤其是冬春青饲料的供应。

2. 奶牛饲养向规模化发展　2002年，农村采取合作社或养殖场形式饲养奶牛的有3个地州市6个县区，奶牛合作社由2个发展到16个，养殖场（小区）由1个发展到9个。率先建立奶牛合作社的晋宁县，奶牛合作社与养殖场所饲奶牛数占全县奶牛总数的65.42%，呈贡县采取以上两种形式饲养的奶牛，占全县奶牛总数的87.54%。全省目前最大的奶牛合作社，前进乳业奶源基地的穆盛达乳牛合作社，采取集中饲养，以户为一单元分开管理，集中机器挤奶的形式，2002年已入驻养牛户108户，饲养奶牛1 521头。集中饲养管理利于科学技术的推广应用与机器挤奶，提高生产水平与保证牛奶质量。但为确保规模饲养的健康发展，在规范化饲养管理、排泄物的无害化处理、建立严格的防疫消毒制度、优质饲草的生产与供应，以及不同条件下适宜饲养规模等方面都急需改进。

3. 奶业向“企业＋基地，基地联农户”产业化方向发展 随着乳品加工能力与销售量的增长，为确保奶源的质量，各乳品加工企业在农村投入一定资金，采取扶持措施建立自己的奶源基地。如昆明雪兰牛奶有限责任公司，除有8个国营奶牛场入股加盟外，还在昆明市近郊县扶持建立了9个奶牛合作社（场），共饲养奶牛8 312头；昆明跑马山实业总公司（前进乳业）在农村扶持建立了5个奶牛合作社，6个养殖场，有4 139头奶牛稳定地提供加工原料奶，初步改变了过去互相争奶源或不收购、不管奶牛生产、单纯买卖奶的状况。

【召开云南省奶业发展战略研究会】为使云南省奶业健康稳步发展，云南省畜牧兽医学会奶业分会与云南省畜牧经济研究会针对社会上出现低水平情况下的牛奶生产过剩问题，于2002年9月在昆明联合召开了“云南省奶业发展战略研讨会”，来自全省奶类主要生产区的6个地州市、23个县、7个乳品加工企业与省级有关部门的83位代表出席了会议。会议收到论文29篇，20位代表在大会上做了交流发言。云南省农业厅杨志民副厅长到会，就加快云南奶业健康稳步发展与产业化进程做了指导性发言。会议讨论分析了云南省奶业发展中的问题与发展趋势，研究了措施和对策，通过了给省委、省政府的“关于加快云南省奶业发展的建议”。

（云南省畜牧兽医学会奶业分会　陈德端）

【云南省实施中国—欧盟水牛开发项目】该项目于1997年至2002年实施，通过提供更优质的种畜，进一步满足所选定的项目区乃至全国其他地区对水牛肉和水牛奶不断增长的需要，同时改善农民（特别是少数民族和贫困山区农民）的经济状况，增加农民收入。该项目的任务为水牛的乳用、役用与肉用，集中在与缅甸毗邻的德宏地区的盈江、潞西和陇川县等地进行。云南项目自实施以来，共投资2 906.4万元，其中欧方资金843.51万元（不包括技术援助费），中方资金2 062.9万元，用于引种、改良、基础建设、设施配备与培训等。项目期内共引进水种公牛50头，年生产水牛冻精8.02万剂，较项目实施前增长2.6倍，去势淘汰本地水种公牛3 801头；共举办各类培训班603期，培训管理人员、技术人员和农民群众共计32 115人次；人工种植牧草和改良草山坡513.3公顷，完成计划的115.86%，并初步筛选出适应性强、产草量高的牧草品种，如：王草、象草、危地马拉草、臂形草等亚热带牧草品种，据盈江县水槽河畜牧场估测，王草年公顷产28.3万千克；狼尾草年公顷产23.6万千克，矮象草年公顷产26.8万千克；臂形草年公顷产20.3万千克，为更大规模种植人工牧草提供了宝贵的经验，也为水牛改善营养提供了物质基础。项目期内德宏项目区水牛人工授精产杂交水牛犊2 383头，其杂种优势十分明显，杂交公牛初生重35.28千克，较本地初生公牛的22.3千克，提高58.21%；杂交母牛初生重量33.94千克，较本地初生母牛的23.3千克，提高47.7%。杂交水牛的市场售价比本地水牛高出30%～40%。现有杂交母牛1 187余头，部分可以挤奶，盈江、潞西、陇川的部分农民已开始挤水牛奶投放市场。项目区水牛出栏数达23 616头，比1996年的15 125头，增加8 491头，增长56.14%。项目的实施，进一步提高了畜牧兽医业务部门的管理和技术水平与农民的科技素质。2002年，欧盟独立评估团对云南省水牛项目给予了高度评价。

（云南省畜禽改良站　李大林）

【大理州政府加快乳业产业化的发展】2002年4月，大理白族自治州人民政府下发了施行《关于加快大理州乳业产业化发展的意见》。该意见提出“经过5年左右的努力，把乳业发展成为中国乳业重要的生产加工基地，西南乳业主要生产加工基地，创造中国一流的优质乳业绿色品牌，在‘十五’末把乳业建设成为富民兴县强州的骨干产业”。到2010年全州牛奶产量将达20万吨，农民收入3亿元，乳品加工销售收入5亿元，税利5 000万元，对财政贡献3 000万元。同时，在30个乡镇建设奶源基地，形成一批产奶量上万吨的乡镇；各县市要把扶持农户购买奶牛作为小额信贷的重点；龙头企业要按“谁建设谁收购、谁服务谁受益”的原则，固定划分奶源基地，建立风险共担、利益共享的连锁机制，合理确定龙头企业与奶农的利益分配，使鲜奶收购、奶源基地建设、生产服务统一配套；实行奶牛死亡保险，在划定的基地范围内，由龙头企业和农户各承担50%的保险费；健全奶牛服务体系，提高改良技术水平，强制淘汰劣杂公牛，实现良种化；“十五”末在好田好地种植优质饲草3 333.3公顷以上，对连片种植饲草6.7公顷以上的乡村，对种草农户每公顷给予375元的草种补助；大力推广奶牛优质高产综合配套技术，建设30个高产奶牛示范村，每村示范100户，饲养能繁母牛200头，对达标户给予300元补助，每个示范村给科技推广经费1万元，并提出全州鲜奶收购最低保护价为每千克1.2元，实行优质优价，不得压级压价，不得拒收。为确保目标的实现，制定各级、单位的职责及奖惩办法。2002年州政府拨出扶持奶牛发展经费250万元，是有史以来最高的一年。

（云南省畜牧兽医学会奶业分会　陈德端）

昆明市

【概况】近几年，昆明市奶业保持了良好的发展势头，2002年全市共存栏奶牛24 255头，比2001年增加4 144头,增幅达20.1%；成母牛存栏17 932头，增加2 124头,增幅13.4%；鲜奶总产量63 198吨，增产4 050吨，增幅6.8%，全市年人均占有牛奶12.8千克。由于奶源的发展，昆明市乳品市场货源充足，市民对牛奶及乳制品的需求得到了满足，学生饮用奶计划正式启动并取得了较好的成绩。

昆明雪兰牛奶有限责任公司以组织农村奶牛合作社的形式建设优质奶源基地的成功经验得到省市领导的充分肯定，为了推广雪兰经验，2002年，昆明跑马山实业总公司、海子乳品厂、大理蝶泉公司和个旧乍甸农场等单位也开始了建设优质奶源基地，组建农村奶牛合作社的工作。

随着奶牛合作社建设的进一步深入以及市场对鲜奶质量要求的日益提高，各企业都按国家标准制定了相应的牛奶收购制度。如雪兰公司在强化了挤奶厅挤奶操作规程和鲜奶贮存、运输的若干规定之外，2002年4月正式执行了“生鲜牛奶按质论价方案”，使提高牛奶质量的工作成为奶牛饲养户自觉的要求。公司与县区相关部门也安排技术干部到合作社进行了具体的指导，改变一些农户不良饲养习惯，使鲜奶无论是理化质量，还是微生物质量都达到了国家生鲜牛奶收购标准。

2002年，昆明市学生饮用奶计划得到了稳步的实施和发展。昆明雪兰公司获中国学生饮用奶计划办公室颁发的“学生饮用奶定点生产企业”认证，雪兰品牌的学生饮用奶开始正式供应昆明市中小学校。昆明市教育局为了推广好学生饮用奶，召开了由各县、区教育部门和相关学校分管领导参加的学生饮用奶计划会议。市学生饮用奶计划办公室与雪兰公司共同制作了1万张宣传画在各学校张贴，10万份宣传手册发给中小学生，2002年全市组织10万名中小学生参加了学生饮用奶知识竞赛，扩大了学生饮奶人数。目前，全市正式推广学生饮用奶计划的学校已达到100多所，4万多名学生。

近年来，昆明乳品市场有了较大的发展，2002年消费液态奶约34 000吨，其中当地产品约26 500吨，外地产品约7 500吨。全年牛奶消费水平表现为年初低、年末高的趋势，仅本地四个大品牌日供应量就达140吨左右，外省进入昆明市场的产品多为长效乳和含乳饮料，且在市场上较少波动。省内进入昆明市场的主要是大理蝶泉与昆明的雪兰、前进、海子，成为市场的主流品牌。大理地区近年来新建小型乳品厂较多，而且建厂后都挤入昆明市场，使昆明奶业市场出现了许多新面孔。省外乳品企业也直接来昆明办厂，利用昆明奶源占领云南市场，如浙江的李子园和山峰乳业在昆明的宜良县和晋宁县办厂收奶，生产含乳饮料销往全省各地。

2002年，雪兰公司推出新产品500克装长效利乐枕后，市场反映良好，产品供不应求。雪兰公司计划2003年扩大生产规模，加大销售力度，并在充分分析了昆明乳品市场，云南乃至全国市场和乳品企业发展动态后，认识到与一个有实力的集团实行强强联合有利于公司和昆明牛奶市场的发展。与此同时，四川新希望和上海光明正好有合作的意向，雪兰公司为了维护职工权益、股东利益和今后继续发展，要求两大集团在满足公司提出的三个有利、四项原则和十个条件的基础上拟出合作方案，最终确定合作关系。三个有利是：有利于职工队伍的稳定，有利于股东利益的保证，有利于雪兰公司的发展。四项原则是：溢价收购职工股，用不低于1 000万元收购职工股606.36万元。与90%～95%的职工签订三年劳动合同，保护职工合法权益，稳定职工队伍。确保原股东利益，股东资产回报率每年10%。投资8 000万元建新厂，提升产品质量，提高产品的市场竞争力。十个条件：一是合作双方的优势，二是合作的方式，三是职工队伍的稳定及安置，四是股东权益，五是昆明及云南乳业布局，六是昆明雪兰牛奶有限责任公司的发展目标和步骤，七是新厂建设，八是奶源基地建设，九是法人治理结构，十是风险与对策。四川新希望和上海光明对此表示理解。此项合作预计2003年有实质性进展，并将对昆明市及云南省乳品市场的格局产生深远的影响。

【乳品质量控制】昆明市雪兰公司牛奶质量控制体系主要包括：

1. 奶牛饲养管理 雪兰公司自有的奶牛场由于有一套科学的饲养管理制度，牛奶质量历来都在国家标准以上，2002年主要是进一步强调了挤奶厅操作制度，使鲜奶中细菌数下降到每毫升20万以下。

农村饲养的奶牛，由于是手工挤奶，鲜奶中细菌数常达每毫升200万至500万，有时甚至达1 000万。建立农村奶牛合作社以后，奶牛集中起来管理，主要饲料统一采购，为科学搭配奶牛日粮创造了条件。特别是2002年4月推行鲜奶按质论价方案后，合作社生产的原料奶无论是理化指标还是细菌指标，都全面达到了国家标准，为公司生产优质乳产品奠定了良好的基础。

2. 挤奶厅管理 挤奶厅是牛奶最易遭受二次污染的地方，雪兰公司对挤奶厅强化了管理，重新修订了一些关键的操作技术，如规定清洗乳头的毛巾一牛一巾，用卫生纸擦干乳头才能挤奶；强调一定要丢弃头几把奶并观察乳汁情况；坚持挤奶前后两次乳头药浴；为保证牛奶的安全，直冷式奶罐应加锁以防万一等等。

3. 乳品厂质量管理 进入乳品厂的原料奶经奶罐车驾驶员、乳品厂收奶站和公司质检中心三个层次检测后方能用于加工，加工辅料也必须进行蛋白质、脂肪、菌落总数、大肠菌及致病菌的检测，用于UHT的辅料还必须做芽孢菌计数检测，不合格产品绝不能用于加工乳制品。

4. 质检中心监控 雪兰公司原料质检中心担负着公司所有奶牛场和合作社的原料、牛奶质量监控任务，用多功能成分分析仪检测牛奶的蛋白质、脂肪、乳糖和全脂乳固体等指标，用体细胞计数仪进行计数检测，记录数据并存档。质检中心还必须对加工中间产品进行理化和微生物监测，特别对学生饮用奶和UHT都按时段检测，监督产品保温实验，及时出具报告，使问题产品不出厂门，给原料奶生产单位和乳品加工厂及时提出质量警报，尽力保证雪兰产品从原料生产加工过程乃至上市销售都具备质量上的优势，以适应激烈的市场竞争。

（昆明市奶业协会　张　僖）

西藏自治区

【概况】西藏是全国五大牧区之一，现有天然草场面积82 666.7千公顷，占西藏总土地面积的69.1%，其中可利用面积55 000千公顷，占草地总面积的66.3%，已利用面积42 666.7千公顷，占可利用草地面积的77.6%。畜牧业是西藏国民经济的基础和民族经济的支柱，一直以来，当地人民就有吃酥油、喝酸奶、吃奶渣的习俗，但在改革开放前，本地农牧民生产的鲜奶、酸奶、酥油等奶制品大多是自食，很少出售。随着社会经济的发展，人们生活水平及对牛奶认识的不断提高，自治区的奶业正逐步向市场化、规模化发展。2002年，西藏各类牲畜存栏2 411万头（只、匹），其中：牦牛442.51万头，黄牛92.41万头，山羊648.83万只，绵羊1 139.02万只。奶牛饲养量3.5万头，奶山羊、奶绵羊饲养量862.35万只，奶产量达24.3万吨，比2001年增长6.7%。其中牛奶产量19万吨，比2001年增长6.5%。人均占有奶量71.7千克。

西藏自治区的奶牛饲养方式大多是圈养与散养相结合，也有一部分完全实行圈养；饲料结构多为青草、秸秆氨化、玉米青贮等，一部分农户在喂养时不加精料，致使奶牛生产能力较低；饲养模式有农牧户自主饲养、“基地+农户”、“企业+基地+农户”等；目前仍是传统的手工挤奶方式。2002年，西藏自治区农牧厅已在北京等地购买一定数量的机器挤奶设备，一旦投入使用，可大大改变传统挤奶不卫生、细菌含量超标的局面。

西藏自治区目前奶牛品种主要是黑白花、西门塔尔，市场销售的本地奶制品主要以酥油、奶渣、液态奶为主，还未出现生产奶粉等的加工企业。鲜奶收购价为每千克2～3元，销售价为每千克3～5元。

具体做法：

1. 加大奶业生产科技含量 2002年投资204.7万元，建立46个黄牛改良示范村，选育成活本地优良牦牛628头，推广种牦牛170头，引进优良牦牛5头，选育成活九龙牦牛50头，促进了优良品种的选育、引进、繁殖推广等工作，加快了特色畜种推广步伐。

2. 推进结构调整 2002年，自治区继续按照“以草定畜”的原则，坚持把草地建设和饲草料生产放在第一位，着力发展城郊奶源基地建设；坚持“稳羊增牛减马，发展猪禽”的畜种调整方针，优先发展优质高产奶牛、牦牛、半细毛羊等特色品种。

3. 发展产业化经营 2002年建立年加工能力30吨的鲜奶加工厂2处，建立畜产品销售公司1个，畜牧产品开发项目1处。“公司+基地+农户”的产业化经营方式深受群众欢迎，以奶制品加工为主的产业化实体经营规模和效益普遍提高。新增了6个奶制品加工为主的示范主体，并进入运营阶段。日喀则市养殖产业化示范区，坚持“公司+农户”的发展模式，年销售加工消毒牛奶近15吨；山南隆孜县养殖业公司加农户示范区，发挥中介组织作用，帮助农牧民打开牛奶、酥油、奶渣等市场销路，使群众直接受益40.04万元，平均每户收入达5 900元。

4. 乳品企业的带动作用 2002年，自治区高原之宝牦牛股份有限公司投资引进的万吨保鲜奶生产线及酸奶生产线建成投产，标志自治区无奶业品牌的历史已经结束。该公司在以拉萨为中心的100公里范围内建立牛奶收购点和奶站，并逐步建立自己的奶源基地，每年可带动4 000奶牛专业户的发展，养殖牦牛10万头以上。

【西藏自治区奶业“十五”规划】“十五”期间，自治区将紧紧围绕高产奶牛良种繁育、优质配合饲料与草产品开发、重要疫病防治、奶产品加工与质量安全监测体系建设等奶业产业链发展的一系列环节，重点通过奶业产前、产中、产后一体化先进适用技术的集成配套，建立适合自治区奶业现代化生产方式的技术组装体系及以龙头企业为核心的产业化示范模式。

一是优势区域布局。根据自治区地域辽阔，资源条件、生产基础各有不同的特点，坚持“因地制宜，分类指导”的原则，将畜牧业划分为城郊、农区和草原牧区三大经济区域。

城郊畜牧业优先发展奶牛、奶羊业，大力推广舍饲圈养和规模饲养，积极兴办饲料工业，发展畜产品加工业，以产品的高档次、高质量提高市场占有率，坚持高标准、高起点，依靠新技术、新品种、高科技打造名优品牌。

农区畜牧业走农牧结合、种养并举的道路，在调整种植业结构上加大饲草料作物种植面积，发展适度规模的养殖业基地和家庭养殖专业户，形成以“一江两河”流域为主的中部奶牛业产业带，把鲜奶、酥油及其他乳制品发展成为该区域的主导产品，把农业资源优势转化为畜产品优势。

高寒畜牧业，走以草定畜和可持续发展道路。依托草地资源和地方优良畜种，发展高寒特色畜牧业，以养畜大户为基础，建立畜产品生产基地，发展家庭牧场，走草地集约化、生产专业化道路。在适于发展牦牛的高寒地区，把发展牦牛作为主导产业，通过5年的努力，使牦牛比例逐步达到牲畜总数的50%以上，适龄母畜比例达到45%，总增、出栏达到20%，加快牦牛本品种选育步伐，加大牦牛良种培育和推广力度。

二是在城关区、隆子、江孜等25个重点县（市区）建立黄牛奶源基地，开展奶制品生产及加工，年销售消毒牛奶等各类奶制品1万吨。始终把草产业放在突出位置，调动农牧民种草热情，同时坚持数量与质量并举，改良与选育同步，加快黄牛改良步伐，为奶畜生产可持续发展奠定坚实基础。

三是进行品种改良。引进高产优质、遗传性能强的种公牛冷冻液，提高牛群的综合性能，改变奶牛单产不高的落后局面，同时采用奶牛胚胎移植技术进行良种快速扩繁，努力引导畜种改良工作向区域化、规模化方向发展，促进区域经济发展。加强优良畜种繁育体系建设，逐渐形成层次分明的“原种场、扩繁场、商品场”的繁育结构和种畜禽生产链。“十五”期间扩建嘉黎县娘亚牦牛、亚东县帕里牦牛、墨竹工卡县斯布牦牛原种场和扩繁场；新建安多多玛、仲巴帕羊、岗巴绵羊原种场和扩繁场；建立当雄冻精站牦牛基因库，生产优质牦牛细管冻精。

四是加强兽医卫生基础设施建设，完善疫情监测、测报、诊断和药物残留监测水平。根据疫情发病特点，适时做好防疫工作，防检疫率必须达到国家要求的各项指标。“十五”期间建立西藏自治区兽药饲料监察所、西藏自治区动物疫病监测与诊断中心，完成21个边境疫情监测站工作，7个地（市）和重点县的兽医冷链体系建设，7个地（市）和24个县的草原监理体系建设。

五是大力推进产业化经营。加快发展有竞争优势和带动力强的龙头企业，强化企业与农牧户的利益联结机制，鼓励和引导龙头企业充分发挥带动生产、拓展市场、加工增值、提供服务的作用，带动乳业结构调整，真正实现企业增效、牧民增收。充分发挥乡镇企业的机制优势，努力把乡镇企业培植成为联结市场与农户并使农牧民真正得到实惠的龙头企业。

六是依靠科技，创新工作思路。坚持高新技术与常规技术、自主研究与技术引进、技术创新与技术推广、科技人才培养与提高农牧民素质四结合，重点以推广生产急需的关键技术和院校急需转化的重大成果为突破口，推进农科教结合，建立符合市场经济要求、结构合理、机制灵活、相互衔接、协调发展的畜牧业科技教育新体制，形成具有较强战斗力的科研攻关、技术引进推广和农牧民教育培训三支队伍。发展农业广播电视教育事业，组织实施“电波入户”工程，提高农牧民科学养殖水平。充分利用丰收计划、跨越计划等项目，组织科研院所、大中专院校、技术推广单位等技术力量，开发出适合不同消费群体的优质奶制品。

七是加强市场流通体系建设。依据奶产品的生产规模、流量流向、交通地理条件等，有重点地建设一批产地批发市场、集散市场，积极开展集市贸易活动，促进生产与市场的对接。通过政策引导、信息服务、技术示范等手段大力培育农牧区市场主体，扶持农牧区经纪人、营销大户和各类专业合作经济组织，加大地县信息平台建设试点工作力度，逐步引导信息体系向重点县乡、龙头企业、生产基地、批发市场延伸，指导企业和农牧户依据市场需求调整生产经营内容。

（西藏自治区农牧厅　曹仲华）

陕西省

【概况】2002年，陕西省委提出了以奶业为突破口，把畜牧业作为陕西六大特色产业来抓，加快畜牧产业化进程，实现农村经济跨跃式发展的目标。各级政府与业务部门从抓“种源工程”入手，加大高产奶牛快速扩繁力度，推广综合配套技术，提速奶业产业化发展进程，成效显著。主要表现在：

1. 奶业高速度发展　2002年，陕西省农业厅、科技厅和信用联合会组织实施“高产奶牛快速扩繁工程”，在全省掀起了发展高产奶牛的热潮，促进了奶业的全面发展。据统计，2002年，奶牛存栏24.3万头，奶山羊存栏162.9万只，分别较上年增长24.6%和22.3%。奶类总产83.1万吨，其中牛奶54万吨，羊奶29万吨，分别较上年增长19.6%、24.3%和11.54%。

2. 技术培训初见成效　陕西省畜牧兽医总站培训中心与中加奶牛项目西安办事处合作，实施“六个一技术培训工程”（即组织一支奶牛专家技术服务队；启动一辆科技服务大篷车；设立一个奶牛服务窗口；开通一条奶牛技术咨询热线电话；编印一套高产奶牛实用技术资料；抓一批奶牛科技示范点），强化技术培训。开展上述技术服务的同时，重点对奶牛基地县的人工授精配种员和疫病防治员1 000多人进行技能培训与考核，颁发职业资格证书，持证上岗。2002年，全省共组织项目考察50多次，举办奶牛技术研讨、技术培训100多期（次），培训奶牛技术员和群众3万人（次），发放技术资料20万余份，极大地提高了养牛的科技水平。

3. 繁育体系日臻完善　陕西省农业厅明确以省家畜改良站、西安市奶牛繁育中心和杨凌科元生物工程有限公司为奶牛遗传材料生产基地。由农业部和省财政投资扩建的陕西省种公牛站，现已完成了牛场设计、场地勘察等工作。省家畜改良站拥有西北地区最先进，加工能力最大的现代化精液加工设备，年加工销售奶牛精液30多万支。西安市奶牛繁育中心拥有牛奶性能测试（DHI）实验室，在西安市各大奶牛场和部分基地县组织开展DHI测试工作。省农业厅计划在杨陵建设牛胚胎移植中心。奶牛遗传材料基地饲养优秀加、美系种公牛47头，生产冷冻精液60万支，胚胎2 000枚。省农业厅投资50万元，在西安、咸阳等5市建立冷冻精液配送中心5个，从而形成了省有遗传材料生产基地，市有冷冻精液配送中心，县乡有人工授精站（点）的奶牛改良体系。陕西饲养的奶牛主要为中国荷斯坦奶牛，千阳、陇县、富平等县（市）饲养有部分西门塔尔、丹麦红、黑白花改良牛。奶山羊主要为关中奶山羊及其改良羊。为了加大对奶牛遗传材料的监督检查，2000年7月成立了省奶牛遗传材料监督检验中心。

4. 奶牛小区发展迅速 陕西省在总结“公司+农户”生产经营模式的经验基础上，本着“乳品企业投资挤奶设备，村委会划拨场地，个人投资建房管理”的原则，推广奶牛饲养小区建设。在奶牛小区，实行“五统一分”，即统一规划、统一饲料、统一管理、统一疫病防治、统一挤奶和分户饲养。通过发展奶牛小区，使奶牛综合配套技术应用到位，大大地提高了奶牛饲养管理水平和经济效益。2002年，全省建成奶牛小区90多个，机械挤奶站100多个。

5. 乳品加工能力增强 奶业的发展带动了乳品加工业的发展。2002年，全省乳品加工企业发展到75个，其中奶粉厂53个，液态奶生产线22条，奶粉加工能力9.5万吨，液态奶加工能力15.93吨。乳制品由以奶粉为主向奶粉、液态奶、糖果等多元结构发展。在经营上，各个企业实施品牌战略，创出了“秦俑”、“惠民”、“神果”、“和氏”等著名品牌。上海光明等外地企业也进军三秦，投资建厂，建立奶源基地，参与市场竞争。

6. 提高生奶质量 陕西省提出了“一手抓奶源建设，一手抓生奶质量，确保奶业可持续性发展”的口号，具体做法是：召开中外专家座谈会，研讨生奶质量管理体系；组织专家起草《陕西省生奶质量管理办法》，对农业部《无公害生鲜牛乳标准》进行解读；组织对各地市业务部门和养殖场户进行无公害牛奶生产技术培训；在凤翔县三岔乡、临潼县相桥镇等乡镇抓奶牛无公害养殖小区科技示范，引导群众发展无公害牛奶生产；派员赴加拿大考察学习牛奶第三方检验技术和生奶管理体系，开展生奶的监督检验工作；召开生牛奶质量座谈会议，向全省发出倡议，从我做起，从现在做起，确保牛奶质量，促进奶业健康发展。

【实施高产奶牛快速扩繁工程】 根据陕西省委关于加快高产奶牛快速扩繁的重要指示，省农业厅、科技厅和信用合作联合会组织实施高产奶牛快速扩繁工程。

1. 项目内容 该项目从2002年开始，在关中奶牛产区的5市1区30个县（市、区），通过组织实施胚胎移植、人工授精体系等8项建设措施和加强技术培训及良种登记制度等10条技术措施，到2006年，实施区域自繁高产奶牛20万头，存栏量净增加15.31万头，全省实际存栏规模达到34.8万头，其中成年奶牛21万头，使实施区域各县（市、区）奶牛存栏量在2001年基础上增加55%；成年奶牛平均单产从3 346千克提高到4 450千克，牛奶总产达到93万吨，比2001年的43.5万吨增加2.14倍。全省奶牛业可实现总产值18.6亿元，占畜牧业总产值的比例可望达到16%～17%。

2. 项目实施情况 2002年该项目主要开展了以下工作：一是省农业厅多次聘请专家教授，制定和完善了《陕西省高产奶牛快速扩繁方案》，印发到有关市县；二是以农业厅牵头成立了陕西省高产奶牛快速扩繁工作领导小组和专家技术小组，设立专门机构，加强对扩繁工作的组织、协调、领导和技术指导。省、地、县、乡业务部门层层签订目标责任书，分解任务，责任到人；三是由省高产奶牛快速扩繁办公室编发《简报》30多期，利用新闻媒体的大力宣传和报道，激发群众养牛热情。省畜牧兽医总站培训中心筹措资金20多万元，加大对人工授精员和疫病防治员进行理论、技能的培训和考核，并给鉴定合格人员办理畜禽繁殖员和动物疫病防治员职业资格证书，做到岗前培训，持证上岗。省、市、县三级业务部门成立各种技术服务部和服务队，开通热线咨询电话，进行技术咨询和技术服务，举办各类技术培训100多期，培训技术人员和养殖户3万多人（次）；四是抓种源，建立健全繁育体系。省政府明确将省家畜改良站、西安种公牛站和杨凌科元公司作为奶牛遗传材料生产基地，整顿遗传材料市场。投资引进优秀种公牛20多头，优质胚胎1 000多枚；制作冻精40多万支，在西安、咸阳等5市设立冻精配送中心，建立人工授精网络，开展胚胎移植920头，冻精配种10万多头；五是采用“村上解决场地，企业投资挤奶设备，个人建房管理”的模式，大力发展奶牛小区，推行机械挤奶，提高高产奶牛饲养管理水平，确保生奶质量。据统计，全年基地县（区、市）建成奶牛小区91个，机械挤奶站（厅）101个。省农业厅还起草了《陕西省生牛奶管理办法》，拟提交省政府颁布施行；六是省财政计划每年投入300万元用于高产奶牛快速扩繁工程，各市县纷纷出台优惠政策，加大投入。杨凌示范区制定了《农户新建奶牛养殖小区的补充规定》、《农户个体户小额贷款贴息管理办法》等政策，投资156万元建设标准化奶牛小区，投资13万元购置青贮机械。铜川市耀州区出台发展奶牛产业资金筹集办法，组织700多名职工筹措资金210万元。户县政府规定，奶牛小区用地属农业用地，经农业局批准，报土地局备案。各级农村信用联社配合项目发放奶牛小额贷款达2亿元以上。

据统计，2002年，项目实施的30个基地县存栏奶牛22.2万头，适繁奶牛14.6万头，当年产犊5.6万头，分别较2001年增长24.72%、30.36%和21.74%，奶类总产72.5万吨，其中牛奶48万吨，分别较2001年增长21.44%和27.0%。奶牛业已成为陕西畜牧业中发展最快、效益最好、农民增收最突出的产业。

（陕西省畜牧兽医总站　童建军）

西　安　市

【概况】2002年，西安市奶牛存栏5.99万头，比2001年的5.22万头增长14.8%，其中，成母牛4.43万头。奶类总产量28.8万吨，比2001年增长12.8%，其中牛奶20.3万吨，比2001年增长12.7%，占到全部奶类的70%。乳制品36 327吨，比上年增长78.5%。2002年西安市民用于奶及奶制品的支出为67元，比2001年增长55%。其中，用于鲜奶消费人均支出67.75元，增长55%。按每袋鲜奶0.80元计算，西安市民人均牛奶消费量将在9.8千克以上。

1. 西安市奶源基地建设情况　2002年，西安市奶源基地建设有了较快的发展。其中，银桥公司通过奶畜产业化工程和万亩绿色牧草工程，计划再建十几个现代化养牛场和近百个集中挤奶站；在奶牛饲养集中区域，科学规划二十几个养殖工业示范小区，以实现“集中饲养，集中挤奶”的科学饲养收购模式，使奶牛存栏发展到10万～15万头。在银桥公司的带动下，临潼区的奶牛存栏数也达到了2.51万头，成为陕西省第二养殖大户，年产鲜奶10.95万吨，有一定规模的养殖场达到40家，其中还有11个奶牛场的养殖数超过了100头，形成了以银桥为龙头，以相桥为中心，向周边辐射两地市五区县的大型奶牛养殖基地，奶畜业已经成为临潼区农业的重要支柱产业之一。目前，银桥公司的奶牛饲养范围已经扩大到周边6个区县、14个乡镇的416个村，饲养奶牛数万头，日均收购鲜奶150吨，并在相桥、任留开工建设了12个奶牛饲养小区，其中投资110万元的宽容小区已经基本建成并投入运营，目前入驻小区的奶牛已经有140多头。另外，由高升公司投资在西安现代农业综合开发区投资建设的西安现代农业综合开发区奶牛六场预计2003年10月建成，该牛场设计饲养奶牛800头，采用散放式饲养方式，机械化集中挤奶。

2. 西安市乳品加工业情况　2002年，西安市乳品加工业呈现出较好的发展势头。由西安市红星乳品厂和陕西丰隆实业有限公司按照现代企业制度建立的新型乳品加工企业——西安牧童乳业有限公司，注册资本1 000万元人民币，占地5.1公顷，整个建设项目投资4 000万元，以液态奶加工为主，设计生产六大类30多种产品，设计日加工处理鲜奶80～150吨。年产乳制品3.5万吨以上，投产后可生产高档次的屋顶包和中档次多层复合膜袋包装的超高温灭菌乳、面向广大消费者的普通塑料袋包装的巴氏杀菌乳以及塑料杯包装的凝固型和搅拌型酸牛奶以及其他乳饮料、奶酪等。

西安银桥股份有限公司利用国家计委1.8亿元国债扶持资金扩建的液态奶二期工程，建成投产后，将形成年产液态奶20万吨的生产能力，年产值突破20亿元，其中包括年产百利包纯牛奶4万吨，利乐包（枕）纯牛奶4万吨，学生奶1.2万吨，袋装巴氏杀菌奶3万吨，八联杯酸奶4万吨，乳酸菌饮料4万吨。

维维公司通过对维佳乳品厂的收购和改造，成立了维维农牧科技有限公司，在维佳乳品厂原有的两条利乐包生产线的基础上，又新增了两条百利包生产线，新产品已投产上市。

【户县万头奶牛工程】西安牧童乳业有限公司入驻西安经济技术开发区沣京工业园后，户县政府为此专门成立了“万头奶牛工程建设领导小组”，先后出台了一系列政策，其中，《户县万头奶牛工程建设实施意见》提出要在近几年里大力发展奶牛业，建立20个奶牛饲养小区，建30个集中挤奶站。西安市人民政府于2002年8月31日在户县专门就牧童公司奶源基地建设问题召开了专题协调会议，解决了奶源基地建设中的有关问题。牧童公司也抽调专门人员负责奶源基地建设工作，并制定了相应的发展规划。目前，由牧童公司和户县政府投资建设的甘亭收奶站已经建成并投入使用。

【维维东方联营破裂】2002年6月28日西安维维东方乳业公司正式成立，由维维农牧科技有限公司出资人民币6 000万元，西安东方乳品厂以固定资产、无形资产以及现金共计人民币4 500万元，双方各占股份57%和43%。东方乳品厂不放弃“东方”品牌，在新成立的西安维维东方乳业公司继续使用“东方”品牌。但由于一些原因，双方联营出现裂痕，2002年12月19日，西安维维东方乳业公司总经理杨林伟以一封信的形式向新闻媒体公布了双方分裂的内情，单方面宣布“分手”，引起了全国乳业界和新闻媒体的关注。

在国内引起强烈反响的陕西乳业第一家合资企业“维维东方”分裂事件，省市领导非常重视，先后批示要妥善处理。西安市政府办公厅、市投资商及企业投诉服务中心、灞桥区政府等经过多次调查协调，合作双方终于达成解除合资的协议，维维农牧入股维维东方的股本金6 000万元及由股本金存入银行产生的利息全部返还给维维集团，维维农牧与东方乳品厂根据《公司法》的有关规定，签订解除双方合资的协议。

这起我国乳业最大的合资纠纷案，并没有通过法律途径，而是在政府出面协调下解决的，且合作双方均表示满意。然而，这起合资失败案件的经验教训，对今后东西部企业的合作具有不可低估的借鉴意义。

（西安市奶业协会　王伟民）

甘　肃　省

【概况】甘肃省奶业是一个新兴产业，基础薄弱，起点低。2002 年，全省奶类总产达到 17.3 万吨，比 2001 年增长 13.92%。其中，牛奶 16.8 万吨，羊奶4 223吨。在牛奶中，牦牛（含犏雌牛）产奶 7.2 万吨，向社会提供商品奶 2.8 万吨；荷斯坦奶牛产奶 90 446 吨；黄牛改良乳用牛产奶达到 6 000 吨。2002 年，全省人均奶类占有量 6.7 千克，比上年净增 0.7 千克。从地区来看，牛奶产量达到 5 000 吨以上的依次为甘南、兰州、张掖、酒泉、武威、临夏、庆阳、金昌等 8 市（州、地），合计牛奶产量为 157 800 吨，占全省牛奶总产的 93.68%，是甘肃主要奶业生产基地。甘南州代表牦牛奶产区，占牦牛奶总量的 81.73%，但商品率极低，年仅向社会提供 2 万吨鲜奶。兰州、张掖、武威、临夏、酒泉、庆阳市（州、地）奶业发展态势良好，是这些区域牧业发展的重点。

在奶业生产中，2002 年，全省荷斯坦奶牛存栏 57 293头，比 2001 年增长 58.83%，其中成年母牛 27 376 头，年产鲜奶达到 90 466 吨，占全省奶类总产的 53%，存栏成年母牛单产达到 3 300 千克。从发展速度看，酒泉市、兰州市都把奶业作为振兴全市农村经济的突破口，积极采取自繁、引种、胚胎移植相结合，使这些地区奶牛年增长均在 20% 左右，同期奶产量也大幅度增长。从饲养规模看，年饲养 1～4 头的农户为 8 880 户，存栏奶牛 24 601 头，占总数的 42%（牛奶产量 68 249 吨）；年存栏 5～19 头的养殖大户为 2 387 户，存栏奶牛 18 322 头，占总数的 32%（牛奶产量 65 502 吨）；年存栏 20～199 头的养殖场为 189 个，存栏奶牛 9 673 头，占总数的 17%（牛奶产量 16 433 吨）；年存栏 200～999 头的养殖场为 8 个，存栏奶牛 3 677 头，占总数的 6%（牛奶产量 9 284 吨）；年存栏 1 000 头以上的养殖场为 1 个，存栏奶牛 1 020 头，占总数的 2%（牛奶产量 2 300 吨）。

【乳制品加工】随着奶牛养殖业的发展，甘肃省乳业和乳品加工业也得到了快速发展。就兰州市而言，规模较大的企业有兰州好为尔生物科技股份有限公司、庄园乳业、兰州乳品厂、雪顿乳业、兰州雪鸽乳品厂、兰州盛福乳业有限公司、段家滩乳牛场等 25 家乳品加工企业，生产产品涉及鲜奶、酸奶、乳酸和奶粉四大类。这些企业总设计日生产量为 493 吨，现实际生产量 110 吨，本地企业在兰州实际日供应量为 101 吨，占市场份额的 74.5%，其中好为尔、庄园乳业产品约有 15% 销往西安、青岛、济南、成都和其他各地州市，其余产品均在兰州消费。2002 年，宁夏夏进、无锡均瑶、北京三元、内蒙古伊利和蒙牛、天津雪顿、上海光明、河北三鹿、黑龙江完达山、河北保定妙士、西宁奶霸抢滩兰州市场。在兰州日供应量达 34.6 吨，占市场份额 25.5%。

甘肃乳制品根据其产品加工及构成要素主要分为：巴氏奶、酸奶和乳酸饮料、超高温奶。

巴氏奶：甘肃省有 30 多家加工企业，2000 年巴氏奶产量为 52 410.97 吨，2001 年为 55 309.97 吨，2002 年为 58 000 吨，年均增长 3 000 吨左右。就兰州市而言，巴氏奶市场份额为 70%，其中，本地产品占 88%，其他为外地产品。

酸奶、乳酸饮料：该类产品在液态乳制品中占有近 10% 的份额，其中酸奶占 9.96%，乳酸饮料占 0.65%。在这 10% 份额中，本地产品占 75%，外地产品占 25%。2000 年甘肃省酸奶产量为 7 265.99 吨，2001 年 7 615.13 吨，2002 年近 8 000 吨，年均增长 350 吨左右；乳酸饮料产量达到 500 吨左右，年均增长 100 吨左右，产品需求空间较大。

超高温牛奶：兰州市超高温牛奶市场份额为 30%。在这 30% 的产品中 90% 以上为外地产品。外地产品以利乐产品为代表的厂家有：伊利、光明、蒙牛、三元、妙士、三鹿、娃哈哈等；以利乐枕为代表的厂家有：蒙牛、三元、花花牛、西太朗、牛妈妈、奈农；以塑料包装为代表的厂家有：夏进、东方、太子奶等。外地产品经过长期的促销与争夺，超高温牛奶在兰州销量迅速上升，年销量由 2000 年的 8 万吨达到 2002 年的 32 万吨，增长了 300%。兰州市 2001 年超高温牛奶产量为 6 200 吨，2002 年达到 12 000 吨。兰州市只有好为尔生物科技有限公司和庄园乳业有少量产品参与竞争。

（甘肃省农牧厅畜牧兽医处
万占全　孟宪政　赵明轩）

【酒泉市发展奶牛业的做法】近两年来，酒泉市为了适应农业发展新阶段市场对畜产品多样化的需求，市委、市政府通过政策扶持、信息引导、科技服务，使奶牛业取得突破性发展。2002 年，全市奶牛存栏达 2.36 万头，比 2001 年增加 0.34 万头，增长 16.8%，其中成年奶牛 0.60 万头，鲜奶产量达 1.30 万吨，增加 0.44 万吨，增长 51%；乳制品产量 0.82 万吨，增加 0.47 万吨，增长 43%；奶牛产值 4 550 万元，增加 3 320 万元，增长 2.7 倍，奶牛业产值占畜牧业产值的比重由 1999 年的 2.9% 上升到 7.5%。该区奶牛业已成为农业结构战略性调整的新亮点和畜牧业经济新的增长点。主要做法是：

1. 合理规划布局，规定发展目标　2002 年，市委、市政府在全面调查研究和分析全市农业和农村经济形势的基础上，提出了大力推进农业结构战略性调整，加快发展草畜乳产业，建立多元复合型、节水生态型、加工增值型奶牛业的新思路，组织专门力量，对全市奶牛现状进行了认真调查，聘请专家进行科学论证，并结合实际，制定出台了《关于加快草畜乳产业的实施意见》，确定了“十五”期间全市奶牛产业发展的总体方针。在规划部署上，以肃州区和敦煌市的13个乡镇、40个行政村、150个奶牛大户为重点，以点带面、稳步推行；在产业发展上，以荷斯坦奶牛的调引、纯种繁育、胚胎移植和利用西杂母牛改良繁育为重点，扩大奶牛饲养量；在加工销售上，集中抓好与内蒙古蒙牛乳业集团合作建设的乳品加工龙头企业及购销网点配套设施建设，形成产、加、销一体化经营；在科技服务上，积极推广奶牛胚胎移植、冻精配种、饲草料种植、改良站点建设和科技培训，全面普及奶牛标准化养殖和疫病防治技术。争取到2005年，奶牛饲养量达到5万头，鲜奶产量达到15万吨，加工企业产值达到1.6亿元，全市奶牛总收入达2.2亿元。通过发展奶牛产业，年农民人均纯收入增加110元。

2. 突出工作重点，抓好奶牛调引和繁育 为了迅速扩大奶牛养殖规模，全市把奶牛调引和繁育工作作为重点，层层落实。近两年来，肃州区奶牛产业办公室先后到山西、新疆、内蒙古、宁夏等省、自治区调引奶牛4 627头，从上海光明乳业、武威冻精站调进高产奶牛冻精2万粒（支），并投资29万元充实完善了7个奶牛冻配点的设施器械。为及时解决好农户奶牛配种问题，采取电话预约、跟踪检疫、上门服务的方式，积极开展奶牛冻配繁育工作。据统计，两年来肃州区共冻配奶牛7 434头，在改良母牛中，体形较大、乳房发育较好的有2 900多头，一般三代改良牛的产奶量可达3吨以上。目前，全市已建成500头以上的奶牛基地村10个，百头以上奶牛小区5个，十头以上奶牛大户270户，为奶牛产业快速发展奠定了良好的基础。

3. 立足高产高效，加强技术服务 一是狠抓科技培训工作。每年举办两期奶牛冻配技术和奶牛饲养管理技术培训班。在奶牛配种改良方面，统一技术培训、统一持证上岗，确保了奶牛改良配种的质量和效益。在广泛培训奶农的同时，印发科普资料、技术手册，提高了奶牛户的科学饲养水平。二是加大了先进实用技术的推广力度。近年来，先后推广了奶牛冻配改良、优质牧草种植、饲草青贮、疫病防治以及奶牛标准化饲养等技术，使奶牛生产的科技含量有了明显的提高。现在，凡是饲养奶牛的农户，都是自己种植优质苜蓿，保证了奶牛青贮饲料常年均衡供应，仅此一项就提高奶牛的产奶量15%～20%，另外，80%以上的奶农采用模式化饲养管理技术，奶牛全部实行了免疫接种，保证了奶牛生产的健康发展。三是狠抓了加工服务体系建设。在加强现有7个乳品加工企业配套建设的同时，积极与蒙牛集团等国内知名的乳业企业合作，依托他们的品牌和技术优势，兴办乳品加工企业。目前投资390万元，完成了年加工能力360吨的祁雪乳品企业改建项目，并与蒙牛集团、嘉峪关西部公司联合，投资1 709万元，建成了日加工鲜奶80吨的酒泉好牛乳业加工厂。

4. 建立激励机制，推动奶牛产业快速发展 2002年，酒泉市出台了一系列扶持政策，建立了考核激励机制，对贷款购进纯种奶牛的农户连续贴息三年。肃州区为鼓励农户发展奶牛产业，规定了具体的奖励办法。对利用西杂母牛繁育奶牛的按实际冻配头数，每头奖励冻配人员1元；对集中向加工企业供给鲜奶的乡镇，按实际供给量返还加工环节50%的税收。各乡镇村结合实际，在资金、饲草地和圈基地划拨、供水、供电等方面制定了一些具体的扶持政策。据统计，2002年，肃州区发展奶牛共投入资金5 191万元，其中协调农行、信用社贷款3 165万元，乡村落实扶持资金477万元，农户自筹1 549万元。通过这些政策，调动了乡村和农户发展奶牛的积极性，促进了全市奶牛产业的快速发展。

（甘肃省农牧厅畜牧兽医处　万占全）

青 海 省

【概况】青海全省可利用草原面积为33万平方公里，占全省草原面积的87%，居全国第四位。畜牧业是青海牧区少数民族赖以生存和发展的主体产业之一，也是农牧区广大农牧民脱贫致富的支柱产业之一，在全省国民经济中占有重要地位。2002年，全省存栏牛为392.2万头，其中被称为“雪山之舟”的牦牛有351万头，居全国之首，占全世界牦牛总饲养量的1/3。2002年全省农业总产值为60.80亿元，比上年增长5.2%，其中牧业产值为28.31亿元，占46.57%。

1. 奶业生产现状 全省奶类总产量为23.5万千克，其中牛奶22万千克，占93.7%，羊奶1.47万千克，占6.3%。牛奶的主要来源是牦牛、黄牛和良种奶牛及改良牛。

（1）存栏牦牛351万头，主要分布在牧区六州。其中适繁母牛175.84万头，繁殖率60%，产奶牛105.5万头，初产奶牛150天平均产奶量104千克，经产牛150天平均产奶量192千克，乳干物质含量18%，其中乳脂率7%，乳蛋白5%，无污染，是典型的绿色食品。

（2）存栏黄牛27.9万头，主要分布在环湖及柴达木地区和东部农业区。其中适繁母牛12.12万头，产奶牛为7.93万头。初产150天平均产奶量236.25千克，经产牛150天平均产奶量345千克。

（3）存栏良种奶牛及改良牛14万头，主要分布在西宁市郊和东部农区。其中适繁母牛7.3万头，产奶牛为4.6万头。荷黄一代305天平均产奶量1 229.5千克，荷黄二代305天平均产奶量1 468千克。

2. 奶业生产的有利条件

(1) 广大农村牧区有充足的奶源，全省牧区人均占有量达47千克，高于全省平均水平。东部农区和西宁市郊有较稳定的奶源生产加工基地。

(2) 人民的饮食结构和生活习惯已发生变化，越来越多的人开始注意饮食的营养结构，奶制品的市场前景广阔。

(3) 社会主义市场经济的有关政策、法规正在逐步完善，国家已制定"学生饮用奶计划"，为发展奶业创造了良好的外部环境。

(4) 奶牛良种繁育体系初具规模，在省种畜精液冷冻站的基础上，引进细管冻精生产线，年生产细管冻精20万支，液氮11 250升，初步形成以省精液冷冻站为龙头、县乡畜牧兽医站为骨干、143处黄牛改良站（点）为基础的良种繁育体系。以大通种牛场为原种场，托勒、赛什塘、玛多三个牧场为扩繁场，青南和环湖牧区为推广利用区的牦牛繁育体系初具规模。

(5) 牛品种改良取得成效。从20世纪50年代开始，青海省先后从国内外引进了荷斯坦牛、海福特牛、西门塔尔牛、秦川牛等品种进行纯种繁育和改良当地黄牛。最近几年，又引进了新疆褐牛和皮尔蒙特、利木赞牛的冻精。其中，荷斯坦牛的纯繁和利用荷斯坦牛、西门塔尔牛改良当地黄牛，已取得阶段性结果。

(6) 牦牛本品种选育和黄牛与牦牛种间杂交成效显著。从20世纪80年代起，青海在牦牛本品种选育的基础上，导入野牦牛血液进行提纯复壮研究，对于提高牦牛的生产性能和生活性能效果显著。利用黄牛与牦牛的种间杂交，生产乳用犏牛，为缓解人犊争奶、犊牛发育受阻问题以及提高产奶量起到了积极作用。

3. 奶业生产中的不利因素

(1) 奶牛饲养水平低，发展不平衡。青海省奶牛饲养场数量少、规模小，奶牛饲养以千家万户的小规模饲养为主，对标准化饲养管理、牛群选种选配重视不够，奶牛饲养水平低，单产不高。目前奶牛场及部分饲养户能应用配合饲料、冷冻精液配种等技术，但大多数农民仍以传统的饲养方式为主，先进技术应用较少。

(2) 黄牛改良进展缓慢，良种奶牛及改良牛数量很少。本省从20世纪50年代就已开展了黄牛改良工作，但因技术、资金等原因，进展缓慢。2002年，良种奶牛及改良牛数量仅占牛总数的11.91%。

(3) 社会服务体系不健全。近年来，个体农户饲养奶牛增长较快，但社会化服务不能满足需要，"交奶难"、"奶牛治病难"等问题仍然存在。

(4) 奶牛业投入不足。由于财力有限，奶牛业投入长期不足，不能满足发展奶牛业高投入、高产出的要求。

(5) 乳品加工企业少，市场占有率低。目前全省乳品加工企业有20余家，但规模小而分散，常年进行乳品加工的只有2家。由于牧区农牧民居住分散，牛的饲养量多、单产低，乳品加工受奶制品运输半径限制，造成加工规模小，机械化、自动化程度低，加上企业设备老化、技术力量弱、乳制品开发工作滞后，生产的乳制品品种少，市场占有率低，不能有效地带动奶业的发展。

(6) 饲料工业发展滞后。全省时产1 000千克以上的饲料加工企业45个，个体饲料加工点82处，年单班生产能力15.34千克，实际生产量只有9.8万千克，奶牛饲料仅为1.56万千克，占16%。全省128.36万千克农作物秸秆，氨化利用的只有6.86万千克，青贮的青饲料只有1.02万千克，用于乳牛饲养上的不足10%。

【奶业发展"十五"规划】

1. 指导思想 青海省奶业发展的指导思想是：以省委、省政府提出的"立草为业，调整结构，提高总产，增加商品"的方针为指导，根据市场经济的需求，坚持因地制宜，分类指导的原则，实行多种经济形式并存、农村包围城市的办法，紧紧围绕提高奶牛个体生产性能和调整经济效益的目标，健全良种牛繁育体系和改良推广服务体系，建立绿色奶源和优质奶源两大基地建设，采取近期打基础，中期抓发展，最终产业化的战略步骤，推动全省奶业生产向高产、优质、高效发展。

2. 建设目标 根据青海省畜牧业发展规划，奶业发展的近期目标是：应用先进的育种、杂交技术，在搞好良种牛纯繁推广和黄牛品种改良的同时，注意优良地方品种的选育，增加良种牛的比例，提高个体产奶量和质量，进行商品奶牛生产，使自然经济条件下以役用为主的传统养牛逐步向乳牛、乳肉兼用牛的专业化、商品化生产转变，繁荣牧区经济，积极开发特色牦牛乳及乳制品，增加农牧民收入，建设农牧区优质奶源基地县16个，总产奶量达到23万吨，基本满足人民群众对鲜奶及奶制品的需求。

3. 重点建设项目及规模

(1) 良繁体系建设工程

青海省良种乳牛繁育体系站点建设 在省种畜精液冷冻站的基础上，建立配套的种畜基因库，引进细管冻精生产线，年生产细管冻精20万支。在黄牛改良重点区建设250处配种站（点），年改良牛达10万头。初步形成以省精液冷冻站为龙头、县乡畜牧兽医站为骨干、配种站（点）为基础的良种繁育体系。

青海省种（牦）公牛站建设 在充分利用青海省大通种牛场牦公牛站原有的设施建设基础上，捕获野牦牛15头，引进优良肉用公牛15头，良种乳用种公牛5头，引进细管冻精生产设备和液氮生产设施，将大通种牛场建设成为全省从事黄牦牛改良、人工授精和胚胎移植技术研究与推广应用中心。

(2) 奶业基地建设工程

青海省优质奶源基地建设项目 加快良种奶牛的纯繁和黄牛的杂交改良步伐，提高当地黄牛的生产水平，建设西宁、大通、湟中、平安、民和、格尔木等14个优质奶源基地。

青海省特色牦牛奶源基地建设 加强牦牛本品种选育和黄牛的杂交改良工作，在海南、海北、海西、黄南、玉树、果洛牧区建立26个无污染的绿色环保牛奶生产基地。

(3) 奶产品产业化建设工程

青海省乳品龙头企业建设项目 建立以天露乳业有限公司为依托，奶牛场和奶牛养殖户为基础的生产、加工、销售相结合，牧工商一体化，风险共担、利益共享、相互依存、共同发展的运作机制。该项目在西宁市郊及所辖三县和海东六县新建30个服务站点，每点配备鲜奶收购、初奶处理、保鲜、储藏设备各一套。

青海牦牛奶产品产业化生产项目 在牦牛养殖条件较好的大通种牛场及周边地区的海晏县、刚察县、门源县、祁连县、乡的牦牛、犏牛以及奶牛集中的地区建立奶产品收购点，并购置鲜奶运输车4辆；引进现代化软包装奶产品生产线一条，脱脂奶加工、罐装生产、乳脂分离、真空包装生产线各一条，以及其他配套的生产、生活设施。

（青海省奶业协会 般生宏）

宁夏回族自治区

【概况】2002年，宁夏自治区荷斯坦牛存栏10.2万头（其中成母牛占62.1%），鲜奶总产量307千吨（商品奶占93%），分别比2001年增长13.77%和11.4%。成母牛年平均单产5 200千克，人均鲜奶占有量54.2千克（全自治区人口571.54万），是全国人均占有量的5倍多。共有乳品加工企业25家，日处理鲜奶能力1 000吨。2002年生产各种奶粉14.7千吨，与2001年相比减少1 173吨。液态奶产量达65.2千吨，较上年的38.6千吨增长68.9%。奶业发展特点如下：

1. 奶牛带基本形成 吴忠和银川市两个相对集中的奶牛带，奶牛存栏数和产奶量已分别占全自治区总数的95.31%和95.45%，其中吴忠市利通区尤为突出。2002年，利通区奶牛存栏已达3.92万头，年产鲜奶146.2千吨，分别占全自治区总数的38.58%和47.54%；奶牛饲养户达11 071户，占利通区农户总数的22.10%。奶业产值2.12亿元，占畜牧业总产值的47.96%，占农业总产值的29.69%，农民人均奶业纯收入占农民人均纯收入的19.05%；鲜奶人均占有量471.61千克，农业人口每百人拥有奶牛19头，均居全国之首。

2. 农村个体奶牛养殖成为全自治区奶牛业的主体 2002年，全自治区奶牛养殖户达到20 466户，存栏奶牛9.67万头，年产鲜奶291.3千吨，分别占全自治区总数的91.8%和91.7%。同时，规模养殖户也迅速发展，其中10头以上751户，50头以上57户。银川市永宁县宁夏北方乳业公司奶牛场存栏数达923头，位居全自治区户养奶牛首位。

3. 奶牛养殖小区和奶源基地建设快速发展 2002年，全自治区已建成奶牛养殖小区82个，进入奶牛养殖园区的奶牛已达2.95万头，占全自治区奶牛存栏总数的29.03%。由于园区与乳品加工企业实行“以质论价、优质优价”的原则，并设定最低保护价（1.45元/千克），确保了养殖户的利益，经济效益显著提高。与没有进入园区的散养户相比，每头牛最低可增加收益400元，多的达到1 500元，养殖户进入园区的积极性非常高。吴忠市利通区仅2002年就新建园区12个，累计建成35个，奶牛园区的迅速发展，带动奶牛业的整体发展。

宁夏最大的两家乳品加工龙头企业新华百货夏进股份有限公司和维维北塔乳业股份有限公司，先后建立了自己的奶源基地。夏进公司现有挂牌的奶源基地达37家，存栏奶牛1万多头。其中，公司自建“奶牛养殖科技示范园区”1个，与大型国营奶牛场联办奶牛养殖园区5个。近几年，夏进公司不断加大对奶源基地的投入，努力做到风险共担，利益共享，每日鲜奶收购量从2001年的70吨增加到现在的220吨，基本满足了生产的需要。维维北塔乳业股份公司在奶源基地建设时，充分利用自己下属东门和八里桥两个大型奶牛场的有利条件，从牛源和技术等方面向基地户提供优质奶牛及多项配套技术服务，解决了基地户的后顾之忧，使基地户生产水平有了显著的提高。2002年，基地户已发展到15家，存栏奶牛8 000多头，日收购鲜奶达43吨，有效地缓解了优质牛奶紧张状况。2002年两个企业奶源基地户的奶牛存栏已占全区总数的27.78%，初步形成了公司+基地+农户的模式。

4. 饲养管理技术水平有了一定的提高 近几年，全自治区先后引进推广了多项新技术。胚胎移植技术在奶牛和黄牛的饲养中获得成功；冷冻精液配种普及率达到100%；奶牛登记建档、高产奶牛选育和核心母牛群良种登记工作，奶牛体型线性鉴定技术和DHI测定技术已在重点地区牛场开始应用；国营、个体奶牛场和养殖大户已普及大型机械挤奶设备和小型挤奶车；配合饲料、微量元素添加剂及秸秆青贮、微贮和酶贮等加工调制和饲喂技术也在部分奶牛场中应用。这些技术的应用，进一步提高了全自治区奶牛生产水平。目前全自治区奶牛年平均单产达5 200千克，高于全国平均水平。

5. 乳品加工企业发展迅速 宁夏新华百货夏进乳业股份有限公司是目前全自治区最大的液态奶生产企业，

液态奶年生产能力已达160千吨以上。2002年收购鲜奶42.4千吨，生产灭菌奶43.1千吨，较上年分别增长99.1%和80.1%，全年给奶牛户发放奶款6 826万元，实现工业总产值2.23亿元，销售收入2.01亿元，利税2 000多万元，较2001年分别增长69.3%、74.6%和99.4%。

银川维维北塔乳业股份有限公司主要产品为“北塔”牌系列奶粉、冷饮、速冻食品和灭菌奶共四大类32个品种。日处理鲜奶能力300吨，年产各种奶粉4 000吨，利乐和百利包无菌奶6 400吨，巴氏杀菌奶3 600吨，冷饮1 500吨。2002年，收购鲜奶2 800吨，完成工业总产值7 399万元，销售收入7 000万元，生产奶粉2 736吨，利乐无菌奶11.8千吨，供应城市鲜奶2 500吨，实现利润453万元。

6. 乳品加工龙头企业的主体作用越来越明显 2002年下半年以来，受国外进口奶粉的冲击，奶粉价格下降较大，一些中小乳品加工企业也纷纷降低鲜奶收购价格（最低降到1.15元/千克）。新华夏进和维维北塔等加工企业坚持价格不变，并想方设法增加收购数量，充分发挥了龙头企业的带动作用，对奶业生产的稳定也起到了至关重要的作用。据统计，2002年，新华夏进和维维北塔两家龙头企业，全年鲜奶收购量已达70.4千吨，占全自治区鲜奶总产量的22.89%，比2001年增加了7个百分点。

7. 饲草基地建设开始起步 2002年以来，各地利用种植业结构调整的有利时机，加大了青贮玉米、紫花苜蓿、黑麦草和饲用甜菜的种植面积，青贮玉米种植面积达8 270公顷。紫花苜蓿种植面积达到2 000公顷，制作青贮（包括黄贮）850千吨，其中制作全株青贮玉米120千吨。青贮饲料已在养殖园区和规模养殖户中普及推广，近20个规模奶牛场开始饲用苜蓿干草。

目前，宁夏形成以吴忠市和银川市为奶牛养殖基地，以夏进乳品饮料公司和银川北塔乳业股份公司为龙头企业的奶业产业化格局，促进了宁夏奶业的大发展。

（宁夏回族自治区奶业协会
温　万　黄霞丽）

新疆维吾尔自治区

【概况】 2002年初，自治区党委提出“产业结构调整的重点，是从总体布局向以发展畜牧业为中心调整，种植业要尽快围绕畜牧业来安排。通过若干年的努力，真正把农业大区变为畜牧大区”和“大力发展畜牧业，必须下大力气抓好龙头企业的发展，特别是要促进小龙头的联合，合理配置资源，真正起到龙头带动的作用”。2002年，新疆畜牧业发展较快，其中奶业的发展最快，已经形成了天山北坡和伊犁河谷、焉耆盆地等三大优势区域带动全疆发展奶业的格局，并呈现出持续发展的良好势头。

1. 奶业发展的基本情况

（1）奶牛饲养情况　2002年，全自治区牛存栏414.3万头，占牲畜存栏总量的8.66%；奶牛143.6万头，比上年增长11.46%，占全自治区牛存栏的34.66%；牛奶总产量达94.9万吨，比上年增长24.85%；人均占有牛奶量50.2千克（相当于全国人均占有牛奶量10.2千克的4.9倍）。据调查，全自治区年产奶4 500千克以上的中、高产奶牛有12万头，主要分布在乌鲁木齐至石河子奶业发展经济带。近两年，为快速扩大良种奶牛数量，有经济实力的企业从澳大利亚、加拿大、美国引进良种母牛11 760头（其中：金牛6 000头、石河子4 500头、伊犁1 000头、德隆200头、焉耆60头）。

（2）乳品加工情况　2001年前，天山北坡鲜奶加工能力每天仅有260吨，在民营企业的强势介入下，2002年企业鲜牛奶加工能力每天达到660吨（其中：麦趣尔100吨、德隆200吨、金牛100吨、物华100吨、农垦乳业105吨、市牛奶公司55吨）。预计2003年竣工的在建工程，总投资4.96亿元，可新增加工鲜奶能力每天600吨（其中：麦趣尔投资1.86亿元，新增加工能力200吨、德隆投资1.5亿元，新增加工能力100吨、维维投资1.5亿元，新增加工能力300吨）。在全自治区范围内，每天加工鲜奶能力达到2 890吨。加工产品有奶粉、巴氏消毒奶、酸奶、超高温灭菌奶，奶饮料等，基本满足新疆消费市场。

（3）乳品消费市场情况　2002年，随着国家和自治区“学生饮用奶计划”的启动和逐步推广，营养科普知识的普及，越来越多的消费者认识了牛奶的营养价值，牛奶成为广大消费者，特别是一些城镇居民日常消费的必需品。新疆乳制品消费市场，由巴氏消毒奶、瓶装酸奶趋向超高温灭菌奶和盒装酸奶。本地知名企业生产的产品投放市场后，基本上是生产多少，销售多少，甚至出现季节性短缺。2002年乌鲁木齐市场牛奶消费量由2001年的每天168吨上升到每天210吨，增长25%。2002年，麦趣尔生产的超高温灭菌奶、草莓酸奶、巧克力酸奶占乌鲁木齐同类产品市场份额的60%以上，新疆的乳制品逐步被消费者认可，牛奶消费呈上升趋势，但与全国城镇居民牛奶消费量比较，仍有较大差距。

综上所述，自治区奶业发展成为农村经济新的增长点，突出表现在四个方面：一是奶业成为全民参与的产业，对社会资源的吸引力日益增强，资金、技术、人才逐渐向奶业流动和集中。二是良种奶牛头数迅速扩大（进口奶牛第一胎年产奶量达8 000千克以上），商品牛奶数量明显增加（农区养殖小区迅速扩展）。三是鲜奶加工能力、产品档次和产品种类明显提高，天山北坡经济带涌现了德隆、麦趣尔、物华、金牛、维维等一批龙头企业，在短时间内推出了具有一定规模和较高质量的乳制品，形成了具有新疆特色的奶业产业组织、生产模式。四是围绕奶业产业发展的奶牛品种改良、防疫等技术服务保障体系逐步完善，饲草、饲料种植和加工等相关产业得到同步发展。发展奶业壮大了农村经济，增加了农牧民收入，如昌吉州2002年农牧民收入中，畜牧业人均增收210元，其中奶业增收84元，占40%。

2. 发展奶业采取的主要措施

(1) 突出区域优势，合理规划发展奶业布局 2002年，自治区政府按照发展优势产业区域布局的原则，把天山北坡、伊犁河谷、焉耆盆地作为发展奶业优势区域；编制发展奶业区域目录，向社会公布，在项目的安排上，把发展奶业相关项目向优势区域集中，引导社会资金、人才、技术向奶业聚集；指导各地制定规划和扶持政策，集聚各方面资金投向奶业建设，发展养殖小区、养殖大户和饲草、饲料种植，走围绕发展畜牧业调整农业结构的路子。如：德隆畜牧在昌吉、呼图壁、玛纳斯投资9 500万元，建立了3个千头奶牛养殖示范基地和一个良种繁育中心，形成了德隆“龙头企业+示范基地+养殖小区”的奶牛饲养模式；金牛生物股份有限公司投资1.32亿元，建成6个现代化千头牛场，投资1.08亿元从澳大利亚、加拿大购6 000头优质奶牛，建立良种奶牛基地，形成“集中饲养、机械挤奶、统一服务、合同订购饲草料”的奶牛饲养模式，每年订购饲草料20万吨，用地6 666.7公顷，带动周边农民种植业结构调整。麦趣尔乳业公司投资2.2亿元，建立了15个合作奶牛场、20个养殖小区、40个收奶站，目前日收购鲜牛奶60余吨，形成了“龙头企业+养殖小区（合作奶牛场）”的奶牛饲养模式。

(2) 应用奶牛胚胎移植技术，增加良种奶牛数量 牛胚胎移植可有效扩大利用优良母畜的种质资源。目前全自治区已推广到45个县，累计移植2万余头次，具备了产业化应用条件。目前，呼图壁种牛场的2 000头良种奶牛和已进口的万头奶牛，都是生产胚胎的基础母牛，这对自治区良种奶牛扩繁具有重要的促进作用。2002年，通过引进国外良种奶牛，生产胚胎数量由过去每年5 000枚，增加到20 000枚。继续应用人工授精常规技术进行品种改良，以提高奶牛品种质量。2002年自治区畜禽繁育改良总站生产冻精120万剂，明年将达到130万剂，基本满足改良冻精的需求。

(3) 积极培育和发展乳品加工企业，做大做强奶业龙头 引导和培育发展民营加工企业，吸引国内知名大企业和财团强势介入新疆奶业，使乳制品生产加工规模和产品档次大幅度提高。如：德隆畜牧股份有限公司2002—2003年投资3.25亿元在玛纳斯（200吨/日）、石河子（100吨/日）、伊宁（200吨/日）、焉耆（100吨/日）、库车（100吨/日）分别建设日处理鲜奶100吨以上的乳品企业5个。目前，全自治区乳品加工企业已有75家。

(4) 切实做好行业服务工作，积极发挥自治区奶业办公室行业职能，利用自治区乳品质量监测中心现有设备、技术，对乳品质量监测、乳品加工工艺、设备维修、奶牛饲养技术、兽医等奶业从业人员开展多种形式培训，提高业务素质，发挥自治区奶业协会的桥梁纽带作用，建立奶业情报信息网站，为企业和奶牛饲养者在网上提供奶业信息。

(5) 支持和帮助龙头企业引进国际一流的乳品加工设备和工艺，按照国际标准组织生产加工，做到高起点、高品质、高标准。如麦趣尔乳业、瑞缘乳业引进瑞典利乐生产线，物华畜牧引进意大利瑞达PE膜，农垦乳业引进日本四国“新鲜屋”包装生产线，天润乳业引进丹麦牛初乳素生产线，生产的产品填补了新疆乳品市场的空白。

3. 制约奶业发展的突出问题 良种奶牛数量不足，单产水平低，饲养规模小而散，质量控制体系建设滞后，已严重地制约了自治区乳品加工业的发展。主要表现是：2002年新疆的良种奶牛（年单产4 500千克以上中、高产母牛）数量仅占奶牛头数的9%；牛奶的商品率仅为25.8%；每头奶牛平均单产1 500千克，远远低于全国平均3 500千克的产奶水平；原料奶生产分散、规模小，难于收集，大多为手工挤奶，卫生质量差，乳品加工项目建成后均出现原料奶严重不足现象。从新疆乳品加工业与原料奶供应的矛盾来看，近年来全国牛奶的市场消费增长速度越来越大，巨大的市场空间使众多投资商的注意力集中于新疆，新进入奶业的企业如德隆、维维、麦趣尔等都以较高的档次、较快的速度在自治区投资建厂。这些企业投产后日经过原料奶量将达到4 000吨左右，年需要原料奶130余万吨，从统计数据看，自治区的良种及改良种奶牛每年产奶仅在30万吨左右。各地县（市）政府一方面从调整农业结构、增加收入出发，另一方面从满足新建乳品加工厂企业的原料奶供应，拉动地方经济增长角度出发，大批量地从国内、国外购买奶牛。但从国内购买的奶牛大都是质差价高，从国外购买的奶牛价格较高，仅2002年全自治区用于购买奶牛的资金投入达到近10亿元，不仅没有解决本自治区原料奶供应紧张的问题，而且影响了农牧民发展奶业生产的积极性。

【学生饮用奶计划】2002年3月，新疆维吾尔自治区人民政府召开了“学生饮用奶计划”实施协调工作会议，成立了新疆维吾尔自治区“学生饮用奶计划”领导机构，建立了联席会议制度，分别由畜牧厅、教育厅负责组织、协调全自治区“学生饮用奶计划”的实施。根据会议精神，新疆维吾尔自治区畜牧厅、发展计划委员会、教育厅、财政厅、卫生厅、质量技术监督局、轻工行办多次召开了联席会议，制定下发了《关于启动新疆维吾尔自治区“学生饮用奶计划”试点工作的通知》、《新疆维吾尔自治区“学生饮用奶计划”实施方案》及《新疆维吾尔自治区“学生饮用奶计划”暂行管理办法》。2002年4月，新疆维吾尔自治区“学生饮用奶计划”试点工作正式启动。

2002年6月，自治区人民政府召开了关于启动“学生饮用奶计划”的新闻发布会。会上由自治区人民政府领导就如何做好自治区“学生饮用奶计划”实施工作做了重要讲话，定点生产企业向开展实施“学生饮用奶计划”的7个试点城市的学校做出了安全、营养、卫生等方面的承诺。

经过自治区七厅局专家委员会对申报的5家乳品试点生产企业的奶源基地、质量管理、生产设备等17项指标的严格评选，最后认定麦趣尔乳业公司为自治区首家学生饮用奶试点生产企业。

新疆维吾尔自治区财政厅农财处在农牧资金紧缺的情况下，设法调剂了10万元资金，对自治区“学生饮用奶计划”启动实施起到了重要的支持作用。自治区计委多次深入企业调查生产成本，最终报自治区人民政府批准试行价格为1.25元/包（200毫升装），试行期为一年，确保实施学生饮用奶计划的保本微利。

2002年6月，乌鲁木齐市向6所高校附中、附小配送了学生饮用奶，全年共配送学生饮用奶5 424件，平均每天有1 966名学生饮奶。2002年11月，克拉玛依市向13所中小学校配送了学生饮用奶，全年共配送学生饮用奶10 120件。通过一年的试点，基本探索出了学生饮用奶向学校配送的方法，为下一步在7个试点城市全面启动学生饮用奶工作打下了良好的基础。同时，为了高效、规范地组织“学生饮用奶计划”实施工作，根据试点学校的经验，成立了新疆维吾尔自治区“学生饮用奶”服务中心。实践证明，服务中心的运作方式也比较符合自治区的实际情况。

【德隆集团介入新疆奶业】2002年，德隆畜牧业投资有限责任公司的总体发展思路：“两个突破、三化发展、三大基地、五个统一”，即依托新疆的政策和资源两大优势，从市场开拓和生物技术两个方面突破；以科技化、产业化、规模化为发展目标；统一良种繁育、统一饲料生产、统一养殖技术、统一疾病防治、统一产品加工；形成“天山北坡”、“伊犁河谷”、“南疆片区”三大生产基地。这条思路的核心内容就是：从优质草场培育建设到良种繁育，从自建高产奶牛养殖示范基地到培育大规模养殖小区，从整合新疆现有乳品加工业资源到搭建全国市场营销总体框架，进行高起点、全方位、多层面的切入；以“公司+基地+农户”的模式实行大规模的养殖小区建设，增加农牧民收入，尽快实现新疆畜牧业从粗放型向集约型现代化经营方式的快速转变。

在自治区各级党委政府的亲切关怀和大力支持下，2002年，公司各项建设事业取得了阶段性成果：(1) 公司全额投资近7 000万元，分别在玛纳斯、昌吉、呼图壁等地建成3个千头高产奶牛养殖示范基地；全额投资2 500万元在昌吉市榆树沟镇建成年产胚胎5 500枚、冻精120万剂的良种繁育中心；累计拥有优质草场7.3万公顷，耕地0.6万公顷。(2) 公司全额投资1.7亿元在玛纳斯县建成日处理鲜奶200吨液态奶生产线项目；全额投资7 500万元在伊宁市边境经济技术合作区工业区建成日处理鲜奶200吨配方奶粉生产线项目。(3) 与新疆生产建设兵团国有资产经营公司、农12师国有资产经营公司、新疆天融（集团）投资有限公司、石河子开发区经济建设发展总公司共同组建兵地天元股份公司，新公司出资1.2亿元在石河子国家级经济技术开发区兴建日处理鲜奶200吨配方奶粉生产线，该生产线全部采用具有国际先进水平的进口设备，成为兵地经济合作、优势互补的成功范例。2002年，公司已经形成总资产4亿元人民币。

到2008年，公司计划在全自治区培育建设600个奶牛养殖小区；新建或改建8家牛奶加工企业，年加工能力达到240万吨鲜奶处理量；开发优质饲草料地1.3万公顷，建设规范化草场5.3万公顷；建设肉牛屠宰场1座，年屠宰肉牛50万头，并且将产业链延伸到皮革加工、脏器制药方面，实现资源的充分利用。公司年销售收入将达到人民币131亿元，利税达到9.3亿元，项目完成以后，可使新疆21万养殖户每户年均增收1.4万～2.7万元，每年总增纯收入可达44亿元。

【首次大批量进口荷斯坦纯种奶牛】2002年，新疆金牛生物股份有限公司从国外进口荷斯坦纯种奶牛2 396头，创下了我国从国外引进奶牛的年度最高记录。

1. 完成加拿大良种牛的安置及检疫工作 2002年6月26日，从加拿大引进200头（奶牛160头，公牛40头）种畜的专机抵达乌鲁木齐市机场，当晚全部安置在奶牛繁育中心。自治区动检局于7月2日开始第一次检疫，7月28日进行第二次检疫。

2. 顺利完成了澳大利亚良种牛的运输和接收工作 从澳大利亚引进荷斯坦母牛2 196头，在天津检疫场经过45天的隔离检疫，于8月5日向新疆启运。这是我国养牛史上数量最多、运距最长的一次活畜运输工作。经公司全体员工的艰苦努力，于8月21日全部安全运抵乌鲁木齐市奶牛繁育中心。经过近4 000公里的长途运输，这批奶牛无一死亡，创造了我国大群体长途运牛的奇迹。

（新疆维吾尔自治区奶业办公室　高庆超）

乌 鲁 木 齐 市

【概况】2002年，乌鲁木齐市牛奶总产量达到2.98万吨，比2001年增长了18.48%。随着市场经济的发展，乌鲁木齐市奶业已经逐步走上多元化、高起点的道路，并在激烈的市场竞争中得以稳步前进。

1. 奶业发展历程 乌鲁木齐市奶协和各企业自1996年起，提出培育龙头企业的建议，受到市政府的高度重视。2002年，乌鲁木齐农垦乳业集团公司和兵团草业等5家企业联合投资组建新疆天润乳业生物制品股份有限公司；昆仑公司和友好集团等企业合作，组建新疆金牛生物股份有限公司；新疆物华畜牧股份有限公司以500万元的资金购入新绿洲的全部股份；由德隆畜牧投资有限公司、乌鲁木齐农垦乳业集团公司、新疆天融投资（集团）有限公司、新疆石河子开发区经济建设发展总公司共同投资组建了新疆兵地天元乳业股份有限公司，这些公司的组建，改变了本自治区乳业无龙头企业的现状，对做大做强乌鲁木齐市的奶业将发挥重要的作用。

2. 奶牛养殖情况 位于乌鲁木齐市的新疆建设兵团农十二师奶牛存栏5 560头，乌鲁木齐县奶牛存栏22 700头，其余4 000多头分布在市属企业、部队企业和其他企业。其中，30%的奶牛采用全封闭管道式机械挤奶，30%为提桶式机械挤奶，40%为手工挤奶。

3. 牛奶收购情况 2002年，共有40余家乳品厂的产品在乌鲁木齐市市场上销售，加工能力在50吨以上的有兵地天元乳业、市牛奶公司等4家，加工能力在10吨以上的有新绿洲乳业、华联乳业等10家。原料奶收购价格基本保持在1.6元/千克。由于乌鲁木齐市场存在明显的季节性供需矛盾，造成个别企业收购牛奶在淡季时实行按质计价，并以比重、酸度作为收购标准，个别厂家以乳脂和蛋白计价。乌鲁木齐的牛奶销售淡季为每年的7～9月，此时奶牛产量相对较高，使乳品加工与奶牛生产之间基本可保持平衡，而其他季节原料奶则供不应求，所以各乳品加工企业在市外的石河子、阜康、昌吉、米泉、奇台等地开始收购牛奶，并签订常年收购合同，形成了与麦趣尔、德隆畜牧、西域春等市外加工企业激烈竞争的态势。

4. 乳品市场情况 2002年，乌鲁木齐市牛奶产量为2.98万吨，市场的牛奶销量为5.1万吨，人均消费奶量28.2千克，主要产品为巴氏消毒奶、酸奶、冰激凌以及奶粉，其次还有超高温灭菌奶、奶酪、奶条和初乳制品。

5. 发展目标 今后，乌鲁木齐市将以培育和发展龙头企业为目标，积极引导和促进奶业企业的改制、联合和资产重组，扩张企业发展潜力，增强乳品企业市场竞争力。同时，突出奶业在产业结构调整中的重要地位，积极培育和开拓乳品消费市场。目前，已从国外购进1万多头牛，新建的几家大型乳品加工厂正在建设中。2003年，预计乌鲁木齐市的奶产量将达到40万吨左右。

（乌鲁木齐奶业协会 李景芳）

地方领导论奶业发展

发挥区域优势　大力发展黑龙江省奶业经济

黑龙江省人民政府副省长　申立国

近几年，黑龙江省委、省政府高度重视畜牧业的发展，做出了“把粮食大省变成畜牧业大省，尽快将畜牧业建设成为农村经济主导产业”的战略决策。各地都把畜牧业作为农村产业结构调整的重点，加大扶持力度，使畜牧业获得了较快发展，特别是奶牛业快速增长。到2002年末，全省奶牛存栏达到93.3万头，奶类产量达到240万吨，居全国首位，奶牛业产值49.2亿元，占牧业产值的19.5%，人均奶牛业收入125元，占人均牧业收入的29%。奶业已成为全省畜牧业的主导产业。

（一）奶业在黑龙江省农村经济中的战略地位和作用

奶业是黑龙江省农业和农村经济结构调整中最具优势的战略性产业，它涉及到饲草饲料业、运输业和建筑服务业等多个领域，具有一业兴则各业兴的功能。奶业的快速发展，已成为牵动全省农村经济发展的重要力量。第一，奶业的发展带动农业和农村经济结构的调整。奶牛存栏的快速增长，带动了饲草饲料种植业的发展，2002年同2000年相比全省饲料作物种植面积由93.33千公顷增加到280千公顷，其中青贮玉米种植由36.67千公顷增加到133.33千公顷，青贮产量由180万吨增加到624万吨，创产值42亿元。全省粮、经、饲种植结构由83.1∶16.5∶0.4调整为73∶24∶3，优化了种植业结构。奶牛业的发展，带动了畜产品加工业、饲料工业及其他相关产业的发展。2002年全省年销售额达到规模以上的乳制品加工企业，实现销售收入57亿元，利税4.2亿元。全省饲料产量达到419万吨，实现产值98亿元，畜牧业及相关产业共创产值近400亿元，优化了农村经济产业结构，带动了农村二、三产业的快速发展。第二，奶牛业的发展转化了粮食，解决了卖粮难。畜牧业和粮食生产是相辅相成、相互促进的关系。畜牧业的发展，必然要带动粮食过腹转化。据统计，2002年，全省过腹转化粮食达950万吨，相当于全省粮食商品量的一半，其中奶牛业转化粮食435万吨。双城市奶牛存栏15.2万头，年转化粮食70万吨，都有效地解决了卖粮难的问题，而且使农民在粮食转化中实现了增收。第三，奶业的发展增加了农民收入，安置了富余劳动力。上一年，全省农村人均收入为2 405元，比上年增收155元，其中1/3来自畜牧业，而牧业人均增收中1/3来自奶牛业。奶牛业是比较效益较高的产业，饲养1头年产5吨的奶牛，农民一年纯收入可达到4 000元，相当于3公顷土地的收入。种667米^{2}青贮通过过腹转化可实现增值600元，比种普通玉米效益高3倍以上。对于农村4口之家，饲养8头产奶母牛即可达到人均收入8 000元的小康水平。奶牛业又是典型的劳动密集型产业，可以有效吸纳更多的剩余劳动力，使农民在“充分就业”中实现增收。目前全省畜牧业吸纳劳动力180万人，奶牛业吸纳劳动力35万人。第四，奶业的发展推动了县域经济发展。本省奶牛发展较好的双城、富裕、杜蒙、安达等市县农村人均奶牛收入已超千元。双城市通过大力发展奶业，农民一年奶资收入达6亿多元，雀巢公司上年向市财政上缴税金2.26亿元，占全市财政收入的57.9%；富裕光明乳业上缴税金2 455万元，占县财政收入的22%，奶业已成为有些县（市）财政增税的主要产业。

（二）黑龙江省加快奶业大发展的优势和潜力

黑龙江省是全国最大的奶业基地，虽然近几年保持年均20%以上的发展速度，但仍有大发展的明显优势和潜力。一是发展有基础。奶牛业发展有悠久的历史，并拥有一批实力较强的乳品加工企业，日处理鲜奶能力已达8 200多吨，创造了完达山、红星、龙丹等驰名品牌，一大批国内外知名企业纷纷落户黑龙江，乳制品不仅覆盖了国内大部分市场，并有部分产品远销东南亚、东欧等国际市场；此外，全省已建成了配套的畜牧兽医服务体系、饲草饲料供应体系、乳品研发体系、产品质量控制体系和人才培训体系，可以保证奶业的持续、快速发展。二是资源有优势。该省地处北纬43°～53°之间，是世界公认的玉米带和奶牛带，最适宜奶牛业的发展。是全国最大的商品粮生产基地，是全国十大牧区之一，粮食综合生产能力达3 000万吨，拥有433.33万公顷草原，年产饲草800万吨，作物秸秆4 500万吨，发展奶牛业有充足的精饲料和饲草饲料保障。以饲草生产为例，如果采取综合性整治和建设措施，使206.7万公顷退化草原全部恢复生机，每667米^{2}年均产草量可由现在的75千克提高到150千克以上，可增产优质干草230万吨；耕地资源丰富，发展人工牧草和青贮种植潜力更加巨大。三是增产有空间，全省奶牛群体平均单产为4.3吨，尽管高于全国平均水平，但是与国内发达地区和世界发达国家相比，差距仍很大。通过推广良种，普及标准化饲养，使现有牛群单产达到6吨，每年即可增产鲜奶180万吨。四是产品有市场。我国人均GDP已达1 000美元，正处于奶消费快速成长期。以保鲜奶为例，1999年哈尔滨市市场日销售保鲜奶仅为30余吨，而目前日消费量已达400吨，4年间增长了12倍；全国保鲜奶消费年均增长率近3年均达25%以上。2002年全国人均消费奶量为8.8千克，仅是世界平均水平的1/11，发达国家平均水平的1/30。按农业部预计，到2010年，全国城镇人均消费乳制品（折合成鲜奶）将达32千克，农村为7千克以上，为奶制品提供了巨大的市场空间。此外，全省奶制品生产还有明显的成本优势，开拓国际市场也具有竞争优势。

（三）努力打造奶业强省的整体优势

为了把以奶牛业为重点的畜牧业做大做强，省政府制定了《黑龙江省奶业振兴计划》和《黑龙江省畜牧业发展规划》，到2010年，本省奶牛存栏预计可发展到320万头，平均单产6吨，年生产鲜奶1 200万吨；乳品企业日处理鲜奶能力达到4.2万吨以上；奶牛业产值达到280亿元，占牧业产值的比重达到31.1%，乳制品加工业销售收入达到380亿元，占畜产品加工业销售收入的50.6%。全省农村人均牧业纯收入达到1 650元，占农村人均纯收入的40%以上。农民人均奶牛业纯收入528元，占人均纯收入的15.5%，把黑龙江由奶业大省建设成为奶业强省，为中国奶业的发展做出贡献。

为了实现上述发展目标，将重点抓好以下措施的落实：

1. 以规模经营为重点，不断提高产业集中度，在布局区域化上实现突破 确立和建设一批奶业重点市县，使奶业成为这些地区的支柱产业。尽快形成一批奶牛存栏超10万头、商品奶年产量超30万吨的大县。要规划和建设一批奶业优势区、集中带，围绕雀巢、完达山、伊利、光明、黑乳等大型龙头所覆盖地区，加快建成一批达到国际先进水平的奶源基地，使之与加工能力的扩大相适应。

2. 以科技进步为重点，良种良法配套运用，在提高生产水平上实现突破 要把良种的繁育、引进和推广放在更加突出位置，通过扩大良种规模和比例保证单产水平和效益水平的不断提高。认真抓好冻精、胚胎生产，力争用三年左右时间达到奶牛良种化目标。要大力普及规范化饲养技术、优质牧草和青贮利用技术、先进管理技术等，为发挥品种性能、提高生产水平创造条件。积极研究、引进和推广一批奶业生产先进技术，进一步提高奶业的科技含量和市场竞争力。

3. 以不断提高产业化经营水平为重点，切实加强龙头企业建设，在提高市场竞争力上实现突破 要继续推进乳品企业的产权制度改革，下决心走资本多元化之路。

4. 以标准化生产为重点，不断提高质量保障体系建设水平，在产品优质化方面实现突破 要进一步完善产品质量标准，严格执行国家或地方已有标准。建立健全质量管理体系，全面推行质量认证制度，为生产优质、安全、绿色的乳制品创造基础条件。要逐步完善质量检测检验体系，强化检测监督，搞好检测服务，确保鲜奶及乳制品达到无疫病、无污染、无残留标准。在抓好强制免疫、产地检疫、无规定动物疫病区项目建设和推行免疫标识制度的同时，加大对饲养场户周边和舍内环境的整治力度，尽快改变人畜混杂、排泄物乱排滥放的状况，确保生产环境和生产过程的洁净。

5. 以完善社会化服务体系为重点，不断强化服务功能，在全面实现“五不出村”上实现突破 实现繁育改良、防疫治疗、技术指导、饲料供应和产品销售“五不出村”。鼓励各种所有制机构和服务实体从事经营和服务，改变单一政府包办的局面，实现服务体制多元化。与此同时，要进一步强化各级畜牧部门的执法监督和公益性服务职能，依法开展产品检验检测、防检疫、技术推广、信息服务等项业务工作，在完善机构、健全功能、提高队伍素质的同时，给予必要的财力保证，不断提高畜牧业的社会化服务水平。

6. 发挥政府、企业（包括金融企业）和农牧民三个积极性，加大对奶业发展的资金支持 要进一步加大养牛贷款的投放力度，使进口奶牛和奶源基地扩增任务真正落到实处；引导各商业银行在自己职能允许的范围内对基础设施建设、龙头企业发展、新特优产品研发给予必要的资金扶持。各级财政、计划等部门要对奶业服务体系建设、基础设施建设、良种工程等给予更多的财力支持。各项支农资金要继续向奶业倾斜。努力创造良好发展环境，敞开省门县门，积极吸引国外资本、外埠资金和社会资本投向奶业发展，吸引国内外有实力的大企业、大集团投资黑龙江省奶业开发，借助外力发展自己。在创造良好发展环境的基础上，吸引农牧民筹措自有资金向奶业投放，同时要进一步引导龙头企业加大对奶源基地的资金扶持，壮大第一车间。保护奶业生产力并使之与产业发展相适应。

立足现有基础　大力发展内蒙古奶业

内蒙古自治区畜牧业厅副厅长　郝斗林

内蒙古奶业的发展从20世纪50年代起步，通过国外引进、杂交改良、品种培育等长期的工作，先后育成了中国荷斯坦、三河牛、科尔沁牛等品种。改革开放以来，内蒙古奶牛业得到了较快发展。特别是进入90年代，随着伊利、蒙牛等乳品龙头企业相继崛起，全区乳业出现了前所未有的快速发展。乳业已成为自治区经济增长的亮点、农村牧区经济的支柱产业和农牧民增收的重要来源。

（一）内蒙古自治区奶业现状

1. 全区奶牛头数、牛奶产量　据2002年末统计，全自治区共有良种和改良种奶牛98.36万头，其中能繁殖母牛56.22万头，分别比上年增长32.11%和42.85%，是近几年增长最快的一年（表1）。与此同时，牛奶产量达到165.2万吨，比上年增长55.5%。良种改良种奶牛主要分布在呼和浩特、包头、乌海市和盟市所在地城、镇郊区，以及呼伦贝尔市、通辽市、锡林郭勒盟等地（表2）。

表1　1991年以来自治区良种改良种奶牛发展情况

年度	奶牛头数（万头）	牛奶产量（万吨）	年度	奶牛头数（万头）	牛奶产量（万吨）
1991	43.49	38.58	1997	73.87	59.05
1992	46.20	40.99	1998	72.61	63.79
1993	53.67	42.17	1999	68.37	67.94
1994	58.65	45.82	2000	71.87	79.78
1995	71.02	48.57	2001	74.46	106.24
1996	76.77	54.35	2002	98.36	165.20

从表1可以看出，1991—2002年自治区良种改良种奶牛数量增长了126.17%，年均递增7.7%，其中，2000—2002年年均递增17%；牛奶产量增长了328.2%，年均递增14.1%，其中，2000—2002年年均递增43.9%。

表2　2002年自治区各盟市良种改良种奶牛存栏情况

盟市	良种改良种奶牛		能繁殖母牛		盟市	良种改良种奶牛		能繁殖母牛	
	头数（万头）	占全自治区比重（%）	头数（万头）	占全自治区比重（%）		头数（万头）	占全自治区比重（%）	头数（万头）	占全自治区比重（%）
全自治区	98.36		56.22		呼伦贝尔市	30.93	31.44	15.01	26.7
呼和浩特市	22.01	22.37	15.12	26.89	兴安盟	5.17	5.26	3.09	5.50
包头市	9.07	9.22	6.57	11.69	锡林郭勒盟	1.98	2.01	1.42	2.53
乌海市	0.07	0.082	0.014	0.006	乌兰察布盟	5.74	5.84	4.33	7.70
赤峰市	2.06	2.09	0.82	1.46	巴彦淖尔盟	2.55	2.59	2.07	3.68
鄂尔多斯市	2.10	2.13	1.25	2.22	阿拉善盟	0.077	0.078	0.053	0.094
通辽市	16.61	16.89	6.48	11.53					

2. 奶牛品种　内蒙古自治区奶牛的主要品种是中国荷斯坦奶牛和三河牛、西门塔尔牛、科尔沁牛等乳肉兼用牛，其中荷斯坦奶牛存栏约50万头，主要分布于呼和浩特市、包头市、乌海市和盟市所在地的郊区。荷斯坦牛单产均在5吨左右，单产在10吨的高产牛约有千头左右；三河牛存栏约15万头，主要分布于呼伦贝尔盟，放牧条件下单产1吨左右，加补饲单产可以达到3吨以上；西门塔尔牛、科尔沁牛存栏约15万头，主要分布于哲里木盟，个体单产西门塔尔牛为3.5吨左右，科尔沁牛为2吨左右。

3. 奶牛饲养及繁育　内蒙古奶牛饲养以户养为主，同时兼有规模化奶牛场和养殖小区。近年来，由于实施了以发展奶牛专业户为重点的奶牛规模养殖、专业化生产。2001年全自治区奶牛专业户达19 604户，年生产鲜奶32.8万吨，占全自治区鲜奶总量的30.8%以上，个体经济成分越来越大。同时也涌现出了一批牛奶生产商品基地，2001年生产鲜牛奶超万吨的旗县达26个，产鲜奶92万吨，占全自治区同期产量的86.5%，形成了小规模、大群体的牛奶生产模式。在奶牛生产组织上，采取分散饲养、集中挤奶和“奶牛小区”等组织形式，通过奶站把分散的饲养与乳品加工企业联系起来，实现了小生产与大市场的对接。截至目前，共建有集中挤奶站1 815个。

奶牛繁殖普遍采用冷冻精液人工授精。在内蒙古有内蒙古家畜改良站和通辽市家畜繁育指导两个国家级种公牛站。2002年两站共饲养采精公牛90头，生产牛冷冻精液135万支。其中饲养乳用种公牛20头，生产奶牛冷冻精液30万支。区内冷冻精液不足部分从北京市奶牛中心公牛站、黑龙江家畜繁育指导站、上海奶牛育种中心等地购入。饲养的种公牛多数来源于加拿大，少部分为通过胚胎移植繁育的后代。

4. 乳品加工业 2002年底，国内乳业企业排名前四位是光明、伊利、三鹿和蒙牛，前四名中有两个是内蒙古的。除了伊利、蒙牛之外，自治区内尚有新建和引进的乳品加工企业数十家，如呼和浩特市的“奈伦”，包头市的“懋菲蒙”，乌兰察布盟的“牛妈妈”，锡林郭勒盟的“锡林高勒”，通辽市的“科尔沁乳业”，呼伦贝尔市的“蒙兴”、“长富”、“光明”等等。全自治区乳品企业年加工生产能力超过200万吨鲜奶。2002年乳制品产量达10万吨，同比增长1倍多，液态奶产量达73.7万吨，同比增长88%。

2002年，伊利集团公司总资产达28.99亿元，伊利液态奶产销量达到47万吨，实现销售收入23亿元。超高温灭菌奶在全国的市场份额由2001年的24%猛增到37%，居全国同行业第一；日处理鲜奶能力也由1999年的不足200吨增到2 500吨，在短短的3年时间里增长了12倍；主营业销售收入达到40.1亿元，比2001年增长48.40%，比1999年增长2.49倍；当年实现利税6.4亿元（其中上缴税金5亿元），比2001年增长78.83%，比1999年增长1.89倍。

2002年，蒙牛集团公司总资产已达到10亿元，第三期扩建完工后，日处理鲜奶能力达到1 400吨，是三年前的20倍之多；仅问世3年的蒙牛，以其1 947.31%的成长速度，于2002年荣登中国成长企业百强之首，年销售收入达到19.2亿元，比2001年增长1.26倍，比1999年增长438.86倍，实现利税1.78亿元（其中上缴税金1.3亿元），比2001年增长71.15%，比1999年增长1 678.24倍。伊利集团和蒙牛集团生产的乳制品主要有奶粉、冷饮和液态奶三大系列，500多个花色品种，行销全国32个省、自治区、直辖市和香港、澳门两个特别行政区。

5. 乳品消费现状 从1998年起，乳品行业出现了加速增长的势头。同时，乳品消费也在政策扶持、生活质量提高及城市化进程加速等因素刺激下，快速增长。2002年内蒙古人均牛奶占有量为69.45千克，其中，呼和浩特市人均牛奶占有量为264.6千克，居全国大中城市之首。据呼和浩特市有关部门对伊利、蒙牛等乳品企业及其他散装牛奶销售户的粗略统计，呼和浩特市城市居民目前每天消费牛奶100多吨，相当于人均年消费牛奶60千克，而且还呈逐渐上升的趋势。在乳品中，近年来消费增长最为迅速的是液态奶，大中型城市液态奶消费量明显超过奶粉。

（二）内蒙古自治区奶业发展存在的主要问题

第一，现在一些地区，特别是一些奶牛饲养量比较低的地区，盲目发展奶牛的现象比较严重。由于资源、技术和市场加工等等方面的条件不具备、不配套，农户养了奶牛、产了牛奶卖不出去，企业收购鲜奶后又出现产品卖不掉，造成不应有的损失。

第二，在乳业生产上，良种奶牛严重不足，内蒙古近100万头存栏奶牛中，真正的良种荷斯坦奶牛大概是50万头，剩下的都是改良牛，产奶量相对很低。2002年全自治区奶牛的平均单产只有2 940千克，远低于发达国家4 000～5 000千克的平均水平。奶牛产奶量比较低，说明品种质量上有问题。原料奶不足或短缺成为制约乳业发展首要因素。

第三，目前奶牛的饲养主要以小规模、分散型的农户饲养为主。一般每家农户饲养奶牛都是三五头，多一点的也只有20头左右。生产规模小，必然导致成本偏高。有了规模，才能实施机械挤奶，安全生产。分散的、千家万户的奶牛业，是造成牛奶质量不高的重要因素。

第四，乳品加工企业的规模比较小，加工能力低。科技人才严重不足，研制与开发高附加值产品十分困难，难以和国外大型奶业集团抗衡。

第五，乳业的产业化程度不高。现在，奶源基地和乳品加工企业之间，还没有真正建立起共担风险、利益共享的有机完整的产业化链条。企业的组织化程度和产业化程度低是我国乳品企业发展一个很致命的问题。目前奶牛饲养业采取的主要模式仍以一家一户的分散饲养、集中挤奶为主。这些奶源基地多数采用了“公司＋农户”方式，以农民投资为主，然而作为投资主体的农民拿不出多少自有资金、信用等级低，在很大程度上限制了奶牛头数的快速发展。尽管有些地区采取了“政府贴息、企业担保、银行贷款、农民买牛、以奶还贷”的方式发展奶牛业，也仅限于局部地区，不足以支撑起快速成长的乳品加工业。

第六，乳品经销市场体系不完善，乳品市场竞争有待进一步规范。在引导消费，开拓消费市场方面，开展的工作较少，许多工作还没有到位，市场开发明显不足，这是制约乳业发展的另外一个重要因素。

第七，乳制品质量标准体系不健全，国家第三方的质量监测基本上没有开展起来。奶源的质量制约着我国乳业的发展。

（三）内蒙古自治区奶业发展潜力

1. 奶业现有基础潜力很大 内蒙古奶业经过长期发展，特别是进入20世纪90年代，在市场经济的洗礼中，不断发展壮大，企业与基地建立起了较为稳定的“公司+农户”的经营模式，稳定的经营模式和不断加强的基础设施为本自治区奶业的发展提供了巨大的潜力。

2. 乳品加工能力潜力很大 据不完全统计，目前，全区现有加工能力200余万吨，由于奶源供应不足，奶源缺口大约50万吨。解决这个缺口需要增加产奶量在5吨的产奶母牛10万头，按正常的畜群结构计算，需增加奶牛饲养量18万头。而且，自治区各地新上奶业加工项目接连不断，规模越来越大。由于本自治区处于最适宜饲养奶牛的地带，因此成为国内外乳品加工企业的奶源必争之地。乳品加工能力将在近期出现翻番，快速增长。乳品加工能力达到400万吨，需要增加产奶量在5吨的产奶母牛80万头，奶牛饲养量将达到145万头，如果产奶量达不到5吨，饲养量将会更大。

3. 奶牛资源发展潜力很大 2002年自治区存栏奶牛98.36万头，按照年递增25%计算，2003年奶牛存栏可达到123万头，产奶母牛将达到67.6万头，牛奶产量将达到202.8万吨。通过实施低产牛改造工程，每年奶牛单产提高100千克，2003年可增产牛奶6.8万吨，到2005年可增产牛奶31.5万吨。这样，2003年、2005年牛奶产量将分别比2002年增加44.4万吨和181.3万吨。

4. 饲草料资源潜力很大 自治区每年有600万吨可供转化的粮食，而且品种较为齐全，可以完全满足奶牛饲养所需的精料。自治区有耕地533.33万公顷，目前只有青贮种植面积14.47万公顷，发展青贮种植潜力非常大。按1头牛0.13公顷（2亩）青贮0.13公顷优质牧草计算，调整40万公顷条件较好的耕地，再加上现有的青贮面积，就可饲养200万头奶牛。

（四）内蒙古奶业发展规划

1. 指导思想 以市场为导向，效益为核心，充分发挥区域优势，依靠科技进步，搞好优良品种繁育，提高奶牛单产水平，大力推进规模化饲养和产业化经营，加快奶类加工企业发展和技术创新步伐，确保产品质量安全，增强奶产品在国内外市场上的竞争能力，尽快提高奶类消费水平。

2. 目标 奶业是一个朝阳产业，发展奶业利国利民，要把奶业做成一个大产业，成为一个支柱产业，加快奶业发展，使其保持全国领先的水平。

具体指标：（1）到2005年奶牛存栏达到200万头，牛奶产量达到350万吨，奶牛单产达到3 300千克；到2010年奶牛存栏达到400万头，牛奶产量达到1 100万吨，奶牛单产达到5 000千克；（2）到2005年全区人均占有牛奶145千克，到2010年全区人均占有牛奶440千克；(3) 到2005年全区奶业产值占畜牧业产值的30%，到2010年全区奶业产值占畜牧业产值的40%。

（五）内蒙古奶业发展措施

1. 加快良种繁育步伐，增加高产奶牛数量 采取品种选育、胚胎移植和良种引进相结合的方法，加快良种奶牛繁育，扩大供种能力。良种繁育体系重点：一是完善种公牛站建设，改善设施，扩大生产能力、提高冻精质量；二是完善人工授精站点建设，更新设备，增加熟练人员；三是建设一批良种奶牛繁育场，培育高产奶牛群体；四是支持重点地区胚胎移植中心建设，建设奶牛业高新技术的科研基地。

2. 加强奶源基地建设 在增加奶牛饲养数量的同时，努力提高奶牛单产，推广实用配套技术，积极发展适度规模经营，大力推进奶牛饲养小区建设，推广机械化挤奶，鼓励奶源基地与大型乳品加工企业对接，形成产业化经营格局。鼓励乳品加工企业建立自己的奶源基地，与奶牛饲养农户形成“公司+农户”的产业化经营形式。

3. 大力支持乳品企业的技术更新改造和科技创新，使企业真正成为技术创新的主体 以企业自愿，政府扶持，市场运作为原则，鼓励和支持优势企业，实现资产、品牌、经营的整合，形成可以与国外大型企业集团相竞争的民族奶业集团。重点增加保鲜奶和UHT（超高温灭菌）奶、酸奶、奶酪等多种花色奶的生产能力。

4. 大力发展优质饲料饲草生产，建立奶牛饲料生产基地 在奶牛饲养区推广种植青贮玉米和优质牧草，建立饲用玉米生产区或产业带，形成与奶业生产相配套的饲料生产、加工体系。调整种植业结构，实现1头奶牛0.13公顷优质牧草，0.13公顷青贮饲料。充分利用退耕还草的有利条件，大力种植优质牧草，加快奶业发展步伐。牧区以保护和合理利用草场为主，保障奶业持续、健康发展。

5. 强化奶业发展服务体系建设 重点建立奶牛生产性能测定站，完善乳品质量检测体系，鼓励大型乳品加工企业建立企业科技研发创新中心。

6. 加强奶牛的科学饲养管理 推广奶牛模式化饲养技术，科学、合理地供给营养物质，最大限度地发挥奶牛产奶的遗传潜力，不断改进奶牛养殖技术、提高奶牛单产水平和牛奶质量、优化原奶品质。走科学化、规范化、集约化的奶牛养殖道路，建立稳固的优质高产奶源基地。

谋求良策　把云南奶产业做大做强

云南省农业厅副厅长　杨志民

(一) 云南奶业的现状

党的十一届三中全会以来，云南省畜牧业生产24年持续稳定增产。2002年，牧业总产值达223.5亿元，比上年增6.11%，占农业总产值的30.3%；肉类总产235.83万吨，增7.42%，排全国第12位，居西部12个省、自治区、直辖市的第3位；人均肉类占有量达55千克，高于全国平均数；奶类总产19.04万吨，比上年增11.54%，其中牛奶产量17.52万吨，比上年增11.7%，居西部各省、自治区、直辖市的第4位；农民家庭收入的27%，出售农产品现金收入的38%来自畜牧业。畜牧业增加值占本省GDP的9.8%。畜牧业是本省农业和农村经济的支柱产业，也是农民增收的重要产业。省委、省政府一直重视畜牧业的发展，先后下发了《云南省人民政府关于把我省畜牧业建成支柱产业的通知》和《云南省人民政府关于加速畜牧业现代化进程的决定》，有力地推进了畜牧业的发展。近年来进一步加强了对畜牧业的领导，大幅度增加投入，按照“增加总量、提高质量、突出特色、择优发展”的方针，大力发展草食畜，抓住牛羊生产和畜产品加工两个关键，突出猪禽、奶、牛、羊四个重点，加快产业化进程。国家退耕还林还草项目的实施和对农业、农村经济进行战略性结构调整，加大了对节粮型畜牧业的投入，促进了云南省奶业的快速发展。据统计，2002年全省奶牛存栏数为13.0万头，比1985年的3.3万头，增加9.7万头，为3.9倍；牛奶产量17.52万吨，比1985年的4.22万吨，增加14.3万吨，为4.4倍。加之山羊奶、水牛奶和牦牛奶特色奶业的发展，带动了全省奶类总产的大幅增长。2002年全省奶类总产量达19万吨，比1985年的10.29万吨，增加8.8万吨，增85.5%。本省奶业发展有以下几个新的特点：

1. 奶牛的饲养由城市向农村、新区发展　新希望、东亚、娃哈哈等企业集团引入云南省后，推进了奶牛业的发展，使奶牛数量猛增，奶牛饲养量的增加，主要是农村和个体户受效益驱使，增加了饲养量，扩大了饲养规模。1985年老区（昆明和大理）奶牛饲养量为3.16万头，占全省的95.8%，到2001年降到82.4%。以大理州洱源县奶牛基地为重点的农业县已扩展到各个县和一大批新区乡镇。昆明市采取“公司＋农户”的形式，广泛带动农户饲养奶牛（过去主要是国营农场饲养）。2001年全市农村饲养奶牛达1.4万多头，占全市总数的79%，2002年将突破90%，改变了过去由国营农场垄断昆明市场的局面。

2. 奶产品由单一产品向多样化发展　多年来，省乳品加工生产规模小，产品单一，主要以生产奶粉、乳饼为主。近年来有了较大的发展，特别是几个奶业集团进入云南后，通过资产重组和技术改造，生产规模和产品都大幅度增加。新希望蝶泉乳品有限责任公司，是国家二型企业和全国十大乳品生产厂家之一，过去主要生产“蝶泉牌”系列固体奶制品，有全脂奶粉、脱脂奶粉、淡奶粉、强化麦乳精等17个品种的系列产品。1996年，“蝶泉牌”全脂甜奶粉在第五届亚太国际贸易博览会上获得金奖，被国务院发展研究中心评为“食品制造业100家最佳经济效益企业”，所生产的奶粉通过了“绿色食品”认证。新希望集团控股后，计划用3年的时间使奶源基地的奶牛发展到10万头，年加工鲜奶12万吨；投资1.2亿元建设“200＋300”吨的超高液态奶项目，新公司运转后3年内使乳品产量年达16万吨(含各种花色奶),5年内乳制品达30万吨。昆明市雪兰集团是由生产单一的液态奶,即消毒奶,发展成为占有昆明近2/3牛奶市场的集团化公司,生产消毒奶、酸奶、冰激凌、果味奶、豆奶等数十种品种。与新希望重组后新增投入3 509万元,还准备投资8 000万元,建“150＋150”的现代化加工厂,第一期工程将于2004年6月30日前投产,加工规模达年处理4.8万吨,3年内将达7万吨,并开发一批新产品。奶产品多样化的发展,极大地丰富了市场供应,提高了企业经济效益,促进了农民收入的增加。

3. 由小规模生产经营向产业化经营发展　云南省的奶业生产仍处于传统生产阶段，产业化经营程度不高，市场化程度低、效益不明显。1995年以来浮现出了几个龙头企业，积极探索产业化发展路子，取得了较大发展。原蝶泉公司2001年收购鲜奶4.2万吨，支付农民奶款4 881万元，加工奶制品17个品种8 913吨，上交利税1 530万元。洱源县饲养奶牛28 238头，奶产量4.45万吨，有力地带动了该县奶业的发展，成为县财政支柱之一。上年新希望进驻后，生产飞跃发展。云南大理东亚乳业有限公司已开始投产，该公司拥有固定资产6 800万元，流动资金4 000万元，日加工鲜奶能力达150吨，将有力地推动本省奶业的发展。

4. 由传统技术向现代饲养技术发展　工业生产有力地推动了农业现代化发展，新希望等奶业集团入滇后，给云南奶业发展创造了一个很大的空间，同时也提出了更高的质量要求，为适应这种市场变化，迫使我们加速农村奶牛业的规模化和现代化进程，为此结合云南农村实际，各地推行奶牛合作社这种新型的规模饲养的组织形式，并按企业对奶产品的原料质量要求，逐步提高饲养技术，在不断提高奶牛单产的同时，更加重视牛奶的质量安全，向无公害和绿色食品标准化方向发展，为加速增加牛源，也必须用新技术指导奶牛的扩繁，特别值得注意的是在省级技术部门的指导下，开始与国内外合作，开展高产奶牛胚胎移植工程，同时准备继续引进高产奶牛种牛和胚胎，相应加快种牛饲养繁殖和胚胎工程的基础设施建设。所有这些，都加快了云南奶牛业现代化生产的步伐。

云南省的奶业生产总体上呈快速发展态势，但仍存在不少问题，与全国相比差距很大，其主要表现是“三低一差”。即生产水平低，产业化程度低，市场开拓力度低和经济效益差。对全省奶业生产仍缺乏科学合理的规划，饲养管理粗放，原奶生产力水平低。云南省奶牛存栏只占全国奶牛存栏数的2.13%，这与云南省得天独厚的气候和丰富的饲草、饲料资源极不相符。近年来虽然加强了良种繁育体系建设，但奶牛单产依然较低。目前全省奶牛平均单产不到1 400千克，离全国平均单产1 600千克还有差距，离先进国家的平均单产3 000～8 000千克，差距更大；全省人均占有奶量4.4千克，比全国平均水平的10.9千克低，比世界平均水平低100多千克。

云南省的奶牛生产仍以千家万户小规模饲养为主，规模小、组织化程度低，中介组织、农民专业合作经济组织发展缓慢；龙头企业开始引进，但设备相对落后，人才与科技力量不足，参与市场竞争的能力弱，产品除少量供缅甸等东南亚国家外，主要是在省内市场。

（二）加快奶业发展的对策

1. 认真制定发展目标，作好奶业发展规划　根据中央农村工作会议精神和《中国食物与营养发展纲要(2001—2002年)》要求，结合省政府提出的建设“绿色经济强省”的目标，依托云南省丰富的畜牧业资源优势和技术条件，加大奶业发展的力度。计划到2005年奶牛存栏数发展到15万头，奶产量由现在的17万吨发展到20万吨。2010年奶牛数达30万头，产奶量达40万吨。建设和提高以洱源为中心的大理奶业经济带和以昆明为中心的昆明奶业经济带，同时新建个旧、开远、蒙自奶区，以曲靖市为中心的滇东北奶区和丽江、西双版纳等旅游奶区。以带动全省奶业的发展，并在各奶牛主产区建成一批上规模、上档次的现代乳制品加工企业。

根据云南省资源条件，除大力发展奶牛业外，还要积极发展水牛奶和山羊奶，扩建以圭山山羊为中心的石林奶山羊经济区和以中甸为中心的迪庆牦牛经济区；新建以瑞丽、梁河为中心的德宏水奶牛经济区和以大理、腾冲为重点的滇西片水奶牛经济区。

2. 切实加强对龙头企业的扶持力度　产业化龙头企业与一般农产品加工和销售企业的最根本区别在于它同农户和利益的联结机制，能够使所带动的农户得到实惠。奶业产业化龙头企业主要以加工为主，通过合同或契约的形式与养殖户建立风险共担、利益共享的经营机制和利益形式，带动一大批农民增加收入。为此，各级政府都制定了对奶产业龙头企业的扶持政策。一是各级政府和业务主管部门要关心龙头企业的发展，帮助和引导龙头企业制定发展规划，并将其列为扶持对象；二是帮助本省奶业企业申报成为省和国家龙头企业，并优先给予贷款贴息、奶源基地建设和新产品开发扶持资金；三是凡从事奶业生产、加工的企业，要积极参与“无公害农产品行动计划”，生产绿色食品，对已通过绿色食品认证的企业，每个产品由省政府给予5万元奖金，还给予开发项目倾斜；四是帮助奶业龙头企业建立网站、网页，进入省级农业产业化信息网，为企业在产业化的各个环节提供及时、准确的信息服务；五是帮助企业建设奶源基地。加工环节的投资以企业为主体，政府适当给予贴息和协调解决建设中遇到各种问题；奶源基地建设则以政府为主，组织引导产区建设，并制定一系列具体生产扶持政策，种牛的繁育主要由国家负责，农民或生产者购买高产奶牛由国家酌情补助，如大理市政府就规定，凡从国外购进1头高产奶牛，市政府补助2 000元，省、州政府已表示各补助1 000元。政府还将安排专项资金，用于对良种奶牛（胚胎）的补助；扶持奶牛场、户使用挤奶机械和其他农牧业机械的低息借贷款，以帮助开展适度规模经营，提高劳动生产率，并保证原料奶质量；提供部分资金用于补助防疫设施的购置，加强对各种重大疫病的监控。

3. 努力增加牛奶产量　当前的主要矛盾是奶源不足，所以要采取综合措施，努力增加牛奶产量，以满足企业加工的需要。其措施首先是要通过加强饲养管理，提高现有奶牛的个体产量，在云南平均每头产奶牛年提高单产1吨是完全可以做 到的，仅此一项措施全省可增加牛奶10万吨，当然，这就要从种、料、防、管等措施配套，综合管理。省政府决定加大人工种草的力度，争取用5年的时间，新建多年生人工草场25.33万公顷，利用农田种植一年生高产优良牧草26.67万公顷，作为发展奶业的重要措施，目前正组织研究制定方案，确保投入。其次是要实施胚胎工程，从国内外购进高产奶牛胚胎（省内创造条件自作胚胎）计划3～5年胚胎高产奶牛达1万头以上。三是有计划地组织从国外直接购进高产奶牛。三条措施并进，才能尽快解决好奶源严重不足的问题。

4. 加强对奶产业发展的对内对外合作　云南省资源丰富，但“三缺”，即缺资金、缺技术、缺人才。解决“三缺”的惟一办法或快捷办法，就是营造良好的投资环境，积极招商引资引技引人。还要加强省内企业的联合，组建集团公司，鼓励企业上市，发挥本省奶资源优势，形成规模，形成整体合力。这也是应对WTO的一项重要对策。要积极发展多种组织形式的经济联合体。按照“政府引导、企业运作、农民参与、滚动发展”的思路，大力发展由企事业单位，中介组织及农民组成的各种经济联合体，为奶业的生产、加工、流通各个环节做好服务工作。

5. 加强对奶产品的质量监督和管理 加强对奶产品质量的检验检测，提高奶产品质量，增强国际竞争力，是人民生活水平提高对农产品的要求，也是应对加入WTO的一项重要措施。要认真制定和完善本省鲜奶及其制品的质量标准，检验检测规范，严格对奶制品生产、加工、流通各环节进行认真监督，建立完善的奶产品质量检验检测体系，保证奶产品安全，确保人民身体健康和奶产品出口贸易的增长。一是要结合本省建设绿色经济强省和实施无公害绿色食品计划，加快奶业无公害绿色食品建设步伐；二是加大奶协的工作力度，使奶协成为奶业产前、产中、产后的全程的中间纽带。

抓住机遇　把包头建成绿色乳城

内蒙古自治区包头市人民政府副秘书长　任　福

包头市地处内蒙古自治区西部河套平原的“金三角”地带，是甘肃、宁夏、内蒙古经济带的重要枢纽。包头市辖10个旗县区，总面积2.8万平方公里，总人口230万。包头以优越的地理位置、富饶的自然资源、便利的交通条件，从新中国成立初的50年代起，就被国家列为重点开发地区，成为国家重要的冶金、机械、化工、毛纺、能源工业基地，被国务院第一批确定为13个较大城市之一，是内蒙古自治区最大的工业城市。现在的包头，以“草原钢城”、“稀土之乡”、“绿色乳城”闻名于世。

（一）包头发展奶产业的优势

随着人民生活水平的不断提高，牛奶的需求量迅速飙升，为内蒙古的伊利、蒙牛两大乳品企业以惊人的速度做大做强，稳定地占领了国内市场，加工和奶源基地很快向本市扩张，广阔的市场和强大的龙头，成为包头市发展奶产业的先决条件。

1. 有广阔的市场 目前，我国奶类人均消费量一年不足10千克，而世界乳品年人均消费水平约100千克。随着人民生活水平的提高，奶及奶制品的需求量将会持续增加。因此，市场前景非常看好。

2. 有强大的龙头 近几年，蒙牛、伊利两大乳品企业以惊人的速度做强做大，稳定占领全国市场。2002年这两大企业均已在包头建厂，现已建成日处理鲜奶1 200吨的生产能力，“十五”末将达到日处理鲜奶4 000吨的加工能力。与此同时，包头市懋菲蒙奶业公司、大华乳业公司等乳品加工企业20多家，日加工鲜奶近200吨。全市鲜奶产量远远不能满足加工企业的需要。龙头企业的带动作用为加快发展奶牛业奠定了坚实的基础。

3. 有丰富的资源 本市现有草原面积215.7万公顷，耕地面积30万公顷，其中水浇地13.3万公顷，年均产粮50万吨，产秸秆12.5万吨，特别是前山地区拥有11.3多万公顷水浇地，土地肥沃、交通便利，适宜种植玉米等农作物，加上其丰富的秸秆资源以及饲草料基地建设，为养奶牛提供了充足的原料资源。

4. 有较好的经验和技术 包头的广大农牧民擅长种养业，特别是蒙古族牧民自古就有养殖习惯，养牛尤为突出，包头市种养业方面的人才多，市、县、乡三级服务网络健全，发展养牛业有着传统的经验和雄厚的技术力量，现今的包头市农牧业大旗土右旗政府所在地——萨拉齐，蒙古语意为“奶业基地”，说明牛乳产品自古就是包头的特产。

5. 有独特的地域优势 奶牛喜干燥、通风、光照。包头正处于我国适宜养奶牛的内蒙古中部，南临黄河（属于黄河自流灌溉区），北依大青山，日照长（日照时数2 955～3 255小时），积温高（全市≥10℃积温2 000～3 200℃），无霜期130～140天。水利设施完备，地下水资源丰富，水草均无污染。包头地处北纬40°15′～42°13′地区，牛奶中特殊的“乳香味”是其他地区无可替代的，加之，包头市是国务院首批确定的全国13个较大城市之一和自治区最大的工业城市，基地设施优良，交通发达，城市功能日臻完善，辐射带动能力强，能激发周边地区发展奶牛的积极性。

6. 有良好的发展环境 为了加快奶牛业发展步伐，市委、市政府从建设经济强市的高度，确立了奶业在本市国民经济中的重要地位，制定了一系列优惠政策，近期市委、市政府下发了《关于做大做强我市“奶业富民”工程的决定》、《包头市奶业发展奖惩办法》、《加快全市奶牛互助会工作的通知》等六个政策性文件。从市到旗县区层层建立了专门机构，制定了支持保护的具体措施，建立了奶牛业发展的防疫、改良、饲料、金融、保险、利益保障等六大体系，完善了各项配套服务，建立了奶户和龙头企业之间的利益协调机制。从而在农户与企业之间，在乳品与市场之间，在产业化和工业化之间，架设了一条安全顺畅的绿色通道，构筑了一个包括资金、信息、人才、科技、卫生、保险等各种要素在内的社会化服务体系，创造了良好的发展环境。

（二）奶产业的发展现状

包头市奶牛业持续稳步快速发展，农牧民及加工企业效益增幅明显，龙头企业建设力度加大，重点建设项目进展顺利。

奶牛业持续稳步快速发展。包头市奶牛总数达 19.5 万头，新增奶牛 10.47 万头，其中自繁 3.52 万头，购进 6.95 万头；全市新建奶站 130 个，奶站总数为 520 个，日产鲜奶 1 300 吨；全市总计投入奶业建设资金 20.39 亿元。

农牧民及加工企业效益增幅明显。目前，全市农牧民完成鲜奶产值 4.95 亿元，农牧民从奶牛养殖中人均收入增加 480 元，从奶业相关的运输业、建筑业等产业中增加收入 69 元。乳品加工企业共完成产值 6.5 亿元，实现利税 1.3 亿元。

龙头企业投资力度加大。伊利、蒙牛、玛尔沁等大乳品加工企业分别完成投资 1.8 亿元、1.5 亿元、0.1 亿元。市属乳品企业完成投资 0.1 亿元。累计完成投资 3.5 亿元。其中伊利 10 条生产线已于 1 月份正式试产成功，蒙牛二期 200 吨生产线已正式投产，玛尔沁一期工程日处理鲜奶 80 吨加工项目已试产成功。目前，本市日加工鲜奶能力为 1 200 吨，其中伊利日处理能力 500 吨，蒙牛日处理能力为 500 吨，玛尔沁日处理能力为 80 吨，市属小型懋菲蒙、福尔等乳品加工企业日处理能力 120 吨。

奶牛规模养殖快速推进。包头市已确定的内蒙古乳泉、群鑫等奶源基地重点建设的 8 个大型养殖（企业）场和 115 个养殖小区，总投资规模为 24.6 亿元，今年计划完成 10.3 亿元。现已建成规模养殖小区 115 个，万头以上规模养殖场 2 个，千头以上养殖场 6 个，百头以上规模养殖场 27 个，运行标准化奶站 520 个。

（三）发展奶产业采取的重要措施

总结包头市奶业发展的经验，概括起来就是：政府推动、龙头带动、市场拉动、利益驱动、措施到位、政策保证。

1. 确立了奶业发展的重要地位 政府的重视程度，直接决定着奶业的发展速度。2002 年初，市委、市政府从建设包头中西部地区经济强市的目标出发，提出了把奶业作为一项“富民强市工程”，迅速扩张总量，超常规发展，尽快使奶业成为农牧业经济中的特色支柱产业，确立了奶业在全市国民经济发展中的重要地位。同时制定了发展规划，合理布局了发展区域；健全了组织机构，强化了政府在奶业发展中的指导、调控、协调、服务功能。明确了奶业发展的基本思路：“依托龙头、建设基地，政府推动、市场运作，培育产业、配套服务，鼓励竞争、规范操作，突破瓶颈、大力推进，迅速见效、各得其所，数质并举、做大做强。”在具体操作上做到公益性服务自上而下布置，经营性项目自下而上规范。推动了奶业的快速发展。

2. 举全力支持龙头企业做大做强 为发展包头奶业，全市从抓关键环节着手，以优惠的政策和周到的服务把蒙牛、伊利两大乳品加工企业请进包头，引导和鼓励他们以“公司＋农户”的形式搞奶源基地建设，支持和帮助他们扩大生产规模，2002 年当年建成了年加工液态奶 30 万吨的 24 条生产线。对市属乳品加工企业通过改组、转制、联合等形式，整合资源，迅速发展，年加工鲜奶能力达 10 万吨。龙头企业的建设为奶产业的超常规发展发挥了积极的带动作用。

3. 明确思路，加快奶源基地建设 在奶业发展的总体布局上，按照“农户养殖、大户带动、联户经营、股份合作、小区集中”的发展模式，坚持以大型养殖企业为骨干，迅速把奶源基地做大做强。在奶业发展的运行机制上，实行了“户养牛、村建站、乡服务、县防疫、市保险”的管理模式。在推进工作的过程中，时刻注意随情况的变化适时调整工作措施，及时解决发展中出现的“瓶颈”问题。特别是面对农户购牛资金紧缺的困难，积极协调金融部门，及时筹措发放购牛贷款，累计已达 8.8 亿元，极大地调动和保护了农牧民发展奶牛业的积极性。

4. 及时制定相关政策，促进奶业健康发展 市政府先后研究制定了鼓励和扶持奶业发展的饲草料支撑、疫病及常见疾病防治与监控、良种繁育与饲养管理、资金保障和利益保护、风险互助等具体政策。在奶源基地建设上，实行了奶牛养殖户、乳品加工企业、金融部门配套投入的投资机制。这些实际性的优惠政策都具有明显的保护性及很强的引导性，不仅为奶业健康发展营造了良好的环境，而且调动了农牧民养奶牛的积极性，促进了生产的发展。尤其是招商引资政策的实施，使明天科技集团投资 17.8 亿元，建设 10 万头规模的奶牛养殖基地。目前，一期工程进展顺利，已投入资金 3.5 亿元，建成了 5 个单位的现代化牛舍，已引进美国荷斯坦良种奶牛 500 头，饲养高产优质黑白花奶牛 2 000 头。极大地带动了当地奶牛业的发展。

（四）包头发展奶产业的思路及对策

工作思路：包头市奶业发展要紧紧围绕建设经济强市和率先建成小康社会的战略任务，按照工业化的思维，加快农牧业结构调整步伐，以产业化经营为纽带，以增强奶产业整体素质和市场竞争力为重点，培育发展高起点、规模化的龙头企业和奶源基地，充分发挥区位和资源优势，迅速做大做强本市奶产业。

基本原则：以增加农牧民收入为中心，本着政府指导、市场运作，政策扶持、部门服务的原则；按照“农户养殖、村建奶站、乡搞服务、旗（县）抓防疫、市办互助”的做法和“大户带动、小区集中、规模养殖”的发展模式，加快奶业向产业化、集约化、现代化迈进。

目标任务：2003年全市奶牛存栏要达到20万头以上，鲜奶产量达到40万吨，农牧民从奶业中人均纯收入达到700元以上；2004年全市奶牛存栏要达到40万头以上，鲜奶产量达到80万吨，农牧民从奶业中人均纯收入达到1 500元以上；2005年全市奶牛存栏达到70万头以上，鲜奶产量达到140万吨，农牧民从奶业中人均纯收入达到3 000元以上。

1. 千方百计筹集奶业发展资金 要切实解决好当前及今后一个时期奶牛业发展的瓶颈问题，要把解决购牛资金作为下一步奶业发展的突出重点工作来抓，努力拓宽融资渠道，积极协调国内外信贷资金和有效地筹集利用好社会民间资金。市、旗县区财政每年都安排上年新增地方财政收入的0.5%用于本地奶业发展扶持资金，用于奶牛专业村和奶牛养殖小区的水、电、路、技术服务站、鲜奶收购站等基础设施建设。特别是在2004年要加大筹集资金力度，提前做好进口优质奶牛的准备工作。2004年计划购进优质奶牛13万头，其中进口国外优质奶牛5万头，购进国内优质奶牛8万头，共需资金24亿元，其中需银信贷款10亿元（包括发行奶业债券3.5亿元），龙头企业提供担保8亿元（包括乳泉等大型养殖场自筹资金），农牧民自筹资金6亿元（包括引进养殖场及企业）。2005年进口优质奶牛5万头。

进一步加大金融部门资金支持力度，积极筹措资金，不断扩大奶牛贷款规模，大力支持奶牛养殖户（场）发展奶牛生产。采取小额信贷、养殖户联户担保贷款、由龙头企业担保贷款、把参加风险互助的奶牛作抵押贷款等多种形式，帮助养殖户（场）解决购牛贷款问题。

协调龙头企业按照“农牧民养殖户、金融部门、龙头企业”三者配套的原则，积极融资，加大购牛担保贷款规模，加快购牛进度。

2. 迅速做大做强奶源基地 包头市奶源基地建设在坚持数质并举的基础上，要以提高奶牛群体质量和个体产奶量为主攻方向，结合城区、农区、牧区的资源状况和生产实际，按照小规模、大群体的发展方式，建设奶牛养殖小区、奶牛专业村、奶牛专业户或家庭牧场，逐步向基地化、规模化、集约化经营方向发展。坚持以户养为基础，科学规划，合理布局，把分户饲养与小区集中饲养相结合，重点支持奶牛养殖大户、养殖小区、规模养殖企业的发展。在养殖方式上要以实现“精养、高产、优质、高效”为目的。在奶站建设上，原则上坚持一村一站，加快实现全市奶站的标准化、机械化。

3. 切实抓好良种繁育和疫病防治工作 按照高新技术与常规技术相结合的原则，在高产奶牛核心群建设上要采用奶牛胚胎移植等技术，加速高产奶牛群体的扩大。要加快建立健全市、县、乡、村四级防疫队伍和防疫网络，并从入口上把好疫病防控关。严密做好奶牛生产、奶牛交易市场及新调入奶牛的疫病临床监测工作，确保无重大传染病的暴发和流行。认真做好奶牛乳房炎的普查和布病、结核病的监测工作。进一步发挥奶牛急救中心网络的作用。切实加强对疫病防治工作的督促检查，并实行奶牛防疫工作责任追究制。

4. 积极培育扶持龙头企业 继续扶持和发展壮大已有龙头企业，大力培育和发展新的龙头企业。通过制定政策、抓大扶强、挖潜改造、内引外联，促进龙头企业上规模、上档次，适应市场多元化的需求。实施名牌战略，创建和保护具有地域特色的绿色产品名牌，加快优质乳品的开发，提高市场竞争能力。鼓励和扶持龙头企业自办现代化、规模化良种奶牛示范牧场。鼓励龙头企业出资扶持农牧户发展奶牛业，建立自己的奶源基地。

5. 建立完善社会化服务体系和保障体系 要加快建立和完善奶业产前、产中、产后的各类服务体系，加快疫病防治体系、良种繁育体系、饲草料服务体系、科学饲养体系的建设进程。由畜牧部门牵头组织奶牛饲养管理专家服务组，常年分赴各旗县区开展技术服务工作。要充分发挥包头市奶业协会等行业协会的桥梁纽带作用。要严格按照国家乳品生产的卫生和质量标准，防范食品安全事故的发生。要提高农牧民的产品质量和安全意识，在奶牛饲养管理、环境卫生、疫病防治、挤奶、冷链、运输等方面，要建立一整套确保原奶质量的管理制度和措施，保证为加工环节提供高质量原奶。要建立鲜奶质检中心，制定鲜奶质量标准，实行鲜奶收购以质论价的办法，积极探索包头市鲜奶价格风险基金、奶业发展基金。切实做好奶牛互助会的工作，加快奶牛风险互助进程，保护和促进奶业健康发展。

6. 严格执行奶业建设目标责任制 要把奶业建设工作作为调整农业结构、增加农牧民收入的第一要务来抓，切实加强领导。要将奶业目标任务纳入市、旗县区各级干部实绩考核目标体系，进行监督、检查和指导。要严格按照《包头市奶业发展奖惩办法》，对发展奶业成效突出的单位和个人予以表彰奖励，对于工作不力、完不成任务的领导班子不能评为实绩突出，主要领导和分管领导不能评优，严格兑现奖惩，确保奶牛养殖业健康有序地发展。

唐山市育龙头壮基地
强产业促发展　努力建设全国奶业大市

河北唐山市人民政府副市长　王元孝

河北省唐山市奶牛养殖历史悠久，特别是近年来，市委、市政府把发展奶业作为畜牧业结构调整的重点，加快建设全国奶业大市。通过政策引导扶持，发展规模养殖，培育壮大龙头企业，实施产业化经营，深化服务，使奶牛养殖得到快速发展。奶业已经成为全市农业增产、农民增收的重要途径。目前，全市奶牛存栏已经达到30万头，生产鲜奶60万吨。仅靠奶牛养殖一项，全市农民年纯收入达7亿元，人均140元。

全市以培育发展具有区域特色的优势产业为重点，逐步调整畜牧业生产布局，使奶牛养殖区域化特征日趋明显，在丰润、滦南、丰南、开平、滦县、芦台、汉沽等7个县区形成了环城市周围的奶牛养殖经济区，奶牛存栏和鲜奶产量分别占全市总量的80%和85%。

牛群质量逐步改善，单产水平不断提高。奶牛品种主要为中国荷斯坦牛，占存栏总数的75%，良优种率比“九五”初期增加了10个百分点。近几年，通过推广良种、繁育、科学饲养等综合配套技术，改善了牛群的整体质量，提高了奶牛单产。现在，全市奶牛泌乳期平均日产奶17千克，高产奶牛泌乳期产奶可达8吨以上，逐步向国内先进水平靠拢。

规模养殖发展势头强劲。全市共有奶牛养殖户7.5万户，随着生产的发展，奶牛养殖规模化程度不断提高。全市先后建成奶牛养殖小区64个，百头以上的大场户达41个，培育、建设存栏百头以上规模的专业村268个，其中千头村16个，存栏5头以上的奶牛专业户6 800个，规模饲养量已经占全市存栏总数的40%。

奶业产业化格局已经形成。目前，全市有较大规模的乳品加工企业14家，总资产5.6亿元，日处理鲜奶能力达1 400吨，年生产奶粉1.6万吨，液态奶7.4万吨，年创利税5 000万元。在企业不断发展壮大的同时，拉动了全市奶牛养殖的发展。目前，全市围绕龙头企业，设立了收奶站点352个，其中机械化挤奶站90个，机械化挤奶率达到50%。

为促进奶业发展，唐山市着重做了四个方面的工作：

1. 联大靠强引龙头，带动奶业产业化发展　唐山奶牛养殖时间很长，但发展较慢，在上个世纪90年代初期，奶牛存栏还不足2万头。多年的生产实践使我们认识到，一个产业的形成首先是规模的形成，而规模的形成要靠龙头企业的带动，只有做大做强加工龙头，才能产生强大的带动力。因此，市委、市政府确定了“发展奶业从扩大规模入手、扩大规模从强壮龙头入手、强壮龙头从引进名牌入手”的奶业发展战略，紧紧扭住加工龙头不放松。组织带领有关县区和有关部门，先后与广东乐百氏、石家庄三鹿、内蒙古伊利、上海均瑶等国内知名企业进行了洽谈，千方百计吸引名牌企业到唐山投资落户。1997年，经多方努力，与广东乐百氏公司合资兴建了乐百氏（丰润）食品有限公司，极大地带动了全市奶业的发展。1998年底，全市奶牛存栏迅速增加到12.6万头。之后，汉沽乳品厂、三隆公司乳品厂与三鹿集团，芦台乳品厂与内蒙古伊利集团实现了资产联营；上海均瑶也随之落户本市。此外，还积极与其他知名乳品企业建立鲜奶供应关系，北京三元、天津中芬、海河等企业已在本市建立了稳固的奶源基地。总投资2亿元、一期工程投资5 000万元的滦县双娃乳业目前正在紧张施工，年底前即可建成投产。此外，丰润区、滦南县双双与蒙牛集团签约，总投资6.5亿元，在两县各建设一座日处理600吨的乳制品生产线，现已奠基动工兴建，明年将投入生产。通过挂靠大企业，实施名牌带动等一系列的改革措施，增强了乳品企业的活力，同时也带动了奶牛养殖的发展，近几年，农民奶牛养殖的年收益都在四五千元，奶牛数量迅速递增，形成了“龙头带生产，生产促龙头，互动双赢”的奶业产业化经营格局。

2. 依托科技，数质并重，提高奶业生产水平　随着奶制品市场竞争的加剧和人们消费需求的不断提高，如何提高生产水平，成为当前奶业发展的主要矛盾。为此，我们实施了四大工程，依靠科技，在保证生产发展的同时，实现质的提高。一是良种工程。依托全市320个奶牛改良站点，加强奶牛配种行业管理，建立奶牛系谱档案，普及了奶牛冷配；结合农业部奶牛胚胎移植富民工程，开展胚胎移植试验。引进外国高产奶牛胚胎，在丰润、迁安等地以当地黄牛及低产奶牛做受体，进行奶牛胚胎移植试验，取得了满意的效果，并在芦台经济技术开发区与中国农业大学合作，开展了奶牛克隆实验，探索奶牛改良新途径。为进一步提高奶牛改良服务水平，在省政府的支持下，与加拿大IND公司和河北省国富农业发展有限公司合资兴建了中国唐山奶业科技园。目前，园区的核心项目——年产1万枚优质奶牛胚胎的奶牛良种繁殖中心已基本建成，2 600头胚胎移植牛陆续入场饲养。二是标准化工程。为解决分散饲养奶源质量难以控制的问题，我们积极引导奶农走出庭院发展规模化养殖，并制订了《畜牧养殖小区建设标准》，建小区（场）由专业人员统一规划、统一设计，推行“标准圈舍、冻精冷配、全价饲喂、科学管理”的标准化生产模式，在小区内率先实现了建设标准化，生产标准化。丰润区今年被国家标准化管理委员会认定为国家级奶业标准化示范区。三是防疫工程。坚持以预防为主的思想，利用市县乡三级动物疫病防疫网络，加强疫病的防、检疫工作，对全市奶牛实行强制免疫，设立防疫专项经费，确保防疫的密度和质量，为奶业生产健康发展保驾护航。四是饲料工程。积极调整种植结构，推广“粮—经—饲”三元种植模式，引进紫花苜蓿、鲁梅克斯、青贮玉米等优种饲草饲料作物品种十余个，种植面积达0.53万公顷。结合生态文明示范村建设，鼓励引导养牛户进行秸秆青贮，每年秸秆青贮近百万吨，既提高了秸秆的利用率，降低了生产成本，又解决了焚烧秸秆造成的环境污染问题。

3. 强化执法，完善服务，保障奶业生产健康发展 为保证奶业快速发展，各级畜牧部门加大了对奶牛配种改良站点的监督、管理力度，推行“统一供精，统一供氮，统一考核”的三统一制度，取缔了奶牛本交和使用劣质冻精配种，确保奶牛品种改良措施的落实。同时加强了对奶牛流通领域的管理，规范交易行为，严厉打击以次充好、以假充真的坑农害农的行为。本市还充分利用畜牧兽医技术网络健全这一优势，把深化服务作为保障奶业健康发展的重要环节，强化信息、良种、饲料、防疫以及产后销售等综合服务。市政府专门出台了科技“特派员”制度，各县区选派畜牧技术骨干与养牛大户结成帮扶对子，进行技术指导。同时，广泛开展了养牛技术培训，聘请科研院所的专家教授举办专题讲座，每年举办技术培训讲座都在100次以上。一些县区电视台还开办“空中课堂”、“金牛富万家”等栏目，利用广播、电视广泛宣传奶牛生产典型和实用技术，把各种信息送到了农民家门口。

4. 加强领导，政策扶持，优化奶业发展环境 企业和农户作为产业化经营的主体，在社会化大生产中有许多办不到、办不了的事情，政府应该着力在产业链条衔接、宏观政策指导等方面发挥重要的作用。因此，我们努力创造良好的发展环境，让企业和农民在产业化的大舞台上放心、放手地唱好戏。一是建立健全龙头企业与农户的利益联结机制。通过学习考察，结合本市实际，探索出了“公司＋农户”、“公司＋中介组织＋农户”等行之有效的模式，基本形成了利益共享、风险共担的经营机制。二是不断完善政策支持措施。近几年，本市出台了一系列鼓励发展的优惠政策：明确养殖占地视同农业占地；优先、优惠发放养牛贷款（贴息）；免费或以进价提供饲料玉米种子和牧草种子等。同时市委、市政府领导多次带领有关部门深入各县区专题调研奶业发展，对小区建设、品种改良、奶站建设、龙头企业发展等问题提出具体指导意见，并协调解决实际问题。丰润区政府成立了由主管县长牵头，畜牧、农委等有关部门领导为成员的奶业办公室，先后出台了《关于支持奶牛养殖的若干规定》、《关于推进奶业产业化经营的意见》等一系列配套文件，建立了奶业发展基金，对养牛户贷款给予贴息，大大加快了奶业发展步伐。

本市奶业虽然有了较大的发展，但与产业化的要求还有相当的差距。今后，需进一步加大工作力度，加快良种繁育体系、饲料体系、技术服务体系、防疫灭病体系、奶业管理和鲜奶质量检测体系建设，把唐山奶业做大做强，向着生产标准化、营销品牌化、服务社会化的更高目标迈进。到“十五”末，力争全市奶牛存栏达到35万头，年产鲜奶80万吨，建成全国著名的奶业大市。

加大领导力度　推进绥化市奶业快速发展

黑龙江省绥化市人民政府副市长　王洪烈

为了加快全市奶业振兴步伐，实现奶业经济快速增长，组织市计委、农委、经贸委、畜牧局和信用社等有关部门负责同志，先后到肇东、安达、青冈等奶业发展重点县（市）区，深入部分龙头加工企业和养殖场户进行调查，并组织召开了相关部门负责人参加的座谈会。通过调查研究，进一步摸清了全市奶业发展现状，查找了制约发展的问题；同时提出了加快发展的意见。

（一）全市奶业发展情况

近几年，特别是上年实施奶业振兴计划以来，各地在发展奶业经济上，狠抓规模推进，实现总量扩张，呈现出上下齐动、龙头带动、城乡联动、协调发展的良好局面。

1. 龙头企业发展壮大，牵动力明显增强 各县（市）区在发展壮大龙头加工企业上，把扩规模、壮实力、上水平的着眼点放在招商引资、联大靠强上，面向国内外的大集团、大公司、大专院校和科研单位，主动出击求联合，通过联合促发展，加快了龙头企业的快发展、大发展。伊利集团自以承债式收购肇东综合食品开发中心，租赁帕玛拉特乳品有限公司和与绿洲乳业集团股份合作之后，上年又投资1.2亿元，新上9条液体奶生产线，总数达到13条，日处理鲜奶达到560吨。安达红星集团上年也筹资1 000多万元，新上5条液体奶生产线，使液体奶生产线总数达到10条，日处理鲜奶能力达到300吨。海伦市乳品厂被铁力中盛乳品厂租赁后，日处理鲜奶能力达到40吨，并向海伦市养奶牛户郑重承诺，在租赁期间，不拖欠奶农一分奶资，2003年将全年实行预付奶资款，当天收奶，当天兑现奶款。青冈县与北亚乳业集团达成奶牛基地建设意向性协议，北亚集团为农户养奶牛提供资金扶持，农户每发展1头奶牛，该集团提供贷款8 000元，还款期3年，无偿借款3 000元，作为流动资金。目前，全市乳品加工企业已达到14家，鲜奶日加工能力已达到1 530吨，其中液体奶日加工能力为680吨。龙头企业对基地的牵动力和辐射力明显增强。伊利集团在饲养奶牛500头以上的村屯，无偿出资建榨奶站已达15个。不够500头的村屯设立收奶站点，确保服务半径不超过5千米。并始终以平稳的价格收购农户手中的鲜奶，每10日兑现一次奶资，从不拖欠，极大地调动了奶农的积极性，促进了基地的发展。

2. 奶业市场价格攀升，养牛积极性空前高涨 年初以来，鲜奶价格不断提高，由上年的每千克1.6～1.8元，上升到1.8～2元。养牛效益也相应提高，养一头成年母牛年纯收入由上年的2 500元上升到3 500，刚出生的母牛犊就可卖到3 000元，比上年多卖近千元。省内其他地市的乳品龙头企业也竞相到本市抢购鲜奶，出现了鲜奶供不应求的局面。面对乳业发展的有利契机，各级政府因势利导，都把奶源基地建设摆上优先发展的位置，多方筹措资金，扶持基地发展，使绥化市奶牛总量迅速扩大，掀起了近年来养牛新高潮。据调查，近两年绥化市通过向上级争取、金融部门贷款、招商引资、农民自筹、龙头企业补助等方式，共筹集3亿多元资金用于奶牛生产基地建设。肇东市通过鼓励各级干部买、动员各类能人买、扶持所有大户买、引导工商企业买、实行农户股份买等办法，把可动用和可利用的闲散资金都集中起来买奶牛、养奶牛。仅年初以来就筹集购牛资金6 000多万元，外购奶牛3 000多头，新建养奶牛小区59处。海伦市委市政府对奶业发展非常重视，把它作为农业结构调整重要内容，千方百计动员农民发展奶牛养殖。年初以来，从建三江、黑河等地购入奶牛近千头。养奶牛热带动了奶牛总量的迅速扩张，截止到6月末统计，全市奶牛存栏已达到19.7万头。

3. 强化服务手段，提升奶业发展的科技水平 为了适应基地大发展的要求，各地都把增加科技含量、提高奶业素质作为关键环节，普遍加强了与基地建设相关的配套设施和服务体系建设。在科技培训方面，以提高奶牛单产为主攻目标，不断扩大精养面，促进了奶牛数量和质量的同步提高。肇东市组织举办了由各级主管领导、全体专业技术干部和奶牛大户500余人参加的奶牛规范化饲养管理培训班。安达市为全面提高奶牛养殖水平，先后组织畜牧科技人员，下乡巡回讲课，培训人员达1.5万人次。在品种改良方面，立足于提高核心群产奶量，实行选种选配，全部采用特一级冻精配种。安达市决定每年从财政拿出60万元用于精氮补贴，购置特级冻精，肇东市在北京奶牛育种中心挑选11头优质种公牛冻精搞奶牛冻配。目前全市已建成标准化冻配站点273个，购入优质奶牛冻精10万剂。在饲草饲料开发方面，大力推广普及“青微贮”、“全价喂”生产技术，开发饲草饲料产业，促进了种植业结构调整步伐的加快。现在全市已落实青贮玉米种植面积13 333公顷，退耕还牧13 333公顷，改良建设草原2万公顷，人工种草4 667公顷。在防疫灭病方面，各地开展了强制免疫会战，对健康牛群实行了免疫标识佩戴制度，有效降低了奶牛病死率。在产品销售方面，为方便养奶户交售鲜奶，全市兴建了机械化榨奶站36个，集中榨奶点30个，购置手推式榨奶机230台。

4. 制定优惠政策，营造奶业发展环境 为促进奶业健康发展，各县（市）区制定了一系列优惠政策，动员方方面面的力量发展奶牛产业，为实施好奶业振兴计划创造了宽松的发展环境。肇东市以市委、市政府正式文件的形式印发了全市发展奶牛业15条优惠政策。如：机关干部饲养成母牛20头以上可以离职，工资照发，职级待遇不变；对按时完成商品奶、奶牛、小区、收榨奶点四项发展指标，工作突出的乡镇党政主要领导、主管领导，包扶部门的主要领导、主管领导除兑现责任制外，各上浮一级职务工资。乡镇为市内乳品企业每提供1吨商品奶，由市财政奖励人民币10元；养奶牛户兴办糖化饲料厂从宽征税；对兴建奶牛开发区所使用的土地，不视为改变用途；对完不成商品奶任务的乡镇，实行一票否决制，并对主要领导进行处罚。安达市制定出台了关于加快奶牛基地建设的意见，政府每年从财政拨款60万元资金用于精氮补贴，奶牛防疫所需疫苗款由财政解决；土地部门在奶牛示范区、机械化榨奶站等建设用地上给予优先安排；水利部门在规模养殖区内免费打1眼深水井；信用社的农贷款60%用于发展奶业，并提供一定额度的3～5年中长期贷款；对饲养10头奶牛以上的大户每头给0.13公顷饲料地。北林区区委、区政府多次召开协调会，研究落实市奶业发展规划，制定落实优惠政策，对养牛户兴办的糖化饲料厂实行税费减免政策，对养奶牛大户建舍用地乡政府统一协调解决。这些政策的制定和实施，有力地推动了奶业的振兴和发展。

5. 加大领导力度，推动奶业快速发展 肇东市把发展奶业作为全市最大的大事、最大产业、最大的大局，摆到十分重要的位置，市乡村三级书记主抓，三级分管副书记专抓，分别落实了三级书记抓牛责任制、片长负责制和部门包扶责任制。专门成立了畜牧经济开发区，管理委员会为副处级单位，负责对全市的奶业发展进行综合协调、指导服务，强化了对奶业生产的组织领导力度。该市计划用3年时间使成母奶牛发展到10万头，生产商品奶40万吨，总收入6亿元，农村人均养奶牛收入1 000元，并且把目标逐级分解到乡、村和市直包扶部门。市财政每年拿出70万元对奶牛业发展前10名乡镇与包扶部门进行重奖。安达市提出了“石牛搭台、活牛唱戏”，举全市之力发展奶牛业的口号，成立了奶牛产业办公室，专门研究和实施全市奶业发展工作，建立了产业化领导机制，上一年共投入资金1 000多万元。用于奶牛的良种繁育和青贮种植等基础建设，调动了农民养牛积极性；推进了以奶牛为主的畜牧经济产业化战略升级。

（二）存在的主要问题

目前，全市奶业发展呈现出强劲的发展态势，取得了一定成效，但一些限制性因素还不同程度地影响着奶业快速振兴和持续发展。一是发展还很不平衡。从全市总体看，奶业发展热只是体现在肇东、安达等几个县(市)，多数市县还没有充分行动起来，采取的措施、投入的力度都不是很大，还停留在一般号召、自由发展阶段，还有些市县领导甚至片面认为，发展奶牛基地只能富农民，不能富财政，没有深刻认识到发展奶牛基地带动农民奔小康的重要性，引建龙头企业劲头大，发展基地力度小。二是奶源严重不足。肇东伊利集团每天需要鲜奶350吨，而目前肇东市仅能提供鲜奶150吨，鲜奶缺口200吨。安达红星集团收奶量也明显不足，只能满足生产能力的一半。同时，由于奶源紧缺，企业抢奶、哄抬奶价、市场无序竞争比较严重，仅肇东市就有伊利、完达山、龙丹、蒙牛和红星等多家企业收购，个别地方收奶价已经抬到2元/千克。三是龙头企业带动力不强。本市乳品加工企业虽然较多，但真正像肇东伊利那样能牵动基地快速发展的龙头企业还较少，大多数乳品企业生产规模小、产品档次低、品牌杂、知名度不高，市场竞争能力不强。同时龙头企业与基地缺乏有效的对接和扶持。尤其是没有龙头企业的县（市），虽然农民有养牛的愿望，但由于龙头企业收奶点和榨奶点没有延伸到这里而不敢养。四是资金投入不足。由于近几年本市农业连续受灾，收入下降，农民手中的资金十分短缺，发展奶牛养殖业的经济能力很弱，资金投入严重不足。由于受奶业发展大环境的影响，奶牛价格一直居高不下，多数农民经济承受能力不够，买不起奶牛。加上奶牛养殖饲养周期长、投入大，与农村信贷额度小、周期短不相适应，致使金融部门在奶牛养殖上投放的贷款并不是很多。因此，多数奶牛养殖户只能靠自我累积、滚动发展，想养奶牛的也只能望“牛”兴叹了。五是养牛的科技含量不高。主要表现是饲养方式落后，集约化程度低。除规模养殖户外，利用青贮饲料进行合舍饲精养的面不大，造成奶牛青绿多汁饲料供应不足，奶牛单产水平低。平均单产只有3.8吨左右。六是服务体系不健全。繁育改良体系建设缓慢，一些基层的配种站因资金短缺而无法开展工作。机械榨奶站建设速度慢，除安达、肇东建有部分榨奶站外。大部分县（市）还没有榨奶站点。在奶业整体发展中，还缺少具有自我管理和自我服务功能的专业组织和行业协会、这些问题的存在，严重制约了全市奶业发展，对此必须采取超常措施，强力推进，使奶牛生产成为带动农村经济发展的强势产业。

（三）加快奶业发展的具体措施

1. 强化思想意识，进一步增强紧迫感和责任感 当前，全市奶业已经进入了一个新的发展时期，广大干部群众发展奶牛的积极性空前高涨，形成了上下齐抓，干群同养，效益双赢的可喜局面。但是还有一些地方存在着思想认识不到位，宣传发动力度不够等问题，没有从根本上认清奶业在国民经济发展中的重要地位。对此，要教育广大干部和群众，特别是各级领导干部，使他们充分认识到奶业发展是振兴农村经济，调整农业产业结构，安置农村富余劳动力，实现农村稳定和农民增收的需要；是带动相关产业发展、壮大县乡财力的有效途径；也是加入世贸组织后，提高畜产品在国际市场竞争力的需要。通过采取有效措施，尽快把本市奶业做大做强，为加快构建本市农业发展的新优势，全面建设小康社会奠定坚实的基础。

2. 推进规模经营，实现奶业布局区域化 本市奶业发展重点要培植两大乳业集团，发展壮大两户重点企业，建设东西两大奶牛产业区。西部要以肇东伊利和安达红星乳业集团为龙头，发展以肇东、安达、青冈、明水、兰西为奶源基地的西部奶牛主产区。肇东伊利和安达红星集团要在不断提高产品质量，扩大生产规模，提高市场竞争力的同时，重点扶持奶源基地建设，尤其要在兰西、青冈、明水等没有龙头企业的市县建设机械化榨奶站和收购点，投放养牛贷款和扶持资金，建立长久、稳定的供贷关系，抢占奶源市场。安达和肇东两个奶业重点市县，要把奶业作为最主要的支柱产业和拳头产品，加快各种生产要素向奶业聚集，提高产业集中度，尽快成为奶牛存栏超10万头、商品奶产量超30万吨的奶业大县、强县。青冈、明水、兰西等县要把发展奶业作为调整农业结构，增加农民收入的重要战略措施，作为本县经济工作的一件大事，强化组织领导，加大资金和政策投入，主动与龙头企业对接，作为他们的奶源基地，充分调动和扶持农民发展奶牛养殖，力争成为奶牛存栏超2万头的大县；东部要依托绥化市银娃乳业和海伦市乳业公司两户重点企业，加快建设以北林和海伦为中心，辐射带动安庆、望奎和绥棱等县的东部奶牛开发区，尤其是北林和海伦两区市，要认真做好发展规划，制定和落实各项优惠政策，搞好龙头企业与农民的对接，千方百计把农民养奶牛的积极性调动起来，迅速掀起养奶牛的热潮。另一方面，要在发展小规模大群体的专业村屯基础上，大力发展规模经营。从实际出发，依据当地资源和发展特点，确立规模经营模式，把高科技示范园区、养殖小区、家庭牧场、养殖大户和种养结合型小康养牛户加以规范化，形成合理的规模梯次，提高鲜奶生产能力和生产水平。今年，全市要新建千头以上的高科技奶牛示范园区2处，建设存栏200头以上的奶牛养殖场40个，发展饲养10头以上的奶牛专业户500户，种养结合型小康户发展到8 500户。使奶牛的规模经营由目前的40%提高到50%。

3. 做大做强龙头，推进产业化经营 首先要加大对龙头企业的扶持力度。各级政府和有关部门，对龙头企业建设给予政策和资金扶持，采取定税减税、增加信贷投入、免征地费用、无偿提供场地等措施，不断提高龙头企业的市场竞争能力和对基地的牵动能力，使龙头企业真正成为发展产业化经营的核心，牵动奶业发展的主导力量，参与市场竞争的主要载体。其次，要加快龙头企业引进和改制步伐。应有计划地将安达、肇东两市中小型乳品加工企业，通过资产重组、股份合作、兼并收购等形式进行整合，提高资本运营能力，扩大经营规模，壮大集团实力。使两大集团日加工能力发展到1 000吨以上，年加工鲜奶30万吨。绥化市银娃乳业和海伦市乳业公司两户重点企业，要加快建设和改造步伐，使企业尽快形成规模，达产达效。两户重点企业日处理鲜奶能力达到150吨。第三，要积极推行品牌战略。大力宣传本市名牌产品，进一步提高乳品的品牌知名度、市场美誉度和消费者忠诚度。在巩固和提高国内市场占有份额的同时，搞好连锁经营，降低物流成本，进一步增强市场竞争力。第四，要搞好利益连接。要引导各龙头企业重视并搞好第一车间建设，密切产加销各环节间的利益对接，通过提供技术、资金、服务各种方式扶持基地发展，切实形成利益均沾、风险共担、互促互带的利益共同体。坚决制止压等压价、克扣群众等挫伤奶农积极性的行为，让农民群众养得起、养得好、养得放心。

4. 加快科技进步，提升奶业素质 具体要抓好五大工程的建设。一是以品种改良为重点的良种繁育技术工程。要强化各县（市）区养牛场基础建设，提高技术装备水平和管理水平，上规模、上档次，提高牛群质量。加强配种站点的标准化建设，要全部使用特一级冻精配种。同时，要搞好胚胎移植技术的引进和实验，提高良种优质牛的比重。二是以种草（青贮）养牛为重点的草原改建和秸秆开发利用技术工程。鼓励奶农有计划地退耕还牧，种草养畜，发展生态养牛业。要大力推广划区轮牧、封区育草和星星草改碱等技术措施，真正把草地改建和保护工作落到实处，逐步恢复草原植被和提高载畜能力，全市要改建草原26 667公顷。三是以推进优质化生产为重点的标准化饲养管理技术工程。严格执行国家和省市已有质量标准，完善质量检测检验体系，强化检测监督，搞好检测服务，确保产品质量合格和奶产品安全；继续推进机械化奶站的建设，尽快形成从牛体到餐桌全过程封闭管理，保证鲜奶质量，提高营养、安全水平。四是以实施无规定疫病区项目为重点的防疫灭病技术工程。抓好无规定疫病区项目实施，规范防疫工作，保证奶牛业健康发展。五是以乡镇服务中心建设为重点的社会化服务体系建设工程。特别是要加强乡镇畜牧服务中心建设，理顺体制，活化机制，完善功能，把技术服务的重点向村屯延伸。同时，尽快组建奶牛协会或奶业协会，通过组织化的办法，吸收养牛户、技术服务组织和龙头企业、奶牛经纪人参加，实现自我服务、自我约束、自我管理、自我保护，使之真正发挥产业组织和行业协调服务功能。

5. 切实加强领导，创造宽松发展环境 奶业振兴工程是省委、市委重点工作专题推进项目之一，也是市委提出“在发展农村强项经济上狠抓规模推进，实现畜牧业经济总量扩张，加速构筑多业并进、协调发展的新格局”的一项重要内容。因此，各地要进一步加强对奶业工作的领导，把奶业振兴作为农村产业结构调整的重点，摆上重要位置，加大推进力度。重点市县要把奶业振兴计划纳入一把手工程，按照市委、市政府对“奶业振兴计划”的总体部署，制定和完善奶业发展规划，进一步落实责任制，实行目标管理，加大实施力度，及时解决奶业发展中存在的问题。要进一步研究和制定有利于奶业发展的优惠政策，包括对各级领导和养牛户的奖励政策、征用土地政策、资金扶持政策、改善服务政策等，千方百计调动养牛户的积极性。切实规范和整顿奶源市场秩序，打击掺杂使假、哄抬奶价等不法行为，为奶业的健康发展营造良好环境。注意发现与培养各地龙头企业与基地对接协调发展的好典型，运用科技提高养牛生产水平的好典型，增强典型的辐射力。

奶牛优势区域养殖基地

北京大兴区绿色环保型奶业快速发展

2002年，北京大兴区在区委、区政府“兴牧富民”工程的带动下，奶业迅猛发展，全区奶牛存栏25 000头，产奶量约100 000吨，奶牛存栏和牛奶产量位居京郊首位，是北京主要的绿色奶源基地，也是大兴区六大畜产业之一。2001—2002年，农民饲养奶牛平均每头年获利3 500元，奶业已成为提高农民收入的重要来源。为了促进奶业发展，“九五”以来，大兴区采取的主要工作措施：

1. 政策支持 大兴区委、区政府先后制定了一系列优惠政策：外购奶牛每头协调贷款5 000元，贴息300～500元；按规划要求新建存栏200头以上奶牛小区奖励30万元、存栏100头以上奖励10万元；奶牛合作社达到一定规模，扶持挤奶设备或奶罐运输车；奶牛优质精液每头份补助50 %；奶牛胚胎移植每头扶持1 500元；利用“银农合作”贷款资金，及时为奶牛项目及乳品加工企业提供贷款近亿元。

2. 科技带动 大兴区委、区政府高度重视“科技是第一生产力”的重要作用，实施“科技兴牧”工程，大力提倡和组织与高等院校、科研院所的产学研合作，提供财政支持资金1 220万元。目前，国家重大科技项目“北方大城市郊区奶业现代化生产技术集成与产业化示范”已在大兴区全面实施；与中国农业科学院畜牧研究所合作的科技项目也已全面启动。

3. 注重绿色环保 全区建有高标准奶牛养殖小区59个，奶牛合作社25个，全面实施标准化、规范化管理，整治牛舍环境，开始实行奶牛场粪便无害化处理与利用技术，全部实现管道挤奶或平台挤奶，奶品质量全部达到优质标准。

4. 充分发挥奶协作用，拉紧产业链 大兴区成立了奶业协会，主旨之一即为提高奶业产业化组织水平。大兴奶牛养殖小区与奶牛合作社，与三元、伊利、光明等奶业龙头企业签订了长期销售合同。同时，在政府的支持下，大兴区建有喜达客、兴起、康乐等6家乳品加工企业，年加工鲜奶50 000吨。其中，喜达客被农业部和国家教委验收批准为供应学生奶生产厂家。龙头企业的发展壮大，解决了广大奶农户的后顾之忧。

“十五”期间新举措

1. 继续执行“九五”时期实践证明行之有效的政策措施。

2. 以科技部“北方大城市郊区奶业现代化生产技术集成与产业化示范”为契机，重点抓好高产核心牛群选育及快速扩繁；优质高产饲草和饲料作物产业化生产、加工与贮存技术；全混合日粮饲养技术；奶牛场生产自动化与智能化管理技术；规模化奶牛场疾病防治技术规程及奶牛场粪便无害化处理与利用技术工作。

3. 完善奶业社会化服务体系，进一步提高产业化组织程度，充分发挥大兴区奶业协会作用、完善服务职能，加快奶牛合作社建设，加强奶牛小区养殖规模化、管理规范化，建设社会化、专业化的奶牛技术推广和服务体系，使饲养管理、饲料、防疫和奶产品加工等先进技术及时在生产实践中应用。

（北京市大兴区人民政府副区长　金树东）

河北正定县大力发展奶牛产业增加农民收入

正定县地处华北平原中西部，是国家级历史文化名城、国家可持续发展实验区、全国百强县和河北省十强县之一。2002年，全县牧业总产值达到8.6亿元（按1990年不变价格计算），肉、蛋、奶总产分别达到80 166吨、100 033吨和38 219吨。1996年被农业部评为全国20个畜产品生产先进县之一。

近年来，县委、县政府紧紧围绕农业增效、农民增收这一中心，把奶牛产业作为农业六大主导产业之一，因势利导，抓住机遇，采取强力措施，坚持以市场为导向，以良种为基础，进一步加快奶业产业的标准化生产和管理，生产安全、卫生的饮用奶及奶制品，积极推广高品质奶牛冻精，推广种草养牛，普及机械化挤奶，不断提高基地规模经营水平，使奶牛养殖这一特色产业得到较快发展。2002年全县奶牛存栏达28 841头，鲜奶总产达到38 219吨，分别比2001年增长14.7%和10.1%。郜村、胡村、许香等已建成存栏 1 000 头的 8 个奶牛养殖小区正在得到完善，东宿村、平乐、新城铺等 6 个奶牛小区正在加紧建设。小区奶牛存栏 9 600 头，占全县奶牛存栏的 33%，全县自动化管道挤奶厅 9 个，从事奶牛养殖、兽医防疫、饲料加工、运输服务人员达到 4 300 多人，全县玉米秸秆永久性青贮坑达到 490 个，总容积达到 14.95 万米^3，青贮玉米秸秆 81 800 吨，初步形成了规模化饲养、产业化发展、产供销一体化的奶牛产业新格局，奶牛产业已成为正定县农村经济中产业化经营率最高、效益最好的特色产业。我们的主要做法是：

1. 强化领导机制，增加奶业发展的经济投入 根据本县城郊型农业特点和养殖基地、加工企业已初具规模，农工商、贸工农、产加销一体化的农业经营方式开始形成的实际，县委、县政府确立了以发展草食型畜牧业为重点的指导思想，把奶牛产业当作全县农业结构调整的重头戏来抓，突出抓好奶牛养殖小区建设，促进奶牛业快速发展。一是成立组织，加强领导。县委、县政府成立了由主要领导挂帅，主管领导负责，县直有关部门负责人为成员的奶业领导小组，具体负责领导指挥和协调奶业建设中遇到的各种问题。二是实行目标管理责任制。为加快奶牛养殖小区建设的实施，坚持“一个小区、一套班子、一个规划、一套措施”的原则，按照统一规划、统一标准、统一管理、统一服务、分户饲养、集中挤奶的“四统一分一集中”要求，实行县领导负总责，部门领导抓督导，乡镇领导抓实施的有效机制，将任务层层分解落实到村，并签订了目标责任制，全县成立了设计施工、污染治理、防疫灭病、品种改良等四个建设服务组织和专家服务团。三是出台优惠政策，落实“七个到位”，保证奶业生产的高投入。县委、县政府出台了《关于加快畜牧业发展的实施意见》，制定了鼓励小区建设的一系列优惠政策，由县土地管理部门对利用废弃果园、窖坑等非农业用地建设养殖小区的，保证减免土地使用费用的优惠政策到位；水利部门保证小区内打井和水利工程建设到位；畜牧部门负责区内规划、防疫灭病、品种改良等项技术服务到位；金融部门对进区发展奶牛养殖户优先贷款到位；电力部门保证小区建设所需的变压器和用电线路到位；财政部门负责小区内道路硬化和其他公用设施补贴资金的落实到位；财险公司对养殖小区内的奶牛给予优先投保落实到位。通过强化落实七个到位，促进了全县奶牛养殖小区建设。同时打破村与村、乡与乡、城与乡之间的区域界限，以农民投资为主，政府补贴为辅，充分利用农村发放小额贷款及省市县有关优惠政策，不断加大投入，促进奶牛产业发展。2002 年全县奶牛产业共投入资金达 5 500 万元。

2. 增加科技含量，提高奶牛产业水平 奶牛产业发展最关键最迫切的是搞好技术服务，增加科技含量。为此，县委、县政府始终把奶业科技成果的转化、示范、推广工作作为推进奶业增长方式转变的关键措施来抓，制定出台了一系列推动科技进步、促进适用技术转化的配套政策，坚定不移地实施“科技兴牧”战略。一是积极推广新技术、新成果。大力推广“奶牛高产”、“精液冷配”、“玉米秸秆青贮”等八项实用技术，从而保证了在奶牛产业发展中科技含量和技术的不断更新，全县奶业科技贡献率已高达 65%。二是加强奶业良种繁育体系建设。为落实《种畜禽管理条例》，大力推广“中国黑白花高产奶牛”等优良品种，通过采取补贴等手段，理顺精液进货渠道，取缔本交，并按配种站点要求，严格程序，根据全县奶牛养殖状况，先后在全县建起了 9 个高标准配种站点，使全县奶牛养殖的良种覆盖率保持在了 95%以上。三是加大科普宣传力度。积极实施科技咨询、科技宣传和“走出去，请进来”、“科技下乡”、“入百村，进千户”活动。2002 年由县委、县政府组织邀请专家和技术人员在养殖小区和奶牛养殖相对集中的乡镇举办奶牛养殖培训班 15 期，参加培训人员达 2.8 万人次，发放技术资料 5 万份，使大批奶牛养殖户提高了饲养管理技术，降低了饲养成本，增加了经济效益。同时县委、县政府将每年的 3 月确定为“畜牧科技推广月”，大力营造畜牧科技氛围，使新技术、新品种得到及时推广。

3. 强化服务，加快产业化经营，促进奶牛产业实现良性循环 搞好技术服务和实施产业化经营是奶牛产业发展的有效保障，是奶业发展的重要环节，我们始终把这一问题当作中心工作来抓。一是狠抓青贮技术服务。近年来，按照市委、市政府要求和县委、县政府制定的目标，下大力组织实施秸秆过腹还田，促进奶业发展。积极推行“双轨承包责任制”，即行政部门包组织、包物资、包数量，畜牧部门包培训、包技术、包效益，并由畜牧部门派出技术小组，深入基层逐坑进行技术指导和服务。在搞好技术服务的同时，县委、县政府连续三年拿出 85 万元作为青贮补贴资金，并重点向小区倾斜，确保了青贮质量，为奶业发展提供了可靠的饲料资源。二是抓好疫病防治服务。在巩固县级、完善乡级、充实村级防疫体系的同时，采取防、检、治、销等综合措施，在全县开展了一次大规模的强制免疫活动，保证了全县奶牛产业发展的良好态势。三是深化奶业产业化经营。依托三鹿、世达乳制品公司等龙头加工企业和正定县近靠省会的区位优势，在大力发展奶牛养殖的同时，鲜奶加工运销业也得到了迅猛发展。全县已建成固定收奶站点 12 个，从事鲜奶运销的农户达 340 余户，日运销鲜奶达 240 吨，形成了产供销一条龙的产业化经营格局。四是在奶牛养殖集中区域建立配种站点。按优惠价格配备了液氮罐和各种配种器械，同时选拔优秀技术人员帮助奶牛养殖户赴外省市等地选购优质奶牛，保证了全县奶牛养殖小区建设，促进了全县奶业健康、快速发展。

（河北省正定县人民政府副县长　李吉成）

河北行唐县加强奶业基地建设

河北省行唐县奶业最初是由奶山羊养殖业起步。20世纪70年代末开始养奶牛，至今已有25年历史，行唐人民积累和总结了丰富的饲养管理经验，并使奶业生产由小到大，由弱到强。目前，行唐县存栏奶牛4万头，其中，单泌乳期产奶7.5吨以上的优秀高产牛1万多头。养牛户遍及15个乡镇，300多个村，10 000多个农户，日产鲜奶400吨，乳业年总产值4亿元。

1. 政策扶持，促进奶业发展　近几年来，县委、县政府颁布了《关于大力发展奶牛养殖业的决定》、《关于加快奶牛养殖业发展的意见》、《行唐县奶牛养殖小区建设标准》等文件，放宽政策，优化环境，鼓励农民群众、下岗职工等各界人士参与投身于奶牛养殖业，并对他们在税收、银行贷款等方面给予优惠，同时，政府还抽出部分资金扶持发展奶牛养殖，大大激发了群众养牛积极性。

2. 发展加工企业，畅通销售渠道　为确保奶牛养殖业快速发展，县乳品厂通过技改扩建，并加入三鹿集团，成功地走出了挂靠大集团、依托名牌发展的新路子。该厂日处理鲜奶能力由原来的30吨提高到100多吨。2002年，六路通乳业公司万吨奶啤生产线投产，成为拉动乳业发展的又一新龙头。伊利集团、光明集团等鲜奶加工企业也纷纷前来寻找奶源，使行唐鲜奶的销售渠道畅通，保障了奶牛养殖业的发展。

3. 实施标准化建设，提高养牛水平　行唐县从2001年开始实施奶牛养殖标准化建设工程，逐步对奶牛养殖的生产全过程实行标准化管理，为乳品加工业提供优质原料奶，以推动乳制品达到无公害食品及绿色食品的标准。奶牛养殖业标准化建设首先是改变传统的农户散养、手工挤奶模式，建设奶牛养殖科技示范园区，实行统一青贮，统一饲料配方，统一防疫灭病，统一挤奶，分户饲养的“四统一分”的饲养管理模式。目前，全县已建成奶牛养殖小区34个，近万头奶牛入驻小区，实行机械挤奶，提高了鲜奶质量，其中11个养牛小区达到了生产无公害畜产品标准。同时小区建设投资者也获得高的回报。一般投资200万元建设一个可容纳500头奶牛的养殖小区，其中挤奶厅的经营管理年可获利100万元，两年即可收回投资。

随着奶牛养殖标准化的实施，靠传统手工挤奶生产的产品将很快被淘汰，为此，县委、县政府决定：以优惠政策鼓励多方筹资建设奶牛养殖小区，提高奶牛养殖业的经济效益。目前，行唐县奶牛养殖业从饲料供应到防疫灭病及繁育配种都已形成比较完善的服务网络，为快速发展奠定了基础。

（河北省行唐县畜牧局局长　王吉秋）

河北唐山丰润区强龙头壮基地加快奶业产业化进程

近年来，唐山市丰润区立足自身资源优势，以创建“全国奶业之乡”为目标，以建设国家级奶业科技园为依托，突出抓好“经营产业化、养殖集约化、品种优良化、生产标准化、防疫制度化、利益联结组织化”建设，不断提高奶业产业化发展水平，取得了明显效果。2002年，全区农业总产值38.6亿元，其中畜牧业总产值达到9亿元，占农业总产值的23.3%。全区奶业纯收入达到3.4亿元，农业人口人均520元，占农民人均纯收入3 520元的14.8%。目前，全区奶牛存栏达到8万头，其中乳期牛4.16万头，日产鲜奶680吨。建成千头奶牛乡镇23个，存栏百头以上的规模场区达到37个，其中，已建成和正在建设的千头以上的规模养殖小区7个，奶牛规模化养殖比率达到35%。全区建成机械化挤奶大厅16个，机械化挤奶率达到20%，奶业加工企业8家，日加工鲜奶能力达到600吨。

在加快奶业产业化建设工作中，主要抓了以下几方面：

1. 以项目为载体，加快奶业科技园建设　2002年6月，聘请中国农业大学组织制订了《中国唐山奶业科技园总体规划》，并已通过专家论证。中国唐山奶业科技园规划占地面积667公顷，辐射区3 333公顷，核心区计划总投资6.7亿元，共规划5大功能分区：核心生产区、辅助生产区、乳品加工区、饲料和饲用玉米种植示范区及综合管理区。其中，核心生产区包括良种奶牛繁育中心和两个千头奶牛养殖示范场；辅助生产区包括沼气和有机复合肥厂、饲料饲草加工厂、青贮饲料配送中心和奶业交易中心；乳品加工区包括蒙牛乐百氏（丰润）食品饮料有限公司、丰润均瑶乳品有限公司等乳品加工企业；饲草和饲用玉米种植示范区包括优质牧草、饲用玉米种植试验、示范基地；综合管理区包括综合办公楼、公寓服务楼、奶业技术培训中心、奶质检测中心、奶业信息发布中心和会展中心。

区委、区政府为加快奶业科技园建设进度，采取了多种有效措施。一是理顺了奶业科技园管理体制，组建了园区管委会。二是出资20万元聘请北京中咨公司对奶业科技园进行了项目包装。三是出台了《关于鼓励到中国唐山奶业科技园投资的优惠办法》。四是出资40多万元编制奶业科技园招商宣传资料，开通奶业科技园网站，扩大奶业科技园的知名度。五是为正在建设的河北国富爱德生物工程有限公司良种奶牛繁育项目、冀东兽药饲料市场项目、蒙牛丰润均瑶乳品有限公司搞好服务，确保项目顺利实施。目前，一期工程投资3 600万元的河北国富爱德生物工程有限公司良种奶牛繁育项目建设基本完工，预计2003年10月完成3 000头受体牛购进和优质胚胎移植。二期投资1 400万元的冀东兽药饲料市场项目预计2003年底竣工投入使用，可安排170家经营饲料、兽药、饲养专用设备等商户经营。一期工程投资5 000万元的蒙牛丰润均瑶乳品有限公司项目设备安装已完工，近期将正式投产，年生产纯牛奶5万吨。六是全方位加大招商引资力度，采取电话招商、网上招商等多种手段，目前，已与蒙牛集团签订总投资3亿元，日处理鲜奶600吨的鲜奶加工合作协议，并已在筹建中。七是积极抓好奶业科技园基础设施建设，计划投资200多万元用于修建奶业科技园园区近1 000米的主次道路。八是认真做好申报国家级奶业科技园的各项准备工作，现已累计完成投资4.5亿元，并被国家科技部确定为“十五”科技攻关项目奶牛良种繁育示范基地，被省科技厅命名为省级奶业科技园区。

2. 以培育壮大龙头企业为重点，抓好奶业产业化 一是支持乐百氏、均瑶公司不断扩大生产能力，加快蒙牛集团乳品企业项目建设进度。二是鼓励区内有条件的乳品企业靠大联强，借外力壮大自身实力，增强市场竞争力。区一乳与湖南南山集团、三星乳业与蒙牛集团达成了合作生产配方奶粉协议，年加工配方奶粉6 000吨。三是积极创造良好的投资环境，不断加大招商引资力度。

3. 以规模场区建设为重点，抓好养殖集约化 大力实施“十、百、千、万”工程，以抓好规模养殖场和养殖小区建设为重点，加快高标准奶源基地建设。一是积极创造条件，争取省国富投资公司在本区多建设档次较高的奶牛规模养殖小区。区委、区政府出资近40万元用于鼓励扶持国富润兴奶业小区发展，协调农村信用社为小区奶农解决贷款500万元，使该小区养殖规模迅速达到设计存栏水平。国富公司还决定两年内在本区建成20个千头以上奶牛规模养殖小区，其中计划2003年在丰润镇、常庄乡等乡镇建设6个。二是引导扶持社会力量建设奶牛规模场区。区委、区政府重新修订完善了《关于鼓励扶持奶牛规模养殖场区和机械化挤奶厅的奖励办法》，出资60多万元对已经建成的存栏百头以上奶牛养殖场区、机械化挤奶厅和贷款从区外购进奶牛的给予贷款贴息。全区新开工建设的千头规模养殖场区达到10个。三是抓好饲草、饲用玉米基地建设，2003年种植面积将达到2 667公顷，完成青贮15万吨。

4. 以提高奶牛品质为重点，抓好品种优良化 一是加快河北国富爱德生物工程有限公司奶牛良种繁育中心建设步伐，为全区奶牛品种改良提供科技支撑。二是针对多年来丰润奶牛一家一户分散养殖，品种退化的实际情况，坚持外缘血液引入与本地品种提纯复壮相结合；完善区镇村品改服务体系建设与冷配技术人员素质提高相结合；规范冷配行业管理与现有技术力量优化重组相结合的原则，以北京奶牛中心为技术依托，加强规范全区奶牛冷配行业管理，落实奶牛配种行业“统一供精、统一供氮、统一培训考核”的三统一管理制度，大力推广优质细管冻精技术。

5. 抓好管理规范化，实行标准化生产 一是争创国家级奶业标准化示范区，全面推行奶业标准化生产规程。二是加强与中国农业大学的联系，进一步完善《奶业生产技术规范》系列标准，争取列为省级地方标准。三是搞好技术培训，使奶农按照《奶业标准化生产规范》组织好生产。四是通过了全区6个奶牛规模养殖场区无公害畜产品产地认定。

6. 抓好防疫制度化 以规模奶牛养殖场户强制免疫为重点，认真落实国家《动物防疫法》和省政府动物防疫条例，基本思路是：“围绕一个目标”即提高乳品质量安全水平和市场竞争力，建设奶业强区；“坚持两项原则”即预防为主原则、依法治疫原则；“突出三个重点”即重点疫病、重点产业、源头控制；“做到四个强制”即强制免疫、强制封锁、强制扑杀、强制消毒；“实现五个转移”即防疫工作由部门行为向政府行为转移、防疫重心由千家万户规模场区转移、疫病控制由被动诊治向超前预防转移、检疫工作重心由市场向产地转移、兽医服务由产中服务向全程服务转移。全区奶牛防疫工作形成了政府行为、部门实施、企业参与、齐抓共管的良好局面。全区奶牛口蹄疫防疫密度达到100%，奶牛布病、结核病监测率达100%，并全面实行了免疫标识化档案管理。

7. 抓好利益联结组织化 在进一步完善“公司+农户”、“公司+经纪人+农户”、“公司+中介组织+农户”三种行之有效的利益联结机制的基础上，适应市场经济规律，组建了由奶牛规模场户、乳品加工企业、奶牛及鲜奶营销者、相关服务性企业（基层畜牧兽医站、饲料加工厂）等参加的唐山市奶业协会，及时处理企业、奶站、收奶经纪人和奶农间在鲜奶购销当中出现的实际问题。目前，协会已成为企业、奶农信得过的自率性行业组织。

今后发展目标：力争通过5～6年的建设，使中国唐山奶业科技园真正成为全国最大的良种奶牛繁育中心、奶业高新技术产业研究与发展中心、奶产品的展示销售中心，成为国内知名奶业龙头企业加工基地，饲料饲草种植加工基地和规模化奶牛养殖示范基地，从而带动全区、全市乃至全省奶业的健康快速发展。到“十五”末，全区奶牛存栏达到12万头，日产鲜奶1 000吨以上，农民人均增收1 000元，把丰润建成全国的奶业强区。

（河北省唐山市丰润区人民政府）

山西朔州朔城区抓住生态建设机遇　创建奶业强区

朔城区是朔州市委、市政府所在地，全区辖2镇9乡4个街道办事处，总人口38.8万，其中农业人口24.7万，总面积17.6万公顷，耕地面积5.9万公顷，其中平川水浇地2.7万公顷，林草地4.7万公顷。粮食产量稳定在15万吨左右，年产秸秆30万吨。2002年国民生产总值18.2亿元，财政总收入20 869万元，畜牧业现价总产值2.2亿元，人均畜牧业收入960元。

朔城区畜牧业发展历史悠久，境内有山坡、有草坪、有丰富的水源，养殖条件优越。近年来，朔城区委、区政府紧紧抓住京津风沙源治理项目、退耕还林（草）项目、首都水资源可持续利用等国家、省级生态项目在全区实施的良好机遇，大力实施“稳生猪、扩肉鸡、增奶牛”的发展战略，使全区奶业进入了一个新的阶段。2002年，全区奶牛存栏由1978年的784头发展到11 250头，奶产量由1978年的1 190吨发展到20 000吨。饲养10头以上的大户发展到79户，千头以上的乡镇5个，200头以上的村20个。其中，滋润乡存栏奶牛达2 694头，该乡小营村、罗町村存栏奶牛分别达469头、309头，人均1头以上。福善庄乡的存栏奶牛也达1 996头，该乡化庄、小岱堡村的存栏奶牛分别达297头、296头，带动了全区奶业的快速发展。

1. 奶业基地建设情况

（1）繁育基地建设　引进国内外先进技术，建设了集胚胎移植、良种繁殖和提供种牛为一体的高科技繁育基地——兴隆养殖有限公司。从2001年开始，三期共繁殖87头奶牛，被农业部和省农业厅确定为“全国奶牛胚胎项目基地”和“全省良种奶牛繁育基地”。该公司2005年预计将建成供体母牛500头、受体母牛1 000头、年产体内胚胎4 000枚、体外胚胎2万枚、国内一流的胚胎移植繁育基地。

（2）饲草饲料基地建设　近几年，在继续开发“四荒”、植树种草的同时，加大了退耕还林力度，切实加强了草地建设。按照“一行柠条、六行苜蓿”的治理模式，形成了总面积达0.67万公顷的“三山两园一条绿带”的草地建设规模。加上原有的1.25万公顷草地和农作物秸秆，全区年产饲草量达到45万吨。同时，进一步引进农作物品种技术，形成年产优质专用型12.5万吨的玉米基地，饲草饲料充足。

（3）加工基地建设　饲料加工方面培育了六旺饲料厂和雁峰饲料加工厂两个年加工万吨饲料的企业；饲草加工企业有润泽公司和旺发公司，这两个企业年生产能力一期达到2万吨，可使10多万吨饲草得以消化；乳制品加工方面，引进和发展玉容乳业有限公司、红旗牧场乳品厂和区奶制品加工厂。其中，玉容乳业有限公司总投资1.1亿元的日处理300吨液态奶项目正在建设中，可消化原料奶12.4万吨，生产各种乳制品达10.9万吨，并配套建设了15个奶站。

（4）服务体系　投资55.2万元建成了5个畜牧兽医中心站，完善了20个畜牧技术服务点和疫情测报站，配备了较先进的冷链系统和200多名基层兽医人员，形成了区、乡、村三级服务网络体系，保障了奶业的快速发展。

2. 优惠政策

（1）奶业用地属于农业用地。在不改变用途和不违背城乡规划的前提下，奶业用地与种植业用地同样对待。

（2）对外地企业、个人来朔投资兴办奶业加工项目和本地骨干龙头企业，要在注册、办证、收费等方面给予方便和优惠。对重点企业要实行封闭管理，任何单位和个人不得擅自进入检查、收费，不得收取国家法律规定以外的各种费用。

（3）鼓励在职的国家干部、技术人员、大中专毕业生从事奶业经济，在他们领办、创办乳制品加工企业、养殖企业、专业批发市场和各级服务组织时，其本人身份、原单位工资及一切待遇不变，并在同等情况下优先扶持。

（4）对园区内的奶牛养殖户，政府按3 000～5 000元/头的标准提供贴息贷款，对散养户帮助解决3 000～5 000元的小额贷款。园区内的主干道路、水、电及通讯等设施的建设由政府帮助解决。

3. 发展规划　以生态大区和畜牧大区为目标，建奶业园区，打乳业品牌，走奶牛强区的富民大道。到2007年，全区以苜蓿为主的优质牧草要达到1.33万公顷，优质高产饲料玉米种植面积保持在1.67万公顷，奶牛发展到5万头，鲜奶产量达到20万吨，奶业收入占畜牧业总收入的50%以上，人均靠奶业收入1 000元，力争进入全国奶业优势区域养殖基地的前十强。

（山西朔州市朔城区人民政府副区长　杜启贵）

内蒙古土默特左旗发展奶牛业促进农民增收

近年来，内蒙古土默特左旗紧紧抓住西部大开发和农业产业结构调整的历史机遇，发挥本地优势，紧紧依托伊利集团等龙头企业，将大力发展以奶牛业为主的农区畜牧业作为推动经济发展的重要突破口，经过各方面的不懈努力，取得了阶段性成绩。

2002年，全旗家畜总增头数达到33.36万头只，总增率43.6%，肉、奶、蛋产量分别达到2.89万吨、18.6万吨和1.1万吨，比去年同期分别增加了0.1万吨、7.7万吨和0.05万吨。2002年，全旗牧业增加值达到5.35亿元，比上年增加0.67亿元，增长14.3%，畜牧业产值3.78亿元，占农业总产值的51.8%。畜牧业产值的提高，有力地促进了农民增收。2002年全旗农民人均纯收入达到3 190元，同时增长11.54%，其中农民人均纯收入中有1 000元来自畜牧业，而奶牛业收入占其中800元，畜牧业特别是奶牛养殖业已经成为全旗农村经济新的增长点和农民收入的重要来源。

1. 奶牛业发展情况 土默特左旗奶牛养殖经过30多年的发展，特别是从2000年实施“奶业兴旗”战略以来，全旗奶牛养殖呈现出高速增长的势头，1999年全旗存栏奶牛1.1万头，到2002年，全旗存栏为6.2万头，三年翻了两番多，增长4.63倍；1999—2002年全旗产奶量由2.45万吨增长到18.6万吨，三年翻了近三番，增长6.6倍，从2002年开始，产奶量稳居呼和浩特地区首位。

2. 发展奶牛业的工作措施

(1) 旗政府与龙头企业密切协作 土默特左旗政府与伊利公司签订了《实施市政府奶业兴市（百万吨奶）意向书》中的奶源基地建设协议，内容包括：在合同期内，伊利公司必须保证收购农户的鲜奶，价格随行就市，按月兑现奶款；旗政府保证在划定区域内由伊利公司收购鲜奶；随着鲜奶产量的不断增长，龙头企业要优先在旗内建立加工基地。意向书的签订、实施，保障了地方政府、奶户与企业三者的利益，促进了“公司+基地+农户”模式的健康发展，2002年，旗政府再次与伊利公司续签了奶业发展《协议书》，使双方合作领域进一步规范。

(2) 筹集购牛资金，严把奶牛质量关 由旗政府多方协调，多渠道筹集资金，采取多种担保形式，帮助农户向龙头企业和金融部门贷款，加上农民自筹的资金，3年来共解决购牛款1.9亿元，购牛18 000头，保证了奶牛养殖规模的迅速扩大。同时由业务主管部门牵头，派出懂业务的技术人员到北京、山西、陕西、河北、宁夏、黑龙江等地为养殖户购牛把关，保证购进奶牛的质量。

(3) 狠抓奶站建设 凡饲养奶牛达到一定规模的村，都建立了挤奶站，目前全旗共建成并投入使用的挤奶站218座，遍布16个乡镇。挤奶站最初由龙头企业投资，目前主要是社会资金的投入。奶站的建立，既方便了农户挤奶、售奶，又减少了牛奶污染，确保了牛奶质量，达到了政府增税、农民增收、企业增利的“三赢”效果。

(4) 树立典型，推广经验 奶牛养殖要想有大的发展，必须走集约化养殖之路，扩大养殖规模，进行科学的饲养管理。旗政府和相关各单位密切协作，选择奶牛养殖基础较好的秃力亥、什兵地两村建成了奶牛养殖示范小区，该小区建成牛舍119户，综合服务站一处，配套完善了水、电、路等设施，伊利公司在小区内建成现代化挤奶站两座。目前，小区共饲养奶牛2 000多头，日产鲜奶16吨。区内产奶牛平均年产奶5吨，扣除饲养成本后，每头均获纯利4 300元，目前，已建成并投入使用的奶牛小区有5处，小区养牛的规模质量效益正逐渐显现。

(5) 加强饲养管理 为不断提高奶牛饲养管理水平，近年来，土默特左旗政府与业务部门主要采取了以下几方面的措施：第一，由旗兽医站、改良站定期为养殖大户、兽医从业人员、冷配人员组织业务培训活动，使其不断提高疫病防治及饲养管理技术水平。第二，大力推广优质牧草种植及饲料青贮技术，改良传统的养牛饲草料结构，提高产奶量。2002年种植青贮玉米0.83万公顷，优质牧草0.82公顷。第三，旗畜禽改良站投资6.5万元，配备了液氮运输车、液氮罐等设备，保证了冻精运输、贮存过程中的安全。第四，旗种畜禽管理站加大监管力度。保证了各冷配站、点使用冻精的质量。2002年，实施高产奶牛胚胎移植项目，成功移植高产奶牛胚胎251枚。第五，旗乡两级政府及旗兽医站高度重视防疫工作，严格落实行政技术双承包责任制，不断强化疫病防治。

（内蒙古土默特左旗人民政府副旗长　王占德）

内蒙古牙克石市大力发展奶牛业

牙克石市位于呼伦贝尔市中部，毗邻呼伦贝尔大草原。全市有耕地140千公顷，可利用草原面积700千公顷。肥沃的土地，充沛的地表和地下水，丰美的牧草，适宜的温度，构成了牙克石市发展奶牛业得天独厚的条件。

随着中俄建交，白俄罗斯族居民移居牙克石市，带入了大量的乌克兰白头牛、雅罗斯拉夫牛和西门塔尔牛等世界优良品种，改良了本市蒙古牛种，并逐渐选育出耐寒、耐粗饲和高乳脂率乳肉兼用型优良地方品种三河牛。20世纪70年代，呼伦贝尔盟畜牧研究所在牙克石市试验推广黄牛改良技术，形成了以荷斯坦黑白花奶牛为主、三河牛和蒙古牛为辅的结构。2002年，基础母牛存栏14.5千头，全年鲜奶产量39千吨，商品奶交售量32千吨，奶牛平均单产3.2吨，比2000年分别增长了61%、28%、60%和10%。奶牛的饲养方式以半舍饲为主，少数奶牛场资金雄厚，机械化程度较高，具有“牛奶产量高，鲜奶质量高和牛场经济效益高”的特点。

经过几十年的发展，奶牛业逐渐成为本市“富民、强工、兴市”的支柱产业，保证了乳品加工企业原材料的供应，增加了地方财税收入。主要经验如下：

1. 领导重视、出台政策 牙克石市委、市政府高度重视奶牛业发展，并合理规划，科学布局，将奶牛饲养区域规划为三条奶牛带，九个奶牛基地镇；出台了《牙克石市发展奶牛业实施方案》、《发展奶牛业优惠政策》等发展奶牛业的配套政策，并成立了相应的组织机构。

2. 龙头拉动、规范运作 全市现有呼伦贝尔伊利乳业集团、呼伦贝尔市青松乳业有限公司、莫拐农场乳品厂、牙克石农场乳品厂和乌尔其汗西五旗乳品厂乳品加工等5家企业，年处理鲜奶能力50千吨，收奶保护价枯草期不低于1.35元/千克，盛草期不低于1.15元/千克。最近，又成立了伊利原奶分公司，到2005年，将建成日处理200吨鲜奶液态奶生产线。

3. 科学饲养、提质增效 牙克石市积极转变传统的生产经营方式，认真落实“青贮料、配合喂、暖舍睡、冻精配、科学管、创高产”的十八字方针，加强奶牛的科学饲养管理，充分发挥奶牛品种优良性能，奶牛的经济效益明显提高。

4. 立足服务、强化建设 全市现有市畜牧站、市兽医站、市疫情测报站、市草原站、市动物检疫检验监督所和12个镇级畜牧综合服务站以及公路检疫检验消毒站、奶牛冷配站点、兽医站所等基层畜牧服务网络，肩负着全市草原奶牛改良和奶牛预防保健的重任，为全市的畜牧业发展提供技术保障。

5. 政府扶持、加大投入 市镇两级政府每年安排一定资金用于扶持发展奶牛业，并充分利用国家的扶持政策，2002年，奶源基地建设充分发挥项目拉动作用，积极争取国家扶贫和奶建资金268万元及农牧业产业化奶建资金1 000万元，购入高产奶牛1 000余头，建封闭保温牛舍5 000米^2、青贮窖10 000米^3。

6. 典型引路、示范带动 为充分发挥养殖小区的示范带动作用，全市新建奶牛养殖小区6处，有力地促进了全市奶牛业的全面发展。

按照牙克石市奶源基地“十五”发展规划，2003年将达到奶牛存栏18千头，鲜奶产量50千吨，拥有50头产奶牛的示范奶牛场25个。“十五”期末，在9个奶源基地镇平均每镇建1个存栏200头以上奶牛养殖小区，在三条奶牛带增设20个收奶站，10个全自动集中机械榨奶站，产奶牛达到25千头，奶产量100千吨，为增加鲜奶附加值，还将增设日处理鲜奶200吨不含抗生素液态奶生产线。

（内蒙古牙克石市人民政府副市长　秦远飞）

黑龙江大庆市奶业快速发展

大庆市是全国重要的奶牛生产基地之一。经过几十年的发展，奶牛业已成为本市畜牧业的主导产业，以及振兴农村经济的优势产业，并形成了一套适合本市奶牛饲养管理的操作规程和疫病防治体系。近年来，全市奶业更是呈现出快速发展的势头。主要体现在五个方面：

一是奶牛数量超常规增长。2002年，全市奶牛存栏达15.2万头，比上年增长31.7%。奶牛生产的规模化和企业化程度不断提高。目前，全市万头乡已达5个，千头村22个，百头场户35个，10头以上的户2 500多个。20个奶牛广场、公寓和小区正在建设中，养殖规模都在1 000头以上。

二是鲜奶产量大幅度提高，养殖户收入快速增长。2002年，全市鲜奶产量60万吨，比去年同期增长49%；奶牛平均单产达到了4.7吨，比去年同期增加了0.4吨；农民直接增加收入9亿元，人均增收可达300元。

三是加工能力大幅提高。通过招商引资和内引外联，全市畜产品加工企业生产能力不断提高，牵动力越来越大。随着杜蒙伊利、林甸龙丹、让胡路伊利、惠尔康等企业的发展壮大，以及北亚集团乳品加工一期工程动工，全市乳品企业加工能力迅速提高，目前，日处理鲜奶达到1 700多吨，年可加工鲜奶100万吨。特别是在市委、市政府定向招商策略的吸引下，大庆已经成为国内外乳业集团投资的热点，伊利乳业集团公司先后建设了1、2、3期工程，日处理鲜奶能力已达660吨；惠尔康庆新乳业已在大庆投资1.2亿元，日处理鲜奶500吨；北亚在年内也可形成日处理鲜奶620吨的能力。

四是市场份额迅速扩大。伊利在大庆投资建厂后，通过销售网络，使大庆乳品行销全国各地；惠尔康投资大庆乳业后，产品已经打入福建、广东和台湾市场；随着北亚集团的进入，又为大庆乳品打入俄罗斯及东欧市场创造了条件；而完达山、妙士在大庆投资规模的扩大，也进一步增加了大庆乳品在国内外市场占有的份额。

五是利益关系日益紧密。通过协调对接，各龙头企业十分注重与基地的连接。杜蒙伊利乳业公司两年前就与农民签订了每千克1.40元的鲜奶收购保护价，但实际收购每千克1.53元，公司还累计投资近亿元，帮助农民购买奶牛。

经验与成就

1. 科学决策，确立奶业的支柱产业地位 市委、市政府明确提出了“农转牧”和重点发展奶业的发展战略，确定了畜牧业在大庆农业和农村经济发展中的主导产业地位。具体从三个方面加大奶业的推进力度。一是建立了突出奶业的目标责任制和考评体系。2001 年，政府出台了《大庆市农业和农村重点工作考核办法》，其中，明确了畜牧业重点考核奶牛生产。2002 年，全市考核各县区的工作时把畜牧业放到了第一位，而奶业又是重中之重；二是建立了奶业发展的组织领导体系。为了加快奶业的发展，实现“乳畜草”一体化的发展格局，市里主要领导亲自抓奶业，并出台了《关于加快发展草业的若干意见》。三是建立了向奶业发展倾斜的投资机制。在“农转牧”战略之下，市里集聚生产要素，向畜牧业倾斜人力、财力和物力。为了支持杜蒙伊利公司上二、三期工程，市里匹配资金 1 000 万元（省里投 1 500 万元），在引进惠尔康和北亚过程中，也以土地入股的形式予以扶持。2002 年，市里从产业化扶持资金中留出 700 万元，一部分用于购买国外奶牛贷款贴息（每头贷款 8 500 元，贴息 400 元），一部分作为鲜奶价格调节基金。

2. 明确方向，拓宽奶业的发展思路 大庆奶业具备得天独厚的发展条件，草水兼有，田饲兼备，城郊及杜蒙、林甸等地群众拥有奶牛养殖的习惯，而且城市对农业、工业对农业的反哺能力也较强。近年来，市里确定了产业化的发展方向和思路。第一，工农结合，通过大力发展加工业带动乳业发展。采取引一批、建一批、靠一批的办法大力培育乳品加工企业。一是引“龙”。先后引进了内蒙古伊利集团，组建了杜蒙、让胡路两个伊利分公司；引进了河北龙飞集团，组建了杜蒙妙士乳业分公司。2002 年，又引进了惠尔康集团，组建了让胡路分公司，投资 1.5 亿元，日处理 500 吨鲜奶的项目已经投产，黑龙江北亚集团在开发区建设的年产 50 万吨液态奶加工项目也已破土动工。二是建“龙”。引导鼓励非农企业，转向奶业龙头建设。已有一批油田配套企业、建筑建材企业和餐饮服务企业转移投资领域，投入了畜牧业产业化经营。比如大庆银螺公司，2000 年投资 3 亿元建成了乳业集团公司。三是靠“龙”。已有 6 家中小企业挂靠了大型乳业集团，比如肇源乳品厂整体出让给完达山乳业集团等等。第二，城乡结合，通过启动城市生产要素带动奶业发展。在这方面，做得比较突出的是几个区。比如让胡路区先后建设了 10 个奶牛广场、奶牛公寓和托牛所，2001 年引进了伊利乳业集团公司，组建了让胡路分公司，2002 年又引进惠尔康集团公司。龙凤区也通过引进建成了奶牛性别控制中心。各区还结合实际安置有偿解除劳动合同人员和下岗职工发展奶牛生产。可以说，城市的生产要素正在向奶业流动，奶业已成为本市的一个新兴投资热点。

3. 重点投入，狠抓奶业服务功能项目建设 围绕奶牛生产重点建设了“四大工程”。一是新技术推广应用工程。以荷斯坦优良品种为主，通过采取外购、繁育改良、胚胎移植等方式，使良种奶牛的比例不断上升；通过开展集中培训、科普之冬、科普大集及科技下乡等活动，面向广大农村养殖户，推广了奶牛舍饲技术，秸秆综合利用技术，冻配技术，疫病综合防治技术，“三化”草场综合治理技术等。仅秸秆综合利用技术就为农民增加 5 000 万元以上的收入。二是草业开发工程。首先，大力推行了草原改良、退耕种草和分区休牧工作。通过多渠道筹资、加强检查指导，本市草原保护建设取得了明显效果，目前，累计投入资金 1.04 亿元，改良草原 2.07 万公顷，退耕种草 3.4 万公顷，分区休牧 21.5 万公顷。其次，大力发展青贮饲料生产。为搞好草原分区休牧，保证奶牛生产的快速发展，组织各县区大搞青贮饲料种植，并为各县区无偿提供价值 200 多万元的青贮和苜蓿种子，还在购买种子、加工设备、建青贮窖等方面为养殖户提供服务。第三，组建草业公司，实施草产业化。2002 年，市、县（区）组建草业中心，乡（镇）组建草业公司。三是防疫工程体系。全市以无规定动物疫病区建设为重点，不断扩大建设区域，提高基础设施建设水平。目前，本市已初步建立健全了市、县、乡、村四级冷链系统，市级有疫苗冷库，县、乡有冰箱冰柜，村级防疫员配有保温盒，并为各级防疫人员配齐了防疫器械，保证能正常工作。全市在奶牛防疫上抓了三方面工作：第一，实行强制免疫制度，保障奶牛健康发展。近两年来，在市县两级财政支持下，全市所有奶牛疫苗全部实行免费供应，每年年初按照全市防疫工作计划，提前组织采购疫苗，统一下发到各县、区，从而保证了防疫工作质量。第二，积极开展了疫病免疫会战。每年春秋两季全市各级动物防疫部门都采取分片包村的方式，逐村、逐户、逐头进行免疫，做到了“乡不漏一村，村不漏一户，户不漏一畜”，免疫注射密度都达到了 100%。第三，建立健全了市、县、乡、村四级疫病监测体系。对进入本市的畜禽进行严格检查，有效地防止了疫情。四是良种繁育体系工程。首先，开展奶牛建档工作，实行选种选配。全市目前已完成奶牛建档 8 万多头。其次，统一规范冻精市场。近年来，全市由中心统一从北京、上海等地购入了优质冻精 21 万剂，保证了奶牛繁育改良的质量，满足了全市奶牛生产大发展的需要。第三，加强了基层繁育站点建设和从业人员的培训。按照“房屋砖瓦化、设备现代化、卫生标准化、操作规范化”的四化标准建设和改造繁育站点，两年来共投入资金 200 多万元，新建标准化站点 82 个，改造站点 103 个。同时，还对从业人员进行了系统培训，全部做到了持证上岗，使繁育改良工作的整体水平有了较大提高。

发展中也还存在一些值得重视的问题，如奶源不足，完善配套政策和抵御奶牛发展风险等。

发展规划

依据市情特点，制定科学的奶业发展规划。目前，大庆市乳品企业日加工鲜奶能力可达 2 800 吨，年加工鲜奶 100 万吨。到 2005 年，日加工鲜奶计划达到 5 000 吨，年加工鲜奶 180 万吨。奶牛存栏达到 35 万头，其中成母牛 21 万头，鲜奶总产达到 100 万吨以上；到 2007 年，奶牛存栏达到 40 万头，鲜奶总产达到 150 万吨以上，乳业销售收入达到 100 亿元（其中鲜奶销售收入实现 22.5 亿元），农民增收 10 亿元，财政增收 10 亿元。粮经饲比例 2005 年将调整到 40∶40∶20；2010 年调整到 30∶40∶30。通过 3～5 年的努力，全市要涌现出一批产值、销售收入十几亿、几十亿元的骨干龙头企业。同时，建设万头奶牛乡 7 个，千头奶牛村 31 个，百头奶牛场 60 个，奶牛小区、奶牛广场、奶牛公寓、奶牛合作社 20 个，奶牛大户 3 060 户。奶牛单产 2005 年将达到 5.5 吨，2007 年达到 6 吨以上。饲草饲料体系建设方面，今后几年，每年至少要种植 4 万～4.7 万公顷青贮饲料，同时，退耕还草、种植紫花苜蓿每年 1.3 万公顷左右，草原改良建设每年 2 万公顷左右。加强科技服务体系建设，紧密联系大专院校、科研院所，让科研成果尽快转化为生产力，力争使大庆奶业得到更快的发展。

（黑龙江省大庆市人民政府市长　田凤春）

黑龙江泰来县奶业发展迅速

泰来县位于松嫩平原西部，属温带大陆性季风气候，年平均气温 4℃左右。全县水域面积 2.5 万公顷，草原面积 7.3 万公顷，年产青干草 15 万吨，粮食 40 万吨，秸秆 30 万吨。富饶的土地、温和的气候、广阔的水草资源成为发展奶牛业得天独厚的自然条件。

多年来，县委、县政府把振兴奶牛业作为发展畜牧业的突破口，加强基础设施建设，不断增加科技和资金投入，完善服务体系，使奶业向产业化、专业化和现代化方向发展，并取得了一定成效。

1. 基本情况　2002 年，县委、县政府制定了《泰来县 2003—2005 年畜牧业发展规划》、《泰来县 2003 年奶牛业发展实施方案》及《泰来县发展奶牛业的优惠政策》，成立了泰来县奶业振兴工程领导小组。全县先后召开奶业发展动员会、奶源整顿会、推进奶业振兴工程汇报会、青贮玉米现场会，研究分析奶业发展中存在的问题，提出解决办法，对下一步奶业工作做出了安排和部署。确定全县 12 个乡镇中的 10 个为重点发展奶牛区域，围绕奶牛存栏多、交通便利、群众养牛积极性高、有养牛历史和经验的村，建立 22 个奶牛基点村，以加强奶牛基地建设，为乳品加工龙头企业——汇源集团分公司提供持续而有力的奶源保障。扶持基点村建好标准化机械榨乳站、配种站、兽医室，做好青贮玉米种植、制作，实现了饲养、繁育、防疫治疗、榨乳、饲料供应“五不出村”，基本达到了种养加结合、产供销一条龙的产业化要求。全县现有标准化榨乳站 45 个，配种站 43 个，兽医室 87 个，其中基点村就分别拥有 22 个。

奶牛数量的增加是奶业发展的基础。泰来县通过奶牛自然繁殖、招商引牛和购牛等方式，不断增加奶牛饲养量，2002 年，全县存栏奶牛 12 000 头，较同期增加近 1 倍。

2. 基本经验和成就

（1）统一思想，提高认识是发展奶业的精神动力　县里通过电视讲座、广播、科普之冬、办培训班等形式，广泛宣传养奶牛致富的意义，提高了群众科学饲养、规模经营、持续发展奶业的认识水平。

（2）壮大龙头企业，是发展奶业的驱动力量　北京汇源集团齐齐哈尔市分公司投产以后，泰来县奶源不断汇集到该公司。公司安装的 3 条生产线，日处理鲜奶 350 吨，其中纯牛奶 100 吨，鲜果乳 200 吨，其产品销往日本、韩国、我国香港和台湾、新加坡、美国、加拿大、俄罗斯等国家和地区，实现了奶业原料供应、产品加工销售的良性循环，成为带动全县奶业发展的驱动力。

（3）加大科技投入，是奶业快速发展的有力支撑　泰来县多年来大力实施奶业良种工程，克服资金短缺困难，积极购入国外优质黑白花奶牛冻精，采取人工授精方式，杂交改良当地奶牛，提高奶牛单产，增加奶牛总产，取得了明显的经济效益和社会效益。同时，全面推广秸秆青贮技术，解决了冬春奶牛饲草不足的问题，并通过过腹增值提高了养奶牛户的经济收入。

（4）提高饲养水平，是发展奶牛生产的重要措施　鼓励养奶牛户推广应用全价配合料饲喂奶牛，对高产奶牛，要按照不同个体、不同生产阶段、不同生理状态进行科学饲喂。实践证明，用优质牧草、微贮和青贮、盐化秸秆等饲料，效果要好于饲喂单一青干草。

（5）加强基础设施建设，是发展奶业的物质基础　目前，泰来县养奶牛户牛舍已开始实现半机械化自动给料、给水，加上配种站、防疫室、奶站的配套建设和全面服务，使奶业产业化得到稳步、健康、顺利发展。

（6）完善服务体系，是奶业产业化发展的技术支撑　为及时有效地服务养奶牛户，泰来县建立健全县、乡（镇）、村三级服务体系，县设奶牛急救中心，乡（镇）设服务站，村设服务室，较好地解决了奶业生产中的各类疫病问题。

（7）奶牛协会的成立，是奶业发展的必然结果　随着奶业振兴工程的实施和不断推进，由奶牛专业户、防疫员、检疫员和有关人员组成的奶牛协会应运而生，成为政府及其业务部门与养奶牛户联系的桥梁和纽带。养奶牛户从此能更多地获得市场信息、掌握先进技术，也使政府在制定计划、出台政策，协调资金、物资，业务部门进行技术指导和培训时有所依据。

3. 今后目标

（1）加大投入，加强奶业基础建设　充分利用国家扶贫资金、农业开发资金、农业信贷资金、以工代赈、农民自筹资金，集中搞好奶源建设、奶牛良种工程建设、草原改良建设。今后，每年投资将达到4 000万元以上，其中，包括外购14 900头优质奶牛所需的资金。

（2）依托龙头，推进产业化经营　一是壮大奶制品加工企业，进一步改善投资环境，发挥龙头企业的带动和辐射作用。二是加强奶源基地建设，不断提高奶牛集约化饲养水平。三是建立合理的利益分配机制，处理好龙头企业与农户的关系，调动养牛户积极性。四是积极开展原料奶收购、人员培训、疫病防治、良种繁育等项服务。

（3）提高科技含量，加快实施奶业振兴计划　一是通过召开现场会、举办科普之冬活动及科技人员包乡、包村、包户等方式，使广大奶牛饲养户不断了解和掌握新的饲养管理技术，提高他们的整体素质。二是通过与东北农业大学、省畜牧研究所等科研单位协作，加快本县奶牛胚胎移植技术的推广，进一步提高科技成果的转化率，增加奶业科技含量。三是大力推广青贮玉米和秸秆利用技术，降低养殖成本，提高经济效益。四是推进奶牛饲养、草地耕作和饲料加工机械化，加速奶业规模化、产业化和标准化进程。

（4）落实政策，搞好全程服务　一是政策扶持，贯彻落实县政府在招商引资、财政投入、信贷扶持、税费优惠等方面出台的规定和办法，以支持奶业项目建设。还将采取每头奶牛配给0.13公顷饲料地和为养奶牛户的奶牛办理意外损失保险等办法扶持养奶牛专业户。二是采取多种形式，搞好奶业生产、产品销售服务，为消费者提供方便。

（5）加强领导　采取县领导包乡（镇）、乡（镇）领导包村、村干部包户的工作机制，实行目标管理，建立奖惩责任制，把奶业发展目标和工作任务指标分解落实到各乡镇、各部门、到人，年终兑现奖惩。

（黑龙江省泰来县畜牧局）

上海市农工商集团坚持科技创新建优质高效奶业

“九五”以来，上海农工商（集团）奶牛业取得了稳健的发展，实现了数量稳定、产量和效益持续增长、奶源布局和产品推广从上海走向全国的宏伟目标。2002年，23个牧场保持奶牛总存栏22 265头，成乳牛12 857头，实现平均单产8 605千克，其中近6 000头成乳牛单产超过了9吨。种源农业取得了新的突破，2002年在全国第17次种公牛后裔评定中6头荷斯坦公牛综合育种值排名囊括全国前六名，年销售冻精140万剂，胚胎制作2 000余枚。奶源基本实现全国布局，在全国17个省、自治区、直辖市建立了稳定优质的奶源基地；奶牛专业的饲料公司也逐渐壮大，产品销售全国近29个省、自治区、直辖市地区。1995—2002年的奶牛发展情况见下表：

项目＼年份	1995	1996	1997	1998	1999	2000	2001	2002
总头数（头）	26 465	26 152	23 876	23 961	23 915	22 770	22 829	22 265
成乳牛（头）	15 613	15 154	15 136	14 700	14 327	13 398	13 580	12 857
产量（吨）	95 836	99 943	104 697	106 494	115 340	107 629	109 129	115 223
单产（千克）	6 183	6 541	6 946	7 124	7 923	7 950	8 193	8 605

我们的主要做法：

1. 依靠科技创新，推进奶牛业三大结构调整和服务体系建设　科技是第一生产力，只有依靠科技创新，才能使奶牛业这一传统产业体现其价值和生命力。因此，我们积极充实科研、技术力量，在各单位设立研发中心（或实验室），专门从事奶牛育种、饲养、保健、DHI测定、质量检测等专业领域的研究工作，光明乳业研发中心已建成国家级的研发中心，大大促进了我们在牛群、饲养、员工三大结构的调整和服务体系建设中发挥的支撑作用。

三大结构调整：牛群结构调整：坚持使用DHI测试系统，采用自己培育和引进消化吸收相结合的方法，保持整体牛群育种性能与国际先进水平的接轨。饲养结构调整：坚持成本与营养价值平衡，通过调整饲料品种、质量、制作工艺等实现优化的平衡日粮组合，确立以提高奶牛干物质采食量为目标的宗旨，淘汰大头菜，努力研究与推广优质的半干青贮饲料，尝试、推进甜菜颗粒粕、苹果粕和苜蓿草，深入研究、开发经济又科学的奶牛专业添加剂，同时对牧场的配合料统一加工，并全过程进行品质监控，从而保证了饲料的品质和安全。人员结构调整：建立科学的奖优罚劣机制，实现人员优化配置，致力于劳动生产力的不断提高。

服务体系建设：社会化的服务体系建设主要是推进专业化的实施。近几年来，我们通过在奶牛育种、饲养、产量、奶源质量管理等专业水平的不断提升，积极推进社会型的专业服务体系，带动临近及周边省市奶业的发展。建立国内最大的育种鉴定系统，DHI测试工作从4万头次/年扩展到了近30万头次/年。冻精推广140万剂、胚胎制作2 000枚，奶牛饲料添加剂推广近3 000吨，奶源质量管理服务覆盖全国近20个省、自治区、直辖市，同时成立了专门的修蹄队伍，对外提供综合牧场管理培训与咨询工作，为牧场提供优质的服务，确保牛群质量的提升。

2. 依靠管理创新，推进奶牛“六化”建设 近几年来，随着农业产业结构的调整，中国奶业呈现突破性的发展，全国上下兴起“养牛热”，竞争日益加剧。对奶业来说，挑战与竞争主要体现在低成本高质量牛奶的均衡生产和管理体制的不断变革。我们重点依靠管理创新，推进奶业“六化”建设。

奶牛优质化：即抓实牛群质量和牛奶质量建设，实现全过程安全优质牛奶生产。保持思想和行动一致，加大疾病防治，提高整体牛群健康，加强流程制定和规范操作，结合现场培训与指导，突破“不含抗生素奶”、“新鲜奶源工程”、“体细胞标准”、“黄曲霉素”、“亚硝酸盐”等一个又一个难题，使牛奶质量不断优质化。

操作标准化：编制了《奶牛生产技术规范及技术要点》、《优质原料奶生产操作规范》、《不含抗生素奶在2002生产与管理手册》、《DHI指导手册》建立健全系统的防疫程序和操作规程等一系列专业技术操作规范，用于指导牧场实践工作，实现标准化操作。

管理制度化：现代企业的核心是管理制度化。建立了“赛马场”制度，促使整个团队不断进步，每年都有5%左右的员工因业绩不佳接受再培训或直接淘汰。对各类成本进行细化，对可控与不可控成本进行区别分开，促可控成本的降低；每年采用预算制度，并实施岗位聘用和平衡计分卡来明晰责权，确定目标，保证各部门、各员工朝着企业的同一战略目标不断奋进。

设施现代化：现代的奶牛业已越来越趋向于设施农业，不仅有助于提高劳动生产力，而且可大大减缓环保压力。牧场全面实现管道式机器挤奶和直冷式奶缸的直接制冷，散放牧场运用了TMR饲喂模式和自动清粪系统，大型牧场配有污水处理设施。乳业研发中心配置各类研发、检测先进设备。

信息网络化：成立专业的信息小组进行牧场管理信息系统的开发，到目前为止，23个牧场已全部运用信息网络系统进行牧场各类技术资料的收集、汇总和分析，这样不仅确保数据传输的准确性和及时性，而且促进牧场间横纵向比较、经验共享的目的，使得牧场的管理水平达到质的飞跃。

奖罚数据化：人才是第一资源，在积极吸收引进各类专业人才，培训各类人才，发挥全体员工积极性的同时，积极实施各项人才政策以公正、公平、公开的评分方法，用量化的标准和业绩来激励员工。实施数据化的管理，保证了奖罚数据化的推行。实现奖惩分明，优胜劣汰，不断提升全体员工。

3. 农工商集团奶牛“十五”发展规划 “十五”期间，农工商集团将适应世界级现代化大都市的要求，加快奶业质量的全面提升，努力与国际接轨，创建“安全、优质、低本、高效”的产业。具体做好以下几项工作：

(1) 优化区域布局，保持持续发展。结合都市生态农业总体规划要求，做好奶业长远规划，保持经济、生态的可持续发展。2002—2007年采用对原有奶牛场进行调整、扩群增加饲养奶牛1 000头；在崇明农场新建三个1 500头饲养规模的现代化奶牛场，增加饲养奶牛4 500头；异地养殖奶牛5 000头，三项合计增加饲养奶牛10 500头；到2007年集团总公司奶牛饲养量由目前的2.2万头增加到3.2万头。

(2) 坚持科技创新，提高乳业水平 继续发挥种源、饲养、高产等方面的技术优势，尝试推广当今国际先进水平的自由牛床、全混合日粮（TMR）饲喂、挤奶厅集中挤奶（AFIKIM）的饲养方式，创建优质高效奶业。到2007年，成乳牛平均单产由2002年的8 605千克提高到9 000千克，上市生奶质量合格率达100%，乳脂率提高到3.3%以上，乳蛋白率达到3.1%以上，体细胞数下降到40万以下，总产由2002年的11万吨提高到17万吨，种源优势国内一流，冻精生产达250万剂，胚胎制作1万枚。

(3) 实施标准管理，确保产品安全。制定和建立乳制品安全保障体系，从牧场选址、布局到饲喂和牛奶生产都严格遵守标准化操作。牧场选址符合防疫要求，设计布局结合奶牛生理、行动特点，有效控制应激，最大限度发挥奶牛生产潜能，牧场周边规划考虑足够的青绿饲料田，建设自给保障体系，建设牧场管理及防疫体系。统一饲喂，牛奶生产全部实施“冷链”系统，确保原料奶生产全过程安全、卫生，实现无公害牛奶的奶源生产基地，并为生产有机牛奶创造条件。

（上海市农工商总公司产业部 吕银华）

前进中的上海南汇奶业

上海市南汇区是上海重要的奶源生产基地，经过十几年的发展，已形成了相当的生产规模。规模场的建设、科学饲养管理技术的应用和政策的扶持，有力地保障了本区奶牛生产的持续发展，奶牛生产水平、牛奶质量和经济效益都有了明显的提高。2001年，成乳牛单产历史性突破7 000千克。2002年，全区拥有奶牛总数6 700多头，全年鲜奶生产能力达2.5万吨，产值超6 000

万元。

南汇乳业之所以能取得如此稳定持续的发展，主要得益于以下三个方面：

一是政策的有力扶持。近年来，南汇乳业在各级政府的重视下，得到了市、区两级财政的有力扶持，政府对牛奶价格实行监控，稳定奶价，确保牛奶销售渠道畅通和资金及时到位。奶牛青料退税政策、良种补贴和后备牛培育补贴、电价优惠政策、奶牛保险补贴政策等一系列优惠扶持政策的出台，使南汇区奶牛生产走上了平稳健康发展的轨道。1988 年，本区还专门成立了奶牛管理服务站，为奶牛生产提供了有力的政府保障和技术支撑。

二是科学饲养管理技术的应用。本区在奶牛良种繁育体系建设上，不断加强优良品种引进，改良奶牛品种，形成以中国荷斯坦黑白花奶牛为主的高产、优质种群，通过胚胎移植、转基因等先进技术的应用，培育出优质、高产、适应性强、抗病力高的高素质牛群。在饲养管理技术上，注重科学饲养，加大投入力度，合理搭配奶牛口粮，全面满足奶牛营养需要。在奶牛疫病防治体系建设上，建立了场、镇、区三级疫病监测、防治及防疫体系，健化牛群，确保奶牛稳产高产，使奶牛生产水平得到迅速提高，牛群整体素质全面提升，全区奶牛单产水平提高近 2 000 千克。

三是不断建设奶牛规模场。区政府不断加强规模场建设，以光明乳业等乳品加工企业收奶方式的改变为契机，逐步取消、关闭散养农户和小型牧场。2002 年，全区已全部取消散养农户和小型牧场，建设百头以上规模场35个，并实行了管道式机械挤奶、牛奶上门收购、冷链化，从而规范了牧场的管理，提高了牧场经济效益，全面提升了牛奶品质。

2002 年，南汇区被农业部列为全国奶业优势区域80个区县之一，南汇奶业发展面临着新的机遇和挑战。区政府的指导思想是：按照《上海市养殖业“十五”发展专项规划》确定的“南汇为适度养殖区”的结构布局和《南汇区国民经济和社会发展第十个五年计划纲要》提出的“港口城市、工业重镇、农业基地、旅游景点”的功能定位，紧紧围绕“建设都市型农业基地，率先基本实现农业现代化”的总目标，坚持生态化、规模化、产业化、市场化和法制化运作。合理布局、优化资源配置，重点扶持发展龙头企业和产加销一体化紧密型企业，提高奶业科技含量和生产水平，为城市提供更多优质安全奶源，确保企业增收、农民增效。我们的中长期发展思路是：按照都市型现代化农业的总体布局，结合南汇乳业现状，以龙头企业为投资主体，积极探索“产权结构多元化、管理体制科学化、经营模式市场化”的乳业发展模式，力争用 5 年左右的时间，建设 1 个规模为 3 000 头的生态型奶牛示范区，通过改建、扩建、搬迁，形成 10 个左右 200 头以上规模场，形成一个奶牛场分布合理、管理统一规范、科技含量高、生产效益好的新型奶牛生产格局。全区奶牛饲养总量稳定在 5 000 头左右，单产水平提高到 8 200 千克，全年鲜奶生产能力达到 3 万吨。奶牛示范区、规模场防疫体系和疫病防治监控体系健全，全部实行高起点机械化挤奶、牛奶冷链化，实施粪尿综合治理达标排放，实行电脑信息化管理。并适时抓住机遇，通过招商引资，形成一个以加工企业为核心，生产企业紧密围绕的产加销一体化奶牛产业，实现本区乳业新的飞跃。

（上海市南汇区人民政府　唐海东）

奶业科技

奶业科技综述

在科技部、农业部的共同努力下，在地方科技、农业部门的密切配合下，2002 年“十五”重大科技专项顺利完成总体设计、专家论证和经费下拨，全面启动实施。奶业专项吸纳全国优势力量，带动各部门、各地方全面支持和参与奶业科技的发展，在奶牛良种繁育、营养与饲草、疫病防治、乳品加工与质量监测以及现代奶业生产技术集成等领域均取得显著进展，共有 2 个苜蓿新品种、2 个新兽药通过审定，4 种新乳品进入中试，奶牛直接饲喂微生物添加剂生产技术、原料奶致病菌快速检测技术等 20 项专利技术、2 种疫苗进入申报阶段，奶粉全自动充氮包装机设计投产，全国具备年提供并移植胚胎 20 000 枚的能力。

（一）共性关键技术研究

1. 奶牛良种快速繁育技术体系的建立与示范取得显著进展 修订了“中国荷斯坦奶牛标准”，制定了奶牛品种登记技术规程（草案），制定了“奶牛生产性能测定（DHI）技术规程和管理方法（草案）”。全国共有 13 个省市的奶牛群中开展了规范的 DHI 测定工作，共测定奶牛 6 万余头次。

北京、新疆、内蒙古和西北农林大学 4 个胚胎中心建设单位一年来共生产奶牛优质胚胎 19 820 枚，移植 6 500余头受体，受体妊娠率为 53.3%，技术水平和产业化程度达到国际先进水平。

胚胎性别鉴定技术取得重要进展，接近实用化。利用自身研制的引物，通过 PCR 技术扩增牛 Y－染色体上的特异性 DNA 片段，对胚胎进行性别鉴定，已生产胚胎鉴别胚1 200余枚，部分已确认的性别鉴定准确率达 95%。

2. 奶牛集约化饲养技术取得进展，大城市郊区示范区广泛实施 TMR 饲养工艺 修订后的《奶牛饲养标准》并于 2002 年 12 月通过审定，即将被作为农业行业推荐性标准在全国颁布和实施。已经完成反刍动物专用双效微生物添加剂的研制。建立了奶牛瘤胃细菌发酵定向调控效果的分子生物学快速评价技术，研究设计了 3 种瘤胃主要纤维分解菌的种特异性寡聚核苷酸探针序列，合成出 3 种功能细菌的代表性探针。成功研制了高能高蛋白过瘤胃高产奶牛功能性补充料生产技术、生产高共轭亚油酸牛奶的营养调控技术和过瘤胃胆碱生产技术。

制订了我国农户型奶牛养殖技术规范和集约型奶牛养殖技术规范。研究形成了奶牛阶段饲养的全混合日粮（TMR）饲养技术工艺，多数示范区建立大型的 TMR 奶牛场，应用规模达到 47 000 头，平均单产水平提高 15%。

3. 选育一批优质高产牧草新品种，建立区域性的优质饲草生产基地 针对不同奶牛生产区自然条件，选育的优质高产牧草新品种草原 3 号和天蓝苜蓿通过全国牧草品种审定委员会审定。各地区还筛选出一批抗旱、耐寒、耐热、高产、优质等优良性状的苜蓿新品种，有 6 个适宜在长江以南地区种植；东北农区筛选出一批耐寒苜蓿和青饲玉米新品种。

苜蓿生物技术研究取得进展，建立了苜蓿基因组 RAPD、SSR、ISSR 等分子标记技术体系。苜蓿和饲用玉米青贮新技术研究已筛选到的 2 种产酸益生菌——植物乳杆菌和戊糖片球菌，确定了用于培养产酸益生菌的培养基组成，获得 2 种主要产酸益生菌的纯菌粉。

4. 奶牛主要疫病诊断和免疫技术取得进展，成功研制一批高效无毒中兽药 研究建立了检测牛结核病的 PCR 检测方法，进入临床样品检测阶段。建立了牛传染性胸膜肺炎的 PCR 检测方法，建立了敏感、特异的病原检测技术并对血清学阳性样品进行了检测。

研制出了奶牛节瘤拟杆菌灭活疫苗和 A 型节瘤拟杆菌和 IL－2 融合基因工程疫苗，生产疫苗 5 000 头份，免疫 1 000 头。建立了布氏杆菌牛Ⅲ型菌单克隆抗体细胞株，生产出制造牛布鲁氏菌病抗独特型抗体苗的抗原和 300 头份布鲁氏菌抗独特型抗体苗。

乳房炎和子宫膜炎防治药剂研究方面，筛选丹参、黄连、双花、连翘、蒲公英等作为目标药物，开发出“乳源康”乳房炎注射治疗药剂，总有效率为 93.8%。筛选出了丹参、连翘、银花、紫草、赤芍等十多种具有抗菌消炎的中草药，开发治疗临床型子宫内膜炎的药剂“清宫液 2 号”，优于青链霉素，已获得新兽药证书和生产批文。兽用奶牛乳房消毒剂、奶牛子宫消炎散 1 号、奶牛宫净康、乳炎消、清宫补益散、促孕散、虫净灵、曲麦消食散等一批新兽药获得审定。

5. 乳品加工和安全生产技术研究与产业化开发取得

进展 研制和开发特色新型奶产品，建立中试生产线。研制的驱铅奶粉和苯丙酮尿症患儿奶粉开始中试。采用微胶囊技术的亚油酸强化 MCT 奶粉完成配方设计。软质鲜干酪以及草莓、黄桃、香蕉三种果味涂布干酪的小试工作已经完成，确定了其配方、工艺流程、工艺参数及产品标准。完成酪蛋白的蛋白酶水解产物的降压活性研究。通过改进包材成型器、重新设计横封封头、调整封口传动自动控制程序，设计出新型全自动充氮奶粉包装机。

乳品质量监测技术研究取得进展。建立了原料乳细菌总数显微镜直接快速测定方法和技术，可以在 40 分钟以内完成；采用酶联免疫（ELISA）试验法，实现了志贺氏菌的快速检测；利用酪蛋白为底物，用胰蛋白酶消化得到了一种抗菌作用的免疫活性肽；采用分子信标技术和 TaqMan－MGB 技术，建立了两种针对沙门氏菌的特异性荧光 PCR 检测方法，并初步运用于临床诊断和食品污染调查；发明单克隆抗体 ELISA 试剂盒，具有快速、灵敏、成本低廉等优势；研究了两种有机磷及氨基甲酸酯农药残留快速检测方法：速检测管检测法和速测试纸；制定出了乳制品生产企业 HACCP 实施指南和 GMP 规范。

（二）现代奶业生产技术集成与示范

北京：落实实施基点 70 个，覆盖牛群 5.3 万头。2002 年，示范区奶牛头年单产完成 8 545 千克，乳脂率 3.6%，乳蛋白率 3.0%，牛奶中体细胞数 40 万个/毫升以下。参加 DHI 检测的成母牛数已达到 1.2 万头，生产奶牛胚胎 4 700 枚，冷冻精液 253 万剂，引进优秀公牛 23 头，培育优秀种公牛 10 头，选留后备公牛 50 头，向示范区以外提供良种牛 2 500 余头。有 6 个牛场 8 000 头奶牛已实施 TMR 饲养工艺，30 个规模奶牛场初步实现网络化管理，2 个牛场实现智能化管理。年生产配合饲料 5.5 万吨，推广京垦系列优质专用青贮玉米品种 1 个。建立苜蓿基地 6.67 千公顷，推广饲用玉米和小黑麦两茬种植模式；在用“牧草＋精料”模式取代“秸秆＋精料”模式用于饲养高产奶牛方面取得阶段性突破。原料奶质量控制取得实质性突破，牛奶质量第三方监督检测系统筹备工作基本完成，以三元食品为代表的开发高档乳制品新品种 6 个，新建 ESL 奶中试生产线一条，以 HACCP 以及标准化体系建设为内容的质量安全体系建设取得积极效果。

上海：研制成功奶牛抗热应激预混料，可有效提高奶牛泌乳持续力，使热应激下的奶牛产量少下降 2 千克左右。研制出第一批高能量瘤胃保护性赖氨酸，通过实验室模拟瘤胃试验表明瘤胃通过率达到 50% 左右。建立了上海申星奶牛场、璜塘奶牛场、上海朝阳奶牛场等 3 个大型的 TMR 奶牛场，奶牛头数达到 3 700 余头，制定了 TMR 操作规范。开发出泌乳高产牛预混料、干奶牛专用预混料、普通性预混料，抗热应激预混料等预混料。筛选推广适合于我国南方炎热和多雨气候条件的优质高产青贮饲料品种，有 6 个苜蓿品种适宜在长江以南地区种植，其中“牧歌 702”在光明乳业饲料基地试种 26.7 公顷。完成存栏公牛 61 头，生产优秀奶牛胚胎1 500枚，DHI 推广测试总量 98 044 个样品，合计 17 000 头奶牛，奶牛繁殖率达到 80%。研发和集成乳制品精深加工技术，探讨和揭示了包装袋中填充 CO_2 后可对巴氏消毒奶货架期产生明显的影响，并且和起始细菌数有关系，起始细菌数越低效果越好。研发低乳糖牛奶生产工艺，已经成功推向市场。示范区建立示范牧场基地 30 个，牛群 24 661 头，饲草基地 946.7 公顷。

黑龙江：选择高产荷斯坦牛作为供体母牛，共超数排卵 42 头次，获得可用胚胎 212 枚，每头次平均获得可用胚胎 5.05 枚。建立奶牛品种登记制度，确定 10 个农牧场和奶牛生产小区为奶牛品种登记基点，收集和处理了近 1 000 头奶牛的数据资料，品种登记母牛近 600 头。建立东北农区奶牛生产性能测定（DHI）体系，已开展 1 000 头奶牛的 DHI 测定。将国外引进的快速检测方法和国家标准的发酵法结合应用，制订了抗生素的控制要求，进行了抗生素控制试点，取得了良好效果。启动了 HACCP 要求的培训和 HACCP 实施培训以及流程图编写培训、SSOP 等文件编写培训。

河北：基于华北奶牛群泌乳性能、体型外貌、乳蛋白率等指标亟待改善的问题，引进含美国荷斯坦牛血液的优秀种公牛冻精 2 000 支，在石家庄三鹿集团奶牛场、大曹庄农场等进行示范推广。登记年平均产奶量 6 500 千克以上，乳脂率 3.4% 以上的达标母牛 2.5 万余头。开展了利用胚胎移植技术建立高产奶牛核心群工作，累计胚胎移植 1 336 头，其中高产奶牛胚胎鲜胚移植 610 头，移植妊娠率为 52.9%，冻胚移植 726 头，移植妊娠率 34.2%，示范区的人工授精受胎率提高到 76%。引种国内外苜蓿品种 10 个、青贮玉米 17 个，筛选出适合华北农区的高产优质饲草与饲料作物。采取边引种、边推广的措施，在沧州的献县、东光县、黄骅市建立起苜蓿生产基地，在石家庄的鹿泉市、邢台的大曹庄农场、保定市郊区建立起青贮玉米生产基地。建立了以三鹿集团奶站为中心，以河北农大、河北省畜牧所专家、技术人员为依托的华北农区奶牛“统一防疫、统一饲料配方、统一管理、集中机械挤奶与牛奶收集”的生产模式和综合配套的社会化服务体系和“公司＋基地＋农户”的奶牛养殖小区生产模式。机械化挤奶设施率达到 73%，良种奶牛数量及个体产奶量得到提高，有效控制了原料奶的质量。

新疆：在物华、德隆、麦趣尔和金牛先后建成 4 个现代化高产奶牛核心繁育基地，通过选育、胚胎移植和引进，高产奶牛头数已达到9 100头，其中物华公司呼图壁种牛场现有的高产奶牛2 560头，全群成母牛年均单产8 212.5千克，乳脂率3.77%，乳蛋白3.2%。根据物华公司目前奶牛生产实际现状，在现有3 000多头高产奶牛核心群基础上，选育出超高产奶牛262头生产高产良种奶牛胚胎8 000枚，移植5 000枚；生产冻精41万剂。开展了早期胚胎的PCR技术性别鉴定研究工作，并获3头性别鉴定胚胎移植犊牛，准确率为100%。筛选出适合当地的优良苜蓿和青贮玉米品种各1个，建立了33.3公顷苜蓿原种和30公顷青贮玉米原种基地、300公顷苜蓿和200公顷玉米的核心种植技术示范基地。开展了头茬苜蓿收割技术规程的研究，初步探索并制订了优质草料收获及加工技术示范规程。制订完成了《西北农区奶牛规范化饲养管理规程》（初稿），即将提供给项目区各不同类型牛场试用。截止目前，已建成了奶牛养殖小区25个，每个小区现有奶牛500头，项目区内的奶牛养殖小区和规模化牛场机械化挤奶已达到80%以上。

江苏：完成一个液态奶年加工能力20万吨的乳品加工示范基地的建设项目的基本建设投资，一个饲养规模1 500头的现代化优质奶牛养殖基地的基本建设完成，总投资3 000万元。开始建设奶牛育种中心，奶牛线性外貌评定3 000头次，DHI测定2 500头/月。筛选出黑麦草、苏丹草、杂交狼尾草等4个牧草品种，示范种植面积4千公顷。

内蒙古农牧交错区：为了提高示范区整体奶牛养殖水平，提出奶源发展“逐步由大群体、小规模向大规模、小群体”的新思路，启动实施牧场园区建设项目，园区内实行封闭式管理，已建立各项管理技术规程。针对奶牛大户的奶牛实行的电子信息管理系统已启动，管理系统的硬件设备已初步建设。对600头奶牛普查建档，其中100头奶牛全程进行跟踪调查。根据不同的奶源，制定了科学合理的原奶质量标准，建立了整套原奶检验方法和检验室的管理手册。建立优质人工草地和饲料基地，种植示范面积达90.6公顷，引种紫花苜蓿品种、饲用玉米、高丹草等优质牧草品种10余个。推广奶牛超数排卵、活体采卵、体外受精、胚胎移植、奶牛营养工程技术等，加快高产奶牛培育，已培育、引进高产核心母牛500头，分布于课题各示范点，并已拥有种公牛25头。开展各类技术培训班40余期，培训农户1 500人次。培养高层次科技人才11人。

内蒙古牧区：开展主导奶用牛品种组群鉴定，挑选符合品种标准、生产性能较高的基础母牛进行良种登记，登记基础母牛11 000头，其中荷斯坦牛4 500头、乳肉兼用西门塔尔牛5 000头、三河牛1 500头。选择苜蓿及无芒雀麦、披碱草、老芒麦、羊草、冰草，建立人工草地266.7公顷，建植半人工、补播草地333.3公顷。在退耕还草地带以旱作建植技术种植优质多年生牧草；以英红3号、农大108等饲用玉米品种，建立高产、稳产饲料基地666.7公顷。对严重退化草地实施围封、禁牧。根据不同草场情况制定不同的放牧使用制度，形成舍饲、半舍饲相结合的利用模式。同时制定北方牧区舍饲、半舍饲情况下饲料的常年均衡供应方案。开展奶源基地建设。在通辽市和兴安盟各建立了20条液态奶生产线，建设标准化挤奶站93个，促进了项目区奶业标准化和优质化生产。

陕西：研究和示范奶牛的性别控制技术，初步建立了早期胚胎的性别鉴定体系，生产细管冻精11万支，完成胚移400枚，筛选出了效果稳定的超排配方，鲜胚移植的成功率平均达到50%以上，冻胚移植成功率达到40%以上。

开发出适合西北地区的奶牛饲料添加剂和饲料配方2个，生产奶牛优质饲料5万吨，饲料报酬提高了15%。主要疫病发生率控制在10%以内，机械挤奶达到40%，配合饲料入户率达到70%。

引入50多个牧草及青贮饲料品种，建立试验地3.33公顷，筛选出优质苜蓿品种3个，高产青饲多汁牧草菊苣1个，青贮用饲料作物高丹草1个，配套苜蓿生产基地1 000公顷，青贮玉米1万公顷。良种奶牛达到1.5万头以上，其中单产在8 000千克以上的核心高产奶牛3 500头，单产在8 500千克以上的高产核心群达到2 000头以上。建立奶牛示范小区28个，带动新建存栏1 000头良种奶牛养殖示范基地2个，现代化的机械挤奶站32个。

山东：研制开发出奶牛育种管理软件，初步建立了奶牛育种管理的技术信息平台；开展了奶牛生产性能测定（DHI）、体型线性评定、良种奶牛评选、登记等工作，上半年共登记高产奶牛1 200多头，建立8 000千克以上高产奶牛核心群700多头，完成全年计划任务的60%；开展奶牛超数排卵和胚胎移植研究工作，已超排高产奶牛30头次，获得可用胚胎200多枚，移植胚胎160枚，已知的鲜胚妊娠率55%，冻胚妊娠率30%。搜集专用青饲玉米新种质30份，筛选适合当地的优质高产多抗高配合力自交系；开展优质青饲玉米品种、苜蓿和苏丹草品种示范，研究建立青饲玉米品种、苜蓿和苏丹草品种的高产高效栽培技术体系，苜蓿高产示范面积达到4 000公顷，饲用玉米高产示范面积达到4万公顷。实施乳品加工技术研究与示范，完成了牛奶处理各工序牛奶中微生物数量变化规律的分析研究，确定了原料奶和超巴士杀菌奶生产全面品质管理体系的关键控制点，研究制定各关键控制点的标准操作规程，同时依据国家颁布的乳制品加工厂的GMP规程。

（科学技术部农村与社会发展司　魏勤芳）

奶牛营养新技术进展

饲料成本占奶牛养殖成本的70%以上。因此，通过营养学研究提高饲料利用效率、增加牛奶产量和改善奶牛健康一直是国内外奶业科技研究的重点与前沿。自20世纪90年代以来，尤其是进入新世纪以来，国际上牛奶生产由单纯的产量生产型迅速向安全、高效、优质、福利和环保生产型转变，生物技术和信息技术不断应用于奶牛营养学研究，由此推动的新的科技进步日新月异，在安全饲料添加剂开发、功能牛奶生产、低排污环保饲料配方和饲养模式等方面取得了很大进展。

在我国，奶业是一个新兴的产业，奶牛养殖已经成为农民增收、农村发展和农业结构调整的新途径。但是如何解决奶牛养殖面临的提高生产水平、改善质量与健康、降低环境污染等新课题，对奶牛业的持续发展极为重要。很明显，依靠传统的奶牛养殖技术已经不能完全解决上述难题。为此，科技部和农业部于2002年提出并由国家科教领导小组批准设立了国家奶业重大科技专项，目前取得了阶段性进展。

1. 奶牛瘤胃发酵调控技术 “健康瘤胃，健康奶牛”。瘤胃发酵可以为反刍动物提供70%～100%的氨基酸（AFRC，1992）和75%～85%的能量（Dewhurst等，1986）（图1）。饲料营养物质在瘤胃中的分解与合成过程既有能量和养分的无效发酵损失，又有优质微生物蛋白和B族维生素的生产，同时也因一些发酵产物的排泄而会造成环境污染，因此瘤胃发酵优化的最终目的是提高发酵的正面效应，降低、改变或消除对奶牛自身有害及无效的发酵过程。尤其是人类为了提高产量，大幅度增加了奶牛的精饲料喂量，使瘤胃pH和瘤胃微生态发生难以逆转的变化，导致各种代谢性、营养性、生理性疾病发生率明显升高，这就使得瘤胃发酵的调控与优化成为奶牛生产的必需手段。

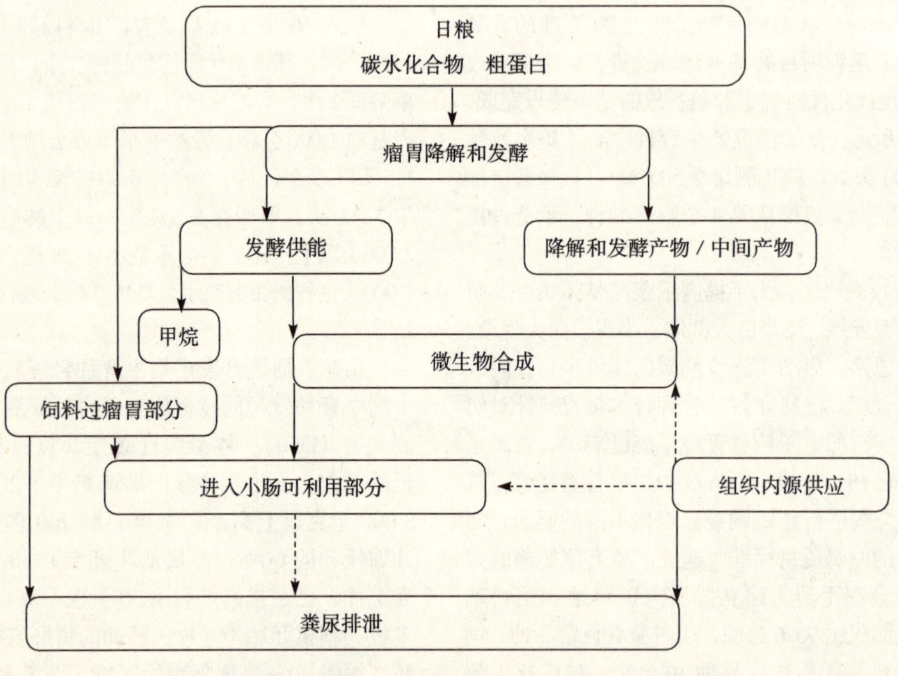

图1　*瘤胃发酵过程概图*

（1）矿物盐缓冲物质稳定瘤胃内环境技术。在正常情况下，瘤胃内环境相对稳定。如果奶牛营养措施不当，尤其当奶牛饲养者为单纯追求高产情况下，营养供应超过了奶牛自我稳衡控制的能力，就会导致瘤胃内环境紊乱，瘤胃功能失调，进而出现相应的代谢障碍。瘤胃pH和乙酸/丙酸比（A/P）是奶牛瘤胃内环境稳定与否的两个重要指标。

不同类群的微生物所需的瘤胃pH环境不同，因此，不同瘤胃液pH的改变会导致微生物区系发生变化。NRC（1989）研究表明，日粮中粗饲料含量低于40%，微生物生长效率下降。Strobel等（1986）研究发现，在pH=5.7时，瘤胃细菌的产量降低50%。奶牛瘤胃液pH范围在5.8~6.4之间，A/P应接近3:1时有利于维持正常的瘤胃内环境。

使用矿物盐等缓冲物质有利于稳定瘤胃内环境。如果日粮富含易发酵碳水化合物时会造成酸性环境，增加了乳酸的形成，不利于瘤胃纤维分解菌的活动，进而会降低奶牛采食量、增加酸中毒和蹄病。这时，使用缓冲物质，如碳酸氢钠、氧化镁、碳酸钙等能缓冲氢离子而提高纤维分解菌的活性，维持瘤胃正常的内环境。奶牛添加缓冲剂的主要情况有泌乳早期、日粮含大量易发酵碳水化合物、玉米青贮为主要的粗饲料、精粗料分开饲喂等。缓冲剂的推荐使用量为干物质采食量的0.6%～0.8%或精料的1.2%～1.6%，通常在泌乳早期奶牛日粮中添加200克$NaHCO_3$/天（或占日粮0.75%～1.0%）、MgO（占日粮0.4%～0.6%）或$NaHCO_3$（2～3份）+MgO（1份）（占精料1.6%～2.2%），一般都具有良好的缓冲效果。

(2) 有机酸稳定瘤胃内环境技术。有机酸能刺激优势瘤胃细菌——反刍新月状单胞菌（Selenomlnas rumimantium）的生长，改善混合瘤胃微生物的发酵。反刍新月状单胞菌是瘤胃细菌中的一种普通的革兰氏阴性菌，大约占瘤胃总细菌的51%以上（Caldwell等，1996），它能利用乳酸做为碳源和能源（scheifinger，1975）。添加L-天冬氨酸、延胡索酸或L-苹果酸，能使反刍新月状单胞菌HD 4生长速度提高2倍（培养24小时）（Nisbet等，1990），L-天冬氨酸和延胡索酸能将反刍新月状单胞菌HD 4吸收L-乳酸的速度提高4倍，而L-苹果酸使其提高10倍（Nisbet等，1990）。苹果酸和延胡索酸是琥珀酸-丙酸代谢途径的关键性中间产物，反刍动物新月状单胞菌用这种途径（Gottschalk，1986），事实上，二羧酸，特别是苹果酸和延胡索酸，在此过程中能稳定刺激乳酸的利用。苹果酸（有机酸）能作为H_2提供电子沉积体，从而允许反刍动物新月状单胞菌增加对乳酸的利用，苹果酸添加物增加了乳酸利用率。与没有添加苹果酸相比，乳酸利用率由40%～70%提高到77%～80%。

当反刍家畜（肉牛和奶牛）饲喂快速发酵碳水化合物含量高的日粮时，乳酸积累，瘤胃pH下降，乳酸浓度达到29mM（Counotte等，1981），如果乳酸浓度继续提高，瘤胃pH会下降到6.0以下，这将引起各种微生物发酵紊乱和各种生理疾病（纤维消化率降低，食糜周转率降低，唾液分泌减少，瘤胃溃疡，出现蹄叶炎病及死亡等）。这时添加苹果酸能改善在pH为6.0时反刍动物新月状单胞菌HD 4系利用乳酸的能力。添加有机酸能提高二氧化碳的浓度（Callaway等，1996），二氧化碳是乳酸通过反刍动物新月状单胞菌琥珀酸-丙酸发酵成丙酸的一种终产物（Gottschalk，1986）。因此，有机酸处理通过两种机制缓冲瘤胃内容物的酸度，增加反刍动物新月状单胞菌对乳酸的利用和二氧化碳的产生。

有机酸能刺激而不是抑制瘤胃细菌（如反刍动物新月状单胞菌）群落，因此可用来替代现在常用的抗生素，通过二羧酸刺激反刍动物新月状单胞菌对乳酸的利用，来调节瘤胃发酵。由于公众对食物安全日益关注，营养学家和微生物学家应开发出抗菌素的替代品来解决酸中毒问题。根据以上研究结果，苹果酸等有机酸不会使微生物产生抗球虫剂那样的抗性，也没有残留，应该是抗球虫剂最好的替代品。

(3) 瘤胃能氮同步释放技术。该技术是以瘤胃微生物生长理论为基础，通过日粮等同步化因子的调控，使日粮含氮物质和能量载体物质在瘤胃的发酵过程相匹配，在优化微生物生长的同时，能促进瘤胃发酵。瘤胃能氮同步释放技术，是以一天内各时间点微生物最佳的能氮配比为目的，根据不同饲料瘤胃降解特性优化组合，在满足微生物蛋白合成最大效率前提下，提高饲料养分的利用率和瘤胃内发酵平衡，降低氮和能量损失，以最大限度满足动物对可吸收蛋白质的需求。瘤胃能氮同步释放技术机理如图2示：

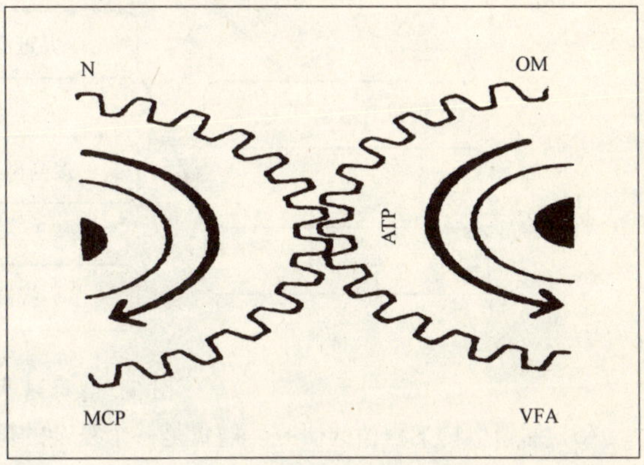

图2 瘤胃能氮同步释放过程

目前，瘤胃能氮同步释放技术的应用主要体现在以下几个方面：

增加结构性碳水化合物的发酵速率和发酵程度，从而增加养分的采食量和利用率。

用瘤胃降解率低的蛋白类饲料取代快速降解的日粮蛋白质，同时也增加UIP采食量。

对快速降解蛋白质进行适当加工处理（如热处理）降低其释放速率，如NPN类饲料的缓释技术、脲酶抑制剂开发研制。

对蛋白质饲料分多次饲喂。尽管增加饲喂次数并不改变蛋白质的降解率，但在每天不同时间为瘤胃微生物实际提供的可利用蛋白质量发生了改变。

淀粉可被瘤胃微生物或动物自身的酶所分解利用，因此对淀粉进行糊化处理，增加淀粉的发酵程度但降低其发酵速率，该技术已在生产中应用。

通过特异性饲料添加剂阻止蛋白质向肽和氨基酸的转化调控降低蛋白质的分解，如肽酶和二肽肽酶的研制，但目前此类添加剂尚在机理研究阶段。

(4) 微生物添加剂应用技术。目前研究和应用较多的是酵母培养物，其在瘤胃的作用模式如图3。酵母培养物的主要功能包括刺激瘤胃微生物尤其是纤维素菌和乳酸利用菌的繁殖、降低瘤胃液相氨氮溶度、提高瘤胃微生物蛋白质产量。

直接饲喂微生物（DFM），即传统上所说的益生素，是指给动物添加的天然存在的活性的微生物。奶牛日粮添加DFM目的在于促进瘤胃发酵，提高营养物质的利用效率。DFM中最常见的释真菌培养物和乳酸菌，其中真菌培养物包括米曲霉和啤酒酵母，而乳酸菌包括乳杆菌或链球菌，此外还包括双歧杆菌和丙酸杆菌等，DFM除能促进瘤胃发酵外，还能够刺激瘤胃中微生物的生长和稳定瘤胃pH值。

国家奶业科技重大专项课题研究的双效微生物添加剂有微生物活菌制剂（主要含酵母菌、乳酸菌、枯草芽孢杆菌等）和酶制剂双重功效，可直接饲喂奶牛，其作用机制主要是能为瘤胃微生物的生长提供生长刺激因子，并直接提供纤维素酶、半纤维素酶、蛋白酶和淀粉酶等，有助于促进瘤胃发酵，提高纤维物质的利用。目前该产品已进入中试阶段，具有促进瘤胃发酵、安全和高效的特点。

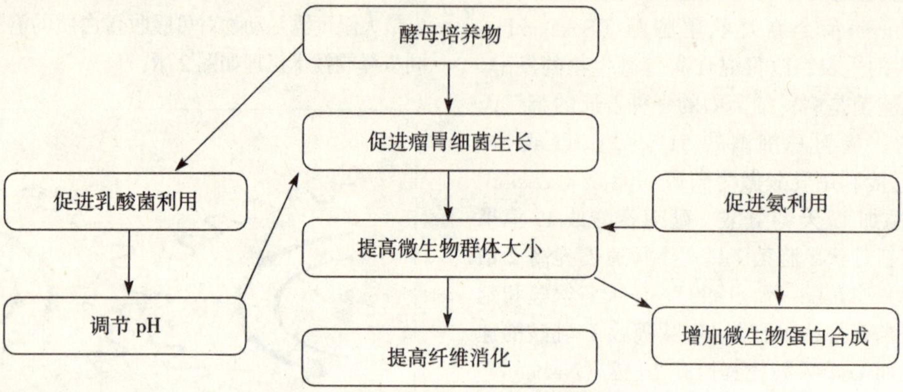

图3　酵母培养物在瘤胃的作用模式

(5) 瘤胃生物工程菌的研究。瘤胃是一个复杂的微生态系统，因此，除了从日粮角度对瘤胃发酵进行调控外，利用现代分子生物技术，从瘤胃微生物的角度进行定向调控也是瘤胃发酵调控的重要途径。20世纪80年代以来，用重组DNA技术改善纤维消化方面的研究已在陆续开展，主要集中在对瘤胃固有微生物的调控以及应用DNA重组技术通过外源途径对瘤胃微生物的再导入等方面的研究上，但目前仍存在下述问题：1）瘤胃固有微生物种类、瘤胃菌株的多样性及不同反刍动物瘤胃微生物的基因型和表现型之间的差异；2）不能克隆关键酶（例如天然纤维素酶）；3）大肠杆菌中被切短蛋白的产生；4）新启动子和转录机制；5）缺乏把目标基因转入瘤胃细菌的双功能载体；6）基因工程菌的低适应性（Russell，2001）。

通过基因操作提高特定功能群细菌活力可显著改善对特定基质的消化率，将内切葡聚糖苷酶和木聚糖酶等瘤胃微生物基因克隆到其他外源高效表达系统中，使许多人工设计的基因插入瘤胃微生物中并得到表达。利用重组DNA技术能插入1个或少量基因，此项技术可用发酵罐生产重组酶，制成酶制剂用于饲喂，这样释放的是基因产物而非基因，因此可避免生态学或安全性问题，目前该类技术处于研究应用阶段，在奶牛饲养实践中的应用还有一段距离。

2. 奶牛营养平衡技术　奶牛日粮营养素平衡技术是以奶牛生理生化和营养需要为基础，结合日粮营养素在奶牛体内的代谢规律和营养素之间的互作效应，以满足奶牛体内营养素的谐调分配、改善和提高其生产性能为目的的营养调控技术，也是奶牛高效营养技术的核心。

(1) 日粮阴阳离子比（DCAD）平衡技术。DCAD值的计算公式为 DCAD（meq/100g）$=[Na^{+}+K^{+}]-[Cl^{-}+S^{2-}]$，表明血液的缓冲能力。适宜的日粮DCAD值可提高奶牛生产性能。研究表明，奶牛产前DCAD值水平为：－8～12meq/100gDM，这样可增加血钙水平，减少代谢紊乱，尤其可防止产乳热；对于泌乳奶牛：DCAD值为：＋35～＋45meq/100gDM；在整个泌乳期，保持DCAD值的平衡，有助于提高DMI，尤其是在热应急时可提高产奶量（Block等，1999）。

(2) 小肠氨基酸平衡技术。奶牛小肠可吸收蛋白质（氨基酸）主要有瘤胃合成的微生物蛋白质和饲料过瘤胃蛋白质组成，而高产奶牛微生物蛋白的数量不足于满足泌乳需要，需由饲料过瘤胃蛋白（氨基酸）补充。蛋白质过瘤胃保护除可增加奶牛小肠可吸收蛋白质和氨基酸外，也能减少因饲料优质蛋白在瘤胃内的大量降解而造成的浪费。高产奶牛小肠可吸收氨基酸单纯靠瘤胃微生物蛋白合成和饲料中提供的氨基酸不足于满足产奶需要，因此需通过外源提供，过瘤胃保护氨基酸的应用是平衡小肠氨基酸的最简便而又直接的方法。研究表明，Lys和Met是饲喂玉米为基础日粮奶牛的限制性氨基酸，高产奶牛更加突出。

(3) 过瘤胃脂肪包被技术。脂肪酸对动物机体许多代谢过程起调节作用，如与细胞膜的流动性、前列腺素的合成、免疫调节及疾病防护等许多代谢过程有关，但反刍动物日粮中脂肪的含量低，游离脂肪酸的数量更少。奶牛日粮添加脂肪除能给机体补充能量外，还可调控瘤胃发酵，改变养分的消化和吸收（如促进脂溶性维生素的吸收），改善牛奶品质。但如果日粮直接添加普通脂肪，动物采食后在瘤胃内就被降解为甘油和游离脂肪酸，干扰瘤胃内纤维分解，也影响日粮的消化率和动物自身生产性能。脂肪过瘤胃技术是基于生产中实际需要而开发出来的。

皂化脂肪又称脂肪酸钙皂或脂肪酸钙盐（Jenkins 和 Pamquist，1984），但这种钙盐在瘤胃正常的 pH 条件下易发生解离。其制作方法是脂肪熔化后加入适量氢氧化钠，等皂化熔化后再加入过量氯化钙溶液，便有大量脂肪酸钙沉淀生成，然后反复冲洗沉淀物至 pH 为中性，最后冷冻干燥或自然风干干燥便制成成品。

酯酰化脂肪是使游离脂肪酸的游离羧基酰基化，起到饱和脂肪酸的作用，但该技术抗瘤胃氢化的能力可能不完全（Jenkins，1995）。

氢化脂肪的原理是：脂肪在瘤胃的分解主要取决于脂肪或脂肪混合物的熔点，二脂肪酸的熔点由其分子结构决定（碳链长度和键的构成），因此通过氢化作用提高脂肪的熔点，使这些脂肪酸在瘤胃 38～39℃情况下，仍保持固态而不溶于瘤胃液，因而也不会对细菌和原虫造成不良影响，而在小肠内又容易消化吸收。如将植物油制成颗粒或加少量淀粉形成脂肪颗粒（Grummer，1988），结果使脂肪酸熔点升高，且在瘤胃中的溶解度降至最低水平而制成。氢化脂肪又分为完全氢化脂肪和不完全氢化脂肪。

3. 共轭亚油酸（CLA）**功能牛奶产品生产技术**　共轭亚油酸（CLA）是亚油酸的异构体，其特征为两个双键直接通过一个碳-碳单键连接，没有被亚甲基隔开。CLA具有多种异构体，其中保健作用最强的是 cis-9，trans－11 CLA，由于主要通过反刍动物瘤胃代谢产生，又被命名为瘤胃酸。1985 年以来，CLA 一直是医学研究的热点。目前已经发现 CLA 具有多种有益的生物学功能：对乳腺癌、前列腺癌、胃癌、肝癌等多种癌症具有预防和治疗作用；显著降低血液和肝脏的胆固醇浓度，防治动脉硬化；改善免疫机能；可以显著减少脂肪沉积，具有减肥作用。CLA 发挥生物学效应的特点是低剂量起预防作用，高剂量起治疗作用。

反刍动物来源的食品是人类共轭亚油酸的惟一天然来源。反刍动物产品的 CLA 含量较高，并且 90%以上是最具生物活性的异构体瘤胃酸。德国、法国和澳大利亚对上百种食品进行检测的结果显示，牛乳脂的 CLA 含量在 4～17 毫克/克之间，羊肉脂肪的 CLA 含量为 12 毫克/克，鱼类脂肪的 CLA 含量在 0.1～0.9 毫克/克之间，植物油脂没有检测到 CLA。因此，反刍动物来源的食品是人类最主要的共轭亚油酸来源。

牛、羊等反刍动物采食的饲料脂肪进入瘤胃后迅速水解释放出游离脂肪酸，不饱和脂肪酸很快被微生物氢化为更饱和的产物。亚油酸、亚麻酸的氢化要经过一系列化学反应。亚油酸氢化反应第一步产生的中间产物就是 cis-9，trans－11 C18:2 即瘤胃酸，该产物经过瘤胃到达小肠后被吸收，随即在体内合成到牛奶脂肪中，这是反刍动物产品富含 CLA 的原因之一。另外一个原因是亚油酸和亚麻酸氢化都产生了一个中间产物 trans-11 C18:1，该产物被吸收后可以在一种去饱和酶的催化下生成 CLA。这种酶在人类和其他动物中也存在，但却只有反刍动物具提供大量 trans－11 C18:1 作为底物的能力。

国家奶业科技重大专项营养课题组于 2002 年初开始研究工作，目前已经完成对亚油酸、亚麻酸瘤胃氢化过程的系统研究，不饱和脂肪酸添加与纤维消化的互作研究，建立了亚油酸、亚麻酸供给与 CLA 前体产生的定量评价模型，筛选出了几种油脂和油料籽实，能显著提高牛奶中 CLA 的含量，该技术能使牛奶中 CLA 的含量达到 20 毫克/克乳脂以上，其中 85%以上的为 cis9，trans11CLA 异构体。

4. 环保型营养技术　随着集约化饲养的逐步实施，奶牛养殖会产生大量废弃物和有异味的固体、液体和气体。据测定，一个畜禽单位的年存栏至少应有 667 米^{2}耕地来消纳粪尿废弃物，否则会产生土地环境负担过重或者无法消纳的现象，从而产生环境和生态问题。从营养角度考虑，如果给奶牛过量的营养物质，除可能造成奶牛代谢紊乱外，多余的养分会经粪尿排出，造成环境污染的同时，提高奶牛生产的成本（Chandler，1996）。因此，奶牛营养和环境不再是孤立的事物，而是有内在联系的同一系统，奶牛养殖要走环保之路。目前最为关注的是氮、磷、氨、二氧化碳、硫化氢和甲烷的排出量（NRC，2001）。

奶牛对采食饲料氮的向牛奶的转化率为 25%～35%（Chase，1994；Chandleer，1996），几乎所有剩余的氮都由粪和尿排出。如果饲料氮相对于奶牛需要量过剩，瘤胃过量的可降解氮或含瘤胃可降解氮与不可降解氮、氨基酸或能量未能达到良好平衡的日粮，都可增加氮的排出量（Pell，1992；St－Pierre 和 Thraen，1999）。因此，可通过如下途径控制氮的排放量：控制氮的最佳采食量、调控最佳的瘤胃发酵和微生物蛋白的合成、调控小肠可吸收氨基酸的平衡和营养物质在组织代谢层次上的代谢。

常规饲料中由于磷同植酸盐结合，几乎 2/3 的磷对非反刍动物无效，而反刍动物能有效的分解植酸盐。但当日粮满足了奶牛对磷的需要，多余的磷将通过粪尿排泄。因此，奶牛日粮中磷的含量泌乳初期为：0.48%，泌乳后期 0.41%（推荐量，NRC，2001）。

反刍动物瘤胃发酵能产生甲烷，除了造成养分发酵能损失外，同时污染环境。每年由家畜生产的甲烷达7 920万吨（Gibbs和Johnson，1994），奶牛体格大，采食量高故而对甲烷的排放量也大。因此，通过营养措施降低奶牛饲养过程中甲烷的排放十分重要。

5. 奶牛营养评价监测技术 奶牛营养评价监测技术是奶牛营养学的重要组成部分，但是一直被研究者和生产者忽略。实际上，通过营养评价监测可以减少营养供应的盲目性，及时动态地了解奶牛的营养状况。尤其是在目前市场上产品种类繁多的情况下，如何尽快准确地评价和监测某一产品的功能和效果，是生产上迫切需要解决的技术难题。

（1）瘤胃发酵检测技术

①利用嘌呤衍生物预测微生物蛋白质合成技术。研究发现，反刍动物乳或尿中嘌呤衍生物主要源于瘤胃微生物代谢，早期的研究集中在尿囊素的检测上，以RNA或嘌呤碱基为微生物标记物（Smith和McAllan，1970；Zinn和Owens，1986）。研究表明，牛和羊尿囊素的排泄与有机物或可消化有机物的采食量之间有重要的相关关系（Vercoe，1976；Antoniewicz等，1981），且方法简便易行，也可在野外操作（Liung等，1994）。

尿囊素是核酸分解的前终产物，是最重要的嘌呤衍生物，饲料核酸绝大部分在瘤胃降解，而细胞周转后排泄的内源尿囊素贡献小，尿囊素主要从尿或乳中排出，其中90%经尿排出，乳中排出尿囊素占尿囊素总量的1%～4%。乳中尿囊素也可作为检测瘤胃功能的依据。通过尿囊素检测微生物蛋白质的合成（MPS）状况，进而判断瘤胃微生物的活度以优化饲养决策，使MPS最大，同时使蛋白质的补充达到最大。

②利用微生物脂肪酸相指示瘤胃发酵状况。随着分析技术的发展，目前正在寻求乳中来源于微生物部分的类脂化合物作为新的指示物。由于瘤胃细菌含相当数量的类脂化合物，如奇数碳链脂肪酸占25%以上（Lee等，1999）。在微生物类脂中，鉴别性的脂肪酸已被用于区分不同类群或不同品系的微生物，或者区分不同细菌的均一程度（Bardgett和Hoffs，1996）。奇数碳链脂肪酸，尤其是C_{15}和C_{17}脂肪酸的同分异构体是瘤胃液相粘附菌（LAB）和固相粘附菌（SAB）的典型结构（Polidori等，1993；Jenkins等，1995；Rojas等，1994；Kakela等，1996）。

$C_{15:0}$脂肪酸的三种同分异构体和$C1_{7:0}$的三种同分异构体在冻干的牛奶中可用常规的气相色谱分离得到。牛乳中含有可被检测的C_{15}脂肪酸（占乳中总脂肪酸的0.96%～1.65%）和C_{17}，脂肪酸（占0.59%～0.89%），也含有支链脂肪酸的同分异构体（Polidori等，1993；Jenkins等，1995；Rojas等，1994；KaKela等，1996），因此，这些脂肪酸可以作为鉴别性的脂肪酸对瘤胃功能做定性的描述。

③应用分子生物学技术检测瘤胃发酵状况。随着生物技术在反刍动物营养学中应用的不断深入，除用微生物蛋白质合成间接评价瘤胃微生物的活动外，现已能用16SrRNA/DNA定量杂交分析法和实时PCR技术准确分析具有特定功能的瘤胃细菌群落和相对数量，从而准确评价瘤胃的发酵状况。

（2）奶牛营养状况检测技术

①血相检测。一些血相指标与营养素的营养状况密切相关，常用血浆尿素氮、血糖、血浆矿物质等指标检测奶牛营养状况。

奶牛血液尿素氮的正常水平为5～7毫摩尔/升。高水平的尿素氮值常预示日粮中非降解蛋白（UDP）和降解蛋白（RDP）比例不当；或者日粮中供能的碳水化合物（如淀粉、糖等）缺乏，瘤胃内能氮利用不同步；或者瘤胃中pH偏低，瘤胃微生物生长繁殖受到抑制而使胃中氨多余。而低水平的尿素氮常表明在瘤胃中没有最终适于微生物生长所需的NH_3，即RDP较少，能氮出现正平衡，最终可导致产乳量下降。

反刍动物的血糖来源不同于单胃动物，主要是由瘤胃发酵产物丙酸经糖异生途径生成。乳牛血液中葡萄糖的正常值为2～3毫摩尔/升，当血糖浓度高于正常值2～3倍时，常预示有瘤胃酸中毒、乳热症等病发生。反之，当低至正常值的1/2左右时，常表明有饥饿、营养缺乏、酮病等存在（康冬柳等，1996）。

血浆中游离脂肪酸浓度与干物质采食量、葡萄糖代谢及脂肪酸代谢状况密切相关。正常情况下，血液中游离脂肪酸浓度很低，只有当干物质采食量减少，葡萄糖供不应求，动物大量动用体脂肪解放能时才会大量产生。高水平且长期持续的游离脂肪酸浓度表明葡萄糖异生紊乱，也预示着脂肪肝和酮体病的发生。当血液游离脂肪酸浓度明显下降时，常提示日粮或瘤胃中糖的供应正在得到改善。

由于机体内平衡控制机理，血液中矿物元素浓度通常发生较慢的变化。但当内源储备量明显减少时，血液中矿物元素的浓度也会发生较大变化。因而，血液中矿物元素浓度可反映机体矿物营养状况（表1）（R.L.Kincaid等，2001）。

表1 反刍动物血液中矿物营养监测的参考数据

元　素	过低值	适宜值	过高值
血清Ca（毫摩尔/升）	<2.0	2.0～2.6	
血浆Mg（毫摩尔/升）	<0.4	1.3	
血浆Zn（微克/毫升）	<2.0～0.4	0.8～1.4	2～5
血清Mn（微克/毫升）	<5	6～70	
血清Fe（微克/100毫升）	<15～120	130～250	400～600
血浆Cu（微克/毫升）	<0.2～0.5	0.7～0.9	0.9～1.1
全血Se（微克/毫升）	<60	210～1 200	>1 200

②乳相检测。乳蛋白的水平能反应日粮蛋白质供应量和氨基酸的平衡状况，也可能说明可发酵碳水化合物的水平，正常情况下，奶牛乳蛋白的含量为3.2%。尽管乳脂率受许多因素影响，但在一定程度上可反映日粮纤维的水平。如果乳脂率超过5.0%以上时或低于3.5%时，可能与奶牛提脂动员或日粮NDF的采食量不足有关。脂肪蛋白比可用于奶牛日粮能量平衡的指示性指标：产乳高峰期能量不足，导致体贮动用，血液游离脂肪酸FFA升高，增加了乳脂中长链脂肪酸；瘤胃微生物蛋白合成降低，则用于乳腺合成的氨基酸下降，导致乳蛋白下降；F/P＜1.4，表明奶牛能量处于正平衡；反之，若F/P>1.4则表明能量缺乏。

6. 结论与建议 奶业是饲料转化效率最高、资源利用最高的畜牧业，营养调控技术则是提高饲料利用效率，降低奶牛养殖成本的关键技术。国内外在奶牛小肠可吸收蛋白质需要量、理想氨基酸模型、饲料营养评价体系、瘤胃发酵调控等研究领域都取得了新进展。但是这些新进展的应用，尤其是阶段饲养、高产奶牛特殊饲养、犊牛培育、抗应激、饲料加工、全混合日粮饲养等方面还有待加强。

（中国农业科学院畜牧研究所 王加启）

当前我国乳制品加工与奶源协调发展

20世纪90年代以来，随着国民经济持续快速发展和人民生活水平的提高，人们的食物结构也逐步由单纯追求食物数量转向追求食物的质量和营养。在农业战略性结构调整中，一个主要内涵就是大力发展畜牧业。而畜牧业的发展，不仅仅是数量和质量问题，必然会有一个产品结构调整的问题。为了使我国的农产品加工和食品工业紧密结合，在产业结构、产品结构和技术结构方面就应进行必要的调整，通过加强科学研究和科技创新，尽快建立具有国际竞争力的食品加工业体系，为国内外提供安全、营养、味美和方便的食品。

乳品是最接近"完善"的食品，几乎含有生物体活动所需的全部营养素，如能量、蛋白、维生素以及免疫活性因子，也是人体蛋白质和钙的最好来源。美国消费食物含量中，乳制品可提供20%蛋白质、72%钙、33%镁、36%核黄素、12%维生素A和11%维生素B，它在人类膳食结构中具有特殊的地位。日本从1952年开始大力提倡儿童喝奶，经过30多年努力，儿童平均身高比上代增高11厘米。奶畜又是饲料转化效率最高的家畜。奶牛能将饲料中能量的26%，蛋白质的20%～30%转化到奶中，反刍动物特有的消化系统，可将粗饲料中纤维素作为能量来源加以吸收，并能将低质蛋白和非蛋白氮转化为优质动物蛋白，这对促进持续农业和生态农业的发展，实现农牧业良性循环有重大作用。

（一）乳品工业的发展

我国经过改革开放20年的努力，奶牛群由1978年的48万头增加到2002年的687.3万头，鲜奶产量由97万吨增至1 299.8万吨。乳制品产量由4.7万吨增至93.2万吨。2002年鲜奶产量比上年递增26.7%，奶牛头数递增21.4%，液态奶增加速度更快，1996年全国产量为51.9万吨，到2002年猛增到355.1万吨，6年间液态奶净增加5.84倍，平均年递增率为97%，比上年递增66.7%，而奶制品递增25%（表1）。

表1 全国奶业发展水平

单位：万头，万吨，千克/人

内容	2000年	2001年		2002年	
		数量	增长率	数量	增长率
奶牛数	488.7	566.2	15.8	687.3	21.38
牛奶量	827.4	1 025.5	23.9	1 299.8	26.7
液态奶量	195	213.3	9.4	355.1	66.7
乳制品量	82.9	74.3	-10	93.2	25
人均奶占有量	7.1			10.2	

随着乳业的发展，我国在乳制品产品结构中也有一定的变化。在新中国成立初期，由于技术力量和生产水平的限制，乳品厂仅生产巴氏杀菌牛奶、乳粉和炼乳。80年代初，乳品工业有了一定的发展，但远远不能满足人们的需要，不但产量低，花色品种单调，即使在奶粉和消毒奶系列中的产品，也是包装落后，品种单一。1982年普通奶粉占58%，炼乳占38%，而奶油、干酪、干酪素、乳糖等仅占4%以下。进入到90年代中期，我国乳制品的种类日益丰富，液体乳有：巴氏杀菌乳、超高温灭菌乳、酸牛乳、乳酸菌饮料、果汁果味乳和各类强化乳。乳制品有：全脂乳粉、乳酸菌乳粉、婴儿配方奶粉系列、老人奶粉和强化奶粉，还有干酪、奶油和炼乳等。其中炼乳和黄油需求量大大下降。

由于中国奶业的起点太低，加上饮食习惯的制约，产品结构组成的不合理，缺乏牛奶对人类健康的营养知识宣传、价格政策和营销体系建立等诸多因素。尽管50多年来，特别是近十几年奶业飞速的发展，但在奶总产量、人均占有量、生鲜牛奶加工比例以及产品结构组成上仍远远落后于世界平均水平（原奶总产量占世界牛奶产量5.93亿吨的2.19%）。

从表2部分国家奶类生产量及比例来看，地处亚洲的印度在2001年奶产量高达8 100万吨，超过美国成为世界第一奶类生产大国，其总产量约为中国的7倍半，占世界奶产量的16.5%。这是和印度实施洪流计划中"白色革命"有关。而土地面积较小，人口不多的巴基斯坦，其产奶总量也为中国的一倍多（表2）。

表 2 全世界部分国家牛奶产量（万吨）

	2000 年	2001 年	2002 年	增长（%）
全世界	57 950	58 480	59 300	1.4
欧盟	12 590	12 610	12 670	0.04
印度	7 930	8 100	8 200	1.2
美国	7 600	7 500	7 730	3.1
俄罗斯	3 200	3 300	3 350	1.5
巴基斯坦	2 630	2 700	2 770	2.5
巴西	2 230	2 240	2 270	1.3
乌克兰	1 270	1 340	1 400	4.5
新西兰	1 220	1 320	1 350	2.3
波兰	1 180	1 190	1 220	2.5
澳大利亚	1 080	1 050	1 130	7.6
中国	827	1 025	1 299.8	26.7

数据表明，2002 年全球牛奶产量增幅为 1.4%，主要集中在亚洲、美国和中东欧地区。在发达国家近十年内，奶量基本上维持原有水平或微弱增减。东欧由于 2002 年经济上的增长以及加入欧盟的推动力，促进了液态奶产量的上升。美国牛奶产量 2002 年增长 3.1%，主要是通过科技投入提高奶牛单产。澳大利亚在 2001 年受降雨影响产奶量下降后，2002 年有较大的反弹。

在亚洲国家中，平均年增长在 5%左右，而中国前期平均年增长 8.1%。从 2000 年后发展很快。2002 年比上年增长 26.7%，增长原因是国家发展奶业的政策实施，乳品加工业快速发展，消费者对饮奶有利健康的认识以及奶牛头数的增加。

但从畜产品总体来分析，奶业发展仍滞后于许多国家。从 90 年代起，世界肉、蛋、奶总产量发展的变化中奶类产量一直位居前列，其总产量在 2000 年达到 57 950万吨，远远超过肉类和蛋类总产量，分别是世界肉类总产量 2.4 倍；鸡蛋总产量 11 倍。而中国却相反，肉、蛋类产品的生产增长很快，于 1990 年和 1985 年总产量分别跃居世界第一。从 1980—2000 年的平均年增长速度来看，也能明显感受到奶类的增速和其占世界总产量的比重，也落后于肉类和蛋类的发展。蛋类平均增加 95 万吨，递增 11.8%，占世界总量 41.8%。肉类平均增加 236 万吨，递增 8.8%，占世界总量 25.5%。而奶类平均增加 36 万吨，递增 6.25%，占世界总量 1.58%。中国奶类总产量到 1999 年分别是肉类和蛋类产量的 13.6%和 37.8%。到 2001 年奶类产量虽然分别是肉蛋产量的 17.7%和 48%，占世界奶总产量的 1.92%，有较大幅度增加，但总结构比例仍有差距（表 3）。

表 3 中国、世界畜产品结构比例（万吨）

年份	中国总量			世界总量		
	肉类	鸡蛋	奶类	肉类	鸡蛋	奶类
1980	1 205.4	256.6	136.7			
1990	2 856.7	794.6	475.1	17 957.9	3 755.4	52 319.1
1995	5 260.1	1 676.7	672.8	20 462.6	4 760.7	51 880
2000	6 125.4	2 243.3	919.1	23 321.8	5 067.8	57 950
2001	6 333.9	2 336.7	1 122.9			58 480

我国奶类总产量由于奶牛群的数量和各种因素的影响，绝对量的增长并不很快，但乳制品加工业在近 20 年来，却有了飞速的发展，乳制品品种日益丰富，其产量结构也在不断调整和扩大。2001 年据 158 家乳品企业资料统计，液态奶产量为 182.2 万吨，其中巴氏杀菌奶 69.65 万吨，占 38.2%，比上年下降 12 个百分点。灭菌乳 71.46 万吨，占 39.2%，同比上升 10.4 个百分点，酸奶 24.4 万吨，占 13.5%，同比上升 2.5 个百分点。2002 年液体乳达到 334 万吨，增幅 83%，可见液体乳的发展速度很快。乳制品总产量虽有所下降，为 74.3 万吨，但乳粉产量却增加到 61 万吨，占乳制品产量的 82.1%。奶粉品种已经向系列化、营养化、个性化发展，基本上可满足不同城市消费人群的需要（表 4）。

表 4 我国乳制品产量 （万吨，%）

年份	液体乳	增长率	乳制品			
			总量	增长率	其中乳粉	增长率
1996	51.9		50.4		35	69.4
1997	58.9	13.5	56.4	12.1	39.1	69.2
1998	68	31	54.9	8.9	38	69.2
1999	95	83	69.1	37.1	50	72.3
2000	190	266	82.9	64	58	69.9
2001	213.3	311	74.3	47	61	82.3

我国近十几年乳品工业有了长足发展，但与发达国家相比，表现在加工牛奶的比例、乳制品的种类、奶类生产水平、原料奶的质量卫生和饲养管理方式等方面仍有较大差距。

世界卫生组织把人均乳品消费量列为衡量一个国家人民生活水平高低的重要指标之一。同样，生鲜牛奶用于加工的比例也表明该国的经济总体水平和乳品工业的发达程度。发达国家中，生鲜牛奶约有 90%以上用于加工，并且产品的种类多样化（表 5、表 6）。

表 5 2000 年各国鲜奶和液态乳产量（千吨）

	牛奶产量	加工牛乳	%	液体奶	%	乳酸饮料	
欧盟 15 国	122 000	1 147 000	94	29 730	26	6 350	5.52
美国	75 251	75 435	100	25 440	33.7	723	0.98
日本	8 500	8 393	99	4 947	58.9		
俄罗斯	32 000	12 800	40	5 200	40		
澳大利亚	10 870	10 870	100	1 960	18	110	0.99
中国	9 000	5 050	56	1 230	24	270	6.65

表 6 2000 年各国乳制品产量 （千吨）

	奶油	干酪	炼乳	全脂半脱脂奶粉	脱脂奶粉
欧盟 15 国	1 709.5	6 374.9	1 250	867.7	1 055
美国	577.7	3 744.2	200.5	50.5	661
日本	87.6	126.2	4.4	615	193.8
俄罗斯	265	220.2		72.9	85
澳大利亚	169.9	365		210	265
中国	4.1	0.7	24	89.6	10

表中资料表明欧盟、美国、日本和澳大利亚加工牛

奶基本上占牛奶产量的95%～100%。而俄罗斯加工牛奶占40%，中国占56%。在加工牛奶中用于液态奶生产的，中国比欧美发达国家的比例稍低，中国为24%（如以牛奶产量算则为13.7%），欧盟和美国分别为26%和33.7%，日本则高达58.9%。因此，在液态奶生产的领域中，中国市场还有较大空间，随着经济条件改善，液态奶在中小城市，逐步在广大农村都会深受广大消费者的欢迎。这种杀菌乳直接饮用方式，不但可保持牛奶营养和自然风味，而且对国家整体资源合理利用上也有重要意义。

表6资料表明，在乳制品产品结构中，我国奶制品种类单一，主要以液态奶和奶粉为主要品种，而干酪、黄油、炼乳等产品产量较少。

干酪在发达国家中是比较普及并深受消费者喜爱的食品，其营养价值很高，蛋白质含量可达21%～32%，脂肪22%～31%，乳糖0.1%～1%，铁为0.6%～0.7%，并富含维生素。消化率和生物价很高，并因干酪经发酵处理，在很大程度上可避免出现乳糖不耐受症和蛋白质过敏反应（表7）。

表7 世界主要牛奶生产国干酪占牛奶总产量的比例（%）

年份	欧盟15国	美国	加拿大	澳大利亚	新西兰	乌克兰	日本
1997	50.9	44.3	36.4	28.7	21.9	18.5	12.2
1998	51.4	46.5	34.6	30.7	24.2	19.0	12.6
1999	47.8	44.6	34.2	27.8	24.2	17.4	12.8

表中表明，欧盟15国有近50%牛奶用于干酪制造，美国为44.6%，亚洲的日本也逐步增加生产比例，达到12.8%。而在干酪产量上，欧盟和美国在世界干酪生产中占主导地位。2000年欧盟干酪产量达到637.49万吨；美国374.42万吨，分别排在前两位。而中国干酪生产，仅为0.07万吨。按10千克鲜牛奶生产1千克干酪计算，欧盟用于干酪生产的鲜奶达6 374.9万吨，美国为3 744.2万吨，而中国仅用鲜奶0.7万吨，占牛奶总产量的0.08%。在发达国家乳品工业的发展进程中，为什么干酪产量如此高，成为乳制品的主打品种，这必定有内在的原因。作为中国的业内人士，在制定今后乳品结构定位中应值得深思（表8）。

表8 干酪人均消费前10位的国家

国家	消费量（千克）			人均消费量（千克）		
	1997	1998	1999	1997	1998	1999
法国	1 370	1 393	1 423	23.4	23.7	24.1
德国	1 669	1 683	1 690	20.3	20.5	20.9
意大利	1 078	1 199	1 160	18.7	20.1	20.1
欧盟	6 391	6 558	6 703	17.1	17.5	17.9
丹麦	87	87	95	16.4	16.4	17.9
荷兰	259	261	268	16.4	16.6	17.0
以色列	97	99	100	16.6	16.6	16.5
奥地利	135	126	130	16.7	15.6	16.0
瑞士	112	112	110	15.6	15.5	15.2
美国	3 464	3 538	3 582	12.9	13.1	13.3

干酪的人均消费量，在经济发达国家比较高，法国不仅干酪人均消费量接近25千克，而且也是干酪品种最多的国家，法国液态奶消费量从1999年人均74.1千克，下降到2000年的73.3千克。而干酪消费量则从23.7千克增加到24.1千克，干酪消费量接近液态乳量的1/3。仅2000年就开发出87种新干酪。干酪是德国乳品加工业的支柱产业，总产量2001年达187万吨，人均消费量达到21.8千克，该国乳与乳饮料零售额为60亿马克，而干酪达105亿马克。美国年均生产干酪380万吨、占世界干酪产量24%，仅干酪出口就达4.54万吨，1999年出口达38万吨。但中国干酪人均消费量仅0.1克，并主要依靠进口，2002年各类干酪进口2 532吨，比1996年的345吨增长近7倍，说明干酪制品虽然未进入广大消费人群中去，大家对于干酪还不很了解，但近几年国内已有了干酪消费市场，特别“比萨饼”在我国发展很快，其中需要大量Mozzarelle干酪为辅料。

乳粉在我国乳制品中占主导地位，有悠久的生产历史，随着现代乳粉加工技术的发展，乳粉质量有很大的提高，品种也出现细分化趋势，改变过去千篇一律的加糖奶粉面貌，使中国成为世界上奶粉品种最齐全的国家之一，除全脂加糖奶粉、全脂和脱脂奶粉外，还有婴儿配方奶粉（0～6个月，6～12个月），婴幼儿助长奶粉（1～3岁），中小学生奶粉、孕妇奶粉、中老年奶粉、高钙奶粉、壮骨奶粉、益智奶粉、降糖奶粉、双歧菌奶粉、果汁果味奶粉和豆奶粉等，使各种奶粉产品基本涵盖各层次消费人群的需要。

在许多发达国家中，牛奶主要用于生产液体奶和干酪黄油等产品，而奶粉仅占3%～5%，而且多是婴儿配方奶粉和工业奶粉。其原因奶粉加工主要是因为能耗高，风味和养分有一定损失，在中国乳制品品种结构调整中，奶粉应处于何种比例，是应该结合中国国情和广大农村特点来深思的。

我国的现有国情及奶粉产品无需冷却的长保质期，便于添加婴儿的特殊营养需要，包装简便（工业包装、小包装、普通包装）和便于运输等特点，所以奶粉在中国仍有很大的市场（表9）。

表9 中国大型乳品企业2001—2002年乳粉产量

单位：万吨

	2001年		2002年	
	产量	%	产量	%
合计	37.44	100	46.58	100
全脂乳粉	8.96	23.9	12.00	25.7
全脂加糖乳粉	7.62	20.3	8.42	18.1
脱脂乳粉	1.01	2.70	0.68	1.46
婴儿配方乳粉Ⅰ	2.94	7.85	3.7	7.94
婴儿配方乳粉Ⅱ	7.75	20.7	9.44	20.26
其他乳粉	9.16	24.4	12.34	26.5

从奶粉市场调查，其分类有以下几种：

按营养强化分：普通奶粉占52%～56%、强化奶粉占44%～48%（强化铁、锌、钙、AD和氨基酸）。

按适宜人群分：婴儿奶粉、婴儿配方Ⅰ和Ⅱ，占20%，成长奶粉占5%、孕妇奶粉占3%、中老年奶粉占8%，其他奶粉占64%。

按产品档次定位分：高档奶粉占11%，中档奶粉占32%，低档奶粉占57%。

按企业性质分：国产奶粉占71.4%，进口奶粉占11.2%，合资企业17.4%。

从表格和分类资料表明，奶粉在乳制品产量中仍占有主导地位，并且奶粉的消费主体，从上世纪以婴幼儿和体弱人群为主，到现今由于雀巢、安怡、森永和荷兰乳牛等国外品牌的进入以及市场消费的变化，奶粉制造业和供应商也将注意力扩大到社会各层次的消费人群，在国外奶粉业和进口奶粉激烈的冲击下，国内奶粉品种已向多样化、个性化、功能化发展，而包装向高档化和小袋化的方向发展。特别在特殊人群和广大农村仍有着很大的市场。但从乳制品整体结构上看，中国市场中奶粉比例仍太高，从FAO对2005年前乳粉、奶油和干酪市场预测，奶粉产销比例，约为奶油和干酪的20%(表10)。

表10　全球乳制品市场预测

单位：千吨

年份	乳粉		奶油和干酪	
	产量	销售量	产量	销售量
2003	2 828	2 828	15 613	15 615
2004	2 904	2 909	15 861	15 865
2005	2 957	2 957	16 141	16 146

（二）奶业基地建设的配套

乳品工业的迅速发展，必须有相当规模的良好奶源基地来配合，而对我国来讲，这是发展奶业中最为艰巨的任务，这要求各部门要相互协调、紧密配合、共同努力，以保证新世纪中国乳业更大的发展。

1. 奶业应作为畜牧业发展中的主控产业　在我国调整农业种植结构和畜牧业结构时，要重点加强草食家畜的发展力度，而在草食家畜中要把发展奶牛放在首位。众所周知，牛奶营养丰富，是提高全民素质不可替代的畜产品；同时牛主要是草食家畜，不与人争口粮，符合我国国情；而且牛奶还是畜禽产品中饲料转化率最高的，可以充分利用农作物秸秆。随着我国西部大开发工程的启动，主要是以生态环境的修复、治理为重点，从长远着手，要在"退耕还草"的总原则指导下，实现经济的可持续发展，所以在我国西部进行农业战略性调整时，要将畜牧业发展作为重要的措施，而把奶牛业的发展摆在突出的位置，使之成为畜牧业发展中主控产业。

2. 增加奶牛头数　经过我国科研人员几十年的奶牛育种工作，良种奶牛的数量逐年增加，2002年我国奶牛头数为687.3万头，头数偏少，是限制奶产量提高的因素之一，因此通过引进国际著名家系和血统组合丰富的种公牛，采用冷冻精液配种和胚胎移植的技术，繁殖纯种的黑白花奶牛，并通过杂交育种技术来改良我国的黄牛，是增加奶牛头数的一个重要途径，奶牛胚胎生物工程技术，可以将奶牛的繁殖率提高20倍，遗传改良速度加快25～30年，是当前国内外奶牛发展的重要措施。

3. 提高奶牛群的单产　通过优化牛群结构，科学的饲养管理，来提高牛群单产是我国目前乳牛群品质提高的重要措施。我国牛群数量近年来虽增长较快，但整体牛群的单产仍较低。

据FAO和我国统计资料表明（表11），我国奶牛平均单产1 891千克，如果全部以黑白花产奶牛计算，奶产量也仅在3 000～3 500千克左右，和发达国家比较相差2～5倍。因而在中国现阶段，在逐步发展奶牛数量的同时，应特别重视提高奶牛的单产，这也是发达国家几十年来所走过的模式。当前应着手引进高产良种公牛，普及人工授精，加强奶牛群疾病预防和治疗，优化牛群结构，各地应培育出一大批高产核心牛群，争取在3～5年使单产水平提高到5 000千克以上。

表11　部分国家奶牛平均头年产奶量

单位：千头、千克

次序	国家	奶牛数	单产奶量	次序	国家	奶牛数	单产奶量
1	以色列	122	9 787	6	加拿大	1 105	7 324
2	美国	9 096	8 388	7	丹麦	614	7 271
3	沙特	75	8 035	8	荷兰	1 500	7 200
4	瑞典	428	7 717	9	日本	1 280	6 641
5	韩国	305	7 357	10	芬兰	388	6 452
中国	6 873（奶牛数）		1 891（单产奶量）2002				

4. 提高原料奶的卫生质量　优质的原料是生产优质乳制品的重要前提。目前我国奶牛业的规模化程度不高，原料乳的质量参差不齐，特别是采用手工挤奶的个体奶农，因缺乏卫生知识和挤奶过程中造成的污染，使牛乳中的细菌总数和抗生素严重超标，从而给乳品加工业带来了不少困难，造成了乳品资源的极大浪费，并且对人体健康也会造成威胁（表12～13）。

表12　原料奶中微生物污染来源

污染来源	微生物数量
乳房中	0～100
乳头管	1～100
牛舍空气	100～1 500
乳头表面	$1\sim10^5$
手工挤奶	$1\,000\sim10^5$
机械挤奶	$1\,000\sim10^4$
机械管线	$1\,000\sim10^6$
总计	$5\,000\sim50\times10^5$

表13 乳头表面处理方式对乳中微生物的影响

处理方式	细菌总数（个/毫升）	芽孢（个/毫升）	大肠杆菌（个/100毫升）
未清洗	7 500	34	2
水冲洗、乳头湿	7 900	31	1.3
水冲洗、乳头干	4 200	16	0.5
次氯酸钠冲洗、乳头湿	4 100	38	0.7
次氯酸钠冲洗、乳头干	1 500	14	0.03

所以在有条件的地方，要采取“分散饲养、集中挤奶、合同订购、以质论价”的原则，保证原料的环境和良好的个人卫生习惯。对于大规模的奶牛场，应采用机械化挤奶，减少污染的可能性。我们应该清楚地认识到，产品的质量是企业的生命，更是决定消费者购买与否的重要因素，而提高原料奶的卫生质量才是提高产品质量的最根本因素，是今后奶业发展中待解决的问题。

（中国农业大学　南庆贤）

液态奶生产技术

巴氏杀菌奶

牛奶是大众化的营养食品，安全使用牛奶是重要的一环。牛奶中含有丰富的脂肪、蛋白质、糖类、维生素及微量元素等对人体健康有益的成分，尤其是奶中的蛋白质和钙更是人体所必需。二次大战以后，由于人们对牛奶营养价值认识的进一步提高以及一些国家对学校供奶的普及，牛奶的消费量急剧增加，人们健康水平提高很快。这从运动竞赛成绩和平均年龄提高等方面可以证明。但牛奶也是微生物的培养物，如果处理不当，往往使营养成分破坏甚至传染各种疾病，对人类健康造成很大危害。因此，可以说，牛奶用好则好，用坏则坏。为了用好牛奶，提高牛奶的质量，选择合理的处理方法首先需要了解微生物的污染来源和如何控制乳中微生物数量。

1. 微生物的污染来源和如何控制乳中微生物的数量

（1）牛乳中微生物污染来源。主要是挤奶设备（如容器管道等），特别是管道式挤奶器。生乳从管道式挤奶器流入贮奶槽时，管道的各部分都是用胶垫联接，这种联接处问题最大，有时生奶含细菌数达100万/毫升以上，其中主要来自挤奶管道的二次污染。手工挤奶时，如果奶头清洗不净，容器和手等卫生条件欠佳，也是细菌的主要污染来源。此外，牛舍设施不良，粪便等清理不及时，环境太差时，一些杂菌、大肠菌、芽孢菌以及臭气等都可以从空气中进入挤奶设备和生乳中（表1）。

表1 生乳中微生物的污染来源

污染来源	细菌数/毫升
挤奶设备	500 000以上
乳房炎	25 000以上
挤奶过程	500～15 000
隐性乳房炎	300～4 000
空气中的病原菌（手工挤奶时）	100～1 500

（2）控制乳中微生物含量的方法。前面已经提到乳中微生物的污染来源很多，要生产优质的杀菌奶，必须控制乳中微生物的含量。控制乳中微生物的方法，除严格执行挤奶规程外，特别需要注意挤奶设备的清洗消毒。此外，就是以奶价为杠杆，实行“以质论价，优质优价”政策，与奶农的经济收入相联系，使其自觉注意控制牛奶质量。如乳业先进国家，生乳中微生物数量很少达到100万/毫升以上，一般都在5万/毫升以下。美国、加拿大收奶时规定如连续两次乳中微生物超过5万/毫升，就要处罚，英国核算奶价时细菌数也是主要项目之一（表2）。

表2 英国根据乳牛细菌数核算奶价

菌数范围 / 级别	全月平均生乳中的细菌数（个/毫升）	基础奶价的加减数（便士/千克）
A	20 000以下	+0.2
B	20 000～100 000	0
C	100 000～250 000	−0.4
D	250 000以上	−1.2

从了解乳中微生物的污染来源和先进国家对微生物的重视程度，可以领会到，微生物含量对乳质的重要性，要生产优质的乳制品，没有良质原料乳便很难达到要求。

2. 牛奶的热处理　前面已经提到，由于牛乳中污染的微生物很多，因此，牛乳在饮用前需要进行加热处理。为了使牛奶的营养成分不被破坏或少受破坏，以提高牛奶对人体的健康作用和防止牛奶对疾病的传播，对牛奶的热处理条件，需要认真加以选择。

（1）为何牛奶必须热处理。母亲喂养婴儿时，因基本无污染，故可以直接用母乳喂养，没有必要事先加热处理；如果在无污染的环境中挤下牛奶，也同样可以直接饮用，人们也希望喝这种鲜奶。但是在都市，由于污染源过多，无法饮用这种牛奶，必须事先进行加热处理，也就是“杀菌”处理。

“杀菌”的目的有两方面，首先是要杀灭对人体有害的病原微生物，其次是除去流通过程和保藏过程中能使牛奶变质的细菌和酵母等。根据IDF的要求，牛奶除遵循以上两条原则外，加热时还需使牛奶的风味和质量损失减少到最低程度，因此杀菌（只杀死有害菌）和灭菌（包括乳酸菌等有益菌全部杀灭）就有本质上区别，选择杀菌条件时尤需加以注意。

(2) 牛奶热处理的各种方法。由于热处理对牛奶质量的影响很大，所以在牛奶加工时，首先需要选择对牛奶质量和风味影响最小的杀菌方法。牛奶杀菌的方法很多，对牛奶质量的影响各不相同，现介绍欧美和日本用于饮用乳杀菌的主要方法（表3）。

表3 欧美和日本对饮用乳杀菌处理的条件

- 日本用于饮用乳杀菌处理的条件
  - 杀菌乳
    - 巴氏杀菌乳……
      - 63℃30分（LTLT）
      - 72℃15秒（HTST）
    - 改进的巴氏杀菌乳…
      - 75℃15分
      - 85℃15秒
    - UHT“杀菌”80～85℃5～6分+120～130℃2秒
  - LL（长期保存乳）·UHT··80～85℃5～6分+135～140℃2秒
- 欧美用于饮用乳杀菌处理的条件
  - 巴氏杀菌……
    - 63℃30分（LTLT）
    - 72℃15秒（HTST）
  - 灭菌…
    - UHT····135～150℃0.5～4秒
    - 高压灭菌···110～130℃10～30分

3. 热处理对牛奶质量的影响 杀灭病原菌是各种加热（杀菌）方法的一致目标，但由于热处理的方法不同，对牛奶质量的影响也各不相同。这里把一些影响牛奶质量的主要内容简述如下：

(1) 加热对牛乳中乳清蛋白的影响。加热条件不同，对乳清蛋白的影响也不一样，如表所示，巴氏杀菌后，乳清蛋白质的变性率为15.4%～20%，而UHT灭菌，变性率最高可达91%（表4）。

表4 加热后牛乳中乳清乳白质的变性率

加热处理方法	乳清蛋白质的变性率（%）	
	含有蛋白胨	除去蛋白胨
巴氏杀菌法	15.4	20
UHT灭菌　直接法	59.4	76
UHT灭菌　间接法	71.1	91

IDF document，130（1981）

(2) 加热处理对乳中羟甲基糠醛含量的影响。羟甲基糠醛（Hydroxy-methyl furfural，HMF）是美拉德反应（氨基和羰基反应）的中间产物。乳中含HMF越多，褐变越严重。原料奶中并不含HMF，加热处理或长时间贮藏过程中才会产生该物质。加热过程中HMF的产生与加热处理的温度和时间有关。表5为不同热处理条件对牛奶中羟甲基糠醛的数量变化。

表5 牛乳中的羟甲基糠醛的数量（微摩尔/升）

加热处理方法	平均	最小	最大
巴氏杀菌法	2.4	0.5	4.6
UHT灭菌　直接法	5.3	3.1	7.4
UHT灭菌　间接法	10.0	5.2	16.8
瓶装高压灭菌	19.1	12.9	24.1

IDF document，130（1981）

(3) 加热处理对乳中氨基酸的变化。牛乳加热处理后，氨基酸的损失量如表6、表7所示。

表6 牛乳中含硫氨基酸的损失率

加热处理方法	损失率（%）	
	胱氨酸 半胱氨酸	蛋氨酸
巴氏杀菌法 （73℃15秒）	4.6	10.0
UHT直接法 （143℃8秒）	34.0	34.0

Aboshama et al. J.Driry Sci，60（1977）

表7 牛乳中可利用赖氨酸的损失率

加热处理方法	平均损失率（%）
巴氏杀菌法	1.8
UHT灭菌　直接法	3.8
UHT灭菌　间接法	5.7

LDF document，130（1981）

(4) 加热对乳中维生素的影响。牛乳经加热后，其中维生素的损失率如下表所示。

表8 加热后牛乳中维生素的损失率

热处理法	样品数	维生素的损失（%）		
		B_1	叶酸	C
巴氏杀菌法	7	5	7.3	12.38
UHT灭菌　直接法	9	5～10	19.6	17.7
UHT灭菌　间接法	17	35.2	35.2	31.6
瓶装高压灭菌法	8	20～50	54.8	60.5

IDF document，130（1981）

(5) 加热对钙的影响。牛乳之所以被誉为优质含钙饮料，就是其中含有容易被人体消化吸收的可溶性钙（其中一部分为离子状钙），与其他食品比较，其中含钙量较高，每100克生乳中约含100～120毫克的钙，其中1/3为可溶性钙，剩余部分以胶体状态存在。乳经L.L.加热或U.H.T.加热后优质钙的一部分成为不溶性钙。例如，可溶性的磷酸钙变成不溶性的磷酸三钙，这种不溶性钙，不容易被胃酸分解，因此也就不容易消化吸收。另外，众所周知，用U.H.T.杀菌时，杀菌器的内壁产生很多乳石，乳石中含有相当多的钙质，因此，乳经高温灭菌后，不仅质受到影响，量也损失较多。

4. 灭菌乳的质量要求和判断灭菌乳的加热方法 从以上这些报道来看，加热温度和时间对牛奶质量的影响很大。因此，IDF对UHT牛乳提出两项规定：

(1) 灭菌乳的保存性试验需合乎IDF的规格要求。

(2) 用白浊试验时产生白浊色。

第（2）条就是要求UHT乳中存留一部分容易热变性的乳清白蛋。各种杀菌乳的白浊度明显不同，生乳和巴氏杀菌乳呈白浊色，而超高温杀菌乳和长期保存乳（L.L.乳）则完全透明，这就可以证明乳清蛋白已完全变性，营养成分也受到不同程度的破坏和损失，可以得出结论，喝牛奶时，还是尽量选择巴氏杀菌奶比较好。但必须注意，生产巴氏杀菌奶时，在生产流通、销售过程中要配合冷链，以保证新鲜风味和延长保质期。

（东北农业大学　骆承庠）

超高温灭菌牛奶

随着生活质量的不断提高，牛奶作为接近完善的营养健康食品，越来越受到消费者的青睐，中国的乳品市场正以每年两位数的速度增长。中国液态奶销量的增长尤其惊人，在大城市的增长率甚至超过所有其他种类的饮料。

1. 认识超高温灭菌牛奶　目前市场上的液态奶包装主要采用两种方法——超高温瞬间灭菌技术和巴氏消毒法。市场上常见的玻璃瓶、塑料袋和屋脊型纸盒装牛奶采用巴氏消毒法，消毒时间适中，能有效将细菌数量控制在国家规定的每毫升3万以内，并保持牛奶的口感。巴氏（袋装/屋形）消毒牛奶，也叫巴氏杀菌奶。在80℃左右经数秒钟杀菌，需低温冷藏保存，保质期一般为1～7天。

采用超高温瞬间灭菌技术（UHT）解决了液态奶运输、储存、保鲜难的问题，目前发达国家已普遍采用这一技术进行鲜奶加工：将牛奶加热至超过135℃，仅保持几秒便迅速降至常温，然后在密封无菌条件下，用六层纸铝塑复合无菌材料灌装、封盒而成。牛奶经过高温消毒，牛奶中的细菌在瞬间高温下全部被杀死，而大多数有益物质在短暂的高温下损失甚微。人们可以更方便、放心地享用营养、美味的牛奶。

无菌加工技术和包装是在20世纪40年代出现的，这一技术为食品科学带来又一次革命。1989年，无菌加工技术被美国食品工艺研究所誉为50年来食品科学中最重要的成果。

2. UHT牛奶为何要使用无菌包装　营养学家常说，牛奶含有丰富的蛋白质、脂肪、维生素及矿物质。更重要的是，牛奶含有丰富且易于被人体吸收的钙质。但是，牛奶中的这些营养成分容易流失，而且牛奶本身也容易变质，因此如何才能保护牛奶的好品质，让消费者安全饮用，就需要靠先进的无菌包装技术。

食品的无菌包装技术是指经过杀菌的食品，如乳制品和饮料等，在无菌环境中包装，密封在经过杀菌的容器内，在常温下具有较长的保质期，无需冷藏和添加防腐剂就能保持较长的货架期，且有助于以较低的成本将高质量的液体食品运输至每一个市场。

除了细菌之外，也许很少人知道，光和氧气是牛奶保鲜的两大死敌。因为对牛奶中最重要的两种营养元素即维生素和蛋白质而言，一旦接触到光和氧，就会大量流失。所以，即使经过了超高温瞬间灭菌处理（UHT）的鲜奶，仍然需要一个能够形成足够紧密保护，并防止再污染的包装材料和过程，才能使鲜奶在无需冷藏的条件下具有长时间的保鲜期。

在这种严苛的质量标准下，无菌包装为生产和分销极易腐坏的牛奶带来了革命性的改进，使之更符合低成本、高效率的原则。无菌包装是一个过程，必须具备一条完整的无菌包装生产线，包括食品杀菌系统、无菌包装机、包装材料或包装物的供应及杀菌系统、自动清洗系统、设备预杀菌系统、无菌环境保持及自动控制系统，这对食品无菌包装至关重要。

首先，无菌包装必须提供完全防光和防氧气的保护。UHT牛奶使用的包装是一种用纸、铝箔及聚乙烯塑料层复合而成的“绿色”材料。这种材料可有效防止再污染，也可阻挡光、氧气和微生物的侵入，从而达到保质、保鲜、保营养、更保美味的效果。

其次，对经过超高温（UHT）瞬间灭菌处理，并采用无菌包装的鲜奶进行无菌灌装，才能使其在储存及运输中均不需要冷藏，当产品到达消费者手上时，其质量和营养价值仍完好无损。正因如此，国家学生饮用奶计划规定供应商必须使用UHT超高温灭菌和无菌包装。

同时，一个不需冷藏的产品给生产商、零售商和消费者带来了许多便利。比如对生产商而言，由于不再需要冷藏，库存安排可以简化；运输分送用车的数量、成本就可相应降低；同时，由于长期维持其保鲜功能，减少了对零售未售出产品的回收；最重要的是，这种产品可以从地域上极大地扩大市场。这样一来，最终得益的还是消费者。

最后，对于消费者而言，采用无菌包装的UHT牛奶由于能够长时期保存，因此消费者能够大量购买和贮存，从而减少到超市的次数，非常适合现代人快节奏的生活方式。

3. 利乐包装　由于乳品企业都充分意识到包装对于牛奶保质的重要性，因此，目前市场上不但牛奶的品种令人眼花缭乱，连牛奶的包装也花样繁多，例如盒装、袋装、砖型、屋型……不胜枚举。这些五花八门的外包装不只是为了好看，不同的包装采用的是不同的加工工艺，因此对品质的保证程度也不尽相同。

在所有的无菌包装中，消费者比较熟悉的可能就是利乐包装系列产品，如利乐砖、利乐钻、利乐威无菌包等。为了保证灭菌后的牛奶长期的安全，所有利乐包装的UHT牛奶都采用无菌灌装工艺，保护产品不接触光线和空气中的氧，从而在保存牛奶原有营养成分的同时，有效抑制牛奶中微生物的繁殖，使产品达到商业无菌。但是，利乐包装的UHT奶在出厂之前还必须通过保温试验工艺，这是国际上比较通用的UHT牛奶质量保证程序。加工生产好的牛奶必须在30～35℃的环境中放置7天，7天期满后一旦发现样品中有问题出现，就必须立即扣留所有的产品，再次扩大抽样量，直到样品无任何问题才允许最终出厂，因此，利乐包装的UHT牛奶的安全系数是非常高的。对利乐公司而言，如此严格的工序就是为了信守公司一贯的承诺："保护好品质"。这种好品质为消费者带来了方便、安全的牛奶消费新理念，受到市场的普遍欢迎。

目前，发达国家对牛奶的人均年消费量为107千克，而中国的人均乳品消费仅为11.2千克，远未达到世界人均消费水平。我国的乳品市场将有更加广阔的前景。

许多专家充分肯定了UHT加工技术对于中国乳业市场发展的贡献。灭菌乳的市场份额正在不断扩大，这是因为UHT加工处理技术能够缓解中国奶源地域分布不均的问题。从奶源的区域分布上看，主要集中在东北、华北、西北。南方和沿海经济发达地区奶源很少。如果没有瞬间超高温灭菌技术（UHT），受到牛奶保鲜期短的制约，拥有优质奶源的地区很难将牛奶运往南方牛奶消费大的市场。

今年1～6月，灭菌乳的消费量已经超过了其他的乳品类型，城市乳品消费也进一步扩大。应用UHT以及无菌包装技术合理调节奶源，将为中国乳品市场繁荣发挥了作用。

（利乐中国有限公司供稿）

酸　奶

酸奶芳香可口，是当今人们最喜爱的乳制品之一。究竟酸奶起源于何时何地，其说不一。

但公认的是，即：最先研究出一套比较完善的酸牛奶制作技术的是保加利亚人，之后逐渐传播到世界各地；第二次世界大战以后，酸奶风靡欧美各国，成为大众营养食品。

1911年上海可的牛奶公司（上海乳品二厂的前身）开始生产酸奶，是我国第一家用机器生产酸奶的厂家。

1. 酸奶的营养保健功能　酸奶对人体的营养保健功能，素为人们所称赞。它除了具有牛奶的营养丰富特点外，由于经过发酵处理，因而带来了许多适合消化吸收和特殊保健的功能。

牛奶经过乳酸菌发酵以后，蛋白质分解成微细的凝固奶酪、肽、氨基酸等，变得容易消化，乳脂肪由于发酵而被分解，脂肪酸比原奶增加2～6倍；乳糖经过发酵产生乳酸，能抑制肠道有害菌的繁殖，促进胃内容物的排泄，减少胃酸分泌，提高钙、磷、铁等矿物元素的利用率。由于大部分乳酸菌在生长过程中需要B族维生素，所以一般酸奶中除叶酸以外，维生素的含量都比原奶有所下降。但是，有的菌种（如双歧杆菌）却能合成B族维生素。因此，如果利用这类发酵菌种制作酸奶，维生素含量会有所增加，从而提高其营养价值。酸奶的保健作用高于普通牛奶。

（1）克服乳糖不耐症。有人由于体内缺乏乳糖酶，喝牛奶后会产生胀气、腹痛、腹泻、呕吐等症状，如果改用酸奶，则不会出现上述症状，这是因为酸奶中含有乳糖酶，将乳糖分解为葡萄糖和半乳糖的缘故。

（2）降低胆固醇，预防动脉硬化。美国科学家赫扑勒尔做过一个试验，给53名成人喝酸奶，每餐240毫升，一周后胆固醇明显下降。另据报道，给心血管病患者喝酸奶，日服500毫升，连续3个月，结果观察到患者体内一种能防止动脉硬化物质增加到原来的1.3倍，从而证明酸奶具有预防动脉硬化的功能。

（3）促进消化吸收，防治老年病。酸奶中的乳酸、醋酸等能促进肠蠕动和机体代谢，增加消化机能，增进食欲。人体对酸奶中钙的吸收率几乎比鲜奶增加1倍，因此，可以防治老年人骨质疏松和骨折。此外，还有防治便秘的作用。

（4）抵抗衰老，延年益寿。人的肠道内含有100多种细菌，其中的有害菌群能产生毒素，使人致病。酸奶中的乳酸菌能抑制有害菌的生长、繁殖，减少毒素产生，因而可以预防疾病，益寿延年。

（5）防癌、抗癌。酸奶中乳酸菌属的一个种（代号YLT9018）具有抗癌作用，食入后可刺激人体产生免疫反应，使巨噬细胞和淋巴细胞增加，从而可以破坏癌细胞的活动或"吃掉"癌细胞，增强人体的抗癌免疫功能。荷兰科学家调查表明，坚持每天饮用250毫升酸奶的妇女，与那些不饮或少饮酸奶的妇女相比，其患乳腺癌的可能性降低50%。

2. 酸奶的花色品种繁多　酸奶由于其加工方法、配料、发酵菌种及包装不同，目前流行于市上的品种甚多。

按制作的方法区分，主要有两种类型，即凝固型和搅拌型。凝固型酸奶加工的主要过程是：将原料奶进行加热、灭菌、冷却（42～45℃），然后进行接种（发酵剂）、灌装，运至发酵室，在适宜的温度下发酵而成。搅拌型酸奶加工的主要过程是：将经过预处理（灭菌等）的牛奶泵入发酵罐，然后根据需要量将发酵剂泵入发酵罐，再继续搅拌混合均匀，在恒温条件下发酵。为了提高酸奶的稳定性、稠度和防止脂肪上浮，牛奶应在预处理时利用均质机进行均质。在培养的最后阶段，即酸度达到pH4.2～4.5时，将温度迅速降至12～15℃，以防止酸度增加；随之将酸奶泵入冷却器，以有助于打碎酸奶中的凝块，继之即可进行包装。

按是否在酸奶中添加果料（或香精）区分，则有天然酸奶与果味酸奶之分。此外，还有全脂酸奶、脱脂酸奶、低糖酸奶之别。

由于加工制作方法不同，酸奶保质期有长有短、短者数日，长者可达数周。

酸奶的包装更是多种多样，除最常用的大小瓶装、塑料杯装以外，上市各式袋装，以及利乐纸盒包装等。

3. 酸奶的市场销路猛增 由于酸奶营养丰富，口味多样，而且饮用方便，所以，日益受到广大消费者的欢迎，市场销售量大增。

1978 年保加利亚人均消费酸奶量即达到 31.5 千克。酸奶在世界各地受到越来越多消费者的青睐。有人预言，未来世界酸奶大有取代更多的鲜奶、奶油、奶酪，从而成为乳品消费主流之势。

（中国奶业协会 李易方）

牧草与饲料

我国草原保护与建设工作概况

2002年是我国草原保护与建设工作取得历史性突破的一年，草原保护与建设工作进入了新的发展阶段，社会各界对草原重要性的认识进一步提高。9月18日，国务院印发了关于加强草原保护与建设的若干意见，这是新中国成立以来专门就草原工作由国务院印发的第一个纲领性文件，体现了党中央、国务院对草原工作的高度重视。12月28日，《草原法》已由第九届全国人民代表大会常务委员会第三十一次会议修订通过，自2003年3月1日起施行，这是草原法制建设工作的重大突破，新草原法的实施，对改善草原生态环境，实现草原永续利用和畜牧业可持续发展具有十分重要的意义。全国草原生态保护建设规划描绘了10年草原保护与建设的宏伟蓝图，对指导地方工作起到了促进作用。2002年中央投资草原保护与建设资金近25亿元，是建国以来中央投资最多的一年，草原保护工作明显加强，草原建设速度明显加快。农区草产业化发展迅速崛起，在农业战略性结构调整中开始扮演重要角色。农业部草原监理中心正在筹建，一些省、自治区也在依据《草原法》建立或加强草原监理机构和队伍建设，这是草原机构和队伍建设的历史性突破。草原防灾减灾工作成效显著，防灾减灾建设胜于灾后救助的思想逐步确立。

在国家重点项目的带动下，全国草原保护与建设的规模不断扩大。到2002年，全国累计种草保留面积2 368.67万公顷，累计草场围栏保留面积2 183.45万公顷，分别占天然草原可利用面积的5.8%和6.8%。按每0.2公顷种草保留面积饲养1个羊单位，可满足9 600多万个羊单位的饲草，如果用于缺草季节补饲，其作用更大。为了恢复草原植被，促进生产方式的转变，内蒙古、陕西、宁夏、河北、吉林、云南、甘肃等7省、自治区先后开展了禁牧休牧试点工作，禁牧休牧面积已经达到2 933.33万公顷。农区和半农半牧区种草热情空前高涨，纷纷利用农田或农闲田种植优质牧草或饲料作物。陕西、河北、山西人工种草保留面积都在33.33万公顷以上。全国农区和半农半牧区人工种草保留面积533.33万公顷。人工种草保留面积超过10万公顷的品种主要有：苜蓿、三叶草、沙打旺、披碱草、黑麦草和柠条等。其中苜蓿190万公顷。主要分布在新疆、内蒙古、甘肃、河北、河南、陕西、宁夏等省、自治区。通过种草，带动了畜牧业的发展，促进了农业结构的调整，提高了农民的收入水平。

种草养奶牛是现代农业的耕作制度，可以互相促进。国内外地试验表明，要使每头奶牛年产达到8～10吨产奶量水平，必须饲喂苜蓿等青干草加青贮玉米。正因为如此，当今世界一切奶业发达的国家无一例外地都是以发达的饲草生产与供应为基础条件。苜蓿是世界上分布最广的优质牧草，全世界种植面积3 300多万公顷。我国种植苜蓿虽有2 000多年的历史，但目前种植总面积仅有190万公顷，苜蓿草产品在700万吨左右。2002年我国奶牛的成年母牛约370万头，按每头每年饲喂1吨苜蓿干草计，需370万吨；我国生产配混合饲料6 239万吨，按5%～10%的比例添加量约需苜蓿草粉312万～623.9万吨；据预测2005—2015年我国蛋白质饲料的缺口量为2 020万～2 520万吨，种植苜蓿等优质豆科牧草是缓解这一矛盾的有效途径；苜蓿产品出口日本和韩国也有潜在市场。可见苜蓿具有广阔的发展前景。奶业是世界公认的节粮、经济、高效的产业。在不同动物性食物的生产效率和饲料转化率比较中，将饲料中能量转化为可食产品能量的效率，以奶畜最高。奶畜能将饲料中能量的20%、蛋白质的23%～30%转化到奶中。在发达国家，是用生物量和蛋白质来计算土地的产出。美国、法国等国家，种植苜蓿草，平均每667米^{2}产蛋白质200千克左右，我国每667米^{2}产500千克玉米折合蛋白质40千克。此外，苜蓿是多年生的豆科牧草，根系发达，含有根瘤菌，有利于培肥地力，增加土壤中有利的生物量，起到畜、草、微生物三者的生态平衡作用。所以，发达国家把人工牧草称为"绿色黄金"，是"通往现代农业的桥梁"。

从总体上看，我国奶业发展水平较低，人均占有奶类不足10千克，远远低于世界平均水平，而且产品数量和质量都不能满足人民生活的需要。2002年我国虽然有良种和改良种奶牛680多万头，但良种奶牛不到200万头，全国奶牛单产3 000多千克。而美国、以色列等国家成年母牛平均单产8 000多千克，丹麦、法国、日本等平均6 500千克以上，就是说，我们2～3头牛才相当于一头高产奶牛。青绿饲料和优质牧草是奶牛优质高产的基础。由于我国奶牛饲养以小规模生产、分散的农户饲养为主，户均饲养规模3~5头，饲养奶牛数量20头以上的规模经营比重不到1/4。除大规模奶牛场外，目前我国还没有专用饲草饲料种植基地，大部分奶牛仍然处于有啥喂啥的状况。我国草原退化、沙化面积1.35亿公顷，并正以每年200万公顷的速度增加，严重制约了牧区奶业生产的发展。我国奶业生产用配合饲料及其加工总体上水平低，2002年全国生产各种反刍动物配混合饲料177.8万吨，远不能满足反刍动物发展的需要，饲养奶牛场户仍以自拌料为主，全价配合饲料的数量和品质不适应生产发展的需求。

国家对草原保护与建设制定了一系列支持政策。概括来讲，主要有三方面支持政策。一是退耕还林还草支持政策。国家的退耕还林还草补助政策包括：国家无偿向退耕户提供粮食（原粮）、现金补助。粮食和现金补助标准为：长江流域及南方地区，每667米^{2}退耕地每年补助粮食150千克；黄河流域及北方地区，每年补助粮食100千克。每667米^{2}退耕地每年补助现金20元。粮食和现金补助年限，还草补助2年；还经济林补助5年；还生态林补助8年。补助粮食的价款按每千克1.4元折算。补助粮食的价款和现金由中央财政承担。国家向退耕户按每667米^{2}50元提供种苗补助费。二是退牧还草支持政策。2002年国家启动退牧还草工程，2003—2007年计划退牧还草6 666.67万公顷（自然保护区1 166.67万公顷）。初步测算，工程总投入236亿元，其中饲料粮补助资金93亿元，围栏建设资金143亿元。国家对退牧还草给予草原围栏建设资金补助和饲料粮补助。其补助数量，根据草原类型和区域范围来确定。内蒙古、甘肃、宁夏西部荒漠草原、内蒙古东部退化草原、新疆北部退化草原按全年禁牧每667米^{2}每年中央补助饲料粮5.5千克，季节性休牧按休牧3个月计算，每667米^{2}每年中央补助饲料粮1.375千克，草原围栏建设按每667米^2 16.5元计算，中央补助70%，地方和个人承担30%；青藏高原东部江河源草原按全年禁牧每667米^{2}每年中央补助饲料粮2.75千克，季节性休牧按休牧3个月计算，每667米^{2}每年中央补助饲料粮0.69千克，草原围栏建设按每667米^2 20元计算，中央补助70%，地方和个人承担30%。饲料粮补助资金实行挂账停息，中央按每千克0.9元对省级政府包干，饲料粮调运费用由地方财政负担，纳入地方财政预算。饲料粮连续补助5年。三是已垦草原退耕还草支持政策。2002年，国务院关于加强草原保护与建设的若干意见明确提出，国家向退耕还草的农牧民提供粮食、现金、草种费补助。该项政策将于2003年启动，具体补助标准正在制定过程中。总体来讲，全面建设小康社会，草业和奶业都是国家重点鼓励发展的产业，都有广阔的发展前景。

（农业部畜牧兽医局　张智山）

苜蓿在奶牛饲养中的应用

苜蓿是一种优质多年生豆科牧草，粗蛋白含量高，在我国华北地区一种能收5年，每年能割3~4茬（第一茬产量最高，占全年的40%）。5年平均每667米^{2}年产干草量1吨左右（第三年产量最高，占5年的24%），年产粗蛋白150千克以上，是粮食作物的2倍。我国种植苜蓿虽有2000多年的历史，但苜蓿产业化还刚刚起步。目前全国苜蓿种植面积200万公顷左右，只有世界种植面积的5%，只有美国种植面积的1/6。我国不同地区苜蓿单产水平差距较大，好的年每667米^{2}产干草量达1.5吨以上，差的不足0.5吨。

苜蓿耐寒、耐旱、耐贫瘠，我国苜蓿种植主要在华北、西北和东北地区。种苜蓿能节省耕地、节省水资源、改良土壤、改善生态环境、增加农民收入。农民种苜蓿年单位面积产值与种粮食作物相当，但年投入只有粮食作物的50%，年纯收入是粮食作物的2倍。近几年，由于农业种植结构的调整，促进了苜蓿产业化的发展。同时由于畜牧业养殖结构的调整，奶牛业得到快速发展，为苜蓿产业化提供了广阔市场。苜蓿产业化又为奶牛业提供优质牧草，将促进奶牛业的健康发展。

我国目前苜蓿产业化程度还不高，苜蓿草产品的加工还比较落后，苜蓿产品仍以自然晒干的草捆为主，草粉、草颗粒、草块也多以自然晒干的草捆加工而成。烘干脱水的苜蓿草产品特别是优质苜蓿草产品还不多。另一方面，在奶牛饲养中苜蓿的应用还不普遍，有些奶牛场的经营者特别是农村奶牛养殖户对苜蓿的应用价值认识还不足，也与苜蓿草产品的价格和质量有关。

1. 苜蓿对奶牛的营养价值

（1）苜蓿与羊草、混合精料营养价值对比。苜蓿粗蛋白含量高，干物质粗蛋白含量达18%以上，是羊草的2.3倍。苜蓿粗蛋白质量好，含有全部必需氨基酸，限制性氨基酸赖氨酸含量丰富。苜蓿粗蛋白消化率高，达70%~80%，苜蓿可消化粗蛋白含量是羊草的3.2倍，其可消化粗蛋白含量与混合精料接近，但能量含量只有混合精料的70%。苜蓿、羊草、混合精料能量蛋白综合比为100∶64∶122。按目前市场价，苜蓿、羊草、混合精料可消化粗蛋白价格比为100∶240∶136。苜蓿中性洗涤纤维含量比羊草低11.4个百分点，苜蓿干物质和粗纤维的消化率分别比羊草高6.3和10.3个百分点。奶牛饲喂苜蓿瘤胃内的乙酸产量比饲喂羊草显著增高，乙酸是合成乳脂的重要原料。

（2）苜蓿的氨基酸含量。含有全部10种必需的氨基酸，以亮氨酸、缬氨酸、苯丙氨酸含量较高，分别占干物质的0.81%、0.58%、0.51%，限制性氨基酸赖氨酸含量较高，占干物质的0.72%，而蛋氨酸含量较低，占干物质的0.11%。必需氨基酸是合成乳蛋白的原料。

(3) 苜蓿的维生素含量。苜蓿含有各种维生素，特别是奶牛需要的胡萝卜素、维生素E、维生素B_{12}、烟酸含量丰富，晒制苜蓿每千克干物质含量分别为6.6、42.6、44.1和38.9毫克。烘干脱水可以减少维生素的损失，烘干苜蓿中的胡萝卜素和维生素E含量分别比晒制苜蓿高23.4倍和1.6倍。维生素E能提高乳腺细胞的免疫力，降低牛奶体细胞数。

(4) 苜蓿的矿物质和微量元素含量。苜蓿矿物质成分中钙含量丰富，且吸收率高，磷含量较低，分别占干物质的1.75%和0.25%，钙、磷含量分别为羊草的4.3倍和1.3倍。苜蓿微量元素成分中铁含量丰富，硒含量低（但高于其他牧草），每千克干物质含量分别为415和0.53毫克，锰、锌、钴、铜每千克干物质含量分别为35.3、24.1、16和11.1毫克。以上都是奶牛必需的微量元素。

(5) 不同生长期苜蓿干物质、粗蛋白、粗纤维含量。苜蓿干物质和粗纤维含量随生长期的延长而增加，粗蛋白含量随生长期的延长而减少。现蕾期、初花期、盛花期、结荚期苜蓿干物质含量分别为20%、22.5%、25%、29%；干物质粗蛋白含量分别为22%、20%、18%、12%；粗纤维含量分别为24%、26%、28%、40%。

(6) 苜蓿的茎叶产量比、茎叶干物质含量比、茎叶粗蛋白含量比和粗纤维含量比随生长期的延长而略有增加。盛花期苜蓿茎的干物质产量是叶的1.6倍（0.62∶0.38）；茎的干物质含量是叶的1.4倍（28.5%∶20.8%）；叶的粗蛋白含量是茎的2.6倍（29%∶11.3%）；茎的粗纤维含量是叶的2.9倍（28%∶13%）。

(7) 苜蓿干草的晒制方法对粗蛋白含量的影响。苜蓿收割后长时间平摊翻晒叶片丢失严重，粗蛋白损失率高，随着粗蛋白的损失，维生素和钙的含量也降低。收割时轻压扁可使苜蓿茎与叶尽可能同步干燥，减少叶片先干燥而脱落，降低粗蛋白的损失。烘干脱水比自然晒干的苜蓿粗蛋白损失率低。

2. 苜蓿在奶牛饲养中的应用效果 试验证明：用2.5千克苜蓿取代2.5千克羊草饲喂奶牛，试验组比对照组1～7泌乳月头日增产牛奶2.4千克，提高8.3%，其中1～4泌乳月头日增产牛奶2.88千克，提高9.5%；5～7泌乳月头日增产牛奶1.97千克，提高7.2%（按此推算305天可增产牛奶630千克）。试验组比对照组每毫升牛奶体细胞数减少17.4%。试验组1～7泌乳月投入产出比1∶4.7，头日增效益3.68元，其中1～4泌乳月投入产出比1∶5.6，头日纯增效益4.62元；5～7泌乳月投入产出比1∶3.8，头日纯增效益2.84元。而且苜蓿适口性好，特别是夏季饲喂苜蓿能增加干草采食量，保证日粮干物质和粗纤维进食量，减缓奶牛因热应激产奶量和乳脂率下降幅度。

上海是我国奶牛饲养中应用苜蓿比较早、数量比较大的市。1999年开始推广苜蓿饲喂奶牛，光明集团11 600头成母牛2000年头日苜蓿干草喂量2.33千克，成母牛头年单产8 027千克，比1998年的7 166千克增加861千克，提高12%，2002年头日苜蓿干草喂量2.27千克，成母牛头年单产进一步提高到8 821千克，比2000年增加794千克，提高9.9%。北京市2001年开始推广苜蓿饲喂奶牛，三元集团16 900头成母牛2000年头年单产7 556千克，比1998年的7 154千克增加402千克，提高5.6%，2002年头日苜蓿干草喂量2.19千克，成母牛头年单产8 559千克，比2000年增加1 003千克，提高13.3%。上海光明集团2000—2002年及北京三元集团2002年奶牛单产的提高有多方面的原因，包括奶牛遗传育种技术的改进和管理水平的提高，但粗饲料品质的改善，特别是推广饲喂苜蓿，无疑是奶牛单产提高的重要因素之一。一般认为，影响奶牛产奶量各种因素的贡献率，饲料营养因素占50%，品种遗传因素占30%，管理因素占20%。

我国奶牛饲养特别是农村奶牛饲养普遍存在的一个问题是，重视精饲料的投入，忽视粗饲料的投入。奶牛的产奶量和原料奶质量，奶牛的健康和繁殖能力，在相当大程度上取决于日粮干物质进食量和粗饲料质量，特别是干草的品种和质量。奶牛的饲料成本一般占饲养成本的60%，粗饲料成本一般占饲料成本的40%，占饲养成本的24%，干草成本一般占粗饲料成本的40%，占饲料成本的16%，占饲养成本的9.6%。用劣质粗饲料喂奶牛，特别是喂泌乳性能高的奶牛，虽然粗饲料成本低，但只占饲养成本的小部分，其他费用并不减少。由于粗饲料品质差，粗饲料采食量不足，奶牛的泌乳潜力得不到充分发挥，牛奶的理化质量达不到优质奶标准，奶牛的发病率特别是代谢病、肢蹄病、不孕症的发病率提高，繁殖率下降，损失的牛奶产量、质量收入和增加的奶牛疾病、繁殖成本要远远高于节省的粗饲料成本。因此，奶牛饲养不能片面追求低成本，特别是不能克扣合理的饲料费用，关键要看奶牛的泌乳潜力是不是得到充分发挥、看奶牛的健康和繁殖能力能不能得到正常维持、看投入产出比。如果高投入合理，能够带来高产出，而且产出高于投入，就应该敢于投入。

3. 奶牛饲喂苜蓿应注意的几个问题

(1) 奶牛的泌乳性能。由于苜蓿的价格比一般饲草高，为羊草价格的1.5倍左右，因此，饲喂苜蓿的奶牛最好是品质比较好，有较高泌乳性能，这样才能取得比较好的效果，获得比较高的经济效益。此外，还应注意连续饲喂，不要频繁变更饲草品种。

(2) 苜蓿商品草的品种。目前我国苜蓿商品草的品种主要有：草捆、草粉、草颗粒、草块。草捆价格低，纤维长，可全部取代其他干草，且质量可以直观。但不易保存，在运输、保存过程中损耗大，叶片容易丢失，由于体积大、运输费用高。压实打捆可提高草捆的密度，减少叶片丢失，节省运输费用。草粉可掺入混合精料中饲喂，顶替部分混合精料，但因纤维短及能量含量低于谷物饲料，喂量不宜过多。此外，草粉质量不能直观，价格稍高于草捆。草颗粒可顶替部分干草饲喂奶牛，容易保存，饲喂方便，损耗小，但价格较高。用1.5千克苜蓿草颗粒与1.5千克苜蓿草捆饲喂奶牛对比试验表明：饲喂草颗粒比饲喂草捆的投入产出比高，分别为1∶3.4和1∶2.9。由于草颗粒纤维短，喂量也不宜过大。草块因纤维较长可全部取代其他干草饲喂奶牛，且运输、保存方便，损耗小，但价格较高。奶牛场可适当贮存一定数量的草颗粒或草块，以免饲喂苜蓿干草中断。

(3) 苜蓿的质量。采购苜蓿应注意检查苜蓿的质量。以草捆为例，可抽取一捆打开检查：好的苜蓿应该呈深绿色，有浓郁的草香味。颜色发黄表明贮存时间过长或淋过雨，颜色发黑并有霉味，表明有霉变，不能饲用；杂草数量不应超过7%、叶片重量不应低于干草重量的35%，开花数量不应超过80%；茎的粗细及韧性要符合标准，茎梗细，容易折断表明苜蓿播种密度较高，苜蓿茎的粗纤维含量较低，反之，表明苜蓿播种密度较稀，苜蓿茎的粗纤维含量较高；水分含量不应高于15%，粗蛋白含量不应低于16%。

(4) 苜蓿的价格。苜蓿草捆、草粉及草颗粒、草块的价格不应超过混合精料价格的60%和80%，不应超过当地羊草价格的1.5倍和2倍，不应超过当地牛奶收购价格的40%和60%。

(5) 苜蓿的喂量。苜蓿草捆、草块的喂量以2.5～3千克为宜，草粉、草颗粒的喂量以1.5～2千克为宜，半干青贮、青苜蓿的喂量以5～10千克为宜。青苜蓿含有皂角素，喂量过多会发生瘤胃臌气。2.5千克苜蓿加2.5千克玉米秸秆饲喂奶牛，价格低于5千克羊草，而营养含量高于5千克羊草。

(北京西郊奶牛公司　王运亨)

奶牛专用饲料生产现状与发展趋势

(一) 我国奶牛专用饲料生产现状

1. 2002年是反刍动物饲料大发展的一年　这一年我国饲料总产量为8 319万吨，较上年增长6.6%。反刍动物饲料为273.9万吨，增长65.9%。其中，反刍动物配合饲料产量177.7万吨，增长44.5%，在配合饲料中的比重由2001年的2%增加到2002年的2.8%，增加0.8个百分点；反刍动物浓缩饲料产量85.8万吨，增长121.8%，在浓缩饲料中的比重由2001年的3%增加到2002年的4.9%，增加1.9个百分点；反刍动物预混合饲料产量10.6万吨，增长205.8%，在预混合饲料中的比重由2001年的1%增加到2002年的3.3%，增加2.3个百分点。

2. 反刍动物饲料快速发展的原因

(1) 规模化生产和产业化经营促进了反刍动物饲料进一步推广应用。我国牛羊生产大都以家庭饲养为主，小规模生产与大市场、专业化生产与社会化服务等矛盾已经突现。与之相比，产业化龙头企业的优势十分明显，农民不仅可以获得养殖效益，而且还可参与后续环节的利益分配。加之我国实施科教兴国和可持续发展两大战略，环保政策、退耕还林还草政策又相继出台，划区轮牧、舍饲圈养和异地育肥等生产方式已成为主流，牛羊生产的集约化程度不断提高，客观上要求牛羊商品饲料必须有一个大发展。

(2) 发展反刍动物饲料是提高我国牛羊生产水平的重要措施。我国人口每年增加近1 000万，而耕地却正在迅速减少。耕地与人口的矛盾日益尖锐，大力发展以牛羊为主的反刍动物生产，符合我国基本国情。与猪禽生产相比，我国牛羊生产水平较低，而工业化的饲料产品是现代营养科技和工艺技术的载体，对畜牧业增长贡献率最大，发展反刍动物饲料，对于提高反刍动物生产水平将起到决定性的作用。

(3) 发展反刍动物饲料是饲料工业内部结构优化调整的重要内容。1998年以来，全国猪鸡饲料市场下滑，一些饲料厂家开始进行饲料结构的调整，生产部分乳牛商品饲料。根据“加快发展浓缩饲料、精料补充料和饲料添加剂及其预混合饲料”的产业政策，以及牛羊实际生产水平，客观上需要饲料工业有所作为。

(4) 新型反刍动物添加剂的研发，推动了反刍动物饲料的商品化。全国开展反刍动物营养和饲料科学研究的大学和科研机构至少在10所以上。研究方向包括：牛羊营养需要和饲料营养价值评定、营养调控理论和技术、新型饲料产品研制和开发、放牧家畜营养检测和科学补饲技术、提高秸秆饲料利用率，等等。这些研究催生了一批新型添加剂产品，特别是脲酶抑制剂、酶制剂、抗应激添加剂、金属螯合物、蛋白和脂肪保护性产品、原虫控制剂等的成功研发，并迅速产业化，加快了反刍动物饲料更新换代和推广的步伐。

3. 奶牛专用饲料作为反刍动物饲料的重要组成部分也是大发展的一年　由于我国还未将奶牛专用饲料纳入统计范围，故2002年没有确切的奶牛专用饲料统计数字，但从反刍动物生产情况分析，奶牛专用饲料在反刍动物饲料中应占到相当比重。2001年，奶类生产超常规发展，奶类产量达1 122.6万吨，比上年增长22.2%。正是奶业的强劲增长势头，极大地刺激了奶牛专用饲料的生产。内蒙古正大饲料有限公司2001年生产奶牛料1

万吨，2002年就接近4万吨，发展速度很快。该公司从此摆脱了10多年一直亏损的局面，扭亏为盈，预计2002年的利润超过800万元。

（二）我国奶牛专用饲料生产应用中存在的问题

我国奶牛营养与饲料的研究与开发近20年来进步很快，但远远不能满足奶业发展的需要。目前我国使用的奶牛饲养标准制订于20世纪80年代初期，仍然使用传统的可消化粗蛋白体系，在饲料营养价值评定方面，尚未涉及氨基酸、微量元素、维生素等关键养分。在奶牛饲料利用方面，资源利用不合理，加工调制技术储备不足。在我国配合饲料中，用于奶牛养殖的专用饲料很少，所占份额不足4%。绝大部分农区养牛户仍然是低水平粗放饲养，奶牛生产水平很低。饲养管理技术水平低也是制约我国奶牛业发展的重要因素之一，迄今对阶段饲养、高产牛饲养、饲养机械、计算机管理技术等尚未进行配套研究。奶牛科技发展滞后，导致了生产效率很低，目前我国规模奶牛场人均饲养奶牛不超过20头，料奶比仅为1∶2左右，奶牛的营养代谢病发病率居高不下，成年奶牛淘汰率偏高。此外我国对饲料安全利用技术研究不够，直接影响奶品安全的保障。

（三）我国奶牛专用饲料的发展前景

饲料是奶牛生产的物质基础，因此，美国、英国、澳大利亚、以色列等奶业发达国家十分重视奶牛营养研究与饲料高效利用技术开发。近年来美国又在奶牛小肠可吸收蛋白质需要量、理想氨基酸模型、饲料营养评价体系、瘤胃发酵调控等研究领域取得最新进展，并开发了阶段饲养、高产奶牛特殊饲养、犊牛培育、抗应激、饲料加工、全混合日粮饲养等新技术。这些新成果、新技术的应用极大地提高了奶牛饲养的效率。以色列建立了一整套适应炎热气候的高产奶牛饲养管理方式，20世纪90年代推出了奶牛全混合日粮饲养技术体系，使全国奶牛的产奶量提高30%以上，以色列已经成为目前世界上奶牛单产最高的国家。进入新世纪后，奶牛饲料安全保证技术成为奶牛饲养业所关注的首要问题，也是保证牛奶安全无害的屏障。为了控制疯牛病传播，2001年欧盟已经全面禁止在奶牛饲料中使用骨粉和肉骨粉，开始建立饲料安全技术体系。韩国为了控制口蹄疫疾病，全面停止从国外进口青粗饲料。奶牛营养、饲料安全高效利用和饲养管理3个方面研究与技术的发展，已经成为发达国家奶业提高生产水平和劳动效率，始终处于世界领先地位的重要支撑。

随着中国奶制品进口关税降低，市场竞争进一步加剧。节本增效是未来5年中国奶牛养殖业面临的最大挑战，也是提高竞争力的核心内容。饲料占奶牛养殖成本的70%以上，因此，提高饲料利用效率、开发新型饲料添加剂、强化奶牛饲料内抗生素与激素监测技术和推广先进适用饲养技术具有重要的现实意义。国家已投入大量的资金和人力资源，加快奶牛饲料配套技术研究，力争突破技术难点。从科研看生产，奶牛饲料大发展已成必然。

1. 奶牛泌乳营养需要研究与推广 建立以小肠可吸收氨基酸为基础的奶牛营养需要量预测、饲料营养供给及生产效应预测三者为核心框架的奶牛营养需要量体系。提高奶牛饲料配方科学性，降低成本，减少排泄。

2. 精料补充料加工技术研究 一是针对高产奶牛能量不足的难题，研究脂肪类饲料的加工利用，增加过瘤胃脂肪的数量。开发饲料脂肪的过瘤胃保护技术。二是研究碳水化合物饲料的加工利用技术，提高奶牛能量利用效率和生产性能。测定不同加工方法对产奶净能效率的影响。

3. 新型饲料添加剂开发与研制 选择对奶牛瘤胃有益的微生物和益生素，通过外源微生物和益生素对奶牛体内微生物区系的影响，调控瘤胃的内环境，提高VFA的产量，促进微生物蛋白质的合成速度，提高奶牛的产奶性能。

4. 奶牛饲料内抗生素与激素监测技术 饲料安全是牛奶安全的关键环节，应该尽快针对奶牛饲料的特殊性，分别制定奶牛精饲料和粗饲料的质量安全标准。研究制定奶牛饲料内抗生素与激素监测技术，制定治疗用药的规范和用药牛奶处理规程。

5. 饲养新技术研究应用 研究适合广大农区的奶牛高效高产全混合日粮（TMR）生产与应用技术，利用计算机技术和快速饲料成分分析技术，研究开发奶牛全混合日粮配方软件、全混合日粮加工工艺与饲养技术，建立适合我国国情的全混合日粮饲养体系。

（全国饲料工业办公室　杨振海）

全株玉米青贮在奶牛饲养中的应用

随着农村产业结构调整和养殖业的迅猛发展，特别是奶牛业的快速发展，全株青贮玉米在奶牛饲养中的应用越来越体现出其独特的优越性。在一些奶牛主产区，全株青贮玉米呈快速增长趋势。

（一）青贮玉米的种植情况

2002年除新建奶牛产区正在积极试验推广青贮玉米外，全国绝大多数奶牛主产区已全面开展了青贮玉米种植和应用。据统计，2002年北京种植青贮玉米18 467公顷；河北省种植青贮玉米53 333公顷，其中全株青贮玉米在6 667公顷左右；黑龙江省种植104 067公顷；山东省种植173 333公顷。另一奶牛大省山西，青贮玉米的种植也开始起步。

青贮玉米的品种主要以高油类、粮饲兼用型品种为主。

北京市主要种植科青1号、科多8号、农大86、中金601、农大108、高油115、W5017、金海5号、中单9409、中原单32等10个品种。其中科青1号、科多8号每667米^{2}产量可以达到4 500千克以上，农大86、W5017、金海5号每667米^{2}产量4 000千克以上。种植模式主要有春季一茬青贮玉米、春夏两茬青贮玉米、上茬小黑麦下茬青贮玉米等三种模式。青贮玉米是京郊养殖业的主要饲草饲料来源。

河北省全株青贮玉米的主要品种为中原单32、农大108、科多8号等。全株青贮玉米的青体产量每667米^{2}在6 000～8 000千克左右。个别土壤、水分比较好的青体产量可以达到10 000千克。青贮玉米主要分布在张家口、承德、保定、石家庄等地。张家口、承德地区主要是结合“一退双还”及全省实施的“禁牧舍饲”等有关优惠政策推广青贮玉米。另外，张家口、承德的坝上地区无霜期比较短，正常玉米成熟比较困难也是一个重要原因。保定、石家庄等地主要结合奶牛饲养比较多的实际情况，许多奶牛饲养大户和奶牛养殖小区饲养水平比较高，通过多年的实践总结，认识到全株青贮玉米在奶牛饲养中的优越性。所以，以上地区全株青贮玉米种植的比较普遍。

黑龙江省青贮玉米种植品种主要有10个。第一、二积温带适宜种植中原单32、白鹤、辽源一号、龙福208、英红五个青贮玉米品种，平均产量每667米^2 4 800千克，第三、四积温带种植吉单408、农大3138、白单9、龙单12、绥育6号等5个品种，平均产量4 200千克。青贮玉米种植主要在四市一局，即哈尔滨市、绥化市、大庆市、齐齐哈尔市、农场局。

山东省青贮玉米品种主要有中原单32、高油115、南顶1号、农大108、辽远1号等，每667米^{2}春播产量可达到4 500～8 000千克，夏播3 000～4 000千克，平均产量5 000千克左右。种植地区主要集中在菏泽、德州、东营、济南郊区县等牛羊饲养比较集中的地区或规模奶牛场、小区周围。山东全省2002年完成青贮玉米秸秆1 560万吨，其中带穗玉米青贮600万吨。

（二）全株青贮玉米在奶牛饲养中的应用情况

北京市规模化牛场或养殖小区每头成乳牛日投喂粗饲料30千克，其中青贮玉米25～30千克、投喂牧草4～5千克、植物块根5千克。饲养一头奶牛平均年需牧草1.4吨、青贮玉米8.2吨。青贮工作每年9月开始，11～12月开窖食用，食用时间1年。北京还从河北省少量购入商品青贮饲料，价格为160～180元/吨。

河北省全株青贮玉米在饲养奶牛时的饲喂方式与普通青贮玉米没有什么区别，只是在饲喂时适当减少精料用量。在奶牛饲养中，饲喂的全株青贮玉米每头奶牛日饲喂量在15～20千克左右。由于全株青贮玉米整体的营养价值比普通的青贮玉米质量要高，所以对奶牛的产奶量有较大的提高，在石家庄地区，可提高奶牛的产奶量10%～15%左右。在一些饲养条件比较差、科技水平比较低的地区，可提高奶牛的产奶量15%～20%左右。

黑龙江省犊牛、青年母牛、产奶奶牛都可饲喂青贮饲料。饲喂方式，有直接饲喂的也有拌精料饲喂的。黑龙江省奶牛单产情况，1999—2001年一直徘徊在3.5～4.0吨之间，近几年抓了青贮饲料生产，奶牛单产增加到4.5吨左右，平均日产鲜奶15千克，黑龙江省奶牛平均体重500千克，日产奶15千克，乳脂率3.5%。一般情况下，泌乳牛青贮饲料日饲喂量和日产奶量相当。

山东省青贮玉米在奶牛饲养中应用效果很好，一般奶牛每天饲喂青贮饲料20～25千克，喂带穗玉米青贮可多产奶5%～8%，且奶质好。

（三）全株青贮玉米在奶牛饲养、应用中存在的问题和前景

1. 存在的问题

(1) 全株青贮玉米在全国的发展还很不均衡，全株青贮玉米占青贮饲料的比例还很低。除了在几个奶牛主产省全株青贮玉米的种植、应用达到一定规模外，其他地区只有一些零散种植。即便是在全株青贮玉米发展相对较好的地区，全株青贮玉米在青贮饲料中的比例还比较低。山东省2002年全株青贮玉米占全部青贮的38%，河北省全株青贮玉米的种植只占青贮玉米种植面积的12.5%。造成这一问题的原因，一方面是对全株青贮玉米在奶牛饲养中的增产效果认识不足，另一方面也存在技术推广部门推广力度不够的问题。

(2) 青贮玉米品种不全，相关品种标准制定滞后。目前，国内大面积种植的青贮玉米多为粮饲兼用型品种，专用青贮玉米品种的筛选及其制繁种技术研究有待加强。

(3) 青贮玉米增产潜力还未充分挖掘。同一品种在同一地区，相同的水肥条件，产量差异很大，说明专用青贮玉米的综合配套高产栽培技术研究应当加强。

(4) 饲料地相对缺乏，制约青贮玉米的发展。有些地方，奶牛饲养场户有种植青贮玉米的需求，但其掌握的耕地资源有限，饲料地如不能解决，则严重制约青贮玉米的发展。

(5) 青贮玉米的收贮费工费力。由于缺乏大型收贮机械，小型铡草机效率不高，制作青贮往往要耗费大量人力和工时。一座容积1.2万米^3、贮量8 000多吨的青贮窖，需动用100人、8台切碎机，20天的时间才能贮完。

2. 发展前景

(1) 全株青贮玉米将呈快速增长的趋势。首先，比较效益高是拉动全株青贮玉米快速增长的主要动力。随着近两年我国奶业的高速增长，饲养奶牛已成为农民增收最有效的途径之一。黑龙江省农民养一头年产4.5吨奶的奶牛，平均收入可达3 000元，相当于种2公顷旱田，所以农民养奶牛积极性很高。有关专家研究表明：在土地和耕作条件相当的情况下，青贮玉米比籽实玉米每公顷多收入539元，多生产可消化蛋白53千克，奶牛饲喂青贮玉米比不喂的日产奶可增加3.64千克。其次，从畜牧业发达国家的经验看，青贮玉米必将在整个种植业中占到相当比例。在欧美许多农牧业发达国家，青贮玉米种植面积占到整个玉米面积的30%～40%，美国青贮玉米播种面积已达355万公顷，法国每年种植青贮玉米151.3万公顷，占玉米种植面积的80%以上。根据我国奶业发展的实际需要，即使我国人均用奶量仅达到发达国家的一半，也需要至少种植青贮玉米400万公顷。第三，国家政策的支持对青贮玉米的发展起到积极的推动作用。当前，种植业结构调整的主要内容就是三元种植业结构的确立，其中，饲料作物中青贮玉米又占到相当大的比例。黑龙江省实施“奶业振兴计划”，已将落实青贮玉米种植面积作为一项主要任务。

(2) 青贮玉米品种进一步丰富，青贮品质不断提高。除现有的高油类、粮饲兼用型品种外，专用青贮玉米品种将得以推广。青贮玉米的品种以选择单位面积青饲产量高的品种为宜，还要求适口性好、消化率高。评价青贮玉米品种的优劣，产量和品质是两个不可缺的标准。青贮玉米的品质，目前国内通常采用粗蛋白含量、粗脂肪含量、粗纤维含量、无氮浸出物和灰分含量等指标判断饲料的营养品质。这种划分方法相对比较落后，也不够准确。目前国际上通常采用洗涤剂的方法对纤维的营养价值进行评价。通过选用不同类型的洗涤剂可以得到半纤维素含量、纤维素含量和木质素含量。衡量青贮玉米品质的标准应建立在营养成分、纤维素的类型和动物离体实验的基础上进行。其中的粗蛋白含量、淀粉含量、中性洗涤纤维含量、酸性洗涤纤维含量、木质素含量、离体消化力和细胞壁消化力应作为主要的评价标准。

(3) 商品青贮方兴未艾、专业化的青贮服务初露端倪。鉴于青贮饲料已被广大养牛户重视，并给养牛户带来可观的效益，又由于饲养比较分散，单个农户搞青贮费时费力，挤占庭院，规模小、成本高、质量差。同时，部分地区土地资源有限，养牛场户缺少饲料地，为商品青贮的发展提供了良好的机遇。山东、河北一些地方已有发展商品青贮的成功经验。黑龙江正着手组建青贮饲料公司，商品青贮逐步发展起来。

在平原区进行青贮饲料生产具有容易实现机械化操作的优点。近年来，北京西郊牛场利用已有青贮收割机成立独立的青贮服务组，在大兴、通州、顺义等区县进行收割服务，受到群众欢迎。这种专业化的青贮服务，既节省了大型收贮机械的投入，又提高了青贮工作的效率，同时还能提高青贮玉米品质，在青贮玉米大面积种植区域将是一种鼓励发展的模式。

（全国饲料工业办公室　杨振海）

奶畜养殖

全国奶畜养殖情况

（一）奶类生产情况

2002年奶类生产继续保持快速发展，全年奶类总产量达1 400.35万吨，其中牛奶产量1 299.78万吨，分别较上年增长24.71%和26.75%，增长速度是历年来最快的（图1）。

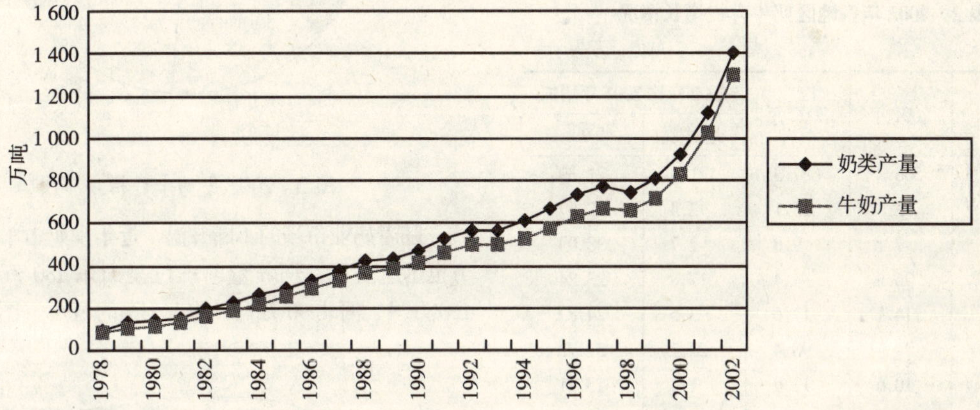

图1 1978—2002年奶类、牛奶产量情况

（二）奶类构成及区域特征

我国奶类主要是牛奶，其他还有少量羊奶、马奶、骆驼奶等。2002年牛奶产量占奶类的92.8%，较上年提高1.5个百分点；羊奶约90万吨，占6.4%；其他奶仅占0.8%。

从区域分布看，牛奶生产仍主要集中在北方一些省、自治区、直辖市。但南方一些省也呈现加速发展势头。2002年牛奶产量前7位的是黑龙江、内蒙古、河北、新疆、山东、北京、陕西等省、自治区、直辖市，总产量832.1万吨，占全国总产量的64%，比上年提高2.4个百分点。增长较快的有内蒙古、黑龙江、河北、山东、北京、陕西等地，南方的河南、浙江、福建、江西、安徽等省也发展较快。内蒙古牛奶产量增加59万吨，较上年提高55.6%，奶产量超过河北，排名全国第二（图2）。

（三）奶畜存栏情况

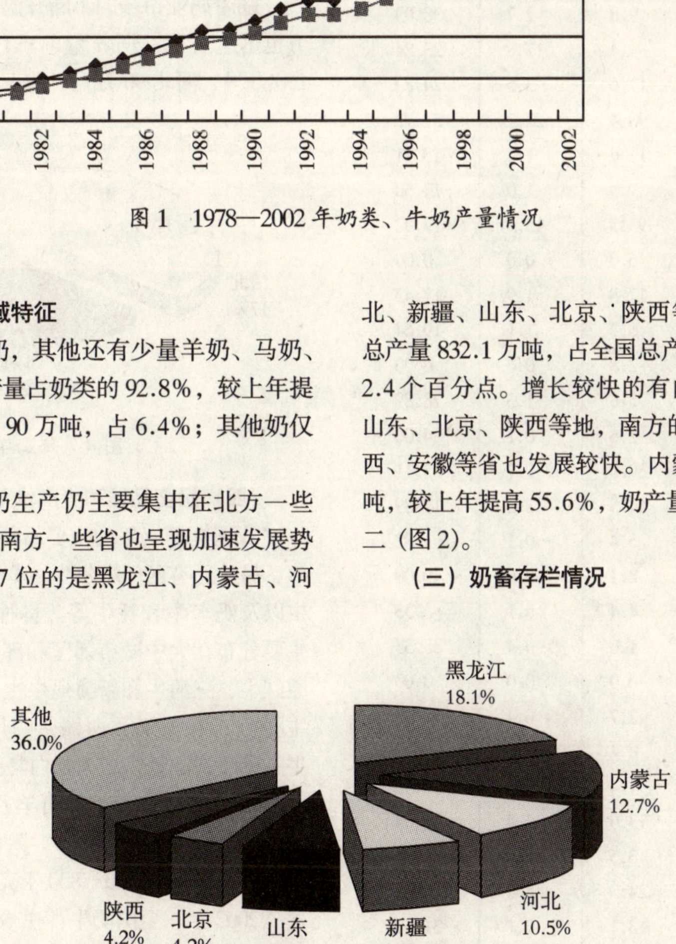

图2 2002年牛奶产量分布图

2002年全国奶牛存栏达687.3万头，较上年增长21.39%，增长幅度也是历年来最快的（表1）。

表1　我国奶牛存栏变化情况

单位：万头

年份	1978	1990	1997	1998	2000	2001	2002
存栏	47.5	269.1	442.5	426.5	488.7	566.2	687.3

2002年，内蒙古、河北、黑龙江、新疆等地奶牛存栏增长最快，分别增加23.7万头、17.8万头、15.5万头和15.8万头，增长总量占全国增长量的60.1%。山东省奶业发展非常明显，奶牛存栏增加近10万头。此外，陕西、四川、云南、甘肃、青海、宁夏等西部地区，奶牛存栏增加也较快，均在2万头以上（表2）。

表2　2002年各地区奶牛存栏增长情况

单位：万头

地区	2001年	2002年	2002年比2001年增加	
			绝对数	%
全国总计	566.2	687.3	121.1	21.39
北京	12.8	15.1	2.3	17.97
天津	7.1	9.8	2.7	38.03
河北	76.6	94.4	17.8	23.24
山西	14.1	17.6	3.5	24.82
内蒙古	74.7	98.4	23.7	31.73
辽宁	10.6	12.0	1.4	13.21
吉林	8.0	9.0	1.0	12.50
黑龙江	77.8	93.3	15.5	19.92
上海	6.0	6.0	0.0	0.00
江苏	10.9	12.8	1.9	17.43
浙江	5.6	6.7	1.1	19.64
安徽	2.8	2.8	0.0	0.00
福建	4.5	5.8	1.3	28.89
江西	2.5	2.6	0.1	4.00
山东	29.3	39.0	9.7	33.11
河南	12.3	14.5	2.2	17.89
湖北	5.5	5.4	-0.1	-1.82
湖南	1.5	2.1	0.6	40.00
广东	4.3	4.4	0.1	2.33
广西	1.2	1.6	0.4	33.33
海南	0.0	0.0	0.0	0.00
重庆	2.3	2.7	0.4	17.39
四川	5.6	8.4	2.8	50.00
贵州	1.0	1.4	0.4	40.00
云南	10.6	13.0	2.4	22.64
西藏	1.9	3.5	1.6	84.21
陕西	19.5	24.3	4.8	24.62
甘肃	10.0	13.1	3.1	31.00
青海	12.0	14.0	2.0	16.67
宁夏	7.6	10.2	2.6	34.21
新疆	127.8	143.6	15.8	12.36

从地区分布看，新疆、内蒙古、河北、黑龙江4省、自治区，奶牛存栏总数占全国的62.5%，较上年下降了0.5个百分点，这主要是由于山东及部分南方省加快发展所致（图3）。

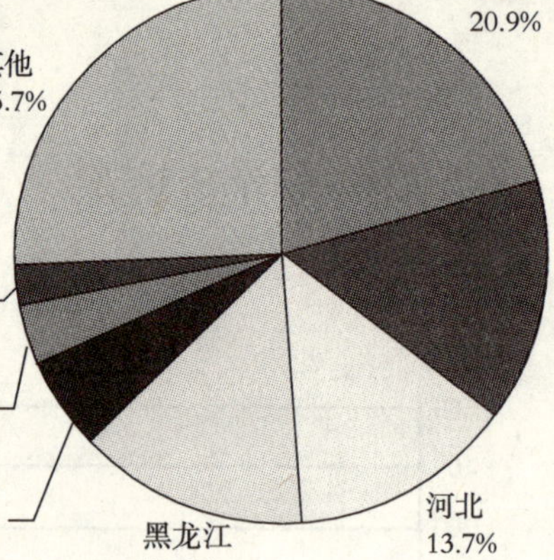

图3　2002年奶牛存栏分布图

随着奶业市场的不断升温，近年来奶山羊在一些地方也迅速发展，饲养量前三位是山东180万只、陕西150万只、河北90万只，约占全国的80%（图4）。

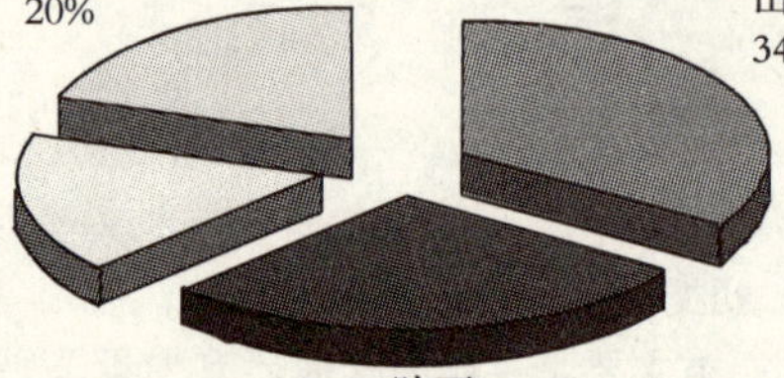

图4　奶山羊分布图

（四）奶畜品种和生产水平

我国饲养奶牛的主要品种是荷斯坦牛及其杂交改良牛，另外还有西门塔尔牛、草原红牛、三河牛、新疆褐牛以及奶水牛和牦牛等。良种荷斯坦牛约有200万头，主要分布在大中城市郊区和部分农区；西门塔尔牛、草原红牛、三河牛和新疆褐牛主要分布在广大牧区；牦牛主要分布在青海、西藏、四川、甘肃，品种有九龙牦牛、青海高原牦牛、天祝白牦牛、西藏高山牦牛等。奶山羊品种主要是萨能奶山羊及其与地方品种的杂交后代，山东、河北饲养较多，陕西以关中奶山羊为主。奶山羊年产奶量约600～800千克/只。

2002年，全国奶牛存栏687.3万头，存栏牛平均单产1 891千克，若按成年母牛计（约占牛群55%），单产约3 438千克，较上年提高4.4%。上海、北京、江苏、天津、浙江等省、直辖市，因其规模化、良种化水平较高，单产水平也相对较高。新疆、甘肃、内蒙古、青海等牧区，由于荷斯坦奶牛比例低，良种化程度不高，且规模化水平也较低，因而，单产水平在全国较低，新疆存栏奶牛单产仅660.6千克。

表3 部分地区存栏奶牛平均单产水平比较 （千克/头）

年份	北京	上海	天津	内蒙古	黑龙江	河北	山东	江苏	新疆
2001	3 351.6	4 333.3	3 394.4	1 421.7	2 429.3	1 402.1	2 109.2	3 247.7	634.6
2002	3 647.7	4 663.9	3 427.9	1 678.9	2 526.8	1 450.1	2 315.4	3 536.6	660.6

我国牛奶产量的增加从总的趋势看，主要依靠奶牛存栏的增加（图5）。1978—2001年，奶牛存栏年均递增11.4%，而牛奶产量年均递增10.8%，存栏和奶产量基本保持同步增长。2002年，在奶牛存栏增加21.39%的情况下，牛奶产量增加了26.75%，产量增加速度超过了奶牛存栏增加速度，这在近年来是少有的。这主要得益于良种的引进、培育及饲养管理水平的提高。

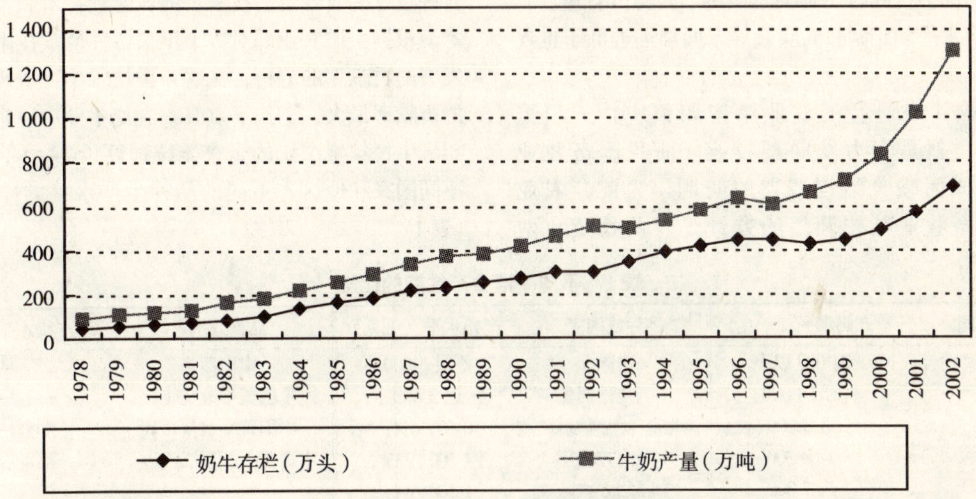

图5 奶牛存栏与奶产量变化情况

（五）良种繁育和推广

为尽快突破我国奶业发展中存在的良种数量少、种源不足这一瓶颈，2002年国家和地方进一步加大了政策扶持和资金投入力度，在良种繁育体系建设、良种的引进和推广、良种的管理等方面做了大量工作，并取得了显著成绩。

一是加强繁育体系建设。2002年，农业部通过实施畜禽“良种工程”，扶持建设奶牛原种场17个、种公牛站9个、胚胎移植中心6个，投入资金达1.26亿元，超过畜禽良种工程总额的一半。这样的支持力度在我国还是第一次。

二是实施“胚胎移植工程”。为促进农民增收致富，加快胚胎移植技术在生产中的应用，2002年农业部在北京、新疆、黑龙江、内蒙古、宁夏、陕西、山西、河北和山东9个省、自治区、直辖市实施了“万枚高产奶牛胚胎移植富民工程”。项目共移植高产奶牛胚胎15 757枚，受胎成功率平均为47.7%，产高产奶犊牛3 700多头。项目的实施还推动了全国胚胎移植的开展，2002年全国奶牛胚胎移植总量超过4万枚，较上年大幅增加。

三是开展种公牛站考核、换证工作。为加强种公牛站的管理，促进冻精质量水平的提高，2002年农业部分两批组织对全国36个种公牛站进行了现场考核和冻精质量检测，并对其中26个合格单位重新核发了种畜禽生产经营许可证。考核表明，我国种公牛站的生产和管理水平不断提高，特级种公牛的比例由1998年的47%，提高到2002年的72%；全国采精种公牛达1 400余头，共21个品种，其中：西门塔尔442头，约占31%；荷斯坦263头，约占19%；夏洛来166头，约占12%；利木赞152头，约占11%；此外还有部分海福特、皮埃蒙特、安格斯、南德文、秦川牛、延边黄牛等。这些种公牛每年可生产冻精近3 000万剂。

四是加快良种引进。为增加良种奶牛数量，促进良种奶牛的繁育，国家和地方积极采取各种有效措施，加快良种奶牛的引进工作。国家对良种奶牛的引进继续实行免税政策；农业部在保证引进种畜质量的前提下，不断简化审批程序、提高工作效率；地方政府、企业和养殖者也千方百计、多渠道筹集良种引进资金。2002年良种引进的数量较上年大幅度提高，经农业部批准引进的荷斯坦奶牛达25 560头、奶牛胚胎14 280枚、冻精146 000支，分别是上年的5.02倍、5.76倍和2.45倍。

（农业部畜牧兽医局 刘加文）

我国荷斯坦奶牛良种繁育体系建设

奶牛业是饲料转化效率最高、资源利用最节约的畜牧业，是现代技术和资金投入最为密集、集约化程度最高的养殖业，是市场化和产加销一体化程度最高的产业，也是极具发展潜力和广阔前景的“朝阳产业”。因此世界上大多数国家和地区都将发展奶牛业放在畜牧业的首要位置。改革开放20多年来，我国畜牧业持续高速发展，肉类和禽蛋生产总量连续多年居世界首位，肉类和禽蛋的人均占有量也远高于世界平均水平。但奶牛业发展相对滞后，我国在奶类总产量、人均占有量、奶牛平均生产水平和奶制品的质量等方面都远远低于世界平均水平。

在我国正在进行的农业结构调整中，一项重要的任务，就是大力发展畜牧业。而我国畜牧业的发展同样面临着结构调整的问题。为此，农业部提出了畜牧业结构调整的方针是“两稳定，两加快，两突出”，其中将奶类生产列为突出发展的位置上。因此全国各地出现了前所未有的奶业发展的热潮。当前摆在我们面前的一个重要问题，就是科学地确定我国奶业长期、稳定发展的策略问题，本文拟就我国奶牛群体遗传改良的策略作一个粗浅的论述。

（一）奶牛群体的遗传改良是奶业发展的基本策略

影响奶牛业生产效率的主要技术因素有四个，即优质高产的奶牛群、优质饲料、良好的饲养管理条件和有效的防病治病措施。上述四个因素通过科学技术实施才能得以实现，它们相对应的科学技术因素分别是：遗传育种技术、营养饲料技术、饲养管理技术和疫病防治技术。根据美国农业部对数十年来各种科学技术对奶牛业发展的贡献率的分析，在这4类技术中，遗传育种技术的贡献率最大，达到了40%。在奶牛业中通常用每头成年母牛每年生产奶的量来笼统地评价牛种的生产水平，不同国家和地区、不同的品种生产水平差异是很大的（表1）。

表1　不同牛群生产性能的比较

品种或国家	产奶水平（千克）	品种或国家	产奶水平（千克）	品种或国家	产奶水平（千克）
世界最高产个体	24 000以上	中国	不足3 000	中国黄牛	不足800
以色列	近10 000	中国纯种奶牛	近3 600	中国黄牛改良1代	1 200～1 600
美国	近9 000	北京、上海城郊	6 500左右	中国黄牛改良2代	2 000～2 500
加拿大	近8 300	中国南方城郊	4 500左右	中国黄牛改良3代以上	近3 000
荷兰	近7 000	中国北方牧区	1 500左右		

上表数据表明，决定一个国家或地区奶牛业生产水平的首要因素是牛的品种；我国奶牛群体的总体水平远落后于发达国家；我国“奶牛群”的大部分亟待选育改良；而我国主要大中城市郊区的牛群具有较高的生产水平；事实表明，经过系统的遗传改良措施，可以使低产牛，即使是黄牛，也可得到产奶量大幅度的提高。

奶牛的育种技术是独具特色的，由于奶牛是一种世代间隔长（3～4年）、繁殖率低（每年1胎、每胎1头）的畜种，因此人们既不能像作物那样，通过各种手段，不断地培育奶牛新品种；也不能像猪禽等畜种那样建立杂交配套繁育体系。奶牛群体的育种工作，只能通过对现有品种，即对占当今世界奶牛存栏90%以上的品种——荷斯坦奶牛长期、系统地实施科学的选育技术，使奶牛群得到整体的遗传改良。数十年来，世界各国的奶牛科学家应用遗传学理论和方法，经过长期的实践，总结出一套奶牛群体的遗传改良技术体系，包括4项工作：严格、系统、规范的奶牛个体生产性能测定，即DHI；通过定期的良种登记，培育和选育高产奶牛育种核心群；通过公牛的后裔测定和相应的遗传评定技术选育优秀种公牛；利用人工授精技术及胚胎生物技术，将优秀种公牛和高产母牛的优良遗传物质推广到整个牛群，以期改进全国奶牛群体的生产性能。

这一奶牛群体遗传改良技术体系经过长期在世界各国应用，已经证实是迄今最为科学、合理和有效的成套技术体系。最具说服力的例证是北美奶牛群的发展历程。20世纪50年代初，美国和加拿大的奶牛平均生产水平仅是5 000千克左右，1953年两国同时启动了“牛群遗传改良计划”，即人们说的“DHIP”，经过半个世纪的努力，使两国拥有当今世界上最好的奶牛群。近年来，由于上述奶牛群体改良技术日渐成熟，加之生物技术与计算机技术的应用，使世界发达国家的奶牛业发生了很大的变化，主要表现在奶牛存栏数量不断减少，而产奶总量持续增加，生产效率得到了大幅度提高。美国是这种变化最为显著的国家，从1989年到1998年的10年间，美国全国的奶牛存栏量减少了9%，而总奶产量增加了9%，奶牛个体平均生产性能提高了20%。

科学的分析与世界奶业发展的历程表明，奶牛良种是奶业的必要资源，奶牛品种的不断改良提高是奶业发展的根本动力，研究、发展和实施奶牛群体遗传改良技术体系是奶业发展策略的重要方面。

（二）我国奶牛品种改良工作的现状及问题

我国奶牛业的发展是由品种改良和培育新品种为先头的，在我国的牛品种资源中本没有培育出奶牛品种，我们饲养的奶牛最早在100多年前，由国外引进的，国外奶牛品种引入后，一方面在小范围内进行纯种繁育，另一方面为了扩大奶牛群的数量，使用纯种进口荷斯坦公牛对本地的黄牛进行杂交改良，经过一定世代的级进杂交和杂交牛的横交固定。再经过长时间的筛选和选育工作，逐步形成了特性、特征表现一致、遗传稳定，适应性强的奶牛群，这就形成了育成新品种的基础。1985年经国家鉴定，我国自己的奶牛新品种正式被承认，定名为中国黑白花奶牛，后更名为“中国荷斯坦奶牛”。

按照育种学理论，一个育成品种，如不加强在品种内的选育提高工作，将会因受到自然选择的影响，造成品种退化，即有如“逆水行舟，不进则退”。为此中国奶牛协会在科技部、农业部的支持下，会同教学科研部门的科研工作者和各地奶牛育种工作者，在中国荷斯坦牛群中开展了一系列选育、改良提高工作。概括起来说，有以下几方面：

(1) 利用人工授精技术在内蒙古、黑龙江等省、自治区开展了大面积的“冷配”黄牛改良工作，为增加我国奶牛的总头数和总产奶量打下了基础；

(2) 通过品种调查和良种登记，在“七五”期间选育了高产奶牛核心群，这对于培育优秀种公牛奠定了基础；

(3) 为了加快牛群的遗传改良速度，通过各种渠道引进大批种公牛、冷冻精液和胚胎，经分析，我国奶牛主要产区近年来所获得的增产效果，很大部分是由于引进国外育种材料所致；

(4) 自1983年开始，由中国奶牛协会牵头，组织了29批的全国联合公牛后裔测定，参加测定公牛355头，初步探索了在我国选育优秀种公牛的技术；

(5) 1995年以来，在执行中国—加拿大奶牛育种合作项目中，在上海、西安、杭州、北京等13个省市先后试行了奶牛生产性能测定（DHI）体系，初步推行了在我国多年未能实现的这项非常重要的奶牛品种改良的基础工作；

(6)“八五”期间，中国奶协又牵头完成了“奶牛MOET育种体系的建立与实施”的国家科技攻关项目，探索了应用胚胎移植技术选育优秀种公牛的途径，并初步培育了一批优秀种公牛。

在过去的几十年中，我国的奶牛业不断地发展，而且近年来发展速度十分迅猛。但在研讨奶业发展策略时，我们应清醒地看到，从奶业生产水平、生产效率和技术水平上，特别在奶牛品种遗传素质和选育技术上，我国与发达国家有相当大的差距，这些差距主要表现在以下几个方面：

(1) 由于奶业的发展在我国长期没有受到应有的重视，因此奶牛品种改良工作指导思想不明确，缺乏稳定的育种目标、长期的改良方案、系统成熟的技术、高效的运行机制，致使全国奶牛生产一直在低水平上徘徊，限制了奶业的发展；

(2) 奶牛群中良种覆盖率很低，在统计的我国600余万头奶牛中，真正纯种荷斯坦奶牛仅有1/4左右，其他多为低产的改良牛，甚至未经改良的土种牛，近年来由于种种原因，前几年效果较好的“冷配”改良工作出现滑坡和停滞，在牛奶总产量中，大部分是依赖低产牛生产的，饲养低产牛不仅浪费了资源，也导致了牧区草原生态的进一步恶化；

(3) 我国始终未建成科学、规范的良种奶牛繁育体系，一些已被发达国家所证明的行之有效的选育改良技术，诸如生产性能测定、后裔测定、品种登记等技术措施尚未得到完全实施，因此奶牛群整体的遗传改良进展迟缓；

(4) 我国迄今尚未形成自主培育和选育优秀种公牛的能力，因此多年来用于牛群品种改良的种公牛主要依赖国外引进，而国外引进的未经验证的青年公牛其改良效果有限，使得我国的奶牛群的遗传改良受到很大制约；

(5) 长期以来，由于我国奶牛生产管理体制不合理，在这种体制下，奶牛群体遗传改良组织不健全，机制不完善，致使我们牛群中存在着优良的种质也难被发掘，即使发掘了也很难在改良低产牛中发挥作用。

（三）我国奶牛良种繁育体系建设的策略

近年来，我国的奶业生产普遍受到重视，各地都将奶业作为畜牧业可持续发展战略的重点，出现了空前的养奶牛热潮。更为可喜的是，在经济体制改革中，出现了许多产业化程度高，管理体制先进的“产加销一体化”的奶业生产企业集团。这些新型企业和国有奶业构成了我国奶业生产的主体，但在这些企业扶植的个体养牛户中，牛群总体遗传素质较差，生产水平低，奶源不足成了奶业发展的滞后因素。当前全国各地都在制定奶源基地建设的规划和行动计划，许多有识之士颇有感触地说“得奶源者得天下”，在奶源基地建设时还应认识“得良种者得奶源”的道理。就我国奶牛群体遗传改良的策略，本人提出几点粗浅认识：

1. 制定国家奶牛品种改良长期发展规划 就一个养殖企业而言，畜禽良种是主要的生产资料。而就国家而言，畜禽品种是和能源、矿产一样的重要国家资源。而且畜禽品种是动态的可再生和可改进的资源，因此国家不仅应重视畜禽品种资源的保护，还应重视畜禽品种的改良与开发利用。在我国奶业发展策略中，亟须制定国家奶牛品种改良长期发展规划，其中应包括相应的种质管理法规，对种公牛站和良种场的规划、审批和管理制度，制定宏观的奶牛育种目标和牛群遗传改良方案，资助奶牛遗传改良基础工作，对中国奶业协会和生产者联合会给予长期稳定的指导和支持。

2. 建设我国奶牛良种繁育的技术体系 如前所述，

美国等奶牛业发达国家成功的经验是，多年摸索形成的一套牛群遗传改良的组织体系和技术体系，通过生产性能测定、良种登记、公牛后裔测定与遗传评定、广泛应用人工授精等繁殖生物技术等基础工作，培育和选育优秀种公牛，带动全群的遗传改良。这实际上就是一条非常清晰的、先进的奶牛群体选育提高的技术路线。中国奶业协会育种委员会虽然也曾试图在我国组织实施上述4项基础工作，但因缺乏政府必要的支持，管理体制又很不顺畅，致使收效甚微。

在当前奶业发展的大好形势下，通过领导和专家们的深入论证，道理清楚了，目标明确了，牛群遗传改良技术会作为奶业发展的关键技术得到重视。随着奶牛群体遗传改良基础工作到位，必将促进全国奶业的全面持续发展。

3. 在奶牛遗传改良中科学地应用胚胎生物技术 近年来，国内许多部门和一些地方普遍关注胚胎移植技术在奶业发展中的应用。许多专家学者也期望将胚胎移植作为常规的繁殖技术应用到我国奶牛群中，实现“快速扩繁”，尽快改变我国奶牛业落后的局面。这一设想是否合理可行，需要以实事求是的精神，结合我国奶牛生产的需求，进行科学的论证。

经过长期的研究、改进和应用，当前，奶牛超数排卵和胚胎移植技术，即所谓的MOET技术已经成为成熟技术。在美国，早在十几年前，胚胎移植就已成为一项十分成熟的生物技术了，现在已不属“高新技术”范畴。我国经过近20年的引进、消化、吸收和发展，也已在科技水平上完全成熟。就技术本身，它在奶牛遗传改良中有广泛而深远的应用前景。归纳起来，胚胎移植在奶牛群体遗传改良中的效应有：

提高母牛的繁殖力，以便每年多得到一些后代；

扩大高产奶牛遗传优势在牛群中的影响；

采用胚胎的方式，引进国外优良种质，既简单易行，又可避免由于进口活牛所带来的疫病的风险；

由于提高了母牛的繁殖力，使种牛的遗传评定可以利用到全同胞的信息，改善选育优秀种公牛的效率，缩短公牛遗传评定的周期，进而加快牛群的遗传进展。

然而，迄今为止胚胎移植技术实施成本昂贵，据统计分析，胚胎移植成本大约是人工授精技术的50～100倍，这就限制了它的大规模应用。即使在经济发达的美国，每年也不过只生产10万余枚奶牛胚胎，而其中还有近一半用于出口。从遗传育种学角度看，胚胎移植获得的后代当然要优于人工授精的后代。但是在经济学上是否可行，则需要作进一步的分析和论证。因此，除非胚胎移植成本下降到生产者可接受的水平，近期内胚胎移植技术不可能替代人工授精，而成为奶牛的主要繁殖手段。

因此，在一个奶业持续、稳定发展的规划中，应用胚胎移植的策略应定位在：

经济条件允许，在小范围内，作为短期扩大群体规模，即快速扩繁的辅助手段；

在小规模的高产母牛核心群中，通过胚胎移植与特殊育种措施的结合，建立一个新的育种体系，即所谓的MOET育种体系，由此高效率地培育和选育优秀的种公牛。而后，通过公牛冷冻精液的推广，对大范围的母牛群进行遗传改进。

综上所述，我国奶业的发展策略中，应将奶牛群体的遗传改良工作作为重中之重的工作。结合我国国情，以遗传育种学理论为基础，科学地应用生物技术、计算机技术等新技术、新方法，加强奶牛群体选育技术的基础工作，建设中国荷斯坦奶牛良种繁育体系。

（中国农业大学 张 沅）

我国奶牛进口情况

（一）历史的回顾

奶牛进入我国的历史可以追溯到新中国成立之前，民国年间英国、美国的传教士和教会组织为了解决他们及家属的喝奶问题从国外运进少量的奶牛，在我国进行饲养繁殖。新中国成立后我国也有零星的进口，由于当时的国力和国人的生活习惯所限，我国对奶牛良种的引进重视程度很不够。真正能够刷新我国奶牛进口历史的时间应该从我国的改革开放算起，也可以这样说，我国改革开放的历史就是奶牛进口的历史。改革开放前及改革开放初期，我国畜牧业处于落后的传统计划经济时代，畜禽的饲养品种单一，生产性能低下，国内规模化畜禽养殖场屈指可数，造成了畜禽产品供应严重短缺。传统落后的畜牧业已经不能适应人民日益增长的生活需要。当时的肉、奶、蛋都是凭票供应，票证是身份、地位的象征，能够喝上一杯牛奶已经是一种高级享受和奢侈。1980年为了解决大、中城市副食品供应短缺问题，同时也为了激发广大农民发家致富的热情，促进农村经济体制改革的进一步深化，大力发展畜牧业已成为当务之急。此时，急需一个能够将国外先进的畜牧管理技术与优良品种引入我国的专门机构，为此，农业部向国务院提出申请，经当时的国家进出口管理委员会批准，在农业部畜牧总局种畜处的基础上组建了中国种畜进出口公司，成为当时国内惟一从事畜禽良种进出口的专业性机构。

中国种畜进出口公司现更名为中国种畜进出口有限公司（CABS）。公司成立23年来，先后与世界上60多个国家和地区的客商建立了贸易关系，为国内数千家种畜禽良种企业提供过优质专业的服务，已成长为我国种畜禽进出口行业的龙头企业，在业界享有很高的声誉，为国家创造了巨大的经济效益和社会效益。

.（二）我国奶牛的引进情况

良种的引进对我国奶牛业的健康快速发展起着重要的推动作用。新中国成立以来，我国畜牧行政管理部门十分重视优良品种的引进，我国的奶牛品种从无到有，数量发展到目前的600万头，这与我国政府积极的良种引进政策密不可分。2001年农业部《关于加快畜牧业发展的意见》中关于加大畜禽良种体系建设力度中指出："坚持国内培育和国外引进相结合的方针，在充分利用我国现有畜禽良种、加大选育工作力度的同时，积极引进国外优良品种，提高良种生产和畜产品质量水平。"在这一方针的指引下，我国奶牛的进口速度明显加快。新中国成立以来我国奶牛的进口有过两次高峰，第一次高峰出现在1984—1986年，当时的中央领导率先提出了大力发展奶牛业，倡导国民人人喝牛奶，天天喝牛奶。此间我国通过中国种畜进出口公司共进口优良种奶牛9 000多头，为我国奶牛业的发展奠定了基础。1986年之后，每年都有少量种牛进口，但绝大多数都是种公牛。第二次高峰出现在农业部《关于加快畜牧业发展的意见》发表后。2001、2002两年我国共进口奶牛15 000多头，比改革开放后20年进口种牛的总合还要多。近年来，对于种牛的引进，国家在税收和资金方面都给予了优惠政策。资金方面农业部和各级地方政府在良种引进上都有专项资金扶持，农业部先后启动了"948"引进计划、良种工程项目。这些项目的实施，加速了我国良种奶牛的引进，为我国奶牛品质的提高和奶品质量的提升做出了很大的贡献。税收方面非种用动物目前的进口关税税率为10%，进口环节增值税税率为13%，而对于经过国家批准进口的种用动物则实行免税政策。在出入境动物的检验检疫方面，国家出入境检验检疫机关对优良品种的引进也加大了支持力度。为了适应奶牛业的快速发展和进口奶牛数量猛增的新形势，除充分利用好现有的北京、天津、上海、广州等4家国家动物检疫场外，还批准在天津、大连、青岛、北海等口岸建立了适应于隔离海运种牛的大型临时动物检疫场，满足了不断增长的进口种牛检疫隔离的需要。为了减轻广大农牧企业的负担，降低引进种牛成本，提高进口种牛的质量，我国进口种牛的主渠道中国种畜进出口有限公司率先采用海运的方式进口种牛，并采取集合竞价的方式进行询价，大大地降低了进口种牛的价格，成倍地减少了进口成本。

（三）我国奶牛进口的发展趋势

近年来，随着我国经济体制改革的深入，社会主义市场经济进程的加快，混合经济的逐步发展壮大，奶牛业再度升温。我国奶牛进口出现了下列三种趋势。

1. 引种主体发生了变化 近年来，我国奶牛引进的主体发生了根本性变化，1984—1986年，我国出现过第一次"奶牛热"，在第一次引进浪潮中，我国引进种牛的单位基本上为国有企、事业单位，引进数量少，发展速度慢，所引种牛以种公牛为主。而这次到来的引种高潮的主体由股份制企业、民营企业、广大农牧民构成。他们的特点是起步晚、起点高、发展快。例如：股份制企业"新疆金牛生物股份有限公司"，致力于奶牛生物科技的研究，2002年斥巨资从加拿大、美国、澳大利亚进口高产荷斯坦奶牛5 000多头，以这些高产奶牛为供体建立核心群，采用"胚胎移植技术"、"动物克隆技术"、"借土牛腹，产金牛犊"，最大限度地发挥进口良种奶牛的遗传潜力，快速繁育良种奶牛。

2. 引种国家发生了变化 由于受欧洲疯牛病的影响，前几年我国种牛的来源主要是北美洲的美国和加拿大，其奶牛的特点是体型大、产奶量高，但价格昂贵，对饲养条件要求极高，在我国的生产性能表现不如输出国，而世界第三大奶牛饲养区澳大利亚、新西兰奶牛存栏数量大、产量适中、抗逆性强、管理粗放，经区域饲养在我国表现出了很好的生产性能，且价格远远低于美国和加拿大，目前我国进口的种奶牛90%来自澳大利亚、新西兰两国。

3. 引种数量大，引种高峰持续时间延长 我国加入世贸组织后，农业面临着挑战与机遇，如何应对挑战，抓住机遇已成为当务之急。农业产业结构的调整是应对挑战，实现我国农业现代化的重要举措，而农业产业结构的调整畜牧业是核心，我国畜牧业最有发展空间和潜力的是乳品加工业和奶牛产业，该产业被业界称为我国畜牧业的朝阳产业。是我国国民经济新的经济增长点，正是基于这一点，其他行业的产业巨头纷纷将主攻方向调整到奶牛产业上来，他们的资金雄厚、大思维、大手笔，不约而同地斥巨资进军乳业领域。

他们的来势凶猛，进口数量巨大，都以千头为单位，正是由于他们的加入，这一波引种高峰将持续较长时间，我们预测至少在5年以上，5年内进口数量将超过80 000头。

（四）进口奶牛的程序

(1) 种牛场应取得所在省、自治区、直辖市畜牧行政主管部门颁发的种畜禽生产经营许可证；

(2) 委托一家进口代理公司，在代理公司的指导下，填写农业部进口种畜申请表（俗称五联单），经所在省、自治区、直辖市的畜牧行政主管部门初审后报农业部畜牧兽医局审批；

(3) 代理公司将向国家检验检疫机关申请进境种牛检疫许可证；

(4) 在委托方的参与下，代理公司向外商询价、签约，并组团出国选购种牛；

(5) 种牛到达口岸前，凭有关文件在当地海关办理免税批文；

(6) 接货、报检、报关将由代理公司完成。

进口种畜的环节多、风险大，选择一家诚信的代理公司至关重要，不仅可以确保进口种牛的质量和速度，而且确保资金的安全性。

（中国种畜进出口有限公司　张开展）

我国对进口奶牛及其胚胎和冻精的检疫管理

进口奶牛及其胚胎和精液，检疫问题是非常重要的，是进口贸易能否进行的直接决定因素。为了保护我国的畜牧业生产安全，促进对外贸易的发展，1991年全国人民代表大会常务委员会通过了《中华人民共和国进出境动植物检疫法》。对进口奶牛及其胚胎和精液的检疫管理，根本的法律是《中华人民共和国进出境动植物检疫法》，涉及到的相关法规还有国务院颁布的《中华人民共和国进出境动植物检疫法实施条例》，以及相关行政规章，如《中华人民共和国进境动物一、二类传染病、寄生虫病名录》、《进口动物管理办法》、《进境动物隔离场管理办法》、《进境动物临时隔离场管理办法》、《进境动植物检疫审批管理办法》、《进出境动植物检疫注册登记管理办法》等，同时，还要符合我国与出口国家签订的进口奶牛及其胚胎和精液的检疫议定书的规定。

国家质量监督检验检疫总局（以下简称国家质检总局）动植物检疫监管司负责全国的进口奶牛及其胚胎精液的检疫管理工作，国家质检总局设在各地的出入境检验检疫局负责进口奶牛及其胚胎和精液的具体检疫工作。进口奶牛及其胚胎和精液的检疫管理包括以下主要程序：

1. 检疫审批　进口奶牛及其胚胎和精液的单位（个人）或代理公司，在进口奶牛及其胚胎和精液前，须向国家质检总局动植物检疫监管司提出进口申请，提交《进境动植物检疫许可证申请表》，并附有关文件。国家质检总局对符合规定的进口申请，签发《进境动植物检疫许可证》。

2. 在出口国的检疫　进口奶牛在出口国，要经过原农场检疫和出口前隔离检疫，原农场检疫大约需要3周，出口前隔离检疫为30天。进口奶牛在出口国的检疫，由出口国家的动物检疫部门负责，我国一般派出动物检疫人员配合出口国的检疫工作，了解有关检疫情况。经出口国检疫合格的奶牛，方可向我国出口。

3. 入境后的隔离检疫　进口奶牛入境后，必须在国家质检总局批准的隔离场所，隔离检疫45天。在隔离检疫期间，检验检疫机构按照双边签订的检疫议定书，对进口奶牛实施检疫，经检疫合格的奶牛放行，出具《检验检疫放行通知单》，进口单位凭此办理海关放行、国内运输等。

4. 检疫处理　经检疫不合格的奶牛及其胚胎和精液，在检验检疫机构的监督下，由进口单位负责进行无害化处理。

进口胚胎和精液的检疫程序比较简单，主要是进行检疫审批。

近年来，随着我国奶牛业发展的要求，进口奶牛不断增加。2002年进口奶牛8 000余头，奶牛胚胎40 778枚，奶牛精液120 600只。由于其他国家的疫情限制，目前，向我国出口奶牛及其胚胎和精液的主要国家有澳大利亚、新西兰、加拿大、美国。进口奶牛需求的增加，使几个进出口公司转向奶牛进口贸易，进口奶牛的主要公司有中国种畜进出口公司、北京鑫茂嘉旭进出口有限公司、石家庄千祥贸易有限公司、北京中地种业有限公司、山东农业实业有限公司等。

我国奶牛业的迅猛发展，是我国国民经济增长，人民生活水平提高的结果。乳品加工业的发展是促进奶牛业发展的直接因素。由于我国奶牛的整体生产水平低于畜牧业发达国家的水平，进口奶牛是加快我国奶牛业发展的有效措施。但是，进口奶牛需求的增多，逐渐显现出一些引进奶牛贸易的竞争，导致的进口奶牛价格有所增加，总体水平有所下降，有关主管部门和地方政府应引导进口奶牛朝着健康有序的方向发展。可以预测2003至2005年，进口奶牛的量仍然是增加趋势，同时，进口奶牛的问题也会更加突出。据了解，国家质检总局将在2003年制定《进境动物遗传物质管理办法》，有望减少进口奶牛胚胎和精液的环节，降低进口成本，如果我国的胚胎移植技术水平明显提高，几年以后，进口奶牛胚胎和精液的数量会明显增加。

（国家质量监督检验检疫总局　刘隆基）

天津无公害牛奶生产基地认定条件

2001年在农业部主持下，我国开始实施“无公害农产品行动计划”，天津作为试点城市之一参加了这一行动计划，并从蔬菜、肉类、牛奶、水产品和饲料五个方面先行作了试点工作。

按照市政府的统一安排，成立了“无公害牛奶行动计划”办公室和无公害牛奶质量检测中心，制定了《天津市无公害牛奶管理暂行办法》、《无公害牛奶生产基地认定条件》、《无公害牛奶加工企业认定条件》、《无公害牛奶产品地方标准》、《无公害牛奶标志管理法》和《无公害牛奶生产基地建设和管理规范》等文件，市财政又拨付专项资金402万元（其中检验、认定费42万元，检验设备360万元），于2002年9月开始实施该“计划”。已先后有68个奶牛场、奶牛小区被认定为天津市无公害牛奶生产基地，8个乳品加工厂被认定为天津市无公害牛奶加工企业，一批经严格检验的乳制品将在近期通过市场准入，与消费者见面。被认定为无公害牛奶生产基地的奶牛头数59 400头，牛奶日产量590吨，分别占全市奶牛头数的56.6%，占牛奶日产量的58%，取得了阶段性成果。

按照“天津市无公害牛奶生产基地认定条件”要求，凡被认定为无公害牛奶生产基地的奶牛场和奶牛养殖小区经过严格的审核和验收，必须具备以下条件：

(1) 无公害牛奶生产基地选址要符合GB16568－1996《奶牛场卫生及检疫规范》，与主要交通干线、城镇、村庄、屠宰加工厂、火葬厂、化工厂和有污染的设施、工厂等的距离要在500米以上，与其他畜禽养殖场间距符合防疫要求。

(2) 无公害牛奶生产基地的饲养规模在500头以上，占地面积不少于4公顷，并配备与其饲养规模相适应的机械化挤奶厅和冷藏贮奶设施及运输车辆。

(3) 基地布局要科学合理，生活、办公、生产区要分开。水、电、路、绿化带配套，四周有污水排放沟、防疫沟或其他防疫屏障。基地内入口有消毒池、消毒间，污水排放符合GB8978《污水综合排放标准》，有粪便堆放场，粪便处理符合GB7959《粪便无害化卫生标准》，脏、净道分开。基地生产布局设计合理，符合奶牛场建设规范。有标准的配种、治疗、化验室。

(4) 投入品符合国家无公害标准。饲草、饲料、添加剂、兽药、激素等的应用有记录、有配方，符合NY5046－2001《奶牛饲养兽药使用准则》、NY5048－2001《奶牛饲养饲料使用准则》。

(5) 奶牛品种优良，并逐步采用牛群生产能力测定(DHI) 和全混日粮饲喂方式(TMR) 等新技术，成母牛平均年单产6吨以上。

(6) 牛群健康无传染性疫病，符合NY5047－2001《奶牛饲养兽医防疫准则》。建立牛群定期检疫、健康证、健康号管理制度。饲养人员要经健康检查，并持有健康体检证。

(7) 奶牛场管理符合NY5049－2001《奶牛饲养管理准则》，管理规范化、科学化，有完备的生产记录和各项管理制度。

(8) 配有专业技术人员，服务体系完善。

(9) 生鲜牛奶的质量符合NY5045－2001《生鲜牛乳》标准。

按照《天津市无公害牛奶加工企业认定条件》的要求，无公害牛奶加工企业必须具备以下条件：

(1) 无公害牛奶加工企业是在本市登记注册，被批准从事乳制品生产的企业，采用现代设备，其一个独立生产企业的生产规模为日处理鲜奶50吨以上。

(2) 无公害牛奶加工企业必须有稳定优质的生鲜牛奶来源，其原料奶必须是经认定的无公害牛奶生产基地生产的合格牛奶。

(3) 无公害牛奶加工企业必须进行GB/T19000认证工作，并符合NY5050《牛奶加工技术规范》。原料奶收购执行NY5045－2001标准和《天津市生鲜牛奶收购办法》。

(4) 无公害牛奶加工企业的生产用水要达到生活饮用水标准，符合GB5749－85《生活饮用水卫生标准》。

(5) 无公害牛奶加工企业卫生标准符合GB12693－90《乳品厂卫生规范》要求。生产设备、设施符合GB12073－1989《乳品设备安全卫生》要求。

(6) 无公害牛奶加工企业应符合《中华人民共和国食品卫生法》的规定，有严格的质量控制和保证体系，具有符合标准的质量控制实验室和规范的化验室，保证产品符合GB5408.1－1999《巴氏奶》、GB5410－1999《奶粉》、GB2746－1999《酸奶》、GB5408.2－1999《灭菌奶》等国家标准。

(7) 无公害牛奶加工企业的产品包装符合国家有关食品包装的规定，并有完善的牛奶配送系统和配送管理制度。

(8) 无公害牛奶加工企业有完整的管理制度，管理规范化。

无公害牛奶行动计划实施以后，使原料奶质量和卫生水平有了很大提高，乳制品的食用安全得到了可靠的保证，深受广大消费者的欢迎。目前该项计划正在积极开展，配合收奶站清理和生鲜牛奶收购环节质量管理秩序的整顿和建立，将更加有力地推动无公害牛奶行动计划的实施。

（天津市奶业办公室　曲金铎）

内蒙古家畜品种改良

（一）内蒙古畜禽品种改良工作现状与基本情况

内蒙古是国家重要的畜牧业基地，得天独厚的千里草原和丰富的农副产品资源为发展畜牧业经济提供了雄厚的物质基础。畜牧业是自治区的基础产业，也是本区的优势产业。2002年全自治区年末存栏牲畜7 260.1万头只。其中奶牛98.4万头，黄牛229万头，马87.56万匹，骆驼8.93万峰，绵羊3 476.81万只，绒山羊2 198.41万只，存栏生猪932.87万口。肉类总产量149.58万吨，其中羊肉33.81万吨，牛奶165.20万吨，毛绒总产量68 231吨，牛羊皮产量2 309.06万张。畜牧业总产值127.62亿元，占农业总产值的40.0%。

自治区自20世纪50年代开展畜禽改良以来，由于自治区党委、政府的高度重视，国家各有关部委和自治区有关部门的大力支持帮助，全区家畜改良战线的科技人员和广大农牧民群众不懈努力奋斗，取得了长足的进展，良种和改良种畜禽数量不断增加，质量稳步提高，畜禽生产性能和畜产品质量、数量大幅度稳步提高。据统计，“九五”时期，全区家畜改良配种总规模由1995年的1 350万头只，增加到2000年的1 757.64万头只，增加了30.2%；全区良种及改良种大小牲畜由1995年的3 202.05万头只，增加到2000年的4 551.18万头只，增加42.13%；良种及改良种大小牲畜比重由1995年的61.2%上升到2000年的73.29%，提高了12.09个百分点。到2002年6月末，全区良种和改良种牲畜达到5 073.48万头只，良种和改良种比重上升到80.18%。良种改良种牛达317.54万头，占75.69%，其中：良种改良种乳牛90.41万头，细毛羊及改良羊952.68万只，半细毛羊及改良羊380.40万只，良种改良种绵羊比例为84.88%，良种改良种山羊比例为75.23%，基本实现了改良化。

经过40多年的不懈努力，全区正式育成了26个畜禽新品种，成为全国家畜育种工作成效最显著的省区之一。其中乳用牛品种1个，细毛羊新品种8个，半细毛羊新品种1个，绒山羊新品种3个，肉（肉脂）羊新品种3个，肉牛（肉乳兼用）新品种3个，马2个，骆驼2个，猪3个。内蒙古白绒山羊、阿拉善双峰驼、苏尼特羊、乌珠穆沁羊、呼伦贝尔羊、鄂尔多斯细毛羊、敖汉细毛羊、中国美利奴羊等优良品种所产的绒、肉、毛等畜产品，质量上乘，享誉海内外，畅销国际市场，成为自治区出口创汇的拳头产品。目前自治区绵羊毛产量居全国第二位，细羊毛第一位，半细毛第三位，羊绒第一位，牛奶第三位，肉羊第四位，牛肉第十一位。

2002年全区改良配种总规模达1 904.28万头只。其中牛改良配种155.87万头，其中冷配104.81万头；绵羊改良配种1 130.17万只，其中人工授精547.62万只；山羊改良配种571.01万只，其中人工授精74.55万只；推广良种猪646.29万只；推广良种鸡3 942.06万只；马驴改良配种44.52万匹；骆驼选育2.71万峰。

内蒙古家畜改良工作站自1957年成立以来，经过40多年的建设，技术队伍不断壮大，服务功能逐渐增强，科技推广、开发硕果累累，现已发展成为集科研、生产、推广、开发于一体的全自治区家畜改良社会化服务中心。全站共有职工79人，其中有博士研究生3人，硕士研究生4人，大学本科生28人。农技推广研究员3人，高级畜牧师17人，畜牧师22人。

内蒙古家畜改良站占地面积53 334 米^2，建筑面积13 000 米^2。站内设种源生产科、技术开发科、技术推广科、经营管理科、科技教育科、种畜管理科、人事保卫科、办公室8个科室，拥有种公牛舍（4栋）、种母牛舍（4栋）、犊牛舍（2栋）、冻精室、冻精监测室、胚胎室、液氮车间、办公楼等生产、科研、技术推广相配套的建筑。拥有先进的仪器设备。冻精室有法国进口新式卡苏细管冻精设备一套。电脑信息控制系统一套，日本进口显微镜，精子电子电视监视器，精子密度测定仪等；胚胎室从日本进口尼特倒置显微镜及显微操作设备一套，法国进口胚胎冷冻仪，美国进口 CO_2 培养箱，瑞士进口梅特勒电子天平，腹腔内窥镜等高精密仪器。

内蒙古家畜改良工作站现有从加拿大引进的一流纯种优良品种西门塔尔、夏洛来、海福特、安格斯、利木赞、盖罗威、皮埃蒙特、荷斯坦等8个肉用和乳用种公牛60头，种母牛70头。年生产细管和颗粒冻精100万粒（支），冻精质量全部达到国家标准。1998年从澳大利亚引进296只超细型美利奴羊，1999年从澳大利亚引进优良种多赛特和萨福克肉用品种521只，投放到养牛生产重点地区。产品在保证自治区需要的同时，还销往北京、山东、江苏、新疆、青海、吉林、河北、安徽、宁夏、河南、江西等12个省、自治区、直辖市。牛、羊胚胎移植高新技术开发居国内领先水平，达到国际水准。年生产牛胚胎1 000枚，年移植牛1 500头，鲜胚移植妊娠率稳定在65%以上，冻胚移植妊娠率稳定在40%～50%。胚胎移植技术已走出实验室，形成生产力进入商品化生产、推广、应用阶段。到2002年，累计移植牛1万余头，羊4万余只。胚胎移植技术不仅在自治区全面推广、应用，而且推广到山东、安徽、河北、宁夏等13个省、自治区、直辖市。

由内蒙古家畜改良站承担，内蒙古畜牧科学院和呼和浩特市、巴彦淖尔盟等8个盟市的畜牧局、改良站及包头黄河奶牛场等有关单位参与的农业部万枚高产奶牛胚胎移植富民工程项目，已正式通过农业部验收。该项目利用在7 000千克以上的高产奶牛作为供体生产胚胎，把本地黄牛或低产奶牛作为受体获得高产奶牛后代。按照项目合同要求，内蒙古承担生产移植荷斯坦奶牛优质胚胎3 000枚，目前已生产移植3 140枚，超额完成了移植任务。

以自治区家畜改良站为龙头的全区家畜改良科技服务推广、开发、种源生产以及种畜禽质量监测网络已基本形成。家畜改良服务手段、科技推广力度、技术研究创新能力不断增强。

（二）自治区家畜品种改良工作的主要经验和做法

1. 以实施牲畜“种子工程”为重点，综合运用畜牧业科学技术，围绕提高种公畜良种化程度、提高良种改良牲畜比重和提高牲畜个体生产性能这三项指标，开展了大量卓有成效的工作。一是良种改良种牲畜比例明显提高，由2000年的73.29%上升到2002年的80.18%，提高了6.87个百分点。二是供种能力有了进一步增强，2002实现种牛生产2 124头；种羊生产128 187只，其中细毛羊种羊6 000只，肉羊种羊58 918只，绒山羊种羊63 269只；冷冻精液生产156万支。三是良种推广实现了新的突破，特别是牛冷配，打破了多年在50万头左右徘徊的局面，2002年冷配母牛104.81万头，创下了新的记录。

通过实施牲畜“种子工程”，提高了家畜个体生产性能，改善了畜产品的质量。内蒙古自治区绒山羊羊绒质量在保持世界一流水平的同时，个体产绒量由过去的0.25千克提高到了现在的0.32千克以上；细毛羊产毛量由过去的3.0千克提高到了现在的3.8千克以上，羊毛细度由过去的60～64支为主正在向66～70支的方向发展，高档牛肉和优质羊肉的比重逐年增长；奶牛的个体产奶量（按改良乳牛计算）较过去提高107.63千克，高产奶牛的数量逐步扩大；育肥牛个体产肉量由过去的134.4千克提高到现在的158.63千克。

2. 以家畜改良适用技术推广作为家畜改良的中心工作来抓，突出抓好“三有”（即有固定房舍、有配种器材、有技术熟练的技术员）标准化牛冷配站点的建设。配种技术员经过专门技术培训培训合格后，由旗县以上畜牧局发给相应的资格证书，持证从业，每个冷配站点至少配种母牛100头以上，受胎率80%以上。突出抓好“四有”（即有固定房舍、有配种器材、有技术熟练的技术员、有1～2只优质种公羊）绵山羊中心配种站建设，并依托中心配种站，建立输精网点，推广精液大倍稀释和简易输精方法，充分提高了优质种羊的利用率。目前全区已建成标准化牛冷配站点638处，标准化羊人工授精站点5 113个。

3. 以奶牛模式化饲养、肉牛模式化育肥、肉羊模式化育肥、“四良四改”模式化养猪和肉鸡、蛋鸡模式化饲养五大“丰收计划”项目为龙头，努力推广畜牧业综合配套技术，增加技术含量，加快奶牛、肉牛、肉羊、猪禽向集约化、规模化、产业化方向发展。以“优良的品种、全价的饲料、科学的方法、合理的设施、严格的管理、全方位的保健”为主线，全面推进模式化饲养技术，切实做到了“四良”（良种、良舍、良料、良法）技术的配套和到位，达到“四上”（上规模、上档次、上水平、上效益）的标准，从而增强了广大农牧民畜种改良和科学养畜的积极性。2002年不完全统计，“四良四改”养猪完成454万口，模式化养鸡1 415万只，肉羊模式化育肥610万只，肉牛模式化育肥60万头，奶牛模式化饲养12万头，年新增经济效益10亿元以上，社会生态效益十分明显。

4. 全自治区家畜改良法制建设得到了加强，种畜禽质量监督工作向纵深发展，品种资源保护工作开始启动。以宣传、贯彻、实施《种畜禽管理条例》及其配套法规为准绳，加强对良种繁育和推广工作的法制管理，增强执法力度，对良种的引进培育、良种场建设进行规范化管理，建立起种畜禽质量监督管理机制，形成以法治牧、依法管理良种畜禽的局面。全自治区开展广泛的宣传活动，通过多种方式的宣传，使种畜禽管理的有关条例深入人心，家喻户晓。各盟市开展了种畜鉴定员评聘工作。自治区评聘了种牛、种羊、种猪、种马、种驼等一级鉴定员。充分利用已经建立起的种畜禽监督管理机构（103个种畜禽质量监测站）和现有的监测条例，积极开展了种畜禽质量的监督管理工作，通过完善法规、规章和技术规程，规范种畜的引进、繁育、推广、经营和使用，宏观上努力使种畜生产标准化、经营社会化、推广优质化、畜群总体良种化、畜产品规格化。

全区旗县以上（包括旗县）都建立了种畜禽质量监督检验站，自治区还建成了农业部种羊及羊毛羊绒质量监督检验测试中心（呼和浩特）。全区种畜禽质量监测体系初步形成，为畜禽法制化管理提供了坚实的组织基础。

按照农业部有关要求，自治区成立了畜禽品种审定委员会，制定了畜禽保种名录（15个保护品种），结合国家有关地方良种保种的计划，积极地开展了本自治区地方良种的保护工作。目前如阿拉善双峰驼、内蒙古白绒山羊、蒙古牛、蒙古马、乌珠穆沁羊等优良地方品种的保护和开发利用工作进展顺利。

5. 以国家科技攻关、星火、“948”等重点项目的研究推广为基础，强化自治区家畜改良科技推广力度，实现科研开发和科技创新。“九五”期间内蒙古自治区家畜改良站先后主持承担完成了国家科技部、农业部及自治区多项科研项目，完成农业部、财政部引进国际先进农业科学技术项目（948）项目两个，即引进细型澳洲美利奴羊和肉用、乳用种牛。引进细型澳洲美利奴种公羊200只，启动实施了全区细毛羊三期科技攻关“细型细毛羊选育与开发”。还引进优质高产乳用、肉用种牛73头，使自治区种公牛站的种牛数量、冻精生产数量、质量及品种结构有了很大提高和改善。

6. 以牛羊胚胎移植高新技术为突破口，加快产业化发展步伐。自治区的胚胎移植从1986年开始实验研究，目前已走出实验室，形成生产力，使胚胎移植生物技术逐步实现商品化、产业化，为良种化服务，为提高良改畜比重服务，为主要畜种生产性能的提高服务。目前，自治区的牛羊胚胎移植水平、推广规模、移植成功率和超数排卵数量均处于国内领先和国际先进水平。全区10个盟市已建立起30多个推广网点，形成了以自治区家畜改良站为龙头、盟市家畜改良站为桥梁、以种畜场和移植基地为基础的技术推广体系，不仅在全自治区各地开花结果，而且已辐射区外15个省、自治区、直辖市。2002年，承担农业部“万枚优质高产奶牛胚胎移植富民工程”项目，完成3 140枚。

7. 以加强标准化工作及技术培训为手段，不断推进家畜改良工作向标准化、规范化方向迈进，增强发展后劲。“九五”以来，全自治区把畜牧业标准化工作始终列为重点，先后制（修）订了畜禽品种标准、饲养操作规程、胚胎移植操作规程等20个国家、行业和地方标准，同时加大了有关标准的宣贯力度，为提高畜禽及畜产品质量起到了较大作用。另外，我们始终不懈地抓了广大干部和基层科技人员的培训，提高了他们的专业技术水平和技术推广能力。不完全统计，1999—2002 年，累计培训专业科技人员 7 000 人次，农牧民技术员92 000 人次。

主要工作体会：

1. 家畜改良技术推广和技术创新必须紧紧围绕优势产业发展和自治区畜牧业发展目标主攻方向，才能有所作为。近几年，自治区家畜改良适用技术推广和技术创新主要是围绕实施牲畜“种子工程”，在良种培育、良种推广、改善饲养管理、提高畜禽生产性能和产品质量上做文章，以牛羊人工授精、胚胎移植技术做为改良育种主要技术，以模式化饲养育肥、标准化生产为主要手段，充分提升奶牛、绒山羊、肉羊、肉牛、细毛羊等优势产业的竞争力，促进了全区牲畜质量的大幅度提高。

2. 技术推广与科研项目有机结合，以项目为载体，一手抓常规技术推广，一手抓项目攻关，形成技术互补，发挥整体优势。近几年，围绕科技兴牧主旋律，在全区范围内狠抓牛冷配、绵山羊人工授精以及主要畜禽模式化饲养育肥等常规适用技术的推广，技术覆盖率可达 70%以上。同时以主持实施的有关项目为依托，通过派专人抓点、示范，扩大科技应用面，进行育种改良的多元化开发利用，促进畜牧技术创新的长足发展，为畜牧科技推广注入了活力。

3. 强化组织领导，严格目标管理。自治区普遍加强了对畜牧业科技工作的组织领导，制定出台了一系列扶持举措。按照全面安排、重点突破的原则，实行行政、技术双承包责任制，技术人员带项目、带任务、带指标，深入农牧区进行技术推广服务，各级领导政府明确目标任务，定期检查评比督促，有效地使科技推广落到实处，确保畜牧业健康、快速发展。

4. 强化培训，狠抓普及，建立一支训练有素的科技推广队伍。目前畜牧业技术已向高新及综合配套方向发展，涉及多种学科，包括多项环节。例如，胚胎移植技术理论性强，操作难度大，既要掌握过硬的操作技能，而且须掌握必要的理论知识，操作难度大，我们先后举办了两期全国、五期全区家畜胚胎移植技术培训班，培训区内外科技人员 270 名，80%以上人员基本掌握了此项技术。此外，我们还采取引进来、走出去的办法，来提高科技人员的技术水平，加大引智力度。

5. 与国家、地方重点建设项目、外资项目、大型（龙头）企业、科研院所及农牧民联手，实现共赢，才能使家畜改良成果得到转化，技术得到推广，特别是高新技术的产业化得到发展。几年来，我们的胚胎移植高新技术推广，就是改变传统的技术推广形式，采取了新的多渠道的产业化的运作方式。与伊利集团、蒙牛集团共同承担的科技部乳业重大专项目前进展顺利。

（三）目前畜禽品种改良工作存在的主要问题

1. 畜禽改良工作还不能完全适应市场经济和畜牧业新形势的发展，特别是应对加入 WTO 后的措施较少。畜禽良种化程度较低，而且良种畜禽个体生产性能、畜产品数量和质量与畜牧业发达国家相比，还存在很大差距。畜禽饲养管理需要加强，传统饲养方式必须转变。

2. 家畜改良基础设施陈旧，手段落后的状况没有得到根本上好转，畜牧业技术推广和技术创新经费投入较少，相当一部分畜牧业技术推广部门和单位（旗县、苏木乡镇畜牧站问题更突出）基础较差，技术力量不足，处于“有钱养兵，无钱打仗”的局面，队伍不稳定，自我发展、自我壮大能力弱，体制缺乏活力。

3. 技术推广和技术创新与畜牧业经济发展结合不够紧密，一方面国内外引进的大量优良品种种畜及胚胎的推广力度和规模不够理想，优良种畜利用率不高，有的还停留在“炒种”阶段，另一方面农牧民的牲畜需要尽快改良，缺乏种畜和技术。

4. 重研究、轻推广，重视新技术应用，忽视了常规技术的推广应用。

5. 种畜禽行政执法力度有待进一步加强，畜禽标准化生产工作需要进一步提高。《种畜禽管理条例》可操作性差，执法队伍少而不健全，执法水平较低，农牧民及社会各界的法律意识有待提高。

（内蒙古自治区家畜改良工作站　那达木德）

呼图壁种牛场高产奶牛群的培育

新疆物华畜牧股份有限公司呼图壁种牛场饲养的荷斯坦奶牛群，现存栏奶牛 2 200 头，其中成母牛头数 1 200头，群体产奶量在 1995 年曾获得全国领先成绩（牧业一分场 310 头成年母牛平均年单产 9 030 千克），2000 年又取得了新的突破：畜牧一分场 246 头成年荷斯坦母牛年平均单产达到 9 505.3 千克，乳脂率 3.68%，850 头成年母牛群体年单产 8 900 千克，产奶水平和经济效益都创造了场内历史最好成绩，2000 年 4 月 10 日被中国奶业协会鉴定为全国高产牛群。2001 年畜牧一分场 318 头成年荷斯坦奶牛年平均单产达到 9 601 千克，乳脂率 3.74%。984 头成母牛群体年单产 8 826 千克，乳脂率 3.71%。能取得这样的成绩，主要是做好了以下几个方面的工作：

（一）重视加强牛群的育种改良工作

持续不间断的开展牛群育种工作，是保持牛群品质、提高群体生产水平的决定因素，牛场从 20 世纪 50 年代末就注重于牛群的品质改良，购置了必要的仪器设备、建立了专门的性能测定组织、确定了自己的育种核心群，每个牧场都配备了专职的技术人员负责奶牛的性能测定，从此奶牛育种工作就按照既定的方针坚持进行，人员换了几茬、工作未受影响，保持了育种工作的延续性。

奶牛育种是一个需要长期坚持、不可间断的工作，育种的成绩在生产中的表现需要环境条件给予配合，因此由于多种原因，这一工作产生的遗传进展不易在短时间内表达出来，企业的领导多由于看不到这些进展而减少或停止了对育种工作的投入，其结果是导致了品种的退化。而我们的各届领导始终不放松对牛群育种工作的关心和支持，牛场一贯重视坚持这一工作，如：

坚持每年派专业人员到全国各地考察、选择种公牛精液，将经过后测的最优秀的种牛精液用于我们的牛群，使牛群品质不断提高，从1990年以后的十年间，荷斯坦牛群成年母牛年单产平均每年以300千克的速度增长；其他性状也有不同程度的改良（乳房系统浴盆状比1990年增加了9.6%、一胎牛体高由131厘米提高到135.7厘米）。

严格执行技术部门下达的选种选配计划、详细记录操作过程，使产下的每一头牛都有一个清楚的谱系和性能测定记录，及时将采集到的相关数据反馈到有关技术部门，以便确定选育改良方向。

及时准确地采集育种基础数据：各牧场技术室设有资料员由上级部门直接管理，其职责就是在上级相关部门的监督下配合其进行有关数据的采集整理工作，保证数据信息的准确、及时、公正。

加强同行业间的交流活动，积极参加国家奶业协会及同行业系统举办的各类培训班、学习班，并把学到的新理论、新知识运用于育种实践中去。

1989年我们派专业人员去西安学习了奶牛线形体型评分理论及方法，以后的十年间坚持每年6次对牧场母牛群进行体型评定，根据评定结果确定个体需要改良的性状，利用计算机操作逐步实现个体选配，增加了牛群改良的准确性，同时按照奶业协会要求的方法去采集、统计基础数据，以方便与同行业间的信息交流。

（二）培养企业员工的敬业精神、提高员工的综合素质

高产奶牛对生活、生存环境的要求也比较严格，在各不同生理时期都需要得到相对细致的照顾，否则就不能充分发挥其产奶潜力。牛场领导及技术管理人员认识到了这一点，注意从多个方面引导、培养员工的敬业精神，首先使员工明白牛群是国家的财产，从某个角度来看我们是靠牛群的发展而生存的，提出了“爱牛如爱己”的口号，通过这样的教育，彻底杜绝了打牛和粗暴操作现象，使高产个体获得均衡的营养供给，为牛群创造了一个安静舒适的生活环境。

奶牛饲养管理要求操作者必须具备一定的专业知识和实践经验，目前随着市场经济的发展，人员变动频繁，坚持开展技术培训是十分必要的。牛场从1986年开始对在职工人进行专业培训，技术人员每年都负有具体的对员工的培训任务，同时对自发参加有关院校专业学习的人员给予许多优惠鼓励政策，调动了全员职工钻研业务、提高技能的积极性，到目前为止牧场有95%的技术人员参加了相关专业的继续教育活动并取得了相应的专业等级证书，操作工人不但具有一定的实际操作技能、还通过参加定期的培训活动学到了奶牛饲养管理基本理论知识。经过系统的培训活动，使牧场拥有一个稳定的、具有相当专业理论知识和经验积累的高素质的员工队伍，为奶牛的高产准备稳固人力技术基础。

随着牛群产量的提高，牛群中出现的繁殖问题和疾病的发生率也呈现增长趋势，其主要原因是由于饲养管理设备和手段落后于牛群产奶量增长速度，使牛群不能获得均衡的、身体实际所需要的营养，例如：在一个牛群里同时生活着高产与低产及各泌乳时期的牛（在管理上还没有按照产量、胎次、泌乳月进行分群饲养），要使其获得合理的营养供应就比较困难（通过1998—2002年度对本场牛群的实地监测证实：日产20千克奶的牛和日产40千克奶的牛在实际日采食量上没有明显差别，即低产牛获得了超量的营养、高产牛营养不足），自2000年初开始对饲养员的考核增加了一些新的内容：

（1）要求每一个饲养员必须熟悉自己所喂养的牛群的生理状况，包括每一个体的牛号、前一日的产奶量、所处泌乳期、体膘体况及采食特性。

（2）饲养员必须根据个体产奶量的不同，在添加精饲料时区别对待，对产量高、体况差的个体要给予特别关照。

（3）严格控制干奶牛的精饲料摄入量，保持其适宜的体况。

技术人员定期进行抽查督促，经过短期的努力，饲养员能够对随意指出的一个个体说出其牛号、奶产量、预产期等准确信息，并按照要求及时将干奶牛赶离精料补饲槽。这一行动非常有效，从技术人员每十天一次的牛群膘情评分记录上可以看出，过肥或过瘦的个体极少出现，牛群健康状况得到改善。

这一行动也加强了饲养员与挤奶员的合作关系，在完成饲喂工作的同时，他们对一些特别高产的个体就实行“两侧同时挤奶”的方法（畜牧一分场目前未安装挤奶器），使单位挤奶时间缩短了近一半，产奶量有所增加。

奶牛生产管理的各个环节能否实现有机协调，是决定产奶水平能否正常发挥的重要因素，制度是实现各环节协调运行的有效手段。从1987年起牛场完善了各项管理制度，制度涉及到奶牛营养、育种、繁殖、疾病防治、牛群管理等各个环节，每个环节都制定有具体的考核指标和具体的责任承担者，并实现了制度执行质量与考核成绩、劳动报酬分配紧密结合，调动了各环节员工协调协作的主动性和积极性，使奶牛饲养管理工作有序运行。

（三）重视饲料基地建设，完善饲养管理手段

从1990年起连续两年荷斯坦成母牛平均年单产以900千克的速度增长（产奶量从5 600千克跳跃至7 500千克），这主要是奶牛的饲草料供应得到了改善，由于建设了自己稳固的饲草料基地，牛群采食的粗饲料苜蓿干草和玉米果穗青贮可以保证全年供应，精饲料供应也比较充足，使牛群获得了均衡而优质的营养（成母牛日粮中蛋白质的含量由12.4增加到14.6），因此牛群奶产量的增加比较明显，从1995年至2002年成母牛群体年均单产一直保持在8 000千克以上，犊牛及育成牛生长发育良好，投产青年牛的产量也保持在一个较高的水平(平均日产奶达到27千克)。

泌乳牛的饲养管理：泌乳牛在不同的泌乳阶段对各种营养有差异需要的情况下，实行针对性的科学日量组合，是这更经济有效的满足奶牛的营养需要，从而不断提高牛群质量，降低成本，提高经济效益。根据生产母牛泌乳期的划分，围产期、泌乳盛期、泌乳中期、泌乳后期、干奶期各泌乳月的营养需要加强饲养管理。日量配合是最经济最科学的满足所有牛只的代谢平衡和营养需要，在保持健康的情况下，获得最高的产量和效益。

随着奶牛产量的提高，牛群中繁殖疾病也有所增加。影响牛群繁殖的主要因素是产科病预防治疗和营养平衡问题，自1999年以来通过专门的会议，明确了技术员、兽医、配种员在上述问题中的责任，理顺了相互间的关系，使奶牛子宫炎的治愈时间比1998年缩短了6.3天，有效地改善了牛群的繁殖状况。2000年荷斯坦牛平均产犊间隔在399.4天，比1999年缩短了8.1天（407.5天），十年来第一次将此指标控制在400天以内；总受胎率93.1%、一次情期受胎率61.2%（分别比1999年提高0.9%和0.5%）；繁殖率88.4%，比1999年提高1.8个百分点，基本上完成了年初确定的技术指标。

（四）犊牛、育成牛的培育要控制成本

后备牛的培育十分重要，过去多追求后备牛有一个高的日增重，通过分析日增重与投产后产奶量的关系，我们认为过高的增重增加了后备牛的培育成本，高的增重对其投产后产奶量并无明显的促进作用。因此略微降低了对后备牛的饲料投入，6月龄犊牛平均日增重从1995年的979.8克下降到现在的867.3克，成本明显下降，在这同时采取用精饲料拌苜蓿草粉饲喂犊牛取得了较好的效果，实验结果证明它不仅节约了精料还减少了饲草的浪费，又锻炼了犊牛瘤胃的机能，当然我们也不是一味地追求降低成本而损失犊牛的体重，我们将寻求一个适合于本场情况的经济的犊牛增重量。

（五）积极开展科学实验、尽快将对高产牛群有益的新产品应用于牛群中

要选择一个适合自己牛群的产品，应该进行实验筛选，从1997年开始我们对牛场技术人员下达了年度实验任务，其目的一是可以验证引进一些确实有益于牛群的新产品；二是唤起了员工的科学探索意识。实践证明这一措施是有效的，通过这一方法我们引进了利拉伐农务先进的挤奶设备、采用了新型牛饲料添加剂，将酶制剂用于奶牛饲料中，所有这些产品的采用都通过技术人员的多次实验，也获得了较好的效益，为我们的牛群达到9 600千克的产奶量出了一份力。

2002年全场实现总收入1.82亿元，实现利润1 250万元，其中畜牧业收入占70%（包括乳制品加工、饲料加工的收入），全场职工人均收入8 800元，为全场经济发展和畜牧业的发展腾飞做出更大的贡献。

（新疆物华畜牧股份有限公司呼图壁种牛场）

奶畜疫病控制

我国重大动物疫病防治体系建设

新中国建立以来，我国的兽医事业取得了巨大的成就，形成了较为完整的重大动物疫病防治体系，有效地保证了我国畜牧业的发展、畜产品的安全及人的健康。

(一) 重大动物疫病防治体系建设情况

1. 兽医行政管理 我国现行的兽医管理机构，共设中央、省、市、县四级，分为行政和事业两类机构。农业部下设的畜牧兽医局是全国兽医管理的最高行政机关，承担着全国兽医行政管理工作。省、市、县三级大都设有畜牧兽医行政管理机构，但不同地区间，机构名称、行政级别和编制性质有所区别。

2. 动物防疫体系 根据《动物防疫法》的规定，在省、市、县三级设立了动物防疫和监督机构，主要负责防疫、检疫、防疫监督、疫情监测、疫病报告等工作的具体组织实施。在乡镇一级，设有畜牧兽医站，从事动物防疫、检疫、诊疗、经营等多种业务工作。大部分地区，在村一级还聘有村级防疫员，协助进行疫病防治工作。

建立了省、地、县、乡四级动物疫情报告体系及有关单位和个人报告疫情的制度，并建设了包括国家动物疫病测报中心、省级动物疫情测报中心、300个县级动物疫情测报站和140个边境动物疫情监测站及相关的技术支撑单位组成国家动物疫情监测体系。

国家陆续建立了禽流感、猪瘟、新城疫等国家参考实验室、国家外来动物疫病诊断中心（国家疯牛病参考实验室）、疯牛病检测实验室、农业部兽医诊断中心等实验室，加上各级科研机构、大专院校的实验室，确保了全国动物疫病防治中疫病诊断的需要。

形成了以国家科研机构、各省兽医科研机构、农业院校为主的兽医科研基地和以全国畜牧兽医站体系、各级科研机构和大专院校为主的兽医科学技术推广体系。

3. 防疫物资保障 我国建立起了完整的兽药、兽用疫苗、动物疫病诊断试剂、药械等的生产、供应体系，基本满足了动物疫病防治的需要。为了保证这些防疫用生物制品、兽医的质量，从中央到省、地、县四级，兽医药品监察机构基本有一套相对完整的独立体系。同时在大中城市的兽药监察所还设有兽药残留检测室，从事动物及动物产品中兽药和有害物质残留的检测，以保障肉食品的安全。

4. 法律体系 1987年5月颁布了《兽药管理条例》，1991年10月全国人大通过了《中华人民共和国进出境动植物检疫法》，1996年国务院颁布了《中华人民共和国进出境动植物检疫法实施条例》，1997年7月，全国人大通过了《中华人民共和国动物防疫法》。2002年农业部制定了《动物疫标识管理办法》、《动物检疫管理办法》和《动物防疫条件管理办法》等3个《动物防疫法》的配套规章。农业部和各省、自治区、直辖市人民政府也都制定了相应的配套规章、规范、标准等。我国动物疫病防治的法律体系基本形成。上述兽医行政法规和规章的公布实施，使全国的动物疫病防治工作进入了依法管理的新阶段。

(二) 动物防疫工作中存在的主要问题和建议

1. 体制问题 我国现行兽医管理体制是制约动物疫病防治工作最主要的因素之一。主要问题是：动物防疫和畜产品安全监管职责分散在多个部门，国内动物检疫管理体制没有完全理顺，部门间监管权责分离。管理机构设置混乱，职责不清，管辖关系十分繁杂。有相当一部分没有执法主体资格的单位履行执法职能，削弱了执法的公正性和权威性。

因此，加快推进我国兽医管理体制改革是强化动物防疫工作的核心。改革的重点是建立我国的官方兽医管理制度。一是从中央到地方应成立统一的兽医管理机构。整合分散在多个管理部门的行政管理职能，成立相对独立的专门兽医管理机构。二是尽快实行省以下的官方兽医垂直管理。通过明确划分职能，整合、精简现有机构，建立起一支职能清晰、责任明确的官方兽医队伍。三是放开诊疗经营，实行执业兽医制度。对所有从业兽医进行资格认证，具有兽医资格的人员，在相应权利的同时，必须履行法定义务。四是改革基层防疫体系。将现有乡镇畜牧兽医站从事动物防疫工作的编制纳入县级，人员由县级派出，解决县地防疫工作没人干、没人管的问题。

2. 法制问题 建立完善的法律体系，包括法律法规、技术规范、标准等。1998年《动物防疫法》的颁布实施和一些部门规章、技术规范和标准的制定，初步形成了我国动物防疫法律法规和技术标准体系框架。但与动物防疫工作实际需要相比，仍有较大差距。主要问题是：对防疫制度的规定不全面，对管理体制的规定不明确；对动物防疫制度的规定过于原则，针对性和可操作性较差；对一些违法行为没有处罚措施，法律缺乏震慑力；和有些法律交叉严重，和有些法律衔接又存在空白点，监管工作存在漏洞；动物防疫法律体系与国际没有接轨，国际认同程度低。

应对目前的《动物防疫法》尽快进行修订。一是调整《动物防疫法》的调整范围。完善从饲养、加工、流通到国际贸易各环节的动物防疫制度。二是理顺动物防疫检疫管理体制，保证动物防检疫工作的统一性和独立性。三是与WTO规则衔接，提高我国动物防疫工作的国际认可度。四是完善动物诊疗、免疫标识、疫情追溯、实验室生物安全等管理制度，完善产地检疫和屠宰检疫程序，建立责任追究制度。

（农业部畜牧兽医局　王长江）

我国动物检疫管理

动物检疫在防止动物疫病跨国境、跨地区传播和蔓延，保障食品安全和人体健康，以及在国际贸易中的非关税技术壁垒作用，受到各国政府的高度重视。一些发达国家和地区在动物检疫体系建设和管理等方面的做法值得我们学习和借鉴。

一是管理机构设置统一。各国一般都由国家农业部门主管动物检疫工作，没有多部门交叉、重复现象。日本、韩国分别由农林水产省、农林部负责管理。我国台湾省1998年将分属“农委会”和“经济部”商品检验局的动物检疫职能合并，交由“农委会”统一管理。个别不设农业部的国家，则成立国家兽医局或由其他部门管理动物检疫工作。据统计，在OIE（世界动物卫生组织）现有的164个成员国（地区）中，绝大部分由农业部（包括农业、牧业、渔业、农村发展、农业食品、动物资源等不同的名称）管理动物检疫工作；其余有5个国家（挪威、马耳他、瑞士、斯洛伐克、捷克）设置国家兽医局管理动物检疫工作。意大利因不设农业部，由公共卫生部管理动物检疫工作。

二是实行垂直管理体制。主要有3种形式：一是国家从中央到地方完全垂直，如德国由消费者保护、食品与农业部统一管理从中央到县的动物检疫工作，不受地方政府的干预；二是国家垂直管理与地方共管，如加拿大农业与农业食品部所属加拿大食品检验署在全国设4个大区办公室，85个地区执行机构，各省农业部负责省内的动物检疫工作；三是国家负责进出口检疫和州垂直管理，如澳大利亚农渔林业部下设澳大利亚检验检疫局，负责进出口动物检疫工作，各州农业部在州内实施垂直管理，负责州内和州际间的动物检疫工作。此外，一些国家还通过派出驻外农业官员，延伸动物检疫管理职能。如美国、韩国均在驻华使馆设置农业参赞（农务官）。

三是实行法制化管理。发达国家均颁布了完善的动物检疫法规。如美国制定了联邦法典（动物检疫的法规在第九卷）。日本制定了《家畜传染病预防法》、《狂犬病预防法》，并制定了配套法规和操作规程。新西兰相继公布了《动物保护法》、《动物法》、《家禽法》和《生物安全法》。英国制定了《动物卫生法》、《兽医法》等配套法规等。各国都有各自不同的动物检疫法律法规，保证依法管理动物检疫各项事务。

四是进出境检疫与国内检疫、检疫与防疫统一。发达国家动物检疫工作的突出特点是服从和服务于国家动物防疫安全的根本要求和需要，内外检标准和方法统一，相互衔接，密切配合。口岸动物检疫机关严格按照国家动物防疫安全有关法规政策，对进出境动物、动物产品及其他相关物品实施查验把关。美国、澳大利亚、新西兰等国家还特别重视动物检疫在外来动物疫病防范、紧急动物疫情处理和国家动物疫病控制计划中的重要作用，将动物检疫监管贯穿于养殖、加工、运输、储藏、流通等各环节。

五是经风险评估实施区域化管理。许多国家根据世界贸易组织（WTO）、世界动物卫生组织（OIE）有关动物疫病区划的原则，以地区（而不是整个国家）动物卫生状况风险评估为基础，按风险大小对不同区域实施不同的动物检疫措施，保证动物检疫工作的科学化管理。以美国为例，在国际贸易方面联邦农业部通过风险评估，将各出口国家（地区）划分成6种不同的兽医卫生等级，对风险一致的国家（地区）实行相同的动物检疫政策。在国内则以州为单位实施区域化管理，根据各州疫情状况规定跨州运输动物及动物产品需要检疫的病种名录和应达到的动物卫生条件。

面对经济全球化和内外贸一体化进程的加快，我国动物检疫工作在一些方面尚不适应国内、国际形势发展的需要。主要表现：一是多部门管理，内外检分立，地方保护主义明显；二是与市场经济发展相适应的有关政策措施、技术规范和管理程序有待完善，内外检有待进一步协调；三是经费、技术、信息、设施等方面的不足制约了检疫能力的提高，掌握和运用国际规则的能力不足。为适应加入WTO的要求，进一步提高我国农业国际竞争力，应进一步从体制、政策、制度等方面加强动物检疫工作。

一是建立统一高效的动物检疫管理体制。依据《动物防疫法》、《进出境动植物检疫法》，建立由国家农业主管部门统一管理内外检各项行政事务的动物检疫管理体制，切实加强进出境和国内动物检疫各项工作。针对目前存在的多部门管理、多头对外的情况，在过渡阶段应依法明确相关部门的职责分工，做到权责一致。同时，建议尽快建立官方兽医制度。

二是依法管理和规范动物检疫各项工作。修订动物防疫检疫有关法律法规，完善有关技术法规和管理程序，加强内外检政策的协调统一。通过实施风险评估和区域化管理，对进出口和内销的动物及动物产品实施严格的防疫检疫安全监管措施。开展动物疫病风险分析工作，依法发布疫区国家名录，严格口岸查验把关力度。加强动物检疫在动物疫情应急处理、动物疫病区域化管理、重大动物疫病控制中的重要作用。

三是切实加强技术和财政支持。继续实施国家动物保护工程，建立兽医诊断参考实验室，完善动物检疫基础设施建设。加大各级财政对动物检疫工作的财政支持，调整动物检疫收费政策。建立国内外动物疫情预警系统，加强动物疫病监测和风险评估工作，加快研究和开发动物检疫新技术、新方法，为动物检疫政策制定、贸易争端解决提供支持。

四是进一步加强对外交流与合作。尽快解决我国加入OIE涉台问题，全面参与动物检疫国际规则标准的制订。积极开展多边和双边动物检疫与动物卫生领域的合作与交流。积极申请有关国际组织和发达国家提供的技术援助项目，加快动物检疫管理和技术人员培养。跟踪研究有关国际组织和发达国家标准制订的最新进展，及时调整和完善我国动物检疫有关政策和措施。

（农业部畜牧兽医局　黄伟忠）

我国出入境检验检疫

长期以来，动物疫病一直威胁着人类安全、经济发展和社会稳定。为了加强对动物防疫的防治，我国于1998年实施了《动物防疫法》，不仅使动物防疫工作有法可依，而且实施5年使我国动物防疫工作出现了新的局面。但是，近几年来，一些重大动物疫病在包括发达国家在内的许多国家频频发生和流行，已经成为一个全球性的问题，对进一步贯彻落实《动物防疫法》特别是我国出入境检验检疫部门提出了更高的要求。

（一）出入境检验检疫部门防止疫病传入传出恪尽职守

出入境检验检疫部门是贯彻落实《动物防疫法》的行政执法部门之一，负责进出境动物、动物产品的检疫监管，防止动物疫病传入传出国门。我国入世后，市场对外开放进一步扩大，人员物资特别是动物及动物产品进出境不断增加，使动物疫病传入传出我国的机会增多，可能性加大。面对国外动物疫情频发的严峻形势，出入境检验检疫部门恪尽职守，严把国门，及时发布禁止从发生重大动物疫病国家进口动物和动物产品的禁令，提出有效防止国外疫情传入的具体检疫措施，不断截获撞击国门的动物疫病。仅2001年以来，在进口动物和动物产品检疫中，就在从荷兰进口的火烈鸟中检出鹦鹉热，在从圭亚那进口的观赏鸟中检出禽流感，在从美国进口的纯种荷斯坦奶牛中检出传染性鼻气管炎、副结核、牛型结核和（或）禽型结核，在从法国进口的猪中检出猪瘟，在从澳大利亚进口的羊中检出副结核和黏膜病，在从荷兰进口的观赏鸟中检出新城疫和鹦鹉热，在从美国进口的种牛中检出副结核、牛地方流行性白血病、边虫病，还截获了从国外新城疫疫区走私的全鸡翅，从疯牛病疫区走私的牛副产品等。如果这些动物和动物产品一旦入关进境，后果将不堪设想。我国是畜牧业大国，肉类产量居世界第一位，出口潜力很大。但是，随着人们对食品安全卫生质量的日益重视，动物疫病越来越成为障碍我国肉类产品出口的重要因素，一些国家也屡屡以动物疫病为由对我国出口动物和动物产品设置技术壁垒。为了确保出口动物和动物产品的安全卫生质量，出入境检验检疫部门依据《动物防疫法》和《进出境动植物检疫法》，加大检疫监管力度，从源头抓起，实行了从饲养场到加工出口的全过程检疫监管方式，有效地防止了动物疫病走出国门以及对动物和动物产品出口的影响。

（二）严峻形势要求出入境检验检疫部门加大检疫力度

国内外动物疫病形势严峻，畜牧业发展受到制约，人民身体健康面临威胁，迫切要求出入境检验检疫部门进一步贯彻落实《动物防疫法》和《进出境动植物检疫法》，加大检验检疫力度。

一是防止外来动物疫病传入的要求。虽然出入境检验检疫部门恪尽职守，严加防范，不断从不同渠道截获撞击国门的动物疫病，将其御之于国门之外。但是，外来动物疫病侵袭国门的现象仍屡屡发生，进口动物和动物产品携带疫病，进境人员携带可能染疫的动物和动物产品，不法分子走私疫区动物和动物产品等等，都有可能使国外的动物疫病闯入国门，传入我国，引起我国动物疫病的发生或留下潜在的危险。防止外来动物疫病传入迫切要求出入境检验检疫部门进一步加大把关防疫的力度。

二是促进动物产品走出国门的要求。我国动物产品在国际市场屡屡遭遇技术壁垒，甚至被阻挡在许多国家市场的门外，主要与我国动物防疫体系不健全有直接的关系。要使我国动物产品顺利走出国门，必须控制动物疫病的发生和传播。确保出境动物产品的安全卫生质量。促进动物产品更多地走出国门迫切要求出入境检验检疫部门进一步加大把关防疫力度。

三是保证人和动物健康安全的要求。许多动物疫病人畜共患，可以直接威胁人和动物的生命健康。疯牛病可以使人患上类似疯牛病的新型克雅氏症，至今尚无治疗办法。口蹄疫病毒除了可以使猪、牛、羊等偶蹄动物感染发病外，还能感染人。禽流感不仅可以感染人，而且还可以使人致死。近几年来，许多新发生的人畜共患动物传染病如西尼罗热病毒、亨德拉病毒、尼帕病毒等时时威胁着人和动物的生命健康，保证人和动物生命健康安全，也迫切要求出入境检验检疫部门进一步加大把关防疫力度，严防外来动物疫病传入我国。

（三）出入境检验检疫部门把关防疫保国安民任重道远

国内外动物疫病频频发生，此起彼伏，特别是国外动物疫病经常撞击我国国门，对我国人民健康和畜牧业生产安全造成了严重的威胁。进一步贯彻落实《动物防疫法》，把关防疫，保国安民，出入境检验检疫部门任重而道远。

一是防止动物疫病传入难度加大。近些年来，世界动物疫病复杂多发，流行趋势严峻，就是在一些发达国家，口蹄疫、疯牛病、禽流感等重大动物疫病暴发也接连不断，动物疫病跨越国境从一个国家传播到另一个国家的情况经常发生。1986年首次发生于英国的疯牛病已经传播扩散到欧洲、日本、加拿大等20多个国家。我国出入境检验检疫部门不时截获到来自疯牛病疫区的动物产品，其中有正常进口，有人员携带，也有违法走私，国外动物疫病撞击偷袭国门，方式和渠道隐蔽复杂，使把关防疫难上加难。近几年来，虽然我国对包括动物疫病在内的外来有害生物侵入高度重视，加强管理，严格防范，但是来自国外疫区的动物和动物产品仍然屡禁不止，使防止动物疫病传入日益困难，构筑铜墙铁壁还需不断努力。

二是实行全程检疫监管任务繁重。以往出入境检验检疫部门只对出口动物和动物产品实行最终检验，即在产品出境前进行最后把关。为了切实保证安全卫生质量，促进动物产品出口，出入境检验检疫部门与时俱进，对检疫监管方式进行了改革，将产品质量控制关口前移，把检疫监管工作向前延伸，从源头开始，对出口动物和动物产品实行从饲养到屠宰、加工、包装、运输的全过程检疫监管。检验检疫人员不仅要对产品进行最终检验，还要对动物饲养地的动物疫情进行调查了解，采样监测，对饲养场防疫进行检查指导和登记备案，对加工过程进行检疫监管，产品出厂还要批批进行监装。人员没有增加，工作量却大幅度增加，工作难度也可想而知。

三是提高检验检疫水平迫在眉睫。面对国内外动物疫病复杂多变、检验检疫技术发展迅速、国外检验检疫要求日益严格的新形势，出入境检验检疫部门检验检疫水平不适应的问题显得越来越突出。一些国家对我出口动物产品实施加严精密检验，对动物疫病要检测疫病的病原体，在检测时不仅要检测细菌还要检测细菌毒素，不仅要检测病毒还要检测病毒基因，对我国检验检疫水平形成了严峻的考验和挑战。特别是对一些尚未传入我国的人畜共患动物疫病如疯牛病、西尼罗热病毒、亨德拉病毒、尼帕病毒等，还缺乏充分地认识和研究，需要尽快做好检测技术准备，提高检疫水平。为了适应把关防疫、保国安民、促进出口的要求，要尽快解决一些地方出入境检验检疫部门人员素质不高、仪器设备老化、检测手段落后、检疫经费不足等问题，全面提高出入境检验检疫整体水平，做到有高素质人员，高精度设备，高水平技术，高标准要求。要加强对外来动物疫病流行规律及其防治措施和鉴定技术的研究，不断提高对外来动物疫病鉴定、诊断、风险分析与控制、管理的水平，以适应在出入境检验检疫中对动物疫病越来越严格的要求。

四是加强统一协调防疫势在必行。贯彻落实《动物防疫法》，防止动物疫病等有害生物传入传出是一项社会系统工程，需要在各级政府的统一领导协调下，有关部门密切配合，统一步调，协调行动。出入境检验检疫部门要加强与地方动物防疫部门以及海关、交通、民航、铁路、邮政等部门的配合，主动协调；要建立国内外动物疫病数据库和定期疫病疫情交流制度，及时通报口岸疫情截获情况，实现信息资源共享；要组织对重大动物疫病共同进行专项调查研究和监测；要统一规划建设有不同特色的重大动物疫病检测标准实验室；要建立动物疫病风险预警管理制度和快速反应机制以及防范外来动物疫病的监测体系和紧急处理程序。通过方方面面的共同努力构筑动物疫病传入传出的立体防线。

（吉林省出入境检验检疫局　李凯年）

加强奶牛疫病控制

乳制品已成为日常重要消费品，在乳制品相对充足条件下，消费者越来越重视其营养价值和安全性。欲求从根本上保证乳品安全，必须从源头即保障奶牛健康上下大气力；预防、控制奶牛疫病，才能确保乳制品的营养价值和安全性。

目前，我国奶牛养殖业正处于快速发展中，很多地区都将其作为脱贫致富的支柱产业；大规模集约化养殖场也不断涌现，但我们应该清醒地意识到，在大好形势下的确存在着许多尚未引起人们足够重视的问题，做好预防、控制奶牛疫病，保证乳制品安全，才能确保乳业健康发展。

（一）预防、控制奶牛疫病的重要性

随着综合国力的增强，我国动物疫病防制工作取得了很大成就，已消灭了多种动物疫病，一定程度上控制了危害严重的动物疫病的发生蔓延，为畜牧业健康发展起到了保驾护航作用。但也应看到，近些年多种动物疫病在我国一些地区发生，造成难以估量的经济损失和社会影响。随着奶牛养殖业规模不断扩大，在预防、控制其疫病方面存在的问题愈显严峻，全国每年因疫病造成，患病奶牛产量下降20%～30%，牛奶质量、等级和营养价值也不同程度地下降，病原微生物及毒素、治疗药物的残留，严重危害人体健康；因患疾病导致奶牛过早淘汰，更造成巨大的经济损失；加之我国整体饲养水平不高，重养殖、轻防疫的思想没有得到有效根除，使原有已控制的动物疫病又重新蔓延。我国对外交流日益频繁，周边国家和地区的奶牛疫情、引进良种、冻精、胚胎也在一定程度上危胁着我国奶牛养殖业。我国成为世贸组织成员，贸易壁垒已不复存在，由于我国的动物疫病诊断检验水平相对落后，致使多种动物疫病会随同进口商品传入我国，因此预防控制奶牛疫病、人畜共患病，对于保障我国奶牛养殖业的健康发展，确保乳品安全和人民身体健康具有极其重要意义。

（二）健全疫病监测体系

目前，我国尚缺乏完全符合国际规范和标准的动物疫病监测体系，很多检验结果也不被国际认可。受其影响奶牛疫病监测、检验更缺乏权威、快速有效的机构，难以对多数奶牛疫病特别是新发疫病做出快速、准确诊断，更不能在疫病发生、流行之前进行准确的预测、预报，因而难以及早采取预防、控制措施，不能预防在前而是处理于后，致使疫病防制工作常处于被动局面。因此，健全各级奶牛疫病诊断监测防控体系，采用国际通行的先进监测技术，制定既能符合我国国情又能得到世界动物卫生组织认可的疫病检验技术标准，生产使用符合GMP标准的诊断试剂势在必行。我们应充分利用当前有利的国家经济形势和无规定疫病区项目建设，进一步完善基础设施建设，引进先进的诊断、检测设备，采用国际通用的技术标准，增强疫病诊断和监控能力。除国家建立权威的诊断机构外，省、地级（或奶牛饲养最大的区域）也应设立相当水平的实验室，同时也要加强农村防疫体系的技术力量。对奶牛疫病诊断定性实行分级管理，充分多地收集分析整理疫情资料及时掌握疫情，对疫情实施监测，做出相对准确的预测、预报，及时向有关部门通报疫情，提出防控意见，制定有效的防制措施。有实力的科研机构应开发研制快速、准确、便捷的诊断方法和试剂，条件成熟还可向各级动物防疫部门和生产商提供诊断试剂和技术；对在国外已发生，我国尚未发现的奶牛疫病进行超前研究、跟踪疫情动态，掌握检疫方法，及早预警防止其传入我国。

（三）制定完善奶牛疫病检验技术标准

我国加入WTO后，各行业都必须遵守国际通行惯例，按照国际公认标准进行工作，保证研究出的成果，生产出来的产品以及实验室的检测结果在国际社会中得到认可和流通。为使我国动物疫病防制及检测方法及结果得到国际认可，按照国际规定和标准，制定完善的动物疫病检验技术标准势在必行。

为提高奶牛品质需从国外引进良种、冻精和胚胎。为将疫病拒之国门外，除具有符合国际标准的疫病检疫实验室外，更要制定和完善符合国际标准并适合我国实际的检验技术标准。目前，我国只有数量不多的动物疫病检疫技术标准，动物检疫系统的法规、检疫技术标准建设还相当薄弱，很多国际贸易迫切需要的检疫技术标准还未制定；有的标准虽实施，但不完全符合国际标准的要求。我国现有动物检疫标准，与在加入WTO后执行的《卫生和植物卫生措施协议》所需要的动物检疫标准在数量和质量上都有较大差距。尽管困难很多，但我们在制定奶牛疫病检疫标准时，应采用统一的国际标准，在技术上参照世界动物卫生组织的《国际动物卫生法典》和《诊断试验和疫苗标准手册》，以使我国的检疫标准与国际标准相一致。

（四）预防、控制奶牛疫病的措施

1. 依法制定完善动物疫病防制体系 我国在动物防疫方面已有《动物防疫法》《进出境动物检疫法》及相应的配套法规，上述法律的实施，虽取得一定成效，但因历史的原因，现有的动物防治体系不尽合理，在法律法规实施过程中，时有不协调、不统一、各自为政和互相推诿的现象发生。对控制和防范国内外动物疫病和保障动物产品安全十分不利。我国动物疫病防治法律法规及防疫体系应借鉴发达国家的管理模式；本着“精简、统一、效能”的原则进行完善。参照《国际动物卫生法典》制定、修改适合我国实际的法律法规，真正做到有法可依、有章可循。大型奶牛场、乳品加工企业都应健全奶牛疫病防治和检验机构，依法对奶牛疫病进行预防控制；乡村畜牧兽医站应加强对防检疫人员进行培圳，既要有较高的技术水准，更要有较强的法律意识。

2. 预防为主提高免疫预防质量 “预防为主”是动物防疫工作的主要任务，我们要转变观念，真正把预防为主放在第一位，加大投入，加强基础设施建设，不要过于计较眼前的投入与效益，只有积极认真做到预防为主才能确保奶牛疫病少发生、早发现，损失才能减少到最小。奶牛养殖、乳品加工现已形成产业链条，奶牛养殖更趋于工厂化，原本危害较小的疫病在大密度集约化饲养条件下，对奶牛正常饲养、生产的危害变得愈加严重，控制疫病在大规模饲养场发生，更具有经济意义，某些疫病虽不能导致奶牛大量死亡，但可使其生产性能下降，乳品质量及营养价值也有不同程度的降低。奶牛场和养殖奶牛较多的地区，高质量的免疫注射是预防、控制奶牛疫病发生的最佳方法。各地防疫机构要掌握本地奶牛多发病种，适时应用优质疫苗，严格操作技术，以保证免疫效果。研究部门、生产企业应在奶牛用生物制品研发上多些投入，重点研制预防严重影响奶牛养殖业的传染病疫苗。

3. 提高检测技术水平控制传染源 随着市场需求增加，国际交流日趋频繁，引进优良种牛、冻精、胚胎已成为发展奶牛养殖业的重要技术手段，但同时也增加了引进疫病的风险。我国现有的牛疫病检测技术水平，还不能适应形势的要求，要从根本上解决上述问题，必须加大科技投入力度，集中有限的财力和技术力量，以少数几种对奶牛养殖业危害较大的疫病为重点，力争短时间内研制特异、快速、低价的诊断检测技术，为奶牛疫病预防、控制提供有力的技术保障。

4. 增强防疫意识控制环境卫生 奶牛饲养场、养殖户都应严格遵守《动物防疫法》，树立常备不懈的防疫意识；要依据本地实际制定疫病预防控制预案；充分依靠科学技术力量，提高处理奶牛疫病突发事件的能力；要顾全大局，保护牛场、养牛户及周边环境，在牧场、饲养区出入口设立消毒设施。疫病流行期内，严格控制出入人员，饲养场员工、养殖业主要定期做健康检查，结核病患者及恢复期仍服药者，不得进入生产区、饲养地。当奶牛发生疑似传染病时应采取果断措施，尽快隔离病牛及同群牛，按法规要求及时上报当地兽医主管部门。技术人员要及早进入现场，尽快予以确诊。为保证奶牛健康和正常生产，必须严格控制饲料和饮水卫生；兽医在整个生产过程中要起到监督作用；严控人畜共患病发生；吸取欧洲疯牛病发生、流行的教训，严格禁止喂饲动物性饲料和未经实验证实无害的其他饲料。

（黑龙江牡丹江市兽医卫生防疫站　赵永利　王　萱）

乳制品加工

全国乳制品加工概况

2002年是我国入世的第一年，乳制品进口关税减让，国际市场乳制品大幅度降价，各种乳制品进口数量、金额创历史最高，我国乳制品行业经受了考验。乳制品工业越来越受到各级政府和社会各界的重视，资本市场以从来没有过的兴趣关注着乳制品行业，乳品消费成为媒体竞相报道的重点。我国乳业正经历着黄金发展时期。

2002年，全国奶类总产量达1 400.4万吨，其中牛奶产量1 299.8万吨，分别比上年增长24.7%和26.7%。奶类总产量前六位的省、自治区、直辖市是：黑龙江占17.1%、内蒙古占12.1%、河北占10.6%、山东占8.3%、新疆占7.2%、陕西占5.9%。全国规模以上乳制品企业499家，共完成工业总产值373.63亿元人民币，比上年增长24.1%；销售收入347.48亿元人民币，比上年增长27.8%；利税总额完成40.91亿元人民币，比上年增长28.0%；利润总额完成23.73亿元，比上年增长38.6%；乳制品产量93.23万吨，比上年增长25.5%，其中乳粉产量约75万吨；液体乳产量355.14万吨，比上年增长66.48%。

2002年，全国乳制品工业产值前五位的是：黑龙江占17.3%、内蒙古占14.8%、河北占13.4%、上海占10.9%、山东占7.0%；乳制品产量前五位的是：黑龙江占20.6%、河北占15.3%、山东占15.3%、内蒙古占10.6%、陕西占8.0%；液体乳产量前五位的是：内蒙古占20.7%、上海占11.5%、河北占9.8%、黑龙江占7.6%、北京占6.9%。

2002年，全国共进口各种乳制品25.7万吨，金额2.64亿美元，分别比上年增长40.5%和26.2%；其中乳粉进口11.1万吨，金额1.61亿美元，分别比上年增长89.4%和40.4%；乳清粉进口13.8万吨，金额0.9亿美元，分别比上年增长15.2%和2.6%。在一段时间内，大量乳粉的进口对国内市场造成一定冲击，使一些以生产大包装乳粉为主的企业出现产品积压现象，到2002年底国际市场乳粉价格上升，国内市场需求转旺，乳粉销售形势转好。

2002年，全国共出口各种乳制品5.1万吨，金额5 524.4万美元，比上年的4.3万吨、3 961.8万美元分别增长19.50%和39.44%；其中出口鲜乳制品27 786吨，金额2 076.03万美元，同比分别增长5.1%和8.85%；乳粉出口10 299.4吨，金额2 373.31万美元，同比分别增长104.2%和129.1%；炼乳出口11 339.5吨，金额822.61万美元，同比分别增长10.1%和-4.2%。

近几年来，乳制品行业的产品结构调整成绩显著。过去的中国乳制品基本是乳粉为主，液体乳所占比例很小，而且仅是一些都市型的乳制品企业在生产。2000年，乳粉同液体乳的比例仅是1:3.7；2002年乳粉同液体乳的比例达到了1:5.1。乳粉、液体乳的构成也在不断变化。据协会对160家重点企业的统计，2002年乳粉类产品中，全脂乳粉占25.7%，全脂加糖乳粉占18.0%，婴幼儿乳粉占28.3%，脱脂乳粉占1.5%，其他乳粉占26.4%，同2001年相比，全脂乳粉上升2个百分点，全脂加糖乳粉下降2个百分点，婴幼儿乳粉基本持平；2002年液体乳类产品中，杀菌乳占31.4%，灭菌乳占46.1%，酸乳占22.5%，同2001年相比，杀菌乳下降7个百分点，灭菌乳上升7个百分点，酸乳基本持平。

乳制品消费成为城市居民膳食调整的重点。近年来，由于协会和广大会员单位对乳制品营养知识进行广泛而富有成效的宣传，推动了乳制品消费，除大中城市外，沿海富裕的城镇、农村乳制品市场已开始启动。2001年全国城镇居民家庭平均每人全年消费乳及乳制品支出为80.06元人民币，如果按每千克液体乳5元人民币折算，人均消费液体乳16千克，与2000年人均乳制品消费支出68.57元人民币相比提高了16.8%。在居民16类食品消费中，乳制品消费排在肉禽及制品、粮食、菜类、水产品类、干鲜瓜果类、酒和饮料之后，居第7位，超过了油脂类、蛋类、豆制品类、糖类的消费。在全国各省、自治区、直辖市中，人均消费支出前十位的是：西藏298.67元、上海230.57元、北京198.75元、重庆127.12元、福建125.04元、天津108.03元、山东106.58元、浙江96.60元、四川88.07元、江苏86.20元。

企业经济效益有所提高。2002年，全国规模以上企业为499家，其中国有及国有控股企业141家、集体企业36家、外商和港澳台投资企业58家；在规模以上企业中，亏损企业121家，占24.25%，与上年的25.35%相比降低了1个百分点。其中国有及国有控股企业亏损面占32.62%，外商和港澳台投资企业亏损面占39.66%。2002年全行业产品销售费用占销售收入的比为14.03%，比上年的12.28%，增长1.75个百分点；产品销售利润率为13.16%，比上年的12.71%，增长0.45个百分点。收奶价格，总的说是：南高北低，东高西低，城市高于农村。据协会对79家重点企业2002年上半年的统计资料分析，收奶价在2.0元/千克以上的10家，最高的为4.33元/千克，1.7～2.0元/千克的有30家，1.5～1.7元/千克的有25家，1.5元/千克以下的14家，最低的为1.30元/千克。

[乳制品评价师评选] 由中国乳制品工业协会主办并组织、农业部乳品质量监督检验测试中心承办的“乳品评鉴师”考测选拔于2002年7月2～4日在天津举行。报名参加本次考测选拔的有120余位乳制品生产企业的产品质量专业技术人员，经过初选，有60余名符合参考条件的参加了首批考试。乳制品是一种营养食品，不仅有严格的理化、卫生指标，感官指标也是产品质量的重要方面，广大消费者往往以感官指标作为购买产品的主要依据。20世纪80年代，国家有关部门开展产品质量评比，曾选拔了一批经验丰富的感官评鉴师，其后20余年没有再进行过评鉴师选拔。本次考评选拔，目的是引起企业对产品感官质量的重视。本次考评选拔，分乳制品专业知识考试，包括：法规标准、生产工艺、生产设备、检验仪器等方面；味觉、视觉、嗅觉等感官灵敏度测试；液体乳、乳粉、酸乳、乳酸菌饮料的质量评鉴；视力检查等。经过专家组综合评价后有31位同志获得“乳制品评价师”资格，并颁发证书。

（中国乳制品工业协会秘书处）

天津乳制品加工业

天津是我国乳品加工业兴起较早的城市之一。随着经济的发展，人民生活水平的提高，对奶和奶制品的需求日益增长，乳品加工企业也随之发展壮大。主要情况如下：

1. 乳品加工业的发展历程 新中国成立以前，天津从1861年开始由外国传教士和开洋行的商人带来奶牛，并挤奶自用。随着牛奶消费者的增多，天津本地人也陆续养牛卖奶，成立牛奶作坊。1934年购进日本产的巴氏低温牛奶消毒、杀毒、冷却、装瓶等成套设备，向市民供应消毒牛奶。1942年成立了民族乳品加工实业“大华奶品公司”，主要生产“花王牌”奶粉、炼乳、黄油等乳制品。

新中国成立以后，在第一个五年计划期间，天津市私营奶业实行了全行业公私合营，成立了“天津市公私合营牧场奶品总店”，1957年易名为“天津市奶品公司”，形成奶牛饲养、牛奶加工、奶品销售为一体的乳业企业。1958年市政府投资35万元建造日处理15吨的牛奶消毒厂，生产巴氏瓶装和桶装牛奶，供居民饮用。1963年，成立天津市乳品厂，年内相继建成了日处理能力分别为25吨、15吨的瓶装和桶装的巴氏消毒牛奶车间、箱式喷雾干燥的奶粉车间，开始了“海河牌”奶粉的生产供应，为奶制品的发展奠定了基础。

20世纪80年代，天津奶业获得世界粮食计划署的无偿援助和资金投入，实施了许多促进发展的优惠政策。乳品加工厂由1个增加到9个，日处理鲜奶的能力由50吨增加到300吨。主要产品有巴氏消毒奶、酸奶和奶粉。1982年，“海河牌”全脂奶粉被农牧渔业部评为部级优质产品。1984年，相继有三个年设计产奶粉400吨的羊奶粉厂建成投产，采用国产箱式喷粉设备。1985年10月，天津市乳品二厂正式建成，生产瓶装巴氏消毒奶，第二年改为塑料膜软包装消毒奶，淘汰了玻璃瓶消毒奶生产线。1989年，引进法国酸奶自动化生产线，生产凝固型、搅拌型、饮料型等多种风味的酸奶。从此，优蓓蕾牌塑料盒装酸奶供应于市民。

90年代，随着改革的进一步深化，天津奶业由计划经济向市场经济过渡，政府取消了奶牛饲料和奶价补贴，乳品企业开始引进外资，进行产品结构调整，出现了私营乳品厂和合资乳品公司。1992年市奶品公司对所属一食品厂进行改造，定名为天津市实验乳品厂。1994年，天津奶业经过一年的经济转型后，许多国有企业纷纷与国外知名乳业合资。1995年6月天津市奶品公司下属的乳品一厂、二厂和意大利帕玛拉特公司达成协议，改名为帕玛拉特（天津）乳品有限公司，引进利乐无菌罐装设备，生产巴氏消毒奶，超高温灭菌奶、酸奶、奶粉、果汁等。另外，市农场局所属凌云饮料厂和澳大利亚合资成立的维克食品有限公司、雀巢（天津）牛奶有限公司、由杨柳青农场与蒙古合资的福实得奶业有限公司以及由天津中芬培训中心和荷兰菲仕兰公司合资的菲仕兰（天津）乳制品有限公司也相继建成投产。90年代中期，由于外资企业的介入，大部分产品转入超高温产品，而全国奶粉滞销，使得国内乳品企业陷入困境。1998年，天津市奶品公司及市内各区公司营销网点及所属乳品三厂、实验乳品厂和武清农场东方乳品厂进行了重组，成立了天津奶业集团有限公司，加快了产品调整，形成了“海河牌”奶粉、液态奶、酸奶等50个品种，重振了民族企业的雄风。

进入21世纪，由于国家对农业结构调整的优惠政策，使天津市奶牛业、乳品加工业进入了大发展时期。2000年，先后有民营企业天津梦得食品有限公司，引进瑞典利乐公司成套高温生产线，生产枕式袋系列乳制品；中芬乳品培训中心并购杨家园乳品厂、天津市奶品联营第二乳品厂、潮白河乳品厂成立中芬乳业有限公司；天津奶业集团大胆尝试，把所属第三乳品厂改制成为由集团国有股和自然人股的津河乳业有限公司。同时，国内知名乳业也纷纷在天津投资建厂，其中有北京三元乳品公司并购天津市奶品公司联营第一乳品厂成为天津三元乳品工业有限公司、杭州娃哈哈乳品有限公司与武清区冠芳饮料厂合资为天津娃哈哈乳品有限公司、哈尔滨完达山乳业也在武清区投资建厂生产高温塑料袋乳制品。另外，还有一些小型民营乳品厂如康奶乳业、康伴乳业、华明乳业、七里海乳业等。变化最大的是天津海河乳业有限公司，是在奶业集团的基础上重新征地13.3公顷在北辰科技园区建造日处理能力400吨的现代化工厂，关键工序全部采用丹麦、瑞典 、芬兰一流设备。成为天津市规模最大、品种最多的生产加工基地。

2. 乳品加工企业的现状 目前，天津有各类乳品加工企业28家，其中日处理鲜奶50吨以上的企业为10家，分别是海河乳业、中芬乳业、菲仕兰、帕玛拉特、光明梦得、津河乳业、天津娃哈哈、天津完达山、天津三元、福是妙乳业，设计日处理鲜奶能力2 000吨，而实际生产日处理量是800吨。乳品加工设备也不断更新，工艺技术更趋合理先进，分别从瑞典、荷兰、意大利、法国、德国、芬兰、丹麦、日本、美国等发达国家引进各类生产线近百条，干乳制品与液态乳制品的比例由9:1转变为现在的1:9，顺应了消费需求。目前，天津乳品市场有近百个品牌300多个品种规格，主要是超高温灭菌、巴氏杀菌、酸奶及酸奶饮品、奶粉系列等。

奶源基地不断增加，农民饲养奶牛的积极性大大提高，奶牛饲养头数从由90年代的4万头增加到10万头，奶牛饲养业开始由分散逐渐集中，全市兴办各类奶牛养殖小区100多个，其中无公害牛奶生产基地68个，可提供无公害牛奶600多吨，占全市原料奶产量的58%。

企业重组，管理机制不断改善。天津乳品加工企业现在是国有、民营、股份“三足鼎立”，而股份制企业最具有生命力，其中包括海河乳业、光明梦得乳业、津河乳业、中芬乳业等。经过改组、改制后，各个企业全部实现了新的经营管理机制，从而使天津乳品加工业得到了迅速的发展。

（天津海河乳业有限公司　朱利民）

河北乳制品加工业

（一）发展及现状

河北省乳品工业是一个新兴的、发展较快的食品行业，现有乳品企业200多家。作为一个行业，它始于改革开放之初的70年代末，并在80年代得到稳步发展。进入90年代是河北省乳品工业发展最快时期，从1990—2002年全省乳制品年增长率超过30%，2002年全省乳制品产量达14.28万吨（不包括鲜奶制品），连续5年居全国第二位，全省人均鲜奶年占有量为17.8千克，超过全国人均水平的一倍多。产量增加的同时，企业规模、技术装备、企业管理、产品质量和科技进步均得到较快的发展和提高。经过20年的发展，河北省乳品工业已从当初的仅能生产全脂奶粉、消毒牛奶、年产值不过千万元的规模发展到目前能生产包括各种奶粉、发酵乳、液体乳、冷饮四大类、上百个品种、年销售收入达60亿元的乳品大省，初步形成了较为完善的乳品加工体系。

河北省液体奶、发酵奶这几年虽然发展较快，但基础较差，无法同国内优势企业抗衡。据统计，2002年全国液体乳产量为360万吨，河北省为34.87万吨，不到全国产量的10%，而同期奶粉产量占20%。其他如冷饮的产量、品种、档次和价格无法同省外企业相比。

全省200多家乳品厂中，大部分为小企业，加工能力为日处理鲜奶100吨以上的企业不足10家，其中，国有及年销售额500万元以上的非国有企业共36家。

奶粉生产是河北省的传统优势，其产量占全省乳制品总量的90%以上，这几年产品结构调整主要是增加发酵乳、液体乳的产量，而奶油、干酪、干酪素、乳清制品等耗奶量大的深加工品种在省内还是空白。即便是液体奶、发酵奶也仅是全脂奶，而缺少脱脂奶（酸奶）、低脂奶（酸奶）、有机奶的生产。这样就造成许多消费者把乳与乳制品仅仅理解为液体乳、奶粉、炼乳，很大程度上限制了乳制品的消费。

河北省现有乳品企业，绝大多数生产发酵奶，仅在保定市就有70多家。大部分企业技术力量薄弱，工艺和设备落后，造成产品质量与国内外品牌相比还有较大差距。

（二）有利因素

实践证明，发展乳品工业有着良好的经济效益。养一头奶牛，年纯利可达3 500元左右，有利于农民脱贫致富。乳品加工的特点是效益高，见效快，以三鹿集团为例，自1986—2001年固定资产增长32倍，利税增长50.3倍，产量年递增21.3%。在省内一些经济相对落后县如行唐、丰宁和沽源等地，乳品加工业已成为当地财政收入的支柱行业。

河北省是农业大省，也是玉米主产区之一，有1 000多万吨玉米可供转移增值，2 000多万吨作物秸秆可利用，玉米秸秆青贮可作为奶牛主饲草，一头奶牛一年可吃掉0.27公顷玉米秸秆，照此推算，全省75万头奶牛一年可吃掉20万公顷玉米秸秆，这样一方面可使秸秆增值，农民增收；另一方面可改变农民焚烧秸秆习惯，保护环境，减少污染。与此同时，秸秆过腹还田，还可改善地力，增加有机肥，减少化肥用量，使农业形成良性循环。此外发展乳业还可以带动运输、饲料、兽药、包装等相关产业的发展，为农村剩余劳动力增加了就业空间。

相对于其他行业，乳品加工污染小，符合可持续发展原则，而奶牛饲养有利于退耕还草，建设草场，保护生态环境。以沽源牧场为例，由于乳品加工业的发展，促进了奶牛饲养业的发展，从而加速了退耕还草，防止了土地的沙漠化，全场粮食种植面积由1996年的1万公顷降至1 667公顷，有近4 000公顷种植了牧草，4 667公顷种植了药材、饲草兼用作物，为大量饲养奶牛提供了可靠的保证。同时，良好的生态环境和草原风光极大地促进了当地旅游业的发展。

（三）今后的方向

1. 加强宏观管理，循序渐进地发展 近几年，乳与乳品工业得到中央和地方各级政府的高度重视。据统计，目前，已有八个省（自治区、直辖市）把乳品加工作为支柱产业发展，全国各地都在发展奶牛饲养，上生产线，河北省也不例外，全省各地计划在"十五"期间投资28亿元发展乳业（包括奶牛饲养和牛奶加工），但大多数项目为低水平重复建设，具有一定技术含量的乳品深加工项目少；另外，牛奶消费在一些城市已趋于饱和，而广大农村由于消费水平、运输等客观条件的限制，乳与乳制品的消费在今后若干年内不大可能大幅增长。因此，乳品工业的发展一定要在深入调查的基础上制定出合理可行的发展计划，统一规划，合理布局，防止一哄而上，重复建设，避免使国家、集体和个人（特别是广大奶农）的利益受到损失。

2. 扶持名牌企业，实施大公司大集团战略 食品工业是河北省支柱行业，把食品名牌产品做大做强是经济发展的关键。石家庄三鹿集团是全国奶粉产量最大的乳品企业，2002年该集团销售收入达到30.7亿元，实现税利3.6亿元，已成为全省最大的食品企业。其中，奶粉产量占全省40%，液体奶产量占60%，同时三鹿奶粉和液体奶也获得中国名牌产品称号，因此，各有关部门要创造条件，鼓励三鹿集团对省内其他乳品企业的联合、兼并，同时在财政、税收、信贷、设备引进、科技创新、建设用地等方面予以政策支持，使其在5年内年销售收入达到100亿元，年税利30亿元，同时，积极支持其参与国际竞争，实现跨国经营，争取其股票在海外上市，力争在10～15年内使其产品发展成国际乳品行业知名品牌。与此同时，加大对"妙士"、"天香"、"乡谣"等一批有特色、科技含量相对较高的地方名牌产品的支持力度，以带动全省乳业的发展。

3. 加强原料奶基地建设，提高原料乳质量 国内乳制品的感官指标如冲调性、滋气味等不如国外产品，主要原因是规模饲养少、机械化挤奶比例低、缺乏保鲜设施，加上牛奶掺假等造成的原料乳污染，质量难以保证。因此，今后奶源基地建设要围绕龙头企业进行，使奶源及时消化，提高规模化饲养比例，一时达不到规模饲养的可采取"分散饲养，集中挤奶"的方法，逐步淘汰人工挤奶，强化原料乳的收购管理，执行"以脂论价"的收奶方式，乳品厂收购鲜奶必须配备脂肪测定仪。

借鉴国外经验，发展合作式乳业加工体制是保证奶源和鲜奶质量，调节企业和奶农利益分配的根本措施。要组织引导乳品加工企业与奶牛饲养户实行股份合作式经营，形成稳定的供奶渠道，保证原料质量。建议政府、乳品厂按比例筹集部分资金作为"乳业风险"基金，防范因农业丰歉造成饲料价格变化，使奶价大幅波动。

4. 调整产品结构 城市型乳品厂应以发展液体奶、发酵乳、冷饮为主，基地型乳品厂应以加工奶粉、炼乳为主，奶源富裕地区可适当发展适合中国人口味的奶酪及奶油、干酪素等高耗奶品种，从而做到高耗奶与低耗奶、液态奶和固态奶品种的均衡生产。把握国际乳品发展趋势，发展脱脂奶、低脂奶和脱脂、低脂发酵奶，适应人们对食品安全及健康越来越关心的要求，发展"有机奶"、"免疫奶"，针对一部分人对乳糖的不适应症开发低乳糖奶。

5. 加大实施名牌战略，拓宽合作渠道 尽管河北省乳业发展较快，但同国内名牌企业相比尚有差距，更比不上国际知名企业。从国外看，联合购并已是大势所趋，我们企业要超常规发展也要走这条路，在奶源丰富、价格低廉且少受污染地区建立原料基地，加上品牌优势占领更多市场。要采取各种优惠政策加快招商引资步伐，对外加强合作，利用国外资金、技术装备和管理经验发展自我，对内要侧重"强强联合"，做到优势互补、共同发展，形成"河北奶源大家用，河北产品走天下"的局面。此外，要在行业内积极推广ISO9002、HACCP、GMP和ISO14000等认证工作，使乳品企业的管理同国际水平接轨。

（河北省食品药品监督管理局 张 毅
河北省发展和改革委员会 鲍 蕾）

内蒙古乳制品加工业

2002年是内蒙古乳品工业快速发展的一年，奶源建设、生产加工和经济效益实现了同步增长，成为拉动内蒙古自治区工业经济增长的重要力量。2002年，全自治区牛奶产量165.2万吨，同比增长55.5%；乳制品产量9.99万吨，同比增长107.4%；液态乳产量73.67万吨，同比增长88%，列全国第一位。全自治区规模以上乳品加工企业实现销售收入 52.7亿元，同比增长 55.5%；实现利税 5.76 亿元，同比增长 55.5%；工业增加值17.6亿元，同比增长55.5%。2002 年，内蒙古自治区乳品加工业的特点：

1. 乳制品品种增加，质量逐步提高 2002 年，全自治区乳品工业企业有 49 个，总日处理鲜奶能力达到3 500吨，主要产品有：乳制品（奶粉、奶油、干酪素、乳糖、奶酪等）、冷冻饮品（雪糕、冰激凌）、乳饮料、液态乳（保鲜乳、超高温灭菌乳、酸乳）。“伊利”、“蒙牛”商标获全国驰名商标称号，两个企业的超高温灭菌乳及伊利奶粉被评为中国名牌产品，伊利系列产品为国家免检产品。形成了伊利 、蒙牛等一批具有市场竞争力的大型企业集团。

随着伊利 、蒙牛两大乳品企业的崛起和上海光明、北京三元等优势乳品企业进入本自治区，一批具有稳定区域市场的骨干加工企业得到了发展。伊利集团从 1999 年以来，连续 4 年被评为“中国最具发展潜力上市公司50强”企业，并成为国家 520 户重点企业之一。目前，伊利 、蒙牛两大乳品企业均进入自治区 20 户大型企业集团之列。以大企业为核心的专业化生产基地正在形成，并成为国家主要的乳业生产、加工基地，也促进了地区经济发展。由于乳品加工企业的快速发展，2002 年，呼和浩特市牛奶产量达到 60 万吨，占全自治区牛奶产量的 36.4%。乳品行业使呼和浩特市农牧民年人均增收 330 元，户均增收 1 300 元。奶牛业已成为该市的经济增长点和农牧民收入的重要来源。

预计到“十五”末，全自治区主要乳制品产量：冰激凌将达到 40 万吨，国内市场占有率达到 20% 左右；液态奶将达到 150 万吨，国内市场占有率达到 40% 左右，销售收入将达到 200 亿元，工业增加值达到 60 亿元，实现利税将达到 25 亿元。

2. 骨干企业发展情况 内蒙古伊利实业集团股份有限公司为进一步提高企业核心竞争力，通过收购、兼并、资产重组、托管等方式，先后在内蒙古中西部地区、北京、上海、黑龙江、河北等地建立了自己的生产基地，使企业规模迅速扩大。目前，该企业已经具备年产 40 万吨液态奶、21 万吨冷饮、5 万吨奶粉的生产能力，并已成为国内乳制品综合加工能力最大的企业集团。雪糕、冰激凌产品的产销量连续七年名列全国同行业第一名，超高温灭菌奶产品的产销量名列全国同行业第一名，占国内市场 37% 的份额，奶粉类产品的产销量名列全国同行业第三名。2002 年，伊利集团实现销售收入 40.1 亿元，实现利税 4.88 亿元，其中税金 3.46 亿元。2005 年规划目标，销售收入 100 亿元，利税 7.5 亿元。

内蒙古蒙牛乳业股份有限公司成立于 1999 年，在2002 年被《当代经理人》杂志评为“非上市民营企业成长百强之冠”。2000 年 12 月，总投资 9.6 亿元的三期工程在呼和浩特和林格尔县盛乐经济园区投产，摩根斯坦利、鼎晖投资、英联投资有限公司向蒙牛乳业投资签字仪式同时举行。三家投资公司一次性向蒙牛乳业股份有限公司投资 2 600 万美元（折合人民币2.16 亿元），这是内蒙古民间引进投资数额最大的项目。2002 年蒙牛公司在全国乳品行业按销售收入排名第四。2005 年规划目标：销售收入 60 亿元，实现利税5.1 亿元。

3. 2003 年乳业发展形势预测 2003 年，我国乳业仍将呈高速发展的态势，大批新项目陆续投产，竞争进一步加剧，乳制品单一产品向多元产品发展；随着加工能力的迅速提高，奶源不足的矛盾将日益突出，奶源基地建设成为各企业的重要任务；食品安全日益受到广大消费者和各级政府的重视，同时，为保证乳业健康持续的发展，逐步设立乳业发展风险基金和奶牛保险险种，以增强抗风险能力，保护农牧民的切身利益。

2003 年，内蒙古自治区乳品行业将继续保持快速增长态势，预计全自治区规模以上乳品加工企业销售收入110 亿元，实现利税 10 亿元，伊利公司销售收入 60 亿元，蒙牛公司销售收入 40 亿元。

（内蒙古自治区乳品协会　鄂光宇）

上海乳制品加工业

上海是中国国际化程度较高的大都市之一，上海乳品市场历来是国内外乳品企业的必争之地。随着近年来市场竞争的日趋激烈，几乎国内外所有著名的乳制品品牌，都出现在上海的乳品市场上。不仅如此，像美国惠氏、丹麦宝隆洋行、美国联合利华、内蒙古伊利、北京三元、南京卫岗、河北妙士等企业，还直接向上海地区投资，建立了乳品生产基地，与上海本土企业，如光明乳业等，展开了全方位的竞争，从而使双方都不同程度地得到了壮大发展，极大地丰富了上海乳品市场供应。这是影响上海乳品加工业发展的主要因素。

目前，上海地区的乳品加工企业共有 28 家。生产品种首先相对集中在包括巴氏杀菌乳、UHT 灭菌乳和酸乳在内的各种液态乳。其次为湿法生产的配方乳粉。还有以美国药典为标准的乳糖、干酪素盐等产品，以及半硬质干酪等国内其他地区少见的品种，也有一定的生产规模。此外干法生产的甜炼乳和配方乳粉，近年来也开始面市了；冰激凌生产规模有望得到扩大，但淡炼乳和乳脂类产品制造，几乎还是空白。现将 2002 年上海市奶制品主要品种和产量列于下表。

2002 年上海市奶制品主要品种和产量情况

企业名称	主要产品品种	产量(吨)
上海光明乳业有限公司	屋型包装牛奶	60 000
上海三元全佳乳制品有限公司 上海真元乳业有限公司等16家乳制品生产企业	利乐包装牛奶	45 000
	玻璃瓶装牛奶	170 000
	塑料袋装牛奶	26 000
	酸牛奶	70 000
上海惠氏营养乳品有限公司 英特尔营养乳品有限公司	婴幼儿乳粉等奶粉类产品	5 500
其余乳制品生产企业	主要原料以奶粉为主，生产甜炼乳、干法婴幼儿奶粉、配制型含乳饮料、干酪等产品	15 000

近年来，光明乳业提出了“以全国资源做大蛋糕”的口号，注重在邻近地区如无锡等地集中优质奶源，首先在上海市场抢占“新鲜”概念的制高点。三元全佳、真元、英特尔等企业，也根据各自产品的特点，与江苏、浙江两省的牧场和奶农建立了合作关系。

尽管如此，上海企业的生产能力还是难以满足上海乳品市场的巨大需求，不仅干酪、各种配方奶粉和乳脂类产品由国外和兄弟省市输入，连 UHT 类的长保存期液态奶，本市企业的市场占有率也仅为一半左右。

然而，随着城市化进程的提速，上海地区的奶牛养殖业受到明显的制约。禁养区域不断扩大，因此放眼于邻近省，乃至整个长江三角洲，对上海乳品加工业进行重新布局，已是大势所趋。

（上海奶业行业协会）

乳和乳制品质量安全

支持乳品安全生产的有效系统

随着信息时代的来到，中国的入世，中国的消费大众终必变为具备丰富国际信息知识的世界市场消费者。为了维护中国乳业的良好持续发展、中国国民的健康，国产乳制品的质量和安全系数与国际接轨是刻不容缓的。与引进国际生产加工技术、设备相等重要的是已被实地操作和时间考验证实有效的生产管理方法和理念以及技术监督战略。危害分析、关键控制点（即 HACCP，Hazard Analysis Critical Control Point 的缩略字）是当前世界上公认为支持食品安全生产的最有效和广泛使用的系统程序。

（一）HACCP 背景

二次大战后，随着生产业的稳定和规模发展，诸多经济和管理理论等到了它们发挥的舞台，20 世纪 50 年代在美国有一位登明博士推出了随后被称为“全面质量管理系统”（Total Quality Management 简称 TQM）的理论。此理论是为制造业设计的，其特色是将品控类型的工作调整到能够将生产全面并系统化的治理，而其结果是在没有增加操作成本（甚至降低成本）的情况下，提高了产品质量。TQM 与 HACCP 虽然是独立发展的思路，但在精义上有类似的地方，它们共同造就了随后 HACCP 在食品业的发展与使用。到了 1991 年，Codex Alimentarius（简称 Codex），联合国粮农组织和世界卫生组织旗下的食品标准委员会，组织了一工作小组并开发颁布了适用于全球性运用 HACCP 的准则，此文件和其他随后追加的相关标准和建议在国际上被广泛应用并成为 HACCP 的技术依据。加拿大制订的食品安全强化项目（Food Safety Enhancement Program，简称 FSEP），是加拿大官方将 HACCP 纳入其食品安全质量促进和监督工作的整体纲领，内中的 HACCP 与 Codex 运用 HACCP 的原则一致。

在中国，近年来除了卫生部启动的 HACCP 试点项目外，国家质量监督检验检疫总局的国家认证委员会也通过其委任的 50 多家 HACCP 技术咨询公司在中国提供 HACCP 的开发和认证服务；国内已有十多家乳品企业取得 HACCP 的认证。中国学生饮用奶定点企业申报认定办法中也将 HACCP 列为被认可的质量管理系统之一。

（二）HACCP 的独特处和其优势

如同一般常用于食品生产加工业的质量保证项目，HACCP 造就了产品的安全和质量，但不同之处是 HACCP的重点是食品安全；食品质量的提升在 HACCP 里，乃食品安全性提高的附带价值。同时，HACCP 并不将主要战略部署在产品的检验上，而是有系统地将关注放在食品处理的每个环节上，从原料的输入，到最终产品的输出，就各种可能出现危害到食品安全的因素进行识别，并加以控制，从而加强食品的安全性。其特点是对于防范性工作的着重；生产全线全时间的介入，全可能性（就各类危害）的考量，将问题在尚未体现在最终产品之前就发现并处理；这降低了食品加工企业处理不合格成品的开销和相关的损失（例如产品回收和消费者信赖的下降）。在企业内 HACCP 有效地动员了其设备、人员和质量项目的现有资源，将它们联系为一整体、协作效应显著的系统；管理、采购、生产、工程、品控、后勤以及物流等部门都参与项目的设计、培训和实施。此类的人员和资源的动员应该是 HACCP 最关键的优势，将分散的资源和智力凝聚为一有效整体。这与当前较时势的企业管理理念不谋而合：管理方应利用团队建设和各专业团队的协作、透过团队力量的发挥，而不完全依赖管理方的指令下达，将企业的人、物、财、信息等资源产出最大的价值。此外，HACCP 的执行附带了对于食品企业的基础设施和卫生操作的要求，这又成为 HACCP 的前提项目（Prerequisite Program），内容基本上与 GMP（Good Manufacturing Practice 即良好的生产操作）或食品卫生计划（Food Hygiene Programs）雷同，这工作能够确保食品加工企业质量和卫生生产条件的具备，不但使得 HACCP 能够成功开发，企业也会在建立 HACCP 的过程中，奠定其长远发展的更稳定基础。HACCP 在提高食品的安全系数之余、亦能满足诸多国内外消费群体和官方技术监督体系的要求，从而巩固现有市场并开拓新的契机。这一切都有别于传统依赖成品监测的品控程序。HACCP 的另一特别之处是对于不同食品的运用，其原则和操作过程是一样的。

（三）HACCP 的基本原则

1. HACCP 前提项目 完整的 HACCP 项目在 Codex 的标准中，有 HACCP 前提项目加上 HACCP 计划两部分。通常 HACCP 前提项目有六方面的要求，这些要求和相关的参数非常具体、严格，但合理；它们反映出HACCP的实际性质和成立后的可操作性和此工作最终目标在项目的管理中的被重视（因管理方并没有盲目地将HACCP移植到一个没有条件维护这个项目的环境里），换言之，HACCP是建立在有一定技术基础的食品加工企业内，这并不意味着HACCP不适应所有的企业，HACCP的前提项目亦是HACCP的一个重要部位，所以在企业就前提项目的要求一一实践的过程中，该企业已经算是开始建立其HACCP项目。

前提项目需要成文，企业必须记载启动前提项目之前的操作程序、将其与标准规范相比较、然后制订合乎标准的新操作程序。前提项目启动后，必须建立工作进展记录档案、保留一切能够核实加工企业达标的文件、报告。当前提项目被核实完善后，HACCP计划方能开始。前提项目的六方面要求和其中包含的各类题目如下：

(1) 厂房设施。厂房内外结构、设计、维护、照明、通风、排放、消毒、卫生；如厂房内部地面应略有坡度，容许液体顺利流入排水地沟。

(2) 运输及储藏。运输食品用车辆、温控、原料储存、非食品用化学制品的存放、成品的储存；如从市场回收的不合格产品应有明显标记、在专门的区域单独储藏等待处理。

(3) 设备。设备设计和安装、设备维修和调试。

(4) 人员。基本食品卫生知识培训、技术培训、人员卫生和健康要求、传染病；如企业要求当员工患有以食品作为媒介的传染性疾病时必须向管理部门汇报。

(5) 设备卫生和害虫防范。设备卫生项目要求、害虫防范项目；

(6) 问题成品追踪、回收。产品回收系统、产品生产和配发编码。

2. HACCP计划 实施HACCP计划涉及到12道步骤，其中后7道步骤与本文随后讨论的HACCP计划的7项原则一致；12道步骤的前5个步骤包括组织HACCP的工作队伍、进行食品描述、制定食品预期的用途、制作食品加工流程图和到现场验证流程图的准确。HACCP工作队伍的成立是关键：HACCP的工作队伍是带动HACCP计划得到企业高层管理的支持和成功建立HACCP计划的核心，内有组长（负责推广和提供领导）、工作协调员（动员队员、确保队员的参与、组织会议）、其他工作队伍成员（协助收集信息、制定计划、解决问题、参与和协助培训并发挥带头作用）。工作队伍的队员来自不同的部门和背景，包括企业管理、生产、品控、工程、消毒、采购和营销，这些人员大多为各部门的主管、负责人或专家，他们的积极参与促进了各部门对HACCP计划的认识和支持。HACCP计划的诸项工作都由工作团队完成。

HACCP计划的7项原则：HACCP计划的7项原则也是实施HACCP计划的第6～12道步骤。

原则1：危害分析。进行危害分析识别并列出食品加工处理中可出现的各种对人体健康的安全危害。这项工作必须就各种不同的产品、工艺以及新产品进行。危害分析可分为5个步骤：第一个步骤是回顾各种原料、列出有关的参数和特性，以及其自身和在储藏、加工处理中可能遇见的危害。危害分为微生物（如病菌生长）、化学（如抗生素残留）和物理（如杂质）危害。专用的表格可以被设计用于此工作，如此可以将琐碎的工作简化，使其有一致性而又不会遗漏事项。第二个步骤是回顾在各操作环节中，包括原料、半成品和成品的流动路线、人员的流动路线，可能出现的危害（微生物、化学、物理）。第三步骤是回顾加工工艺和人员操作可能有的潜在危害并列在准备好的表格里。第四步骤是就加工流程内的各项参数进行测量（如温度、压力、pH值、处理时间、水活力等）；第五步骤是分析测量的参数，并识别、核实潜在危害所在。

原则2：关键控制点（CCP）的制定。关键控制点的定义是一个点、操作步骤或一个程序可以被加以控制，继而能够将一项（或多项）食品潜在的安全危害有效预防、屏除或降低至可被接受的程度。一个CCP可同时应对一个或数个危害，每个危害不需要有其独特的CCP，但每个被识别出的危害都必须有其相应的应对，确保他们的预防、屏除或降低至可被接受程度。如果在加工的流程中发现数个控制点可应对同一个危害，最后出现的控制点算是CCP；由于其后再没有控制点可以有效地确保该危害的预防、屏除或降低，因而体现出此控制点的关键性。可以被HACCP前提项目有效应对的危害不需要再制订其相应的CCP；Codex要求HACCP项目被建立在HACCP前提项目的完善上的另一优势是因为有了前提项目中的规范操作，CCP的数量可以有效地减少，这有助于HACCP的简化和成本降低。如果有识别出的危害没有CCP能确保他们的预防、屏除或降低至可被接受程度，加工工艺、流程甚至产品设计则必须被修改。

原则3：制定关键限量。关键限量以及与其匹配的临界值乃食品加工流程中诸项CCP上关系到各项危害以及食品安全性的定夺参数（例如温度、酸度等）；当各参数维持在临界范围内，食品安全质量为可接受，倘若超出限量，则为不可接受。这些限量所反映的安全质量标准可以较监督部门所设的标准更为严格。各项危害可由一种或多种关键限量的测量得知是否有效地被CCP应对（例如在无菌包装这个CCP上，就有双氧水温度和浓度等相关的关键限量）。

原则4：建立监测程序。监测是透过观察或测量评估每个 CCP 是否有效控制、所制定的关键限量是否得以维护。监测一般涉及到在线的程序以及取得结果速度较快的分析手段；监测活动的频率、执行人员、所使用的手段都必须被编写在 HACCP 计划内。透过监测食品加工企业可以即得知各 CCP 有否失控，使得危害得以发生。所以监测必须快速而准确。良好的监测记录不但对 HACCP 项目的管理和相关的技术验收是重要的，这些记录也可帮助操作者辨别出一些让 CCP 失控的规则而加以应对。

原则 5：建立应对 CCP 失控的程序。当制定的关键限量无法得以维护时，CCP 则失控，此情况又被称为偏差产生；事先编制的应对程序（纠偏程序）需被启动纠此偏差。应对的程序也必须能够控制因偏差而产生或可能产生的危害。

原则 6：建立 HACCP 计划的验证程序。验证程序是用于监督 HACCP 计划是否有效并良好运作的方法、程序和测验。验证活动与监测不同，验证是针对 HACCP 计划本身的功能完善与否，而不是将所收集的信息用于断定危害是否发生。往往在验证的过程中先前未被识别出的危害会显现，这就代表 HACCP 计划仍须完善。

原则 7：建立 HACCP 文件和记录档案。此档案是针对 HACCP 计划而建立，档案也包括支持 HACCP 计划能够被顺利执行的相关信息、在常规操作中的监测结果、CCP 失控的记录、采取的应对措施和所执行的验证工作等记录。这些资料有助于企业管理方分析问题发生的规则，使其得以解决，档案对于技术监督和项目验收也有其关键地位；记录没有作好对于 HACCP 计划来说是严重的失误。

（中加奶牛育种综合项目　毛学隆）

天津市乳和乳制品质量实行第三方监测

天津市牛奶第三方监测是由天津市乳品食品监测中心（又称天津市质量监督检验站第 58 站）负责实施的。该中心始建于 1985 年，1986 年被农业部命名为“农业部乳品质量监督检验测试中心”，1987 年被天津市技术监督局定为第 58 检测站，该中心 1992 年获得国家级认证，2002 年通过复审，得到国家认证认可监督委员会认证书。其实验楼，建筑面积 2 300 米^2，配有各类先进仪器 80 余台（套），固定资产约为 1 500 万元，其中设备 1 000万元，实验室的工作人员有中高级技术职称的占 57%，能准确的对乳与乳制品及 18 大类食品进行全性能的检验监测。近年来在以上承检范围内接受了大量的执法检验、委托检验及政府有关部门下达的各种产品的质量检验任务，向社会提供了科学公正的检测数据。

（一）实施牛奶的第三方监测

1. 实施牛奶第三方监测要具备以下条件　一是政府主管部门授予其检测和仲裁权。二是有完成监测任务的仪器设备。三是有胜任监测任务的技术队伍。四是能协调奶牛场和乳品加工企业的关系，以便接受检验监测。

2. 实施牛奶第三方监测的作法　一是通过对奶牛场和乳品加工企业的产品质量控制服务实行第三方监测，按年度向服务对象收取服务费。中心派专人专车每周三次到奶牛场、奶站将个体养牛户的生鲜奶样品逐一取回检验，奶牛场、奶站根据检验报告结果以质论价，为原料奶的生产单位提供服务，仅此一项，一年平均检测生鲜牛奶奶样 12 万个。二是通过纠纷仲裁实施监测，当奶站与乳品加工企业发生质量纠纷时，如北辰区奶站与帕玛拉特公司发生质量纠纷，在市奶办组织下由该中心进行仲裁检验，通过仲裁检验顺利解决了双方纠纷，检验费由败诉方支付。

3. 实施牛奶第三方监测的效果　多年来由于中心工作全面、数据公正，第三方检测单位的服务工作得到了养牛户、奶站、奶牛场及乳品加工企业的认可。通过第三方监测使全市原料奶的质量大大提高。

（二）完成农业部等部门下达的全国统检任务

1998 年完成液态奶的全国统检工作。对华北地区的几十个城市、县镇所属的 104 个企业进行产品质量监测，检验了 147 个样品，为国家和农业部对乳品加工业的发展决策提供了参考依据。1999 年完成了 ’99 中国国际农业博览会部分产品的检验、评定及感官评比工作，为评优工作提供了依据。该中心还承接大量的全国绿色食品的申报检验和复检工作。从 1999 年到 2002 年共完成申报检验 664 个产品，复检 272 个产品。近年来，该中心还为中国消费者协会和天津市消费者协会做了大量的乳制品评比工作。1999 年作了全国消毒牛奶的质量比较，2000 年作了全国灭菌奶的质量比较，2001 年作了全国中老年奶粉和全脂淡奶粉的质量比较，2002 年 2 月中消协将该中心命名为“中国消费者协会定点实验室”，专门对全国的乳制品、绿色食品进行质量比较、投诉仲裁实验。检验费由委托或下达任务方支付。

（三）接受委托进行市场准入检验

自 1999 年以来，该中心受天津市商业委员会的委托，对进入天津市各大商场、超市的乳制品实行商品准入证检验，即对乳制品检验合格后开出“商品准入证”（现为：商品质量验证合格登记证书）。办证前要对其进行三证核实和质量认可方可发证销售。几年来该中心为生产企业共办理准入证 400 余个，涉及产品有乳与乳制品、绿色食品、酒类、小包装豆制品等，通过严格把关，杜绝假冒伪劣产品在市场上销售，维护了广大消费者的合法利益。作为天津市质量监督检验第 58 站，受天津市质量技术监督局的委托，完成大量的监督检验及生产许可证检验工作，多次配合市质监局稽查大队及各区县质监局对市场销售的乳与乳制品进行监督检验、执法检验，对全市乳制品生产和质量监督起到不可代替的作用，对净化乳制品市场起到了积极作用。检验费由天津商委支付。

（四）对学生奶和无公害牛奶生产基地进行审核检验

2000年国家发布学生饮用奶行动计划，天津是五个试点城市之一。天津市奶业办公室授权该中心为天津市学生奶质量监督委员会，负责对学生奶从奶牛场，到生产加工企业，直至学校学生饮用前的全方位、全过程的质量监督检测。天津市在组织实施“无公害食品行动计划”时，天津市奶业办公室将无公害牛奶生产基地的牛奶检验工作交给该中心。先后对全市80个申报无公害牛奶生产基地的牛场、养殖小区进行了取样、检验，并将结果及时上报给奶办，使无公害牛奶生产基地的申报工作顺利完成。检验费由学生奶和无公害食品行动计划经费支付。

（农业部奶类项目办公室）

《产品免于质量监督检查管理办法》

第一章 总 则

第一条 为鼓励企业提高产品质量，提高产品质量监督检查的有效性，扶优扶强，避免重复检查，规范产品免于质量监督检查工作，依据《中华人民共和国产品质量法》和《国务院关于进一步加强产品质量工作若干问题的决定》，制定本办法。

第二条 国家质量监督检验检疫总局（以下简称国家质检总局）对符合本办法规定条件的产品实行免予政府部门实施的质量监督检查（以下简称免检）制度。免检产品在一定时期内免于各级政府部门的质量监督抽查。

进出口产品按有关规定执行。

第三条 免检产品的审定及监督管理必须遵守本办法。

第四条 国家质检总局负责管理全国产品免检工作，并定期公布开展免检产品类别目录。

省级质量技术监督部门负责产品免检工作的具体实施。

第五条 产品免检工作坚持科学、公正、公开，企业自愿申请，不向企业收费，不增加企业负担的原则。

第六条 为维护免检产品的声誉，确保免检产品质量的稳定，国家质检总局应当加强对免检工作的监督和管理。

第二章 免检条件及审定程序

第七条 免检工作每年进行一次。国家质检总局每年一季度公布本年度实施免检产品类别的目录、申请的基本条件和受理免检申请的开始、截止日期及工作日程安排。

获得中国名牌、原产地域保护的产品优先列入年度免检产品类别目录。

第八条 免检产品及其生产企业应当符合下列要求：

（一）企业具备独立的法人资格，产品质量长期稳定，并且有完善的质量保证体系；

（二）产品市场占有率、企业经济效益在本行业内排名前列；

（三）产品标准达到或者严于国家标准、行业标准要求；

（四）产品经省级以上质量技术监督部门连续三次以上（含三次）监督检查均为合格；

（五）产品符合国家有关法律法规的要求和国家产业政策。

第九条 凡符合本办法第八条规定条件的企业可以提出产品免检申请，填写产品免检申请表，如实提供有效证明材料，报送企业所在地的省级质量技术监督部门。

第十条 省级质量技术监督部门负责受理企业申请，对申请材料进行书面审查，签署审查意见，报送国家质检总局。

第十一条 国家质检总局在征求社会有关方面意见后，对免检产品予以审定，向符合规定条件的申请企业颁发免检证书，并向社会公告。

第十二条 获得免检证书的企业在免检有效期内可以自愿在免检产品或者其包装上使用规定的免检标志。使用的免检标志应当注明获准免检的时间及有效期限。

免检的有效期为三年。免检到期后产品需要继续免检的，企业应当重新申请。

第三章 监督管理

第十三条 免检产品生产企业应当加强质量管理，保证产品质量。

第十四条 免检产品生产企业应当按照规定每年向所在地的省级质量技术监督部门和国家质检总局报告一次免检产品的质量状况。

第十五条 免检产品生产条件或者企业组织结构发生重大变化，以及产品标准修订时，企业应当在三十日内向所在地的省级质量技术监督部门和国家质检总局报告。

第十六条 免检产品在有效期内发生质量事故的，

视情节责令生产企业限期整改、停止使用免检标志、收回免检证书、予以公告，并依法追究企业的产品质量责任。

第十七条 用户、消费者有权对免检产品进行社会监督。用户、消费者可针对免检产品的质量问题向生产企业所在地省级质量技术监督部门申诉、举报。生产企业所在地的省级质量技术监督部门负责调查，并将调查结果和处理意见报国家质检总局。国家质检总局根据情况，指定有关省级质量技术监督部门进行处理。

第十八条 不得以非免检产品冒充免检产品，不得伪造免检证书或者免检标志，不得转让免检证书或者免检标志，不得擅自扩大免检证书或者免检标志的使用范围；违反规定的，依照《中华人民共和国产品质量法》第五十三条的规定追究责任。

第十九条 有关单位违反本办法规定，对在免检有效期内使用免检标志的产品进行质量监督检查的，对其进行通报批评，责令改正；已收取检验费的，责令退回检验费；情节严重的，可对直接责任者或者该单位负责人给予行政处分。

第二十条 企业在申请产品免检时未如实提供证明材料的，退回免检申请，并在两年内不准其再申报免检；免检产品公告后发现企业提供的证明材料失实的，撤销其免检证书并在两年内不准其再次申报免检。

第二十一条 从事产品免检管理的国家工作人员滥用职权、玩忽职守、徇私舞弊，构成犯罪的，依法追究刑事责任；未构成犯罪的，给予行政处分。

第四章 附 则

第二十二条 免检证书由国家质检总局统一制作；免检标志由国家质检总局统一规定式样。

第二十三条 本办法由国家质检总局负责解释。

第二十四条 本办法自发布之日起施行。2000 年 3 月 14 日原国家质量技术监督局发布的《产品免于质量监督检查管理办法》同时废止。

（中华人民共和国国家质量监督检验检疫总局第 9 号令《产品免于质量监督检查管理办法》已经 2001 年 11 月 21 日国家质量监督检验检疫总局局务会议审议通过——编辑部注）

乳业免检产品及生产企业名单

2001 年度乳业免检产品及生产企业名单

企业名称	企业品牌	企业产品	所在地
石家庄三鹿集团股份有限公司	三鹿	合成奶粉	河北
山西古城乳业集团有限公司	古城	婴幼儿配方奶粉	山西
内蒙古伊利实业集团股份有限公司	伊利	合成奶粉	内蒙古
黑龙江红星集团股份有限公司	红星	婴幼儿配方奶粉	黑龙江
黑龙江乳业集团总公司	龙丹　金星	婴幼儿配方奶粉	黑龙江
黑龙江省完达山乳业股份有限公司	完达山	合成奶粉	黑龙江
双城雀巢有限公司	雀巢　力多精	合成奶粉	黑龙江
黑龙江摇篮乳业股份有限公司	正元　本元	合成奶粉	黑龙江
黑龙江省飞鹤乳业有限公司	飞鹤	婴幼儿配方奶粉	黑龙江
湖南亚华宾佳乐乳业有限公司	宾佳乐	婴幼儿配方奶粉	湖南
英特儿营养乳品有限公司	多美滋	婴幼儿配方奶粉	上海
宝鸡惠民乳品（集团）有限公司	钓鱼台	婴幼儿配方奶粉	陕西
江西英雄乳业股份有限公司	英雄	合成奶粉	江西
青岛圣元乳业有限公司	圣元	合成奶粉	山东
湖南亚华种业股份有限公司	南山	合成奶粉	湖南
南山绿色食品开发分公司	南山	合成奶粉	湖南
美赞臣（广州）有限公司	美赞臣　能多健　能恩	合成奶粉	广东
西安银桥股份有限公司	秦俑	合成奶粉	陕西

（排名不分先后）

2002年度乳业免检产品及生产企业名单

企业名称	企业产品	企业品牌	所在地
石家庄三鹿集团股份有限公司	灭菌奶	三鹿	河北
山西古城乳业集团有限公司	灭菌奶	古城	山西
山西恒康乳业有限公司	灭菌奶	恒康	山西
内蒙古蒙牛乳业股份有限公司	灭菌奶	蒙牛	内蒙古
内蒙古伊利实业集团股份有限公司	灭菌奶	伊利	内蒙古
黑龙江乳业集团总公司	灭菌奶	龙丹	黑龙江
上海光明乳业股份有限公司	灭菌奶	光明	上海
浙江李子园牛奶食品有限公司	灭菌奶	李子园	浙江
福建长富集团股份有限公司	灭菌奶	长富	福建
河南洛阳巨尔乳业有限公司	灭菌奶	巨尔	河南
湖南太子奶生物科技股份有限公司	灭菌奶	日出	湖南
广东雅士利乳业有限公司	婴幼儿配方奶粉	雅士利	广东
陕西和氏乳品有限公司	婴幼儿配方奶粉	和氏	陕西
新疆大天池食品有限公司	灭菌奶	麦趣尔	新疆

注：以上名单由国家质量监督检验检疫总局发布。　　　　(排名不分先后)

资本运营与品牌战略

中国名牌产品标志管理办法

第一章 总 则

第一条 为了推进名牌战略的实施，统一规范中国名牌产品标志的使用管理，维护中国名牌产品信誉，保护消费者合法权益，根据《中国名牌产品管理办法》，制定本办法。

第二条 中国名牌产品标志适用于《中国名牌产品管理办法》规定的获得中国名牌产品称号的产品。中国名牌产品标志是质量标志。

第三条 获得中国名牌产品称号的产品在有效期内，可以在其包装、装潢、说明书、广告宣传以及有关材料中使用统一规定的中国名牌产品标志，并注明有效期。

第二章 标志及标志使用

第四条 中国名牌产品标志由标准图形（含标准字体）及标准色（三色）构成，共有两种三色标志供企业选用。中国名牌产品标志及标准色、中国名牌产品标志尺寸、中国名牌产品标志标准字体见附件1、附件2、附件3。

第五条 获中国名牌产品称号的生产企业可自行负责制作、印刷在其包装、装潢、说明书、广告宣传以及有关材料中使用的中国名牌产品标志。

第六条 企业使用中国名牌产品标志，图形必须准确，并根据规定的式样，按比例放大或缩小，不得更改图形的比例关系和色相。

第七条 中国名牌产品标志，一般应印刷在白色或浅色物体上，其底色不得影响标志的标准色相，不得透叠其他色彩和图案。企业在选用标志时，推荐使用第一种中国名牌产品三色标志。

第八条 中国名牌战略推进委员会统一制作、印刷和管理具有防伪功能中国名牌产品标志，供中国名牌产品生产企业选用，并收取制作成本费。

第三章 标志的监督管理

第九条 国家质量监督检验检疫总局对中国名牌产品标志的使用实施监督管理。各地质量技术监督部门负责对所辖区域内中国名牌产品标志的使用实施监督管理。

第十条 中国名牌产品标志只能使用在与获得中国名牌产品称号相一致的产品规格、型号或品种上，不得扩大使用范围。

第十一条 中国名牌产品应在有效期满的当年第二季度，重新申请复评中国名牌产品并获得通过，方能继续使用中国名牌产品标志。

第十二条 在有效期内使用中国名牌产品标志的产品，免于各级政府部门的质量监督检查。

第十三条 对已获得中国名牌产品称号的产品发生以下情形之一的，国家质量监督检验检疫总局将暂停直至撤销该产品的中国名牌产品称号。

1. 产品质量发生较大波动；
2. 消费者（用户）负面反映强烈；
3. 企业发生重大质量事故；
4. 出口产品因质量问题遭到国外预警通报。暂停期间或撤销称号的产品，停止使用中国名牌产品标志。

第十四条 未获得中国名牌产品称号的产品，不得冒用中国名牌产品标志；被暂停或撤销中国名牌产品称号的产品、超过有效期未重新申请或重新申请未获通过的产品，不得继续使用中国名牌产品标志；禁止转让、伪造中国名牌产品标志及特有的或者与其近似的标志。违者按《中华人民共和国产品质量法》冒用质量标志的规定进行处理。

第四章 附 则

第十五条 本办法由国家质量监督检验检疫总局负责解释。

第十六条 本办法自发布之日起实施。

（该管理办法为2001年国家质检总局12号令发布）

注：附件1、2、3略。

中国名牌乳制品推荐

为推进名牌战略的实施，加强中国名牌产品的监督管理，规范中国名牌产品的评价，推动企业实施名牌战略，引导和支持企业创名牌，指导和监督企业提高质量水平，增强中国产品的市场竞争力，国家质检总局于2001年12月29日正式发布了《中国名牌产品管理办法》。当年开展了第一批“中国名牌”产品推荐工作。2002年，在中国乳制品工业协会的努力下，乳粉、液体乳被列入“中国名牌”产品推荐范围。在国家质检总局和中国名牌战略推进委员会的领导下，组成了“中国名牌战略推进委员会乳粉、液体乳专业委员会”，委员会的委员由中国乳制品工业协会以及农业、卫生、质检、消费者协会等有关单位推荐，经中国乳制品工业协会审定，报名，中国名牌战略推进委员会批准后生效。乳粉、液体乳专业委员会根据《中国名牌产品评价管理办法》，结合我国乳制品工业的实际情况，制定了《乳粉、液体乳评价细则》和《乳粉、液体乳评分办法》。

企业申报中国名牌乳粉、液体乳的条件：

(1) 符合国家法律、法规和国家产业政策发展方向；

(2) 产品质量达到国际同类产品先进水平、在国内同类产品中处于领先地位；

(3) 企业具有先进可靠的生产技术和技术装备，并具有较强的新产品开发能力和技术创新能力；

(4) 产品生产规模、年销售收入、创利税、总资产贡献率居同行业领先水平；

(5) 产品的市场占有率、用户满意度居行业同类产品前列；

(6) 近三年国家、行业、省级产品质量抽查（或质检）均为合格产品；

(7) 企业质量保障体系健全并有效运行；

(8) 产品商标必须在中国境内注册并使用。具体评价指标：2001年乳粉产量1万吨以上，液体乳产量5万吨以上；市场占有率；用户满意度；出口创汇；质量保障能力；产品质量抽检情况；工业成本费用利用率；企业实现利税；总资产贡献率；研发费用占销售收入的比重；企业总资产规模等。评价的范围包括：1999年、2000年、2001年的情况。

中国名牌乳粉、液体乳经各省、自治区、直辖市的初选，中国名牌战略推进委员会乳粉、液体乳专业委员会的评价筛选，报中国名牌战略推进委员会、国家质检总局审核批准，2002年9月1日公布以下产品被授予“中国名牌产品”称号：

乳粉类产品：

品牌	生产企业名称
三鹿	石家庄三鹿集团股份有限公司
龙丹	黑龙江龙丹乳业科技股份有限公司
圣元	青岛圣元乳业有限公司
古城	山西古城乳业股份有限公司
伊利	内蒙古伊利实业集团股份有限公司
完达山	黑龙江完达山乳业股份有限公司
金星	哈尔滨金星乳业集团有限公司
秦俑	西安银桥股份有限公司

液体乳类产品：

三元	北京三元食品股份有限公司
三鹿	石家庄三鹿集团股份有限公司
光明	上海光明乳业股份有限公司
伊利	内蒙古伊利实业集团股份有限公司
蒙牛	内蒙古蒙牛乳业股份有限公司

（中国乳制品工业协会秘书处）

驰名商标必须符合的有关法规

创造驰名商标必须符合以下有关法规：

一、在《商标法》第十三条中规定：就相同或者类似商品申请注册的商标是复制、摹仿或者翻译他人未在中国注册的驰名商标，容易导致混淆的，不予注册并禁止使用。就不相同或者不相类似商品申请注册的商标是复制、摹仿或者翻译他人已经在中国注册的驰名商标，误导公众，致使该驰名商标注册人的利益可能受到损害的，不予注册并禁止使用。

第十四条规定：认定驰名商标应当考虑下列因素：

（一）相关公众对该商标的知晓程度；

（二）该商标使用的持续时间；

（三）该商标的任何宣传工作的持续时间、程度和地理范围；

（四）该商标作为驰名商标受保护的记录；

（五）该商标驰名的其他因素。

第四十一条规定：已经注册的商标违反本法第十三条、第十五条、第十六条、第三十一条规定的，自商标注册之日起五年内，商标所有人或者利害关系人可以请求商标评审委员会裁定撤销该注册商标。对恶意注册的，驰名商标所有人不受五年的时间限制。

二、在《商标法实施条例》中第五条规定：依照商标法和本条例的规定，在商标注册、商标评审过程中产生争议时，有关当事人认为其商标构成驰名商标的，可以相应向商标局或商标评审委员会请求认定驰名商标，驳回违反商标法第十三条规定的商标注册申请或者撤销违反商标法第十三条规定的商标注册。有关当事人提出申请时，应当提交其商标构成驰名商标的证据材料。

商标局、商标评审委员会根据当事人的请求，在查明事实的基础上，依照商标法第十四条的规定，认定其商标是否构成驰名商标。

第四十五条规定:使用商标违反商标法第十三条规定的,有关当事人可以请求工商行政管理部门禁止使用。当事人提出请求时,应当提交其商标构成驰名商标的证据材料。经商标局依照商标法第十四条的规定认定为驰名商标的,由工商行政管理部门责令侵权人停止违反商标法第十三条规定使用该驰名商标的行为,收缴、销毁其商标标识;商标标识与商品难以分离的,一并收缴、销毁。

第五十三条规定：商标所有人认为他人将其驰名商标作为企业名称登记，可能欺骗公众或者对公众造成误解的，可以向企业名称登记主管机关申请撤销该企业名称登记。企业名称登记主管机关应当依照《企业名称登记管理规定》处理。

三、创造驰名商标应符合《驰名商标认定和保护规定》。该规定由国家工商行政管理总局 2003 年 4 月 17 日发布，于 2003 年 6 月 1 日施行。

第一条 根据《中华人民共和国商标法》（以下简称商标法）、《中华人民共和国商标法实施条例》（以下简称实施条例），制定本规定。

第二条 本规定中的驰名商标是指在中国为相关公众广为知晓并享有较高声誉的商标。

相关公众包括与使用商标所标示的某类商品或者服务有关的消费者，生产前述商品或者提供服务的其他经营者以及经销渠道中所涉及的销售者和相关人员等。

第三条 以下材料可以作为证明商标驰名的证据材料：

（一）证明相关公众对该商标知晓程度的有关材料；

（二）证明该商标使用持续时间的有关材料，包括该商标使用、注册的历史和范围的有关材料；

（三）证明该商标的任何宣传工作的持续时间、程度和地理范围的有关材料，包括广告宣传和促销活动的方式、地域范围、宣传媒体的种类以及广告投放量等有关材料；

（四）证明该商标作为驰名商标受保护记录的有关材料，包括该商标曾在中国或者其他国家和地区作为驰名商标受保护的有关材料；

（五）证明该商标驰名的其他证据材料，包括使用该商标的主要商品近三年的产量、销售量、销售收入、利税、销售区域等有关材料。

第四条 （在商标注册和评审工作中,）当事人认为他人经初步审定并公告的商标（或者已注册商标属于）违反商标法第十三条规定的（情形），（请求保护其驰名商标的,）可以依据商标法及其实施条例的规定向商标局（或者商标评审委员会）提出异议（或者评审请求），并提交证明其商标驰名的有关材料。

当事人认为他人已经注册的商标违反商标法第十三条规定的，可以依据商标法及其实施条例的规定向商标评审委员会请求裁定撤销该注册商标，并提交证明其商标驰名的有关材料。

第五条 在商标管理工作中，当事人认为他人使用的商标属于商标法第十三条规定的情形，请求保护其驰名商标的，可以向案件发生地的市（地、州）以上工商行政管理部门提出禁止使用的书面请求，并提交证明其商标驰名的有关材料。同时，抄报其所在地省级工商行政管理部门。

第六条 工商行政管理部门在商标管理工作中收到保护驰名商标的申请后，应当对案件是否属于商标法第十三条规定的下列情形进行审查：

（一）他人在相同或者类似商品上擅自使用与当事人未在中国注册的驰名商标相同或者近似的商标，容易导致混淆的；

（二）他人在不相同或者不类似的商品上擅自使用与当事人已经在中国注册的驰名商标相同或者近似的商标，容易误导公众，致使该驰名商标注册人的利益可能受到损害的。

对认为属于上述情形的案件，市（地、州）工商行政管理部门应当自受理当事人请求之日起十五个工作日内，将全部案件材料报送所在地省（自治区、直辖市）工商行政管理部门，并向当事人出具受理案件通知书；省（自治区、直辖市）工商行政管理部门应当自受理当事人请求之日起十五个工作日内，将全部案件材料报送商标局，(并向当事人出具受理案件通知书)。当事人所在地省级工商行政管理部门认为所发生的案件属于上述情形的，也可以报送商标局。

对认为不属于上述情形的案件，应当依据商标法及实施条例的有关规定及时作出处理。

第七条 省（自治区、直辖市）工商行政管理部门应当对本辖区内市（地、州）工商行政管理部门上报的有关驰名商标保护的案件材料进行审查。

对认为属于本规定第六条第一款情形的案件，应当自收到本辖区内市（地、州）工商行政管理部门上报的案件材料之日起十五个工作日内报送商标局。

对认为不属于本规定第六条第一款情形的案件，应当将有关材料退回原受案机关，由其依据商标法及实施条例的有关规定及时作出处理。

第八条 商标局应当自收到有关案件材料之日起六个月内作出认定，并将认定结果通知案件发生地所在省（自治区、直辖市）工商行政管理部门，抄送当事人所在地省（自治区、直辖市）工商行政管理部门。

除有关证明商标驰名的材料外，商标局应当将其他案件材料退回案件发生地所在省（自治区、直辖市）工商行政管理部门。

第九条 未被认定为驰名商标的，自认定结果作出之日起一年内，当事人不得以同一商标就相同事实和理由再次提出认定请求。

第十条 商标局、商标评审委员会在认定驰名商标时，应当综合考虑商标法第十四条规定的各项因素，但不以该商标必须满足该条规定的全部因素为前提。

第十一条 商标局、商标评审委员会以及地方工商行政管理部门在保护驰名商标时，应当考虑该商标的显著性和驰名程度。

第十二条 当事人要求依据商标法第十三条对其商标予以保护时，可以提供该商标曾被我国有关主管机关作为驰名商标予以保护的记录。

所受理的案件与已被作为驰名商标予以保护的案件的保护范围基本相同，且对方当事人对该商标驰名无异议，或者虽有异议，但不能提供该商标不驰名的证据材料的，受理案件的工商行政管理部门可以依据该保护记录的结论，对案件作出裁定或者处理。

所受理的案件与已被作为驰名商标予以保护的案件的保护范围不同，或者对方当事人对该商标驰名有异议，且提供该商标不驰名的证据材料的，应当由商标局或者商标评审委员会对该驰名商标材料重新进行审查并作出认定。

第十三条 当事人认为他人将其驰名商标作为企业名称登记，可能欺骗公众或者对公众造成误解的，可以向企业名称登记主管机关申请撤销该企业名称登记，企业名称登记主管机关应当依照《企业名称登记管理规定》处理。

第十四条 各级工商行政管理部门应当对驰名商标加强保护，对涉嫌假冒商标犯罪的案件，应当及时向有关部门移送。

第十五条 保护驰名商标的处理决定，处理机关所在省（自治区、直辖市）工商行政管理部门应当抄报国家工商行政管理总局商标局。

第十六条 各级工商行政管理部门要建立相应的监督机制，制定相应的监督制约措施，加强对驰名商标认定工作全过程的监督检查。

参与驰名商标认定工作的有关人员，滥用职权、徇私舞弊、牟取不正当利益，违法办理驰名商标认定有关事项，依法给予行政处分；构成犯罪的，依法追究刑事责任。

第十七条 本规定自2003年6月1日起施行。1996年8月14日国家工商行政管理局颁布的《驰名商标认定和管理暂行规定》同时废止。

获得中国驰名商标称号的奶业企业名单

注册商标	产 品	公 司 名 称
光 明	乳制品	上海光明乳业有限公司
三 鹿	乳制品	河北三鹿集团股份有限公司
完达山	乳制品	黑龙江完达山食品厂
红 星	奶 粉	黑龙江红星集团股份有限公司
蒙 牛	乳制品	内蒙古蒙牛乳业股份有限公司
伊 利	冷 饮	内蒙古伊利实业集团股份有限公司

奶业竞争与上市公司

随着我国人民生活水平的不断提高，花样繁多的乳制品已逐渐成为人们的日常食品，奶业已经是社会公认的朝阳产业。近年来，我国奶业呈现良好的发展势头，进入了快速增长时期。1998—2002年的5年间，全国良种及改良种奶牛存栏由426.5万头增加到687万头，年均增长速度为12.66%，牛奶产量由662.9万吨增加到1 229万吨，年均增长速度为16.69%。2002年我国奶类产量已经占世界总量的2.4%。

（一）资本的竞争

资本总是追逐利润、追逐回报的。近几年，乳品市场表现出了超高的成长性，增长速度远远高于其他行业；同时，利润等各项经济指标也相对较高，再加上食品行业比较稳定的特点，乳品业吸引了大量企业带领着大资金投入。在中国资本市场上，上市公司有着融资的优势和便利，所以成为乳业投资的重要力量不足为奇。如：2001年，新希望股份有限公司进入乳品业，到2002年12月已并购了新阳平乳业、安徽白帝乳业、天友乳业、新华西乳业、杭州双峰乳业、长春苗苗豆乳、河北天香乳业、青岛琴牌乳业、云南蝶泉乳业等12家在当地较有名气的乳品企业。该公司计划5年投资10亿元，力争进入全国乳品业前3名；2002年初，亚华种业加大乳业投资力度，投资4 200万元组建了湖南亚华宾佳乐乳品公司；2002年初，维维股份成立了珠海维维大亨乳业有限公司，同年6月投资成立了西安维维东方乳业有限公司；2002年8月，华资实业也设立了内蒙古乳泉奶业有限公司。同时，几乎所有的知名乳品企业如三鹿、蒙牛、三元、完达山、龙丹等都在积极地进行上市准备，为进一步的扩张打造融资平台。资深人士预言，国内乳业的整合之战才刚刚开始，收购是企业迅速扩张的一条捷径，也是行业整合的必经之路。通过收购兼并，有竞争优势的企业可以用相对较低的成本和较短的时间扩大生产能力，占有市场份额，实现超常规的发展。随着乳品行业的整合过程的推进，资本在竞争中的作用已经越来越明显地体现出来。

（二）涉足乳品行业的上市公司

1. 伊利股份（600887） 1996年3月上市，2002年8月获准增发。集团通过收购、兼并、托管等资产重组的方式，先后在内蒙古中西部地区、北京、上海、黑龙江、河北等地建立了自己的生产基地，拥有优质奶源基地——内蒙古呼和浩特市、呼伦贝尔大草原、黑龙江杜尔伯特大草原，初步完成"中国伊利"的战略布局。近年来，公司看到乳品行业的良好发展前景，即进行了一系列大规模的投资，在扩大资源占有、提高产品规模、协调整体结构等方面取得了巨大的成绩，为公司进一步的发展奠定了基础。

2002年上半年,公司完成主营业务收入20亿元,比上年同期增长了54%,每股收益达0.48元。

2. 光明乳业（600597） 2002年8月上市，公司在西安、北京、武汉、无锡、南京等地建立了保鲜奶生产基地，拥有远东最大的牧场和一流的挤奶及恒温冷藏系统，以及先进的乳品加工工艺、技术和设备。该公司成功上市后，即把募集来的资金投入到主营业务的发展上，2002年上半年实现主营收入23亿元，净利润9 554.63万元，每股收益0.325元（发行后全面摊薄为0.15元）。

3. 新希望（000876） 从2001年起，公司通过收购方式进入乳品行业，并将公司主营业务由饲料业调整为乳业。2001年10月，新希望与阳平乳业集团合资组建了四川新阳平乳业有限公司。2002年5月，将3 000万元投向安徽白帝乳业有限公司。2002年8月，投入5 045.193万元收购天友乳业股份公司部分股权，占有注册资本的46.217%。2002年8月，出资2 400万元收购长春苗苗豆乳集团，占注册资本的60%。2002年8月，出资2 100万元收购杭州双峰乳业公司，占注册资本的70%。2002年9月，共投入8 286.48万元在四川华西乳业有限责任公司中，占其注册资本的84.4%。9月，该公司还对河北新天香乳业、青岛琴牌乳业、杭州美丽健乳业进行了大量投资。新希望计划5年投资10亿元，在全国培育一批地方乳业“小巨人”，用1～2年控股8～10家乳业企业，力争进入全国前3名。

4. 亚华种业（000918） 种业、乳业和生物药业是该公司的三大支柱产业。1999年公司利用发行股票筹集款项投资的乳业项目有：南山草山开发和扩大养畜工程、无污染乳制品加工扩建工程。2002年初，公司对湖南亚华宾佳乐乳业有限公司投资4 200万元，控股70%，至此公司拥有“南山”和“宾佳乐”两大牛奶品牌。2002年公司将再向乳品业投资1亿元，用于扩大生产规模，亚华种业已经把乳品业作为优先发展的支柱产业，2001年乳业占公司主营业务收入总额的40%、主营业务利润总额的54%。

5. 维维股份（600300） 2002年2月，维维股份的控股子公司维维农牧科技有限公司出资4 200万元成立珠海维维大亨乳业有限公司，占注册资本的70%。2002年6月，该公司出资6 000万元成立西安维维东方乳业有限公司，占注册资本的57.14%。

6. 青岛东方（000739） 青岛东方的第一大股东为横店集团。2002年8月，横店集团控股杭州食品厂涉足乳品业。横店集团计划首期投资5.5亿元，建立2个国内最大的供体母牛胚胎移殖中心、6个集约化高产奶牛饲养基地，建设年产16万吨符合国际标准的乳品生产基地，并提出依靠“绿色饲料、绿色工艺”，生产“绿色牛奶”的口号。

7. 新华百货（600785） 2002年5月，与宁夏夏进乳品饮料有限公司组建了宁夏新华百货夏进乳业股份有限公司，新华百货投资3 500万元，占其注册资本的60%。2002上半年，新华百货实现乳制品销售收入8 657.45万元，占公司主营业务收入的19.97%。

8. 鄂尔多斯（600295） 2002年9月，鄂尔多斯集团选择乳品业作为其次主业进行投资，并与伊利集团联合，认缴伊利集团的增资扩股，认缴金额2 000万元，以强强联合方式进入乳业。

9. 华资实业（600191） 2002年8月，华资实业公司出资4 200万元，与内蒙古包头玛尔沁乳业（集团）有限公司、包头懋菲蒙奶业股份有限公司共同设立“内蒙古乳泉奶业有限公司”，华资实业占注册资本的42%，11月又投资1 000万元购买该公司10%股份，持股比例增至52%。

10. 洞庭水殖（600257）、**金健米业**（600127） 洞庭水殖和金健米业共同设立湖南阳光乳业股份有限公司，该公司的注册资本为3 300万元，洞庭水殖占有15.3%，金健米业占有55%。

（三）其他融资方式

公司上市其实只是乳品企业融资的方式之一。在我国，由于股市的整体市盈率较高，致使上市融资的成本相对较低，所以国内A股上市公司在市场竞争中占有资本方面的先机。但我们同时也应该看到，随着中国股市的逐步规范，国内股市融资的成本将会逐步提高，其他融资方式的重要性也将逐步显现出来。

2002年12月19日，摩根士丹利、英联投资、鼎晖投资有限公司3家国际知名投资公司一次性向蒙牛乳业股份有限公司投资2 600多万美元，参股比例超过了32%，这是私募融资的一个很好的案例。通过私募融资，蒙牛补充了资本金，降低了负债率，增强了从银行融资的能力，为进一步的发展打下了基础。

需要说明的是，上市和私募是融资方式，为企业的发展提供资金保障；兼并和收购是扩张手段，为企业的发展提供低成本的进入方式。但最后的着眼点仍然应该落到企业的实体经营上，结合企业的资源状况，为企业找到最适合的发展模式。资本只是资源之一，员工队伍、银企关系、分销渠道、物流网络、原奶资源、客户群、质量管理能力等都是企业发展模式选择中重要的战略因素。也许正是因为大家的资源都过于相近，过于同质化了，资本才成为了主导因素。在蒙牛的案例中，起步时的蒙牛的资源实际上就只有一个团队和一些分销渠道，但他们在发展模式中把这些资源发展到了极致，渐渐地也就集聚了其他各项资源，最终获得了资本的青睐。由此可见，好的团队、好的公司、好的项目是不会缺乏资本的。

[荷兰合作银行（中国）有限公司 孙闻宇]

我国乳品企业格局的演变

奶业作为具有广阔发展空间的朝阳产业，在今后5～10年内将呈现高速增长态势，企业并购、整合、重组经济现象将绵延整个奶业发展过程，竞争格局将随之发生相应变化，资本的介入，加速了竞争格局的演化和行业集中度的提高。

（一）中国乳业是一个充满前景的朝阳产业

目前，发达国家乳品市场增长的增长率大约是1%，而发展中国家尤其是亚洲和拉美国家则快得多。2002年，全国存栏良种及改良奶牛达687万头，牛奶总产量增加到1 229万吨，分别比上年增长14%和9.3%，进口奶粉增加到11.08万吨。全国液态奶产量355.14万吨，乳制品产量为93.23万吨，分别比2001年增长26.8%和25.5%。

奶业关系国民身体素质和农业产业中重点产业畜牧产业的发展，长期以来一直得到国家及地区政策的大力支持。随着国民收入水平提升和营养观念和知识的普及，由于中国社会交通运输条件日益发达和零售业的快速发展，乳品需求的提高带动了乳品企业规模的扩大和行业整体效益快速提升。据中国乳制品工业协会统计，2002年全国规模以上乳制品企业499家，共完成工业总产值373.63亿元人民币，比上年增长24.1%；销售收入347.48亿元人民币，比上年增长27.8%；利税总额完成40.91亿元人民币，比上年增长28.0%；利润总额完成23.73亿元，比上年增长38.6%；乳制品产量93.23万吨，比上年增长25.5%，其中乳粉产量约75万吨；液体乳产量355.14万吨，比上年增长66.48%。整个产业链的市值超过1 000亿元。从长期发展趋势来看，未来中国乳业将成为一个充满前景的朝阳产业。

（二）企业重组和整合是行业格局的真谛

1. 奶源、产品、市场竞争格局的演变　中国乳制品企业按地理位置和产品种类大致分为三类：一是建立在中国奶牛养殖业发达、奶源丰富的东北、华北和西北地区的企业，如伊利、三鹿、完达山、蒙牛等，由于距离乳品的主要消费地如北京、上海、重庆、天津等大城市较远，因此，这类企业在继续巩固适于长途运输的传统产品奶粉产品外，还大力介入生产保质期长至6～9个月的超高温灭菌奶（UHT）和保质期在14～16天的酸奶。二是建立在大都市的市场型企业，如光明、三元等，这类企业的基础产品是服务于市民每日需要的巴氏奶、酸奶等液体奶。三是服务于小城镇的社区型企业，基础产品也是保质期很短的液体奶。

随着运输条件的改善、市场的不断扩大和技术的进步，各类型的企业及各类型企业之间必将互相渗透以争夺奶源和市场。资源型企业通过UHT液体奶制品进入都市与市场型企业竞争，而市场型企业通过并购、联合等方式在奶源丰富地区设厂，生产高附加值的功能性奶粉与资源型企业竞争。规模较小的社区型企业或与大企业联合或自身扩张，力求在市场中保有一席之地。同时，一些没有乳制品经验的饮料企业如娃哈哈、汇源果汁等和资本大鳄如新希望、德隆集团凭借着品牌、销售网络和资本等优势进入乳制品市场，他们多采用定牌加工的办法，委托设备利用率不足的乳制品加工企业代加工既定品牌的产品。

2. 资本介入，加速行业格局的演变　中国乳业的快速增长、高额利润和未来巨大的成长空间吸引了大量国内和国外资本，一方面原有的乳品企业纷纷融资用于扩张自身的乳品生产规模，如伊利股份、光明乳业、三元等通过增发和IPO筹集大量资金，而三鹿、完达山也纷纷加快其上市的步伐。另一方面新希望、德隆集团以及一些乳业的关联行业，如娃哈哈、汇源等饮料企业及一些风险投资也不断将重金投入中国乳业市场。如摩根士丹利、鼎晖投资、英联投资有限公司联合向蒙牛乳业注入2.16亿元人民币的资金，开启了海外风险投资进入中国乳业的大门。根据初步估算，2002年大约有100个亿左右资金进入中国乳业行业。2002年以来，随着伊利、蒙牛、光明乳业等优势企业拓展全国市场步伐的加快和大量新增资本不断涌入，中国乳业市场并购重组频繁发生，行业整合浪潮汹涌。

按照企业的规模和销售覆盖的区域可以将乳业企业分为三大类：一是全国知名品牌企业如光明、蒙牛、伊利等；二是独据一方的区域品牌企业如在广州乳品市场占有率为43.8%的燕塘和在成都当地乳品市场占有率为53.4%的菊乐；三是散落在各地区城镇的1 500多个小地方品牌企业。伴随着行业竞争的日趋激烈和重组整合的不断进行，许多地方品牌将逐渐成为被并购的对象或在竞争中被淘汰出局，而以光明、蒙牛、伊利为主的乳业优势企业则迅速脱颖而出，成为乳品市场的主力军，乳业市场份额将逐渐向优势企业集中。根据中国乳制品工业协会的统计，2002年上海光明乳业、内蒙古伊利实业集团、石家庄三鹿集团、北京三元食品公司、内蒙古蒙牛乳业、黑龙江省完达山乳业等十家大型行业企业销售收入183.4亿元，占行业基数的53%。

（三）格局的演变将快速提高行业集中度

目前中国乳品加工企业1 500余家，其中年销售额500万元以上的有360家，年销售额上亿元的只有13家。而2001年，雀巢的年销售额为130亿美元，比中国整个乳业销售收入还多得多。乳业企业规模较小、行业集中度依然偏低为市场行业重组整合提供了机会。在行业激烈的竞争和良好发展空间刺激下，2001年起国内大型乳品企业先后通过并购扩大生产规模，进军国内主要乳品市场，抢占日益扩大的市场份额，2002年全国乳品行业的并购重组大约有30多起。目前国内的乳品市场现已形成伊利股份、三元股份和光明乳业等巨头攻城夺市，新希望等乳业新军后来居上，国外资本也正悄然进入的竞争格局。我们预计在未来3～5年内，乳业资本规模仍将不断扩大，重组整合依然会频繁发生，企业分化将会加速，其中优势企业如光明、伊利、蒙牛、三元老牌知名企业在国内乳业市场的主导地位将会日渐突出，市场份额将会向这些优势企业集中。而凭借资本实力介入的新希望和德隆集团乳业有望获得快速增长并将成为老牌企业主要的竞争对手，在行业整合过程中行业集中度将会再次提高。

（四）乳业上市公司

截至目前，经营乳品行业的上市公司共有10家，主营乳业上市公司有光明乳业、伊利股份和三元股份三家，兼营乳业上市公司有新希望、维维股份、亚华种业、华资实业、新华百货、鄂尔多斯、洞庭水殖和金健米业7家。

（本刊编辑部　于文龙）

光明品牌战略

首先引用 Philip Kolter 的一句话：“品牌是一个名字，条件，符号，标志，图案或是它们的组合，用来定义一个销售者或一群销售者的产品及服务，并可以以此来和它们的竞争者进行区分。”

中国是一个大而复杂的市场，在商业竞争日趋激烈的今天，中国的乳制品市场，主要集中在省会、沿海等经济发展城市。作为中国乳业知名企业的光明乳业股份有限公司，多年来，努力建立一个让消费者信赖的知名企业品牌。

光明认为：品牌是感性的；品牌是需要保持一致的；品牌是具有独特思维的；品牌是使你对它们不断产生新兴趣的。

标志是企业形象中最重要的元素，同时也是品牌概念的传递。光明乳业企业标志的设计以“火炬”为一个特别的形象。标志其中包含了字母“M”的变形。“M”是牛奶“MILK”的打头字母。红、白、蓝三色分别象征阳光、牛奶、蓝天。色彩对比强烈，使标志更为醒目。光明的企业标志传递给公众以阳光、健康、向上、新鲜的感觉。

光明品牌标志是由品牌名与特定图案组合而成。品牌中的中、英文标准字体圆润、健硕、清晰且富有亲和力，正如光明产品所带来的感觉。在品牌名的下方，两条微微翘起的粗线条，标志着两层新鲜的奶浪，也象征着甜甜的微笑。品牌标志和企业标志同样传递给公众以阳光、健康、向上、新鲜的感觉。

光明始终承诺将最高品质的牛奶送到你的身边，专业的“光明乳品技术中心”不断努力，在保证牛奶的营养成分完好保存的同时，更保持了牛奶原有的香润口感，令人滋滋回味。只有通过光明严格的全国统一质量标准层层把关的100%好牛奶，才能拥有光明品质认证的标识。

企业的发展离不开品牌的建立，品牌的发展同时建立在企业的发展上。

光明的目标是：跻身世界乳业前十强；建立全新的现代企业形象。

光明的企业使命是：创新生活，共享健康。

基于光明企业目标和使命的基础上，我们把“光明”品牌运用在保鲜奶、酸奶、超高温牛奶、奶粉和奶酪等产品的发展中，让品牌核心价值在各个产品大类中得到发展和共享。

我们通过产品向消费者传达光明品牌的价值是高质量的、新鲜的、健康的、关爱的和可以信赖的。

品牌的发展重点在于对品牌的维护和管理，品牌不是衣服，而是企业一点一滴与消费者接触的每个环节的累计，是留在消费者心目中的印象。光明一致保持对自己品牌的维护，并积极投入公益事业和企业宣传，并通过优质的产品、良好的售后服务、高素质的销售队伍让光明的产品和品牌相符合，给消费者一个健康的、新鲜的、可信赖的光明。

品牌的拓展除了对品牌的维护和管理，对品牌及相关产品的延伸也是必不可少的，在未来的品牌发展中企业将会继续保持“光明”这一大品牌，并从销售、区域、产品等多角度去建立能更好地满足消费者需求的品牌，进一步扩大光明产品的品牌知名度和信赖度，并在不同的品牌下开发能满足不同消费者需求的产品，让“光明”真正成为一个服务消费者、关爱消费者的乳制品第一品牌。

品牌的建设是一种投资，品牌好像是在消费者心目中建立的存款账户，早一点建，早一点投资就会早一点收益。品牌的发展，一定程度上是企业发展的基础，消费者对品牌的忠诚度将直接影响企业业绩的提升，光明一直不断地在大品牌的基础上发展适合市场、适合消费者的品牌，并在稳定子品牌的基础上发展适合不同消费者的产品，建立系统和完善的产品线，并不断地更新和延伸，让光明的主品牌和子品牌共同打造一个稳定的、企业形象。

在“光明”大品牌下，会有一系列的根基品牌——心爽、小小光明、心的、麦风、优幼，并通过区域性、促销性、战术性的活动进一步在大品牌和根基品牌下发展牛奶、酸奶、奶酪、奶粉、果汁、冰激凌等产品，并通过品牌的区分来区格产品的定位，提供消费者不同层次的产品，满足消费者的不同需求，让光明进一步成为全国乳制品行业的领头羊。

在过去和未来，光明都将一直为消费者提供健康的、营养的、新鲜的、值得信赖的产品，光明品牌的目标是：建立品牌价值，以形成对社会各行各业人们的无形价值；发展品牌和品牌建立的系统；把目前的产品类品牌发展成为公司品牌以适应光明迅速的发展。

（光明乳业股份有限公司）

新希望的奶业之路

1. 兼并收购抢滩布点 2001年底，新希望棋落阳平，拉开了大举进军乳业的序幕。2002年，新希望携民营企业的优势，集结规划、资金、人力、市场、体系等力量，东进西出、南上北下，着眼于100万以上人口城市的第一品牌和有奶源基地、市场资源的乳业企业，通过资本运作、股权收购，投资3亿多元，短短一年多就将四川新阳平、华西、重庆天友、河北天香、安徽白帝、山东琴牌、吉林苗苗、浙江双峰、云南蝶泉、雪兰等12家乳业企业收编麾下。这些企业都拥有区域性知名品牌，具有地方领导地位和周边市场辐射能力。除重庆天友外，新希望对11家企业均控股经营。由此，新希望初步完成在全国战略布点，初步形成了新希望乳业产业群。

2. 合理整合资源共享 如果说2002年是新希望乳业的并购之年，以外延扩大再生产为主，2003则是整合之年，以内涵扩大再生产为主。相对来说，并购快，整合慢，整合是深层次的细致工程，因此新希望乳业从转换机制入手，先巩固根据地，再谋求滚动发展。

20岁的新希望，已具有较成熟的企业理念与企业文化。并购的12家企业携带"国有胎记"，走进民营企业新希望，理念难免发生碰撞，这就需要思想工作和管理机制作为平衡点，用制度形式加以固化。公司总部采用多种形式，包括举办了5期培训班，对各公司总经理和财务、技术、质量、人力资源等管理骨干和新加盟的员工计200来人，进行专业知识的新希望理念、体制等方面的培训，使企业员工尽快融入新希望的企业文化中。

新希望不一味看重外来的和尚，而是同时将12家企业的人才资源实行统筹的管理，从内部挖掘人才，组成精干、高效的各级管理团队。目前已对5个公司的一把手、20多名中层干部进行了异地调配、交流。这些骨干把新希望的理念、机制带了进去。

新希望还非常重视技术人才的吸收。如新希望乳业技术中心，拥有国内知名乳品博士1名，硕士5名，并且和新西兰、澳大利亚、中国农业大学等国内外权威科研院所建立了广泛的合作。

3. 建立完整的管理制度和组织架构 新希望乳业建立起一套相对完整的管理制度，包括事业部与上级股份公司、与下级企业、与董事会的关系、权限；同时12家企业迅速转换机制，每家企业成立由总经理、财务主管、副总经理和销售经理组成的领导小组，负责经营活动重大问题的解决，集权和分权和谐统一，保证决策的合理合法合规。另外，事业部还建立财务直管体系，财务主管由总部委派，既对本企业负责也对总部负责。经营权和所有权适当分离，形成激励与约束相结合、成本控制、收入与效绩挂钩的机制和体系。各企业也能共享经营模式、管理体制、产品品牌、销售网络及文化资源。

4. 旗舰和地方品牌并举 乳业事业部将研发和优质奶源基地建设作为打造优质乳品的基础，将优质产品作为新希望乳业事业腾飞的基石。12家企业带进了十几个地方品牌。这些品牌在当地知名，具有地方市场领导地位和有周边市场辐射能力；12家企业结成为一个大家之后，要在市场大战中取胜，就得靠整合营销策略。

品牌能带来增值效应。从长远发展来看，要提高整个品牌的含金量，一定要发展中高档产品。因此，新希望乳业将着力打造自有"旗舰"品牌，以提升新希望乳业的品牌号召力。

当然，有了旗舰品牌，新希望乳业并不让原有的地方品牌全部"休克"，因为这些品牌有奶源基础，在当地有较高的市场占有率和很高的知名度。打好地方牌，让企业"演好自己的戏"，确保现有地位，并向二级市场辐射，做区域市场。因此乳业事业部对各企业的乳品品牌、价格、奶源以及生产过程等进行协调，互享资源，形成差异化竞争、立体式交叉覆盖的格局。

5. 协调发展蓄势待发 坚持可持续和协调发展，以形成整体优势和后发优势，这正是新希望乳业对整合的着眼点和归宿点。现在新希望旗下有12家企业已经形成总资产12亿元，净资产6.7亿元、年产量30万吨的规模，到2003年8月销售量同比增长50%，利润同比增长40%，实现农业、员工、税收、企业四方增收。

新希望乳业的发展始终得到新希望集团的强力支持，其中包括资金支持，原有企业贷款困难，新希望入主后，由于有了新希望的信誉、影响，银行主动上门请企业贷款，并给予优惠利率。企业将利用集团投资和银行贷款进行技改，年内完成1.2亿元技改投资，还将投入3亿多元建设新厂和奶源基地。随着整合力度的加大，涉及面的拓宽，整合的难度随之加大。但新希望乳业员工信心十足，通过壮大资本实力，改善经营机制、提升加工技术，扩大市场占有率等途径，力争成为全国乳业的龙头企业之一，为富国强民做更大的贡献。

（四川新希望农业股份有限公司　乳业事业部）

国际纸业在中国的品牌发展之路

成立于1994年12月的上海国际纸业有限公司是美国国际纸业公司在中国投资的全资子公司，多年来累计总投资额近4亿多人民币，位于上海浦东新区金桥进出口加工区。公司引进美国和德国的先进印刷以及封合生产线，生产供应各种新颖的牛奶和果汁等饮料的屋顶型纸盒包装。目前在中国市场上受到欢迎。

总部位于美国的国际纸业公司距今已有100多年的历史。它是世界最大的造纸公司，也是世界最大的私人林地拥有者。国际纸业公司是生产纸产品，包装产品，林木产品及所有相关产品的著名跨国公司。营运总部在田纳西州的孟菲斯。国际纸业年销售额达到360亿美元，在全球50个国家设有工厂，客户遍及130多个国家和地区，员工人数达13万名，是美国第50大公司，2001年度全球财富排名榜上名列第161位。国际纸业也是道琼斯工业平均指数30家公司之一，其股票在世界各地六大交易所上市。

随着全球经济一体化的不断推进，亚洲作为世界经济不可分割的一部分，在国际纸业发展战略中有着重要的地位，根植亚洲市场，是国际纸业的重头戏。饮品包装部在1975年进入日本市场，1984年进入韩国及我国台湾市场，1994年在香港成立了亚太总部，积极发展亚洲区的业务。全面的质量管理，良好的服务在亚洲市场上享有极高的声誉。同年，国际纸业抢滩中国市场，选址上海浦东金桥，1995年下半年筹建工厂，1999年底正式投产，2000年3月27日举行开幕典礼，2002年5月完成2期扩建项目。准确的市场定位，过硬的硬件建设，优质的产品质量，完善的全程服务，使得上海国际纸业有限公司的业务一直处于上升趋势，一跃成为屋顶型包装行业的领头羊。目前公司还在北京和广州开设了联络处，客户遍及全国各地，为乳品及食品饮料行业提供最优质的包装和最满意的整体解决方案。

国际纸业每年在造纸技术研究领域投入巨资，用于包装饮料的纸张结构相当复杂，最多可达11层材料，分别具有阻隔香味挥发，防止营养流失，隔绝光线，以及阻止营养素流失等多项保护产品的功能。以包装牛奶产品为例，屋顶型纸盒包装其独到的设计与特有的材质及结构，可防止氧气、水分的进出，对外来光线有良好的阻隔性，可保持盒内牛奶的鲜度，有效保存牛奶中丰富的维生素A和维生素B。纸盒的生产过程经过严密的品质管理，符合食品卫生标准。现在屋顶型纸盒包装不仅限于包装鲜奶、果汁，更多的产品如酸奶、茶、汤甚至洗涤剂都开始采用这种包装。屋顶型纸盒在许多发达国家和地区已经得到广泛的使用，在中国的发展也非常迅速，伴随着社会冷链系统的不断完善，屋顶型纸盒包装的发展是不可限量的。

为了方便用户，上海国际纸业有限公司生产的屋顶型纸盒与国际纸业所属长青包装设备公司之屋顶型灌装机实行配套供应，实现高灵活性，低维护成本，及更高速的生产能力。设备可灌装177～1 150毫升的标准尺寸纸盒，调节灌装时无需停机，提供无间断的生产效能。长青公司不断提升研发，以耐用度，保鲜程度，冷链加工工艺，以及提供倒嘴和封盖配件等设计考虑因素，从而扩宽产品的应用层面。同时，上海国际纸业有限公司派专职工程师负责售后服务，一旦客户的生产出现问题，24小时内工程师即可赶到现场帮助解决。

国际纸业不仅仅是包装供货商，更协助客户分析市场，谋划推广计划，为客户提供最佳的生产解决方案。公司拥有一批训练有素的专业人员，为用户提供市场咨询。早在1994年，还在玻璃瓶、塑料袋一统牛奶天下时，国际纸业就为客户分析屋顶型纸盒包装在中国的发展趋势：从其他国家的经验所得出的结论是，当人均收入达到某个程度时，屋顶型纸盒包装将渐渐进入该地市场；美国、日本、韩国、新加坡以及我国台湾省和香港特别行政区等均已达到这个阶段，中国内地部分城市诸如上海、北京、广州也是如此。随着中国人均收入不断攀升，生活水平日益提高，定位较高的屋顶型纸盒产品的市场也必将同步扩大。许多富有远见卓识的客户认同了国际纸业的分析。于是，在经过了奋勇开拓的5年之后，屋顶型纸盒包装的市场给乳品公司带来了丰厚的回报，屋顶包牛奶销量在上海市场占到总销量的一半，在其他区域市场也有了飞速的发展，乳品企业真切体会到技术进步对于抓住机遇意味着什么。

我们十分看好中国饮料纸包装行业的未来发展，基于此国际纸业近年来对中国市场的投入逐步加大加快，主要表现在人力开发、业务扩张、技术升级等方面。

首先，我们坚持认为企业专注发展持续的产业竞争优势是推动行业健康发展的必要驱动力。10年来，全球行业领军公司——国际纸业在中国饮料包装市场上通过“员工发展”“关注客户”“营运杰出”，坚持质量/创新/专注，努力为包括光明、伊利、三元、新希望、蒙牛、完达山、维维、康师傅等国内外知名食品饮料企业在内的广大用户提供全方位系统服务。在这种正确理念的指导下，我们坚信国际纸业在中国饮料包装行业之路可以走得更坚实。

其次，中国经济的良性快速发展为饮料消费的飞跃构造了一个良好的平台，加上庞大的城市消费人群，日益完善的销售通路等等均为包装行业欣欣向荣提供了积极的推动作用。欧美成熟市场以及亚太发展市场的经验历史告诉我们，明天的中国饮料包装市场将更精彩！具体谈到“新鲜屋”包装，我们坚信随着消费者消费观念、能力、健康意识的增强，选择追求新鲜营养天然的包装会越来越多被人们接受。美英、日本、韩国和中国的香港、台湾等乳品果汁市场的发展历史均验证这种趋势的必然。

我们将发挥优势，一如既往地在保鲜包装行业推陈出新，关注客户动向及消费者需求，推动整个行业健康有序发展。

在看待近日涌现的国内众多竞争厂家问题上，我们相信竞争是必然趋势，随着WTO的到来，无论是国际厂商还是本土企业均已站在同一起跑线上，谁更高更快更强，谁就有可能在下一波竞争中胜出，相反如果任何一家企业认为可以仅仅通过简单的价格拼杀而获得收益的话，那么等待他的会是在长期的竞争中处于劣势甚至被淘汰出局。我们坚信"专业"是今后企业确立行业竞争优势的关键，离开这个核心是无法在行业内长期立足的。基于这种认识，国际纸业多年来无论是在产品质量，新品开发，客户服务，营运管理，还是其他更多方面严格要求自身，力争卓越。近年来相继推出了"新鲜杯""常温非铝箔果汁纸盒""苗条迷你新鲜屋"等广受欢迎的新产品，同时"24X365技术服务支持""新鲜屋学院"等服务品牌也得到好评，同时国际纸业在乳界积极推动和企业的互动并具体通过行业论坛，信息共享，联合促销，新品开发支持等系列努力为行业进步贡献力量，当然也为国际纸业始终保持行业的领导地位提供了有力的支持。

目前，国际纸业集团在中国销售额总计已达近3亿美元。作为饮料包装部门的一员，上海国际纸业有限公司的使命是为推动中国乳品、果汁等饮料行业的健康发展而努力。

（上海国际纸业有限公司　陈易一）

奶业行业人物

专　家

马继良

高级农艺师。男，1952 年 11 月出生，四川富顺人，毕业于西南农业大学。曾任四川省农业厅粮油处副处长、处长，省农业厅人事劳动处处长，现任四川省农业厅农场管理局局长。

主要贡献：马继良同志在任期间，积极主动组织全省农场系统和奶业协会发展奶业生产，以农垦企业奶业为依托，通过奶牛场示范带动周边农村奶农发展奶业生产，为 2002 年全省奶产量突破 40 万吨，存栏奶牛突破 9 万头做出了贡献。

为认真贯彻全国实施“学生饮用奶计划”工作会议精神，马继良同志在四川省的试点工作中，协调省级有关部门共同抓好学生饮用奶的管理工作；帮助指导成都市做好学生饮用奶计划的试点工作；积极推荐四川奶业企业申报国家学生饮用奶计划的定点生产企业，为推进四川省“学生饮用奶计划”的健康发展做了大量工作。

王　煜

研究员。男，1933 年 11 月 5 日出生，山西灵丘人，1961 年毕业于甘肃农业大学畜牧专业，1962—1984 年在天津市近郊农业局、农林局、农垦局、农业技术服务站、农场局主管国营农场系统奶牛生产和科技工作。曾任天津市奶类发展项目办公室专职副主任，中国奶牛协会理事、常务理事、副秘书长、经营管理组组长、委员会主任，中国奶牛协会北方组副秘书长等职。

主要贡献：王煜同志在天津工作期间，为天津市的奶牛业发展做出了突出贡献。1972 年建成种公牛站，1973 年由日本进口 13 个液氮容器，在国内率先实现奶牛繁殖全部应用冷冻精液人工授精；1976 年首次由加拿大进口 6 头优良荷斯坦公牛细管冷冻精液 284 支，繁殖出 1/2、3/4 的加血公牛导入牛群获良好的改良效果；1980 年第一个由丹麦进口 2×8 高效率鱼骨式挤奶台设备，为机械化挤奶的应用做出示范。

1985—1998 年在组织实施联合国援助奶类发展项目、欧共体援助奶类项目、欧盟过渡期项目、日本技术合作项目、芬兰乳品培训中心项目等五个外援项目期间，为发展天津市奶牛生产，完善奶业体系，提高奶业总体水平，重点扶持农民个体养奶牛做出了贡献。到 1997 年天津市奶牛 31 027 头，其中个体奶牛达到 15 966 头，占 51.45%，全市单产 6 104 千克。1990—1997 年作为中方项目负责人专家组长与 50 位日本专家合作，赴日培训中方技术人员 37 人次，在细管冷冻精液生产、奶牛育种数据收集分析、产奶能力测定、奶牛血型鉴定技术、胚胎移植技术、饲养管理技术、饲料分析、奶牛繁殖障碍防治和黄庄农场示范奶牛场的高新技术应用等项目上取得重大进展，使天津奶牛业的技术水平获得巨大进步，走在全国奶牛业的前列。

1972—1982 年作为北方奶牛技术协作组副组长单位代表、协作组秘书组成员组织参加了北方地区许多技术协作活动，组织多次全国和地区的奶牛业经济技术协作活动，1992 年被天津市科委授予奶牛专家，1996 年被农业部人事部评为畜牧技术推广研究员，1988 年中国黑白花奶牛培育国家科技进步一等奖获得者，1992 年起享受政府特殊津贴，为推动我国奶牛业发展做出了积极的贡献。

王印魁

高级畜牧师。男，1953 年 7 月出生，山西阳曲人。1979 年毕业于山西农业大学畜牧兽医系（现在读山西农业大学农业推广硕士研究生）。1980 年初分配到山西省农业厅牧草饲料工作站，后到山西省方山肉牛场、山西省农垦技术服务站工作，曾任牧草研究组组长、站办公室主任、农场副场长，现任中国奶业协会常务理事、省奶协秘书长、省学生饮用奶计划办公室副主任等职。

主要贡献：王印魁同志热爱奶业事业，1986 年参与省奶协工作后，业绩突出。主要包括：坚持开展奶牛育种改良，使全省奶牛平均单产达到4 159千克，比1986年提高47.01%，

注：本专栏人物按类别编排，每类别人物以姓氏笔画为序。

奶牛联合育种单位平均单产达到6 320千克，比1986年提高29.12%，比目前全省平均水平高51.96%；坚持每两年开展规模奶牛场经济技术指标考核，加强技术指导，使这些企业的经营管理水平有了较大提高；积极为政府部门决策提供服务，多次以文件形式建议省政府大力发展奶牛乳品业，制定山西奶业“九五”、“十五”发展规划，先后为太原、大同、朔州等市农(牧)业局及有关县政府编制奶业发展项目报告和规划，参与修订太原市奶业生产管理实施办法等；广泛开展奶业技术服务，推广奶牛DHI监测技术，帮助小店长风、大同御宝、晋中博瑞等十多个乳品加工企业进行技改设计与咨询，组织专家对奶牛场奶牛出售进行评估等；大力普及奶业科学技术，多次组织全省奶业技术培训班，并主讲奶牛饲养与营养等课程，并在山西人民广播电台田园之声栏目讲授奶业科技知识；连续5年组织开展了全省的国际牛奶日宣传活动，倡导太原、大同等城市开展加强乳品质量监督、规范乳品市场行为活动。

参与主编《奶牛高产饲养与疫病监控》、《山西草地资源》等著作三部；在有关著作、杂志及研讨会发表论文30多篇；编辑《山西奶业信息》56期，载文200余篇；主持“太行山中部种草养畜配套技术”、“肉牛快速育肥技术”、“山西省饲料资源调查”、“沙打旺草地放牧育肥犊牛、羔羊试验与推广”项目，分别获省技术承包一、二等奖和省科技进步三等奖；参与“中国黑白花奶牛培育”、“中国黑白花奶牛核心群选育”、“山西省草地资源调查”、“山西草原类草地改良利用研究与推广”、“晋牧5号青饲玉米选育”等科研项目，分别获国家科技进步一等奖、农业部科技进步三等奖和省级科技进步二、三等奖。此外，先后三次获农业部、全国绿化委和中国奶协的表彰奖励；在省学生饮用奶计划实施等方面也做了大量工作。

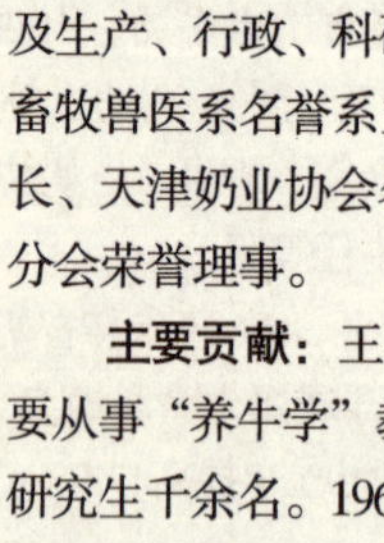

王福兆

教授。男，1930年12月6日出生，河北泊头人，1953年毕业于西北畜牧兽医学院畜牧系，1954年考取留苏研究生，1958年获苏联莫斯科农学院养牛学博士学位回国。先后就职甘肃农业大学、西北农学院及生产、行政、科研等单位，1984年调天津农学院，任畜牧兽医系名誉系主任、天津市政府畜牧专业顾问团团长、天津奶业协会名誉理事长、中国畜牧兽医学会养牛分会荣誉理事。

主要贡献：王福兆同志自参加工作50年以来，主要从事“养牛学”教学与科研，先后培养大专、本科及研究生千余名。1960年与邱怀教授合编西北高等农业院校教材《养牛学》，1972年参加北方黑白花奶牛协作组进行“中国黑白花奶牛培育及冷冻精液”推广，并承担和协调西北片奶牛育种及冷冻精液科研与推广工作。从1980年起主编南、北方协作组主办的《奶牛饲养》双月刊；1985年主编由中国奶牛协会主办《中国奶牛科技与信息》；1989年主编由中国奶牛协会、农业部奶业项目办公室主办《中国奶业信息》；1982—1995年承担由农牧渔业部下达中华人民共和国专业标准《高产奶牛饲养管理规范》的制定和推广工作，收效显著。该《规范》1993年通过部级鉴定，达国际先进水平。1985年倡议京、津、沪农学院开设“乳牛学”，并主编《乳牛学》教科书。1985—1986年担任主委验收中国草原红牛、三河牛新品种，1990年参加科尔沁牛新品种验收。1982年、1989年作为学者赴加拿大、前苏联考察与交流，并在俄罗斯畜牧业杂志（1993年11期）发表专著，1953—2002年在国内外杂志发表有关学位论文、科研报告、调查报告、综述及科普知识等文献百余篇。1991年获国务院颁发的政府特殊津贴。

刘 敞

高级畜牧师。男，1940年1月24日出生，湖北襄樊人。1961年毕业于新疆八一农学院畜牧兽医系兽医五年制本科。曾在新疆牧区、湖北武穴中学、江苏省农林厅畜牧局工作。1987年作为江苏“中国兽医专家组”成员赴科威特工作一年。1990年任高级畜牧师。先后任江苏省奶业协会秘书、常务副秘书长、秘书长及中国奶业协会理事等职。

主要贡献：刘敞同志从20世纪80年代开始从事养牛和奶牛业调查研究工作，有五篇调查报告在省内及全国有关刊物上发表。其中参与调研撰写的《养牛业的出路在哪里？关于当前养牛生产调查报告》，指导推动了新时期全省耕牛向肉、乳用转化，并在睢宁县成功组织“黄牛乳改综合利用示范点”，开辟了徐州地区新的奶源基地；参与调研撰写的《从奶牛之乡探索发展奶牛生产的途径》，受到业界好评。90年代，数次撰写有关发展奶牛业、乳品加工业的建议报告上报省政府，其中1995年《关于保护和发展奶牛业的建议》，省委、省政府领导及时做出重要批示，并出台了调高牛奶价格、免征乳品企业消毒牛奶增值税等优惠扶持政策，为遏制当时全省奶业大滑坡起了关键作用。1998年，在国内率先组织江苏省奶业行业开展“国际牛奶日”大规模牛奶宣传活动，有力地促进了市场牛奶消费增长和奶业发展。本世纪初，担任江苏省奶牛单产“七吨工程”项目负责人，主持制定《江苏省奶牛场生产技术管理规范》，组织项目实施，显著提升了全省奶牛综合技术水平与生产水平。参与起草、制定了省学生饮用奶计划的一系列法规性文件，并被聘为专家组成员。

从1983年开始参与组织和主持江苏省奶协工作，指导协会及各专业委员会开展各项业务活动，并致力于推进协会组织机构建设与内部改革，兴办经济实体，开展有偿服务，使协会充分发挥了协调服务功能和政府与奶业企业（奶农）间的桥梁纽带作用。1994年，刘敞被中国奶协南方协作组表彰并授予荣誉证书。2002年，江苏省奶协被省民政厅评为江苏省省级先进社会团体，荣获表彰、奖牌。

主要著作、论文：①参与编写当代中国丛书《当代中国的江苏》；②参与编写《中国农业全书·江苏卷》；③《中国奶牛》杂志发表文章“对奶业协会工作的几点浅见”；④主编《江苏省志·畜牧志》，获江苏省地方志优秀成果一等奖。

刘文奇

高级畜牧师。男，1965年8月出生，黑龙江肇东人，1988年沈阳农业大学牧医系本科毕业，1991年北京农业大学畜牧系硕士毕业。曾任北京市农工商联合总公司奶牛生产管理处副处长、北京奶牛中心副主任、北京三元集团有限责任公司企业管理部副主任。现任北京三元种业科技股份有限公司总畜牧师，北京市奶业协会秘书长。

主要贡献：刘文奇同志从事奶牛生产管理与技术推广工作10余年，作为主要参与者起草制定北京地区奶业发展政策与规划并具体组织实施，为北京地区奶业稳定发展做出了积极的贡献。进入20世纪90年代后期，针对北京地区规模化奶牛养殖年平均单产水平长期徘徊于7 500千克的现实，借鉴国外奶业发达国家的经验，结合北京地区奶牛养殖的实际，从奶牛饲养管理角度入手率先提出北京规模化奶牛场饲养工艺由传统饲养向现代饲养改革调整的思路，经过几年时间的实践取得了良好的效果，奶牛年平均单产水平跃入8 000千克的平台。进入21世纪，在市政府奶业主管部门的领导下，结合北京郊区奶牛发展的实际，作为北京市奶业协会秘书长具体参与并组织实践了适合北京郊区特点的奶牛养殖小区与奶牛合作社的发展与组织形式。目前，全市规模化奶牛养殖小区已经突破300个，奶牛合作社100余个，奶牛存栏7万头以上，带动了农业结构的调整和农民的增收；在政府奶业主管部门的领导下，在全国率先启动并积极具体组织了北京市奶业基本情况普查。根据普查结果，主要参与组织起草了北京市奶业发展规划，为北京地区奶业进一步稳定、规范、科学发展做出了贡献。

刘文奇主持参加了国家农业部、北京市科委、农委、教委丰收、星火、攻关、技术推广等项目九项，先后获得农业部丰收奖二等奖1项、北京市星火奖一等奖1项、北京市农业技术推广奖二等奖2项。2002年被推选为北京市农业百名优秀中青年专业技术带头人之一。先后在国家学报、一级专业刊物发表文章10余篇，参与主编出版22万字的奶牛专业书籍。目前作为主要参加人和子课题主持人参加国家科技部奶业科技专项和北京市科委奶牛技术集成与奶业示范工程项目。

那达木德

农业技术推广研究员。男，1946年7月出生，蒙古族，内蒙古呼伦贝尔人。曾任赤峰市畜牧局局长，兼任中国畜牧协会理事、中国奶业协会常务理事、内蒙古奶业协会秘书长、内蒙古养羊者生产协会副理事长、自治区“学生饮用奶计划”办公室主任等职，现任内蒙古自治区农牧业厅家畜改良站站长。

主要贡献：那达木德同志任家畜改良站站长以来，带领全站职工根据全区养牛业的需求和发展趋势，对种公牛站良种牛的品种质量结构进行了合理调整和更新，建立自治区奶牛繁育中心，把本自治区肉牛繁育中心建成国内一流的站；提出了以胚胎生物技术为依托加速高新技术产业化的思路，经过4年时间，使本自治区牛羊胚胎生物技术形成整体优势，辐射15个省、自治区，初步实现了商品化，并向产业化迈进；筹建农业部种羊和羊毛羊绒质检中心，于2001年末通过农业部“双认证”并已开始承担任务；参与主持了国家“九五”重点攻关项目“应用胚胎生物技术建立良种肉牛繁育体系和生产体系”、“白绒山羊选育与开发”两个项目，并于2000年11月顺利通过验收；经过积极争取，被科技部批准实施国家“863”计划“超细型细毛羊的培育与开发”、“应用胚胎生物技术建立高产奶牛核心群”成果转化项目以及农业部“良种工程”项目和奶牛、肉牛两个“948”项目。

主要成果：“肉羊模式化育肥技术”推广项目获自治区丰收计划一等奖；“羔羊生产配套增产技术”推广项目，获农业部全国丰收计划一等奖；“科尔沁牛推广”项目获通辽市科技进步一等奖；“全区‘四良四改’养猪配套技术”推广项目获自治区科技进步三等奖；“内蒙古澳美型细毛羊品种标准”、“肉羊模式化育肥技术规程”经自治区技术监督局颁布实施；“牛冷冻精液配种操作规程”已送自治区技术监督局审核；“内蒙古白绒山羊国家标准”、“内蒙古白绒山羊绒国家标准”、“牛胚胎移植技术规程”、“羊胚胎移植技术规程”已送农业部作为国家标准审核。

主要论文："中国赴美国肉牛考察报告"、"赴美国养牛业考察报告"、"关于肉羊的产业开发"、"与时俱进，开创我区奶业新局面"等，发表在《中国畜牧通讯》、《当代畜牧》等刊物上。

杜子端

教授。男，1920年11月11日出生，山东省鄄城人，1951年进入马列主义夜校学习，1953年升入夜大学，1957年参加函授班学习国民经济计划，1962年在电大文学专业学习。在轻工部工作三十年，1979年调农业部任副部长兼社队企业总局局长，1981年组建中国食品工业协会任会长。现任中国食文化研究会会长，西北师范大学教授。

主要贡献：杜子端同志多年来利用资源发展奶源，每年向国家申请计划外资金，支持小乳品厂的新建和改造，以利用分散奶源。1978年开始，宣传推广山西山阴县黄牛改良经验，提倡改良牛群，实行奶肉兼用。山阴县现已全是年产5吨奶以上的奶牛，奶产值占农业产值的17%左右，在全国处于领先地位；1958年开始，宣传推广山西洪洞县和陕西富平县养奶山羊经验。提倡改良本地山羊，支持西北农业大学建立奶羊基地。1981年，向全国人大提出发展奶山羊提案。在几十个县召开全县干部大会，宣传推广"养奶羊、改良本地羊"。1983年，主持食品评比，对羊奶粉优中选优，河南偃师、陕西三元羊奶被评为国优并获银奖，提高了羊奶粉的知名度和消费量。1975年，农业部、轻工业部、商业部联合调查温州、齐齐哈尔两地私人养牛经验，整理成向各地宣传的材料。

1973年赴欧洲考察，回国后为填补饲料工业的空白，在北京市率先发展配合饲料，成立了饲料科研所，提出了应该"建立具有中国特色的饲料工业体系"的观点。建议将农产资源同工业副产品结合起来，在县市预混合，由乡镇将配方饲料混合后供应到村到户，代替原粮作饲料。1981年考察瑞典利乐包装，建议北京引进利乐包装造纸技术。改造北京造纸实验厂，得到北京市和国家计委的支持。1997年11月，《市场报》专访杜子端并发表了"论一袋奶的价值"，1998年5月，由中国食文化研究会、《市场报》、三元乳品公司等13个单位联合发起召开"牛奶科学论坛"，向全国学生家长和乳品企业发出了两个倡议。2002年7月，中国食文化研究会、仁慧特公司联合再次召开牛奶论坛，杜子端教授发表了题为"用文化力开辟乳品市场"的文章，提倡发展特色乳品文化，开辟市场。

陆东林

高级畜牧师。男，1938年10月出生，江苏南京人，江苏省句容农业学校毕业，曾任江苏省农业科学研究所、苏州农业科学研究所、新疆乌鲁木齐市五一农场技术员、奶牛场场长、畜牧公司经理、总畜牧师，乌鲁木齐农垦乳业集团董事长兼总经理。现任新疆天润乳业生物制品股份有限公司董事长。兼任新疆奶业协会副理事长，乌鲁木齐市奶业协会理事长，中国奶业协会、中国养牛研究会理事，新疆维吾尔自治区政协委员。

主要贡献：陆东林同志长期从事奶业科技推广、科研、科普和经营管理工作，在奶牛饲料和营养，奶业生产和经营管理，乳制品加工和新产品研发等方面做出突出贡献。他组织培养的高产奶牛于1976年、1978年两次夺得全国奶牛个体高产冠军；1976—1985年研究高产奶牛和犊牛的饲料营养、日粮配方，在新疆率先开展高产牛群培育、犊牛提早断奶、乳用公犊育肥等科技攻关，达到国内领先水平；1984—1990年研究用液氨大规模处理秸秆，并在泌乳母牛、育成牛及育肥绵羊中进行饲喂试验，促进了该技术在全疆和全国的推广应用。1990年以后主要从事乳与乳制品的研制开发以及企业经营管理，系统研究了牛初乳的资源、营养成分、免疫球蛋白含量、检测方法、保健功能，建成我国西部地区第一条牛初乳保健品生产线，开发出以初乳为主要原料的胶囊、钙片、粉剂、免疫酸乳等具有保健功能的初乳制品，取得显著的经济和社会效益。

陆东林曾主持和参加多项科研攻关项目，有32项成果获国家、省部（自治区、兵团）和市级科技进步奖。编著奶业专著及科普图书12部，发表论文100多篇，科普文章300多篇。代表作有：《新疆黑白花奶牛》、《秸秆氨化技术》、《奶牛饲养论文集》、《奶牛初乳及其保健功能研究》等。科普著作《牛奶漫谈》、《家庭养奶牛问答》已行销2万余册，受到海内外好评。1982年被评为全国"奶牛育种先进个人"，1990年被评为全国"成绩突出的科普作家"，1991年、1997年、2002年连续3次被评为新疆维吾尔自治区"有突出贡献的优秀专家"，1992年享受国务院政府特殊津贴，1993年获"新疆生产建设兵团屯垦戍边劳动奖章"，1999年被评为新疆生产建设兵团劳动模范。

杨志民

高级畜牧师。男，1946年7月出生，云南大理人。1968年毕业于云南大学。1968年10月至1999年11月，先后在云南省宁蒗县、省农业厅、省畜牧局工作，1999年11月至今在云南省农业厅工作，任农业厅副厅长。

主要贡献：杨志民同志在云南省畜牧局、云南省农业厅工作20多年来，一直从事畜牧业方针、政策、牧业经济及畜牧业、奶业发展的研究、牧业生产的管理与指导工作，了解、熟悉云南畜牧业，主持编写了《云南省畜牧业区划》、《云南省畜牧业中长期发展规划》，提出了发展的指导思想、途径与措施建议，其主持、研究的项目先后获省部级科技进步奖五项，其中，省级一等奖一项，农业部二等奖二项。

近几年来，他加强了对云南奶业发展的研究、管理与指导，在他主持与积极推动下2001年云南省成立了畜牧兽医学会奶业分会，提出了奶业分会的主要任务是受政府委托加强对奶业产前、产中、产后全过程进行指导与行业管理，做好协调工作等。并主持召开了“云南省奶业发展研讨会”，撰写了“云南奶业现状与发展对策”一文，提出了“十五”云南奶业发展目标与六大片分步发展的规划；在他的大力支持下，学会编辑出版了《奶与人类健康》一书。2002年，他组织老专家对全省四个地、州、市的奶业进行了调研，基本摸清了云南奶业现状，提出了进一步发展的对策；针对云南农村奶牛饲养管理粗放等问题，他主持编辑出版了《科学养奶牛》一书，指导生产；针对短时出现牛奶生产低水平、产量过剩的情况，他又及时组织召开了“全省奶业发展战略研讨会”，认真分析了云南奶业发展中的问题与趋势，研究了措施对策，通过了给省委、省政府的“关于加快云南奶业发展的建议”，同时加大了对云南奶业发展的科技投入，为云南奶业的健康稳步发展起到了积极的作用。

李昌桂

教授级高级畜牧师。男，1949年1月出生，湖北浠水人；1975年毕业于华中农业大学，研究生学历。曾任浠水县苏冲中学校长，华中农业大学生产处、学工处副处长，湖北省统计局处长，中国粮食与农业统计中心武汉中心常务副主任；现任湖北省畜牧局副局长、华中农业大学兼职教授、全国畜牧经济学会常务理事、湖北省饲料工业协会常务理事兼副秘书长等。

主要贡献：自主管湖北省畜牧业（包括奶业）生产以来，李昌桂同志一直十分重视制定全省奶业发展规划及奶业生产、奶产品加工和市场流通等工作，主持制定了“湖北省奶业发展十五规划和2010年远景目标”、“湖北省宜黄高速公路沿线奶牛带布局与规划”、“湖北省奶牛良种工程十五规划”等，为本省奶牛业发展确定了目标和方向。在李昌桂同志的积极争取下，成立了“湖北省奶业管理办公室”，理顺了湖北省奶业行业管理的机制。并先后发表了“湖北省奶业发展现状与前景分析”、“奶业在畜牧业经济中的重要地位”等论文。在其领导下，湖北省奶业发展由1995年存栏5 000头，鲜奶产量的1万多吨发展到2002年的奶牛存栏3.65万头，鲜奶产量11万吨，并形成湖北省奶牛发展遍地开花、奶产品加工企业、奶制品品种百花齐放的局面。

此外，李昌桂同志还先后参与主编并出版了《湖北乡镇概览》、《畜牧兽医基础》、《畜禽养殖新技术》和《前进中的湖北畜牧业》等书籍。

谷继承

高级畜牧师。男，1951年10月出生，黑龙江哈尔滨人。1980年毕业于黑龙江八一农垦大学畜牧兽医专业，分配到农垦部工作。曾任值班室秘书、农牧渔业部农垦局畜牧处副处长、中纪委驻农业部纪检组监察局处长、一室主任（副局级）。1998年至今，任农业部全国畜牧兽医总站党委副书记、农业部奶类项目主任，2002年兼任中国奶业协会副理事长。

主要贡献：谷继承同志自1998年以来，分管农业部奶类项目办公室、畜牧兽医总站人事、党委和饲草饲料处工作。先后主持实施了“中国－欧盟奶业和食品加工业的技术及商务合作”项目和“中国－欧盟水牛开发项目”两个项目涉及受援地区15个省（市、自治区），项目总投资6.6亿元人民币，其中接受欧盟援助金额3.3亿元人民币，国内配套资金3.3亿元人民币。通过两期项目的实施，有效地利用了国际援助资金、现代化技术装备和先进的管理经验，带动了项目地区、促进了全国奶业的建设与发展。项目执行期间，谷继承同志深入一线调查研究、指导工作，全面协调参与项目执行工作的中外各方关系，调动各方面的积极性，保证了项目的顺利实施，为项目地区和全国奶业的发展做出了贡献。他参与组织编辑出版了《中国奶类项目》、《中国奶业发展道路》等书籍；组织参与撰写了《关于深入开展奶业产业化经营若干问题的讨论》和《关于深入开展奶业产业化经营的报告》，为政府决策部门提供了参考依据。

经宝临

教授级高级畜牧师。男，1936年5月28日出生，北京人。1959年7月毕业于内蒙古畜牧兽医学院（现内蒙古农业大学）兽医系。毕业后分配在吉林省镇赉农场和吉林省红星种畜场从事奶牛、绵羊及马匹育种工作，任技术员、主管技术员、生产科科长等职务，参与东北细毛羊、吉林挽马培育，曾任东北细毛羊育种委员会委员、中国马匹育种委员会委员、吉林省农牧厅科教处畜牧师、北京市农场局奶牛研究所科研办公室主任，第一副所长、所长、奶牛中心副主任、北京市奶牛协会副理事长、中国奶牛协会北方组秘书长等职。现任北京市奶业协会常务副秘书长。

主要贡献：经宝临同志参与组织编撰了北京市奶牛场管理及技术规范并组织全市奶牛场推广普及应用；参加农业部农垦局制定全国奶牛场规范化管理的编撰，并组织北方地区奶牛场普及推广等项工作。曾多次被评为市、部先进科技工作者，曾任北京市政府专家顾问团奶牛专家顾问。参加的中国黑白花奶牛核心群选育科研项目（主要参加人之一）1992年获农业部科技进步三等奖；参加北京市科委下达北京市黑白花奶牛良种选育高产配套技术推广与应用，1996年获北京市星火一等奖；参加国家下达的奶牛综合配套技术推广项目（主要参加人之一）1992年获国家星火一等奖。

退休后，经宝临同志曾任北京奶牛中心顾问，后受聘北京市奶业协会任常务副秘书长，组织了北京市奶业的全面普查等工作，为北京市奶业的发展做出了自己的贡献。

郝斗林

高级兽医师。男，1944年7月出生，蒙古族，内蒙古准格尔旗人。曾任内蒙古自治区畜牧业厅副厅长，兼任内蒙古兽医学会理事长、内蒙古奶业协会副理事长、内蒙古农经学会副理事长、中国管理科学研究院特约研究员等职。现任内蒙古自治区农牧业厅巡视员。

主要贡献：郝斗林同志在担任内蒙古自治区畜牧业厅副厅长期间，参与并制定了一系列有关畜牧业政策法规和重要文件，如《关于推进牲畜"种子工程"的决定》和《关于加快全区奶业发展的意见》等，为政府的决策起到了积极作用。他先后带领专业人员考察了加拿大、澳大利亚等发达国家的畜牧业，特别是奶业，并先后引进优质种公牛近百头，优质奶牛近万头，大大地提高了内蒙古奶牛的质量，保证了伊利、蒙牛等乳品企业的奶源需求，为呼和浩特奶业的发展做出了贡献。

郝斗林同志在分管畜牧业技术推广、品种改良工作的十几年里，参与主持了国家和自治区多项重大科研项目，获农业部丰收二等奖1项，自治区科技进步奖3项，其中，"牲畜种子工程"的推进和"奶牛万枚胚胎移植富民工程"的实施，使内蒙古的奶业生产一年上一个台阶。1999—2000年，在他的主持下，组织有关方面的专家，在呼和浩特近郊建立了第一个奶牛养殖小区——土左旗奶牛养殖小区，这一模式被伊利、蒙牛等企业作为饲养奶牛新模式在全自治区各地推广，使内蒙古的奶牛业向规模化、集约化方向迈进了一大步，奶业已成为内蒙古的支柱产业。

郝斗林同志经常深入基层调查研究，针对畜牧业发展中存在的问题，向政府和有关部门提出了很多建设性意见，同时，写出了数十篇高质量的论文，在自治区内外重要报刊杂志上发表，还主持编辑出版了畜牧业法规方面和技术性专业书籍多册。

赵建成

助理研究员。男，1954年8月出生，江西南城人，1982年毕业于江西农业大学，曾任江西省科学院生物资源研究所助理研究员，中共南昌市农业委员会党组成员，南昌市农业综合开发办公室主任，现任南昌市奶类发展项目办公室主任。

主要贡献：赵建成同志从事奶业管理和外援奶类发展项目管理工作长达15年，曾主持实施南昌市三个外援奶类发展项目，即欧共体（EEC）援助我国20个大中城市奶类项目（1988—1993年）、欧盟（EU）援助我国20个大中城市及四省、自治区过渡期奶类项目（1994—1995年）、欧盟援助我国12省、自治区、直辖市奶业及食品加工业的技术与商务合作项目（1996—2003年），三个项目总投资规模为6 885万元，其中援助资金3 092万元，国内配套资金3 793万元。奶类发展项目是中国政府与欧盟在农业领域合作的规模最大、持续时间最长的奶业开发性项目，对南昌地区的奶源基地建设、乳品厂的技术改造、乳及乳制品供应的改善、奶业经济体制的改革和农业结构的调整、乳品市场的开发等，起到了积极和富有成效的作用，同时，为南昌市奶业的发展积累了宝贵的经验。在以上项目的争取和实施过程中，赵建成同志倾注了极大的精力。主持实施的中欧奶类项目受到农业部和欧盟的表彰和奖励。在从事技术工作期间，曾获国家科技成果奖。主持和撰写了《南昌市奶业管理暂行办法》、《南昌市奶业发展"十五"计划和2010年远景规划的意见和建议》、《中国-欧盟奶业及食品加工业技术和商务合作项目南昌项目区建设项目可行性论证报告》、《南昌奶业发展概况》、《南昌乳业的展望与思考——关于南昌乳业做强做大的意见和建议》、《我国农产品深加工的现状与今后发展研究》、《提高奶牛生产性能示范和推广工作的经验》、《南昌市实施学生饮用奶计划的意见》等论文和调研报告，受到省、市政府及有关部门的肯定和重视，为南昌市奶业的发展做出了贡献。

陶克艳

教授级高级畜牧师。男，1950年1月出生，湖北襄阳人。1975年毕业于华中农业大学，现任湖北省畜牧局奶业管理办公室主任兼湖北省草地工作站站长、中国草原学会饲料生产研究会理事、湖北省畜牧兽医学会草地专业委员会主任等职。

主要贡献：自参加工作以来，陶克艳同志一直致力于湖北省草食畜禽特别是奶牛业的繁殖育种研究与生产技术推广工作，曾于1981年赴日本对其奶牛业发展进行长达一年的考察研究。先后主持制定了《湖北省奶业发展规划》、《湖北省奶牛良种工程规划》等湖北省奶业发展长期规划，参与制定了湖北省人民政府关于"学生饮用奶计划"等；长期致力推广奶牛冻精配种技术，使湖北省奶牛冻配率达到91.3%；在研究奶牛优质青饲料常年供应方面，提出了以青贮饲料玉米加冬季种植多倍体黑麦草的青饲料种植模式；在奶牛冻胚移植方面也进行了积极的研究和实践，2000年开展的奶牛冻胚移植试验成功率达到了35.1%，为湖北省奶牛繁殖育种品种探索了新的途径；先后发表了《湖北省奶牛青饲料常年供应探讨》、《浅谈湖北省奶产品加工业发展之前景》、《奶牛冻胚移植研究》等重要论文。

陶克艳同志获得的主要荣誉有：2000年被国家环保总局、农业部、科技部、共青团中央等四部委授予"全国秸秆禁烧和综合利用先进个人"、2001年被湖北省人事厅、科技厅、农业厅、水利厅、林业局联合授予全省农业科技先进工作者等。获得中国农业科学院科技成果一等奖，省政府科技进步三等奖（第一完成人），农业部"丰收计划奖"、湖北省丰收计划奖等多项荣誉。先后参与主编并出版了《农区山羊饲养实用技术》、《牛的青饲料调制与短期育肥技术》、《优质牧草栽培技术》等专著。

倪俊卿

农业技术推广研究员。女，1963年9月出生，河北晋州人，1984年毕业于张家口农业高等专科学校，分配到河北省畜牧良种服务中心工作至今。现任河北省畜牧良种服务中心副主任、研究员，河北省奶牛业协会副秘书长，中国奶业协会理事，中国奶业协会育种委员会成员，中国西门塔尔牛育种委员会理事等职。

主要贡献：倪俊卿同志多年来一直坚持生产与科研相结合，积极推广应用先进的科学技术。参加了国家"九五"重中之重专题"肉牛高效快繁综合配套技术"攻关研究，是主研人之一，该专题获河北省2000年科技进步一等奖。主持了河北省科委下达的"小尾寒羊高效养殖及产品加工综合配套技术研究"项目，并于2001年获河北省科委山区创业一等奖。现又承担了"十五"国家重大科技专项"奶业重大关键技术研究与产业化技术集成示范"项目的子课题之一"良种奶牛快速繁育技术"，与河北农业大学教授一起，经过几年的时间，通过多种试验及测试，总结了热应激对荷斯坦种公牛精液品质的影响及机理，从牛生理的角度了解了高温对荷斯坦种公牛的影响，及采取相应措施避免高温对种公牛的伤害，论文发表在《中国兽医学报》。

倪俊卿同志在20年的生产实践中，培育出优秀的黑白花种公牛100余头，向社会推广优秀黑白花种公牛冷冻精液300万头份，极大地提高了当地奶牛的单产，增加了农民养奶牛的经济效益，河北省种牛站也成为首批通过农业部鉴定验收的种牛站。1986年在河北省畜牧良种服务中心奶牛群的育种方案中，对奶牛群进行了制度严格的育种方案及选种计划，使奶牛群体产奶量达7吨以上，并获国家奶牛协会二等奖。自2001年起，为加速高产奶牛的繁殖速度，以便满足市场上奶牛的需求，在高产奶牛繁育上，推广利用了奶牛胚胎移植技术，先后利用鲜胚移植、冻胚移植及胚胎性别鉴定等高新技术，共处理受体牛3 000多头次，移植高产奶牛胚胎2 400多枚，现已产下高产奶牛犊几百头，为缓解河北省高产奶牛紧缺起了一定的作用。先后在省级及国家级刊物上发表论文20余篇，编撰了《奶牛饲养管理与疾病防治》、《肉牛标准化生产技术》等书籍。

彭志国

男，1952年5月出生，吉林梨树人。1996年9月吉林大学研究生毕业。曾任吉林省农牧厅直属机关党委专职副书记，农业厅直属机关党委专职书记、办公室主任、副厅长，现任吉林省农牧业管理局局长、党组书记，中国畜牧经济研究会常务理事，吉林省奶牛业协会副理事长、协会法人等职。

主要贡献：彭志国同志多年来一直担任吉林省奶牛业协会的领导工作，经常亲自深入奶牛饲养场、农户和乳品厂调查研究，指导基层工作。较早提出走产业化的路子，以龙头企业＋基地、饲养小区＋农户的模式，发展吉林奶业。强调政府要积极引导，指定优惠政策，鼓励发展奶牛业。支持企业改制，走股份制发展奶牛业的思路在吉林市春光乳业得到了验证。与金融部门协调，为企业解决贴息贷款5 000多万元，加快了重点企业的改制和技术设备的改造。还分别与长春、吉林、松原、白城等市、区政府协调建设奶牛养殖小区的用地和资金不足等实际问题。

1995年以来，先后在《吉林通讯》、《吉林日报》等省级以上报刊发表多篇关于发展畜牧业的文章、论文30余篇，《吉林省畜牧业扩大对外开放的前景广阔》的论文被收录在全国畜牧经济研究会第八次论文集上。主编了《坚实的脚步》、《开拓市场先锋谱》、《新世纪新跨越》、《调查与思考》、《牧业科技推广实用技术》等多部书籍，为吉林省奶业乃至畜牧业的发展做出了突出的贡献。

戴旭明

农业技术推广研究员。男，1958年1月出生，浙江萧山人，1982年从浙江农业大学牧医系毕业后，在浙江省农业厅畜牧管理局工作，1987年1～7月赴德国学习奶牛生产与乳品加工技术；1991年筹建成立浙江省奶牛业协会，任秘书长；1994—1997年下派遂昌县任副县长。现任浙江省农业厅畜牧管理局副局长，浙江省奶牛业协会理事长，中国奶牛协会理事。

主要贡献：戴旭明同志长期从事奶牛生产管理和技术推广工作，具体负责筹建浙江省奶牛业协会，并担任秘书长。在此期间，他把分散在各部门管理的乳品企业组合起来，强调把企业作为协会的主体，做好服务工作。参与德国、加拿大政府对浙江金华、杭州的奶牛援助项目谈判和实施工作，引进加拿大高产奶牛冻精和德国种牛，用于提高全省奶牛的生产水平。多次组织奶牛技术培训班，普及养奶牛生产技术；参与金华、温州等奶牛基地建设。针对金华、台州、温州等地奶牛散养为主，存在小、散、乱、脏的局面，提出建设奶牛小区的设想和规划，并争取政府的扶持政策，推进了各地奶牛小区建设的迅速发展。并发表“我省奶牛业滑坡亟待重视”、“浙江奶牛业的希望”等文章；大力推广秸秆氨化和牧草青贮技术，国内首先研究将碳酸氢铵用于稻草、麦秸的氨化处理，代替青干草，解决当时粗饲料紧缺问题。推广墨西哥玉米、美国俄勒冈黑麦草等高产优质牧草品种，解决奶牛场普遍缺草的问题。参与奶牛营养舔砖的研究推广，使奶牛的日产奶量提高2～4千克，并在省内外推广；针对奶牛日粮结构不合理问题，先后在《中国奶牛》等杂志上发表《西德奶业管理体系及其借鉴》、《哥伦比亚养牛业见闻》、《浙江省奶牛饲料结构急需调整》、《全混合日粮TMR——奶牛饲喂技术新进展》、《氨化秸秆饲喂培育牛效果》、《氨化秸秆饲喂产奶牛报告》等文章。先后获得农业部1992年度全国青贮饲料技术推广先进个人，浙江省“青贮和氨化秸秆技术推广”、“反刍动物粗饲料消化动态学与有效利用研究”、“牧草与草食畜禽开发利用的研究”等省科技进步和推广奖。

学　者

王　恒

教授。男，1945年11月出生，吉林长春人，1970年吉林农业大学畜牧兽医系毕业后留校任教。1985年赴加拿大Saskatchewan大学兽医学院进修牛胚胎移植新技术并获硕士学位。1988年回国工作。1998年再度赴加拿大Saskatchewan大学作博士后兼客座研究员。现任吉林农业大学动物科学技术学院教授，遗传育种与繁殖学科学术带头人，中国畜牧兽医学会繁殖分会常务理事、养牛分会理事，吉林省奶牛协会副理事长，国际胚胎移植学会会员，吉林省跨世纪学术带头人，吉林省首批省管优秀专家。

主要贡献：王恒同志主要从事奶牛胚胎移植及精液冷冻方面的研究，先后参加“863”等国家和省部级重点攻关项目多项，其中“牛胚胎移植冷冻及应用”、“母牛同期发情技术”等获省部级科技进步二等奖。“新型无动物源的冷冻精液稀释剂”在美国获专利权。主持和完成了“吉林省高产奶牛培育和繁改体系建设”、“牛胚胎玻璃体化冷冻技术研究”、“利用超微结构检查精子品质的研究”、“引进优质肉牛选育与提高”等多个科研项目。现主持“优质奶牛快繁与高效生产关键技术研究”课题，将先进的胚胎移植生产技术较广泛的应用在奶牛育种和繁殖生产中，从加拿大引进种牛180多头、引进胚胎150枚，为吉林省高产奶牛的育种做了大量工作。提出利用MOET选育种技术，培育适应性强、抗逆性强、抗病性强的吉林农大奶牛育种核心群。

主编《实用家畜繁殖学》、《养牛与牛病防治》、《现代英汉畜牧兽医大词典》（副主编）、《英汉兽医词典》（参编）等著作。发表学术论文约百余篇，培养多名本科生和研究生，为奶牛的育种和繁育工作做出了突出的贡献。

王适安

教授。男，1936年出生。辽宁沈阳人，锡伯族。1959年毕业于东北农学院畜牧专业，同年参加工作，先后于黑龙江八一农垦大学、辽宁农业管理干部学院任教，从事畜牧课程教学，1980年开始转教乳品加工，并担任系副主任、主任至1998年退休。曾担任中国畜产品加工研究会理事、黑龙江垦区乳品协会副会长、辽宁省畜牧业经济研究会常务理事、副秘书长，现为辽宁省乳品协会乳品加工组专家。

主要贡献：王适安同志在乳品加工教学上，1983年受黑龙江省轻工厅、黑龙江省农垦总局委托承办为期3个月的"东北三省系统乳品加工学习班"，系统培训了辽宁、吉林、黑龙江三省各乳品厂100多名学员。1987年受辽宁省农垦局委托，举办了为期一个月的"辽宁省乳品加工学习班"，培训了省内乳品厂20多名学员，为各乳品企业培养了一批业务骨干，受到行业人士广泛好评，对辽宁省乳业发展壮大起到了重要的促进作用。

在乳品加工科研与学术上，1988—1990年主持了抚顺高湾农场"乳酸菌素原料与乳酸菌素片技术开发"项目，并任技术顾问组组长，该项目1991年通过了辽宁医药管理局省级新药专家鉴定。1995年参编了《乳、乳制品及其深加工》一书，并在《食品工业科技》、《中国奶牛》、《中国畜产与食品》及《黑龙江八一农垦大学学报》等杂志上，发表了《可可奶生产工艺与防止可可沉淀的研究》、《非酸型含乳饮料的开发和生产》、《酸型含乳饮料开发和生产》、《消毒牛奶生产中值得重视的几个环节》、《乳酸菌素的生产技术现状与研究》等多篇学术论文。

在指导乳品加工生产和技术咨询上，1986年起先后担任过辽宁、吉林、内蒙古等地的抚顺高湾乳品厂、沈阳辉山乳业集团、营口汀戈乳业公司、海城天天乳业公司等12家乳品企业的技术顾问，对推动乳品企业新品种的开发、产品质量的提高起到了重要作用，在行业内享有较高的威望。

付尚杰

研究员。男，1955年10月出生，黑龙江五常人。1982年1月毕业于黑龙江八一农垦大学畜牧专业，获农学学士学位。毕业后曾在黑龙江省长水河农场、黑龙江省克山市种奶牛场和黑龙江省畜牧研究所等单位从事养牛生产技术管理与科学研究工作。兼任国家养牛学分会理事，中国西门塔牛育种委员会理事，黑龙江省奶业协会常务理事，黑龙江省动物营养饲料研究会副理事长，黑龙江省省级重点学科（牛的饲养与营养）带头人，黑龙江省第九届劳动模范。现任黑龙江省畜牧研究所家畜营养与繁育研究室主任。

主要贡献：付尚杰同志多年来坚持科研、科技推广和技术培训相结合，经常深入养牛生产第一线，根据我国养牛业发展客观需要，主持或参加完成了"提高奶牛生产性能的研究"、"小白牛肉生产技术的研究"、"肉牛集中规模育肥技术的研究"、"优质犊牛肉生产技术的研究"、"纯种肉用种牛选育与提高出种率的研究"、"酶制剂在养牛生产上应用效果研究"、"农村奶牛质量效益型养殖技术的研究"、"规模化奶牛生产技术研究与示范"等8项科技项目。获黑龙江省科技进步三等奖1项，市（厅）级科技进步一等奖1项，二等奖3项，三等奖2项。主持制定黑龙江省地方标准《中国荷斯坦牛饲养管理技术规程》，于2002年3月28日由省质量技术监督局发布实施。

近年来，付尚杰同志在专业性期刊上发表具有一定学术价值的学术论文60余篇，参加国家"十五"期间重大科技专项"奶业重大关键技术研究与产业化技术集成示范"中的"东北农区奶业现代化生产技术集成与产业化示范"课题（专家组主要成员）。主持黑龙江省"十五"期间重大科技攻关项目"草食家畜（两牛一羊）产业化核心技术整合一期工程"中的"奶牛规模化生产配套技术的研究与示范"课题；"反刍家畜TMR、安全颗粒饲料与生物饲料研制开发"重点科技攻关项目。通过科技项目实施，将单项关键技术与现有的先进技术进行集成，组装配套，形成一套完整的农区奶牛生产综合配套技术，为推动黑龙江省奶业的科技进步和产业化进程做出较大的贡献。

吕 奇

高级畜牧师。男，1957年6月出生，北京人，1979年10月毕业于河北省张家口农业专科学校，1998年北京市委党校行政管理专业毕业。历任北京奶牛研究所种公牛站第一副站长、站长，北京奶牛中心种公牛站站长兼党支部书记，北京奶牛中心种公牛站站长兼冻精销售部主任，北京奶牛中心良种场场长，农业部牛冷冻精液质量监督检测中心（北京）副主任。现任北京奶牛中心副主任。

主要贡献：吕奇同志近30年来一直从事种公牛和良种奶牛的生产管理和繁育工作，他在任北京奶牛中心种公牛站站长期间，从国外引进优秀种公牛、培养和选育了200多头优良荷斯坦品种和其他品种公牛，同时，还从美国、加拿大、日本、丹麦引进优秀公牛胚胎移植，如从美国引进胚胎移植牛94107、94108。该站被农业部确立为第一个种公牛性能测定中心，并通过了农业部生产性能、受精力、精液质量等多项严格考核评比，多次获金奖、银奖，为全国奶牛、肉牛和黄牛改良提供了大量优质冷冻精液，对全国奶牛、黄牛改良工作及牛群整体水平提高起到了重要作用。同时，他潜心研究冻精细管生产工艺，此工艺被农业部评为优秀；冻精产品多次经农业部精液质检中心检测，全部符合国家标准。该站2000年获得北京市"五一"劳动奖。

吕奇同志任良种场场长期间，经过认真考察，对该场奶牛的饲养程序、给料途径、进行了大胆改革，从根本上解决了奶牛的营养问题，提高了牛群整体素质，牛群单产8 500千克以上，有200头高产核心牛群年单产达9 500千克，有近100头单产达10 000千克以上，犊牛成活率达97%以上，为良种场进一步发展奠定了坚实基础。

吕奇同志经过对国外养牛业生产工艺的考察学习，结合我国实际情况，研制开发并成功推广了牛精子浓度测定仪、公牛自动恒温饮水槽、牛自由食草栏与轧草机配套的铁器清除设备，牛冻精冷冻槽等。同时借鉴国外先进经验，对现代化牛场的规划和建设颇有造诣，曾直接参与北京奶牛中心胚胎产业化工程项目的规划设计和建设。1995年，先后获农业部全国牛冷冻精液生产与质量先进工作者、北京市政府颁发的北京市农业技术推广一等奖，1998年获北京市爱国立功标兵等荣誉。

乔 绿

总畜牧师、副总经理。男，1967年8月出生，山西浮山人，1989年毕业于中国农业大学畜牧系动物遗传育种专业，获农学学士学位，毕业后分配到北京市南郊牛奶公司工作，历任奶牛生产科科长、畜牧师，旧宫北牛场场长、支部书记，公司副总经理、高级畜牧师等职。1999年首都经贸大学工商管理系硕士毕业。1999年7月参加中加奶牛育种项目赴加拿大学习，2002年8～9月赴以色列参加由以色列农业部和外交部组织的奶牛场管理国际研修班。现任北京三元绿荷奶牛养殖中心副总经理、总畜牧师兼任生产部长。

主要贡献：乔绿同志从事奶业工作15年来，从一名畜牧专业的大学毕业生到牛场技术员，从一名普通的技术骨干到牛场场长，从南郊牛奶公司主管生产副经理到三元绿荷奶牛养殖中心总畜牧师，走过了一条艰辛的奋斗之路。1997年在北牛场担任场长期间，他大胆改革传统挤奶工艺，在国内初次提出并实践"两次药浴，纸巾干擦"的挤奶工艺代替传统"大洗乳房"的挤奶工艺，降低了牛奶细菌数和体细胞数，提高了牛奶质量和牛奶产量，降低了生产成本和职工的劳动强度，该工艺很快被当时南郊牛奶公司的10个奶牛场学习效仿，收到了明显的效果。目前，不仅三元集团的30个奶牛场普遍采用此项挤奶工艺，而且在北京郊区以及内蒙古、山东等地的很多牛场普遍推广。三元绿荷30个奶牛场牛奶细菌数10万以下，牛奶体细胞数27万以下，均为国内领先水平。

1998—2001年，在担任南郊牛奶公司副总经理期间，他开创性地提出实施牛奶"八吨工程"和"牛奶质量工程"，并积极倡导"数字化管理"的新理念。奶牛分群管理、散栏饲养、全混合日粮、饲料的集中供应以及挤奶设备的改造、奶牛场网络化管理等工艺的采用，对提高牛群的整体管理水平起到了十分重要的作用。在此期间，乔绿同志设计并主持金星牛场扩建项目、太和牛场改建项目、南郊饲料厂建设项目和金银岛牧场前期规划设计项目，在国内较早的引入了大跨度轻钢结构的自由散栏牛舍和集中挤奶、全混日粮的饲养工艺，极大地提高了奶牛场的生产效率；参与过三元集团内部以及国内较大规模的奶牛场的规划和论证，在业内受到普遍好评；积极参与制定推行奶牛生产技术规范化、标准化管理，参与三元集团主持的国家奶类科技专项和中以合作项目，引进推广以色列奶牛饲养新工艺，倡导并着力打造三元绿荷奶牛服务体系建设，向北京郊区乃至全国推广现代奶牛饲养新理念。2002年，三元绿荷成母牛头年单产实现8 545千克，其中6个牛场头年单产超过

9 000千克。

1996年，乔绿同志主持的“提高牛奶质量的综合措施”，获三元集团科技进步一等奖和北京市星火科技三等奖；1997年，由于在牛场技改、技革项目中表现出色，被大兴县县委、县政府评为“技改技革标兵”和“大兴县十佳共产党员”；1999年被北京市总工会评为“十佳技术改革能手”；2002年被评为“首都自学成才先进人物”和“农口百名优秀青年科技工作者”。

庆麦玉

高级畜牧师。女，1956年5月22日出生，陕西蒲城人，1981年12月毕业于西北农林科技大学畜牧系，之后一直从事养猪生产技术推广工作。

主要贡献：庆麦玉同志自1993年以来，主要参与“中加奶牛综合育种项目”西安点的实施工作，负责项目技术推广和培训工作，并兼项目翻译；与加拿大专家合作，对陕西省大型牛场场长、技术员进行了系统养牛技术培训，使加拿大先进的奶牛业管理技术落户陕西。另外，组织养牛户培训班100多场（次），培训人员2万多人（次）；主编《奶牛养殖技术》手册，由陕西科技出版社出版，作为陕西省农民培训教材使用；主持省农委下达的“奶牛生产综合技术推广”项目的实施，以推广DHI、农村牛群建档登记、规范化饲养管理技术和疾病防治技术为主，取得显著成效；组织泾阳县奶牛示范村的建立，使泾阳县率先建立挤奶站，并带动全省其他县挤奶站的建立。泾阳县奶牛示范村赢得省内外专家的好评，加拿大项目官员、专家，国际开发署维兰部长先后多次参观，并给予高度评价。庆麦玉同志通过自己辛勤的工作，为陕西省奶牛业的发展做出了突出贡献。

李 英

研究员。男，1946年5月4日出生，河北保定人。1968年10月毕业于河北农业大学，现任河北省畜牧兽医研究所副所长、研究员。兼任中国畜牧兽医学会理事，全国养牛学分会常务理事，全国动物营养学分会理事，河北省畜牧兽医学会动物营养专业委员会副理事长等职。

主要贡献：李英同志多年来致力于从饲料资源高效加工、合理配置、平衡营养及动物体内营养调控结合的途径提高畜禽生产性能，提高饲料转化效率及改善产品质量等工作，共主持（或主研）完成14项科技成果，获省、部级科技奖励9项（一等奖2项，二等奖2项、三等奖2项，四等奖3项）。主编出版科技著作14部，共计490万字。公开发表论文、研究报告70篇，培训中高级技术人员9 000人次。受国家、省表彰5次，系“享受国务院政府特殊津贴专家”、“河北省有突出贡献中青年专家”。

在奶业科研及技术推广方面，1986—1994年先后承担了国际青年合作基金项目（瑞典）“反刍畜饲料营养价值评定及应用”、河北省重点科研项目“龙爪稷在奶业的饲用研究”、“河北省饲料区划与开发”、“匈牙利奶牛日粮配制软件改进”等项目。从常规、非常规饲料科学评价，合理利用角度提出了提高奶牛饲料利用效率的理论依据和实际应用技术。1996—1999年研制出秸秆“三化”复合化学处理及酶菌复合青贮添加剂处理秸秆新技术，提出了秸秆规模化综合处理及体内外双向优化饲用技术体系，并在奶业生产中广泛推广应用；主持“乳肉兼用牛优质高效生产综合配套技术研究与示范”项目，从提高我国北方农区400万头西门塔尔杂交母牛乳用性能角度，全面开展了品种改良、饲料饲养、疾病防治、产品加工等综合研究。现研制的高科技“奶牛用复合蛋白饲料”获国家发明专利，并在北京市天域绿洲饲料有限公司批量生产；2002年6月，参加科技部对“十五”国家重大科技专项“奶业重大关键技术研究与产业化技术集成示范”可行性论证，任专家组副组长，并任该项目课题“华北农区奶业现代化生产技术集成与产业化示范”的技术顾问，指导省、市、县制定奶业规划并培训专业场（户）技术人员1 200人次。根据近年国内外奶业生产新技术参与编写出版了《养牛手册》、《目标养牛新法·奶牛册》等有关奶业著作。

李正萱

教授级高级畜牧师。男，1938年出生，辽宁海城人，1962年毕业于沈阳农学院畜牧兽医系畜牧专业，现任沈阳市奶牛服务中心营养研究室主任，沈阳市奶牛研究所所长，中国奶业协会育种、饲养专业委员会委员，辽宁省乳品协会常务理事，奶牛饲养专家组组长。

主要贡献：李正萱同志40多年来一直从事奶牛教学、科研、技术推广及生产工作，获得多项科技成果。他主持的“中国黑白花奶牛培育”课题，获国家科委一等奖；“国内外饲料添加剂发展及应用研究”课题，获辽宁省科技进步三等奖；“犊牛单栏开放式培育技术研究”课题，获辽宁省科技进步三等奖；“玉米酒糟蛋白作为奶牛蛋白饲料的开发研究”课题，获沈阳市星火三等奖；“犊牛单栏式培育技术推广”课题，获沈阳市农业技术推广二等奖。其中，犊牛单栏开放式培育技术研究、开发及推广项目，自1988年至1996年累积创造直接经济效益12 062.3万元，间接经济效益2 361万元。该项目的推广彻底改变了传统的犊牛培育模式，是一次奶牛后备牛培育的重大变革。“奶牛预混添加剂增犊灵系列化研究、开发”项目，自1994年开始，在沈阳市辉山乳业公司等单位试喂，使辉山乳业公司牛群年单产一直保持在7 500千克左右。2002年末开始，致力于不同生理阶段、不同生产水平的系列化研究，其中针对围产前期的“负离子预混添加剂”和“围产期预混添加剂”，正在辉山乳业公司的高产牛群中试喂，效果明显。

李正萱同志是辽宁省知名的养牛专家，反刍动物营养专家，奶牛界的学科带头人，具有丰富的教学科研、技术推广和生产经验。几十年来共发表了“反刍动物蛋白质营养新体系及应用”，“奶牛的采食量”，“奶牛泌乳稳定性研究”，“奶牛、肉牛颗粒型浓缩料的研制”等30多篇论文。撰写了《奶牛饲养技术手册》等书，对指导全省奶牛生产起了重要作用，还翻译了“奶牛的泌乳与环境”等俄、日、英文资料20多篇，发表在《国外畜牧科技》等国家级刊物上。

李正萱同志在原辽宁省奶牛协会任副秘书长、饲料饲养组组长阶段，在全省奶牛粗饲料、蛋白质饲料开发利用上以及承担国家“七五”、“八五”高产奶牛培育攻关和奶牛丰收计划等项目上做了大量工作。在省乳品协会任专家组组长阶段，和专家组其他成员一起完成了“辽宁省首届奶牛大赛”，推动了全省奶牛育种工作，在业内享有很高的威望。

张和平

博士生导师。男，1965年2月出生，内蒙古四子王旗人。内蒙古自治区政协委员。1986年毕业于内蒙古农业大学畜牧系，获农学学士学位；1989年获动物性食品专业工学硕士学位，1997年晋升为副教授；2001年获东北农业大学乳品科学工学博士学位，2002年晋升为教授。现任内蒙古农业大学食品科学学科带头人，内蒙古乳制品研究中心总工程师，新希望乳业技术总监，国家自然科学基金委员会专家评审委员会委员，《中国乳品工业》、《中国乳业》、《乳业科学与技术》编委，中国畜产品加工研究会常务理事。

主要贡献：1990年至今，张和平同志先后主持了“食品体系中铁化学状态研究”、“免疫乳及其制品研究”、“免疫乳中抗炎因子研究”、“家畜血液中免疫球蛋白的分离及应用”等国家自然科学基金项目；第七届霍英东教育基金项目“免疫乳中抗高血压因子研究”；国家“十五”科技攻关项目“乳制品加工技术研究与新产品开发”（总负责人）；内蒙古科技攻关项目“免疫乳辐射杀菌研究”和“多功能生物活菌调理剂研究”；内蒙古自然科学基金项目“关于促进铁吸收的肉类因子研究”；还参与了日本JICA项目“内蒙古传统发酵乳制品中乳酸菌分离鉴定”。

张和平同志先后发表学术论文50多篇，其中，“Fermentation Properties of Soymilk Kefir”于1996年获中国农学会主办的中国国际农业科技大会“犁铧奖”；《新型功能性乳制品——免疫乳》于1997年获中国乳业协会第一届青年科技大会一等奖。免疫乳的研究成果为多家企业采用。主编、参编的论著有：《免疫乳——科学与技术》、《乳与乳制品的生理功能特性》、《乳与乳制品工艺学》、《中国乳业五十年》。目前，受中国轻工业出版社的委托主编本科教材《现代乳品工业手册》和《现代乳品工艺学》。

张胜利

副教授。男，1962年12月出生，黑龙江宝清人。1983年7月大学本科毕业参加工作，在北京农业大学攻读硕士学位，1996年获博士学位。现任北京奶牛中心副主任，北京三元种业科技股份有限公司奶牛育种分公司副经理，中国奶业协会常务理事、奶牛育种专业委员会副主任，中国奶协北方协作组秘书长。

主要贡献：张胜利同志自1983年参加工作以来，一直从事动物遗传育种的科研及良种技术推广工作，专业特长是数量遗传学和奶牛育种，特别是对种牛遗传评定方法有较深入研究。在北京奶牛中心工作期间，主要负责北京市荷斯坦奶牛的育种改良工作，组织开展了奶牛遗传评定、性能测定（DHI）和有关选种选配、饲养管理新技术研究和推广等工作，为奶牛群体的改良和科技推广做出了贡献。1995年，在北京应用动物模型BLUP法进行大规模荷斯坦种牛的遗传评定，提高了北京种牛选择的可靠性和准确性，种公牛遗传优势明显，后代表现优秀，使北京市的奶牛良种居全国领先水平；大力推广奶牛良种化和奶牛冷冻精液工作，每年在北京及全国推广使用优秀公牛冻精约300万剂，后代女儿平均产奶量可增产500千克，社会效益和经济效益相当显著；积极推广现代奶牛育种方法的应用，1998年开始在北京地区开展胚胎移植技术的推广应用，形成了良种奶牛胚胎移植快速扩繁和胚胎产业化繁育体系，累计推广优质胚胎1万余枚，并于2002年承担了“农业部万枚高产奶牛胚胎移植富民工程”北京区的3 000枚胚胎生产和移植任务，提高了奶牛育种成效；积极普及推广奶牛科学技术。在负责中加奶牛综合育种项目（IDCBP）北京项目点中，积极推广奶牛性能测定（DHI）工作、全国公牛联合后裔测验和奶牛场管理新技术，每年为各大型奶牛场举办奶牛选配、饲养、疾病防治和管理技术等培训班，为奶牛场的科学规范管理和生产水平提高做出了贡献。

几年来，张胜利同志主要参加的“利用集成技术培育高产奶牛群的研究”获北京市技术推广三等奖、“利用胚胎生物技术建立高产奶牛繁育体系和生产体系”获北京市科技进步二等奖。现主要参加了国家科技部“奶业重大专项研究”、农业部跨越计划项目和“863”项目等多项科研课题任务，并主持完成一项国家自然科学基金项目。1998年8月代表动物数量遗传学分会参加了中国科协第三届青年学术年会。在《遗传学报》、《中国奶牛》等刊物上发表了“动物模型在北京奶牛遗传评定中的应用”等研究论文20余篇，在国际会议上发表论文2篇。

陈代文

教授、博士生导师。男，1962年8月出生，四川广安人。1979年9月考入四川农学院（现四川农业大学）畜牧系，1986年获硕士学位，毕业后留校任教。1994年获博士学位，1996年任教授。1999年在美国衣阿华州立大学访问进修，2000年2月在美国威斯康辛大学作博士后研究，方向为分子营养，2001年4月回国。现任四川农业大学动物营养研究所党委书记、副所长，中国畜牧兽医学会动物营养分会理事、四川畜牧兽医学会常务理事、四川省饲料工业协会副秘书长等职务。

主要贡献：陈代文同志参加工作以来，一直从事动物营养与饲料科学的教学、科研和生产实践工作。长期承担本科生《动物营养学》、《饲料学》等课程的教学，三次荣获优秀教学成果奖。从1992年起，已招收40多名硕士和博士生，在国内率先开设《动物分子营养学》课程。近5年来，主持、副主持和主研国家及省部级项目10多项，在营养与免疫、营养与畜产品品质、无公害饲料技术等领域的研究系统深入，达到国内先进水平。其中，有两项被国内专家鉴定为国际先进水平，目前的研究正在向分子水平深入。在所完成的项目中形成了一系列具有较大实用价值的技术和产品，并在饲料工业和养殖业中得到了推广应用，累计创直接经济效益数亿元。1997年，陈代文同志被批准为国家“百千万”人才工程第一二层次人选，2002年被教育部评为高校优秀骨干教师。

在学术交流合作方面，多次参加包括美国畜牧科学年会、世界农业科学大会、APEC畜牧与环境学术研讨会、中日韩畜牧学会等在内的国际学术交流会和国内各种学术大会。曾到泰国珠拉隆孔大学讲学，访问过丹麦、英国等国的部分大学。在国内外发表论文90多篇，主编和副主编专著和全国统编教材共6本，参编著作和教材10余本。

邹霞青

教授。女，1933年11月出生，福建福州人，1956年毕业于北京农业大学，毕业后，留校任助教并从事管理校实验站奶牛场工作；1962年任新疆兵团农学院牧医系教师；1969年任福建农学院畜牧兽医系讲师、副教授、畜牧生产教研组副主任、主任和系副主任，1990年晋升教授。曾任福建省政协第六届、第七届委员、福建省奶牛协会副理事长、福建省“211工程”重点学科（动物生产）学科带头人，福建省高教系统高级职称评审委员会委员，现任中国畜牧兽医学会养牛学分会常务理事、福建省饲料协会常务理事。

主要贡献：邹霞青同志自20世纪50年代以来，一直从事养牛学教学、科研和生产推广工作。1955年参与北京市奶牛业普查及结核、布氏杆菌病的检疫工作。1958年后参与原北京农业大学实验站奶牛场的重建，负责技术管理工作。1959年曾研究“不孕牛人工诱导泌乳”首获成功，并进行广泛推广应用。1976年参加原南方奶牛协作组对广东、广西、江西和福建四省、自治区种公牛普查鉴定工作。此间，多次为各地举办的奶牛饲养培训班授课，深受学员欢迎。1997年参与奶牛技术咨询、筹划福建长富集团奶牛场建场勘察、规划等工作，受聘为高级顾问。先后参加编撰出版《中国牛品种志》、高等农业院校统编教材《养牛学》、《中国大百科全书·农业》（撰写奶牛条目及若干品种条目）、《现代乳牛学》等及参加编撰、主审《现代奶牛生产》等教材和专著，还为发展奶牛业培养了大批高级技术人才。1992年荣获国务院颁发的政府特殊津贴。

郭志勤

研究员。男，1936年1月出生，浙江杭州人，1959年毕业于北京农业大学畜牧系，1982年任副研究员、研究所副所长、所长；1988年任研究员；1991—1996年任新疆畜牧科学院院长；1996年至今任农业部家畜繁育生物技术重点开放实验室主任、中国农业大学动物科技学院和新疆农业大学兼职教授、博士生导师；新疆大学，石河子大学兼职教授、硕士生导师；中国畜牧兽医学会动物繁殖学会副理事长；全国动物胚胎生物技术专业委员会主任。

主要贡献：郭志勤同志从20世纪70年代末开始进行家畜胚胎移植技术的研究工作，从新疆第一头胚胎移植犊牛及全国第一头冷冻胚胎分割同卵双生犊牛的诞生，到目前进入良种牛胚胎的规模化生产，胚胎移植技术已推广应用到全疆42个县市，并向全国8个省、自治区提供胚胎，受国家科技部、农业部的委托举办了2期中亚四国牛胚胎移植技术国际培训讲习班。由郭志勤组建“动物生物技术实验室”并担任主任，该实验室先后被自治区科技厅和农业部命名为“新疆动物生物技术重点开放实验室”和“畜牧兽医生物技术重点开放实验室”，主要从事家畜胚胎生物技术、动物胚胎工程、转基因技术与乳腺生物反应器研制、家畜生物工程育种和重大动物疾病病原体功能基因分子生物学等基础和高新技术的研究，先后承担完成国家863“奶山羊乳腺生产人胰岛素原的研究”和“牛胚胎移植技术产业化研究”、国家自然科学基金“新疆优质细毛羊AFLP基因图谱的建立与分析”、农业部“优质细毛羊繁育与利用配套技术示范”、自治区“精子载体法转基因绵羊乳腺表达人胰岛素原的研究”及自治区自然科学基金等重大项目的研究工作，并与有关科研、教学单位协作完成10余项研究课题，先后获国家科技进步二等奖1项，自治区科技进步一、二、三等奖各1项，申报国家发明专利1项，发表学术论文50余篇，出版著作3部。

1997年，郭志勤与国内多位著名专家教授联合组建了以新疆动物生物技术重点开放实验室为技术依托的科技型企业新疆新科力生物技术研究所，积极引进国内外先进技术，研制开发高新产品，1998年承担国家“863”中试开发项目牛胚胎移植产业化研究，先后与哈密、伊犁等地州签订了胚胎移植技术有偿服务协议。此外还与北京、云南、贵州、苏州等省（市）签订了技术培训、胚胎生产等方面的互利协议，并与日本、新西兰、澳大利亚等国的专家协作，生产和提供优良种畜、胚胎、冷冻精液等。

徐绍武

高级畜牧师。男，1930年9月19日出生，云南曲靖人，1954年毕业于四川大学畜牧兽医系畜牧专业。曾任昆明市农林局技术员、昆明市农水干校副校长、昆明市畜牧兽医站畜牧兽医、昆明市半农半读学校教师、昆明市三农场生产技术科技术员、昆明市农场管理局科长、乳畜研究所所长、总畜牧师，中国奶牛协会理事、昆明市奶牛协会副理事长兼秘书长、昆明市农业科学技术成果鉴定委员会委员、昆明市选拔评议优秀专业技术人才委员会委员、昆明科技杂志的责任编辑等。

主要贡献：徐绍武同志长期从事畜牧兽医技术、教学、科研、技术指导和管理工作，特别是在奶牛选育方面做出了显著成绩，对昆明地区黑白花奶牛繁殖育种、饲养管理、疫病防治等新技术的应用做了大量工作，先后拟订了昆明地区奶牛育种方案，主持开展奶牛联合育种，建立种公牛站，对良种奶牛进行登记，定期普查鉴定。奶牛后裔测定等新技术的推广、应用，使昆明地区奶牛体型结构明显改善，形成了遗传性状稳定、结构匀称、生产性能高的中国黑白花奶牛，单产由原来的2 491千克提高到5 200千克，项目多次获省、市科技成果奖。参与研究的《中国黑白花奶牛培育》课题1988年分别获国家科委和农业部颁发的国家科学技术进步一等奖，在使用中西结合治疗奶牛子宫内膜炎症项目中获农业部三等奖，“奶牛冷冻精液的制作与使用”，“猪型二号苗的试验研究”项目获云南省科技奖，“初生健康犊牛血清的研究和应用推广”获昆明市科技成果三等奖。1989年被云南省政府授予云南省突出贡献优秀专业技术人才称号，1992年获国务院颁发的政府特殊津贴。1994年退休后仍为昆明奶业的发展献计献策，发挥余热。

黄应祥

博士生导师。男，1936年10月出生，广东江门人。1965年北京农业大学养牛学研究生毕业，同年进入山西农业劳动大学任教，1971年并入山西农学院（现山西农业大学），1993年任教授，2001年任博士生导师。曾任山西省第六、七届政协委员、山西农业大学大家畜教研室主任、动物生产研究所所长，现任教于山西农业大学动物科技学院，兼任中国畜牧兽医学会养牛学分会副秘书长等职务。

主要贡献：黄应祥同志一生致力于养牛事业，已培养12名硕士研究生，尚在培养2名博士、7名硕士；撰写“妊娠牛营养需要研究”（中国畜牧兽医学报1993年第3期，被英国收入1994年动物营养研究进展文摘）等5篇国家级论文，其他论文60多篇；主编《科学饲养肉牛》、《养牛学》、《图说养牛新技术》、《畜禽营养与代谢病防治自考大纲》、《肉牛无公害综合饲养技术》、《奶牛环境监控》、《草食家畜》；参编《山西畜禽品种志》、《养牛手册》和《优质牛奶生产》等书籍；主持“延长奶牛泌乳高峰期综合技术开发应用研究”1995年列入农业部优秀科技成果、“妊娠哺犊肉用母牛、肉用犊牛营养需要的研究”、“高效无公害奶牛饲料研制”等获山西省科技进步二等奖；参加“肉牛饲养标准研究——生长育肥牛”、“提高秸秆利用率的研究与应用”、“山西配合饲料资源开发与合理利用技术”等，获山西省科技进步二等奖；“乳公犊早期断奶育肥”、“黄牛改良”、“中国黑白花奶牛核心群的选育”等，获部、省级三等奖；参加项目获二级证书的有“中国黑白花奶牛的培育”获1986年农业部科技进步一等奖，“秸秆营养改进研究”获“八五”攻关重大科研成果奖，“秸秆养畜示范推广项目”获1997年农业部科技进步一等奖。“牛羊长效微量元素添加剂研制”和“高效无公害肉牛饲料研制”项目均通过省级鉴定，具有国内先进水平。所有这些科研成果的应用均获得了显著的经济效益和社会效益。

黄应祥同志1977、1979、1993和1995年四次获省级或省高教系统“优秀教师称号”，1985年获国家经委、科委、农牧渔业部授予“全国科技推广先进工作者”称号，1990年获国务院侨办和全国侨联授予“全国归侨侨眷先进科技工作者”称号，1984、1986年两次荣获全国良种黄牛育种委员会授予“良种黄牛育种先进工作者”称号，1996年获中国畜牧兽医学会“优秀会员”称号，2001年获山西省优秀硕士论文导师嘉奖，1992年被评为有特殊贡献专家，获国务院颁发的政府特殊津贴。

曾寿瀛

教授。男，1931年11月出生，江苏南京人。1958年从南京农学院毕业后，在南京副食品生产指挥部技术组、南京乳肉管理所、南京市卫生防疫站、南京疾病与控制中心工作。曾任全国乳与乳制品订标组副组长、中国畜产品加工研究会常务理事、乳品加工专业委员会副主任、全国二十大、中城市受援奶类项目卫生监测组副组长、全国麦乳精、食品工业甜炼乳、乳酸菌乳饮料订标组组长，南京农业大学食品科技学院兼职教授等职，现任江苏省奶协常务理事、副秘书长。

主要贡献：曾寿瀛同志45年来，一直从事乳与乳制品安全、卫生、质量控制方面工作，在全国性杂志发表论文18篇，其中，“牛奶中有机氯农药残留量调查”及“麦乳精含锌量调查”，分别获南京市优秀论文奖；“学生饮用奶安全保障”一文，2002年获中国首届乳品科技大会优秀论文奖；撰写《食品卫生手册》乳品卫生部分；主编了由中国农业出版社出版的《现代乳品加工技术》。

在任南京婴幼儿乳品研制组组长期间，研制开发了强化婴儿奶粉、强化幼儿奶粉、速溶豆浆粉等产品，并分别获1984年、1985年、1986年南京市科技成果二、三等奖，其中，研制组撰写的关于强化婴儿奶粉营养评价的论文，应邀在1987年国际营养学会年会上作论文交流。1998年率中国乳品卫生规范考察团赴法考察欧共体乳与乳制品标准及规范。

20世纪80年代，先后为国家制订8项乳品卫生标准，其中麦乳精（GB7101－86）、食品工业甜炼乳（GB13102－91）、乳酸菌乳饮料（GB16321－1996）等3项国家卫生标准为订标科研课题主持人，消毒牛奶（GB5804－85）、全脂加糖奶粉（GB5412－85）、全脂奶粉（GB5410－85）、酸牛奶（GB2740－85）、速溶豆浆粉（GB3200×16）为标准主要制订人及起草人，全国标准化委员会为以上标准主持人及主要制订人颁发了证书。

蒋永清

研究员。男，1961年9月出生，浙江义乌人。1986年7月毕业于北京农业大学动物营养专业，并获硕士学位。毕业后一直在浙江省农业科学院畜牧兽医研究所从事反刍动物的营养与饲养，牧草生产、加工和利用技术的研究和推广。其中1991年11月至1992年10月在日本进修。现任浙江省农业科学院畜牧兽医研究所研究员、副所长、草食家畜研究室主任、中国畜牧兽医学会养牛分会理事、浙江省奶牛协会常务理事等职。

主要贡献：蒋永清同志先后主持和参加了国家、省、厅级和国际合作研究项目11项。在“奶牛群优化高产技术的研究”中提出了奶牛群优化选择、优化饲养和管理的高产增奶技术，研制了奶牛浓缩饲料和夏季喷淋水浴降温装置，获浙江省科技进步三等奖；在“优质肉牛高效、快速、低成本肥育技术”中提出了优质肉牛的低精料低成本育肥技术、综合评定了各类牛源的肥育性能，成功地应用地方黄牛（温岭高峰牛）直接生产优质牛肉、研制了肉牛多功能饲料优化剂，达国内领先水平，获浙江省科技进步二等奖；在“青粗饲料开发和畜禽高效转化技术的研究”中，提出了冬闲田开发种植青绿饲料的优质高产技术和青绿饲料多种种植模式，创造性地设计了新型屋顶式青贮窖，显著地提高了青贮质量和利用效率，形成了低成本、高效益的资源利用型牛、羊、猪、鹅等畜禽饲养技术体系，获浙江省科技进步三等奖；参加完成的“浙西低丘陵区高效集约化农业综合发展研究”建立了红壤丘陵“三元结构”模式与高效生产技术，获浙江省科技进步三等奖；正在主持的“优质牧草引进、高产技术与新型种植模式研究”引进筛选了4种6个适合浙江省种植的高产优质牧草品种，在南方首次成功试种紫花苜蓿和人工生产苜蓿干草。此外，探明了磷酸脲的作用机理，提出了减缓磷酸脲分解和尿素、磷酸氢钙替代磷酸脲的技术。在国内外发表论文32篇，译文1篇；合作编著书4册（其中任主编和副主编各1册）。

蒿迈道

教授。男，1941年2月3日出生，陕西西安人，毕业于西北农林科技大学，曾于1968年4月至1979年4月在原西安国营草滩农场从事奶牛饲养、繁殖、冷冻精液研制和推广，奶牛品系育种和西安市黑白花奶牛的培育等方面的生产、研究和推广工作。1979年4月调回原西北农学院任教。1982年8月至1984年8月赴丹麦皇家兽医农业大学动物科学系进修。回国后任畜牧系副主任、教学试验农场场长、干旱半干旱研究中心常务副主任等职。1991年晋升教授。

主要贡献：蒿迈道同志长期从事秦川牛种质、丹秦杂种一代牛性能测定、秦川牛导入外血杂交试验等课题研究。从1973年开始率先在西安市研制、使用推广奶用种公牛冷冻精液，筛选出了几种稀释液配方，研究了精液冷冻保存方法；主持西安市草滩农场奶牛品系育种工作，先后选择和培育出1031、1925、806号良种公牛，使草滩农场及西安地区奶牛品质及产奶量大幅提高。作为陕西省高产奶牛快速扩繁专家技术组组长，协助领导小组制定方案，培训群众，研制和推广奶牛浓缩料、预混料，成绩显著。曾获国家科技进步一等奖一项，农业部科技进步一、二等奖各一项，省科技进步一、二等奖各一项，西安市科技大会奖。出版教材专著8本，校内教材7本，发表论文20余篇。

企　业　家

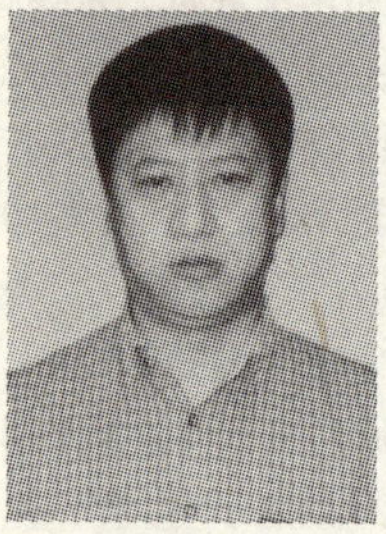

王应海

总经理。男，1963年4月27日出生，黑龙江人，大专文化，黑龙江商业大学毕业。曾任哈尔滨市太平区服务局三棵饭店经理，黑龙江省汽车工业公司业务经理，哈尔滨九龙食品有限公司董事长。现任哈尔滨绿乐尔乳业科技有限公司总裁。

主要贡献：王应海同志从1996年任哈尔滨绿乐尔乳业科技有限公司总裁期间，引进外资、进口设备，从事乳品业的加工生产，是国内第一个生产利乐包液态奶的厂家，绿乐尔公司成为中国第一盒利乐包液态奶的诞生地。绿乐尔公司的成立，促进了当地养牛业的发展、劳动力就业，为黑龙江乳品业的发展奠定了坚实的基础。

王应海同志创造了乳品业新的经营模式OEM，促进了全国乳业的整合与快速发展。如今，为了加强黑龙江省奶源基地建设，王应海同志正在积极筹划奶牛小区服务系统的建设，此举将进一步推动黑龙江畜牧业的发展。

王培亮

总经理。男，1966年1月出生，山东桓台人。曾任山东得益乳品厂厂长，现任山东得益乳业有限公司董事长兼总经理。

主要贡献：1995年，王培亮加盟并统领“得益”，那时的得益是一个仅有100多头奶牛、日加工3吨鲜奶的小乳品厂，经过几年的努力，使该厂有了较大的发展。1999年，王培亮依照国家有关政策，对企业进行了规范的股份制改造，给企业的发展注入了无限的生机和活力。王培亮同志在得益乳业的8年时间内，积极引导农民，从传统的“公司＋农户”的养殖模式向“公司＋牧场”的现代养殖模式转化，2002年，在高青县建立了万头奶牛养殖基地，并启动AA工程，带动了6 000多农户养殖奶牛2万头，年转化玉米秸秆近0.4万公顷，年增加农民收入8 000多万元。

为了迅速扩大生产规模，得益乳业先后投入8 000多万元建成了密闭式无菌生产车间及现代化乳品检测中心与研发中心，引进了国际纸业屋顶纸盒灌装机、B150牛奶成分分析仪等国际先进设备；投资2亿元，建设日处理鲜奶500吨的得益乳品工业园。这个地处淄博高新区的乳业工程占地22公顷，一期工程已于2003年9月份投入使用。

1998年，得益乳业在省内液态奶行业率先通过ISO－9002国际质量体系认证，使公司的生产、研发、质检的技术水平跃居全国前列，并围绕“优化通路、冷链建设、特色服务”，在保持淄博、东营等地85%以上市场份额的基础上，全面开发山东市场。省内共设立牛奶配送点85个，下设供奶点6 200多个，建立起了覆盖全省的市场网络，为社会提供了近3 000多个下岗职工再就业机会。

2003年，王培亮制定了“一二三工程”畜牧养殖3年发展规划，一是在3年内实现“高青全国生态奶业强县”一个目标；二是建设“万头奶牛养殖、饲料饲草加工种植”两个基地；三是培育完善“奶牛品种改良、疫病防治、质量监控”三个体系。3年规划将形成集牧草种植、饲料加工、奶牛饲养管理、疫病防治、品种改良、监测监控于一体的绿色奶源生态链条，从源头保证得益产品的质量。3年内再建牧场50个，带动10 000多户农民养殖奶牛4万头，种植饲草0.27万公顷，年转化玉米秸秆0.8万公顷，年增加农民收入2亿多元。

如今，得益乳业已拥有44个现代化合作牧场，日加工鲜奶能力从3吨跃升到450吨。产品形成了四大系列50多个品种，先后荣获“淄博名牌”、“山东省质量免检产品”、“山东名牌”、国家卫生部“安全、卫生”食品、国家质量技术监督局“无公害食品”，国家免检产品等称号。企业2002年被山东省委、省政府授予“山东省农业产业化经营先进龙头企业”称号，2003年获“农业产业化国家重点龙头企业”称号。王培亮为得益乳业的发展做出了突出的贡献。

冯立社

高级经济师。男，1958年出生，甘肃庆阳人，大学本科。曾在新疆生产建设兵团、新疆第一汽车厂子弟学校任教。1995年组建乌鲁木齐昆仑有限责任公司和煤炭储运公司，1996年创立了特区大世界、特区度假村、星火实验牛场。1997年任拥有10余个公司的集团公司的董事长兼总经理。2002年，创立新疆金牛生物股份有限公司，并任董事长。

主要贡献：冯立社同志创立新疆金牛生物股份有限公司以后，奉行以胚胎生物工程为先导、以高科技生物转基因为龙头、以畜牧业为支柱的企业宗旨。在生产进口牛胚胎，鲜、冷冻胚胎移植方面取得了突出成就，降低了成本，提高了受孕率，为加速新疆牛品种改良的步伐做出了贡献。2003年5月，新疆第一头克隆牛在乌鲁木齐北郊一座大型养牛场诞生了，使新疆的克隆技术达到了一个新的发展阶段。

在冯立社的带领下，新疆金牛生物股份有限公司建立了8个与国际接轨的良种牛繁育基地以及金牛生物科学研究院，5年内可为农户提供近12万头优秀的荷斯坦奶牛犊、126万枚进口牛胚胎，这对促进新疆奶业发展，实现农民增收将发挥更大的作用。

冯立社创导的高起点、全方位、多层面的金牛公司发展思路和“公司＋农户”的金牛模式，为新疆畜牧业从粗放型向集约型现代化经营方式的快速转变和新疆区域经济的发展做出了贡献。

刘自学

高级畜牧师。男，1961年12月出生，甘肃榆中人。1982年甘肃农业大学草原系农学硕士毕业后，先后在农业部畜牧兽医局草原处和全国畜牧兽医总站工作，并于1985—1997年分别赴新西兰梅西大学、美国俄靳冈州立大学、德国斯图加特大学学习深造。2003年在甘肃农业大学草业学院攻读博士学位。现任北京克劳沃草业技术开发中心总经理，中国草学会常务理事兼种子科技委员会主任、草坪专业委员会副主任，中国畜牧业协会常务理事兼草业分会会长，全国牧草品种审定委员会委员，国际种子检验协会中国政府委任委员等职。

主要贡献：在优良牧草新品种开发方面，刘自学同志领导的北京克劳沃技术开发中心与北京格拉斯草业（高新）技术研究、中国农大草地研究所、南京大学生命科学院和甘肃农业大学草业学院等高校和科研院所合作，开展优良牧草新品种的筛选和培育工作，目前已建成8公顷的种植资源圃、育种圃和品种实验圃，孕育出一批适应中国不同气候区域的优良牧草新品种。

在优良牧草及配套技术推广方面，克劳沃与美国、加拿大、丹麦、荷兰、瑞典、澳大利亚和新西兰等国家的许多著名种业公司合作，先后引进了上百个优良牧草新品种并在全国各地成功推广应用，2003年，累计推广各类优良牧草约70万公顷。在推广优良牧草的同时，克劳沃还推广先进实用的配套技术和设备，如豆科牧草根瘤菌接种技术、牧草圆捆包膜青贮技术、苜蓿营养锁定技术、防止虫灾技术、牧草牧割压扁技术，机械检拾打捆技术以及相关产品和设备。

在草产品生产方面，克劳沃在甘肃张掖、庆阳、青岛莱西和河南新郑等地建立优质苜蓿商品草基地2.67万公顷，每年可向奶牛场等提供饲草8万～10万吨。此外，克劳沃在河西走廊和华北平原建立苜蓿原种和小黑麦原种基地400公顷，每年可提供优质合格种子1 000吨左右。

在草业文化传播方面，克劳沃与北京碧草时代文化传播公司等合作，积极创办《中外草业》和《草业科学》等报刊，宣传草业政策和推广草业新品种和新产品，普及草业实用技术，传递业界信息和促进草业国际交流。

在社会公益事业方面，克劳沃与“草业科学王栋奖学金”管理委员会合作，2003年全资捐助10名获奖研究生；向青海省天俊县捐助贫困学生；向甘肃贫困地区捐资兴建“克劳沃希望中学”。

在奶牛良种引进方面，克劳沃为内蒙古、黑龙江和青海等省、自治区从澳大利亚和新西兰引进高产种用奶牛。

由于刘自学同志的突出贡献，2001年和2002年分获美国爱达荷州长颁发的“最有价值伙伴奖”、2002年获全国绿化委员会颁发的“全国绿化奖章”。

乔道首

董事长。男，1979年8月出生，山西山阴人，大专文化。曾任山西古城乳业集团有限公司执行董事兼销售经理，现任该集团董事长。

主要贡献：乔道首同志在担任山西古城乳业集团有限公司销售经理期间，首先立足统一销售人员的思想，即企业要发展，关键要有市场，要通过自己的智慧和汗水去换来消费者对产品的认同。为此，他和销售人员一道，开展深入细致的市场调研，及时将市场需求信息反馈到公司信息中心，以指导产品生产研发，通过不断提升产品科技含量，开发适销对路的功能型乳制品、液态乳制品和发酵乳制品，使产品销售额节节上升。2000年，乔道首被评为山西省工业企业营销标兵。

担任集团董事长后，乔道首主持进行了“年产16万吨液态奶乳品加工项目”的扩建工作，该项目经国家计委考察、评审、专家论证，被列入国家重点支持的11个乳品扩建项目中，并批准投资1.9亿元（其中银行贷款1.33亿元）。为了保证项目的顺利进展，集团成立了专门的项目管理小组，乔道首亲自任组长，一手抓资金管理，一手抓项目进度，建起了拥有7条液态奶生产线的生产车间，日处理鲜奶能力达到800吨。2003年1～5月，完成销售收入9 000余万元，上缴税金836万元，比上年分别增长62.1%、46.8%，各项经济指标均超历史记录，占全县财政收入的30%，得到了省、市、县领导的充分肯定和有关部门的嘉奖，乔道首也因此被选为第十届山西省人大代表、朔州市功勋企业家、结构调整先进企业带头人。

杨文俊

工程师。男，1967年1月18日出生，内蒙古呼和浩特人。1988年毕业于内蒙古轻工业学校乳品工艺专业，后分配到呼和浩特市回民奶食品厂（伊利公司前身）工作，1991年，担任大黑河奶站的生产厂长，1993年任伊利公司冰激凌生产部副部长，现任蒙牛集团副总裁。2001年因在“运用危害分析控制生产保鲜牛奶”课题研究中所做出的突出贡献，获得工程师职称，2003年获中国人民大学工商管理硕士学位。在伊利公司任职期间，曾多次被评为“优秀党员”和“劳动模范”。

主要贡献：杨文俊同志在伊利公司期间，对员工薪酬分配体制实行大刀阔斧的改革，即将员工薪酬直接与质量、产量和成本挂钩，极大地调动了员工的生产积极性和创造性，也为企业带来了生机与活力。在担任伊利液态奶公司经理期间，他主持了从工程土建到设备采购，从试产到投产以及工艺改造、质量控制、销售等工作，并成功运作了福州市场，在仅投入80万元促销费用的条件下，当年就产生了3 600万元的销售额，并且首次在中国开始利乐包液态奶的生产，促进了国内市场液态奶生产的迅速发展。

1999年，作为蒙牛公司创建人之一的杨文俊，为蒙牛公司的第一支利乐包纯牛奶的诞生做出了自己的贡献，当年，蒙牛的液态奶公司在无设备、无厂房的条件下，实现销售收入2 100万元。2000年，液态奶公司拥有了自己的生产车间，并新引进了利乐公司的9条生产线，全年实现销售收入1.3个亿，比上年增长了6.5倍。到2001年，液态奶已拥有20多条生产线，年销售收入达5个亿，在上一年的基础上又增长了近4倍。2002年实现销售收入15个亿，比1999年增长近71倍。同时，液态奶三期工程投入使用，其液态奶生产车间日处理鲜奶1 000余吨，是目前全球放置生产线数量最多、处理鲜奶能力最大、智能化程度最高的单体车间，被世界上最大的牛奶设备制造商利乐公司列为“全球样板工厂”。

2003年2月12日，利乐首席执行官Nick Shreiber（中文名蔡尔柏）奖给蒙牛公司两项大奖：“2002年使用利乐包包装超过10亿包”、“利乐枕无菌包装使用量全球第一”。当年实现销售收入近40亿元，比1999年增长近190倍。

这些成绩的取得，与杨文俊的努力是分不开的。目前他正在攻读美国阿拉巴马州柏灵顿大学的MBA学位，以期为公司今后的发展做出更大的贡献。

张开展

高级畜牧师。男，1964年1月出生，陕西兴平人。1988年毕业于西北农林科技大学畜牧系。毕业后一直在中国种畜进出口公司从事项目管理和种畜进出口工作，先后担任部门副经理、经理、总经理助理，其间在中国种畜（加拿大）有限公司任职一年。现任中国畜牧业协会常务理事、中国奶牛协会理事、中国种畜进出口有限公司项目总监、新疆金牛生物股份有限公司副总经理。

主要贡献：张开展同志16年来一直从事种畜国际贸易工作，出国考察畜牧生产和选种达40多次，积累了丰富的经验，为我国畜牧业的发展进口了大量的种质资源，是我国著名的种畜国际贸易专家，在国际同行中享有很高的威望。

在奶牛发展方面，2000年7月，张开展同志应美国谷物协会的邀请，率领中国奶牛业高级代表团对美国现代化奶牛业进行了深入考察，写出了“赴美养牛业考察报告”，发表在美国谷物协会出版的《饲料与饲养技术简讯》和国内相关刊物上。该报告努力寻找我国奶牛业与美国现代奶牛业的差距，建议我国走良种繁育与引进国外品种相结合的道路，为我国奶牛业的发展起到了积极的推动作用。

在奶牛进口方面，他结合多年的实践经验，制定出了种畜国际贸易行为规范，明确了选种程序和选种方法，确保了我国进口种牛的质量。结合我国生产实际和国际奶牛业现状，建议我国改变引种国家和运输方式，取得了好的效果。

在“九五”、“十五”期间，张开展同志参与了国家“948”引进计划的执行，并担任该计划畜牧项目的评委，承担了种质资源的引进任务。同时，参与执行了“国家良种工程”奶牛的引种任务，为这两个项目引进国外高产奶牛精液和胚胎3万多支（枚），优秀种公牛2 000多头。另外，在国内奶牛行业会议上多次演讲，交流国外种牛的饲养管理、繁殖育种、以及国外奶业的发展经验，为我国奶牛业献计献策。

在奶牛场建设方面，他的足迹遍布大多数奶牛业发达国家，广泛吸纳他们在牛场建设上的经验，形成了“牛场建设以牛为本”的方针，经他指导的新疆金牛生物股份有限公司、内蒙古中谷良种奶牛有限公司、辽宁省宽甸良种奶牛中心种牛场设计理念新、建设成本低，给奶牛创造了最佳的生活环境，使奶牛的生产潜力得以充分发挥，饲养效果明显，在我国现代化牛场建设上起到了示范作用。

陈学坤

董事长。男，1950年1月出生，福建长乐人。曾任福建南平后谷厂料厂厂长、南平后谷基金会理事长、福建长富房地产有限公司董事长。现任福建长富乳业集团股份有限公司董事长、福建省人大代表、南平市政协常委、延平区人大常委、南平市工商联副会长等职。

主要贡献：陈学坤同志1998年创办了福建长富集团乳业股份有限公司，领导公司坚持以科技为先导，以经营创新为突破口，以产业链为纽带，严格按照市场经济规律进行运营，使长富乳业得到快速发展。经过5年艰苦创业，公司注册资金达2.168亿元，资产总额7亿多元，已成为国家级农业产业化重点龙头企业，名列全国1 500多家乳品企业第十六名。公司现拥有员工511人，其中乳业专家、高级工程师、高级畜牧师8人，中专以上专业技术人员138人。2002年共生产乳制品4.95万吨，销售收入2.55亿元，实现税利6 041万元（其中上缴税费1 402万元）。目前，公司已是国家学生饮用奶定点生产企业。长富牌牛奶先后获得绿色食品、无公害农产品和国家质量免检产品等称号。5年来，上缴税收突破2 000万元。公司注重引导产业结构调整，走产业化经营之路，创“公司＋合作牧场”的新模式，带动农民建设34个现代化牧场，并通过产业链的延伸带动农民种植牧草，促进了闽北农业产业结构调整，把先进的种养技术辐射到闽北各地，带动广大群众改变种养观念，为大力发展山区奶业奠定了基础，还为社会提供大量的就业岗位，共安排城镇下岗职工及农村富余劳力3万多人就业。

鉴于以上突出成绩，陈学坤同志先后被评为全国乡镇企业家和2001年福建十大经济人物，2003年还被授予福建省劳动模范的光荣称号。

陆耀华

高级畜牧师。男，1965年2月出生，上海人。1985年毕业于上海农学院畜牧系，1991—1992年赴加拿大Simon Fraser大学进修专业翻译，1995—1997年在华东师范大学攻读世界经济学在职研究生。曾任中国奶业协会秘书、上海市奶牛研究所所长、上海奶牛育种中心主任、上海良种场场长、上海光明乳业有限公司部门经理和总经理助理等职。现任上海光明乳业股份有限公司副总裁，兼上海光明荷斯坦牧业有限公司总经理和上海奶牛育种中心、西安荷斯坦奶牛育种中心董事长，是国际乳品联合委员会（IDF）牧场管理委员会委员、上海市奶业行业协会理事、中国奶业协会育种委员会副主任委员、饲料饲养委员会副主任委员、《乳业科学与技术》杂志编委会副主任委员。

主要贡献：陆耀华同志长期从事奶牛饲养、育种、奶牛优质高产技术的研究与推广工作，积极引导和推进科学饲养新技术的发展。1991年主持编写《奶牛饲料和饲养管理》一书，在育种中心期间，将牛奶公司一个最差牧场建成上海最高单产的牧场。1996—1998年承包浦东唐镇牧场，使单产从5 000千克提高到7 000千克以上。到公司分管牧业后，坚持以创新为主要手段，实施了以体细胞为主的考核体系，使牧场管理取得较大进步，推广现代挤奶方式，消灭了体细胞100万以上的牧场，带领上海农垦系统在全国率先实现2万头奶牛单产突破7吨、8吨。1999年编写和主审《奶牛生产技术规范和技术要点》，带领公司实现单产突破9吨。致力于高科技奶牛饲料的研发与推广工作，使得上海范围的近4万头奶牛平均单产达8 000千克，产品和技术服务网络覆盖全国29个省市。主编《乳牛疾病诊断与防治手册》等书籍，主持编写《优质奶源生产规范》、《DHI使用手册》等推广读物，在国内外刊物上发表论文20余篇。曾参加农业部项目《上海市良种牛增产技术——奶牛》（获2000年度全国农牧渔业丰收奖三等奖）及上海市科技兴农项目《奶牛规模型饲养高产综合技术开发》等多项科研和推广项目；参加制订中华人民共和国农业行业标准《无公害食品——奶牛饲养饲料使用准则》。目前，正在进行国家奶业“十五”科技重大专项——“南方大城市郊区奶业现代化生产技术集成与产业化示范”项目的研究。

陆耀华同志结合专业与语言优势，积极吸取世界先进经验，并先后与加拿大、美国、法国、德国、以色列、澳大利亚等牧业发达国家建立学术往来。作为中加奶牛育种项目（上海站）实施负责人，在全国建立起最大的DHI（奶牛性能测定）体系，测定超过20万头次，建立集公牛饲养、冷冻精液制作、胚胎生产于一体的现代化奶牛育种中心。2002年，推广优秀种公牛精液140余万剂，其中6头公牛在2002年第十七次全国公牛联合后裔测定排名中囊括前6名。作为国际乳品联合委员会牧场管理委员会委员，他积极推进科技化、规模化、设施化、信息化的牧业建设；组织开发荷斯坦牧业信息软件；积极推进奶牛小区和规模场建设，为全面实现“优质、高效、安全、健康”的奶业建设做出了重大贡献。

周卫东

总经理。男，1965年3月21日出生，甘肃会宁人，1988年7月毕业于西北农业大学畜牧专业。曾任北京通州永乐店半戴河奶牛场副场长，永乐店农场畜牧水产公司生产科长、副经理，永乐店奶牛公司经理，永乐店农场副场长、场长等职。现任北京三元绿荷奶业集团总经理。

主要贡献：周卫东参加工作后，从技术员到牛场场长，再到今天三元绿荷奶业集团总经理，积累了丰富的牛场管理经验，为集团的发展做出了贡献。2001年7月，他提出了三元绿荷奶业要以中心为操作平台，实行中心一级法人实体，采取统一财务核算，统一分配制度，统一供销制度，统一用工制度，统一生产技术管理的“专业化经营，集团化管理”的“五项统一”管理模式。按照“集中决策，统一经营，分级管理，层层考核”的模式，制订与实施了一整套科学、严格的企业管理制度，建立起企业各层次、各环节与各自职能相适应的自律、自励机制，调动起广大干部、职工的积极性，为建立现代企业制度打下了坚实的基础；部署了三大战略调整，推行四项工程，即奶牛养殖区域由近郊向远郊调整、奶牛养殖布局由北向南调整、由外向内的调整战略，以及“八吨工程”和“质量工程”、全员整体素质工程、现代化牛场建设工程、企业形象工程等四大工程；集中解决了饲养成本、资源优化配置、奶牛饲养现代化和巩固牛奶市场占有率等方面的突出问题。几年来，集团共投资近2 000多万元，对老牛场的挤奶机械、补食设施、基础设施等进行更新改造；对牛场的运动场进行了集中治理；推行TMR饲养工艺。成母牛单产达10 000千克的中以示范牛场每天都接待着来自全国各地参观学习的同行；金银岛牧场、金星牛场已成为北京市农业示范基地；投资1 900多万元、成母牛规模达2 000头的永乐店良种场也已投入使用。2002年，集团肉牛存栏头数已达2 650头，成母牛单产达到了创纪录的8 500多千克，牛奶质量也有了明显的提高，牛奶体细胞30万以下，蛋白始终保持在3.0%以上，脂肪在3.6%以上，细菌数控制在10万以下，达到了国内先进水平。

周卫东担任三元绿荷总经理以来，对内夯实管理基础，全面提升经济运行质量；对外主动迎合市场需求，开拓相关市场领域，积极推进行业的横向联合，产业的纵深发展，基本构建了相关型、复合型产业框架。在企业内部管理制度、管理机制建设方面，摒弃了延续多年的凭经验管理的做法，数字化、刚性指标数量化管理体系正在初步形成，并在企业管理中发挥越来越重要的作用。管理方面基本上形成了以利益和制度为调节杠杆的多层次、多环节、责权统一的管理系统和有效运行机制；顺利实施了“一业为主、相关产业并续发展”的产业发展战略，打开了奶牛饲料市场，奶牛服务体系从北京周边区县向河北、内蒙古等地区扩展；在牛场现代化建设方面，以EDTN理论为代表的奶牛养殖管理技术的推广和应用已初见成效，企业未来奶牛养殖区域格局已基本形成，在市场竞争中，企业硬件和软件的可比优势地位得到了巩固和提高。周卫东用自己辛勤的劳动为三元绿荷奶业的发展做出了突出的贡献。

高玉成

畜牧兽医师。男，1939年4月出生，山西寿阳人，毕业于燕赵学院。先后在石家庄市牛奶厂、石家庄三鹿集团股份有限公司担任工会主席、车间主任、公司副经理、党委书记、总经理、名誉董事长和副总经理等职务，是三鹿创始人之一。现任石家庄三鹿集团股份有限公司名誉董事长。

主要贡献：高玉成同志于1956年2月，即幸福乳业生产合作社（三鹿前身）成立之日起，便开始从事奶牛饲养和乳制品加工工作。1986年带领一班人进行大胆改革，创出了一条“奶牛下乡，鲜奶进城”的成功之路。1989年受到河北省人民政府的表彰。在1978—1987年担任企业一把手期间，创出了“三鹿”品牌，有6种新产品在全国、省、市各级评比中十多次获奖，其中“三鹿婴儿奶粉”获“全国轻工部优秀产品奖”、“金鹿奖”和“国际金奖”，并于1986年被中国预防医学科学院等四部委联合评审为“中国妇幼系列营养食品”，成为国家认证产品。1984年，企业荣获黑白花奶牛育种国家金质奖。1987年企业荣获全国奶牛高产二等奖和全国优秀畜禽养殖企业。1989年母乳化奶粉、消毒牛奶生产线项目荣获省科技进步三等奖。

从事乳业工作40多年来，他在奶牛饲养、乳品加工、经营管理等多方面积累了丰富的经验。在公司的企业管理、低成本扩张、资本运营、CI策划及企业的发展战略规划等方面也做了大量的工作，为三鹿集团的发展做出了巨大贡献，并被国家食物与营养咨询委员会聘为奶业专家顾问和国际乳业联合会中国委员第二届理事会副主席。1988—1997年，他在新华区担任副区长、区委常委、组织部长和政协主席期间，积极参政议政，被区委和区政府任命为工业经济领导小组组长，为全区工业特别是奶业发展做出了突出贡献，受到各界好评。1999年被中国乳制品工业协会授予“在乳品行业中有突出贡献”奖状。2002年10月受到中国奶业协会表彰并荣获“中国奶业优秀工作者”称号。

郭予丰

高级经济师、工程师。男，1959年出生，山东泰安人。山东经济学院工商管理硕士。现任内蒙古乳泉奶业有限公司常务副总经理。

主要贡献：郭予丰同志有着丰富的企业管理经验，曾先后在多个行业从事过技术、管理工作，是一个复合型管理人才。1975年，作为支边青年在甘肃定西贫困乡村任知青队长，在军工企业从事坦克修理业8年，以后曾历任泰安试验设备厂、山东电机厂、山东电讯三厂等厂厂长、党委书记职务。2000年辞去公职投身民营企业，曾任“西水股份”营销总监，先后荣获“装甲兵优秀工作者”、“泰安市优秀企业家”，任“中国油泵油嘴维修杂志”编辑期间，发表过两篇优秀论文。他带领的泰安试验设备厂曾荣获全国“行业龙头企业”称号。

他自2002年就任内蒙古乳泉奶业有限公司负责人以来，开拓创新，求真务实，以构建中国第一绿色奶源基地为企业发展目标，在短短一年时间内，建设完成了具有国际一流水准的乳泉养殖基地。从美国引进纯种荷斯坦奶牛500头，新西兰高产奶牛1 500头，如此大规模的自国外引进良种奶牛，通过胚胎移植进行国内奶牛种群改良，在国内尚属首次。乳泉奶业养殖基地采用TMR全混日粮饲喂技术、全自动挤奶设备、自动温控饮水系统的现代化科学集中饲养模式，为高速发展的内蒙古乳业提供了有力的奶源保障。内蒙古乳泉奶业有限公司规划三期共投资17.9亿元，在5年内形成养殖奶牛10万头的国内第一大集中示范饲养的绿色奶源基地。他在内部积极推进创“五个一流”的管理目标，即：一流的良种奶牛、一流的牛舍建筑、一流的生产工艺、一流的管理、一流的效益。创中国奶牛养殖业第一品牌，为奶制品加工业提供一流的优质奶源。

郭予丰同志领导下的内蒙古乳泉奶业有限公司在较短的时间内取得了显著的经营业绩，以乳泉品牌为核心，突破传统经营思路，走资本运作的道路，倾力打造产业链条，实现了企业的超常规发展。向上游发展饲料种植、加工、销售，进出口良种奶牛的隔离检疫业务，向下游扩张形成地方性品牌的乳品加工业，充分将内蒙古自治区的区位优势、资源优势转化为市场优势、经济优势。乳泉奶业积极引入先进的经营理念和管理模式，始终以增强企业核心竞争力为目的，以人为本，建设学习型组织，贯彻国家农业产业化政策，为地方经济建设做出了重要贡献。乳泉奶业建设经营一年多时间内为包头地区农民增收近1 000万元，拉动周边乡镇农民脱贫，实现了企业经济效益和社会效益的双丰收。

郭予丰同志勤勉奉献、兢兢业业，使内蒙古乳泉奶业公司不断发展壮大，为内蒙古甚至全国奶业的发展做出了自己应有的贡献。

郭本恒

硕士生导师。男，1963年8月出生，吉林盘石人。曾任东北农业大学食品学院副院长、硕士生导师。1996年加盟光明乳业。从那以后，先后任上海光明乳业股份有限公司新品部经理、乳品培训研究中心主任、技术中心总经理、生产技术总监。现任光明乳业股份有限公司副总裁。兼任上海水产大学、无锡轻工大学兼职教授、中国食品技术学会常务理事、中国畜产品加工学会常务理事、上海食品学会副理事长、中国食品与营养咨询委员会顾问等职。

主要贡献：郭本恒作为乳品学术界著名的学术带头人，将光明乳业技术中心从无到有，建设成为国家级企业技术中心，并建有国家级实验室，实验数据在37个国家得到互认；同时创办了在国内外公开发行的《乳业科学与技术》杂志，在研究、检测和信息三方面都达到了国家级水平。在郭本恒的努力下，光明乳业已形成国内最优秀的乳业人才群和研发队伍，拥有博士7人，硕士30人，学士40人以上，建立了博士后流动站，在两所大学招收研究生。

郭本恒充分利用国际资源作为提升科研水平的重要手段，开创性地实施了“3+3”模式，即在世界上的三个科技领先的地方实行三种形式的合作。在欧洲，与世界著名的菌种公司法国RHODIA合作，实现了公司酸奶菌种的全面整合，使公司酸奶产品的质量得到提高，产品成本大幅度下降；在大洋洲，与新西兰乳品研究所合作，学习他们的技术和管理方式，并开展了干酪、酸奶等项目合作研究。在美国，与加州理工大学合作，加强了基础应用的研究。此外，和日本鹿儿岛大学也建立了长期的合作关系。通过“3+3”模式，有效地利用了国际资源，提高了研究的视野和水平。自1997年以来，光明乳业累计上市新产品100余种，储备项目200余项，新品数量占现有公司产品总数的80%以上。1997年新产品销售额3 000万元，2002年达到10.06亿元，占公司销售额的20%以上，年科技贡献率达到60%～80%，在中国乳品工业新产品上市量、产生效益、技术含量等方面均居领先地位，在益生菌、生物活性物质的研究方面也达到国际先进水平。

1999年郭本恒出任生产技术总监，负责公司整个生产技术系统的管理工作。为公司建立了ISO9001体系，并通过实施5S、HACCP、TPM，使公司工厂由检测型转化为过程控制型，同时，生产成本下降4.6%，采购成本下降3.8%，客户投诉率每年以50%的速度递减，使OEM工厂形成了良好的管理体系。

成为公司副总裁后，郭本恒主管的奶粉事业部，在国内率先推出了含免疫球蛋白的高档婴儿奶粉，上市后其市场销量居第六位。而他主管的干酪黄油事业部，通过产品开发、市场开拓、OEM管理，使光明干酪黄油产品成为市场领先品牌，产品销售额每年以超过100%的速度增长。

在学术研究方面，郭本恒在国内外公开刊物上发表论文100余篇；获各类论文奖8次；获得专利4项。主持国家攻关课题、上海市科技攻关项目，累计科研经费超过1 500万，还出版了专著2部和主编参编多部科技书籍。

郭维健

总经理。男，1960年3月出生，河北饶阳人。毕业于中国人民大学世界经济专业。曾任北京市农工商联合总公司外经处干部，北京艾莱发喜冰激凌有限公司副总经理、总经理。现任北京三元食品股份有限公司总经理。

主要贡献：郭维健同志在接任三元食品公司总经理后，以企业的持续、稳健发展为目标，调整确定了以加速发展和规范管理为中心内容的具体工作思路，对公司的品牌战略进行重新审视和定位，明确提出成为“中国雀巢”的发展方向，对公司管理结构做出了调整，进一步理顺工作机制。

在乳业市场竞争日趋激烈的形势下，郭维健抓住企业发展的主要矛盾，及时按公司品牌战略定位组织调整公司产品结构和价格，占领市场；独辟蹊径，以冠名足球队的形式，加大市场宣传推广力度，对外埠市场产生有力支持，使企业的知名度大幅攀升；走出国门，成功启动了投资澳洲项目。

郭维健同志十分注重加强企业的基础管理工作，主持公司财务系统“内控”规定的起草、实施，一举解决了三元公司多年来的规章制度缺乏系统化的问题，迈出了规范管理和依法治企的第一步；同时，还全面组织推行ISO9001质量管理等行之有效的管理手段，着手进行企业的标准化体系建设；成立了大宗物资采购领导小组，最大限度地降低成本、保证供应，为提升企业的经营效益打下坚实的基础。

郭维健同志在企业的生产经营中，始终以企业为家，廉洁奉公，恪尽职守，为三元食品公司的发展做出了突出贡献。

知名奶业企业

光明乳业锐意变革　打造现代化乳品企业

光明乳业股份有限公司　王佳芬

光明乳业股份有限公司前身为国有企业上海牛奶集团公司，是由国资、外资、民营资本组成的股份制上市公司。主要从事乳和乳制品的开发、生产和销售，奶牛的饲养、培育，物流配送，营养保健食品的开发、生产和销售。公司拥有先进的乳业研发中心、乳品加工设备及加工工艺，形成了消毒奶、保鲜奶、酸奶、超高温灭菌奶、奶粉、果汁饮料等系列产品，是全国最大规模的乳制品生产、销售企业之一。

锐意变革——探索现代企业改革之路

变革之一：以乳业集约化发展为方向，将行政性的牛奶管理公司定位为面向市场的直接主体，通过大力度整合，迅速改变20多个独立法人分散管理的局面。变从企业出发为从消费者出发，变生产导向为销售导向，变分散经营为集中经营，变多个品牌为集中提升光明主品牌。

变革之二：以国内一流、国际接轨为目标，构筑适应市场经济发展的经营格局。进行了产业、产品、布局、劳动力和观念的五大调整，初步形成了以市场为导向，以专业分工、规模化生产为原则，按市场机制运行的新机制。

变革之三：以人力资源市场化为方向，实行“机构能大能小，干部能上能下，人员能进能出，分配能高能低”的“四能”机制，推进“企业人”向“社会人”的过渡。

股权多元——演绎产业化的全新格局

光明具有战略意义的变革是所有制的改变。每一次股权结构的变革都巨大地推动了生产力的发展。

从1996年中外合资，到2000年的股份有限公司，再到2002年光明乳业A股上市，成为上市公司，光明完成了国有企业真正意义上的转轨变型。新型产权关系的建立，形成了市场化的运行机制，给企业注入了强劲的活力。董事会、股东大会的法人治理机制，彻底改变了原来的行政化管理体制，强化了创造价值的观念，使为股东创造价值、为客户创造价值、为社会创造价值、为员工创造价值成为企业的经营理念。

快速发展、做大做强、创造价值的原动力促使光明确立了“用全国资源做全国市场”的前瞻性战略。根据中国乳业产业化奶源基地集中在北方、成熟市场在大城市和沿海地区的特点进行布局，迅速从上海走向全国。

建设乳业发展产业化的核心环节是收奶存储系统和市场分销系统。光明乳业以育种、饲养、技术、人才、管理和服务的全国化网络和国际化接轨的专业优势，率先在全国建设200万吨的奶源基地。在黑龙江、内蒙古等奶源重点地区，光明正以产业化的龙头企业带动着当地上万名奶农养牛致富。品牌、市场、销售、管理的优势被充分发挥出来，光明的全国性品牌战略全面实施，在全国建成市场销售系统。2002年，光明在上海以外已建立了19个生产基地，产品销售覆盖全国31个省、自治区、直辖市，全年销售额中，上海以外地区的销售额已占到总额的60%以上。

盈利支持增长——经济持续健康发展

“盈利支持增长，而非增长支持盈利”是光明乳业管理上的一个重大决策。新兴股权多元化体制的确立给企业注入了强劲的活力，也强化了创造价值的观念。只有最大限度地发挥资本聚焦和杠杆效应，才能步步领先竞争对手，保障企业在日益激烈的市场竞争中无往不胜，以优异的业绩回报投资者。

1996年以来，公司已经连续六年保持了销售收入和利润同步高速增长，盈利能力连年得到显著提升。2002年，公司从业人员共267人，总资产29.37亿元。实现销售收入50.21亿元，实现利润2.26亿元，较上年增长再次突破35%。从“生产企业规模化盈利”到“市场销售规模化盈利”，现在，光明乳业正进一步向“资本和知识管理的盈利”模式发展。

科技创新——建设专业、高效、尖端的光明

高科技构筑核心竞争优势，是光明乳业一贯的理念。公司以“建设高科技光明”为目标，瞄准国际乳业最新发展动态和市场需要，突破产品和服务的基础层面，不断为满足消费者需求而努力。

光明拥有一支专业的技术队伍，其技术中心是中国惟一的国家级科技研发中心，每年实施创新和产品开发项目50余项，确保20余种新产品上市。2002年，经国家人事部正式批准，在光明乳业技术中心设立了博士后工作站。这标志着光明乳业的产业技术、科学研究水平以及科学研究机制已达到国家级水平。公司依靠科技人才和科技实力，不仅提高了行业知名度，也大大提升了光明品牌的价值。同时，设立博士后工作站也为企业加快引进高层次高学历人才、优化技术队伍提供帮助，并通过与国内外科研机构、大专院校的合作，促进了高新技术和科研成果的转化，为企业创造了更多的经济效益。

公司具有国内一流水平的奶牛育种和饲养技术，为产品生产提供了优质的奶源，乳业产业链优势也不断扩大。2002年，公司下属13个牧场奶牛单产从8吨提高到9吨，年创净利1 700万元，登上了“高产、优质、高效”的新台阶。继推出“无抗奶”推进中国生奶质量水平的标准性提高后，光明乳业的牧业管理走技术服务、信息服务的道路，以国际领先的技术管理作为产品，提供国内其他牧业公司。在中国奶协17次全国公牛后裔测定会上，各育种中心的优良种公牛囊括了产量和乳脂率等所有项目的前六名，成为国内同行业的佼佼者。

开放心态——以国际化经营做大中国乳业

近几年，公司加强了与乳业发达国家（加拿大、新西兰）在牧业、乳业上的项目合作；加强与世界知名的跨国公司、研究所、学府（法国、澳大利亚、美国等）在技术、研发等方面的合作与交流。通过产、学、研的结合，促进高新科技和科研成果的转化，使光明的科技水平始终与世界科技发展保持同步。

从和国际乳业巨子——达能合作开始，光明在近两年屡屡同跨国企业合作，借鉴其成功的管理经验，创建自己的管理平台，同时，借助外力加速光明乳业转换经营机制的进程。通过与达能、麦肯锡、普华永道、荷兰合作银行等公司的合作，光明对市场化、系统化、规范化、国际化有了更深层次的理解，促使光明在发展中形成了新的思维方式和行为方式，建成了高效、规范的现代企业运作体系，加快了企业的全球化进程。

从关注事到关注人——建设特色的企业文化

光明乳业一贯重视企业文化建设，以调动员工的积极性，推进生产力进步。公司全面推广企业的业绩文化，在价值观中强化“诚信正直”的内涵，进一步形成“超越自己、追求卓越；贡献社会，成就自我；诚信正直，热忱宽容”的光明特色。同时，推行一年两次的绩效考核，强调“每一位员工都是创新者，每一个岗位都要创造价值，每一个环节都要执行流程，每一个行为都要体现光明的价值观”，从而有效调动了人的积极性，推进了生产力的进步。

在构筑人才高地的过程中，光明已形成了总部、事业部、一线经理三个层面的管理团队和技术财务专家，并增加出国考察和培训的机会，有针对性地提升他们的领导能力和专业能力。“培训是一种员工福利”的概念已经在光明深入人心。不单是管理人员享受这种待遇，所有员工每年都有机会接受各种“个性化”的培训。由于不同岗位所承担的责任不同，因此对员工培训的时间、内容和深度也各不相同。通过培训，大大提高了工作效率，促进了企业的进一步发展。

伊利集团以双赢战略　大力培养奶源基地

内蒙古伊利实业集团股份有限公司　郑俊怀

伊利集团是依托内蒙古自治区的资源优势成长起来的乳品企业，在过去的十年里，伊利依靠过硬的产品质量和成功的市场运作获得了百倍的业绩增长。回首成功之路，伊利集团发展的真理就是扎扎实实地做市场为伊利赢得了很高的市场知名度和份额，扎扎实实地做基地使伊利保有充足而持久的竞争优势。在奶源基地的建设方面，我们有三个心得：其一，奶源基地是乳品企业的源头活水，对于立志要把乳业做大做强的企业，长期的奶源基地投入和持久的基地维护绝对可以获得正比例的长效回报；其二，相对于前方的消费市场而言，奶源基地是乳品企业的后方支持市场，在竞争的环境中，基地的管理模式必须要随市场变化而不断调整，否则就会因失去对基地的有力控制而最终被市场淘汰出局；其三，实施“双赢”战略，和政府联手，与社区共建奶源基地，是一条有效带动地方经济、实现企业发展目标的“双赢”之路，而且能够在竞争环境中建立起最稳固的奶源基地。

（一）奶源基地的建设是持续不断的积累和增长，乳制品企业要有基地为先的意识

20世纪90年代以来，伊利集团一直在奶源基地建设上狠下功夫。

随着1996年伊利冷饮在全国各大城市的热销和液态奶项目的兴建，整合奶源基地，全面提高原奶收购质量成为伊利发展中迈出的重要一步。同时，伊利还请来专家，专门研制出适合当地奶牛营养需要的精饲料向农户推广。为了直接控制收购奶质量，公司在奶户集中的地方兴建奶站，就近集中收奶，形成了“分散饲养、集中挤奶、优质优价、全面服务”的基地管理模式。这次基地管理模式转变的成功，把分散的小农户引入大市场，提高了奶户抵御市场风险的能力，伊利也从中得到了充足的优质原料奶，为企业连年业绩翻番打下了牢固的基础。

几年间，伊利的生产经营规模迅速扩大，市场持续增长。2002年，公司实现主营业务收入41亿元，实现利润2.1亿元，公司生产的液态奶、冷饮、奶粉三大系列产品呈现出良好的发展势头，其中，超高温灭菌奶产销量位居全国第一；雪糕、冰激凌产品产销量在全国同行业企业中遥遥领先，连续八年保持第一名；奶粉、奶茶粉产销量在全国名列前三名。继伊利牛奶成功进入香港市场后，2002年7月15日，经澳门卫生局进出口商品免疫机关批准，伊利雪糕、冰激凌首批共13个品种进入澳门市场。2002年伊利集团作为国内乳品行业大型企业首家通过国际HACCP认证，标志着集团在产品质量和安全管理方面已经成功与国际接轨，为国内食品加工业起到了良好的示范作用。

2002年，伊利集团被中国企业联合会列入“中国企业500强”行列。“伊利股份”因其优良的经营指标入选“上证180指数样本股”，并且连续五年入选“中证·亚商上市公司50强”，且排名跃入前十位。

经过几年的发展，伊利在市场上迅速发展壮大，同时也以前瞻的发展眼光在呼和浩特市、包头、杜蒙、肇东、扎兰屯、牙克石、廊坊、西安、山西等地区设立了原奶分公司，在河北、沈阳和黑龙江的一些地区设立了原奶办事处，目前公司的奶源基地已经分布在东北、华北等大部分地区，并形成了呼包奶源带、东北奶源带、京津唐奶源带三大奶源区域，且不断向外围奶源山西、陕西等地区拓展。

（二）提高牛奶品质要从投资奶源基地做起

在奶源基地建设上，伊利集团采取两种模式，一种是建奶站，即在新开辟的具有发展潜力的奶源基地建设奶站，条件不成熟的地方设收奶点。现有的规模大且有继续发展势头的基地在原有奶站的基础上续建奶站。第二种是建奶牛养殖小区，即在奶源相对集中、有代表性的地方建立奶牛养殖小区，充分发挥科学养殖的示范作用。目前，伊利集团先后为奶源基地累计投入5亿多元，建成标准奶站300多个，扶持个体奶站600多个，扶持大户100多个，建成奶牛小区15个，在呼和浩特市赛罕区碾格图村和土左旗秃力亥村两个重点基地还投资建成了现代化的挤奶厅，引进了现代化全自动鱼骨式挤奶机，以及国际先进的微生物检测仪、冰点仪、全项分析仪等原奶质量检测分析系统，使奶源基地建设与管理向现代化方向迈进。近几年，由于加大了各奶站挤奶器的配套投入力度，使公司奶站的机械化挤奶率达到了80%以上，个体奶站的机械化挤奶率也达到了50%以上。

在对奶源基地进行硬件投入的同时，伊利公司积极支持农户增加奶牛养殖头数，为了解决农户购牛资金不足问题，伊利集团出台了基地奶户购牛可以向公司借款的优惠政策，并利用公司广泛的资源协助农户联系优质牛源。到现在，伊利集团累计向农户发放购牛贷款近5个亿，仅呼和浩特市地区的奶牛每年就以40%的速度增长，同时伊利集团的收奶量也以每年40%～50%的速度增长。目前，伊利每日的收奶量已达到近4 000多吨。

（三）科技兴奶　企业有责　服务意识不可无

发展离不开科学。为了提高奶牛单产，提高牛奶质量，进行疫病防治，伊利集团想农户所想，为奶源基地引进先进科学技术，带领农户走上了科技兴奶之路。

1. 进行奶牛种群改良，提高奶牛种群品质　针对当地奶牛产奶期短、奶量小的现状，伊利集团从1995年开始就着手进行奶牛种群改良工作，首先以公司补贴的形式为农户提供优良种牛冷冻精，建立规范的育种程序，在不增加农民投入的情况下，以提高奶牛种群品质。2000年，伊利集团以补贴形式发放北京奶牛中心优良种牛冻精8万多份，按生产母牛犊4万头，单产提高500千克计算，每年可增加奶产量2万吨，创直接经济效益3 200多万元。2001年，伊利集团开始与加拿大DHI项目组合作，在奶源基地进行奶牛种群改良的试点工作，并于2002年5月，与加拿大DHI项目组正式签订了奶牛种群改良协议，使奶牛种群改良工作上了一个新台阶。为了配合奶牛种群改良工作顺利有效地开展，伊利投入了大量的人力、物力进行奶牛的建档工作，为奶牛种群改良提供了准确的基础性数据。通过种群改良，现在伊利奶源基地已有40%的奶牛年产奶量达6吨以上，较一般奶牛年增产2吨，增收2 000元。

2. 实行疫病防治，强化服务意识　各地区乳品生产和奶源分布的不平衡性，加上现在奶源竞争的日益激烈，很多地方出现了“奶牛大搬家”的情况，这使得许多疫病得以流行。为确保奶源基地牛群持续健康发展，伊利集团配合政府有关部门，投入500多万元用于防疫工作补贴和疫病防治，分春、秋季对所有牛群进行免疫，对所有收奶场所进行环境灭菌，控制疫病的发生与流行，保证了奶源的健康和卫生。为了使企业和农户尽量少受损失，伊利集团一方面对广大农户进行广泛的宣传、培训、免费发放防疫药品，另一方面积极与政府相关部门合作进行防疫预防体系的建立和重点疫病的防治工作，保证了牛群在快速增长过程中防疫工作的跟进。公司还多次聘请畜牧兽医和专家教授深入基地，为农户传授科学养牛知识，进行现场指导。经过几年的工作，农户们已普遍掌握了一些基础科学知识。农户的养殖规模扩大了，他们的需求自然就多了。为农户提供帮助，做好服务成为伊利基地管理者眼中的头等大事。伊利原奶事业部设立了服务热线，应农户的要求每月编印两期《牛奶专刊》发至各家各户，配备了专职服务队、进行普及性的宣传与培训；开设了配种改良、兽药配备、饲料饲喂、疫病防治等一条龙服务项目；在运行机制上通过绩效的、评估的手段加以规范，大大提高了农户的饲养水平，增强了他们抵御市场风险的能力。服务工作的开展，不仅使农民的利益得到了保证与保护，也使企业的奶源管理不断得到优化，成为稳固奶源、拓展奶源的一项有效竞争手段。在伊利，服务最初被规定为责任，而现在已经成为一种意识。

3. 科学饲料配方，营养饲喂奶牛 奶牛的科学饲养离不开优质饲料的营养饲喂，为了解决奶牛在饲养过程中的饲料配套问题，伊利集团收购了呼和浩特市地区最大的白塔饲料厂，2003 年饲料公司的年产量将达到 20 万吨。饲料公司利用自己的技术优势和各大科研院所交流与合作，开发出适合不同生长阶段和生产阶段的饲料。在饲料的销售过程中，伊利坚持农户自愿，保本赊欠的原则，信息反馈、售后服务工作及时到位，以奶牛养殖业指导饲料生产，饲料生产服务于奶牛养殖业，形成了互为依托的有机结合体，有效地维护了奶农的利益。

（四）调整基地发展模式，向规模养殖要奶源

多年来，由伊利创建并在全国得到普遍推广的“公司＋农户”的饲养模式对我国奶业产业化起到了重要作用。然而随着经济的发展，市场的变化，奶业产业化经营迫切要求相对集中的奶牛饲养业与之配伍。奶牛饲养过于分散，已经成为制约我国现代化奶业发展的一个瓶颈，奶牛散养的科技含量不高，劳动生产率低，原料奶的产量和质量也难以保证。公司对农户虽然在管理上有一些统一的要求，但在供需失衡的市场环境中真正落实却难了。因此，突破庭院经济的局限，发展奶牛适度规模饲养小区成为伊利实行基地管理模式改革的首选。

呼和浩特市赛罕区碾格图村是较早依托伊利在奶牛养殖上建基地、上规模、强科技的一个养殖示范小区。在过去的低水平粗放饲养阶段，全村养牛不足 100 头，年人均收入仅几百元。自与伊利集团合作以来，碾格图人不仅发展了养牛业、得到了实惠，更重要的是实现了养殖观念上的巨大飞跃。农民们放弃了以往单一靠种粮食为主的古老生存方式，开始种草养牛卖奶的产业化进程。近 333 公顷耕地全部退耕还草，全村 1 000 余人养牛近 3 000 头，日供奶量 20 余吨。由于伊利集团的带动和示范，碾格图科技养牛已深入人心。现在，一座占地 23.3 公顷的养牛示范小区已建成。每户奶户使用的建筑占地面积为 160 米^2 清洁的牛舍，宽敞的牛活动场所，小区内水、电、路及绿化全部配套。还配有青贮窖、氨化池等设施，实现了人畜分离、封闭式科学管理。每天清晨和下午，小区内的奶牛都要到伊利在小区建设的现代化挤奶厅挤奶，厅内安装着鱼骨式自动挤奶设备，有控制室、微机室、贮奶室和可一次容纳 32 头奶牛的挤奶室。两三个人可以完成全部操作，电脑通过识别钉在牛耳上的感应器，可把当天分析出来的牛奶营养指数存入所有者档案，为厂家付款提供依据。通过科技养牛、科技兴奶，碾格图牛奶产量提高了 20%～30%，仅奶款一项，碾格图月收入达 90 余万元。

2000 年呼和浩特市土左旗政府将 209 国道以西的区域范围，划为伊利集团的奶源基地，由伊利集团投资建设并收购原奶。走科学化、集约化的奶牛养殖道路，是伊利集团在土左旗奶源基地建设的一个创新点。自 2000 年以来，伊利集团与土左旗政府合作先后在土左旗建立了秃力亥、榆林等 8 个奶牛养殖示范小区，并发展了 50 多个奶牛养殖大户。小区、大户的发展建设不仅保证了原奶的质量和数量，更为奶源建设开创了新的发展模式。

2003 年，依据集团公司中长期战略发展规划，伊利进一步明确了在原奶发展模式上的战略转变，确定今后将以“现代化奶站＋个体牧场＋养殖小区＋牧场园区”作为原奶的发展方向。同时，全面启动了现代化的牧场园区前期示范工程建设项目。首座牧场园区建在土左旗兵州亥乡农业产业化示范区内。园区占地 46.67 公顷，建设有 60 个单元牧场，4 个现代化挤奶厅，固定资产投资 2 000 万元。每个单元牧场占地 0.4 公顷，可养殖奶牛 50～100 头。初期每户养殖 50 头，园区养殖规模达 3 000头，年产鲜奶 1.5 万吨，两年内达到设计规模，养殖奶牛 5 500～6 000 头，年产鲜奶 3 万吨，园区每年养牛的直接经济效益达 1 800 万元。

伊利牧场园区由政府、公司、个体牧场主共同投资，采取强强联合的方式建立合作关系，在全国范围内招商引资，招纳经济状况良好、掌握丰富养殖经验和技术，并有一定基础的奶牛养殖大户进驻园区，伊利集团保证在建设用地、收奶价格、户口迁移及园区服务等方面提供优惠政策。牧场园区建设适应了国内外畜牧业发展的新趋势，实现“大群体小规模向小群体大规模”的转变，是“科学化 、规模化、集约化”的奶牛养殖道路。这种合作方式对提高牧场科学饲养水平，推进当地科学养牛进程和农业产业化结构调整，以及带动当地农牧民脱贫致富，促进“三农”建设，具有良好的社会效益。

2003 年伊利集团计划在呼和浩特、包头、杜蒙、肇东、扎兰屯、牙克石以及山西、河北等地扶持大奶户 190 户，新建养殖小区 53 个，牧场园区 7 个。

未来的三年，伊利集团预计将在奶源基地投资 7 亿元，用于新的基地管理模式的推广，并将在 2002 年奶牛头数和产奶量的基数上，新增奶牛 21.5 万头（包括自繁和外购），新增牛奶产量70万吨。

伊利集团经过十年来的发展，从一个小企业变成了全国大型乳品企业。与此相对应的是，在伊利总部所在的呼和浩特市，十年来农牧民饲养的奶牛数量增加了近10倍，截至2003年上半年，呼和浩特市奶牛总数已近32万头，鲜奶产量近60万吨，全市近3万户奶农户均奶牛养殖年收入超过7 000元，奶户每养一头奶牛年纯收入最少可达到4 000元，多者可达到6 000元以上。这种龙头带动基地，基地带动农户致富的模式，正在随着伊利企业的壮大向全国辐射。同时，一条通过乳业带动相邻地区产业结构调整、形成农业产业化布局的“企业+基地”的双赢模式正在日益成熟。展望未来，伊利给自己制定了更高的目标，那就是到2012年实现销售收入30亿美元，进入世界乳业20强。到那个时候，将有更多的农牧民成为伊利乳业产业链条上的一环，也将有更多农户靠养奶牛走上致富路。

坚持以人为本　全力打造“三鹿”品牌

石家庄三鹿集团股份有限公司　高玉成

随着中国加入WTO，国内外市场竞争日趋激烈，如何提高企业的产品质量和服务质量，成为一个企业立足的根本。三鹿集团结合本单位实际，从职工的质量意识、职业道德、业务水平抓起，强调以人为本，全力打造“三鹿”品牌，具体做法如下：

1. 决策层抓装备、抓用人　首先，三鹿集团决策层不惜投入巨额资金改进技术装备水平，从生产线到检测设备，全部实现了现代化，“九五”期间，研发费用占销售收入的比重达到了3%，大大提高了加工产品的质量。比如，为了提高原料、半成品、成品的检测水平，集团投入800多万元，全面引进当代国际先进水平的检测设备，实现了对乳与乳制品的成分、理化指标、微生物、维生素、微量元素等多项指标的全项检测。

其次，在用人方面，既看重学历，更注重解决实际问题的能力。不仅启用了一大批高级技师和专业技术人员，而且，在事关产品质量的关键岗位，选拔和任用质量意识强、专业技术精、具有高度事业心与责任心的人员。同时，坚持了能上能下的用人机制。

第三，全力支持管理人员独立开展工作，使他们手中有权力，肩上有压力，达到责权利相一致，认真负责地做好产品质量工作，各司其职，各尽其用。

第四，培养员工团队意识，增强凝聚力。企业的一举一动，无论是发展思路、企业目标，还是产品质量、工作质量、服务质量，都及时与员工沟通思想，确立统一的观念，使员工对企业形成认同感、使命感、归属感和自豪感。这样，才能充分发挥员工的积极性、主动性和创造性，做到从自己做起、自我管理、自我考核、自报奖惩。

第五，尊重员工、关心员工，抓好“衣食住行”四件大事，开展“四必访”、“五必谈”和“十个一”的爱心活动，即元老一年一访，重大节日1 000元，聘用人才住房一套，工龄十年以上职工住房一套，每年一套工作服、一次体检、一次联欢会、一次旅游、一次建厂会、一次运动会。只有当好职工的后勤，职工才能全身心地投入生产。

2. 经营管理层抓标准、抓科技、抓机制　首先，经营管理层参照国际先进技术，制订了符合企业实际的技术标准。例如，为了提高细菌内控指标，编制出了严格的作业指导书。在工艺控制方面，为了确保产品在感观、成分和口味上的一致性，推行了标准、配方、工艺参数、主要设备、主要原材料和添加剂“六统一”管理，保证了产品质量。

其次，狠抓科技成果的转化，例如，将生物技术、电渗析技术、膜技术等应用于新产品研发，为实现产品质量升级提供了技术保障。

第三，培育创新机制。例如，在激励机制方面，推行了以当年新产品投放市场创造的净利润的30%作为研发人员收入的制度，还制订了《技术进步、新产品开发、合理化建议奖励条例》，设立了“突出贡献奖”和“经理特别奖”等。

第四，对于每一次质量事故，坚持“四不放过和一票否决原则”，即查不出原因不放过，查不出责任人不放过，受不到教育不放过，制订不出改进措施不放过，质量出事故，全部没有奖金。以总经理为首的质量管理委员会的每位成员职责分明，从公司到生产厂、到工段、到班组、到化验室、到仓库形成了质量管理网络，配备的专兼职人员占职工总数的10%，按照ISO－9000体系执行程序文件，不经权威部门批准，任何人无权变更程序文件，因此，产品质量始终被社会与消费者认可。与此同时，还实行了从原材料进厂到产品出厂一条龙检测，保证产品出厂百分之百合格。同时，健全了质量运行机制中质量标准模式的22个要素，完善了质量标准、质量监督、现场管理、质量检验、审计督查、评比奖惩等保证体系，在整个生产过程中设立了6道关口，8个关键部位和22个质量管理点，每个关口的质检员都拥有一票否决权，没有他们的签字，不能转入下一道程序。

3. 员工层抓职业道德、抓业务培训、抓系列化服务

首先，坚持“以质量为生命、以质量求生存、以质量求声誉、以质量创名牌、以质量求发展”的方针，使“质量第一、用户至上”的思想得以全面落实。

其次，将质量意识与职业道德相结合。以换位思考的方式开展职业道德教育，提出：假若自己生产的产品是自己食用，你放心吗？这样，“把消费者当亲人，为亲人的健康负责”成为发自员工心底的声音。于是，从自己做起，从现场做起，严把质量关成为员工的自觉行动。另外，三鹿还坚持了“四个不能”和“四个为主”的质量管理方针。“四个不能”即：困难再多，抓质量的劲头不能松；资金再紧，用于质量的投资不能少；人员再忙，抓质量的班子不能弱；工作再多，一周一次的质量分析会不能改。“四个为主”即：质量与产量发生矛盾时，以质量为主；质量与生产条件发生矛盾时，以质量为主；质量与成本发生矛盾时，以质量为主；质量与其他任何环节发生矛盾时，以质量为主。

第三，抓业务培训。除了坚持经常性的学习贯彻《食品卫生法》、《产品质量法》、《质量振兴纲要》等有关文件及学习材料外，还严格实行了岗位培训制度，包括年人均培训不少于48小时，组织重点岗位人员到国家级、省级培训机构学习等。集团管理部、技术质量部与企业共同成立了奶制品质量技术培训中心，聘请专业技术人员和专家、教授进驻中心对员工进行培训，使培训中心成为抓好质量、培训人才的基地。同时还经常开展业务练兵活动，进一步提高了全体员工的素质。

第四，增强对用户的服务意识。在实际工作中，对用户实行系列化服务，做到售前为用户解惑答疑，售中全力为客户实现产品到位，售后千方百计为消费者提供各种服务，假如出现质量问题，全部赔偿损失。以真诚服务的行动实践“真诚服务”的诺言，真正树立起服务就是我们的理念，宁可在企业内部多用十日功，不让用户不满意而浪费一分钟，这就是“三鹿人”运行服务工作的一个基本原则。同时，还开展了领导让员工满意、科室让基层满意、上道工序让下道工序满意、产品质量让用户满意的“四满意”活动，坚持按照标准做、沿程序走、按规定查、按质量效益定奖惩。

通过长期的实践，三鹿人深深体会到，人的工作是质量工作的灵魂。无论哪个层次的领导，都必须做到尊重员工、尊重客户，企业才能生产出高质量的产品，才能获得好的经济效益。因此，三鹿在抓质量工作的同时，从未忽视利益驱动机制和硬件建设，以全力打造“三鹿”品牌。

蒙牛乳业集团开拓创新　不断扩展企业规模

内蒙古蒙牛乳业集团　牛根生

蒙牛乳业集团成立于1999年7月，总部设在内蒙古呼和浩特和林格尔盛乐经济园区，占地面积55万米^2，建筑面积14万米^2，拥有员工万余人。短短4年时间，集团总资产从1 000多万元增长到20多亿元，年销售额由1999年的0.4亿元增长到2002年的21亿元，在全国乳制品企业中的排名由第1 116位上升至第4位。2003年1～9月，蒙牛实现销售额37亿元，预计全年销售额将突破50亿元。

目前，蒙牛枕居世界第一，是全球最大的利乐枕牛奶制造商；从冰激凌市场占有率来看，蒙牛居全国第二；在内蒙古地区扶持和发展奶农20多万户，增加奶牛近30万头，促进了产业结构调整，推动了内蒙古农业产业化进程，创造的间接就业岗位达数十万个，产业链条辐射百万农牧民 。

蒙牛乳业集团是中国第一家参加APEC峰会的民营企业，是中宣部向全国推荐的思想政治工作先进单位，是国内第一家捐款抗击“非典”的企业，累计为抗击“非典”捐款捐奶1 200余万元，也是惟一的“中国航天员专用牛奶”。集团还荣获中国成长企业100强第一名，创造了中国民营企业发展的最高速度——“蒙牛速度”，拥有内蒙古民间一次性引进外资数额最大的项目，摩根士丹利、鼎晖投资、英联投资公司同时投资蒙牛，2003年，蒙牛成为摩根在亚洲地区直接投资额最大的企业。

创新可以改变一些人认为亘古不变的习惯和模式。蒙牛公司制定了逆向思维的发展战略，虚拟联合，资源整合，不断扩展经营规模。主要做法是：

1.“先建市场，后建工厂”　1999年，蒙牛创立之时，面临着一无奶源，二无工厂，三无市场的“三无状态”。为此，集团确定了“先建市场，后建工厂”的发展战略。通过虚拟联合，蒙牛投入品牌、管理、技术、配方，与自治区内外8家乳品企业合作，当年实现销售额0.4亿元。当时，比照“哑铃型企业”的说法，蒙牛把这种“两头在内，中间在外”（研发与销售在内，生产加工在外）的企业组织形式，称作“杠铃型”。1999年底，蒙牛建起了自己的工厂，自此由“虚”转“实”。

2. 建立“全球样板工厂”　1999—2002年，定位于“国内顶尖、国际领先”的蒙牛总部一、二、三期工程相继投入使用，三期工程共有20多条生产线，日处理鲜奶1 000余吨，是目前全球设置生产线数量最多、处理鲜奶能力最大、智能化程度最高的单体车间，被世界上最大的牛奶设备制造商瑞典利乐公司列为“全球样板工厂”。

与此同时，蒙牛生产基地以总部所在地呼和浩特为轴心，向西延伸，进入包头、巴盟等地区；向东延伸，进入兴安盟、通辽等地区；向外省延伸，进入北京、天津、山西、山东、湖北、河南、兰州、新疆、浙江、黑龙江等地区。目前，企业已形成了年产液态奶80万吨、冰激凌20万吨的生产规模，开发的产品有液态奶、冰激凌、奶粉三大系列100多个品种。

3. 整合资源，把传统的“体内循环”变为“体外循环”，把传统的“企业办社会”变为“社会办企业” 通过经济杠杆的调控，蒙牛整合了大量的社会资源。目前，参与公司原料、产品等运输的1 000多辆运货车、奶罐车、冷藏车，为公司提供原奶的1 000多个奶站及配套设施，近15万米^{2}的员工宿舍，合计总价值10亿多元，都是通过当地政府及公司的动员和组织，由社会投资完成的。

2002年，吸引摩根士丹利、鼎晖投资、英联投资公司同时投资蒙牛。

4. 塑造蒙牛文化品牌 一个成功的企业，必须用“两条腿”走路，一条腿是学习，一条腿是创新，学习和创新就是企业文化变革的内涵。具体就是用文化凝聚人心，用制度驾驭人性，用品牌成就人生。

走进蒙牛厂区您会感受到浓浓的文化氛围，这样的妙句随处可见：“如果你有智慧，请你拿出智慧；如果你缺少智慧，请你流汗；如果你既缺少智慧又不想流汗，那么请你离开本单位。”在容易产生摩擦的地方这样写道：“太阳光大，父母恩大，君子量大，小人气大。”在车间醒目刻着：“产品等于人品，质量就是生命。”在用人原则上则强调：“有德有才，破格重用；有德无才，培养使用；有才无德，限制录用；无德无才，坚决不用。”蒙牛的企业哲学是：“小胜凭智，大胜靠德。”蒙牛乳业集团的经营宗旨就是“愿每一个中国人身心健康”。

完达山乳业构造规模优势　完成跨越式发展

黑龙江完达山乳业股份有限公司　郑新民

完达山乳业股份有限公司自1996年组建以来，通过跨区域重组乳业资本，构造规模优势，使企业实现了快速发展。目前，公司年销售收入13.1亿元，年利税1.6亿元，共有存栏奶牛31万头，可生产乳制品、豆粉、米粉、饮料、饲料、保健食品6大系列90多个品种，其“完达山”商标被评定为中国驰名商标；其基地被中国绿色食品发展中心认定为全国惟一一家绿色食品乳品生产基地，绿色食品品种已达41个；完达山牌奶粉还被国家质检总局评为“中国名牌产品”。几年来，公司的具体做法是：

（一）以改革促发展，实施国有资产重组

1996年9月，公司打破行政管理区域界限，将隶属于10个农场的10家乳品厂进行资产重组，统一使用“完达山”品牌，按照市场机制组建完达山企业集团乳品有限公司。1997年，公司投入2 000万元先后在央视《正大综艺》、《榜上有名》、《名不虚传》等栏目投放广告，宣传“完达山”品牌，当年在全国设立了7家销售分公司，23个市场部，形成畅通的销售渠道，取得了显著成效。到2000年底，“完达山”牌产品由组建初期的年产不足4 000吨，上升到2万吨；市场占有率也随之由2%上升到10%；销售收入由不足7 000万元，上升到5.1亿元；税收由138万元上升到4 204万元，完达山乳业进入中国乳业前十强，实现了完达山乳业经营方式转变的第一次历史性跨越。

（二）构造规模优势，整合省内乳业资源

2001年6月，公司进行了体制上的重大变革，将完达山企业集团乳品有限公司整体转制为完达山乳业股份有限公司，又用一年的时间并购、重组了垦区内外28家乳品企业，基本统一了垦区内乳品生产企业品牌。同时，完达山乳业还打破系统和地域界限，先后对双鸭山乳品厂、讷河乳品厂、肇源县乳品厂等实施了资产重组，辐射带动了省内27个市县奶业的发展。

目前，完达山乳业已拥有4家控股子公司和1家参股公司，41个生产型分公司，日处理鲜奶1 200吨以上，固定资产由不足3 000万元增长到7.6亿元，增长了25倍，带动垦区系统56个农场的奶牛17万头。2001年10月，公司总部由牡丹江分局迁入哈尔滨，实现了龙头企业跻身国家乳品行业前六强的第二步跨越。

（三）发挥品牌优势，用全国的资源做全国的市场

作为“中国名牌产品”，“完达山”品牌价值据北京名牌资产评估有限公司发布报告显示为13.76亿元，名列国内同行业第一位。2001年，公司在哈尔滨市建成一条日处理400吨的液态奶生产线，投产后，当年在黑龙江省的市场占有率就达到第一位。2002年，公司依托完达山哈尔滨液态奶厂，通过技术管理输出、产品代加工等形式，在天津市、内蒙古自治区等地选择了8个液态奶厂，每天生产液态奶200吨，实现了先做市场后建工厂的目标，确保了市场先行牵动发展战略的顺利实施。与此同时，还通过合资的方式，在全国首批选择了天津市、南宁市、鞍山市、内蒙古的正蓝旗等为完达山液态奶做全国市场的生产基地，第二批则选择了山东烟台市、四川成都市。目前，“完达山”牌液态奶已流入全国466个大中城市近千个商业网点，平均日销售各类液态奶800吨，月平均销售增长率高于其他乳业，在全国同行业中居第六位，实现了完达山历史上的第三次跨越。

（四）着眼国内外市场，制定发展规划

为占领更多的市场份额，公司制定了新的规划，实施了四项工程、加快三化建设、发展六大产品、构建七大优势。四项工程即换脑工程、素质工程、CIS工程、放心奶工程；三化建设即制度化建设、多元化建设、信息化建设；六大产品有液态奶、奶粉、豆奶、米粉、保健食品、饮料；七大优势即品牌优势、市场优势、产品优势、人才优势、绿色基地优势、产业化经营优势、学习型组织优势。按照“价值创造型企业”的要求，重点做好“三项业务”，即核心业务、新增业务和未来业务，为企业发展提供了后续力量。同时，全面实施“5311”工程，即五年内跻身全国乳品行业前三位，实现奶粉产销量全国第一，袋装奶产销量全国第一，牵动农民致富人数第一。预计到2007年，将实现销售收入100个亿，2010年将达到奶粉产量15万吨，液态奶产量150万吨，功能性饮料20万吨，实现现价工业总产值170亿元，销售收入160亿元，利润3亿元，上缴税金8.8亿元，由公司控制的奶牛将达百万头，实现53.3万公顷饲料种植的增值，带动就业劳动力将达到40万人。

目前，完达山乳业已完成了由生存到发展的跨越。今后，公司将继续以此为基础，加快发展步伐，为中国乳业的振兴做出更大的贡献。

北京三元实施品牌战略　提高市场竞争力

北京三元食品股份有限公司　郭维健

北京三元食品股份有限公司是以奶业为主，兼营麦当劳快餐和房地产开发的中外合资股份制企业，现有员工3 000余人，是1997年5月在香港联交所成功上市的北京控股有限公司的成员企业之一。北京三元食品股份有限公司由北京三元食品有限公司整体改制而来，系在原股东北京控股有限公司和北京三元集团有限责任公司的基础上，又吸收了北京燕京啤酒股份有限公司等四家新股东所组成的股份有限公司。公司总股本48 500万股，总资产近15亿元人民币。

北京三元食品股份有限公司具有47年的乳品加工历史，其产品涵盖了屋顶型包装鲜奶系列、超高温灭菌奶系列、酸奶系列、袋装鲜奶系列、奶粉系列、北京干酪及各种乳饮料、冷食、宫廷乳制品等百余品种；拥有“三元”、“雪凝”、“燕山”、“绿鸟”等著名商标；销售网络覆盖北京各城区、郊县及上海、深圳、福州、天津、太原等50多个省市；目前已建成了与国际接轨、在国内处于领先地位的液态奶、发酵奶、固态奶、科研培训中心四大基地。公司日处理鲜奶达1 000余吨。北京三元食品股份有限公司于2000年3月通过ISO9001国际质量体系认证，严格的质量控制体系保证了产品的精良品质。4名博士、20名硕士及200余名科技管理人员使公司具有强大的新品开发和技术储备能力，为市场开拓和公司发展提供了强有力的技术保障。

2002年“中国名牌产品”评选揭晓，北京三元食品股份有限公司的“三元”品牌榜上有名。三元凭借上乘的质量、优质的服务和良好的口碑使得业内人士和消费者对三元公司刮目相看。2003年8月，三元股票在国内A股成功上市，为三元的加速发展插上了腾飞的翅膀。从1997年到现在，三元的发展仅仅6年时间，就取得了令人瞩目的成绩。而这一切，很大程度上归功于三元从创业之初就开始实施的企业品牌战略。

（一）定位产品，统一标识

公司自创立之初就制定实施了品牌战略、人才战略、科技战略和资本战略。品牌战略作为公司发展的基础，成为企业的核心战略。

随着公司产品品种的日益丰富，由原来比较单一的袋装奶生产，发展到后来的酸奶、屋顶奶、超高温奶、消毒奶等系列产品。起初的产品包装相对较杂、标识不统一，难以形成三元的整体品牌优势从而更有效地占领市场。因此，从1999年初，我们就着手对公司的产品进行定位、定价，并统一标识，统一品牌。到目前，三元公司已经拥有“三元”、“雪凝”、“燕山”、“绿鸟”等多个驰名商标，树立了公司值得信赖的品牌形象。

三元的企业标识具有鲜明的形象和文化特色。三个鲜红的圆面相互紧密联系在一起，中间衬托出一个大大的“人”字。火红的三元标志象征三元人热情、向上、开拓、进取，中间的“人”字寓意三元食品“以人为本，情系千家万户”。

（二）依托精良的设备、严格的质量管理和技术的不断创新，全力塑造和维护企业品牌

自1998—2000年的三年间，公司本着“五年保先进、十年不落后”的原则，投资2.5亿元及时对加工厂进行设备更新和技术改造。建成了厂房、设备、工艺堪称国内领先、国际一流的液态奶、发酵奶、固态奶、超高温奶四大基地：利用乳品一厂，总投资1.1亿元的液态奶生产基地，选用当今具有国际领先水平的全套设备，采用全自动中央控制系统和牛奶的自动控制标准化处理，实现了与国际标准接轨，是目前我国国内自控程度和自动化程度最高、规模最大的乳品生产厂；利用乳品三厂，总投资7 000万元的发酵奶基地，在我国同类企业中设备较先进，自动化程度较高，规模也较大；利用乳品四厂，投资2 800万元的奶粉生产基地，引进了当今国际一流水平的干法混合生产线，使配方奶粉的营养素问题得到了解决，具有节能、高效、质优的特点；利用乳品五厂，投资2 000万元的科研、培训和中试基地，配备了具有国际先进水平的分析检测仪器设备，为企业的技术领先提供了先进的装备。精良的设备保证了三元牛奶的质量：一是脂肪和蛋白质的均质化。使不易消化和吸收的大颗粒脂肪和蛋白质变成可通透肠黏膜的微细颗粒，从而被人体消化吸收，提高了脂肪和蛋白质的消化率和吸收利用率。二是实现脂肪和蛋白质含量的标准化。自动控制系统可以将国家标准规定的脂肪和蛋白质含量输入电脑，通过自动添加系统保证产品的成分完全符合标准，彻底消除人为因素对产品质量的影响。三是杀菌系统完全采用全自动控制。自动对杀菌温度进行检测和补偿，确保了杀菌效果。四是采用了全自动控制就地清洗系统。保证了清洗液的温度、浓度的自动控制和添加，并自动控制冲洗时间和冲刷力度，杜绝了清洗不到位而造成对产品卫生质量和饮用安全的影响。五是生产过程实现全封闭。从生鲜牛奶进入奶仓到包装成各种产品，牛奶不与外界环境接触，全部在不锈钢容器和管道中进行，避免了环境对产品质量的影响。

三元公司的质量意识：“今天的质量，明天的市场”。公司始终如一地把质量和品牌作为企业的“生命线”，依托先进工艺，强化质量管理和品牌意识，坚定地打造“三元品牌”。三元凭着高科技的设施、工艺和严格的质量管理，用一批又一批高品质的奶制品赢得了广大的消费者。利用现代化的生产线，保证了三元乳制品从农场到老百姓手中不超过48小时。而且还具有独特的蛋白质稳定和两次均质以及闪蒸浓缩工艺，这使得三元产品不仅口味纯正，而且更易吸收。在此基础上，三元公司还建立起了严格的质量保证体系，使企业在2000年初就顺利通过了ISO9001国际质量认证，保证了三元奶产品由原料奶采购到成品上市的全部过程均有严格的质量控制和卫生测试。一是严格控制原料乳质量。生产高品质的产品，其原料一定要保证质量。三元公司的原料奶来源于北京周边100多个国营牛场、70多个集体牛场及160多个奶牛合作社的9万多头健康奶牛。这些牛场均具有完善的兽病防治保障体系，每个牛场都有专职兽医定期进行检查和防疫，保证了牛群的健康，进而保证生产出无病害的原料乳。二是严格控制生产过程。原料奶由牛场贮奶罐，装入密闭不锈钢罐车内，再运到乳品加工厂后，乳品厂内检验人员均以高于国家级标准进行验收。即使是辅料选购，也要派专业技术人员深入供应商生产实地，进行考察和认证，同时对所需辅料进行化学检测。只有生产程序规范、产品技术稳定的厂家，才可能成为三元公司的合作伙伴。三是严格控制运输过程。产品的贮存根据不同的包装材料及产品特性要求有不同的贮存条件。鲜奶、酸奶必须在冷藏条件下才能保证质量，三元公司采用冷链运输配送产品，并向销售商免费提供冰箱、冰柜，以保证产品销售窗口的冷藏条件。

“三元”的发展思路是科技为先、科研开道。因为三元人明白，一个没有科技内涵的企业是没有前途的，“三元”的优势就在于科技。三元不惜重金，发展科技，投资5亿多元，发展生物工程、基因工程，开发高附加值的产品。提高国内乳制品的质量和安全性，是实现与国际标准接轨的一个关键所在。目前，三元公司已经从最初的袋、瓶奶为主，品种单一、低附加值的产品结构，发展成为拥有100余个花色品种，各种包装规格齐全的产品结构。同时三元因其品质卓越、综合竞争力和非常强的科研开发能力，成为国家八部委联合认定的“全国农业产业化重点龙头企业”，并承担了“人乳铁蛋白基因克隆及表达的研究”等国家和北京市科委重大攻关项目和其他农业部、科技部的项目。

（三）加大市场投入和宣传推广力度，提高三元品牌的知名度

现代企业的竞争离不开广告，三元公司投入巨额专项资金用于各种媒体，加大对乳品知识的宣传，加强对三元品牌及三元产品的宣传推广。突出公司产品新鲜、纯正、营养、安全的特点，适应广大群众对健康生活的渴望，树立了“健康三元奶”的新形象。为使广大消费者更加了解三元，认知乳品，我们已开启“大篷车活动”，邀请广大消费者免费参观三元现代化的工厂；印制了数百万册的《乳品知识》手册，送到了千家万户；制作了大量的宣传带，送到居民小区、奶站和养牛大户手中，帮助他们了解乳品知识，提高养牛水平。公司还建立了三元奶的售后服务中心，保证了消费者与公司的交流沟通，使三元牛奶在北京市场的认知度提升到了98.7%。据“零点”公司1999年底的北京市场调查，“三元”品牌有21项指标位居第一。而且，即使在目前北京乳品市场竞争日趋激烈的情况下，三元袋装鲜奶仍然占有北京地区70%以上的市场份额；其他主导产品也都占有一半以上的市场份额。

借助乳品行业大发展和企业成功上市的契机，三元公司将以更大的胆识和气魄全力发展和壮大自己。继续秉承“以人为本，情系千家万户”的经营理念，以提高国民健康水平和不断满足消费者需求为己任，真诚与社会各界合作，共创三元公司美好未来。

古城乳业发展规模经营　致力农民增收企业增效

山西古城乳业集团有限公司　乔道首

山西省山阴县多年来奶牛养殖业发展缓慢，当地农民养殖奶牛主要是散养在自家院子里，管理水平较低，奶牛产奶个体差异较大，养殖发展空间受阻，原奶质量无法稳定，给乳品企业的生产加工带来了困难，奶农的养殖收益也无法保证。面对这种现状，组建于1997年的山西古城乳业集团有限公司，立足于当地丰富的奶源优势，依靠多年积累的乳制品加工经验，积极寻找市场空缺，大力引进国内外先进设备和技术，并提出了"引导农民科学饲养、规模饲养、效益饲养，走农民致富与乳业发展并举的产业化道路"的发展思路。同时，强化内部管理，狠抓产品质量，实施名牌战略，努力开拓市场。经过几年的努力，古城乳业在提升企业核心竞争力，做大做强企业，发挥龙头企业的带动作用方面都取得了显著的成绩。具体经验如下：

1. 以奶源基地建设带动规模经营　作为当地惟一的国家级重点龙头企业，古城乳业在大力扶持奶牛养殖园区建设的同时，用"以质论价"的鲜奶收购方式，引导农民实施科学养殖，提高单产水平，向规模要效益、向质量要效益，创新地发展了"公司＋基地＋农户"这一乳业产业化模式，使奶农与企业通过基地联结成利益共同体，将20 000多个分散养殖户与企业的发展战略连在一起。两年来，通过带动奶农实现粗放经营向规模集约经营的转变、由数量型养殖向质量效益型养殖的转变，有效地解决了农民增产不增收、企业增产不增效等问题。奶农的养殖收益提高到每头4 000元，奶牛养殖收入约占奶农总收入的2/3，转化玉米、秸秆等粮食作物，提高收入1/4左右，施牛粪改良土壤、降低生产成本以及相关产业的发展每年使农民增加收入300元。规模经营使农民的收入大幅度提高，园区周围也被建设成水草茂盛的饲草(料)基地，农区养殖基地建设步入良性循环。

2. 抓住重点项目建设，推动企业快速发展　年产16万吨液态奶乳品加工项目的扩建工程，是经国家计委考察、评审及专家论证的国家重点项目，已批准投资1.9亿元（其中银行贷款1.33亿元)。为了保证项目的顺利进展，集团成立了专门的项目管理小组，由董事长亲自任组长。项目一期工程共引进安装了7条具有先进水平的液态奶生产线，日处理鲜奶800吨。2003年1～5月，完成销售收入9 000余万元，上缴税金836万元，占全县财政收入的30%。乳制品工业每增加10 000吨鲜奶处理量，将带动增加3 300多头奶牛。到此工程全部扩建完工时，公司年处理鲜奶能力将达到29万吨，带动奶牛养殖存栏数达到10万头，全县奶牛养殖业可增加农民收入2亿元。

实践证明，通过规模经营和重点工程建设，有力地推动了当地农村经济结构的调整，解决了农民致富增收的问题，古城乳业在朔州市乃至山西省奶业发展中发挥着越来越大的作用。

均瑶集团以基地建设带动奶业快速发展

均瑶集团乳业股份有限公司　王均豪

均瑶集团乳业股份有限公司是均瑶集团控股的专业生产和销售乳制品的股份制企业，创办于1994年，是国际乳品协会（IDF）会员单位、中国乳制品工业协会副理事长单位。公司现有员工1 780余人，其中各类专业技术和管理人才近200人。公司拥有无锡、宜昌、当阳、唐山、蚌埠五个生产基地，年生产能力近30万吨，拥有区域经销商近千家。现已开发出利乐包、塑瓶奶、AD钙奶、屋顶包、塑杯酸奶、百利包等八大系列60多个品种和规格，是我国首家开发和生产塑瓶长效灭菌奶的企业。2002年均瑶牛奶综合市场占有率名列行业前五名，并成为2000年全国十大畅销品牌。均瑶乳业已形成华东以无锡为中心，西南以宜昌为中心，华北以唐山为中心的新的战略格局。几年来，均瑶集团的成功经验如下：

（一）创新观念，改变经营方式

1994年6月，温州均瑶航空饮品有限公司研制成功的"均瑶牛奶"以导入企业CIS的全新方式在温州与市民见面。"均瑶"牛奶品牌，是均瑶集团以振兴民族乳品工业为己任，在经过周密细致的市场调查以及市场潜力、空间和前景预测的基础上推出的，也是国内首家自己研制生产的UHT超高温塑瓶长效牛奶。CIS的导入，不仅是思想观念的更新，同时，也使"均瑶牛奶"从一开始就确定了品牌战略的经营理念。

均瑶牛奶进入乳品业，其成功之处首先是经营方式的改变。均瑶乳业引入了先进的技术和人才，大幅度延长乳品保质期，使原本只能区域性销售的牛奶，流通扩展至全国；其次是消费对象的拓展，不断增加的产品种类，高频率展示的产品形象，使均瑶乳业迅速在全国市场建立了知名度。如今，均瑶集团以合资、租赁、联合等方式，快速有效地进行了优化资源配置，促进了集团的整体发展。

（二）大力建设生产基地，拓展发展空间

1. 宜昌乳业基地 2000年，均瑶集团投资建造宜昌乳业基地，在三峡库区实施万头牛奶养殖计划，在五年内发展到3万头的规模，形成养殖、深加工、销售于一体的农业产业化龙头企业。目前，已安置就业人员近千人，盘活国有资产近千万元，间接带动和盘活各类配套企业数十家，同时，在这五年内还将给上万人提供就业机会。由于均瑶集团对三峡库区做出的贡献，2001年7月，在国务院工程移民暨对口支援工作会议上，集团董事长受到国家领导人的亲切接见和颁发奖牌的奖励。

2. 唐山均瑶乳品有限公司 2002年4月，由均瑶乳业股份有限公司与上海均瑶集团有限公司共同出资1 000万元组建的唐山均瑶乳品有限公司在河北省唐山市丰润区注册成立，唐山公司购置瑞典利乐包先进生产线，形成日处理鲜奶120吨，年产4.32万吨牛奶的能力，年创产值达3.5亿元，利税3 500万元。

3. 夷陵区基地 2002年12月，均瑶集团乳业股份有限公司宜昌市夷陵区基地11.6万吨乳制品项目的可行性研究报告已递交国家计划委员会。建成后，可解决近20 000户农民的脱贫问题。

另外，还有均瑶集团无锡乳品有限公司、当阳市均瑶乳品有限公司、均瑶和平蚌埠乳业有限责任公司等生产基地也相继建成，为均瑶集团的大发展拓展了空间。

（三）以品牌创名牌，提升企业形象

1997年均瑶果味牛奶的市场占有率和品牌知名度排列全国前三位，2000年均瑶牛奶综合市场占有率名列行业第五名，并成为当年全国乳业十大畅销品牌；同年，按照《公司法》和中国证监会的规范，均瑶集团乳业股份有限公司完成改制正式挂牌运行；2001年荣获乳品工业协会全国十大乳品企业排名第九位；2002年荣获全国学生奶定点企业、绿色食品认证企业证书，同年7月通过澳洲国际QMS认证服务有限公司ISO9001质量管理体系认证，均瑶牛奶成为全国畅销品牌。

品牌创造市场，名牌产生效益。为了强化品牌战略的宣传力度，均瑶集团通过多渠道、多媒体实施品牌战略：1997年、2001年先后两次投入巨资，邀请香港著名歌星张学友先生作为均瑶乳业的形象大使，为均瑶牛奶做广告，在中央电视台春节期间的黄金时段播出；同时，买断《中国民航报》四张报眼位置三年的广告权；1999年5月，以“均瑶牛奶杯”冠名的“中巴足球对抗赛”在北京、上海打响；与上海交通大学精诚合作，从1999年开始资助上海交大女子篮球队三年……。这一系列举措，对均瑶集团企业形象的提升，“均瑶”品牌无形资产的加速积累，加快企业发展的速度起到了推波助澜的作用。

今后，均瑶乳业股份有限公司将本着“敢于创新、勤于创业”的企业精神，着眼未来经济发展趋势，进一步引进高素质人才，优化员工知识结构，构筑企业文化，实施现代化企业管理制度，继续以生产基地建设推动均瑶集团各方面的进步，为中国奶业的发展做出更大的贡献。

实施高技术良种工程　为我国奶牛群的遗传改良做贡献

北京奶牛中心　周瑞君

北京奶牛中心是集生产、科研、推广、服务、检验监督和管理为一体的综合性奶牛高科技事业单位，隶属于北京三元集团有限责任公司。北京奶牛中心有胚胎、育种、信息、牛病、饲养5个部，下属北京市种公牛站、北京奶牛育种中心良种场、北京市奶牛新技术公司、北京市乳品质量监督检验站。农业部牛冷冻精液质检中心、中国奶牛协会秘书处也设在这里。中心拥有胚胎生产线、冷冻精液生产线、饲料成分分析仪、乳成分分析仪、牛奶生理生化和微生物指标测定设备、大容量微机等先进的科研仪器设备。主要工作内容是，面向全国提供优质奶牛良种和技术服务工作，是国内最大的奶牛良种繁育和奶牛冻精、胚胎供种基地。

作为国家级重点奶牛良种繁育基地，北京奶牛中心在应用人工授精技术推广优秀种公牛冷冻精液和利用超数排卵和胚胎移植技术快速扩繁优良奶牛方面做了大量工作。一方面采用现代奶牛育种新技术选育出了一大批优良种公牛，每年生产优质乳用公牛冻精近300万剂，用于全国奶牛群体的遗传改良，有效地提高了全国奶牛群的遗传质量和生产水平；另一方面充分利用北京的高产母牛遗传资源，选用优秀种公牛冻精与之合理选配，生产优质组合胚胎进行移植，达到了快速扩繁高产奶牛群的目的。主要工作包括：

（一）按国际标准严格选育优良后备种公牛

北京市优良后备种公牛的选择有以下几个途径：一是从美国、加拿大等奶牛业先进国家进口种公牛；二是进口的优质组合胚胎在国内移植后所生的小公牛中培育后备公牛；三是从进口母牛所生后代中选择后备公牛；四是利用国内优秀种子母牛与国内外优秀公牛合理选配所生后代中选育后备公牛。不论通过哪种途径选育种公牛，都必须严格按标准进行，要求后备公牛母亲一胎305天产奶量在10 000千克以上，最高胎次305天产奶量在15 000千克以上，乳脂率达3.6%以上，乳蛋白率3.2%以上，外貌整体优秀，乳用特征强，乳房结构好，体质健壮；公牛父亲必须是经后裔测验证明为国内外最优秀种公牛，且具有良好的繁殖性能。目前，北京种公牛站饲养种公牛150余头，年产优质冷冻精液300万剂，其中，2003年共选育后备青年公牛43头（包括从美国进口公牛27头），目前这些后备公牛发育良好，有32头已试采精，并将参加全国联合后裔测定。2003年奶牛中心首次从美国直接进口2头后测验证种公牛（11196529和11197580）。

（二）采用国际先进技术评定优秀种公牛

所有的青年公牛必须经过后裔测定以证明其遗传素质的优劣。除参加全国联合后裔测定外，由于北京市性能测定（DHI）制度的逐步完善，北京组织了本地区的种公牛后裔测定工作，该工作严格按照后裔测定的程序要求，随机选配母牛，并对后测公牛的女儿进行详细的生长发育、体型外貌鉴定、生产性能测定，应用BLUP法准确评定后测公牛的育种值，每年评定两次，以公牛概要的形式公布两次种公牛育种值。这些先进的育种技术和方法，显著提升了北京市种公牛的遗传选育水平，使北京市种公牛遗传素质逐年得以提高。

（三）采取有效措施，提高种公牛冷冻精液生产的数量和质量

1. 配合全价平衡日粮 保证种公牛的营养需要、正常膘情、良好体况和旺盛的性欲，从而保证生产出优质精液，并延长种公牛的利用年限。

2. 强化种公牛的管理 实施种公牛专人饲喂，专人管理。因种公牛记忆力强，防御反射强，要求饲养员善待公牛，不得鞭打和训斥公牛；定期搞好牛体和牛舍的卫生，如定期进行修蹄、护蹄、药浴，保证公牛四肢健康。

3. 做好牛群的防检疫和疾病防治工作 严格执行防检疫和兽医卫生制度,定期对环境和运动场地进行消毒。每年进行两次健康检查,建立公牛病例档案。由于严格执行兽医卫生制度,种公牛站从未发生过任何传染病。

4. 采用先进的冻精生产线 严格按国家标准，生产优质冷冻精液，采精场地和采精器具经常保持清洁卫生。采精时，应用间隔爬跨方式，以获得优质高量的精液；精液制作，利用法国IMV公司提供的全自动分装喷码一体机，从而确保生产出的冷冻精液全部达到国家标准。

（四）做好优秀种公牛冻精的推广工作

在优秀种公牛冻精推广方面，奶牛中心通过技术培训和技术服务，以服务促销售的策略，促进了优质冻精在全国的推广使用量，其主要做法：

1. 实施知识营销战略，强化奶牛冻精推广人员的业务素质 奶牛中心冻精销售部的业务人员大部分具有大学本科以上学历（包括一名博士，三名硕士），并具有在奶牛生产第一线工作经验和选种选配理论，熟悉本站种公牛的遗传特点和冻精生产情况，随时可为奶牛场提供有效的技术服务。

2. 经常举办各类技术培训班 通过培训传递和交流奶业信息，提高全国奶牛繁育技术人员业务水平，使他们及时掌握奶牛繁育、饲养管理和疾病防治等方面的新技术，能正确地选择优秀种公牛冻精用于本地区奶牛群的改良，更好地为奶农服务。

3. 在全国重点奶牛饲养区设立优秀种公牛冻精推广网络 向奶牛场和养殖户宣传北京市的优秀种公牛，同时收集该地区对优质奶牛冷冻精液的需求动态，及时反馈以便调整奶牛育种、冻精生产和优秀种公牛推广策略。

4. 做好对奶牛场和养殖户的技术服务工作，提高服务质量 在推广优秀种公牛冻精过程中，除尽量满足用户要求外，还经常对他们进行奶牛选种、选配方面的技术服务工作，业务人员经常到奶牛场养殖小区详细了解牛群育种情况，帮助他们分析奶牛遗传改良所取得的成果和存在的问题，制定选种选配和优良种牛利用计划，通过服务提高奶牛场效益。

5. 加强宣传，全面展示北京优秀荷斯坦种公牛 奶牛中心每年出版两期北京市优秀种公牛概要，并在国内各专业刊物上详细介绍优秀种公牛的血统，各主要经济性状的育种值，体型评定柱形图等信息。

（五）优质组合胚胎的生产与推广

超数排卵和胚胎移植技术是继人工授精技术之后，应用于奶牛繁育的一项高新技术，是快速扩繁高产奶牛群的有效方法。北京奶牛中心除生产和推广优秀公牛冷冻精液外，还充分利用了中心良种场及国营奶牛场的高产优秀母牛资源，通过超数排卵生产出大量优质组合胚胎，近四年共超排供体母牛1 967头，超排3 060头次，获可用胚胎15 613枚（其中冷冻胚胎9 637枚，占总数的61.72%），平均每头次获得可用胚胎5.1枚，冷冻胚胎的质量均在二级以上。在北京、黑龙江、广西、山东等全国十三个省、自治区、直辖市推广胚胎移植，取得了良好的效果，经统计总受胎率达46.8%（6 972/14 897),其中鲜胚移植受胎率51.3%，冻胚移植受胎率达43.1%。

新兴奶业企业

新疆金牛创优质品牌　开拓国内外市场

新疆金牛生物股份有限公司　冯立社

新疆金牛生物股份有限公司是由民营企业“昆仑集团”、上市公司“新疆友好集团”、“新农开发”、国有上市公司控股企业“中国种畜进出口有限公司”四家法人和七位自然人股东共同出资组建的股份制企业。1999年5月，公司被新疆维吾尔自治区科委认证颁发了“科技企业证书”，2001年5月，又被自治区科技厅认证为“高新技术企业”。公司1 200余名员工经过八年的艰苦奋斗，在荷斯坦高产奶牛核心群基地建设方面取得了突出成绩。目前已有纯种进口荷斯坦奶牛6 000头，到2003年将达到12 000头。

1. 主要成绩

(1) 2003年，新疆金牛生物股份有限公司生产进口牛胚胎3万枚，年底可达到6万枚，纯种牛冷冻胚胎移植受孕率达到52.3%，鲜胚移植受孕率达到60%，胚胎价格800元人民币/枚，比进口胚胎价格（200美元/枚）降低了50%，为加速新疆牛品种改良做出了贡献。

(2) 2003年，公司克隆受孕了51头牛，5月23日，新疆第一头克隆牛在乌鲁木齐市北郊一座大型养牛场诞生，命名为“金牛·盖瑞1号”，这头出世不久意外夭折的牛犊被制成标本保存。6月20日至8月20日，公司还有32头克隆牛相继出生，其中有10头和“金牛·盖瑞1号”的基因完全相同。

(3) 公司建立了六个与国际接轨的良种牛繁育基地以及金牛生物科学研究院，此外，在青河、哈巴河、特克斯、昭苏、额敏、阿克苏等地也建立了自己的良种牛繁育基地。这些基地的建设为“公司＋农户”的金牛模式提供了保障。

2. 经验和做法

(1) 种源优势强大　2003年，新疆金牛生物股份有限公司先后从澳大利亚进口高产优质注册荷斯坦奶牛6 000头，到年底可达到12 000头的饲养规模。这些进口牛以产乳量高、体质结实、适应性强、利用年限长等优点而成为世界上知名品种牛，其泌乳性能高，泌乳期270～305天，全乳期平均乳量可高达8 000千克以上，乳脂率为3.5%。

金牛公司通过引进及良繁两种途径扩大养殖规模，逐步形成以乌鲁木齐为中心的北疆生产基地，以阿克苏为中心的南疆生产基地，以天津为中心的华北生产基地，以上海为中心的华东生产基地，以珠江为中心的华南生产基地，以重庆为中心的西南生产基地。届时，公司六个奶牛生产基地将拥有72 000头纯种荷斯坦奶牛的饲养规模，全部达产时可年产鲜奶近60万吨；年产胚胎36万枚；年产牛犊6万头；年产生物菌肥30万吨；公司每年总产值将达到35亿元，从而成长为国内乳品行业中有影响力的企业。

(2) 以人为本，以科技为根　近年来，新疆金牛生物股份有限公司与加拿大国际开发总署共同开展的CIDA项目，使近千人次接受了畜牧、胚胎、饲草种植方面外国专家的培训。公司70多人的专业科技队伍和美国、加拿大、澳大利亚、英国等地的专家展开长期合作。公司技术人员中具有硕士研究生、本科生和大专学历的占90%以上，他们能熟练掌握胚胎显微操作技术，从而使鲜胚移植妊娠率达到65%～70%，冻胚移植妊娠率可达40%～50%。公司力争5年内培养胚胎移植方面的专家200人，畜牧高级管理人员100名，从而为新疆胚胎移植和良种繁育工程的快速普及发展奠定坚实的管理和人力基础。

(3) 带动相关产业发展　新疆金牛生物股份有限公司与加拿大亚达遗传公司共同组建的新疆金牛胚胎工程中心和金牛生物科学院，总占地面积25 440.675米^2，总投资3 000万元，主要从事牛胚胎移植产业化、牛胚胎分割产业化、牛胚胎性别鉴定产业化、牛胚胎克隆及转基因技术产业化的研究与推广。2002年7月，金牛生物科学院与中国科学院动物研究所、澳大利亚国际克隆公司开展合作，共克隆移植479头次，怀孕57头次，这在国内乃至世界都是罕见的大规模克隆移植。

几年来，公司不断与国内外同行开展技术合作，5月18日开业的中加合资新疆盖瑞乳业有限公司，就是中加两国在乳业产品方面成功合作的典范。在国内,公司已与10多个省、自治区全疆60多个县市和团场建立了良好的协作关系,在乌鲁木齐县建成了6个、在伊犁河谷建成了4个良种繁育基地,在南疆阿克苏建成了1个奶牛养殖示范区。这些基地的建成投产繁荣了当地的市场,并带动了建筑、建材、畜牧业等相关产业的发展。

(4) 带动农民致富奔小康　公司的种牛、胚胎生产基地，2003年可为农户提供12 000头注册高产牛犊、60 000枚优质胚胎，需要饲草料20多万吨，价值3亿元。今后，每年的产值也将以200%的速度增加，5年内可为农户提供近120 000头优秀的荷斯坦奶牛犊、126万枚进口牛胚胎，这对拉动新疆第三次农业结构调整，实现农民增收都发挥了巨大作用。

金牛公司本着高起点、全方位、多层面的发展思路，采取金牛模式，使农民增加了收入；采取“集中饲养、集中挤奶、统一服务”的管理模式，推动了本自治区畜牧业从粗放型向集约型现代化经营方式的快速转变，创立了金牛优质品牌形象，开拓了国内外市场，为自治区畜牧业的发展做出了贡献。

中地种业致力中国奶牛良种化发展

中地种业有限公司　张建设

中地种业有限公司是经外经贸部批准、由国家工商行政管理局核准注册、拥有进出口经营权的生产、繁育、贸易综合型企业。公司注册资金3 000万元，现有职员60人，具有大专以上学历的有51人，是一支擅长企业管理、熟谙国际贸易、精通专业技术的人才队伍。公司在广西北海及浙江宁波建有两个临时隔离场，在北京有一个空运临时隔离场；在北京顺义、辽宁丹东、内蒙古商都分别建有千头纯种荷斯坦奶牛养殖繁育场。这些牛场不仅为当地畜牧业的发展起到了推动、示范作用，同时也为服务全国、解决“三农”问题、调整农业产业结构发挥着越来越重要的作用。

中地种业通过几年来的实践，积累了丰富的进口、隔离、运输和饲养管理国外奶牛的经验，建立了一整套的奶牛进口体系，完善了服务机制，确保了进口纯种荷斯坦奶牛的质量。主要做法是：

1. 国外选种　公司深入每个农场，对每头供选奶牛严格按照荷斯坦—弗里生奶牛的标准去核查，按照合同要求筛选，根据相关资料结合个体表现选出优秀个体，同时做好相关记录。选到了优秀的个体，才能将有良好遗传潜质的奶牛送到养殖户手中。为此，中地种业非常重视国外的选牛工作，派专家亲赴现场，审查每头牛的资料、鉴定其外貌、检查其重要部位、详细记录有关情况，一切符合要求之后，再由外商打好每头奶牛的耳号和电子耳标，上船时严格核实，把好源头关，保证优质奶牛进入中国。

2. 隔离场管理　中地种业有一支由总经理挂帅、高级畜牧师和兽医师把关的高效精干的饲养管理队伍。这支队伍严格执行国家奶牛的饲养管理规范，按照国家检验检疫总局的要求做好各项工作，精心饲养、严格防疫、科学管理，确保到岸的优质奶牛在检疫期结束之后合格出场。

3. 加强客户服务　公司与有经验有实力的物流公司合作，制定详细的运输计划及应急预案，确保奶牛安全到达目的地。在奶牛到达养殖户前后，中地的专家在现场指导或集中授课，对养殖户进行培训，把最新的专业技术知识和信息传授到基层，使科技真正服务于生产实际并转化为生产力，以保证进口的优质奶牛能发挥其应有的生产潜力。

展望未来，随着中国经济的蓬勃发展，中国奶业必将有一个更大的发展和质的飞跃。中地种业将继续与世界畜牧业发达国家建立广泛的联系，进一步扩大发展合作空间，在种畜（包括种用奶牛、种用肉牛、种羊、种猪等）进口上热忱服务于国内外客户，并在传统领域如：畜禽养殖、牧草种子、花卉、技术服务等诸多行业上发挥更大的作用，以期为我国种畜禽良种化、种子改良和农牧业的发展做出应有的贡献。

北京三元绿荷改革创新　推动奶业发展

北京三元绿荷奶业集团　周卫东

北京三元绿荷奶业集团隶属于北京三元集团有限责任公司，是中国奶协会员单位。集团成立于2001年7月，是由30个大型奶牛场及相关企业，经资产重组整合后新生的大型专业化集团，同时也是全国较大的纯种荷斯坦奶牛饲养基地和优质原料奶供应基地。集团下设7个分公司，45个基层企业，主要分布在北京的6个区县，总资产6.2亿元；占地面积0.13万公顷，员工2 800余人；奶牛总存栏3万头，其中成母牛1.6万头；年产优质原料奶1.3亿千克，年出售优质奶牛5 000头。

几年来，集团所属奶牛场在改革传统奶牛饲养工艺的基础上，不断创新，吸收引进国外先进的奶牛饲养技术，提升奶牛饲养的科技含量，牛奶产量和质量始终处于全国先进水平。2002年成母牛头年单产达到8 545千克，牛奶乳脂率3.6%以上，乳蛋白3.0%以上，微生物指标达10万每毫升以下，SCC控制在30万每毫升以下。2003年预计有6个奶牛场每头年产达到9吨以上，其中中以示范奶牛场单产将超过10 000千克。

总结其经验，可以概括为以下几点：

（一）实施五项统一，改革传统管理模式

集团成立前，各牛场独立经营，思想相对封闭，管理水平参差不齐，面对空前激烈的奶业市场形势，传统国有奶牛业必须改革重组，只有做大、做强、做精，扬长避短，才能在激烈的市场竞争中处于不败之地。为此，集团成立以来，大胆改革传统管理模式，实施五个统一，即：以中心为操作平台，实行一级法人实体；统一财务核算、统一分配制度、统一供销制度、统一用工制度、统一生产技术管理。按照“集中决策，统一经营，分级管理，层层考核”的模式，制订与实施了一整套科学、严格的企业管理制度，使企业内部管理方式及企业发展动力发生了巨大变化，激活了管理要素的活力，模拟现代企业制度的原则和机制，建立起企业各层次、各环节与各自职能相适应的自律、自励机制，调动起广大干部、职工的积极性，为建立现代企业制度打下了坚实的基础。

（二）制定企业发展战略，打造三元绿荷奶业品牌

集团成立以来，始终把“建成全国现代化养牛示范基地、优质原料奶供应基地、良种奶牛推广基地和奶业技术科研基地，塑造一个产权清晰、设备精良、管理先进、业绩优良、员工素质全面提高的现代化企业集团”的总体发展战略作为奋斗目标，同时结合全国奶业市场发展形势，制定“一业为主，相关产业并续发展”的经营策略，有计划地实施三大战略调整。目前，以现代化奶牛示范养殖为主，全面开拓奶牛服务体系相关产业的产业格局初见端倪。“谋求最佳切入时机、选择最好合作方式、体现最小经营风险”的原则，集团以技术、管理输出为主要合作方式，与周边奶牛养殖户采用租赁、参股、合作等方式，建成经济联合体，实现企业低成本扩张，奶牛养殖所有制结构以及区域布局得以逐步调整。

（三）传统观念，全方位推行现代奶牛饲养新工艺

1. 以推广全混日粮为核心的奶牛日粮调控技术，营造奶牛瘤胃健康工程　奶牛的饲养实际上是在养两种“动物”，一种是牛本身，另一种是瘤胃微生物。保持瘤胃环境的稳定，有利于微生物的繁殖和提高饲料的消化率，减少奶牛代谢疾病的发生。因此几年来，三元绿荷奶牛集团在奶牛饲养方面，注重奶牛日粮的稳定性，在分群管理的基础上，根据不同阶段奶牛的饲养战略，科学配合奶牛日粮。增加泌乳高峰期日粮浓度，提高优质牧草采食，合理控制日粮水分，提高干物质采食量，合理利用农副产品等方面取得了许多宝贵的经验。尤其是全混合日粮的推广应用，对保证奶牛健康，提高牛奶产量，提高劳动效率，降低饲料成本等诸多方面起到了十分明显的作用。2003年，三元绿荷的17个牛场近2万头奶牛全部采用TMR日粮的饲养工艺。

2. 以改革传统挤奶工艺和改善奶牛环境为手段的奶牛乳房健康工程　奶牛乳房健康是保证牛奶质量和奶牛生产潜能的充分发挥，与奶牛所处环境、挤奶操作方式、挤奶等因素密切相关，近几年牛场围绕奶牛乳房健康，在挤奶机的选择、挤奶操作规程和设备的清洗消毒等环节上做了大的改进，从而有效地保证了牛奶的卫生质量和奶牛泌乳性能的正常发挥。挤奶操作由传统“温水三面大洗乳房、毛巾擦干”，改为“两次药浴、纸巾擦干”的统一挤奶方式。同时，对挤奶储运设备的清洗使用“两遍碱、一遍酸”的清洗消毒程序，有效地控制了微生物的繁殖，提高了牛奶的卫生质量。同时注重运动场及牛舍环境的改造治理，为奶牛营造干燥、干净、舒适的环境为奶牛的乳房及肢蹄健康创造了条件。

3. 以实施DHI技术为核心的奶牛数字化管理工作　几年来，三元绿荷在奶牛管理方面大量的引入数字化管理的理念，30个奶牛场全部参加DHI测定，运用DHI报告判定奶牛日粮营养合理性、奶牛的健康状况以及牛场的整体管理水平，从而指导奶牛生产。奶牛体况评分、后备牛体尺体重评价体系、CMT测定以及完善的奶牛生产技术报表体系，对科学分析利用数据指导生产起到了突出的作用。

4. 集成现代电子技术、机械技术、生物技术，加快奶业智能化管理水平 三元绿荷奶牛养殖中心在所属的30多家奶牛场建立了计算机管理网络，数据的传递速度大为提高，对生产的决策、控制提供了可靠的信息依据，管理从定性化管理向数据化管理转化，为实现"精、准、高效"奶牛业创造了条件。中以示范奶牛场、金银岛牧场、金星牛场以及永乐店新场采用智能化的挤奶系统，同步测定奶牛的产奶量、监控奶牛发情、乳房健康等信息，这一管理技术奶牛场管理水平的提高起到巨大的推动作用。

5. 建立推行奶牛生产全过程的标准化管理体系 在不断总结历史，借鉴国外技术的基础上，三元绿荷奶业集团不断完善奶牛生产技术规范化管理体系，建立贯穿奶牛生产全过程的标准化，对关键技术环节实行"唯一"管理，严细操作规程，提高工作的精准程度，力求科学。三元绿荷已被列为全国100家标准化生产示范单位，有3个奶牛场被指定为北京市农业标准化示范单位。

6. 加快现代化奶牛场建设，打造三元绿荷奶业在全国的示范作用 近几年来，为了配合首都环保和奥运战略的实施，三元绿荷对部分牛场进行了搬迁，新牛场的建设充分体现了工艺先进、设备一流、劳动高效、效益突出的特点，中以示范奶牛场、金银岛牧场、金牛南场、永乐店新场等代表着国内最先进的奶牛饲养工艺，这将为未来我国集约化养牛提供示范带动作用。

三元绿荷奶业集团近几年发展的经验使我们体会到不断学习吸收国外奶牛饲养新技术，完善奶业生产规范化、标准化管理体系，依靠科学，改革创新是企业发展的永恒动力。

上海光明荷斯坦牧业打造核心竞争力扩大发展空间

上海光明荷斯坦牧业有限公司 陆耀华

2003年5月光明乳业股份有限公司奶牛事业部成功转制成立上海光明荷斯坦牧业有限公司，成为集牧场管理、奶源供应、饲料、冻精、牧业机械设备及相关技术服务与咨询为一身的综合性牧业公司。

2002年，公司的23个牧场共有存栏奶牛22 265头，成乳牛12 857头，成乳牛年均单产8 821千克，乳脂率3.24%，乳蛋白率2.98%。其中近6 000头成乳牛单产突破9 000千克，牧场成乳牛年均单产最高达到9 302千克，牛均创利近5 000元。上海奶牛育种中心的种公牛在第17次全国公牛后测成绩评比中囊括产量和乳脂率育种值前六名，冻精销售140万剂，胚胎制作1 200余枚。饲料添加剂新品不断得以开发，实现了奶牛专业添加剂预混料全国领先，并在全国17个省市建立了稳定优质的奶源基地。"荷斯坦"品牌建设卓有成效。

（一）依靠科技，促进资源优化调整和服务体系建设

多年来，公司积极充实科研、技术力量，设立研发中心，引进国内外先进的实验仪器和设备，注重与国内外专家的技术交流与合作，从事奶牛育种、饲养、保健、DHI测定、质量检测等专业领域的研究工作，大大促进了各项资源优化调整和服务体系的建设。

1. 资源优化调整 突出体现在奶牛育种改良、科学饲养和人员结构优化三大方面。

奶牛育种改良：坚持采用自己培育和引进消化吸收相结合的方法，致力于牧场牛群品种改良的研究，实现整体牛群育种性能与国际先进水平的接轨。近20年来共培育种公牛200多头，主要血统来源于美国、加拿大、德国、日本等地，形成集良种公牛培育体系、DHI后裔鉴定、胚胎生物技术研究与生产、良种推广与扩繁于一体的良性育种体系循环。

科学饲养和管理：推广分群饲养、全混合日粮（TMR）、引导饲养法等科学饲养方法。加强对犊牛、干奶牛的饲养管理。坚持成本与营养价值平衡，实现日粮优化配方。通过调整饲料品种、质量和制作工艺，实现优化的平衡日粮组合。确立以提高奶牛干物质采食量为目标的新营养标准，研究与推广优质的半干青贮饲料，开发经济又科学的奶牛专业添加剂。同时对牧场的配合料统一加工，并全过程进行品质监控，从而保证了饲料的品质和安全。

优化人员结构：坚持引进与培育相结合，实现人员优化配置。建立科学的人力资源策略，不断吸纳和引进社会优秀人才，导入竞争意识，促进人员结构和素质不断优化。2002年，公司共有技术人员有141名，各类管理人员143名，两者占职工总数的45%左右，其中中青年员工比例在50%以上。

2. 服务体系建设 近几年，公司通过不断提升奶牛饲养管理、育种、原料奶质量控制等专业水平，积极推进社会化的专业服务体系，带动临近及周边省市奶业的发展。通过为牧场提供选种选配服务，吸纳周边地区牧场加入DHI系统，使DHI测试量从4万头次/年扩展到了近30万头次/年，建立了国内最大的育种鉴定系统，进一步推动冻精、胚胎的销售。通过提供畜牧技术服务推动了奶牛饲料添加剂的销售。建立了覆盖全国10多个省市的奶源质量管理服务体系，进一步提升原料奶质量。

（二）突出改革，大力推进质量工程和“五化”建设

1. 质量工程 “质量是企业的生命”，公司始终贯彻以抓质量为切入点的思想，夯实和推进牛群质量和牛奶质量建设工作；加大疾病防治，提高整体牛群健康；加强流程制定和规范操作，结合现场培训与指导，完成了“无抗奶”、“新鲜奶源工程”、“体细胞标准”、“黄曲霉素”、“亚硝酸盐”等一个又一个飞跃，真正实现全过程安全优质牛奶生产。

2.“五化”建设

操作标准化：基于生产现状，组织专家编制了《奶牛育种操作规范》、《奶牛生产技术规范及技术要点》、《优质原料奶生产操作规范》、《无抗奶在2002生产与管理手册》、《DHI指导手册》等一系列专业技术操作规范，用于指导牧场实践工作，实现标准化操作。

管理制度化：现代企业的核心是管理制度化。公司建立了“赛马场”制度，促使整个团队不断进步。每年都有5%左右的员工因业绩不佳接受再培训或直接淘汰；对各类成本进行细化分析，区分可控与不可控成本，采取确实措施降低可控成本。每年通过采用预算制度，并实施岗位说明和平衡计分卡来明晰责权，确定目标，保证各部门、各员工朝着企业的同一战略目标不断奋进。

奖罚数据化：实施积极的人力资源政策，才能留住和培养人才。在公正、公平、公开评分基础上，用量化的标准和业绩来激励员工。通过实施数据化的管理，保证了奖罚数据化的推行。

设施自动化：设施自动化不仅有助于提高劳动生产力，而且可大大减缓环保压力。目前公司所属23个牧场全面实现管道式机器挤奶和直冷式奶缸的直接制冷，其中散放牧场配置有TMR饲喂设施和自动清粪系统，大型牧场配有污水处理设施。

信息网络化：成立专业的信息小组进行牧场管理信息系统的开发。目前公司所属23个牧场已全部运用信息网络系统进行牧场各类技术资料的收集、汇总和分析，确保了数据传输的准确性和及时性，促进了牧场间横纵向比较，以利于经验的共享，推进各个牧场管理水平的提高。

（三）奋力开拓，实现盈利支持增长

近5年来，公司业绩呈现阶梯式增长，这不仅是全体员工辛苦工作的结晶，也是敢于攀登、奋力开拓的结果。公司倡导“轻资产管理”、“用全国资源做全国市场”的发展战略。积极开创承包、租赁、联营等牧场管理新模式。奶源实现全国布局、市场型调配。产品销售与服务网络建设卓有成效。同时，大力加强新产品研发与新业务拓展，努力打造核心竞争力，实现盈利支持增长的目标！

今后，公司将继续坚持业务专业化、管理精细化，以求真务实、真抓实干、昂扬向上、奋发有为的精神状态，卓有成效地做好各项工作。

把握优势 实现战略性突破 实施包括育种、饲料饲养、繁殖、保健等在内的牧场生产和管理技术攻关和GFP开发；尝试推广当今国际先进水平的自由牛床、全混合日粮（TMR）饲喂、挤奶厅集中挤奶（AFIKIM）的饲养方式，实现成乳牛年均单产突破10 000千克；继续加强奶牛饲料、冻精和胚胎在全国的推广；积极开拓牧场设备产品的代理，开始挤奶、饲料和环保三大系列设备的全面推广，开拓盈利新增长点；抓实“荷斯坦”专家团队的建设，为客户提供全面解决方案；获取市场资源，建立“荷斯坦”强势品牌；实现全国化、科技化、轻资产型的奶业发展战略。

实施全过程监控 确保产品安全卫生 制定和建立乳制品安全保障体系，从牧场选址、布局到饲喂和牛奶生产都严格遵守标准化操作。牧场选址符合防疫要求；设计布局结合奶牛生理、行动特点，有效控制应激，最大限度发挥奶牛生产潜能；牧场周边规划考虑足够的青绿饲料田，建设自给保障体系；建设牧场管理及防疫体系。统一饲喂，牛奶生产全部实施“冷链”系统，确保原料奶生产全过程安全、卫生，实现无公害牛奶的奶源生产基地，并为生产有机牛奶创造条件。

倡导社会公德 保持可持续发展 适应现代化大都市的要求，加快奶业质量的全面提升，努力与国际接轨，创建“安全、优质、低本、高效”的产业，保持经济、生态的可持续发展。

内蒙古乳泉奶业　创建集约化绿色奶源基地

内蒙古乳泉奶业有限公司　郭予丰

内蒙古乳泉奶业有限公司是由国家农业产业化经营重点龙头企业——华资实业为主投资组建的。公司创办时，经过对国内外乳制品加工业和奶牛养殖业的广泛调研，紧紧抓住我国乳制品需求稳步上升与农业经济结构战略性调整的重大机遇，按照加入WTO后参加与国际农业竞争的客观要求，通过技术与组织创新等手段，以市场为导向、经济效益为核心，针对内蒙古奶源紧张、良种匮乏等问题，充分发挥包头的自然资源、市场资源、人力资源以及政策与资本等资源的比较优势，合理布局、科学分工，重点加强美加系良种奶牛的繁育工程建设，培育稳定的奶源，提高牛奶的质量卫生安全水平，在我国较适合饲养奶牛的内蒙古包头市土右旗建设具有高技术含量与强竞争力的良种奶牛繁育及绿色奶源基地，以高产良种奶牛及优质鲜奶支持乳品加工业和奶牛养殖业的发展，并逐步转变草原畜牧业经营方式、加紧奶源基地的建设、大力发展优质饲草饲料生产、建立奶畜饲料生产基地，为西部广大奶牛养殖户树立典范，带动农村经济发展。

公司通过实施良种奶牛繁育及绿色奶源基地建设项目的实施，以专业化与社会化服务、增加当地农民收入同步；品种改良与综合配套技术同步；奶源基地建设与饲草料基地建设、调整农村产业结构、环保工程建设同步；自动化挤奶与规模经营同步；原料奶质量控制、无公害牛奶与优质优价同步五个同步为战略导向，力争为中国奶牛业的现代化设定标准，成为全国奶牛养殖业现代化的综合性高科技企业，并以先进的技术和成功的经验向西部地区辐射，为加快中国奶牛现代化进程和农民致富奔小康的步伐，做出积极贡献。

1. 基本情况　2002年，乳泉奶业有限公司注册资本1.3亿元人民币，拟建成中国西部地区最大的集约化绿色奶源基地。公司总投资17.9亿元，养殖奶牛10万头。项目建设分三期实施。一期工程投资3.56亿元，饲养基础母牛1万头；二期工程投资7.93亿元，饲养基础母牛2万头；三期工程投资6.39亿元，饲养基础母牛1.6万头。项目建成达产后，饲养基础母牛7.2万头，青年母牛1.4万头，后备母牛1.4万头，总饲养规模达到10万头。

2003年5月，公司良种奶牛繁育基地从美国引进500头“美加系”良种牛，这是国内一次性引进良种奶牛规模最大的一批，对国家农业部、发改委提出的中国良种奶牛改良计划，具有重大意义。美国有关机构也有意向把该示范基地办成美加系良种牛推广基地，并实行挂牌授权服务。内蒙古农业大学、内蒙古家畜改良站等科研部门也在积极协商，将该基地办成中国无公害乳品业生产基地、食品安全项目的科研基地和奶牛养殖业试验站。

公司基地全部采用TMR全混日粮饲养技术、全自动挤奶设备、全自动温控饮水系统、现代化饲养模式，无论从养殖规模到设计和建设等方面都达到世界先进水平。

2. 高技术化发展方向　20世纪80年代以来，现代生物技术领域的研究迅猛发展，特别是胚胎生物工程技术广泛应用于动物繁殖、育种中，成为提高良种奶牛（尤其是母牛）繁殖效率、迅速扩散优良基因的重要手段。牛胚胎移植是继人工授精技术之后的又一次新的繁殖技术革命。与正常繁殖相比，利用超排分割、胚胎性别鉴定和活体采卵、胚胎克隆、转基因等现代高新胚胎生物技术，良种母牛的繁殖潜力还可大幅度提高，使遗传改良速度较常规方法加快25～30年。据资料记载，采用活体采卵技术，1头良种母牛一年可以提供10枚合格胚胎，这是用常规繁殖方法无法想象的。乳泉奶业美加系良种奶牛繁育基地作为高技术产业化示范项目，它的建设对加快我国奶牛的良种化程度、提高奶牛生产性能、促进畜牧产业的技术进步都具有重要意义。

3. 项目建设情况　内蒙古乳泉奶业有限公司绿色奶源基地自2002年8月18日奠基以来，在国家、自治区各有关部门的关怀与支持下，相继在土右旗开工12个同等规模的养殖单元。“美加系”纯种荷斯坦奶牛繁育基地于2003年6月12日竣工剪彩，其余单元也将陆续竣工。

“美加系”纯种荷斯坦奶牛繁育基地是乳泉奶业一期建设中的重点工程，该基地一次性从美国引进500头纯种荷斯坦奶牛，是本公司的奶牛养殖专家在美国遍访了20多个州的40多家良种奶牛养殖场，精心挑选出来的，每头牛都携带美国荷斯坦奶牛协会注册证明，具有100%纯种荷斯坦牛血统，谱系有3代记录。此次引进的良种奶牛将对我国奶牛品种的改良起到巨大的推动作用。

基地的建设全部采用了农业部规划设计院的最新设计方案，牛舍采用全自动调温、自动饲喂、自动饮水设备，意大利进口的全自动TMR饲料搅拌车、瑞典利拉伐公司生产的集仿生按摩、自动脱杯、精确计量、发情鉴定、乳房炎监测等现代化饲喂和挤奶设备。公司将逐步引进、开展胚胎分割、体外受精、超声波诱导排卵、胚胎性别鉴定等高新技术，成为国内一流的大型奶牛繁育中心。

乳泉奶业基地全部建成后，将成为全国最大的集约化奶牛养殖基地以及国内奶制品加工业的优质绿色奶源基地。公司还计划利用自身的规模优势、人才优势，按照产业化运作的思路，成立饲草料公司、兽药经销公司、奶牛医院、有机肥处理公司等相关企业，形成产业群。公司基地全部建成后，仅饲草料订购一项每年就可以给当地10万农民增加收入1.6亿元，使7万农民脱离贫困，将对当地经济的快速发展起到积极的拉动作用，使农民真正实现致富奔小康的目标；同时对促进当地种植结构调整、改良土壤、保护环境具有重要的战略意义。

今后，乳泉奶业将在各级政府的支持下，依靠先进的科学技术，通过国际间的合作，与时俱进、锐意进取，解放思想、大胆构筑，创建具有世界先进水平的良种奶牛繁育中心，打造中国一流的绿色奶源基地。

克劳沃集团走多元化道路　为中国草业做贡献

克劳沃集团　刘自学

克劳沃是以草业为主的集团公司，集牧草种子、花卉园艺、生物化工、草业机械经营、绿化工程、草地养护、草产品生产，以及草业研究为一体，几年来取得了长足发展。预计整个集团2003年的产值和利润的增速将在30%以上，销售额达到2亿元。在集团成长壮大的过程中，我们的主要体会是：

1. 抓住机遇，选准主导产业　行业外部大环境好、企业自身应变力强是克劳沃成功的主要原因之一。随着国家生态建设、农业产业结构调整、西部大开发和城乡环境美化等工作的开展，为我国草业提供了广阔的发展空间。克劳沃集团的核心企业——北京克劳沃草业技术开发中心1995年成立时，紧紧抓住了当时国内市场优质进口草坪种子稀缺的时机，经销着来自十多个国家的上百个牧草和草坪品种，在短短几年内，草种销量占国内草种市场份额的30%以上，取得了好的经济和社会效益。2001年和2002年连续两年，美国爱达荷州州长授予克劳沃“最有价值合作伙伴奖”。2003年的“3·15”期间，中国消费者协会和国家商检局等有关单位授予克劳沃集团“十佳诚信企业称号”。最近又被农业部和中国种子协会评为“中国种业五十强”。克劳沃在2002年率先开展ISO9000质量管理体系认证工作。

2. 多元化经营，扩大市场　1999年，克劳沃开始多元化发展，涉足花卉、园林机械、化工等领域。从事园艺产品经营的“北京神州克劳沃园艺技术有限公司”已成为业内排名第二的专业公司。2001年成立的我国首家专门从事绿地养护的公司——北京东方克劳沃绿地养护有限公司，经过两年发展也取得了好的业绩，不久前，美国密歇根州立大学选择该公司作为其在中国地区的合作伙伴，针对2008年奥运会进行草坪业的研究开发，携手进军中国园林绿地养护领域。这种专业化公司克劳沃集团目前共有22个，涉及草业、园艺、机械、生化、绿化工程、绿地养护、生态建设、环境治理、农牧科技、草业文化传播和绿色体育运动等10余个相关领域，这些公司由于市场定位准确、科技含量高而普遍取得不错的经营业绩，成为克劳沃集团近两年新的利润增长点。

3. 立足经营，建立基地　克劳沃集团靠经营牧草种子起家，为确保企业的稳定发展，近年来，加大了生产基地建设的力度，取得显著成效。集团在北京建有占地面积达20多公顷全机械化作业的草皮卷生产基地。克劳沃生产的“绿宝”牌系列草皮卷可广泛应用于一般性绿地、综合性园林、游园小区、专业足球场、高尔夫球场、飞机场、广场、护坡、庭院、道路绿化等多方面。克劳沃拥有的温室，能用进口优质种球生产百合、郁金香、风信子等多种鲜切花。同时，集团与国际著名野花种子商合作，引进多个优质的品种组合，在国内进行区域性生产，其产品现已广泛应用于高尔夫球场、高速公路、公园绿化等。

克劳沃通过多年的引种栽培，在北京建立了园林绿化常用苗木示范基地，可为园林绿化工程提供多种规格和品种的高档苗木。集团已与华北、华中地区的主要苗木繁育场组建了苗木生产联合体，大批量生产园林绿化及生态建设专用成品苗木。

在微生物复合肥生产方面，克劳沃集团利用国际先进的生物技术和新型微生物菌种并结合草坪草生长特性，自主研制开发了“绿得宝”等新一代高效微生物草坪专用复合肥。多年来，克劳沃集团与美国、加拿大、荷兰、丹麦、德国、瑞典、英国、法国、澳大利亚、新西兰、南非和日本等国的诸多专业化公司和研究机构建立了长期稳定的经贸和技术合作关系，为国内引进和推广了大量适应中国气候土壤条件的优质草种和相关产品。

4. 注重人才，注重科技　企业发展要科技，科技开发靠人才，注重人才和科技开发是克劳沃集团保持高速增长的强大后盾。在“克劳沃”所有在编员工中，有博士、硕士10多名，大专以上学历占员工总数的99%，集团外部，有一批国内外相关领域的知名专家为“克劳沃”担当科技顾问，其中就包括我国草业领域惟一的院士——中国工程院院士任继周先生。克劳沃致力于向用户推广适合当地气候和用途的优质草坪和牧草品种，是草花、野花组合、草业和园林化工产品最早的引进者之一。2002年成立了国内草业界首家纯民营高新技术研究所——北京格拉斯草业研究所。

由于集团技术力量雄厚，克劳沃近年来承担了农业部、科技部等部委的多项重点科研项目，其中由北京克劳沃草业技术开发中心承担、北京格拉斯草业高新技术研究所实施的“农业部牧草种质资源保护项目”是我国最大的田间牧草种质资源保护项目，“农业部牧草种子生产基地”项目是惟一一个在京的现代化优良牧草种子生产示范基地，总投资达1 300多万元。“克劳沃”还投巨资在北京双桥建起了一个占地26.7公顷的科研、培训和产业开发基地，建有高尔夫球场、木球场、足球场、网球场、篮球场等。“克劳沃”还参与了《中华人民共和国草坪生产标准》等的编写工作，以及《中外草业》、《草业科学》等报刊的编辑出版工作。

多年来，“克劳沃”借鉴发达国家草业的发展经验，走产业化、专业化、规范化、规模化的路子，突出主业，实施和推进多元化发展战略，在激烈竞争的市场中，不断创新和发展自己，努力为中国的草业做出更大的贡献。

中种草业努力建设绿色新型产业

北京中种草业有限公司　张　萍

北京中种草业有限公司是中国种子集团公司控股的从事草业生产、科研、营销、服务的高新技术企业。公司依托本企业的人才、技术、品种资源优势，运用现代企业管理方法、先进的科学技术手段和广泛的国内外经济、技术联系渠道，内部纵向、横向业务的拓展与整合，可提供以下多层次、全方位、高水平的服务：如草坪、牧草、水土保持、种子营销；草坪专用肥料、除草剂、保水剂、黏合剂、着色剂、无纺布、抗蒸腾剂、生根粉，以及苜蓿专用肥料、除草剂、根瘤菌等农化产品；牧草产品生产、加工；大中型苗木、草皮卷生产；花卉种子、盆花营销；园林机械等绿化专用生产资料经营；公园庭院、运动场、江河道路等绿化工程的设计与施工；网围栏、刺丝网、配套铁柱、机械设备、塑料制品等草场围栏产品；进出口代理业务以及多专业学科的技术培训和咨询服务等。

1. 草种营销

(1) 牧草草种：紫花苜蓿、无芒雀麦、披碱草、冰草、多年生黑麦草、一年生黑麦草、柠条、白三叶、红三叶、老芒麦、苇状羊茅、鸭茅、红豆草、蒙古岩黄芪、二色胡枝子、羊草、猫尾草和臂形草等。

其中，独家经销牧草品种有：

WL品牌系列紫花苜蓿：WL323、WL323MF、WL323HQ、WL324、WL252HQ、WL232HQ、WL414、WL442、WL525HQ及WL612等。

一年生黑麦草：瑞奇思、劲能、牧杰等，适于南方冬闲田种植。

(2) 草坪草种：草地早熟禾、粗茎早熟禾、加拿大早熟禾、高羊茅、多年生黑麦草、狗牙根、紫羊茅、羊茅、硬羊茅、白三叶、红三叶、匍匐翦股颖、细弱翦股颖、结缕草、野牛草、百喜草和画眉草等。

其中，独家经销草坪草品种有：

草地早熟禾：超级伊克利、自由2号、纽布鲁（兰神）、美洲王等。

高羊茅：爱瑞3号、家园、王朝等。

多年生黑麦草：艾得王、金牌美达丽、畅想等。

2. 绿色引领未来　是中种草业企业精神的集中体现，也是企业对草产业的全新理解。目前，“绿色引领未来”的经营理念已贯穿于企业管理、产品营销、战略发展思想之中。

(1) 人性化的绿色管理　中种草业在绿色管理中主要做了以下工作：一是支付员工较具竞争力的报酬，大部分员工还拥有公司的股份，具有延期收益；二是对员工充分授权，使员工在工作中能充分运用他们的技术和才能，各级经理主要充当指导者、服务者、资源提供者和协调者的角色；三是广泛开展技能培训活动，不断提高员工业务能力；四是关心员工生活，设立工会和职代会，定期收集员工的合理化建议、举办集体活动，并发动大家互帮互助，增强了企业的凝聚力；五是给员工参与管理的机会，在定期召开的业务研讨会上，每名员工都可畅所欲言，为企业的发展出谋划策。另外，对员工进行人性化引导、关怀，是中种草业“绿色管理”的指导思想。轻松、愉快的工作气氛，使员工对公司有了认同感和归属感，激发了工作热情，达到了员工、企业、社会三方共赢的理想效果。

(2)“良种+良法”的绿色营销　提供优质的产品，传授科学的种植方法，努力维护草业行业健康的秩序，是中种草业“绿色营销”的重点。

第一，中种草业营销的首要任务是选择适宜、优质、抗逆性强的品种，包括从国外引进优良品种和开发利用国产优质品种。对于国外进口的种子，在纯净度、发芽率、抗病性、抗旱性、抗寒性等方面严格遵守“三不”和“三检二试”原则。“三不”即不从疫病多发区进种；不进抗病性差的品种；不进纯净度和发芽率低的品种。“三检”即每批种子必须有供货商出具的官方检疫证书、我国农业部植检部门签发的植检证书、口岸出入境检验检疫局检疫并开具检验检疫证明书及放行单；“二试”即每批种子经国际种子检验协会（ISTA）会员实验室——中国农业大学牧草种子实验室试验（种子纯净度98%、发芽率85%以上），区域试验成功以后才能大面积推广。这些手段有效保证了进口种子的质量。

第二，加大科研推广力度。目前，中种草业已在草种贸易上和美国、加拿大、荷兰、丹麦、瑞典等国的50多家国际知名草业及相关行业公司进行了成功的合作。科研人员广泛收集、筛选来自国内外的各类草种，利用专业手段混合、组配不同科、属、种的草种，经过不断的田间试验，选择出适应广大半干旱地区的抗旱性草种组合，形成了完整、全面的草种评价体系，每年向用户推荐大量适应不同地区的优良草坪和牧草品种。中种草业除在北京有大面积的试验基地外，在全国不同的气候区域均设有试验推广点，保证了试验结果的代表性和有效性。几年来，中种草业已从国外引进多种抗病虫害、高产优质、适宜不同区域种植的紫花苜蓿种子。目前，以WL品牌系列为代表的优良紫花苜蓿草种在全国的年种植面积已达20万公顷，取得了很好的社会效益和经济效益。

第三，积极开发国产种子资源。中种草业与中国农业大学、内蒙古农业大学、海南热带作物研究所等多家科研院所合作，在收集、整理国内的草种资源上做了大量工作，并利用自身的市场网络实力和资金优势，牵线搭桥，把优良品种推向市场。2002年3月，中种草业从内蒙古农业大学买断的蒙农杂交冰草品种，已开始在中种草业种子生产基地批量生产，预计2004年面市。

第四，多途径推广“良法”。中种草业的每名销售人员都具有丰富的业务经验，能及时为客户解决种植中的技术问题。为了更好地为客户服务，中种草业组织专家顾问组，举办免费的技术培训班，对广大生产者进行技术上的指导和观念上的引导，如“2001年中种草业苜蓿研讨会”，共有15个省市的66家单位、145人参加，效果良好。中种草业还积极参与国家星火计划培训丛书等农业科普书籍的编写工作，《牧草之王——苜蓿》和《高产饲料作物栽培技术——饲用玉米、高粱、苏丹草、高粱苏丹草杂交种》对于帮助用户了解种植技术，掌握“良法”，起到了积极的作用。2002年，中种草业在西部成立了乌鲁木齐办事处和兰州办事处，进一步体现了中种草业“科技领先、质量可靠、信誉第一、服务周到”的企业宗旨，为中种草业与客户进行面对面的交流、服务提供了便利条件，同时，为更便捷地试验、宣传、推广公司高质量的优良品种，筛选种质资源，起到了积极的作用。

第五，实施相关多元化发展战略。由中种草业控股的中种园林景观工程有限公司（中种园林）是中种草业最大的分支机构。目前，中种园林已承接并完成了东方大学城高尔夫球场、北京西长安街延长线绿地改造、比利时驻华使馆、北京双龙怡合汽车城、承德长城种业厂区绿化、新疆克拉玛依翼龙公园、黑龙江八一农垦大学校园绿化改造等40多项绿化工程。同时，为治理生态环境，配合国家退耕还草政策和草场围栏项目的实施，中种草业根据相关多元化发展战略、股东利益最大化原则，与新疆维吾尔自治区有关单位在其原有围栏厂基础上，合资成立乌鲁木齐燕儿窝中种网围栏有限公司，每年可向西部地区草场建设提供1 000万米的网围栏产品。

今后，中种草业将一如既往地把“绿色引领未来”的经营理念贯穿于企业的一切经营活动中，努力建设绿色产品、绿色景观、绿色管理、绿色服务的新型产业，力争为中国草业的发展做出更大的贡献。

山东佳宝乳业打造特色品牌　用创新诠释发展

山东济南佳宝乳业有限公司　孙作刚

农工商集团济南佳宝乳业有限公司是济南市政府大型菜篮子工程和山东省农业产业化龙头企业。近几年来，佳宝乳业在中国乳制品工业协会的指导帮助下，各项经济指标都有了较大幅度的增长。其中：液态奶产量平均每年增长124.61%；产值平均每年增长118.72%；销售收入平均每年增长116.46%；利税总额平均每年增长233.27%。佳宝公司的成功，主要包括三部分内容：

（一）创新管理　强身健体练内功

管理是企业发展中永恒的主题，公司在短短几年时间里，抓住了创新管理这一发展的灵魂，从而保障了产品质量、降低了生产成本、提高了企业效益、提升了品牌知名度、扩大了市场营销。

1. 加强三级预算制管理，有效降低生产成本　所谓“三级预算制”管理是指：从公司到生产厂，再到生产车间的三级成本控制管理，按照年度生产经营计划与目标，以财务预算的形势固定下来，层层控制，层层考核，加强内部管理，核算清晰，日清日结，有效降低费用成本。其实质是，引入市场机制，按照加强经营管理和转换经营机制的需要，实施生产经营目标责任制，分别把公司、二级生产经营单位和基层车间、班组的生产经营计划和控制目标，以财务预算和目标责任书的形式固定，层层分解，逐级落实到责任单位与个人，纵到底、横到边。

“纵到底”就是从公司到二级单位，到车间、班组、岗位，最后到个人；“横到边”是指从公司到职能部室，再到处室和二级单位的专业科室，直到专业管理人员。由此形成了全员和全过程的目标责任管理。通过层层分解落实责任目标，把生产资料的使用、管理、核算具体落实到人，使员工有家可当，有财可理，把员工的利益与企业的经济效益紧密结合，二者结成了责、权、利统一的利益共同体，从而形成了一种自我管理、自我约束的新机制。各单位、各部门均按照责任目标完成情况核算奖金，实现了员工多节约多获益。2002 年，在不断开拓市场、扩大销售、营销费用激增的情况下，管理费用下降 300 万元。

2. 深入细化阳光采购，经济效益十分突出 公司制订了《物资采购管理暂行规定》和《基建设备工程招标管理办法》，有章可依，有矩可循。按照流程规定，销售部根据市场变化下生产订单，生产部按单生产，物资公司按单采购，哪个环节出了问题，自己承担经济损失。不论采购大小物品，一律由物资公司联系多家单位进行竞标。竞标过程中，由董事会、监事会、股民代表组成评标组，对竞方进行层层筛选，最终与需求使用单位共同决定中标，公司领导不能擅自拍板，在具体的实施过程中，按三级审计要求还要随时抽检审核，这就加大了股民的监控力度，真正杜绝暗箱操作，增强了管理工作的透明度。这种竞标涉及领域不断拓宽，从原材物料、设备采购、土建、安装、工程维修、广告方案、物流线路承包、车辆保险等等，每年召开的招标会 60 余次，仅佳宝工业园设备采购、工程招标就节约资金 3 000 万元。

3. 完善的质保体系与自检自罚相结合，保证产品品质 公司通过主客观两方面提升产品的品质，客观上不断完善质保体系，通过了 ISO9001：2000 版认证，并严格执行质量标准，长期推行质保竞赛，把简单的“质量保证”上升为完善的“质量管理”。在现场管理上，推行“5S”加“安全”和“服务”的“7S”管理，把现场管理、员工素质、产品质量、品牌形象有机结合，全面提升企业的管理水平。在生产车间和机修、电工等辅助部门推行的 QC 品管小组和 TPM 设备效益最大化活动，也是提高产品质量的有效保证。

在主观上，公司加强了对生产人员的管理，实行自控、自查、自检、自罚体系，提高生产一线人员的主观能动性和责任心。他们必须坚守岗位，现场全程监控，一旦出现质量问题，处罚由下而上，责任人及所在班组首先要自省，拿出对自己的处罚意见，逐级上报，得到主管部门批准后，全公司通报，达到最佳效果为止。

4. 动态的人事管理，有力的竞争机制，使企业充满活力 现代企业“以人为本”，调动员工的积极性是企业发展的基础。公司引入了竞争机制，实行动态的人事管理，有效地激活了企业活力。

包括部经理在内的所有干部员工都要参加每年一度的竞争上岗，竞岗前，先公布责任、目标、费用、薪酬，让大家在竞岗前先明白自己的目标任务。竞岗过程中坚持公开平等、竞争择优的原则，公开唱票，当场评聘，对基层员工实行摘牌制，末位淘汰，未被摘牌的员工经培训再上岗，不行的予以解除劳动合同，真正实现了干部的能上能下，员工的能进能出。

公司建立一套科学的干部员工考核奖励机制，根据竞争上岗时与总裁所签订的目标责任书，对每位职工进行严密的目标考核，三月一试岗，半年一轮岗，随时调整，随时撤换。

5. 全面塑造“加强执行力、提高工作效率”的企业文化 公司一直把加强执行力、提高工作效率作为员工教育的重要内容，注重对员工的培养和熏陶，并形成佳宝公司特有的企业文化一部分。公司政策令行禁止，畅通无阻，杜绝出现看起来必胜无疑的决定因为执行不力而付之东流的现象。公司领导平时就注意把带有趋向性的小事一抓到底，形成模式，这就是我们工作中提倡的“四化”原则，即“把复杂的过程简单化，把简单化的事情量化，把量化的因素流程化，把流程化的因素框架化”。这种强有力的运行机制是企业蓬勃发展的润滑剂。

（二）求新求变，做大销售立山东

销售是企业发展的龙头，针对市场风云变幻，佳宝公司紧扣市场脉搏，创新求变，保持山东省乳业领先地位，不论市场占有率还是品牌知名度都一直领先，成为国内典型的地域性强势品牌。

1. 根据市场变化，及时调整营销战略，理顺营销思路 随着市场形势发展的日新月异，公司适时调整营销战略，提出了“巩固提高、深耕细作、走向全国”的思路，即以巩固提高济南为基础，深耕细作山东是关键，走向全国作储备，兼顾速度与效益的统一，速度优先的原则，最大限度地扩大市场份额，保持山东龙头地位。目前，“佳宝”奶制品在济南市场占有率连续保持 85% 以上，全市形成了以大商超、专卖店、送奶到户为主体，以 CD 店、零售摊点为补充的营销网络。全省 17 个地市均设立了营销分公司，产品遍布市、县、乡、镇甚至农村市场，形成了以济南为中心、覆盖全省的市场格局，产品辐射国内十几个大中城市，佳宝品牌已具有较高的知名度。

2. 以构建市场网络为重点，做大山东市场 近年来，乳品市场竞争不断加剧，各种促销形式层出不穷。正是这种形势，促使我们的头脑清醒，一不盲目跟进，二不拼价格、拼实力，而是在不断学习借鉴的基础上，按照营销规划，准确定位，求新、求变、求活，走自己的特色之路。

作为地域性品牌，我们充分发挥品牌本地化、亲和力强、产品运输线路短、新鲜快捷的特点，加强与客户沟通，在心理和空间上拉近与消费者的关系。在济南市场上，我们将重点放在完善网络构建和网点的深度开发，把终端做精做细，强化客情关系，提升服务质量，增加品牌的美誉度；对外埠市场加大投入，加强品项通路建设，重点市场重点做，重点产品重点做，完善和扩大驻外办事处，由地区、市、县、乡镇逐级构建营销网络，形成一个点、线、面结合，立体式、交叉型、覆盖山东、辐射临近省市的市场网络。

送奶到户是巩固市场的有效途径。公司一直把送奶到户作为市内销售工作的重点，我们在济南市区建有奶站40多处，从社会招聘下岗职工1 600余人做送奶员，加大亲情服务，完善售后服务体系，使销量不断攀升，2003年上半年，仅济南市区送奶到户每天接近30万袋。

3. 提高营销人员的风险和回报，科学调整营销预算 销售业绩的好坏，关键看是否有一支过硬的营销团队。为提高业务员的责任心和主观能动性，公司在每年的竞争上岗中，所有销售公司经理、科长、奶站站长岗位全部实行招标，各公司对业务员的市场区域划分、配送路线等也进行了招标，并逐月实行末位淘汰。对各销售公司的营销费用，依据每月销售计划总额，实行逐月包干，直接划分到各销售公司。我们对各销售分公司营销费用预算管理是根据每月的市场变化，及时调整，以最大限度地支持市场。

对销售经理，实行"高风险高收入"，按照完成任务的百分比成倍地拿奖金或扣提成，完成全年任务，其奖金比公司总裁年薪都要高，当然，连续三个月完不成任务，则直接下岗。后勤辅助人员与销售人员捆绑拿工资。这种动态管理方式，压力与动力并存，可充分发挥销售经理的决定性作用。

4. 创新研发思路，以不断创新的产品拉动市场销售 科技创新是企业发展的核心竞争力。只有产品的不断推陈出新，才能更好地拉动销售。经过多年探索，公司对科研人员实行了"通路营销课题负责人制"，即：将科研人员分到各营销通路，划分研究课题，与营销人员一起研究消费者的口味和爱好，新品投放市场后，个人收入与销售业绩挂钩。科研人员不再闭门造车，而是以顾客为导向，开发有消费需求和消费市场的产品。这使佳宝公司拥有了一批高品质、高附加值的新产品，公司每年推出新品30多个，新品销售收入占总收入的20%以上。根据考核方案，公司对科研人员上半年平均发放奖金3万～5万元，这有利于科研人员潜能的发挥，显示了"通路营销课题负责人制"这一新品研发思路在企业发展中的作用。

（三）品牌运作，蓄势待发

1. 准确品牌定位，延伸品牌内涵、提升品牌知名度 公司将品牌定位为"充满活力的好牛奶"，"充满活力"既指产品的新鲜、营养、运动、健康、向上，又指企业的不断创新、蓬勃发展，可以说，创新是佳宝生存和发展的灵魂，没有创新，就没有佳宝乳业的明天。根据这一品牌定位，公司将着力于产品质量的提升，着力于好团队的打造，着力于不断创新的企业管理的探索，着力于品牌深厚内涵的积淀。

根据品牌定位，公司还加大了对公益活动的宣传，今年赞助了两大体育赛事——CBA篮球联赛和甲A足球联赛，以充分体现品牌充满活力的内涵，通过这种大力宣传，促使公司早日实现由产品经营到品牌运作的转变，为品牌扩张打基础。

2. 全面企业改制，为大发展扫清最后障碍 众所周知，现在大部分的乳品企业都是由原先的老国有企业转变而来，佳宝乳业也是如此。它的前身是创立于1932年的五大牧场，在近70年的发展历程中，经营体制成为企业发展的桎梏。2001年，公司进行了探索性的股份制改造，本着国有资本逐步从竞争性领域退出和投资主体多元化的指导思想，职工持股占企业总股本比例70%，国有股本退到了30%，公司在改制基础上，进行了相应的组织再造和新一轮的资源配置，充分调动了全体员工的积极性，企业凝聚力明显增强，发展势头强劲，连续两年股本红利税后接近50%。

为进一步加快企业发展，深化产权制度改革，增强企业活力，实现可持续发展，公司正进行新一轮改制，由员工买断企业现30%的国有股权，全部退出国有资本，职工身份全部置换，加快民营化进程，员工的敬业精神、工作效率、责任与风险意识增强，民主决策与管理水平将显著提高，经营者责任、风险、利益和企业紧密相联，更适应市场经济规律，为公司下一步大发展铺平道路。

3. 做大佳宝工业园，提升企业综合竞争力 2003年8月18日，公司兴建的佳宝工业园是国家计委重点扶持的"农副产品深加工示范项目"，也是迄今山东省实施的最大奶类项目，占地66.7公顷，投资5亿元，设计规模日处理鲜奶1 200吨，液态奶年总产量40万吨。佳宝工业园与牧场、生活区紧密相连，成为一个集饲料加工、奶牛饲养、乳品生产、科研开发、销售、生活休息于一体的大型智能化综合生态工业园区，并实行微机化的操作，无纸化的办公，信息化的管理，网络化的电子监控。整个园区全部实行ERP管理，从对产品三大类别（牛奶、酸奶、饮料）的粗放式成本预算，逐步细化到对上百个产品的精确成本核算，且做到日清日结，大大提高了园区的管理水平。

夏进乳业努力创新　致力西部乳业振兴

宁夏新华百货夏进乳业股份有限公司　张志前

近年来，夏进乳业已经形成了自己独特的品牌战略、产品定位、市场策略和战略规划，并逐步走向成熟。公司坚持创造市场资源，遵循市场法则，追求以变制变，变中谋胜。几年来，夏进乳业保持了年均80%以上的增长速度，形成了以乳品加工为主的“种、加、养”和“产、销、供”多元化产业链。公司已拥有世界一流的液态奶生产线30条，液态奶年生产能力已达到26万吨；优质奶源基地63个，奶牛存栏数已发展到5万多头；以液态奶为核心竞争力，公司积极有序地拓展全国市场，并在宁夏平吉堡奶牛场和山西大同市建有两个子公司，“乳品研发中心”也已在筹建之中；公司产品销售网络遍布全国26个省、直辖市、自治区。夏进乳业成功的经验主要有：

（一）夯实产品质量根基，推行品牌经营战略

夏进乳业立足中国国情，将企业的实际竞争力、品牌营销力与中国特定的市场环境结合起来，实施品牌战略管理，围绕夏进品牌的核心价值将企业真正打造成为百年夏进这一金字招牌。这是夏进乳业市场发展的既定方针。

“农业兴、则国兴，乳业强、则国强”，夏进乳业的品牌核心价值的培育，首先在于维系品牌大厦的根基——产品要有始终如一的质量品质，实施“精品名牌”战略。在这一战略中，夏进乳业坚持“精心组织策划、实施科学管理、采用先进技术、生产优质产品、提供满意服务”的质量方针，进行全面质量管理。一是加强教育，增强全员质量意识，使全体员工真正认识“质量是企业的生命”的含义；二是建立和完善资保体系，健全质量管理网络，公司上下建立了上百个质量控制点，成立了质量品控中心；三是经济责任制考核中始终坚持质量一票否决制，做到“不合格原料不进厂、不合格产品不出厂”，采取快速全面的检测手段和严格科学的检测制度，保证出厂合格率100%，实现了“零缺陷”的质量目标；四是在质量管理中贯彻是“三检查”、“三服务”、“三不能”、“三为主”、“三不放过”的“五三管理责任制”，每道工序之间都要进行自检、互检和抽检，做到质量管理环环相扣；五是加强质量管理培训，提高员工对质量管理的本领和技能，不定期、分层次举办质量管理方面的法律法规竞赛；六是在产品售后服务方面采取的换位思考，开展了“用户就是上帝”的服务活动，建立了以营销人员、经销商和消费者反馈意见的延伸网络和电脑联网沟通体系，以及答复和解决用户反映的问题。2000年，公司在全国乳品企业率先通过了ISO9002质量体系认证，2003年将进行9000族质量体系换版运行工作，把质量管理工作再推向一个新的高度。

用质量形象树立品牌形象，用品牌形象带动企业形象，夏进乳业“安全、营养、健康、纯真”的良好形象已深深植入每一个消费者心中，赢得了越来越多消费者的青睐。夏进系列产品多次被宁夏回族自治区名牌战略小组评定为“宁夏名牌产品”；“夏进”商标多次被自治区工商行政管理局认定为“宁夏著名商标”；2003年，“夏进”品牌又被中国企业品牌推进委员会授予“中国著名品牌”称号；前不久中国质量检验协会通过对“夏进”系列产品的审查，授予公司“全国产品质量·售后服务信誉双保障企业”证书。

（二）不断创新，推动夏进乳业快速发展

企业发展的过程，其实质就是一个不断创新、不断搞好管理再造的过程。近几年来，乳制品行业已成为国内食品工业中发展最快的行业，然而，许多乳品企业却出现了管理滞后于市场发展的现状。为此，只有持续不断地搞好经营管理的创新，才能使企业有更大的发展。夏进乳业的具体做法是：

1. 观念创新为前提，开拓进取赢得主动　近年来，宁夏回族自治区政府出台了“奶业行动计划”和农业发展“三个十工程”方面的系列促农政策。为此，公司将二期技改和建设“奶牛示范园区”纳入了“三个十工程”项目，既争取到了资金，又赢得了时间，促使企业很快形成了规模效益。同时，公司还争取到了国家计委批准的“农副产品深加工食品工业示范工程”项目，为公司的可持续发展奠定了基础，也充分证明了，每一个创新的步骤都是以观念创新为前提的。

观念的创新来源于创新知识和拥有创新知识的人力资源，它是企业创造独占性的异质知识和垄断技术优势的基础，是形成企业核心能力的基础。夏进乳业立足于以人为本，极力营造学习型企业的文化氛围，倡导学习型企业的团队精神，对员工晓之以理、动之以情、授之以权、报之以利，教育员工树立“诚信、敬业、务实、创新、竞争”的新观念。比如，自2000年开始，夏进乳业以年薪20万～50万元，高薪聘请营销经理和总经理助理，不但开创了宁夏高薪引进人才的先河，更引发了西部地区对人才引进的大讨论。由此看来，惟有观念创新才能赢得市场竞争的主动。

2. 机制创新为根本，建立现代企业制度　在瞬息万变、竞争激烈的现代市场经济中，企业的高效决策和管理运行必须有相应完备的机制体系来保证。夏进乳业在机制创新道路上走过了中外合资、产权不清的内资和股份制三个阶段，每一个阶段对公司来说都是一次革命，一次新生。如今的夏进乳业，已在机制创新中实现了投资主体的多元化，步入了“产权清晰、权责明确、政企分开、管理科学”的轨道。

2002年，夏进乳业与上市公司新华百货成功实施了强强联合，一举实现了公司的“借壳上市”。同时，企业融资的多渠道化，也为公司组建企业集团奠定了基础。夏进乳业，按照现代企业制度的要求，设立了股东会、董事会、监事会，实行了经理层的任期目标责任制，公司的人力资源管理、新产品研发、生产经营管理、市场营销管理以及质量体系管理等各个方面都建立了一套行之有效的绩效激励机制和约束机制，并逐步实现集权有道、分权有序、授权有章、用权有度的新型法人治理结构和组织架构。

3. 产品创新为基础，推进产品升级换代 一个好的产品不仅能维持一个企业，还能使其飞速发展。公司的核心竞争力体现在产品的优势上，就是以实施产品创新工程为主，通过产品的结构性调整、转换和整合，以市场为导向并保持产品调整与市场开发相联动，从而达到产品升级换代的目标。目前，夏进乳业产品已形成五大系列、四十多个品种、十多个规格，在全国市场的占有面和占有率不断扩大。公司坚持在产品创新和研发上走“研制一代、储存一代、开发一代、生产一代”的道路，在贴近市场、领先市场上力求做到“人无我有、人有我新、人新我特”。具体做法：一是调优。目前，公司的塑瓶、利乐枕、百利包纯牛奶已遍及宁夏、西北和中原等地，成为公司的主导产品；二是调大。公司将一批有影响力和带动力的骨干产品作为突破口，精心培植，做强做大，如酸牛奶、枸杞牛奶、学生饮用奶、甜牛奶等产品，在市场上实现规模经济和有效的供给；三是调深。积极开发各种含乳饮料，目前已有巧克力牛奶、草莓奶、果汁奶等新产品，产品开发不断向纵深发展，以占据更加强大的市场空间；四是调高。大力引进、消化和吸收以保健功能为代表的科技含量高、附加值高的高新技术产品，以及有助提高竞争力的一些关键性技术。即将在银川市建成的“乳品科研中心及深加工项目”工程，定会为夏进乳业的产品创新再添后劲。

4. 营销创新为关键，实施“市场—第一车间”战略 夏进乳业的市场战略目标是：“立足宁夏、占领西北、重点突破、进军全国”，所遵循的营销原则是：“健全网络、提升品牌、服务市场、奉献社会”。所以，公司一直把市场营销作为经营的龙头，改过去“以产促销”为“以销定产”。随着夏进品牌知名度的不断提升，公司的产销量每年以80%以上的速度递增，连续三年实现了产品的零库存，货款回收率年均在96%以上。

夏进乳业的产品销售网络能够到达全国26个省、直辖市、自治区的200多个主要城市，这主要也与公司的营销战术的创新有关。面对激烈的市场竞争，公司采取以点带面、稳扎稳打的战术，适时利用媒体进行广告宣传，使广大消费者逐渐认识到“夏进”牛奶是自然的、新鲜的、纯香的、实在的。在营销布局上，采用因地制宜的战术，抓重点、促一般，有的放矢调整各市场分公司的布局，收到了最佳的营销效果。目前，公司的产品网铺全国各省会城市，并设立了分公司或办事处等机构，直接管理着280多个经销商。由于实行了科学合理的全员营销，抓好了市场调研、产品投放和售后服务，在市场开发上整体策划、系统论证、集中决策，大胆吸收现代营销理念，在传统的营销方式上进行创新，公司的市场营销工作真正在生产经营中发挥着龙头的带动作用。

5. 文化创新为源泉，推进精神文明建设 企业文化是企业可持续创新的基础，它决定了企业创新的方向。世界500强企业之所以出类拔萃，关键是有优秀的企业文化，有不断创新、勇于挑战的创新精神。

宁夏优秀的文化精神，源于中华民族精神的基本内涵。夏进乳业秉承博大精深的中国文化之精粹，以新的思路开发宁夏文化资源，弘扬宁夏优秀文化精神，以此促进夏进乳业可持续发展，实现兴乳报国的历史使命。夏进乳业的企业文化内涵是“真诚、真情、纯真”，核心理念是“有容乃公，百年夏进，以德治企，兴乳富民”。正是这样一个先进的文化理念，铸就了“诚信敬业、务实创新、光彩华夏、与时俱进”的夏进精神。在这样一个精神指引下，在品牌战略的实施中创造的夏进文化，是公司一笔巨大的财富，它激励着员工的品牌意识、质量意识、责任意识和服务意识。潜移默化的“夏进文化”和“夏进精神”在企业核心竞争力的构筑过程中，发挥着巨大的作用，它为挖掘企业核心竞争力建立了必要的内部环境和基础。但是，随着市场的不断变化，企业的文化也在不断地发展与变化，其内涵必须拓展，必须丰富。因此，2002年，夏进乳业推出的“创卓越品质，造百年夏进”的经营理念，就是公司适应市场的发展，针对公司核心竞争力的不断延伸而及时准确地做出调整，在原有的基础上不断发展与深化的结果。

（三）培育建设奶源基地，推动区域经济发展

乳品企业要快速发展，离不开优质的奶源，“得奶源者，得天下”，而奶源基地则成为提供优质奶源的有力保障。近年来，虽然各乳品企业纷纷加大奶源基地的建设和投入，但与乳业发达国家相比，不论是奶牛的品种改良和饲养水平，还是奶牛的养殖规模、管理水平和社会化服务体系，以及与奶牛相关和种植业、饲料加工业等产业链的发展仍然存在较大差距。

夏进乳业多年来一直重视奶源基地的建设。公司在形成“公司+基地+农户”的经营格局后，发现仍然存在奶牛单产低、质量无保证、疫情难控制等一系列问题。为此，公司进行了广泛的调查和论证，探索出了一条奶业产业化经营之路，即“集中管理、分户饲养、统一挤奶、全面服务”的园区化养殖模式。在自治区政府实施“奶业行动计划”和“三个十工程”项目的推动下，公司在奶源基地建设上大力倡导“统一饲草、统一防疫、统一良种繁育、统一挤奶收奶、统一检测”的“五统一”管理法，逐步变粗放经营为集约化经营。公司还投资700多万元，自己建设了一个“奶牛养殖科技示范园区”，入驻园区的奶牛达到900多头，入园奶户达到50多户，以此示范带动更多的奶牛养殖户入驻园区。目前，夏进乳业在自治区境内陆续挂牌运行的优质奶源基地（园区及大型牛场）就达63个，另建有固定收奶点25个；先后投资7 989.7万元为基地购置63套大型挤奶设备，建设了挤奶厅；在养牛集中的地域（或专业户）配备43台小型挤奶设备；为偏远地区配备了80多台制冷储存设备和140个冰柜，为奶农购牛提供担保贷款2 600多万元。公司与这些基地（养牛专业户）签定了10年以上的供购合同，以“订单农业”的方式建立了利益共享、风险共担、友好合作的战略伙伴关系。与此同时，公司争得了“中加奶牛综合育种（DHI）”项目，对牛群的饲养、管理、防疫、育种等方面无偿给奶农提供新技术跟踪服务，面向广大奶农定期举办“奶牛养殖技术培训班”，效果显著。

为了加大奶源基地建设力度，2003年，夏进乳业面向全自治区举办了“建设奶源基地新闻发布会”，会上对进驻养殖园区和签订供购合同的奶农公布了提供贷款担保、技术服务、设施配备、牛体检疫、奖励兑现等十个方面的具体承诺，一时间，来自全自治区各市县区的区建“奶牛养殖园区”协议书不断飞向公司，全区各级政府都把发展奶牛养殖业看作调整农业产业结构的优势主导产业来抓。一系列高效可行的奶源基地建设方式，为夏进乳业提供了强大的动力支持。目前，公司奶牛存栏数已达5万多头，养牛户已发展到2万多户。

随着“夏进”品牌的不断提升和规模效益的凸现，不单是养殖业得到了快速发展，同时还带动了种植业、饲料加工业、塑料业、印刷包装业、货运交通等相关产业的发展，为社会提供了数以万计的就业机会。公司还与这些相关行业建有稳定的合作关系，形成了以乳业为主的产业链。最近宁夏成立了“乳制品工业协会”，协会发起的合作联合的倡议得到了各乳品企业的响应，为在联合中互动双赢，在竞争中共同进步的乳业宏观整合，为组建多元化乳业集团奠定了基础、提供了保证，也为组建宁夏乳业“航母”、发展宁夏区域经济拓展了一个极大的发展空间。

2003年，夏进乳业要在液态奶和含乳饮料的产销上达到16万吨，销售收入要实现8亿，年末生产能力要达到30万吨。今后，夏进乳业将根据宁夏回族自治区“奶业行业计划”和公司的中长期战略发展目标，继续突出抓好奶源基地的建设，在奶牛品种改良和结构优化方面、在科学饲养的推广和提高方面、在优良牧草的种植方面、在为奶农的社会化配套服务方面进行不懈的探索和完善，促使奶牛养殖上档次、上水平，为使更多的奶农走上富裕之路，为使我国奶业参与国际竞争力的提高做出更大的贡献，打造出一个“光彩华夏，与时俱进”的全新的夏进乳业！

广东燕塘乳业以“鲜”引领乳制品消费方向

广东燕塘乳业有限公司　黄　宣

广东燕塘乳业有限公司（原广东国营燕塘牛奶公司成立于1956年），占地面积1.8万米^2，建筑面积3.1万米^2，拥有14个圈养式奶源基地和近1.2万头奶牛，是集牧场、加工、销售一条龙的综合性企业，也是华南地区最早的乳品加工企业之一。自1998年以来，企业开始进入了第二次高速发展的快车道，销量连续几年以近40%以上的速度递增。2002年的销售收入为3亿多元，乳品产量达5万余吨。

2002年，燕塘乳业陆续投入1.2亿元进行技改，分别从荷兰、德国、瑞典等国家引进当今世界上最为先进的生产设备和灭菌及检测设备。在整个技改工作完成后，企业的乳品处理量可达每日300吨，产品类型包括瓶装、袋装、杯装、屋型包装、无菌包装等，牛奶品种多达60余种，成为广东地区乳制品生产规模、销售收入、产值最大的生产企业，也是设备最为先进，生产品种、销售网点最多的企业。

为了保证消费者饮用到健康、安全、卫生、营养的牛奶，燕塘乳业在原奶、加工工艺、检测等方面做了大量工作，使流向市场的产品达到了国家的标准。主要做法有：

1. 优质牛奶从源头抓起　燕塘乳业的奶牛是采用圈养方式，全自动、现代化挤奶设备进行挤奶，避免了手工操作，同时采用严格、科学的牧场管理，保证当天的牛奶当天上市。各牧场都严格执行防疫制度，将生产区、饲养区、病牛隔离区等相互隔离，有效避免了交叉感染。

目前国家《生鲜牛乳收购标准》对于乳制品中的细菌总数标准为50万/毫升，欧盟的要求为20万/毫升，而目前燕塘牛奶的收购标准是按照欧盟的标准进行，超出此标准的原奶一律予以拒收，这样的标准已经远远超过了国家要求的标准值。

通过这些措施，使原奶超过了国家《生鲜牛乳收购标准》I级要求，使乳制品的安全在源头就得到了有效的控制。

2. 以先进的加工工艺保证牛奶的品质 多年来，燕塘乳业无论是在奶牛饲养还是乳品加工均按国际标准生产。从德国、丹麦等国家引进了世界上最先进的生产设备，通过巴氏消毒及超高温灭菌两种加工方式，保证了产品的产出得以在全封闭的系统中完成灌装、包装等全过程，彻底杜绝残留抗生素的牛奶，确保牛奶的好品质，最大限度地保留了优质牛奶的新鲜口感和营养成分。

3. 以健全的销售、配送网络保证牛奶的新鲜 燕塘乳业一直以来把"鲜"做为产品的最大优势，强调新鲜，提倡新鲜。为了保证这一点，公司销售网络、配送网络的建设就显得尤为重要。为此，燕塘乳业在广东各地及周边省份建立了庞大的销售网络，拥有门市部、送奶服务部1 200余个，产品遍布广东省所有大中型商场，并向1 500多所学校供应学生饮用奶。公司拥有自己的运输车队，健全配送网络，保证了鲜奶可在第一时间遍布广东的终端销售点，真正实现了"新鲜有益零距离"。

4. 运用国际先进的品控设备，制造高品质的产品燕塘牛奶 公司除了采用国内先进的ISO9002质量认证体系外，按照HACCP（危害分析关键控制点）体系及GMP（良好生产规范），加强产品安全检测并从丹麦引进先进的检测仪器。严格运用品控体系，对每一批的产品都进行检验，同时每月接受卫生质量监督部门的定期检验，给燕塘牛奶产品的"新鲜、安全、营养、健康"提供了保证。2002年，成立了华南地区第一家乳品科技创新中心，下辖新产品研发中心、中试车间、检测中心、奶源指导中心等四个机构，使企业无论在产品技术开发、产品质量检测、能源控制等各个方面都得以走在华南乳品行业的前列，为广东燕塘乳业有限公司实现"立足广东，覆盖华南，迈向全国"的战略目标打下坚实的基础。

通过多年的不懈努力，燕塘牛奶成为了广东地区的第一大乳品品牌，所生产的各类产品为众多消费者广泛接受，也得到了社会的普遍认同。1987年、2001年燕塘牛奶分别被指定为第六届、第九届全运会惟一专用牛奶，成为国内首家连续两届全运会指定为惟一专用牛奶的乳品企业。2003年末，燕塘乳业分别通过了国家ISO9001：2000国际质量管理体系及HACCP体系审核认证。纯鲜牛奶在1999年及2003年连续获得"广东省名牌产品"称号，2002年"燕塘牌乳酸菌饮料"也被评为"广东省名牌产品"，同时取得了中国绿色食品认证。1998年以来，燕塘乳业有限公司先后被广东省委、省政府、省直工委评为广东省"文明单位"。2002年，在国家开始启动"学生饮用奶计划"之后，燕塘乳业成为广州市政府首批定点生产学生奶仅有的两家乳制品企业之一。2003年，燕塘乳业有限公司被广东省人民政府确认为"农业化龙头企业"。而且在国家学生饮用奶计划部际协调小组办公室正式启动"学生奶奶源升级计划"后，燕塘乳业还被确定为全国第一批8家试点企业之一。同时，燕塘乳业被广东省食品行业协会、广东省医药行业协会定为"广东省食品药品放心工程示范基地(示范点)"，以及被广州市政府评为"2003年度中国广州150家最具诚信度企业"之一。燕塘牛奶将以"鲜"字引领乳制品消费方向，努力为华南地区亿万消费者奉献出最新鲜营养的可口食品。

山东得益乳业实施名牌战略　发挥龙头作用

山东得益乳业有限公司　王培亮

山东得益乳业有限公司是山东省乳品业惟一"农业产业化国家重点龙头企业"。几年来，山东得益乳业有限公司坚持走农业产业化道路，公司的品牌建设、奶源基地建设、乳品加工基地建设、市场占有率等综合实力居全省同行业前列，构筑起了奶源基地、乳品生产、加工、销售一体化的产业链条。2002年被省委、省政府授予"山东省农业产业化经营先进龙头企业"称号，2003年初被评为"农业产业化国家重点龙头企业"称号，"得益"品牌成为"山东省著名商标"，2003年被国家质检总局评为"国家免检产品"。得益乳业成功的经验如下：

（一）规范完善奶牛合作社建设，发展规模养殖，夯实产业化基础

1. 建立"公司＋现代化合作社牧场"的集约化养殖模式，确保了原料奶的质量 1999年初，公司开始探索发展奶牛合作社牧场式养殖，于同年12月成立了淄博市得益乳业奶牛合作联社。由公司提供挤奶设备、技术服务及部分资金，乡镇政府提供土地、养牛户购买奶牛共同建立，实行"统一规划、统一管理、统一奶牛品种改良、统一饲料供应、统一技术服务，分户饲养，集中挤奶”的“五统、一分、一集中”的集约化养殖管理模式。几年来，公司先后建立合作社牧场44处，合作社牧场均采用瑞典利拉伐管道式挤奶机挤奶，带动了6 000多户农民养牛2万多头，年增加农民收入8 000多万元。目前，公司已基本上取消了散户奶，实现了奶源管理模式从“公司+农户”模式向“公司+现代化合作社牧场”模式的转变，确保了原料奶的质量。

2. 引进先进技术，加强奶农素质培训，奶牛饲养管理水平不断提高 为促进奶牛养殖业上档次、上水平，公司与国内有关大专院校、科研机构合作，一同开展奶牛胚胎移植项目的科研工作，进行奶牛品种改良，为农户提供可靠的技术支撑。同时为提高奶农素质，公司聘请专家对奶农进行培训，并组织部分奶农到畜牧养殖先进省市参观、学习，奶农得到定期培训，提高了奶牛饲养管理水平，奶牛单产比农户散养每年增加1吨多，扭转了农户散养管理不科学、奶牛单产低、原料奶质量不达标导致奶农收益低的不良局面。为解决养牛户的后顾之忧，公司实行订单农业，以商定的基础奶价为依据，以蛋白质参与论价，确保养牛户合格牛奶的收购，提高了农民养牛的积极性。奶牛养殖，乳品加工先进技术的应用，使农民收入更稳定，产业化链条更牢固。

3. 建设高标准的奶牛养殖示范牧场，不断提升自身的带动能力和水平 2002年4月，公司在高青县启动了万头奶牛养殖基地建设项目并在山东省首家启动AA工程，建成了山东省第一个AA工程示范牧场。牧场占地13.3公顷，存栏1 000头良种奶牛。是集奶牛饲养管理、技术研究、品种改良、胚胎移植为一体的现代化示范牧场，软硬件建设达到山东第一、国内一流的水平，成为高青、淄博乃至山东畜牧行业的亮点。AA示范牧场落户高青后，短短一年的时间，带动高青奶牛养殖规模翻一番，存栏从不足6 000头发展到12 000头，形成集牧草种植、饲料加工、奶牛疫病防治、品种改良于一体的绿色奶源生态链条，进一步提高了奶牛养殖管理水平，增强了带动农户致富的能力。

（二）实施名牌战略，打造企业核心竞争力，提升产业化带动能力

公司以“争山东市场第一、争山东乳业第一品牌、创国家一流品牌”为目标，围绕“优化通路、冷链建设、特色服务”打造市场网络，不断扩大市场份额，提升农业产业化的带动能力。

1. 建立“短、宽、快”销售通路 除“公司—牛奶配送站—用户”渠道外，大力发展商超、酒店、学校、团购，并与邮政网络联合，实现优势互补，对内进行市场挖潜，对外加大市场开发力度，利用公司的品牌知名度和当地资源，全面开发山东市场，在淄博、东营等市保持85%以上的市场份额。公司在全省共设立牛奶配送站85个，下设供奶点6 200多个，建立起了覆盖全省的市场网络，及时便捷地为全省居民配送优质鲜奶。

2. 增加软硬件投入，确保奶品质量 硬件方面，公司配备100多辆箱式冷藏保温车，为牛奶配送站建立冷藏库80多个，市场投放冰箱6 000多台，建立起从入库到消费者的全程“冷链”，确保了产品配送过程中的质量。软件方面，从人的质量意识入手，公司从乳品基本知识、服务规范、产品保存保鲜等方面对奶站、奶点负责人进行了比较系统的培训和规范，从生产到销售每一个环节抓好产品储运质量关，确保产品周转过程中的新鲜度，以过硬的产品质量占领市场。

3. 规范服务行为，提高服务质量 公司实行“上门订奶、送奶到家，及时回访”的服务方式，本着“以服务开拓、巩固市场、强化企业核心竞争力”的指导思想，不断完善服务信誉。推出“登门拜访、上门订奶”服务，业务员上门给用户介绍公司产品，办理订奶业务。同时，公司投资为各奶站配备电脑，建立终端客户档案，并定期回访客户，及时掌握客户的变动情况和客户的需求及意见，不断改进和完善，为消费者提供更为便捷、优质、满意的服务。

（三）加快技术改造，提高科技含量，为产业化发展增添后劲

几年来，公司以创国家名牌为目标，不断加大技术提升力度，扩大生产规模。工业园建成的密闭式无菌生产车间及现代化乳品检测中心与研发中心，引进了美国国际纸业屋顶纸盒灌装机、芬兰伊莱克斯德UHT奶灌装机、八联塑杯灌装机、CIP清洗设备、B150牛奶成分分析仪等先进的乳品加工生产线及乳品检测设备。公司与国内有关大专院校、科研机构合作，进行高科技含量的乳制品研制、生产。于1998年在山东省液态奶行业首家通过ISO9002国际质量体系认证。生产工艺、设备、质量检测、新产品研发达到国内同行业一流水平，为企业实施品牌战略、力争山东乳业第一夯实了基础。得益乳制品有四大系列50多个品种，先后荣获“淄博名牌”、“山东省质量免检产品”、“山东名牌”、国家卫生部“安全卫生”食品、国家质量技术监督局“无公害食品”、“国家质量免检产品”等荣誉称号。

面对加入WTO后发展的机遇和竞争的压力，公司提出了“二次创业”，强抓机遇，加快发展，膨胀规模，力争三年内进入中国乳业前十强。下一步公司的打算是：

1. 强化团队素质，提高企业和员工素质 公司以得益企业商学院为平台，加大对员工的培训力度，不断提高员工队伍的素质。同时，加强团队凝聚力和向心力，从思想、技能素质、企业发展和基础管理等方面做好应对市场的挑战，让得益的发展充满新的生机与活力。

2. 以创新求发展，加快技术进步与规模扩张 围绕“全面渗透山东逐步走向全国”、实现三年内进入中国乳品十强的奋斗目标，计划在2004年初启动得益乳品工业园二期工程项目，引进美国、芬兰、德国等国际一流的生产线12条，严格按照ISO9002质量体系以及无公害、绿色AA标准组织生产。工业园投产后，将成为国内规模较大，现代化程度较高，工艺较先进的液态奶生产基地。

3. 加强品牌建设，提高产品品质和服务水平 一是与国内知名的品牌策划公司合作，对得益品牌进行新的定位，突出得益的五个优势，打造得益品牌；二是聘请国内外知名专家作为技术顾问，并与国内外大专院校和科研机构建立技术合作关系，建立有效的技术创新体系，质量控制体系和新产品研发机制，力求将得益产品的综合指标做到国内领先，保证产品品质不断提升；三是完善服务树立品牌形象。在原有网络的基础上，加强投递到户为主的服务网络建设，完善服务流程，满足消费者对便捷的服务需求；建立24小时客户服务热线，与用户实现“沟通零距离”，让用户更放心。

吉林广泽乳业努力实现跨越式发展　创国内知名品牌

吉林广泽乳业有限公司　柴　琇

我国牛奶制品加工具有悠久的历史，至今仍有很多风味优美的民族乳制品。改革开放20多年来，乳品产量和品种激增，整个乳品行业如雨后春笋，发展迅猛。

吉林省是中国农业大省之一，其中部平原的黄金玉米带以“松辽平原上的粮仓”而享誉全国，非常适宜畜牧业的发展。近年来，省政府一直把畜牧业作为发展经济的战略重点。位于吉林省长春市的广泽集团，充分适应这种形势，把投资重点转移到乳品工业上来，制定了“快速进入，先做两头”的发展战略，即以产业收购进入市场，迅速启动市场和奶源基地。同时，收购吉林省恒牛科技食品有限公司和吉林省红牛奶业有限公司，其中，红牛奶业公司位于吉林省通榆县，是国内惟一的草原红牛养殖基地。其“红牛”牌奶粉营养丰富、品质优良，畅销省内外，同时该公司还是吉林省中小学生豆奶8家定点生产企业之一，为吉林省西部四县一市10万名中小学生提供营养丰富的学生豆奶。集团计划为其投资4 000万元，进行设备改造并引进液态奶生产线，形成年产高档奶粉1 000吨，学生豆奶粉1 000吨，液态奶5万吨的生产能力。

2001年12月，集团核心企业——广泽乳业有限公司建成投产。该公司注册资金5 000万元，坐落在长春经济技术开发区美国工业园区内，占地5万米^2，厂房建筑面积1.2万米^2。公司年产6万吨乳品加工项目是吉林省“十五”期间百项重点工程项目之一，该项目引进国际先进的乳品检测与加工设备，采用先进的工艺流程，同时具备巴氏杀菌奶、超高瞬间温灭菌奶的生产条件，有鲜牛奶、酸牛奶、乳饮料等三大系列40余种产品，并有屋顶包、八联杯、百利包、利乐枕等多种包装形式，产品质地纯正、口感鲜美，刚一问世，便广受好评。公司通过了ISO9000质量体系认证，建立了完善的质量监控保障体系，并获得了中国平安保险公司的质量保证。“广泽”系列产品已被长春市政府授予首批“放心食品”称号。凭着雄厚的加工能力和优良的产品质量，公司被评为省农业产业化龙头企业，并被列为学生豆奶定点加工企业。

为确保集团各乳品加工企业的生产和销售，集团公司制定了以长春为核心，以通榆、前郭为两翼的牧业发展规划。牧业是奶源发展重要的一环，集团为完善产业链条，成立了广泽牧业发展有限公司，广泽牧业投资5亿元建设广泽牧业科技示范园和广泽牧业小区，同时，公司在通榆、前郭（郭尔罗斯草原）建设两座分别拥有7 000公顷、14 000公顷草场的牧业示范区。计划2004年实现年产原料奶8万吨，2005年，形成年供20万吨原料乳的生产能力。

集团依托吉林农业大学雄厚的科研实力成立了乳品研究所，并聘请国内一流的乳品专家，配备了先进的科研设备，形成了产品深度开发、系统开发的综合能力。研究所成立后，已为集团开发出适合市场需求的多种乳制品，政府有关部门对研究所高度重视，在项目、资金等方面给予大力支持，并力争将其建成北方乳品研究中心，全面提高吉林省乳品的结构和档次。

为保证牧业小区的饲料供应，集团投资1 500万元，成立了广泽饲料有限公司，占地7公顷，年单班产量4万吨，所产饲料全部供给集团奶牛饲养小区，从根本上保证原料乳的产品质量。

广泽配送服务有限公司是隶属于集团的专业销售公司，总投资达1 000万元，承担着集团的销售任务。经过两年多的市场运作，在配送渠道已建成了成熟的配送队伍，日销售牛奶100吨，送奶上户已达10万余户，是吉林省最大的入户配送网络，在未来三年内将达到日配送30万～50万户的规模。同时，与多家经销商建立了密切的合作伙伴关系，逐步开发外埠市场，形成覆盖全国的营销网络。

经过两年多的发展，广泽的乳品加工业已成为吉林省的行业龙头。2002年12月，由广泽乳业发起成立了吉林省乳业集团，广泽乳业正式更名为吉林省乳业集团广泽有限公司。集团下辖吉林省广泽牧业发展有限公司、吉林省广泽饲料有限公司等9家子公司，资产总额为5亿元人民币，其主打品牌“广泽”系列乳制品畅销省内各地，成为吉林省乳品行业第一品牌。围绕乳品加工这一主导产业，集团已形成了包括种牛繁育、奶牛饲养、饲料供应、乳品加工在内的完善的产业链条，具备了独立的乳制品研究与开发能力，行销网络覆盖省内各地，正在有目的地开发外埠市场，向国内知名乳品企业迈进。

集团未来三年的发展战略目标是：发展奶牛小区建设，形成年产20万吨原料乳的生产能力；扩大生产规模，形成年产30万吨乳品的加工能力；不断扩大市场份额，三年内实现年销售收入15亿元，成为省内第一品牌，创国内知名品牌。

“广纳百川、泽惠四海”。广泽乳业以包容兼蓄的胸怀，不断学习和掌握先进的科学技术和经验，不断创新，不断发展。在同行业平等竞争的平台上，本着经济效益和社会效益双赢的原则，提高产品质量、提高管理水平、提高竞争能力，完善产业链条、完善营销系统、完善运行机制、完善服务体系，用完美产品和优质服务回报社会公众。

黑龙江农垦畜牧工程公司注重产品质量　加强售后服务

黑龙江农垦畜牧工程技术装备公司　石海星

黑龙江农垦畜牧工程技术装备有限公司是从事挤奶机械生产和进口牛奶冷却罐销售，并为奶牛饲养业提供先进的畜牧工程技术和机械设备的专业公司。

公司自1996年成立以来，一直致力于机械挤奶技术和挤奶设备的应用推广，陆续设计生产了适用于奶牛专业户的小型挤奶机和适用于不同规模奶牛场、集中挤奶站的提桶式、管道式、厅式系列成套挤奶设备，并与世界著名的挤奶设备生产商德国WESTFALIA公司合作，向国内用户提供先进的成套挤奶设备。公司还是牛奶冷却罐生产厂法国WESTFALIA.JAPY公司在中国的独家经销商，销售三种类型几十种规格的牛奶冷却罐。

公司从欧洲6个专业厂家进口关键零部件，在国内具备专项加工能力的工厂生产加工配套部件，保证产品的先进性、可靠性；公司各种型号规格的挤奶机全部通过国家专业技术监督部门的质量检测，以“瑞海”牌商标注册，拥有整机技术产权，并获农业部部级推广证书。本公司产品在国内同行业中，具有零件质量可靠、整机性能良好、技术服务周到、产品价格适中等优势。

以中国北方奶牛饲养行业为主要市场，公司与各省奶牛饲养重点区域的乳品加工企业、畜牧管理部门、农牧场建立了广泛的业务合作关系，完达山、光明、三鹿、三元、龙丹、金星、红星、双城雀巢、青岛雀巢等乳业集团奶源基地的众多挤奶站、奶牛场和奶牛户都在使用本公司提供的挤奶设备和牛奶冷却罐。目前，公司的业务影响、服务信誉不断提高，产品销量不断增加，具有了比较稳固的市场。

自1999年以来，公司积极推广机械化集中挤奶方式，努力推动这一符合当前奶牛业生产水平的挤奶方式迅速普及，先后为完达山集团、三鹿集团、黑龙江乳业集团等提供了上千套（台）挤奶设备和“JAPY”牛奶冷却罐，并进行了大范围的集中挤奶站建设。

公司坚持对挤奶机用户认真进行技术宣传、帮助选择确定设备的配置方案；产品售出后主动进行技术服务，对出现的问题给予及时处理，因而树立了良好的信誉，使业务不断发展。

今后，公司将以实现国内畜牧业机械化为己任，不断提高产品的质量、可靠性和先进性，为奶牛饲养业和乳品加工业的发展做出更大的贡献。

山东泉林包装致力乳品包装民族化 大力推进奶业发展

山东泉林包装有限公司 洪 钢

山东泉林包装有限公司位于山东省高唐县经济开发区，是由山东泉林集团投资组建，2003年经股份制改革成立的有限公司，也是中国第一家专注于液体食品无菌包装的大型民族企业。

2002年，公司成功引进全套具有国际先进水平、专业化程度较高的液体食品纸盒包装生产线，并被列入国家“星火计划”。该项目前期投资近3亿元，生产能力可达到年产25亿只纸盒，整个液体食品纸盒自动化生产线全部从国际著名制造公司引进，德国Dvis－Standard公司的多层共挤复合机；Fischer & Krecke公司的卫星式宽幅柔版印刷机；意大利IMS公司的分切机；美国Bernal公司的圆压痕模切机；International Paper Box Machine公司的封盒机。

目前公司有员工近200人，85%为大学本科毕业。在生产、技术、营销等部门90%的高管都有多年跨国公司从业经历，是行业内顶尖的专业人才。

泉林包装致力于开发和推广满足今天和明天市场需求的液体纸质包装，使牛奶、果汁新鲜如初。2003年，公司研究开发纸基无菌砖灌装机的底部外观设计，专利申请已被批准。2004年将研究开发出新型纸基无菌砖、枕式灌装机。

泉林包装有限公司定位于国内一流的高端无菌纸质包装供应商，主营产品涵盖纸盒包装全系列。先进生产线的建成投产使无菌包装产品得以在国内大批量生产，从而实现泉林包装公司“弘扬民族工业，为客户提供真正选择”的理念，优质的产品和服务为中国乳、饮品企业的发展提供了更好的选择。

泉林包装是以食品专用纸板作为基料的包装系统，由聚乙烯、纸、铝箔等复合而成的纸质包装，容量一般在180～2 000毫升左右。共分为两种应用类型：冷藏包装和常温包装。冷藏包装包括泉林牛奶屋顶包、泉林砖、泉林枕及泉林果汁屋顶包（规格为250毫升、500毫升、1 000毫升）。常温包装包括泉林无菌砖（规格为250毫升、1 000毫升）、泉林无菌枕（规格为250毫升、500毫升）以及热灌装屋顶包（规格为500毫升、1 000毫升）。主要应用领域包括牛奶、果汁及饮料、酒类、水、番茄制品、汤品、甜食、营养食品及其他产品。

泉林包装品牌的生命力和竞争力来源于创新，公司将紧密关注市场和技术的发展趋势，聆听客户的反馈，保持高比例的研发投入，不断推出结合市场需求和泉林比较优势的创新产品和服务，回报客户，回报社会。

2003年初，泉林包装开始向市场投放泉林无菌砖和泉林无菌枕，到目前为止，泉林包装已能完全提供砖、枕、屋三大纸盒系列产品。2003年厦门、上海、北京三次展会的成功宣传已将泉林包装的理念深入到客户，打破了无菌包装独家格局，反映了行业的心声，也受到有关政府部门和媒体的高度关注，加上灌装机的研发和备品备件的储备，高级管理和技术人才的引进，这些都为泉林包装的腾飞打下了坚实的基础。

外资企业在中国

百绿集团积极参与中国草业发展

百绿集团成立于1904年，距今已有近100年的历史，是一个专业化从事草种（牧草、草坪草）的育种生产和全球性营销的跨国公司，列世界20强种子公司第8名。集团总部设在荷兰，在美国、荷兰、英国、法国、澳大利亚、新西兰、中国等十几个国家拥有24个分公司，产品遍及全球五大洲一百多个国家。

1. 百绿集团在中国的发展 1997年，百绿集团在中国设立了代表处，同时，把世界优良的草坪、牧草品种和先进技术推广到中国，并在中国的10个生态区域，40多个生态亚区设立了72个试验站点，对200多个品种的适应性进行了研究，积累了数万组数据和相关资料，筛选出了近百个适宜在中国不同生态区域和生产条件应用的牧草和草坪草品种。1999年，百绿集团又在中国设立了百绿（天津）国际草业有限公司，为中国的畜牧养殖、国土绿化、水土保持和生态建设事业的发展起到了重要作用。

几年来，百绿集团积极与中国的大专院校、科研院所合作，建立了70多个连续监测试验站，收集了大量的试验数据，其中多个牧草品种已经过农业部全国牧草品种审定委员会审定并登记，开始推广应用。百绿公司还指定专人（博士）负责，筛选适合中国不同气候特点的牧草品种，并跟踪观察其在不同生态区域中的表现特点。经过多年试验，百绿集团育成的紫花苜蓿、白三叶、鸭茅、多年生黑麦草、猫尾草等已被中国国家“948”项目确定为引进推广品种，其中部分品种已获得教育部科技进步一等奖，并成为中央电视台《致富经》栏目推荐品种。

另外，百绿集团还为中国用户提供了大批的优质牧草，使广大农民走上了致富之路；积极参加了中国西部及中部省市的政府招标项目；作为项目指定草种供应商参加了澳大利亚援华项目。实践证明，百绿的品种适应性强，经济效益显著。

随着中国城市化进程的不断深入，绿化、美化城市环境成为重要课题，加上近年来，中央出台了一系列退耕还林、还草，退牧还草政策，使中国绿色环境建设进入了一个新的发展时期。为此，百绿集团及时推出其培育的优质牧草，并在不同地区的引种试验中，筛选出最佳的“品种＋地域”匹配的生态草和草坪草，还积极参与了中国的绿色环境建设和城市绿化、运动场草坪的建设。同时，为响应北京绿色奥运的口号和推动北京建设绿色国际大都市的进程，在中央政府和北京市政府的大力支持下，由百绿集团牵头召开了“中美城市绿色环境建设高层访谈会”。

百绿集团在生态草及草坪草的育种及后期维护技术方面居于世界领先地位。英国的圣·安得鲁斯（St. Andrews）高尔夫球场和美国的晶石滩（Pebble Beach）高尔夫球场的绿地之所以青春常驻，其秘诀就在于使用了百绿草种。2000年欧洲杯足球赛、1998年法国世界杯足球赛正式比赛场地大多采用百绿的草坪草种建植。1999年昆明世博会中国馆的草坪以及成都、杭州等城市的广场绿地也选用了百绿草种。

百绿集团在中国的业务之所以能取得如此骄人的成绩，“尊重科学、负责用户”是他们成功的哲理。今后，集团将本着立足世界，服务中国的原则，继续为中国广大用户提供优质服务，为中国草业的发展献策出力。

2. 百绿集团部分优质牧草品种介绍

三得利紫花苜蓿　法国、瑞士和德国高产苜蓿品种，2002年，中国牧草品种委员会审定登记品种。中国新疆、甘肃、河北、山西、江苏北部和山东等地有大面积的种植，高产性能非常突出。春季返青早，夏秋季生长旺盛。茎秆细而柔软，叶茎比高，抗倒伏，适合机械收获，一年4～6茬，抗蚜虫，不易发生病害。

赛特紫花苜蓿　法国官方保护品种，比一般苜蓿的蛋白含量高2%～4%。茎秆细，叶茎比高，叶片容易脱落，经加工的干草质量好，适宜饲喂奶牛。抗病害，持久性好，适合在冬季冷凉的大陆性气候区种植，在黄淮海地区、华东地区、云贵高原、黄土高原及内蒙古、新疆、甘肃等冬季气温相对较高的地区生长良好。

游客紫花苜蓿　南澳大利亚研究与发展中心（SARDI）培育并推广种植的品种。游客的秋眠级为8，在气候冷凉的冬春季能快速生长。枝条密，叶片大而多，为多叶型苜蓿。在四川、上海、南京等地排水好的情况下生长良好。耐热、耐酸碱，适宜在瘠薄和黏重的土壤上生长。苜蓿干草产量高，可以直接放牧奶牛。

大力士饲用甜高粱　本品种植株高3～4米，在水肥充足的情况下，每公顷鲜草产量最高可达270～300吨。抗旱能力强、抗病性好，耐涝、耐盐碱，在全国大部地区都适宜种植。收割后可直接作青饲料，茎秆汁多，味甜，营养价值高，各种家畜喜食。

乐食高丹草　澳大利亚最新培育出的高质量的苏丹草×高粱的杂交品种。在水肥条件好的地区产量高。茎秆纤细，叶茎比高，一年可收割3～5茬，适口性好，奶牛特别喜食，牛奶产量明显增加。乐食可以直接收割后饲喂奶牛，也可以晒制成干草或做青贮。抗旱、耐盐碱，可以和青贮玉米混播。

特高德多花黑麦草　百绿美国公司培育的四倍体多花黑麦草，农业部全国牧草品种审定委员会登记推广品种（品种登记号277），抗寒、抗倒伏，发芽快、高产。1997年引入中国，现已在广东、四川、江苏等地开始大面积种植。播种4～6周后就可刈割或放牧利用，在南方整个冬闲期可割草4～5次，每公顷产鲜草10.5万～15万千克。蛋白含量高达20%以上，但纤维含量较低，因而消化率（>95%）和能量含量明显高于紫花苜蓿。

（百绿集团北京代表处　陈　谷）

美国爱德士公司推行 牛奶抗生素残余的检测技术

美国爱德士公司（IDEXX Laboratories Inc.）总部设在缅因州，是研发及生产牛奶抗生素残余快速检测试剂盒的知名企业。自1991年于美国纳斯达克（NASDAQ）上市后，爱德士现已发展成为一家年销售量近5亿美元，拥有2 400名员工及超过30家分公司的跨国生物科技公司。另外，美国爱德士公司以科技为导向，开展技术创新，提供应用于动物及水质的检测试剂，并以其卓越的产品和技术服务领先于世界市场。

牛奶是众所周知的高营养食品，我们从零售店购买的牛奶或奶粉，是经过加工以及不同的消毒方法处理后，才能上市。研究发现，在消毒过程中，除了细菌以外，牛奶中还含有一种不应有的外来物——抗生素残余。如何认识并消除它，是当前牛奶生产者和消费者十分关心的问题。美国爱德士公司通过研究和生产实践给了大家满意的答案。

1. 牛奶中抗生素残余的由来　牛奶是从乳牛体内挤取而来，一头健康的乳牛，平均每年可产奶305天。在这期间，乳牛跟其他动物一样，都可能受到不同疾病的侵袭。当乳牛生病时，兽医师会根据病情，施以适当的药物（包括抗生素）进行治疗，其目的是尽快让乳牛痊愈。假如乳牛在服药治疗期间被挤出的牛奶含药量（抗生素残余）太高，这些牛奶就是受到“污染”。除了会受一般疾病侵袭外，乳牛每天都需产奶，在挤奶过程中，感染“乳房炎（Mastitis）”的机会特别高，而医治“乳房炎”最常用的处方药物，便是抗生素，如盘尼西林（Penicillin）或科乐砂西林（Cloxacillin）等青霉素类（Beta－Lactam），或是四环素（Tetracyline）。这就是牛奶中抗生素残余的来历。

2. 检测抗生素残余的两种方法　一是传统细菌培养法。因为抗生素的药性能控制细菌的繁殖，只要使用适当的细菌作试剂，来测试牛奶样本，在65℃下培养2～3小时后，含“过量”抗生素的牛奶样本便会控制细菌繁殖，从而让我们判读样本奶是阳性或是阴性。二是快速测试法。先进的科技让科学家研发出能“辨认”特定的抗生素的生物试剂，而这生物试剂能够快捷且准确地“辨认”牛奶样本是否含有“过量”抗生素。假设我们将含有四环素的牛奶样本加进四环素的试剂盒内，因生物试剂的特异辨识力，在找到四环素后便发生化学作用，再经与试剂盒内其他配套的相互反应，产生颜色变化，方便判读牛奶样本是阳性或是阴性。

目前，在国际奶业普遍使用的快速测试方法，只需将牛奶样本加热至约45℃下操作10分钟，便能判读出检测结果。但由于高效益的生物试剂对贮存条件极为敏感，所以生产商为保证试剂盒内生物试剂的品质，均以个别独立包装来保护试剂盒，以避免生物试剂的功效受影响。

3. 减少抗生素残余污染的六点建议　一是遵守兽药（抗生素）的使用方法（尤其注意药效及用药时间的控制）；二是除非有兽医师的建议，不应过量用药（抗生药）；三是将在接受治疗中乳牛的牛奶，与其他牛奶分别处理；四是建立良好的乳牛群健康管理计划；五是建立良好的书面记录，以分辨接受治疗的乳牛；六是教育所有在奶牛场工作的人员，包括参与挤奶、治疗及运输等工作的人员，加强保护原奶“安全”的意识。

4. 抗生素残余的标准　根据美国FDA的规定，以有关盘尼西林（Penicillin）的标准为例，它的规定为“5 ppb”（每10亿单位内不能超过5个）。根据这标准，只要一头乳牛在服用盘尼西林期间所挤出的牛奶，每一千克可能会污染200吨的牛奶。

5. 美国爱德士牛奶抗生素残余快速检测试剂盒（IDEXX SNAP）　在牛奶检测方面，爱德士公司按照美国FDA的规定，研制出符合要求的抗生素残余快速检测试剂盒。直到现在，该试剂盒连续多年成为全美国奶业使用最多的抗生素残余快速检测试剂盒。由于SNAP内的生物试剂敏感性极高，所以采取不透气、不透光及不透水的密封式包装袋，将每一个试剂盒独立包装，以保证试剂盒的品质（稳定性、可靠性及重复性）。

由于试剂盒的品质可靠稳定、容易使用且准确性高，在不到3年内，SNAP在中国台湾省已成为使用量最多的快速检测方法。台湾省三大乳品厂，光泉、统一及味全均选用 SNAP 试剂盒，以保护原奶的质量。

（美国爱德士公司亚洲分公司 颜伟强）

利乐公司创新技术 推动中国乳品包装工业发展

近年来，随着改革开放的深入，中国的宏观经济环境的不断改善，人们消费能力大幅度提高，带来了乳品、饮料行业的迅速发展。同时，中国这个潜力巨大的市场也成为世界瞩目的中心。全球食品包装业著名的跨国公司——瑞典利乐公司通过不懈的努力，使中国成为利乐全球增长最快、最重要的市场。在近两年中，利乐已经在中国投资 2 亿美元，将世界上最先进的包装技术和理念引入了中国市场，对中国食品包装工业的发展起到了积极的推动作用，主要表现在以下几个方面：

1. 2002 年，利乐公司开始了在中国大规模的增资扩产行动。10 月，利乐在广东佛山建立了利乐亚洲区最大的一家设计中心，该设计中心能够联网利乐大中华区内的四家纸厂，开发新颖的包装设计和概念，并通过公司内联网，达到信息和技术共享，从而获得公司全球范围内的支持。

2. 利乐公司在上海成立了加工设备系统中心，这是利乐在中国的首家加工设备生产厂。它主要为从事液体食品生产的客户提供前期的加工设备，包括消毒机、分离机、均质机、标准化机和热交换机，以及客户特别要求的其他设备。其中，利乐管式超高温灭菌设备和高酸果汁杀菌机是业内产品的佼佼者。

3. 利乐包装（昆山）有限公司兴建了占地 6 100 米^{2}的大型仓库，其先进的仓储管理对提高利乐公司的生产能力起到了积极的配合作用，并且，利乐昆山厂还将新增 2 条生产线，目前，首条采用先进的柔版网点印刷技术的生产线已在昆山投入生产，第二条生产线预计 2003 年 11 月交付使用，年生产能力可达 50 亿包，这将进一步满足中国食品饮料工业发展对高品质包装产品的需求。

4.2003 年 6 月，利乐公司在北京开始建设新厂，并在新厂房中引入了世界上最先进的生产线设备及相关的技术手段，如：多颜色套筒式印刷技术；印刷图像电脑自动监测系统及生产全过程质量自动跟踪、检测系统；换卷静态接纸等。

近几年，利乐凭借其在乳品加工技术方面先进的创新技术，积极推动整个乳业市场的发展，并为乳制品生产商提供一条龙的服务。比如，和利乐同属利乐拉伐集团的利拉伐公司，为养牛业提供专业的设备；提供生产加工冰激凌专用的常温及冷藏包装产品、牛奶标准化及分离、乳清加工、薄膜过滤、脱水加工等技术设备。这种一条龙服务，在一定程度上降低了生产厂家的成本，提高了生产效率。

30 多年来，利乐公司与中国的厂家建立了相互信任、共同发展的合作伙伴关系，并随着中国经济的高速发展，使利乐公司的规模不断扩大，生产水平不断提高。同时，其先进技术和设备的引进，为中国乳品行业的发展和乳品市场的繁荣发挥了重要作用。今后，伴随着人们乳品饮用意识的不断提高，利乐还将继续创新技术，把握机遇，更好地开发中国市场。

（利乐中国有限公司 王爱盈）

韦斯伐里亚分离机公司 在乳业中的发展

韦斯伐里亚分离机公司总部设在德国的 Oelde 镇，在 47 个国家设立了办事处。公司在中国设有 4 个办事机构，分别是中国公司香港总部、北京代表处、上海代表处和广州代表处，负责进行分离机在中国的业务联络及技术支持；至今分离机的销售数量已突破 4 500 台，仍在运作最老的分离机已有超过 20 年历史，顾客包括各大乳品厂，例如伊利、光明、三元、完达山、雀巢和新希望等。

韦斯伐里亚分离机公司主要分为 5 个部门，分别为食品技术部，工业部，环保部，矿物油部和工程部，营业额最高的为食品部（之后为工业部，矿物油部和环保部），80%以上为出口。另外，公司拥有员工 3 000 名，生产机械分离式的离心机，包括卧式和立式离心机，还专门设计离心机的整条工艺生产线。

分离机主要为自动排渣式，用于液固分离。卧式螺旋式离心机，主要通过机体内的螺杆将固体排出，此设计适用于处理含大量固体的产品。

公司的乳品部主要提供专业服务，内容包括：牛乳分离，乳清分离，净乳，乳清澄清，乳清工艺，细菌澄清，CIP 回收，软干酪生产，奶油和无水黄油生产线，干酪素生产线和乳糖生产线。提供不同处理能力的机械，从每小时 3 000 升至 55 000 升，最少和最大的机械是最近才进入市场，主要为客户提供最新发展的分离技术。柔顺进料和分配系统，加上双活塞阀排渣系统能保证最佳的脱脂效果和减少产品损耗，机械能可靠耐用。

普通牛奶及稀奶油的标准化是一种按照预先设定的标准数值来调整其中的乳脂肪含量的过程，超过这个设定的乳脂肪值，那就意味着造成了一定的经济损失。按欧、美市场的标准，除了全脂奶以外，又把市售牛奶按脂肪质量分成 0.5%，1.5%，2.6%，3.0% 和 3.5%，自从上世纪 80 年后期，韦斯伐里亚分离机公司就开始提供了这一方面的在线自动化的解决方案，来满足这日益扩大的市场需求。韦斯伐里亚分离机公司提供的最新自动标准化系统（Standomat）是采用了多点控制系统，促证了其在生产过程中的对牛乳中脂肪调整标准化的快速性和准确性，从而清除了由于外界因素的变更而导致生产的产品中的脂肪含量波动，保证了品质一致的市场供应及准确的产品定位，这些外界因素包括：更换奶罐、巴氏杀菌模式和其中生产模式的互换过程、生产刚开始或结束时的产品品质的变化等。

净乳，韦斯伐里亚分离机公司生产的净乳机现已配置最新发展能避免颗粒打碎的液体柔顺系统。所以能增加澄清效果，在大部分架子中，跟传统净乳比较，高出30%，提供的处理能力由每小时4 000升至90 000升，可按用户需要而定。当然液体柔顺系统亦配置使用在细菌澄清离心机上。

巴氏杀菌工艺（72～75℃，15～30秒），如要使用巴氏杀菌工艺来杀嗜热细菌，必须要增加温度，但这会对牛乳的风味和其成分的功能有不良的影响，这一点致使大部分的牛乳产品有较短的贮藏周期并且不稳定；细菌离心机能在不影响原有产品功能的情况下把大部分微生物除去，这种处理方法主要目的是除去耐热孢子（能在巴氏杀菌中生存），如丁酸细菌，这些孢子会对产品的质量带来负面影响。韦斯伐里亚分离机公司的除菌离心机是离心盘片式，透过特定专门的设计，如加强分离因素、细菌浓缩液循环方法和优化的进料和排渣系统，达到满意的除菌效果。今天，使用离心原理作细菌澄清是最有效办法，改善产品质素，机械设计除牛乳或其他乳制品中的细菌、细胞和非乳品固渣产品，像乳品饮料，包括贮存周期长的品种ESL、干酪乳、婴儿食品、超高温乳、乳清等，为满足客户要求，必须以技术加工，确保保持原有新鲜风味和延长贮存时间。

软干酪（鲜干酪）技术是韦斯伐里亚分离机公司的强项，只有使用离心机才能进行软质干酪的大规模生产，不断的研制机器和装置以保证软质干酪的高效、经济性生产是韦斯伐里亚分离机公司的一项最重要的开拓性工作。最近几年，全世界的软质干酪需求量日增，除了中欧地区的传统生产国，以色列、南非、前苏联和美国（浓奶油干酪）以外，诸如日本、澳大利亚和新西兰等国家和地区也生产软质干酪，在德国，软质干酪的生产从1983年的40万吨增加到1997年的75万吨，相当于年人均消费9.4千克。通过第一台于1959年生产的喷嘴式离心机，现在的工艺已能做连续式和大规模工业生产，例如二次分离乳脂干酪，或称为PHILADELPHIA，另一种能做长期贮存的鲜干酪。在70年代，第一台自动式分离机专门为这种产品的连续性生产而设计和试验，传统的工艺技术因而被改变，重新发展和设计。目前，不论是小规模或是大规模的生产，公司都能做总承包，提供离心机设备和工艺线。例如，提供整条的工艺线，用于生产干酪素，使用卧螺离心机技术，生产出优质干酪素，加上本身三台卧螺设计的工艺，能减低运作成本，将投资回报期缩短。

乳清产品是高价值产品，用于国际贸易或其他食品工业。乳清在生产时，高效能的澄清和分离是提高产品质量的关键因素，韦斯伐里亚分离机公司能提供为客户设计的离心设备和工艺，不论是DCP，WPC，乳糖，WPI或其他产品，我们的设备和工艺技术都独具特色。

脂肪是牛乳中的一大元素，如被分离出来，除可用于生产掼奶油或作其他加工外，亦可用于生产奶油或无水黄油，在这技术上，韦斯伐里亚分离机公司均可以提供整条生产线或单机，生产出合格的产品，按用户的要求提供产量每小时1吨至15吨的生产线。

（韦斯伐里亚分离机公司　李仕德）

芬兰维利奥公司在中国的发展

维利奥有限公司是芬兰最大的乳制品公司，牛奶处理量占整个芬兰的80%，公司所有产品在芬兰国内乳制品市场上均占据主导地位。公司自1905年成立以来，经过不断发展，如今已成为一家跨国乳品公司。除了早期在比利时和美国设立子公司外，目前维利奥公司在瑞典、俄罗斯以及波罗的海各国也设立了自己的子公司。

维利奥公司产品畅销全球70多个国家，主要出口产品包括脱脂奶粉、脱盐乳清粉、奶油、奶酪以及一些功能性配料和技术，比如益生菌LGG、降血压产品Evolus、低乳糖或无乳糖乳制品专门或专利技术等。2002年，公司销售额16亿欧元，其中近40%来自国际市场。

公司的原料奶一直被评为欧洲质量最好、最纯净的原料奶之一（比如原料奶平均细菌总数仅为6 000个/毫升）。其研发中心也是欧洲食品行业最大、最著名的研发中心之一，该中心长期致力于乳酸菌、乳制品加工工艺以及营养等方面的研究，积累了十分丰富的经验，并在新产品开发方面不断取得创新。

公司始终把提供优质安全的产品、保证奶牛健康以及重视环保工作放到首位，其所有的工厂都通过了ISO9002资格认证，并都获得ISO14001环保证书。

维利奥有限公司在中国的发展　涉足中国市场长达十几年之后，维利奥公司于2001年在上海设立了自己的代表处，以加强公司在中国市场的地位。上海代表处的成立为芬兰维利奥有限公司与广大中国客户之间架起了一座沟通的桥梁，通过产品和技术的推广、技术支持和客户服务，使中国客户能更多地了解芬兰维利奥公司及其优质产品和独特技术。

众所周知，维利奥公司是世界上最著名的脱盐乳清粉制造商之一，其脱盐乳清粉DEMI系列产品盛誉全球，在婴儿食品及其他食品行业中得到了广泛的应用。

国内很多的婴儿奶粉生产厂家，包括一些著名的外资品牌，都是维利奥公司的长期客户。

目前，维利奥公司已正式进入中国的零售奶油奶酪市场，在上海、北京、天津等各大城市的大型主流卖场率先推出了 Midnight Sun 系列的小包装奶油（200 克装）和再制奶酪（200 克片装/100 克涂抹型）产品，将来自北国芬兰的天然美味介绍给中国人民。维利奥奶油奶酪原料上乘，口味温和，奶香浓郁，尝试过的顾客都给予了一致好评。同时，还有大包装天然奶油（25 千克）和小粒份装奶油（10 克），是餐饮酒店业的最佳配餐原料。

现将公司的主要产品和技术介绍如下：

益生菌LGG　维利奥有限公司的益生菌LGG（一种专利的鼠李糖乳杆菌）是全球研究最多、最全面的益生菌之一，它在调整和改善胃肠道功能、预防和治疗腹泻、提高机体免疫力、预防龋齿、结合并排除毒素等诸多方面都具有显著的功效。

1990年，全球第一个 LGG 产品（发酵乳清产品）在芬兰上市，此后，LGG 的应用范围不断扩大，包括牛奶、酸奶、酸奶饮料、果汁饮料、奶酪、胶囊等产品。

维利奥有限公司拥有 LGG 的全球惟一授权，目前，全球已有 30 个国家和地区的客户得到了维利奥公司的授权，且该数字还在不断增加。国际市场上的消费者已开始注意到，包装及广告宣传资料上的 LGG 是高质量和保健相结合的象征。

降血压功臣——Evolus　2000 年 11 月，维利奥公司推出欧洲市场上第一个具有降血压作用的功能性产品——Evolus。Evolus 是一种发酵乳制品，其发酵剂（一种天然乳酸菌）能够降解牛奶蛋白，产生具有生物活性的短肽，该短肽具有降低血压的作用，且其降血压机理与很多降血压药物的机理完全相同（ACE 抑制）。

Evolus 既可以单独饮用，也可以在医疗的过程中饮用。其消费对象主要是高血压人群或微高血压人群，而对于正常血压人群而言，Evolus 不会产生任何作用。

低乳糖及无乳糖专利技术　自 20 世纪 70 年代开始，维利奥公司就着手研究、开发、生产和销售低乳糖类产品，至今已积累了丰富的技术、生产和市场等方面的经验。目前，公司的低乳糖产品（其商标为 HYLA）品种达 80 多个，主要有牛奶、奶粉、酸奶、冰激凌等。

2001 年 9 月，维利奥公司首次推出了不含乳糖的牛奶，该产品通过专利技术用物理和化学的方法将牛奶中的乳糖除去。更为重要的是，该专利技术不仅除去了牛奶中的乳糖，而且还保持了产品的口感与普通牛奶几乎完全相同。

作为一家百年跨国乳品公司，芬兰维利奥公司愿意将优质纯净的产品和高新技术介绍给中国的广大客户和消费者，与中国乳品业一起腾飞。

（芬兰维利奥有限公司上海代表处　王世宾）

奶业进出口贸易

牧草种子进口情况

奶业的快速发展，带动了相关产业——饲草饲料业的快速发展。近年来，牧草种子进口量、进口额都在大幅度增加：2000年我国牧草种子进口量1.28万吨、进口额2 532.39万美元，分别为1995年的30倍和20倍；除1997—1998年间进口量平均增长速度略低于进口额平均增长速度，其他各年进口量平均增长速度均高于进口额平均增长速度。

随着牧草种子的大量进口，牧草种子进口量占牧草种子总量比例的上升，2000年后我国牧草种子进口增长速度有所放慢：2001年我国牧草种子进口虽仍保持增长，进口1.41万吨，金额2 571.48万美元，但增长速度放慢。2002年我国牧草种子进口量继续保持增长态势，较2001年14 144.87吨增长5%，达到14 833.23吨；进口额大幅下降，较2001年2 571.48万美元降低18%，降至2 108.34万美元（图1）。

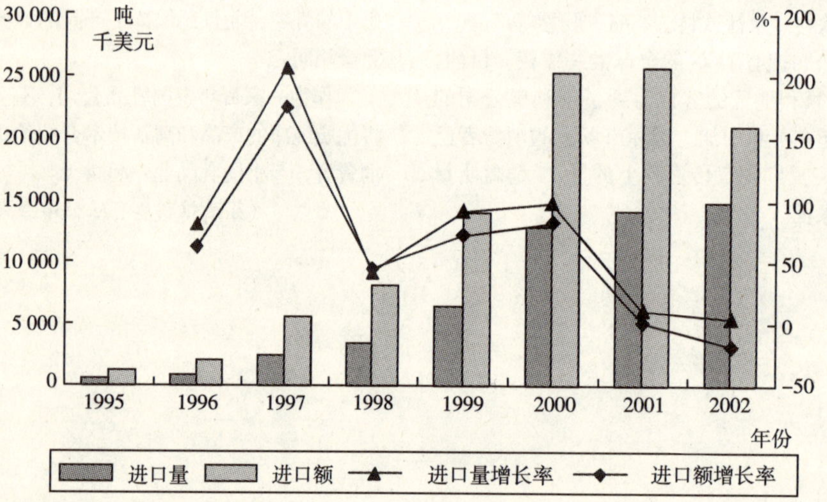

图1 我国牧草种子进口情况

（一）中国牧草种子进口品种结构

我国现阶段进口的牧草种子品种有：紫花苜蓿种子、草地早熟禾种子、羊茅子、黑麦草种子、三叶草种子、梯牧草种子以及其他种子，主要是紫花苜蓿种子、草地早熟禾种子、羊茅子、黑麦草种子四种。

1995—2002年间，我国牧草种子进口品种结构变化较大，突出表现为：紫花苜蓿种子比重大幅上升，草地早熟禾种子占牧草种子总进口的比重大幅下降，羊茅子比重在原有基础上有所增加，黑麦草种子比重下降。

紫花苜蓿种子：1997年是1995—1999年5年间紫花苜蓿种子贸易进口量最大年份，1998年则是贸易额最大年份。随着奶牛高产的需求，1999年后紫花苜蓿种子进口大幅度增长，到2001年已经跃居榜首。2002年继续保持强势增长，进口量达到6.64吨、金额891.07万美元，分别为1995年的15 798和2 717倍，为1997年进口量的24倍、1998年进口额的13倍，占到当年牧草种子总进口量的45%、进口额的42%。

草地早熟禾种子：草地早熟禾种子进口量、进口额在1995—2000年6年间实现年均递增率60%以上的快速增长后，又在2000—2002年2年间出现年均递增率-20%以上的变化。2000年年进口达到2 318.50吨，金额662.54万美元，占当年牧草种子总进口量的18%，进口额的26%。而后开始下滑，到2002年年进口量只有1 401.43吨，金额335.98万美元，比重分别下降为9%和16%。

羊茅子：羊茅子进口持续保持增长。2002年进口

3 724.22吨、金额515.72万美元，分别为1995年的53和36倍，年均递增率分别为76%和67%，占到当年牧草种子总进口的比重分别由1995年的16%和11%增长为25%和24%。

黑麦草种子：黑麦草种子进口在2000年达到近几年的最高值：2 831.47吨，金额285.03万美元，2002年在2001年大幅下降后又有所增长。占牧草进口比重均呈现不同程度的下降。

（二）中国牧草种子进口来源地域和进口省份分布情况

中国紫花苜蓿种子进口的主要来源地为加拿大、美国，2001年和2002年的进口量占中国紫花苜蓿种子进口的92%和94%，进口额占93%和91%。另外，2002年从澳大利亚的进口业有所增长。中国羊茅子进口的主要来源地为美国、丹麦、荷兰，2001年占到了94%以上，2002年占到了95%以上，尤其是美国，进口两年均占到了70%以上；此外加拿大、德国等国也有少量进口。美国、丹麦是我国草地早熟禾种子和黑麦草种子进口的主要贸易国，两国草地早熟禾种子进口占到了99%以上，其中美国2002年比重有所下降的情况下仍占80%（2001年占到89%以上）；两国黑麦草种子进口2001年、2002年分别占到了74%和90%以上。

我国进口的牧草种子主要通过北京输往全国其他内陆省份，因而从直接进口省份上看北京是最大的进口地。北京在2001年和2002年两年内分别占到了我国紫花苜蓿种子、羊茅子、黑麦草种子、草地早熟禾种子进口的83%、75%、84%和67%以上；2002年羊茅子和黑麦草种子比重较2001年有所下降，草地早熟禾种子比重较2001年有所上升。内蒙古、四川等地，上海、浙江、四川、湖北等省市，山东、辽宁等省及四川、上海等地也分别有不同程度的紫花苜蓿种子、羊茅子、草地早熟禾种子及黑麦草种子进口。

（本刊编辑部　崔艳艳）

我国改良种用牛进口情况分析

国家“十五”计划将畜牧列入国家重点发展产业，也是调整我国农业产业结构的重大举措。畜牧业的的快速发展和我国种畜的客观情况，使得我国改良种用牛进口贸易近年来发展迅猛。2001年，我国进口改良种用牛2 775头，进口额599.2万美元，分别为1995年的34.7倍和12.1倍，进口量增幅大于进口额增幅；进口价格虽短期内出现过大幅波动，但长期来看总体上仍为：平均进口价格呈现下降趋势。

2002年我国改良种用牛进口继续保持大幅度增长：进口量达11 429头，进口额达2 199.5万美元，分别为2001年的4.3倍和3.3倍。表现为以下几点：

（一）进口量增幅大于进口额增幅

在国内强大的需求牵引下，我国改良种用牛进口数量近两年来持续保持快速增长。2002年在2001年实现进口量年递增377.6%、进口额169.4%的基础上，再度出现年递增率311.9%和267.0%（图1）。

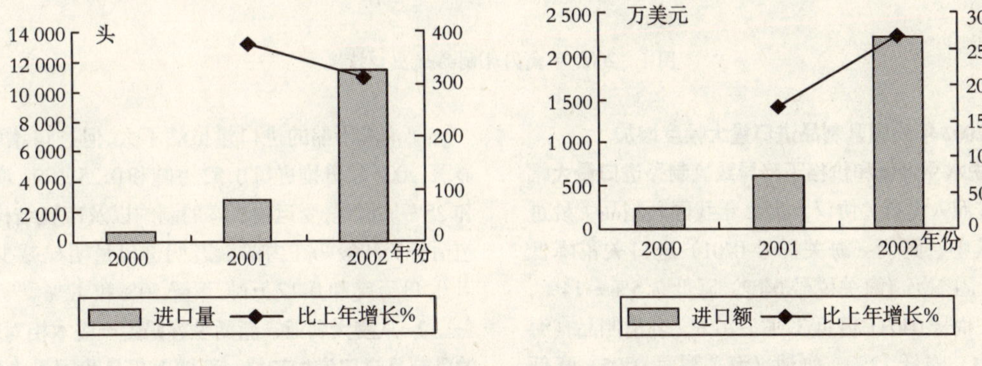

图1　我国改良种用牛进口情况

（二）我国改良种用牛进口来源国为澳大利亚、加拿大、美国

2002年澳大利亚对我国改良种用牛出口增加，仍为我国最大的改良种用牛贸易伙伴，而加拿大超过美国成为了我国第二大改良种用牛进口原产国。

从澳大利亚进口9 277头，增长315.8%，占总进口量的81.2%；金额1 296.5万美元，增长289.6%，占总进口额的59.0%。从加拿大进口1 896头，增长735.2%，占总进口量的16.6%；金额759.6万美元，增长616.1%，占总进口额的34.5%。从美国进口256头，下降19.2%，占总进口量的2.2%；金额143.4万美元，下降10.7%，占总进口额的6.5%。

（三）我国改良种用牛主要进货地较2001年有较大变化

北京一跃成为我国进口最大地区：2002年进口5 227头，比上年增长997.7%，份额由2001年的17.5%增加到45.7%；进口额1 007.7万美元，比上年增长1 315.3%，份额由11.9%增加到45.8%。内蒙古进口绝对量也在增长，但相比较增幅不大，退居成为第二进口地区：进口改良种用牛 1 926 头、金额 242.3 万美元，份额分别由 2001 年的 24.5%、17.0%下降到 16.9%、11.0%。山东 2002 年也加大对改良种用牛的进口，进口量达 1 400 头、进口额达 187.2 万美元，成为了第三进口地区。江苏、新疆、黑龙江均有较大进口，分别进口 953、277 和 143 头，跃居第 4、第 6 和第 9 位。

河南、辽宁改良种用牛进口增速较快，分别进口 812 和 260 头，增长 4 173.7%和 983.3%。此外，天津、湖北等地区也不同程度有改良种用牛少量进口。

陕西进口量、进口额均大幅下降，分别比上年下降 70.6%和 84.3%，由第 2 下降为第 8。江西也有同程度下降。

（本刊编辑部　崔艳艳）

中国乳制品进出口贸易分析

2002 年我国乳制品进出口显著双增长，且进口增幅远大于出口，乳制品净进口量大幅度增加，贸易逆差扩大（图 1）。由于进口关税的降低，2002 年我国乳制品进口量大幅度增加，达到 26.4 万吨，比上年增长 35%，进口额 2.68 亿美元，增长 24%，进口额增幅小于进口量。随着我国乳制品生产的快速发展，乳制品出口量也有所增加，达到 5.1 万吨，比上年增长 20%，出口额 0.55 亿美元，增长 39%，出口额增幅快于出口量。乳制品净进口 21.3 万吨，比上年增长 39%，贸易逆差 2.13 亿美元，增长 21%。

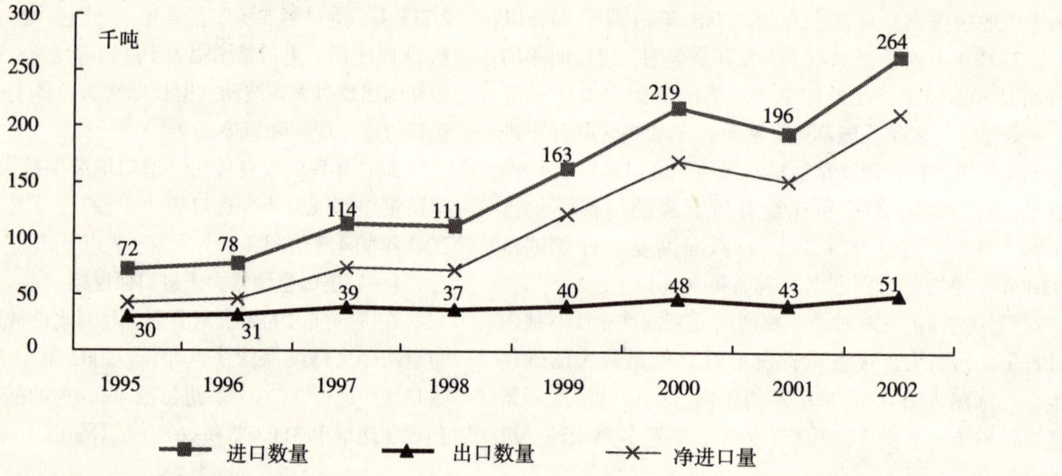

图 1　2002 年我国乳制品进出口情况

（一）2002 年我国乳制品进口量大幅度增加

1. 关税水平降低和价格下降导致乳制品进口量大幅度增加　按照入世有关协议，2002 年我国乳制品关税进行调减。其中，鲜奶（海关税号 0401）进口关税降低 4%～6%，固态奶（海关税号 0402）降低 7.5%～14%，酸奶（海关税号 0403）降低 12%～16%，乳清制品（海关税号 0404）降低 12%，奶油（海关税号 0405）降低 14%，干酪（海关税号 0406）降低 14%～16.8%。

关税水平的降低，使进口价格下降，导致 2002 年进口量大幅度增加。从进口数量上来看，我国进口的乳制品主要为乳清制品和固态奶。2002 年我国进口乳清制品 13.8 万吨，增长 15.2%，价值 0.9 亿美元，增长 2.6%，占我国乳制品进口总量的 52%，进口总额的 34%；进口固态奶 11.2 万吨，增长 87%，价值 1.6 亿美元，增长 40%，占我国乳制品进口总量的 42%，进口总额的 60%（表 1）。由于进口价格下降，进口额增幅大大小于进口量增幅。

奶油和干酪的进口量虽然不大，但进口增幅也十分显著，2002 年分别进口 0.52 万吨和 0.25 万吨，增长 255%和 25%。但是，受运输成本的制约以及市场结构的调整，包括鲜奶和酸奶在内的液态奶进口量明显减少，分别进口 0.48 万吨和 0.17 万吨，下降 50%和 42%。

2. 从澳大利亚、新西兰等奶生产成本相对较低地区的乳制品进口增加较快　新西兰仍是我国最大的乳制品进口原产国，从澳大利亚进口显著增加，超过美国成为我国第二大乳制品进口原产国。2002 年我国从新西兰和澳大利亚分别进口乳制品 7.8 万吨和 5.4 万吨，增长 66.3%和 65.5%，占我国乳制品进口总量的 30%和 21%。进口额 1.13 亿和 0.63 亿美元，增长 28%和 54%，占我国乳制品进口总额的 42%和 23%。从美国和法国进口量也增加，分别为 5.3 万吨和 4.1 万吨，占我国乳制品进口量的 20%和 16%。进口额分别为 0.26 亿和 0.37 亿美元，占乳制品进口总额的 10%和 14%。此外，从加拿大和芬兰等国家和地区进口量减少（表 2）。

表1 2002年我国乳制品分品种进口情况

单位：千吨，千美元

商品名称	进口数量	同比（%）	进口金额	同比（%）
乳制品	263.8	34.9	268 183	24.1
(0404) 乳清制品	138.0	15.2	90 360	2.6
(0402) 浓缩、加糖乳及奶油	111.7	86.6	161 532	39.9
(0405) 黄油及其从乳提取的脂和油	5.2	254.9	6 737	233.0
(0401) 未浓缩未加糖乳及奶油	4.8	-49.6	2 667	-45.3
(0406) 乳酪及凝乳	2.5	24.8	5 733	44.2
(0403) 酪乳、结块、发酵或酸化乳和奶油	1.7	-41.8	1 155	-32.2

数据来源：中国海关总署

表2 2002年我国乳制品进口主要来源国情况

单位：千吨，千美元

国家	进口数量	同比（%）	份额	进口金额	同比（%）	份额
合计	263.8	34.9		268 183	24.1	
新西兰	78.0	66.3	30%	112 947	28.4	42%
澳大利亚	54.2	65.5	21%	62 830	54.1	23%
美国	52.6	21.9	20%	25 962	-0.1	10%
法国	41.3	34.6	16%	37 036	28.9	14%
加拿大	11.1	-10.7	4%	5 654	-0.2	2%
芬兰	7.5	-29.4	3%	7 649	-22.1	3%

数据来源：中国海关总署

3. 乳制品进口主要集中在大中型城市和地区 我国进口乳制品的收货地主要地区是广东、上海和北京三大省、直辖市，2002年分别进口乳制品6.4万、5.4万和4万吨，比上年增长37%、22%和20%，占乳制品进口总量的59%，进口总额的60%。此外，天津、辽宁、山东、江苏、黑龙江、内蒙古、河北、湖南、四川、安徽、重庆、河南、陕西、云南等地区进口也有不同程度的增长（表3）。

表3 2002年我国乳制品进口主要收货地情况

单位：千吨，千美元

省份	进口数量	同比（%）	份额	进口金额	同比（%）	份额
合计	263.8	34.9		268 183	24.1	
广东	63.6	37.0	24%	72 766	48.8	27%
上海	53.5	21.9	20%	56 998	-0.0	21%
北京	39.7	20.0	15%	32 476	6.1	12%
天津	24.4	118.5	9%	23 763	102.3	9%
辽宁	14.7	32.8	6%	13 581	45.3	5%
山东	12.0	14.9	5%	12 937	24.8	5%
江苏	10.8	19.0	4%	13 511	19.1	5%
浙江	8.0	-27.3	3%	9 242	-52.8	3%
福建	7.1	-6.1	3%	3 724	6.1	1%
黑龙江	6.1	51.5	2%	7 407	20.1	3%
内蒙古	5.7	1 080.2	2%	7 371	1 197.2	3%
河北	4.3	557.4	2%	4 084	654.3	2%
湖南	4.2	46.9	2%	4 957	15.2	2%
四川	3.7	72.2	1%	2 468	140.8	1%
安徽	3.0	345.0	1%	1 178	268.0	0%

（二）2002年我国乳制品出口有所增加

虽然我国乳制品出口数量不大，并且2002年出口量增幅小于进口量增幅，但是出口额增幅却大于进口额增幅。

从出口数量来看，我国主要出口鲜奶（海关税号0401）和奶粉及炼乳（海关税号0402），2002年出口鲜奶2.8万吨，增长5%，出口额0.21亿美元，增长9%，出口奶粉及炼乳2.2万吨，增长41%，出口额0.32亿美元，增长69%，二者约占乳制品出口总量的97%，出口总额的95%。其他品种的乳制品出口量也有不同程度的增长（表4）。

表4　2002年我国乳制品分品种出口情况

单位：千吨，千美元

商品名称	出口数量	同比（%）	出口金额	同比（%）
乳制品	51.0	19.50	55 244	39.44
(0401)未浓缩未加糖乳及奶油	27.8	5.12	20 760	8.88
(0402)浓缩、加糖乳及奶油	21.6	41.00	31 959	68.67
(0406)乳酪及凝乳	0.6	17.96	1 604	22.79
(0405)黄油及其从乳提取的脂和油	0.5	608 433	586	3 906 373
(0404)乳清	0.3	1.75	223	−4.51
(0403)酪乳、结块、发酵或酸化乳和奶油	0.2	105.07	111	78.82

乳制品主要销往我国香港地区，2002年共计3.8万吨，增长9%，占乳制品出口总量的74%。出口额0.33亿美元，增长14%，占乳制品出口总额的59%。2002年我国对伊拉克地区乳制品出口大幅度增加，成为我国第二大出口目的国，出口量0.56万吨，增长21倍，占乳制品出口总量的11%。出口额0.14亿美元，增长23倍，占乳制品出口总额的25%，并且对伊拉克出口的乳制品87%都是采取加工方式出口的。此外，我国乳制品还出口到新加坡、缅甸、日本等国家和中国澳门地区（表5）。

表5　2002年我国乳制品出口的主要国家和地区

单位：千吨，千美元

国家和地区	出口数量	同比（%）	份额	出口金额	同比（%）	份额
总计	51.0	19.5		55 244	39.4	
中国香港	38.0	8.9	74%	32 750	14.2	59%
伊拉克	5.6	2 097.5	11%	13 903	2 329.7	25%
新加坡	2.9	14.4	6%	1 960	−22.5	4%
缅甸	2.4	−4.7	5%	3 913	−12.8	7%
日本	0.8	45.0	2%	1 121	43.6	2%
中国澳门	0.7	48.6	1%	602	49.7	1%

数据来源：中国海关总署

我国乳制品的出口发货地也比较集中，主要是广东和山东省。2002年广东省出口乳制品有所减少，为2万吨，比上年下降4.5%，占乳制品进口总量的40%，进口总额的28%。山东省出口增加，为1.55万吨，比上年增长36%，占乳制品进口总量的30%，进口总额的29%。此外，天津、江苏、黑龙江、内蒙古、浙江、新疆等地区出口也有不同程度的增长（表6）。

表6　2002年我国乳制品出口主要发货地情况

单位：千吨，千美元

省份	出口数量	同比（%）	份额	出口金额	同比（%）	份额
总计	51.0	19.5		55 243.8	39.4	
广东	20.3	−4.5	40%	15 537.1	−4.2	28%
山东	15.5	35.9	30%	16 074.4	72.7	29%
天津	4.3	6.2	8%	2 517.9	4.7	5%
江苏	3.2	940.9	6%	8 022.1	1 166.1	15%
黑龙江	3.2	17.5	6%	6 879.7	25.7	12%
云南	2.2	−6.3	4%	3 659.4	−14.5	7%
内蒙古	1.8	1 699.2	4%	1 868.7	2 424.6	3%
浙江	0.2	467.2	0%	123.4	296.6	0%

（三）今后几年我国乳制品进口前景展望及战略

加入WTO之前，我国乳制品进口没有采取进口配额或国家垄断贸易等非关税措施，因此，加入WTO之后，我国乳制品面临的最大问题就是关税减让。按照WTO有关协议，从2002—2005年我国乳制品进口关税还将逐年下调，鲜奶（海关税号0401）进口关税将由19%降低到15%，固态奶（海关税号0402）由13.8%～30%降低到10%，酸奶（海关税号0403）由26%～32%降低到10%～20%，乳清制品（海关税号0404）由32%降低到20%，奶油（海关税号0405）由30%降低到10%，干酪（海关税号0406）由27.2%～29%降低到12%～15%。

在这种情况下，乳制品的进口量将会进一步增加。一方面，对满足国内需求，弥补供求缺口，提高人民生活水平有好处；但另一方面，国内乳制品市场的竞争将进入一个全新的阶段。目前，全球排名前20位的雀巢、卡夫等跨国乳业集团纷纷在我国投资，推行本土化战略，加上进口的快速增加，我国乳制品生产企业将面临严峻的挑战。

我国应积极采取符合WTO的“绿箱”政策和措施，保护和发展我国奶业。我国奶业发展有着巨大的市场前景，因此，要有一个中长期的发展规划。如加大对原奶生产基础设施建设的投入与支持力度，依靠科技提高乳制品的质量和产奶率，降低生产成本；实行奶业的生产、加工、销售一体化经营，采取多种形式发展奶业；发挥自身优势，调整产品结构，扩大液态奶市场等，学习国际经验，振兴我国奶业。

（农业部信息中心　汤艳丽）

中国进出口奶粉市场分析

中国乳制品生产中以奶粉和乳清粉为主，占总量75%，从1999—2002年中，奶粉进口占一般国内奶制品总量的15%左右。2002年中国进口奶粉的关税从25%降到了15%，2002年1～12月奶粉（固体乳3个税号合计）进口总额1.6亿美元，11.1万吨，增长78%；出口0.3亿美元，主要集中在新西兰、澳大利亚、美国、芬兰、法国等国家。中国奶粉出口主要在中国香港、澳门等地区，出口主要鲜乳等产品，出口数量小。

由于进口奶粉，速溶性、冲调性、滋气味、微量元素含量高等技术方面具有优势，同时进口奶粉在品牌宣传以及产品阶段细分，国内对进口奶粉需求持续增加，目前主要集中在高价位的婴儿奶粉方面和工业奶粉上。从进口数量，工业用占主流，用于冰激凌，雪糕等冷饮中。

据AC尼尔森2002年做了一项调查（涉及北京、上海、广州三大城市），在不考虑价格因素的情况下，近90%的专家选择进口奶粉，其中惠氏、雀巢、多美滋和美赞臣分别占29%、24%、13%、10%的份额。而选择国产奶粉的只占了10%比例。但是在加入了价格这一因素后，洋奶粉在实际消费中所占的比例缩减。其中惠氏、雀巢、伊利、完达山等10个国内外品牌（10个品牌占据了国内79%的婴幼儿奶粉市场），在这79%的市场中，惠氏、多美滋、美赞臣三个品牌的份额分别只占了14.1%、13.4%和12.3%。由于2002年惠氏奶粉、雀巢、多美滋等部分奶粉品牌都先后推出了简装版的奶粉，对以生产袋装奶粉为主的国产奶粉企业形成强烈冲击。

2002年奶粉进口主要国家为新西兰、澳大利亚、美国，分别占52%、32% 和3.5%。进口地区主要为广东34%、上海17%、天津12%、北京10%，山东9%等。

进口奶粉主要用途为还原成液态奶，约占65%；另一方面主要用于雪糕、冰激凌以及食品糕点等制品加工使用。

从进口品种，加糖奶粉进口比例最大（中低档），数量最多，2002年进口奶粉（加糖）价格已与国产价格基本相同；2002年进口奶粉平均价格16 500元/吨，国产价格为16 000元/吨（表1）。

我国乳品的出口市场还十分狭窄，出口市场全部集中在亚洲，而且只有少数几个国家和地区，欧美市场完全是空白。出口省份比较集中，主要是山东、广东、江苏、黑龙江、云南和天津市等省、直辖市。

2003年以后奶粉继续下降关税，部分进口奶粉价格将低于国产。由于国内鲜奶供应不能满足市场，随着国内城市消费奶类增加，奶粉进口继续呈增长趋势。

表1　2002年1～12月奶粉进口出口情况

单位：吨，万美元

奶粉种类	出口数量	出口金额	进口数量	出口金额
未浓缩未加糖的乳及奶油，1%＜含脂量≤6%	27 786	2 036	2 843	149
未加糖的固态乳及奶油，含脂量＞1.5%	7 438	1 835	56 475	8 186
其他固态乳及奶油，含量＞1.5%	2 537	443	19 297	2 745
其他浓缩，未加糖的乳及奶油	4 857	239	508	53
固态乳及奶油，＜0.1%	323	94	35 022	5 134

资料来源：海关年鉴，2002。

（农业部优质农产品中心　王　军
北京三元集团东郊农工商联合公司　王秀芝）

中国进出口鲜奶市场分析

（一）2002年鲜奶进口总量仍然继续减少

2002年鲜奶进口（海关税号0401系列即未浓缩未加糖或其他甜物质的乳及奶油）总量仍然继续减少，在全年乳制品进口中的比重显著降低；鲜奶进口的主要原产国仍然是澳大利亚，占鲜奶总进口量的72%；进口的主要品种仍然是1%＜含脂量≤ 6%（海关税号04012000）和含脂量 ＞6%（海关税号04013000）两种。2002年进口鲜奶的地区主要是沿海的广东、福建、上海三个地区。

2002年鲜奶进口数量为0.48万吨，比2001年的0.96万吨下降了50%，2002年进口鲜奶价值为266.7万美元，比2001年的487.5万美元减少了45%（图1），主要原因是我国奶业的快速发展，大量的投资进入扩大生产、更新设备、改进技术、提高管理，使得我国原料奶的产量和质量提高，鲜奶的产量大幅度增加，产品品质和科技含量进一步提高，产品种类也非常丰富，价格进一步下降。

鲜奶的主要进口原产国仍然是澳大利亚，2002年占全国进口的比例较2001年有所下降。2002年全年从澳大利亚进口鲜奶占全国总进口量的72%，进口价值占全国总进口价值的55.6%；2001年全年鲜奶进口量占全国总进口的77.9%，进口价值占全国的63.6%；其次是新西兰，其进口量占全国总进口的比重有所增加，2002年全年从新西兰进口鲜奶数量占全国进口总量的15.6%，进口价值占全国总进口价值的24.3%；2001年全年进口数量占全国的8.3%，进口价值占全国的11.0%（图2）。

从进口该类产品的地区看（图3），主要是广东、福建、上海三个地区，2002年三地区该类产品进口量占全国总进口量的87.6%（广东38.2%、福建31.8%、上海17.6%），2001年三地区该类产品进口量占全国总进口量的92.10%（广东47.05%、福建34.28%、上海10.77%）；2002年三地区该类产品进口鲜奶价值占全国总进口价值的83.3%（广东45.7%、上海20.9%、福建16.7%），2001年为82.1%（广东44.6%、福建19.6%、上海17.9%）。

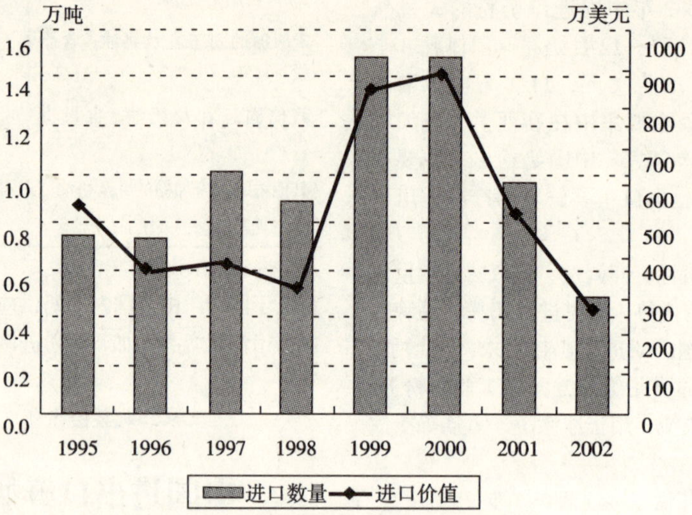

图1　1995—2002年我国鲜奶进口情况

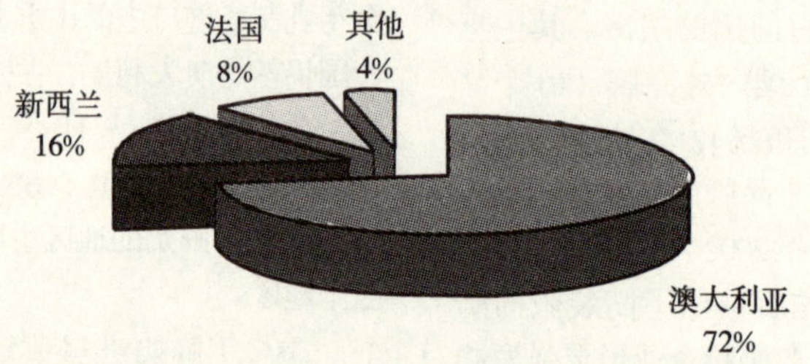

图2　2002年我国进口鲜奶的原产国分布

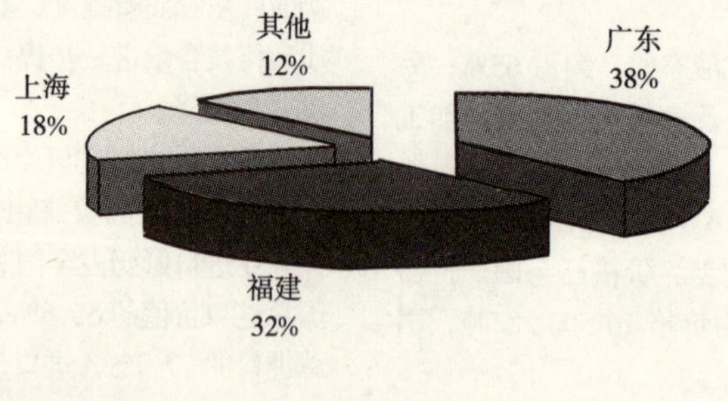

图3　2002年我国鲜奶进口的地区分布

从进口品种结构上看，2002年含脂量＜1%（海关税号04011000）的品种进口数量为464吨，同2001相比几乎没有变化，但占整个鲜奶进口的比重（9.6%）同2001年比有所增加；1%＜含脂量≤6%（海关税号04012000）的进口数量4 311吨，占整个鲜奶进口数量比重为58.8%，同2001年相比变化不大；含脂量＞6 %

(海关税号04013000)的进口数量1 529吨，与2001年相比大幅度减少，占整个鲜奶进口数量比重为31.6%，明显下降（图4)。

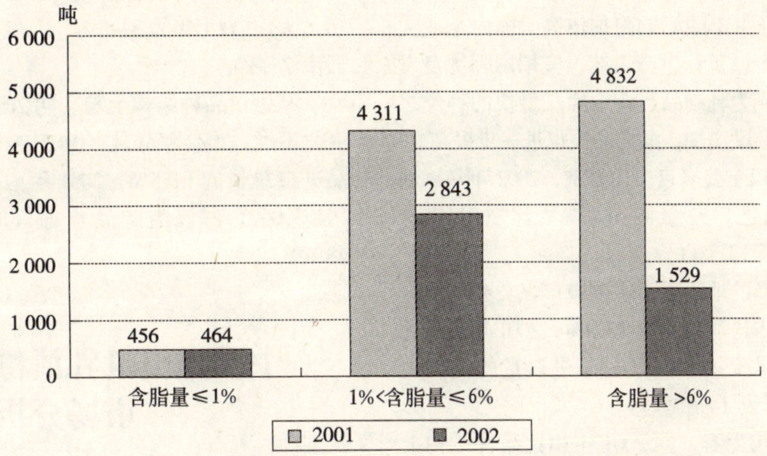

图4 2001—2002年我国鲜奶分品种进口量

（二）2002年鲜奶的出口量较前几年没有太大的变化

2002年在鲜奶出口总量为2.78万吨，比2001年增加5.1%，出口金额2 076.0万美元，比2001年增加8.9%（图5)。同2001年相比出口的主要品种仍然几乎全部是1%<含脂量≤6%，占出口总量的99.99%。

出口鲜奶的原产地主要是广东，其出口量是1.96万吨，占鲜奶总出口量的70.5%，特别是深圳的晨光乳业，2002年该公司1.3万吨，占鲜奶消费量的60%左右。其次是山东出口0.54万吨，占鲜奶总出口量的19.5%。

我国鲜奶出口的主要目的地是中国香港，2002年全年出口到该地区的总量为2.0万吨，占全国出口总量的95.8%，比2001年出口到该地区的总量略微增加。

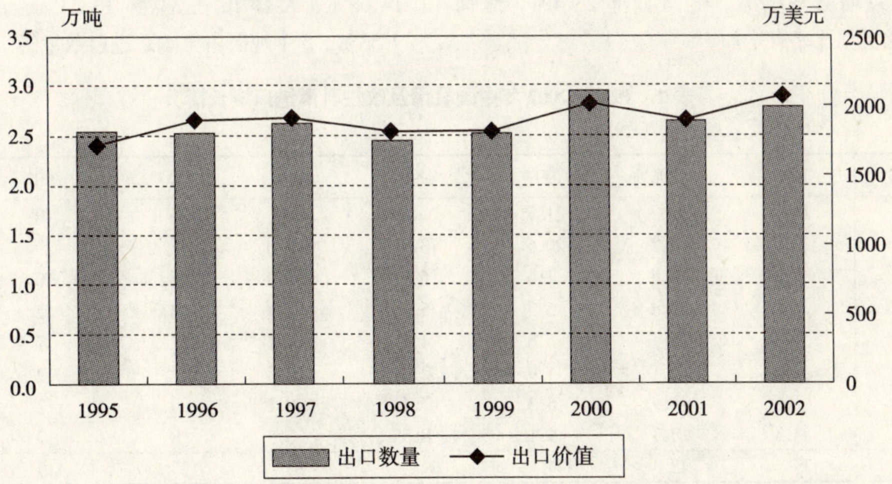

图5 1995—2002年我国鲜奶出口情况

（三）进出口量贸易量小，对我国奶业影响不大

由于鲜奶不耐贮存和运输的特点，因此，进出口的总量小，国内企业在本土具有较强的竞争优势，对我国奶业基本没有造成冲击。

（本刊编辑部 陈联奇）

中国酸奶进出口市场分析

（一）酸奶进口分析

2002年酸奶（海关税号0403即酪乳、结块的乳及奶油、发酵或酸化乳和奶油）进口数量 0.17 万吨，比 2001 年的 0.29 万吨减少了 41.8%，2002 年进口货物价值为 115.5 万美元，比 2001 年的 170.3 万美元减少 32.2%，主要原因是由于酸奶的附加值高，国内企业大量引进国际先进生产设备和生产工艺，应用国际优良发酵菌种，使得酸奶成为乳制品行业中增长最快的种类之一，酸奶供给量大幅度增加，酸奶品质也进一步提高。

2002 年酸奶进口主要来自中国香港，2002 年从该地区进口的量占全国进口总量的 76.1%，比 2001 年的 89.8%的比例减少了 13 个百分点。

从进口该类产品的地区看，主要进口该类产品的地区是广东，2002 年占进口总量的 77.0%，2001 年占的比例是 91.4%。其次是上海市占产品总进口量的比例由 2001 年的 1.0%上升到 14.6%。

从进口品种结构上看，同 2001 年相比品种结构上变化不大。2002 年酸乳（04031000）的进口量占该类产品进口总量的 93.5%，2001 年为 92.06%；2002 年其他（04039000）占该类产品总进口的 6.5%，2001 年为 7.94%。

（二）出口情况

2002 年酸奶出口数量 151 吨比 2001 年的 74 吨增加了 105.1%，2002 年出口货物价值为 11 万美元，比 2001 年的 6.2 万美元增加 78.8%。

2002 年酸奶主要出口到柬埔寨、中国香港和缅甸，这三个地区进口的总量占中国出口总量的 78.7%（柬埔寨 36.1%、中国香港 26.1%、缅甸 16.5%），与 2001 年的 95.1%（柬埔寨 30.7%、中国香港 23.4%、缅甸 41.0%）的比例相比略有增加。

2002 年出口酸奶的主要原产地是广东、湖南和云南，该三个地区 2002 年出口酸奶的总量占全国酸奶出口总量的 91.7%（广东 44.9%、湖南 36.1%、云南 10.6%）；2001 年为 83.0%（广东 26.1%、湖南 30.7%、云南 26.3%）。

从进口品种结构上看，同 2001 年相比品种结构上变化不大。2002 年酸乳（04031000）的进口量占该类产品进口总量的 61.5%，2001 年为 51.4%；2002 年其他（04039000）占该类产品总进口的 38.5%，2001 年为 48.6%。

（本刊编辑部　陈联奇）

中国进出口乳清粉及其制品市场分析

乳清粉是中国乳制品进口数量最大的产品。从 1995 年进口 3.5 万吨，到 2002 进口数量 13.8 万吨，年增长 15.9%左右。2002 年乳清粉进口数量占乳制品进口总量 65.45%。

2002 年进口乳清粉 13.8 万吨，进口额 9 026.8 万美元，同 2001 年比增长 3.25%，主要进口地区为美国占 37.0%、法国占 28.3 %、澳大利亚占 10.88%、加拿大占 7.59%、芬兰占 4.56 %等。上述 5 国占总进口数量 88.42%。中国乳清粉产品年出口不足 1 000 吨，是乳清粉净进口国。进口乳清粉最多的地区为北京市占总量 20.78%、上海市占总量 17.56%、广东省占总量 14.08%、天津市占总量 13.24%、辽宁省占总量 9.53%，5 个地区占全国总进口数量的 75.2%（表 1）。

表 1　1996—2002 年中国乳清及改性乳清进口增长情况

单位：千吨

国别或地区	1995	1996	1997	1998	1999	2000	2001	2002
美国	18.1	15.2	21.7	20.4	30	36.1	40	51.1
法国	0.9	7.7	20.6	13.8	20.3	36.4	29	39.1
芬兰	4.3	2.8	1.6	5.8	5.4	6	10	6.3
加拿大	3.4	1.8	5.3	5.5	9	13.3	12	10.5
荷兰	1.6	5	5.8	4.9	4.1	12.5	7	5.2
新西兰	1.6	1.1	1.9	2.9	2.5	1.1	2	0.8
澳大利亚	1.6	5.9	8.3	7.4	8.4	9.3	12	15.0
其他	3.3	8.7	9.1	8.5	3.5	8	7	10.0
合计	35	48	74	69	83	123	119	137.9

资料来源：海关年鉴，2002

乳清粉为生产奶酪制品的主要副产品之一，生产 1 吨奶酪需要消耗 10 吨牛奶左右。由于中国生产奶酪数量长期不足，以及消费数量少，国产乳清粉产量一直供应不足，长期依赖进口。目前进口乳清粉产品主要有两种商品，一种高蛋白，蛋白 C P>11%，（乳糖 LAC>65%）；2002 年平均价格 6 200 元/吨，比 2001 年上涨 10%左右；中蛋白 CP>6，乳糖含量 73%～80%；另一种低蛋白粗蛋白 CP>3～4（乳糖 LAC>76%～78%），价格 4 000～4 600 元/吨。饲料市场销售的乳清粉主要品牌有美国地球牌、美国百奥牌、美国大地牌、牛头牌；以及加拿大和荷兰产品。市场中生产代乳奶粉（主要成分乳清粉）消费也保持持续增加趋势。

2002 年中国年奶酪的需求量为 6 000 多吨，国产量不足 3 000 吨左右，副产品乳清粉产量不足。目前乳清粉在国内主要用于婴儿奶粉、含乳饮料中及畜牧业中配合工业饲料中乳猪浓缩料、配合料（用量比重较大）等。2002年乳清粉主要用于乳猪类饲料生产重要原料。

由于我国乳品行业相对国际市场属于起步阶段，其规模、技术、产品质量同发达国家存在较大差距，国内干酪类生产和消费较少。在2004年降到10%～15%，这将对我国乳品行业形成一定的冲击。国产乳清粉制品长期不足，主要是干酪、奶油的国内产量小的原因。特别是干酪，国内专业生产厂家仅一家，年产量仅几百吨，且国内食用干酪、奶油的习惯尚未形成，副产品乳清粉产量仍然供不应求。

据统计我国现有1 000多家乳制品企业，能生产干酪不足20家，国际乳业集团2002年80%的企业进入中国，由于设备和产品完善，干酪、奶油产量逐步上升，副产品乳清粉供应在逐年增加。

2002年中国生猪年存栏稳定在4.62亿头，生猪工业饲料占工业饲料总产比重约为36%，其中乳猪饲料200万吨左右，对乳清粉消费继续增加。

随着规模养猪产业发展，仔猪饲料对乳清粉用量持续上升。同时婴儿奶粉、乳清饮料在城市消费呈快速增长，预计今后乳清粉进口将继续保持稳定增长（表2、表3）。

表2　乳清及改性乳清国内地区的进口

（商品税号：04041000）

单位：吨，千美元

地　区	数　量	金　额	比2001年同期增长（%）	
			数　量	金　额
北京市	28 655.38	16 779	20.78	18.59
上海市	24 225.41	14 720	17.56	16.31
广东省	19 419.41	9 880	14.08	10.95
天津市	18 257.50	15 567	13.24	17.25
辽宁省	13 139.60	11 309	9.53	12.53
山东省	5 355.35	3 142	3.88	3.48
福建省	5 031.19	2 413	3.65	2.67
黑龙江省	4 004.50	4 461	2.90	4.94
河北省	3 932.77	3 489	2.85	3.87
浙江省	3 357.74	2 218	2.43	2.46
安徽省	3 018.75	1 176	2.19	1.30
江苏省	2 804.52	2 003	2.03	2.22
四川省	2 702.25	1 212	1.96	1.34
重庆市	1 648.80	755	1.20	0.84
湖南省	1 096.00	457	0.79	0.51
河南省	458.00	187	0.33	0.21
湖北省	254.00	104	0.18	0.12
内蒙古自治区	231.45	215	0.17	0.24
江西省	100.00	61	0.07	0.07
云南省	100.00	59	0.07	0.07
吉林省	94.00	46	0.07	0.05
陕西省	40.00	14	0.03	0.02
合计	137 926.61	90 268	100.00	100.00

资料来源：海关统计资料，2002

表3　乳清及改性乳清分国别的进口（商品税号：04041000）

单位：吨，千美元

国家或地区	数　量	金　额	比2001年同期增长（%）	
			数　量	金　额
美国	51 135.61	22 847.56	37.07	25.31
法国	39 057.05	33 663.83	28.32	37.29
澳大利亚	14 999.72	10 312.94	10.88	11.42
加拿大	10 469.93	4 692.03	7.59	5.20
芬兰	6 293.40	6 025.25	4.56	6.67
荷兰	5 183.65	4 234.82	3.76	4.69

(续)

国家或地区	数　量	金　额	比2001年同期增长（%）	
			数　量	金　额
爱尔兰	4 438.71	3 513.82	3.22	3.89
比利时	3 115.78	2 103.87	2.26	2.33
德国	1 065.11	983.87	0.77	1.09
新西兰	761.15	877.68	0.55	0.97
波兰	391.40	230.05	0.28	0.25
丹麦	339.30	266.69	0.25	0.30
捷克	275.00	154.84	0.20	0.17
瑞典	225.00	210.82	0.16	0.23
中国香港	108.00	78.84	0.08	0.09
立陶宛	25.00	11.00	0.02	0.01
日本	23.02	43.47	0.02	0.05
马来西亚	17.00	11.05	0.01	0.01
英国	2.80	5.62	0.00	0.01
合计	137 926.61	90 268.05	100.00	100.00

注：不论是否浓缩、加糖或其他甜物质。

资料来源：海关统计资料，2002。

（农业部优质农产品中心　王　军

北京三元集团东郊农工商联合公司　王秀芝）

奶业大事记

2002年

1月

5日 《解放日报》报道 上海光明乳业公司与北京林河工业开发总公司合作建新厂，在北京举行签字仪式。该厂投资1.4亿元，日处理鲜奶300吨，于年内投入生产，年产值2亿元，届时，光明保鲜奶、液态奶等各类乳制品将供应北方市场。

6日 据新华社讯 广西畜牧研究所首次应用胚胎移植技术繁殖澳洲型荷斯坦奶牛获得成功。

10日 河北三鹿集团与天津德利乳业有限公司合作成立三鹿集团德鹿乳业有限公司近日建成投产。该公司总投资1 267万元，占地26 669米^2，日处理鲜奶100吨，年产奶粉能力为5 000吨。

11日 伊利集团首批8吨液态奶产品从天津抵香港，成为内地首家经香港卫生署获准进入香港市场的乳品企业。

14日 农业部启动“奶业行动计划”，提出要加快奶类企业产业化、规模化、现代化和集团化步伐，鼓励和支持优势企业，通过资产重组、兼并收购、强强联合，实现资产、品牌、经营的整合，进而形成可以与国外大型企业集团竞争的民族奶业集团。

26日 由内蒙古自治区扶贫办、呼和浩特市政府建成的裕民奶牛交易市场是我国北方最大的一家现代化乳牛交易市场。在呼和浩特市郊区隆重开市，该市场投资1 300万元，是一家股份制企业。

28日 由亚华种业投资控股的湖南亚华宾佳乐乳业有限公司日前在湖南长沙正式成立。公司注册资本6 700万元，日处理鲜奶能力110吨，主营鲜牛奶、冷饮及速冻食品等，是一家大型产、供、销一体的乳制品企业。

29日 据湖南日报报道 投资1亿元的奶牛胚胎移植工程在湖南正式启动，该工程是亚华种业有限公司与加拿大IDN育种公司合作实施的，利用黄牛借腹怀胎，生产优良品质奶牛。

2月

5日 《农民日报》报道 大连农民王秀英创办的奶山羊研究所，经过3年努力，成功地把13只国内仅有的土根堡奶山羊繁殖培育成300只。

25日 光明华侨农场集团公司与陕西杨凌农业高新技术产业示范区合作项目——杨凌晨光乳业有限责任公司日前在杨凌揭牌破土动工，日处理鲜奶能力为1 200吨。

3月

12日 科技部、农业部在北京召开了“国民健康与奶业发展”科技论坛会。与会专家针对“十五”国家奶业重大科技专项的实施，提出了奶业科技专项将以奶牛胚胎工厂化生产技术、优质牧草和配合饲料生产技术、奶牛规模化养殖技术、奶业质量安全检测技术等为主要目标，以期突破制约我国奶业进一步发展的重大技术瓶颈。

21日 《中国食品报》报道 最近，由天津西青区西营门街王顶堤集团投资1 500万元兴建的现代化奶牛饲养基地一期工程竣工，首批300余头奶牛喜迁新居。

《中国食品报》报道 云南德宏盈江县水槽河畜牧场，在实施“中国—欧盟水牛开发项目”中，培育出新一代杂交奶水牛改良品种，这种奶水牛的奶产量比本地的高出20倍。

28日 《中国食品报》报道 江苏奥奇海洋生物工程有限公司与扬州大学乳品研究所合作，进行了微胶囊化DHA（人体必需脂肪酸）产品的研发工作，把乳制品作为DHA普及的载体，在其中科学添加DHA。研究内容还包括：DHA乳制品质量指标的评价；DHA乳制品合理化产品配方；不同生产条件对DHA乳制品的影响。目前，该技术的研发已取得阶段性成果。

4月

2日 在深圳举办的中国奶业发展高峰论坛上，全国10多家乳品企业共同签署了第一份牛奶宣言。倡导全国各大乳品企业为国民饮用优质牛奶作出不懈努力，以强壮国民体质。

4日 全国奶业“加强质量管理、争创名牌”研讨会在国家质量监督检验检疫总局召开。

辽宁省奶牛协会更名为辽宁省乳品协会。林仁堂任理事长，卢戈川任秘书长。

9日 哈尔滨金星乳业集团、龙丹科技乳业股份有限公司、哈尔滨松花江奶牛场、大庆乳品有限公司、林甸乳品公司、大庆绿茵健康食品有限公司联合建成统一的黑龙江乳业集团公司。整合后的集团拥有固定资产6.7亿元，日处理鲜奶能力为1 000吨。

新华社讯 内蒙古伊利集团上海分公司——伊利爱贝食品有限公司投资6 000万元扩建冷饮生产线，日前投入生产。引进丹麦和意大利两条先进生产线，是上海最大的冰激凌生产企业，日生产能力为140～210吨。

15日 农业部“万枚高产奶牛胚胎移植富民工程”项目在北京奶牛中心延庆基地正式启动。该项目是农业部今年为农民所办的13件大事之一，工程主要内容：利用我国高产奶牛良种资源，生产1.5万枚高产奶牛的优质胚胎，将其中1万枚采取生物工程技术直接移植到农户饲养的受体母牛中，生产3 000～4 000头高产奶牛。这项工程将会大幅度提高奶牛质量和生产水平，加快农牧民的致富步伐。项目选定在北京、新疆、黑龙江、内蒙古、宁夏、陕西、山西、河北和山东等地实施。

23日 国家质检总局在人民大会堂召开“国家免检产品颁证大会”，食品行业中宣布了国内第一批获得婴幼儿配方奶粉国家免检产品证书的企业有：三鹿、伊利、完达山、红星、秦俑等17家。

5月

8日 首届中澳奶业科技合作研讨会在北京召开。研讨会由中国农业大学动物科学技术学院、中国农业科学院农经所与澳大利亚悉尼大学、新南威尔士大学、澳大利亚奶业公司（ADC）联合举办。会议对农业教育与培训、奶业养殖技术、奶制品加工和企业管理等问题进行了研讨，并在中国农业科学院农经所设立了“中澳奶业研究及培训（SADPAT）委员会”的常设机构。

13日 陕西省实施农业部“万枚高产奶牛胚胎移植富民工程”启动仪式在陕西省泾阳县举行。

15日 新华社讯 世界首创食品——奶啤酒目前在天津通过专家鉴定。该项目利用鲜奶和酿造啤酒的麦芽、酒花等为主要原料，采用益生微生物发酵工艺，生产出兼具酸奶和啤酒风味的奶啤酒饮料。

北京检验检疫局对美国惠氏制药有限公司爱尔兰分厂生产的1 200罐、共计480千克的“学儿乐”奶粉，价值港币3万多元，因亚硝酸盐严重超标，进行了监督销毁。这批批号为IS192不合格奶粉由北京检验检疫局在朝阳口岸查获，并责成惠氏公司立刻召回该批号的产品。国家质检总局据此发出了2002年第61号进出口食品安全风险警示通报，要求各地直属局口岸如发现有上述批号的“学儿乐”奶粉应立即予以封存并请示国家质检总局做退货或销毁处理。

20日 《人民日报》报道 我国和联合国粮农组织共同举办的“发展中国家小规模奶业收集与加工亚洲区域研讨会”5月16～17日在江苏省铜山县举行。来自中国、美国、荷兰、墨西哥、日本、印度、泰国等27个国家和地区的100多位专家学者及粮农组织的官员参加了研讨会。会议认为，提高发展中国家中小规模奶牛饲养、牛奶收集与加工过程中的技术研究水平，解决存在的问题，从而实现规模化生产，是发展中国家奶业生产得以发展的关键。

22日 山东济南市政府在高新技术农业开发区举行“济南佳宝乳业工业园”开工仪式。该园区是山东迄今实施的最大奶类项目。据悉，佳宝园区是集奶牛饲养、饲料加工、乳品加工及销售为一体的综合性经济园区。规划面积66.7公顷，总投资5亿元，其中国家投资2亿元，引进15条国际先进灭菌乳生产线，新建20处高标准奶牛饲养小区。

23日 美国惠氏药厂（中国）有限公司决定从消费者手中收回IS192批号的400克罐装学儿乐配方奶粉，进行免费退换。

28日 新华社讯 维维集团在新疆投资3亿元组建的新疆维维天山雪乳业有限公司在新疆呼图壁县举行了奠基仪式。

29日 甘肃兰州好为尔生物科技股份有限公司与加拿大国际开发署合作引进的中国—加拿大奶牛育种综合项目正式签约，建立甘肃奶牛牛群改良系统（DHI）工程。

5月 国家经贸委发布《全国食品工业“十五”发展规划》，《规划》在“食品工业发展的重点及主要方向”一章中对“乳品”作了以下规定：总体上降低奶粉生产比例，增加液体奶产量。城市型乳品企业积极发展大众消费的巴氏杀菌奶、酸奶、配方奶，适当发展保鲜奶、奶油和干酪。基地型乳品企业仍以奶粉生产为主，适当调整产品结构。重点发展配方奶粉、功能性奶粉以及作为食品工业配料的全脂奶粉、脱脂奶粉等；根据市场情况发展货架期长的灭菌奶；有条件的地方可发展干酪、奶油等。重点抓好东北、华北、西北乳品加工业的发展。要搞好奶源基地建设，扩大饲养规模，提高劳动生产率和原料奶质量。要推广以“分散饲养、集中挤奶”和集中饲养、统一管理的“奶牛合作社”等模式。“十五”末机械挤奶率达到50%，全面提高原料奶质量。

6月

3日 中华人民共和国卫生部公告2002年第4号（惠氏奶粉抽检）：5月下旬卫生部组织部分省市对美国惠氏药厂爱尔兰有限公司生产的学儿乐奶粉、幼儿乐奶粉、金装幼儿乐奶粉等产品进行了抽检，结果表明，美国惠氏药厂爱尔兰有限公司生产的学儿乐奶粉亚硝酸盐含量超标。根据《中华人民共和国食品卫生法》第七条规定，美国惠氏药厂爱尔兰有限公司生产的不符合国家卫生标准的学儿乐奶粉不得销售。各级卫生行政部门及卫生监督机构应加强监督检查。

18日 《河北日报》报道 农业部“万枚高产奶牛胚胎移植富民工程”项目在河北省正式启动。

20日 伊利集团引进加拿大牛群性能改良系统(DHI)，在企业内部启动“科技兴奶”项目。

安徽省通过实施美国国际“小母牛项目”，已取得显著成效。安徽省有6 000多农户因此而得益，户均增收700元。

7月

2日 由中国乳制品工业协会主办、农业部乳品质量监督检验测试中心承办的“国家级乳品评鉴师考测选拔”考试在天津市举行，选出60人参加了首批考试。

3日 《福建日报》报道 由德国韦斯伐利亚公司主办，意大利尤尼法斯特公司协办，福建长富集团承办的“世界现代牧场展示会暨奶牛技术交流会”在福建省南平市召开，6号结束。来自德国、意大利、法国、美国、澳大利亚和国内的奶牛专家、学者、企业家等300多人参加。

5日 《信息时报》报道 由广东、香港、日本三方共同投资的广州益力多乳品有限公司乳酸菌饮料生产线正式投产。

11日 《中国经营报》报道 江西英雄乳业股份有限公司承担的国家重点高科技产业化示范工程项目核心技术——“特异性免疫球蛋白”提取技术的研究获得成功，并已正式运用该技术生产出特异性初乳奶粉、鲜奶等系列产品。

11日 《解放日报》报道 上海奶业协会10日改组为上海奶业行业协会，是上海第一个改组成立的农业行业协会，王佳芬任理事长，陈新任秘书长。

12日 《中国食品质量报》报道 黑龙江省安达市“红星”集团生产的红星牌乳品，自1999年获得ISO 9002国际质量体系认证后，近日经国家工商行政管理总局批准，商标局认定，“红星”商标被评为中国驰名商标。现在红星乳品已出口罗马尼亚、巴基斯坦等十多个国家和地区。

由天津市乳品质量监测中心和天津市乳品协会联合举办，为期三天的以“牛奶及健康”为主题的“2002年天津市海河乳及乳制品营养宣传周”在天津市商业街——金街拉开帷幕。伊利、光明、三鹿、三元、完达山等来自全国众多乳品企业参加展示。

近日，内蒙古蒙牛乳业股份有限公司与山西雁门有限责任公司联手合作的蒙牛山西雁门乳业公司，在山西省怀仁县云东经济开发园正式投产运行。公司引进瑞典“利乐包”液态奶生产线8条，海耶冰激凌生产线5条，年可加工鲜奶5万吨，生产利乐砖、利乐枕和冰激凌等产品。

18日 由上海真元乳业与上海生物工程科研单位合作组建的奶牛胚胎生物工程中心，已对4批23头奶牛进行了超速排卵处理，获得优质胚胎146枚，年产奶牛胚胎可达5 000枚，规模居全国领先水平。

24日 由中国奶业协会、中国西部乳业发展协作会、新疆畜牧厅共同发起主办的“中国奶业协会北方组协作会第十六次会议、中国西部乳业发展协作会第二届会议暨产品交易会”在新疆维吾尔自治区乌鲁木齐市召开，29日结束。来自内蒙古伊利、上海光明、北京三元、四川新希望、新疆麦趣尔等近50家企业的代表参会。

31日 中国奶业协会、中国乳制品协会举行了“有抗奶无抗奶问题”报告会，会议公布的《有抗奶无抗奶报告》向业界表明：炒作“无抗”概念没有意义，乳品企业不要再炒了；符合现行国家标准的奶制品可放心消费，不必恐慌。

8月

16日 新希望出资1 200多万元收购了四川新华西乳品饮料公司。

18日 山东得益乳业有限公司投资两亿元，建设日处理鲜奶500吨的得益乳品工业园，在淄博市高新技术产业开发区正式破土动工。

20日 以“共同促进中国乳业健康发展”为主题的中国乳业科技大会在北京召开，来自全国各地近300家乳品加工企业、乳品包装企业、乳品机械企业代表参加了会议，22日结束。

21日 国家质检总局公布了2002年婴幼儿配方奶粉免检产品及其2家生产企业名单、2002年灭菌奶免检产品及12家生产企业名单。

21日 北京三元在澳大利亚成立西澳洲珀斯三元贸易有限公司。三元和当地120个奶农组成的奶业联合会合作，生产奶制品供应中国南方、东南亚及全世界奶制品比较缺乏的市场。

26日 国家质检总局公布酸牛乳质量国家监督抽查结果。本次抽查，产品抽样合格率为71.8%。三鹿、三元、伊利、光明、新南阳、完达山等品牌抽查质量合格。

29日 由中国奶业协会和上海奶业协会共同主办的中国乳业精英论坛在上海市举行。光明、三元、蒙牛、完达山、均瑶等国内著名乳品企业的高层领导参加，共同商讨中国奶业领域的热点问题。

9月

1日 国家质量监督检验检疫总局颁发了乳业2002

年中国名牌企业称号。获此称号的乳粉类产品：三鹿、龙丹、圣元、古城、伊利、完达山、金星、秦俑；液体乳类产品：三元、三鹿、光明、伊利、蒙牛。

北京三元食品公司实施“阳光健康工程”。该工程的核心内容是组织广大关注生活和健康的热心消费者，参观一些与老百姓日常生活休戚相关的京城食品企业，以此倡导科学健康的饮食消费。

4日 新希望集团与河北天香乳业有限公司签署正式协议，投入货币资金1 600万元共同组建河北新天香乳业有限公司，新希望占80%的股权。

6日 新希望与青岛市奶业总公司在青岛签署正式协议，公司投入货币资金1 800万元与青岛市奶业总公司共同投资组建青岛琴牌乳业有限公司。

8日 均瑶集团在湖北当阳建成大型乳品基地——当阳乳品公司并投产，这一项目是2001年国务院三峡工程建设移民安置及对口支援工作会议的签约项目，也是中国“光彩事业三峡行”的重点跟踪项目，首期投资5 000万元，年生产塑瓶奶3.5万吨。

10日 中国乳制品工业协会第八次年会、精品技术展示会在杭州市开幕，约2 000人参加了展示会。来自国内和德国、意大利等国家的乳制品原辅料和机械包装企业的代表展示了高精尖技术。

由西藏高原之宝牦牛股份有限公司投资兴建的乳品生产线，在拉萨市投产。该生产线日处理鲜奶能力达30吨。

10日 位于四川省大邑县，占地9.2公顷的牛羊胚胎示范基地，即“借腹怀胎”工厂首期工程完工。这是目前四川最大的胚胎移植工厂。

11日 光明乳业发布公告，将与公司控制性股东上海牛奶（集团）有限公司以及上海市农工商（集团）总公司共同投资2 857万元组建上海奶牛育种中心有限公司。

13日 新希望公司与成都中际发展股份有限公司在成都签署正式协议，公司投入124.15万元受让成都中际发展股份有限公司所持有的四川华西乳业有限公司的728.08万元股权及其权益。

天津市第一个国家863计划项目奶牛养殖示范基地揭牌仪式在武清区王庆坨镇金威乳牛庄园举行。

14日 上海光明乳业与湖南省派派食品联手组建的湖南光明派派乳品有限公司正式揭牌。这是上海光明乳业“用全国资源做全国市场”战略实施后建立的第18家生产基地。

16日 黑龙江完达山乳业股份有限公司“放心奶工程”正式启动。该公司承诺严把奶源关，采用当今最先进的工艺和设备，生产新鲜、安全、有营养的牛奶。

18日 新希望与浙江田园集团公司签订合资合作协议书，共同出资组建杭州新希望美丽健乳业有限公司。

19日 总投资1.2亿元的北京冰凌花乳业有限公司生产基地在延庆县奠基。该公司的第一期工程，占地11万米^2、年处理鲜奶能力10万吨。

湖南省金健高科技开发有限公司出品的金健牛奶，日前经湖南省公共卫生检测检验中心检测和湖南省卫生监督所抽检被评定为合格牛奶。

25日 是“世界学生奶日”。我国自2000年11月15日，正式推出“学生饮用奶计划”以来，到目前为止，这一计划已经在全国22个省、自治区、直辖市的省会城市和部分重点城市展开。承担生产、配送学生饮用奶的定点企业已由原来的7家扩大到47家。日供学生饮用奶数量已达150万份。

10月

15日 中国奶业协会第四次代表大会暨中国奶业协会成立20周年纪念大会在北京召开，全国人大常委会副委员长姜春云发来贺信、国务院副总理温家宝为大会作了批示，农业部部长杜青林、科技部部长徐冠华、国家计委副主任刘江、全国人大农业与农村委员会副主任伍精华也发来了贺信。大会选举原农业部常务副部长刘成果为协会理事长，选举魏克佳、方有生、王怀宝、王佳芬、王德胜、牛根生、田文华、刘永好、刘树清、谷继承、周光宏、周诗平、张沅、郑俊怀、徐定人、高青山、崔桂亮为副理事长，魏克佳为秘书长。

16日 天津市中芬乳业公司扩建工程在宁河县竣工。中芬公司投资5 000万元建成鲜奶生产线，日处理鲜奶能力提高到240吨。

29日 《中国经济时报》报道 北京市农工商联合总公司经重组改制后，近日正式更名为三元集团有限责任公司。据悉，重组后的三元集团资产总额93亿元、员工2.87万人，有三元食品、三元种业等77家公司和农场以及5家境外分公司。

30日 三鹿集团与郑州亚卫实业总公司正式签署了关于组建“河南三鹿花花牛乳业有限公司”的协议。根据协议，新公司注册资本7 600万元，双方各占50%的股份。

31日 兰州奶业集团于近日正式成立。该集团由兰州乳品厂、段家滩奶牛繁殖场等5家独立法人实体整合而成，拥有1 500头奶牛，年产原料奶6 000吨。

11月

4日 由《中国乳品工业》杂志社主办、北京三元食品股份有限公司承办，“第二届中国国际乳品工业学术研讨会”在北京市召开，共有近200位国内外学者、科研人员到会。

5日 由中国奶业协会主办、长城国际展览有限责任公司承办的“2002中国国际乳业展览会”在北京农展馆举办，7日结束。同时召开的“首届中国奶业产业化论坛”有200多名国内外专家学者及政府官员参加。

7日 由河北天香乳业有限公司投资兴建的苏州天香乳业有限公司，在苏州相成区正式投产。

8日 “2002年金华·中国南方奶牛乳品研讨会暨高新科技成果展示交易会”在浙江省金华开幕，18日闭幕。

16日 “十五”国家科技攻关课题——反刍动物营养调控关键技术研究进展汇报会议在北京召开。15项子课题分别由中国农科院畜牧所、中国农业大学动物科技学院、新疆农业大学畜牧学院、西北农林科技大学动物科技学院、华南农业大学动物科技学院、南京农业大学动物科技学院、山东农业大学动物科技学院、浙江农业大学动物科技学院、天津佳农饲料有限公司承担研究。

17日 内蒙古包头市兽医卫生监督所对奶牛用药进行专项管理，将包头市信誉良好的4家经营单位确定为“包头市奶牛用药指定单位”。在此基础上，他们还引进400多个品种的奶牛用药，在质量监控、用药安全、疾病防治方面形成了一个立体综合网络，确保奶牛疫情能够得到有效控制。

19日 被国家科学技术部列为“2002年国家重点新产品”的中性乳糖酶，近日在哈尔滨美华生物技术有限公司实现工业化生产。

19日 摩根史丹利、鼎晖投资和英联投资等三家著名国际投资公司向蒙牛乳业集团一次性投资了2 600万美元（折合人民币2.16亿元）。同时，蒙牛乳业第三期工程在内蒙古自治区和林格尔县投产，该期工程耗资9.6亿元。

29日 内蒙古承担的农业部万枚高产奶牛胚胎移植富民工程通过农业部验收。这一项目由内蒙古家畜改良站承担，内蒙古畜牧科学院和呼和浩特市、包头市、巴彦淖尔盟等8个盟市的畜牧局、改良站及包头黄河奶牛场等有关单位参与。按照项目合同要求，内蒙古承担生产移植荷斯坦奶牛优质胚胎3 000枚的任务，到目前已生产移植3 140枚，超额完成移植任务。

12月

1日 “乳企经营创新与管理再造”研讨会在南京市举行，来自全国40多家中小乳品企业的负责人参加了会议。

3日 天津市玉泰畜牧养殖有限公司与中国农业科学院技术开发公司签订合同，决定成立中农玉泰畜牧繁育中心，从加拿大等国引进优质奶牛胚胎与冷冻精液，繁育良种奶牛。

在国家经贸委和国家轻工局召开的国家液态奶生产规划会上获悉，国家已将液态奶无菌包装列为优先开发项目，斥资20亿元扶持液态奶工业的发展。

6日 江南大学食品学院和无锡市日用化工应用研究所生化厂合作承担的“生物活性因子——乳铁蛋白的中试生产”项目近日通过了由江苏省科学技术局组织的鉴定。

《天津日报》报道 天津市无公害牛奶行动计划办公室正式成立，以推进该市“无公害食品行动计划”的实施。新希望集团收购云南邓川蝶泉乳品公司国有股权的仪式在昆明举行。

9日 上海光明乳业在广州建立生产基地，这是华南地区生产规模最大的乳制品生产基地，日处理鲜奶能力近500吨，投资总额达2亿元。

11日 “十五”国家重大科技专项课题“奶业重大关键技术研究与产业化技术集成示范”启动签字仪式在人民大会堂隆重举行。国家科技部部长徐冠华、农业部副部长韩长赋以及中国工程院、农业科学研究院等有关专家和有关省市领导、企业代表共100余人出席了签字仪式，完达山乳业股份有限公司董事长王德胜代表承担课题企业与技术依托单位在执行协议上签字。

23日 由中国企业联合会，中国企业家协会联合组织的第7批中国企业新纪录获奖企业名单揭晓，内蒙古伊利集团凭借2001年雪糕、冰激凌销售量12.55万吨和2001年液态奶系列产品销售量25万吨两次业绩，夺得国内该次行业和乳制品行业桂冠。

25日 长富集团《福建奶业现代化生产技术集成与产业化开发研究项目》近日被国家科技部列入“十五”重大科技攻关计划，并得到200万元专项科研经费的拨补。

26日 由农业部奶类项目办公室举办的“全国奶业及奶类工作会议”在贵州省贵阳市召开，27日结束。来自农业部奶类办公室及全国大部分省市奶业办公室的代表参加了会议，并对“我国奶业如何深入开展奶业产业化经营”进行了探讨。

27日 由青岛森森实业有限公司、森森生物技术研究所与中国科学院遗传与发育学研究所等机构历时两年完成的两只转基因体细胞克隆的雄性克隆奶山羊，出生后生长良好。

31日 卫生部法制监督司近日公布的今年第二次食品卫生监督检验报告显示，有82种消毒牛乳、灭菌乳、奶粉等产品合格率达到了100%。

法规与标准

法　规

无公害农产品管理办法

（2002年4月29日农业部、国家质量监督检验检疫总局发布）

第一章　总　　则

第一条　为加强对无公害农产品的管理,维护消费者权益,提高农产品质量,保护农业生态环境,促进农业可持续发展,制定本办法。

第二条　本办法所称无公害农产品，是指产地环境、生产过程和产品质量符合国家有关标准和规范的要求，经认证合格获得认证证书并允许使用无公害农产品标志的未经加工或者初加工的食用农产品。

第三条　无公害农产品管理工作，由政府推动，并实行产地认定和产品认证的工作模式。

第四条　在中华人民共和国境内从事无公害农产品生产、产地认定、产品认证和监督管理等活动，适用本办法。

第五条　全国无公害农产品的管理及质量监督工作，由农业部门、国家质量监督检验检疫部门和国家认证认可监督管理委员会按照“三定”方案赋予的职责和国务院的有关规定，分工负责，共同做好工作。

第六条　各级农业行政主管部门和质量监督检验检疫部门应当在政策、资金、技术等方面扶持无公害农产品的发展，组织无公害农产品新技术的研究、开发和推广。

第七条　国家鼓励生产单位和个人申请无公害农产品产地认定和产品认证。

实施无公害农产品认证的产品范围由农业部、国家认证认可监督管理委员会共同确定、调整。

第八条　国家适时推行强制性无公害农产品认证制度。

第二章　产地条件与生产管理

第九条　无公害农产品产地应当符合下列条件：

（一）产地环境符合无公害农产品产地环境的标准要求；

（二）区域范围明确；

（三）具备一定的生产规模。

第十条　无公害农产品的生产管理应当符合下列条件：

（一）生产过程符合无公害农产品生产技术的标准要求；

（二）有相应的专业技术和管理人员；

（三）有完善的质量控制措施，并有完整的生产和销售记录档案。

第十一条　从事无公害农产品生产的单位或者个人，应当严格按规定使用农业投入品。禁止使用国家禁用、淘汰的农业投入品。

第十二条　无公害农产品产地应当树立标示牌，标明范围、产品品种、责任人。

第三章　产地认定

第十三条　省级农业行政主管部门根据本办法的规定负责组织实施本辖区内无公害农产品产地的认定工作。

第十四条　申请无公害农产品产地认定的单位或者个人（以下简称申请人），应当向县级农业行政主管部门提交书面申请，书面申请应当包括以下内容：

（一）申请人的姓名（名称）、地址、电话号码；

（二）产地的区域范围、生产规模；
（三）无公害农产品生产计划；
（四）产地环境说明；
（五）无公害农产品质量控制措施；
（六）有关专业技术和管理人员的资质证明材料；
（七）保证执行无公害农产品标准和规范的声明；
（八）其他有关材料。

第十五条 县级农业行政主管部门自收到申请之日起，在10个工作日内完成对申请材料的初审工作。

申请材料初审不符合要求的，应当书面通知申请人。

第十六条 申请材料初审符合要求的，县级农业行政主管部门应当逐级将推荐意见和有关材料上报省级农业行政主管部门。

第十七条 省级农业行政主管部门自收到推荐意见和有关材料之日起，在10个工作日内完成对有关材料的审核工作，符合要求的，组织有关人员对产地环境、区域范围、生产规模、质量控制措施、生产计划等进行现场检查。

现场检查不符合要求的，应当书面通知申请人。

第十八条 现场检查符合要求的，应当通知申请人委托具有资质资格的检测机构，对产地环境进行检测。

承担产地环境检测任务的机构，根据检测结果出具产地环境检测报告。

第十九条 省级农业行政主管部门对材料审核、现场检查和产地环境检测结果符合要求的，应当自收到现场检查报告和产地环境检测报告之日起，30个工作日内颁发无公害农产品产地认定证书，并报农业部和国家认证认可监督管理委员会备案。

不符合要求的，应当书面通知申请人。

第二十条 无公害农产品产地认定证书有效期为3年。期满需要继续使用的，应当在有效期满90日前按照本办法规定的无公害农产品产地认定程序，重新办理。

第四章　无公害农产品认证

第二十一条 无公害农产品的认证机构，由国家认证认可监督管理委员会审批，并获得国家认证认可监督管理委员会授权的认可机构的资格认可后，方可从事无公害农产品认证活动。

第二十二条 申请无公害产品认证的单位或者个人（以下简称申请人），应当向认证机构提交书面申请，书面申请应当包括以下内容：

（一）申请人的姓名（名称）、地址、电话号码；
（二）产品品种、产地的区域范围和生产规模；
（三）无公害农产品生产计划；
（四）产地环境说明；
（五）无公害农产品质量控制措施；
（六）有关专业技术和管理人员的资质证明材料；
（七）保证执行无公害农产品标准和规范的声明；
（八）无公害农产品产地认定证书；
（九）生产过程记录档案；
（十）认证机构要求提交的其他材料。

第二十三条 认证机构自收到无公害农产品认证申请之日起，应当在15个工作日内完成对申请材料的审核。

材料审核不符合要求的，应当书面通知申请人。

第二十四条 符合要求的，认证机构可以根据需要派员对产地环境、区域范围、生产规模、质量控制措施、生产计划、标准和规范的执行情况等进行现场检查。

现场检查不符合要求的，应当书面通知申请人。

第二十五条 材料审核符合要求的、或者材料审核和现场检查符合要求的（限于需要对现场进行检查时），认证机构应当通知申请人委托具有资质资格的检测机构对产品进行检测。承担产品检测任务的机构，根据检测结果出具产品检测报告。

第二十六条 认证机构对材料审核、现场检查（限于需要对现场进行检查时）和产品检测结果符合要求的，应当在自收到现场检查报告和产品检测报告之日起，30个工作日内颁发无公害农产品认证证书。

不符合要求的，应当书面通知申请人。

第二十七条 认证机构应当自颁发无公害农产品认证证书后30个工作日内，将其颁发的认证证书副本同时报农业部和国家认证认可监督管理委员会备案，由农业部和国家认证认可监督管理委员会公告。

第二十八条 无公害农产品认证证书有效期为3年。期满需要继续使用的，应当在有效期满90日前按照本办法规定的无公害农产品认证程序，重新办理。

在有效期内生产无公害农产品认证证书以外的产品品种的，应当向原无公害农产品认证机构办理认证证书的变更手续。

第二十九条 无公害农产品产地认定证书、产品认证证书格式由农业部、国家认证认可监督管理委员会规定。

第五章　标志管理

第三十条 农业部和国家认证认可监督管理委员会制定并发布《无公害农产品标志管理办法》。

第三十一条 无公害农产品标志应当在认证的品种、数量等范围内使用。

第三十二条 获得无公害农产品认证证书的单位或者个人，可以在证书规定的产品、包装、标签、广告、说明书上使用无公害农产品标志。

第六章　监督管理

第三十三条　农业部、国家质量监督检验检疫总局、国家认证认可监督管理委员会和国务院有关部门根据职责分工依法组织对无公害农产品的生产、销售和无公害农产品标志使用等活动进行监督管理。

（一）查阅或者要求生产者、销售者提供有关材料；

（二）对无公害农产品产地认定工作进行监督；

（三）对无公害农产品认证机构的认证工作进行监督；

（四）对无公害农产品的检测机构的检测工作进行检查；

（五）对使用无公害农产品标志的产品进行检查、检验和鉴定；

（六）必要时对无公害农产品经营场所进行检查。

第三十四条　认证机构对获得认证的产品进行跟踪检查，受理有关的投诉、申诉工作。

第三十五条　任何单位和个人不得伪造、冒用、转让、买卖无公害农产品产地认定证书、产品认证证书和标志。

第七章　罚　　则

第三十六条　获得无公害农产品产地认定证书的单位或者个人违反本办法，有下列情形之一的，由省级农业行政主管部门予以警告，并责令限期改正；逾期未改正的，撤销其无公害农产品产地认定证书：

（一）无公害农产品产地被污染或者产地环境达不到标准要求的；

（二）无公害农产品产地使用的农业投入品不符合无公害农产品相关标准要求的；

（三）擅自扩大无公害农产品产地范围的。

第三十七条　违反本办法第三十五条规定的，由县级以上农业行政主管部门和各地质量监督检验检疫部门根据各自的职责分工责令其停止，并可处以违法所得1倍以上3倍以下的罚款，但最高罚款不得超过3万元；没有违法所得的，可以处1万元以下的罚款。

第三十八条　获得无公害农产品认证并加贴标志的产品，经检查、检测、鉴定，不符合无公害农产品质量标准要求的，由县级以上农业行政主管部门或者各地质量监督检验检疫部门责令停止使用无公害农产品标志，由认证机构暂停或者撤销认证证书。

第三十九条　从事无公害农产品管理的工作人员滥用职权、徇私舞弊、玩忽职守的，由所在单位或者所在单位的上级行政主管部门给予行政处分；构成犯罪的，依法追究刑事责任。

第八章　附　　则

第四十条　从事无公害农产品的产地认定的部门和产品认证的机构不得收取费用。检测机构的检测、无公害农产品标志按国家规定收取费用。

第四十一条　本办法由农业部、国家质量监督检验检疫总局和国家认证认可监督管理委员会负责解释。

第四十二条　本办法自发布之日起施行。

绿色食品标志管理办法

（1993年1月11日农业部发布）

第一章　总　　则

第一条　为确保绿色食品事业的健康发展，促进生态环境的保护与改善，保证绿色食品标志的严肃性与公正性，维护绿色食品信誉及消费者利益，特制定本办法。

第二条　绿色食品标志是经国家工商行政管理局注册的质量证明商标，用以标识、证明无污染的安全、优质、营养类食品及与此类食品相关的事物。

第三条　使用绿色食品标志，须按本办法规定的程序提出申请，由农业部审核批准其使用权。未经农业部批准，任何单位和个人无权使用绿色食品标志。

第四条　获得绿色食品标志使用权的产品，必须同时符合下列条件：

（一）产品或产品原料的产地必须符合绿色食品的生态环境标准；

（二）农作物种植、畜禽饲养、水产养殖及食品加工必须符合绿色食品的生产操作规程；

（三）产品必须符合绿色食品的质量和卫生标准；

（四）产品的标签必须符合《绿色食品标志设计标准手册》中的有关规定。

第二章　绿色食品标志使用权的申请

第五条　凡具有绿色食品生产条件的单位和个人均可作为绿色食品标志使用权的申请人。

第六条　申请在产品上使用绿色食品标志的程序：

（一）申请人填写《绿色食品标志使用申请书》一

式两份（含附报材料），报所在省（自治区、直辖市、计划单列市，下同）绿色食品管理部门；

（二）省绿色食品管理部门委托通过省级以上计量认证的环境保护监测机构，对该项产品或产品原料的产地进行环境评价；

（三）省绿色食品管理部门对申请材料进行初审，并将初审合格的材料报中国绿色食品发展中心；

（四）中国绿色食品发展中心会同权威的环境保护机构，对上述材料进行审核。合格的由中国绿色食品发展中心指定的食品监测机构对其申报产品进行抽样，并依据绿色食品质量和卫生标准进行检测；对不合格的，当年不再受理其申请；

（五）中国绿色食品发展中心对质量和卫生检测合格的产品进行综合审查（含实地核查），并与符合条件的申请人签定"绿色食品标志使用协议"；由农业部颁发绿色食品标志使用证书及编号；报国家工商行政管理局商标局备案，同时公告于众。对卫生检测不合格的产品，当年不再受理其申请。

绿色食品标志编号形式如下：

```
LB————XX————XXXXX
|       |       |
标志代码  产品类别  产品代号
```

第三章　绿色食品标志的使用

第七条　绿色食品标志在产品上的使用范围限于由国家工商行政管理局认定的《绿色食品标志商品涵盖范围》。

第八条　绿色食品标志在产品上使用时，须严格按照《绿色食品标志设计标准手册》的规范要求正确设计，并在中国绿色食品发展中心认定的单位印制。

第九条　使用绿色食品标志的单位和个人须严格履行"绿色食品标志使用协议"。

第十条　使用绿色食品标志的企业，改变其生产条件、工艺、产品标准及注册商标前，须报经中国绿色食品发展中心批准。

第十一条　由于不可抗拒的因素暂时丧失绿色食品生产条件的，生产者应在一个月内报告省、部两级绿色食品管理机构，暂时中止使用绿色食品标志，待条件恢复后，经中国绿色食品发展中心审核批准，方可恢复使用。

第十二条　绿色食品标志编号的使用权，以核准使用的产品为限。

第十三条　未经中国绿色食品发展中心批准，不得将绿色食品标志及其编号转让给其他单位或个人。

第十四条　绿色食品标志使用权自批准之日起三年有效。要求继续使用绿色食品标志的，须在有效期满前90天内重新申报，未重新申报的，视为自动放弃其使用权。

第十五条　使用绿色食品标志的单位和个人，在有效的使用期限内，应接受中国绿色食品发展中心指定的环保、食品监测部门对其使用标志的产品及生态环境进行抽检，抽检不合格的，撤销标志使用权，在本使用期限内，不再受理其申请。

第十六条　对侵犯标志商标专用权的，被侵权人可以依据《中华人民共和国商标法》向侵权人所在地的县级以上工商行政管理部门要求处理，也可以直接向人民法院起诉。

第十七条　凡违反本办法第四条及第三章规定的，由农业部撤销其绿色食品标志使用权，收回绿色食品标志使用证书及编号，造成损失的，并责其赔偿损失。

自动放弃绿色食品标志使用权或使用权被撤销的，由中国绿色食品发展中心公告于众。

第四章　附　　则

第十八条　各级绿色食品管理部门可按有关规定收取管理费。

第十九条　绿色食品标志在产品之外的使用，按有关规定执行。

第二十条　有关绿色食品标志的各种表式由农业部统一制定。

第二十一条　本办法由农业部负责解释。

第二十二条　本办法自颁布之日起施行。

教育部　农业部关于加强"学生饮用奶计划"管理的意见

教体艺［2002］16号

各省、自治区、直辖市教育厅（教委）、农业厅（局），新疆生产建设兵团教委：

为了改善我国中小学生的营养与健康状况，经国务院领导批准，国家"学生饮用奶计划"已于2000年开始在全国逐步实施。这项计划作为一项改善青少年营养与健康状况的重要措施已经列入《中国儿童发展纲要(2001—2010)》和《国务院关于基础教育改革与发展的决定》。为了进一步加强和规范"学生饮用奶计划"在学校的实施，确保"学生饮用奶计划"健康、有序地运行，特提出以下意见：

一、坚持政府引导、学生自愿的原则，积极、稳步推进"学生饮用奶计划"

实施国家"学生饮用奶计划"要充分体现和发挥政府引导作用，各地应在当地政府的统一领导下，有组织、分步骤地开展工作。要坚持先试点，再逐步推广的做法，根据当地的实际，先选择部分学校试点，取得经验后再逐步扩大实施范围。

开展"学生饮用奶计划"的学校，应坚持学生饮奶自愿的原则，尊重学生的意愿和选择，通过宣传教育引导学生自愿饮奶，任何单位都不得下达指令性指标。

二、加强管理，健全制度，保障"学生饮用奶计划"顺利实施

教育行政部门要加强对"学生饮用奶计划"的管理，督促学校严格按照国家的要求组织实施"学生饮用奶计划"。各地教育行政部门和学校应按照《关于实施国家"学生饮用奶计划"的通知》、《国家"学生饮用奶计划"实施方案》、《国家"学生饮用奶计划"暂行管理办法》的要求，在国家认定的定点企业中进行招标，自主选定供奶企业，并签订供货合同，明确双方的权利与义务。

凡实施"学生饮用奶计划"的学校，应明确一名校领导负责此项工作，并确定一名教师或相应的工作人员负责具体的组织实施。实施"学生饮用奶计划"的学校，应结合学校实际制定具体的管理制度和措施，协助定点企业做好牛奶定购、分发、交费、废弃包装物的统一收集处理等工作。学生饮用奶在学校储藏、保管、发送中发生的费用由企业承担，其费用由企业与当地教育行政部门协商并报物价部门统一核定，学校不得在核定的价格之外任意加价或收取其他费用。

实施"学生饮用奶计划"的学校应加强有关牛奶与营养健康（包括乳糖不耐现象）、食品卫生知识的宣传教育，使师生不仅知道牛奶的营养价值，养成饮奶的习惯，而且懂得如何从外观和口感上辨别合格的牛奶和变质的牛奶，在发现有问题的牛奶或发生饮奶不适反应时，如何正确对待和处理。

三、把好学生饮用奶进校关，确保学生饮用奶卫生安全

实施"学生饮用奶计划"的学校要严把学生饮用奶进校关，按照《国家"学生饮用奶计划"暂行管理办法》的要求，选用经国家有关部门认定的定点企业按照规定标准生产的、并在包装上印有"中国学生饮用奶"标志的学生饮用奶进入学校。要防止定点企业的不合格产品和非定点企业的乳品利用各种名目进入学校。含乳饮料不属于学生饮用奶，学校不得以实施"学生饮用奶计划"的名义统一组织学生饮用含乳饮料。

各地教育行政部门应重视建立规范的"学生饮用奶计划"供奶秩序，地方教育行政部门不得违背《国家"学生饮用奶计划"暂行管理办法》的规定要求，自行认定学生饮用奶定点企业。任何单位和个人不得以实施"学生饮用奶计划"的名义组织学生饮用未经国家有关部门认定和审批的牛奶。对假冒学生饮用奶的企业，教育行政部门要配合有关行政部门对其进行严肃查处。

四、建立学生饮用奶卫生安全防范机制

实施"学生饮用奶计划"的学校，要强化食品卫生安全意识，树立安全第一的指导思想，配合"学生饮用奶计划"定点企业建立健全学生饮奶安全防范和事故处理机制，包括日常的安全防范措施、发生安全事故的处理办法、防止学生产生心因性反应的预案等。

要防止个别学生因乳糖不耐而产生饮奶不适所造成的不良影响。一旦发生乳糖不耐所致的饮奶不适反应，教师应向学生进行解释，并及时让学生停止饮奶，进行必要的观察。要严格区分乳糖不耐症与食物中毒症状，未经卫生部门检测和化验，不要轻易得出食物中毒的结论，以免产生不良的社会反响。

学校应建立健全学生饮用奶安全事故的报告制度，发生食物中毒或疑似食物中毒事故，应及时报告当地教育行政部门和卫生行政部门，还应及时与当地学生饮用奶办公室取得联系，以使各有关部门共同采取措施，控制事态发展，并处理好有关善后事宜。

五、加强对定点企业的监管工作

实施"学生饮用奶计划"的地方农、牧行政管理部门和学生饮用奶计划工作机构，要积极会同其他有关政府部门加强对学生饮用奶生产定点企业的监管，督促其落实学生饮用奶质量承诺，严格生产质量管理，认真搞好配送服务，确保学生饮奶安全。对产品质量不合格和不按要求向学校提供学生饮用奶配送服务的，要进行查处，情节严重的要取消其定点生产企业资格，造成严重后果的，要协助有关执法部门追究其法律责任。

教育部　农业部

二〇〇二年十二月十二日

关于加强学生饮用奶质量及安全管理工作的通知

学奶（办）字〔2002〕2号

各省、自治区、直辖市学生饮用奶工作机构：

当前，国家“学生饮用奶计划”通过试点正在大中城市逐步展开，已有47家乳品企业被认定为学生饮用奶定点生产企业。在新学年开学之际，各地学生饮用奶工作机构正在加紧工作，积极组织定点企业扩大供奶范围，搞好学生饮用奶进入学校的工作。根据中央领导同志最近的批示和全国实施“学生饮用奶计划”工作会议的精神，为了进一步贯彻落实《国家“学生饮用奶计划”暂行管理办法》，规范学生饮用奶供应秩序和定点生产企业的行为，确保国家“学生饮用奶计划”健康、有序地实施，现就加强对学生饮用奶质量及安全管理工作的有关问题通知如下：

一、进一步提高对学生饮用奶质量安全的认识，落实安全管理责任制

学生饮用奶的质量和学生饮奶安全是事关青少年的身体健康、人身安全和国家“学生饮用奶计划”顺利实施的大事，各地“学生饮用奶计划”工作机构、有关部门和定点企业一定要认真学习江总书记关于加强安全生产的指示和国务院58次常务扩大会议精神，切实按照“三个代表”的重要思想，贯彻落实去年10月召开的实施国家“学生饮用奶计划”工作会议和我办《关于加强监管、确保学生饮奶安全的通知》（学奶办字〈2001〉3号）精神，牢固树立“安全第一、预防为主”的观念，把保证学生饮用奶的卫生、质量和学生饮奶安全放在十分突出的位置，认真落实学生饮用奶安全管理责任制，将确保安全的任务、措施分解落实到具体部门、企业、学校，落实到人，认真抓实抓好。

二、加强对定点企业学生饮用奶生产、配送的管理

各级学生饮用奶工作机构要承担起本辖区范围内学生饮用奶的全面管理责任，协调有关行政部门，加强对学生饮用奶生产、配送和饮用的组织与监督管理。今年9月至10月各地学生饮用奶工作机构要组织有关部门和专家对定点企业生产、配送学生饮用奶的情况进行全面检查，包括产品的质量、包装是否符合要求，学生饮用奶专用标志是否按规定印制，学生饮用奶配送组织情况等，并将检查结果报我办。对外地学生饮用奶定点企业进入本地学校供奶的，也应纳入统一管理的范围。

三、加强对学生饮用奶供应秩序的管理

各地学生饮用奶工作机构要协调教育部门，把好学生饮用奶进校关。新学期开始凡进入学校的学生饮用奶，必须是由国家“学生饮用奶计划”部际协调小组办公室组织认定的定点企业按规定质量、包装要求并印有“中国学生饮用奶”统一标志的产品，制止打着学生饮用奶牌子的非国家定点企业的产品进入学校。学生饮用奶定点企业不得以其他质量、包装的乳品代替学生饮用奶向学校配送，也不得将印有“中国学生饮用奶”标志的产品拿到市场上销售，对不按规定执行的要进行查处，直至取消定点企业资格。

各地学生饮用奶工作机构要积极协调地方质量监督、工商管理等部门制止和查处非国家定点企业的产品打着“学生奶”的牌子进行销售。

四、加强对学生饮用奶产品质量抽检工作

为保证学生饮用奶的质量和学生饮奶安全，必须加强对学生饮用奶产品质量的抽检工作。各定点企业必须认真落实产品质量检验制度，杜绝不合格的产品出厂、进校。各地学生奶工作机构要协调有关部门对进入学校的学生奶产品进行抽检，发现问题，按有关规定和程序处理。部际协调小组办公室，准备不定期协调和组织质检机构进行抽检，将结果在有关媒体公布。

五、建立定点企业报告制度

为了强化对学生饮用奶定点企业的管理，决定建立定点企业报告制度，请各地学生饮用奶工作机构认真监督、贯彻实行。

（一）供奶情况报告：主要报告定点企业向学校配送学生饮用奶的情况，每年6月和12月逐级上报。

（二）事故报告：发生10人以上学生饮奶不适（呕吐等）或中毒事故，必须于事故发生后立即向市学生饮用奶工作机构报告，并逐级上报到国家学生饮用奶计划部际协调小组办公室。在事故查清并有处理结果后，再向各级工作机构报告事故全面情况。

（三）定点企业延期申请报告：学生饮用奶定点企业每次认定的有效期为3年。3年到期后，如需要继续成为定点企业的，必须由企业提出申报，经市、省工作机构审查报国家学生饮用奶部际协调小组办公室审查批准。3年期满不提出延期申请报告者，视同自动退出，不再享有定点企业的权利。

学生饮用奶计划部际协调小组办公室

二〇〇二年九月二日

关于开展学生饮用奶质量安全和供应秩序检查的通知

学奶（办）字〔2002〕22号

各省、自治区、直辖市“学生饮用奶计划”办公室：

为了贯彻落实中央领导同志最近批示的精神，确保学生饮奶安全和社会稳定，迎接党的“十六大”召开，决定近期在全国开展一次学生饮用奶质量安全和供应秩序检查，现将有关问题通知如下：

一、提高对开展检查必要性的认识

今年以来，实施“学生饮用奶计划”的范围已经逐步扩大到全国22个省、区、市，经国家有关部门正式认定的学生饮用奶定点生产企业已增加到48家，总的情况是好的。但是在运行过程中，也出现了一些问题，如有的地方学生奶供应秩序混乱，有的地方还存在安全隐患。中央领导同志在最近的批示中指出：“对学生奶供应秩序必须予以高度重视，否则出了事就是大事，对不合格和假冒者必须严肃查处。”为此，9月2日国家“学生饮用奶计划”部际协调小组办公室在《关于加强学生饮用奶质量及安全管理工作的通知》（学奶办字〈2002〉2号文件）中，提出了“今年9月至10月各地学生饮用奶工作机构要组织有关部门和专家对定点企业生产、配送学生饮用奶的情况进行全面检查”的要求。通过开展检查，发现和解决存在的问题，规范学生饮用奶供应秩序、确保学生饮奶安全，是当前实施国家“学生饮用奶计划”的一个重大举措，它关系到广大学生的身体健康和生命安全，同时也关系到社会安定、政府的声誉以及这项计划能否顺利开展。因此，各地“学生饮用奶计划”工作机构，应对这项工作予以高度重视，要求凡开展“学生饮用奶计划”的省、区、市，迅速组成由有关部门和专家组成的检查小组，会同有关城市的学生饮用奶工作机构，按照文件的要求开展检查工作。

二、开展检查的文件依据

这次对学生饮用奶检查所依据的主要文件是：国家七部委局《关于实施国家“学生饮用奶计划”的通知》；农业部、教育部、国家质检总局等制定的《国家“学生饮用奶计划”暂行管理办法》、《学生饮用奶定点生产企业申报认定暂行办法》；农业部制定的《中国学生饮用奶标志使用暂行管理办法及使用规范》及农业部办公厅《关于学生饮用奶标志使用规范的补充通知》；卫生部《关于开展学生饮用奶及学生集体用餐监督检查工作的通知》；《国家“学生饮用奶计划”部际协调小组办公室会议纪要》、国家“学生饮用奶计划”办公室《关于加强监管、确保学生饮奶安全的通知》以及《关于加强学生饮用奶质量及安全管理工作的通知》等。

三、检查的范围、内容

检查的主要范围和内容是以下三个方面：

（一）对学生饮用奶生产定点企业的检查

1. 检查定点企业对学生饮用奶生产、配送的组织落实情况；学生饮用奶管理规章制度、产品质量监管、安全责任制度的制定和落实情况；配送学生饮用奶的人员和车辆以及工作责任制度的落实情况等。

2. 检查定点企业生产的学生饮用奶的数量、供应学校的范围、品种、质量是否符合文件的规定（包括纯奶含量的规定、超高温灭菌奶的规定等），在生产工艺和管理方面是否存在不安全因素，是否发生过学生奶质量事故等。

3. 产品的包装、学生饮用奶标志的印刷是否符合规定等情况。

4. 定点企业发生事故的应急处理措施和配送环节的组织管理情况。

5. 少数定点企业长期不生产和供应学生饮用奶的原因。

（二）对学校组织学生饮奶情况的检查

检查供应学生饮用奶企业的资质，即是否是国家有关部门认定的定点企业，是否有非定点企业的假冒“学生奶”进入学校等；学生饮用奶供应学校的数量和饮奶学生的比重；学校对学生饮用奶工作的组织和制度落实情况；开展有关营养卫生知识、学生饮奶知识方面的宣传教育情况；建立健全发生饮奶不适反应预案的情况；学生饮用奶的价格构成情况等。

（三）对乳品市场的检查

实施“学生饮用奶计划”的城市，要检查是否有定点企业的学生饮用奶进入有关商场（店）和超市，

学生饮用奶定点生产企业生产供应情况报告表

填报日期　　　　　　　　　　盖章

企业名称				学生奶认证号	
地址					
电话		传真		邮编	
定点企业法人				手机	
学生奶负责人		职务		手机	
何时获得认证		何时开始供应学生奶			
日生产量（包）？日均供应量？坏包率%？					
学生奶所用包装、含量，有几个口味？					
在国内的哪些省市销售？价格是多少？劳务费是多少？（分地区注明）					
是否建立 HACCP 质量管理体系？		是否建立应急系统？（具体内容）			
是否上市销售学生奶？是否发生过 10 人以上的学生奶事故，具体情况？					

学生奶供应情况		
小学（所）	小学生饮奶人数	饮奶率
中学（所）	中学生饮奶人数	饮奶率
幼儿园（所）	幼儿园饮奶人数	饮奶率
总计	总计	平均饮奶率
你公司所在城市是否有非定点企业供应“学生奶”？什么品牌？价格？		

如内容多，可另附报告

发现后要予以制止；是否有非定点企业的假冒学生奶在市场上销售，发现后要提请有关执法部门按假冒产品查处。

四、检查的方法和要求

对已经国家“学生饮用奶计划”部际协调小组办公室认定的定点企业要作为检查的重点，由省级工作机构会同市级机构逐一进行检查，不能遗漏。对开展学生饮奶工作的学校主要由市级工作机构根据面上情况选取若干学校进行抽查；对乳品市场情况的检查也主要由市级机构协调组织有关部门进行，省级机构进行督查。要求各省、区、市学生饮用奶办公室在 11 月 20 日前完成全部检查工作，并形成书面综合报告，报部际协调小组办公室。报告材料要有情况、有分析、有典型经验，有改进措施。部际协调小组办公室将组织专人对部分省、区、市的检查工作情况进行核查。

请各地接此通知后，要将此件转有关主管领导阅示并就检查工作进行汇报，争取领导对此项工作的支持。

附件：中国学生饮用奶定点生产企业生产供应情况表

学生饮用奶计划部际协调小组办公室

二〇〇二年十月二十二日

关于印发《天津市生鲜牛奶生产卫生管理规定》的通知

津奶业办字［1998］第4号

各奶牛场、乳品厂、收奶站、各有关区（县）农经委、畜牧水产局、技术监督局、各有关单位：

为适应奶业发展新情况的需要，经市领导批准，现将《天津市生鲜牛奶生产卫生管理规定》印发给你们，自1998年6月1日起实施。

附：《天津市生鲜牛奶生产卫生管理规定》

天津市奶业办公室

天津市畜牧局

天津市技术监督局

一九九八年五月二十日

天津市生鲜牛奶生产卫生管理规定

牛奶和奶制品是人民生活中重要的营养食品，生鲜牛奶在生产过程中特别容易受到污染，为能获得品质优良的生鲜牛奶，必须在生产、收集、运输直到进入乳品厂加工前的各个环节特别加强卫生管理。现针对我市多年来牛奶生产卫生管理差，生鲜牛奶卫生品质不好的实际情况，根据国家1995年10月30日起执行的《食品卫生法》、1998年1月1日起执行的《动物防疫法》和国家技术监督局GB16568-1996《奶牛场卫生及检疫规范》的要求，特制定"天津市生鲜牛奶生产卫生管理规定"。

一、奶牛场（户）的一般卫生管理

奶牛场（户）是牛奶生产的第一车间，从业人员特别需要提高对加强牛奶生产卫生管理的认识，确立生产卫生优质牛奶是养牛者的首要任务和天职，是职业道德的体现，增强"生产卫生优质牛奶光荣，生产不卫生劣质牛奶可耻"的意识，自觉积极地采取有效措施，搞好卫生管理，确保优质生鲜牛奶生产的顺利进行。

1. 对奶牛场（户）的环境要求

（1）奶牛场（户）所在的场地要求没有疾病传染源和三废污染。牛场的周围要有防疫沟渠或围墙，能够有效地控制环境，保持整洁。

（2）奶牛场（户）的水源必须符合饮用水的标准，不允许使用不符合饮用标准的水喂牛及清洗接触牛奶的器具。

（3）奶牛场（户）要进行整体防疫，并按国家兽医防疫要求定期进行牛结核、布氏杆菌病的检疫，及时清除阳性反应牛，保持牛群健康。积极防治乳房炎，杜绝患有临床乳房炎的牛奶混入商品牛奶中。

（4）奶牛场（户）的从业人员每年必须进行体检，患有传染性疾病的不许养奶牛。

（5）奶牛场（户）的生活区和生产区要分开，生产区设门和消毒池，经常保持有效的消毒，防范疫病传入。

（6）奶牛场（户）要经常保持牛舍、运动场的清洁，保持排水通畅，及时清除粪便，在牛场外设积肥场，堆肥发酵，采取有效措施控制蚊蝇孳生。

2. 对奶牛场饲料和饲养管理的卫生要求

（1）奶牛场（户）要做好饲草、饲料的采购和贮存管理，保持饲料的品质和卫生，防止发霉变质，严禁使用发霉变质的饲草饲料喂牛。

（2）奶牛场（户）运送饲料要走专用通道，不得与运粪通道混用。

（3）奶牛场（户）喂牛使用的工具要与清除粪尿的用具严格分开，不得混用。

（4）要做好奶牛的配种，人工授精人员要严格按操作规程选用品质优良的精液配种，认真做好器械的消毒，防止感染生殖系统疾病。严禁养公牛本交。

(5) 要特别重视并认真做好牛的分娩护理和卫生管理，做好污染物的清除和受污染环境的消毒。

二、奶牛挤奶的卫生管理

给奶牛挤奶是影响牛奶卫生品质最重要的环节，必须实行严格的卫生管理。对不同挤奶方式有以下不同的要求：

1. 机器挤奶 奶牛场可根据牛群的大小、设备条件不同采用鱼骨式、管道式、提筒式、推车式等机器挤奶方式，无论采用何种方式都必须保持挤奶厅、挤奶机及环境的清洁，经常保持最好的使用状态。

(1) 奶牛挤奶前必须认真清洗牛体，保持乳房、乳头的清洁。

(2) 严格按挤奶机械的操作规程使用挤奶机，奶牛挤完奶后立即用碘液浸沾乳头，防止细菌侵入。

(3) 用鱼骨式挤奶台挤奶的同时将奶输入直冷式牛奶贮存罐，逐步降温至4℃左右贮存。

(4) 用管道式挤奶先挤掉每个乳头的第一二把奶，再套乳杯挤奶，同时将牛奶输入直冷式贮存罐降温贮存或收入贮奶槽，随后迅速将奶送到贮奶间，用大型直冷式贮奶罐贮存或通过冷排冷却进入保温罐，在4℃左右贮存。

(5) 用提筒式或推车式挤奶机挤奶时，先手工挤掉每个乳头的第一二把奶，然后套上挤奶机。筒内牛奶满了后，立即倒入清洁的盛奶桶中，盖上清洁的桶盖。全群牛挤完奶后，将奶立即交到牛奶收集站冷却贮存。

2. 手工挤奶 手工挤奶这种传统方式生产的牛奶特别容易受到污染，只有采取严格的卫生管理措施，才能获得卫生的牛奶。

(1) 必须保持牛舍良好的卫生状况，挤奶时停止饲喂干草、粉料等容易扬起灰尘的饲料。

(2) 挤奶前必须认真的梳刷牛体，清洗后躯，洗净乳房、乳头。

(3) 使用的挤奶桶必须是容易清洗洁净的不锈钢或镀锌铁皮等材料制做的，不许使用塑料桶。挤奶时用清洗洁净的挤奶桶盛奶，先挤弃每个乳头的第一二把奶，然后再将奶挤入桶内。遇有奶牛排粪尿时要移开奶桶，严防溅入奶桶内。每头牛挤完后将挤奶筒的奶立即倒入不易受污染的地方存放的清洁的金属盛奶桶内，全群挤完奶后立即将盛奶桶集中送到牛场贮奶间或交售到牛奶收集站。

三、牛奶贮存运输的卫生管理

大型奶牛场的贮奶间和分布在郊县的牛奶收集站是专门收集牛场（户）牛奶的部门，必须备有直冷式贮奶罐或冷冻机、冷排、保温罐等贮奶设施，必须严格卫生管理，保证贮存牛奶的质量。

(1) 必须保持整个贮奶间、收奶站及周围环境良好、整洁的卫生状况。

(2) 收奶容器包括受奶槽、磅奶槽、冷排、贮奶罐等必须在收奶前达到清洁要求，保证制冷系统的良好运转，保证贮入牛奶能降温至4℃左右贮存。牛奶泵出运走以后必须立即洗刷受奶槽、磅奶槽及贮奶容器，按清洗规程要求用清水—药水—清水清洗，清除顶部上浮的脂肪，达到洁净状态。

(3) 收奶站除搞好自身的环境卫生，保持收奶、贮奶设施的洁净以外，特别要加强对养牛户交售牛奶的卫生及奶桶、运奶车的卫生管理，只允许用金属桶交奶。每年的1月至下一年的3月底养牛户的奶允许每天交1～2次，4月至10月底必须每次挤奶后立即交到收奶站降温贮存。提倡离收奶站远的养牛户的奶牛一天挤两次奶。收奶站拒绝收不卫生的牛奶及盛奶用具不清洁户的奶。

(4) 由牛场贮奶间或收奶站往乳品厂运奶可采用奶槽车或卡车装奶桶运输，奶槽车和奶桶装奶前必须清洗洁净，保证将卫生优质的生鲜牛奶适时地运到乳品厂，供加工消毒奶和奶制品使用。

四、牛奶生产的卫生监督管理

我市的牛奶生产是涉及近30家国有奶牛场，1 300多户农民养奶牛，25个牛奶收集站和20多座乳品加工厂收奶的产业，除了需要有一个共同性的规定，规范养奶牛者和收奶单位外，为保证获得卫生优质的牛奶还需要加强对生鲜牛奶生产的监督管理。

1. 组成牛奶生产监督管理小组 天津市奶业办公室是天津市奶业领导小组的办事机构，负责全市奶业的宏观管理，执行外援项目，协调外资、合作项目等业务。由天津市奶业办公室牵头，组织畜牧局、技术监督局、农垦集团公司、市奶牛业协会、乳品监测中心等单位及郊区县有关部门组成奶业联合管理小组，加强对牛奶生产的卫生及质量管理。

2. 强化对牛奶生产者的监督和管理

采取以下措施：

(1) 划定奶牛场（户）等级

由奶业联合管理小组组织人员审查奶牛场养奶牛的条件、设施及卫生管理情况，按统一标准对奶牛场（户）定出牛场等级，分为甲级、乙级、丙级，每年审定一次，卫生管理好的可以升级，达不到标准的要降级。表彰先进，鼓励改进卫生管理，提高牛场等级。

奶牛场等级标准如下：

(1.1) 甲级场的基本条件

奶牛场的整体环境符合对奶牛场的卫生要求。

采用鱼骨式挤奶台设备挤奶；主要采用鱼骨式挤

奶，部分管道式挤奶；全部管道式挤奶。牛场自有直冷式贮奶设备或牛奶冷却装置，牛奶贮存温度能保持4℃左右。

牛场(户)卫生管理好。生产的生鲜牛奶卫生品质好。

(1.2) 乙级场的基本条件

奶牛场的整体环境符合卫生要求。

采用管道式、提筒式、推车式挤奶机挤奶。

有或无自备的贮奶冷却设施。

牛场（户）卫生管理得好。生产的生鲜牛奶卫生品质好。

(1.3) 丙级场的基本条件

奶牛场的整体环境符合卫生要求。

采用手工挤奶。

有或无自备牛奶冷却贮存设施。

牛场（户）卫生管理较好。生产的生鲜牛奶卫生品质好。

(2) 发放牛奶生产许可证

由奶业联合管理小组对甲、乙、丙级奶牛场（户）发放牛奶生产许可证，每年审核一次。不够等级的牛场（户）限期一年改进，第二年考核仍达不到等级的取缔，不得从事牛奶生产。

(3) 不管哪一等级的牛场（包括养牛个体户的奶牛），不得有国家规定的一、二类动物疫病。如发现有一、二类动物疫病，不予发放生产许可证，已经发放的要收回，并对该奶牛场（户）按动物防疫法的有关要求进行严格净化，达标后再发放生产许可证。

(4) 限期淘汰手工挤奶方式

采用机器挤奶是奶业先进国家的一致做法。我市要积极推广机器挤奶，到1999年底淘汰手工挤奶方式，不再收购手工挤奶方式生产的牛奶。

(5) 严禁在生鲜牛奶中掺杂异物，收奶单位发现交奶户在生鲜牛奶中掺杂异物者，有权拒收，并交技术监督部门依法进行处罚。

(6) 严禁生奶上市直销，凡未经消毒、包装的生奶上市，一经发现，要严加惩处。同时加强宣传教育工作，使广大市民和养牛者认识到买卖生奶对人身健康会造成严重的危害。

本规定由天津市奶业办公室、畜牧局、技术监督局、奶牛业协会、乳品监测中心联合提出。由天津市奶业办公室解释并组织实施。

关于发布《天津市生鲜牛奶收购办法》的通知

津奶业办字［1998］第3号

各乳品厂、奶牛场、收奶站、各有关区（县）农经委、畜牧水产局、技术监督局、物价局：

为适应奶业发展新情况的需要，经市领导批准，现将《天津市生鲜牛奶收购办法》印发给你们，自1998年4月1日起执行。原天津市农工商总公司和天津市奶类发展项目办公室1992年6月10日津垦司［1992］286号文《关于执行牛奶以质论价及收购办法的通知》和津垦司［1992］516号文《天津市收购牛奶质量修订标准及价格暂行规定的补充意见》同时废止。

附件：天津市生鲜牛奶收购办法

天津市奶业办公室
天津市技术监督局
天 津 市 物 价 局
一九九八年三月十日

天津市生鲜牛奶收购办法

牛奶和奶制品是人民生活中重要的营养食品，保持其良好的质量，维护牛奶生产者、加工经营者和消费者的利益是奶业工作的一项重要任务。生鲜牛奶的收购是控制牛奶质量的重要环节，为此，国家标准局曾于1986年9月17日发布“中华人民共和国生鲜牛乳收购标准”。天津市奶业部门历来十分重视牛奶的质量，于1982年9月在国内率先实行牛奶收购按质论价办法，并建立了牛奶质量监测室，1985年发展为“天津市乳品监测中心”，专门负责牛奶收购的质量检测，对提高生鲜牛奶质量起了积极的作用。1993年以来我市奶业由社会主义计划经济向市场经济过渡，奶业情况发生了重大变化，现在乳品厂已发展到20多家，在郊县的收奶站亦有20多个。最近奶业办公室组织有关部门对牛奶收购及质量管理情况做了联合调查，发现各乳品厂收购牛奶的质量标准不一，许多厂家检验人员水平低，检验条件差，郊县收奶站收购农村分散奶源质量管理水平很低，牛奶质量不好的问题比较突出。为了促进我市奶业健康发展，有必要加强收购生鲜牛奶的质量管理，现根据国家标准的要求和我市奶业的实际情况，制定“天津市生鲜牛奶收购办法”。

一、收购生鲜牛奶的质量标准

1. 国家标准摘引（GB6914-86生鲜牛乳收购标准）

1.1　定义

收购的生鲜牛乳系指从正常饲养的、无传染病和乳房炎的健康母牛乳房内挤出的常乳。

1.2　质量要求

（1）理化指标

项　　目		指　　标
脂肪	% ≥	3.10
蛋白质	% ≥	2.95
密度（20℃/4℃）	≥	1.028
酸度（以乳酸表示）	% ≤	0.162
杂质度	ppm ≤	4
汞	ppm ≤	0.01
六六六、滴滴涕	ppm ≤	0.1

（2）感官指标

正常牛乳应为乳白色或微带黄色，不得含有肉眼可见的异物，不得有红色、绿色或其他异色。不能有苦、咸、涩的滋味和饲料、青贮、霉等其他异常气味。

（3）细菌指标

收购牛乳细菌指标计有下列两个，每个均可采用。采用平皿细菌总数计算法及分级指标进行评级；采用美兰还原褪色法及分级指标进行评级；两者只许采用一个，不能重复。

2. 天津市实施意见

执行国家标准理化指标的项目，每批收购牛奶的酸度用68%或72%的酒精检验，标准酸度为18°T，正常范围16°T～20°T。检验奶中的脂肪、蛋白质含量，将脂肪3.1%，蛋白质2.9%的牛奶定为标准牛奶。收购奶的下限为脂肪2.8%，蛋白质2.6%。对密度、杂质度、汞、六六六、滴滴涕指标不定期检验。

全部执行国家标准的感官指标。

细菌指标选用美蓝还原褪色法及细菌分级指标评定。

收购的生鲜牛奶中不得混有奶牛分娩7天以内的奶、临床乳房炎牛产的奶及应用抗菌素治疗5天以内的奶。

二、实行奶质分级计价

鉴于每批生鲜牛奶的理化和细菌指标不同，实行按奶中的脂肪、蛋白质含量和细菌等级分级计价，优质优价、劣质劣价的办法。

1. 奶质分级

以生鲜牛奶中脂肪和蛋白质含量各占基础价格的50%计价，并按检验的细菌等级加减奶价。

收购生鲜牛奶实际单价 $X=A\times A_1+B\times B_1\pm C$

其中：

A——生鲜牛奶中脂肪含量

A_1——每个脂肪单位价格 $=\dfrac{\text{标准生鲜牛奶价格}}{2\times A}$

B——生鲜牛奶中蛋白质含量

B_1——每个蛋白质单位价格 $=\dfrac{\text{标准牛奶收购价格}}{2\times B}$

C——细菌等级价格

（1）按理化指标分级

为了使用方便，按奶质分级计价公式对理化指标以脂肪3.1%，蛋白质2.9%的标准奶为1.000，制出不同奶质的系数换算用表1：

表1

蛋白质（%）＼脂肪（%）	3.5	3.4	3.3	3.2	3.1	3.0	2.9	2.8
3.2	1.116	1.110	1.084	1.068	1.052	1.036	1.020	1.004
3.1	1.098	1.082	1.066	1.050	1.034	1.018	1.002	0.986
3.0	1.081	1.065	1.049	1.033	1.017	1.001	0.985	0.969
2.9	1.064	1.048	1.032	1.016	1.000	0.984	0.968	0.952
2.8	1.047	1.031	1.015	0.999	0.983	0.967	0.951	0.935
2.7	1.029	1.013	0.997	0.981	0.966	0.950	0.934	0.918
2.6	1.012	0.996	0.980	0.964	0.948	0.932	0.916	0.900

实际操作中检验出生鲜牛奶的脂肪含量及蛋白质含量后，查表找出不同奶质牛奶的系数，乘以标准奶收购价格，即是应得的奶成分价格。

生鲜牛奶脂肪含量低于 2.8%，蛋白质含量低于 2.6%的收购部门可不收购或以标准奶价的半价收购，或收售双方议价收购。

生鲜牛奶的乳脂含量低于 3.0%，蛋白质含量低于 2.8%的不得用于加工巴氏消毒奶，可加工奶粉等产品。

(2) 按细菌指标分级

生鲜牛奶按细菌指标分级，采用美蓝还原褪色法按褪色的时间分级，如表 2：

表 2

等　级	美蓝褪色时间	加减奶价
特级	≥4 小时	加价 5%
一级	≥2.5 小时	标准奶
二级	≥1.5 小时	减价 2.5%
三级	≥40 分钟	减价 5%

(3) 生鲜牛奶收购按综合指标定总价格

以检验每批收购牛奶的理化指标确定的收购价为基础，用检验的细菌等级加减调整最后的收购价格。

三、生鲜牛奶收购的质量检验

1. 理化指标的检验

生鲜牛奶收购时理化指标由各收奶单位的质量检验人员负责检验。脂肪含量按国家标准规定的方法检验；鉴于国家标准检验蛋白质方法不能立即出结果，蛋白质含量按天津市乳品监测中心传授的快速检验方法检验。脂肪和蛋白质含量均在收奶时立即检验，有条件的可用牛奶全成分检验仪同时检验脂肪、蛋白质含量。每次检验立即将结果通知交奶方。此项检验的费用由收奶方负担。

2. 细菌指标的检验

鉴于牛奶的细菌指标检验不能立即出结果，为保持检验的公证性，由天津市乳品监测中心负责检验，采取对每个交奶户交售的生鲜牛奶每周抽样检验一次，以此次检验结果代表一周交奶量的细菌等级，并将检验报告分发收奶方和交奶方各一份。收奶厂按乳品监测中心出具的细菌指标检验报告，增减交奶户的奶价。此项检验的费用由交奶方和收奶方各付一半。

四、对收奶单位的要求

1. 必须具备完善的收奶设施，保证正常运转。

2. 必须设有质量检验室，具有适用的检验仪器并取得计量合格证方可使用；质量检验人员需经过专业培训，考核合格者持证上岗。

3. 收购牛奶时，由质量检验人员按检验规程规定的方法采奶样并按下述程序检验质量，先做牛奶的感官评定，再检验酸度，然后检验脂肪和蛋白质含量，依次检验均符合收购标准的牛奶予以收购（如交奶方对检验结果有异议，双方共同取奶样交乳品监测中心仲裁检验，按仲裁检验结果确定奶的质量）。经检验合格确定收购的牛奶在交奶方在场情况下，准确计量。收奶方将收购奶的酸度和脂肪、蛋白质含量及计量检验结果填写收购单立即交给交奶方。

4. 遵守国家法律、法规，建立严格的管理制度，严禁收奶人员收取交奶单位或个人的钱、物、农副产品等，杜绝“人情奶”。

5. 接受有关部门的检查、监督。

五、对收奶站的要求

收奶站是在农村农户养奶牛集中地区设立的收集农户分散奶源的服务和管理部门，必须有完善的牛奶冷却贮存能力，每天 2～3 次收集牛奶，并及时冷却至 4℃左右贮存。收奶站负责将收集的奶集中交售给乳品厂及其他用奶单位。收奶站要特别加强对养牛户奶质的管理，把好牛奶收集的第一关。必须设有质量检验人员，配备必要的检验仪器，每次收奶严格检验奶的感官指标、酸度，检验奶中脂肪、蛋白质含量，抽样检验每户交奶的细菌指标。由于收奶站是把各养牛户不同奶质的牛奶收到一起混合贮存，整罐奶的奶质要到收奶单位收购时检验才能确定，因此收奶站只能收集符合标准的牛奶，拒收劣质牛奶，以保证整罐奶的质量。

收奶站按各养牛户交的奶量和奶质结算返还奶款，适当收取收贮牛奶的服务费用。

六、管理和监督

牛奶的收购涉及到养奶牛者、收奶站和乳品加工部门等用奶单位的利益，必须加强管理和监督。

天津市奶业办公室是全市奶业的统一管理协调部门。技术监督局、物价局、天津市乳品监测中心等单位负起相应的职责；并由上述部门组成联合小组，做好管理、协调、仲裁，解决牛奶收售双方的矛盾和问题，保证收售活动的正常进行。

天津市乳品监测中心（技术监督局第 58 站）是为促进奶业正常发展专门建立的乳品质量监测部门，在本办法中承担包括负责牛奶收购的细菌指标检验定级；对各乳品厂、用奶单位、收奶站的检验人员进行技术培训、考核、发放上岗证；对乳品厂、用奶单位、收奶站牛奶检验仪器、小玻璃器皿进行计量认证，发放合格证；提供标准测试液；指导、监督乳品厂及用奶单位、收奶站的牛奶质量检验工作；承担有争议的奶样仲裁检验等重要任务。

本办法由天津市奶业办公室、技术监督局、物价局、奶牛业协会、天津市乳品食品检测中心联合调查组提出，由天津市奶业办公室解释并负责组织推动执行。

关于发布《上海市生鲜牛乳质量管理暂行办法》的通知

沪农委〔2000〕第24号

各区、县人民政府，浦东新区管理委员会：

经市政府同意，现将《上海市生鲜牛乳质量管理暂行办法》予以发布，自2000年5月1日起施行。

上海市农业委员会
上海市质量技术监督局
上海市卫生局
上海市物价局
二〇〇〇年二月十五日

上海市生鲜牛乳质量管理暂行办法

第一章　总　　则

第一条　（目的）

为了加强对本市生鲜牛乳质量的监督和管理，提高生鲜牛乳质量，保障消费者的健康和食品安全，维护奶牛生产者和乳品加工者的合法权益，特制定本办法。

第二条　（依据）

本办法制定的依据是《中华人民共和国食品卫生法》、《中华人民共和国产品质量法》、《中华人民共和国标准化法》及卫生部颁布的《乳与乳制品卫生管理办法》。

第三条　（含义）

本办法所称生鲜牛乳系指从正常饲养的无传染病和乳腺炎的健康母牛乳房内挤出的常乳。

第四条　（适用范围）

本办法适用于本市生鲜牛乳的生产经营单位和个人。

第五条　（主管部门）

本办法的实施，由市奶业行政部门主管；生鲜牛乳的质量、标准，由市质量技术监督局主管；生鲜牛乳的卫生监督，由市卫生局主管；生鲜牛乳的价格，由市物价局主管。

第六条　（质量检测机构）

本市生鲜牛乳质量检验由上海市乳品质量监督检验站承担。

第二章　生鲜牛乳质量

第七条　（质量标准）

生鲜牛乳的感官指标、理化指标和卫生指标应符合GB/T6914-86、GB9676-88和GB/T5409-85的规定。

第八条　（禁止行为）

不准出售和收购下列异常奶：

（一）乳腺炎奶和乳房创伤奶；

（二）产犊后初奶（7天内）及临产前（15天内）奶；

（三）应用抗生素类药物期间和停药5天内的病牛奶；

（四）患结核病、布氏杆菌病等传染病牛所产的牛奶；

（五）掺水、掺杂、掺入有毒、有害物质和变质的牛奶；

（六）其他不符合安全性牛乳质量标准的牛奶。

第九条　（生产者行为规范）

生鲜牛乳的生产者必须做到：

（一）挤奶要严格遵守操作规范，做好牛体、牛舍、挤奶器具及周围环境场地的清洁卫生工作。

（二）所有奶牛场应配备质量可靠的挤奶机和直冷式奶罐或带有制冷系统的贮奶罐，以确保向乳品加工厂提供优质的生鲜牛乳。

（三）挤出的生鲜牛乳应迅速冷却至4℃（含4℃）以下，贮存期间牛奶温度应保持在7℃（含7℃）以下；没有冷却设备的应在2小时内将生鲜牛乳送到乳品加工厂或收奶站。

第三章　生鲜牛乳生产和经营

第十条　（经营者资质许可）

经营收购生鲜牛乳的单位必须获得由当地卫生行政部门颁发的食品卫生许可证，无食品卫生许可证的企业、个人不得经营收购生鲜牛乳。

第十一条　（生产者资质许可）

生产生鲜牛乳的单位或个人必须取得由当地畜牧行政部门颁布的生产许可证、当地畜牧兽医站颁发的兽医卫生合格证和当地卫生行政部门颁发的食品卫生许可证，从事生产生鲜牛乳的人员应具有健康证。未取得上述“四证”的，不得进行生鲜牛乳生产。

第十二条　（合同管理和收奶方式）

生鲜牛乳收购按供需双方签订的合同进行管理，并在指定的收奶站或乳品加工厂交售和收购。不准无证或借证交售生鲜牛乳。凡具备条件的奶牛场（系指配备挤奶机和直冷式奶罐或带有制冷系统的贮奶罐），乳品加工厂均应上门收奶。

第十三条　（收购单位条件）

收购单位应具备的条件：

（一）收购单位应具备与收购数量相适应的制冷设备、辅助设施及收奶所必须的工具、仪器、设备等，收购的生鲜牛乳必须迅速冷却到4℃（含4℃）以下。

（二）收购单位必须选派思想素质好、责任性强、懂业务的称职人员担任收奶站负责人和采样质量检验员。

第十四条　（收奶人员上岗要求）

在收奶站从事收奶工作的人员，上岗前应接受身体健康检查及专业培训，正式上岗应符合以下要求：

（一）掌握生鲜牛乳的特性（感官特征、基本成分、微生物学基本知识）；

（二）能够严格按操作规范进行生鲜牛乳抽样及质量评定；

（三）掌握异常奶的感官鉴别方法；

（四）掌握生鲜牛乳密度等化验方法。

第十五条　（收购价格政策）

生鲜牛乳收购应实行按质论价，优质优价。根据国家有关标准，将脂肪、蛋白质指标作为生鲜牛乳收购的基础论价指标，将微生物、抗生素等指标作为附加论价指标，具体办法由市物价局确定并发文执行。

第四章　质量检查与管理

第十六条　（检测程序）

生鲜牛乳检测按样品采样、封存、化验的程序进行。

（一）生鲜牛乳采样须经上海市乳品质量监督检验站培训并持有上岗证的专职人员进行，所在地区畜牧主管部门或奶农应派代表监督采样，将样品封存待检。

（二）生鲜牛乳作为计价依据的化验，统一由上海市乳品质量监督检验站负责。

第十七条　（质量检测执行标准）

生鲜牛乳脂肪、蛋白质等理化指标和细菌指标，应符合GB/T6914-86标准；黄曲霉毒素指标，应符合GB9676-88标准；上述指标及抗生素指标的检测应按照GB/T5409-85标准执行。

第十八条　（质量检验员职责）

收奶站的生鲜牛乳采样检验员，负责质量检查，其职责是：

（一）检查该奶站所属收购区内生鲜牛乳质量，对所收购生鲜牛乳质量负责。

（二）对不符合质量要求和掺水掺杂的生鲜牛乳有权拒收。

（三）对可疑生鲜牛乳，有权暂停收购，并留样送检。

（四）协助质量技术监督部门和卫生行政部门对违法者进行处理。

第十九条　（检测机构职责）

上海市乳品质量监督检验站的职责是：

（一）受市有关部门委托，对本市生鲜牛乳质量进行监督检验，并提供公正的检测结果；

（二）对本市各奶牛场（包括国营、集体、个人、三资企业）和收奶站，进行质量检测和业务指导；

（三）接受市奶业行政部门委托，对收奶员、采样员、检查员、加工厂检验员进行培训、考核。

第二十条　（调解和处理）

当供需双方对生鲜牛乳质量发生争议时，应由当地卫生行政部门或质量技术监督部门进行调解，如调解不成，可提请当地司法部门依法处理。

第五章　法律责任

第二十一条　（收购业务的民事责任）

对可疑生鲜牛乳留样送检后，如样品合格，造成损失由乳品加工厂承担；如样品不合格，其损失则由生产方承担。

第二十二条　（行政处罚）

凡有下列行为的应由有关执法部门进行处理：

(一) 违反《中华人民共和国食品卫生法》、《乳与乳制品管理办法》有关规定的，由卫生行政执法部门依法处理。

(二) 违反《中华人民共和国产品质量法》、《中华人民共和国标准化法》有关规定的，由质量技术监督执法部门依法处理。

(三) 对无理取闹、辱骂、殴打他人或毁坏设备者，除赔偿损失外，由当地公安部门按《中华人民共和国治安管理条例》的规定处理。

(四) 生鲜牛乳收购员、采样员、检验员有徇私舞弊、玩忽职守的，由所在单位按情节轻重给予行政处分；构成犯罪的，由司法机关追究刑事责任。

第六章　附　则

第二十三条　(应用解释)

本办法由上海市农委负责解释。

第二十四条　(实施日期)

本办法自2000年5月1日起施行。

关于转发市奶业工作小组办公室“关于实施‘上海市生鲜牛乳质量管理暂行办法’的操作规则”的通知

沪农委办（2000）第19号

各区、县人民政府，浦东新区农发局：

为了规范实施“上海市生鲜牛乳质量管理暂行办法”，市奶业工作小组办公室制定了具体操作规则。经市农委同意，现转发给你们，请组织督促有关部门按照规则操作，确保本市生鲜牛乳的质量。

附件：关于实施“上海市生鲜牛乳质量管理暂行办法”的操作规则

上海市农业委员会办公室

二〇〇〇年十一月二十一日

关于实施《上海市生鲜牛乳质量管理暂行办法》的操作规则

为了更好地贯彻、执行《上海市生鲜牛乳质量管理暂行办法》，特制定本操作规则。

第一条　操作人员要求

生鲜牛乳采样员（以下简称采样员）、微生物检验员（以下简称检验员）必须持有健康证。

采样员、检验员必须经过职业道德教育和岗位技能培训。岗位技能培训由上海市乳品质量监督检验站（以下简称乳品站）负责。经市职业技能鉴定所考核合格后，由乳品站发给上岗证。

采样员必须持采样员证上岗，无证者，不得从事采样工作。检验员必须持有市职业鉴定所颁发的食品（或乳品）检验员等级证书，方可从事检验工作。

第二条　采样规则

(一) 奶样的安全措施

为了确保样品安全、及时地送至乳品站，充分体现“公正、公开、公平”的原则，承担本市生鲜牛乳质量检验的乳品站必须采取以下措施：

1. 对所有供应方统一编制条形码，每一供应方固定一编号。

2. 在样品瓶上贴上相应的条形码。

3. 供理化检验的样品瓶采用一次性防盗塑料瓶（上面标有“上海站”字样）；供微生物、抗生素残留量检验的样品瓶，采用经消毒灭菌的玻璃瓶。

4. 收购方负责理化待检样品的保管，样品应贮存于冷藏设备内（如冰箱等），并每旬或每周将其送至乳品站统一检测。

5. 乳品站接样时，应仔细检查一次性防盗瓶是否开启或被破坏，条形码是否完好，并当场做好样品签收工作。

(二) 用于理化检验样品的采样规则

对实行上门收奶的奶牛场，采用以下方法：

1. 为使样品尽可能均匀和具有代表性，收购方应负责为各奶牛场安装好分流装置；

2. 样品既可由第三方跟车采（其人员费用由供需双方共同承担），也可由收购方采样员采。供应方、各区、县畜牧主管部门等可随时随地对采样人员的工作进行监督；

3. 奶缸搅拌机开启 15 分钟后，按“生鲜牛乳理化检测采样规则”采样；

4. 每车奶采一个样品（如拼车，则每一供应户采一个样品），先由采样员贴上条形码，盖好防盗盖，写明日期和签名后，再由奶槽车驾驶员带至收购方或存放于奶牛场，由收购方统一运送。

（三）用于微生物、抗生素残留量检验样品的采样规则

1. 乳品站选派专人采样，具体操作按“生鲜牛乳微生物检验采样规则”。

2. 采样结束后，填写好“生鲜牛乳采样单”，由采样员与收购方、供应方签名确认，待检样品由采样员负责在规定时效内带回乳品站。

3. 待检样品放入带有冰块或制冷液的隔热保温箱内。

4. 待检样品运至乳品站后，由检验员当场做好签收工作。

5. 样品必须在 5 小时内进行检验。

第三条　检测规则

（一）乳品站应提供准确的检验数据，并于收样后 5 天内（节假日除外）将检验结果反馈给有关单位。

（二）检测频次

1. 生鲜牛乳中脂肪、蛋白质的检测频次：

交给收奶站的生鲜牛乳为每旬一个累积样品，其检验结果代表该旬生鲜牛乳中脂肪、蛋白质的质量水平；上门收奶的为每车一个样品（如拼车，则每一奶牛场抽一样品），其检验结果代表该车（或拼车奶牛场）生鲜牛奶中脂肪、蛋白质的质量水平。

2. 微生物检验频次为每旬一次（随机抽样），其检验结果代表该生鲜牛乳的微生物质量水平。

乳品站除正常的抽样检验外，可随时对生鲜牛乳的微生物质量进行监督抽查，并可将监督抽查的结果作为该旬微生物质量水平的计价依据。

3. 抗生素残留量的检验频次为每旬一次（随机抽样），其检验结果代表该旬生鲜牛乳的抗生素残留量水平。

若发生下列情况，则分别酌情处理：

收购方在生产过程检验中发现抗生素残留量超过标准，即呈阳性，应立即以书面形式（或传真件）通知乳品站，乳品站接到通知后应立即组织抽检或增抽。

如抽检结果为阴性且与该旬随机抽检结果一致，以随机抽检结果为该旬检验结果；如检验结果为阴性，而本旬乳品站还未对其抽检过，则认定该车生鲜牛乳抗生素残留量为阴性，乳品站仍应对其该旬生鲜牛乳进行随机抽检，并以随机抽样结果为该旬检验结果；如检验结果为阳性，认定为不合格奶，按《上海市生鲜牛乳质量管理暂行办法》的有关规定执行。

4. 如对同一样品，收购方的检测结果与乳品站不一致（用同种方法），则以乳品站的检测结果为准。若企业标准高于国家标准，应在执行国家标准和本市价格政策的基础上进行加款。

5. 本市收购方检验室在抗生素残留量检测方面的业务（技术和管理）受乳品站监督。

（三）计价指标的检测方法：

1. 脂肪、蛋白质检测：按 GB6914－86 的方法检测，可用自动法（牛奶成分分析仪）或规定的手工方法。发生争议时，用手工方法。

2. 菌落总数的检测：按 GB6914－86 的方法，可用自动法（微生物检测仪）或规定的手工法。

3. 抗生素残留量的检测：用 GB5409－85（TTC 方法）、GB4789、27－94 或用其他有关方法。

第四条　非正常奶样计价方法

（一）发生坏样奶时，其基础价（脂肪、蛋白质含量）计价方法见下表。

（二）对坏样奶，双方应积极主动地寻找原因，采取措施，双方若有争议由市奶业行政部门会同有关部门调查处理解决。

坏样次数	责任方	计价方法
一次/年	收购方	按前三旬最高价计价
	供应方	按标准价的 70%计价
	未查明原因	按标准价计价
二次/年	收购方	按标准价增加 10%计价
	供应方	按标准价的 50%计价
	未查明原因	按标准价计价
三次/年	收购方	按标准价增加 20%计价
	供应方	该旬奶不计价
	未查明原因	按标准价计价

第五条 处理办法

收购方接到乳品站通知或报告，确认某供应方生鲜牛乳抗生素残留量超标准（以乳品站抽样之日起计），5天内停止收购。5天后由供应方提出书面申请（或传真件），乳品站派员到收奶站或奶牛场，采集生鲜牛乳样品。经检验，结果合格，收购方接到通知即恢复收购；如仍不合格，不准出售和收购，直至该生鲜牛乳抗生素残留量检验结果合格，方可出售和收购。

第六条 检测费用及结算方法：

（一）检测收费标准由市物价局核定。

（二）检测所需的费用由收购方、供应方各承担50%。

（三）乳品站因供应方要求，对其整改后的生鲜牛乳抗生素残留量指标进行复检，供应方应全额承担包括检测费在内的一切费用。

（四）乳品站每月按所测样品数，依据物价局核定的收费标准，由收购方统一将全部检测费用缴至乳品站，其中供应方承担50%的费用由收购方在奶款中代为扣除。收购方付给供应方的奶款中，应注明扣除检测费用的金额。

第七条 实施日期

本操作规则自发文之日起实行。

上海市奶业工作小组办公室

二〇〇〇年十一月十六日

重庆市牛奶管理办法

（1999年1月18日重庆市人民政府第32次常务会议审议通过，1999年1月25日重庆市人民政府第45号令公布）

第一条 为了加强牛奶管理，保护人民身体健康，维护牛奶生产经营者的合法权益，促进奶业发展，根据有关法律法规，结合重庆实际，制定本办法。

第二条 本办法所称牛奶，包括生鲜牛奶、消毒奶、酸奶等液态奶。

本办法所称牛奶加工，指将生鲜牛奶加工为消毒奶、酸奶等液态奶的行为。

第三条 在本市行政区域内从事牛奶生产、收购、加工、销售的单位和个人，应当遵守本办法。

第四条 市、区县（自治县、市）畜牧行政主管部门主管本行政区域内的牛奶管理工作。畜牧行政主管部门所属的奶业管理机构负责具体管理工作。

市畜牧行政主管部门所属的牛奶质量监督检验站负责本市行政区域内牛奶质量监督检验工作。

工商、物价、卫生、技术监督等部门在职责范围内负责牛奶管理工作。

第五条 各级人民政府应加强对奶业工作的领导和扶持，促进奶业的持续、健康发展。

市畜牧行政主管部门应根据全市经济社会发展情况制定全市奶业发展规划，经市人民政府批准后实施。

奶业管理机构应加强奶牛基地建设，建立健全奶业技术推广服务体系，积极搞好奶牛养殖技术指导与服务工作。

第六条 饲养奶牛应具备下列条件：

（一）饲养场地清洁卫生，无污染和疫病传染源，有相应的清洁卫生牛舍、容器、贮存室及清洗消毒设施；

（二）从业人员无传染性疾病，并取得健康证明；

（三）符合国家有关奶牛场卫生及检疫规范规定的其他条件。

第七条 饲养奶牛应严格执行《中华人民共和国动物防疫法》和市畜牧行政主管部门关于奶牛疫病防治，牛群健化和挤奶操作规程等规定，并取得动物防疫合格证和奶牛检疫证明。

奶牛应每年进行炭瘤疫苗和巴氏杆菌疫苗预防注射，并按规定进行结核病、布鲁氏杆菌病检疫。发现奶牛患烈性传染病和其他人畜共患病时，应及时报告当地动物防疫监督机构，采取有效控制、扑灭措施。

第八条 奶牛场应建立化验室，对每批牛奶进行质量检验，经检验合格的方能出场。个体奶牛户也应加强卫生管理，确保牛奶质量。

第九条 生鲜牛奶不得直接上市销售。

第十条 在奶牛基地应当建立牛奶收购站（点）。牛奶收购站（点）可以由牛奶加工企业设立，也可由基地奶牛协会等奶农组织自办。

建立牛奶收购站（点）应报奶业管理机构备案，并接受奶业管理机构的指导。

牛奶收购站（点）应配备必要的牛奶质量检验仪器设备，符合卫生条件，工作人员取得健康证明，并经奶业管理机构培训合格。

第十一条 牛奶收购者应当与奶牛场或个体奶牛户签订生鲜牛奶收购合同，并严格履行。

扶持和鼓励牛奶加工企业建立奶牛基地，走种养加、产供销相结合的产业化发展路子。

第十二条 收购生鲜牛奶实行按质论价、优质优价原则。必要时，市价格行政主管部门可以会同市奶业管理机构制定生鲜牛奶收购指导价，报市政府审核同意后执行。

第十三条 交售和收购的生鲜牛奶应符合国家《生鲜牛乳收购标准》，严禁在牛奶中掺水或加入其他异物。

第十四条 下列牛奶禁止交售和用于加工消毒奶、酸奶：

（一）无动物防疫合格证或奶牛检疫证明的奶牛场（户）生产的奶；

（二）患传染病、乳腺炎奶牛的奶；

（三）奶牛产犊后7天内的初奶；

（四）应用抗菌素、镇静及激素药物期间和停药3天内的牛奶；

（五）已变质或有异物、异味的异常牛奶。

第十五条 交售的牛奶有本办法第十三条、第十四条规定情形之一的，牛奶收购者应拒绝收购，并向有关机关举报。

第十六条 牛奶收购者对交售的牛奶应当进行必要的质量检测，交售和收购牛奶双方对牛奶质量发生争议时，可申请市牛奶质量监督检验站进行仲裁检验。

第十七条 牛奶加工应当具备下列条件：

（一）有符合国家《生鲜牛乳收购标准》的奶源；

（二）有与其加工规模相适应的场地和生产设备；

（三）符合《中华人民共和国动物防疫法》、《中华人民共和国食品卫生法》规定的防疫与卫生条件；

（四）有产品质量标准、符合要求的产品质量检验设备和质量保证措施；

（五）有相应的卫生管理制度，从业人员无传染性疾病，并取得健康证明。

第十八条 从事消毒奶和酸奶生产加工的，应向市或区县（自治县、市）奶业管理机构提出申请，由市奶业管理机构根据全市奶业发展规划和本办法规定的有关条件进行审批。未经批准不得从事消毒奶和酸奶加工。

第十九条 加工消毒奶和酸奶必须采用巴氏消毒、超高温瞬间消毒、65℃以上不少于30分钟的蒸煮消毒等有效消毒方法进行消毒。

加工酸奶所用的菌种必须纯良无害，并定期进行鉴定，防止杂菌污染。

第二十条 生产加工的每批（次）消毒奶和酸奶必须按国家有关标准进行检验，检验合格的才能出厂。检验结果应定期报市牛奶质量监督检验站备案。

第二十一条 在牛奶生产、收购、加工、销售过程中与牛奶直接接触的工具、容器、机械设备在使用前必须严格消毒，使用后彻底清洗。

第二十二条 消毒奶和酸奶的包装材料必须清洁无毒，符合卫生要求，并在包装上的显著位置标明生产企业、生产日期、保质期限等事项。

第二十三条 患有痢疾、伤寒、病毒性肝炎、活动性肺结核、化脓性或渗出性皮肤病等传染病的人员不得直接从事牛奶的生产、收购、加工、销售等活动。

第二十四条 市牛奶质量监督检验站应当按照国家和重庆市牛奶质量监督检验标准，定期和不定期对牛奶生产、收购、加工、销售的各环节进行质量检验，任何单位和个人不得拒绝或阻挠。

重庆市牛奶质量监督检验标准由市标准化行政主管部门制定。

第二十五条 有下列行为之一的，由畜牧行政主管部门委托所属的奶业管理机构责令改正，销毁不合格牛奶，可处以50元以上1 000元以下罚款：

（一）无动物防疫合格证交售牛奶的；

（二）产奶牛未按规定进行防疫检疫或检疫不合格的；

（三）上市销售生鲜牛奶的；

（四）违反本办法第十四条（二）、（三）、（四）、（五）项规定的；

（五）销售消毒奶、酸奶的外包装上未注明生产企业、生产日期、保质期限等有关事项的。

第二十六条 违反本办法规定，有下列行为之一的可由畜牧行政主管部门委托所属的奶业管理机构责令改正，销毁不合格牛奶，处以销售额5倍以下罚款；没有销售额或销售额难以确定的，可处500元以上2 000元以下罚款：

（一）在牛奶中掺水或其他异物的；

（二）销售不符合国家或市的质量标准或过期、变质消毒奶、酸奶的。

第二十七条 未经批准擅自生产加工消毒奶或酸奶的，由畜牧行政主管部门委托所属的奶业管理机构责令改正，销毁不合格牛奶，处以销售额5倍以下罚款；没有销售额或销售额难以确定的，可处2 000元以上10 000元以下罚款。

第二十八条 违反本办法规定生产、加工、销售不合格牛奶，给消费者造成损害的，依法承担赔偿责任。

第二十九条 当事人对行政处罚决定不服的，可依法申请行政复议或者提起行政诉讼。超过法定期限不申请复议、不起诉又不履行行政处罚决定的，由作出行政处罚决定的机关申请人民法院强制执行。

第三十条 本办法具体应用中的问题，由重庆市农业局负责解释。

第三十一条 本办法自1999年3月1日起施行。

山西省人民代表大会常务委员会关于批准《太原市人民代表大会常务委员会关于修改〈太原市牛奶生产经营管理办法〉的决定》的决定

（2001年7月29日山西省第九届人民代表大会
常务委员会第二十四次会议通过）

山西省第九届人民代表大会常务委员会第二十四次会议对太原市第十届人民代表大会常务委员会第三十二次会议通过的《太原市人民代表大会常务委员会关于修改〈太原市牛奶生产经营管理办法〉的决定》进行了审议，决定予以批准。

太原市牛奶生产经营管理办法

（1996年6月28日太原市第九届人民代表大会常务委员会第三十三次会议通过
1996年8月1日山西省第八届人民代表大会常务委员会第二十三次会议批准
根据2001年7月29日山西省第九届人民代表大会常务委员会第二十四次会议
批准的2001年6月27日太原市第十届人民代表大会常务委员会第三十二次会议
关于修改《太原市牛奶生产经营管理办法》的决定修正）

第一章 总 则

第一条 为了加强牛奶生产经营活动的管理，促进牛奶生产发展，满足人民生活的需要，维护牛奶消费者、生产者和经营者的合法权益，根据国家有关法律和法规，结合本市实际，制定本办法。

第二条 本办法所称牛奶，是指生鲜奶和以生鲜奶为原料加工制作的消毒奶（巴氏杀菌乳）、灭菌奶、酸奶及营养奶。

第三条 凡在本市行政区域内从事牛奶的生产、加工、销售及监督管理的单位和个人，都必须遵守本办法。

第四条 市、县（市、区）人民政府应将牛奶生产纳入国民经济发展计划，鼓励和扶持国有企业、集体企业、其他企业和个体养殖户发展牛奶生产，保证牛奶质量，满足市场供给。

第五条 市、县（市、区）畜牧行政主管部门主管牛奶生产经营活动的管理工作。

市、县（市、区）工商、卫生、物价、质量技术监督等行政管理部门在各自的职责范围内，负责有关的牛奶生产经营活动的监督管理工作。

第二章 生产管理

第六条 市、县（市、区）人民政府应逐步增加奶牛业生产投入，重点用于牛奶生产性保护、基础设施建设、新品种开发与引进、新技术研究与推广应用。

第七条 县（市、区）畜牧行政主管部门应当对奶牛登记造册，以场或村建立奶牛登记卡，组织和引导饲养单位和个人按照市场经济规律，发展奶牛业生产。

奶牛饲养单位和个人，应对奶牛逐一建立档案，合理配置牛群结构，实施科学选种、饲养，确保牛群质量。

第八条 奶牛的更新处理，须报县级以上畜牧行政主管部门备案。县级以上人民政府投资或补贴的奶牛饲养场（户）更新处理奶牛，应通过该级畜牧行政主管部门批准并办理有关手续。

从外地（市）引进奶牛或销往外地（市）奶牛，须经市动物防疫监督机构检疫合格后方可运进或运出。

第九条 奶牛场应符合动物防疫要求，牛舍整洁通风，有与牛群相适应的室外活动场所，定期清扫消毒。

第十条 养殖规模在10头以上的奶牛场，应配备动物防疫专职人员，定期对奶牛进行疫病检查和防治工作，并接受动物防疫监督机构的监督检查；其他奶牛养殖场（户）须接受当地动物防疫监督机构对奶牛进行疫病检查和防治。

第十一条 动物防疫监督机构应定期对奶牛场（户）进行严格的奶牛布氏杆菌病、结核病和其他疫病检查，符合动物防疫条件的发给《动物防疫合格证》，奶牛养殖场（户）凭证到牛奶加工单位售奶。

第十二条 经动物防疫监督机构检查出患有布氏杆菌病、结核病或其他人畜共患传染病的奶牛，由市畜牧行政主管部门组织隔离净化饲养或无害化处理。

当发现奶牛传染病疫情蔓延时，市畜牧行政主管部门应当划定奶牛疫病控制区或隔离区，并采取紧急防治或处理措施。

第十三条 牛奶生产场（户）应严格执行挤奶程序，防止牛奶污染。成母牛在20头以上的奶牛场（户），应当实行机械化挤奶。挤奶人员须持有卫生行政部门核发的身体健康证，定期进行身体检查，患有传染病者不得挤奶。盛奶容器必须无毒、无害，保持清洁。

第十四条 牛奶生产场（户）和收购单位应当及时将生鲜牛奶冷却至4℃以下，贮存期间牛奶温度应当保持在7℃以下；没有冷却设备的应在2小时内将生鲜牛奶送到牛奶加工单位。

第十五条 禁止出售下列牛奶：

（一）患结核病、布氏杆菌病及其他传染病的牛产的奶；

（二）患乳腺炎的牛和乳房创伤的牛产的奶；

（三）产犊后7天的初奶；

（四）应用抗生素类药物的牛用药期间和停药5天内产的奶；

（五）变质奶、过期奶、污染奶和掺杂掺假奶。

第三章 加工管理

第十六条 牛奶加工单位必须具备下列条件：

（一）厂房（车间）建设布局合理，符合食品卫生要求；

（二）有与生产规模相适应的冷却、冷藏设施、辅助设备和清洗、卫生、消毒系统；

（三）有鲜奶包装生产线；

（四）有卫生、计量、质量检验机构或人员、检测设备和检验制度，检验人员须经培训合格，持证上岗。

第十七条 新建、扩建、改建牛奶加工厂（车间），须经市畜牧行政主管部门和卫生行政部门审核同意，并办理有关建设项目审批手续。竣工后由卫生行政部门和畜牧行政主管部门验收合格，核发《卫生许可证》、《牛奶加工生产许可证》，并向工商行政管理部门登记注册后方可经营。

已建的牛奶加工厂（车间）不符合前款规定的，须补办有关手续后方可继续生产经营。

第十八条 加工单位收购生鲜牛奶，必须按照国家规定的质量和卫生标准严格检查验收。不得收购本办法第十五条规定禁止出售的牛奶，不得收购无《动物防疫合格证》的单位和个人销售的牛奶。

第十九条 加工单位必须严格执行牛奶出厂检验制度。牛奶的感官指标、理化指标、卫生指标必须符合国家标准。严禁卫生和质量不合格的牛奶出厂。

第二十条 上市牛奶的包装材料必须符合国家卫生标准，无毒无害；包装标识必须符合国家食品标签通用标准。

第二十一条 从事牛奶加工的生产人员须持有卫生行政部门核发的健康证，每年必须进行一次身体检查，凡不符合《中华人民共和国食品卫生法》要求的人员，应立即调离生产岗位。

第四章 销售管理

第二十二条 牛奶销售应按照定点定时，方便群众，多渠道经营的原则，合理布局销售网点。

第二十三条 牛奶销售亭（点）应悬挂市畜牧行政主管部门统一制作的牛奶销售标志，明码标价，亮证经营。

牛奶销售亭（点），应配备必要的冷藏设备，牛奶销售人员须持有卫生行政部门核发的健康证。

第二十四条 牛奶代销单位和个人应与加工生产厂家签订牛奶购销合同，信守签约，保证牛奶计量标准和质量要求。

第二十五条 禁止上市销售生奶、散装奶、无证加工的包装奶和本办法第十五条规定禁止出售的牛奶。

第二十六条 送奶车辆应保持清洁，严防运输过程中牛奶污染和变质。

第二十七条 销售牛奶应执行国家有关价格管理规定，不得随意提高价格。

第五章 罚 则

第二十八条 违反本办法规定，有下列行为之一的，由县级以上畜牧行政主管部门给予处罚：

（一）县级以上人民政府投资或补贴的奶牛饲养场（户）未经批准更新处理奶牛的，追回投资或补贴款额，并处奶牛价值百分之十的罚款。

（二）奶牛场不符合动物防疫条件的责令其改正，在规定的期限内不改正的可以吊销《动物防疫合格证》。

（三）不领取《牛奶加工生产许可证》加工牛奶的，责令其停止加工、销售，并处以非法所得二至三倍的罚款。

（四）无市畜牧行政主管部门统一制作的牛奶销售标志售奶的，责令其停止售奶，并处以500元以下罚款。

（五）销售生奶、散装奶、无证加工包装奶的，没收非法所得和剩余奶，并处以500元以上1 000元以下罚款。

第二十九条 不领取《卫生许可证》、《营业执照》加工牛奶的，由卫生行政部门、工商行政管理部门依法处理。

第三十条 使用有毒、有害材料包装牛奶的，由卫生行政部门依法处理；包装标识不符合国家食品标签通用标准的，由质量技术监督行政部门依法处理。

第三十一条 出售、收购本办法第十五条规定禁止出售的牛奶，牛奶加工单位使卫生和质量不合格的牛奶出厂的，由卫生行政部门、技术监督行政部门、工商行政管理部门依法处理。

第三十二条 生产、加工、销售不合格牛奶造成他人身体伤害的，应当承担民事责任；情节严重构成犯罪的，由司法机关依法追究刑事责任。

第三十三条 消费者对违反本办法的行为，可以向有关部门举报。接到举报的部门应当及时予以处理。

第三十四条 牛奶生产经营单位和个人，对有关部门的监督检查和奶牛疫病防治应当予以配合，不得拒绝或阻挠，对阻挠执行公务违反《中华人民共和国治安处罚条例》的，由公安机关处理。

第三十五条 当事人对行政处罚不服的，可以在接到处罚通知之日起六十日内向作出处罚决定的机关的该级人民政府或上一级行政机关申请复议。当事人也可以直接向人民法院起诉。当事人逾期不申请复议、不起诉又不履行处罚决定的，由作出处罚决定的机关申请人民法院强制执行。

第三十六条 国家机关工作人员在牛奶生产经营活动的管理工作中滥用职权、徇私舞弊、玩忽职守的，由所在单位或主管机关给予行政处分；情节严重构成犯罪的，由司法机关依法追究刑事责任。

第六章 附 则

第三十七条 本办法应用中的具体问题由太原市人民政府负责解释。

第三十八条 本办法经山西省人民代表大会常务委员会批准后公布施行。

关于印发《大连市生牛奶管理办法》的通知

大政发［2000］76号

各区、市、县人民政府，市政府各委办、局（总公司）：

现将《大连市生牛奶管理办法》印发给你们，请遵照执行。

大连市人民政府

二〇〇〇年六月三十日

大连市生牛奶管理办法

第一章 总 则

第一条 为了加强生牛奶的生产、经营管理，维护生产者和消费者合法权益，根据《中华人民共和国动物防疫法》及国家其他有关规定，结合大连市实际，制定本办法。

第二条 本办法所称生牛奶，是指未经加工的生鲜牛乳，也称原料奶。生牛奶的生产和经营，是指饲养奶牛、生牛奶挤取和生牛奶的收购和销售。

第三条 在大连市行政区域内从事生牛奶生产、经营活动的单位和个人，均应遵守本办法。

第四条 大连市农业局是全市生牛奶业行政主管部门，其所属的奶业生产管理站具体负责生牛奶生产、经营的业务管理工作。县（市）、区农业行政主管部门负责所辖区域内生牛奶的生产、经营管理工作。卫生、技术监督、工商行政管理、物价等部门，按照各自职责，共同进行生牛奶的生产、经营管理。

第五条 生牛奶的生产、经营，应当坚持稳定发展、合同定购、以质计价、公平竞争、满足供应的原则，促进行业内部建立利益共享、风险共担、互惠互利的协作关系，逐步实现牛奶产业化经营。

第六条 各级人民政府应将牛奶生产纳入国民经济发展计划，合理编制奶源基地建设规划，鼓励和扶持生牛奶的生产、经营活动，促进牛奶业发展。

第二章 生牛奶的生产管理

第七条 从事生牛奶生产的单位和个人（以下简称生牛奶生产者），应具备以下条件：

（一）有独立的奶牛饲养场区；

（二）有配套的生产设备、防疫设备和设施；

（三）有相应的专业技术人员；

（四）奶牛饲养管理人员身体健康，没有传染性疾病；

（五）有相应的生产操作规程和管理制度；

（六）持有《奶牛健康证》。

第八条 《奶牛健康证》，由生牛奶生产者向当地乡（镇）畜牧兽医站提出申请，经当地乡（镇）畜牧兽医站登记、所在地县级农业行政主管部门审核后，报市奶业行政主管部门批准发证。

《奶牛健康证》有效期四年，每年由发证机关进行一次年审；证件丢失的，由发证机关确认后补发；证件有效期满或有效期内奶牛死亡和被出卖、淘汰的，须报发证机关办理变更或注销手续。

严禁涂改、伪造、借用《奶牛健康证》。

第九条 生牛奶生产的卫生管理，按照《中华人民共和国动物防疫法》的规定执行。

第十条 从事奶牛交易的单位和个人，必须向当地动物检疫部门申报检疫，持有奶牛产地检疫证明。

第十一条 生牛奶储存、运输，必须使用白钢或铝合金制容器盛装，严禁使用塑料容器。各种生产设备必须保持清洁卫生，定期消毒。

第三章 生牛奶的经营管理

第十二条 生牛奶的生产者销售生牛奶时，应与收购者签订《生牛奶购销合同》。合同中应明确质量、数量、价格、供货日期、运输方式、结算方式、变更和解除条件、违约责任及调解方式。

第十三条 生牛奶生产者应销售符合卫生、质量标准的生牛奶，不准销售奶牛在特殊生理时期、各种病理状态下所生产的生牛奶和已被污染的生牛奶。严禁在生牛奶中掺杂使假。

第十四条 生牛奶生产者直接向乳制品加工企业销售生牛奶，必须具有冷却、冷藏保鲜设备。

生牛奶挤出后必须在4小时内降温至0～4℃保存。不具备降温保存条件的生牛奶生产者，必须在2小时内将生牛奶交售到生牛奶收购站。

第十五条 建立生牛奶收购站，须向当地县级农业行政主管部门提出申请，经县级农业行政主管部门审核同意后，报市奶业行政主管部门审批。

第十六条 从事生牛奶收购的单位和个人（以下简称生牛奶收购者）必须具备下列条件：

（一）有生牛奶冷却、冷藏保鲜成套设备和厂房；

（二）有能够进行生牛奶的蛋白、脂肪、比重、酸度、微生物指标检测的化验室；

（三）有与牛奶收购相适应的专业技术人员；

（四）有健全的生牛奶收购、贮藏、质量控制、卫生防疫等操作规程和管理措施。

第十七条 生牛奶收购者领取《生牛奶收购许可证》，须向所在地县（市）、区农业行政主管部门提出申请，经其审核后，报市奶业行政主管部门批准后发给《生牛奶收购许可证》（许可证的发放范围限定在乳制品加工企业和生牛奶收购站）。未取得许可证的，不准从事生牛奶的收购或代购代销活动。

《生牛奶收购许可证》的有效期为三年。

严禁涂改、转让或借用《生牛奶收购许可证》。

第十八条 从事生牛奶收购的质检人员必须经专业培训合格后持证上岗，收奶工作人员必须取得卫生行政部门核发的《健康证》。

第十九条 生牛奶收购者应当严格按照《生牛奶购销合同》规定收购生牛奶，不得向无《奶牛健康证》的生牛奶生产者收购生牛奶。

第二十条 生牛奶收购者对收购的生牛奶应进行卫生和质量检验。经检验不符合收购标准的生牛奶，立即销毁。

生牛奶收购标准，由市奶业行政主管部门会同有关部门制定发布。

第二十一条 生牛奶收购者收购外地生牛奶，必须事先向市奶业行政主管部门提出申请，经批准办理有关手续后方可收购。

第二十二条 未经消毒、加工、包装的生牛奶，不得进入消费市场销售。

第四章 罚　则

第二十三条 违反本办法，由市及县（市）、区农业行政主管部门或其委托的奶业生产管理站对责任者按下列规定予以处罚：

（一）对不具备第七条第（一）、（二）、（三）、（四）、（五）项所规定的生产条件之一的，责令其限期整顿，并可处5 000元罚款。

（二）违反第七条第（六）项、第八条第二款规定之一的，按每头奶牛500元处以罚款。

（三）违反第八条第三款规定的，收回《奶牛健康证》，并按每证2 000元处以罚款。

（四）违反第十条规定的，按每头奶牛1 000元处以罚款。

（五）违反第十一条规定的，按被查奶量成交价的2倍处以罚款。

（六）违反第十三条规定的，收回《奶牛健康证》，按交售奶量成交价的3～5倍处以罚款。

（七）违反第十四条规定的，责令其限期整顿，并可按交售奶量成交价的0.5倍处以罚款。

（八）违反第十七条规定的，予以取缔，收回《生牛奶收购许可证》，按日收奶量成交价的3～5倍处以罚款。

（九）违反第十八条规定的，责令改正，并按每人300元处以罚款。

（十）违反第十九条、第二十条第一款规定之一的，收回《生牛奶收购许可证》，按收购奶量成交价的5倍处以罚款。

（十一）违反第二十一条规定的，收回《生牛奶收购许可证》，按收购奶量成交价的2倍处以罚款。

（十二）违反第二十二条规定的，收回相关证件，按销售奶量成交价3～5倍处以罚款。

第二十四条 违反本办法涉及食品卫生、产品质量、工商行政管理、物价以及其他有关部门管理权限的，由各主管部门按法律、法规、规章的规定予以处罚。

第二十五条 对生产、经营含有毒有害物质的生牛奶造成人身伤害的，生产、经营者应承担民事责任；情节严重构成犯罪的，由司法机关依法追究刑事责任。

第二十六条 拒绝、阻挠生牛奶生产、经营管理人员依法执行公务的，由公安机关依照《中华人民共和国治安管理处罚条例》的规定执行。情节严重构成犯罪的，由司法机关依法追究刑事责任。

第二十七条 实施行政处罚，应严格按《中华人民共和国行政处罚法》的规定执行。当事人对处罚决定不服的，可依照《中华人民共和国行政复议法》、《中华人民共和国行政诉讼法》的规定提起行政复议或行政诉讼。

第二十八条 生牛奶生产、经营管理人员滥用职权、徇私舞弊、玩忽职守的，由其所在单位或上级主管机关给予行政处分；情节严重构成犯罪的，由司法机关依法追究刑事责任。

第五章　附　则

第二十九条 生羊奶的生产、经营，参照本办法执行。

第三十条 本办法由大连市农业局负责解释。

第三十一条 本办法自发布之日起施行。

哈尔滨市生牛奶管理办法

（1998年11月11日第23次哈尔滨市人民政府常务会议通过，
1998年12月7日哈尔滨市人民政府第18号令公布）

第一章　总　则

第一条 为了加强生牛奶产销管理，规范生牛奶产销行为，维护生产者和消费者合法权益，保护人体健康，根据《中华人民共和国动物防疫法》、《种畜禽管理条例》、《黑龙江省鲜奶质量管理规定》等有关规定，结合本市情况，制定本办法。

第二条 本办法适用于本市行政区域内的生牛奶产销管理。

第三条 本办法所称生牛奶是指未经加工的生鲜牛乳。

本办法所称生牛奶产销是指奶牛饲养、生牛奶榨取和生牛奶加工前的购销行为。

第四条 生牛奶产销应当坚持推广奶牛优良品种，保证生牛奶质量，保护公平竞争，稳定产销关系的原则。

第五条 推进加工企业与饲养者建立利益共享、风险共担、互惠互利的产销关系，逐步实现产业化经营。

第六条 市畜牧行政主管部门负责本市生牛奶产销管理，组织实施本办法。

县（市）畜牧行政主管部门负责本辖区内生牛奶产销管理。

卫生、物价等行政管理部门按照各自职责，协同进行生牛奶产销管理。

第二章　生产管理

第七条 饲养奶牛的单位和个人（以下简称奶牛饲养者）应当饲养生产性能高、遗传性稳定的优良奶牛，逐步地淘汰劣质奶牛。

第八条 奶牛繁育应当选用具有合格证的优质冻精或者经畜牧部门鉴定合格的公牛配种。不得使用低劣冻精或者经鉴定不合格的公牛配种。

经鉴定不适宜配种的公牛，应当强行去势。

第九条 饲养奶牛应当遵守下列规定：

（一）执行饲养操作规程；

（二）建立饲养卫生管理制度，保持牛舍、牛体和榨奶用具清洁卫生；

（三）饲养人员身体健康并保持清洁卫生；

（四）按规定进行奶牛防疫、检疫，发现疫病及时向当地动物防疫部门报告。

患传染性疾病人员不准从事饲养奶牛。

第十条 奶牛饲养者应当执行奶牛饲养防检疫制度，每年对奶牛逐头进行一次防疫注射和结核、布氏杆菌病检疫。

对检疫为阳性的奶牛应当隔离饲养，打印统一规定的标记。

第十一条 乡（镇）畜牧兽医管理机构发现结核病、布氏杆菌病呈双阳性病牛，应当及时向区、县（市）畜牧行政主管部门报告，经审核后，报市畜牧行政主管部门批准，进行强制处杀。

强制处杀的病牛由市或者区、县（市）畜牧行政主管部门会同同级物价部门商定补贴标准，其补贴经费按省有关规定执行。

第十二条 奶牛发生一、二类疫病，由畜牧行政主管部门按照《中华人民共和国动物防疫法》的规定，立即采取扑灭措施。

第十三条 奶牛交易应当持有检疫证明，进入牲畜市场交易。

染疫病牛不准进行交易。

第三章 购销管理

第十四条 奶牛饲养者应当交售健康奶牛生产的符合卫生、质量标准的生牛奶，不准销售有下列情况的异常奶：

（一）患乳房炎的牛奶；

（二）产前15日内的胎奶或产犊7日内的初奶；

（三）使用抗菌类药物期间和停药3日内的牛奶；

（四）患结核病牛的奶；

（五）患布氏杆菌病牛的奶；

（六）掺杂使假或变质的牛奶。

第十五条 生牛奶收购站（点）应当对收购生牛奶进行卫生和质量检验，符合卫生和质量标准方可收购。

第十六条 生牛奶质量检验，应当按照《黑龙江省生鲜牛乳收购及检验方法》标准执行。

第十七条 生牛奶收购站（点）或者加工企业，发现异常奶应当与正常奶分开贮藏，另行处理。

第十八条 生牛奶收购站（点），贮运生牛奶应当符合下列规定：

（一）生牛奶降温达到摄氏5度以下方可装入容器；

（二）使用不锈钢或者铝合金的容器盛装生牛奶；

（三）容器盛装生牛奶前清洗达到卫生标准。

第十九条 从事生牛奶收购的单位或者个人，应当设立收奶站（点），并具备下列条件：

（一）符合规划布局；

（二）有与收购量相适应的固定场所、贮存间；

（三）有可运载1.5吨以上标准奶罐的机动运输车辆；

（四）有符合规定的计量、降温、贮存等设备；

（五）有符合规定的化验室和化验仪器；

（六）符合卫生部门规定的标准，取得卫生合格证；

（七）有必要的管理制度。

第二十条 收奶站（点）工作人员应当取得卫生行政部门核发的健康证，生牛奶检查人员还应当取得畜牧行政主管部门核发的资质证和卫生部门核发的卫生检查证。

第二十一条 设立收奶站（点），应当向市或者县（市）畜牧行政主管部门提出申请，经审查符合条件的核发生牛奶购销证。

未取得生牛奶购销证不准从事购销活动。

市、县（市）畜牧行政主管部门可以委托服务管理机构受理申请。

第二十二条 生牛奶购销应当凭生牛奶购销证运输和销售。

第二十三条 未经消毒处理的生牛奶，不得进入市场销售。

第二十四条 外地进入本市的生牛奶应当持有奶牛检疫合格证。

第二十五条 从事生牛奶购销的单位和个人，应当逐步建立稳定的产销关系，购销生牛奶时，双方应当签订购销合同，合同应当载明下列主要内容：

（一）合同履行地、履行期限；

（二）一定期限内的购销数量；

（三）质量等级；

（四）购销价格；

（五）结算方式；

（六）合同变更和解除的条件；

（七）供求双方违约责任及争议解决方式。

第四章 监督与服务

第二十六条 市、县（市）畜牧行政主管部门应当加强生牛奶产销监督管理，贯彻实施有关的法律、法规，指导奶业服务管理机构开展工作。

第二十七条 奶牛产区从实际需要出发，可以设立奶业服务机构。

奶业服务机构应当建立区域性育种资料库，为奶牛饲养者提供奶牛繁育、奶牛饲养、奶牛防疫检疫等方面的有偿技术服务；开展奶牛饲养方面的技术培训。

奶业服务机构受畜牧行政主管部门委托可以调解奶业产销中出现的纠纷，进行生牛奶生产质量监测。

第二十八条 畜牧行政主管部门工作人员应当恪尽职守，依法履行职责，不得玩忽职守，徇私舞弊，滥施处罚。

第五章 法律责任

第二十九条 违反本办法下列规定的，由市或者县（市）畜牧行政主管部门依据管理权限按照下列规定处罚：

（一）违反本办法第八条一款规定，使用劣质冻精配种的，处以繁育员200元以上500元以下罚款；对使用未经鉴定合格的公牛配种的，处以繁育员300元以上500元以下罚款，情节严重的，吊销繁育员资格证。

（二）违反本办法第十条一款规定的，责令奶牛饲养者限期进行防疫注射和检疫；逾期拒不执行的，强制注射和检疫，除交纳正常费用外，处以正常费用2倍罚款。

（三）违反本办法第十条二款规定的，责令限期改正，逾期未改的处奶牛饲养者每头牛200元以上500元以下罚款。

（四）违反本办法第十三条一款规定的，责令饲养者进行补检，并按3倍收取检疫费。

（五）违反本办法第十三条二款规定的，责令停止交易，并处以100元以上300元以下罚款。

（六）违反本办法第十四条（一）、（二）、（三）、（四）、（五）、（六）项规定的，责令出售者停止销售；情节严重的，处销售奶价格2倍以上5倍以下罚款。

（七）违反本办法第十五条规定的，责令停止收购，处以500元以上1 000元以下罚款。

（八）违反本办法第十七条、第十八条（一）、（二）项规定的，责令改正，拒不改正的，处以责任人200元以上500元以下罚款。

（九）违反本办法第二十条规定，质量检验人员未取得资质证上岗的，责令改正，处以负有直接责任的责任人200元以上500元以下罚款。

（十）违反本办法第二十一条二款规定的，责令停止购销活动，处以责任人500元以上2 000元以下罚款。

（十一）违反本办法第二十二条、第二十四条规定的，责令改正，处以责任人200元以上500元以下罚款。

（十二）违反本办法第二十三条规定的，责令停止销售，处以20元以上50元以下罚款。

第三十条 违反本办法其他规定的，由卫生、物价等行政管理部门，按各自职责权限，依据有关规定处罚。

第三十一条 生牛奶产销管理工作人员玩忽职守、徇私舞弊、滥施处罚的，由所在单位或者上级主管部门给予行政处分；构成犯罪的，依法追究刑事责任。

第三十二条 对行政处罚决定不服的，可依法申请复议或者提起行政诉讼。

第三十三条 罚没使用的票据和罚没款物的处理，按照国家和省的有关规定执行。

第六章 附 则

第三十四条 生羊奶参照本办法管理。

第三十五条 本办法自1999年1月1日起施行。

关于发布“武汉市生鲜牛乳按质论价收购管理暂行规定”的通知

武农牧牧发［1991］11号

各区（县）人民政府，市属各有关单位：

根据市政府领导指示，为加强我市生鲜牛乳的质量管理，保障消费者人体健康，合理调整乳牛生产、乳品加工企业之间利益，鼓励乳牛场（户）生产、交售优质生鲜牛乳，促进全市奶业生产发展，市有关部门经过多次协商研究，在征求各方意见的基础上制定了“武汉市生鲜牛乳按质论价收购管理暂行规定”。现予发布，请按照执行。

附：武汉市生鲜牛乳按质论价收购管理暂行规定。

武汉市农牧业局
武汉市卫生局
武汉市技术监督局
武汉市物价局
武汉市食品卫生办公室
武汉市奶业管理办公室
一九九一年四月十日

武汉生鲜牛乳按质论价收购管理暂行规定

第一章 总 则

第一条 为了保障消费者人体健康和安全，合理调整乳牛场（户）和乳品加工企业之间利益，鼓励乳牛场和养牛户生产优质奶，促进奶业生产的发展，根据《中华人民共和国食品卫生法（试行）》、《中华人民共和国标准化法》、及《乳及乳制品卫生管理办法》《全国产品质量仲裁检验暂行办法》，结合我市实际情况，制定本暂行规定。

第二条 本规定适用于武汉地区从事乳牛生产的国营、集体、个体乳牛场（户）和乳及乳制品加工单位。

第二章 按质论价

第三条 生鲜牛乳是指从正常饲养的、无传染和乳房炎的健康母牛乳房内挤出的常乳。其感官指标、理化指标和微生物指标均应达到国家标准 GB6914-86 的要求。

第四条 生鲜牛乳收购价暂行按脂肪含量而定。脂肪含量为 3.1% 时执行计划价，生鲜牛乳超过或低于 3.1%，其浮动价格暂按以下等级计算：

脂肪（%）	价格（元/公斤）
3.5 以上	0.98
3.4	0.96
3.3	0.94
3.2	0.92
3.1	0.90
3.0	0.87
2.9	0.84
2.8	0.81
2.7	0.78
2.6	0.75
2.5	0.72

第三章 收购管理

第五条 属于下列异常奶、变质奶应予拒收；

（一）乳房炎奶和乳房创伤奶；

（二）产犊七天内的初奶和产前十五天内的胎奶；

（三）注射抗菌素药物和停药三天内的病牛奶；

（四）掺杂使假的奶和变质奶。

第六条 生鲜牛乳收购按划分地区进行管理。在指定的收奶站交售、收购和检测生鲜牛乳。

第七条 向收奶站交售生鲜牛乳的单位和个人，应持有区（公司）奶业主管部门核发的售奶证。凭证交奶，不准无证或借证交奶。

第八条 收奶站应配备必要设施。收奶站负责人和质量检验员必须经过技术培训取得上岗资格证的人员充当。负责对生鲜牛乳质量常规检查和采样。具有下列职权：

（一）常规检查

1. 正常生鲜牛乳的感官应是乳白色或微带黄色，不得含有肉眼可见的异物，不得有红色、绿色或其他异色，不能有苦、咸、涩的滋味和饲料、青贮、霉等其他异常气味。对有异色、异物、异味的生鲜牛乳，质量检验员应予拒收。

2. 生鲜牛乳的酸度测定

酒精浓度	不出现絮片的酸度
68°	20°T 以下
70°	19°T 以下
72°	18°T 以下

奶温在 20°时，酸度高于 20°T 时拒收。

3. 生鲜牛乳比重在 1.024 以下时拒收，含脂率低于 2.5% 以下，乳品厂原则上不予收购。

（二）采样：按规定方法取样。存放在加有专用防腐剂的样品瓶内作混合积累样。由收奶站保管。

（三）对可疑生鲜牛乳有权暂停收购。并留样送检，如属正常奶而造成经济损失由乳品厂承担；如属异常奶而造成经济损失由乳牛场（户）承担。

（四）生鲜牛乳质量检验员应按规定收奶，不准弄虚作假。对服务好、工作好、执行政策好的质量检验员，主管部门应给予奖励，对失职人员应视情节轻重予以处罚（包括经济赔偿）。

第九条 生鲜牛乳质量检测授权市牛奶公司、东西湖区牛奶公司、洪山区农林牧业局分别负责所属地区生鲜牛乳化验。混合积累样以七至十天为一周期送检，测试结果定期公布。生鲜牛乳质量检验业务受武汉市食品卫生监督检验所和武汉市产品质量监督检验所监督指导。

第十条 发生生鲜牛乳质量争议时，应在接到报告之日起，两日内向产品质量监督部门申请仲裁，逾期未申请仲裁者，自动丧失申请权。仲裁费用由败诉者负担。

第十一条 交售生鲜牛乳的单位和个人，凡经查实在生鲜牛乳中掺杂使假一次者，除经济处罚外，还将受到警告；二次者，必须作出书面检查；三次者吊销售奶证。如果有改过之意者。经主管部门审核同意。收奶站可以暂收察看一个月。在察看期间，奶价下浮一个级差，仍不改过者，吊销售奶证。

第十二条 发现在生鲜牛乳中掺入有毒有害物质者。按《中华人民共和国食品卫生法（试行）》由市卫生监督部门处理。造成严重后果者，提请司法部门依法追究刑事责任。市技术监督局安排的质量监督抽查中发现的问题，由市技术监督局按《中华人民共和国标准化法》处理。

第四章 附 则

第十三条 本暂行规定从一九九一年十月一日起实施。凡与本暂行规定相抵触的收购方法，以执行本规定为准。

第十四条 本暂行规定由市奶业管理办公室负责解释。

第十五条 本暂行规定如有未尽事宜，由发布单位协商解决。

武汉市农牧业局、市卫生局、市技术监督局
市物价局、市食品卫生办公室、市奶业管理办公室
一九九一年元月十日

关于规范消毒牛乳、酸牛乳及含乳饮料生产、销售有关问题的通知

武技监［1997］23号

有关生产、销售企业：

目前，我市消毒牛乳、酸牛乳及含乳饮料的生产比较混乱，企业生产条件、产品标签、产品名称和产品价格不符合国家有关规定的现象比较突出，严重影响了消费者的合法权益。为了规范生产和销售，保护消费者的利益，现就有关问题通知如下：

一、生产消毒牛乳、酸乳牛、含乳饮料的企业，其生产条件必须符合 GB12693-90《乳品厂卫生规范》及《乳与乳制品卫生管理办法》的规定，并按照《食品卫生法》的有关规定，首先取得卫生许可证。

二、根据《武汉市地方工业产品生产许可证管理办法》的规定，对消毒牛乳、酸牛乳和含乳饮料实施生产许可证制度管理，生产许可证由市技术监督局、市工业产品生产许可证办公室统一管理，食品发证工作组具体组织实施。

三、企业生产消毒牛乳、酸牛乳必须分别执行 GB/T5408-85 和 GB/T2746-85，生产含乳饮料卫生要求必须执行 GB11673-89。并按《标准化法》的规定制定企业产品标准，生产加糖鲜牛奶，其脂肪含量应大于或等于 2.4%，蛋白质含量应大于或等于 2.2%。

四、消毒牛乳、酸牛乳、含乳饮料的标签必须符合 GB7718-94《食品标签通用标准》的规定，产品名称应与所执行标准规定的名称一致，所有含乳饮料不得称为消毒甜牛奶。

五、消毒牛乳、酸牛乳、含乳饮料均须报市物价局统一核价。

六、违反上述规定者，由有关执法部门按照相关法律法规予以处理。

本通知的有关规定自发文之日起实施。

武汉市技术监督局
武汉市物价局
武汉市食品工业办公室
武汉市食品卫生领导小组办公室
武汉市奶业管理办公室
一九九七年五月十三日

标　准

中华人民共和国农业行业标准

无公害食品　巴氏杀菌乳

NY 5140—2002

1　范围

本标准规定了巴氏杀菌乳的产品的分类、技术要求、试验方法、检验规则和标签、包装、运输、贮存要求。

本标准适用于以生鲜牛（羊）乳为原料，经巴氏杀菌制成的液体产品。

2　规范性引用文件

下列文件中的条款通过本标准的引用而成为本标准的条款。凡是注明日期的引用文件，其后所有的修改单（不包括勘误的内容）或修订版均不适用于本标准，然而，鼓励根据本标准达成协议的各方研究是否可使用这些文件的最新版本。凡是不注明日期的引用文件，其最新版本适用于本标准。

GB　191　包装储运图示标志
GB　2760　食品添加剂使用卫生标准
GB　4789.2　食品卫生微生物学检验　菌落总数测定
GB　4789.3　食品卫生微生物学检验　大肠菌群测定
GB　4789.4　食品卫生微生物学检验　沙门氏菌检验
GB　4789.5　食品卫生微生物学检验　志贺氏菌检验
GB　4789.10　食品卫生微生物学检验　金黄色葡萄球菌检验
GB　4789.11　食品卫生微生物学检验　溶血性链球菌检验
GB　4789.18　食品卫生微生物学检验　乳与乳制品检验
GB/T　5009.11　食品中总砷的测定方法
GB/T　5009.12　食品中铅的测定方法
GB/T　5009.17　食品中总汞的测定方法
GB/T　5009.19　食品中六六六、滴滴涕残留量的测定方法
GB/T　5009.24　食品中黄曲霉毒素 M_1 和 B_1 的测定方法
GB/T　5409　牛乳的检验方法
GB/T　5413.1　婴幼儿配方食品和乳粉　蛋白质的测定
GB/T　5413.30　乳与乳粉　杂质度的测定
GB/T　5413.32　乳粉　硝酸盐、亚硝酸盐的测定
GB　7718　食品标签通用标准
GB　14880　食品营养强化剂使用卫生标准
GB/T　14962　食品中铬的测定方法
GB/T　17331　食品中有机磷和氨基甲酸酯类农药多种残留的测定
JJF　1070　定量包装商品净含量计量检验规则
NY　5045　无公害食品　生鲜牛乳

注：本栏目中的计量单位为标准发布时的计量单位。

3 产品分类

3.1 无公害全脂巴氏杀菌乳

以生鲜牛（羊）乳为原料，经巴氏杀菌制成的液体产品。

3.2 无公害部分脱脂巴氏杀菌乳

以生鲜牛（羊）乳为原料，脱去部分脂肪后，经巴氏杀菌制成的液体产品。

3.3 无公害脱脂巴氏杀菌乳

以生鲜牛（羊）乳为原料，脱去全部脂肪后，经巴氏杀菌制成的液体产品。

4 要求

4.1 原料要求

4.1.1 生鲜牛（羊）乳：应符合 NY 5045 的规定。

4.1.2 食品营养强化剂

应选用 GB 14880 中允许使用的品种，并应符合相应国家标准或行业标准的规定。

4.2 感官要求

应符合表 1 的规定。

表 1

项 目	全 脂	部分脱脂	脱 脂
色泽	呈均匀一致的乳白色，或微黄色		
滋味和气味	具有乳固有的滋味和气味，无异味		
组织状态	均匀的液体，无沉淀，无凝块，无黏稠现象		

4.3 理化要求

4.3.1 净含量

单件定量包装商品的净含量负偏差不得超过表 2 的规定；同批产品的平均净含量不得低于标准标明的净含量。

表 2

净含量/mL	负偏差允许值	
	相对偏差/（%）	绝对偏差/mL
100～200	4.5	—
200～300	—	9
300～500	3	—
500～1 000	—	15
1 000～10 000	1.5	—

4.3.2 蛋白质、脂肪、非脂乳固体、酸度和杂质度

应符合表 3 的规定。

表 3

项 目		全 脂	部分脱脂	脱 脂
脂肪/（%）		≥3.1	1.0～2.0	≤0.5
蛋白质/（%）		≥2.9		
非脂乳固体/（%）		≥8.1		
酸度/（°T）	牛乳	≤18.0		
	羊乳	≤16.0		
杂质度/（mg/kg）		≤2		

4.4 卫生要求

应符合表 4 的规定。

表 4

项目	全脂	部分脱脂	脱脂
汞（以 Hg 计）/（mg/kg）		⩽0.01	
砷（以 As 计）/（mg/kg）		⩽0.2	
铅（以 Pb 计）/（mg/kg）		⩽0.05	
铬（以 Cr^{6+} 计）/（mg/kg）		⩽0.3	
硝酸盐（以 $NaNO_3$ 计）/（mg/kg）		⩽8.0	
亚硝酸盐（以 $NaNO_2$ 计）/（mg/kg）		⩽0.2	
黄曲霉毒素 M_1/（μg/kg）		⩽0.2	
六六六/（mg/kg）		⩽0.01	
滴滴涕/（mg/kg）		⩽0.02	
甲胺磷/（mg/kg）		⩽0.01	
倍硫磷/（mg/kg）		⩽0.05	
久效磷/（mg/kg）		⩽0.002	
甲拌磷/（mg/kg）		⩽0.05	
杀扑磷/（mg/kg）		⩽0.001	
抗生素		阴性	
注：农药、兽药禁用限用，按国家有关规定执行。			

4.5　微生物要求

应符合表 5 的规定。

表 5

项目	全脂	部分脱脂	脱脂
菌落总数/（cfu/mL）		⩽30 000	
大肠菌群/（MPN/100mL）		⩽90	
致病菌（肠道致病菌和致病性球菌）		不得检出/25mL	

4.6　食品营养强化剂的添加量

应符合 GB　14880 的规定。

5　试验方法

5.1　感官检验

5.1.1　色泽和组织状态：取适量试样于 50mL 烧杯中，在自然光下观察色泽和组织状态。

5.1.2　滋味和气味：取适量试样于 50mL 烧杯中，先闻气味，用温开水漱口后，再品尝样品的滋味。

5.2　理化检验

5.2.1　净含量：按 JJF 1070 测定。

5.2.2　蛋白质：按 GB/T 5413.1 检验，取样量为 10g。

5.2.3　脂肪：按 GB/T　5409 检验。

5.2.4　非脂乳固体：按 GB/T　5409 检验。

5.2.5　酸度：按 GB/T　5409 检验。

5.2.6　杂质度：按 GB/T　5413.30 检验。

5.3　卫生检验

5.3.1　汞：按 GB/T　5009.17 检验。

5.3.2　砷：按 GB/T　5009.11 检验。

5.3.3　铅：按 GB/T　5009.12 检验。

5.3.4　铬：按 GB/T　14962 检验。

5.3.5　硝酸盐、亚硝酸盐：按 GB/T　5413.32 检验。

5.3.6　黄曲霉毒素 M_1：按 GB/T　5009.24 检验。

5.3.7　六六六、滴滴涕：按 GB/T　5009.19 检验。

5.3.8 倍硫磷、久效磷、杀扑磷、甲拌磷、甲胺磷：按 GB/T 17331 检验。

5.3.9 抗生素：按 GB/T 5409 检验。

5.4 微生物指标

5.4.1 菌落总数：按 GB 4789.2 和 GB 4789.18 检验。

5.4.2 大肠菌群：按 GB 4789.3 和 GB 4789.18 检验。

5.4.3 致病菌：按 GB 4789.4、GB 4789.5、GB 4789.10、GB 4789.11 和 GB 4789.18 检验。

6 检验规则

6.1 组批规则

以同一班次，同一生产线的同品种、同规格且包装完好的产品为一组批。

6.2 型式检验

型式检验是对本标准规定的全部要求进行检验，有下列情形之一者应对产品质量进行型式检验。

a) 新产品试制鉴定时；

b) 正式生产后，如原料、工艺有较大变化，可能影响生产质量时；

c) 产品长期停产后，恢复生产时；

d) 交收检验结果与上次型式检验有较大差异时；

e) 国家质量监督机构提出进行例行检验的要求时。

6.3 交收检验

产品应经生产企业按本标准检验合格，签发合格证后方可出厂。

6.4 判定规则

6.4.1 一项指标试验不合格，则该批产品判为不合格。

6.4.2 对检验结果有争议时，应对留存样进行复检，或在同批产品中重新加倍抽样，对不合格项目进行复检，以复检结果为准。

6.4.3 感官、净含量及微生物要求不得复检。

7 标签、包装、运输、贮存

7.1 标签

7.1.1 产品标签按 GB 7718 的规定标示。还应标明产品的种类（按本标准第 3 章）和蛋白质、脂肪、非脂乳固体的含量。

7.1.2 产品名称也可以标为“×××乳”。

7.1.3 外包装箱标志应符合 GB 191 的规定。

7.2 包装

所有包装材料应符合食品卫生要求。

7.3 运输

运输产品时应使用冷藏车。

7.4 贮存

产品贮存温度应为 2～6℃。

附加说明：

本标准中的“4 要求”和“7.1 标签”是强制性条文；其他条文是推荐性条文。

本标准由中华人民共和国农业部提出。

本标准起草单位：农业部食品质量监督检验测试中心（上海）。

本标准主要起草人：郭本恒、钱莉、刘霄玲、张春林、谢可杰、殷成文、骆志刚、张传毅。

中华人民共和国农业行业标准

无公害食品　灭菌乳

NY　5141—2002

1　范围

本标准规定了灭菌乳的产品分类、技术要求、试验方法、检验规则和标签、包装、运输、贮存要求。

本标准适用于 以生鲜牛（羊）乳为原料，不添加或添加辅料，经过灭菌制成的液体产品。

2　规范性引用文件

下列文件中的条款通过本标准的引用而成为本标准的条款。凡是注日期的引用文件，其随后所有的修改单（不包括勘误的内容）或修订版均不适用于本标准，然而，鼓励根据本标准达成协议的各方研究是否可使用这些文件的最新版本。凡是不注日期的引用文件，其最新版本适用于本标准。

GB 191　包装储运图示标志

GB 2760　食品添加剂使用卫生标准

GB 4789.26　食品微生物学检验　罐头食品商业无菌的检验

GB/T 5009.11　食品中总砷的测定方法

GB/T 5009.12　食品中铅的测定方法

GB/T 5009.17　食品中总汞的测定方法

GB/T 5009.19　食品中六六六、滴滴涕残留量的测定方法

GB/T 5009.24　食品中黄曲霉毒素 M_1 和 B_1 的测定方法

GB/T 5009.46　乳与乳制品卫生标准的分析方法

GB/T 5409　牛乳的检验方法

GB/T 5413.1　婴幼儿配方食品和乳粉　蛋白质的测定

GB/T 5413.30　乳与乳粉　杂质度的测定

GB/T 5413.32　乳粉　硝酸盐、亚硝酸盐的测定

GB 7718　食品标签通用标准

GB 14880　食品营养强化剂使用卫生标准

GB/T 14962　食品中铬的测定方法

GB/T 17331　食品中有机磷和氨基甲酸酯类农药多种残留的测定

JJF 1070　定量包装商品净含量计量检验规则

NY 5045　无公害食品　生鲜牛乳

3　产品分类

3.1　无公害灭菌纯牛（羊）乳

以生鲜牛（羊）乳为原料，不添加任何辅料，经超高温瞬时或高压灭菌，无菌灌装或高压灭菌制成的产品。

3.2　无公害灭菌调味乳

以生鲜牛（羊）乳为主料，添加规定的辅料，经超高温瞬时或高压灭菌，无菌灌装或高压灭菌制成的产品。

4　要求

4.1　原料要求

4.1.1　原料：应符合 NY 5045 标准及相关标准的规定。

4.1.2 食品添加剂和食品营养强化剂

应选用GB 2760和GB 14880中允许使用的品种，并应符合相应的国家标准或行业标准的规定；不得添加防腐剂。

4.2 感官要求

应符合表1的规定。

表1

项 目	灭菌纯牛（羊）乳	灭菌调味乳
色泽	呈均匀一致的乳白色，或微黄色	呈均匀一致的乳白色或具有调味乳应有的色泽
滋味和气味	具有牛乳或羊乳固有滋味和气味，无异味	具有调味乳应有的滋味和气味
组织状态	均匀的液体，无凝块，无黏稠现象，允许有少量沉淀	

4.3 理化要求

4.3.1 净含量

单件定量包装商品的净含量负偏差不得超过表2的规定；同批产品的平均净含量不得低于标准标明的净含量。

表2

净含量/mL	负偏差允许值	
	相对偏差/（%）	绝对偏差/（mL）
100～200	4.5	—
200～300	—	9
300～500	3	—
500～1 000	—	15
1 000～10 000	1.5	—

4.3.2 脂肪、蛋白质、非脂乳固体、酸度和杂质度应符合表3的规定。

表3

项 目	灭菌纯牛（羊）乳			灭菌调味乳		
	全 脂	部分脱脂	脱 脂	全 脂	部分脱脂	脱 脂
脂肪/（%）	≥3.1	1.0～2.0	≤0.5	≥2.5	0.8～1.6	≤0.4
蛋白质/（%）	≥2.9			≥2.3		
非脂乳固体/（%）	≥8.1			≥6.5		
酸度/（°T）	≤18.0			—		
杂质度/（mg/kg）	≤2			—		

4.4 卫生要求

应符合表4的规定。

表4

项 目	灭菌纯牛（羊）乳	灭菌调味乳
汞（以Hg计）/（mg/kg）	≤0.01	
砷（以As计）/（mg/kg）	≤0.2	
铅（以Pb计）/（mg/kg）	≤0.05	
铬（以Cr^{6+}计）/（mg/kg）	≤0.3	
硝酸盐（以$NaNO_3$计）/（mg/kg）	≤8.0	
亚硝酸盐（以$NaNO_2$计）/（mg/kg）	≤0.2	
黄曲霉毒素M_1/（μg/kg）	≤0.2	
六六六/（mg/kg）	≤0.01	
滴滴涕/（mg/kg）	≤0.02	
甲胺磷/（mg/kg）	≤0.01	
倍硫磷/（mg/kg）	≤0.05	
久效磷/（mg/kg）	≤0.002	
甲拌磷/（mg/kg）	≤0.05	

（续）

项　目	灭菌纯牛（羊）乳	灭菌调味乳
杀扑磷/（mg/kg）	≤0.001	
抗生素	阴性	
注：农药、兽药禁用限用，按国家有关规定执行。		

4.5　微生物要求

应符合商业无菌的要求。

4.6　食品添加剂和食品营养强化剂的添加量

应符合 GB 2760 和 GB 14880 的规定。

5　试验方法

5.1　感官检验

5.1.1　色泽和组织状态：取适量试样于 50mL 烧杯中，在自然光下观察色泽和组织状态。

5.1.2　滋味和气味：打开样品包装先闻气味，然后用温开水漱口，再品尝样品的滋味。

5.2　理化检验

5.2.1　净含量：按 JJF 1070 测定。

5.2.2　蛋白质：按 GB/T 5413.1 检验，取样量为 10g。

5.2.3　脂肪：按 GB/T 5409 检验。

5.2.4　非脂乳固体：按 GB/T 5409 检验。

5.2.5　酸度：按 GB/T 5409 检验。

5.2.6　杂质度：按 GB/T 5413.30 检验。

5.3　卫生检验

5.3.1　汞：按 GB/T 5009.17 检验。

5.3.2　砷：按 GB/T 5009.11 检验。

5.3.3　铅：按 GB/T 5009.12 检验。

5.3.4　铬：按 GB/T 14962 检验。

5.3.5　硝酸盐、亚硝酸盐：按 GB/T 5413.32 检验。

5.3.6　黄曲霉毒素 M_1：按 GB/T 5009.24 检验。

5.3.7　六六六、滴滴涕：按 GB/T 5009.19 检验。

5.3.8　倍硫磷、久效磷、杀扑磷、甲拌磷、甲胺磷：按 GB/T 17331 检验。

5.3.9　抗生素：按 GB/T 5409 检验。

5.4　微生物检验

微生物检验按 GB 4789.26 进行。

6　检验规则

6.1　组批规则

以同一班次，同一生产线的同品种、同规格且包装完好的产品为一组批。

6.2　型式检验

型式检验是对本标准规定的全部要求进行检验，有下列情形之一者应对产品质量进行型式检验。

a）新产品试制鉴定时；

b）正式生产后，如原料、工艺有较大变化，可能影响生产质量时；

c）产品长期停产后，恢复生产时；

d）交收检验结果与上次型式检验有较大差异时；

e）国家质量监督机构提出进行例行检验的要求时。

6.3　交收检验

产品应经生产企业按本标准检验合格，签发合格证后方可出厂。

6.4　判定规则

6.4.1 一项指标试验不合格，则该批产品判为不合格。

6.4.2 对检验结果有争议时，应对留存样进行复检，或在同批产品中重新加倍抽样，对不合格项目进行复检，以复检结果为准。

6.4.3 感官、净含量及微生物要求不得复检。

7 标签、包装、运输、贮存

7.1 标签

7.1.1 产品标签按GB 7718的规定标示，还应标明产品的种类（按本标准第3章）和蛋白质、脂肪、非脂乳固体的含量。

7.1.2 外包装箱标志应符合GB 191的规定。

7.1.3 推荐标注内容

在产品标签上标明杀菌方式（按本标准第5章）。产品名称也可以标为“×××奶”。

7.2 包装

所有包装材料应符合食品卫生要求。

7.3 运输

运输产品时应避免日晒、雨淋。不得与有毒、有害、有异味的物品混装运输。

7.4 贮存

产品应贮存在干燥、通风良好的场所。不得与有毒、有害、有异味，或对产品产生不良影响的物品同处贮存。

附加说明：

本标准中的“4要求”和“7.1标签”是强制性条文；其他条文是推荐性条文。

本标准由中华人民共和国农业部提出。

本标准起草单位：农业部食品质量监督检验测试中心（上海）。

本标准主要起草人：郭本恒、钱莉、刘霄玲、张春林、谢可杰、殷成文、骆志刚、张传毅。

中华人民共和国农业行业标准

无公害食品 酸牛奶

NY 5142—2002

1 范围

本标准规定了无公害食品酸牛乳的分类、要求、试验方法、检验规则和标签、标志、包装、运输、贮存。

本标准适用于以无公害食品生鲜牛乳为主料，添加或不添加辅料，经乳酸菌发酵制成的产品。

2 规范性引用文件

下列文件中的条款通过本标准的引用而成为本标准的条款。凡是注日期的引用文件，其随后所有的修改单（不包括勘误的内容）或修订版均不适用于本标准，然而，鼓励根据本标准达成协议的各方研究是否可使用这些文件的最新版本。凡是不注日期的引用文件，其最新版本适用于本标准。

GB 191 包装储运图示标志

GB 2760 食品添加剂使用卫生标准

GB 4789.3 食品卫生微生物学检验 大肠菌群测定

GB 4789.4 食品卫生微生物学检验 沙门氏菌检验

GB 4789.5 食品卫生微生物学检验 志贺氏菌检验

GB 4789.10 食品卫生微生物学检验 金黄色葡萄球菌检验

GB 4789.11 食品卫生微生物学检验 溶血性链球菌检验

GB 4789.18　食品卫生微生物学检验　乳与乳制品的检验
GB/T 5009.5　食品中蛋白质的测定方法
GB/T 5009.11　食品中总砷的测定方法
GB/T 5009.12　食品中铅的测定方法
GB/T 5009.17　食品中总汞的测定方法
GB/T 5009.19　食品中六六六、滴滴涕残留量的测定方法
GB/T 5009.24　食品中黄曲霉毒素 M_1 与 B_1 的测定方法
GB/T 5009.33　食品中亚硝酸盐和硝酸盐的测定方法
GB/T 5409　牛乳检验方法
GB 6388　运输包装收发货标志
GB 7718　食品标签通用标准
GB 14880　食品营养强化剂使用卫生标准
GB/T 14962　食品中铬的测定方法
GB/T 16347　乳酸菌饮料中乳酸菌的微生物学检验
GB 17331　食品中有机磷和氨基甲酸酯类农药多种残留的测定
JJF 1070　定量包装商品净含量计量检验细则
NY 5045　无公害食品　生鲜牛乳

3　分类

3.1　无公害食品纯酸牛乳

以无公害生鲜牛乳为原料，脱脂、部分脱脂或不脱脂，经发酵制成的产品。

3.2　无公害食品调味酸牛乳

以无公害生鲜牛乳为主料，脱脂、部分脱脂或不脱脂，添加食糖、调味剂等辅料，经发酵制成的产品。

3.3　无公害食品果料酸牛乳

以无公害生鲜牛乳为主料，脱脂、部分脱脂或不脱脂，添加天然果料等辅料，经发酵制成的产品。

4　要求

4.1　原料要求

4.1.1　生鲜牛乳应符合 NY5045 的规定。

4.1.2　添加的辅料应符合相应国家标准或行业标准的规定，不得添加防腐剂。

4.2　感官要求

应符合表 1 规定。

表 1　感官要求

项　　目	无公害食品纯酸牛乳	无公害食品调味酸牛乳、 无公害食品果料酸牛乳
色泽	呈均匀一致的乳白色或微黄色	呈均匀一致的乳白色，或带调味剂、果料应有的色泽
滋味和气味	具有酸牛乳固有的滋味和气味，无异味	具有酸牛乳或带调 味剂、果料应有的滋味和气味、无异味
组织状态	组织细腻、均匀，允许有少量乳清析出；果料型应带有果块或果粒，无外来可见杂质	

4.3　净含量要求

单件定量包装商品的净含量负偏差不得超过表 2 规定；同批产品的平均净含量不得低于标签上标注的净含量。

表 2　单件定量包装商品的净含量负偏差允许值

净含量 g 或 mL	相对偏差 %	绝对偏差 g 或 mL
50～100	—	4.5
100～200	4.5	—
200～300	—	9
300～500	3	—

（续）

净含量 g 或 mL	相对偏差 %	绝对偏差 g 或 mL
500～1 000	—	15
1 000～10 000	1.5	

4.4 理化要求

应符合表 3 规定。

表 3 理化要求

项目	指标					
	无公害食品纯酸牛乳			无公害食品调味酸牛乳、无公害食品果料酸牛乳		
	全脂	部分脱脂	脱脂	全脂	部分脱脂	脱脂
脂肪/（%）	⩾3.1	1.0～2.0	⩽0.5	⩾2.5	0.8～1.6	⩽0.4
蛋白质/（%） ⩾	2.9			2.3		
非脂乳固体/（%） ⩾	8.1			6.5		
酸度/（°T） ⩾	70.0					

4.5 卫生要求

应符合表 4 规定。

表 4 卫生要求

项目		指标		
		无公害食品纯酸牛乳	无公害食品调味酸牛乳	无公害食品果味酸牛乳
苯甲酸/（g/kg）	⩽	0.03		0.23
山梨酸（g/kg）	⩽	0.001		0.23
硝酸盐（以 $NaNO_3$ 计）/（mg/kg）	⩽	8.0		
亚硝酸盐（以 $NaNO_2$ 计）/（mg/kg）	⩽	0.2		
黄曲霉毒素 M_1/（μg/kg）	⩽	0.2		
汞/（mg/kg）	⩽	0.01		
砷/（mg/kg）	⩽	0.2		
铅/（mg/kg）	⩽	0.05		
铬/（mg/kg）	⩽	0.3		
六六六/（mg/kg）	⩽	0.01		
滴滴涕/（mg/kg）	⩽	0.02		
倍硫磷/（mg/kg）	⩽	0.05		
甲胺磷/（mg/kg）	⩽	0.01		
久效磷/（mg/kg）	⩽	0.002		
注：农药兽药禁用限用：凡国家规定的应遵循其规定执行。				

4.6 微生物学要求

应符合表 5 规定。

表 5 微生物学要求

项目		指标
大肠菌群/（MPN/100mL）	⩽	90
致病菌（指肠道致病菌和致病性球菌）/（个/25mL）		不得检出
乳酸菌/（cfu/mL）	⩾	1×10^6

4.7 食品添加剂和食品营养强化剂

应符合 GB 2760 和 GB 14880 规定。

5 试验方法

5.1 色泽和组织状态：取适量试样于 50mL 烧杯中，在自然光下观察色泽和组织状态。

5.2 滋味和气味：取适量试样于50mL烧杯中，先闻气味，然后用温开水漱口，再品尝样品的滋味。

5.3 净含量：按JJF 1070执行。

5.4 脂肪：按GB/T 5409执行。

5.5 蛋白质：按GB/T 5009.5执行。

5.6 非脂乳固体：按GB/T 5409执行。

5.7 酸度：按GB/T 5409执行。

5.8 硝酸盐、亚硝酸盐：按GB/T5009.33执行。

5.9 黄曲霉毒素 M_1：按GB/T 5009.24执行。

5.10 汞：按GB/T 5009.17执行。

5.11 砷：按GB/T 5009.11执行。

5.12 铅：按GB/T 5009.12执行。

5.13 铬：按GB/T 14962执行。

5.14 六六六、滴滴涕：按GB/T 5009.19执行。

5.15 倍硫磷：按GB 17331执行。

5.16 甲胺磷：按GB 17331执行。

5.17 久效磷：按GB 17331执行。

5.18 大肠菌群：按GB 4789.3和GB 4789.18执行。

5.19 致病菌：按GB 4789.4、GB 4789.5、GB 4789.10、GB 4789.11和GB 4789.18执行。

5.20 乳酸菌：按GB/T 16347执行。

6 检验规则

6.1 组批规则

以同一班次，同一生产线生产的同品种、同规格且包装完好的产品为一组批。

6.2 型式检验

型式检验是对本标准规定的全部要求进行检验。在下列情况之一时应进行型式检验：

a）新产品试制签定时；

b）正式生产后，如原料、工艺有较大变化，可能影响产品质量时；

c）产品长期停产后，恢复生产时；

d）交收检验结果与上次型式检验有大差异时；

e）国家质量监督机构提出进行例行检验的要求时。

6.3 交收检验

产品应经生产企业按本标准检验合格，签发合格证后方可出厂。

6.4 判定规则

6.4.1 一项指标试验不合格，则该批产品判为不合格产品。

6.4.2 对检验结果有争议时，应对留存样进行复检，或在同批产品中加倍抽样，对不合格项目进行复检，以复检结果为准。

6.4.3 感官、净含量及微生物学要求不得复检。

7 标签、标志

7.1 标签

产品销售包装上应有食品标签，标注内容应符合GB 7718的规定。

7.2 标志

产品运输包装上应有标志。标志的内容包括标签上标注的主要内容，还应符合GB 6388及GB 191的规定。

8 包装、运输、贮存

8.1 包装

所有包装材料应符合食品卫生要求，包装严密，防止微生物等污染。

8.2 运输

应使用冷藏车运输。

8.3 贮存

产品应贮存在干燥、通风良好的场所。不得与有毒、有害、有异味，或对产品产生不良影响的物品同处贮存。贮存温度为2～6℃。

附加说明：

本标准中的“4要求”、“7.1标签”是强制性条文；其他条文是推荐性条文。

本标准由中华人民共和国农业部提出。

本标准起草单位：农业部乳品质量监督检验测试中心、农业部奶类项目办公室。

本标准主要起草人：王金华、张宗城、孟序、张进、殷成文、骆志刚、张传毅。

关于印发《大连市奶牛饲养管理规范（试行）》的通知

大农发［2002］106号

各区、市农村经济发展局、旅顺农林水利局、长海县农林水务局：

为加速我市奶牛业发展，进一步规范奶牛生产，提高牛奶的产量和质量，我局制定了《大连市奶牛饲养管理规范（试行）》，现印发给你们，请结合实际，认真遵照执行。在执行当中如遇到问题，请及时报告市农发局，以便进一步修正完善。

附件：《大连市奶牛饲养管理规范（试行）》

大连市农村经济发展局

二〇〇二年六月二十三日

大连市奶牛饲养管理规范（试行）

1 总则

制定本规范的目的是为了贯彻落实《大连市生牛奶管理办法》，保证奶牛健康、降低生产成本、增加经济效益，生产出高质量的原料奶。本规范主要规定了奶牛生产过程中的引进、环境、饲养、消毒、用药、防疫及废物处理等各个环节应遵循的准则。

本规范适用于大连地区的奶牛场（户）。

2 引进程序

引进奶牛前，需到辖区内动物疫病防治指挥部办公室报批；引进奶牛时，必须持有当地动物检疫部门的《检疫合格证明》；引进的当日，到当地防疫监督部门报检、报验，经隔离观察和检疫，确认无传染病方可并群饲养。

3 养殖环境

3.1 奶牛场应建在地势平坦干燥、背风向阳、远离其他畜禽场、水源充足、未被污染和没有发生过任何传染病的地方。严禁在低洼潮湿、排水不良和人口密集的地方建场。

3.2 场区应有足够的生产和生活用水，水质须符合GB 5749—1985的规定。若有水塔或其他贮水设施，则应有防止污染的措施，并予以定期清洗和消毒。

3.3 场区应有完善的排水及粪尿处理系统。污水处理要达到GB 8979—1996的标准后排放。

3.4 牛舍内的温度、湿度、气流（风速）和光照应满足奶牛不同饲养阶段的需求，以降低牛群发生疾病的机会。

3.5 牛舍地面和墙壁应选用适宜材料，以便于进行彻底清洗消毒。

3.6 牛场内应分设管理区、生产区及粪污处理区。管理区和生产区应处上风向，粪污处理区应处于下风向。

3.7 牛场周围应设绿化隔离带。

3.8 牛舍外应设运动场（每头牛占用面积15～20m^{2}左右），地面应为沙土地，有一定坡度，四周有排水沟，场内有荫棚和饮水槽、矿物质补饲槽，四周围栏应坚实、美观，运动场应保持干燥、清洁。

4 奶牛饲料

4.1 应充分利用现有的饲料资源，一头奶牛全年应储备、供应的饲料、饲草量如下：

4.1.1 青干草、农作物秸秆：1 100～1 850kg（有一定比例的豆科干草）。

4.1.2 青贮饲料：5 500～6 000kg。

4.1.3 块根、块茎及瓜果类：1 000～1 100kg。

4.1.4 精饲料：2 000～3 500kg（其中高能量饲料占50%，蛋白质饲料占25%～30%）。各个品种精饲料要常年均衡供应，尽可能供给适合本地区的经济、高效的平衡日粮。其中矿物质饲料应占精料量的2%～3%。

4.2 每年应对所喂奶牛的各种饲料进行2～3次常规营养成分测定，并反复做出饲用及经济价值的鉴定。

4.3 块根、块茎、瓜果类应尽量用含干物质和糖多的品种。并妥为贮藏、防霉、防冻。要大力推广应用青（黄）贮饲料。

4.4 库存精饲料的含水量不得超过14%，一次加工不应过多，夏季以10天内喂完为宜。

4.5 应重视矿物质饲料的来源和组成，在矿物质饲料中，应有食盐和一定比例的常量和微量矿物质。例如贝壳粉、碳酸钙、磷酸二钙、脱氟磷酸盐类及微量元素，并应定期检查饲喂效果。

4.6 配合饲料应根据本地区的饲料资源、各种饲料的营养成分，结合奶牛的营养需要，因地制宜地选用饲料。

4.7 应用商品配（混）合饲料时，必须了解其营养价值。

4.8 应用化学、生物活性等添加剂时，必须了解其作用与安全性。

4.9 严禁饲喂霉烂变质饲料、冰冻饲料、农药残毒污染的饲料、黑斑病甘薯和未经处理的发芽马铃薯等有毒饲料，及时清除饲料中的金属异物。

4.10 其他有关使用饲料和饲料添加剂的原则与规定：

4.10.1 禁止使用未取得产品进口登记证的境外饲料和饲料添加剂。

4.10.2 禁止在饲料中使用违禁的药物或饲料添加剂。

4.10.3 禁止在奶牛饲料中添加和使用进口肉骨粉、骨粉、血粉、血浆粉、动物下脚料、动物脂粉、干血浆及其他血液制品、脱水蛋白、蹄粉、角粉、鸡杂碎粉、羽毛粉、油渣、鱼粉、骨胶等动物源性饲料。

4.10.4 根据奶牛营养需要合理投料、合理使用微量元素添加剂，尽量降低粪尿、甲烷的排出量，减少氮、磷、锌、铜的排出量，降低对环境的污染。

4.10.5 所使用的工业副产品饲料应来自生产绿色食品和无公害食品的副产品。

4.10.6 严格执行《饲料和饲料添加剂管理条例》有关规定。

4.10.7 严格执行《农业转基因生物安全管理条例》有关规定。

4.10.8 青（黄）贮饲料的制作、贮存按《青（黄）贮饲料质量评定标准》规定执行。

5 营养需要

5.1 干奶期（60天），日粮干物质应占体重2.0%～2.5%，每公斤饲料干物质含奶牛能量单位1.75，粗蛋白11%～12%，钙0.6%，磷0.3%，精料和粗饲料比为25:75，粗纤维含量不少于20%。

5.2 围产期（分娩前后15天）：分娩前15天，日粮干物质应占体重2.5%～3%，每公斤饲料干物质含奶牛能量单位2.00，粗蛋白占13%，钙0.2%，磷0.3%，分娩后立即改为钙0.6%，磷0.3%；精、粗比为40:60，粗纤维含量不少于23%。

5.3 泌乳盛期（分娩后15～100天内）：日粮干物质应由占体重2.5%～3%逐渐增加到5.4%以上，每公斤饲料干物质应含奶牛能量单位2.40，粗蛋白占16%～18%，钙1.0%，磷0.5%～0.6%，精料和粗饲料比由40:60逐渐改为60:40，粗纤维含量不少于15%。

5.4 泌乳中期：分娩后101～200天，日粮干物质应占体重3.0%～3.2%，每公斤含奶牛能量单位2.13，粗蛋白占13.0%，钙0.9%，磷0.4%，精粗比为40:60，粗纤维含量不少于17%。

5.5 泌乳后期（分娩后201天至停奶）日粮干物质应占体重3.0%～3.2%，每公斤含奶牛能量单位2.0，粗蛋白占12%，钙1.2%，磷0.7%，精料和粗饲料比为30:70，粗纤维含量不少于24%。

6 饲养管理

6.1 干奶期，基本上喂优质粗饲料，同时应补喂矿物质、食盐，保证喂给一定数量的干草。

6.2 围产期必须精心饲养，分娩前两周可逐渐增加精料，但最大限量不得超过体重的1%，分娩后第1～2天应喂容易消化的饲料，补喂40～60克硫酸钠，自由采食优质饲草，分娩后3～4天起，可逐渐增喂精料，每天增喂量为0.4～0.6kg。在奶牛消化正常，恶露排净乳房生理肿胀消失的情况下，日粮可按标准喂给。并可逐渐加喂青贮、块根类饲料，青草应自由采食，但应防止槽渣，块根等副料过食和消化机能紊乱。

6.3 泌乳盛期：应该增加精料的喂量，饲喂高能量及高蛋白的饲料，使奶牛保持良好食欲，适当增加饲喂次数，夜间进行补料，多喂品质好、适口性强的饲料，尽量采食较多的干物质和精料。使之充分发挥产奶性能，青草和干草应给予自由采食。

6.4 泌乳中后期；应逐渐减少日粮中的能量和蛋白质，防止牛体过肥。青草可以自由采食。

6.5 初孕牛在分娩前2～3个月应转入成母牛群，并按成母牛干奶期的营养水平进行饲喂。分娩后，为维持营养需要，应增加20%的精料，第二胎增加10%。

6.6 泌乳盛期。日产奶量较高或有特殊情况（干奶、妊娠后期）的奶牛，应有明显标志，以便区别饲养。饲养必须定时定量，每天喂3～4次，每次饲喂的饲料建议精、粗交替，多次喂给。并在运动场内设补饲槽，供奶牛自由采食饲草。在饲喂过程中应少喂勤添，防止精料和槽渣饲料过食。

6.7 夏季日粮应适当提高营养浓度，保证供给充足的饮水，增加精料和蛋白质的比例。并补块根、块茎和瓜类饲料，冬季日粮营养应丰富，增加能量饲料，饮水温度应保持在12～16℃，不饮冷水。

6.8 保证足够的新鲜、清洁饮水，运动场设食盐、矿物质（如矿物质舔砖等）补饲槽和饮水槽，定期清洗消毒饮水设备。

7. 配种要求

7.1 观察到母牛发情，不论配种与否，均应及时记录。配种前，除作表象观察、行为观察和黏液鉴定外，还应进行直肠检查，以便根据卵泡发育情况，适时输精。

7.2 奶牛分娩后20天，应进行生殖器检查，如有病变，应及时治疗，对超过70天不发情的母牛或发情不正常者，应及时检查，及时诊治。

7.3 奶牛产后70天左右开始配种，配准天数不超过90天，初配年龄以15～16个月龄、体重为成母牛70%以上（约350公斤左右）为宜。

7.4 合理安排全年产犊计划，尽量做到均衡产犊，在炎热地区的酷暑季节，可适当控制产犊。

7.5 奶牛应严格按照选配计划，用良种高产公牛精液进行配种，必须保证种公牛精液质量。

8. 防疫要求

8.1 严格执行防疫、检疫和其他兽医卫生制度，建立系统的奶牛病历档案；每年定期对奶牛进行1～2次健康检查，其中包括酮病、骨营养不良病的检查，春秋季各进行一次检蹄、修蹄和护蹄。

8.2 免疫接种

奶牛场应根据《中华人民共和国动物防疫法》及其相关法规的要求，结合当地实际情况，按规定进行疫病的预防接种工作，并注意选择适宜的疫苗、免疫程序和免疫方法。使用符合《中华人民共和国兽用生物制品质量标准》规定的疫苗预防奶牛疾病。

9. 兽药使用

9.1 泌乳牛在正常情况下禁止使用任何药物，必须用药时，药残期的牛奶不应作为商品牛奶出售，牛奶废弃期不少于7天。

9.2 最大限度地减少化学药品和抗生素的使用。不应使用未经批准的激素类药物（如促卵泡发育、排卵和催产等药剂）及抗生素。用于预防、治疗和诊断疾病的兽药应符合《中华人民共和国兽药典》、《中华人民共和国兽药规范》、《中华人民共和国兽用生物制品质量标准》。

10 卫生消毒

10.1 环境消毒

牛舍周围环境（包括运动场）每周用火碱消毒或撒生石灰1次；场周围及场内污水池、排粪坑和下水道出口，每月用漂白粉消毒1次。在大门口和牛舍入口设消毒池，可使用火碱或煤酚溶液。

10.2 人员消毒

10.2.1 工作人员进入生产区应更衣和紫外线消毒，工作服不应穿出场外。

10.2.2 外来参观者进入场区参观应彻底消毒，更换场区工作服和工作鞋，并遵守场内防疫制度。

10.3 牛舍消毒

牛舍在奶牛下槽后应彻底清扫干净，并进行喷雾或熏蒸消毒。

10.4 用具消毒

定期对饲喂用具、料槽和饲料车等进行消毒，可用0.1%新洁尔灭或0.2%～0.5%过氧乙酸消毒；日常用具（如兽医用具、助产用具、配种用具、挤奶设备和奶罐车等）在使用前后应进行彻底消毒和清洗。

10.5 奶具消毒

奶具使用前后必须彻底清洗、消毒。奶桶及胶垫处必须清洗干净，洗涤时应先用冷水冲洗，后用温水冲洗，再用0.5%温水烧碱（45℃）刷洗干净，并用清水冲洗，橡胶制品清洗后用消毒液消毒。

10.6 带牛环境消毒

定期进行带牛环境消毒，可减少环境中的病原微生物。可用于带牛环境消毒的消毒药有：0.1%新洁尔灭，0.3%过氧乙酸，0.1%次氯酸钠，0.5%二氧化氯以减少传染病和蹄病等发生。带牛环境消毒应避免消毒剂污染到牛奶中。

10.7 牛体消毒

挤奶、助产、配种、注射治疗及任何对奶牛进行接触操作前，应先将奶牛有关部位如乳房、乳头、阴道口和后躯等进行消毒擦拭，以降低牛乳的细菌数，保证牛体健康。

11 奶牛养护

11.1 奶牛每天必须铺换褥草、坚持刷拭，清洗乳房和牛体上的粪便污垢，夏季最好每天进行一次水浴和淋浴（气温过高时应每天一至数次），并采取排风和其他防暑降温措施；冬季要采取防寒保温措施。

11.2 奶牛每天应保持一定时间和距离的缓慢运动，酷热天气、中午牛舍外温度过高时，应改变放牛和运动时间。

11.3 奶牛每胎必须有60至70天干奶期，建议采用快速干奶法。干奶前用CMT法进行隐性乳房炎检查，对强阳性（++以上）应治疗后干奶，在最末一次挤奶后向每个乳头内注入干奶药剂，干奶后应加强乳房检查与护理。

11.4 奶牛分娩后，应及早驱使站起，饮以温水，喂以优质青干草，同时用温水或消毒液清洗乳房、后躯和牛尾，然后清除粪便，更换清洁柔软褥草。分娩后1～1.5小时，进行第一次挤奶，但不要挤净，同时观察母牛食欲、粪便及胎衣的排出情况，如发现异常，应及时诊治。分娩两周后，应作酮尿病等检查，如无疾病，食欲正常，可转大群管理。

11.5 奶牛场要定期投药，消灭蚊蝇，防止鼠害。

12 挤奶要求

12.1 奶牛的挤奶次数应根据各泌乳阶段和产奶水平而定，每天可挤奶二至三次。

12.2 挤奶员必须经常保持自身卫生，挤奶前应对手臂进行消毒。

12.3 挤奶环境应保持安静，对牛态度要亲和，挤奶前先拴牛尾，并将牛体后躯、腹部及牛尾清洗干净，然后用45～50℃的温水，按先后顺序擦洗乳房、乳头、乳房底部中沟，左右乳区与乳镜，开始时可用带水多的湿毛巾，然后将毛巾拧干自下而上擦干乳房。

12.4 乳房洗净后应进行按摩，待乳房膨胀，乳静脉怒胀，出现排乳反射时，即应开始挤奶。第一把挤出的奶含细菌多，应弃去，挤奶时严禁用牛奶或凡士林擦抹乳头，挤奶后还应再次按摩乳房，然后一手托住各乳区底部另一手把牛奶挤净。初孕牛在妊娠5个月以后，应进行乳房按摩，每次5分钟。

12.5 手工挤奶

应采用拳握式，开始用力宜轻，速度稍慢，待排乳旺盛时再加快速度，每分钟压挤80～120次，每分钟挤奶量不少于1.5千克。

每次挤奶必须挤净，先挤健康牛，后挤病牛，牛奶挤净后，擦干乳房，用消毒液浸泡乳头。

12.6 机器挤奶

真空压力应控制在350～380毫米汞柱，搏动器搏动次数每分钟应控制在60～70次，在奶少时应对乳房在进行自上而下的按摩，并应防止空挤。分娩后15～20天以内的母牛，或患乳房炎的母牛，应改为手挤，病愈后再恢复机器挤奶。

机械设备应定期检查、维修和保养。

12.7 刚挤下的奶必须通过过滤器或多层纱布进行过滤，并在2小时内冷却到4℃以下，放入储奶罐保存，过滤器及过滤用的纱布每次用后应该洗涤消毒，并应定期更换，保持清洁卫生。

12.8 牛奶出场前先自检，不合格者不应出场。

13 生产记录

13.1 应逐项准确地记载各项生产记录，包括产奶量、乳脂率、配种产犊、饲料消耗、饲料使用、兽药使用、系谱以及疫病检查（包括防疫、检疫）等，做到一牛一档。

13.2 根据原始记录定期进行统计分析和总结，用于指导生产。

14 无害化处理

14.1 牛场内发生传染病后，应及时报告当地兽医主管部门，并采取相应措施隔离病牛，病牛所产乳及死牛应作无害化处理。

14.2 场区内应具有废弃物处理设施，废弃物的处理应遵循减量化、无害化和资源化的原则。

15 人员管理

15.1 奶牛场工作人员应定期进行健康检查，发现有传染病患者应及时调出。

15.2 奶牛场工作人员应接受必要的培训后上岗。

关于批准、发布大连市地方标准《收购生牛奶》的通知

大技监字［2001］45号

各乳制品厂、奶牛场、收奶站：

为了加强我市牛奶的市场管理，规范我市收购生牛奶的质量，提高市民的生活水平，根据大连市政府颁发的《大连市生牛奶管理办法》，大连市技术监督局和参考国内外关于生牛奶质量和检验等方面信息的基础上，制定了大连市地方标准DB2102/T021－2001《收购生牛奶》。现予批准、发布。请你们认真贯彻执行。

大连市技术监督局

大连市农业局

二〇〇一年八月二十四日

大连市地方标准

收 购 生 牛 奶

DB2102/T021—2001

1 范围

本标准规定了收购生牛奶的要求、试验方法和检验规则。

本标准适用于收购生牛奶。

2 规范性引用文件

下列文件中的条款通过本标准的引用而成为本标准的条款。凡是注日期的引用文件，其随后所有的修改单（不包括勘误的内容）或修订版均不适用于本标准，然而，鼓励根据本标准达成协议的各方研究是否可使用这些文件的最新版本。凡是不注日期的引用文件，其最新版本适用于本标准。

GB/T4789.18—1994 食品卫生微生物检验 乳与乳制品检验

GB/T4789.27—1994 食品卫生微生物检验 鲜乳中抗生素残留量检验

GB/T5009.17—1996 食品中总汞的测定方法

GB/T5009.19—1996 食品中六六六、滴滴涕残留量的测定方法

GB/T5009.24—1996 食品中黄曲霉毒素 M_1 与 B_1 的测定方法

GB/T5409—1985 牛乳检验方法

GB/T5413.1—1997 婴幼儿配方食品和乳粉 蛋白质的测定

GB/T5413.30—1997 乳与乳粉 杂质度的测定

GB/T5413.32—1997 乳粉 硝酸盐、亚硝酸盐的测定

GB/T6914—1986 生鲜牛乳收购标准

3 要求

3.1 感官要求

感官要求应符合表1规定。

表1 感官要求

项 目	要 求
色泽	乳白色或微带黄色
组织状态	均匀不透明液体
机械杂质	无肉眼可见机械杂质
滋、气味	具有鲜生牛奶固有的滋味、气味

3.2 理化指标

理化指标应符合表2规定。

表2 理化指标

项 目	指 标
酸度（以乳酸计）%（°T）	0.126～0.162（14～18）
温度℃	4～10
密度（20℃/4℃）	≥1.028 0
杂质度 ppm	≤4
脂肪 %	≥3.20
蛋白质 %	≥2.95
汞 ppm	≤0.01
六六六、滴滴涕 ppm	≤0.1
亚硝酸盐（以 $NaNO_2$ 计）mg/kg	<0.2
硝酸盐（以 $NaNO_3$ 计）mg/kg	<11
黄曲霉毒素 M_1μg/kg	<0.5
抗生素残留	不得检出
碱性物质	
食盐	
淀粉类物质	
豆浆、豆饼水	
尿素	

3.3 微生物指标

微生物指标应符合表3规定。

表3 微生物指标

分 级	美蓝褪色时间 h
Ⅰ	>5.0
Ⅱ	>4.0
Ⅲ	>3.0
Ⅳ	>2.0

4 试验方法

4.1 取样

4.1.1 取样法 按GB/T6914—1986中3.1操作。

4.1.2 取样量

4.1.2.1 现场检验：每个容器取200ml。

4.1.2.2 后续检验：每个场（户）的每个容器分别取样，使总量达到2 500ml，混匀后取500ml。

4.1.2.3 型式检验：每个场（户）的每个容器分别取样，使总量达到2 500ml，混匀后取1 000ml。

4.2 试剂

试验中所用试剂和水，除特殊规定外，均使用分析纯试剂和蒸馏水。

4.3 空白对照试验

空白对照试验是采用与待检奶样相同试验方法处理已知不含异物的常乳。

4.4 感官要求检验

将200ml待检奶样置于清洁的烧杯中，使其达到18～20℃，在自然光线下观察色泽、组织状态和机械杂质，然后闻气味，最后尝滋味。

4.5 理化指标检验

4.5.1 酸度 按照GB/T5409—1985中的2.1.1操作。

4.5.2 温度 将待检奶样200ml倒入量筒中，将准确度为±0.5℃温度计插入量筒中，2min后取出，读数。

4.5.3 密度 按照GB/T6914—1986中的3.4操作。

4.5.4 杂质度 按照GB/T5413.30—1997操作。

4.5.5 脂肪 按照GB/T5409—1985中的2.3操作。

4.5.6 蛋白质 按照GB/T5413.1—1997操作，取样量为10g。

4.5.7 汞 按照GB/T5009.17—1996操作。

4.5.8 六六六、滴滴涕 按照GB/T5009.19—1996操作。

4.5.9 亚硝酸盐 按照GB/T5413.32—1997操作。

4.5.10 硝酸盐 按照GB/T5413.32—1997操作。

4.5.11 黄曲霉毒素M1 按照GB/T5009.24—1996操作。

4.5.12 抗生素残留

4.5.12.1 方法一 按照GB/T4789.27—1994操作。

4.5.12.2 方法二 将20ml被检奶样注入试管中，浸入沸水浴中10～15min，然后冷却至43℃，加入1～2ml酸乳。将试管置于43℃水浴保温3h，测试pH值应≤5.2。

4.5.13 碱性物质

4.5.13.1 原理 溴麝香草酚蓝亦称溴百里香酚蓝，在pH6.0～7.6的溶液中颜色随着掺碱量的不同，依次发生由黄→黄绿→绿→蓝色的变化。碳酸钠、碳酸氢钠、石灰水、氨水、洗衣粉、氢氧化钠、氢氧化钾等碱性物质，掺水奶(pH接近7)，乳房炎奶等都可以检出。

4.5.13.2 试剂 0.04%溴麝香草酚蓝乙醇溶液：称取0.04g溴麝香草酚蓝溶于100ml的95%乙醇中。

4.5.13.3 方法 将3ml被检奶样注入试管中，试管保持倾斜位置，沿管壁小心加入溴麝香草酚蓝乙醇溶液5滴，把试管斜转2～3转，使两液面充分接触，但切忌液面互相混合，然后把试管垂直放置2min，根据环层指示剂的特征确定结果。呈黄色为正常乳，呈黄绿色至深蓝色为掺碱性物质乳。此法需做空白对照试验。

4.5.14 食盐

4.5.14.1 原理 乳中氯化物与硝酸银反应生成氯化银沉淀，用铬酸钾作指示剂，当乳中氯化物与硝酸银作用后，过量的硝酸钾生成赭红色铬酸银沉淀，在牛乳中呈黄色。

4.5.14.2 试剂

4.5.14.2.1 0.01mol/L的硝酸银溶液：称取硝酸银1.7g溶于1 000ml蒸馏水中，制得溶液保存于棕色的试剂瓶中。

4.5.14.2.2 10%铬酸钾溶液：称取铬酸钾10g溶于100ml蒸馏水中。

4.5.14.3 方法 5ml的0.01mol/L的硝酸银溶液中滴加2滴10%铬酸钾溶液，混匀，与被检奶样1ml于10ml试管中充分混匀，呈黄色则为掺有食盐乳。此法需做空白对照试验。

4.5.15 淀粉类

4.5.15.1 原理 淀粉是多糖，它由约占20%的直链淀粉和约占80%的支链淀粉组成。直链淀粉遇碘时形成蓝色化合物。

4.5.15.2 试剂

2%碘液：碘2g、碘化钾4g溶于100ml蒸馏水中。

4.5.15.3 方法 取待检奶样2ml注入试管中，在酒精灯上加热至沸，冷却后加2滴2%的碘液，振荡、静置，观察颜色变化。呈黄色为正常乳，呈蓝色为掺淀粉类乳。此法需做空白对照试验。

4.5.16 豆浆、豆饼水

4.5.16.1 原理 大豆中几乎不含淀粉，但含有水苏糖。水苏糖与碘试剂反应呈污绿色，依此可定性检验。

4.5.16.2 试剂 5%的碘溶液：5g碘、15g碘化钾溶于100ml蒸馏水中。

4.5.16.3 方法 将待检奶样2ml注入试管中，加入碘溶液3～5滴，摇匀，观察颜色变化。呈橙黄色为正常乳，呈浅污绿色为掺豆浆、豆饼水乳。该法显色快、消失快，应在20min内完成试验。此法需做空白对照试验。

4.5.17 尿素

4.5.17.1 原理 尿素和亚硝酸盐在酸性溶液中反应生成气体。亚硝酸盐和对氨基苯磺酸重氮化后，再与萘胺起偶氮反应，生成紫红色。

4.5.17.2 试剂

4.5.17.2.1 格里斯千试剂：称取89g酒石酸、10g无水对氨基苯磺酸及1gα—萘胺，小心地在研钵内研成粉末，混匀，密封，干燥保存于棕色瓶内。

4.5.17.2.2 1%亚硝酸钠溶液：取1g亚硝酸钠加100ml蒸馏水溶解。

4.5.17.2.3 浓硫酸。

4.5.17.3 方法 将待检奶样3ml注入试管中，加入1%亚硝酸钠溶液及浓硫酸各1ml，摇匀，放置，待气泡消失后加入格里斯千试剂0.3g，摇匀，观察溶液颜色变化。呈紫经色为正常乳，无颜色变化或呈淡黄色（试管底部呈红色）为掺尿素乳。此法需做空白对照试验。

4.6 微生物指标 按GB/T6914—1986中的3.10操作。

5 检验规则

5.1 收购检验

5.1.1 现场检验项目包括本标准中感官要求，理化指标中酸度、温度、密度、脂肪、碱性物质、食盐、淀粉类、豆浆或豆饼水、尿素。

5.1.2 后续检验项目包括本标准中理化指标中杂质度、蛋白质、抗生素残留，微生物指标。

5.2 型式检验

包括本标准中的全部要求，有下列情况之一者应进行型式检验。

5.2.1 新交售奶户；

5.2.2 饲料配方有较大变动可能影响生牛奶质量时；

5.2.3 停止交售生牛奶半年以上而恢复交奶时；

5.2.4 正常情况下每半年时；

5.2.5 卫生或质量监督机构提出要求时。

5.3 判定规则

5.3.1　经验验有一项不合格即判为不合格。

5.3.2　当发生质量争议时，脂肪检验以 GB/T 5409—1985 中 2.3.1 为准，抗生素残留检验以 GB/T 4789.27—1994 为准。

附加说明：

本标准是根据 GB/T1.1—2000《标准化工作导则　第 1 部分:标准的结构和编写规则》、GB/T1.3 1997《标准化工作导则　第 1 单元:标准的起草与表述规则　第 3 部分:产品标准编写规定》和《大连市生牛奶管理办法》制定的。

本标准技术指标参照了 GB/T6914—1986《生鲜牛乳收购标准》等国家标准、主要技术差异如下：

1. 调整了脂肪指标，微生物指标。

2. 增加了理化指标的检验项目。

本标准由大连市农业局提出。

本标准由大连市技术监督局批准。

本标准由大连市农业局归口。

本标准由大连市奶业生产管理站负责起草。

本标准主要起草人：田丽、金丰久、范颖、苗畅海。

本标准于 2001 年 7 月首次发布。

奶业统计资料

I. 社会经济综合指标

表 1-1　全国国内生产总值

单位：亿元

年　份	国民总收入	国内生产总值	第一产业	第二产业	第三产业	人均国内生产总值（元/人）
1952	679.0	679.0	342.9	141.8	194.3	119
1953	824.0	824.0	378.0	192.5	253.5	142
1954	859.0	859.0	392.0	211.7	255.3	144
1955	910.0	910.0	421.0	222.2	266.8	150
1956	1 028.0	1 028.0	443.9	280.7	303.4	165
1957	1 068.0	1 068.0	430.0	317.0	321.0	168
1958	1 307.0	1 307.0	445.9	483.5	377.6	200
1959	1 439.0	1 439.0	383.8	615.5	439.7	216
1960	1 457.0	1 457.0	340.7	648.2	468.1	218
1961	1 220.0	1 220.0	441.1	388.9	390.0	185
1962	1 149.3	1 149.3	453.1	359.3	336.9	173
1963	1 233.3	1 233.3	497.5	407.6	328.2	181
1964	1 454.0	1 454.0	559.0	513.5	381.5	208
1965	1 716.1	1 716.1	651.1	602.2	462.8	240
1966	1 868.0	1 868.0	702.2	709.5	456.3	254
1967	1 773.9	1 773.9	714.2	602.8	456.9	235
1968	1 723.1	1 723.1	726.3	537.3	459.5	222
1969	1 937.9	1 937.9	736.2	689.1	512.6	243
1970	2 252.7	2 252.7	793.3	912.2	547.2	275
1971	2 426.4	2 426.4	826.3	1 022.8	577.3	288
1972	2 518.1	2 518.1	827.4	1 084.2	606.5	292
1973	2 720.9	2 720.9	907.5	1 173.0	640.4	309
1974	2 789.9	2 789.9	945.2	1 192.0	652.7	310
1975	2 997.3	2 997.3	971.1	1 370.5	655.7	327
1976	2 943.7	2 943.7	967.0	1 337.2	639.5	316
1977	3 201.9	3 201.9	942.1	1 509.1	750.7	339
1978	3 624.1	3 624.1	1 018.4	1 745.2	860.5	379
1979	4 038.2	4 038.2	1 258.9	1 913.5	865.8	417
1980	4 517.8	4 517.8	1 359.4	2 192.0	966.4	460
1981	4 860.3	4 862.4	1 545.6	2 255.5	1 061.3	489
1982	5 301.8	5 294.7	1 761.6	2 383.0	1 150.1	526
1983	5 957.4	5 934.5	1 960.8	2 646.2	1 327.5	582
1984	7 206.7	7 171.0	2 295.5	3 105.7	1 769.8	695
1985	8 989.1	8 964.4	2 541.6	3 866.6	2 556.2	855
1986	10 201.4	10 202.2	2 763.9	4 492.7	2 945.6	956
1987	11 954.5	11 962.5	3 204.3	5 251.6	3 506.6	1 103
1988	14 922.3	14 928.3	3 831.0	6 587.2	4 510.1	1 355
1989	16 917.8	16 909.2	4 228.0	7 278.0	5 403.2	1 512
1990	18 598.4	18 547.9	5 017.0	7 717.4	5 813.5	1 634
1991	21 662.5	21 617.8	5 288.6	9 102.2	7 227.0	1 879
1992	26 651.9	26 638.1	5 800.0	11 699.5	9 138.6	2 287
1993	34 560.5	34 634.4	6 882.1	16 428.5	11 323.8	2 939
1994	46 670.0	46 759.4	9 457.2	22 372.2	14 930.0	3 923
1995	57 494.9	58 478.1	11 993.0	28 537.9	17 947.2	4 854
1996	66 850.5	67 884.6	13 844.2	33 612.9	20 427.5	5 576
1997	73 142.7	74 462.6	14 211.2	37 222.7	23 028.7	6 054
1998	76 967.2	78 345.2	14 552.4	38 619.3	25 173.5	6 308
1999	80 579.4	82 067.5	14 472.0	40 557.8	27 037.7	6 551
2000	88 254.0	89 468.1	14 628.2	44 935.3	29 904.6	7 086
2001	95 727.9	97 314.8	15 411.8	48 750.0	33 153.0	7 651
2002	103 553.6	104 790.6	16 117.3	53 540.7	35 132.6	8 184

注：1980 年及以后国民总收入（原称国民生产总值）与国内生产总值的差额为国外净要素收入。

表 1-2 各地区国内生产总值

单位：亿元

地 区	1995	2000	2001	2002
全国总计	**58 478.10**	**89 442.20**	**95 933.30**	**104 790.60**
北 京	1 394.89	478.76	2 845.65	3 212.71
天 津	917.65	1 639.36	1 840.10	2 051.16
河 北	2 849.52	5 088.96	5 577.78	6 122.53
山 西	1 092.50	1 643.81	1 779.97	2 017.54
内蒙古	832.77	1 401.01	1 545.79	1 734.31
辽 宁	2 793.37	4 669.06	5 033.08	5 458.22
吉 林	1 129.20	1 821.19	2 023.48	2 246.12
黑龙江	2 014.50	3 253.00	3 561.00	3 882.16
上 海	2 462.57	4 551.15	4 950.84	5 408.76
江 苏	3 649.69	8 582.73	9 511.91	10 631.75
浙 江	3 524.79	6 036.34	6 748.15	7 796.00
安 徽	2 003.58	3 038.24	3 290.13	3 569.10
福 建	2 145.92	3 920.07	4 253.68	4 682.01
江 西	1 245.11	2 003.07	2 175.68	2 450.48
山 东	5 002.34	8 542.44	9 438.31	10 552.06
河 南	3 002.74	5 137.66	5 640.11	6 168.73
湖 北	2 391.42	4 276.32	4 662.28	4 975.63
湖 南	2 195.70	3 691.88	3 983.00	4 340.94
广 东	5 733.97	9 662.23	1 0647.71	11 769.73
广 西	1 497.56	2 050.14	2 231.19	2 455.36
海 南	364.17	518.48	545.96	604.13
重 庆		1 589.34	1 749.77	1 971.30
四 川	2 504.95	4 010.25	4 421.76	4 875.12
贵 州	630.07	993.53	1 084.90	1 185.04
云 南	1 206.68	1 955.09	2 074.71	2 232.32
西 藏	55.98	117.46	138.73	161.42
陕 西	1 000.03	1 660.92	1 844.27	2 035.96
甘 肃	553.35	983.36	1 072.51	1 161.43
青 海	165.31	263.59	300.95	341.11
宁 夏	169.75	265.57	298.38	329.28
新 疆	825.12	1 364.36	1 485.48	1 598.28

表 1-3　全国农林牧渔业总产值

单位：亿元

年　份	农林牧渔业总产值	农业产值	林业产值	牧业产值	渔业产值
1952	461.0	396.0	7.3	51.7	6.1
1953	510.0				
1954	535.0				
1955	575.0				
1956	610.0				
1957	537.0	443.9	17.5	65.4	10.2
1958	566.0				
1959	497.0				
1960	457.0				
1961	559.0				
1962	584.0	494.7	13.0	63.8	12.6
1963	642.0				
1964	720.0				
1965	833.0	684.3	22.3	111.5	14.8
1966	910.0				
1967	924.0				
1968	928.0				
1969	948.0				
1970	1 021.0	838.4	28.6	136.6	17.4
1971	1 068.0				
1972	1 075.0				
1973	1 173.0				
1974	1 215.0				
1975	1 260.0	1 020.5	39.2	178.4	21.9
1976	1 258.0				
1977	1 253.0				
1978	1 397.0	1 117.6	48.1	209.3	22.1
1979	1 697.6	1 325.3	60.7	285.6	26.0
1980	1 922.6	1 454.1	81.4	354.2	32.9
1981	2 180.6	1 635.9	98.9	402.2	43.7
1982	2 483.3	1 865.3	110.0	456.7	51.2
1983	2 750.0	2 074.5	127.2	485.1	63.2
1984	3 214.1	2 380.2	161.6	587.3	85.1
1985	3 619.5	2 506.4	188.7	798.3	126.1
1986	4 013.0	2 771.8	201.2	875.7	164.4
1987	4 675.7	3 160.5	222.0	1 068.4	224.9
1988	5 865.3	3 666.9	275.3	1 600.6	322.5
1989	6 534.7	4 100.6	284.9	1 800.4	348.9
1990	7 662.1	4 954.3	330.3	1 967.0	410.6
1991	8 157.0	5 146.4	367.9	2 159.2	483.5
1992	9 084.7	5 588.0	422.6	2 460.5	613.5
1993	10 995.5	6 605.1	494.0	3 014.4	882.0
1994	15 750.5	9 169.2	611.1	4 672.0	1 298.2
1995	20 340.9	11 884.6	709.9	6 045.0	1 701.3
1996	22 353.7	13 539.8	778.0	6 015.5	2 020.4
1997	23 788.4	13 852.5	817.8	6 835.4	2 282.7
1998	24 541.9	14 241.9	851.3	7 025.8	2 422.9
1999	24 519.1	14 106.2	886.3	6 997.6	2 529.0
2000	24 915.8	13 873.6	936.5	7 393.1	2 712.6
2001	26 179.6	14 462.8	938.8	7 963.1	2 815.0
2002	27 390.8	14 931.5	1 033.5	8 454.6	2 971.1

表 1-4　各地区农业总产值

单位：亿元

地 区	1995	2000	2001	2002
全国总计	**11 884.6**	**13 873.6**	**14 462.8**	**14 931.5**
北 京	86.8	91.1	89.7	90.1
天 津	85.3	83.4	86.7	86.1
河 北	753.5	846.7	899.4	918.6
山 西	203.4	218.3	191.3	227.1
内蒙古	231.2	308.4	307.6	332.1
辽 宁	391.9	463.5	503.1	540.1
吉 林	301.4	320.3	405.9	419.7
黑龙江	462.2	414.4	450.6	487.5
上 海	77.7	89.8	95.5	97.2
江 苏	986.2	1 096.0	1 142.7	1 165.5
浙 江	481.9	520.4	529.5	532.2
安 徽	637.9	675.3	688.0	712.4
福 建	340.5	421.0	433.2	444.2
江 西	331.6	387.3	405.9	421.5
山 东	931.9	1 300.4	1 401.3	1 420.9
河 南	865.8	1 264.3	1 331.6	1 360.3
湖 北	612.1	615.7	658.3	671.2
湖 南	579.7	633.8	665.7	666.6
广 东	777.7	807.9	817.9	841.8
广 西	384.2	418.8	439.9	465.5
海 南	86.1	145.0	141.3	151.5
重 庆		244.7	250.4	264.1
四 川	886.9	785.4	769.9	807.4
贵 州	224.2	279.6	279.9	278.9
云 南	299.5	416.4	431.3	445.3
西 藏	17.8	26.4	27.6	29.1
陕 西	257.9	327.8	337.4	353.2
甘 肃	200.2	239.0	254.0	257.3
青 海	26.6	24.9	28.9	28.6
宁 夏	38.1	47.0	49.4	52.9
新 疆	324.5	360.5	348.8	362.8

表 1-5 各地区牧业总产值

单位：亿元

地区	1995	2000	2001	2002
全国总计	**6 045.0**	**7 393.1**	**7 963.1**	**8 454.6**
北京	68.8	90.6	105.2	117.2
天津	36.6	51.8	60.8	69.2
河北	344.2	613.7	685.9	707.1
山西	81.8	89.7	96.3	97.8
内蒙古	127.2	205.5	216.2	220.6
辽宁	266.8	304.2	332.3	361.3
吉林	173.3	268.7	236.4	238.8
黑龙江	180.8	175.7	224.6	252.1
上海	81.5	87.4	88.4	83.5
江苏	475.7	430.5	448.5	456.0
浙江	165.0	177.3	195.9	205.1
安徽	246.2	349.4	371.6	391.7
福建	171.2	208.2	215.5	222.7
江西	209.5	221.8	226.1	233.9
山东	612.9	599.2	654.7	698.4
河南	391.1	641.6	693.8	750.7
湖北	268.1	338.8	352.6	354.8
湖南	369.7	455.9	480.3	508.7
广东	349.1	389.7	423.2	449.7
广西	270.8	275.3	292.3	306.5
海南	36.5	50.3	58.2	65.0
重庆		142.0	154.4	166.2
四川	558.5	541.5	605.0	692.9
贵州	102.5	110.7	118.5	128.8
云南	127.2	201.5	210.6	223.5
西藏	17.4	23.5	23.9	25.6
陕西	104.7	106.4	114.1	125.1
甘肃	81.8	71.7	80.9	87.3
青海	27.6	30.5	32.5	34.1
宁夏	16.3	25.7	30.3	32.0
新疆	82.3	114.5	134.0	148.0

表 1-6　各地区食品加工业总产值

单位：亿元

地 区	1995	2000	2001	2002
全国总计	**3 045.10**	**3 722.70**	**4 097.88**	**4 776.96**
北 京	80.11	54.46	55.47	60.43
天 津	59.03	66.70	84.83	87.66
河 北	88.60	128.75	141.85	168.18
山 西	22.13	20.87	18.18	22.56
内蒙古	46.09	46.37	55.56	75.62
辽 宁	133.90	171.17	174.28	198.26
吉 林	62.55	63.74	74.36	86.29
黑龙江	138.35	103.75	97.21	121.06
上 海	71.40	77.01	86.02	88.26
江 苏	251.00	364.18	400.36	461.60
浙 江	134.13	177.45	190.27	212.33
安 徽	182.67	95.46	92.81	98.80
福 建	116.53	120.74	129.70	155.25
江 西	62.48	64.72	64.21	64.83
山 东	389.14	811.91	962.33	1 184.47
河 南	166.29	283.73	318.64	374.54
湖 北	139.19	192.54	186.13	181.57
湖 南	93.85	82.43	96.40	118.48
广 东	308.58	313.67	352.66	402.82
广 西	136.77	153.95	154.12	202.12
海 南	13.09	23.17	23.06	27.78
重 庆		18.42	21.07	26.04
四 川	178.13	119.35	134.12	163.80
贵 州	14.56	13.66	16.17	19.08
云 南	58.60	56.85	58.28	55.47
西 藏	0.29	0.49	0.54	0.45
陕 西	29.24	37.63	38.94	39.61
甘 肃	19.01	16.83	22.25	26.33
青 海	7.60	3.44	3.05	4.04
宁 夏	5.17	2.88	2.74	3.14
新 疆	36.61	36.38	42.25	46.08

表 1-7　各地区食品制造业总产值

单位：亿元

地　区	1995	2000	2001	2002
全国总计	**995.07**	**1 442.52**	**1 627.70**	**1 967.31**
北　京	30.52	71.61	64.08	70.38
天　津	42.00	47.05	53.61	57.20
河　北	39.54	99.74	130.98	157.31
山　西	9.69	8.94	11.28	17.76
内蒙古	9.60	24.29	39.62	64.57
辽　宁	27.68	40.38	44.00	50.60
吉　林	18.87	40.07	45.14	64.78
黑龙江	29.40	51.68	64.18	85.54
上　海	63.66	108.53	128.12	153.18
江　苏	91.78	103.58	113.88	123.78
浙　江	68.07	73.96	77.06	89.35
安　徽	22.24	21.44	24.40	37.95
福　建	52.08	53.04	54.09	66.94
江　西	10.82	9.64	10.55	12.66
山　东	103.02	179.14	206.12	275.25
河　南	71.72	109.63	125.82	142.70
湖　北	26.87	39.57	38.32	44.51
湖　南	11.28	18.19	22.16	30.16
广　东	136.81	212.63	236.58	250.65
广　西	41.88	21.50	20.38	16.94
海　南	11.40	15.21	15.45	15.00
重　庆		9.88	10.74	14.91
四　川	33.15	24.74	25.76	37.40
贵　州	1.23	3.60	5.22	8.71
云　南	7.51	3.75	4.76	5.39
西　藏	0.04	0.04	0.04	0.04
陕　西	13.42	20.54	23.54	29.13
甘　肃	8.18	10.45	10.57	12.86
青　海	1.13	0.37	0.42	0.48
宁　夏	3.89	7.41	9.02	10.97
新　疆	7.61	11.91	11.79	20.21

表 1-8　各地区饮料制造业总产值

单位：亿元

地　区	1995	2000	2001	2002
全国总计	**1 155.68**	**1 752.37**	**1 824.34**	**1 996.26**
北　京	32.83	71.03	64.70	77.08
天　津	22.84	42.33	45.83	48.83
河　北	45.35	89.54	90.49	90.78
山　西	13.53	17.80	18.19	19.17
内蒙古	16.03	23.10	22.38	23.49
辽　宁	40.33	46.24	46.89	54.39
吉　林	24.50	32.96	36.45	36.43
黑龙江	34.44	48.34	36.48	55.27
上　海	38.17	63.58	71.58	73.46
江　苏	83.95	130.46	144.20	162.67
浙　江	64.99	136.99	149.01	170.48
安　徽	62.17	78.14	71.70	68.90
福　建	40.82	45.75	50.92	56.45
江　西	18.62	18.73	16.94	17.59
山　东	161.53	193.61	196.30	213.17
河　南	69.43	84.83	82.33	82.95
湖　北	36.23	78.36	84.15	89.37
湖　南	20.78	27.63	30.81	32.06
广　东	128.57	197.79	201.95	213.00
广　西	22.66	18.26	19.87	20.99
海　南	13.12	14.53	14.98	15.69
重　庆		16.57	19.19	20.71
四　川	101.56	175.82	199.25	225.06
贵　州	16.41	24.92	27.64	35.08
云　南	9.50	9.94	11.22	11.31
西　藏	0.10	1.36	1.58	1.67
陕　西	12.83	25.83	28.93	33.83
甘　肃	10.36	17.12	18.57	19.94
青　海	1.86	3.26	2.89	3.41
宁　夏	1.33	2.89	3.92	4.90
新　疆	10.84	14.62	15.02	18.12

表 1-9　全国社会消费品零售总额

单位：亿元

年　份	社会消费品零售总额	市	县	县以下
1952	262.7			
1957	441.6			
1962	543.7			
1965	590.1			
1970	728.8			
1975	1 046.4			
1978	1 558.6	505.2	380.4	673.0
1980	2 140.0	733.6	399.4	1 007.0
1985	4 305.0	1 874.5	737.2	1 693.3
1986	4 374.0	2 018.0	902.0	1 454.0
1987	5 115.0	2 427.0	1 030.0	1 658.0
1988	6 534.6	3 260.8	1 264.3	2 009.5
1989	7 074.2	3 666.8	1 329.5	2 077.9
1990	8 300.1	3 888.6	1 337.4	3 074.1
1991	9 415.6	4 529.8	1 491.2	3 394.6
1992	10 993.7	5 470.3	1 698.8	3 833.6
1993	12 462.1	7 224.9	2 039.5	3 197.7
1994	16 264.7	9 661.2	2 407.2	4 196.3
1995	20 620.0	12 376.7	2 919.6	5 323.7
1996	24 774.1	14 951.2	3 280.0	6 542.9
1997	27 298.9	16 650.4	3 500.1	7 148.4
1998	29 152.5	17 825.2	3 681.9	7 645.4
1999	31 134.7	19 091.6	3 892.5	8 150.6
2000	34 152.6	21 110.3	4 217.2	8 825.1
2001	37 595.2	23 543.4	4 583.2	9 468.6
2002	40 910.5	25 897.6	4 880.4	10 132.5

表 1-10　各地区社会消费品零售总额

单位：亿元

地区	1995	2000	2001	2002
全国总计	**20 620.0**	**34 152.6**	**37 595.2**	**40 910.5**
北　京	827.0	1 443.3	1 593.5	1 744.8
天　津	275.6	736.6	832.7	941.4
河　北	852.1	1 613.9	1 778.3	1 968.3
山　西	375.9	629.1	679.9	755.4
内蒙古	295.1	484.0	537.3	606.0
辽　宁	1 122.0	1 847.6	2 034.9	2 258.4
吉　林	481.5	810.9	909.1	1 008.1
黑龙江	682.7	1 094.0	1 198.9	1 320.0
上　海	970.0	1 722.3	1 861.3	2 035.2
江　苏	1 650.0	2 604.1	2 869.0	3 215.8
浙　江	1 395.7	2 298.8	2 555.5	2 877.5
安　徽	586.5	1 054.3	1 142.8	1 228.7
福　建	670.4	1 372.8	1 499.5	1 663.3
江　西	410.9	704.9	763.3	832.7
山　东	1 442.7	2 545.9	2 834.9	3 181.9
河　南	906.7	1 786.7	1 979.8	2 189.8
湖　北	931.8	1 789.4	1 975.2	2 198.4
湖　南	837.4	1 364.7	1 511.1	1 678.9
广　东	2 304.1	4 071.9	4 515.3	5 013.6
广　西	532.5	859.2	935.9	1 025.5
海　南	109.2	172.5	187.5	204.4
重　庆		643.4	699.3	763.1
四　川	1 300.5	1 523.7	1 680.4	1 850.1
贵　州	197.6	343.7	378.0	416.2
云　南	369.6	583.2	655.4	711.3
西　藏	24.5	42.9	49.0	53.2
陕　西	369.5	607.6	665.1	728.2
甘　肃	229.9	362.7	395.4	433.5
青　海	57.8	82.1	90.4	101.0
宁　夏	57.2	90.2	98.9	108.8
新　疆	253.6	374.5	406.3	442.9

表 1-11　全国城乡人口数

单位：万人

年　份	年底总人数	城　镇		乡　村	
		人口数	占总人数的%	人口数	占总人数的%
1952	57 482	7 163	12.46	50 319	87.54
1957	64 653	9 949	15.39	54 704	84.61
1962	67 295	11 659	17.33	55 636	82.67
1965	72 538	13 045	17.98	59 493	82.02
1970	82 992	14 424	17.38	68 568	82.62
1975	92 420	16 030	17.34	76 390	82.66
1978	96 259	17 245	17.92	79 014	82.08
1980	98 705	19 140	19.39	79 565	80.61
1985	105 851	25 094	23.71	80 757	76.29
1986	107 507	26 366	24.52	81 141	75.48
1987	109 300	27 674	25.32	81 626	74.68
1988	111 026	28 661	25.81	82 365	74.19
1989	112 704	29 540	26.21	83 164	73.79
1990	114 333	30 195	26.41	84 138	73.59
1991	115 823	31 203	26.94	84 620	73.06
1992	117 171	32 175	27.46	84 996	72.54
1993	118 517	33 173	27.99	85 344	72.01
1994	119 850	34 169	28.51	85 681	71.49
1995	121 121	35 174	29.04	85 947	70.96
1996	122 389	37 304	30.48	85 085	69.52
1997	123 626	39 449	31.91	84 177	68.09
1998	124 761	41 608	33.35	83 153	66.65
1999	125 786	43 748	34.78	82 038	65.22
2000	126 743	45 906	36.22	80 837	63.78
2001	127 627	48 064	37.66	79 563	62.34
2002	128 453	50 212	39.09	78 241	60.91

注：1982—1989 年数据是根据 1982 年、1990 年两次人口普查数据调查的，1990 年以后数据根据 2000 年人口普查数据进行了调整。

表 1-12 各地区农业、非农业人口数量

单位：万人

地 区	1995		2000		2001		2002	
	农 业	非农业	农 业	非农业	农 业	非农业	农 业	非农业
全国总计	**90 224.84**	**28 242.86**	**91 423.01**	**32 249.24**	**91 228.63**	**33 201.79**	**90 301.16**	**34 934.39**
北 京	378.94	698.04	350.68	762.84	345.45	782.44	332.58	810.25
天 津	388.37	510.20	382.97	535.74	381.88	541.87	380.34	546.65
河 北	5 321.17	1 099.30	5 363.45	1 307.48	5 339.07	1 363.42	5 303.29	1 438.43
山 西	2 289.70	735.96	2 334.34	861.84	2 330.65	889.63	2321.87	923.58
内蒙古	1 509.50	727.71	1 489.21	811.73	1 488.37	830.86	1 486.56	848.36
辽 宁	2 238.49	1 795.51	2 233.11	1 902.24	2 229.01	1 918.03	2 211.69	1 943.74
吉 林	1 473.07	1 077.80	1 484.25	1 143.01	1 482.41	1 154.69	1 471.57	1 177.82
黑龙江	1 976.68	1 600.16	2 006.17	1 691.93	2 005.33	1 710.07	2 004.95	1 727.10
上 海	379.67	921.70	335.47	986.16	328.06	999.07	315.42	1 018.81
江 苏	5 159.94	1 708.48	4 797.12	2 272.15	4 709.16	2 387.874	4 642.88	2 484.45
浙 江	3 567.14	802.49	3 506.19	995.02	3 473.63	1 046.21	3 438.76	1 097.22
安 徽	4 955.97	1 043.60	5 048.02	1 230.34	5 068.04	1 257.19	5 079.51	1 289.44
福 建	2 574.25	590.38	2 623.69	680.94	2 620.30	700.67	2 217.24	1 115.11
江 西	3 116.10	822.49	3 223.45	941.02	3 229.32	982.66	3 237.21	1 025.76
山 东	6 530.72	2 170.44	6 565.83	2 409.63	6 507.03	2 516.98	6 435.19	2 634.13
河 南	7 631.21	1 477.64	7 793.00	1 733.50	7 787.03	1 816.14	7 815.15	1 867.61
湖 北	4 224.68	1 502.44	4 275.43	1 660.56	4 272.13	1 684.55	4 266.13	1 712.09
湖 南	5 221.37	1 135.37	5 205.85	1 309.62	5 197.35	1 342.48	5 184.16	1 380.04
广 东	4 753.36	2 035.37	5 160.26	2 338.29	5 174.02	2 391.31	4 881.98	2 767.31
广 西	3 756.85	745.26	3 898.08	825.53	3 912.35	845.60	3 927.36	864.00
海 南	537.36	165.07	564.07	196.87	567.19	202.31	570.43	208.46
重 庆			2 430.20	660.89	2 408.39	689.52	2 392.38	721.45
四 川	9 271.72	1 891.22	6 842.45	1 565.02	6 814.49	1 622.13	6 796.88	1 677.58
贵 州	2 957.32	462.22	3 144.98	531.65	3 156.33	553.87	3 175.17	572.50
云 南	3 345.21	528.28	3 445.57	631.05	3 457.78	648.89	3 475.30	665.69
西 藏	203.06	32.49	215.94	35.29	217.44	36.26	218.45	36.99
陕 西	2 726.79	705.14	2 756.43	815.73	2 753.82	835.69	2 748.09	862.56
甘 肃	1 962.59	425.80	2 046.67	486.98	2 048.89	501.79	2 028.07	539.77
青 海	327.77	128.48	344.32	136.09	345.61	137.88	346.48	140.62
宁 夏	374.43	137.96	395.09	159.23	402.02	163.93	403.66	168.88
新 疆	1 071.40	565.86	1 160.68	630.86	1 176.06	647.82	1 192.42	668.00

Ⅱ. 奶类产量与奶畜存栏

表 2-1 全国奶类产量

单位：千吨

年 份	奶 类	其中：牛奶	山羊奶	年 份	奶 类	其中：牛奶	山羊奶
1949	217	200	17	1976	979	885	94
1950				1977	966	877	89
1951				1978	971	883	88
1952				1979	1 302	1 065	237
1953				1980	1 367	1 141	226
1954				1981	1 549	1 291	258
1955				1982	1 959	1 618	341
1956				1983	2 219	1 845	374
1957				1984	2 596	2 186	410
1958				1985	2 894	2 499	395
1959	299	270	29	1986	3 329	2 899	430
1960				1987	3 788	3 301	481
1961				1988	4 189	3 660	529
1962				1989	4 358	3 813	545
1963				1990	4 751	4 157	
1964				1991	5 243	4 646	
1965				1992	5 639	5 031	
1966				1993	5 637	4 986	
1967				1994	6 089	5 288	
1968				1995	6 728	5 764	
1969	561	510	51	1996	7 359	6 294	
1970				1997	6 811	6 011	
1971				1998	7 454	6 629	
1972	571	571		1999	8 067	7 176	
1973	888	806	82	2000	9 189	8 274	
1974	986	886	100	2001	11 226	10 255	
1975	993	888	104	2002	14 004	12 998	

表 2-2 全国奶类产量增减情况

单位：千吨

项 目	1990	1995	2001	2002	2002 年比 2001 年增加	
					绝对数	%
奶 类	4 751	6 728	11 226	14 004	2 778	24.75
牛 奶	4 157	5 764	10 255	12 998	2 743	26.75

表 2-3　各地区奶类产量

单位：千吨

地　区	1990	1995	2000	2001	2002
全国总计	**4 751**	**6 728**	**9 189**	**11 226**	**14 004**
北　京	218	206	304	429	551
天　津	77	111	165	241	336
河　北	143	389	962	1 193	1 489
山　西	179	293	359	404	472
内蒙古	396	512	830	1 090	1 689
辽　宁	153	183	219	266	308
吉　林	121	113	150	164	189
黑龙江	1 027	1 666	1 565	1 924	2 398
上　海	227	218	259	260	280
江　苏	89	104	257	360	455
浙　江	113	92	112	176	222
安　徽	26	25	41	55	74
福　建	49	63	99	114	142
江　西	22	32	58	59	79
山　东	296	668	705	904	1 168
河　南	74	97	202	300	390
湖　北	52	38	59	88	101
湖　南	11	8	11	18	30
广　东	56	57	95	104	111
广　西	9	9	17	21	31
海　南					0
重　庆			56	68	81
四　川	268	281	289	333	393
贵　州	10	14	17	20	25
云　南	76	101	147	171	190
西　藏	158	177	204	231	243
陕　西	212	326	639	695	831
甘　肃	81	99	137	156	173
青　海	210	206	213	228	235
宁　夏	41	140	236	276	308
新　疆	356	497	782	878	1 011

表 2-4　各地区牛奶产量

单位：千吨

地　区	1990	1995	2000	2001	2002
全国总计	**4 157**	**5 764**	**8 274**	**10 255**	**12 998**
北　京	217	206	303	429	551
天　津	76	107	165	241	336
河　北	112	325	842	1 074	1 369
山　西	160	260	335	379	447
内蒙古	370	486	798	1 062	1 652
辽　宁	144	171	189	242	281
吉　林	117	102	143	161	180
黑龙江	1 017	1 646	1 543	1 890	2 358
上　海	227	218	259	260	280
江　苏	87	100	255	354	453
浙　江	113	92	112	176	222
安　徽	25	25	41	55	74
福　建	48	61	96	111	138
江　西	22	32	56	59	79
山　东	70	179	457	618	903
河　南	27	55	161	270	360
湖　北	52	38	56	88	101
湖　南	11	8	11	19	30
广　东	55	55	92	102	108
广　西	9	9	17	21	31
海　南				0	0
重　庆			56	68	81
四　川	264	277	285	330	389
贵　州	10	14	17	20	25
云　南	73	95	130	156	175
西　藏	126	141	162	181	190
陕　西	95	174	392	435	540
甘　肃	79	96	133	152	168
青　海	201	200	206	217	220
宁　夏	41	140	236	276	307
新　疆	308	452	725	811	949

表 2-5 36 个大中城市牛奶产量

单位：千吨

城市	2001	2002	2002 年比 2001 年增加	
			绝对数	%
北京	429.00	550.81	121.81	28.39
天津	241.00	335.93	94.93	39.39
石家庄	205.18	300.53	95.35	46.47
太原	51.49	65.21	13.72	26.64
呼和浩特	400.10	645.00	244.90	61.21
沈阳	98.15	129.51	31.36	31.95
大连	56.59	60.76	4.17	7.38
长春	40.76	36.38	-4.38	-10.75
哈尔滨	521.80	600.00	78.20	14.99
上海	260.00	279.84	19.84	7.63
南京	86.83	99.43	12.59	14.50
杭州	45.69	61.12	15.43	33.77
宁波	12.01	14.10	2.08	17.35
合肥	15.03	14.60	-0.43	-2.87
福州	40.58	41.27	0.69	1.69
厦门	1.90			
南昌	40.79	44.30	3.51	8.61
济南				
青岛	181.17	249.77	68.65	37.90
郑州	33.93	57.19	23.26	68.57
武汉	57.96	65.97	8.02	13.83
长沙	6.57	8.89	2.32	35.39
广州	47.63	51.68	4.06	8.51
深圳				
南宁	7.26	11.94	4.68	64.51
海口	0.45	0.54	0.09	20.00
重庆	68.00	80.95	12.95	19.04
成都	61.50	83.98	22.48	36.56
贵阳	14.68	15.51	0.83	5.64
昆明	59.15	63.20	4.05	6.85
拉萨	21.50	21.47	-0.03	-0.13
西安	179.98	202.83	22.85	12.70
兰州	35.51	37.13	1.62	4.55
西宁	47.00	54.00	7.00	14.89
银川	65.13	87.54	22.40	34.39
乌鲁木齐	25.15	29.80	4.65	18.48

表 2-6 各地区地级及地级以上城市奶类产量（一）

单位：千吨

城市		2000	2001	2002
城市合计		**7 186.83**	**9 274.91**	**11 898.70**
北 京		**303.63**	**429.08**	**550.93**
天 津		**165.10**	**240.60**	**335.90**
河 北		**962.09**	**1 182.70**	**1 472.80**
	石家庄	295.30	349.61	390.83
	唐 山	340.27	416.17	513.68
	秦皇岛	35.94	36.34	38.28
	邯 郸	34.14	36.87	44.03
	邢 台	53.14	71.26	84.64
	保 定	62.59	96.34	140.13
	张家口	69.69	90.00	144.46
	承 德	38.58	44.91	39.26
	沧 州	11.41	20.20	32.97
	廊 坊	15.49	21.00	28.80
	衡 水	5.55		15.72
山 西		**353.45**	**398.82**	**460.13**
	太 原	46.02	51.77	65.24
	大 同	23.39	24.78	30.38
	阳 泉	2.57	3.12	5.16
	长 治	4.36	5.76	12.44
	晋 城	1.29	2.21	2.72
	朔 州	176.30	204.97	220.67
	晋 中	31.29	36.70	45.53
	运 城	4.08	7.67	8.49
	沂 州	36.55	33.70	39.71
	临 汾	27.63	28.14	29.78
内蒙古		**354.51**	**856.64**	**1 357.45**
	呼和浩特	234.33	400.14	645.30
	包 头	30.86	52.42	186.45
	乌 海	1.13	1.37	1.92
	赤 峰	35.71	33.09	48.48
	通 辽	52.47	61.17	93.88
	鄂尔多斯		23.14	45.56
	呼伦贝尔		285.31	
辽 宁		**219.58**	**266.42**	**331.23**
	沈 阳	56.86	65.53	84.46
	大 连	66.42	72.68	77.67
	鞍 山	6.24	8.35	10.09
	抚 顺	16.00	17.90	21.97
	本 溪	4.07	6.87	7.73
	丹 东	6.13	8.78	12.58

表2-6 各地区地级及地级以上城市奶类产量（二）

单位：千吨

城　市		2000	2001	2002
	锦　州	17.36	21.70	26.42
	营　口	4.75	6.85	9.36
	阜　新	10.82	8.53	14.67
	辽　阳	3.08	6.74	9.09
	盘　锦	6.89	7.80	6.57
	铁　岭	11.00	22.27	33.52
	朝　阳	5.85	6.98	10.09
	葫芦岛	4.09	5.44	7.01
吉　林		**147.58**	**210.56**	**232.97**
	长　春	40.42	52.71	53.40
	吉　林	24.47	33.82	45.56
	四　平	45.16	66.34	70.43
	辽　源	4.23	6.30	6.67
	通　化	1.87	2.73	5.92
	白　山	0.95	1.64	1.99
	松　原	17.39	24.14	16.40
	白　城	13.11	22.89	32.60
黑龙江		**1 549.27**	**1 827.52**	**2 267.49**
	哈尔滨	439.52	521.29	622.93
	齐齐哈尔	256.78	328.40	464.57
	鸡　西	102.51	117.98	119.99
	鹤　岗	59.03	77.81	97.28
	双鸭山	14.08	24.13	38.17
	大　庆	170.07	243.34	401.20
	伊　春	12.68	11.35	17.48
	佳木斯	17.42	15.60	23.27
	七台河	3.55	4.17	4.71
	牡丹江	15.46	11.79	14.43
	黑　河	106.40	94.52	41.37
	绥　化	351.78	377.15	422.09
上　海		**259.46**	**260.44**	**279.84**
江　苏		**256.92**	**397.83**	**516.26**
	南　京	64.76	89.63	85.39
	无　锡	45.69	80.77	99.74
	徐　州	59.04	83.04	137.96
	常　州	4.37	5.51	10.25
	苏　州	43.74	80.45	105.10
	南　通	5.61	5.88	9.07
	连云港	6.60	8.43	7.78
	淮　安	9.83	11.87	11.71
	盐　城	4.16	5.78	10.19
	扬　州	3.24	9.41	10.77

表 2-6 各地区地级及地级以上城市奶类产量（三）

单位：千吨

城　市		2000	2001	2002
	镇　江	6.37	10.09	14.64
	泰　州	3.53	6.52	10.46
	宿　迁	0.00	0.45	3.20
浙　江		**111.71**	**148.13**	**204.56**
	杭　州	40.12	45.37	61.11
	宁　波	8.31	11.15	17.40
	温　州	10.89	14.02	17.90
	嘉　兴	1.58	2.22	2.82
	湖　州	0.70	1.01	2.13
	绍　兴	0.68	0.90	1.06
	金　华	42.15	60.51	85.38
	衢　州	1.23	1.65	2.11
	舟　山	0.77	1.42	1.73
	台　州	47.65	9.45	12.42
	丽　水	0.64	0.44	0.51
安　徽		**41.20**	**54.90**	**73.77**
	合　肥	11.82	15.03	14.62
	芜　湖	1.68	1.91	0.77
	蚌　埠	3.33	40.3	7.09
	淮　南	12.73	18.23	25.87
	马鞍山	0.85	1.10	1.48
	淮　北	2.28	3.03	5.13
	铜　陵	0.02	0.19	0.18
	安　庆	0.02	0.19	0.38
	黄　山	0.05	0.05	0.06
	滁　州	2.35	2.93	4.26
	阜　阳	0.61	0.73	0.97
	宿　州	0.50	1.21	2.76
	巢　湖	0.11	0.15	0.51
	六　安	1.98	2.48	3.43
	亳　州	2.48	3.18	5.58
	池　州	0.00	0.00	0.00
	宣　城	0.20	0.47	0.68
福　建		**98.58**	**113.90**	**141.62**
	福　州	38.54	40.58	41.27
	厦　门	1.58	1.90	1.95
	莆　田	15.28	15.99	16.30
	三　明	2.54	3.63	3.36
	泉　州	6.54	6.95	6.56
	漳　州	6.65	6.20	5.78
	南　平	23.93	35.29	62.37
	龙　岩	0.89	1.06	1.61
	宁　德	2.63	2.31	2.41

表 2-6　各地区地级及地级以上城市奶类产量（四）

单位：千吨

城　市	2000	2001	2002
江　西	**56.15**	**59.29**	**78.73**
南　昌	47.57	50.71	58.32
景德镇	0.11	0.06	0.05
萍　乡	0.18	0.39	0.52
九　江	1.13	1.38	1.56
新　余	0.15	0.20	0.35
鹰　潭	0.32	0.45	0.50
赣　州	1.24	1.43	11.63
吉　安	0.57	0.83	0.96
宜　春	0.24	0.37	0.42
抚　州	4.57	3.43	3.87
上　饶	0.07	0.06	0.57
山　东	**704.44**	**904.31**	**1 167.60**
济　南	70.86	76.40	101.18
青　岛	230.06	271.12	339.93
淄　博	25.02	35.20	52.64
枣　庄	8.32	9.15	10.73
东　营	8.95	10.68	20.12
烟　台	90.47	127.91	163.60
潍　坊	99.00	144.73	173.57
济　宁	26.40	30.03	31.36
泰　安	12.44	17.99	32.70
威　海	79.32	87.32	110.67
日　照	1.95	2.17	2.86
莱　芜	0.83	0.94	0.94
临　沂	22.78	26.05	42.00
德　州	2.73	21.01	24.96
聊　城	8.10	8.69	8.83
滨　州	14.97	25.61	43.23
菏　泽	2.26	9.31	8.27
河南	**201.78**	**287.55**	**436.25**
郑　州	49.69	62.08	83.66
开　封	20.74	27.05	37.53
洛　阳	23.69	36.57	71.35
平顶山	2.65	4.61	5.72
安　阳	6.21	8.51	13.31
鹤　壁	1.04	3.96	4.40
新　乡	9.15	23.27	30.30
焦　作	3.98	5.33	13.38
濮　阳	2.74	7.35	10.13
许　昌	3.82	5.61	7.36
漯　河	3.67	8.63	14.32

表 2-6 各地区地级及地级以上城市奶类产量（五）

单位：千吨

城市		2000	2001	2002
	三门峡	5.24	6.61	8.22
	南阳	46.99	60.24	92.93
	商丘	16.13	19.92	29.13
	信阳	0.80	0.91	1.10
	周口	3.89	2.83	7.48
	驻马店	1.37	4.08	5.95
湖北		**59.27**	**87.84**	**100.51**
	武汉	45.58	69.92	74.13
	黄石	0.58	0.86	0.37
	十堰	0.65	0.85	0.90
	宜昌	2.99	7.12	14.04
	襄樊	1.10	1.36	1.43
	鄂州	0.03	0.05	0.09
	荆门	3.25	1.26	1.42
	孝感	0.02	0.02	0.02
	荆州	0.00	0.03	0.16
	黄冈	3.05	3.04	3.44
	咸宁	1.91	3.19	4.41
	随州	0.10	0.14	0.11
湖南		**9.87**	**17.88**	**33.82**
	长沙	2.81	5.68	9.11
	株洲	0.15	0.46	0.57
	湘潭	1.26	1.86	2.18
	衡阳	0.23	0.34	0.91
	邵阳	4.61	8.23	15.40
	岳阳	0.22	0.11	0.29
	常德	0.26	0.53	3.95
	张家界	0.00	0.05	0.05
	益阳	0.03	0.09	0.13
	郴州	0.07	0.17	0.30
	永州	0.06	0.16	0.41
	怀化	0.16	0.18	0.41
	娄底	0.00	0.02	0.10
广东		**93.78**	**100.70**	**120.60**
	广州	41.49	47.43	46.38
	韶关	0.44	0.56	0.36
	深圳	24.90	22.18	22.80
	珠海	4.58	5.58	5.06
	汕头	6.65	6.54	6.22
	佛山	5.62	4.44	4.93
	江门	0.07	0.08	0.04
	湛江	1.13	1.79	1.91
	茂名	0.57	0.78	0.79
	肇庆	0.09	1.62	2.21
	惠州	1.44	1.97	2.67
	梅州	1.43	2.81	1.43

表 2-6 各地区地级及地级以上城市奶类产量（六）

单位：千吨

城　市		2000	2001	2002
	汕　尾	0.00	0.00	0.00
	河　源	0.66	0.61	0.73
	阳　江	0.00	0.00	0.00
	清　远	0.21	0.44	0.62
	东　莞	0.78	0.26	0.42
	中　山	0.02	0.03	0.03
	潮　州	0.25	0.24	0.00
	揭　阳	3.42	3.28	23.96
	云　浮	0.05	0.07	0.04
广西		**16.11**	**19.48**	**29.77**
	南　宁	6.24	7.26	11.94
	柳　州	4.57	5.64	7.57
	桂　林	2.51	2.42	2.22
	梧　州	0.48	0.53	0.82
	北　海	0.44	0.46	0.81
	防城港	0.04	0.16	0.95
	钦　州	0.16	0.30	0.63
	贵　港	1.02	1.35	1.42
	玉　林	0.66	1.37	2.07
海　南		**0.26**	**0.26**	**0.26**
	海　口	0.26	0.26	0.26
	三　亚	0.00	0.00	0.00
重　庆		**56.00**	**67.79**	**80.90**
四　川		**108.62**	**145.19**	**196.00**
	成　都	49.78	62.78	84.18
	自　贡	5.10	6.36	8.07
	攀枝花	1.36	1.73	1.99
	泸　州	2.67	3.16	3.67
	德　阳	4.69	5.82	7.39
	绵　阳	8.06	12.53	14.00
	广　元	1.30	1.73	2.04
	遂　宁	0.49	0.67	0.85
	内　江	2.24	3.49	3.71
	乐　山	0.81	1.64	3.10
	南　充	5.89	8.29	14.38
	眉　山	10.86	17.81	28.44
	宜　宾	1.55	3.02	3.27
	广　安	0.69	0.92	1.25
	达　州	4.45	5.30	7.11
	雅　安	7.11	7.63	9.67
	巴　中	0.25	0.28	0.31
	资　阳	1.33	2.04	2.58

表 2-6　各地区地级及地级以上城市奶类产量（七）

单位：千吨

城　市		2000	2001	2002
贵　州		**18.69**	**21.29**	**25.98**
	贵　阳	13.97	15.93	19.85
	六盘水	0.05	0.32	0.58
	遵　义	4.20	4.52	5.00
	安　顺	0.47	0.52	0.55
云　南		**62.91**	**80.95**	**83.25**
	昆　明	55.54	71.09	70.30
	曲　靖	5.39	6.31	7.64
	玉　溪	0.86	0.70	0.74
	保　山	1.13	1.21	1.35
	昭　通		1.64	1.65
西　藏				
	拉　萨			
陕　西		**634.05**	**690.00**	**825.48**
	西　安	245.91	255.44	288.01
	铜　川	0.35	2.12	4.89
	宝　鸡	120.34	145.66	187.21
	咸　阳	156.48	164.44	204.50
	渭　南	87.80	97.00	111.63
	延　安	2.27	2.11	2.62
	汉　中	4.83	5.45	6.17
	榆　林	16.07	16.57	19.22
	安　康	0.00	0.33	0.39
	商　洛		0.89	0.85
甘　肃		**35.91**	**55.04**	**99.59**
	兰　州	28.64	33.60	39.20
	嘉峪关	0.71	1.06	1.06
	金　昌	2.66	6.74	6.32
	白　银	1.78	1.77	2.46
	天　水	2.13	3.00	2.97
	武　威		8.87	9.54
青　海		**44.12**	**46.96**	**58.59**
	西　宁	44.12	46.96	58.59
宁　夏		**236.08**	**275.77**	**304.68**
	银　川	57.61	74.26	117.65
	石嘴山	5.87	7.16	8.03
	吴　忠	172.60	194.35	178.69
	固　原			0.30
新疆		**25.72**	**27.09**	**31.75**
	乌鲁木齐	24.07	25.49	30.15
	克拉玛依	1.65	1.60	1.60

表 2-7 各地区县级城市奶类产量（一）

单位：吨

城市	2000	2001	2002
河 北			
辛 集	7 116	7 952	11 834
藁 城	48 414	56 823	60 048
晋 州	8 791	8 910	10 700
新 乐	22 500	22 900	29 600
鹿 泉	19 139	23 873	30 454
遵 化	38 106	36 930	44 221
丰 南	23 779	31 125	
迁 安	2 988	7 822	12 666
武 安	1 000	1 000	1 200
南 宫	1 950	1 500	1 500
沙 河	950	1 470	3 000
涿 州	2 396	2 265	5 329
定 州	8 400	12 500	24 527
安 国	1 463	5 002	7 216
高碑店	1 099	1 106	1 221
泊 头	425	581	1 000
任 丘	393	395	1 376
黄 骅	310	421	834
河 间	0	21	315
霸 州	750	1 141	1 184
三 河	2 317	2 855	3 058
冀 州	600	714	1 270
深 州	123	168	567
山 西			
古 交	97	56	60
潞 城	101	120	318
高 平	81	393	486
介 休	1 966	2 203	2 677
永 济	110	422	705
河 津	420	709	839
原 平	1 012	1 329	1 565
侯 马	264	298	302
霍 州	405	458	631
孝 义	1 139	1 704	2 179
离 石	523	483	525
汾 阳	2 401	2 736	3 725
内蒙古			
霍林郭勒	72	83	289
海拉尔	32 372	43 074	
满洲里	3 500	3 600	3 360
扎兰屯	21 651	35 432	43 546

表 2-7 各地区县级城市奶类产量（二）

单位：吨

城　市	2000	2001	2002
牙克石	27 316	33 219	39 000
根　河	450	458	2 106
额尔古纳	29 310	33 676	40 351
乌兰浩特	9 390	9 749	18 896
阿尔山	2	0	50
二连浩特	340	240	200
锡林浩特	20 834	22 698	21 516
集　宁	5 657	4 280	6 420
丰　镇	2 086	2 475	4 722
东　胜	827	583	1 195
临　河	2 149	11 112	23 264
辽　宁			
新　民	734	2 278	3 949
瓦房店	4 253	4 400	3 707
普兰店	8 384	8 556	10 755
庄　河	455	620	1 450
海　城	1 248	1 653	4 221
东　港	380	1 898	3 791
凤　城	151	243	329
凌　海	3 465	5 698	7 158
北　宁	326	267	352
盖　州	1 980	1 672	2 570
大石桥	424	1 000	1 160
灯　塔	1 020	1 385	1 571
铁　法	287	278	694
开　原	626	754	1 885
北　票	886	836	1 073
凌　源	491	564	888
兴　城	992	904	1 066
吉　林			
九　台	591	766	847
榆　树	2 759	1 332	1 424
德　惠	4 208	5 785	6 359
蛟　河	222	249	484
桦　甸	100	270	594
舒　兰	459	438	2 388
磐　石	117	381	426
公主岭	3 229	3 380	3 990
双　辽	1 347	5 087	6 653
梅河口	300	629	1 710
集　安	39	83	63
临　江	455	580	585
洮　南	2 048	2 704	4 590
大　安	1 937	6 773	8 870

表 2-7 各地区县级城市奶类产量（三）

单位：吨

城市	2000	2001	2002
延吉	495	827	946
图们	425	450	547
敦化	730	1 673	4 456
珲春	134	164	466
龙井	247	253	230
和龙	126	202	241
黑龙江			
阿城	6 710	8 260	9 818
双城	273 539	337 980	375 822
尚志	2 822	3 116	3 187
五常	7 442	7 826	7 076
讷河	5 144	5 632	7 989
虎林	11 493	13 295	13 825
密山	13 058	13 265	31 453
铁力	5 430	5 830	8 708
同江	131	120	94
富锦	127	204	165
绥芬河	149	163	141
海林	1 587	2 243	2 843
宁安	599	616	899
穆棱	1 018	1 103	1 725
北安	11 068	13 874	18 725
五大连池	5 332	4 920	7 984
安达	180 594	163 539	168 550
肇东	112 923	136 598	180 204
海伦	23 358	36 799	32 990
江苏			
江阴	6 075	15 263	23 768
宜兴	975	938	989
新沂	2 800	2 868	4 342
邳州	480	1 500	30 000
溧阳	0	0	120
金坛	540	582	800
武进	1 078	2 523	
常熟	9 000	18 000	20 000
张家港	14 550	17 800	21 144
昆山	1 300	8 520	10 000
吴江	0	200	0
太仓	1 045	5 000	14 000
启东	200	135	135
如皋	200	300	550
通州	205	452	1 818

表 2-7 各地区县级城市奶类产量（四）

单位：吨

城　市		2000	2001	2002
	海　门	102	72	45
	东　台	1 420	2 305	2 777
	大　丰	224	280	941
	仪　征	408	890	1 443
	高　邮	486	1 250	1 817
	江　都	447	915	5 164
	丹　阳	740	887	1 272
	扬　中	0	10	304
	句　容	2 418	5 688	9 000
	兴　化	500	392	570
	靖　江	150	450	678
	泰　兴	150	900	2 520
	姜　堰	809	1 750	3 104
浙　江				
	萧　山	1 707	2 298	
	建　德	73	231	557
	富　阳	160	366	1 249
	余　杭	3 217	3 326	
	临　安	3 211	4 062	5 052
	余　姚	40	80	93
	慈　溪	0	3	0
	奉　化	753	512	538
	瑞　安	1 682	2 033	3 155
	乐　清	1 589	2 029	4 831
	海　宁	0	150	365
	平　湖	300	690	1 812
	桐　乡	0	0	0
	诸　暨	12	224	387
	上　虞	40	140	132
	嵊　州	32	9	14
	兰　溪	66	2 391	2 459
	义　乌	229	274	953
	东　阳	75	299	309
	永　康	10	54	70
	江　山	48	54	121
	温　岭	803	1 478	2 941
	临　海	540	539	810
	龙　泉	25	38	89
安　徽				
	桐　城	0	14	16
	天　长	90	90	100
	明　光	30	32	35

表 2-7 各地区县级城市奶类产量（五）

单位：吨

城　　市		2000	2001	2002
	界　首	64	93	99
	宁　国	0	0	0
福　建				
	福　清	775	851	660
	长　乐	7 770	8 016	8 542
	永　安	416	458	440
	石　狮	469	481	495
	晋　江	2 387	2 481	2 362
	南　安	2 038	2 217	2 085
	龙　海	1 135	1 299	1 337
	邵　武	790	906	1 421
	武夷山	75	78	98
	建　瓯	1 451	6 441	15 083
	建　阳	107	299	179
	漳　平	95	98	92
	福　安	1 113	902	1 059
	福　鼎	4	8	8
江　西				
	乐　平	0	0	0
	瑞　昌	0	0	0
	贵　溪	86	0	50
	瑞　金	0	0	120
	南　康	98	146	150
	井冈山	0	0	0
	丰　城	0	70	0
	樟　树	116	57	197
	高　安	0	34	83
山　东				
	德　兴	0	0	0
	章　丘	11 222	13 469	20 523
	胶　洲	40 520	46 598	52 190
	即　墨	46 173	56 574	70 075
	平　度	7 354	9 462	12 964
	胶　南	52 432	60 777	66 892
	莱　西	58 000	76 000	115 000
	滕　州	811	1 177	1 255
	龙　口	32 270	32 917	37 206
	莱　阳	12 120	36 327	52 594
	莱　州	15 785	20 142	25 010
	蓬　莱	4 879	5 294	5 721
	招　远	4 539	4 800	4 922
	栖　霞	1 585	1 593	1 993
	海　阳	3 397	6 966	9 496
	青　州	7 081	9 191	9 210
	诸　城	25 001	50 056	52 902
	寿　光	3 116	3 686	7 868

表 2-7 各地区县级城市奶类产量（六）

单位：吨

城	市	2000	2001	2002
	安丘	2 581	2 560	1 040
	高密	1 535	2 053	2 030
	昌邑	311	1 695	3 800
	曲阜	4 798	8 884	7 735
	兖州	6 385	4 973	5 669
	邹城	2 195	2 472	4 485
	新泰	3 190	3 674	4 072
	肥城	350	460	608
	文登	59 717	60 844	72 259
	荣成	4 008	7 809	17 145
	乳山	10 032	9 489	11 160
	乐陵	0	0	0
	禹城	2	2	2
	临清	766	0	1 050
河南				
	巩义	694	1 776	2 868
	新密	26 631	27 702	31 045
	荥阳	257	1 758	5 123
	新郑	444	2 229	3 770
	登封	432	485	438
	偃师	10 439	16 130	24 854
	舞钢	150	56	120
	汝州	183	560	800
	林州	210	220	480
	卫辉	1 709	1 995	3 362
	辉县	517	831	1 857
	济源	1 070	1 275	2 035
	沁阳	307	283	618
	孟州	306	520	1 560
	禹州	331	450	575
	长葛	565	833	1 296
	义马	32	120	172
	灵宝	416	680	1 208
	邓州	816	823	1 043
	永城	1 300	780	2 000
	项城	0	0	306
湖北				
	大冶	15	16	16
	丹江口	0	0	20
	宜都	0	0	2
	当阳	0	300	1 251
	枝江	0	0	0

表 2-7 各地区县级城市奶类产量（七）

单位：吨

城市		2000	2001	2002
	老河口	1 100	1 120	1 200
	枣 阳	0	0	0
	宜 城	0	0	0
	钟 祥	0	0	0
	应 城	0	0	0
	安 陆	0	0	0
	汉 川	0	0	0
	石 首	2	0	0
	洪 湖	0	0	0
	松 滋	0	0	0
	麻 城	12	15	35
	武 穴	0	0	0
	赤 壁	0	8	32
	广 水	103	142	106
	恩 施	36	36	150
	利 川	6	6	10
	仙 桃	0	0	0
	潜 江	0	0	0
	天 门	112	256	125
湖 南				
	浏 阳	1 100	1 856	1 956
	醴 陵	45	45	120
	湘 乡	85	50	130
	韶 山	6	8	12
	耒 阳	0	12	150
	常 宁	0	0	0
	武 冈	0	0	120
	汨 罗	0	0	136
	临 湘	0	0	0
	津 市	0	0	420
	沅 江	0	0	0
	资 兴	18	20	23
	洪 江	55	69	94
	冷水江	0	10	15
	涟 源	0	0	0
	吉 首	685	780	850
广 东				
	增 城	55	659	1 700
	从 化	2	13	897
	乐 昌	40	4	0
	南 雄	11	15	21
	潮 阳	229	221	

表 2-7　各地区县级城市奶类产量（八）

单位：吨

城　市		2000	2001	2002
	澄　海	77	157	
	顺　德	2 818	1 428	
	南　海	2 685	2 947	
	三　水	16	0	
	高　明	0	0	
	台　山	0	0	
	新　会	40	40	
	开　平	0	0	0
	鹤　山	25	38	36
	恩　平	0	0	0
	廉　江	21	10	0
	雷　州	38	538	0
	吴　川	111	203	200
	高　州	0	0	0
	化　州	0	0	0
	信　宜	570	778	790
	高　要	0	0	0
	四　会	0	15	10
	惠　阳	1 346	1 533	
	兴　宁	822	1 245	1 338
	陆　丰	0	0	0
	阳　春	164	0	0
	英　德	72	150	260
	连　州	0	0	40
	普　宁	1 056	987	912
	罗　定	12	23	20
广　西				
	岑　溪	22	12	32
	东　兴	0	0	0
	桂　平	32	34	45
	北　流	300	330	927
	凭　祥	0	0	0
	合　山	0	0	30
	贺　州	181	274	
	百　色	47	62	
	河　池	260	0	
	宜　州	0	0	0
海　南				
	通　什	0	0	0
	琼　海	0	1	3
	儋　州	0	0	30
	琼　山	12	10	

表 2-7　各地区县级城市奶类产量（九）

单位：吨

城　　市		2000	2001	2002
	文　昌	0	0	0
	万　宁	0	0	0
	东　方	0	0	0
重　庆				
	江　津	458	485	670
	合　川	610	612	682
	永　川	1 021	1 153	1 500
	南　川	300	410	828
四　川				
	都江堰	480	334	1 393
	彭　州	1 659	1 740	2 158
	邛　崃	54	274	666
	崇　州	49	332	515
	广　汉	602	756	1 300
	什　邡	212	218	247
	绵　竹	1 837	2 113	2 573
	江　油	995	1 071	1 716
	峨眉山	49	65	200
	阆　中	101	193	323
	华　蓥	136	130	205
	万　源	7	7	8
	简　阳	431	555	585
	西　昌	2 992	3 810	4 950
贵　州				
	清　镇	352	861	884
	赤　水	0	4	20
	仁　怀	4	4	50
	铜　仁	8	73	88
	兴　义	81	190	500
	毕　节	28	54	160
	凯　里	265	701	790
	都　匀	502	637	800
	福　泉	0	0	0
云　南				
	安　宁	1 750	2 268	3 060
	宣　威	39	40	108
	昭　通	849	1 237	1 421
	楚　雄	748	1 120	1 404
	个　旧	4 245	4 920	5 311
	开　远	223	345	599
	思　茅	66	67	72
	景　洪	0	0	0

表 2-7　各地区县级城市奶类产量（十）

单位：吨

城　市		2000	2001	2002
	大　理	11 925	13 172	14 992
	瑞　丽	27	23	22
	潞　西	458	478	468
西　藏				
	日喀则		4 216	5 028
陕　西				
	兴　平	6 209	5 813	7 558
	韩　城	125	127	129
	华　阴	384	409	599
	商　州	883	556	
甘　肃				
	玉　门	2 450	2 800	3 150
	酒　泉	1 377	4 327	
	敦　煌	786	845	975
	张　掖	3 275	5 488	
	平　凉	220	510	
	西　峰	1 696	1 657	
	临　夏	1 676	2 904	3 024
	合　作	5 792	5 328	5 264
青　海				
	格尔木	749	725	1 234
	德令哈	472	518	492
宁　夏				
	青铜峡	15 125	17 216	18 611
	灵　武	26 164	33 643	34 190
新　疆				
	吐鲁番	4 818	2 573	5 813
	哈　密	4 086	4 460	4 560
	昌　吉	29 957	32 159	45 638
	阜　康	4 598	4 581	4 901
	米　泉	5 699	9 230	11 527
	博　乐	8 829	9 644	9 684
	库尔勒	6 331	5 593	6 736
	阿克苏	2 834	2 592	3 106
	阿图什	7 803	8 031	8 920
	喀　什	2 236	2 980	3 691
	和　田	2 022	720	864
	奎　屯	3 564	42	24 257
	伊　宁	21 710	23 520	85
	塔　城	12 321	12 037	12 833
	乌　苏	21 087	5 526	6 916
	阿勒泰	25 133	24 655	24 606

表 2-8　农垦系统牛奶产量

单位：吨

地　区	1990	1995	2000	2001	2002
全国总计	**953 453**	**1 029 098**	**1 165 044**	**1 343 570**	**1 592 067**
北　京	169 253	155 434	126 884	129 040	140 016
天　津	45 470	52 426	53 999	69 035	74 281
河　北	24 956	38 772	68 104	97 390	125 446
山　西	21 694	23 934	19 086	18 369	19 865
内蒙古	71 180	75 954	88 831	104 206	130 148
辽　宁	53 223	47 668	58 314	62 292	68 052
吉　林	2 172	3 215	2 815	2 897	3 691
黑龙江	219 179	235 478	280 414	348 492	462 714
上　海	86 627	95 836	107 629	109 129	115 223
江　苏	2 901	3 682	2 589	4 200	5 496
浙　江	20 802	17 619	17 848	19 124	17 375
安　徽	7 576	10 361	11 845	14 118	20 217
福　建	1 226	2 369	3 441	3 539	6 518
江　西	7 053	6 687	9 251	8 778	6 970
山　东	1 094	1 187	5 179	4 564	5 832
河　南	846	328	45	206	512
湖　北	15 793	10 982	19 522	41 462	48 154
湖　南	5 605	2 575	2 299	2 395	3 424
广　东	3 423	5 062	3 158	3 381	3 636
广　西	1 038	873	940	1 014	1 069
海　南	7				27
重　庆			949	965	1 012
四　川	35 934	23 263	21 461	16 742	15 274
贵　州	7 687	11 214	14 925	19 162	22 804
云　南					
陕　西	19 569	22 725	25 268	29 867	22 042
甘　肃	458	624	452	739	839
青　海	5 593	7 567	6 401	6 871	5 985
宁　夏	8 852	12 216	17 118	20 456	26 714
新疆（兵团）	43 455	62 300	89 851	97 480	111 297
新疆（农）	1 198	3 438	8 466	9 117	13 833
新疆（畜）	43 857	65 703	64 674	68 127	82 046
广　州	2 791	9 021	12 223	8 670	11 070
南　京	1 424	2 705	3 676	3 742	3 700
昆　明	13 338	9 324	9 641	10 001	9 685
哈尔滨	8 179	8 556	7 746	8 000	7 100
其　他					

表 2-9　各地区牦牛奶、水牛奶、山羊奶产量

单位：千吨

地　区	牦牛奶		水牛奶		山羊奶	
	2001	2002	2001	2002	2001	2002
全国总计						
北　京						
天　津						
河　北						
山　西					24.71	24.45
内蒙古						
辽　宁						
吉　林						
黑龙江						
上　海						
江　苏						
浙　江						
安　徽						
福　建			7.35	7.61		
江　西						
山　东						
河　南						
湖　北						
湖　南						
广　东						
广　西				2.00		
海　南						
重　庆						
四　川						
贵　州						
云　南	4.57	5.17	0.02	0.03	9.75	11.09
西　藏	137.94	142.98			40.97	42.60
陕　西						
甘　肃	70.00	72.00				
青　海	140.49	150.31				
宁　夏						
新　疆						

注：数据由各地畜牧部门、奶业协会等有关机构提供，有部分省市未报告，因此，没有全国总数。

表 2-10　全国奶畜年末存栏数（一）

单位：千头、千只

年　份	乳　牛	水　牛	黄　牛	牦　牛	山　羊	其中：奶山羊
1949		10 184	33 752		16 130	
1950		10 915	37 188		18 210	
1951		11 469	40 619		20 980	
1952		11 640	44 960		24 900	
1953		12 160	47 923		29 200	
1954		12 447	51 176		33 150	
1955		12 470	53 481		34 010	
1956		12 609	53 992		38 550	
1957	159.8	13 127	50 325		45 150	
1958		12 902	46 167		45 330	
1959		12 913	48 181		49 760	
1960		12 082	45 361		51 170	
1961		11 417	43 588		63 120	
1962		11 471	44 246		70 530	
1963		12 014	47 257		67 730	
1964		12 597	50 184		62 240	
1965		13 378	53 573		60 770	
1966						
1967						
1968						
1969						
1970		16 431	57 151		61 410	
1971		16 647	57 339		62 780	
1972		16 642	57 224		61 340	
1973	368	17 159	57 149		64 100	
1974	366	17 369	56 805		66 170	
1975	406	17 669	55 471		68 040	
1976	425	17 443	53 825		65 460	
1977	447	17 229	52 723		67 830	
1978	475	17 723	52 526		73 540	
1979	557	18 377	52 412		80 570	
1980	641	18 520	52 515		80 684	
1981	698	18 770	53 833		78 264	
1982	817	19 144	56 112		75 222	
1983	951	19 149	57 984		68 035	2 438
1984	1 336	19 506	61 286		63 207	2 443

表 2-10 全国奶畜年末存栏数（二）

单位：千头、千只

年 份	乳 牛	水 牛	黄 牛	牦 牛	山 羊	其中：奶山羊
1985	1 627	19 934	65 259		61 674	2 334
1986	1 846	20 437	69 384		67 220	2 330
1987	2 164	20 898	71 589		77 687	3 001
1988	2 222	21 067	74 659		90 956	3 218
1989	2 526	21 395	76 831		98 134	5 941
1990	2 691	21 690	78 503		97 205	
1991	2 946	22 005	79 641		95 355	
1992	2 942	22 200	82 501		97 610	
1993	3 451	22 549	87 167		105 696	
1994	3 843	22 913	92 396		123 083	
1995	4 172	23 584	99 297		149 593	
1996	4 470	21 677	80 770		123 158	
1997	4 425	22 545	88 441		134 801	
1998	4 265	22 665	93 322		141 683	
1999		22 587	94 366		148 163	
2000	4 887	22 758	96 565		157 159	
2001	5 662	22 684	95 297		161 294	
2002	6 873	22 724	96 445		172 759	

表 2-11 全国奶畜年末存栏数增减情况

单位：千头、千只

项 目	1990	1995	2001	2002	2002 年比 2001 年增加	
					绝对数	%
牛	102 884	132 060	128 242	130 848	2 606	2.03
其中奶牛	2 691	4 172	5 662	6 873	1 211	21.39
水牛	21 690	23 584	22 684	22 724	40	0.18
牦牛						
羊	210 021	276 856	298 265	316 552	18 287	6.13
其中山羊	97 205	107 940	161 294	172 759	11 465	7.11
绵羊	112 816	127 263	136 972	143 793	6 821	4.98

表 2-12 各地区乳牛年末存栏数

单位：千头

地 区	1990	1995	2000	2001	2002
全国总计	**2 691**	**4 172**	**4 887**	**5 662**	**6 873**
北 京	65	57	95	128	151
天 津	23	27	46	71	98
河 北	95	643	612	766	944
山 西	82	106	127	141	176
内蒙古	394	710	719	747	984
辽 宁	60	64	80	106	120
吉 林	50	51	80	80	90
黑龙江	540	854	698	778	933
上 海	71	62	58	60	60
江 苏	35	29	68	109	128
浙 江	40	30	40	56	67
安 徽	14	14	20	28	28
福 建	21	21	36	45	58
江 西	13	22	30	25	26
山 东	29	84	211	293	390
河 南	29	21	67	123	145
湖 北	25	22	64	55	54
湖 南	7	16	7	15	21
广 东	29	26	37	43	44
广 西	5	5	10	12	16
海 南					
重 庆			16	23	27
四 川	45	37	43	56	84
贵 州	17	15	8	10	14
云 南	54	76	104	106	130
西 藏	233			19	35
陕 西	42	81	157	195	243
甘 肃	112	220	71	100	131
青 海	65	84	115	120	140
宁 夏	19	60	81	76	102
新 疆	476	734	1 189	1 278	1 436

注：2000 年以前，此统计指标的名称为“良种及改良种奶牛”。

表 2-13 36 个大中城市乳牛年末存栏数

单位：千头

地区	乳牛		其中：成乳牛	
	2001	2002	2001	2002
北京	128.00	151.00	75.60	89.85
天津	66.88	97.93	45.75	60.69
石家庄	88.47	121.94	54.97	77.07
太原	14.02	19.04	8.41	11.60
呼和浩特	141.10	220.88	92.89	149.20
沈阳	30.11	42.16	21.32	28.26
大连	16.22	17.22	10.22	10.85
长春	19.26	15.30	10.98	10.52
哈尔滨	177.00	206.00		
上海	59.93	60.28	34.78	34.65
南京	27.47	30.08		
杭州	13.73	16.29	7.91	9.87
宁波	3.90	5.00	1.90	4.20
合肥	4.43	4.46	2.53	3.00
福州	8.97	9.33	6.63	6.87
厦门	0.32			
南昌	14.56	15.64	8.52	9.20
济南				
青岛	65.37	89.20	44.56	51.77
郑州	16.40	22.60	12.30	17.70
武汉	11.52	17.80	10.75	11.51
长沙	3.67	6.15	2.20	3.68
广州	18.16	19.02	10.90	11.42
深圳				
南宁	3.17	4.64	1.67	2.76
海口	0.45	0.51	0.15	0.16
重庆	19.25	24.96	15.00	19.09
成都	21.20	26.91	15.21	20.38
贵阳	4.71	5.51	2.62	2.23
昆明	20.11	24.26	15.81	17.93
拉萨	162.66	162.10	50.08	42.98
西安	51.97	59.94		
兰州	11.74	13.44	8.75	10.14
西宁	210.00	240.00	100.00	120.00
银川	21.87	26.83	12.83	17.05
乌鲁木齐		3.70		

表 2-14 农垦系统乳牛年末存栏数

单位：千头

地 区	1990	1995	2000	2001	2002
全国总计	**510.2**	**522.1**	**513.2**	**562.2**	**639.6**
北 京	46.9	41.6	29.7	29.5	29.6
天 津	13.2	13.3	16.0	17.0	19.1
河 北	13.2	13.9	24.8	31.7	40.7
山 西	7.0	6.1	5.2	5.3	6.8
内蒙古	112.4	120.8	81.7	83.2	93.6
辽 宁	19.7	14.6	16.1	18.9	21.0
吉 林	1.1	2.5	1.8	2.1	2.6
黑龙江	111.8	128.3	114.7	138.9	177.2
上 海	23.9	26.5	22.8	22.8	22.3
江 苏	1.1	1.3	1.1	1.6	2.3
浙 江	6.1	5.2	4.5	5.0	4.4
安 徽	2.9	3.0	3.2	4.4	6.0
福 建	1.1	0.9	1.0	1.2	2.2
江 西	3.2	3.1	2.5	2.1	1.6
山 东	0.5	0.5	2.5	1.3	1.5
河 南	0.4	0.2	0.2	0.3	0.3
湖 北	5.9	4.2	5.8	9.3	10.5
湖 南	2.3	0.9	1.3	1.6	1.2
广 东	1.7	2.0	1.2	1.3	1.4
广 西	0.3	0.3	0.3	0.3	0.3
海 南					
重 庆			0.3	0.3	0.2
四 川	11.3	5.0	4.7	7.9	8.3
贵 州	3.7	3.9	4.9	4.8	5.0
云 南					
陕 西	6.3	6.5	6.4	6.5	5.9
甘 肃	0.5	0.2	0.3	0.4	0.8
青 海	1.8	1.7	1.6	1.8	2.2
宁 夏	2.6	4.0	5.5	6.9	9.2
新疆（兵团）	35.8	32.9	40.2	47.2	58.5
新疆（农）	4.9	5.9	9.3	10.2	15.1
新疆（畜）	60.0	61.4	91.1	87.6	78.5
广 州	1.3	4.3	5.7	4.1	4.7
南 京	0.6	0.8	1.0	0.9	1.1
昆 明	4.2	3.4	3.5	3.5	3.5
哈尔滨	2.5	2.9	2.3	2.3	2.0
其 他					

表 2-15　各地区牦牛、奶水牛年末存栏数

单位：千头

地区	牦牛		奶水牛	
	2001	2002	2001	2002
全国总计				
北京				
天津				
河北				
山西				
内蒙古				
辽宁				
吉林				
黑龙江				
上海				
江苏				
浙江				
安徽				
福建			6.31	6.52
江西				
山东				
河南				
湖北				
湖南				
广东				
广西				2.00
海南				
重庆				
四川				
贵州				
云南	43.56	49.28	1.39	2.42
西藏	3 827.50	2 336.50		
陕西				
甘肃	1 007.60	1 030.30		
青海	3 593.00	3 518.40		
宁夏				
新疆				

注：数据由各地畜牧部门、奶业协会等有关机构提供，有部分省市未报告，因此，无全国总数。

表 2-16 各地区水牛年末存栏数

单位：千头

地区	1990	1995	2000	2001	2002
全国总计	**21 690**	**23 584**	**22 758**	**22 684**	**22 724**
北京					
天津					
河北					
山西					
内蒙古					
辽宁					
吉林					
黑龙江					
上海	10	7	2	1	2
江苏	332	349	236	206	176
浙江	227	162	114	114	109
安徽	1 325	1 295	1 098	1 139	1 065
福建	464	434	370	358	359
江西	1 190	1 360	1 299	1 291	1 249
山东	13	28	11	10	10
河南	335	426	476	446	449
湖北	1 634	1 914	1 900	1 851	1 888
湖南	1 627	1 693	1 869	1 936	1 965
广东	2 753	2 595	2 278	2 349	2 187
广西	3 713	4 417	4 378	4 314	4 270
海南	743	902	872	914	912
重庆			541	559	527
四川	2 655	2 917	1 947	1 977	2 255
贵州	1 932	2 222	2 271	2 329	2 331
云南	2 720	2 848	3 080	2 872	2 951
西藏					
陕西	17	17	19	18	18
甘肃					
青海					
宁夏					
新疆					

表 2-17 各地区黄牛年末存栏数

单位：千头

地 区	1990	1995	2000	2001	2002
全国总计	**78 503**	**99 297**	**96 565**	**95 297**	**96 445**
北 京	80	80	94	106	123
天 津	80	195	168	199	275
河 北	1 984	5 150	6 367	6 250	6 144
山 西	1 711	2 411	2 124	2 008	2 086
内蒙古	3 459	3 182	2 797	2 264	2 290
辽 宁	1 449	2 952	2 460	2 405	2 453
吉 林	1 833	3 792	4 239	4 466	4 510
黑龙江	1 828	3 903	3 916	4 004	4 323
上 海				2	
江 苏	348	611	288	276	324
浙 江	413	310	236	223	221
安 徽	3 673	5 693	4 412	4 117	3 873
福 建	810	821	709	694	675
江 西	2 034	2 462	2 365	2 293	2 292
山 东	5 076	12 281	9 864	9 765	9 789
河 南	8 561	12 090	12 860	12 811	12 706
湖 北	1 856	2 106	2 168	2 039	2 037
湖 南	2 358	2 595	3 172	3 129	3 193
广 东	1 983	2 095	1 892	1 953	1 833
广 西	3 321	3 549	3 365	3 340	3 298
海 南	479	563	577	588	582
重 庆			1 083	1 134	1 115
四 川	7 380	8 057	8 026	8 172	8 368
贵 州	3 952	4 256	4 303	4 375	4 580
云 南	4 901	4 936	5 322	4 957	5 137
西 藏	4 823	954	1 017	1 041	1 061
陕 西	2 357	2 682	2 401	2 345	2 415
甘 肃	3 267	3 483	3 363	3 394	3 495
青 海	5 321	4 925	3 795	3 893	3 967
宁 夏	260	460	524	469	573
新 疆	2 906	2 701	2 661	2 587	2 706

表 2-18 各地区牛年末存栏数

单位：千头

地 区	1990	1995	2000	2001	2002
全国总计	**102 884**	**132 060**	**128 663**	**128 242**	**130 848**
北 京	145	141	189	234	274
天 津	103	222	215	270	373
河 北	2 079	5 793	6 979	7 016	7 032
山 西	1 793	2 517	2 250	2 149	2 175
内蒙古	3 853	3 893	3 516	3 011	3 273
辽 宁	1 509	3 016	2 540	2 511	2 648
吉 林	1 883	3 843	4 319	4 546	4 600
黑龙江	2 368	5 115	4 614	4 782	4 919
上 海	81	69	61	63	62
江 苏	715	991	591	591	636
浙 江	680	503	390	393	396
安 徽	5 012	7 013	5 530	5 284	5 825
福 建	1 295	1 276	1 114	1 097	1 093
江 西	3 237	3 844	3 694	3 609	3 567
山 东	5 118	12 393	10 086	10 069	10 189
河 南	8 925	12 536	13 402	13 380	13 306
湖 北	3 515	4 095	4 284	4 069	3 993
湖 南	3 992	4 305	5 048	5 079	5 340
广 东	4 765	4 715	4 206	4 345	4 130
广 西	7 039	7 971	7 753	7 666	7 665
海 南	1 223	1 465	1 449	1 502	1 495
重 庆			1 641	1 706	1 645
四 川	10 080	11 159	10 028	10 222	10 674
贵 州	5 901	6 493	6 581	6 714	6 926
云 南	7 675	7 861	8 548	7 934	7 504
西 藏	5 056	5 385	5 262	5 527	5 771
陕 西	2 416	2 781	2 577	2 558	2 676
甘 肃	3 379	3 703	3 434	3 494	3 790
青 海	5 386	5 009	3 910	4 013	4 107
宁 夏	279	519	605	545	624
新 疆	3 382	3 435	3 850	3 864	4 141

表 2-19 各地区奶山羊年末存栏数

单位：千头

地 区	2001	2002
全国总计		
北 京		
天 津		
河 北		
山 西	181.04	244.91
内蒙古		
辽 宁		
吉 林		
黑龙江		
上 海		
江 苏		
浙 江		
安 徽		
福 建		
江 西		
山 东		
河 南		
湖 北		
湖 南		
广 东		
广 西		
海 南		
重 庆		
四 川		
贵 州		
云 南	129.03	146.70
西 藏	2 902.61	2 799.18
陕 西	1 331.40	1 628.79
甘 肃		
青 海		
宁 夏		
新 疆		

注：数据由各地畜牧部门、奶业协会等有关机构提供，有部分省市未报告，因此，无全国总数。

表 2-20 各地区山羊年末存栏数

单位：千只

地 区	1990	1995	2000	2001	2002
全国总计	**97 205**	**149 593**	**157 159**	**161 294**	**172 759**
北 京	521	416	513	562	598
天 津	364	272	159	182	344
河 北	5 626	8 034	9 993	9 995	8 974
山 西	3 039	4 080	4 749	4 951	4 550
内蒙古	9 490	11 931	13 043	13 566	15 458
辽 宁	734	1 465	1 873	2 126	2 049
吉 林	150	391	541	560	580
黑龙江	342	927	1 238	1 473	2 287
上 海	289	379	460	449	404
江 苏	7 974	12 112	9 944	10 567	11 095
浙 江	774	1 044	1 134	1 324	1 368
安 徽	3 823	6 132	7 925	7 187	9 458
福 建	600	1 005	962	1 014	1 064
江 西	140	457	751	602	739
山 东	15 527	35 030	21 602	22 397	23 890
河 南	11 295	20 938	27 301	28 375	30 365
湖 北	1 607	2 600	2 236	2 250	3 006
湖 南	660	2 141	3 749	3 877	4 829
广 东	142	273	293	359	312
广 西	806	1 413	2 418	2 376	2 324
海 南	371	712	925	970	948
重 庆			1 605	1 685	2 128
四 川	5 986	8 444	9 022	9 038	9 756
贵 州	1 373	1 954	3 214	3 299	3 396
云 南	5 686	5 978	7 708	7 316	6 893
西 藏	5 662	6 035	5 894	6 176	6 426
陕 西	4 482	5 219	4 999	5 336	5 944
甘 肃	2 309	2 600	3 012	3 011	3 072
青 海	2 036	2 001	2 726	2 796	2 956
宁 夏	903	894	1 304	1 464	1 281
新 疆	4 494	4 714	5 867	6 011	6 264

表 2-21　各地区绵羊年末存栏数

单位：千只

地　区	1990	1995	2000	2001	2002
全国总计	**112 816**	**127 263**	**133 160**	**136 972**	**143 793**
北　京	263	399	689	890	1 155
天　津	306	477	493	639	593
河　北	5 119	7 623	10 907	11 855	12 037
山　西	4 057	5 070	5 836	6 019	6 130
内蒙古	20 749	21 280	22 473	21 593	24 059
辽　宁	1 938	2 267	1 988	2 368	2 411
吉　林	2 186	2 978	2 988	3 033	3 143
黑龙江	2 491	4 019	3 836	4 205	5 204
上　海	83	98	95	96	66
江　苏	534	627	286	315	375
浙　江	1 077	1 143	1 201	1 126	1 218
安　徽	157	79	24	22	28
福　建					
江　西	1	1	60	262	
山　东	5 237	10 174	6 246	6 647	6 504
河　南	1 500	2 044	2 312	2 825	3 415
湖　北	24	32	13	15	14
湖　南	5	6	3	2	1
广　东					
广　西					
海　南					
重　庆			2	2	2
四　川	3 473	3 662	4 194	3 832	3 534
贵　州	404	258	204	201	211
云　南	1 538	1 209	1 221	1 067	949
西　藏	11 107	11 666	10 748	11 113	11 398
陕　西	1 644	1 415	1 355	1 309	1 657
甘　肃	8 789	8 665	8 620	8 718	9 018
青　海	14 047	14 662	13 695	13 972	14 372
宁　夏	2 273	2 033	2 638	3 208	3 479
新　疆	23 814	25 376	31 035	31 638	32 818

表 2-22　各地区羊年末存栏数

单位：千只

地　区	1990	1995	2000	2001	2002
全国总计	**25 214**	**276 856**	**290 319**	**298 265**	**316 552**
北　京	226	815	1 201	1 451	1 752
天　津	84	749	652	821	937
河　北	1 099	15 657	20 900	21 850	21 011
山　西	383	9 150	10 584	10 969	10 680
内蒙古	339	33 210	35 516	35 159	39 517
辽　宁	779	3 732	3 861	4 494	4 460
吉　林	434	3 370	3 530	3 593	3 723
黑龙江	658	4 947	5 074	5 678	7 491
上　海	230	477	554	545	470
江　苏	1 051	12 739	10 230	10 881	11 470
浙　江	751	2 186	2 335	2 450	2 586
安　徽	750	6 211	7 949	7 209	9 487
福　建	559	1 005	962	1 014	1 064
江　西	898	458	811	864	739
山　东	1 486	45 204	27 847	29 045	30 395
河　南	1 165	22 983	29 614	31 201	33 780
湖　北	1 081	2 632	2 248	2 265	3 019
湖　南	2 046	2 148	3 752	3 879	4 830
广　东	1 420	273	293	359	312
广　西	1 322	1 413	2 418	2 376	2 324
海　南	233	712	925	970	948
重　庆			1 606	1 687	2 130
四　川	4 493	12 106	13 216	12 870	13 290
贵　州	913	2 212	3 418	3 500	3 607
云　南	1 732	7 187	8 929	8 383	7 841
西　藏	29	17 701	16 643	17 289	17 824
陕　西	461	6 634	6 353	6 645	7 601
甘　肃	384	11 265	11 633	11 729	12 091
青　海	53	16 663	16 420	16 768	17 329
宁　夏	47	2 927	3 943	4 672	4 760
新　疆	108	30 090	36 902	37 649	39 082

Ⅲ. 奶类生产水平指标

表 3-1 各地区奶类总产量及位次

单位：千吨

地 区	1995		2000		2001		2002	
	指标值	位 次	指标值	位 次	指标值	位 次	指标值	位 次
全国总计	**6 728**		**9 189**		**11 226**		**14 004**	
北 京	206	10	304	8	429	7	551	7
天 津	111	16	165	17	241	15	336	12
河 北	389	5	962	2	1 193	2	1 489	3
山 西	293	7	359	7	404	8	472	8
内蒙古	512	3	830	3	1 090	3	1 689	2
辽 宁	183	12	219	13	266	13	308	13
吉 林	113	15	150	18	164	20	189	20
黑龙江	1 666	1	1 565	1	1 924	1	2 398	1
上 海	218	9	259	10	260	14	280	15
江 苏	104	17	257	11	360	9	455	9
浙 江	92	21	112	21	176	18	222	18
安 徽	25	26	41	27	55	27	74	27
福 建	63	22	99	22	114	22	142	22
江 西	32	25	58	25	59	26	79	26
山 东	668	2	705	5	904	4	1 168	4
河 南	97	20	202	16	300	11	390	11
湖 北	38	24	59	24	88	24	101	24
湖 南	8	29	11	30	18	30	30	29
广 东	57	23	95	23	104	23	111	23
广 西	9	28	17	28	21	28	31	28
海 南							0	31
重 庆			56	26	68	25	81	25
四 川	281	8	289	9	333	10	393	10
贵 州	14	27	17	29	20	29	25	30
云 南	101	18	147	19	171	19	190	19
西 藏	177	13	204	15	231	16	243	16
陕 西	326	6	639	6	695	6	831	6
甘 肃	99	19	137	20	156	21	173	21
青 海	206	11	213	14	228	17	235	17
宁 夏	140	14	236	12	276	12	308	14
新 疆	497	4	782	4	878	5	1 011	5

表 3-2 各地区奶类人均占有量及位次

单位：千克/人

地区	1995		2000		2001		2002	
	指标值	位次	指标值	位次	指标值	位次	指标值	位次
全国平均	**5.6**		**7.3**		**9.0**		**10.9**	
北京	17.3	7	23.0	7	31.0	7	39.3	7
天津	11.8	9	16.8	9	24.0	8	33.4	8
河北	6.1	13	14.4	11	17.7	10	22.2	10
山西	9.6	10	11.0	12	12.3	12	14.4	12
内蒙古	22.5	6	35.0	6	45.9	5	71.0	2
辽宁	4.5	14	5.2	16	3.3	14	7.3	14
吉林	4.4	15	5.6	14	6.1	16	7.0	15
黑龙江	45.2	2	41.8	4	51.3	2	62.9	3
上海	15.7	8	16.5	10	15.8	11	17.3	11
江苏	1.5	21	3.5	17	4.9	17	6.2	17
浙江	2.1	19	2.4	21	3.8	20	4.8	18
安徽	0.4	26	0.7	27	0.9	27	1.2	27
福建	2.0	20	2.9	20	3.3	21	4.1	21
江西	0.8	24	1.4	24	1.4	25	1.9	24
山东	7.7	12	7.8	13	10.0	13	12.9	13
河南	1.1	22	2.2	22	3.2	22	4.1	22
湖北	0.7	25	1.0	26	1.5	24	1.7	25
湖南	0.1	30	0.2	30	0.3	30	0.5	30
广东	0.8	23	1.2	25	1.3	26	1.4	26
广西	0.2	28	0.4	29	0.4	29	0.6	29
海南					0.0	31	0.0	31
重庆			1.8	23	2.2	23	2.6	23
四川	2.5	18	3.4	19	3.9	19	4.5	19
贵州	0.4	27	0.5	28	0.5	28	0.7	28
云南	2.5	17	3.5	18	4.0	18	4.4	20
西藏	74.4	1	78.8	1	87.8	1	91.7	1
陕西	9.3	11	17.7	8	19.1	9	22.7	9
甘肃	4.1	16	5.4	15	6.1	15	6.7	16
青海	43.1	3	41.4	5	43.9	6	44.7	6
宁夏	27.5	5	42.7	2	49.1	3	54.2	4
新疆	30.2	4	42.3	3	46.2	4	53.5	5

表 3-3 各地区牛奶总产量及位次

单位：千吨

地 区	1995		2000		2001		2002	
	指标值	位 次	指标值	位 次	指标值	位 次	指标值	位 次
全国总计	**5 764**		**8 274**		**10 255**		**12 998**	
北 京	206	8	303	8	429	7	551	6
天 津	107	15	165	15	241	15	336	12
河 北	325	4	842	2	1 074	2	1 369	3
山 西	260	6	335	7	379	8	447	9
内蒙古	486	2	798	3	1 062	3	1 652	2
辽 宁	171	12	189	14	242	14	281	14
吉 林	102	16	143	18	161	19	180	19
黑龙江	1 646	1	1 543	1	1 890	1	2 358	1
上 海	218	7	259	10	260	13	280	15
江 苏	100	17	255	11	354	9	453	8
浙 江	92	20	112	21	176	18	222	16
安 徽	25	26	41	27	55	27	74	27
福 建	61	21	96	22	111	22	138	22
江 西	32	25	56	24	59	26	79	26
山 东	179	10	457	5	618	5	903	5
河 南	55	22	161	17	270	12	360	11
湖 北	38	24	56	25	88	24	101	24
湖 南	8	29	11	30	19	30	30	29
广 东	55	23	92	23	102	23	108	23
广 西	9	28	17	28	21	28	31	28
海 南							0	31
重 庆			56	26	68	25	81	25
四 川	277	5	285	9	330	10	389	10
贵 州	14	27	17	29	20	29	25	30
云 南	95	19	130	20	156	20	175	20
西 藏	141	13	162	16	181	17	190	18
陕 西	174	11	392	6	435	6	540	7
甘 肃	96	18	133	19	152	21	168	21
青 海	200	9	206	13	217	16	220	17
宁 夏	140	14	236	12	276	11	307	13
新 疆	452	3	725	4	811	4	949	4

表 3-4 各地区牛奶人均占有量及位次

单位：千克/人

地 区	1995		2000		2001		2002	
	指标值	位 次	指标值	位 次	指标值	位 次	指标值	位 次
全国平均	**4.8**		**6.6**		**8.0**		**10.2**	
北 京	17.3	7	23.0	7	31.0	7	39.3	7
天 津	11.4	9	16.8	8	24.0	8	33.4	8
河 北	5.1	11	12.6	10	16.8	10	20.4	9
山 西	8.5	10	10.3	12	11.6	12	13.6	12
内蒙古	21.4	6	33.7	6	44.7	4	69.5	2
辽 宁	4.2	13	4.5	16	5.8	16	6.7	14
吉 林	3.9	15	5.3	13	5.9	14	6.7	15
黑龙江	44.6	2	41.3	3	49.6	2	61.8	3
上 海	15.7	8	16.5	9	16.1	9	17.3	10
江 苏	1.4	21	3.5	17	4.8	17	6.1	17
浙 江	2.1	18	2.4	21	3.8	19	4.8	18
安 徽	0.4	26	0.7	27	0.9	27	1.2	27
福 建	1.9	20	2.8	20	3.2	21	4.0	21
江 西	0.8	23	1.3	24	1.4	25	1.9	24
山 东	2.1	19	5.1	15	6.8	13	10.0	13
河 南	0.6	25	1.7	23	2.8	22	3.8	22
湖 北	0.7	24	0.9	26	1.5	24	1.7	25
湖 南	0.1	30	0.2	30	0.3	30	0.5	30
广 东	0.8	22	1.2	25	1.3	26	1.4	26
广 西	0.2	28	0.4	29	0.4	29	0.6	29
海 南					0.0	31	0.0	31
重 庆			1.8	22	2.2	23	2.6	23
四 川	2.5	16	3.4	18	3.8	18	4.5	19
贵 州	0.4	27	0.5	28	0.5	28	0.7	28
云 南	2.4	17	3.1	19	3.6	20	4.1	20
西 藏	59.2	1	62.5	1	68.8	1	71.7	1
陕 西	5.0	12	10.9	11	11.9	11	14.7	11
甘 肃	4.0	14	5.2	14	41.5	15	6.5	16
青 海	41.9	3	40.1	4	5.9	6	41.9	6
宁 夏	27.5	4	42.7	2	49.0	3	54.2	4
新 疆	27.5	5	39.2	5	43.4	5	50.2	5

表 3-5 各地区乳牛年末存栏数及位次

单位：千头

地 区	1995		2000		2001		2002	
	指标值	位 次	指标值	位 次	指标值	位 次	指标值	位 次
全国总计	**4 172**		**4 887**		**5 662**		**6 873**	
北 京	57	14	95	10	128	8	151	8
天 津	27	19	46	19	71	17	98	16
河 北	643	4	612	4	766	3	944	3
山 西	106	6	127	7	141	7	176	7
内蒙古	710	3	719	2	747	4	984	2
辽 宁	64	11	80	12	106	12	120	14
吉 林	51	15	80	13	80	15	90	17
黑龙江	854	1	698	3	778	2	933	4
上 海	62	12	58	18	60	18	60	20
江 苏	29	18	68	15	109	11	128	13
浙 江	30	17	40	21	56	19	67	19
安 徽	14	27	20	25	28	24	28	25
福 建	21	23	36	23	45	22	58	21
江 西	22	21	30	24	25	25	26	27
山 东	84	7	211	5	293	5	390	5
河 南	21	24	67	16	123	9	145	9
湖 北	22	22	64	17	55	21	54	22
湖 南	16	25	7	29	15	28	21	28
广 东	26	20	37	22	43	23	44	23
广 西	5	28	10	27	12	29	16	29
海 南								
重 庆			16	26	23	26	27	26
四 川	37	16	43	20	56	20	84	18
贵 州	15	26	8	28	10	30	14	30
云 南	76	10	104	9	106	13	130	12
西 藏					19	27	35	24
陕 西	81	9	157	6	195	6	243	6
甘 肃	220	5	71	14	100	14	131	11
青 海	84	8	115	8	120	10	140	10
宁 夏	60	13	81	11	76	16	102	15
新 疆	734	2	1 189	1	1 278	1	1 436	1

表3-6 各地区每万人占有乳牛数量及位次

单位：头/万人

地区	1995		2000		2001		2002	
	指标值	位次	指标值	位次	指标值	位次	指标值	位次
全国平均	**34**		**39**		**44**		**54**	
北京	46	8	69	7	93	7	108	8
天津	29	11	46	8	71	9	97	9
河北	100	6	91	6	114	6	141	6
山西	34	10	39	10	43	11	54	11
内蒙古	311	2	303	2	314	2	414	2
辽宁	16	15	19	16	25	16	29	17
吉林	20	13	29	12	30	15	33	15
黑龙江	231	3	189	4	204	4	245	4
上海	44	9	35	11	37	13	37	14
江苏	4	21	9	19	15	18	17	18
浙江	7	17	9	20	12	21	14	21
安徽	2	26	3	26	4	27	4	27
福建	6	18	10	18	13	19	17	19
江西	5	19	7	21	6	25	6	25
山东	10	16	23	15	32	14	43	13
河南	2	27	7	22	13	20	15	20
湖北	4	22	11	17	9	22	9	23
湖南	3	25	1	30	2	30	3	30
广东	4	23	4	25	6	26	6	26
广西	1	29	2	28	3	29	3	29
海南								
重庆			5	23	7	23	9	24
四川	3	24	5	24	6	24	10	22
贵州	4	20	2	27	3	28	4	28
云南	19	14	24	14	25	17	30	16
西藏					72	8	132	7
陕西	23	12	44	9	53	10	66	10
甘肃	90	7	28	13	39	12	51	12
青海	175	4	222	3	229	3	266	3
宁夏	117	5	144	5	135	5	180	5
新疆	442	1	618	1	681	1	760	1

表 3-7　各地区农民人均出售牛羊奶量

单位：千克/人

地　区	1995	2000	2001	2002
全国平均	**8.49**	**2.67**	**3.65**	**4.87**
北　京			1.81	8.05
天　津	57.67		9.06	14.91
河　北	5.46	2.96	5.82	7.59
山　西	1.95	3.31	5.83	6.67
内蒙古	10.16	9.74	18.66	30.09
辽　宁		1.93	0.03	0.04
吉　林	4.37	0.16	0.15	1.3
黑龙江	55.71	7.11	14.37	21.61
上　海				
江　苏		1.04	1.00	3.62
浙　江	9.05	3.41	4.26	2.93
安　徽				
福　建	0.74	0.48	0.61	0.64
江　西		0.10	0.09	1.43
山　东	0.77	3.89	5.15	5.41
河　南	5.54			
湖　北	0.77			
湖　南				
广　东	1.13	0.02	0.05	0.05
广　西				
海　南				
重　庆		0.01		
四　川			0.01	0.05
贵　州				
云　南	21.99	3.34	4.45	8.17
西　藏	3.14	0.28	0.19	0.14
陕　西	26.35	7.83	8.79	9.34
甘　肃	0.21	0.42	1.17	1.13
青　海	9.84	3.85	4.74	6.07
宁　夏	251.26	87.71	76.36	78.64
新　疆	26.78	4.00	7.71	10.78

表 3-8 主要城市人均奶类占有量（一）

单位：千克/人

城市	1995	1998	1999	2000	2001
北 京	**19**	**19**	**19**	**28**	**38.23**
天 津	**12**	**13**	**14**	**18**	**26.32**
河 北	**6**	**10**	**12**	**14**	**18.80**
石家庄	17	26	29	33	39.02
唐 山	17	31	41	49	59.44
秦皇岛	9	12	13	14	13.55
邯 郸	2	3	3	4	4.37
邢 台	3	5	6	8	10.77
保 定	2	3	4	6	9.07
张家口	8	11	12	16	20.05
承 德	4	5	8	11	12.63
沧 州	1	1	1	2	3.00
廊 坊	2	4	4	4	5.50
衡 水	2	1	1	1	
山 西	**13**	**16**	**17**	**12**	**13.84**
太 原	13	15	15	15	16.42
大 同	8	8	8	8	8.61
阳 泉	2	2	2	2	2.50
长 治	2	1	1	1	1.82
晋 城		0	1	1	1.05
朔 州	88	108	113	128	146.36
晋 中				10	12.10
运 城	2			1	1.58
忻 州	79			13	11.47
临 汾	4			7	6.95
内蒙古	**20**	**22**	**21**	**29**	**53.41**
呼和浩特	42	62	73	112	188.90
包 头	11	12	13	15	25.43
乌 海	2	2	3	3	3.38
赤 峰	9	9	8	8	7.49
通 辽	5		14	17	20.03
辽 宁	**5**	**5**	**5**	**5**	**6.42**
沈 阳	9	8	7	8	9.51
大 连	9	10	11	12	13.10
鞍 山	1	2	2	2	2.43
抚 顺	7	10	8	7	7.91
本 溪	2	1	1	3	4.39
丹 东	2	2	2	3	3.64
锦 州	5	6	5	6	7.06
营 口	1	1	2	2	3.01
阜 新	5	5	3	6	4.43

表 3-8　主要城市人均奶类占有量（二）

单位：千克/人

城　市	1995	1998	1999	2000	2001
辽　阳	1	1	2	2	3.71
盘　锦	4	5	4	6	6.34
铁　岭	3	3	3	4	7.45
朝　阳	2	2	2	2	2.08
葫芦岛					2.02
吉　林	**5**	**5**	**6**	**6**	**8.71**
长　春	6	7	7	6	7.47
吉　林	4	5	6	6	7.84
四　平	8	10	13	14	20.51
辽　源	2	2	3	3	5.07
通　化	2		1	1	1.21
白　山		1	0	1	1.24
松　原	3	4	4	6	8.76
白　城	5	6	8	7	11.46
黑龙江	**49**	**34**	**34**	**43**	**49.90**
哈尔滨	28	36	39	47	55.39
齐齐哈尔	58	40	41	46	58.64
鸡　西	55	48	42	52	60.07
鹤　岗	29	45	48	53	69.93
双鸭山	12	10	9	9	16.07
大　庆	84	69	68	69	96.53
伊　春	10	8	7	10	8.59
佳木斯	12	7	6	7	6.48
七台河	3	5	4	4	4.81
牡丹江	5	5	5	6	4.35
黑　河	54	61	59	63	54.67
绥　化	17			65	68.84
上　海	**19**	**19**	**20**	**20**	**19.62**
江　苏	**1**	**2**	**2**	**4**	**5.61**
南　京	6	6	8	12	16.21
无　锡	5	4	6	11	18.53
徐　州	3	4	4	7	9.21
常　州	1	1	1	1	1.61
苏　州	2	4	5	8	13.86
南　通	1		1	1	0.75
连云港	1	1	2	1	1.83
淮　安			2	2	2.31
盐　城			0	1	0.73
扬　州			1	1	2.08
镇　江	1		0	2	3.79
泰　州			0	1	1.30
宿　迁			0	0	0.09

表 3-8 主要城市人均奶类占有量（三）

单位：千克/人

城　市	1995	1998	1999	2000	2001
浙　江	**2**	**2**	**2**	**2**	**3.28**
杭　州	7	5	6	6	7.21
宁　波	1	1	1	2	2.05
温　州	2	1	1	1	1.90
嘉　兴	1	1	0	0	0.67
湖　州			0	0	0.39
绍　兴			0	0	0.21
金　华	4	5	6	9	13.51
衢　州	1		0	1	0.68
舟　山	1	1	1	1	1.45
台　州	1	1	1	1	1.72
丽　水	1			0	0.17
安　徽	**1**	**1**	**1**	**1**	**0.87**
合　肥	2	2	2	3	3.40
芜　湖	1	1	1	1	0.87
蚌　埠	1	1	1	1	1.18
淮　南	5	5	6	6	8.76
马鞍山		1	1	1	0.92
淮　北			1	1	1.52
铜　陵			0	0	0.27
安　庆			0	0	0.03
黄　山			0	0	0.03
滁　州			0	1	0.68
阜　阳			0	0	0.08
宿　州			0	0	0.21
巢　湖			0	0	0.03
六　安			0	0	0.37
亳　州				0	0.60
池　州				0	0.00
宣　城				0	0.17
福　建	**2**	**2**	**3**	**3**	**3.43**
福　州	6	6	6	7	6.83
厦　门		1	1	1	1.41
莆　田	6	4	5	5	5.32
三　明		1	1	1	1.36
泉　州	1	1	1	1	1.06
漳　州	1	1	1	1	1.37
南　平	1	1	4	8	11.59
龙　岩			0	0	0.37
宁　德	1			1	0.71
江　西	**1**	**3**	**2**	**1**	**1.41**
南　昌	6	10	10	11	11.52
景德镇			0	0	0.04
萍　乡	0		0	0	0.22

表 3-8 主要城市人均奶类占有量（四）

单位：千克/人

城 市	1995	1998	1999	2000	2001
九 江			0	0	0.31
新 余			0	0	0.19
鹰 潭			0	0	0.42
赣 州			0	0	0.18
吉 安	1			0	0.18
宜 春				0	0.07
抚 州				1	0.94
上 饶				0	0.01
山 东	**9**	**7**	**8**	**8**	**10.03**
济 南	7	11	11	13	13.43
青 岛	20	24	27	33	38.16
淄 博	4	7	5	6	8.58
枣 庄	8	1	2	2	2.54
东 营	3	6	6	5	6.15
烟 台	18	9	12	14	19.80
潍 坊	11	10	10	12	17.11
济 宁	2	1	2	3	3.79
泰 安	7	1	2	2	3.31
威 海	34	35	39	32	35.32
日 照	4	1	1	1	0.79
莱 芜	3		0	1	0.76
临 沂	6	2	2	2	2.59
德 州		1	1	1	3.89
聊 城	1	1	1	1	1.56
滨 州	6			4	7.05
菏 泽	1			0	1.09
河 南	**2**	**2**	**2**	**2**	**3.01**
郑 州	7	7	7	8	9.72
开 封	3	3	4	4	5.75
洛 阳	2	2	3	4	5.82
平顶山			1	1	0.96
安 阳	1		1	1	1.63
鹤 壁		1	1	1	2.74
新 乡		1	1	2	4.27
焦 作	1	1	0	1	1.60
濮 阳			0	1	2.06
许 昌			0	1	1.27
漯 河			0	1	3.38
三门峡	1	1	3	2	3.04
南 阳	2	3	4	5	5.78
商 丘	1	1	2	2	2.45
信 阳	1		0	0	0.12
周 口	1				0.27
驻马店	1				0.50

表3-8 主要城市人均奶类占有量（五）

单位：千克/人

城市	1995	1998	1999	2000	2001
湖北	**1**	**1**	**1**	**1**	**1.71**
武汉	4	4	4	6	9.22
黄石			0	0	0.34
十堰			0	0	0.25
宜昌			1	1	1.79
襄樊			0	0	0.24
鄂州			0	0	0.05
荆门	3		1	1	0.42
孝感			0	0	0.00
荆州			0	0	0.00
黄冈			0	0	0.42
咸宁	3		1	1	1.15
随州				0	0.06
湖南			**0**	**0**	**0.28**
长沙	1		0	0	0.97
株洲			0	0	0.12
湘潭			0	0	0.66
衡阳			0	0	0.05
邵阳			1	1	1.13
岳阳			0	0	0.02
常德			0	0	0.09
张家界			0	0	0.03
益阳			0	0	0.02
郴州			0	0	0.04
永州			0	0	0.03
怀化			0	0	0.04
娄底			0	0	0.01
广东	**1**	**1**	**1**	**1**	**1.33**
广州	4	5	5	6	6.66
韶关			0	0	0.18
深圳	20	17	19	20	16.79
珠海	1	1	4	6	7.35
汕头		2	1	1	1.42
佛山	1	1	1	2	1.32
江门			0	0	0.02
湛江			0	0	0.25
茂名			0	0	0.12
肇庆			0	0	0.42
惠州			0	1	0.70
梅州			0	0	0.58
汕尾			0	0	0.00
河源			0	0	0.19
阳江			0	0	0.00
清远			0	0	0.11
东莞			0	1	0.17

表 3-8　主要城市人均奶类占有量（六）

单位：千克/人

城　市	1995	1998	1999	2000	2001
中　山			0	0	0.02
潮　州			0	0	0.10
揭　阳	1	1	1	1	0.57
云　浮			0	0	0.03
广　西			**0**	**1**	**0.68**
南　宁	2	2	2	2	2.46
柳　州	1	1	2	3	3.03
桂　林	1		0	1	0.50
梧　州			0	0	0.18
北　海			0	0	0.32
防城港			0	0	0.20
钦　州			0	0	0.09
贵　港	1		0	0	0.30
玉　林			0	0	0.23
海　南			**0**	**0**	**0.24**
海　口			0	0	0.43
三　亚			0	0	0.00
重　庆	**3**	**2**	**2**	**2**	**2.19**
四　川	**1**	**1**	**1**	**1**	**1.85**
成　都	4	4	4	5	6.16
自　贡	1	1	1	2	2.02
攀枝花	1	1	1	1	1.66
泸　州			0	1	0.68
德　阳	1	1	1	1	1.53
绵　阳	1	1	1	2	2.41
广　元			0	0	0.57
遂　宁			0	0	0.18
内　江			0	1	0.83
乐　山	1		0	0	0.47
南　充			1	1	1.17
眉　山				3	5.24
宜　宾	2		0	0	0.59
广　安			0	0	0.21
达　州			1	1	0.84
雅　安	13			5	5.05

表3-8 主要城市人均奶类占有量（七）

单位：千克/人

城市	1995	1998	1999	2000	2001
巴中				0	0.08
资阳				0	0.42
贵州	**1**	**1**	**1**	**1**	**1.36**
贵阳	6	4	4	4	4.74
六盘水			0	0	0.11
遵义	5	1	1	1	0.65
安顺				0	0.21
云南	**5**	**4**	**5**	**4**	**4.09**
昆明	10	12	11	12	14.58
曲靖	1	1	1	1	1.15
玉溪	1		0	0	0.35
保山					0.51
陕西	**14**	**18**	**18**	**19**	**19.29**
西安	21	26	31	36	36.76
铜川		1	0	0	2.54
宝鸡	17	26	28	33	39.96
咸阳	15	28	29	33	34.45
渭南	11	16	16	17	18.27
延安	1	1	1	1	1.06
汉中	4	1	1	1	1.47
榆林	18		5	5	5.05
安康				0	0.11
甘肃	**4**	**4**	**4**	**4**	**5.17**
兰州	8	9	9	10	11.33
嘉峪关		4	5	5	6.58
金昌	2	4	5	6	14.81
白银		1	1	1	1.02
天水			1	1	0.88
青海	**18**	**18**	**17**	**22**	**23.46**
西宁	19	18	17	22	23.46
宁夏	**58**	**53**	**58**	**66**	**72.82**
银川	53	55	54	58	71.47
石嘴山	5	8	10	9	10.28
吴忠	212	69	79	91	94.73
新疆	**23**	**13**	**12**	**14**	**13.72**
乌鲁木齐	15	14	14	15	15.08
克拉玛依	6	5	5	6	5.62

表 3-9 全国主要养殖基地县乳牛存栏数（一）

单位：头

县（区）	全群		成乳牛		序号
	2001	2002	2001	2002	
北京					
农垦系统	31 358	31 668	18 193	17 581	28
大兴区	19 185	23 521	13 539	17 167	40
延庆县	10 072	20 184	7 748	13 456	44
密云县	13 920	16 096	7 652	11 648	54
顺义区	12 493	15 254	9 186	9 290	56
怀柔区	8 433	10 006	4 537	5 056	82
房山区	7 495	8 733	3 809	4 631	93
天津					
武清区	20 079	33 092	14 748	22 502	26
农垦系统	16 575	19 048	10 501	11 122	47
宁河县	10 030	15 299	5 240	7 435	55
北辰区	10 081	13 281	8 350	8 765	62
静海县	6 022	9 399	3 844	5 634	87
河北					
唐山市丰润区	53 700	64 100	35 000	46 500	7
唐山市滦南县	35 400	47 300	19 600	30 100	17
石家庄市行唐县	34 000	37 000	15 700	15 600	23
唐山市丰南区	24 200	30 300	13 100	17 200	31
唐山市遵化市	11 400	14 000	6 700	8 100	58
石家庄市鹿泉市	9 678	11 205	6 870	7 540	74
唐山市开平区	8 900	9 600	5 400	6 300	84
唐山市乐亭县	7 300	8 500	3 400	4 300	96
山西					
朔州市山阴县	48 654	51 000	37 079	42 175	16
忻州市忻府区	1 075	12 932	6 015	6 337	64
朔州市应县	9 490	12 337	3 900	6 169	68
朔州市朔城区	8 688	9 217	6 022	6 368	88
内蒙古					
呼和浩特市赛罕区	40 432	63 248	26 141	42 008	8
呼和浩特市土默特左旗	40 812	62 041	27 231	41 872	9
呼和浩特市和林格尔县	25 208	40 327	16 211	27 500	21
呼和浩特市托克托县	18 003	28 000	11 702	19 919	35
呼和浩特市玉泉区	10 971	17 148	7 740	10 612	52
辽宁					
沈阳市东陵区	7 314	8 628	5 178	6 358	94
吉林					
四平市犁树县	16 056	11 458	9 814	8 868	72
黑龙江					
哈尔滨市双城市	120 800	137 980	65 902	92 416	1
绥化市安达市	85 436	89 055	48 681	50 264	3
绥化市肇乐市	61 432	75 087	28 287	49 107	4
大庆市杜蒙县	47 006	70 100	30 928	42 058	5

注：此表依据 2002 年乳牛年末数排序。

表 3-9　全国主要养殖基地县乳牛存栏数（二）

单位：头

县（区）	全群		成乳牛		序号
	2001	2002	2001	2002	
齐齐哈尔富裕县	50 489	66 366	28 657	41 216	6
齐齐哈尔郊区	49 483	61 390	30 295	41 901	10
哈尔滨市郊区		35 000			25
大庆市郊区	19 638	31 756	12 484	19 144	27
大庆市林甸县	23 890	30 210	15 449	19 521	32
哈尔滨市呼兰县	16 000	18 000	10 167	13 623	50
大庆市肇州县	7 888	12 837	5 494	9 497	65
绥化市海伦市	12 500	12 274	6 990	8 445	69
齐齐哈尔市泰来县	7 715	10 554	4 544	5 717	77
齐齐哈尔市甘南县	8 140	10 512	5 486	6 797	78
黑河市北安市	6 351	9 596	4 168	5 651	85
哈尔滨市阿城市		9 000			89
齐齐哈尔龙江县	8 279	8 404	5 028	5 080	99
双鸭山市郊区	7 068	8 279	5 562	5 900	100
上　海					
农垦系统	22 829	22 265	13 580	12 857	41
江　苏					
徐州市铜山县	11 000	20 100			45
南京市江宁区	9 060	11 062			73
无锡市锡山区	8 900	10 000			83
南京市栖霞区	7 250	8 996			90
浙　江					
金华市婺城区	10 800	12 500	7 900	8 700	67
金华市金东区	10 300	11 900	6 200	6 500	70
福　建					
南平市延平区	11 438	17 066	9 176	10 229	53
南平市建瓯市		8 601		1 989	95
江　西					
南昌市昌北区	11 110	8 900	5 730	6 200	91
山　东					
青岛市莱西市	26 000	41 000	20 300	25 000	20
青岛市即墨市	11 056	14 216	8 824	8 835	57
青岛市胶州市	13 200	13 400	5 050	5 080	60
青岛市胶南市	7 214	10 786	4 785	5 828	76
湖　北					
武汉市东西湖区	8 400	9 579	6 100	6 188	86
湖　南					
邵阳市城步苗族自治县	8 500	10 200	5 950	7 140	80
广　东					
深圳市宝安区		11 000			75
云　南					
大理州洱源县	51 537	57 576	36 544	39 238	12
大理州大理市	9 719	11 745	4 094	7 712	71

表 3-9　全国主要养殖基地县乳牛存栏数（三）

单位：头

县（区）	全群		成乳牛		序号
	2001	2002	2001	2002	
西　藏					
拉萨市当雄县	50 282	51 031	15 604	1 888	15
拉萨市林周县	27 495	27 641	10 173	10 227	36
拉萨市墨竹工卡县	24 638	24 932	4 116	9 224	37
拉萨市堆龙德庆县	19 784	18 490	3 320	6 841	48
拉萨市尼木县	18 163	17 941	5 720	6 638	51
陕　西					
咸阳市泾阳县	27 000	35 000	10 800	25 500	24
西安市临潼区	21 960	23 577	17 200	18 582	39
咸阳市乾县	16 579	20 647	7 600	7 912	42
宝鸡市陇县	15 548	19 868	10 255	12 777	46
宝鸡市千阳县	9 146	13 834	6 530	9 430	59
西安市阎良区	8 856	10 334	6 071	6 448	79
宝鸡市宝鸡县	9 230	10 058	7 349	7 712	81
宝鸡市岐山县	5 259	8 779	3 612	4 721	92
宝鸡市凤翔县	6 522	8 473	4 502	5 047	97
西安市高陵县	5 969	8 422	4 878	7 121	98
青　海					
西宁市大通县	45 500	119 200	59 000	60 400	2
西宁市湟中县	56 200	57 700	2 900	28 200	11
西宁市湟源	31 900	30 900	13 300	14 100	30
宁　夏					
吴忠市利通区	34 111	40 286	24 000	24 171	22
银川市郊区	10 432	13 314	6 077	8 509	61
银川市灵武市	11 760	13 050	7 926	8 350	63
新　疆					
伊犁州新源县		54 900			13
伊犁州昭苏县		52 000			14
伊犁州尼勒克县		45 500			18
伊犁州伊宁县		45 100			19
伊犁州伊宁市		31 300			29
昌吉州呼图壁县		29 000			33
昌吉州昌吉市		28 200			34
伊犁州特克斯县		24 700			38
昌吉州玛纳斯县		20 500			43
伊犁州察布查尔县		18 400			49
巴音郭楞州焉耆县		12 600			66

表 3-10　全国主要养殖基地县牛奶产量（一）

单位：吨、千克/年·头

县（区）	牛奶产量		单　产		序　号
	2001	2002	2001	2002	
北　京					
农垦系统	140 614	147 125	7 650	8 545	8
大兴区	63 340	100 062	6 461	6 526	15
顺义区	44 260	68 644	6 169	6 716	22
密云县	42 070	62 876	5 001	7 410	24
延庆县	19 880	42 007	3 066	6 096	31
怀柔区	27 440	32 549	7 081	4 344	48
房山区	14 680	23 213	7 081	6 826	72
昌平区	20 620	20 617	6 278	5 833	83
天　津					
武清区	71 857	113 608	6 378	6 099	13
农垦系统	71 082	74 883	6 976	6 925	21
北辰区	39 474	53 750	5 390	6 280	27
宁河县	22 125	38 725	6 100	6 109	38
静海县	23 733	29 546	7 057	6 234	55
河　北					
唐山市丰润区	106 727	130 858	3 049	3 008	10
唐山市滦南县	70 655	93 330	3 600	3 100	16
石家庄市行唐县	65 000	82 000	4 140	5 256	18
唐山市丰南区	30 715	40 645	2 345	2 363	33
石家庄市鹿泉市	23 863	30 450	3 474	4 038	52
唐山市开平区	22 404	28 516	4 148	4 526	56
石家庄市藁城市	18 800	24 370	6 714	6 093	67
石家庄市栾城县	14 900	21 000	3 771	5 250	79
石家庄市正定县	24 000	20 695	7 453	4 927	81
唐山市遵化市	14 489	17 821	2 162	2 200	98
山　西					
朔州市山阴县	170 263	177 002	4 592	4 197	4
忻州市忻府区	24 536	26 909	4 079	4 246	60
太原市小店区	14 532	25 618	7 893	6 528	63
朔州市朔城区	19 088	20 185	3 170	3 170	86
朔州市应县	13 814	19 332	3 542	3 134	91
太原市清徐县	16 439	18 802	6 907	6 337	95
辽　宁					
沈阳市于洪区	18 937	32 172	4 590	5 943	49
沈阳市东陵区	23 774	28 000	4 591	4 403	58
沈阳市新城子区	20 552	26 814	4 589	4 600	61
大连市金州区	32 482	23 282	9 569	4 938	71
沈阳市农垦系统	13 534	19 467	4 063	6 376	90
大连市旅顺口区	9 721	18 269	2 395	6 543	97

注：此表依据 2002 年牛奶产量排序。

表 3-10 全国主要养殖基地县牛奶产量（二）

单位：吨、千克/年·头

县（区）	牛奶产量		单产		序号
	2001	2002	2001	2002	
吉林					
四平市犁树县	51 448	55 525	5 242	6 261	26
黑龙江					
哈尔滨市双城市	335 460	471 321	5 000	5 000	1
绥化市肇东市	136 366	206 249	4 800	4 200	2
绥化市安达市	184 988	201 056	3 800	4 000	3
大庆市杜蒙县	113 434	175 027	3 600	4 100	5
齐齐哈尔市郊区	116 287	171 794	3 800	4 100	6
齐齐哈尔市富裕县	118 928	164 864	4 100	4 000	7
哈尔滨市郊区		130 000			11
大庆市郊区	66 499	89 412	5 300	4 600	17
大庆市林甸县	54 732	76 593	3 500	3 900	20
哈尔滨市呼兰县	49 166	51 865	4 800	3 800	29
大庆市肇州县	20 317	39 477	3 700	4 100	35
绥化市海伦市	32 889	32 990	4 700	3 900	47
鸡西市密山市	13 238	31 453	5 100	5 800	50
双鸭山市郊区	16 686	25 960	3 000	4 400	62
齐齐哈尔市泰来县	12 656	20 704	2 700	3 600	80
齐齐哈尔市龙江县	19 495	20 555	3 800	4 000	84
齐齐哈尔市甘南县	19 201	20 437	3 500	3 000	85
哈尔滨市阿城市		20 000			88
黑河市北安市	13 338	18 725	3 200	3 300	96
上海					
农垦系统	109 129	110 674	8 197	8 605	14
宝山区	23 797	30 032	7 537	7 774	54
南汇区	22 680	24 325	7 047	7 087	68
金山区	14 911	22 037	7 146	7 805	74
浦东新区	30 886	21 760	6 856	7 308	77
江苏					
徐州市铜山县	29 000	60 600			25
无锡市锡山区	30 000	39 400			36
南京市江宁区	24 446	36 210			42
南京市栖霞区	21 918	27 066			59
无锡市江阴市	15 300	23 800			69
苏州市张家港市	17 800	21 000			78
苏州市常熟市	18 000	20 000			87
浙江					
金华市婺城区	30 815	36 109			43
金华市金东区	32 152	36 000			44
福建					
南平市延平区	23 396	36 345	2 045	2 130	41

表 3-10 全国主要养殖基地县牛奶产量（三）

单位：吨、千克/年·头

县（区）	牛奶产量		单　产		序　号
	2001	2002	2001	2002	
江　西					
南昌市昌北区	35 798	41 350	6 250	6 670	32
山　东					
青岛市莱西市	72 000	114 800	3 547	4 592	12
青岛市即墨市	30 928	39 805	3 511	4 505	34
青岛市胶州市	34 375	37 520	6 807	7 386	40
青岛市胶南市	20 199	30 201	4 221	5 182	53
湖　北					
武汉市东西湖区	31 000	35 235	5 082	5 694	45
湖　南					
邵阳市城步苗族自治县	18 000	22 000	4 500	4 500	75
广　东					
深圳市宝安区		31 000			51
广州市天河区	22 588	21 900	5 200	5 400	76
重　庆					
渝北区	16 033	20 682	4 971	4 061	82
沙坪坝区	15 700	18 960	5 465	5 576	93
四　川					
成都市金牛区	10 453	17 712	4 835	4 995	99
云　南					
大理州洱源县	44 516	51 980	1 218	1 324	28
昆明市官渡区	25 020	19 611	5 150	4 930	89
陕　西					
西安市临潼区	75 558	79 845			19
咸阳市泾阳县	36 509	65 350			23
宝鸡市陇县	28 071	37 698			39
西安市阎良区	30 178	34 220			46
西安市高陵县	19 343	28 070			57
宝鸡市宝鸡县	23 967	24 751			66
咸阳市乾县	19 522	23 736			70
咸阳市武功县	27 730	23 180			73
宝鸡市凤翔县	9 806	17 664			100
青　海					
西宁市湟中县	18 809	24 827			65
西宁市大通县	14 222	18 895			94
宁　夏					
吴忠市利通区	117 150	138 000	5 500	5 500	9
银川市郊区	30 397	42 471	5 007	5 130	30
银川市灵武市	34 600	39 000	4 378	4 900	37
银川市永宁县	20 442	25 120	4 970	5 460	64
吴忠市青铜峡市	19 224	19 224	4 754	4 754	92

表 3-11　各地区奶牛饲养规模情况（一）

单位：户、头、吨

地　区	年存栏数 1～4 头			年存栏数 5～19 头		
	场（户）数	年存栏数	牛奶产量	场（户）数	年存栏数	牛奶产量
全国总计	**1 140 022**	**3 042 197**	**4 951 102**	**200 083**	**1 991 830**	**3 665 841**
北　京	2 439	6 696	16 886	1 296	16 880	59 157
天　津	437	1 008	3 426	1 069	10 531	40 521
河　北	171 331	386 682	692 345	22 764	237 457	477 537
山　西	54 625	101 304	284 799	5 054	31 497	85 493
内蒙古	161 621	497 061	894 710	34 065	265 580	478 044
辽　宁	11 076	25 276	45 497	4 464	46 779	98 864
古　林	13 915	29 958	60 496	4 043	46 376	75 466
黑龙江	119 821	305 580	676 438	36 060	345 146	878 373
上　海						
江　苏	9 430	27 553	82 216	3 303	33 529	111 852
浙　江	5 553	16 522	43 172	1 372	10 962	31 242
安　徽	1 127	3 965	8 678	525	5 951	15 274
福　建	7 118	15 374	34 956	821	8 136	21 911
江　西	2 884	6 132	12 672	335	3 146	12 488
山　西	55 983	130 442	442 294	11 998	127 931	351 964
河　南	14 875	36 960	124 046	3 725	30 976	98 370
湖　北	11 411	27 387	38 440	331	3 891	8 789
湖　南	450	1 403	2 264	1 441	10 192	21 485
广　东	416	1 035	2 600	320	5 431	13 466
广　西	2 078	4 677	4 175	227	2 225	4 775
海　南	13	39	61	8	40	17
重　庆	6 748	13 739	48 039	920	8 196	22 138
四　川	12 203	29 465	180 310	1 584	15 163	98 267
贵　州	1 341	2 872	5 928	213	1 706	3 966
云　南	52 950	86 048	95 202	1 255	10 799	27 666
西　藏	66 069	185 929	101 336	14 236	149 196	87 938
陕　西	80 283	166 594	349 847	3 957	41 991	92 380
甘　肃	8 880	24 601	68 249	2 387	18 322	65 502
青　海	7 593	30 086	21 062	5 960	107 289	75 102
宁　夏	18 621	41 569	125 654	3 547	30 428	90 925
新　疆	238 731	836 240	485 304	32 803	366 084	216 870

表 3-11 各地区奶牛饲养规模情况（二）

单位：户、头、吨

地 区	年存栏数 20～99 头			年存栏数 100～199 头		
	场（户）数	年存栏数	牛奶产量	场（户）数	年存栏数	牛奶产量
全国总计	**25 698**	**950 090**	**2 115 959**	**1 789**	**243 137**	**673 210**
北 京	580	21 498	72 704	168	22 893	85 462
天 津	864	31 201	109 019	55	7 737	28 830
河 北	4 200	151 157	325 398	205	26 911	64 978
山 西	827	32 851	48 198	30	3 381	10 144
内蒙古	3 230	104 173	229 181	59	7 660	22 980
辽 宁	792	29 600	74 000	30	4 303	12 909
吉 林	274	9 360	26 684	13	1 744	6 054
黑龙江	3 760	133 679	330 612	385	55 953	136 241
上 海	49	4 695	9 187	93	13 024	51 153
江 苏	917	33 017	111 219	77	10 760	37 573
浙 江	335	13 720	45 550	42	5 634	21 409
安 徽	109	4 593	12 513	13	1 894	3 935
福 建	134	4 434	14 039	17	2 231	5 715
江 西	64	1 898	5 630	9	915	2 730
山 东	1 700	67 091	213 555	99	12 701	41 561
河 南	602	22 953	72 530	40	5 827	17 179
湖 北	330	13 216	26 501	30	3 658	9 373
湖 南	89	4 128	6 239	14	2 023	2 323
广 东	292	10 211	25 412	18	3 257	8 100
广 西	74	2 337	4 913	8	1 028	2 658
海 南				1	166	260
重 庆	46	1 763	4 630	2	245	328
四 川	334	10 308	70 109	25	3 254	22 152
贵 州	18	619	1 207	7	1 043	3 187
云 南	214	8 894	12 326	14	1 786	3 367
西 藏	263	15 675	3 555			
陕 西	461	19 963	43 919	25	3 689	8 116
甘 肃	150	5 176	12 700	39	4 497	3 735
青 海						
宁 夏	390	14 982	50 932	29	3 593	10 759
新 疆	4 600	176 898	153 498	242	31 330	50 000

表 3-11　各地区奶牛饲养规模情况（三）

单位：户、头、吨

地　区	年存栏数 200～499 头			年存栏数 500～999 头			年存栏数 1 000 头以上		
	场（户）数	年存栏数	牛奶产量	场（户）数	年存栏数	牛奶产量	场（户）数	年存栏数	牛奶产量
全国总计	**650**	**193 814**	**603 855**	**262**	**172 991**	**605 886**	**112**	**198 488**	**658 050**
北　京	88	28 456	86 174	40	29 438	124 100	21	27 893	104 273
天　津	18	5 412	18 704	22	13 786	46 076	6	9 060	33 566
河　北	61	19 083	45 684	14	8 854	26 860	1	2 800	9 000
山　西	12	3 372	8 523	2	1 134	3 515	2	2 085	6 473
内蒙古	18	4 379	18 392				1	1 900	8 690
辽　宁	18	5 482	16 446	9	5 640	16 920	2	3 319	16 595
吉　林	2	432	1 230	1	960	3 840	1	1 240	4 960
黑龙江	132	35 572	89 200	49	27 065	69 664	17	31 556	81 875
上　海	55	16 136	68 290	23	16 236	79 402	7	10 209	53 160
江　苏	35	10 619	57 524	12	8 592	66 139	5	10 083	36 030
浙　江	19	5 856	24 011	9	6 556	26 880	4	7 250	30 450
安　徽	1	315	820	9	5 950	17 849	4	5 232	14 696
福　建	20	6 244	13 728	15	9 442	14 286	10	15 350	37 433
江　西	2	810	1 560				2	12 699	48 488
山　东	41	12 812	40 905	9	6 411	21 327	4	7 212	31 767
河　南	26	7 391	20 949	8	5 160	17 856	2	5 066	24 134
湖　北	8	2 720	8 370	4	2 219	5 557	1	1 030	3 682
湖　南	5	1 582	2 074				2	4 949	13 572
广　东	7	2 216	5 600	9	7 750	17 920	5	13 900	35 150
广　西	11	3 238	8 547	4	2 577	5 135			
海　南									
重　庆				1	650	1 410			
四　川	10	3 573	25 906	1	900	7 042			
贵　州	2	744	1 788				1	3 573	13 942
云　南	3	822	1 879	5	3 259	10 978	2	5 018	17 185
西　藏									
陕　西	12	3 899	8 578	3	1 759	3 870	2	4 831	10 628
甘　肃	6	2 305	6 884	2	1 372	2 400	1	1 020	2 300
青　海									
宁　夏	9	2 246	9 090	2	1 544	6 862			
新　疆	29	8 098	13 000	9	5 737	10 000	9	11 213	20 000

Ⅳ. 牛奶生产成本收益

表 4-1 全国部分地区牛奶平均生产成本收益

按统一工价汇总

项目		单位	国营集体牛场 2001	国营集体牛场 2002	农村专业户 2001	农村专业户 2002
调查县数		个	55.00	56.00	48.00	64.00
调查户数		户	83.00	81.00	126.00	156.00
调查数量		头	37 123.00	42 451.00	3 315.00	3 453.00
平均饲养天数		天	365.00	365.00	365.00	365.00
每头	主产品产量	千克	6 000.10	6 031.60	5 120.60	5 225.70
	产值合计	元	13 313.77	13 967.77	9 085.48	9 975.25
	主产品产值	元	12 903.91	13 564.55	8 632.49	9 354.77
	副产品产值	元	409.86	403.22	452.99	620.48
	其他收入	元	23.63	12.88		
	生产成本	元	10 026.54	9 948.26	6 370.21	7 089.61
	物质费用	元	9 358.86	9 239.86	5 691.09	6 249.21
	用工作价	元	667.68	708.40	679.12	840.40
	用工数量	日	64.20	64.40	65.30	76.40
	劳动日工价	元	10.40	11.00	10.40	11.00
	期间费用	元	1 755.86	1 827.18	247.17	221.52
	税金	元	2.72	3.01	16.26	
	含税成本	元	11 785.12	11 778.45	6 633.64	7 311.13
	净产值	元	3 954.91	4 727.91	3 394.39	3 726.04
	减税纯收益	元	1 552.28	2 202.20	2 451.84	2 664.12
	成本纯收益率	%	13.17	18.70	36.96	36.44
	耗粮数量	千克	2 049.10	2 126.50	2 313.70	2 082.30
每50千克主产品	平均出售价格	元	107.53	112.45	84.29	89.51
	物质费用	元	75.59	74.39	52.80	56.08
	生产成本	元	80.98	80.09	59.10	63.62
	含税成本	元	95.18	94.82	61.54	65.60
	净产值	元	31.94	38.06	31.49	33.43
	减税纯收益	元	12.55	17.74	22.75	23.91
	耗粮数量	千克	17.10	17.60	22.60	19.90
每一劳动日	主产品产量	千克	93.50	93.70	78.40	68.40
	净产值	元	61.60	73.41	51.98	48.77
每核算单位成本外支出		元		82.07		1.79

表 4-2 部分地区国营集体牛场牛奶生产成本收益（一）

（2002 年）

按统一工价汇总

项目		单位	平均	北京	天津	河北	吉林	上海
调查县数		个	56.00	6.00	4.00	2.00	2.00	5.00
调查户数		户	81.00	12.00	4.00	2.00	2.00	15.00
调查数量		头	42 451.00	5 854.00	5 240.00	246.00	783.00	3 112.00
平均饲养天数		天	365.000	365.00	365.00	365.00	365.00	365.00
每头	主产品产量	千克	6 031.60	8 508.00	7 353.00	6 225.00	6 748.20	7 612.00
	产值合计	元	13 967.77	16 436.71	14 274.64	12 136.65	16 369.40	16 778.95
	主产品产值	元	13 564.55	16 348.81	14 026.49	11 993.98	16 175.50	16 471.90
	副产品产值	元	403.22	87.90	248.15	142.67	193.90	307.05
	其他收入	元	12.88					92.52
	生产成本	元	9 948.26	10 642.57	9 993.54	7 927.82	9 024.49	13 247.78
	物质费用	元	9 239.86	10 283.97	9 219.14	7 100.62	7 994.89	12 536.08
	用工作价	元	708.40	358.60	774.40	827.20	1 029.60	711.70
	用工数量	日	64.40	32.60	70.40	75.20	93.60	64.70
	劳动日工价	元	11.00	11.00	11.00	11.00	11.00	11.00
	期间费用	元	1 827.18	1 826.36	2 791.51	960.70	7 895.03	922.29
	税金	元	3.01					
	含税成本	元	11 778.45	12 467.93	12 785.05	8 888.52	16 919.52	14 170.07
	净产值	元	4 727.91	6 152.74	5 055.50	5 036.03	8 374.51	4 242.87
	减税纯收益	元	2 202.20	3 968.78	1 489.59	3 248.13	－550.12	2 701.40
	成本纯收益率	%	18.70	31.83	11.65	36.54	－3.25	19.06
	耗粮数量	千克	2 126.50	2 467.90	2 782.80	1 801.50	2 490.30	2 754.50
每 50 千克主产品	平均出售价格	元	112.45	96.08	95.38	96.34	119.85	108.20
	物质费用	元	74.39	60.11	61.60	56.36	58.54	80.84
	生产成本	元	80.09	62.21	66.77	62.93	66.07	85.43
	含税成本	元	94.82	72.88	85.43	70.56	123.88	91.38
	净产值	元	38.06	35.97	33.78	39.98	61.31	27.36
	减税纯收益	元	17.74	23.20	9.95	25.78	－4.03	17.43
	耗粮数量	千克	17.60	14.50	18.90	14.50	18.50	18.10
每一劳动日	主产品产量	千克	93.70	261.00	104.40	82.80	72.10	117.70
	净产值	元	73.41	188.73	71.81	66.97	89.47	65.58
每核算单位成本外支出		元	82.07					

表4-2 部分地区国营集体牛场牛奶生产成本收益（二）

（2002年）

按统一工价汇总

项目		单位	江苏	浙江	安徽	福建	山东	河南
调查县数		个	3.00	3.00	4.00	1.00	1.00	4.00
调查户数		户	3.00	4.00	4.00	3.00	2.00	5.00
调查数量		头	2 136.00	2 557.00	3 415.00	148.00	1 774.00	1 189.00
平均饲养天数		天	365.00	365.00	365.00	365.00	365.00	365.00
每头	主产品产量	千克	6 859.70	6 695.10	5 360.40	5 350.40	6 395.20	3 731.90
	产值合计	元	16 730.82	15 485.77	11 740.35	12 139.95	13 042.83	6 831.57
	主产品产值	元	16 512.34	15 220.68	11 386.47	11 342.85	12 150.88	6 610.95
	副产品产值	元	218.48	265.09	353.88	797.10	891.95	220.62
	其他收入	元	2.32	151.28	35.73			1.46
	生产成本	元	12 195.02	11 149.69	8 620.33	7 314.75	10 793.67	5 004.61
	物质费用	元	10 825.52	10 453.39	7 897.63	6 642.65	10 769.47	4 357.81
	用工作价	元	1 369.50	696.30	722.70	672.10	24.20	646.80
	用工数量	日	124.50	63.30	65.70	61.10	2.20	58.80
	劳动日工价	元	11.00	11.00	11.00	11.00	11.00	11.00
	期间费用	元	1 486.46	1 053.27	929.99	237.39	1 743.19	394.34
	税金	元						
	含税成本	元	13 681.48	12 202.96	9 550.32	7 552.14	12 536.86	5 398.95
	净产值	元	5 905.30	5 032.38	3 842.72	5 497.30	2 273.36	2 473.76
	减税纯收益	元	3 051.66	3 434.09	2 225.76	4 587.81	505.97	1 434.08
	成本纯收益率	%	22.31	28.14	23.31	60.75	4.04	26.56
	耗粮数量	千克	2 194.80	2 847.10	1 500.30	1 587.80	3 867.00	1 256.20
每50千克主产品	平均出售价格	元	120.36	113.67	106.21	106.00	95.00	88.57
	物质费用	元	77.88	76.73	71.45	58.00	78.44	56.50
	生产成本	元	87.73	81.84	77.98	63.87	78.62	64.88
	含税成本	元	98.42	89.57	86.40	65.94	91.31	70.00
	净产值	元	42.48	36.94	34.76	48.00	16.56	32.07
	减税纯收益	元	21.96	25.23	20.14	40.06	3.69	18.59
	耗粮数量	千克	16.00	21.30	14.00	14.80	30.20	16.80
每一劳动日	主产品产量	千克	55.10	105.80	81.60	87.60	2 906.90	63.50
	净产值	元	47.43	79.50	58.49	89.97	1 033.35	42.07
每核算单位成本外支出		元	498.89				15.27	

表 4-2 部分地区国营集体牛场牛奶生产成本收益（三）

（2002 年）

按统一工价汇总

项目		单位	湖北	广东	广西	海南	贵州	重庆
调查县数		个	1.00	1.00	1.00	1.00	1.00	1.00
调查户数		户	1.00	1.00	1.00	3.00	1.00	1.00
调查数量		头	3 500.00	874.00	190.00	108.00	3 375.00	254.00
平均饲养天数		天	365.00	365.00	365.00	365.00	365.00	365.00
每头	主产品产量	千克	6 500.00	4 431.00	3 170.00	2 492.00	5 300.00	5 110.00
	产值合计	元	14 465.00	14 855.17	13 634.00	11 994.25	25 580.00	11 242.00
	主产品产值	元	14 365.00	14 811.91	13 314.00	11 712.69	24 380.00	11 242.00
	副产品产值	元	100.00	43.26	320.00	281.56	1 200.00	
	其他收入	元						
	生产成本	元	11 505.00	12 650.36	9 698.00	6 821.28	14 996.00	9 513.73
	物质费用	元	10 801.00	12 221.36	8 928.00	5 930.28	14 061.00	8 309.23
	用工作价	元	704.00	429.00	770.00	891.00	935.00	1 204.50
	用工数量	日	64.00	39.00	70.00	81.00	85.00	109.50
	劳动日工价	元	11.00	11.00	11.00	11.00	11.00	11.00
	期间费用	元	1 047.00	2 261.89	4 166.00	5 340.00	1 750.00	541.15
	税金	元	29.00	32.06				
	含税成本	元	12 581.00	14 944.31	13 864.00	12 161.28	16 746.00	10 054.88
	净产值	元	3 664.00	2 633.81	4 706.00	6 063.97	11 519.00	2 932.77
	减税纯收益	元	1 884.00	−89.14	−230.00	−167.03	8 834.00	1 187.12
	成本纯收益率	%	14.97	−0.60	−1.66	−1.37	52.75	11.81
	耗粮数量	千克	2 360.00	999.00	1 265.60	1 106.10	2 996.00	1 565.70
每 50 千克主产品	平均出售价格	元	110.50	167.14	210.00	235.01	230.00	110.00
	物质费用	元	82.51	137.51	137.52	116.20	126.43	81.30
	生产成本	元	87.89	142.33	149.38	133.65	134.84	93.09
	含税成本	元	96.11	168.14	213.54	238.28	150.57	98.38
	净产值	元	27.99	29.63	72.48	118.81	103.57	28.70
	减税纯收益	元	14.39	−1.00	−3.54	−3.27	79.43	11.62
	耗粮数量	千克	18.20	11.30	20.00	22.20	28.30	15.30
每一劳动日	主产品产量	千克	101.60	113.60	45.30	30.80	62.40	46.70
	净产值	元	57.25	67.53	67.23	74.86	135.52	26.78
每核算单位成本外支出		元	88.00	753.45			450.00	

表 4-2 部分地区国营集体牛场牛奶生产成本收益（四）

（2002 年）　　按统一工价汇总

项目		单位	陕西	甘肃	青海	宁夏	新疆
调查县数		个	10.00	2.00	1.00	1.00	1.00
调查户数		户	10.00	4.00	1.00	1.00	1.00
调查数量		头	3 944.00	1 252.00	549.00	900.00	1 051.00
平均饲养天数		天	365.00	365.00	365.00	365.00	365.00
每头	主产品产量	千克	8 029.30	5 676.60	6 497.00	6 840.00	7 811.30
	产值合计	元	14 301.66	12 362.19	9 947.96	10 300.00	16 641.08
	主产品产值	元	14 282.54	10 442.97	9 745.50	10 260.00	15 622.60
	副产品产值	元	19.12	1 919.22	202.46	40.00	1 018.48
	其他收入	元					
	生产成本	元	11 541.75	6 957.30	9 282.12	5 936.76	14 048.87
	物质费用	元	11 097.35	6 677.90	8 624.32	5 606.76	12 937.87
	用工作价	元	444.40	279.40	657.80	330.00	1 111.00
	用工数量	日	40.40	25.40	59.80	30.00	101.00
	劳动日工价	元	11.00	11.00	11.00	11.00	11.00
	期间费用	元	745.04	2 454.01	1 123.27		529.79
	税金	元	5.09				
	含税成本	元	12 291.88	9 411.31	10 405.39	5 936.76	14 578.66
	净产值	元	3 204.31	5 684.29	1 323.64	4 693.24	3 703.21
	减税纯收益	元	2 009.78	2 950.88	−457.43	4 363.24	2 062.42
	成本纯收益率	%	16.35	31.35	−4.40	73.50	14.15
	耗粮数量	千克	3 169.60	2 118.10	1 863.00	1 460.00	2 329.20
每50千克主产品	平均出售价格	元	88.94	91.98	75.00	75.00	100.00
	物质费用	元	69.01	49.69	65.02	40.83	77.75
	生产成本	元	71.78	51.77	69.98	43.23	84.42
	含税成本	元	76.44	70.02	78.45	43.23	87.61
	净产值	元	19.93	42.29	9.98	34.17	22.25
	减税纯收益	元	12.50	21.96	−3.45	31.77	12.39
	耗粮数量	千克	19.70	18.70	14.30	10.70	14.90
每一劳动日	主产品产量	千克	198.70	223.50	108.60	228.00	77.30
	净产值	元	79.31	223.79	22.13	156.44	36.67
每核算单位成本外支出		元					

表 4-3 部分地区农村专业户牛奶生产成本收益（一）

（2002 年）

按统一工价汇总

项目		单位	平均	天津	河北	山西	内蒙古	黑龙江
调查县数		个	64.00	5.00	12.00	1.00	5.00	13.00
调查户数		户	156.00	9.00	25.00	3.00	24.00	36.00
调查数量		头	3 453.00	1 236.00	249.00	10.00	250.00	545.00
平均饲养天数		天	365.00	365.00	365.00	365.00	365.00	365.00
每头	主产品产量	千克	5 225.70	5 596.00	5 304.10	5 890.00	5 736.60	5 404.40
	产值合计	元	9 975.25	10 109.35	9 488.04	9 979.60	11 870.16	8 495.01
	主产品产值	元	9 354.77	9 624.40	8 433.97	9 659.60	10 709.07	7 906.87
	副产品产值	元	620.48	484.95	1 054.07	320.00	1 161.09	588.14
	其他收入	元						
	生产成本	元	7 089.61	6 946.95	5 986.08	7 158.30	6 665.97	5 807.61
	物质费用	元	6 249.21	6 483.85	5 345.88	6 176.00	5 529.67	4 935.31
	用工作价	元	840.40	463.10	640.20	982.30	1 136.30	872.30
	用工数量	日	76.40	42.10	58.20	89.30	103.30	79.30
	劳动日工价	元	11.00	11.00	11.00	11.00	11.00	11.00
	期间费用	元	221.52	997.86	176.98	145.00	61.63	52.25
	税金	元						
	含税成本	元	7 311.13	7 944.81	6 163.06	7 303.30	6 727.60	5 859.86
	净产值	元	3 726.04	3 625.50	4 142.16	3 803.60	6 340.49	3 559.70
	减税纯收益	元	2 664.12	2 164.54	3 324.98	2 676.30	5 142.56	2 635.15
	成本纯收益率	%	36.44	27.24	53.95	36.65	76.44	44.97
	耗粮数量	千克	2 082.30	2 262.20	2 175.30	1 642.50	2 350.80	2 397.00
每 50 千克主产品	平均出售价格	元	89.51	85.99	79.50	82.00	93.34	73.15
	物质费用	元	56.08	55.15	44.79	50.75	43.48	42.50
	生产成本	元	63.62	59.09	50.16	58.82	52.42	50.01
	含税成本	元	65.60	67.58	51.64	60.01	52.90	50.46
	净产值	元	33.43	30.84	34.71	31.25	49.86	30.65
	减税纯收益	元	23.91	18.41	27.86	21.99	40.44	22.69
	耗粮数量	千克	19.90	20.20	20.50	13.90	20.50	22.20
每一劳动日	主产品产量	千克	68.40	132.90	91.10	66.00	55.50	68.20
	净产值	元	48.77	86.12	71.17	42.59	61.38	44.89
每核算单位成本外支出		元	1.79					20.43

表 4-3 部分地区农村专业户牛奶生产成本收益（二）

（2002 年）　　　　按统一工价汇总

项　目		单位	安徽	福建	山东	河南	湖南	广西
调查县数		个	1.00	1.00	3.00	7.00	2.00	1.00
调查户数		户	1.00	3.00	7.00	11.00	2.00	2.00
调查数量		头	30.00	148.00	34.00	80.00	67.00	619.00
平均饲养天数		天	365.00	365.00	365.00	365.00	365.00	365.00
每头	主产品产量	千克	5 030.00	5 350.40	6 071.30	5 081.90	3 967.90	4 765.50
	产值合计	元	8 907.67	12 139.95	12 483.56	10 133.10	10 010.68	12 426.83
	主产品产值	元	8 551.00	11 342.85	11 716.35	9 862.13	9 266.72	12 280.06
	副产品产值	元	356.67	797.10	767.21	270.97	743.96	146.77
	其他收入	元						
	生产成本	元	7 355.33	7 314.75	7 297.43	6 224.01	6 967.16	13 233.19
	物质费用	元	7 025.33	6 642.65	6 530.73	5 257.11	6 395.16	11 930.79
	用工作价	元	330.00	672.10	766.70	966.90	572.00	1 302.40
	用工数量	日	30.00	61.10	69.70	87.90	52.00	118.40
	劳动日工价	元	11.00	11.00	11.00	11.00	11.00	11.00
	期间费用	元	150.90	237.39	315.69	145.34	118.14	450.81
	税金	元						
	含税成本	元	7 506.23	7 552.14	7 613.12	6 369.35	7 085.30	13 684.00
	净产值	元	1 882.34	5 497.30	5 952.83	4 875.99	3 615.52	496.04
	减税纯收益	元	1 401.44	4 587.81	4 870.44	3 763.75	2 925.38	－1 257.17
	成本纯收益率	%	18.67	60.75	63.97	59.09	41.29	－9.19
	耗粮数量	千克	2 250.00	1 587.80	2 130.60	1 592.90	1 820.30	1 735.90
每50千克主产品	平均出售价格	元	85.00	106.00	96.49	97.03	116.77	128.84
	物质费用	元	67.04	58.00	50.48	50.34	74.60	123.70
	生产成本	元	70.19	63.87	56.40	59.60	81.27	137.20
	含税成本	元	71.63	65.94	58.84	60.99	82.65	141.87
	净产值	元	17.96	48.00	46.01	46.69	42.17	5.14
	减税纯收益	元	13.37	40.06	37.65	36.04	34.12	－13.03
	耗粮数量	千克	22.40	14.80	17.50	15.70	22.90	18.20
每一劳动日	主产品产量	千克	167.70	87.60	87.10	57.80	76.30	40.20
	净产值	元	62.74	89.97	85.41	55.47	69.53	4.19
每核算单位成本外支出		元			4.92			3.26

表 4-3 部分地区农村专业户牛奶生产成本收益（三）

（2002 年）　　按统一工价汇总

项目		单位	四川	云南	重庆	陕西	宁夏
调查县数		个	5.00	2.00	2.00	1.00	3.00
调查户数		户	6.00	12.00	2.00	9.00	4.00
调查数量		头	37.00	33.00	10.00	16.00	89.00
平均饲养天数		天	365.00	365.00	365.00	365.00	365.00
每头	主产品产量	千克	6 571.80	4 264.50	4 689.30	4 970.80	4 916.10
	产值合计	元	14 380.58	6 412.36	8 976.96	6 770.96	7 019.24
	主产品产值	元	13 270.59	5 428.98	8 873.52	5 964.96	6 785.31
	副产品产值	元	1 109.99	983.38	103.44	806.00	233.93
	其他收入	元					
	生产成本	元	9 020.51	4 652.71	7 960.60	4 953.00	5 897.91
	物质费用	元	8 052.51	3 451.51	6 797.90	3 699.00	5 734.01
	用工作价	元	968.00	1 201.20	1 162.70	1 254.00	163.90
	用工数量	日	88.00	109.20	105.70	114.00	14.90
	劳动日工价	元	11.00	11.00	11.00	11.00	11.00
	期间费用	元	326.20	22.47	129.00		214.67
	税金	元					
	含税成本	元	9 346.71	4 675.18	8 089.60	4 953.00	6 112.58
	净产值	元	6 328.07	2 960.85	2 179.06	3 071.96	1 285.23
	减税纯收益	元	5 033.87	1 737.18	887.36	1 817.96	906.66
	成本纯收益率	%	53.86	37.16	10.97	36.70	14.83
	耗粮数量	千克	1 736.80	1 739.90	2 686.00	2 197.60	3 011.20
每 50 千克主产品	平均出售价格	元	100.97	63.65	94.61	60.00	69.01
	物质费用	元	56.54	34.26	71.64	32.78	56.37
	生产成本	元	63.34	46.18	83.90	43.89	57.99
	含税成本	元	65.63	46.41	85.26	43.89	60.10
	净产值	元	44.43	29.39	22.97	27.22	12.64
	减税纯收益	元	35.34	17.24	9.35	16.11	8.91
	耗粮数量	千克	13.20	20.40	28.60	22.10	30.60
每一劳动日	主产品产量	千克	74.70	39.10	44.40	43.60	329.90
	净产值	元	71.91	27.11	20.62	26.95	86.26
每核算单位成本外支出		元					

表 4-4 全国部分大中城市牛奶平均生产成本收益

按统一工价汇总

项目		单位	国营集体牛场		郊区专业户	
			2001	2002	2001	2002
调查县数		个	46.00	40.00	24.00	27.00
调查户数		户	72.00	60.00	66.00	68.00
调查数量		头	33 238.00	34 332.00	1 612.00	1 743.00
平均饲养天数		天	365.00	365.00	365.00	365.00
每头	主产品产量	千克	6 141.00	6 273.30	5 282.20	5 528.20
	产值合计	元	13 545.01	14 439.41	9 405.16	10 836.20
	主产品产值	元	13 132.26	14 038.06	8 996.98	10 119.13
	副产品产值	元	412.75	401.35	408.18	717.07
	其他收入	元	24.09	5.85		
	生产成本	元	10 185.58	10 546.84	6 340.39	6 961.24
	物质费用	元	9 514.78	9 849.44	5 657.11	6 181.34
	用工作价	元	670.80	697.40	683.28	779.90
	用工数量	日	64.50	63.40	65.70	70.90
	劳动日工价	元	10.40	11.00	10.40	11.00
	期间费用	元	1 794.25	1 878.36	244.92	256.88
	税金	元	3.92		3.49	
	含税成本	元	11 983.75	12 425.20	6 588.80	7 218.12
	净产值	元	4 030.23	4 589.97	3 748.05	4 654.86
	减税纯收益	元	1 585.35	2 020.06	2 816.36	3 618.08
	成本纯收益率	%	13.23	16.26	42.74	50.12
	耗粮数量	千克	2 049.50	2 302.10	2 132.70	2 328.30
每50千克主产品	平均出售价格	元	106.92	111.89	85.16	91.52
	物质费用	元	75.11	76.32	51.22	52.21
	生产成本	元	80.40	81.73	57.41	58.79
	含税成本	元	94.60	96.28	59.66	60.96
	净产值	元	31.81	35.57	33.94	39.31
	减税纯收益	元	12.52	15.66	25.50	30.56
	耗粮数量	千克	16.70	18.30	20.20	21.10
每一劳动日	主产品产量	千克	95.20	98.90	80.40	78.00
	净产值	元	62.48	72.40	57.05	65.65
每核算单位成本外支出		元		91.28	31.52	3.09

表 4-5　部分大中城市国营集体牛场牛奶生产成本收益（一）

（2002 年）

按统一工价汇总

项　目		单位	平　均	北　京	天　津	石家庄	长　春	大　连	上　海
调查县数		个	40.00	6.00	4.00	1.00	2.00	1.00	5.00
调查户数		户	60.00	12.00	4.00	1.00	2.00	1.00	15.00
调查数量		头	34 332.00	5 854.00	5 240.00	136.00	783.00	1 110.00	3 112.00
平均饲养天数		天	365.00	365.00	365.00	365.00	365.00	365.00	365.00
每头	主产品产量	千克	6 273.30	8 508.00	7 353.00	7 135.00	6 748.20	6 150.00	7 612.00
	产值合计	元	14 439.41	16 436.71	14 274.64	14 438.00	16 369.40	12 485.00	16 778.95
	主产品产值	元	14 038.06	16 348.81	14 026.49	14 270.00	16 175.50	12 300.00	16 471.90
	副产品产值	元	401.35	87.90	248.15	168.00	193.90	185.00	307.05
	其他收入	元	5.85						92.52
	生产成本	元	10 546.84	10 642.57	9 993.54	9 256.90	9 024.49	10 172.95	13 247.78
	物质费用	元	9 849.44	10 283.97	9 219.14	8 438.50	7 994.89	9 358.95	12 536.08
	用工作价	元	697.40	358.60	774.40	818.40	1 029.60	814.00	711.70
	用工数量	日	63.40	32.60	70.40	74.40	93.60	74.00	64.70
	劳动日工价	元	11.00	11.00	11.00	11.00	11.00	11.00	11.00
	期间费用	元	1 878.36	1 825.36	2 791.51	1 547.00	7 895.03	1 583.00	922.29
	税金	元							
	含税成本	元	12 425.20	12 467.93	12 785.05	10 803.90	16 919.52	11 755.95	14 170.07
	净产值	元	4 589.97	6 152.74	5 055.50	5 999.50	8 374.51	3 126.05	4 242.87
	减税纯收益	元	2 020.06	3 968.78	1 489.59	3 634.10	−550.12	729.05	2 701.40
	成本纯收益率	%	16.26	31.83	11.65	33.64	−3.25	6.20	19.06
	耗粮数量	千克	2 302.10	2 467.90	2 782.80	1 475.00	2 490.30	2 214.00	2 754.50
每 50 千克主产品	平均出售价格	元	111.89	96.08	95.38	100.00	119.85	100.00	108.20
	物质费用	元	76.32	60.11	61.60	58.45	58.54	74.96	80.84
	生产成本	元	81.73	62.21	66.77	64.11	66.07	81.48	85.43
	含税成本	元	96.28	72.88	85.43	74.83	123.88	94.16	91.38
	净产值	元	35.57	35.97	33.78	41.55	61.31	25.04	27.36
	减税纯收益	元	15.66	23.20	9.95	25.17	−4.03	5.84	17.43
	耗粮数量	千克	18.30	14.50	18.90	10.30	18.50	18.00	18.10
每一劳动日	主产品产量	千克	98.90	261.00	104.40	95.90	72.10	83.10	117.70
	净产值	元	72.40	188.73	71.81	80.64	89.47	42.24	65.58
每核算单位成本外支出		元	91.28					20.00	

表 4-5 部分大中城市国营集体牛场牛奶生产成本收益（二）

（2002 年） 按统一工价汇总

项目		单位	南京	杭州	济南	宁波	郑州	武汉	广州
调查县数		个	3.00	2.00	1.00	1.00	1.00	1.00	1.00
调查户数		户	3.00	3.00	1.00	1.00	1.00	1.00	1.00
调查数量		头	2 136.00	1 946.00	887.00	611.00	208.00	3 500.00	874.00
平均饲养天数		天	365.00	365.00	365.00	365.00	365.00	365.00	365.00
每头	主产品产量	千克	6 859.70	7 000.70	6 395.20	5 721.70	4 110.70	6 500.00	4 431.00
	产值合计	元	16 730.82	16 146.47	13 042.83	13 381.49	7 371.60	14 465.00	14 855.17
	主产品产值	元	16 512.34	15 930.60	12 150.88	12 959.62	7 070.40	14 365.00	14 811.91
	副产品产值	元	218.48	215.87	891.95	421.87	301.20	100.00	43.26
	其他收入	元	2.32			22.22			
	生产成本	元	12 195.02	11 059.50	10 793.68	11 437.20	6 473.93	11 505.00	12 650.36
	物质费用	元	10 825.52	10 260.90	10 769.48	11 066.50	5 862.33	10 801.00	12 221.36
	用工作价	元	1 369.50	798.60	24.20	370.70	611.60	704.00	429.00
	用工数量	日	124.50	72.60	2.20	33.70	55.60	64.00	39.00
	劳动日工价	元	11.00	11.00	11.00	11.00	11.00	11.00	11.00
	期间费用	元	1 486.46	1 338.04	1 743.19	146.30	522.45	1 047.00	2 261.89
	税金	元							
	含税成本	元	13 681.48	12 397.54	12 536.87	11 583.50	6 996.38	12 552.00	14 912.25
	净产值	元	5 905.30	5 885.57	2 273.35	2 314.99	1 509.27	3 664.00	2 633.81
	减税纯收益	元	3 051.66	3 748.93	505.96	1 820.21	375.22	1 913.00	−57.08
	成本纯收益率	%	22.31	30.24	4.04	15.71	5.36	15.24	−0.38
	耗粮数量	千克	2 194.80	2 870.00	3 867.00	2 773.90	1 584.70	2 360.00	999.00
每50千克主产品	平均出售价格	元	120.36	113.78	95.00	113.25	86.00	110.50	167.14
	物质费用	元	77.88	72.31	78.44	93.66	68.39	82.51	137.51
	生产成本	元	87.73	77.93	78.62	96.80	75.53	87.89	142.33
	含税成本	元	98.42	87.36	91.31	98.03	81.62	95.89	167.78
	净产值	元	42.48	41.47	16.56	19.59	17.61	27.99	29.63
	减税纯收益	元	21.96	26.42	3.69	15.41	4.38	14.61	−0.64
	耗粮数量	千克	16.00	20.50	30.20	24.20	19.30	18.20	11.30
每一劳动日	主产品产量	千克	55.10	96.40	2 906.90	169.80	73.90	101.60	113.60
	净产值	元	47.43	81.07	1 033.34	68.69	27.15	57.25	67.53
每核算单位成本外支出		元	498.89		15.27			88.00	753.45

表 4-5　部分大中城市国营集体牛场牛奶生产成本收益（三）

（2002 年）　　　　　　　　　　　　按统一工价汇总

项　目		单位	海　口	贵　阳	重　庆	西　安	兰　州	西　宁	乌鲁木齐
调查县数		个	1.00	1.00	1.00	5.00	1.00	1.00	1.00
调查户数		户	3.00	1.00	1.00	5.00	2.00	1.00	1.00
调查数量		头	108.00	3 375.00	254.00	1 972.00	626.00	549.00	1 051.00
平均饲养天数		天	365.00	365.00	365.00	365.00	365.00	365.00	365.00
每头	主产品产量	千克	2 492.00	5 300.00	5 110.00	8 054.40	5 676.60	6 497.00	7 811.30
	产值合计	元	11 994.25	25 580.00	11 242.00	14 244.56	12 362.19	9 947.96	16 641.08
	主产品产值	元	11 712.69	24 380.00	11 242.00	14 221.99	10 442.97	9 745.50	15 622.60
	副产品产值	元	281.56	1 200.00		22.57	1 919.22	202.46	1 018.48
	其他收入	元							
	生产成本	元	6 441.78	14 996.00	9 513.73	11 674.17	6 521.87	9 282.12	14 048.87
	物质费用	元	5 930.28	14 061.00	8 309.23	11 245.17	6 242.47	8 624.32	12 937.87
	用工作价	元	511.50	935.00	1 204.50	429.00	279.40	657.80	1 111.00
	用工数量	日	46.50	85.00	109.50	39.00	25.40	59.80	101.00
	劳动日工价	元	11.00	11.00	11.00	11.00	11.00	11.00	11.00
	期间费用	元	5 340.00	1 750.00	541.15	719.52	2 454.01	1 123.27	529.79
	税金	元							
	含税成本	元	11 781.78	16 746.00	10 054.88	12 393.69	8 975.88	10 405.39	14 578.66
	净产值	元	6 063.97	11 519.00	2 932.77	2 999.39	6 119.72	1 323.64	3 703.21
	减税纯收益	元	212.47	8 834.00	1 187.12	1 850.87	3 386.31	−457.43	2 2062.42
	成本纯收益率	%	1.80	52.75	11.81	14.93	37.73	−4.40	14.15
	耗粮数量	千克	1 229.00	2 996.00	1 565.70	3 208.30	2 016.10	1 863.00	2 329.20
每 50 千克主产品	平均出售价格	元	235.01	230.00	110.00	88.29	91.98	75.00	100.00
	物质费用	元	116.20	126.43	81.30	69.70	46.45	65.02	77.75
	生产成本	元	126.22	134.84	93.09	72.36	48.53	69.98	84.42
	含税成本	元	230.85	150.57	98.38	76.82	66.78	78.45	87.61
	净产值	元	118.81	103.57	28.70	18.59	45.53	9.98	22.25
	减税纯收益	元	4.16	79.43	11.62	11.47	25.20	−3.45	12.39
	耗粮数量	千克	24.70	28.30	15.30	19.90	17.80	14.30	14.90
每一劳动日	主产品产量	千克	53.60	62.40	46.70	206.50	223.50	108.60	77.30
	净产值	元	130.41	135.52	26.78	76.91	240.93	22.13	36.67
每核算单位成本外支出		元		450.00					

表 4-6 部分大中城市郊区专业户牛奶生产成本收益（一）

（2002 年） 按统一工价汇总

项目		单位	平均	天津	太原	呼和浩特	哈尔滨
调查县数		个	27.00	5.00	1.00	3.00	4.00
调查户数		户	68.00	9.00	3.00	9.00	9.00
调查数量		头	1 743.00	1 236.00	10.00	96.00	82.00
平均饲养天数		天	365.00	365.00	365.00	365.00	365.00
每头	主产品产量	千克	5 528.20	5 596.00	5 890.00	6 615.00	5 822.90
	产值合计	元	10 836.20	10 109.35	9 979.60	13 290.05	9 584.32
	主产品产值	元	10 119.13	9 624.40	9 659.60	11 443.95	9 207.39
	副产品产值	元	717.07	484.95	320.00	1 846.10	376.93
	其他收入	元					
	生产成本	元	6 961.24	6 946.95	7 158.30	7 548.06	6 413.90
	物质费用	元	6 181.34	6 483.85	6 176.00	7 009.06	5 574.60
	用工作价	元	779.90	463.10	982.30	539.00	839.30
	用工数量	日	70.90	42.10	89.30	49.00	76.30
	劳动日工价	元	11.00	11.00	11.00	11.00	11.00
	期间费用	元	256.88	997.86	145.00	103.50	51.59
	税金	元					
	含税成本	元	7 218.12	7 944.81	7 303.30	7 651.56	6 465.49
	净产值	元	4 654.86	3 625.50	3 803.60	6 280.99	4 009.72
	减税纯收益	元	3 618.08	2 164.54	2 676.30	5 638.49	3 118.83
	成本纯收益率	%	50.12	27.24	36.65	73.69	48.24
	耗粮数量	千克	2 328.30	2 262.20	1 642.50	2 783.00	2 831.70
每50千克主产品	平均出售价格	元	91.52	85.99	82.00	86.50	79.06
	物质费用	元	52.21	55.15	50.75	45.62	45.98
	生产成本	元	58.79	59.09	58.82	49.13	52.91
	含税成本	元	60.96	67.58	60.01	49.80	53.33
	净产值	元	39.31	30.84	31.25	40.88	33.08
	减税纯收益	元	30.56	18.41	21.99	36.70	25.73
	耗粮数量	千克	21.10	20.20	13.90	21.00	24.30
每一劳动日	主产品产量	千克	78.00	132.90	66.00	135.00	76.30
	净产值	元	65.65	86.12	42.59	128.18	52.55
每核算单位成本外支出		元	3.09				24.65

表 4-6　部分大中城市郊区专业户牛奶生产成本收益（二）

（2002 年）　　按统一工价汇总

项　目		单位	福　州	济　南	青　岛	郑　州	长　沙
调查县数		个	1.00	2.00	1.00	1.00	1.00
调查户数		户	3.00	4.00	3.00	1.00	1.00
调查数量		头	148.00	25.00	9.00	8.00	17.00
平均饲养天数		天	365.00	365.00	365.00	365.00	365.00
每头	主产品产量	千克	5 350.40	6 459.80	4 992.20	5 442.30	5 050.00
	产值合计	元	12 139.95	12 623.25	12 095.55	9 427.50	11 395.00
	主产品产值	元	11 342.85	12 091.76	10 673.55	9 055.80	11 110.00
	副产品产值	元	797.10	531.49	1 422.00	371.70	285.00
	其他收入	元					
	生产成本	元	7 314.75	7 839.98	5 788.10	6 091.03	8 120.67
	物质费用	元	6 642.65	7 083.18	4 996.10	5 285.83	7 449.67
	用工作价	元	672.10	756.80	792.00	805.20	671.00
	用工数量	日	61.10	68.80	72.00	73.20	61.00
	劳动日工价	元	11.00	11.00	11.00	11.00	11.00
	期间费用	元	237.39	270.14	442.20	154.00	154.12
	税金	元					
	含税成本	元	7 552.14	8 110.12	6 230.30	6 245.03	8 274.79
	净产值	元	5 497.30	5 540.07	7 099.45	4 141.67	3 945.33
	减税纯收益	元	4 587.81	4 513.13	5 865.25	3 182.47	3 120.21
	成本纯收益率	%	60.75	55.65	94.14	50.96	37.71
	耗粮数量	千克	1 587.80	2 409.70	1 355.10	1 199.70	2 880.00
每 50 千克主产品	平均出售价	元	106.00	93.59	106.90	83.20	110.00
	物质费用	元	58.00	52.52	44.16	46.65	71.91
	生产成本	元	63.87	58.13	51.16	53.75	78.39
	含税成本	元	65.94	60.13	55.06	55.11	79.88
	净产值	元	48.00	41.07	62.74	36.55	38.09
	减税纯收益	元	40.06	33.46	51.84	28.09	30.12
	耗粮数量	千克	14.80	18.70	13.60	11.00	28.50
每一劳动日	主产品产量	千克	87.60	93.90	69.30	74.30	82.80
	净产值	元	89.97	80.52	98.60	56.58	64.68
每核算单位成本外支出		元			18.60		

表 4-6 部分大中城市郊区专业户牛奶生产成本收益（三）

（2002 年）

按统一工价汇总

项　目		单位	成 都	昆 明	重 庆	西 安	银 川
调查县数		个	2.00	2.00	2.00	1.00	1.00
调查户数		户	2.00	12.00	2.00	9.00	1.00
调查数量		头	13.00	33.00	10.00	16.00	40.00
平均饲养天数		天	365.00	365.00	365.00	365.00	365.00
每头	主产品产量	千克	7 376.90	4 264.50	4 689.30	4 970.80	4 874.80
	产值合计	元	21 572.15	6 412.36	8 976.96	6 770.96	7 329.88
	主产品产值	元	20 325.99	5 428.98	8 873.52	5 964.96	6 865.13
	副产品产值	元	1 246.16	983.38	103.44	806.00	464.75
	其他收入	元					
	生产成本	元	10 778.50	4 652.71	7 960.60	4 953.00	5 896.14
	物质费用	元	10 093.20	3 451.51	6 797.90	3 699.00	5 796.04
	用工作价	元	685.30	1 201.20	1 162.70	1 254.00	100.10
	用工数量	日	62.30	109.20	105.70	114.00	9.10
	劳动日工价	元	11.00	11.00	11.00	11.00	11.00
	期间费用	元	624.53	22.47	129.00		264.45
	税金	元					
	含税成本	元	11 403.03	4 675.18	8 089.60	4 953.00	6 160.59
	净产值	元	11 478.95	2 960.85	2 179.06	3 071.96	1 533.84
	减税纯收益	元	10 169.12	1 737.18	887.36	1 817.96	1 169.29
	成本纯收益率	%	89.18	37.16	10.97	36.70	18.98
	耗粮数量	千克	3 963.50	1 739.90	2 686.00	2 197.60	3 058.00
每 50 千克主产品	平均出售价格	元	137.77	63.65	94.61	60.00	70.41
	物质费用	元	64.46	34.26	71.64	32.78	55.68
	生产成本	元	68.84	46.18	83.90	43.89	56.64
	含税成本	元	72.83	46.41	85.26	43.89	59.18
	净产值	元	73.31	29.39	22.97	27.22	14.73
	减税纯收益	元	64.94	17.24	9.35	16.11	11.23
	耗粮数量	千克	26.90	20.40	28.60	22.10	31.40
每一劳动日	主产品产量	千克	118.40	39.10	44.40	43.60	535.70
	净产值	元	184.25	27.11	20.62	26.95	168.55
每核算单位成本外支出		元					

Ⅴ.奶畜良种场情况

表 5-1　全国奶畜良种场情况

单位：个、头

项　目	1998	1999	2000	2001	2002	2002 年比 2001 年增加 绝对数	2002 年比 2001 年增加 %
种　牛							
种牛场	275	271	274	248	323	75	30.24
年末存栏	107 489	110 275	112 629	94 785	149 001	54 216	57.20
当年出场	15 856	15 968	16 162	13 813	22 327	8 514	61.64
种乳牛							
种乳牛场	130	119	117	138	196	58	42.03
年末存栏	53 340	51 718	82 485	67 859	89 988	22 129	32.61
当年出场	9 175	8 504	9 765	7 913	11 655	3 742	47.29
种水牛							
种水牛场	14	12	7	15	31	16	106.67
年末存栏	624	680			1 900	1 990	
当年出场	365	110			347	347	
种牦牛							
种牦牛场	9	5	10	9	9	0	0.00
年末存栏	24 878	23 169	26 225	26 708	35 128	8 420	31.53
当年出场	1 753	2 139	5 622	4 481	6 333	1 852	41.33
种肉牛							
种肉牛场	112	138	150	106	87	−19	−17.92
年末存栏	17 992	19 400	27 359	23 546	21 895	−1 651	−7.01
当年出场	3 194	3 430	5 297	5 246	3 992	−1 254	−23.90
种　羊							
种羊场	580	797	897	1 099	1 144	45	4.09
年末存栏	1 038 863	1 085 441	1 075 444	1 161 756	956 555	−205 201	−17.66
当年出场	233 157	309 043	292 977	402 936	416 461	13 525	3.36
种山羊							
种山羊场	301	426	531	723	714	−9	−1.24
年末存栏	171 001	202 607	269 692	310 003	293 827	−16 176	−5.22
当年出场	47 989	125 134	130 981	198 588	211 475	12 887	6.49

表 5-2 各地区种牛场情况

单位：个、头

地 区	种牛场		年末存栏		当年出场	
	2001	2002	2001	2002	2001	2002
全国总计	**248**	**323**	**94 785**	**149 001**	**13 813**	**22 327**
北 京	2	3	1 300	2 150	150	150
天 津						
河 北	11	3	3 376	160	577	310
山 西	3	10	50	87	15	18
内蒙古	11	8	3 444	4 573	1 380	785
辽 宁	2	8	918	2 096	108	151
吉 林	11	9	7 437	6 211	2 157	777
黑龙江	26	36	5 843	14 224	1 232	1 803
上 海	4	3	3 843	2 958	160	200
江 苏	6	14	1 577	6 602	339	931
浙 江						
安 徽	4	4	892	863	136	144
福 建	11	16	9 714	8 519	383	514
江 西	3	2	10 144	3 994	350	275
山 东	30	15	1 434	2 787	448	721
河 南	4	5	567	302	171	40
湖 北	5	20	2 747	4 538	407	412
湖 南	16	1	5 630	650	1 551	80
广 东	21	11	2 765	1 989	580	453
广 西	4	1	183	20	5	6
海 南	8	7	2 815	1 767	16	801
重 庆	6	77	47	463	7	55
四 川	13	9	3 710	7 234	564	553
贵 州	1		30			
云 南	4	3	1 050	1 041	94	101
西 藏	4	1	284	232	65	24
陕 西	23	29	2 580	3 365	497	730
甘 肃	10	15	2 252	10 806	20	1 948
青 海		2		23 000		4 600
宁 夏	1		153		1	
新 疆	4	11	20 000	38 370	2 400	5 745

表 5-3 各地区种乳牛场情况

单位：个、头

地 区	种乳牛场		年末存栏		当年出场	
	2001	2002	2001	2002	2001	2002
全国总计	**138**	**196**	**67 859**	**89 988**	**7 913**	**11 655**
北 京	2	3	1 300	2 150	150	150
天 津						
河 北	9	2	1 340	82	165	310
山 西		9		52		4
内蒙古	7	3	1 189	2 128	383	64
辽 宁	2	2	750	1 021	108	80
吉 林	4	2	4 072	582	1 264	65
黑龙江	23	33	5 239	11 885	1 162	1 803
上 海	3	2	3 684	2 800	155	200
江 苏	2	10	97	5 132	35	614
浙 江						
安 徽	2	2	840	745	126	100
福 建	7	15	9 583	8 469	340	514
江 西	2	2	9 982	3 994	300	275
山 东	22	9	940	2 392	331	357
河 南	1	1	35	100	15	20
湖 北	3	2	1 029	1 433	107	357
湖 南	2	2	83		164	
广 东	5	4	1 398	1 341	220	40
广 西	3	0	108	0	5	0
海 南						
重 庆	3	56	26	426	2	52
四 川	8	5	2 420	1 832	194	184
贵 州	1		30			
云 南		1		648		
西 藏	4		284		65	
陕 西	11	17	1 202	1 179	201	260
甘 肃	8	9	2 178	4 037	20	461
青 海						
宁 夏			50		1	
新 疆	4	7	20 000	37 560	2 400	5 745

表 5-4 各地区种水牛场情况

单位：个、头

地区	种水牛场		年末存栏		当年出场	
	2001	2002	2001	2002	2001	2002
全国总计	**15**	**31**		**1 990**		**347**
北京						
天津						
河北						
山西						
内蒙古						
辽宁						
吉林						
黑龙江						
上海						
江苏	3	4		1 470		317
浙江						
安徽	1					
福建	2	1		50		
江西						
山东				70		
河南	1	1		25		10
湖北		4		340		12
湖南	1					
广东	6	1		15		8
广西						
海南						
重庆		20		20		0
四川						
贵州						
云南						
西藏						
陕西	1					
甘肃						
青海						
宁夏						
新疆						

表 5-5 各地区种牦牛场情况

单位：个、头

地区	种牦牛场		年末存栏		当年出场	
	2001	2002	2001	2002	2001	2002
全国总计	**9**	**9**	**26 708**	**35 128**	**4 481**	**6 333**
北京						
天津						
河北	1		2 000		400	
山西						
内蒙古						
辽宁						
吉林						
黑龙江						
上海						
江苏						
浙江						
安徽						
福建						
江西						
山东						
河南						
湖北						
湖南						
广东						
广西						
海南						
重庆						
四川		1		5 144		229
贵州						
云南						
西藏	2	1	115	232	26	24
陕西						
甘肃	5	5	5 648	6 752	1 155	1 480
青海	1	2	18 945	23 000	2 900	4 600
宁夏						
新疆						

表 5-6　各地区种肉牛场情况

单位：个、头

地　区	种肉牛场		年末存栏		当年出场	
	2001	2002	2001	2002	2001	2002
全国总计	**106**	**87**	**23 546**	**21 895**	**5 246**	**3 992**
北　京						
天　津						
河　北	1	1	36	78	12	
山　西	3	1	50	35	15	14
内蒙古	4	5	2 255	2 445	997	721
辽　宁		6	168	1 075		71
吉　林	7	7	3 365	5 629	893	712
黑龙江	3	3	604	2 339	70	
上　海	1	1	159	158	5	
江　苏	1		100		50	
浙　江						
安　徽	2	2	52	118	10	44
福　建	4		131		43	
江　西	1		162		50	
山　东	8	6	494	325	117	364
河　南	3	3	532	177	156	10
湖　北	2	14	1 718	2 765	300	43
湖　南	14	1	5 547	650	1 387	80
广　东	16	6	1 367	633	360	405
广　西	1	1	75	20		6
海　南	8	7	2 815	1 767	16	801
重　庆	3	1	21	17	5	3
四　川	5	3	1 290	258	370	140
贵　州						
云　南	4	2	1 050	393	94	101
西　藏						
陕　西	12	12	1 378	2 186	296	470
甘　肃	2	1	74	17		7
青　海						
宁　夏	1		103			
新　疆		4		810		

表 5-7 各地区种羊场情况

单位：个、头

地区	种羊场		年末存栏		当年出场	
	2001	2002	2001	2002	2001	2002
全国总计	**1 099**	**1 144**	**1 161 756**	**956 555**	**402 936**	**416 461**
北京	22	25	43 722	25 493	18 464	16 659
天津	4		2 393		2 160	
河北	114	121	38 900	35 953	27 424	42 552
山西	61	66	23 545	23 924	9 583	6 792
内蒙古	33	37	173 021	201 422	49 618	46 221
辽宁	8	65	7 731	47 080	3 382	32 558
吉林	13	13	34 690	15 916	6 504	3 677
黑龙江	25	27	15 981	18 570	4 830	4 259
上海	9	5	2 928	1 918	4 909	3 883
江苏	41	54	10 035	9 852	11 488	9 843
浙江	19	19	5 986	6 902	3 694	3 704
安徽	70	81	13 931	19 004	23 561	26 055
福建	11	18	3 031	4 011	1 846	2 327
江西	36	6	10 598	3 267	9 602	2 760
山东	142	152	23 376	29 791	40 051	55 894
河南	37	63	19 661	29 101	18 399	19 606
湖北	35	46	7 365	13 674	7 561	12 542
湖南	41	6	16 396	3 000	9 882	10 000
广东	8	24	2 477	3 698	2 770	2 575
广西	2	5	1 230	853	200	1 141
海南	3	6	2 000	3 220	15 720	16 205
重庆	51	42	11 329	11 253	8 987	8 835
四川	134	61	100 539	28 538	35 019	23 590
贵州	1	1	514	880	203	45
云南	19	10	11 044	9 257	2 636	3 643
西藏	4		7 500		942	
陕西	94	130	25 225	28 668	11 783	16 541
甘肃	31	34	49 813	46 523	16 472	17 823
青海	5	5	65 173	87 801	16 629	11 162
宁夏	8	5	7 622	1 140	1 470	505
新疆	18	17	424 000	245 846	37 147	15 064

表 5-8 各地区种山羊场情况

单位：个、头

地区	种山羊场		年末存栏		当年出场	
	2001	2002	2001	2002	2001	2002
全国总计	**723**	**714**	**310 003**	**293 827**	**198 588**	**211 475**
北京	8	3	6 850	5 200	6 800	5 300
天津	1		33			
河北	49	60	7 511	14 353	4 751	14 365
山西	26	30	18 371	14 730	4 765	3 713
内蒙古	9	12	49 016	31 401	15 841	12 058
辽宁	7	27	4 770	10 448	1 831	3 201
吉林	3	2	824	1 064	660	540
黑龙江	9	13	1 891	4 767	495	587
上海	7	4	2 668	1 698	2 909	2 383
江苏	37	52	8 575	9 122	10 795	9 586
浙江	17	17	5 269	6 028	3 062	2 805
安徽	70	80	13 931	18 204	23 561	25 955
福建	11	18	3 031	4 011	1 846	2 327
江西	36	6	10 598	3 267	9 602	2 760
山东	71	68	8 694	13 668	7 315	19 488
河南	27	52	12 445	24 986	16 009	17 997
湖北	32	43	6 110	12 744	6 596	11 922
湖南	41	6	16 396	3 000	9 882	10 000
广东	8	24	2 477	3 698	2 770	2 575
广西	2	5	1 230	853	200	1 141
海南	3	6	2 000	3 220	15 720	16 205
重庆	50	41	11 278	10 985	8 715	8 835
四川	117	51	41 607	25 940	31 726	22 214
贵州	1		514		203	
云南	15	7	6 503	4 712	2 361	2 255
西藏	1		300		78	
陕西	51	69	16 463	20 187	5 346	8 292
甘肃	7	12	4 274	6 482	805	1 033
青海	1	1	74	482	21	282
宁夏	4	1	2 300	435	385	164
新疆	2	4	44 000	38 142	3 538	3 492

Ⅵ. 饲料饲草情况

表 6-1 全国饲料饲草基本情况

单位：千公顷、千吨

项 目	1998	1999	2000	2001	2002	2002 年比 2001 年增加	
						绝对数	%
草地总面积	269 296.52	307 873.94	303 382.91	282 170.96	390 193.48	108 022.52	38.28
已利用草地面积	168 776.96	203 006.69	225 656.15	203 457.38	292 335.46	88 878.08	43.68
累积种草保留面积	11 830.48	82 689.82	16 654.55	15 436.35	23 685.78	8 249.43	53.44
人工种草	4 681.89	11 431.92	7 246.14	7 578.38	10 366.67	2 788.29	36.79
改良草地	4 999.84	5 884.34	8 280.31	6 679.58	12 156.74	5 477.16	82.00
飞播牧草	843.06	98 963.06	1 128.10	1 178.39	1 162.37	−16.02	−1.36
当年新增种草情况	2 386.46	2 854.07	4 315.25	4 042.44	8 447.99	4 405.55	108.98
人工种草	1 344.21	1 479.52	2 630.07	2 616.83	3 955.31	1 338.48	51.15
改良草地	946.48	1 312.23	1 516.20	1 279.95	4 279.36	2 999.41	234.34
飞播牧草	531.88	120.92	169.18	145.66	183.44	37.78	25.94
累计草场围栏保留面积	8 717.23	10 280.12	15 004.68	15 089.33	21 834.49	6 745.16	44.70
当年新增面积	837.66	987.67	1 683.76	2 373.65	4 723.87	2 350.22	99.01
草种田面积	413.25	482.29	620.57	1 890.76	432.18	−1 458.58	−77.14
当年种子产量	230.55	79.69	71.21	30.45	56.98	26.53	87.13
草地承包面积	102 806.13	105 394.46	110 553.39	108 671.47	170 558.20	61 886.73	56.95
有偿使用面积	24 117.95	56 657.84	38 318.67	40 856.58	95 537.84	54 681.26	133.84
鼠虫害发生面积	28 456.07	24 840.31	31 677.4	31 317.21	57 578.86	26 261.65	83.86
鼠害面积	18 240.67	15 304.26	17 525.84	16 544.48	38 251.53	21 707.05	131.20
灭鼠面积	5 757.55	4 962.87	3 998.80	4 787.53	9 374.38	4 586.85	95.81
生物防治面积	2 205.04	940.91	1 364.23	1 953.83	4 591.49	2 637.66	135.00
治虫面积	2 065.67	1 774.56	1 671.88	3 902.26	4 088.12	185.86	4.76
生物防治面积	350.00	295.91	336.56	387.76	764.71	376.95	97.21
打贮草总量	45 978.92	40 349.49	61 507.92	47 913.01	65 751.79	17 838.78	37.23

表 6-2 各地区草地和已利用草地面积

单位：千公顷

地区	草地总面积		已利用草地面积	
	2001	2002	2001	2002
全国总计	**282 170.96**	**390 193.48**	**203 457.38**	**292 335.46**
北京	135.20	107.83	89.01	91.68
天津		12.45		10.00
河北	3 075.84	4 654.24	1 978.49	3 285.27
山西	4 363.62	4 550.00	2 856.67	2 933.00
内蒙古	88 000.00	88 000.00	68 000.00	68 000.00
辽宁	3 239.30	3 239.30	3 239.30	3 239.30
吉林	5 842.20	5 842.20	3 722.10	3 722.10
黑龙江	4 333.00	4 333.00	3 333.00	3 468.00
上海	2.64	2.74	2.64	2.74
江苏	239.88	252.94	90.02	103.01
浙江	683.15	691.96	183.15	191.96
安徽		8 000.00		3 500.00
福建	1 214.79	1 301.45	547.67	697.03
江西	4 442.00	4 442.00	1 590.00	1 603.52
山东	521.24	1 787.66	225.72	1 169.16
河南	4 085.84	4 067.00	1 792.41	4 040.00
湖北	6 144.82	6 368.12	3 298.27	3 494.82
湖南	6 828.79	6 828.79	3 749.57	4 097.27
广东	417.54	810.62	129.02	244.63
广西	4 066.96	3 254.22	1 373.96	1 605.48
海南	370.26	508.98	182.63	292.11
重庆	2 445.36	2 689.89	1 307.69	1 056.94
四川	5 428.55	20 862.98	2 573.88	16 859.96
贵州	4 286.00	4 286.00	3 086.00	3 086.00
云南	15 989.72	15 989.72	11 405.34	11 866.67
西藏		79 719.32		58 435.30
陕西	4 861.51	4 907.83	3 224.34	3 078.81
甘肃	17 488.66	17 913.30	15 620.21	16 109.40
青海	36 466.67	36 466.67	31 600.00	31 600.00
宁夏	1 515.83	2 620.69	1 256.29	2 300.10
新疆	55 681.58	55 681.58	37 000.00	42 151.20

表 6-3 各地区累积种草保留面积

单位：千公顷

地区	累积种草保留面积		1. 人工种草		2. 改良草地		3. 飞播牧草	
	2001	2002	2001	2002	2001	2002	2001	2002
全国总计	**15 436.35**	**23 685.78**	**7 578.38**	**10 366.67**	**6 679.58**	**12 156.74**	**1 178.39**	**1 162.37**
北京	19.72	16.81	19.52	15.98	0.20	0.73		0.10
天津		4.53		4.53				
河北	228.99	509.46	145.91	334.67	75.54	151.29	7.54	23.50
山西	675.97	687.30	299.03	336.70	245.95	258.27	130.99	92.33
内蒙古	4 462.41	5 612.93	1 742.84	2 556.52	2 235.22	2 511.24	484.35	545.17
辽宁	295.75	391.40	133.58	245.00	146.87	146.40	15.30	
吉林	408.70	553.80	187.30	279.10	190.70	244.00	30.70	30.70
黑龙江	608.00	479.30	208.00	221.30	321.00	243.10	79.00	14.90
上海	2.64	2.74	2.28	2.16	0.36	0.58		
江苏	40.58	52.99	34.16	47.38	3.95	3.34	2.47	2.27
浙江	30.78	39.59	29.73	38.50	1.05	1.09		
安徽		335.00		327.00		1.30		6.70
福建	51.62	105.48	24.47	56.59	23.35	40.14	3.80	8.75
江西	224.75	207.65	133.30	152.00	83.29	36.48	8.16	19.17
山东	71.86	603.01	33.45	528.31	38.36	74.65	0.05	0.05
河南	1 099.39	167.60	859.00	118.20	226.92	18.90	13.47	30.50
湖北	206.06	189.15	64.28	72.91	122.82	86.53	18.96	29.71
湖南	520.84	353.33	287.48	73.33	214.13	242.67	19.23	37.33
广东	36.02	49.24	28.20	29.18	4.37	18.38	3.45	1.68
广西	275.64	199.28	158.64	70.32	5.14	120.30	111.86	8.66
海南	11.85	26.97	5.18	18.52	6.67	8.45		
重庆	136.46	239.59	79.76	208.32	50.40	30.99	6.30	0.28
四川	463.96	1 627.14	340.44	586.01	110.49	1 003.52	13.03	37.61
贵州	189.53	211.24	64.53	74.40	104.63	116.47	20.37	20.37
云南	177.09	199.33	119.19	155.20	51.44	4.05	6.46	40.08
西藏		71.14		45.48		25.66		
陕西	886.02	1 322.18	664.42	1 040.01	186.83	263.09	34.77	19.08
甘肃	971.60	3 134.80	533.22	876.31	403.04	2 200.96	35.34	57.53
青海	2 160.88	4 858.96	990.55	1 253.40	1 096.11	3 539.71	74.22	65.85
宁夏	135.18	499.38	89.92	328.39	30.75	156.98	14.51	14.01
新疆	1 044.06	934.46	300.00	270.95	700.00	607.47	44.06	56.04

表6-4 各地区当年新增种草面积

单位：千公顷

地 区	当年新增种草面积		1. 人工种草		2. 改良草地		3. 飞播牧草	
	2001	2002	2001	2002	2001	2002	2001	2002
全国总计	**4 042.44**	**8 447.99**	**2 616.83**	**3 955.31**	**1 279.95**	**4 279.36**	**145.66**	**183.44**
北 京	7.95	4.83	7.95	4.53		0.20		0.10
天 津		0.20		0.20				
河 北	44.54	138.08	39.87	106.86	3.21	23.39	1.46	7.83
山 西	96.04	139.60	66.46	113.00	27.19	19.30	2.39	7.30
内蒙古	1 532.54	2 075.54	853.10	1 426.54	598.26	534.47	81.18	114.53
辽 宁	51.34	89.60	30.05	77.60	19.76	12.00	1.53	
吉 林	73.34	112.12	31.00	58.82	40.94	53.30	1.40	
黑龙江	97.00	162.90	40.00	104.70	54.00	54.80	3.00	3.40
上 海	0.38		0.38					
江 苏	21.36	19.82	21.09	19.63	0.27	0.19		
浙 江	5.33	8.81	5.30	8.77	0.03	0.04		
安 徽		280.00		280.00				
福 建	8.69	36.58	5.18	33.04	3.36	3.50	0.15	0.04
江 西	35.36	146.16		142.82	32.29	3.34	3.07	
山 东	20.45	326.32	20.39	326.31	0.03	0.01	0.03	
河 南	762.42	43.80	724.30	38.80	37.06	4.50	1.06	0.50
湖 北	12.35	46.16	5.74	24.47	6.58	20.57	0.03	1.12
湖 南	169.93	47.34	73.51	8.67	89.59	36.00	6.83	2.67
广 东	12.98	23.35	11.41	13.57	1.50	8.23	0.07	1.55
广 西	52.28	56.12	36.92	24.62	5.11	29.94	10.25	1.56
海 南	1.18	1.81	0.88	0.81	0.3	1.00		
重 庆	25.42	111.58	14.47	101.62	10.95	9.96		
四 川	92.44	351.25	65.86	145.66	25.92	197.40	0.66	8.19
贵 州	24.83	25.86	15.99	16.54	8.84	9.32		
云 南	16.36	22.86	11.96	14.73	4.40	4.05		4.08
西 藏		13.85		11.98		1.87		
陕 西	284.60	293.73	213.49	231.08	63.44	62.65	7.67	
甘 肃	199.12	967.67	135.44	337.36	59.56	591.09	4.12	9.34
青 海	162.09	2 560.91	85.51	122.85	65.93	2 431.53	10.65	6.53
宁 夏	55.73	68.09	25.29	46.32	20.33	15.07	10.11	6.70
新 疆	176.39	273.05	75.29	113.41	101.10	151.64		8.00

表 6-5 各地区累计草场围栏保留面积

单位：千公顷

地 区	累计草场围栏保留面积		其中：当年新增面积	
	2001	2002	2001	2002
全国总计	**15 089.33**	**21 834.49**	**2 373.65**	**4 723.87**
北 京				
天 津				
河 北	1.00	260.99	0.50	84.80
山 西	49.52	18.70	11.94	6.70
内蒙古	10 504.21	13 908.01	1 783.18	3 684.09
辽 宁	20.00	24.00	6.40	4.00
吉 林	463.50	547.50	80.00	84.00
黑龙江	210.00	193.40	44.00	44.10
上 海				
江 苏	3.75		0.08	
浙 江				
安 徽				
福 建	0.01	0.52	0.01	0.16
江 西	3.68	0.35	0.40	0.07
山 东	6.38	7.93	0.33	0.10
河 南	5.41	7.50	2.39	2.30
湖 北	13.03	15.69	2.26	2.90
湖 南	7.51	41.00	1.13	1.33
广 东	2.69	0.71	0.49	0.10
广 西	5.93	7.70	2.10	2.60
海 南	5.54	2.85	1.08	
重 庆	0.70	8.76	0.61	4.37
四 川	3.52	914.37	0.10	139.73
贵 州	19.83	21.20	1.13	1.37
云 南	52.45	40.02	2.46	2.02
西 藏		732.76		61.83
陕 西	88.98	25.33	12.46	8.00
甘 肃	659.52	1 071.68	84.82	57.45
青 海	2 225.86	2 991.38	256.27	320.95
宁 夏	52.47	153.93	22.55	35.20
新 疆	638.84	838.21	56.96	175.70

表 6-6 各地区草种田面积和种子产量

单位：千公顷、吨

地区	草种田面积		当年种子产量	
	2001	2002	2001	2002
全国总计	**1 890.76**	**432.18**	**30 449.56**	**56 979.71**
北京				
天津				
河北	1.81	5.82	83.83	1 350.00
山西	11.74	4.20	6.86	1 575.00
内蒙古	869.77	204.76	1 399.50	17 556.72
辽宁	3.05	4.76	157.30	1 730.00
吉林	9.00	10.10	310.00	3 200.00
黑龙江	208.00	8.60	6 300.00	1 086.00
上海	0.08	0.08	0.08	6.00
江苏	0.74	2.58	465.57	587.27
浙江	0.58	0.65	37.50	45.20
安徽		0.10		7.50
福建	1.21	0.20	22.69	20.00
江西	2.64	0.33	0.12	132.00
山东	1.56	0.91	7.50	229.72
河南	6.51	0.67	18 822.63	360.00
湖北	1.36	2.11	631.24	450.55
湖南	656.13	1.44	355.30	860.00
广东	4.50	3.79		50.00
广西	5.97	0.68	0.85	249.90
海南	0.01	0.01	0.70	0.07
重庆	0.65	1.67	59.80	924.00
四川	41.05	51.61	717.36	13 065.38
贵州	0.40	0.75	2.20	42.70
云南	0.81	1.55	13.77	176.00
西藏		1.65		125.37
陕西	30.04	8.00	63.06	15.00
甘肃	7.36	69.87	282.85	3 887.93
青海	10.24	21.58	585.85	8 695.60
宁夏	5.67	5.98	53.00	451.80
新疆	9.88	17.73	70.00	100.00

表 6-7 各地区草地承包面积

单位：千公顷

地 区	草地承包面积		其中：有偿使用面积	
	2001	2002	2001	2002
全国总计	**108 671.47**	**170 558.20**	**40 856.58**	**95 537.84**
北 京		3.33		3.33
天 津				
河 北	68.34	1 722.52	40.77	473.03
山 西	219.33	219.33	81.60	81.60
内蒙古	50 894.77	51 612.80		11 726.70
辽 宁	74.12	170.70	48.83	102.00
吉 林	1 344.00	1 512.00	1 344.00	1 512.00
黑龙江	3 000.00	3 006.70		3006.70
上 海	1.76	1.90	0.86	1.00
江 苏	11.68	13.50	10.00	12.74
浙 江				
安 徽				
福 建	0.76	0.64	0.76	0.62
江 西		3.09		0.58
山 东	17.96	59.06	15.96	38.83
河 南	44.74	65.17	16.70	33.60
湖 北	54.69	338.36	33.72	131.33
湖 南	158.56		136.40	
广 东	33.84	2.28	4.85	1.62
广 西	9.18	20.10	2.10	16.10
海 南	1.60	0.50	0.80	0.30
重 庆	69.00	240.70	13.19	23.27
四 川	277.51	11 505.36	28.42	4 497.69
贵 州	3 086.00	3 086.00	1 203.00	1 203.00
云 南	35.24	2 086.00	24.46	2 086.00
西 藏		33 181.59		27 186.50
陕 西	748.79	1 733.33	365.83	291.06
甘 肃	2 521.08	9 877.45	883.60	6 505.72
青 海	15 397.21	20 363.55	9 122.66	9 453.02
宁 夏	740.14	986.23	210.10	144.30
新 疆	29 861.17	28 746.01	27 267.97	27 005.20

表 6-8 各地区草地鼠虫害发生面积

单位：千公顷

地区	鼠虫害发生面积		其中：鼠害面积	
	2001	2002	2001	2002
全国总计	**31 317.21**	**57 578.86**	**16 544.48**	**38 251.53**
北京		0.31		
天津				
河北	158.47	1 697.00	51.34	930.00
山西	181.79	161.03	98.29	99.15
内蒙古	15 887.18	17 156.91	5 788.75	7 030.87
辽宁	582.60	450.00	248.40	150.00
吉林	522.00	966.70	332.00	466.70
黑龙江	183.00	2 886.80	45.00	1 333.40
上海				
江苏	0.22		0.22	
浙江				
安徽				
福建	1.12	0.48	0.90	0.39
江西				
山东		0.03		
河南	3.53	1.75	1.42	0.21
湖北		36.88		18.40
湖南	92.45		88.80	
广东	1.61	0.18	1.24	0.12
广西	1.43	2.10	0.60	1.50
海南	0.50		0.30	
重庆	0.94	11.07	0.36	7.08
四川	0.63	4 909.05	0.04	4 074.75
贵州				
云南	15.42	23.20	5.29	13.23
西藏		10 682.27		10 272.27
陕西	437.84	271.47	210.18	189.70
甘肃	3 046.76	4 246.08	2 276.82	3 047.80
青海	6 710.17	10 285.53	5 466.13	8 320.67
宁夏	401.73	1 108.21	324.23	857.42
新疆	3 087.82	2 681.81	1 604.17	1 437.87

表6-9 各地区草地灭鼠面积

单位：千公顷

地区	灭鼠面积		其中：生物防治面积	
	2001	2002	2001	2002
全国总计	**4 787.53**	**9 374.38**	**1 953.83**	**4 591.49**
北京				
天津				
河北	21.87	241.00	2.47	33.00
山西	29.27	59.74	17.91	18.60
内蒙古	1 987.84	1 595.73	156.84	334.02
辽宁	161.40	80.00	31.40	30.00
吉林	173.30	273.30	106.00	191.30
黑龙江	35.00	313.40	5.00	186.70
上海	1.50		0.90	
江苏	0.22		0.22	
浙江				
安徽				
福建	2.53	0.03		0.02
江西				
山东				
河南	0.28	0.16	0.27	0.10
湖北		12.05		6.70
湖南	11.67		6.15	
广东	0.35	0.25	0.15	
广西				
海南				
重庆	0.04	3.02		0.42
四川	6.06	463.47		248.58
贵州				
云南	0.39	2.25	0.06	2.24
西藏		1 222.10		686.20
陕西	128.78	160.00	46.79	59.20
甘肃	359.14	688.77	210.74	345.81
青海	1 557.93	3 832.88	1 190.40	2 144.93
宁夏	54.41	126.23	4.03	103.67
新疆	255.55	300.00	174.50	200.00

表6-10 各地区草地治虫面积

单位：千公顷

地 区	治虫面积		其中：生物防治面积	
	2001	2002	2001	2002
全国总计	**3 902.26**	**4 088.12**	**387.76**	**764.71**
北 京		0.01		0.01
天 津				
河 北	63.99	180.00	8.00	26.20
山 西	33.55	39.60	8.84	9.80
内蒙古	2 024.39	2 392.97	8.60	1.43
辽 宁	165.40	120.00	23.10	43.00
吉 林	160.00	173.30	97.00	121.30
黑龙江	66.00	186.70	20.00	20.00
上 海	1.50	1.96	0.50	0.60
江 苏	1.35	1.53	0.02	0.20
浙 江				
安 徽				
福 建	0.49	0.02		0.01
江 西				
山 东		0.94		
河 南	5.78	1.95	1.57	0.75
湖 北		16.73		3.11
湖 南	0.86		0.14	
广 东	0.29	0.05	0.16	
广 西				
海 南				
重 庆	1.42	2.51		0.51
四 川	2.83	34.40	0.10	20.33
贵 州				
云 南	0.10	1.35	0.02	0.57
西 藏		253.20		185.90
陕 西	81.08	40.03	14.16	18.39
甘 肃	525.43	104.81	58.88	8.47
青 海	102.26	147.87	33.67	47.20
宁 夏	20.00	88.19		56.93
新 疆	645.54	300.00	113	200.00

表 6-11 各地区打贮草总量

单位：千吨

地区	1999	2000	2001	2002
全国总计	**40 349.49**	**61 507.92**	**47 913.01**	**65 751.79**
北京	6.00			156.31
天津				
河北	744.44	2 903.33	4 101.991	1 489.34
山西	3 949.05	4 361.31	2 891.58	2 144.48
内蒙古	9 553.58	7 717.71	8 970.45	10 830.39
辽宁	352.02	246.22	308.13	570.00
吉林	553.60	845.41	280.10	378.20
黑龙江	1 590.00	2 276.00	3 000.00	3 000.50
上海	120.00	120.00	195.60	134.00
江苏	166.50	458.77	597.97	1 162.44
浙江				
安徽				
福建	1 142.07	150.37	172.29	171.22
江西	257.46			1 034.34
山东	839.10	115.10	327.00	1 289.51
河南	3 697.62	10 289.86	5 922.77	6 241.78
湖北				828.81
湖南	384.94	771.97	3 803.23	
广东	488.00			
广西	23.55	0.20	0.20	14.46
海南				
重庆	64.98	238.91		736.95
四川	2 526.78	2 704.06	2 089.37	5 356.03
贵州				
云南	610.10	821.68	1 105.14	1 196.42
西藏				374.59
陕西	2 037.27	2 320.23	427.08	5 718.18
甘肃	2 177.05	13 607.68	2 098.52	2 679.14
青海	238.55	1.14	3.84	424.52
宁夏	360.90	320.85	922.62	6 594.31
新疆	8 465.93	11 237.15	10 695.14	13 225.87

Ⅶ. 畜牧兽医系统情况

表 7-1 全国畜牧兽医系统机构、人员基本情况

（2002 年）

单位：个、人

项目	总数	干部职工	高级技术职称	中级技术职称	初级技术职称	离退休人员
畜牧厅（局）						
省级	31	939	112	163	46	829
地（市）级	354	6 165	499	1 294	747	3 250
县（市）级	2 227	37 154	1 494	7 502	9 792	15 692
畜牧兽医站						
省级	24	1 227	287	350	241	571
地（市）级	356	7 272	974	2 047	1 949	2 607
县（市）级	2 665	42 102	2 046	10 677	15 870	12 426
动物防（检）疫站						
省级	41	994	203	257	164	387
地（市）级	342	4 989	499	1 331	1 505	954
县（市）级	2 321	25 449	847	5 316	9 710	2 988
兽医卫生监管所						
省级	16	401	90	120	117	154
地（市）级	174	1 268	218	410	356	218
县（市）级	1 134	6 913	332	1 875	2 488	540
兽药监察所						
省级	26	521	182	171	67	127
地（市）级	91	450	64	198	103	46
县（市）级	416	2 150	88	519	782	153
家畜繁育改良站						
省级	25	1 191	162	194	200	495
地（市）级	183	2 875	309	702	618	878
县（市）级	1 170	10 563	371	2 312	3 688	3 080
草原工作站						
省级	21	746	139	187	140	276
地（市）级	143	1 963	212	593	500	399
县（市）级	765	8 080	262	1 726	3 158	1 721

表 7-2　各地区省级畜牧厅（局）机构、人员情况

（2002 年）

单位：个、人

地　区	总　数	干部职工	高级技术职称	中级技术职称	初级技术职称	离退休人员
全　国	**31**	**939**	**112**	**163**	**46**	**829**
北　京	1	8	2	4	2	
天　津	1	50				60
河　北	1	51				25
山　西	1	31	8	5	2	7
内蒙古	1	49				68
辽　宁	1	40	6	11	18	44
吉　林	1	39				38
黑龙江	1	50				56
上　海	1	12		10	2	9
江　苏	1	2	2			4
浙　江	1	63	12	30	5	22
安　徽	1	8				15
福　建	1	3				4
江　西	1	10	4	3		9
山　东	1	45				
河　南	1	34				23
湖　北	1	68	30	10		60
湖　南	1	109	30	20	9	43
广　东	1	12	1	3	1	18
广　西	1	15	4	11		42
海　南	1	9				2
重　庆	1	8	2			14
四　川	1	60				53
贵　州	1	8				12
云　南	1	10				
西　藏	1	8		4	4	
陕　西	1	8				3
甘　肃	1	6				
青　海	1	62	6	38	3	78
宁　夏	1	4		4		
新　疆	1	57	5	10		120

表 7-3 各地区地（市）级畜牧局机构、人员情况

（2002 年）

单位：个、人

地 区	总 数	干部职工	高级技术职称	中级技术职称	初级技术职称	离退休人员
全 国	**354**	**6 165**	**499**	**1 294**	**747**	**3 250**
北 京	13	196	11	43	58	142
天 津	12	311	12	51	52	147
河 北	11	355	5	17	9	316
山 西	11	157	18	33	11	85
内蒙古	12	221	6	35	18	161
辽 宁	14	112	6	11	7	77
吉 林	9	149	15	21	12	64
黑龙江	13	275	17	60	16	220
上 海	9	39	2	17	7	10
江 苏	9	22	8	9	2	6
浙 江	1	4	1		2	2
安 徽	11	191	29	29	18	60
福 建	5	25		2	2	7
江 西	4	43	8	4	5	10
山 东	13	514	45	35	66	186
河 南	18	285	49	74	36	91
湖 北	17	257	47	118	48	67
湖 南	14	607	66	168	98	256
广 东	21	187	5	70	37	107
广 西	14	157	22	70	14	151
海 南	2	8			1	2
重 庆	26	687	66	219	119	490
四 川	21	555	44	116	64	248
贵 州	6	72				48
云 南	15	109	8	23	13	49
西 藏	7	104		24	12	37
陕 西	8	49	2	18	8	22
甘 肃	11	102	1	10	3	50
青 海	8	104	3	8	3	12
宁 夏	4	7		4	1	3
新 疆	15	261	3	5	5	124

表 7-4 各地区县（市）级畜牧局机构、人员情况

（2002 年）

单位：个、人

地区	总数	干部职工				离退休人员
			高级技术职称	中级技术职称	初级技术职称	
全国	**2 227**	**37 154**	**1 494**	**7 502**	**9 792**	**15 692**
北京	2	56	1	14	15	72
天津	0					
河北	174	4 809	188	978	1 250	1 909
山西	115	1 199	39	297	281	521
内蒙古	96	1 136	45	168	164	898
辽宁	73	549	26	74	84	295
吉林	62	685	89	149	152	377
黑龙江	86	874	10	178	198	1 081
上海	1	3	0	2	1	
江苏	44	143	17	61	23	46
浙江	6	41	4	19	9	21
安徽	40	649	72	153	212	281
福建	29	125		30	32	72
江西	38	913	54	136	180	305
山东	176	4 792	316	1 007	1 574	1 326
河南	141	2 615	111	646	580	1 169
湖北	87	1 580	127	511	361	818
湖南	129	4 620	100	863	1 686	1 572
广东	107	2 002	18	271	642	901
广西	103	893	41	294	226	657
海南	17	361	1	41	148	343
重庆						
四川	146	4 246	157	1 011	1 289	1 200
贵州	82	665				365
云南	87	942	16	213	286	386
西藏	63	369	6	52	73	111
陕西	95	668	14	141	144	127
甘肃	76	640	13	82	65	216
青海	39	444		8	7	64
宁夏	20	302	23	83	80	218
新疆	93	833	6	20	30	341

表 7-5　各地区省级畜牧兽医站机构、人员情况

(2002 年)

单位：个、人

地区	总数	干部职工	高级技术职称	中级技术职称	初级技术职称	离退休人员
全国	**24**	**1 227**	**287**	**350**	**241**	**571**
北京	1	136	11	38	28	33
天津	1	78	19	15	11	20
河北	2	90	19	14	14	28
山西						
内蒙古	1	68	13	26	10	53
辽宁						
吉林	1	55	16	11	5	32
黑龙江	2	25	7	3	6	20
上海	1	61	11	20	14	7
江苏	1	45	18	15	8	26
浙江						
安徽						
福建	1	11	3	5	1	4
江西						
山东	1	72	21	15	35	35
河南	1	24	10	4	10	6
湖北						
湖南	1	50	19	7	5	19
广东						
广西	1	30	7	16	2	6
海南	1	42	1	14	6	24
重庆						
四川	1	49	15	15	2	12
贵州	1	14	4	6	1	9
云南						
西藏	1	42	3	9	11	9
陕西	1	107	30	49	22	89
甘肃	1	79	22	22	12	40
青海	1	101	12	38	31	74
宁夏	2	48	26	8	7	25
新疆						

表 7-6 各地区地（市）级畜牧兽医站机构、人员情况

（2002 年）

单位：个、人

地区	总数	干部职工				离退休人员
			高级技术职称	中级技术职称	初级技术职称	
全国	**356**	**7 272**	**974**	**2 047**	**1 949**	**2 607**
北京	13	423	13	106	154	209
天津	11	163	21	30	55	45
河北	19	372	69	101	63	91
山西	6	86	16	23	22	29
内蒙古	12	464	55	117	127	196
辽宁	6	155	36	52	32	89
吉林	9	162	44	45	45	118
黑龙江	14	86	21	39	13	61
上海	9	415	34	126	131	125
江苏	13	234	63	57	58	100
浙江	11	158	31	54	52	67
安徽	15	170	42	43	26	71
福建	9	51	12	18	15	33
江西	11	143	42	32	30	37
山东	16	247	48	62	65	45
河南	16	462	72	99	117	138
湖北	11	186	38	55	59	54
湖南	7	35	11	9	5	
广东	6	111	7	30	46	29
广西	19	502	29	123	142	197
海南	4	48		4	5	7
重庆	27	346	33	117	103	106
四川	17	142	27	49	30	37
贵州	8	108	15	34	39	41
云南	16	436	48	171	82	214
西藏	7	160	5	51	55	53
陕西	11	452	47	106	115	165
甘肃	12	298	39	83	83	81
青海	8	220	12	58	67	63
宁夏	3	48	7	17	15	14
新疆	10	389	37	136	98	92

表 7-7 各地区县（市）级畜牧兽医站机构、人员情况

（2002 年）

单位：个、人

地 区	总 数	干部职工	高级技术职称	中级技术职称	初级技术职称	离退休人员
全 国	**2 665**	**42 102**	**2 046**	**10 677**	**15 870**	**12 426**
北 京	2	139	2	23	60	74
天 津						
河 北	204	2 525	98	613	972	290
山 西	80	732	8	176	320	213
内蒙古	100	2 079	105	590	810	906
辽 宁	57	889	69	228	333	397
吉 林	71	1 415	104	239	661	796
黑龙江	98	647	45	238	248	154
上 海	1	47	1	13	15	7
江 苏	91	1 991	256	564	747	817
浙 江	86	962	88	380	310	436
安 徽	87	1 516	127	426	555	435
福 建	84	768	54	296	257	390
江 西	100	1 334	148	319	432	240
山 东	133	2 654	210	688	1 118	515
河 南	153	3 695	92	647	921	873
湖 北	78	1 086	75	306	437	303
湖 南	124	1 100	21	239	300	80
广 东	177	1 276	1	74	367	589
广 西	123	2 237	54	603	709	690
海 南	16	66		3	15	6
重 庆						
四 川	160	2 314	95	723	940	505
贵 州	95	760	17	272	347	218
云 南	139	2 829	46	876	1 295	755
西 藏	74	642	13	114	213	142
陕 西	105	3 170	131	680	1 218	1 079
甘 肃	93	2 376	74	592	962	468
青 海	49	884	29	241	475	276
宁 夏	25	641	34	178	254	188
新 疆	60	1 328	49	336	579	584

表 7-8　各地区省级动物防（检）疫站机构、人员情况

（2002 年）

单位：个、人

地　区	总　数	干部职工				离退休人员
			高级技术职称	中级技术职称	初级技术职称	
全　国	**41**	**994**	**203**	**257**	**164**	**387**
北　京	1	49	3	24	12	11
天　津	1	77	12	19	15	9
河　北	1	26	7	5	3	5
山　西	2	29	7	11	6	13
内蒙古	1					
辽　宁	2	91	24	15	16	59
吉　林						
黑龙江	2	62	26	14	12	44
上　海						
江　苏						
浙　江	1					
安　徽	1	30	11	13	4	7
福　建	8	26	5	17	3	12
江　西	2	32	13	4	4	41
山　东						
河　南	1	17	7	4	6	6
湖　北	2	33	11	5	4	
湖　南						
广　东	1	23	6	8		9
广　西	1	49	12	13	10	35
海　南	1	6	1	2		3
重　庆	1	28	8	6	3	10
四　川						
贵　州						
云　南	1	33	6	10	4	13
西　藏	2	24	2	10	4	14
陕　西	2					
甘　肃	2	101	26	40	17	44
青　海	2					
宁　夏	2	28	10	10		6
新　疆	1	230	6	27	41	46

表 7-9 各地区地（市）级动物防（检）疫站机构、人员情况

（2002 年）

单位：个、人

地区	总数	干部职工				离退休人员
			高级技术职称	中级技术职称	初级技术职称	
全国	**342**	**4 989**	**499**	**1 331**	**1 505**	**954**
北京	9	28	1	18	7	
天津	10	163	7	14	92	15
河北	18	335	42	94	76	62
山西	19	203	28	71	44	44
内蒙古	9	146	25	49	32	33
辽宁	15	262	41	76	102	107
吉林	5	191	25	34	53	21
黑龙江	25	296	55	94	68	79
上海						
江苏	3	3	1	1		1
浙江	5	12	4	5	1	2
安徽	10	92	13	19	15	17
福建	2	17	3	7	4	2
江西	5	35	7	12	9	6
山东	5	42	13	8	5	7
河南	22	533	50	117	136	93
湖北	12	423	20	108	166	56
湖南	20	359	28	115	71	46
广东	18	245	12	51	76	46
广西	6	92	3	26	57	4
海南	4	183		5	105	
重庆	41	328	33	116	67	105
四川	17	187	21	61	28	43
贵州	7	43	2	18	12	5
云南	3	26	1	14	8	9
西藏	14	193	6	47	60	18
陕西	10	27	1	8	15	8
甘肃	11	118	8	37	38	22
青海	6	49	2	12	22	4
宁夏	4	80	13	21	29	9
新疆	7	278	34	73	107	90

表 7-10 各地区县（市）级动物防（检）疫站机构、人员情况

（2002 年）

单位：个、人

地区	总数	干部职工	高级技术职称	中级技术职称	初级技术职称	离退休人员
全国	**2 321**	**25 449**	**847**	**5 316**	**9 710**	**2 988**
北京	4					
天津						
河北	197	1 832	37	370	719	85
山西	171	1 343	33	362	569	233
内蒙古	57	655	20	156	230	116
辽宁	84	1 636	76	298	692	385
吉林	81	1 684	78	238	714	179
黑龙江	151	1 231	72	548	570	142
上海						
江苏	21	159		27	71	44
浙江	40	154	14	75	54	24
安徽	41	255	18	72	84	8
福建	28	180	2	23	48	46
江西	51	490	31	101	199	69
山东	78	1 165	74	268	562	137
河南	161	3 411	54	370	855	183
湖北	110	1 904	56	392	805	154
湖南	171	1 742	36	421	742	98
广东	191	1 488	81	130	514	240
广西	67	529	9	187	137	63
海南	26	345	1	14	123	1
重庆						
四川	107	1 031	51	347	314	190
贵州	36	248	4	82	137	49
云南	82	627	12	196	202	66
西藏	71	147	7	38	33	27
陕西	108	766	18	110	284	81
甘肃	85	894	13	152	350	59
青海	38	242	3	58	140	9
宁夏	21	294	16	56	121	37
新疆	43	997	31	225	441	263

表 7-11 各地区省级兽医卫生监管所机构、人员情况

(2002 年)

单位：个、人

地区	总数	干部职工				离退休人员
			高级技术职称	中级技术职称	初级技术职称	
全国	**16**	**401**	**90**	**120**	**117**	**154**
北京	1					
天津	1	27	10	8	3	13
河北						
山西						
内蒙古	1	109	22	42	18	52
辽宁						
吉林	1	78	26	28	9	50
黑龙江	1					
上海	1	94	3	15	70	3
江苏						
浙江	1					
安徽	1	22	10	4	8	5
福建	1	3	1	1	1	3
江西	1	3	1	2		
山东	1	7	2	3	2	
河南						
湖北	1					
湖南						
广东						
广西						
海南	1					
重庆	1	38	13	9	3	10
四川						
贵州						
云南						
西藏						
陕西	1					
甘肃						
青海	1	20	2	8	3	18
宁夏						
新疆						

表 7-12　各地区地（市）级兽医卫生监管所机构、人员情况

（2002 年）

单位：个、人

地　区	总　数	干部职工	高级技术职称	中级技术职称	初级技术职称	离退休人员
全　国	**174**	**1 268**	**218**	**410**	**356**	**218**
北　京	10	33	2	11	13	
天　津	4	20		4	2	
河　北	10	51	10	13	8	4
山　西	3	17	5	7	4	
内蒙古	8	139	23	46	32	31
辽　宁	12	241	45	87	79	56
吉　林	5	61	17	11	28	11
黑龙江	6	27	10	5	7	3
上　海						
江　苏	12	44	13	13	6	21
浙　江	4	14	3	6	4	
安　徽	5	19	5	6	5	4
福　建	9	77	6	21	38	3
江　西	7	30	10	9	4	6
山　东	9	62	19	17	15	10
河　南	2	11	4	5		1
湖　北	7	69	7	24	22	4
湖　南	4	4	1	2	1	
广　东	14	133	5	30	45	28
广　西	5	25	7	12	4	1
海　南	2					
重　庆	12	81	9	36	17	11
四　川	4	22	4	5	6	1
贵　州	1	4	0	2	2	
云　南	7	52	7	29	5	20
西　藏						
陕　西	3	10		4	1	2
甘　肃	3	3	2		1	
青　海	2	7	3	2	2	
宁　夏	2	1	1			1
新　疆	2	11		3	5	

表 7-13 各地区县（市）省级兽医卫生监管所机构、人员情况

（2002 年）

单位：个、人

地区	总数	干部职工				离退休人员
			高级技术职称	中级技术职称	初级技术职称	
全国	**1 134**	**6 913**	**332**	**1 875**	**2 488**	**540**
北京	2	24		10		
天津						
河北	57	277	7	56	90	14
山西	39	144	20	47	59	17
内蒙古	35	350	13	108	142	55
辽宁	33	417	20	85	187	52
吉林	38	554	25	115	258	70
黑龙江	56	184	12	63	72	54
上海						
江苏	65	156	10	48	75	18
浙江	23	29	2	11	16	12
安徽	40	114	11	41	44	16
福建	75	183	15	67	53	6
江西	69	495	74	153	154	75
山东	58	471	48	126	231	8
河南	67	621	10	103	171	19
湖北	47	295	12	101	116	7
湖南	68	212	6	57	88	18
广东	86	545	2	58	191	20
广西	37	156	6	77	44	5
海南	14	52		10	27	
重庆						
四川	57	395	19	163	108	23
贵州	15	46		15	22	3
云南	66	766	6	253	164	27
西藏						
陕西	21	121	6	33	54	7
甘肃	36	128		16	50	12
青海	15	51	1	25	18	
宁夏	9	79	5	22	29	2
新疆	6	48	2	12	25	

表 7-14 各地区省级兽药监察所机构、人员情况

（2002 年）

单位：个、人

地区	总数	干部职工	高级技术职称	中级技术职称	初级技术职称	离退休人员
全国	**26**	**521**	**182**	**171**	**67**	**127**
北京	1	33	6	11	15	7
天津	1					
河北	1	38	15	12	1	7
山西	1	23	9	7	6	4
内蒙古	1	41	9	10	2	17
辽宁	1	37	14	7	2	13
吉林	1	43	17	15	4	9
黑龙江	1	40	19	11	3	15
上海						
江苏	1	26	7	7	9	10
浙江	1					
安徽						
福建	1	7	3	4		4
江西	1	22	7	9	3	4
山东	1	27	15	8	4	
河南	1	14	7	5	2	4
湖北	1	19	4	8	2	
湖南	1	13	9	1	1	2
广东	1	27	6	12	3	6
广西	1	29	7	12	4	10
海南	1					
重庆	1	12	4	4	3	1
四川	1	25	12	7		5
贵州	1	18	3	9		5
云南	1	9	3	4	2	
西藏						
陕西	1					
甘肃						
青海	1					
宁夏	1	18	6	8	1	4
新疆						

表 7-15 各地区地（市）级兽药监察所机构、人员情况

（2002 年）

单位：个、人

地区	总数	干部职工				离退休人员
			高级技术职称	中级技术职称	初级技术职称	
全国	**91**	**450**	**64**	**198**	**103**	**46**
北京	2	4		4		
天津	1	24	2	15	7	
河北	7	18	1	3	4	
山西	2					
内蒙古	2	21	3	10	4	5
辽宁	9	94	16	40	20	21
吉林	3	25	3	5	12	7
黑龙江	3	13	1	6	2	
上海						
江苏						
浙江						
安徽	1	10	3	1	5	
福建						
江西	2	10	5	2	1	
山东	6	37	8	13	12	3
河南	6	26	5	10	7	2
湖北	6	29	2	18	7	1
湖南	6	13	2	8	1	
广东	3	12		1	2	
广西	3	9	2	7		
海南						
重庆	11	40	5	20	6	1
四川	2	4		2		2
贵州	3	17	2	7	4	1
云南	4	18		16	2	1
西藏						
陕西	5	7	1	4	1	1
甘肃						
青海						
宁夏	2	4	2	1		
新疆	2	15	1	5	6	1

表 7-16 各地区县（市）级兽药监察所机构、人员情况

（2002 年）

单位：个、人

地 区	总 数	干部职工				离退休人员
			高级技术职称	中级技术职称	初级技术职称	
全 国	**416**	**2 150**	**88**	**519**	**782**	**153**
北 京	1					
天 津						
河 北	47	216	3	60	71	7
山 西	9	8	0	4	4	
内蒙古	10	44	2	13	16	5
辽 宁	12	76	4	27	24	8
吉 林	27	378	17	46	144	51
黑龙江	13	34	1	6	13	4
上 海						
江 苏	1	3		1	1	
浙 江	7					
安 徽	4	14	3	4	4	
福 建	1	1		1		
江 西	24	110	21	36	49	15
山 东	48	343	21	85	160	17
河 南	45	388	3	46	93	7
湖 北	29	129	1	47	48	
湖 南	61	139	3	43	58	10
广 东	1	6			2	
广 西	3	8		2	3	
海 南	8	6		1	3	
重 庆						
四 川	8	51	3	14	15	5
贵 州	28	103	1	43	42	9
云 南	11	62	2	27	24	2
西 藏						
陕 西	8	7		3	4	10
甘 肃	5	10		2	2	
青 海	3	9	1	6	1	
宁 夏	1					
新 疆	1	5	2	2	1	3

表 7-17　各地区省级家畜繁育改良站机构、人员情况

（2002 年）　　单位：个、人

地　区	总　数	干部职工				离退休人员
			高级技术职称	中级技术职称	初级技术职称	
全　国	**25**	**1 191**	**162**	**194**	**200**	**495**
北　京						
天　津						
河　北	1	102	5	10	26	14
山　西	1	20	11	8	1	11
内蒙古	1	85	19	20	5	38
辽　宁	1	84	11	9	10	48
吉　林						
黑龙江	1	125	32	25	22	65
上　海						
江　苏						
浙　江						
安　徽	1	33	8	4	4	5
福　建	2	13	6	2		11
江　西	2	43	4	3	10	20
山　东	1	35	7	10	8	
河　南	1	24	14	2	8	7
湖　北	1	188	4	22	21	102
湖　南	1					
广　东	1	24	4	9	2	8
广　西	1	55	1	11	17	22
海　南	1	2	1			
重　庆	1	14	5	2	1	3
四　川	1	40	9	10	1	9
贵　州	1	49	5	6	10	25
云　南	1	26	5	13	3	9
西　藏						
陕　西	1	34	3	6	6	9
甘　肃						
青　海	1	58		3	20	50
宁　夏	1	48	3	5	4	19
新　疆	1	89	5	14	21	20

表 7-18 各地区地（市）级家畜繁育改良站机构、人员情况

（2002 年）

单位：个、人

地 区	总 数	干部职工	高级技术职称	中级技术职称	初级技术职称	离退休人员
全 国	**183**	**2 875**	**309**	**702**	**618**	**878**
北 京	6	274	11	32	61	128
天 津	4	38		3	7	7
河 北	5	62	5	12	3	4
山 西	11	143	21	48	28	29
内蒙古	12	493	51	118	79	203
辽 宁	12	104	27	34	9	34
吉 林	6	144	24	30	30	57
黑龙江	12	89	23	41	13	22
上 海	1	4		1		
江 苏	2	48	3	2	11	24
浙 江						
安 徽	1	23		3	5	
福 建	8	43	8	23	6	7
江 西	2	9	4	2	1	
山 东	2	9	4	1	2	
河 南	11	163	23	26	44	39
湖 北	3	26	3	7	8	1
湖 南	5	54	3	18	10	20
广 东	6	113		17	13	31
广 西	4	54	2	6	25	23
海 南						
重 庆	25	227	27	84	68	34
四 川	12	129	21	43	14	18
贵 州	9	85	5	34	24	32
云 南						
西 藏	4	79		7	9	78
陕 西	6	107	6	14	37	18
甘 肃	4	47	4	13	14	4
青 海						
宁 夏	1	11	1	5	5	4
新 疆	9	297	33	78	92	61

表 7-19 各地区县（市）级家畜繁育改良站机构、人员情况

（2002年）

单位：个、人

地区	总数	干部职工	高级技术职称	中级技术职称	初级技术职称	离退休人员
全国	**1 170**	**10 563**	**371**	**2 312**	**3 688**	**3 080**
北京	1	10			1	6
天津						
河北	85	395	7	63	155	37
山西	92	509	13	166	209	141
内蒙古	83	1 292	73	337	541	692
辽宁	57	1 137	78	236	385	386
吉林	37	617	34	84	248	157
黑龙江	69	423	31	189	145	71
上海						
江苏	50	433	12	73	179	96
浙江	13	151		16	36	82
安徽	17	122	1	26	43	35
福建	5	27	1	5	6	5
江西	18	85	14	40	26	9
山东	55	447	23	104	139	57
河南	99	893	9	99	218	163
湖北	46	305	11	85	109	42
湖南	81	316	3	42	146	55
广东	45	388	2	20	95	167
广西	34	268	2	60	69	83
海南	8	28		4	4	
重庆						
四川	94	885	34	276	305	146
贵州	85	676	7	203	344	264
云南						
西藏	21	137		17	19	40
陕西	30	237	6	68	73	46
甘肃	19	508	5	41	83	238
青海	5	42		6	19	8
宁夏	6	106	2	16	30	35
新疆	15	126	3	36	61	19

表 7-20 各地区省级草原工作站机构、人员情况

（2002 年）

单位：个、人

地区	总数	干部职工				离退休人员
			高级技术职称	中级技术职称	初级技术职称	
全国	**21**	**746**	**139**	**187**	**140**	**276**
北京	1	10	2	4	1	10
天津						
河北	1	10	3	2	2	1
山西	1	23	9	5	4	4
内蒙古	2	75	25	32	5	28
辽宁	1	13	6	1		9
吉林	1	27	11	9	3	6
黑龙江	1	30	18	2	4	6
上海						
江苏						
浙江						
安徽						
福建						
江西	1					
山东						
河南						
湖北	1	13	4	2	2	
湖南	1	6	3	1	2	
广东						
广西	1	62		5	8	23
海南						
重庆						
四川	1	25	7	10	1	3
贵州	1	12	5	3	2	5
云南	1	17	8	5	1	8
西藏						
陕西	1					
甘肃	1	84	7	27	18	45
青海	1	117	16	40	25	72
宁夏	1	19	8	6	2	5
新疆	2	203	7	33	60	51

表 7-21 各地区地（市）级草原工作站机构、人员情况

（2002 年） 单位：个、人

地 区	总 数	干部职工				离退休人员
			高级技术职称	中级技术职称	初级技术职称	
全 国	**143**	**1 963**	**212**	**593**	**500**	**399**
北 京						
天 津						
河 北	5	67	13	37	7	15
山 西	11	113	15	49	18	27
内蒙古	13	454	49	128	106	124
辽 宁	4	23	6	6	8	3
吉 林	8	78	17	20	18	23
黑龙江	8	46	11	22	10	8
上 海						
江 苏						
浙 江						
安 徽						
福 建						
江 西						
山 东	2	9	3	2		
河 南	4	72	7	7	10	29
湖 北						
湖 南	2	11		1	3	
广 东						
广 西	3	7	1		3	
海 南						
重 庆	20	97	17	40	31	14
四 川	8	94	14	33	22	13
贵 州	9	69	3	32	21	14
云 南						
西 藏	5	86	1	15	24	14
陕 西	6	67	5	19	17	10
甘 肃	8	94	9	29	41	31
青 海	8	152	12	26	39	21
宁 夏	2	11	2	6	1	1
新 疆	17	413	27	121	121	52

表 7-22 各地区县（市）级草原工作站机构、人员情况

（2002 年）

单位：个、人

地 区	总 数	干部职工	高级技术职称	中级技术职称	初级技术职称	离退休人员
全 国	**765**	**8 080**	**262**	**1 726**	**3 158**	**1 721**
北 京						
天 津						
河 北	21	193	8	44	49	46
山 西	83	526	11	178	209	96
内蒙古	88	1 519	64	326	544	555
辽 宁	25	233	18	36	94	60
吉 林	41	472	24	75	198	97
黑龙江	69	347	26	116	160	63
上 海						
江 苏						
浙 江						
安 徽						
福 建	2	4		3		
江 西						
山 东	6	36		5	12	10
河 南	7	20	1	3	8	1
湖 北	16	106	8	41	38	7
湖 南	5	23		3	11	
广 东						
广 西	15	45	1	16	7	6
海 南	1	3			1	
重 庆						
四 川	80	524	11	151	231	75
贵 州	80	437	6	132	234	87
云 南						
西 藏	1	11		1	1	1
陕 西	25	385	9	47	139	70
甘 肃	46	479	8	99	171	90
青 海	39	602	8	114	259	42
宁 夏	18	305	4	73	99	30
新 疆	97	1 810	55	263	693	385

Ⅷ. 乳品企业经济指标

表 8-1　全国乳品企业基本情况

	单位	1999	2000	2001	2002
企业数	个	378	377	434	499
其中：亏损企业数	个	124	98	110	121
职工人数	千人	84.86	89.63	110.41	121.59
总产值				291.68	373.63
销售总额	亿元	148.68	193.46	271.89	347.48
利税总额	亿元	11.60	18.82	31.97	40.90
其中：利润额	亿元	3.62	8.38	17.12	23.73
资产总额	亿元	160.43	185.91	245.11	330.46
负债总额	亿元	97.25	108.57	140.94	171.72

注：统计口径是全国国有及年销售收入 500 万元以上的非国有企业，下同。

表 8-2　全国不同规模乳品企业基本情况

	单位	1999	2000	2001	2002
全行业					
企业个数	个	378	377	434	499
亏损企业数	个	124	98	110	121
从业人员	千人	84.86	89.63	110.41	121.59
销售总额	亿元	148.68	193.46	271.89	347.48
资产总额	亿元	160.43	185.91	245.11	330.46
利税总额	亿元	11.60	18.82	31.97	40.90
大型企业					
企业个数	个	28	33	33	36
亏损企业数	个	12	9	9	12
从业人员	千人	18.30	22.79	27.46	29.21
销售总额	亿元	51.80	72.63	97.55	121.42
资产总额	亿元	54.00	67.06	91.02	122.48
利税总额	亿元	3.65	6.39	12.05	14.14
中型企业					
企业个数	个	43	39	46	46
亏损企业数	个	8	6	10	8
从业人员	千人	15.73	17.45	30.02	29.09
销售总额	亿元	33.05	41.21	73.99	91.41
资产总额	亿元	26.38	38.13	66.22	84.78
利税总额	亿元	2.88	4.28	9.28	13.88
小型企业					
企业个数	个	307	305	355	417
亏损企业数	个	104	83	91	101
从业人员	千人	50.83	49.40	52.93	63.30
销售总额	亿元	63.83	79.63	100.35	134.64
资产总额	亿元	80.05	80.72	87.86	123.20
利税总额	亿元	5.06	8.16	10.39	12.88

表 8-3 全国不同经济类型乳品企业基本情况

	单位	1999	2000	2001	2002
全行业					
企业个数	个	378	377	434	499
亏损企业数	个	124	98	110	121
从业人员	千人	84.86	89.63	110.41	121.59
销售总额	亿元	148.68	193.46	271.89	347.48
资产总额	亿元	160.43	185.91	245.11	330.46
利税总额	亿元	11.60	18.82	31.97	40.90
国有企业					
企业个数	个	182	142	112	84
亏损企业数	个	63	45	39	30
从业人员	千人	38.20	36.10	28.97	19.41
销售总额	亿元	45.18	45.21	42.73	33.59
资产总额	亿元	56.36	59.04	49.06	42.79
利税总额	亿元	3.40	3.52	3.09	2.63
集体企业					
企业个数	个	53	52	45	37
亏损企业数	个	13	10	6	3
从业人员	千人	9.06	10.25	7.80	4.10
销售总额	亿元	13.62	18.30	15.99	9.57
资产总额	亿元	19.15	20.09	15.62	9.03
利税总额	亿元	0.99	1.28	1.27	0.74
股份制企业					
企业个数	个	77	97	155	203
亏损企业数	个	19	10	30	37
从业人员	千人	18.20	22.85	48.45	63.80
销售总额	亿元	29.34	44.22	113.36	184.03
资产总额	亿元	22.47	31.96	85.75	156.93
利税总额	亿元	3.20	5.26	13.04	19.65
私营企业					
企业个数	个	21	41	71	117
亏损企业数	个	7	15	17	28
从业人员	千人	4.77	5.39	9.22	15.52
销售总额	亿元	7.02	9.18	17.41	25.39
资产总额	亿元	4.89	8.77	14.77	27.08
利税总额	亿元	0.45	0.06	1.54	2.17
三资企业					
企业个数	个	45	45	51	58
亏损企业数	个	22	18	18	23
从业人员	千人	14.65	15.05	15.98	18.76
销售总额	亿元	53.51	76.55	82.40	94.90
资产总额	亿元	57.57	66.05	79.91	94.63
利税总额	亿元	3.57	8.71	13.03	15.72

表 8-4 各地区乳品企业数

单位：个

	1999		2000		2001		2002	
	总数	亏损企业数	总数	亏损企业数	总数	亏损企业数	总数	亏损企业数
全国总计	**378**	**124**	**377**	**98**	**434**	**110**	**499**	**121**
北 京	17	7	17	5	15	2	21	11
天 津	13	4	10	2	20	5	15	3
河 北	26	6	29	7	36	8	46	6
山 西	9	1	9	0	12	2	16	2
内蒙古	17	4	22	5	29	8	30	3
辽 宁	10	3	9	3	11	1	12	3
吉 林	6	0	6	1	8	1	6	2
黑龙江	60	19	50	12	47	14	54	14
上 海	15	5	12	7	12	5	15	5
江 苏	20	8	24	4	26	6	31	4
浙 江	23	8	19	3	23	3	37	12
安 徽	9	2	6	1	8	4	9	2
福 建	6	3	10	1	8	1	10	3
江 西	7	2	7	2	6	3	7	3
山 东	18	5	19	5	31	5	37	6
河 南	11	2	11	1	9	2	14	3
湖 北	8	5	10	5	7	4	7	4
湖 南	4	2	3	1	6	1	7	1
广 东	16	4	19	8	20	8	15	4
广 西	4	0	4	2	5	2	5	3
海 南							1	1
重 庆	1	0	1	0	4	1	4	1
四 川	8	4	9	5	8	3	14	2
贵 州	1	0	1	0	2	0	2	0
云 南	2	0	1	0	3	0	5	0
西 藏	1	0	1	0	2	0	1	0
陕 西	29	10	29	5	32	5	36	7
甘 肃	14	4	15	2	19	5	19	5
青 海	4	3	4	2	4	2	3	2
宁 夏	10	7	13	8	12	6	11	5
新 疆	9	6	7	1	9	3	9	4

表 8-5　各地区乳品企业产值

（按 1990 年不变价计算）

单位：千元

地　区	1999	2000	2001	2002
全国总计	**10 456 042**	**13 904 899**	**22 284 580**	**29 819 875**
北　京	374 326	614 820	699 048	1 075 294
天　津	196 189	263 125	540 043	531 520
河　北	1 159 256	1 456 420	3 077 762	4 496 875
山　西	171 397	182 361	236 125	326 745
内蒙古	267 154	525 428	3 057 947	4 831 903
辽　宁	163 804	244 367	404 039	504 930
吉　林	26 006	69 437	68 646	67 835
黑龙江	1 959 739	2 395 651	3 027 521	4 670 742
上　海	1 041 894	1 466 635	2 054 514	2 627 997
江　苏	1 225 783	1 498 413	1 808 201	1 797 575
浙　江	564 951	737 791	878 849	1 057 219
安　徽	68 315	44 186	78 862	101 497
福　建	64 668	167 789	213 685	419 834
江　西	114 037	176 942	277 678	282 897
山　东	1 138 419	1 366 619	2 149 672	2 058 672
河　南	90 570	89 886	139 380	240 034
湖　北	103 510	222 862	131 230	167 577
湖　南	68 224	118 593	287 772	477 681
广　东	806 822	1 064 109	1 591 372	1 681 752
广　西	37 836	38 181	40 279	79 201
海　南				14 916
重　庆	69 494	93 599	168 016	246 487
四　川	48 515	72 424	115 454	349 403
贵　州	5 264	6 260	44 729	62 722
云　南	64 865	40 199	73 413	147 208
西　藏	630	630	742	300
陕　西	336 277	473 296	551 411	649 619
甘　肃	104 275	185 088	191 848	232 542
青　海	18 092	9 554	7 617	11 298
宁　夏	116 664	201 830	254 563	475 657
新　疆	49 066	78 404	114 162	131 943

表 8-6　各地区乳品企业产值

单位：千元

地　区	1999	2000	2001	2002
全国总计	**14 787 643**	**19 544 736**	**29 168 410**	**37 363 135**
北　京	781 232	1 184 762	1 215 167	1 586 342
天　津	307 768	365 506	649 516	652 740
河　北	1 545 139	1 903 214	3 632 910	4 910 751
山　西	224 021	227 373	314 936	402 777
内蒙古	400 276	757 516	3 424 262	5 465 145
辽　宁	208 028	305 922	480 354	569 032
吉　林	33 233	75 327	77 017	73 923
黑龙江	2 694 084	3 586 346	4 568 740	6 449 822
上　海	1 844 449	2 576 553	3 437 669	4 025 117
江　苏	1 504 188	1 827 028	2 215 332	2 087 348
浙　江	683 571	820 928	939 527	1 130 212
安　徽	135 306	110 393	156 673	222 752
福　建	73 095	203 480	260 695	428 350
江　西	201 968	259 870	327 551	350 307
山　东	1 324 471	1 609 138	1 532 675	2 588 848
河　南	112 539	124 553	190 128	315 117
湖　北	123 246	266 134	167 565	235 637
湖　南	145 299	206 832	448 810	650 936
广　东	1 161 602	1 409 754	1 922 168	1 941 555
广　西	62 890	60 863	61 313	93 385
海　南				15 501
重　庆	106 464	134 161	214 757	290 753
四　川	87 135	99 662	133 908	402 228
贵　州	9 438	10 031	55 213	96 643
云　南	126 862	73 968	126 832	250 623
西　藏	663	630	665	300
陕　西	521 010	724 629	841 404	1 031 590
甘　肃	130 375	220 091	250 349	285 304
青　海	29 541	13 480	11 459	15 556
宁　夏	136 473	270 712	342 886	609 688
新　疆	73 277	115 880	167 929	184 853

表 8-7　各地区乳品企业负债总计

单位：千元

地　区	1999	2000	2001	2002
全国总计	**9 724 669**	**10 857 256**	**14 094 325**	**17 172 075**
北　京	593 489	768 384	852 804	1 198 511
天　津	171 507	249 332	587 718	442 943
河　北	585 955	488 771	805 996	1 155 579
山　西	151 747	169 460	206 874	330 672
内蒙古	264 453	399 359	1 117 321	1 830 000
辽　宁	132 247	203 424	315 726	521 389
吉　林	49 432	82 853	92 603	102 896
黑龙江	1 855 603	1 860 396	2 572 712	3 257 133
上　海	994 028	1 308 643	1 341 598	1 547 109
江　苏	799 956	895 401	948 181	755 444
浙　江	453 774	447 829	597 191	697 692
安　徽	210 623	156 436	193 061	213 707
福　建	95 209	144 081	223 802	448 476
江　西	133 943	128 655	157 888	180 185
山　东	828 338	838 222	850 489	775 943
河　南	123 657	129 665	82 037	170 806
湖　北	113 580	181 095	127 960	165 270
湖　南	113 969	116 265	268 028	366 671
广　东	871 150	946 077	1 073 678	942 456
广　西	42 624	56 351	51 043	63 986
海　南				10 581
重　庆	38 687	61 114	102 668	213 532
四　川	92 702	117 956	112 765	268 368
贵　州	7 609	8 579	65 471	84 696
云　南	45 327	20 204	52 806	169 150
西　藏			462	
陕　西	480 308	469 226	615 630	507 334
甘　肃	164 460	151 258	219 319	204 999
青　海	73 071	98 483	76 939	26 615
宁　夏	149 184	235 060	273 746	349 161
新　疆	88 028	124 677	107 809	170 771

表 8-8　各地区乳品企业资产额

单位：千元

地　区	1999	2000	2001	2002
全国总计	**16 043 343**	**18 590 528**	**24 511 124**	**33 045 693**
北　京	1 508 024	1 602 810	1 489 545	1 926 894
天　津	355 665	437 886	760 209	789 202
河　北	972 301	957 357	1 719 828	2 933 733
山　西	250 995	275 196	387 598	545 531
内蒙古	373 959	626 334	2 435 956	4 350 679
辽　宁	210 507	312 407	455 001	943 666
吉　林	70 426	138 642	163 821	153 951
黑龙江	2 597 125	3 085 789	4 052 650	5 191 094
上　海	1 958 551	2 171 276	2 514 740	3 970 754
江　苏	1 518 187	1 830 123	1 967 963	1 863 552
浙　江	666 534	675 543	936 160	1 175 856
安　徽	310 643	252 324	286 809	365 060
福　建	157 249	297 585	378 458	839 017
江　西	166 568	195 980	278 233	316 815
山　东	1 385 218	1 499 008	1 748 494	1 131 080
河　南	167 791	205 845	136 369	323 815
湖　北	170 964	326 189	229 031	263 393
湖　南	186 735	203 628	441 687	701 760
广　东	1 161 538	1 351 389	1 607 959	1 791 749
广　西	76 588	95 649	89 656	116 432
海　南				23 662
重　庆	66 415	73 819	123 527	348 927
四　川	127 007	158 911	164 041	519 980
贵　州	14 082	15 724	116 663	145 526
云　南	95 887	68 736	108 485	296 073
西　藏	1 857	13 955	14 935	500
陕　西	716 286	881 207	923 635	905 480
甘　肃	320 588	219 136	328 481	330 088
青　海	104 771	101 215	69 691	46 553
宁　夏	215 127	342 249	376 684	457 070
新　疆	115 735	174 616	204 815	277 801

表 8-9　各地区乳品企业产品销售成本

单位：千元

地　区	1999	2000	2001	2002
全国总计	**11 543 526**	**14 418 168**	**20 295 236**	**25 186 065**
北　京	645 485	829 896	901 180	1 165 813
天　津	262 854	264 767	546 390	519 170
河　北	1 311 516	1 548 334	2 903 447	3 760 467
山　西	140 071	137 334	192 241	289 194
内蒙古	296 031	597 399	2 389 128	3 731 406
辽　宁	168 472	242 571	354 696	467 840
吉　林	232 963	54 708	53 661	41 260
黑龙江	2 007 944	2 208 900	2 819 952	4 012 898
上　海	1 676 595	2 294 300	2 304 371	2 525 677
江　苏	1 152 931	1 368 871	1 499 882	1 573 033
浙　江	521 014	629 659	691 419	851 076
安　徽	118 037	117 231	119 841	178 365
福　建	47 295	133 496	163 100	246 350
江　西	153 233	180 227	218 921	241 113
山　东	964 750	1 149 176	1 792 993	1 542 228
河　南	76 863	111 330	139 537	226 204
湖　北	91 030	172 762	137 778	166 408
湖　南	87 095	118 422	271 880	347 920
广　东	788 504	973 390	1 241 679	1 073 600
广　西	54 331	48 488	52 286	64 986
海　南				9 225
重　庆	74 157	92 437	140 876	190 291
四　川	55 458	61 482	88 633	296 804
贵　州	16 886	17 621	38 046	70 331
云　南	108 683	54 546	72 141	212 544
西　藏	394	350	246	
陕　西	402 115	524 584	587 641	718 485
甘　肃	99 405	156 129	181 365	189 415
青　海	19 472	17 400	10 185	12 149
宁　夏	126 976	235 846	253 491	325 115
新　疆	52 633	76 512	128 230	136 698

表 8-10 各地区乳品企业产品销售收入

单位：千元

地 区	1999	2000	2001	2002
全国总计	**14 868 128**	**19 346 436**	**27 188 971**	**34 747 696**
北 京	808 144	1 099 420	1 172 143	1 532 105
天 津	303 758	339 625	660 052	631 785
河 北	1 575 122	1 855 155	3 510 070	4 665 065
山 西	186 502	191 294	258 900	378 389
内蒙古	372 083	734 678	3 254 568	5 270 689
辽 宁	206 166	312 444	462 016	597 642
吉 林	25 646	66 267	67 740	55 129
黑龙江	2 695 551	3 226 289	3 945 304	5 850 405
上 海	2 322 877	3 326 853	3 383 022	3 959 513
江 苏	1 503 213	1 876 656	2 252 447	2 083 399
浙 江	659 540	790 912	850 844	1 055 712
安 徽	139 853	155 356	158 518	237 142
福 建	74 531	188 039	241 574	397 192
江 西	184 659	226 691	284 687	310 538
山 东	1 175 744	1 488 073	2 228 082	2 065 370
河 南	93 570	132 501	169 612	288 599
湖 北	102 753	205 844	172 848	214 092
湖 南	128 366	170 265	390 954	582 988
广 东	1 093 672	1 346 955	1 748 057	1 743 936
广 西	69 013	62 365	62 689	78 799
海 南				16 217
重 庆	103 717	133 426	207 398	285 994
四 川	71 151	78 056	125 216	387 262
贵 州	19 814	21 048	63 384	94 963
云 南	132 144	73 637	93 314	270 206
西 藏	663	630	906	216
陕 西	472 668	664 221	727 797	913 311
甘 肃	117 879	178 604	204 636	218 262
青 海	22 692	20 763	13 253	14 614
宁 夏	142 650	273 846	316 376	383 742
新 疆	63 987	106 523	162 564	164 460

表 8-11　各地区乳品企业利润额

单位：千元

地　区	1999	2000	2001	2002
全国总计	**361 565**	**837 820**	**1 712 093**	**4 090 453**
北　京	6 724	64 247	88 398	148 140
天　津	−45 914	12 124	−66 521	25 791
河　北	99 200	126 554	264 539	569 646
山　西	9 883	9 899	19 826	49 891
内蒙古	16 744	39 246	205 795	576 779
辽　宁	7 165	26 056	41 924	51 946
吉　林	563	2 902	4 279	4 627
黑龙江	−41 987	−26 737	78 498	841 589
上　海	107 765	132 783	360 955	591 201
江　苏	122 778	260 915	290 975	204 899
浙　江	6 669	21 679	36 143	104 943
安　徽	−3 175	1 515	5 219	7 321
福　建	5 191	18 402	33 432	58 160
江　西	5 798	10 745	11 978	29 826
山　东	11 465	62 434	95 992	205 263
河　南	1 327	1 604	7 546	17 383
湖　北	−11 535	−11 694	−6 386	5 983
湖　南	9 016	11 788	30 245	100 018
广　东	68 925	42 587	136 975	291 648
广　西	3 324	4 199	1 094	543
海　南				−7 401
重　庆	5 612	11 294	17 660	40 658
四　川	−2 306	−5 866	395	23 428
贵　州	385	523	3 055	4 607
云　南	3 638	8 996	7 218	17 062
西　藏	117	291	352	65
陕　西	−11 100	15 707	23 573	65 585
甘　肃	−260	−178	2 319	11 434
青　海	−7 015	−3 833	−587	737
宁　夏	−4 581	−8 409	8 133	35 234
新　疆	−2 851	8 047	9 069	13 447

表 8-12　各地区乳品企业应交增值税

单位：千元

地　区	1999	2000	2001	2002
全国总计	**746 621**	**988 117**	**1 386 116**	**1 604 846**
北　京	41 308	71 828	53 994	61 391
天　津	13 416	15 465	26 312	20 511
河　北	72 134	79 699	147 233	176 928
山　西	17 699	19 132	18 483	22 014
内蒙古	30 544	44 610	175 322	248 176
辽　宁	5 957	8 099	14 404	13 253
吉　林	642	803	2 038	918
黑龙江	190 143	237 064	316 205	402 233
上　海	110 183	156 788	188 487	190 547
江　苏	52 628	81 349	108 189	70 648
浙　江	42 054	30 163	42 093	39 973
安　徽	1 551	4 641	5 157	4 355
福　建	771	2 739	2 807	8 065
江　西	8 351	14 013	13 486	12 684
山　东	30 695	48 997	62 952	77 835
河　南	3 198	3 575	3 700	8 657
湖　北	3 382	7 746	3 438	5 962
湖　南	8 733	9 743	23 503	30 143
广　东	50 851	74 148	94 754	120 939
广　西	2 283	1 189	914	3 377
海　南				2 853
重　庆	7 162	8 384	10 409	12 939
四　川	5 636	3 060	2 633	11 148
贵　州	533	445	1 709	1 866
云　南	9 640	7 220	7 772	8 186
西　藏				
陕　西	18 487	28 912	29 288	24 657
甘　肃	4 904	6 614	5 072	4 167
青　海	1 250	1 786	1 006	924
宁　夏	8 692	14 179	16 516	13 486
新　疆	3 794	5 726	8 240	6 011

表 8-13 各地区乳品企业从业人员

单位：人

地 区	1999	2000	2001	2002
全国总计	**84 862**	**89 632**	**110 410**	**121 589**
北 京	5 415	4 818	4 177	5 762
天 津	1 774	1 545	2 298	1 741
河 北	6 588	6 859	8 794	14 161
山 西	1 811	1 810	2 156	2 269
内蒙古	3 111	5 355	14 911	14 855
辽 宁	2 891	2 137	2 500	2 186
吉 林	744	653	808	764
黑龙江	12 190	12 820	14 249	15 562
上 海	4 879	5 056	5 582	7 613
江 苏	6 278	6 465	6 238	6 865
浙 江	4 615	4 708	5 134	6 384
安 徽	2 846	2 440	2 834	2 888
福 建	656	1 004	834	1 182
江 西	1 329	1 396	1 798	1 718
山 东	8 056	7 942	8 606	5 264
河 南	1 471	1 701	1 705	2 382
湖 北	1 129	1 613	1 679	2 057
湖 南	868	944	2 437	2 775
广 东	4 346	4 802	6 122	4 530
广 西	763	774	576	1 166
海 南				180
重 庆	761	764	1 370	1 505
四 川	1 339	1 271	971	2 502
贵 州	284	285	2 268	2 240
云 南	741	378	662	1 575
西 藏	21	98	113	15
陕 西	5 393	6 714	6 369	6 427
甘 肃	1 457	1 503	1 679	1 720
青 海	601	572	495	197
宁 夏	1 137	1 814	1 653	1 626
新 疆	1 368	1 391	1 392	1 478

表 8-14　全国前四十名乳品企业主要经济指标（一）

（2002 年）　　单位：千元

序号＼指标	产品销售收入	产品销售成本	产品销售费用	产品销售税金及附加	管理费用	财务费用
1	3 073 562	2 471 057	242 960	9 854	15 851	747
2	2 685 185	1 653 185	746 000	12 600	12 141	1 000
3	2 125 026	1 418 031	424 739		3 527	4 276
4	1 921 196	1 522 660	234 272	3 033	13 168	6 157
5	819 641	873 583	263 064		8 848	1 034
6	1 064 670	749 020	175 010	6 200	5 887	16 810
7	972 809	737 889	104 879	236	2 638	26 143
8	687 460	318 251	226 012		4 792	－2 608
9	524 439	189 517	190 647		13 286	－396
10	520 884	462 376	12 925	1 799	20 545	－199
11	459 896	325 100	52 532		17 071	223
12	439 000	335 940	17 560	8 780	4 458	8 780
13	383 992	272 617	84 289	1 450	12 895	2 589
14	383 390	292 210	35 330	600	6 014	32 790
15	337 828	199 835	83 793	2 250	7 134	6 102
16	333 860	245 135	54 597	2 605	5 800	12 227
17	296 920	188 990	67 340	1 360	39 230	4 700
18	285 540	177 035	71 385	2 812	34 308	5 711
19	268 946	180 912	57 195		30 839	2 969
20	268 491	165 362	83 843		19 286	2 101
21	265 009	195 830	27 450	948	40 781	－22
22	254 674	130 720	37 870	715	85 369	9 819
23	244 089	120 444	58 918	220	64 507	－710
24	243 986	200 626	6 978	3 020	33 362	6 780
25	242 323	159 365	35 846	1 758	45 354	3 608
26	223 548	190 430	3 103	266	29 749	7 688
27	218 882	190 767		143	27 972	－64
28	211 338	153 639	20 863	513	36 323	2 049
29	210 021	162 623	23 988	724	22 686	－583
30	202 658	150 584	26 531	898	24 645	140
31	194 205	189 748		914	3 543	926
32	190 662	161 536	17 449	472	11 205	2 528
33	188 173	150 247	21 628	277	16 021	1 388
34	188 001	142 423	20 545	471	24 562	5 137
35	167 242	73 433	58 099		35 710	－926
36	160 610	120 969	39 931	973	－1 263	1 255
37	159 809	94 449	38 480	99	26 781	599
38	158 100	118 210	9 914	616	29 360	31
39	157 491	129 536	17 012	140	10 803	
40	149 820	127 970	11 200	1 600	9 050	250

注：按销售收入排序。

表 8-14　全国前四十名乳品企业主要经济指标（二）

（2002 年）

单位：千元

指标 序号	利息支出	利润总额	应交增值税	工业总产值（当年价格）	工业总产值（不变价格）	全部从业人员平均人数（人）
1	747	244 253	103 655	3 004 164	2 805 080	5 714
2	1 000	155 000	169 000	2 727 046	2 678 267	8 008
3	12 022	185 527	86 388	2 147 139	1 278 971	3 025
4	6 157	125 974	48 061	1 913 284	1 511 494	2 730
5	−1 344	389 372	180 052	2 089 319	1 216 504	557
6	16 280	51 350	66 100	1 166 890	844 720	3 866
7	−705	78 307	36 647	972 491	664 266	3 232
8	−3 247	122 748	71 315	734 140	657 055	556
9	−592	112 832	63 547	585 820	685 410	147
10	−199	26 416	16 453	535 670	482 853	1 035
11	157	40 488	24 112	512 666	407 337	274
12	2 567	32 820	10 090	743 230	559 281	377
13	2 589	8 102	18 126	409 910	376 142	1 033
14	32 790	31 660	8 450	351 484	351 484	716
15	5 685	35 018	20 792	343 604	244 316	882
16	12 227	−7 612	32 025	369 990	267 600	1 045
17	4 700	32 550	2 390	280 340	199 110	1 368
18		19 616	10 742	281 553	251 990	1 925
19	2 011	11 720	940	332 395	149 608	750
20	1 816	13 348	21 419	251 528	189 275	387
21	−22	34 543	11 623	265 296	265 296	588
22	9 700	46 158	4 422	276 756	276 358	372
23		36 759	22 047	290 880	262 199	145
24	6 780	19 442	10 310	243 986	214 674	240
25	3 608	25 944	11 379	244 017	209 244	1 031
26	7 688	15 086	8 600	315 048	149 012	478
27	17	25 945	3 776	218 806	176 906	350
28	2 049	21 106	13 272	233 103	185 086	788
29	−583	17 314	7 532	221 836	146 719	476
30	140	36 314	9 622	206 220	192 902	743
31	907	2 200	9 341	216 399	216 399	108
32	868	3 813	5 863	190 156	160 156	924
33	780	4 705	2 143	153 010	127 770	400
34	5 024	19 587	5 251	406 668	306 668	658
35	−1 159	23 703		166 488	24 437	187
36	1 255	−1 021	3 862	157 780	88 360	1 200
37	591	12 897	985	144 991	144 991	336
38	27	23 112	6 163	170 834	177 246	425
39		3 465	1 282	71 862	64 776	123
40	180	2 800	4 300	151 390	136 463	180

表 8-14 全国前四十名乳品企业主要经济指标（三）

（2002 年） 单位：千元

序号＼指标	应收账款净额	产成品	流动资产平均余额	固定资产净值平均余额	资产总计	负债合计
1	39 033	49 423	401 785	474 534	1 667 777	361 226
2	153 842	94 000	1 100 000	550 000	2 758 000	950 000
3	259 539	35 444	1 255 635	384 702	2 446 342	839 270
4	54 710	58 280	390 944	205 106	849 580	352 580
5	278 294	382	626 032	361 266	1 077 410	282 039
6	63 640	59 100	355 710	286 360	761 400	331 000
7	147 101	15 477	394 581	473 164	1 244 288	377 480
8	52 386	24 986	275 630	142 189	494 644	127 990
9	30 405	30 820	195 299	175 597	459 296	193 488
10	35 762	24 849	219 216	267 390	532 019	117 205
11	55 067		98 109	138 588	253 769	173 235
12	5 980	1 230	32 110	19 320	74 710	52 640
13	91 168	5 266	117 782	171 516	372 735	246 345
14			162 380	134 220	658 720	265 840
15	73 115	12 510	186 521	106 292	302 841	145 070
16	27 581		120 163	183 159	329 743	295 440
17	36 770	1 240	160 400	70 900	366 300	183 800
18	32 408	27 235	221 056	39 455	322 919	230 333
19		17 411	70 585	47 148	165 740	74 663
20	19 096		113 916	11 712	176 120	141 853
21	670	5 650	34 620	20 327	94 554	33 754
22	5 403	10 919	150 014	205 151	653 203	128 177
23	3 902	11 160	70 265	105 525	185 253	36 133
24	1 200		12 500	11 250	23 750	5 700
25	106 752	3 083	92 479	56 137	295 442	137 366
26	9 511	11 523	44 717	89 489	198 766	77 121
27	43 543	54	42 420	20 826	101 735	57 087
28	43 810	52 057	132 185	68 972	222 864	90 992
29	7 908	829	222 228	68 569	390 234	238 018
30	27 717	590	66 690	34 291	172 840	109 500
31	24 108		60 038	21 942	82 520	34 637
32	7 039	7 926	79 764	47 144	141 588	66 612
33	30 727		161 110	81 791	399 035	162 521
34	36 607	7 439	76 395	95 904	247 117	94 736
35	22 470	13 880	207 148	156 696	360 475	45 622
36	7 056	433	56 641	35 460	116 199	30 674
37	6 527	196	68 455	5 738	114 596	35 807
38	218		33 555	41 642	96 145	28 558
39	8 910	149	23 263	15 039	41 183	27 355
40	4 000	2 400	16 200	9 980	32 100	10 200

表 8-15 各地区乳品企业产品销售税金及附加

单位：千元

地区	1999	2000	2001	2002
全国总计	**51 804**	**56 286**	**98 537**	**112 618**
北京	611	868	1 601	1 208
天津	258	278	593	565
河北	6 157	7 110	13 162	15 276
山西	4 289	2 296	975	2 130
内蒙古	2 888	4 770	11 426	18 906
辽宁	567	873	1 394	1 170
吉林	273	328	739	2 478
黑龙江	6 665	7 494	21 850	20 694
上海	878	734	759	3 097
江苏	4 556	4 191	4 159	6 756
浙江	4 851	5 898	4 065	5 287
安徽	211	275	457	487
福建	435	2 393	1 957	2 003
江西	876	1 368	1 393	1 289
山东	6 636	3 993	16 644	12 383
河南	380	806	789	1 574
湖北	306	1 250	628	1 130
湖南	339	530	2 963	3 351
广东	3 062	1 993	4 243	2 370
广西	248	293	133	318
海南				7
重庆	1 026	1 215	1 541	1 993
四川	311	354	711	1 992
贵州	40	55	271	291
云南	832	567	629	776
西藏	15	15	9	3
陕西	2 904	3 510	2 983	3 295
甘肃	1 317	1 714	779	583
青海	136	173	145	72
宁夏	531	649	1 182	993
新疆	206	293	357	141

表 8-16　各地区乳品企业产品销售费用

单位：千元

地　区	1999	2000	2001	2002
全国总计	**1 572 510**	**2 269 343**	**3 337 951**	**4 875 130**
北　京	86 118	129 277	125 677	196 354
天　津	56 430	31 262	131 958	57 684
河　北	103 667	129 749	251 288	344 200
山　西	14 344	15 003	21 774	32 640
内蒙古	28 040	60 291	490 808	1 016 248
辽　宁	6 547	16 903	25 431	45 827
吉　林	345	1 794	2 437	1 724
黑龙江	305 495	416 828	541 742	785 032
上　海	396 390	615 599	602 153	847 010
江　苏	105 598	159 813	209 271	240 460
浙　江	69 538	78 403	74 320	95 854
安　徽	8 430	12 840	19 200	31 215
福　建	6 399	18 074	27 243	51 169
江　西	11 431	19 343	31 183	29 347
山　东	93 514	149 210	197 187	253 551
河　南	6 724	8 996	9 803	22 774
湖　北	15 827	37 278	35 022	44 442
湖　南	21 993	29 409	60 151	113 487
广　东	156 443	206 309	297 946	368 816
广　西	2 454	2 351	3 020	9 238
海　南				5 577
重　庆	12 124	17 649	30 265	45 652
四　川	5 314	12 030	17 328	48 708
贵　州	526	565	6 506	10 061
云　南	5 816	3 954	6 303	23 525
西　藏	116	120	283	151
陕　西	29 858	58 300	77 676	100 366
甘　肃	6 647	9 038	8 975	14 507
青　海	1 896	1 267	638	464
宁　夏	8 733	18 156	22 678	27 443
新　疆	5 753	9 532	9 685	11 604

表 8-17 全国乳制品质量监督检查情况

单位：个、%

项 目	1990	1995	1996	1997	1998	1999	2000	2001	2002
产品质量									
监督检验企业数	578	1 166	1 037	1 475	1 510	2 323	2 369	2 469	2 381
有不合格产品企业所占比例	26	22	27	30	27.95	22.47	20.47	22.88	21.76
批次合格率	84	75	74	72	75.23	79.68	83.54	81.35	82.03
商品质量									
检验商业企业数	593	4 338	3 409	5 671	3 011	4 716	3 100	3 859	3 592
批次合格率	77	88	79	84	85.33	84.55	78.60	82.26	85.48

注：1990 年的数字仅为奶粉质量监督检查情况。

Ⅸ. 乳及乳制品产量

表 9-1　全国乳制品产量

单位：千吨

年度	乳制品	年度	乳制品	年度	乳制品	年度	乳制品
1957	12.7	1973	34.5	1984	130.2	1995	525.7
1963	13.3	1974	35.3	1985	163.7	1996	504.1
1964	17.6	1975	36.6	1986	225.8	1997	564.8
1965	21.2	1976	36.7	1987	272.2	1998	548.6
1966	23.5	1977	39.2	1988	295.3	1999	691.0
1967	23.1	1978	46.5	1989	266.8	2000	829.2
1968	23.1	1979	53.6	1990	313.7	2001	742.9
1969	26.2	1980	63.2	1991	376.6	2002	932.3
1970	29.6	1981	79.1	1992	412.9		
1971	30.3	1982	99.7	1993	417.3		
1972	34.0	1983	112.2	1994	424.6		

表 9-2　全国乳及乳制品产量增减情况

单位：千吨

项　目	2001	2002	2002 年比 2001 年增长	
			绝对数	%
奶类	11 226	14 004	2 778	24.7
其中牛奶	10 254	12 998	2 744	26.8
液态奶	2 460.6	3 551.4	1 090.8	44.3
乳制品	742.9	932.3	189.4	25.5

注：1. 本表栏的乳制品是指奶粉等干乳制品。

2. 国家统计局对 2001 年公布的数字进行了调整，本专栏以调整后的数据为准。

表 9-3 各地区乳制品产量

单位：千吨

地 区	1999	2000	2001	2002
全国总计	**690.8**	**829.2**	**742.9**	**932.3**
北 京	14.3	20.6	37.4	13.9
天 津	7.9	6.7	2.9	4.7
河 北	96.5	99.9	119.2	142.8
山 西	13.7	12.7	13.0	28.0
内蒙古	54.2	66.5	47.5	99.2
辽 宁	4.2	16.0	3.9	11.3
吉 林	1.0	1.0	1.5	0.7
黑龙江	154.9	184.8	204.4	192.5
上 海	13.7	14.0	17.1	19.8
江 苏	29.0	74.6	33.2	58.6
浙 江	61.1	47.4	27.5	28.3
安 徽	12.4	15.0	13.8	11.3
福 建	9.0	1.6	1.2	0.0
江 西	19.2	6.0	4.5	6.6
山 东	52.9	83.0	111.3	142.7
河 南	10.0	8.1	0.4	1.7
湖 北	11.8	10.0	1.7	3.7
湖 南	4.4	5.6	7.2	12.4
广 东	6.9	12.9	12.4	14.1
广 西	2.7	2.5	2.0	0.2
海 南	2.0	2.3		
重 庆	17.5	1.6	1.5	1.3
四 川	16.4	18.8	8.5	18.6
贵 州	0.8	1.1	0.4	0.5
云 南	6.6	5.4	5.6	5.7
西 藏		0.4	0.2	
陕 西	29.0	45.8	43.9	74.4
甘 肃	19.2	22.6	6.6	24.6
青 海	1.4	1.2	0.1	0.3
宁 夏	13.9	29.1	11.1	11.1
新 疆	4.2	12.2	2.9	3.2

注：1. 本表的乳制品指奶粉等干乳制品。

2. 统计口径为全部国有及年产品销售额 500 万元以上非国有企业。

表 9-4 农垦系统乳制品产量

单位：吨

地区	1990	1995	2000	2001	2002
全国总计	**93 347**	**106 315**	**104 203**	**106 279**	**121 191**
北京	8 676	9 904	5 316	6 028	5 719
天津	4 973	8 115	3 287	3 009	2 277
河北	4 295	7 345	14 858	17 577	22 404
山西	3 667	2 926	2 208	4 644	902
内蒙古	2 773	4 448	6 304	6 630	11 377
辽宁	4 098	3 882	5 562	2 686	5 692
吉林	1 009	408	597	918	3 331
黑龙江	28 855	29 756	39 381	46 421	52 087
上海	8 137	6 477	3 430	4 600	3 511
江苏	793	220			
浙江	1 979	1 958	175	160	468
安徽	858	1 303	1 106	1 080	1 586
福建	647	124	13		
江西	1 389	1 419	779	699	607
山东	117	366	223	497	512
河南	159	154			
湖北	2 041	4 857	100	98	20
湖南	970	1 086	842	962	21
广东	117	30			
广西	396	400	505	356	
海南					
重庆			1 548	1 513	1 288
四川	1 667	3 526	247	129	148
贵州	446	752	553	518	441
云南					
陕西	2 533	1 175	394	142	106
甘肃			8 410		312
青海		14	1 150	274	2
宁夏	873	1 031	95		
新疆（兵团）	6 566	4 258	1 828	3 264	4 422
新疆（农）					
新疆（畜）	1 131	991	1 089	948	868
广州		3 599	2 102	1 528	1 661
南京	76				
昆明	1 397	2 193	2 101	1 598	1 429
哈尔滨	2 709	3 558			
其他					

表 9-5 各地区液态奶产量

单位：千吨

地 区	2000	2001	2002
全国总计	**1 341.0**	**2 460.6**	**3 551.4**
北 京	181.6	231.0	245.8
天 津	56.4	77.0	90.3
河 北	58.2	181.7	348.7
山 西	1.7	6.0	43.8
内蒙古	141.6	375.1	736.7
辽 宁	30.0	79.8	88.4
吉 林		0.8	2.0
黑龙江	3.0	127.5	269.3
上 海	353.1	358.1	409.7
江 苏	95.8	156.1	206.2
浙 江	69.3	146.7	174.1
安 徽	3.3	16.8	17.3
福 建	19.7	35.4	60.8
江 西	27.2	46.1	58.8
山 东	56.2	152.3	220.7
河 南	29.7	57.1	75.8
湖 北		68.8	96.7
湖 南	19.3	19.5	22.2
广 东	107.1	131.8	130.4
广 西	14.4	21.7	23.8
海 南	0.2	1.4	1.8
重 庆	25.9	40.1	57.0
四 川	2.2	20.9	26.2
贵 州		16.5	17.3
云 南	0.4	5.9	13.1
西 藏			
陕 西	21.1	17.6	21.4
甘 肃	17.0	20.1	21.3
青 海			
宁 夏		33.3	44.8
新 疆	6.4	15.7	27.1

X. 乳及乳制品价格及价格指数

表 10-1 各地区乳品企业收奶价格

单位：元/千克

企业名称	2001年6月	2002年6月	企业名称	2001年6月	2002年6月
北京市延庆华庆乳品厂	1.90	1.68	无锡天资食品有限公司	2.08	2.10
北京八达岭乳品厂	1.54	1.54	浙江熊猫乳品公司	2.07	1.81
天津三鹿乳业公司		1.35	杭州娃哈哈集团公司	1.74	1.85
天津津河乳业公司	1.83	1.81	安徽马鞍山市牛奶厂	2.00	2.00
天津梦得乳制品公司	1.80	1.73	福建长富集团	2.49	2.70
石家庄三鹿集团股份公司	1.71	1.75	厦门惠尔康集团公司	1.98	2.03
唐山银河乳业有限公司	1.42	1.38	江西吉安建民实业公司	2.30	2.28
秦皇岛市年奶公司	1.60	1.60	潍坊紫鸢牧业发展公司	1.58	1.50
丰宁三鹿乳业有限公司	1.30	1.36	文登金洋乳品集团公司	1.60	1.59
承德水星乳品公司	1.40	1.30	泰安市泰山乳品开发中心	1.80	1.78
河北乡谣食品有限公司	1.52	1.44	威海康泉食品公司	1.58	1.60
唐山明乐乳业有限公司	1.34	1.28	山东鹏程食品公司	1.55	1.51
邢台市百泉乳业有限公司		1.80	烟台山村果园乳业公司	1.66	1.64
河北天香乳业有限公司	1.60	1.60	山东莱阳宝宁食品有限公司	1.84	1.82
沽源三鹿乳品厂	1.40	1.40	许昌市食品总厂	1.50	1.70
宁晋三鹿乳业公司	1.66	1.54	洛阳巨尔乳业有限公司		1.73
张北市鹿源乳业公司	1.34	1.25	郑州乳制品厂	1.50	1.50
秦皇岛市美尔其乳业公司	1.50	1.20	宜昌喜旺食品有限公司	2.02	2.03
山西恒康乳业		1.67	武汉友芝友保健乳品公司	2.11	2.11
山西古城乳业集团公司	1.60	1.70	湖南派派食品有限公司	2.40	2.25
山西朔州雁音乳业公司	1.40	1.45	广东国营燕塘牛奶公司	3.09	2.74
内蒙古青山乳业公司	1.99	1.99	珠海顺恩食品公司	2.80	2.80
内蒙古伊利实业股份公司	1.60	1.66	深圳晨光饮料厂	4.22	4.03
海拉尔哈达图乳品厂	1.25	1.25	重庆海浪生物乳业公司		1.90
黑龙江富裕光明松鹤乳品公司	1.40	1.44	成都沙河乳品公司	2.17	2.06
黑龙江摇篮乳业股份公司	1.41	1.47	贵州山花乳业食品公司		2.00
黑龙江完达山乳品有限公司	1.51	1.52	昆明雪兰牛奶有限公司	2.00	2.00
黑龙江绿乐尔乳业公司	1.90	1.93	昆明宜良乳制品总厂	1.30	1.35
黑龙江飞鹤乳业公司	1.50	1.40	昆明跑马山总公司乳制品厂	1.59	1.59
黑龙江甘南乳品有限公司	1.31	1.25	昆明云花食品厂	1.50	1.60
黑龙江富裕明星食品公司	1.25	1.35	陕西神果股份公司	1.21	1.25
哈尔滨松花江乳业公司	1.36	1.54	陕西飞天乳业有限公司	1.30	1.25
黑龙江龙丹乳业集团	1.47	1.52	陕西和氏乳品厂	1.46	1.50
齐齐哈尔种畜场乳品厂	1.40	1.38	西安银桥股份公司	1.75	1.85
吉林省双辽乳品厂	1.30	1.35	兰州乳品厂	1.60	1.60
辽宁源源绿色乳业集团	1.52	1.50	宁夏夏进乳业股份公司	1.62	1.61
抚顺牧工商乳品厂	1.52	1.49	银川维维北塔乳业公司	1.38	1.38
丹东市牛奶公司	1.90	1.70	宁夏东方乳业公司		1.70
辽阳晨阳食品公司乳品厂		1.80	伊利沙漠乳生物制品公司		1.40
上海光明乳业股份公司	2.00	2.01	伊利河乳制品厂	0.98	0.98
南京奶业集团公司	2.20	2.10	新疆龙云乳业公司		1.60
徐州绿健乳业有限公司	1.74	1.72			

表 10-2　全国乳及乳制品零售价格指数

上年＝100

年 份	全 国	城 市	农 村
1995	126.3	125.3	128.6
1996	110.3	111.8	107.3
1997	104.8	105.7	101.8
1998	100.0	100.4	98.7
1999	99.1	99.5	98.0
2000	100.0	100.2	99.4
2001	99.1	99.0	99.7
2002	99.4	99.5	99.2

表 10-3　全国居民乳及乳制品消费价格指数

上年＝100

年 份	全 国	城 市	农 村
1995	126.0	125.9	126.4
1996	110.8	112.7	107.4
1997	104.1	104.8	102.3
1998	100.3	100.9	98.8
1999	99.3	99.7	98.2
2000	100.0	100.2	99.3
2001	99.1	99.0	99.7
2002	99.0	99.2	97.3

表 10-4 各地区居民乳及乳制品消费价格指数

上年＝100

地 区	1995	2000	2001	2002
全国平均	**126.0**	**100.0**	**99.1**	**99.0**
北 京	110.4	104.3	100.0	99.2
天 津	123.2	100.0	96.9	93.2
河 北	124.9	100.2	98.1	100.6
山 西	123.4	99.4	100.1	104.5
内蒙古	124.4	100.7	102.2	103.9
辽 宁	124.7	99.4	99.2	98.7
吉 林	128.0	101.3	101.0	101.6
黑龙江	126.3	102.9	99.5	100.3
上 海	141.5	100.3	100.8	98.8
江 苏	128.9	99.6	100.9	99.5
浙 江	127.2	98.6	94.0	98.6
安 徽	135.1	99.1	99.4	99.0
福 建	127.2	99.5	97.1	98.3
江 西	122.3	96.1	99.3	99.5
山 东	130.0	99.3	98.1	98.5
河 南	128.1	98.3	98.3	99.6
湖 北	127.7	99.0	100.3	100.5
湖 南	116.5	98.5	101.2	99.1
广 东	115.5	98.7	98.5	99.1
广 西	130.1	101.4	100.0	99.6
海 南	111.5	97.9	98.6	95.4
重 庆		98.5	95.1	97.9
四 川	134.1	101.0	99.2	98.2
贵 州	123.0	101.6	100.4	99.3
云 南	119.1	99.4	99.8	99.6
西 藏		108.3	100.1	101.8
陕 西	120.7	102.7	100.1	98.8
甘 肃	130.6	100.9	99.1	99.4
青 海	120.6	97.1	100.2	99.6
宁 夏	135.0	98.5	97.0	98.4
新 疆	128.0	99.6	99.4	99.4

表 10-5 各地区乳及乳制品零售价格指数

上年＝100

地区	1995	2000	2001	2002
全国平均	**126.3**	**100.0**	**99.1**	**99.0**
北京	110.4	104.3	100.0	99.2
天津	123.1	100.0	96.9	93.2
河北	125.9	100.3	98.1	100.6
山西	123.8	99.4	100.1	104.5
内蒙古	125.7	99.9	102.2	103.9
辽宁	126.9	98.6	99.2	98.7
吉林	128.3	101.5	101.0	101.6
黑龙江	125.3	102.2	99.5	100.3
上海	139.5	100.3	100.8	98.8
江苏	128.5	99.5	100.9	99.5
浙江	128.4	99.3	94.0	98.6
安徽	133.8	98.9	99.4	99.0
福建	129.0	99.6	97.1	98.3
江西	123.1	96.5	99.3	99.5
山东	132.1	98.5	98.1	98.5
河南	127.8	98.0	98.3	99.6
湖北	128.1	99.0	100.3	100.5
湖南	118.8	98.8	101.2	99.1
广东	113.4	97.9	98.5	99.1
广西	130.7	101.3	100.0	99.6
海南	111.2	96.8	95.6	95.4
重庆		97.6	95.1	97.9
四川	134.6	101.0	99.2	98.2
贵州	123.8	101.6	100.4	99.3
云南	117.1	99.5	99.8	99.6
西藏		107.3	100.1	101.8
陕西	122.2	102.9	100.1	98.8
甘肃	130.0	99.6	99.1	99.4
青海	117.7	97.8	100.2	99.6
宁夏	133.3	99.2	97.0	98.4
新疆	128.1	99.6	99.4	99.4

表10-6 各地区农村居民乳及乳制品消费价格指数

上年=100

地区	1995	2000	2001	2002
全国平均	**126.4**	**99.3**	**99.7**	**97.3**
北京				
天津				
河北	126.9	99.3	98.5	99.6
山西	122.6	99.4	100.0	98.9
内蒙古	129.3	99.3	100.3	102.7
辽宁	114.1	104.6	98.8	99.7
吉林	120	104.2	102.4	108.1
黑龙江	121.9	99.2	100.5	100.6
上海				
江苏	128.3	98.2	102.8	98.8
浙江	125.7	96.7	99.6	97.8
安徽	130.3	97.2	96.3	95.7
福建	123.6	99.3	98.7	99.0
江西	123.8	94.2	99.2	99.3
山东	128.8	101.5	97.7	97.6
河南	132.9	98.5	98.3	98.6
湖北	133.2	99.1	97.3	101.3
湖南	121.5	97.5	97.0	101.1
广东	115.3	100.0	102.2	99.9
广西	140.2	100.7	99.2	96.1
海南	111.8	99.8	100.0	99.7
重庆				
四川	140	98.5	98.4	99.0
贵州	129	100.0	100.1	98.2
云南	125.6	98.8	99.0	98.2
西藏		109.7	100.1	98.8
陕西	120.8	102.6	99.1	98.8
甘肃	135.4	102.2	97.2	98.7
青海	136.2	99.6	100.1	98.9
宁夏	138.1	97.1	98.6	99.4
新疆	131.6	98.9	102.5	99.3

表 10-7 36 个大中城市居民乳及乳制品消费价格指数

上年=100

地区	1995	2000	2001	2002
全国平均	**126.1**	**100.8**	**99.0**	**99.0**
北京	110.4	104.3	100.0	99.2
天津	123.2	100.0	96.9	93.2
石家庄	122.5	104.6	100.0	100.3
太原	127.9	100.0	101.0	109.8
呼和浩特	132.1	105.6	100.5	102.4
沈阳	129.0	98.5	100.1	98.1
大连	134.3	98.9	98.0	98.0
长春	123.8	98.8	101.2	100.1
哈尔滨	132.5	105.8	99.7	99.1
上海	141.5	100.3	100.8	98.8
南京	119.2	99.2	102.3	100.9
杭州	128.1	101.0	75.1	98.7
宁波	129.2	100.7	101.7	100.9
合肥	136.7	99.6	99.5	97.2
福州	127.5	100.0	96.8	99.4
厦门	139.2	100.0	97.7	95.3
南昌	118.4	100.2	99.6	99.2
济南	131.7	100.0	99.1	96.5
青岛	138.7	99.9	94.3	98.7
郑州	120.3	97.4	103.3	101.0
武汉	125.3	99.4	100.1	100.8
长沙	119.9	101.2	101.7	98.8
广州	122.6	99.5	99.5	101.1
深圳	105.3	97.5	93.7	96.2
南宁	123.7	100.8	99.8	100.4
海口	111.4	95.6	95.0	95.8
重庆	129.3	98.5	95.1	97.9
成都	129.3	109.4	100.0	97.3
贵阳	115.4	102.8	101.4	100.0
昆明	108.0	100.0	99.9	99.8
拉萨		107.2	100.0	105.0
西安	122.8	104.6	100.5	98.9
兰州	122.5	100.9	100.1	99.9
西宁	110.0	96.6	99.9	99.2
银川	127.5	100.9	97.6	98.8
乌鲁木齐	124.7	100.0	99.4	100.4

表 10-8　36 个大中城市乳及乳制品零售价格指数

上年＝100

地　区	1995	2000	2001	2002
全国平均	**124.2**	**100.6**	**99.0**	**99.0**
北　京	110.4	104.3	100.0	99.2
天　津	123.1	100.0	96.9	93.2
石家庄	122.5	100.9	100.0	100.3
太　原	127.9	100.0	101.0	109.8
呼和浩特	136.3	105.6	100.5	102.4
沈　阳	129.0	97.2	100.1	98.1
大　连	134.3	98.9	98.0	98.0
长　春	119.9	99.2	101.2	100.1
哈尔滨	129.4	104.7	99.7	99.1
上　海	139.5	100.3	100.8	98.8
南　京	123.1	98.4	102.3	100.9
杭　州	128.6	101.6	75.1	98.7
宁　波	129.2	100.7	101.7	100.9
合　肥	135.7	99.6	99.5	97.2
福　州	127.5	100.0	96.8	99.4
厦　门	137.5	100.0	97.7	95.3
南　昌	118.4	100.2	99.6	99.2
济　南	132.1	100.0	99.1	96.5
青　岛	138.4	99.9	94.3	98.7
郑　州	121.2	97.6	103.3	101.0
武　汉	125.5	99.4	100.1	100.8
长　沙	119.9	101.2	101.7	98.8
广　州	117.9	99.5	99.5	101.1
深　圳	102.8	93.5	93.7	96.2
南　宁	123.7	100.8	99.8	100.4
海　口	111.4	95.0	95.0	95.8
重　庆	129.5	97.6	95.1	97.9
成　都	129.9	108.6	100.0	97.3
贵　阳	114.9	102.9	101.4	100.0
昆　明	108.0	100.0	99.9	99.8
拉　萨		106.0	100.0	105.0
西　安	122.8	104.6	100.5	98.9
兰　州	122.7	99.8	100.1	99.9
西　宁	108.9	97.1	99.9	99.2
银　川	125.7	101.2	97.6	98.8
乌鲁木齐	125.2	100.0	99.4	100.4

Ⅺ. 进出口贸易

表 11-1 全国牧草种子进口数量

单位：吨

	1995	1996	1997	1998	1999	2000	2001	2002
紫花苜蓿种子	0.42		277.48	123.82	34.01	1 866.55	4 610.71	6 635.07
三叶草种子	6.05	74.20	118.64	144.53	424.53	720.39	732.70	953.34
羊茅子	70.72	204.76	716.12	1 274.15	2 146.13	3 026.61	3 046.93	3 724.22
草地早熟禾种子	171.74	154.25	568.49	1 068.93	1 620.81	2 318.50	2 138.67	1 401.43
黑麦草种子	94.94	171.85	455.10	652.89	1 202.49	2 831.47	1 754.24	2 086.42
梯牧草种子	2.99	0.96	24.63	6.25	73.48	66.05	42.83	32.75
其他	84.60	169.21	214.41	94.26	938.39	1 933.16	1 818.79	

表 11-2 全国牧草种子进口价值

单位：千美元

	1995	1996	1997	1998	1999	2000	2001	2002
紫花苜蓿种子	3.28		382.17	708.20	143.20	4 526.24	7 425.45	8 910.79
三叶草种子	12.88	207.24	320.42	370.86	959.03	1 362.15	1 392.11	1 621.25
羊茅子	142.13	562.02	1 650.19	2 366.65	3 443.94	4 694.85	4 921.75	5 157.15
草地早熟禾种子	599.72	506.63	1 650.04	2 935.52	4 427.86	6 625.43	6 106.75	3 349.76
黑麦草种子	237.91	352.10	760.40	1 273.06	1 680.84	2 850.28	1 655.49	1 945.54
梯牧草种子	10.21	8.65	99.92	18.22	242.33	125.25	180.97	98.92
其他	244.55	398.00	735.35	443.15	3 028.91	5 139.70	4 032.26	

表 11-3 全国牧草种子进口增减情况

单位：吨、千美元

	2001		2002		2002 年比 2001 年增加%	
	数 量	金 额	数 量	金 额	数 量	金 额
紫花苜蓿种子	4 610.71	7 425.45	6 635.07	8 910.79	43.91	20.00
三叶草种子	732.70	1 392.11	953.34	1 621.25	30.11	16.46
羊茅子	3 046.93	4 921.75	3 724.22	5 157.15	22.23	4.78
草地早熟禾种子	2 138.67	6 106.75	1 401.43	3 349.76	-34.47	-45.15
黑麦草种子	1 754.24	1 655.49	2 086.42	1 945.54	18.94	17.52
梯牧草种子	42.83	180.97	32.75	98.92	-23.53	-45.34
其他	1 818.79	4 032.26				

表 11-4 全国牧草种子出口数量

单位：吨

	1995	1996	1997	1998	1999	2000	2001	2002
紫花苜蓿种子	436.08	295.11	377.52	800.88	300.56	55.77	265.75	245.41
三叶草种子		2.50		277.20		5.80	3.30	8.34
草地早熟禾种子				40.00	0.03			
黑麦草种子			45.00				9.00	4.20
梯牧草种子			10.29	14.63	6.73	28.48	25.89	2.49
其他	1 710.87	2 585.87	582.35	837.99	1 398.96	1 727.79	2 642.34	

表 11-5 全国牧草种子出口价值

单位：千美元

	1995	1996	1997	1998	1999	2000	2001	2002
紫花苜蓿种子	240.44	397.23	524.84	1 134.34	350.09	69.52	336.34	208.21
三叶草种子		1.81		221.80		14.31	1.71	6.83
草地早熟禾种子				84.30	0.50			
黑麦草种子			54.00				18.00	8.11
梯牧草种子			67.22	29.10	29.25	18.91	36.91	4.36
其他	1 106.44	1502.37	660.76	1 263.08	1 510.20	3 159.20	3 485.64	

表 11-6 全国牧草种子出口增减情况

单位：吨、千美元

	2001		2002		2002 年比 2001 年增加 %	
	数量	金额	数量	金额	数量	金额
紫花苜蓿种子	265.75	336.34	254.41	208.21	-4.27	-38.10
三叶草种子	3.30	1.71	8.34	6.83	152.73	299.18
黑麦草种子	9.00	18.00	4.20	8.11	-53.33	-54.94
梯牧草种子	25.89	36.91	2.49	4.36	-90.39	-88.19
其他	2 642.34	3 485.64				

表 11-7 分国别紫花苜蓿种子进口量值

（商品税号：12092100）

单位：吨、千美元

国家或地区	2001		2002		2002 年比 2001 年增加%	
	数量	金额	数量	金额	数量	金额
国家（地区）总计	**4 610.71**	**7 425.45**	**6 635.07**	**8 910.79**	**43.91**	**20.00**
加拿大	3 612.71	5 417.19	5 542.65	6 733.26	53.42	24.29
美国	614.01	1 498.29	707.98	1 389.04	15.30	-7.29
澳大利亚	0.01	0.08	283.51	606.26		
法国	20.00	40.00	79.93	147.73	299.67	269.31
德国	114.00	190.75	21.00	34.51	-81.58	-81.91
日本	0.00	0.00				
巴基斯坦	240.00	259.52				
丹麦	8.00	13.92				
匈牙利	1.95	5.57				
新西兰	0.02	0.12				
瑞典	0.00	0.02				

表 11-8 分地区紫花苜蓿种子进口量值

（商品税号：12092100）

单位：吨、千美元

地区	2001		2002		2002 年比 2001 年增加%	
	数量	金额	数量	金额	数量	金额
全国总计	**4 610.71**	**7 425.45**	**6 635.07**	**8 910.79**	**43.91**	**20.00**
北京	4 068.93	6 172.15	5 885.53	7 615.87	44.65	23.39
内蒙古	60.01	116.68	156.81	200.49	161.32	71.83
四川	40.00	66.53	83.74	170.78	109.35	156.70
新疆			80.01	99.22		
山东	71.96	214.30	80.00	169.80	11.18	-20.76
湖北	20.00	20.60	80.00	158.00	300.00	666.99
河北	0.02	0.12	63.01	72.46		
宁夏	57.00	95.68	60.00	76.80	5.26	-19.73
浙江			60.00	122.98		
山西			49.99	62.73		
云南	2.00	3.39	20.00	66.69	902.41	1 866.19
辽宁	37.30	105.67	15.00	75.00	-59.78	-29.02
甘肃			1.00	19.98		
黑龙江	124.50	415.32				
吉林	121.00	201.11				
江苏	8.00	13.92				

表 11-9 分国别紫花苜蓿种子出口量值

（商品税号：12092100）　　单位：吨、千美元

国家或地区	2001		2002		2002 年比 2001 年增加%	
	数量	金额	数量	金额	数量	金额
国家（地区）总计	**265.75**	**336.34**	**254.41**	**208.21**	**-4.27**	**-38.10**
日本	264.00	331.31	254.00	206.97	-3.79	-37.53
朝鲜	1.75	5.03	0.41	1.24	-76.57	-75.38

表 11-10 分地区紫花苜蓿种子出口量值

（商品税号：12092100）　　单位：吨、千美元

地区	2001		2002		2002 年比 2001 年增加%	
	数量	金额	数量	金额	数量	金额
全国总计	**265.75**	**336.34**	**254.41**	**208.21**	**-4.27**	**-38.10**
安徽	236.00	286.95	244.00	191.29	3.39	-33.34
上海	28.00	44.37	10.00	15.68	-64.29	-64.66
北京	1.75	5.03	0.41	1.24	-76.57	-75.38

表 11-11 分国别三叶草种子进口量值

（商品税号：12092200）　　单位：吨、千美元

国家或地区	2001		2002		2002 年比 2001 年增加%	
	数量	金额	数量	金额	数量	金额
国家（地区）总计	**732.70**	**1 392.11**	**953.34**	**1 621.25**	**30.11**	**16.46**
澳大利亚	208.00	371.46	685.43	1 266.46	229.53	240.94
加拿大	29.00	32.45	141.03	119.82	386.29	269.24
丹麦	107.45	213.30	125.35	232.92	16.66	9.20
美国	38.52	141.79	1.50	1.71	-96.10	-98.80
荷兰	62.80	118.06	0.04	0.35	-99.94	-99.71
新西兰	276.94	498.74				
德国	10.00	16.31				

表 11-12　分地区三叶草种子进口量值

（商品税号：12092200）　　单位：吨、千美元

地　区	2001		2002		2002 年比 2001 年增加%	
	数　量	金　额	数　量	金　额	数　量	金　额
全国总计	**732.70**	**1 392.11**	**953.34**	**1 621.25**	**30.11**	**16.46**
北　京	635.71	1 209.92	814.49	1 364.41	28.12	12.77
云　南	18.99	36.85	53.00	93.68	179.12	154.22
上　海	26.50	54.74	40.00	76.40	50.94	39.57
湖　北			21.50	38.27		
四　川	10.00	16.31	20.00	39.40	100.00	141.53
辽　宁	22.41	39.81	3.00	6.30	-86.61	-84.17
浙　江	1.00	2.06	1.35	2.77	35.41	34.63
新　疆			0.01	0.02		
山　东	5.10	10.28				
江　苏	10.00	19.00				
吉　林	3.00	3.15				

表 11-13　分国别三叶草种子出口量值

（商品税号：12092200）　　单位：吨、千美元

国家或地区	2001		2002		2002 年比 2001 年增加%	
	数　量	金　额	数　量	金　额	数　量	金　额
国家（地区）总计	**3.30**	**1.71**	**8.34**	**6.83**	**152.73**	**299.18**
日　本	3.30	1.71	7.00	3.69	112.12	115.37
朝　鲜		0.74	2.76			
中国香港		0.60	0.39			

表 11-14　分地区三叶草种子出口量值

（商品税号：12092200）　　单位：吨、千美元

地　区	2001		2002		2002 年比 2001 年增加%	
	数　量	金　额	数　量	金　额	数　量	金　额
全国总计	**3.30**	**1.71**	**8.34**	**6.83**	**152.73**	**299.18**
山　东	3.30	1.71	7.00	3.69	112.12	115.37
北　京		0.74	2.76			
广　东		0.60	0.39			

表 11-15 分国别羊茅子进口量值

(商品税号：12092300)　　单位：吨、千美元

国家或地区	2001		2002		2002年比2001年增加%	
	数 量	金 额	数 量	金 额	数 量	金 额
国家（地区）总计	**3 046.93**	**4 921.75**	**3 724.22**	**5 157.15**	**22.23**	**4.78**
美 国	2 172.18	3 644.93	2 723.24	3 945.12	25.37	8.24
丹 麦	575.64	881.70	715.10	872.55	24.23	-1.04
荷 兰	131.57	176.78	118.78	148.49	-9.72	-16.00
加拿大	92.38	110.78	105.00	106.70	13.67	-3.68
德 国	60.00	78.56	60.00	75.60	0.01	-3.76
韩 国			2.09	8.69		
新西兰	11.14	18.82				
匈牙利	4.00	10.16				
意大利	0.02	0.02				
瑞 典	0.00	0.02				

表 11-16 分地区羊茅子进口量值

(商品税号：12092300)　　单位：吨、千美元

地 区	2001		2002		2002年比2001年增加%	
	数 量	金 额	数 量	金 额	数 量	金 额
全国总计	**3 046.93**	**4 921.75**	**3 724.22**	**5 157.15**	**22.23**	**4.78**
北 京	2 416.20	3 891.54	2 871.38	3 907.23	18.84	0.40
上 海	161.81	264.10	300.83	403.33	85.92	52.71
浙 江	171.15	290.03	147.11	237.47	-14.05	-18.12
四 川	63.99	85.14	135.40	202.39	111.60	137.71
湖 北	6.50	22.56	100.71	147.87	1 449.35	555.58
山 东	50.98	87.78	75.12	123.44	47.33	40.62
江 苏			36.99	41.29		
云 南	4.45	15.14	29.45	48.58	562.37	220.84
辽 宁	166.85	257.21	24.15	30.06	-85.53	-88.31
甘 肃			3.00	15.08		
山 西			0.09	0.43		
黑龙江	5.00	8.25				

表 11-17 分国别草地早熟禾种子进口量值

(商品税号：12092400)　　单位：吨、千美元

国家或地区	2001		2002		2002年比2001年增加%	
	数 量	金 额	数 量	金 额	数 量	金 额
国家（地区）总计	**2 138.67**	**6 106.75**	**1 401.43**	**3 349.76**	**-34.47**	**-45.15**
美 国	1 906.62	5 447.26	1 128.43	2 705.02	-40.82	-50.34
丹 麦	230.04	656.22	272.00	632.51	18.24	-3.61
加拿大	2.00	3.19	1.00	12.24	-49.87	283.24
瑞 典	0.01	0.08				

表 11-18　分地区草地早熟禾种子进口量值

（商品税号：12092400）

单位：吨、千美元

地　区	2001		2002		2002 年比 2001 年增加％	
	数　量	金　额	数　量	金　额	数　量	金　额
全国总计	**2 138.67**	**6 106.75**	**1 401.43**	**3 349.76**	**－34.47**	**－45.15**
北　京	2 006.11	5 739.70	1 196.21	2 814.89	－40.37	－50.96
山　东	2.00	3.35	104.45	230.85		
辽　宁	84.17	233.03	45.00	114.74	－46.53	－50.76
云　南	9.43	18.74	28.79	98.70	205.21	426.65
上　海	8.50	28.78	23.99	79.29	182.28	175.51
江　苏			2.00	5.29		
甘　肃			1.00	5.99		
浙　江	16.51	52.28				
黑龙江	10.00	24.23				
湖　北	1.95	6.65				

表 11-19　分国别黑麦草种子进口量值

（商品税号：12092500）

单位：吨、千美元

国家或地区	2001		2002		2002 年比 2001 年增加％	
	数　量	金　额	数　量	金　额	数　量	金　额
国家（地区）总计	**1 754.24**	**1 655.49**	**2 086.42**	**1 945.54**	**18.94**	**17.52**
美　国	875.88	909.82	1 488.95	1 391.34	70.00	52.92
丹　麦	423.35	360.15	403.55	365.93	－4.68	1.60
澳大利亚	38.00	57.14	105.00	107.31	176.32	87.79
荷　兰	194.20	131.62	87.77	77.74	－54.80	－40.93
韩　国			0.85	2.90		
德　国	110.00	76.59	0.30	0.32	－99.72	－99.59
新西兰	100.81	97.80				
匈牙利	11.01	21.37				
加拿大	1.00	0.97				
瑞　典	0.01	0.03				

表 11-20 分地区黑麦草种子进口量值

（商品税号：12092500）　　单位：吨、千美元

地区	2001		2002		2002年比2001年增加%	
	数量	金额	数量	金额	数量	金额
全国总计	**1 754.24**	**1 655.49**	**2 086.42**	**1 945.54**	**18.94**	**17.52**
北京	1 230.88	1 120.00	1 544.78	1 391.73	25.50	24.26
四川	172.99	118.45	237.17	176.35	37.10	48.89
上海	36.90	40.76	94.53	155.53	156.20	281.55
云南	26.00	20.46	80.52	80.25	209.70	292.25
浙江	102.22	117.77	37.96	43.66	-62.87	-62.93
山东	4.04	5.26	31.55	31.43	681.62	497.91
江苏			22.00	13.34		
辽宁	144.95	184.44	20.62	24.13	-85.77	-86.92
广东			16.00	24.80		
甘肃			1.00	4.00		
陕西			0.20	0.22		
宁夏			0.10	0.09		
贵州	25.00	23.00				
黑龙江	6.00	7.65				
湖北	5.27	17.71				

表 11-21 分国别黑麦草种子出口量值

（商品税号：12092500）　　单位：吨、千美元

国家或地区	2001		2002		2002年比2001年增加%	
	数量	金额	数量	金额	数量	金额
国家（地区）总计	**9.00**	**18.00**	**4.20**	**8.11**	**-53.33**	**-54.94**
朝鲜	9.00	18.00	4.20	8.11	-53.33	-54.94

表 11-22 分地区黑麦草种子出口量值

（商品税号：12092500）　　单位：吨、千美元

地区	2001		2002		2002年比2001年增加%	
	数量	金额	数量	金额	数量	金额
全国总计	**9.00**	**18.00**	**4.20**	**8.11**	**-53.33**	**-54.94**
辽宁			4.00	8.00		
北京	9.00	18.00	0.20	0.11	-97.78	-99.38

表 11-23　分国别梯牧草种子进口量值

(商品税号：12092600)　　单位：吨、千美元

国家或地区	2001		2002		2002年比2001年增加%	
	数量	金额	数量	金额	数量	金额
国家（地区）总计	**42.83**	**180.97**	**32.75**	**98.92**	**-23.53**	**-45.34**
荷兰			17.04	25.94		
澳大利亚			13.19	48.12		
美国	38.78	158.98	2.02	20.69	-94.80	-86.99
韩国			0.50	4.17		
丹麦	4.00	21.92				
叙利亚	0.05	0.07				

表 11-24　分地区梯牧草种子进口量值

(商品税号：12092600)　　单位：吨、千美元

地区	2001		2002		2002年比2001年增加%	
	数量	金额	数量	金额	数量	金额
全国总计	**42.83**	**180.97**	**32.75**	**98.92**	**-23.53**	**-45.34**
北京			19.24	47.26		
内蒙古			12.99	46.76		
天津			0.50	4.17		
云南			0.02	0.73		
辽宁	19.98	115.99				
山东	18.50	38.46				
江苏	4.00	21.92				
上海	0.30	4.53				
甘肃	0.05	0.07				

表 11-25　分国别梯牧草种子出口量值

(商品税号：12092600)　　单位：吨、千美元

国家或地区	2001		2002		2002年比2001年增加%	
	数量	金额	数量	金额	数量	金额
国家（地区）总计	**25.89**	**36.91**	**2.49**	**4.36**	**-90.39**	**-88.19**
朝鲜			2.49	4.36		
韩国	15.89	32.91				
日本	10.00	4.00				

表 11-26 分地区梯牧草种子出口量值

（商品税号：12092600）

单位：吨、千美元

地区	2001		2002		2002年比2001年增加%	
	数量	金额	数量	金额	数量	金额
全国总计	**25.89**	**36.91**	**2.49**	**4.36**	**-90.39**	**-88.19**
北京			2.49	4.36		
辽宁	25.89	36.91				

表 11-27 全国牛及其冻精和动物胚胎进口数量

	1995	1996	1997	1998	1999	2000	2001	2002
动物胚胎（千克）			37	24	215	246	338	630
牛冷冻精液（千克）	76	35	17	95	16	64	167	366
牛（头）	102	589	1 596	1 654	106	581	2 775	11 432
其中 种牛（头）	80	477	335	1 654	101	581	2 775	11 429
其他牛（头）	22	112	1 261		5			3

表 11-28 全国牛及其冻精和动物胚胎进口价值

单位：千美元

	1995	1996	1997	1998	1999	2000	2001	2002
动物胚胎			167.66	180.40	713.93	1 393.39	758.27	2 903.57
牛冷冻精液	127.10	181.06	0.05	117.54	39.46	100.84	171.60	701.33
牛	495.88	2 936.16	2 605.90	1 957.31	598.81	2 224.65	5 992.36	22 003.55
其中 种牛	493.76	2 923.21	1 612.32	1 957.31	594.61	2 224.65	5 992.36	21 994.55
其他牛	2.12	12.95	993.58		4.20			9.00

表 11-29 全国牛及其冻精和动物胚胎进口增减情况

单位：千克、头、千美元

	2001		2002		2002年比2001年增加%	
	数量	金额	数量	金额	数量	金额
动物胚胎	338	758.27	630	2 930.57	86.39	282.92
牛冷冻精液	167	171.60	366	701.33	119.16	308.70
牛	2 775	5 992.36	11 432	22 003.55	311.96	267.19
其中 种牛	2 775	5 992.36	11 429	21 994.55	311.86	267.04
其他牛			3	9.00		

表 11-30　全国牛及其冻精和动物胚胎出口数量

	1995	1996	1997	1998	1999	2000	2001	2002
动物胚胎　（千克）			6 120			2 090		
牛冷冻精液　（千克）	145							
牛　（头）	115 671	87 705	65 700	74 730	65 682	64 770	57 171	58 280
其中　种牛　（头）	20		245	239	101			134
其他牛（头）	115 651	87 705	65 455	74 491	65 581	64 770	57 171	58 146

表 11-31　全国牛及其冻精和动物胚胎出口价值

单位：千美元

	1995	1996	1997	1998	1999	2000	2001	2002
动物胚胎			24.00			13.20		
牛冷冻精液	12.64							
牛	56 711.76	45 708.64	35 608.99	41 090.81	38 797.10	37 959.78	33 748.55	33 107.07
其中　种牛	5.74	98.44	23.90	18.18			33.38	
其他牛	56 706.02	45 708.64	35 510.55	41 066.91	38 778.92	37 959.78	33 748.55	33 073.69

表 11-32　全国牛出口增减情况

单位：头、千美元

	2001		2002		2002 年比 2001 年增加%	
	数　量	金　额	数　量	金　额	数　量	金　额
牛	57 171	33 748.55	58 280	33 107.07	1.94	-1.90
种牛			134	33.38		
其他牛	57 171	33 748.55	58 146	33 073.69	1.71	-2.00

表 11-33　分国别动物胚胎进口量值

（商品税号：05119920）

单位：千克、千美元

国家或地区	2001		2002		2002 年比 2001 年增加%	
	数　量	金　额	数　量	金　额	数　量	金　额
国家(地区)总计	**338.00**	**758.27**	**630.00**	**2 903.57**	**86.39**	**282.92**
加拿大	70.00	178.25	429.00	1 602.31	512.86	798.91
丹　麦			75.00	8.05		
德　国			50.00	50.00		
澳大利亚	10.00	286.60	34.00	499.00	240.00	74.11
匈牙利	7.00	52.16	21.00	156.47	200.00	200.00
美　国	185.00	124.02	10.00	276.28	-94.59	122.77
冰　岛			6.00	8.51		
新西兰	5.00	57.01	4.00	302.50	-20.00	430.63
日　本	47.00	18.11	1.00	0.45	-97.87	-97.51
俄罗斯	14.00	42.13				

表 11-34　分地区动物胚胎进口量值

（商品税号：05119920　　　　单位：千克、千美元

地区	2001		2002		2002年比2001年增加%	
	数量	金额	数量	金额	数量	金额
全国总计	**338.00**	**758.27**	**630.00**	**2 903.57**	**86.39**	**282.92**
北京	268.00	714.81	411.00	2 293.71	53.36	220.88
黑龙江	9.00	1.05	100.00	2.88	1 011.11	174.67
甘肃			50.00	138.71		
湖南			40.00	49.83		
山东			22.00	222.90		
吉林			2.00	0.35		
海南			2.00	12.64		
上海	47.00	18.11	1.00	0.45	-97.87	-97.51
河南			1.00	35.10		
四川			1.00	84.00		
广东				63.00		
天津	14.00	24.30				

表 11-35　分国别牛冷冻精液进口量值

商品税号：05111000　　　　单位：千克、千美元

国家或地区	2001		2002		2002年比2001年增加%	
	数量	金额	数量	金额	数量	金额
国家（地区）总计	**167.00**	**171.60**	**366.00**	**701.33**	**119.16**	**308.70**
加拿大	150.00	157.20	308.00	588.30	105.33	274.24
美国	17.00	14.40	58.00	113.03	241.18	684.95

表 11-36　分地区牛冷冻精液进口量值

（商品税号：05111000）　　　　单位：千克、千美元

地区	2001		2002		2002年比2001年增加%	
	数量	金额	数量	金额	数量	金额
全国总计	**167.00**	**171.60**	**366.00**	**701.33**	**119.16**	**308.70**
黑龙江			300.00	447.00		
山东			40.00	7.81		
北京	20.00	42.20	25.00	178.33	25.00	322.59
广东			1.00	34.59		
新疆			0.00	33.60		
上海	147.00	129.40				

表 11-37 分国别牛进口量值

（商品税号：0102.）

单位：头、千美元

国家或地区	2001		2002		2002 年比 2001 年增加 %	
	数量	金额	数量	金额	数量	金额
国家(地区)总计	**2 775**	**5 992.36**	**11 432**	**22 003.55**	**311.96**	**267.19**
澳大利亚	2 231	3 327.35	9 280	12 973.80	315.96	289.91
加拿大	227	1 060.78	1 896	7 596.00	735.24	616.08
美国	317	1 604.23	256	1 433.75	-19.24	-10.63

表 11-38 分地区牛进口量值

（商品税号：0102.）

单位：头、千美元

地区	2001		2002		2002 年比 2001 年增加 %	
	数量	金额	数量	金额	数量	金额
全国总计	**2 775**	**5 992.36**	**11 432**	**22 003.55**	**311.96**	**267.19**
北京	485	712	5 227	10 077.07	977.73	1 315.32
内蒙古	679	1 018.06	1 926	2 423.42	183.65	138.04
山东	352	635.98	1 400	1 872.00	297.73	194.35
江苏			953	1 376.07		
河南	19	82.77	812	2 153.54	4 173.68	2 501.84
新疆			277	1 161.90	983.33	455.46
辽宁	24	113.42	260	630.00		
陕西	676	1 984.16	199	311.30	-70.56	-84.31
黑龙江			143	690.49		
天津			76	433.65		
湖北			50	376.41		
重庆			43	147.22		
云南			30	158.00		
江西	45	268.35	13	39.70	-71.11	-85.21
河北			13	83.20		
青海			10	69.58		
广东	429	882.57				
西藏	66	295.06				

表 11-39 分国别牛出口量值

（商品税号：0102.）

单位：头、千美元

国家或地区	2001		2002		2002 年比 2001 年增加 %	
	数量	金额	数量	金额	数量	金额
国家（地区）总计	**57 171**	**33 748.55**	**58 280**	**33 107.07**	**1.94**	**-1.90**
中国香港	50 674	31 047.11	49 163	29 888.16	-2.98	-3.73
中国澳门	5 174	2 480.67	5 335	2 582.64	3.11	4.11
马来西亚			3 091	455.80		
缅甸			674	178.75		
朝鲜	1 323	220.77	17	1.72	-98.72	-99.22

表 11-40 分地区牛出口量值

（商品税号：0102.）

单位：头、千美元

地 区	2001		2002		2002 年比 2001 年增加%	
	数 量	金 额	数 量	金 额	数 量	金 额
全国总计	**57 171**	**33 748.55**	**58 280**	**33 107.07**	**1.94**	**−1.90**
河 北	10 122	7 086.30	11 173	7 746.60	10.38	9.32
广 东	8 662	4 149.93	9 010	4 226.82	4.02	1.85
山 东	7 641	4 349.13	7 487	4 250.00	−2.02	−2.28
河 南	5 792	3 520.21	4 590	2 807.92	−20.75	−20.23
内蒙古	4 573	2 942.78	4 153	2 777.36	−9.18	−5.62
陕 西	3 486	2 112.93	3 596	2 129.43	3.16	0.78
福 建			3 091	455.80		
北 京	2 880	1 846.28	2 817	1 805.42	−2.19	−2.21
湖 北	2 968	1 780.52	2 667	1 586.25	−9.80	−10.91
辽 宁	2 699	1 321.42	2 072	1 189.28	−23.23	−10.00
吉 林	2 522	1 291.97	1 838	1 187.28	−27.12	−8.10
广 西	1 303	684.41	1 387	711.34	6.45	3.94
黑龙江	1 273	802.43	1 295	761.27	1.73	−5.13
江 苏	1 580	873.91	1 285	626.08	−18.67	−28.36
云 南			674	178.8		
山 西	622	400.16	538	343.39	−13.50	−14.19
安 徽	460	235.92	417	213.87	−9.35	−9.35
贵 州	100	65.24	80	49.54	−20.00	−24.06
江 西	42	23.46	60	33.72	42.86	43.72
上 海			20	15.4		
甘 肃	20	11.54	20	11.54	0.00	0.00
天 津	386	225.66				
青 海	40	24.36				

表 11-41 分国别改良种用牛进口量值

（商品税号：01021000）

单位：头、千美元

国家或地区	2001		2002		2002 年比 2001 年增加%	
	数 量	金 额	数 量	金 额	数 量	金 额
国家（地区）总计	**2 775**	**5 992.36**	**11 429**	**21 994.55**	**311.86**	**267.04**
澳大利亚	2 231	3 327.35	9 277	12 964.80	315.82	289.64
加 拿 大	227	1 060.78	1 896	7 596.00	735.24	616.08
美 国	317	1 604.23	256	1 433.75	−19.24	−10.63

表 11-42　分地区改良种用牛进口量值

（商品税号：01021000）　　单位：头、千美元

地区	2001		2002		2002年比2001年增加%	
	数量	金额	数量	金额	数量	金额
全国总计	**2 775**	**5 992.36**	**11 429**	**21 994.55**	**311.86**	**267.04**
北京	485	712.00	5 227	10 077.07	977.73	1 315.32
内蒙古	679	1 018.06	1 926	2 423.42	183.65	138.04
山东	352	635.98	1 400	1 872.00	297.73	194.35
江苏			953	1 376.07		
河南	19	82.77	812	2 153.54	4 173.68	2 501.84
新疆			277	1 161.90		
辽宁	24	113.42	260	630.00	983.33	455.46
陕西	676	1 984.16	199	311.30	－70.56	－84.31
黑龙江			143	690.49		
天津			76	433.65		
湖北			50	376.41		
重庆			43	147.22		
云南			30	158.00		
河北			13	83.20		
江西	45	268.35	10	30.70	－77.78	－88.56
青海			10	69.58		
广东	429	882.57				
西藏	66	295.06				

表 11-43　分国别改良种用牛出口量值

（商品税号：01021000）　　单位：头、千美元

国家或地区	2001		2002		2002年比2001年增加%	
	数量	金额	数量	金额	数量	金额
国家（地区）总计			**134**	**33.38**		
缅甸			129	32.38		
朝鲜			5	1.00		

表 11-44　分地区改良种用牛出口量值

（商品税号：01021000）　　单位：头、千美元

地区	2001		2002		2002年比2001年增加%	
	数量	金额	数量	金额	数量	金额
全国总计			**134**	**33.38**		
云南			129	32.38		
陕西			5	1.00		

表 11-45 分国别其他牛（除改良种用）进口量值

（商品税号：01021000）　　单位：头、千美元

国家或地区	2001		2002		2002年比2001年增加%	
	数 量	金 额	数 量	金 额	数 量	金 额
国家（地区）总计			**3**	**9.00**		
澳大利亚			3	9.00		

表 11-46 分地区其他牛（除改良种用）进口量值

（商品税号：01021000）　　单位：头、千美元

地 区	2001		2002		2002年比2001年增加%	
	数 量	金 额	数 量	金 额	数 量	金 额
全国总计			**3**	**9.00**		
江 西			3	9.00		

表 11-47 分国别其他牛（除改良种用）出口量值

（商品税号：01021000）　　单位：头、千美元

国家或地区	2001		2002		2002年比2001年增加%	
	数 量	金 额	数 量	金 额	数 量	金 额
国家（地区）总计	**57 171**	**33 748.55**	**58 146**	**33 073.69**	**1.71**	**-2.00**
中国香港	50 674	31 047.11	49 163	29 888.16	-2.98	-3.73
中国澳门	5 174	2 480.67	5 335	2 582.64	3.11	4.11
马来西亚			3 091	455.80		
缅 甸			545	146.37		
朝 鲜	1 323	220.77	12	0.72	-99.09	-99.67

表 11-48　分地区其他牛（除改良种用）出口量值

（商品税号：01021000）

单位：头、千美元

地　区	2001		2002		2002年比2001年增加%	
	数　量	金　额	数　量	金　额	数　量	金　额
全国总计	**57 171**	**33 748.55**	**58 146**	**33 073.69**	**1.71**	**-2.00**
河　北	10 122	7 086.30	11 173	7 746.60	10.38	9.32
广　东	8 662	4 149.93	9 010	4 226.82	4.02	1.85
山　东	7 641	4 349.13	7 487	4 250.00	-2.02	-2.28
河　南	5 792	3 520.21	4 590	2 807.92	-20.75	-20.23
内蒙古	4 573	2 942.78	4 153	2 777.36	-9.18	-5.62
陕　西	3 486	2 112.93	3 591	2 128.43	3.01	0.73
福　建			3 091	455.80		
北　京	2 880	1 846.28	2 817	1 805.42	-2.19	-2.21
湖　北	2 968	1 780.52	2 677	1 586.25	-9.80	-10.91
辽　宁	2 699	1 321.42	2 072	1 189.28	-23.23	-10.00
吉　林	2 522	1 291.97	1 838	1 187.28	-27.12	-8.10
广　西	1 303	684.41	1 387	711.34	6.45	3.94
黑龙江	1 273	802.43	1 295	761.27	1.73	-5.13
江　苏	1 580	873.91	1 285	626.08	-18.67	-28.36
云　南			545	146.37		
山　西	622	400.16	538	343.39	-13.50	-14.19
安　徽	460	235.92	417	213.87	-9.35	-9.35
贵　州	100	65.24	80	49.54	-20.00	-24.06
江　西	42	23.46	60	33.72	42.86	43.72
上　海			20	15.40		
甘　肃	20	11.54	20	11.54	0.00	0.00
天　津	386	225.66				
青　海	40	24.36				

表 11-49　全国主要乳制品进口数量

单位：吨

	1995	1996	1997	1998	1999	2000	2001	2002
鲜奶	7 440.08	7 274.27	10 083.43	8 883.72	14 941.87	14 910.33	9 599.44	4 836.06
奶粉	24 726.18	19 306.64	27 908.92	31 052.63	56 616.23	72 768.96	58 506.21	110 798.51
炼乳	1 124.64	914.59	285.23	232.37	1 783.60	646.53	1 346.94	887.72
酸奶	1 250.68	421.75	231.93	600.18	2 394.73	2 553.78	2 856.34	1 662.90
乳清制品	34 605.76	48 488.17	74 466.41	69 317.84	83 228.10	122 902.94	119 780.45	137 954.10
奶油	1 180.69	780.48	353.71	484.89	3 275.12	3 088.29	1 452.45	5 154.84
干酪	1 858.99	345.19	235.47	459.60	1 181.81	1 967.87	2 029.50	2 532.52
液态奶	8 690.77	7 696.02	10 315.36	9 483.89	17 336.60	17 464.11	12 455.78	6 498.95
干乳制品	63 496.26	69 835.06	103 249.73	101 547.32	146 084.86	201 374.59	183 115.55	257 327.69

注：鲜奶海关税号：0401；奶粉海关税号：04021000、04022100、04022900；炼乳海关税号：04029100、04029900　配奶海关税号：0403；乳清制品海关税号：0404；奶油海关税号：0405；干酪海关税号：0406；液态奶海关税号：0401、0403；干乳制品海关税号：0402、0404、0405、0406（下同）

表 11-50　全国主要乳制品进口价值

单位：千美元

	1995	1996	1997	1998	1999	2000	2001	2002
鲜奶	5 448.85	3 636.35	3 919.64	3 262.74	8 525.27	8 870.69	4 874.52	2 667.29
奶粉	28 085.57	18 589.40	19 154.85	39 005.41	80 103.25	115 319.59	114 399.40	160 659.98
炼乳	920.47	693.86	207.22	156.04	2 293.54	360.37	1 062.76	872.16
酸奶	919.95	472.53	301.55	467.96	1 166.77	1 518.81	1 703.49	1 154.53
乳清制品	19 361.26	27 595.62	38 287.42	39 693.49	58 086.22	79 964.33	88 067.19	90 359.96
奶油	1 256.31	1 634.43	1 012.04	912.05	5 632.63	4 749.49	2 022.85	6 736.92
干酪	2 052.36	835.44	617.30	1 144.24	3 072.49	3 916.63	3 974.94	5 732.62
液态奶	6 368.80	4 108.88	4 221.18	3 730.69	9 692.04	10 389.50	6 578.02	3 821.82
干乳制品	51 675.97	49 348.74	59 278.82	80 911.22	149 188.14	204 310.41	209 527.14	264 361.64

表 11-51　全国主要乳制品进口增减情况

单位：吨、千美元

	2001		2002		2002 年比 2001 年增加%	
	数　量	金　额	数　量	金　额	数　量	金　额
鲜奶	9 599.44	4 874.52	4 836.06	2 667.29	−49.62	−45.28
奶粉	58 506.21	114 399.40	110 798.51	160 659.98	89.38	40.44
炼乳	1 346.94	1 062.76	887.72	872.16	−34.09	−17.93
酸奶	2 856.34	1 703.49	1 662.90	1 154.53	−41.78	−32.23
乳清制品	119 780.45	88 067.19	137 954.10	90 359.96	15.17	2.60
奶油	1 452.45	2 022.85	5 154.84	6 736.92	254.91	233.04
干酪	2 029.50	3 974.94	2 532.52	5 732.62	24.79	44.22
液态奶	12 455.78	6 578.02	6 498.95	3 821.82	−47.82	−41.90
干乳制品	183 115.55	209 527.14	257 327.69	264 361.64	40.53	26.17

表 11-52 全国主要乳制品进口数量

单位：吨

	1995	1996	1997	1998	1999	2000	2001	2002
鲜奶	25 321.67	25 197.08	26 128.64	24 495.48	25 194.67	29 416.89	26 432.97	27 786.39
奶粉	4 518.99	4 395.82	7 843.34	8 407.74	10 007.54	10 161.14	5 042.79	10 299.38
炼乳	107.80	754.32	3 354.49	2 544.37	4 152.33	7 253.47	10 303.46	11 339.48
酸奶	232.22	646.50	485.88	202.40	333.50	162.23	73.62	150.97
乳清制品	83.02	209.42	347.86	796.08	392.59	334.27	337.59	343.51
奶油	123.53	169.68	0.45	217.87	46.71	222.56	0.08	505.08
干酪	66.27	20.35	827.23	825.33	308.13	407.47	513.65	605.92
液态奶	25 553.89	25 843.59	26 614.52	24 697.88	25 528.17	29 579.12	26 506.59	27 937.35
干乳制品	4 899.61	5 549.59	12 373.37	12 791.39	14 907.30	18 378.90	16 197.57	23 093.36

表 11-53 全国主要乳制品出口价值

单位：千美元

	1995	1996	1997	1998	1999	2000	2001	2002
鲜奶	17 099.22	19 031.21	19 150.52	18 200.65	18 157.95	20 120.10	19 066.69	20 760.38
奶粉	8 987.27	7 481.94	14 929.23	13 659.04	19 498.02	20 880.43	10 360.72	23 733.05
炼乳	155.51	1 268.61	4 879.72	3 668.87	4 404.42	7 045.74	8 587.18	8 226.11
酸奶	381.31	946.73	733.28	314.09	425.18	200.24	61.82	110.55
乳清制品	193.32	334.98	588.49	1265.36	377.13	300.27	233.89	223.34
奶油	187.46	341.85	1.60	370.71	90.53	352.61	0.02	585.97
干酪	274.70	33.90	731.26	2 011.68	1 048.94	1 174.73	1 306.67	1 604.42
液态奶	17 480.53	19 977.94	19 883.79	18 514.74	18 583.13	20 320.34	19 128.51	20 870.93
干乳制品	9 798.24	9 461.28	21 130.30	20 975.66	25 419.05	29 753.78	20 488.49	34 372.89

表 11-54 全国主要乳制品出口增减情况

单位：吨、千美元

	2001		2002		2002 年比 2001 年增加%	
	数 量	金 额	数 量	金 额	数 量	金 额
鲜奶	26 432.97	19 066.69	27 786.39	20 760.38	5.12	8.88
奶粉	5 042.79	10 360.72	10 299.38	23 733.05	104.24	129.07
炼乳	10 303.46	8 587.18	11 339.48	8 226.11	10.05	−4.20
酸奶	73.62	61.82	150.97	110.55	105.07	78.82
乳清制品	337.59	233.89	343.51	223.34	1.75	−4.51
奶油	0.08	0.02	505.08	585.97		
干酪	513.65	1 306.67	605.92	1 604.42	17.96	22.79
液态奶	26 506.59	19 128.51	27 937.35	20 870.93	5.40	9.11
干乳制品	16 197.57	20 488.49	23 093.36	34 372.89	42.57	67.77

表 11-55　分国别液态奶进口数量

单位：吨

国家或地区	1995	2000	2001	2002
国家（地区）总计	**8 690.77**	**17 464.11**	**12 455.78**	**6 498.95**
澳大利亚	3 189.92	10 792.11	7 574.42	3 570.32
中国香港	890.03	2 371.32	2 577.13	1 265.20
新 西 兰	523.45	1 541.60	873.46	779.18
法　国	31.28	200.09	326.21	388.76
西 班 牙	1.52	7.30	3.24	230.75
马来西亚	203.04	1 329.07	154.37	72.74
加 拿 大	64.26		75.15	48.23
新 加 坡	40.21	63.31	15.74	43.30
德　国	27.65	191.71	96.39	32.57
日　本	161.13	39.76	35.00	15.96
荷　兰	1 945.24	443.75	2.38	13.67
美　国	973.32	14.32	150.82	12.35
奥 地 利	0.10			10.50
中　国		151.89	262.48	8.49
中国台湾	62.92	7.16	3.46	4.22
瑞　士	7.63	2.00	2.52	2.70
英　国	353.57	54.31	30.03	0.02
缅　甸			1.00	
中国澳门	0.36			
俄 罗 斯	54.95	40.90		
泰　国	13.05	4.01	6.22	
意 大 利	3.95	8.11	3.94	
国（地）别不详的				
丹　麦	18.36	1.33		
比 利 时	0.88		0.48	
印度尼西亚	102.90		59.56	
韩　国	21.07	31.90	1.76	
爱 尔 兰		68.00		
葡 萄 牙		50.00		
芬　兰		50.00		
南　非		0.16		
捷　克			150.00	
波　兰			50.00	
阿　曼			0.06	

表 11-56 分国别液态奶进口价值

单位：千美元

国家或地区	1995	2000	2001	2002
国家（地区）总计	**6 368.80**	**10 389.50**	**6 578.02**	**3 821.82**
澳大利亚	1 255.03	5 540.53	3 253.33	1 580.59
新西兰	209.18	1 562.71	706.43	715.70
中国香港	611.99	1 041.50	1 123.68	561.08
法国	70.34	173.89	207.06	399.00
西班牙	6.22	9.55	4.59	249.02
加拿大	35.88		194.52	109.65
马来西亚	110.45	586.30	67.12	37.99
中国台湾	106.76	10.35	1.92	33.78
日本	143.71	142.71	55.81	32.34
美国	1 118.84	35.31	271.75	29.21
新加坡	21.44	28.09	9.63	25.83
德国	99.94	311.40	58.83	22.06
奥地利	0.58			9.16
荷兰	1 340.43	449.13	4.28	6.23
瑞士	9.80	3.85	2.59	5.72
中国		68.65	116.54	4.45
英国	985.91	74.17	34.38	0.01
缅甸			0.54	
中国澳门	0.23			
泰国	15.51	3.64	4.59	
俄罗斯	38.47	36.81		
国（地）别不详的				
丹麦	9.97	0.82		
意大利	2.12	8.03	1.72	
比利时	0.90		0.35	
印度尼西亚	156.03		38.18	
韩国	19.08	24.32	0.22	
爱尔兰		110.73		
葡萄牙		85.51		
芬兰		81.44		
南非		0.07		
捷克			320.25	
波兰			100.00	
阿曼			0.01	

表 11-57 分国别液态奶进口量值

单位：吨、千美元

国家或地区	2001		2002		2002 年比 2001 年增加%	
	数 量	金 额	数 量	金 额	数 量	金 额
国家（地区）总计	**12 455.78**	**6 578.02**	**6 498.95**	**3 821.82**	**-47.82**	**-41.90**
澳大利亚	7 574.42	3 253.33	3 570.32	1 580.59	-52.86	-51.42
中国香港	2 577.13	1 123.68	1 265.20	561.08	-50.91	-50.07
新西兰	873.46	706.43	779.18	715.70	-10.79	1.31
法国	326.21	207.06	388.76	399.00	19.17	92.70
西班牙	3.24	4.59	230.75	249.02	7 021.79	5 327.66
马来西亚	154.37	67.12	72.74	37.99	-52.88	-43.40
加拿大	75.15	194.52	48.23	109.65	-35.82	-43.63
新加坡	15.74	9.63	43.30	25.83	175.17	168.27
德国	96.39	58.53	32.57	22.06	-66.20	-62.31
日本	35.00	55.81	15.96	32.34	-54.40	-42.05
荷兰	2.38	4.28	13.67	6.23	475.29	45.44
美国	150.82	271.75	12.35	29.21	-91.81	-89.25
奥地利			10.50	9.16		
中国	262.48	116.54	8.49	4.45	-96.76	-96.18
中国台湾	3.46	1.92	4.22	33.78	22.11	1 655.77
瑞士	2.52	2.59	2.70	5.72	7.11	121.14
英国	30.03	34.38	0.02	0.01	-99.95	-99.96
缅甸	1.00	0.54				
捷克	150.00	320.25				
印度尼西亚	59.56	38.18				
波兰	50.00	100.00				
泰国	6.22	4.59				
意大利	3.94	1.72				
韩国	1.76	0.22				
比利时	0.48	0.35				
阿曼	0.06	0.01				

表 11-58 分地区液态奶进口数量

单位：吨

地 区	1995	2000	2001	2002
全国总计	**8 690.77**	**17 464.11**	**12 455.78**	**6 498.95**
广 东	5 473.66	10 838.49	7 126.05	3 128.03
福 建	165.72	3 034.53	3 290.92	1 536.09
上 海	667.50	1 685.38	1 062.89	1 093.39
北 京	174.43	229.76	270.78	223.56
四 川		216.18	273.41	199.50
黑龙江	54.95	54.40		105.33
海 南	83.27	106.00	94.30	68.00
天 津	15.26	47.81	210.93	44.57
山 东	151.27	1 221.05	89.36	37.61
浙 江	23.81	2.81		36.47
辽 宁	4.28	8.84	19.00	18.04
江 苏	41.71		15.70	8.36
河 北				0.01
云 南			2.44	
河 南		0.85		
湖 南	6.50	18.00		
广 西	828.41			
西 藏	1 000.00			
安 徽		0.01		

表 11-59 分地区液态奶进口价值

单位：千美元

地 区	1995	2000	2001	2002
全国总计	**6 368.80**	**10 389.50**	**6 578.02**	**3 821.82**
广 东	3 492.20	5 246.25	3 325.61	1 791.28
上 海	591.08	1 490.15	932.74	876.38
福 建	81.81	886.45	954.37	445.46
北 京	306.43	244.63	296.45	175.98
海 南	63.04	238.98	237.55	149.44
四 川		99.47	130.91	93.53
天 津	10.37	79.26	440.88	91.33
浙 江	15.24	14.77		53.25
山 东	80.08	1 989.96	162.29	49.12
黑龙江	38.47	58.41		41.52
辽 宁	16.57	10.04	49.25	29.16
江 苏	93.61		46.55	25.30
河 北				0.05
云 南			1.41	
河 南		0.57		
湖 南	18.64	30.54		
广 西	811.27			
西 藏	750.00			
安 徽		0.02		

表 11-60　分地区液态奶进口量值

单位：吨、千美元

地　区	2001		2002		2002 年比 2001 年增加％	
	数　量	金　额	数　量	金　额	数　量	金　额
全国总计	**12 455.78**	**6 578.02**	**6 498.95**	**3 821.82**	**－47.82**	**－41.90**
广　东	7 126.05	3 325.61	3 128.03	1 791.28	－56.10	－46.14
福　建	3 290.92	954.37	1 536.09	445.46	－53.32	－53.32
上　海	1 062.89	932.74	1 093.39	876.38	2.87	－6.04
北　京	270.78	296.45	223.56	175.98	－17.44	－40.64
四　川	273.41	130.91	199.50	93.53	－27.03	－28.55
黑龙江			105.33	41.52		
海　南	94.30	237.55	68.00	149.44	－27.89	－37.09
天　津	210.93	440.88	44.57	91.33	－78.87	－79.28
山　东	89.36	162.29	37.61	49.12	－57.91	－69.73
浙　江			36.47	53.25		
辽　宁	19.00	49.25	18.04	29.16	－5.07	－40.79
江　苏	15.70	46.55	8.36	25.30	－46.78	－45.65
河　北			0.01	0.05		
云　南	2.44	1.41				

表 11-61　分国别液态奶出口数量

单位：吨

国家或地区	1995	2000	2001	2002
国家（地区）总计	**25 553.89**	**29 579.12**	**26 506.59**	**27 937.35**
中国香港	21 136.80	27 405.19	25 278.32	26 656.32
中国澳门	166.61	240.98	293.76	674.10
新加坡		1 820.95	875.10	416.75
蒙　古				94.25
柬埔寨		39.73	22.60	54.46
缅　甸	3.50	12.19	30.15	25.58
中国台湾	4 153.69			12.10
美　国			0.64	3.60
加　纳				0.10
日　本	20.90			0.06
越　南				0.05
荷　兰		0.12		
澳大利亚				
新西兰		5.76		
瑞　士			0.06	
朝　鲜	21.00	2.00		
希　腊			0.86	
俄罗斯	11.00			
意大利		1.80		
坦桑尼亚	25.01			
老　挝	15.39			
印度尼西亚			4.86	
印　度		50.32		
萨摩亚		0.08		
巴拿马			0.18	
尼泊尔			0.06	

表 11-62 分国别液态奶出口价值

单位：千美元

国家或地区	1995	2000	2001	2002
国家（地区）总计	**17 480.53**	**20 320.34**	**19 128.51**	**20 870.93**
中国香港	14 084.05	19 031.52	18 315.66	19 972.21
中国澳门	110.55	236.24	285.77	575.03
新加坡		972.21	487.99	233.39
蒙古				35.75
柬埔寨		31.01	14.12	33.66
缅甸	0.94	5.54	17.38	15.27
中国台湾	3 124.51			3.10
美国			0.43	2.35
加纳				0.12
日本	27.40			0.04
越南				0.02
荷兰		0.12		
澳大利亚				
新西兰		4.40		
瑞士			0.10	
朝鲜	21.47	2.20		
希腊			0.65	
俄罗斯	41.37			
意大利		0.97		
坦桑尼亚	61.00			
老挝	9.24			
印度尼西亚			2.29	
印度		36.08		
萨摩亚		0.07		
巴拿马			4.10	
尼泊尔			0.01	

表 11-63　分国别液态奶出口量值

单位：吨、千美元

国家或地区	2001		2002		2002 年比 2001 年增加%	
	数　量	金　额	数　量	金　额	数　量	金　额
国家（地区）总计	**26 506.59**	**19 128.51**	**27 937.35**	**20 870.93**	**5.40**	**9.11**
中国香港	25 278.32	18 315.66	26 656.32	19 972.21	5.45	9.04
中国澳门	293.76	285.77	674.10	575.03	129.47	101.22
新加坡	875.10	487.99	416.75	233.39	－52.38	－52.17
蒙　古			94.25	35.75		
柬埔寨	22.60	14.12	54.46	33.66	140.99	138.32
缅　甸	30.15	17.38	25.58	15.27	－15.17	－12.15
中国台湾			12.10	3.10		
美　国	0.64	0.43	3.60	2.35	462.50	452.94
加　纳			0.10	0.12		
日　本			0.06	0.04		
越　南			0.05	0.02		
瑞　士	0.06	0.10				
印度尼西亚	4.86	2.29				
希　腊	0.86	0.65				
巴拿马	0.18	4.10				
尼泊尔	0.06	0.01				

表 11-64　分地区液态奶出口数量

单位：吨

地　区	1995	2000	2001	2002
全国总计	**25 553.89**	**29 579.12**	**26 506.59**	**27 937.35**
广　东	25 437.12	22 497.36	20 185.45	19 651.85
山　东	9.00	2 979.64	4 327.74	5 401.77
内蒙古			39.99	1 669.54
天　津		4 038.73	1 898.04	1 036.21
黑龙江	2.00	1.90	1.14	94.25
湖　南			22.60	54.56
云　南	15.39	12.19	19.35	16.60
河　南		45.49		7.00
福　建		1.80	1.46	3.60
浙　江	1.00			1.98
辽　宁	20.00	2.00		
上　海	24.37		0.01	
四　川			10.80	
河　北	25.01			
江　苏	20.00			

表 11-65　分地区液态奶出口价值

单位：千美元

地　区	1995	2000	2001	2002
全国总计	**17 480.53**	**20 320.34**	**19 128.51**	**20 870.93**
广　东	17 301.05	16 338.67	14 542.47	13 945.64
山　东	38.85	1 678.80	3 403.90	4 611.44
内蒙古			30.19	1 609.21
天　津		2 251.34	1 110.64	617.49
黑龙江	2.52	7.42	8.74	35.75
湖　南			14.12	33.78
云　南	9.24	5.54	10.85	10.08
河　南		35.40		4.23
福　建		0.97	1.05	2.35
浙　江	1.07			0.96
辽　宁	20.40	2.20		
上　海	19.82		0.03	
四　川			6.52	
河　北	61.00			
江　苏	26.58			

表 11-66　分地区液态奶出口量值

单位：吨、千美元

地　区	2001		2002		2002 年比 2001 年增加%	
	数　量	金　额	数　量	金　额	数　量	金　额
全国总计	**26 506.59**	**19 128.51**	**27 937.35**	**20 870.93**	**5.40**	**9.11**
广　东	20 185.45	14 542.47	19 651.85	13 945.64	-2.64	-4.10
山　东	4 327.74	3 403.90	5 401.77	4 611.44	24.82	35.48
内蒙古	39.99	30.19	1 669.54	1 609.21	4 075.00	5 230.61
天　津	1 898.04	1 110.64	1 036.21	617.49	-45.41	-44.40
黑龙江	1.14	8.74	94.25	35.75	8 138.20	309.24
湖　南	22.60	14.12	54.56	33.78	141.44	139.17
云　南	19.35	10.85	16.60	10.08	-14.21	-7.16
河　南			7.00	4.23		
福　建	1.46	1.05	3.60	2.35	145.90	124.24
浙　江			1.98	0.96		
上　海	0.01	0.03				
四　川	10.80	6.52				

表 11-67 分国别干乳制品进口数量

单位：吨

国家或地区	1995	2000	2001	2002
国家（地区）总计	**63 496.26**	**201 374.59**	**183 115.55**	**257 327.69**
新西兰	5 550.11	54 678.15	46 002.88	77 180.51
美国	23 101.88	37 176.22	43 030.59	52 629.10
澳大利亚	3 604.66	17 886.93	25 183.98	50 643.70
法国	2 549.73	39 067.00	30 387.92	40 942.50
加拿大	3 499.51	13 643.48	12 385.13	11 075.76
芬兰	4 265.00	6 015.28	10 593.00	7 480.40
荷兰	10 201.93	13 405.27	7 264.43	5 256.80
爱尔兰	457.29	4 317.60	1 586.36	5 032.71
比利时	80.81	614.44	407.28	3 137.32
德国	888.32	3 625.53	1 860.90	1 569.26
丹麦	300.28	283.04	34.82	647.56
波兰	400.00	2 391.88	1 015.00	391.40
捷克		415.00	1 270.68	350.00
瑞士	109.81	147.71	66.24	275.07
瑞典	0.05	808.44	100.27	225.10
中国香港	1 677.07	113.07	164.87	146.73
马来西亚	2 377.04	227.30	155.15	131.88
新加坡	981.92	69.79	237.55	55.44
日本	405.64	59.43	93.14	44.01
韩国	269.61	122.35	37.36	29.12
立陶宛		775.00	450.00	25.00
英国	917.27	3 030.17	300.17	24.36
中国台湾	209.40	36.91	32.19	10.82
中国	1.73	43.17	105.87	10.41
巴基斯坦				9.60
意大利	22.22	2.52	0.55	1.83
国（地）别不详的	0.38			0.41
中国澳门	6.22	0.19	0.03	0.33
泰国	0.81	7.30	0.57	0.31
黎巴嫩				0.23
菲律宾	1.92	0.00		0.02
缅甸	20.00			
印度尼西亚	245.07	136.32	1.62	
越南	6.00	25.65	19.22	
哈萨克斯坦	50.04			
俄罗斯	1 235.60	1 313.31		
奥地利	16.26	5.00		
挪威	0.12	0.03		
西班牙		376.44	200.00	
吉尔吉斯斯坦	27.52			
乌克兰	15.00		100.00	
南非	0.04			
厄瓜多尔	0.03			
乌拉圭		250.00		
白俄罗斯		200.00		
墨西哥		100.00	1.99	
匈牙利		4.70		
斯洛伐克			24.00	
印度			1.75	
哥伦比亚			0.05	

表 11-68 分国别干乳制品进口价值

单位：千美元

国家或地区	1995	2000	2001	2002
国家（地区）总计	**51 675.97**	**204 310.41**	**209 527.14**	**264 361.64**
新西兰	6 081.32	84 120.42	87 251.88	112 231.63
澳大利亚	3 810.58	21 796.54	37 512.08	61 249.87
法国	2 210.89	33 853.11	28 532.88	36 637.40
美国	14 176.39	20 068.34	25 729.00	25 932.88
芬兰	3 403.98	5 270.71	9 823.52	7 648.82
加拿大	1 293.31	5 805.38	5 468.65	5 544.82
荷兰	8 283.70	10 445.24	5 669.91	4 388.48
爱尔兰	1 198.91	6 048.11	1 587.70	4 290.92
比利时	118.30	843.28	485.83	2 145.37
德国	553.50	2 929.07	1 389.33	1 664.75
丹麦	897.41	504.80	103.13	832.79
瑞士	228.91	275.27	103.08	421.61
捷克		225.08	1 861.12	252.59
波兰	85.79	1 293.87	1 075.96	230.05
瑞典	0.34	911.73	95.70	211.39
马来西亚	3 232.14	102.43	77.32	177.38
日本	402.11	421.19	251.87	170.82
中国香港	1 961.63	196.26	241.67	93.93
新加坡	635.13	177.94	212.06	78.43
英国	1 213.81	4 761.63	477.27	50.69
中国台湾	425.56	78.63	43.94	48.49
韩国	181.55	119.43	30.51	21.80
立陶宛		1 143.75	837.00	11.00
意大利	82.02	2.62	1.96	7.34
中国	3.99	19.08	46.52	6.78
巴基斯坦				5.27
泰国	0.93	5.07	0.40	2.15
国（地）别不详的	1.32			2.14
中国澳门	9.65	1.20	0.67	1.48
黎巴嫩				0.45
菲律宾	6.59	0.01		0.13
缅甸	10.66			
印度尼西亚	185.53	224.41	4.76	
越南	3.13	12.62	10.04	
哈萨克斯坦	34.03			
俄罗斯	877.18	1 306.52		
奥地利	39.33	10.00		
挪威	0.98	0.10		
西班牙		582.50	380.00	
吉尔吉斯斯坦	18.71			
乌克兰	6.59		154.40	
南非	0.07			
厄瓜多尔	0.03			
乌拉圭		341.00		
白俄罗斯		322.00		
墨西哥		88.00	12.62	
匈牙利		3.13		
斯洛伐克			50.64	
印度			3.50	
哥伦比亚			0.25	

表 11-69 分国别干乳制品进口量值

单位：吨、千美元

国家或地区	2001		2002		2002年比2001年增加%	
	数 量	金 额	数 量	金 额	数 量	金 额
国家（地区）总计	**183 115.55**	**209 527.14**	**257 327.69**	**264 361.64**	**40.53**	**26.17**
新西兰	46 002.88	87 251.88	77 180.51	112 231.63	67.77	28.63
美国	43 030.59	25 729.00	52 629.10	25 932.88	22.31	0.79
澳大利亚	25 183.98	37 512.08	50 643.70	61 249.87	101.09	63.28
法国	30 387.92	28 532.88	40 942.50	36 637.40	34.73	28.40
加拿大	12 385.13	5 468.65	11 075.76	5 544.82	-10.57	1.39
芬兰	10 593.00	9 823.52	7 480.40	7 648.82	-29.38	-22.14
荷兰	7 264.43	5 669.91	5 256.80	4 388.48	-27.64	-22.60
爱尔兰	1 586.36	1 587.70	5 032.71	4 290.92	217.25	170.26
比利时	407.28	485.83	3 137.32	2 145.37	670.32	341.59
德国	1 860.90	1 389.33	1 569.26	1 664.75	-15.67	19.82
丹麦	34.82	103.13	647.56	832.79	1 759.90	707.50
波兰	1 015.00	1 075.96	391.40	230.05	-61.44	-78.62
捷克	1 270.68	1 861.12	350.00	252.59	-72.46	-86.43
瑞士	66.24	103.08	275.07	421.61	315.25	309.00
瑞典	100.27	95.70	225.10	211.39	124.49	120.90
中国香港	164.87	241.67	146.73	93.93	-11.00	-61.13
马来西亚	155.15	77.32	131.88	177.38	-15.00	129.41
新加坡	237.55	212.06	55.44	78.43	-76.66	-63.01
日本	93.14	251.87	44.01	170.82	-52.75	-32.18
韩国	37.36	30.51	29.12	21.80	-22.04	-28.53
立陶宛	450.00	837.00	25.00	11.00	-94.44	-98.69
英国	300.17	477.27	24.36	50.69	-91.89	-89.38
中国台湾	32.19	43.94	10.82	48.49	-66.38	10.36
中国	105.87	46.52	10.41	6.78	-90.17	-85.43
巴基斯坦			9.60	5.27		
意大利	0.55	1.96	1.83	7.34	233.03	273.96
国（地）别不详的			0.41	2.14		
中国澳门	0.03	0.67	0.33	1.48	1 122.22	122.07
泰国	0.57	0.40	0.31	2.15	-46.32	439.85
黎巴嫩			0.23	0.45		
菲律宾			0.02	0.13		
印度尼西亚	1.62	4.76				
越南	19.22	10.04				
西班牙	200.00	380.00				
乌克兰	100.00	154.40				
斯洛伐克	24.00	50.64				
墨西哥	1.99	12.62				
印度	1.75	3.50				
哥伦比亚	0.05	0.25				

表 11-70　分地区干乳制品进口数量

单位：吨

地　区	1995	2000	2001	2002
全国总计	**63 496.26**	**201 374.59**	**183 115.55**	**257 327.69**
广　东	33 777.99	54 167.30	39 271.67	60 453.84
上　海	2 101.66	39 679.94	42 792.43	52 373.23
北　京	1 642.51	35 616.94	32 788.02	39 458.91
天　津	38.26	9 445.74	10 967.98	24 385.11
辽　宁	5 280.41	10 181.12	11 070.87	14 710.31
山　东	2 468.00	7 343.75	10 354.73	11 962.41
江　苏	1 406.55	7 813.55	9 039.56	10 767.06
浙　江	2 075.29	14 894.48	10 965.25	7 939.10
黑龙江	519.24	4 813.84	4 027.98	5 996.93
内蒙古	113.67	230.77	480.56	5 671.78
福　建	2 235.77	8 172.00	4 274.57	5 565.80
河　北	1.03	806.56	658.85	4 331.07
湖　南	1 363.11	1 053.46	2 856.29	4 196.45
四　川	3 821.23	1 781.79	1 896.25	3 536.51
安　徽	52.53	200.64	678.57	3 019.49
重　庆			300.00	1 648.86
河　南	2.68	171.08	225.36	458.00
湖　北	281.86	648.43		254.10
陕　西	1.43	395.48	0.05	239.85
江　西	1 557.21	602.00	277.11	111.84
云　南	26.00	0.03	0.07	100.00
吉　林	73.42	2.74	143.14	97.20
广　西	4 182.77	1 827.68	40.00	25.61
海　南	56.46	2.45	6.23	14.64
新　疆	77.56			9.60
山　西	0.94	0.11		
贵　州	338.70			
西　藏		1 522.74		

表 11-71　分地区干乳制品进口价值

单位：千美元

地　区	1995	2000	2001	2002
全国总计	**51 675.97**	**204 310.41**	**209 527.14**	**264 361.64**
广　东	29 815.23	51 229.55	45 592.26	70 974.43
上　海	2 571.85	47 530.52	56 080.20	56 121.17
北　京	1 936.21	29 463.83	30 317.60	32 299.56
天　津	39.81	9 243.40	11 303.65	23 672.04
辽　宁	3 878.07	8 412.38	9 297.57	13 551.75
江　苏	906.84	10 533.73	11 297.50	13 485.78
山　东	1 715.07	8 816.20	10 205.26	12 887.90
浙　江	1 138.73	21 103.26	19 581.35	9 189.10
内蒙古	86.40	348.76	568.24	7 371.05
黑龙江	455.72	5 729.40	6 167.83	7 365.14
湖　南	790.40	973.57	4 302.31	4 957.29
河　北	7.64	658.35	541.36	4 083.62
福　建	1 794.83	5 230.50	2 555.62	3 278.56
四　川	1 930.51	811.87	894.18	2 374.52
安　徽	31.57	98.58	320.17	1 178.21
重　庆			163.32	755.46
陕　西	2.72	198.62	0.05	279.25
河　南	2.93	65.73	99.71	186.65
湖　北	121.18	331.07		104.24
江　西	901.60	316.79	150.80	78.19
云　南	13.79	0.27	0.47	58.50
吉　林	46.61	8.92	62.69	47.57
广　西	3 253.02	908.52	15.04	45.90
海　南	70.78	4.94	9.96	10.52
新　疆	52.74			5.27
山　西	1.90	0.50		
贵　州	109.86			
西　藏		2 291.03		

表 11-72 分地区干乳制品进口量值

单位：吨、千美元

地 区	2001		2002		2002 年比 2001 年增加%	
	数 量	金 额	数 量	金 额	数 量	金 额
全国总计	**183 115.55**	**209 527.14**	**257 327.69**	**264 361.64**	**40.53**	**26.17**
广 东	39 271.67	45 592.26	60 453.84	70 974.43	53.94	55.67
上 海	42 792.43	56 080.20	52 373.23	56 121.17	22.39	0.07
北 京	32 788.02	30 317.60	39 458.91	32 299.56	20.35	6.54
天 津	10 967.98	11 303.65	24 385.11	23 672.04	122.33	109.42
辽 宁	11 070.87	9 297.57	14 710.31	13 551.75	32.87	45.76
山 东	10 354.73	10 205.26	11 962.41	12 887.90	15.53	26.29
江 苏	9 039.56	11 297.50	10 767.06	13 485.78	19.11	19.37
浙 江	10 965.25	19 581.35	7 939.10	9 189.10	-27.60	-53.07
黑龙江	4 027.98	6 167.83	5 996.93	7 365.14	48.88	19.41
内蒙古	480.56	568.24	5 671.78	7 371.05	1 080.25	1 197.17
福 建	4 274.57	2 555.62	5 565.80	3 278.56	30.21	28.29
河 北	658.85	541.36	4 331.07	4 083.62	557.37	654.32
湖 南	2 856.29	4 302.31	4 196.45	4 957.29	46.92	15.22
四 川	1 896.25	894.18	3 536.51	2 374.52	86.50	165.55
安 徽	678.57	320.17	3 019.49	1 178.21	344.98	268.00
重 庆	300.00	163.32	1 648.86	755.46	449.62	362.57
河 南	225.36	99.71	458.00	186.65	103.23	87.19
湖 北			254.10	104.24		
陕 西	0.05	0.05	239.85	279.25	479 600.00	558 390.00
江 西	277.11	150.80	111.84	78.19	-59.64	-48.15
云 南	0.07	0.47	100.00	58.50	142 757.14	12 294.07
吉 林	143.14	62.69	97.20	47.57	-32.09	-24.12
广 西	40.00	15.04	25.61	45.90	-35.97	205.18
海 南	6.23	9.96	14.64	10.52	134.87	5.60
新 疆			9.60	5.27		

表 11-73　分国别干乳制品出口数量

单位：吨

国家或地区	1995	2000	2001	2002
国家（地区）总计	**4 899.61**	**18 378.90**	**16 197.57**	**23 093.36**
中国香港	136.19	7 884.10	9 580.26	11 302.05
伊拉克		4 990.48	256.32	5 632.64
新加坡	71.34	68.86	1 693.11	2 521.85
缅甸	2 853.36	2 656.38	2 509.03	2 395.29
日本	66.81	687.89	555.14	804.73
朝鲜	188.12	69.8	96.83	210.76
毛里塔尼亚				48.00
中国澳门	2.11	164.61	178.63	28.07
澳大利亚			41.30	24.52
蒙古		305.00	260.00	21.77
韩国	0.50	4.41	33.01	18.04
越南	760.74	10.90		17.00
中国台湾	15.92			16.13
阿尔巴尼亚			47.97	16.05
菲律宾		1 020.67	74.81	15.00
印度尼西亚				9.93
巴拿马				4.00
意大利		7.80	0.86	3.00
美国		0.12		2.38
柬埔寨		66.76	36.96	2.00
加拿大	0.30	0.11		0.14
阿尔及利亚				0.01
德国	0.10	0.18	0.30	
荷兰	72.14			
新西兰	0.37			
英国	0.10			
马来西亚	3.00		15.17	
巴基斯坦	20.00	8.13		
泰国	0.39	256.63	0.40	
罗马尼亚	2.60			
俄罗斯	435.68		0.42	
乌兹别克斯坦	184.58			
哈萨克斯坦	2.52			
西班牙	0.95	0.15	0.31	
尼日利亚	36.31			
坦桑尼亚	25.00			
希腊	17.50			
南非	3.00			
阿联酋		120.00	520.00	
斯里兰卡		16.77	17.15	
马拉维		16.77		
阿鲁巴岛		14.43		
智利		8.38	17.15	
马达加斯加		0.21		
贝宁			233.80	
印度			23.32	
土耳其			5.00	
尼泊尔			0.31	

表 11-74　分国别干乳制品出口价值

单位：千美元

国家或地区	1995	2000	2001	2002
国家（地区）总计	**9 798.24**	**29 753.78**	**20 488.49**	**34 372.89**
伊拉克		11 310.86	572.22	13 903.45
中国香港	271.47	8 846.77	10 363.37	12 777.88
缅甸	5 311.73	4 773.57	4 470.40	3 898.02
新加坡	151.43	55.14	2 041.03	1 726.44
日本	158.56	1 041.71	780.51	1 120.84
朝鲜	301.38	145.00	170.58	375.54
毛里塔尼亚				333.22
蒙古		630.49	443.03	48.00
中国台湾	112.89			32.32
澳大利亚			79.68	28.50
中国澳门	10.56	115.85	116.77	27.40
菲律宾		2 038.99	149.36	19.50
韩国	14.41	6.10	18.98	18.97
阿尔巴尼亚			55.92	16.85
印度尼西亚				16.78
越南	1 496.49	22.55		13.77
美国		0.85		4.74
巴拿马				4.37
意大利		8.93	0.54	3.41
柬埔寨		39.85	23.15	1.82
加拿大	18.04	1.11		1.01
阿尔及利亚				0.06
德国	0.27	0.39	0.24	
荷兰	220.28			
新西兰	23.35			
英国	0.13			
马来西亚	5.27		20.33	
巴基斯坦	35.00	21.88		
泰国	24.10	431.16	1.52	
罗马尼亚	11.82			
俄罗斯	1 121.12		1.21	
乌兹别克斯坦	339.92			
哈萨克斯坦	6.50			
西班牙	1.64	0.12	0.32	
尼日利亚	56.36			
坦桑尼亚	56.00			
希腊	37.70			
南非	11.86			
阿联酋		212.63	938.70	
马拉维		15.22		
斯里兰卡		15.20	15.66	
阿鲁巴岛		11.25		
智利		8.13	15.44	
马达加斯加		0.03		
贝宁			178.99	
印度			16.50	
土耳其			14.01	
尼泊尔			0.02	

表 11-75 分国别干乳制品出口量值

单位：吨、千美元

国家或地区	2001		2002		2002年比2001年增加%	
	数 量	金 额	数 量	金 额	数 量	金 额
国家（地区）总计	**16 197.57**	**20 488.49**	**23 093.36**	**34 372.89**	**42.57**	**67.77**
中国香港	9 580.26	10 363.37	11 302.05	12 777.88	17.97	23.30
伊拉克	256.32	572.22	5 632.64	13 903.45	2 097.50	2 329.72
新加坡	1 693.11	2 041.03	2 521.85	1 726.44	48.95	-15.41
缅甸	2 509.03	4 470.40	2 395.29	3 898.02	-4.53	-12.80
日本	555.14	780.51	804.73	1 120.84	44.96	43.60
朝鲜	96.83	170.58	210.76	375.54	117.67	120.15
毛里塔尼亚			48.00	333.22		
中国澳门	178.63	116.77	28.07	27.40	-84.29	-76.54
澳大利亚	41.30	79.68	24.52	28.50	-40.63	-64.23
蒙古	260.00	443.03	21.77	48.00	-91.63	-89.17
韩国	33.01	18.98	18.04	18.97	-45.35	-0.05
越南			17.00	13.77		
中国台湾			16.13	32.32		
阿尔巴尼亚	47.97	55.92	16.05	16.85	-66.54	-69.86
菲律宾	74.81	149.36	15.00	19.50	-79.95	-86.94
印度尼西亚			9.93	16.78		
巴拿马			4.00	4.37		
意大利	0.86	0.54	3.00	3.41	247.22	531.48
美国			2.38	4.74		
柬埔寨	36.96	23.15	2.00	1.82	-94.59	-92.13
加拿大			0.14	1.01		
阿尔及利亚			0.01	0.06		
德国	0.30	0.24				
马来西亚	15.17	20.33				
泰国	0.40	1.52				
阿联酋	520.00	938.70				
贝宁	233.80	178.99				
印度	23.32	16.50				
智利	17.15	15.44				
斯里兰卡	17.15	15.66				
土耳其	5.00	14.01				
俄罗斯	0.42	1.21				
西班牙	0.31	0.32				
尼泊尔	0.31	0.02				

表 11-76 分地区干乳制品出口数量

单位：吨

地 区	1995	2000	2001	2002
全国总计	**4 899.61**	**18 378.90**	**16 197.57**	**23 093.36**
山 东	219.28	8 004.87	7 055.00	10 071.04
天 津	0.10	4.11	2 117.37	3 230.10
江 苏	164.84	3 006.16	306.29	3 188.30
黑龙江	386.00	2 854.32	2 697.86	3 076.51
云 南	3 587.92	2 554.38	2 359.99	2 212.59
广 东	85.13	1 471.95	1 015.45	602.69
浙 江	8.50	71.69	34.30	192.58
新 疆	22.52	100.50	148.80	182.70
内蒙古	75.88	13.08	60.00	129.46
辽 宁	130.66	24.82	23.40	76.11
陕 西	16.40			47.38
湖 南	70.00	113.09	109.65	35.29
上 海	15.24	35.74	15.07	33.80
福 建	54.27		84.25	8.30
吉 林	9.00	2.20	3.05	3.50
北 京	5.43	105.18	99.86	3.01
河 北	28.00			
重 庆			0.08	
四 川		0.05	12.24	
湖 北	7.60	2.00		
海 南	0.04			
河 南	12.60		40.00	
山 西	0.20	14.78	14.93	

表 11-77　分地区干乳制品出口价值

单位：千美元

地 区	1995	2000	2001	2002
全国总计	**9 798.24**	**29 753.78**	**20 488.49**	**34 372.89**
山 东	405.18	10 309.37	5 903.22	11 462.97
江 苏	376.20	6 629.88	633.60	8 022.07
黑龙江	937.04	5 491.31	5 465.75	6 844.00
云 南	6 781.15	4 644.63	4 270.99	3 649.33
天 津	0.13	10.27	1 294.59	1 900.40
广 东	109.73	1 977.22	1 671.31	1 591.45
内蒙古	178.90	22.31	43.83	259.54
新 疆	41.50	130.65	198.76	248.69
浙 江	150.28	65.85	31.10	122.40
辽 宁	289.81	43.39	45.84	101.35
陕 西	35.59			92.68
上 海	34.03	76.81	121.05	36.99
湖 南	81.69	82.20	78.84	27.57
北 京	33.04	231.68	427.71	6.51
福 建	236.14		192.57	5.15
吉 林	19.50	3.46	5.33	1.80
河 北	61.27			
重 庆			0.02	
四 川		0.06	8.20	
湖 北	14.74	1.60		
海 南	0.08			
河 南	11.80		60.23	
山 西	0.45	33.10	35.56	

表 11-78 分地区干乳制品出口量值

单位：吨、千美元

地 区	2001		2002		2002 年比 2001 年增加%	
	数 量	金 额	数 量	金 额	数 量	金 额
全国总计	**16 197.57**	**20 488.49**	**23 093.36**	**34 372.89**	**42.57**	**67.77**
山 东	7 055.00	5 903.22	10 071.04	11 462.97	42.75	94.18
天 津	2 117.37	1 294.59	3 230.10	1 900.40	52.55	46.79
江 苏	306.29	633.60	3 188.30	8 022.07	940.94	1 166.11
黑龙江	2 697.86	5 465.75	3 076.50	6 844.00	14.04	25.22
云 南	2 359.99	4 270.99	2 212.59	3 649.33	-6.25	-14.56
广 东	1 015.45	1 671.31	602.69	1 591.45	-40.65	-4.78
浙 江	34.30	31.10	192.58	122.40	461.46	293.56
新 疆	148.80	198.76	182.70	248.69	22.78	25.12
内蒙古	60.00	43.83	129.46	259.54	115.76	492.10
辽 宁	23.40	45.84	76.11	101.35	225.31	121.12
陕 西			47.38	92.68		
湖 南	109.65	78.84	35.29	27.57	-67.81	-65.02
上 海	15.07	121.05	33.80	36.99	124.35	-69.44
福 建	84.25	192.57	8.30	5.15	-90.14	-97.33
吉 林	3.05	5.33	3.50	1.80	14.75	-66.20
北 京	99.86	427.71	3.01	6.51	-96.98	-98.48
重 庆	0.08	0.02				
四 川	12.24	8.20				
河 南	40.00	60.23				
山 西	14.93	35.56				

表 11-79　分国别鲜奶进口数量

单位：吨

国家或地区	1995	2000	2001	2002
国家（地区）总计	**7 440.08**	**14 910.33**	**9 599.44**	**4 836.06**
澳大利亚	2 654.04	10 723.22	7 480.25	3 522.22
新西兰	453.18	1 495.64	795.24	755.87
法　国	12.11	184.98	311.11	377.97
马来西亚	60.40	1 328.66	154.37	72.74
新加坡	39.78	63.30	15.74	43.28
德　国	24.06	175.01	96.39	31.22
奥地利	0.10			
中　国		151.89	262.48	8.49
日　本	70.29	39.42	19.30	6.00
中国台湾	28.68	5.24		3.74
美　国	920.14	12.56	150.34	1.95
荷　兰	1 924.55	363.53	1.38	1.47
瑞　士	6.50		1.08	0.50
加拿大	64.24		0.15	0.09
英　国	353.50	54.31	30.03	0.02
中国香港	614.54	87.62	11.03	
中国澳门	0.36			
捷　克			150.00	
印度尼西亚	102.90		59.56	
波　兰			50.00	
泰　国	13.05	4.00	4.78	
意大利	3.88	7.60	3.94	
韩　国	20.04	3.09	1.76	
比利时	0.82		0.48	
阿　曼			0.06	
爱尔兰		68.00		
芬　兰		50.00		
葡萄牙		50.00		
俄罗斯	54.95	40.90		
丹　麦	18.00	1.20		
南　非		0.16		

表 11-80　分国别鲜奶进口价值

单位：千美元

国家或地区	1995	2000	2001	2002
国家（地区）总计	**5 448.85**	**8 870.69**	**4 874.52**	**2 667.29**
澳大利亚	959.74	5 392.44	3 101.53	1 482.19
新西兰	168.95	1 465.59	536.83	648.91
法国	26.15	142.02	199.99	387.73
马来西亚	27.32	583.62	67.12	37.99
中国台湾	35.35	8.70		32.91
新加坡	21.19	28.06	9.63	25.70
德国	91.16	300.26	58.53	19.05
美国	1 057.77	27.92	270.14	14.93
奥地利	0.58			9.16
中国		68.65	116.54	4.45
日本	75.89	142.02	9.26	2.40
荷兰	1 305.07	258.03	0.60	1.28
瑞士	4.06		0.49	0.44
加拿大	35.66		0.02	0.15
英国	984.82	74.17	34.38	0.01
捷克			320.25	
波兰			100.00	
印度尼西亚	156.03		38.18	
中国香港	421.64	42.49	5.03	
泰国	15.51	3.59	3.72	
意大利	1.48	3.33	1.72	
比利时	0.66		0.35	
韩国	12.20	14.45	0.22	
阿曼			0.01	
爱尔兰		110.73		
葡萄牙		85.51		
芬兰		81.44		
俄罗斯	38.47	36.81		
丹麦	8.93	0.77		
南非		0.07		
中国澳门	0.23			

表 11-81　分国别鲜奶进口量值

单位：吨、千美元

国家或地区	2001		2002		2002 年比 2001 年增加 %	
	数 量	金 额	数 量	金 额	数 量	金 额
国家（地区）总计	**9 599.44**	**4 874.52**	**4 836.06**	**2 667.29**	**-49.62**	**-45.28**
澳大利亚	7 480.25	3 101.53	3 522.22	1 482.19	-52.91	-52.21
新西兰	795.24	536.83	755.87	648.91	-4.95	20.88
法　国	311.11	199.99	377.97	387.73	21.49	93.87
马来西亚	154.37	67.12	72.74	37.99	-52.88	-43.40
新加坡	15.74	9.63	43.28	25.70	175.04	166.85
德　国	96.39	58.53	31.22	19.05	-67.61	-67.45
奥地利			10.50	9.16		
中　国	262.48	116.54	8.49	4.45	-96.76	-96.18
日　本	19.30	9.26	6.00	2.40	-68.91	-74.07
中国台湾			3.74	32.91		
美　国	150.34	270.14	1.95	14.93	-98.71	-94.47
荷　兰	1.38	0.60	1.47	1.28	6.83	113.33
瑞　士	1.08	0.49	0.50	0.44	-53.79	-10.29
加拿大	0.15	0.02	0.09	0.15	-36.30	635.00
英　国	30.03	34.38	0.02	0.01	-99.95	-99.96
中国香港	11.03	5.03				
捷　克	150.00	320.25				
印度尼西亚	59.56	38.18				
波　兰	50.00	100.00				
泰　国	4.78	3.72				
意大利	3.94	1.72				
韩　国	1.76	0.22				
比利时	0.48	0.35				
阿　曼	0.06	0.01				

表 11-82　分地区鲜奶进口数量

单位：吨

地 区	1995	2000	2001	2002
全国总计	**7 440.08**	**14 910.33**	**9 599.44**	**4 836.06**
广　东	4 310.68	8 513.05	4 516.52	1 848.10
福　建	160.01	3 033.47	3 290.92	1 536.09
上　海	641.75	1 653.71	1 034.13	850.32
四　川		216.19	273.36	199.50
北　京	148.16	205.88	252.44	195.21
黑龙江	54.95	54.40		105.33
天　津	15.26	11.90	157.00	39.50
山　东	150.96	1 192.24	55.76	35.93
辽　宁	4.28	8.70	19.00	18.00
浙　江	23.79	2.80		8.09
广　西	828.41			
海　南	80.63		0.30	
西　藏	1 000.00			
江　苏	14.71			
湖　南	6.50	18.00		

表 11-83　分地区鲜奶进口价值

单位：千美元

地　区	1995	2000	2001	2002
全国总计	**5 448.85**	**8 870.69**	**4 874.52**	**2 667.29**
广　东	2 810.32	4 160.43	2 174.07	1 218.72
上　海	507.85	1 419.62	872.92	557.01
福　建	78.05	885.40	954.37	445.46
北　京	243.82	185.44	264.62	140.70
四　川		99.47	130.86	93.53
天　津	10.37	27.02	319.52	81.82
山　东	79.09	1 979.99	108.61	42.89
黑龙江	38.47	58.41		41.52
辽　宁	16.57	9.64	49.25	29.09
浙　江	15.21	14.74		16.55
广　西	811.27			
海　南	60.38		0.30	
西　藏	750.00			
湖　南	18.64	30.54		
江　苏	8.81			

表 11-84　分地区鲜奶进口量值

单位：吨、千美元

地　区	2001		2002		2002 年比 2001 年增加%	
	数　量	金　额	数　量	金　额	数　量	金　额
全国总计	**9 599.44**	**4 874.52**	**4 836.06**	**2 667.29**	**-49.62**	**-45.28**
广　东	4 516.52	2 174.07	1 848.10	1 218.72	-59.08	-43.94
福　建	3 290.92	954.37	1 536.09	445.46	-53.32	-53.32
上　海	1 034.13	872.92	850.32	557.01	-17.78	-36.19
四　川	273.36	130.86	199.50	93.53	-27.02	-28.53
北　京	252.44	264.62	195.21	140.70	-22.67	-46.83
黑龙江			105.33	41.52		
天　津	157.00	319.52	39.50	81.82	-74.84	-74.39
山　东	55.76	108.61	35.93	42.89	-35.57	-60.51
辽　宁	19.00	49.25	18.00	29.09	-5.26	-40.93
浙　江			8.09	16.55		
海　南	0.30	0.30				

表 11-85　分国别鲜奶出口数量

单位：吨

国家或地区	1995	2000	2001	2002
国家（地区）总计	**25 321.67**	**29 416.89**	**26 432.97**	**27 786.39**
中国香港	20 953.37	27 306.46	25 261.08	26 616.99
中国澳门	166.61	239.04	291.78	657.69
新加坡		1 820.95	875.10	416.75
蒙古				94.25
缅甸				0.60
日本				0.60
越南				0.05
中国台湾	4 153.69			
荷兰		0.12		
美国			0.04	
瑞士			0.06	
俄罗斯	2.00			
坦桑尼亚	25.01			
朝鲜	21.00			
印度尼西亚			4.86	
印度		50.32		
尼泊尔			0.06	

表 11-86　分国别鲜奶出口价值

单位：千美元

国家或地区	1995	2000	2001	2002
国家（地区）总计	**17 099.22**	**20 120.10**	**19 066.69**	**20 760.38**
中国香港	13 779.17	18 878.59	18 293.39	19 939.20
中国澳门	110.55	233.10	282.87	551.58
新加坡		972.21	487.99	233.39
蒙古				35.75
缅甸				0.41
日本				0.04
越南				0.02
中国台湾	3 124.51			
荷兰		0.12		
美国			0.03	
瑞士			0.10	
俄罗斯	2.52			
坦桑尼亚	61.00			
朝鲜	21.47			
印度尼西亚			2.29	
印度		36.08		
尼泊尔			0.01	

表 11-87 分国别鲜奶出口量值

单位：吨、千美元

国家或地区	2001		2002		2002 年比 2001 年增加%	
	数 量	金 额	数 量	金 额	数 量	金 额
国家（地区）总计	**26 432.97**	**19 066.69**	**27 786.39**	**20 760.38**	**5.12**	**8.88**
中国香港	25 261.08	18 293.39	26 616.99	19 939.20	5.37	9.00
中国澳门	291.78	282.87	657.69	551.58	125.41	94.99
新加坡	875.10	487.99	416.75	233.39	-52.38	-52.17
蒙古			94.25	35.75		
缅甸			0.60	0.41		
日本			0.06	0.04		
越南			0.05	0.02		
美国	0.04	0.03				
瑞士	0.06	0.10				
印度尼西亚	4.86	2.29				
尼泊尔	0.06	0.01				

表 11-88 分地区鲜奶出口数量

单位：吨

地 区	1995	2000	2001	2002
全国总计	**25 321.67**	**2 9416.89**	**26 432.97**	**27 786.39**
广 东	25 273.67	22 396.69	20 166.27	19 584.02
山 东		2 979.57	4 327.74	5 401.77
内蒙古			39.77	1 669.54
天 津		4 038.73	1 898.04	1 036.21
黑龙江	2.00	1.90	1.14	94.25
云 南				0.60
辽 宁	20.00			
上 海			0.01	
浙 江	1.00			
河 北	25.01			

表 11-89 分地区鲜奶出口价值

单位：千美元

地　区	1995	2000	2001	2002
全国总计	**17 099.22**	**20 120.10**	**19 066.69**	**20 760.38**
广　东	17 014.23	16 182.61	14 513.37	13 886.07
山　东		1 678.73	3 403.90	4 611.44
内蒙古			30.01	1 609.21
天　津		2 251.34	1 110.64	617.49
黑龙江	2.52	7.42	8.74	35.75
云　南				0.41
辽　宁	20.40			
上　海			0.03	
浙　江	1.07			
河　北	61.00			

表 11-90 分地区鲜奶出口量值

单位：吨、千美元

地　区	2001		2002		2002 年比 2001 年增加%	
	数　量	金　额	数　量	金　额	数　量	金　额
全国总计	**26 432.97**	**19 066.69**	**27 786.39**	**20 760.38**	**5.12**	**8.88**
广　东	20 166.27	14 513.37	19 584.02	13 886.07	－2.89	－4.32
山　东	4 327.74	3 403.90	5 401.77	4 611.44	24.82	35.48
内蒙古	39.77	30.01	1 669.54	1 609.21	4 097.57	5 262.23
天　津	1 898.04	1 110.64	1 036.21	617.49	－45.41	－44.40
黑龙江	1.14	8.74	94.25	35.75	8 138.20	309.24
云　南			0.60	0.41		
上　海	0.01	0.03				

表 11-91　分国别奶粉进口数量

单位：吨

国家或地区	1995	2000	2001	2002
国家（地区）总计	**24 726.18**	**72 768.96**	**58 506.21**	**110 798.51**
新西兰	3 339.80	49 546.53	40 143.38	70 086.93
澳大利亚	1 117.40	7 648.81	12 314.10	34 046.45
法国	1 619.55	2 539.68	745.15	1 738.70
美国	3 687.80	954.48	2 408.86	1 342.17
芬兰			50.00	1 175.00
加拿大	4.04	275.48	21.56	605.73
爱尔兰	457.29	3 027.60	130.74	594.00
德国	18.21	895.17	150.00	450.00
丹麦	287.61	68.73	12.57	276.47
瑞士	53.65	14.52		250.10
捷克			745.68	75.00
荷兰	7 849.79	853.78	84.26	57.37
马来西亚	2 099.16	3.23	3.39	31.75
韩国	7.54	19.35	16.96	25.18
日本	34.80	15.21	32.22	15.92
英国	604.90	3 005.25	300.00	15.50
中国台湾	170.91	16.76	23.76	10.40
新加坡	758.54	14.45	40.68	0.80
国（地）别不详的				0.41
比利时	79.59	600.38	2.38	0.38
中国澳门	6.22			0.11
中国		0.23	0.16	0.10
意大利	18.61			0.05
朝鲜				
中国香港	835.71	92.71	152.64	
菲律宾		0.00		
缅甸	20.00			
泰国		3.75		
印度尼西亚	67.60			
哈萨克斯坦	50.04			
俄罗斯	1 087.60	1 313.31		
波兰	400.00	6.93	350.00	
奥地利	16.25	5.00		
瑞典		258.20		
越南	6.00			
吉尔吉斯斯坦	27.52			
南非	0.04			
西班牙		364.44	200.00	
立陶宛		775.00	450.00	
乌拉圭		250.00		
白俄罗斯		200.00		
乌克兰			100.00	
斯洛伐克			24.00	
墨西哥			1.99	
印度			1.75	

表 11-92 分国别奶粉进口价值

单位：千美元

国家或地区	1995	2000	2001	2002
国家（地区）总计	**28 085.57**	**115 319.59**	**114 399.40**	**160 659.98**
新西兰	4 736.61	77 319.14	76 938.66	101 352.29
澳大利亚	1 599.76	13 321.10	25 286.80	49 099.07
美国	3 949.82	2 036.93	5 034.17	2 623.12
法国	1 416.38	4 191.02	1 257.46	2 505.05
芬兰			99.50	1 607.37
加拿大	3.18	103.03	54.70	851.86
爱尔兰	1 198.91	4 964.30	396.19	777.10
德国	114.74	1 454.79	337.31	577.00
丹麦	817.12	263.68	52.21	464.24
瑞士	186.82	65.12		341.35
荷兰	6 614.56	1 504.12	216.66	145.93
捷克			1 555.07	97.75
日本	79.35	72.66	193.17	90.50
中国台湾	339.37	60.96	40.35	46.52
马来西亚	2 927.21	5.27	5.46	34.61
英国	1 064.61	4 740.52	475.95	20.54
韩国	18.40	43.33	21.09	19.87
新加坡	496.13	27.76	91.35	2.22
国（地）别不详的				2.14
中国澳门	9.65			0.49
比利时	112.92	834.56	10.97	0.48
意大利	65.23			0.44
中国		0.32	0.39	0.04
朝鲜				
中国香港	1 282.62	180.43	223.54	
菲律宾		0.01		
缅甸	10.66			
泰国		3.75		
印度尼西亚	71.67			
哈萨克斯坦	34.03			
奥地利	39.26	10.00		
俄罗斯	788.88	1 306.52		
波兰	85.79	6.34	670.25	
瑞典		420.89		
越南	3.13			
吉尔吉斯斯坦	18.71			
南非	0.07			
西班牙		576.31	380.00	
立陶宛		1 143.75	837.00	
乌拉圭		341.00		
白俄罗斯		322.00		
乌克兰			154.40	
斯洛伐克			50.64	
墨西哥			12.62	
印度			3.50	

表 11-93 分国别奶粉进口量值

单位：吨、千美元

国家或地区	2001		2002		2002 年比 2001 年增加%	
	数 量	金 额	数 量	金 额	数 量	金 额
国家（地区）总计	**58 506.21**	**114 399.40**	**110 798.51**	**160 659.98**	**89.38**	**40.44**
新西兰	40 143.38	76 938.66	70 086.93	101 352.29	74.59	31.73
澳大利亚	12 314.10	25 286.80	34 046.45	49 099.07	176.48	94.17
法 国	745.15	1 257.46	1 738.70	2 505.05	133.34	99.22
美 国	2 408.86	5 034.17	1 342.17	2 623.12	-44.28	-47.89
芬 兰	50.00	99.50	1 175.00	1 607.37	2 250.00	1 515.45
加拿大	21.56	54.70	605.73	851.86	2 709.66	1 457.24
爱尔兰	130.74	396.19	594.00	777.10	354.34	96.14
德 国	150.00	337.31	450.00	577.00	200.00	71.06
丹 麦	12.57	52.21	276.47	464.24	2 099.64	789.18
瑞 士			250.10	341.35		
捷 克	745.68	1 555.07	75.00	97.75	-89.94	-93.71
荷 兰	84.26	216.66	57.37	145.93	-31.92	-32.64
马来西亚	3.39	5.46	31.75	34.61	837.96	533.40
韩 国	16.96	21.09	25.18	19.87	48.45	-5.75
日 本	32.22	193.17	15.92	90.50	-50.59	-53.15
英 国	300.00	475.95	15.50	20.54	-94.83	-95.68
中国台湾	23.76	40.35	10.40	46.52	-56.22	15.30
新加坡	40.68	91.35	0.80	2.22	-98.03	-97.58
国（地）别不详的			0.41	2.14		
比利时	2.38	10.97	0.38	0.48	-84.22	-95.61
中国澳门			0.11	0.49		
中 国	0.16	0.39	0.10	0.04	-37.89	-88.60
意大利			0.05	0.44		
中国香港	152.64	223.54				
立陶宛	450.00	837.00				
波 兰	350.00	670.25				
西班牙	200.00	380.00				
乌克兰	100.00	154.40				
斯洛伐克	24.00	50.64				
墨西哥	1.99	12.62				
印 度	1.75	3.50				

表 11-94 分地区奶粉进口数量

单位：吨

地 区	1995	2000	2001	2002
全国总计	**24 726.18**	**72 768.96**	**58 506.21**	**110 798.51**
广 东	19 636.84	25 334.20	18 494.25	37 737.92
上 海	452.35	18 574.73	19 014.24	26 237.76
北 京	76.59	5 162.33	4 108.56	8 345.67
江 苏	472.62	4 950.95	3 208.48	7 879.35
山 东	210.40	3 211.59	2 705.65	6 437.17
天 津	2.42	1 473.30	1 214.18	6 094.49
内蒙古	113.67	210.36	103.50	5 440.33
浙 江	16.31	10 349.38	6 134.51	4 460.74
湖 南	34.44	360.68	2 114.13	2 800.93
黑龙江	519.24	2 626.81	1 069.00	1 992.30
辽 宁	76.19	84.68	94.49	1 542.46
四 川	9.05	51.30	0.40	833.99
河 北			0.81	398.00
福 建	195.54	278.23	238.13	355.44
陕 西		31.48	0.05	199.85
广 西	2 376.83	51.64		25.60
江 西	31.33			11.84
海 南	36.65	1.89	4.93	3.94
安 徽	0.03	0.01		0.60
湖 北	29.72	12.60		0.10
云 南	26.00			
新 疆	77.56			
吉 林	0.02	2.74	0.75	
河 南	2.68	0.08	0.16	
贵 州	338.70			

表 11-95　分地区奶粉进口价值

单位：千美元

地　区	1995	2000	2001	2002
全国总计	**28 085.57**	**115 319.59**	**114 399.40**	**160 659.98**
广　东	23 126.71	36 467.76	33 576.74	56 260.17
上　海	889.47	31 949.31	38 043.28	37 710.73
北　京	215.81	8 502.81	8 615.92	12 086.18
江　苏	281.33	8 290.56	6 448.90	11 284.62
山　东	113.11	4 871.13	5 546.24	9 459.40
天　津	0.82	2 202.87	2 326.70	8 043.81
内蒙古	86.40	328.31	211.09	7 156.15
浙　江	50.55	17 715.41	12 492.45	6 766.34
湖　南	41.72	653.18	3 968.93	4 214.80
黑龙江	455.72	3 374.12	2 442.16	2 902.42
辽　宁	116.33	137.22	217.42	2 215.83
四　川	22.99	76.06	0.32	1 160.87
河　北			0.25	591.92
福　建	306.35	594.64	495.85	470.31
陕　西		48.97	0.05	264.85
广　西	2 053.38	75.02		45.69
江　西	11.28			17.03
海　南	60.86	4.55	9.40	6.56
安　徽	0.07	0.07		1.80
湖　北	73.14	18.59		0.30
云　南	13.79			
新　疆	52.74			
吉　林	0.24	8.92	3.51	
河　南	2.93	0.11	0.19	
贵　州	109.86			

表 11-96 分地区奶粉进口量值

单位：吨、千美元

地区	2001		2002		2002年比2001年增加%	
	数量	金额	数量	金额	数量	金额
全国总计	**58 506.21**	**114 399.40**	**110 798.51**	**160 659.98**	**89.38**	**40.44**
广东	18 494.25	33 576.74	37 737.92	56 260.17	104.05	67.56
上海	19 014.24	38 043.28	26 237.76	37 710.73	37.99	-0.87
北京	4 108.56	8 615.92	8 345.67	12 086.18	103.13	40.28
江苏	3 208.48	6 448.90	7 879.35	11 284.62	145.58	74.99
山东	2 705.65	5 546.24	6 437.17	9 459.40	137.92	70.56
天津	1 214.18	2 326.70	6 094.49	8 043.81	401.94	245.72
内蒙古	103.50	211.09	5 440.33	7 156.15	5 156.36	3 290.12
浙江	6 134.51	12 492.45	4 460.74	6 766.34	-27.28	-45.84
湖南	2 114.13	3 968.93	2 800.93	4 214.80	32.49	6.20
黑龙江	1 069.00	2 442.16	1 992.30	2 902.42	86.37	18.85
辽宁	94.49	217.42	1 542.46	2 215.83	1 532.46	919.14
四川	0.40	0.32	833.99	1 160.87	208 397.75	359 303.41
河北	0.81	0.25	398.00	591.92	49 340.87	234 787.30
福建	238.13	495.85	355.44	470.31	49.26	-5.15
陕西	0.05	0.05	199.85	264.85	399 600.00	529 590.00
广西			25.60	45.69		
江西			11.84	17.03		
海南	4.93	9.40	3.94	6.56	-20.11	-30.26
安徽			0.60	1.80		
湖北			0.10	0.30		
重庆			0.02	0.22		
吉林	0.75	3.51				
河南	0.16	0.19				

表 11-97　分国别奶粉出口数量

单位：吨

国家或地区	1995	2000	2001	2002
国家（地区）总计	**4 518.99**	**10 161.14**	**5 042.79**	**10 299.38**
伊拉克		4 990.48	256.32	5 632.64
缅甸	2 853.36	2 656.38	2 509.03	2 394.69
中国香港	92.02	853.64	876.30	1 844.43
朝鲜	114.26	68.17	96.83	203.26
日本	0.81	0.01		99.04
毛里塔尼亚				48.00
蒙古		305.00	260.00	21.77
韩国		1.01	5.01	18.04
中国台湾	15.72			16.13
菲律宾		1 020.67	74.45	15.00
巴拿马				4.00
美国				2.38
中国澳门	2.11		0.80	
德国	0.09	0.18	0.30	
荷兰	0.14			
澳大利亚			41.30	
英国	0.10			
马来西亚			15.12	
新加坡	60.83		153.10	
罗马尼亚	2.60			
俄罗斯	329.36		0.42	
乌兹别克斯坦	184.58			
越南	760.74	10.90		
哈萨克斯坦	2.52			
巴基斯坦	20.00	8.13		
泰国		112.00		
尼日利亚	36.31			
坦桑尼亚	25.00			
希腊	17.50			
西班牙	0.95	0.15	0.03	
阿联酋		120.00	520.00	
阿鲁巴岛		14.43		
贝宁			233.80	

表 11-98　分国别奶粉出口价值

单位：千美元

国家或地区	1995	2000	2001	2002
国家（地区）总计	**8 987.27**	**20 880.43**	**10 360.72**	**23 733.05**
伊拉克		1 310.86	572.22	13 903.45
中国香港	207.19	1 483.35	2 469.61	4 983.84
缅甸	5 311.73	4 773.57	4 470.40	3 897.61
朝鲜	213.63	144.33	170.58	363.41
毛里塔尼亚				33.22
日本	0.81	0.02		123.62
蒙古		630.49	443.03	48.00
中国台湾	112.07			32.32
菲律宾		2 038.99	148.90	19.50
韩国		0.91	2.95	18.97
美国				4.74
巴拿马				4.37
中国澳门	10.56		0.51	
德国	0.23	0.39	0.24	
荷兰	0.32			
澳大利亚			79.68	
英国	0.13			
马来西亚			19.98	
新加坡	121.26		863.62	
罗马尼亚	11.82			
俄罗斯	967.91		1.21	
乌兹别克斯坦	339.92			
越南	1 496.49	22.55		
哈萨克斯坦	6.50			
巴基斯坦	35.00	21.88		
泰国		229.09		
尼日利亚	56.36			
坦桑尼亚	56.00			
希腊	37.70			
西班牙	1.64	0.12	0.11	
阿联酋		212.63	938.70	
阿鲁巴岛		11.25		
贝宁			178.99	

表 11-99　分国别奶粉出口量值

单位：吨、千美元

国家或地区	2001		2002		2002 年比 2001 年增加 %	
	数 量	金 额	数 量	金 额	数 量	金 额
国家（地区）总计	**5 042.79**	**10 360.72**	**10 299.38**	**23 733.05**	**104.24**	**129.07**
伊拉克	256.32	572.22	5 632.64	13 903.45	2 097.50	2 329.72
缅甸	2 509.03	4 470.40	2 394.69	3 897.61	-4.56	-12.81
中国香港	876.30	2 469.61	1 844.43	4 983.84	110.48	101.81
朝鲜	96.83	170.58	203.26	363.41	109.92	113.04
日本			99.04	123.62		
毛里塔尼亚			48.00	333.22		
蒙古	260.00	443.03	21.77	48.00	-91.63	-89.17
韩国	5.01	2.95	18.04	18.97	260.08	543.02
中国台湾			16.13	32.32		
菲律宾	74.45	148.90	15.00	19.50	-79.85	-86.90
巴拿马			4.00	4.37		
美国			2.38	4.74		
中国澳门	0.80	0.51				
德国	0.30	0.24				
澳大利亚	41.30	79.68				
马来西亚	15.12	19.98				
新加坡	153.10	863.62				
阿联酋	520.00	938.70				
贝宁	233.80	178.99				
俄罗斯	0.42	1.21				
西班牙	0.03	0.11				

表 11-100 分地区奶粉出口数量

单位：吨

地 区	1995	2000	2001	2002
全国总计	**4 518.99**	**10 161.14**	**5 042.79**	**10 299.38**
江 苏	98.09	2 988.88	256.32	3 127.60
山 东	219.28	2 023.35	21.34	2 635.50
云 南	3 587.70	2 553.75	2 359.99	2 211.99
黑龙江	278.68	1 886.30	1 648.99	1 870.84
新 疆	22.52	100.50	148.80	182.70
内蒙古	75.88	13.08	60.00	129.46
辽 宁	84.61	20.41	23.35	76.11
陕 西	16.40			47.38
上 海	5.91	4.02	8.07	16.80
吉 林	9.00	2.20	3.05	1.00
北 京	4.91	105.18	99.86	
天 津	0.10	4.11	63.49	
河 北	25.00			
浙 江	1.00			
福 建	39.87		82.52	
广 东	42.25	442.59	211.87	
四 川			0.24	
湖 北	7.60	2.00		
河 南			40.00	
山 西	0.20	14.78	14.93	

表 11-101 分地区奶粉出口价值

单位：千美元

地 区	1995	2000	2001	2002
全国总计	**8 987.27**	**20 880.43**	**10 360.72**	**23 733.05**
江 苏	179.26	6 616.71	572.22	7 977.00
山 东	405.18	4 740.74	22.20	6 108.93
黑龙江	782.22	3 978.01	4 115.46	5 272.22
云 南	6 780.28	4 643.20	4 270.99	3 648.92
内蒙古	178.90	22.31	43.83	259.54
新 疆	41.50	130.65	198.76	248.54
辽 宁	204.35	37.53	45.48	101.35
陕 西	35.59			92.68
上 海	10.87	11.61	101.26	23.22
吉 林	19.50	3.46	5.33	0.50
北 京	18.58	231.68	427.71	
天 津	0.13	10.27	98.80	
河 北	56.00			
浙 江	1.80			
福 建	224.62		191.37	
广 东	33.28	419.58	170.88	
四 川			0.65	
湖 北	14.74	1.60		
河 南			60.23	
山 西	0.45	33.10	35.56	

表 11-102 分地区奶粉出口量值

单位：吨、千美元

地 区	2001		2002		2002 年比 2001 年增加 %	
	数 量	金 额	数 量	金 额	数 量	金 额
全国总计	**5 042.79**	**10 360.72**	**10 299.38**	**23 733.05**	**104.24**	**129.07**
江 苏	256.32	572.22	3 127.60	7 977.00	1 120.20	1 294.03
山 东	21.34	22.20	2 635.50	6 108.93	12 250.04	27 422.64
云 南	2 359.99	4 270.99	2 211.99	3 648.92	-6.27	-14.57
黑龙江	1 648.99	4 115.46	1 870.84	5 272.22	13.45	28.11
新 疆	148.80	198.76	182.70	248.69	22.78	25.12
内蒙古	60.00	43.83	129.46	259.54	115.76	492.10
辽 宁	23.35	45.48	76.11	101.35	226.01	122.85
陕 西			47.38	92.68		
上 海	8.07	101.26	16.80	23.22	108.28	-77.07
吉 林	3.05	5.33	1.00	0.50	-67.21	-90.61
北 京	99.86	427.71				
天 津	63.49	98.80				
福 建	82.52	191.37				
广 东	211.87	170.88				
四 川	0.24	0.65				
河 南	40.00	60.23				
山 西	14.93	35.56				

表 11-103 分国别炼乳进口数量

单位：吨

国家或地区	1995	2000	2001	2002
国家（地区）总计	**1 124.64**	**646.53**	**1 346.94**	**887.72**
澳大利亚	58.79	171.05	208.64	471.80
新 西 兰	269.63	318.47	640.92	214.59
马来西亚	71.88	44.85	148.69	59.63
新 加 坡	19.77	1.18	145.40	30.01
德 国	0.16	0.34	0.00	24.42
美 国	233.35	3.16	5.35	18.74
丹 麦		3.00	7.96	17.24
法 国	0.06	5.02	13.27	16.62
中 国	0.80	42.56	105.71	10.31
巴基斯坦				9.60
中国香港	140.05	12.38	1.01	6.00
韩 国	1.20			3.20
荷 兰	160.84	12.00	19.82	2.03
比 利 时		1.64		1.63
瑞 士			30.22	0.98
日 本	1.69	0.08		0.90
印度尼西亚	154.73		0.02	
中国台湾	10.02	1.60	0.02	
英 国	0.87		0.02	
泰 国	0.81	3.55		
越 南		25.65	19.22	
加 拿 大			0.63	
哥伦比亚			0.05	

表 11-104 分国别炼乳进口价值

单位：千美元

国家或地区	1995	2000	2001	2002
国家（地区）总计	**920.47**	**360.37**	**1 062.76**	**872.16**
澳大利亚	31.74	121.81	240.41	499.09
新西兰	144.23	155.27	554.55	234.92
马来西亚	183.53	19.94	65.70	30.31
丹麦		1.40	13.30	27.50
法国	0.18	9.34	17.93	22.84
新加坡	8.38	0.52	63.82	13.44
德国	1.88	0.02	0.07	12.01
美国	128.68	1.50	25.34	8.54
中国	1.24	18.57	46.14	6.73
巴基斯坦				5.27
日本	6.06	0.24		4.39
中国香港	185.77	6.26	0.47	1.94
比利时		2.46		1.90
韩国	1.33			1.69
荷兰	104.01	5.33	8.67	1.15
瑞士			13.57	0.44
印度尼西亚	96.52		0.04	
英国	1.31		0.07	
中国台湾	24.70	3.78	0.01	
泰国	0.93	1.32		
越南		12.62	10.04	
加拿大			2.37	
哥伦比亚			0.25	

表 11-105 分国别炼乳进口量值

单位：吨、千美元

国家或地区	2001		2002		2002 年比 2001 年增加%	
	数量	金额	数量	金额	数量	金额
国家（地区）总计	**1 346.94**	**1 062.76**	**887.72**	**872.16**	**-34.09**	**-17.93**
澳大利亚	208.64	240.41	471.80	499.09	126.13	107.60
新西兰	640.92	554.55	214.59	234.92	-66.52	-57.64
马来西亚	148.69	65.70	59.63	30.31	-59.89	-53.88
新加坡	145.40	63.82	30.01	13.44	-79.36	-78.94
德国	0.00	0.07	24.42	12.01	610 375.00	18 378.46
美国	5.35	25.34	18.74	8.54	250.51	-66.29
丹麦	7.96	13.30	17.24	27.50	116.56	106.80
法国	13.27	17.93	16.62	22.84	25.29	27.36
中国	105.71	46.14	10.31	6.73	-90.25	-85.41
巴基斯坦			9.60	5.27		
中国香港	1.01	0.47	6.00	1.94	494.65	316.09
韩国			3.20	1.69		
荷兰	19.82	8.67	2.03	1.15	-89.74	-86.69
比利时			1.63	1.90		
瑞士	30.22	13.57	0.98	0.44	-96.74	-96.74
日本			0.90	4.39		
印度尼西亚	0.02	0.04				
越南	19.22	10.04				
加拿大	0.63	2.37				
哥伦比亚	0.05	0.25				
中国台湾	0.02	0.01				
英国	0.02	0.07				

表 11-106 分地区炼乳进口数量

单位：吨

地 区	1995	2000	2001	2002
全国总计	**1 124.64**	**646.53**	**1 346.94**	**887.72**
广 东	1 013.30	548.35	1 132.71	337.63
湖 南				299.52
上 海	13.99	91.49	73.18	144.51
江 苏	19.20		54.24	50.40
北 京	53.58	3.54	1.74	19.57
辽 宁	3.70			10.71
海 南	4.17	0.45	1.30	10.70
新 疆				9.60
吉 林				3.20
福 建	0.19	1.63		1.75
安 徽		1.02	0.19	0.14
黑龙江			67.20	
浙 江	1.25	0.05	2.00	
云 南			0.03	
山 东	0.30		0.00	
天 津	13.58			
四 川	0.06		14.36	
陕 西	1.33			

表 11-107 分地区炼乳进口价值

单位：千美元

地 区	1995	2000	2001	2002
全国总计	**920.47**	**360.37**	**1 062.76**	**872.16**
广 东	809.43	269.79	774.21	306.94
湖 南				285.22
上 海	26.01	83.05	88.72	189.24
江 苏	7.92		64.01	63.02
辽 宁	2.43			7.75
北 京	59.69	1.78	5.21	6.38
新 疆				5.27
海 南	3.08	0.21	0.56	3.96
福 建	0.58	2.45		2.44
吉 林				1.69
安 徽		2.55	0.32	0.27
黑龙江			105.68	
浙 江	1.26	0.55	17.59	
四 川	0.17		6.37	
山 东	0.20		0.07	
云 南			0.04	
天 津	8.66	0.00		
陕 西	1.06			

表 11-108　分地区炼乳进口量值

单位：吨、千美元

地　区	2001		2002		2002年比2001年增加%	
	数　量	金　额	数　量	金　额	数　量	金　额
全国总计	**1 346.94**	**1 062.76**	**887.72**	**872.16**	**-34.09**	**-17.93**
广　东	1 132.71	774.21	337.63	306.94	-70.19	-60.35
湖　南			299.52	285.22		
上　海	73.18	88.72	144.51	189.24	97.47	113.29
江　苏	54.24	64.01	50.40	63.02	-7.08	-1.54
北　京	1.74	5.21	19.57	6.38	1 026.77	22.43
辽　宁			10.71	7.75		
海　南	1.30	0.56	10.70	3.96	723.33	607.68
新　疆			9.60	5.27		
吉　林			3.20	1.69		
福　建			1.75	2.44		
安　徽	0.19	0.32	0.14	0.27	-25.27	-16.40
浙　江	2.00	17.59				
山　东	0.00	0.07				
黑龙江	67.20	105.68				
云　南	0.03	0.04				
四　川	14.36	6.37				

表 11-109　分国别炼乳出口数量

单位：吨

国家或地区	1995	2000	2001	2002
国家（地区）总计	**107.80**	**7 253.47**	**10 303.46**	**11 339.48**
中国香港		6 392.04	8 010.86	8 672.04
新加坡			1 472.64	1 944.85
日　本		666.40	555.14	705.69
印度尼西亚				9.93
中国澳门		160.49	174.97	3.86
朝　鲜	1.98	1.01		2.50
缅　甸				0.60
俄罗斯	105.82			
阿尔巴尼亚			31.92	
斯里兰卡		16.77	17.15	
马拉维		16.77		
印　度			23.32	
智　利			17.15	
尼泊尔			0.31	

表 11-110　分国别炼乳出口价值

单位：千美元

国家或地区	1995	2000	2001	2002
国家（地区）总计	**155.51**	**7 045.74**	**8 587.18**	**8 226.11**
中国香港		5 968.63	6 478.40	6 108.91
新加坡			1 127.71	1 098.99
日本		941.32	780.51	997.22
印度尼西亚				16.78
中国澳门		104.71	113.88	2.51
朝鲜	3.31	0.68		1.30
缅甸				0.41
俄罗斯	152.19			
阿尔巴尼亚			39.07	
马拉维		15.22		
斯里兰卡		15.22	15.66	
印度			16.50	
智利			15.44	
尼泊尔			0.02	

表 11-111　分国别炼乳出口量值

单位：吨、千美元

国家或地区	2001		2002		2002 年比 2001 年增加%	
	数量	金额	数量	金额	数量	金额
国家（地区）总计	**10 303.46**	**8 587.18**	**11 339.48**	**8 226.11**	**10.05**	**-4.20**
中国香港	8 010.86	6 478.40	8 672.04	6 108.91	8.25	-5.70
新加坡	1 472.64	1 127.71	1 944.85	1 098.99	32.07	-2.55
日本	555.14	780.51	705.69	997.22	27.12	27.76
印度尼西亚			9.93	16.78		
中国澳门	174.97	113.88	3.86	2.51	-97.79	-97.79
朝鲜			2.50	1.30		
缅甸		0.60	0.41			
阿尔巴尼亚	31.92	39.07				
印度	23.32	16.50				
智利	17.15	15.44				
斯里兰卡	17.15	15.66				
尼泊尔	0.31	0.02				

表 11-112　分地区炼乳出口数量

单位：吨

地　区	1995	2000	2001	2002
全国总计	**107.80**	**7 253.47**	**10 303.46**	**11 339.48**
山　东		5 829.57	6 796.87	7 208.03
天　津			2 053.88	3 227.85
黑龙江	105.82	745.72	1 048.87	705.60
浙　江		50.31	34.30	190.58
广　东		626.87	320.22	4.31
吉　林				2.50
云　南				0.60
江　苏			31.92	
辽　宁	1.98	1.01		
湖　南			17.40	

表 11-113　分地区炼乳出口价值

单位：千美元

地　区	1995	2000	2001	2002
全国总计	**155.51**	**7 045.74**	**8 587.18**	**8 226.11**
山　东		5 386.07	5 737.54	5 207.98
天　津			1 195.79	1 896.01
黑龙江	152.19	1 160.78	1 350.29	996.70
浙　江		49.23	31.10	120.58
广　东		448.99	219.84	3.14
吉　林				1.30
云　南				0.41
江　苏			39.07	
辽　宁	3.31	0.68		
湖　南			13.55	

表 11-114　分地区炼乳出口量值

单位：吨、千美元

地　区	2001		2002		2002 年比 2001 年增加%	
	数　量	金　额	数　量	金　额	数　量	金　额
全国总计	**10 303.46**	**8 587.18**	**11 339.48**	**8 226.11**	**10.05**	**-4.20**
山　东	6 796.87	5 737.54	7 208.03	5 207.98	6.05	-9.23
天　津	2 053.88	1 195.79	3 227.85	1 896.01	57.16	58.56
黑龙江	1 048.87	1 350.29	705.60	996.70	-32.73	-26.19
浙　江	34.30	31.10	190.58	120.58	455.63	287.70
广　东	320.22	219.84	4.31	3.14	-98.65	-98.57
吉　林			2.50	1.30		
云　南			0.60	0.41		
江　苏	31.92	39.07				
湖　南	17.40	13.55				

表 11-115　分国别酸奶出口数量

单位：吨

国家或地区	1995	2000	2001	2002
国家（地区）总计	**1 250.68**	**2 553.78**	**2 856.34**	**1 662.90**
中国香港	275.50	2 283.71	2 566.10	1 265.20
西班牙	1.52	7.30	3.24	230.75
加拿大	0.02		75.00	48.14
澳大利亚	535.88	68.89	94.17	48.10
新西兰	70.27	45.96	78.22	23.32
荷兰	20.69	80.22	1.00	12.20
法国	19.17	15.11	15.10	10.79
美国	53.17	1.76	0.48	10.41
日本	90.84	0.34	15.70	9.96
瑞士	1.13	2.00	1.44	2.20
德国	3.59	16.70		1.35
中国台湾	34.24	1.92	3.46	0.48
新加坡	0.44	0.01		0.02
缅甸			1.00	
马来西亚	142.65	0.41		
英国	0.07			
丹麦	0.36	0.13		
韩国	1.04	28.81		
意大利	0.07	0.51		
比利时	0.06			
泰国		0.01	1.44	

表 11-116　分国别酸奶出口价值

单位：千美元

国家或地区	1995	2000	2001	2002
国家（地区）总计	**919.95**	**1 518.81**	**1 703.49**	**1 154.53**
中国香港	190.35	999.00	1 118.64	561.08
西班牙	6.22	9.55	4.59	249.02
加拿大	0.22		194.50	109.50
澳大利亚	295.29	148.09	151.80	98.40
新西兰	40.22	97.12	169.60	66.79
日本	67.82	0.69	46.55	29.94
美国	61.08	7.39	1.62	14.28
法国	44.18	31.87	7.07	11.28
瑞士	5.74	3.85	2.10	5.29
荷兰	35.36	191.10	3.68	4.95
德国	8.78	11.14		3.01
中国台湾	71.41	1.65	1.92	0.87
新加坡	0.26	0.03		0.14
缅甸			0.54	
英国	1.09			
马来西亚	83.13	2.68		
丹麦	1.05	0.05		
韩国	6.88	9.86		
意大利	0.64	4.70		
比利时	0.24			
泰国		0.05	0.87	

表 11-117　分国别酸奶进口量值

单位：吨、千美元

国家或地区	2001		2002		2002 年比 2001 年增加%	
	数　量	金　额	数　量	金　额	数　量	金　额
国家（地区）总计	**2 256.34**	**1 703.49**	**1 662.90**	**1 154.53**	**－41.78**	**－32.23**
中国香港	2 566.10	1 118.64	1 265.20	561.08	－50.70	－49.84
西班牙	3.24	4.59	230.75	249.02	7 021.79	5 327.66
加拿大	75.00	194.50	48.14	109.50	－35.82	－43.70
澳大利亚	94.17	151.80	48.10	98.40	－48.92	－35.18
新西兰	78.22	169.60	23.32	66.79	－70.19	－60.62
荷　兰	1.00	3.68	12.20	4.95	1 119.90	34.38
法　国	15.10	7.07	10.79	11.28	－28.56	59.50
美　国	0.48	1.62	10.41	14.28	2 058.92	783.35
日　本	15.70	46.55	9.96	29.94	－36.56	－35.69
瑞　士	1.44	2.10	2.20	5.29	52.96	151.52
德　国			1.35	3.01		
中国台湾	3.46	1.92	0.48	0.87	－86.11	－54.83
新加坡			0.02	0.14		
缅　甸	1.00	0.54				
泰　国	1.44	0.87				

表 11-118　分地区酸奶进口数量

单位：吨

地　区	1995	2000	2001	2002
全国总计	**1 250.68**	**2 553.78**	**2 856.34**	**1 662.90**
广　东	1 162.97	2 325.44	2 609.53	1 279.93
上　海	25.75	31.67	28.76	243.07
海　南	2.64	106.00	94.00	68.00
浙　江	0.02	0.01		28.39
北　京	26.27	23.88	18.34	28.36
江　苏	27.00		15.70	8.36
天　津		35.91	53.93	5.07
山　东	0.31	28.82	33.60	1.69
辽　宁		0.14		0.04
河　北				0.01
河　南		0.85		
云　南			2.44	
福　建	5.72	1.06		
四　川			0.05	
安　徽		0.01		

表 11-119 分地区酸奶进口价值

单位：千美元

地 区	1995	2000	2001	2002
全国总计	**919.95**	**1 518.81**	**1 703.49**	**1 154.53**
广 东	681.88	1 085.83	1 151.54	572.56
上 海	83.23	70.52	59.82	319.38
海 南	2.66	238.98	237.25	149.44
浙 江	0.03	0.03		36.70
北 京	62.61	59.19	31.83	35.29
江 苏	84.80		46.55	25.30
天 津		52.25	121.36	9.52
山 东	0.99	9.97	53.68	6.23
辽 宁		0.40		0.07
河 北				0.05
河 南		0.57		
云 南			1.41	
福 建	3.75	1.06		
四 川			0.05	
安 徽		0.02		

表 11-120 分地区酸奶进口量值

单位：吨、千美元

地 区	2001		2002		2002 年比 2001 年增加％	
	数 量	金 额	数 量	金 额	数 量	金 额
全国总计	**2 856.34**	**1 703.49**	**1 662.90**	**1 154.53**	**－41.78**	**－32.23**
广 东	2 609.53	1 151.54	1 279.93	572.56	－50.95	－50.28
上 海	28.76	59.82	243.07	319.38	745.14	433.87
海 南	94.00	237.25	68.00	149.44	－27.66	－37.01
浙 江			28.39	36.70		
北 京	18.34	31.83	28.36	35.29	54.64	10.85
江 苏	15.70	46.55	8.36	25.30	－46.78	－45.65
天 津	53.93	121.36	5.07	9.52	－90.60	－92.16
山 东	33.60	53.68	1.69	6.23	－94.97	－88.39
辽 宁			0.04	0.07		
河 北			0.01	0.05		
云 南	2.44	1.41				
四 川	0.05	0.05				

表 11-121　分国别酸奶出口数量

单位：吨

国家或地区	1995	2000	2001	2002
国家（地区）总计	**232.22**	**162.23**	**73.62**	**150.97**
柬埔寨		39.73	22.60	54.46
中国香港	183.43	98.73	17.24	39.33
缅甸	3.50	12.19	30.15	24.98
中国澳门		1.94	1.98	16.40
中国台湾				12.10
美国			0.60	3.60
加纳				0.01
日本	20.90			
新西兰		5.76		
朝鲜		2.00		
希腊			0.86	
俄罗斯	9.00			
老挝	15.39			
意大利		1.80		
萨摩亚		0.08		
巴拿马			0.18	

表 11-122　分国别酸奶出口价值

单位：千美元

国家或地区	1995	2000	2001	2002
国家（地区）总计	**381.31**	**200.24**	**61.82**	**110.55**
柬埔寨		31.01	14.12	33.66
中国香港	304.88	152.92	22.27	33.01
中国澳门		3.14	2.90	23.45
缅甸	0.94	5.54	17.38	14.86
中国台湾				3.10
美国			0.40	2.35
加纳				0.12
日本	27.40			
新西兰		4.40		
朝鲜		2.20		
希腊			0.65	
俄罗斯	38.85			
老挝	9.24			
意大利		0.97		
萨摩亚		0.07		
巴拿马			4.10	

表 11-123　分国别酸奶出口量值

单位：吨、千美元

国家或地区	2001		2002		2002年比2001年增加%	
	数量	金额	数量	金额	数量	金额
国家（地区）总计	**73.62**	**61.82**	**150.97**	**110.55**	**105.07**	**78.82**
柬埔寨	22.60	14.12	54.46	33.66	140.99	138.32
中国香港	17.24	22.27	39.33	33.01	128.11	48.23
缅甸	30.15	17.38	24.98	14.86	−17.16	−14.50
中国澳门	1.98	2.90	16.40	23.45	727.97	709.32
中国台湾			12.10	3.10		
美国	0.60	0.40	3.60	2.35	500.00	494.94
加纳			0.10	0.12		
希腊	0.86	0.65				
巴拿马	0.18	4.10				

表 11-124　分地区酸奶出口数量

单位：吨

地区	1995	2000	2001	2002
全国总计	**232.22**	**162.23**	**73.62**	**150.97**
广东	163.46	100.67	19.19	67.83
湖南			22.60	54.56
云南	15.39	12.19	19.35	16.00
河南		45.49		7.00
福建		1.80	1.46	3.60
浙江				1.98
上海	24.37			
辽宁		2.00		
江苏	20.00			
山东	9.00	0.08		
四川			10.80	
内蒙古			0.22	

表 11-125　分地区酸奶出口价值

单位：千美元

地区	1995	2000	2001	2002
全国总计	**381.31**	**200.24**	**61.82**	**110.55**
广东	286.82	156.06	29.09	59.56
湖南			14.12	33.78
云南	9.24	5.54	10.85	9.67
河南		35.40		4.23
福建		0.97	1.05	2.35
浙江				0.96
上海	19.82			
辽宁		2.20		
江苏	26.58			
山东	38.85	0.07		
四川			6.52	
内蒙古			0.18	

表 11-126　分地区酸奶出口量值

单位：吨、千美元

地区	2001		2002		2002年比2001年增加%	
	数量	金额	数量	金额	数量	金额
全国总计	**73.62**	**61.82**	**150.97**	**110.55**	**105.07**	**78.82**
广东	19.19	29.09	67.83	59.56	253.49	104.72
湖南	22.60	14.12	54.56	33.78	141.44	139.17
云南	19.35	10.85	16.00	9.67	-17.31	-10.93
河南			7.00	4.23		
福建	1.46	1.05	3.60	2.35	145.90	124.24
浙江			1.98	0.96		
四川	10.80	6.52				
内蒙古	0.22	0.18				

表 11-127　分国别乳清制品进口数量

单位：吨

国家或地区	1995	2000	2001	2002
国家（地区）总计	**34 605.76**	**122 902.94**	**119 780.45**	**137 954.10**
美　国	18 066.71	36 079.98	40 448.71	51 160.87
法　国	864.23	36 409.87	29 563.98	39 057.05
澳大利亚	1 654.80	9 312.29	12 139.70	15 000.56
加拿大	3 490.10	13 348.05	12 350.56	10 469.93
芬　兰	4 265.00	6 015.27	10 483.00	6 293.40
荷　兰	1 677.65	12 511.38	7 159.21	5 184.65
爱尔兰		1 290.00	1 453.54	4 438.71
比利时		9.00	403.00	3 115.78
德　国	865.54	2 729.24	1 674.50	1 065.11
新西兰	1 600.38	1 157.96	2 675.79	761.15
波　兰		2 384.95	665.00	391.40
丹　麦	0.02	166.00		339.30
捷　克		415.00	525.00	275.00
瑞　典		550.00	100.00	225.00
中国香港	652.96			108.00
立陶宛				25.00
日　本	319.45	4.40	59.49	23.02
马来西亚	203.00	178.85		17.00
英　国	311.05	24.00		2.80
中国澳门		0.19	0.03	0.22
意大利	0.80			0.12
中国台湾	15.64	0.44	7.00	0.04
泰　国			0.57	0.01
新加坡	162.55	40.68	51.38	
韩　国	242.68	75.00	20.00	
俄罗斯	148.00			
瑞　士	50.00	100.03		
乌克兰	15.00			
中　国	0.19	0.38		
厄瓜多尔	0.03			
墨西哥		100.00		

表 11-128 分国别乳清制品进口价值

单位：千美元

国家或地区	1995	2000	2001	2002
国家（地区）总计	**19 361.26**	**79 964.33**	**88 067.19**	**90 359.96**
法国	644.93	29 340.81	27 073.94	33 663.83
美国	9 470.45	17 606.82	20 010.21	22 930.82
澳大利亚	993.14	7 038.01	11 229.83	10 317.99
芬兰	3 403.98	5 270.57	9 644.22	6 025.25
加拿大	1 281.38	5 688.57	5 397.55	4 692.03
荷兰	1 324.57	8 892.43	5 441.11	4 236.32
爱尔兰		1 083.82	1 171.39	3 513.82
比利时		4.19	473.37	2 103.87
德国	388.68	1 468.28	948.17	983.87
新西兰	798.21	1 030.49	5 767.32	877.68
丹麦	0.01	200.00	0.00	266.69
波兰		1 287.53	405.71	230.05
瑞典		489.44	94.15	210.82
捷克		225.08	306.05	154.84
中国香港	262.19			78.84
日本	209.45	3.54	37.23	43.47
马来西亚	106.70	76.90		11.05
立陶宛				11.00
英国	145.60	10.80		5.62
中国澳门		1.20	0.67	0.99
中国台湾	8.48	3.58	0.90	0.76
意大利	0.15			0.35
泰国			0.40	0.00
新加坡	73.75	28.39	56.37	
韩国	125.14	35.25	8.61	
俄罗斯	88.30			
瑞士	29.33	90.48		
乌克兰	6.59			
中国	0.20	0.18		
厄瓜多尔	0.03			
墨西哥		88.00		

表 11-129 分国别乳清制品进口量值

单位：吨、千美元

国家或地区	2001		2002		2002 年比 2001 年增加%	
	数 量	金 额	数 量	金 额	数 量	金 额
国家（地区）总计	**119 780.45**	**88 067.19**	**137 954.10**	**90 359.96**	**15.17**	**2.60**
美 国	40 448.71	20 010.21	51 160.87	22 930.82	26.48	14.60
法 国	29 563.98	27 073.94	39 057.05	33 663.83	32.11	24.34
澳大利亚	12 139.70	11 229.83	15 000.56	10 317.99	23.57	−8.12
加拿大	12 350.56	5 397.55	10 469.93	4 692.03	−15.23	−13.07
芬 兰	10 483.00	9 644.22	6 293.40	6 025.25	−39.97	−37.52
荷 兰	7 159.21	5 441.11	5 184.65	4 236.32	−27.58	−22.14
爱尔兰	1 453.54	1 171.39	4 438.71	3 513.82	205.37	199.97
比利时	403.00	473.37	3 115.78	2 103.87	673.15	344.44
德 国	1 674.50	948.17	1 065.11	983.87	−36.39	3.77
新西兰	2 675.79	5 767.32	761.15	877.68	−71.55	−84.78
波 兰	665.00	405.71	391.40	230.05	−41.14	−43.30
丹 麦		0.00	339.30	266.69		
捷 克	525.00	306.05	275.00	154.84	−47.62	−49.41
瑞 典	100.00	94.15	225.00	210.82	125.00	123.92
中国香港			108.00	78.84		
立陶宛			25.00	11.00		
日 本	59.49	37.23	23.02	43.47	−61.30	16.75
马来西亚			17.00	11.05		
英 国			2.80	5.62		
中国澳门	0.03	0.67	0.22	0.99	714.81	48.05
意大利			0.12	0.35		
中国台湾	7.00	0.90	0.04	0.76	−99.46	−15.27
泰 国	0.57	0.40	0.01	0.00	−98.77	−99.75
新加坡	51.38	56.37				
韩 国	20.00	8.61				

表 11-130　分地区乳清制品进口数量

单位：吨

地　区	1995	2000	2001	2002
全国总计	**34 605.76**	**122 902.94**	**119 780.45**	**137 954.10**
北　京	1 210.18	29 179.12	27 912.23	28 655.39
上　海	1 545.78	20 860.17	23 488.47	24 225.76
广　东	10 616.87	26 941.23	17 516.29	19 446.44
天　津	4.45	7 868.28	9 576.55	18 257.50
辽　宁	5 176.02	10 016.95	10 976.23	13 139.60
山　东	2 246.83	3 635.54	7 546.38	5 355.35
福　建	1 973.33	7 892.15	4 036.34	5 031.25
黑龙江		2 187.00	2 891.74	4 004.50
河　北		806.56	658.05	3 932.77
浙　江	2 056.03	4 544.41	4 828.74	3 357.74
安　徽	52.50	198.89	677.33	3 018.75
江　苏	909.98	2 805.30	5 691.03	2 804.52
四　川	3 812.12	1 730.49	1 878.75	2 702.28
重　庆			300.00	1 648.80
湖　南	1 328.67	692.78	742.17	1 096.00
河　南		171.00	224.00	458.00
湖　北	252.14	635.83		254.00
内蒙古		20.41	377.06	231.45
江　西	1 525.89	590.00	277.11	100.00
云　南		0.01		100.00
吉　林	73.40		142.00	94.00
陕　西		364.00		40.00
广　西	1 805.94	1 762.84	40.00	0.01
海　南	15.64			

表 11-131　分地区乳清制品进口价值

单位：千美元

地　区	1995	2000	2001	2002
全国总计	**19 361.26**	**79 964.33**	**88 067.19**	**90 359.96**
北　京	721.43	18 841.35	20 347.74	16 778.66
天　津	4.02	6 803.88	8 582.18	15 567.42
上　海	1 225.45	15 011.31	17 211.05	14 721.56
辽　宁	3 706.11	8 093.29	9 079.81	11 308.61
广　东	4 282.60	12 630.73	8 297.42	9 969.94
黑龙江		2 355.00	3 619.58	4 461.02
河　北		658.35	541.11	3 489.42
山　东	1 512.68	2 642.09	4 466.79	3 142.05
福　建	1 354.85	4 633.41	2 059.26	2 413.19
浙　江	1 079.36	3 386.23	7 071.30	2 218.11
江　苏	596.03	2 070.29	4 415.84	2 003.30
四　川	1 907.35	735.81	883.82	1 212.69
安　徽	31.50	94.89	314.44	1 176.14
重　庆			163.32	754.95
湖　南	748.68	320.39	333.38	457.27
内蒙古		20.45	357.16	214.91
河　南		65.63	98.80	186.65
湖　北	48.04	312.49		103.94
江　西	890.32	310.58	150.80	61.15
云　南		0.03		58.50
吉　林	46.37		58.37	45.88
陕　西		149.66		14.40
广　西	1 199.64	828.49	15.04	0.21
海　南	6.83			

表 11-132　分地区乳清制品进口量值

单位：吨、千美元

地　区	2001		2002		2002年比2001年增加%	
	数　量	金　额	数　量	金　额	数　量	金　额
全国总计	**119 780.45**	**88 067.19**	**137 954.10**	**90 359.96**	**15.17**	**2.60**
北　京	27 912.23	20 347.74	28 655.39	16 778.66	2.66	-17.54
上　海	23 488.47	17 211.05	24 225.76	14 721.56	3.14	-14.46
广　东	17 516.29	8 297.42	19 446.44	9 969.94	11.02	20.16
天　津	9 576.55	8 582.18	18 257.50	15 567.42	90.65	81.39
辽　宁	10 976.23	9 079.81	13 139.60	11 308.61	19.71	24.55
山　东	7 546.38	4 466.79	5 355.35	3 142.05	-29.03	-29.66
福　建	4 036.34	2 059.26	5 031.25	2 413.19	24.65	17.19
黑龙江	2 891.74	3 619.58	4 004.50	4 461.02	38.48	23.25
河　北	658.05	541.11	3 932.77	3 489.42	497.64	544.86
浙　江	4 828.74	7 071.30	3 357.74	2 218.11	-30.46	-68.63
安　徽	677.33	314.44	3 018.75	1 176.14	345.69	274.04
江　苏	5 691.03	4 415.84	2 804.52	2 003.30	-50.72	-54.63
四　川	1 878.75	883.82	2 702.28	1 212.69	43.83	37.21
重　庆	300.00	163.32	1 648.80	754.95	449.60	362.26
湖　南	742.17	333.38	1 096.00	457.27	47.68	37.16
河　南	224.00	98.80	458.00	186.65	104.46	88.92
湖　北			254.00	103.94		
内蒙古	377.06	357.16	231.45	214.91	-38.62	-39.83
江　西	277.11	150.80	100.00	61.15	-63.91	-59.45
云　南			100.00	58.50		
吉　林	142.00	58.37	94.00	45.88	-33.80	-21.40
陕　西			40.00	14.40		
广　西	40.00	15.04	0.01	0.21	-99.97	-98.63

表 11-133　分国别乳清制品出口数量

单位：吨

国家或地区	1995	2000	2001	2002
国家（地区）总计	**83.02**	**334.27**	**337.59**	**343.51**
中国香港	40.36	181.16	213.47	211.30
新加坡	10.49	68.81	67.29	76.93
中国澳门		0.50	2.61	17.09
越　南				17.00
阿尔巴尼亚			16.05	16.05
意大利		7.80	0.86	3.00
柬埔寨		66.76	36.96	2.00
加拿大		0.11		
日　本	13.29			
马来西亚			0.05	
荷　兰	18.00			
美　国		0.12		
新西兰	0.28			
泰　国	0.10	0.62		
俄罗斯	0.50			
智　利		8.38		
西班牙			0.29	

表 11-134　分国别乳清制品出口价值

单位：千美元

国家或地区	1995	2000	2001	2002
国家（地区）总计	**193.32**	**300.27**	**233.89**	**223.34**
中国香港	48.01	184.07	141.41	122.71
新加坡	30.11	55.08	49.69	52.38
阿尔巴尼亚			16.85	16.85
越南				13.77
中国澳门		0.81	1.70	11.38
意大利		8.93	0.54	3.41
柬埔寨		39.85	23.15	1.82
加拿大		1.11		1.01
日本	40.76			
马来西亚			0.36	
荷兰	48.69			
美国		0.85		
新西兰	17.94			
泰国	6.78	1.43		
俄罗斯	1.02			
智利		8.13		
西班牙			0.20	

表 11-135　分国别乳清制品出口量值

单位：吨、千美元

国家或地区	2001		2002		2002 年比 2001 年增加％	
	数量	金额	数量	金额	数量	金额
国家（地区）总计	**337.59**	**133.89**	**343.51**	**223.34**	**1.75**	**－4.51**
中国香港	213.47	141.41	211.30	122.71	－1.02	－13.22
新加坡	67.29	49.69	76.93	52.38	14.33	5.41
中国澳门	2.61	1.70	17.09	11.38	553.85	570.77
越南			17.00	13.77		
阿尔巴尼亚	16.05	16.85	16.05	16.85		0.01
意大利	0.86	0.54	3.00	3.41	247.22	531.48
柬埔寨	36.96	23.15	2.00	1.82	－94.59	－92.13
加拿大			0.14	1.01		
马来西亚	0.05	0.36				
西班牙	0.29	0.20				

表 11-136 分地区乳清制品出口量值

单位：吨

地 区	1995	2000	2001	2002
全国总计	**83.02**	**334.27**	**337.59**	**343.51**
山 东		130.47	212.39	202.99
江 苏	9.75	17.28	16.05	60.69
湖 南		113.09	92.25	35.29
广 东	39.40	19.70	3.12	17.23
上 海		31.72		17.00
福 建	14.40		1.73	8.30
浙 江	6.33	21.38		2.00
北 京	0.00			
天 津			0.00	
辽 宁			0.05	
黑龙江	0.05			
河 南	12.60			
四 川			12.00	
云 南		0.62		
海 南	0.04			

表 11-137 分地区乳清制品出口价值

单位：千美元

地 区	1995	2000	2001	2002
全国总计	**193.32**	**300.27**	**233.89**	**223.34**
山 东		82.19	137.16	117.56
江 苏	13.82	13.17	16.85	45.07
湖 南		82.20	65.29	27.57
上 海		65.21		13.77
广 东	61.00	39.45	5.48	12.40
福 建	11.52		1.20	5.15
浙 江	94.07	16.62		1.82
北 京	0.01			
天 津			0.00	
辽 宁			0.36	
黑龙江	1.02			
河 南	11.80			
四 川			7.55	
云 南		1.43		
海 南	0.08			

表 11-138 分地区乳清制品出口量值

单位：吨、千美元

地区	2001		2002		2002 年比 2001 年增加%	
	数 量	金 额	数 量	金 额	数 量	金 额
全国总计	**337.59**	**233.89**	**343.51**	**223.34**	**1.75**	**-4.51**
山 东	212.39	137.16	202.99	117.56	-4.42	-14.29
江 苏	16.05	16.85	60.69	45.07	278.11	167.41
湖 南	92.25	65.29	35.29	27.57	-61.74	-57.77
广 东	3.12	5.48	17.23	12.40	452.74	126.31
上 海			17.00	13.77		
福 建	1.73	1.20	8.30	5.15	380.56	328.10
浙 江			2.00	1.82		
天 津	0.00	0.00				
辽 宁	0.05	0.36				
四 川	12.00	7.55				

表 11-139 分国别奶油进口数量

单位：吨

国家或地区	1995	2000	2001	2002
国家（地区）总计	**1 180.69**	**3 088.29**	**1 452.45**	**5 154.84**
新西兰	283.12	2 744.49	1 202.47	4 581.85
澳大利亚	383.61	86.05	166.19	509.50
法 国	5.06	40.49	16.21	26.81
比利时	1.12		1.00	19.51
芬 兰		0.01	60.00	10.78
丹 麦	1.79	37.86	2.46	2.20
美 国	365.58	1.97	0.22	1.91
韩 国	17.14	4.00	0.38	0.74
中国香港	5.78	0.05		0.60
意大利		0.00		0.35
中国台湾	0.55	17.96	1.31	0.34
日 本	35.52	5.39	0.19	0.13
英 国	0.03			0.12
德 国		0.01		0.00
新加坡	15.80			
荷 兰	58.16		0.10	
马来西亚		0.26		
瑞 士	1.92	0.04	0.05	
中 国	0.74			
加拿大	4.72	1.36	1.88	
瑞 典	0.03	0.01		
印度尼西亚	0.01	136.32		
西班牙		12.00		

表 11-140　分国别奶油进口价值

单位：千美元

国家或地区	1995	2000	2001	2002
国家（地区）总计	**1 256.31**	**4 749.49**	**2 022.85**	**6 736.92**
新西兰	375.24	4 133.18	1 755.29	6 061.38
澳大利亚	292.80	182.15	139.98	534.26
法国	16.08	127.66	24.34	74.96
比利时	4.60		1.03	39.10
芬兰		0.14	79.80	13.03
丹麦	12.28	18.90	8.12	6.72
美国	320.50	1.31	0.52	2.53
日本	35.26	24.32	2.52	1.82
中国台湾	0.78	10.03	1.29	1.11
英国	0.22			0.88
意大利		0.03		0.73
韩国	22.20	16.85	0.79	0.24
中国香港	22.40	0.68		0.15
德国		0.03		0.01
新加坡	21.07			
荷兰	119.33		0.10	
马来西亚		0.25		
瑞士	4.68	0.30	0.44	
中国	2.55			
加拿大	6.22	2.87	8.63	
瑞典	0.08	0.21		
印度尼西亚	0.04	224.41		
西班牙		6.19		

表 11-141　分国别奶油进口量值

单位：吨、千美元

国家或地区	2001		2002		2002 年比 2001 年增加 %	
	数量	金额	数量	金额	数量	金额
国家（地区）总计	**1 452.45**	**2 022.85**	**5 154.84**	**6 736.92**	**254.91**	**233.04**
新西兰	1 202.47	1 755.29	4 581.85	6 061.38	281.04	245.32
澳大利亚	166.19	139.98	509.50	534.26	206.58	281.68
法国	16.21	24.34	26.81	74.96	65.36	207.96
比利时	1.00	1.03	19.51	39.10	1 850.80	3 710.82
芬兰	60.00	79.80	10.78	13.03	-82.04	-83.67
丹麦	2.46	8.12	2.20	6.72	-10.41	-17.28
美国	0.22	0.52	1.91	2.53	788.84	387.28
韩国	0.38	0.79	0.74	0.24	94.74	-70.13
中国香港			0.60	0.15		
意大利			0.35	0.73		
中国台湾	1.31	1.29	0.34	1.11	-73.91	-13.70
日本	0.19	2.52	0.13	1.82	-32.43	-28.05
英国			0.12	0.88		
德国			0.00	0.01		
加拿大			1.88	8.63		
荷兰			0.10	0.10		
瑞士			0.05	0.44		

表 11-142　分地区奶油进口数量

单位：吨

地　区	1995	2000	2001	2002
全国总计	**1 180.69**	**3 088.29**	**1 452.45**	**5 154.84**
广　东	926.13	225.84	670.64	2 243.18
北　京	169.71	1 165.88	701.60	1 750.61
上　海	45.34	43.41	44.79	1 007.66
浙　江	0.33	0.02		93.17
山　东	19.37	14.00		29.50
辽　宁	1.50		0.15	17.54
天　津	16.71	90.91	33.60	12.60
四　川				0.24
江　苏	0.23			0.22
黑龙江		0.03	0.05	0.11
重　庆				0.03
海　南		0.11		
江　西		12.00		
福　建	1.38			
云　南		0.03	0.05	
西　藏		1 522.74		
广　西		13.20		
安　徽		0.12		
山　西		0.01		
河　南			1.20	
吉　林			0.38	

表 11-143　分地区奶油进口价值

单位：千美元

地　区	1995	2000	2001	2002
全国总计	**1 256.31**	**4 749.49**	**2 022.85**	**6 736.92**
广　东	570.39	270.55	778.51	2 864.10
北　京	380.37	1 792.33	1 104.03	2 297.81
上　海	186.58	119.88	83.85	1 356.76
浙　江	2.23	0.05		126.26
山　东	87.48	48.08		50.63
辽　宁	5.50		0.34	19.56
天　津	16.99	215.25	53.76	17.97
黑龙江		0.28	0.41	1.56
江　苏	1.39			1.03
四　川				0.96
重　庆				0.28
江　西		6.21		
海　南		0.18		
福　建	5.39			
云　南		0.24	0.44	
西　藏		2 291.03		
广　西		5.02		
安　徽		0.25		
山　西		0.14		
吉　林			0.79	
河　南			0.72	

表 11-144　分地区奶油进口量值

单位：吨、千美元

地　区	2001		2002		2002 年比 2001 年增加%	
	数　量	金　额	数　量	金　额	数　量	金　额
全国总计	**1 452.45**	**2 022.85**	**5 154.84**	**6 736.92**	**254.91**	**233.04**
广　东	670.64	778.51	2 243.18	2 864.10	234.48	267.89
北　京	701.60	1 104.03	1 750.61	2 297.81	149.52	108.13
上　海	44.79	83.85	1 007.66	1 356.76	2 149.73	1 518.09
浙　江			93.17	126.26		
山　东			29.50	50.63		
辽　宁	0.15	0.34	17.54	19.56	11 913.70	5 584.88
天　津	33.60	53.76	12.60	17.97	-62.50	-66.57
四　川			0.24	0.96		
江　苏			0.22	1.03		
黑龙江	0.05	0.41	0.11	1.56	133.33	278.69
重　庆			0.03	0.28		
河　南	1.20	0.72				
吉　林	0.38	0.79				
云　南	0.05	0.44				

表 11-145　分国别奶油出口数量

单位：吨

国家或地区	1995	2000	2001	2002
国家（地区）总计	**123.53**	**222.56**	**0.08**	**505.08**
新加坡		0.05	0.08	500.07
朝　鲜	71.00			5.00
阿尔及利亚				0.01
日　本	52.20			
中国香港	0.33	78.30		
泰　国		144.00		
马达加斯加		0.21		

表 11-146　分国别奶油出口价值

单位：千美元

国家或地区	1995	2000	2001	2002
国家（地区）总计	**187.46**	**352.61**	**0.02**	**585.97**
新加坡		0.06	0.02	575.08
朝　鲜	83.29			10.83
阿尔及利亚				0.06
日　本	103.33			
中国香港	0.83	151.88		
泰　国		200.64		
马达加斯加		0.03		

表 11-147 分国别奶油出口量值

单位：吨、千美元

国家或地区	2001		2002		2002 年比 2001 年增加 %	
	数量	金额	数量	金额	数量	金额
国家（地区）总计	**0.08**	**0.02**	**505.08**	**585.97**	**608 432.53**	**3 906 373.33**
新加坡	0.08	0.02	500.07	575.08	602 393.98	3 833 773.33
朝鲜			5.00	10.83		
阿尔及利亚			0.01	0.06		

表 11-148 分地区奶油出口数量

单位：吨

地区	1995	2000	2001	2002
全国总计	**123.53**	**222.56**	**0.08**	**505.08**
黑龙江	1.00	222.30		500.07
北京				3.01
天津				2.00
辽宁	43.20			
上海	9.33			
广东		0.21		
重庆			0.08	
四川		0.05		
湖南	70.00			

表 11-149 分地区奶油出口价值

单位：千美元

地区	1995	2000	2001	2002
全国总计	**187.46**	**352.61**	**0.02**	**585.97**
黑龙江	1.60	352.52		575.08
北京				6.51
天津				4.38
辽宁	81.01			
上海	23.15			
广东		0.03		
重庆			0.02	
四川		0.06		
湖南	81.69			

表 11-150 分地区奶油出口量值

单位：吨、千美元

地区	2001		2002		2002 年比 2001 年增加 %	
	数量	金额	数量	金额	数量	金额
全国总计	**0.08**	**0.02**	**505.08**	**585.97**	**608 432.53**	**3 906 373.33**
黑龙江			500.07	575.08		
北京			3.01	6.51		
天津			2.00	4.38		
重庆	0.08	0.02				

表 11-151 分国别干酪进口数量

单位：吨

国家或地区	1995	2000	2001	2002
国家（地区）总计	**1 858.99**	**1 967.87**	**2 029.50**	**2 532.52**
新西兰	57.18	910.71	1 340.32	1 535.99
澳大利亚	390.06	668.73	355.35	615.39
美国	748.44	136.63	167.47	105.41
法国	60.84	71.94	49.30	103.32
中国香港	42.56	7.93	11.23	32.13
德国	4.40	0.77	36.40	29.74
新加坡	25.26	13.49	0.10	24.63
瑞士	4.23	33.13	35.98	23.99
马来西亚	3.00	0.10	3.08	23.49
荷兰	455.49	28.11	1.04	12.76
丹麦	10.86	7.44	11.83	12.35
英国	0.44	0.92	0.15	5.94
日本	14.17	34.34	1.26	4.04
意大利	2.81	2.52	0.55	1.31
芬兰				1.23
泰国				0.30
黎巴嫩				0.23
瑞典	0.02	0.23	0.27	0.10
加拿大	0.65	18.58	10.50	0.10
中国台湾	12.29	0.15	0.10	0.04
比利时	0.10	3.42	0.90	0.03
菲律宾	1.92			0.02
国（地）别不详的	0.38			
韩国	1.05	24.00	0.01	
挪威	0.12	0.03		
奥地利	0.01			
印度尼西亚	22.73		1.60	
匈牙利		4.70		
爱尔兰			2.08	

表 11-152　分国别干酪出口价值

单位：千美元

国家或地区	1995	2000	2001	2002
国家（地区）总计	**2 052.36**	**3 916.63**	**3 974.94**	**5 732.62**
新西兰	27.03	1 482.34	2 236.06	3 705.37
澳大利亚	893.13	1 133.48	615.06	799.46
法　国	133.33	184.28	159.21	370.72
美　国	306.95	421.78	658.76	367.87
马来西亚	14.70	0.07	6.15	101.41
德　国	48.20	5.94	103.78	91.85
瑞　士	8.08	119.38	89.07	79.82
丹　麦	68.00	20.82	29.50	67.64
新加坡	35.80	121.27	0.52	62.77
日　本	71.99	320.45	18.95	30.64
英　国	2.08	10.31	1.24	23.65
中国香港	208.67	8.89	17.67	13.00
意大利	16.65	2.59	1.96	5.82
荷　兰	121.22	43.36	3.36	5.07
芬　兰				3.17
泰　国				2.15
加拿大	2.53	10.92	5.39	0.94
瑞　典	0.26	1.19	1.55	0.57
黎巴嫩				0.45
菲律宾	6.59			0.13
中国台湾	52.23	0.28	1.40	0.10
比利时	0.77	2.06	0.46	0.02
国（地）别不详的	1.32			
韩　国	14.48	24.00	0.02	
挪　威	0.98	0.10		
奥地利	0.07			
印度尼西亚	17.31		4.72	
匈牙利		3.13		
爱尔兰			20.12	

表 11-153 分国别干酪进口量值

单位：吨、千美元

国家或地区	2001		2002		2002 年比 2001 年增加 %	
	数 量	金 额	数 量	金 额	数 量	金 额
国家（地区）总计	**2 029.50**	**3 974.94**	**2 532.52**	**5 732.62**	**24.79**	**44.22**
新西兰	1 340.32	2 236.06	1 535.99	3 705.37	14.60	65.71
澳大利亚	355.35	615.06	615.39	799.46	73.18	29.98
美 国	167.47	658.76	105.41	367.87	-37.06	-44.16
法 国	49.30	159.21	103.32	370.72	109.56	132.84
中国香港	11.23	17.67	32.13	13.00	186.20	-26.45
德 国	36.40	103.78	29.74	91.85	-18.31	-11.49
新加坡	0.10	0.52	24.63	62.77	24 525.00	12 018.53
瑞 士	35.98	89.07	23.99	79.82	-33.31	-10.39
马来西亚	3.08	6.15	23.49	101.41	664.00	1 548.96
荷 兰	1.04	3.36	12.76	5.07	1 132.37	50.79
丹 麦	11.83	29.50	12.35	67.64	4.38	129.27
英 国	0.15	1.24	5.94	23.65	3 755.84	1 802.98
日 本	1.26	18.95	4.04	30.64	222.15	61.74
意大利	0.55	1.96	1.31	5.82	138.32	196.69
芬 兰			1.23	3.17		
泰 国			0.30	2.15		
黎巴嫩			0.23	0.45		
瑞 典	0.27	1.55	0.10	0.57	-63.10	-63.07
加拿大	10.50	5.39	0.10	0.94	-99.05	-82.62
中国台湾	0.10	1.40	0.04	0.10	-60.00	-92.69
比利时	0.90	0.46	0.03	0.02	-96.44	-95.01
菲律宾			0.02	0.13		
爱尔兰	2.08	20.12				
印度尼西亚	1.60	4.72				
韩 国	0.01	0.02				

表 11-154 分地区干酪进口数量

单位：吨

地区	1995	2000	2001	2002
全国总计	**1 858.99**	**1 967.87**	**2 029.50**	**2 532.52**
上海	44.20	110.14	171.76	757.55
广东	1 584.86	1 117.68	1 457.78	688.68
北京	132.45	106.07	63.90	687.68
福建	65.34		0.10	177.36
山东	0.10	482.62	102.70	140.40
江苏	4.52	57.30	85.81	32.57
浙江	1.37	0.63		27.45
天津	1.10	13.25	143.65	20.52
河北	1.03			0.30
黑龙江				0.02
陕西	0.10			
辽宁	23.00	79.49		
安徽		0.60	1.06	
吉林			0.01	
山西	0.94	0.10		
四川			2.74	

表 11-155 分地区干酪进口价值

单位：千美元

地区	1995	2000	2001	2002
全国总计	**2 052.36**	**3 916.63**	**3 974.94**	**5 732.62**
上海	244.34	366.97	653.31	2 142.89
广东	1 026.11	1 590.72	2 165.38	1 573.28
北京	558.90	325.57	244.71	1 130.54
福建	127.68		0.52	392.62
山东	1.61	1 254.90	192.17	235.82
江苏	20.17	172.88	368.75	133.82
浙江	5.33	1.13		78.39
天津	9.32	21.41	341.01	42.84
河北	7.64			2.28
黑龙江				0.13
陕西	1.66			
辽宁	47.70	181.88		
安徽		0.83	5.41	
吉林			0.02	
山西	1.90	0.36		
四川			3.66	

表 11-156 分地区干酪进口量值

单位：吨、千美元

地 区	2001		2002		2002 年比 2001 年增加％	
	数 量	金 额	数 量	金 额	数 量	金 额
全国总计	**2 029.50**	**3 974.94**	**2 532.52**	**5 732.62**	**24.79**	**44.22**
上 海	171.76	653.31	757.55	2 142.89	341.06	228.01
广 东	1 457.78	2 165.38	688.68	1 573.28	-52.76	-27.34
北 京	63.90	244.71	687.68	1 130.54	976.18	362.00
福 建	0.10	0.52	177.36	392.62	177 256.00	75 695.75
山 东	102.70	192.17	140.40	235.82	36.71	22.72
江 苏	85.81	368.75	32.75	133.82	-62.04	-63.71
浙 江			27.45	78.39		
天 津	143.65	341.01	20.52	42.84	-85.72	-87.44
河 北			0.30	2.28		
黑龙江			0.02	0.13		
四 川	2.74	3.66				
安 徽	1.06	5.41				
吉 林	0.01	0.02				

表 11-157 分国别干酪出口数量

单位：吨

国家或地区	1995	2000	2001	2002
国家（地区）总计	**66.27**	**407.47**	**513.65**	**605.92**
中国香港	3.47	378.96	479.64	574.28
澳大利亚				24.52
中国澳门		3.62	0.25	7.12
新 西 兰	0.09			
日 本	0.51	21.48		
马来西亚	3.00			
新 加 坡	0.02			
泰 国	0.29		0.40	
菲 律 宾			0.36	
德 国	0.02			
中国台湾	0.20			
荷 兰	54.00			
加 拿 大	0.30			
朝 鲜	0.88			
韩 国	0.50	3.40	28.00	
南 非	3.00			
土 耳 其			5.00	

表 11-158　分国别干酪出口价值

单位：千美元

国家或地区	1995	2000	2001	2002
国家（地区）总计	**274.70**	**1 174.73**	**1 306.67**	**1 604.42**
中国香港	15.43	1 058.85	1 273.97	1 562.42
澳大利亚				28.50
中国澳门		10.33	0.68	13.50
新西兰	5.41			
日本	13.67	100.37		
马来西亚	5.27			
新加坡	0.05			
泰国	17.32		1.52	
菲律宾			0.46	
德国	0.05			
中国台湾	0.81			
荷兰	171.26			
加拿大	18.04			
朝鲜	1.14			
韩国	14.41	5.19	16.03	
南非	11.86			
土耳其			14.01	

表 11-159　分国别干酪出口量值

单位：吨、千美元

国家或地区	2001		2002		2002 年比 2001 年增加%	
	数量	金额	数量	金额	数量	金额
国家（地区）总计	**513.65**	**1 306.67**	**605.92**	**1 604.42**	**17.96**	**22.79**
中国香港	479.64	1 273.97	574.28	1 562.42	19.73	22.64
澳大利亚			24.52	28.50		
中国澳门	0.25	0.68	7.12	13.50	2 725.79	1 885.74
泰国	0.40	1.52				
菲律宾	0.36	0.46				
韩国	28.00	16.03				
土耳其	5.00	14.01				

表 11-160　分地区干酪出口数量

单位：吨

地　区	1995	2000	2001	2002
全国总计	**66.27**	**407.47**	**513.65**	**605.92**
广　东	3.48	382.58	480.25	581.15
山　东		21.48	24.40	24.52
天　津				0.25
北　京	0.52			
上　海			7.00	
浙　江	1.18			
河　北	3.00			
江　苏	57.00		2.00	
辽　宁	0.88	3.40		
云　南	0.23			

表 11-161　分地区干酪出口价值

单位：千美元

地　区	1995	2000	2001	2002
全国总计	**274.70**	**1 174.73**	**1 306.67**	**1 604.42**
广　东	15.45	1 069.17	1 275.11	1575.91
山　东		100.37	6.32	28.50
天　津				0.01
北　京	14.45			0.00
上　海			19.79	
浙　江	54.40			
河　北	5.27			
江　苏	183.12		5.45	
辽　宁	1.14	5.19		
云　南	0.87			

表 11-162　分地区干酪出口量值

单位：吨、千美元

地　区	2001		2002		2002 年比 2001 年增加%	
	数　量	金　额	数　量	金　额	数　量	金　额
全国总计	**513.65**	**1 306.67**	**605.92**	**1 604.42**	**17.96**	**22.79**
广　东	480.25	1 275.11	581.15	1 575.91	21.01	23.59
山　东	24.40	6.32	24.52	28.50	0.50	350.93
天　津			0.25	0.01		
北　京				0.00		
上　海	7.00	19.79				
江　苏	2.00	5.45				

Ⅻ. 乳制品消费

表 12-1 各地区城镇居民平均每人全年可支配收入

单位：元/人

地 区	1995	2000	2001	2002
全国总计	**4 282.95**	**6 279.98**	**6 859.58**	**7 702.80**
北 京	6 235.00	10 349.69	11 577.78	12 463.92
天 津	4 929.53	8 140.50	8 958.70	9 337.56
河 北	3 921.35	5 661.16	5 984.82	6 679.68
山 西	3 305.98	4 724.11	5 391.05	6 234.36
内蒙古	2 863.03	5 129.05	5 535.89	6 051.00
辽 宁	3 706.51	5 357.79	5 797.01	6 524.52
吉 林	3 174.83	4 810.00	5 340.46	6 260.16
黑龙江	3 375.21	4 912.88	5 425.87	6 100.56
上 海	7 191.77	11 718.01	12 883.46	13 249.80
江 苏	4 634.42	6 800.23	7 375.10	8 177.64
浙 江	6 221.36	9 279.16	10 464.67	11 715.60
安 徽	3 795.38	5 293.55	5 668.80	6 032.40
福 建	4 506.99	7 432.26	8 313.08	9 189.36
江 西	3 376.51	5 103.58	5 506.02	6 335.64
山 东	4 264.08	6 489.97	7 101.08	7 614.36
河 南	3 299.46	4 766.26	5 267.42	6 245.40
湖 北	4 028.63	5 524.54	5 855.98	6 788.52
湖 南	4 699.23	6 218.73	6 780.56	6 958.56
广 东	7 438.70	9 761.57	10 415.19	11 137.20
广 西	4 971.87	5 834.43	6 665.73	7 315.32
海 南	4 770.41	5 358.32	5 838.84	6 822.72
重 庆		6 275.98	6 721.09	7 238.04
四 川	4 002.92	5 894.27	6 360.47	6 610.80
贵 州	3 931.46	5 122.21	5 451.91	5 944.08
云 南	4 085.11	6 324.64	6 797.71	7 240.56
西 藏		7 426.32	7 869.16	8 079.12
陕 西	3 309.68	5 124.24	5 483.73	6 330.84
甘 肃	3 152.52	4 916.25	5 382.91	6 151.44
青 海	3 319.85	5 169.96	5 853.72	6 170.52
宁 夏	3 382.81	4 912.40	5 544.17	6 067.44
新 疆	4 163.44	5 644.86	6 395.04	6 899.64

表 12-2 各地区城镇居民平均每人全年消费性支出

单位：元/人

地　区	1995	2000	2001	2002
全国总计	**3 537．57**	**4 998．00**	**5 309．01**	**6 029．88**
北　京	5 019.77	8 493.49	8 922.72	10 284.60
天　津	4 064.10	6 121.04	6 987.22	7 191.96
河　北	3 161.99	4 348.47	4 479.75	5 069.28
山　西	2 640.73	3 941.87	4 123.01	4 710.96
内蒙古	2 482.15	3 927.75	4 195.62	4 859.88
辽　宁	3 113.39	4 356.06	4 654.42	5 342.64
吉　林	2 597.96	4 020.87	4 337.22	4 973.88
黑龙江	2 776.49	3 824.44	4 192.36	4 462.08
上　海	5 868.11	8 868.19	9 336.10	10 464.00
江　苏	3 772.28	5 323.18	5 532.74	6 042.60
浙　江	5 263.41	7 020.22	7 952.39	8 713.08
安　徽	3 161.41	4 232.98	4 517.65	4 736.52
福　建	3 848.11	5 638.74	6 015.11	6 631.68
江　西	2 712.44	3 623.56	3 894.51	4 549.32
山　东	3 285.50	5 022.00	5 252.41	5 596.32
河　南	2 673.95	3 830.71	4 110.17	4 504.68
湖　北	3 433.79	4 644.50	4 804.79	5 608.92
湖　南	3 885.64	5 218.79	5 546.22	5 574.72
广　东	6 253.68	8 016.91	8 099.63	8 988.48
广　西	4 045.83	4 852.31	5 224.73	5 413.44
海　南	3 760.29	4 082.56	4 367.85	5 459.64
重　庆		5 569.84	5 873.69	6 360.24
四　川	3 429.00	4 855.78	5 176.17	5 413.08
贵　州	3 250.55	4 278.28	4 273.90	4 598.28
云　南	3 448.27	5 185.31	5 252.60	5 827.92
西　藏		5 554.42	5 994.39	6 952.44
陕　西	2 837.69	4 276.67	4 637.74	5 378.04
甘　肃	2 617.74	4 126.47	4 420.31	5 064.24
青　海	2 870.07	4 185.73	4 698.59	5 042.52
宁　夏	2 865.71	4 200.50	4 595.40	5 104.92
新　疆	3 186.76	4 422.93	4 931.40	5 636.40

表 12-3 各地区农村居民平均每人全年纯收入

单位：元/人

地 区	1995	2000	2001	2002
全国总计	**1 577.74**	**2 253.42**	**2 366.40**	**2 475.63**
北 京	3 223.65	4 604.55	5 025.50	5 398.48
天 津	2 406.38	3 622.39	3 947.72	4 278.71
河 北	1 668.73	2 478.86	2 603.60	2 685.16
山 西	1 208.30	1 905.61	1 956.05	2 149.82
内蒙古	1 208.38	2 038.21	1 973.37	2 086.02
辽 宁	1 756.50	2 355.58	2 557.93	2 751.34
吉 林	1 609.60	2 022.50	2 182.22	2 300.99
黑龙江	1 766.27	2 148.22	2 280.28	2 405.24
上 海	4 245.61	5 596.37	5 870.87	6 223.55
江 苏	2 456.86	3 595.09	3 784.71	3 979.79
浙 江	2 966.19	4 253.67	4 582.34	4 940.36
安 徽	1 302.82	1 934.57	2 020.04	2 117.56
福 建	2 048.59	3 230.49	3 380.72	3 538.83
江 西	1 537.36	2 135.30	2 231.60	2 306.45
山 东	1 715.09	2 659.20	2 804.51	2 947.65
河 南	1 231.97	1 985.82	2 097.86	2 215.74
湖 北	1 511.22	2 268.59	2 352.16	2 444.06
湖 南	1 425.16	2 197.16	2 299.46	2 397.92
广 东	2 699.24	3 654.48	3 769.79	3 911.90
广 西	1 446.14	1 864.51	1 944.33	2 012.60
海 南	1 519.71	2 182.26	2 226.47	2 423.20
重 庆		1 892.44	1 971.18	2 097.58
四 川	1 158.29	1 903.60	1 986.99	2 107.64
贵 州	1 086.62	1 374.16	1 411.73	1 489.91
云 南	1 010.97	1 478.60	1 533.74	1 608.64
西 藏	1 200.31	1 330.81	1 404.01	1 462.27
陕 西	962.89	1 443.86	1 490.80	1 596.25
甘 肃	880.34	1 428.68	1 508.61	1 590.30
青 海	1 029.77	1 490.49	1 557.32	1 668.94
宁 夏	998.75	1 724.30	1 823.05	1 917.36
新 疆	1 136.45	1 618.08	1 710.44	1 863.26

表 12-4 各地区农村居民平均每人全年生活消费支出

单位：元/人

地　区	1995	2000	2001	2002
全国总计	**1 310.36**	**1 670.13**	**1 741.09**	**1 834.31**
北　京	2 335.62	3 425.71	3 552.07	3 731.68
天　津	1 548.40	1 995.61	2 050.89	2 163.55
河　北	1 104.30	1 365.23	1 429.81	1 476.42
山　西	927.99	1 149.01	1 221.58	1 354.64
内蒙古	1 180.46	1 614.91	1 554.59	1 647.04
辽　宁	1 471.93	1 753.54	1 786.28	1 781.26
吉　林	1 494.62	1 553.35	1 661.69	1 680.20
黑龙江	1 479.84	1 540.35	1 604.53	1 674.20
上　海	3 387.04	4 137.61	4 753.23	5 301.82
江　苏	1 938.01	2 337.46	2 374.66	2 620.29
浙　江	2 378.38	3 230.88	3 479.17	3 692.89
安　徽	1 070.64	1 321.50	1 412.41	1 475.80
福　建	1 793.68	2 409.69	2 503.07	2 583.16
江　西	1 256.08	1 642.66	1 720.01	1 784.88
山　东	1 338.46	1 770.75	1 904.95	1 997.83
河　南	929.39	1 315.83	1 375.60	1 451.51
湖　北	1 245.10	1 555.61	1 649.18	1 745.63
湖　南	1 367.30	1 942.94	1 990.33	2 068.74
广　东	2 255.01	2 646.02	2 703.36	2 825.01
广　西	1 202.91	1 487.96	1 550.62	1 686.11
海　南	1 080.46	1 483.90	1 357.43	1 602.85
重　庆		1 395.53	1 475.16	1 497.72
四　川	1 092.91	1 484.59	1 497.52	1 591.99
贵　州	930.59	1 096.64	1 098.39	1 137.57
云　南	981.10	1 270.83	1 336.25	1 381.54
西　藏	896.80	1 116.59	1 123.71	1 000.29
陕　西	913.73	1 251.21	1 331.03	1 490.76
甘　肃	915.25	1 084.00	1 127.37	1 153.29
青　海	913.84	1 218.23	1 330.45	1 386.08
宁　夏	1063.20	1 417.13	1 388.79	1 418.12
新　疆	941.58	1 236.45	1 350.23	1 411.73

表 12-5 各地区城镇居民家庭平均每人全年食品消费支出

单位：元/人

地 区	1995	2000	2001	2002
全国总计	**1 766.02**	**1 958.31**	**2 014.02**	**2 271.84**
北 京	2 436.48	3 083.37	3 229.28	3 472.08
天 津	2 117.14	2 454.79	2 588.10	2 607.00
河 北	1 433.76	1 517.94	1 583.68	1 795.32
山 西	1 267.17	1 375.97	1 412.95	1 531.32
内蒙古	1 201.75	1 353.45	1 423.22	1 532.28
辽 宁	1 615.29	1 772.14	1 846.11	2 074.68
吉 林	1 330.45	1 582.70	1 650.95	1 809.48
黑龙江	1 338.58	1 469.52	1 561.00	1 584.60
上 海	3 120.33	3 915.59	4 021.77	4 120.20
江 苏	1 957.25	2 189.80	2 194.04	2 441.88
浙 江	2 476.21	2 752.25	2 888.28	3 474.36
安 徽	1 697.66	1 934.83	1 998.95	2 045.28
福 建	2 413.84	2 518.02	2 651.11	2 881.20
江 西	1 476.31	1 559.45	1 587.55	1 843.68
山 东	1 484.39	1 744.09	1 801.34	1 927.56
河 南	1 338.93	1 386.76	1 424.90	1 517.04
湖 北	1 680.60	1 779.39	1 799.38	2 087.76
湖 南	1 898.07	1 943.68	1 943.55	1 985.88
广 东	3 003.05	3 096.33	3 089.63	3 460.44
广 西	2 061.47	1 936.07	1 968.02	2 201.40
海 南	2 228.94	2 013.22	2 022.19	2 435.88
重 庆		2 308.70	2 337.65	2 418.96
四 川	1 760.26	2 014.30	2 082.18	2 156.16
贵 州	1 748.58	1 837.49	1 748.83	1 788.60
云 南	1 808.71	2 091.70	2 105.66	2 423.40
西 藏		2 570.04	2 626.99	2 837.28
陕 西	1 339.57	1 532.09	1 589.44	1 832.88
甘 肃	1 353.01	1 552.77	1 639.17	1 792.56
青 海	1 507.03	1 711.03	1 790.27	1 850.52
宁 夏	1 331.12	1 500.85	1 562.57	1 774.32
新 疆	1 428.47	1 609.17	1 716.80	1 912.80

表 12-6 各地区城镇居民家庭平均每人全年乳制品消费支出

单位：元/人

地 区	1995	2000	2001	2002
全国总计	**31.43**	**68.57**	**80.06**	**104.76**
北 京	73.55	178.33	198.75	219.48
天 津	48.26	98.59	108.03	113.76
河 北	31.46	63.33	70.85	96.24
山 西	23.63	63.02	81.11	99.48
内蒙古	31.09	54.87	66.11	83.88
辽 宁	28.58	64.42	74.91	101.28
吉 林	22.00	47.16	54.35	75.00
黑龙江	26.01	57.61	68.06	76.80
上 海	114.22	200.90	230.57	246.48
江 苏	31.30	79.74	86.20	128.04
浙 江	36.57	81.86	96.60	120.12
安 徽	22.16	51.99	62.66	95.04
福 建	32.54	104.48	125.04	129.72
江 西	15.90	43.43	58.43	79.20
山 东	31.33	84.25	106.58	130.08
河 南	24.17	43.28	50.90	66.36
湖 北	16.85	43.35	53.03	82.44
湖 南	20.06	40.32	49.89	62.40
广 东	35.18	65.18	74.22	107.88
广 西	19.99	46.11	51.71	71.28
海 南	20.53	27.87	36.89	53.16
重 庆		111.42	127.12	134.64
四 川	31.79	70.66	88.07	110.28
贵 州	26.27	47.79	52.76	66.12
云 南	23.49	45.76	46.54	66.00
西 藏		282.74	298.67	225.96
陕 西	28.42	50.91	59.78	85.44
甘 肃	28.05	58.60	67.46	83.04
青 海	43.77	56.73	62.37	77.64
宁 夏	26.75	58.53	69.50	86.28
新 疆	39.59	59.95	67.62	84.00

表 12-7 全国城镇居民家庭平均每人全年酸奶购买量

单位：千克/人

	总平均	最低收入	其中：困难户	低收入户	中等偏下户	中等收入户	中等偏上户	高收入户	最高收入户
1992	0.37	0.14	0.13	0.23	0.32	0.36	0.50	0.54	0.58
1993	0.32	0.12	0.11	0.20	0.28	0.33	0.43	0.43	0.48
1994	1.04	0.14	0.13	0.17	3.95	0.29	0.33	0.53	0.53
1995	0.26	0.09	0.07	0.18	0.23	0.26	0.31	0.36	0.41
1996	0.32	0.11	0.09	0.37	0.23	0.33	0.34	0.39	0.56
1997	0.44	0.15	0.12	0.27	0.34	0.44	0.58	0.61	0.78
1998	0.64	0.28	0.19	0.34	0.48	0.57	0.80	1.11	1.16
1999	0.87	0.39	0.34	0.52	0.65	0.80	1.14	1.32	1.47
2000	1.12	0.51	0.41	0.62	0.88	1.09	1.42	1.52	2.06
2001	1.36	0.55	0.46	0.78	1.10	1.30	1.69	2.17	2.27
2002	1.82	0.51	0.34	0.98	1.35	1.76	2.30	2.74	3.31

表 12-8 全国城镇居民家庭平均每人全年奶粉购买量

单位：千克/人

	总平均	最低收入	其中：困难户	低收入户	中等偏下户	中等收入户	中等偏上户	高收入户	最高收入户
1992	0.43	0.26	0.23	0.34	0.40	0.44	0.50	0.50	0.57
1993	0.42	0.22	0.19	0.31	0.36	0.49	0.48	0.54	0.62
1994	0.42	0.26	0.25	0.30	0.37	0.42	0.49	0.54	0.62
1995	0.35	0.19	0.16	0.23	0.33	0.39	0.41	0.42	0.50
1996	0.41	0.22	0.20	0.31	0.37	0.42	0.47	0.54	0.59
1997	0.41	0.23	0.20	0.34	0.37	0.40	0.46	0.52	0.61
1998	0.43	0.24	0.22	0.32	0.40	0.43	0.50	0.59	0.60
1999	0.44	0.25	0.21	0.32	0.40	0.47	0.52	0.56	0.62
2000	0.49	0.26	0.24	0.36	0.43	0.52	0.56	0.67	0.70
2001	0.50	0.29	0.27	0.34	0.46	0.52	0.56	0.62	0.74
2002	0.55	0.34	0.25	0.42	0.57	0.58	0.59	0.68	0.65

表 12-9 全国城镇居民家庭平均每人全年鲜乳品购买量

单位：千克/人

	总平均	最低收入	其中：困难户	低收入户	中等偏下户	中等收入户	中等偏上户	高收入户	最高收入户
1992	5.52	3.21	2.83	3.49	4.55	5.27	6.66	7.81	9.39
1993	5.38	2.91	2.64	3.98	4.48	5.26	6.50	7.43	8.25
1994	5.25	2.94	2.59	3.27	4.64	5.13	5.78	7.66	8.80
1995	4.62	2.56	2.26	3.24	3.93	4.71	5.13	6.27	7.57
1996	4.83	2.52	2.27	3.45	3.93	4.84	5.62	6.59	7.91
1997	5.07	2.62	2.54	3.49	4.10	4.97	6.18	6.38	9.02
1998	6.18	2.87	2.17	3.72	4.95	6.17	7.48	9.03	10.66
1999	7.88	3.34	2.89	5.14	6.52	7.62	9.69	11.00	13.78
2000	9.94	4.59	3.95	6.04	8.27	9.83	11.95	14.07	17.52
2001	11.90	5.61	4.96	7.73	9.69	11.78	14.79	16.80	19.60
2002	15.68	4.83	3.59	8.39	11.78	15.79	19.99	23.63	26.46

表 12-10 各地区农村居民家庭平均每人全年鲜奶购买量

单位：千克/人

地　区	1995	2000	2001	2002
全国总计	**0.05**	**0.16**	**0.27**	**0.33**
北　京	0.22	3.95	5.98	6.54
天　津	0.02	0.33	0.47	0.54
河　北	0.02	0.09	0.08	0.15
山　西	0.16	0.45	0.66	0.99
内蒙古	0.19	0.19	0.35	0.41
辽　宁	0.16	0.21	0.33	0.35
吉　林	0.05	0.02	0.02	0.02
黑龙江	0.03	0.07	0.21	0.25
上　海	0.61	1.45	1.44	1.77
江　苏	0.02	0.19	0.35	0.55
浙　江	0.04	0.36	0.53	0.74
安　徽	0.01	0.01	0.01	0.02
福　建	0.17	0.32	0.49	0.78
江　西		0.01	0.01	0.03
山　东	0.05	0.27	0.50	0.84
河　南	0.01	0.02	0.04	0.06
湖　北			0.01	
湖　南	0.01	0.01	0.01	
广　东	0.03	0.04	0.05	0.06
广　西			0.00	
海　南	0.03		0.00	0.02
重　庆		0.02	0.03	0.04
四　川	0.01	0.03	0.04	0.07
贵　州			0.00	
云　南	0.02	0.03	0.06	0.08
西　藏	0.03		1.91	
陕　西	0.06	0.34	0.53	0.49
甘　肃	0.04	0.13	0.19	0.23
青　海	0.45	0.35	0.44	0.54
宁　夏	0.04	0.27	0.30	0.40
新　疆	0.21	0.31	0.50	0.68

表 12-11 各地区农村居民家庭平均每人全年乳制品购买量

单位：千克/人

地 区	1995	2000	2001	2002
全国总计	**0.09**	**0.17**	**0.23**	**0.27**
北 京	0.83	1.76	2.33	3.99
天 津	0.37	0.41	0.53	0.74
河 北	0.13	0.13	0.24	0.27
山 西	0.13	0.18	0.24	0.34
内蒙古	0.26	0.22	0.29	0.26
辽 宁	0.09	0.15	0.17	0.30
吉 林	0.18	0.12	0.12	0.13
黑龙江	0.17	0.23	0.21	0.18
上 海	0.90	0.62	1.06	0.64
江 苏	0.15	0.22	0.28	0.37
浙 江	0.16	0.61	0.76	1.09
安 徽	0.08	0.12	0.15	0.18
福 建	0.08	0.18	0.20	0.26
江 西	0.04	0.12	0.14	0.19
山 东	0.10	0.44	0.48	0.39
河 南	0.06	0.12	0.17	0.28
湖 北	0.02	0.04	0.21	0.05
湖 南	0.02	0.06	0.08	0.10
广 东	0.04	0.04	0.05	0.07
广 西	0.01	0.02	0.02	0.03
海 南	0.05	0.07	0.04	0.21
重 庆		0.04	0.06	0.22
四 川	0.02	0.06	0.08	0.09
贵 州	0.02	0.03	0.03	0.05
云 南	0.03	0.05	0.05	0.10
西 藏	0.16	0.39	0.69	0.48
陕 西	0.07	0.18	0.26	0.19
甘 肃	0.12	0.21	0.34	0.39
青 海	0.06	0.14	0.21	0.17
宁 夏	0.10	0.16	0.19	0.24
新 疆	0.05	0.05	0.05	0.07

表 12-12 各地区农村居民家庭平均每人全年乳及乳制品消费量

单位：千克/人

地 区	1995	2000	2001	2002
全国总计	**0.64**	**1.06**	**1.20**	**1.19**
北 京	1.06	5.72	8.29	10.51
天 津	0.39	0.74	1.00	1.28
河 北	0.14	0.22	0.32	0.43
山 西	0.31	0.63	0.90	1.34
内蒙古	0.7	6.79	2.89	3.05
辽 宁	0.25	0.42	0.51	0.66
吉 林	0.23	0.15	0.14	0.15
黑龙江	0.28	0.34	0.49	0.49
上 海	1.5	2.07	2.50	2.41
江 苏	0.17	0.42	0.64	0.96
浙 江	0.2	0.97	1.28	1.83
安 徽	0.09	0.12	0.16	0.20
福 建	0.25	0.55	0.74	1.08
江 西	0.05	0.13	0.15	0.23
山 东	0.18	0.75	0.98	1.55
河 南	0.09	0.14	0.22	0.33
湖 北	0.03	0.04	0.21	0.05
湖 南	0.03	0.07	0.09	0.11
广 东	0.08	0.08	0.11	0.13
广 西	0.01	0.05	0.02	0.03
海 南	0.09	0.08	0.05	0.23
重 庆		0.06	0.09	0.26
四 川	0.89	1.31	0.75	1.07
贵 州	0.02	0.03	0.03	0.05
云 南	0.1	0.09	0.13	0.25
西 藏	14.06	12.25	30.71	15.18
陕 西	0.49	1.02	1.11	1.13
甘 肃	0.17	0.39	0.58	0.69
青 海	12.8	21.68	20.56	16.90
宁 夏	0.2	0.88	0.87	1.40
新 疆	4.11	2.78	2.85	3.87

注：表中乳制品的消费量指液态奶、奶粉等之和。

奶业行业名录

行业协会

中国奶业协会

理事长　刘成果
秘书长　魏克佳
电　话　010－62948025
传　真　010－62943084
网　址　www.dac.com.cn
E－mail　dac999@sohu.com
地　址　北京德胜门外清河南镇
邮　编　100085
会　刊　《中国奶牛》杂志

中国乳制品工业协会

理事长　宋昆冈
秘书长　牟静君
电　话　010－68396520
传　真　010－68396665
地　址　北京西城区阜外大街乙22号
邮　编　100833
会　刊　《中国乳品工业》
《中国乳品工业通讯》

北京市奶业协会

理事长　范学珊
秘书长　刘文奇
副秘书长　经宝临
电　话　010－62003750
传　真　010－62014068
地　址　北京市鼓楼西大街75号
邮　编　100009

北京市大兴区奶业协会

理事长　王凤岭
秘书长　张　民
电　话　010－69245639
传　真　010－69252037
E－mail　lw－yu@263.net
地　址　北京市黄村卫星城林校北路15号
邮　编　102600
会　刊　《大兴奶业》

天津市奶业协会

理事长　何秀恒
副秘书长　曲金铎
电　话　022－23307600
传　真　022－23307601
地　址　天津市和平区重庆道217号
邮　编　300050

天津市乳品协会

理事长　王金华
秘书长　侯勇革
电　话　022－23413229
地　址　天津市南开区士英路18号
邮　编　300381
会　刊　《天津乳业信息》

河北省奶牛业协会

理事长　孟俊杰
秘书长　杜　勇
电　话　0311－6827955
传　真　0311－6827955
地　址　石家庄市五七路7号
邮　编　050061
会　刊　《河北奶业》

石家庄市奶业协会

理事长　王怀进
秘书长　刘英虎
副秘书长　刘亚男
电　话　0311－7011574
传　真　0311－7011574
E－mail　lyn4567@163.com
地　址　石家庄市中华南大街253号
邮　编　050000
会　刊　《奶业简报》

山西省奶牛协会

理事长　刘　艺
秘书长　王印魁
电　话　0351－4155370
传　真　0351－4042582
E－mail　nxwyk88@163.com
地　址　山西省太原市迎泽大街312号
邮　编　030001
会　刊　《山西奶业信息》

太原市奶牛协会

理事长　王学文
秘书长　雷秀敏
电　话　0351－2024715
地　址　山西太原市新建南路59号
邮　编　030002
会　刊　《太原奶业信息》

山西朔州市奶牛协会

理事长　卫占成
秘书长　曹有升
电　话　0349－2020603
传　真　0349－2020603
地　址　山西省朔州市政府接待处326室
邮　编　036002

内蒙古自治区奶业协会

秘书长　那达木德
电　话　0471－4963294
传　真　0471－4963294
地　址　呼和浩特市乌兰察布东路内蒙古家畜改良工作站
邮　编　010010

内蒙古自治区奶业协会乳品分会

理事长　鄂光宇
电　话　0471－6921373
传　真　0471－6923802
地　址　呼和浩特市中山东路1号
邮　编　010010

呼和浩特市奶业协会

秘书长　巴根那
电　话　0471－6862631
传　真　0471－4962033
E－mail　bgn6@hotmail.com

地　址　呼和浩特市三十五中西苍内蒙古计生委院畜牧局楼内
邮　编　010010

包头市奶业协会

理事长　袁长义
秘书长　雷青山
电　话　0472－5110195　5152366
传　真　0472－5122105
地　址　包头市民族东路69号
邮　编　014010

辽宁省乳品协会

理事长　林仁堂
秘书长　卢戈川
电　话　024－22856461
传　真　024－22856461　22856562
E－mail　lugechuan@69sina.com
地　址　沈阳市和平区北六经街7号
邮　编　110003

沈阳市奶牛协会

理事长　李春祥
秘书长　周传平
电　话　024－88532955
传　真　024－88530389
地　址　沈阳市大东区天后宫路134号
邮　编　110041

大连市奶业协会

理事长　范　颖
秘书长　金丰久
电　话　0411－4306410
传　真　0411－4348584
网　址　www.dldairy.com
E－mail　webmaster@dldairy.com
地　址　大连市沙河口区集贤北街9号
邮　编　116021

吉林省奶牛业协会

秘书长　谢春雷
电　话　0431－7934196
传　真　0431－7923032
地　址　长春市辽阳街九号
邮　编　130062

黑龙江省奶业协会

理事长　张秀芝
秘书长　王存国
电　话　0451－82625847
传　真　0451－82625847
E－mail　wangcunguo@hotmail.net.cn
地　址　哈尔滨市动力区文府街4－1号
邮　编　150040

哈尔滨市奶牛协会

理事长　年　智
秘书长　李宏图
电　话　0451－84530976
传　真　0451－84528244
地　址　哈尔滨市道里区地正街31号
邮　编　150016

大庆市奶牛协会

理事长　刘兆全
秘书长　宋显成
电　话　0459－6396563
传　真　0459－6396563
地　址　大庆市东风新村经三届77号
邮　编　163311

齐齐哈尔市奶业协会

理事长　王　玉
秘书长　李富山
电　话　0452－2713755
传　真　0452－2719967
地　址　齐齐哈尔市中华西路174号
邮　编　151006

黑龙江双鸭山市奶牛协会

理事长　解兆林
秘书长　王存国
电　话　0469－4280297
传　真　0469－4288381
地　址　黑龙江双鸭市市畜牧局
邮　编　155100

上海奶业行业协会

理事长　王佳芬
秘书长　陈　新
电　话　021－56031169　56658489
传　真　021－56033018　56653894
网　址　www.naixie.org
E－mail　nx816@etang.com
地　址　上海市洛川中路816号303室
邮　编　200072
会　刊　《奶业信息》、《乳业科学与技术》

江苏省奶业协会

理事长　刘立仁
秘书长　刘　敞
电　话　025－86263913
传　真　025－86263918
地　址　南京龙江小区江苏农林大厦9楼
邮　编　210013

浙江省奶牛业协会

理事长　戴旭明
秘书长　周仲儿
电　话　0571－86990763
传　真　0571－86041245
地　址　杭州市凤起东路29号
邮　编　310020
会　刊　《浙江奶业通讯》

杭州市奶业协会

理事长　王建华
秘书长　郑成祥
副秘书长　叶剑华
电　话　0571－85252116
传　真　0571－85252176
网　址　www.hzagro.com
E－mail　yjh6@mail.hzagro.com
地　址　杭州市环城北路318号市府大楼21－16室
邮　编　310026
会　刊　《杭州奶业》

浙江温州市奶业协会

理事长　朱立科
秘书长　王柏强
电　话　0577－88224203
传　真　0577－88224203
地　址　温州市九山北路兽医桥
邮　编　325000

浙江金华市奶牛乳品行业协会

理事长　谭广潮
秘书长　吴春金
副秘书长　张妙仙、周永华、张宝良
电　话　0579－2050112
传　真　0579－2050013
E－mail　jhruye@163.com
地　址　金华市双龙南街828号农科教大楼
邮　编　321017
会　刊　《金华乳业》

浙江台州市奶业协会

理事长　俞永平
秘书长　王德刚
电　话　0576－8595072
传　真　0576－8595075
地　址　椒江市康平路农业大楼
邮　编　318000
会　刊　《畜牧产业通讯》

安徽省奶业协会

理事长　钱东方
秘书长　李赛明
电　话　0551－2616494　2616345
传　真　0551－2616494
地　址　安徽省合肥市美菱大道421号
邮　编　230001

福建省畜牧兽医学会奶牛专业委员会

理事长　尤　珩
秘书长　郑鸿钧
电　话　0591－7816848
传　真　0591－7856105
地　址　福建省福州市鼓屏路183号
邮　编　350003

江西省乳业协会

理事长　席德三
秘书长　万建设
电　话　0791－3975819
传　真　0791－3977811
E－mail　Dyong 3975819 @ main.china.com
地　址　南昌市蛟桥 江西金牛企业集团公司内
邮　编　330044

山东省畜牧协会奶业分会

理事长　王桂月
秘书长　张志民
副秘书长　张思聪
电　话　0531－7198620
传　真　0531－7198620
地　址　山东省济南槐村街68号
邮　编　250022

青岛市奶业协会

理事长　黄光扬
秘书长　孙元钦
电　话　0532－5816389
传　真　0532－5816487
网　址　www.qddairy.com
E－mail　qin@qddairy.com
地　址　青岛市宁夏路129号
邮　编　266071

河南省奶业协会

理事长　谢振生
秘书长　王春祥
副秘书长　宋洛文
电　话　0371－5971953
传　真　0371－5942355
地　址　河南省郑州市经五路23号
邮　编　450002

郑州市奶业协会

理事长　王瑞桐
秘书长　赵书峰
电　话　0371－8616721　8860724
传　真　0371－8860724
地　址　郑州市桐柏南路19号市农业局五楼
邮　编　450007

湖北省奶业协会

理事长　杨世友
秘书长　湖建洪
副秘书长　周明望
电　话　027－88911614
E－mail　zmwgx@tom.com
地　址　武汉市武昌区都府堤129号
邮　编　430015

武汉市奶业协会

理事长　施纪明
秘书长　李细桥
电　话　027－85778654
传　真　027－85778654
地　址　汉口台北一路14号
邮　编　430015
会　刊　《武汉奶业通讯》

广东省奶业协会

理事长　张永发
秘书长　林树斌
电　话　020－37288166　87714410
传　真　020－37288166　87714982
E－mail　naixie123@163.com
地　址　广州市先烈东路135号农业厅综合楼1210房
邮　编　510500
会　刊　《广东奶业》

广州市奶业协会

理事长　王丁棉
秘书长　谭俭才
电　话　020－86595036
传　真　020－86554273
E－mail　gzsnyb@gd.agri.gov.cn
地　址　广东省广州市广园牛麓景路388号
邮　编　510405
会　刊　《广州奶牛》

深圳市奶业协会

理事长　杨志成
秘书长　徐德福
电　话　0755－25161641
传　真　0755－25170640
地　址　深圳市罗湖区笋岗路宝安大厦B座8楼
邮　编　051800

广东佛山市南海区水奶牛协会

理事长　林明基
秘书长　罗汝灶
电　话　0757－6337447
传　真　0757－6324230
地　址　佛山南海区桂城南新四路9号
邮　编　528200

广西水产畜牧协会奶业分会

秘书长　王国利
电　话　0771－2844415
传　真　0771－2852154
E－mail　wuliaowang2000@yahoo.com.cn
地　址　广西南宁市七星路135号
邮　编　530022

重庆市奶业协会

理事长　廖祯华
秘书长　蒋远映
电　话　023－67868806
地　址　重庆市江北区华新村206号
邮　编　400020

四川省奶业协会

理事长　刘　键
秘书长　李　谦
电　话　028－85505575
传　真　028－85571245
地　址　成都市武侯祠大街4号
邮　编　610041
会　刊　《四川奶业》

四川省乳品专业协会

秘书长　魏荣禄
电　话　028－85556934
地　址　成都玉林街3号内421室
邮　编　610041

成都市奶业协会

理事长　李朝林

秘书长　余建明
电　话　028－86241673
传　真　028－86262423
地　址　成都市马道街75号
邮　编　610015
会　刊　《奶业动态》

四川乐山市奶畜协会

理事长　史延康
秘书长　马维骏
电　话　0833－2430603
地　址　四川乐山市中区龙游路中段市畜牧局
邮　编　614000

贵州省奶牛协会

理事长　赵宣富
副秘书长　王　犁
电　话　0851－5283890
传　真　0851－5283143
E－mail　n-kj@sohu.com
地　址　贵州省贵阳市延安中路62号
邮　编　550001

贵州安顺市奶农协会

理事长　楚胜捷
秘书长　郭荣华
电　话　0853－3341254
传　真　0853－3341254
E－mail　asomlb@public.gz.cn
地　址　贵州安顺市虹山东路1号三楼
邮　编　561000

云南省畜牧兽医学会奶业分会

理事长　袁跃云
秘书长　陈德端
电　话　0871－3649220
传　真　0871－3649220
地　址　昆明市华山东路43号
邮　编　650021
会　刊　《云南畜牧兽医》

昆明市奶业协会

理事长　朱　宝
秘书长　张　僖
电　话　0871－4156111
传　真　0871－4145299
E－mail　netsong@km169.net
地　址　云南省昆明市环城南路701号
邮　编　650034

云南大理市奶业协会

理事长　杨跃光
秘书长　赵沛军
电　话　0872－2670517
传　真　0872－2670367
E－mail　dlzpj@sina.com
地　址　大理市农业局奶业协会
邮　编　671003

云南晋宁县奶业协会

理事长　张树清
秘书长　毕正艳
电　话　0871－7800071
传　真　0871－7892255
地　址　昆明市晋宁县昆阳镇昆阳大街68号晋宁县奶牛工作站
邮　编　650600

西安市乳业协会

理事长　李兴振
秘书长　王伟民
电　话　029－8198010
传　真　029－8198014
网　址　www.xbry.com
E－mail　xbry@xbry.com
地　址　西安高新技术开发区高新路8号
邮　编　710068

兰州市奶业协会

理事长　薛　红
秘书长　李景云
电　话　0931－8415250
传　真　0931－8415250
地　址　兰州市金昌路75号广武商厦13楼
邮　编　730030

青海省奶牛协会

理事长　张贞林
秘书长　李承鹏
副秘书长　殷生宏
电　话　0971－6153872
传　真　0971－6153872
地　址　青海西宁市胜利路77号
邮　编　810001

西宁市奶业协会

理事长　张历新
秘书长　罗生明
电　话　0971－5318063
传　真　0971－5318063
地　址　西宁市张路29号
邮　编　810003

宁夏回族自治区奶业协会

理事长　高万里
秘书长　虞景龙
副秘书长　罗晓瑜
电　话　0951－4012796
传　真　0951－4012796
E－mail　nxnyx@163.com
地　址　银川市云皇阁南街48号
邮　编　750004

新疆维吾尔自治区奶业协会

理事长　王树双
秘书长　刘建设
副秘书长　高庆超、李景芳
电　话　0991－4627687
传　真　0991－4627687
地　址　新疆乌鲁木齐市克拉玛依东路43号附1号
邮　编　830017

乌鲁木齐市奶业协会

理事长　陆东林
秘书长　李景芳
电　话　0991－3741420　3660224　4551224　4669096
传　真　0991－4618113
地　址　乌鲁木齐市克拉玛依东路43号附1号
邮　编　830017
会　刊　《乌鲁木齐乳业》报

良种繁育

北京奶牛中心

负责人　周瑞君
电　话　010－62948018　62948010　62948028
传　真　010－62940663
地　址　北京市德胜门外清河南镇
邮　编　100085
网　址　www.bdcc.com.cn
品　种　荷斯坦、西门塔尔、夏洛来、利木赞及安格斯
存栏量　1 320头
冻精量　260万剂/年
胚胎量　5 000～10 000枚/年

北京雄特良种奶牛繁育中心有限公司

负责人 窦 铖
电 话 010-61435860
传 真 010-61432334
地 址 顺义区大孙各庄镇大孙各庄村东
邮 编 101300

天津市奶牛育种站

负责人 刘 壮
电 话 022-88241677
地 址 天津市西区解放路玻璃厂对过
邮 编 300221
品 种 荷斯坦
存栏量 31头

新疆呼图壁胚胎中心河北分中心

负责人 李陆海
传 真 0318-2026083
地 址 河北衡水市深州乔屯乡林菁村
邮 编 053000
品 种 荷斯坦
存栏量 1000头
胚胎量 1000枚/年

河北省畜牧良种服务中心

负责人 杜 勇
电 话 0311-6839288
传 真 0311-6839288
地 址 石家庄市五七路7号
邮 编 050061
品 种 荷斯坦、利木赞、西门塔尔、海福特、短角、安格斯、夏洛来、皮埃蒙特等
存栏量 105头
冻精量 100万剂/年

河北省畜牧良种服务中心种牛站

负责人 刘廷玉
电 话 0311-6832024
传 真 0311-6839288
地 址 石家庄市五七路7号
邮 编 050061
品 种 荷斯坦
存栏量 50头
冻精量 60万剂/年

大城县畜牧水产局改良站

负责人 杨振忠
电 话 0316-5522203
传 真 0316-5522203
地 址 大城县东环路畜牧水产局
邮 编 065900
冻精量 0.5万剂/年
胚胎量 360枚/年

河北省御道口牧场畜牧兽医服务中心

负责人 于少相
电 话 0314-7996632
地 址 河北省御道口牧场
邮 编 068463
品 种 中国荷斯坦
冻精量 0.3万剂/年
胚胎量 1995枚/年

山西省家畜冷冻精液中心

电 话 0351-6272494
传 真 0351-6264607
地 址 山西省太原市胜利西街7号
邮 编 030027
网 址 www.sxah.com
品 种 荷斯坦、西门塔尔、皮尔门特、利木赞、晋南牛、比利时牛
存栏量 50头
冻精量 80万剂/年

太原市畜禽繁育工作站

负责人 李五柱
电 话 0351-4081574
地 址 新建路59号
邮 编 030002
网 址 www.sxah.com

内蒙古家畜改良工作站

负责人 那达木德
电 话 0471-4963294 4963287
传 真 0471-4963294
地 址 呼和浩特市赛罕区
邮 编 010010
品 种 荷斯坦、西门塔尔、夏洛来、安格斯、海福特
存栏量 116头
冻精量 100万剂/年
胚胎量 2000枚/年

内蒙古通辽市家畜繁育指导站

负责人 丁国臣
电 话 0475-8411176
传 真 0475-8411283
地 址 通辽市科尔沁区东郊
邮 编 028000
品 种 西门塔尔
存栏量 40头
冻精量 80万剂/年
胚胎量 1 000枚/年

内蒙古中谷良种奶牛有限公司

负责人 翟炳星
地 址 内蒙古商都县西坊子乡
邮 编 013400

辽宁省宽甸良种奶牛繁育中心

负责人 韩惠楠
电 话 0415-5102888
地 址 辽宁省宽甸县宽甸镇
邮 编 118200

吉林查干花种畜场

负责人 殷 强
电 话 0438-2690025
传 真 0438-2690021
地 址 前郭县查干花种畜场
邮 编 131100
品 种 西门塔尔
存栏量 1 200头

黑龙江省家畜繁育指导站

负责人 孔宪臣
电 话 0451-86662555
传 真 0451-86663181
地 址 哈尔滨市哈平路七公里
邮 编 150069
网 址 habc.xumu.com.cn
品 种 荷斯坦、利木赞、夏洛来、西门塔尔、比利时兰、德国黄牛
存栏量 100头
冻精量 100万剂/年

上海光明荷斯坦牧业有限公司

负责人 陆耀华
电 话 021-66521257
传 真 021-66521157
地 址 上海市彭联路101号
邮 编 200072
品 种 荷斯坦
存栏量 78头
冻精量 120万剂/年
胚胎量 5 000枚/年

江苏省奶牛育种中心

负责人 金穗华
电 话 025-4395545

传　真　025－4396858
地　址　南京市童卫路20号（南京农业大学内）
邮　编　210095
品　种　荷斯坦
存栏量　8头
冻精量　12万剂/年

杭州市奶牛繁育中心

负责人　殷光骐
电　话　0571－88144262
地　址　杭州拱墅区半山广济路10号
邮　编　310022
胚胎量　18枚/年

安徽省畜禽品种改良站

负责人　吴　宓
电　话　0551－5905110
传　真　0551－8564194
地　址　合肥市西郊南三十里岗
邮　编　231283
品　种　中国荷斯坦、加拿大荷斯坦、菲拉克苇
存栏量　30头
冻精量　60万剂/年

江西省奶牛育种中心

负责人　万建设
电　话　0791－3975723
传　真　0791－3975451
地　址　江西省南昌市蛟桥
邮　编　330044
品　种　荷斯坦
冻精量　30万剂/年
胚胎量　20 000枚/年

江西省畜牧技术推广站

负责人　裘大堂
电　话　0791－3977846　3977046
地　址　南昌市昌北开发区蛟桥
邮　编　330044
品　种　荷斯坦
存栏量　20头
冻精量　40万剂/年

山东省奶牛良种繁育场

负责人　张志民
电　话　0531－7389267
传　真　0531－7388267
地　址　济南长清区孝里镇
邮　编　250330
品　种　荷斯坦
存栏量　102头
冻精量　10万剂/年
胚胎量　220枚/年

湖南省畜牧兽医研究所

负责人　肖兵南
电　话　0731－4615328
传　真　0731－4611342
地　址　湖南省长沙市泉塘
邮　编　410011
品　种　西门塔尔、利木赞、摩拉水牛、短角牛、安格斯、皮尔蒙特
存栏量　36头
冻精量　40万剂/年
胚胎量　100枚/年

广州市奶牛研究所种公牛站

负责人　关伟晁
电　话　020－86590250
传　真　020－86590250
地　址　广州市广园中麓景路388号
邮　编　510405
品　种　荷斯坦、娟姗
存栏量　23头
冻精量　20万剂/年

广西水牛研究所

负责人　杨炳壮
电　话　0771－3320589
传　真　0771－3313814
地　址　广西南宁市邕武路24－1号
邮　编　530001
品　种　摩拉水牛、尼里拉菲水牛
存栏量　530头
冻精量　万剂/年
胚胎量　500枚/年

广西畜禽品种改良站

负责人　许典新
电　话　0771－3302602
传　真　0771－3318656
地　址　广西南宁市邕武路24－2号
邮　编　530001
品　种　摩拉水牛、尼里拉菲水牛
存栏量　45头
冻精量　30万剂/年

海南艾森牧业有限公司

负责人　戴桂海
电　话　0898－67486601、67486602
传　真　0898－67486604
地　址　海南澄迈县老城邮电支局0008号信箱
邮　编　571924
网　址　www.asichina.com
品　种　摩拉水牛、尼里拉菲水牛、娟姗
存栏量　5头
冻精量　3万剂/年

重庆市良种牛繁育中心

负责人　陈长庚
电　话　023－67625833　67453566
传　真　023－67625833
地　址　重庆市渝北区龙溪镇加州花园A2栋15－7号
邮　编　401147
网　址　www.cqcattle.com
品　种　荷斯坦、安格斯、西门塔尔、劳莱恩
存栏量　783头
冻精量　30万剂/年
胚胎量　500枚/年

四川省家畜冷精液中心站

负责人　李自成
电　话　028－84790654　84792589
传　真　028－84790654
地　址　四川成都市静居寺南街14号
邮　编　610066
品　种　荷斯坦、西门塔尔、蒙贝利亚、摩拉
存栏量　120头
冻精量　60万剂/年

云南省家畜冷冻精液站

负责人　刘国璋
电　话　0871－7391061
传　真　0871－7393362
地　址　昆明官渡区小哨
邮　编　650221
品　种　荷斯坦、摩拉、尼里、大额牛、短角牛
存栏量　26头
冻精量　20万剂/年

云南大理州家畜冷冻精液站

负责人　赵家明
电　话　0872－2125332
传　真　0872－2136731
地　址　大理市南郊
邮　编　671000
品　种　荷斯坦、摩拉、尼里、西门塔尔、安格斯
存栏量　32头

冻精量　22万剂/年

昆明市乳畜研究所

负责人　张僖
电　话　0871－4145299　4156111
传　真　0871－4156111　4145287
地　址　云南省昆明市环城南路701号
邮　编　650034
冻精量　1万剂/年

陕西省家畜改良站

负责人　侯放亮
电　话　0910－6380652
传　真　0910－6381461
地　址　泾阳县永乐镇省家畜改良站
邮　编　713702
品　种　荷斯坦、秦川牛、红色安格斯
存栏量　30头
冻精量　40万剂/年

西安奶牛繁育中心

负责人　李永鹏
电　话　029－6602726　6602214
传　真　029－6602726　6602683
地　址　西安北郊现代农业综合开发区中站
邮　编　710021
品　种　中国荷斯坦奶牛、意大利皮尔特肉牛
存栏量　40头
冻精量　20万剂/年
胚胎量　100枚/年

甘肃省家畜繁育中心

负责人　陈学灿
电　话　0935－2301379
传　真　0935－2301287
地　址　甘肃省武威市凉州区槐安北河
邮　编　733000
品　种　荷斯坦、西门塔尔
存栏量　30头
冻精量　50万剂/年
胚胎量　300枚/年

甘肃天祝白牦牛育种实验场

负责人　梁育林
电　话　0935－3123902
地　址　甘肃省天祝县打柴沟镇
邮　编　733200
品　种　天祝白牦牛
存栏量　400头
冻精量　600万剂/年

青海省种畜冷冻精液站

负责人　侯昌作
电　话　0971－5318022
传　真　0971－5318022
地　址　青海西宁市城北区宁站路5号
邮　编　810003
品　种　西门塔尔、荷斯坦、野牦牛、澳洲矮脚牛
存栏量　40头
冻精量　100万剂/年

宁夏四正生物工程技术研究中心

负责人　史远刚
电　话　0951－8064700
传　真　0951－8068752
地　址　贺兰县北郊
邮　编　750200
网　址　四正 syngen.com.cn
品　种　荷斯坦、夏洛来、利木赞、红安格斯、西门塔尔
存栏量　39头
冻精量　20万剂/年
胚胎量　2 000枚/年

新疆维吾尔自治区畜禽繁育改良站

负责人　王锡波
电　话　0991－8785409
地　址　乌鲁木齐市西山路101号
邮　编　830009
品　种　西门塔尔、黑白花、新疆褐牛、安格斯、夏洛来
存栏量　98头
冻精量　123万剂/年

种畜贸易

中国种畜进出口有限公司

负责人　杨成山
电　话　010－67798341
传　真　010－67798337
地　址　北京市朝阳区潘家园东里18号龙鼎华大厦8－9层
邮　编　100021

中地种业有限公司

负责人　张建设
电　话　010－64422415
传　真　010－64422414
地　址　北京朝阳区樱花西街16号
邮　编　100029

北京鑫茂嘉旭进出口有限公司

负责人　安国锋
电　话　010－65537778
传　真　010－65538804
地　址　朝外大街吉庆里9、10号楼B座2区502室
邮　编　100020

大连三十里堡进口奶牛隔离场

负责人　关盛利
电　话　0416－7364207
传　真　0416－7364207
地　址　大连三十里堡奶业综合服务站
邮　编　116103

珠海中牛畜牧科技有限公司种畜隔离场

负责人　刘晓东
电　话　0756－2655080、8251264
传　真　0756－2655080
地　址　珠海市斗门区乾务镇三里村
邮　编　519000

奶牛养殖

北　京

北京康庄兴利鹏奶牛养殖小区

负责人　王海鹏
电　话　010－69130365
地　址　延庆县康庄镇火烧营村
邮　编　102101
养殖品种　黑白花
存栏量　380头

延庆县旧县镇西龙湾万方合作社

负责人　李　田
电　话　13910852663　13901243964
地　址　延庆县旧县镇西龙湾村
邮　编　102109
养殖品种　荷斯坦
存栏量　500头

延庆县旧县镇大柏老合作社

负责人　王贵友
地　址　延庆县大柏老西
存栏量　4 700 头

北京奶牛中心种良种场

负责人　黄　毅
电　话　010－61111754
地　址　延庆农场院内
存栏量　1 170 头

通州区张家湾里二泗奶牛养殖合作社

负责人　齐志军
电　话　010－61568740
地　址　通州区张家湾镇里二泗村
存栏量　526 头

通州区渠头牛场

负责人　田青春
电　话　010－80521491
地　址　通州区于家务镇渠头村
邮　编　101105
存栏量　1 086 头

通州区小务奶牛场

负责人　刘云祥
电　话　010－80551350
地　址　通州区永乐店镇小务村
邮　编　101105
存栏量　1 099 头

通州区中以奶牛场

负责人　程九民
电　话　010－69569217
地　址　通州区永乐店镇德仁务村
邮　编　101105
存栏量　1 123 头

通州区草厂奶牛场

负责人　章泽宏
电　话　010－69568842
地　址　通州区郭县镇草厂村
邮　编　101105
存栏量　1 004 头

通州区柴厂屯镇三堡奶牛场

负责人　王明友
电　话　010－80511415
地　址　通州区柴厂屯镇三堡村
邮　编　101105
存栏量　1 146 头

通州区半截河牛场

负责人　李俊鹏
电　话　010－80511037
地　址　通州区柴厂屯镇半截河村
邮　编　101105
存栏量　969 头

顺义区杨镇天辰奶牛合作社

负责人　付　军
电　话　010－61471883
地　址　顺义区杨镇李辛庄
存栏量　300 头

顺义区衙门村奶牛合作社

负责人　李　春
电　话　010－69409908
地　址　顺义区马坡镇衙门村
邮　编　101300
存栏量　788 头

顺义区向阳奶牛合作社

负责人　李　军
电　话　010－69401351
地　址　顺义区马坡镇向阳
邮　编　101300
存栏量　610 头

顺义区石家营奶牛合作社

负责人　胡国青
电　话　010－69400818
　　　　69409915
地　址　顺义区马坡镇石家营村
邮　编　101300
养殖品种　荷斯坦
存栏量　685 头

顺义区马卷合作社

负责人　刘京达
电　话　010－69409446
地　址　顺义区马坡镇马卷
邮　编　101300
养殖品种　荷斯坦
存栏量　790 头

顺义区华晨奶牛合作社

负责人　黄克敏
电　话　010－69436080
　　　　69436201
地　址　顺义区李遂镇陈庄村
邮　编　101300
养殖品种　荷斯坦
存栏量　407 头

顺义区小段奶牛合作社

负责人　高荣奎
电　话　010－61471338
地　址　顺义区大孙各庄镇小段
邮　编　101300
存栏量　301 头

顺义区大塘奶牛合作社

负责人　王者平
电　话　010－61434305
地　址　顺义区大孙各庄镇大塘村
邮　编　101300
养殖品种　荷斯坦
存栏量　600 头

顺义区雄特奶牛合作社

负责人　窦　诚
电　话　010－61432334
地　址　顺义区大孙各庄镇大孙各庄
存栏量　980 头

顺义区广峰奶牛合作社

负责人　徐广峰
电　话　010－61423718
地　址　顺义区北务镇北务村
邮　编　101300
养殖品种　荷斯坦
存栏量　1 800 头

密云县西田各庄奶牛养殖小区

负责人　王志诚
电　话　13910211149
地　址　密云县西田各庄镇西田各庄村
邮　编　101509
养殖品种　黑白花
存栏量　1 400 头

北京云峰养殖场

负责人　赵云峰
电　话　13501185385
地　址　密云县太师屯镇流河沟村
邮　编　101504
养殖品种　黑白花

存栏量　360 头

北京科光达养殖场

负责人　王志诚
电　话　13910595209
地　址　密云县十里堡镇新各寨村
邮　编　101500
养殖品种　黑白花
存栏量　550 头

北京益大牧业有限公司

负责人　曹正义
电　话　010－89022018
地　址　密云县十里堡镇新各寨村
邮　编　101500
养殖品种　黑白花
存栏量　350 头

北京瑞普工贸有限公司

负责人　侯春义
电　话　13601131240
地　址　密云县十里堡镇岭东村
邮　编　101500
养殖品种　黑白花
存栏量　1 200 头

密云县华盛养殖场

负责人　张天良
电　话　010－69062029
地　址　密云县密云镇李各庄村
邮　编　101500
养殖品种　黑白花
存栏量　1 200 头

北京密流奶牛合作社

负责人　秦军肖
电　话　13501151117
地　址　密云县流军庄村
邮　编　101500
存栏量　600 头

密云县康源奶牛有限公司

负责人　吕仲山
电　话　010－61085002
地　址　密云县河南寨镇台上村西
邮　编　101500
养殖品种　黑白花
存栏量　600 头

密云县宏盛奶牛养殖合作社

电　话　010－61061565
地　址　密云县东郊渠镇东邵区村
邮　编　101501
养殖品种　黑白花
存栏量　1 500 头

密云县北庄奶牛合作社

负责人　徐振宏
电　话　13910533666
地　址　密云县北庄镇北庄村
邮　编　101503
养殖品种　黑白花
存栏量　2 300 头

怀柔区杨宋镇张各庄养殖小区

负责人　郭　权
电　话　010－61678341
地　址　怀柔区杨宋镇
邮　编　101400
养殖品种　黑白花
存栏量　596 头

怀柔区杨宋镇校草兴茂小区

负责人　王晓义
电　话　010－61678147
地　址　怀柔区杨宋镇
邮　编　101400
养殖品种　黑白花
存栏量　556 头

怀柔区杨宋镇校草万茂公司

负责人　闻秀华　王　锦
电　话　010－61678755
地　址　怀柔区杨宋镇
邮　编　101400
养殖品种　黑白花
存栏量　438 头

北京城倍庄园有限公司

负责人　郭学武
电　话　010－60691012
地　址　怀柔区庙城镇
邮　编　101401
养殖品种　黑白花
存栏量　400 头

怀柔区黄吉营镇奶牛养殖小区

负责人　王生林
电　话　010－61681407
地　址　怀柔区黄吉镇
邮　编　101400
养殖品种　荷斯坦
存栏量　520 头

怀柔区万家兴奶牛养殖小区

负责人　周万平
电　话　010－61667212
地　址　怀柔区北房镇宰相庄
邮　编　101400
养殖品种　荷斯坦
存栏量　500 头

海淀区西郊奶牛一场

负责人　李瑞强
电　话　010－62471164
地　址　海淀区上庄乡上庄村东
邮　编　100094
存栏量　883 头

海淀区西郊奶牛二场

负责人　何启军
电　话　010－62471627
地　址　海淀区上庄乡前章村村西
邮　编　100094
存栏量　929 头

海淀区西郊奶牛四场

负责人　程锡亮
电　话　010－62471430
地　址　海淀区上庄乡东小营村村北
邮　编　100094
存栏量　1 002 头

丰台区三和奶牛养殖小区

负责人　李建国
电　话　010－63975615
地　址　丰台区辛庄村东坡 6 号
邮　编　100074
存栏量　350 头

北京西南奶牛场

负责人　封章成
电　话　010－83891052
地　址　丰台区农场路 28 号
存栏量　301 头

房山区长荣农牧发展有限公司

负责人　张浩宇
电　话　010－60308828
地　址　房山镇良乡镇梨村
邮　编　102401
存栏量　1 650 头

房山区梨村奶牛合作社

负责人　杨玉梅

电　话　010－60308818
地　址　房山区梨村
存栏量　2 300 头

房山区窦店奶牛合作社

负责人　新永利
电　话　010－80305737　80305732
地　址　房山区窦店
邮　编　102402
存栏量　300 头

房山区杨庄子奶牛场

负责人　王玉旺
电　话　010－80351598
地　址　房山区长阳镇杨庄子村村南
存栏量　1 059 头

房山区长阳三场

负责人　李学武
电　话　010－80354140
地　址　房山区长阳镇保合庄村村南
存栏量　1 061 头

房山区长阳四场

负责人　刘　军
电　话　010－80351606
地　址　房山区长阳镇保合庄村村南
邮　编　102445
存栏量　782 头

房山区双萍奶牛合作社

负责人　顾爱萍
电　话　010－61310997
地　址　房山区长沟镇双磨村
邮　编　102407
存栏量　513 头

房山区长阳奶牛合作社

负责人　董　全
电　话　010－80354032
地　址　房山区北广城
邮　编　102401
存栏量　1 800 头

大兴区怡海奶业

负责人　王铁柱
电　话　010－67993752　13701200960
传　真　010－69279578
地　址　大兴区沄海镇怡乐村
邮　编　100076
存栏量　1 300 头

大兴区笃庆牛场

负责人　王英珍
电　话　010－69279153
地　址　大兴区瀛海镇
存栏量　757 头

大兴区福有奶牛社

负责人　焦富有
电　话　010－89286235
地　址　大兴区瀛海镇
存栏量　412 头

大兴区鹿圈牛场

负责人　张凤奎
电　话　010－67889144
地　址　大兴区亦庄镇
存栏量　900 头

大兴区小谷店奶牛合作社

负责人　卢文凤
电　话　010－80281915
地　址　大兴区小谷店村
存栏量　303 头

大兴区星光奶牛养殖小区

负责人　宋家升
电　话　010－60255976
地　址　大兴区西红门镇东
存栏量　303 头

大兴区西大屯奶牛场

负责人　王连庆
地　址　大兴区西大屯
存栏量　325 头

大兴区青云店东胜园奶牛场

负责人　路文胜
电　话　010－61261160
地　址　大兴区青云店镇赵村
邮　编　102605
存栏量　450 头

大兴区薛营创新奶牛合作社

负责人　毛光祥
电　话　010－89087669　13901236090
地　址　大兴区庞各庄镇薛营村
邮　编　102601
存栏量　560 头

三元绿荷奶牛养殖中心

负责人　周卫东
联系人　乔　绿
电　话　010－67992012　67968550
传　真　010－67992022
地　址　大兴区旧宫镇茂庄德裕街 5 号
邮　编　100076
存栏量　29 098 头

大兴区旧宫镇德茂牛场

负责人　张凤江
电　话　010－67961654
地　址　大兴区旧宫镇茂庄
存栏量　940 头

大兴区旧宫泽成奶牛场

负责人　杨启先
电　话　010－67976391/2846
地　址　大兴区旧宫三队
邮　编　100076
存栏量　496 头

大兴区旧宫二队牛场

负责人　李长春
电　话　13612266756
地　址　大兴区旧宫二村
存栏量　325 头

大兴区金星牛场

负责人　李新胜
电　话　010－61268500/01
地　址　大兴区金星镇
邮　编　100076
存栏量　1 630 头

大兴区东店小区

负责人　郭铁柱
地　址　大兴区东店
存栏量　353 头

大兴区义鹏奶牛合作社

负责人　张义鹏
电　话　010－89221967
地　址　大兴区东安村
存栏量　415 头

北京南郊牛奶公司金银岛牧场

负责人　郑建华
电　话　010－98255334
地　址　大兴区定福庄
存栏量　1 041 头

北京合兴聚养殖有限公司

负责人　孙　歧

电　话　010－89234236　13511011062
地　址　大兴区大狼垡村北
邮　编　102600
存栏量　361 头

大兴区安定胜奶牛场

负责人　杨德山
电　话　010－80232078
地　址　大兴区安定镇后安定村
邮　编　102605
存栏量　401 头

朝阳区辛堡牛场

负责人　董汇杰
电　话　010－64389265
地　址　朝阳区小岗乡辛堡牛场
邮　编　100012
存栏量　852 头

北京奶牛中心

负责人　周瑞君
电　话　010－62948018
地　址　朝阳区清河南镇
存栏量　1 265 头

朝阳区朝阳南牛场

负责人　李文才
电　话　010－84311861
地　址　朝阳区楼梓庄乡
邮　编　100018
存栏量　862 头

朝阳区朝阳北牛场

负责人　赵旺
电　话　010－84315517
地　址　朝阳区楼梓庄乡
邮　编　100018
存栏量　494 头

朝阳区双桥豆各庄牛场

负责人　曹东来
电　话　010－67370858
地　址　朝阳区焦化厂东侧
邮　编　100024
存栏量　639 头

朝阳区蒋台乡奶牛场

负责人　何延顺
电　话　010－84564327
地　址　朝阳区蒋台乡
邮　编　100016
养殖品种　黑白花
存栏量　324 头

朝阳区崔各庄牛场

负责人　王学工
电　话　010－64373704
地　址　朝阳区崔各庄乡
邮　编　100015
存栏量　721 头

昌平区十三陵牛场

负责人　佟宝旺
电　话　010－89748704
地　址　昌平区十三陵镇南新村
邮　编　102200
养殖品种　荷斯坦
存栏量　526 头

昌平区农机试验站中试牛场

负责人　段虎卿
电　话　010－80761074
地　址　昌平区沙河王庄村
存栏量　302 头

昌平区北郊三场

负责人　张国永
电　话　010－61757440
地　址　昌平区七家镇燕丹村东
存栏量　850 头

昌平区南邵京北奶牛场

负责人　杨家珍
电　话　010－69731648
地　址　昌平区南邵镇北邵洼村
存栏量　440 头

昌平区南口奶牛一分场

负责人　何长旺
联系人　何长旺
电　话　010－69781447
地　址　昌平区南口农场
邮　编　102202
存栏量　910 头

昌平区南口奶牛二分场

负责人　贾晨航
电　话　010－60757474
地　址　昌平区南口农场
邮　编　102202
存栏量　844 头

昌平区南口奶牛三分场

负责人　张志快
电　话　010－69781473
地　址　昌平区南口农场
邮　编　102202
存栏量　811 头

昌平区南即奶牛场

负责人　杨加玲
电　话　13901239643
传　真　60731648
地　址　昌平区南即镇
邮　编　102200
养殖品种　荷斯坦
存栏量　450 头

北郊农场四分场

负责人　万飞云
电　话　010－69731816
地　址　昌平区回龙观镇朱辛庄东
存栏量　1 146 头

昌平区绪忠牛场

负责人　赵绪忠
电　话　010－69791073
地　址　昌平区回龙观镇
邮　编　102208
养殖品种　荷斯坦
存栏量　645 头

昌平区马连店牛场

负责人　李淑英
电　话　010－69791314
地　址　昌平区东小口镇马连店村
存栏量　311 头

昌平区北郊一场

负责人　朱继章
电　话　010－69791202
地　址　昌平区东小口镇霍营东
存栏量　1 492 头

昌平镇旧县牛场

负责人　汤树敏
电　话　13001165395
地　址　昌平区昌平镇旧县
邮　编　102200
养殖品种　荷斯坦
存栏量　310 头

北郊农场五分场

负责人　顾　凯
电　话　010－69731816
地　址　昌平区北郊农场

存栏量 1 139 头

天 津

西青区金鑫奶牛养殖场

负责人 王风杰
电 话 022－27936760 87910987
地 址 西青区杨柳青镇十八街村南
邮 编 300380
养殖品种 荷斯坦
存栏量 306 头

天津市顶盛农业种植有限公司

负责人 陈家华
电 话 13820582628
地 址 西青区西流城大桥南 3 公里处
邮 编 300191
养殖品种 荷斯坦
存栏量 1 100 头

天津市工农联盟农牧场奶牛一场

负责人 李德生
电 话 022－23792436
地 址 西青区津静公路
邮 编 300381
养殖品种 荷斯坦
存栏量 1 100 头

天津市工农联盟农牧场奶牛二场

负责人 李德生
电 话 022－23792436
地 址 西青区津静公路
邮 编 300381
养殖品种 荷斯坦
存栏量 600 头

天津市凯润奶牛场

负责人 孙少起
电 话 022－23962086
地 址 西青区大芦北口村南青泊洼
邮 编 300381
养殖品种 荷斯坦
存栏量 300 头

天津市富贵庄园牧业有限公司

负责人 李玲君
电 话 022－29371686
地 址 武清区徐官屯街费庄村东侧
邮 编 301700
养殖品种 荷斯坦
存栏量 500 头

武清区鑫业实业有限公司

负责人 宋红艳
电 话 022－29392459 13032230659
地 址 武清区徐官屯街段村西（二区）
武清区徐官屯街楮庄村东(一区)
邮 编 301700
养殖品种 荷斯坦
存栏量 2 000 头

武清区冠宇乳牛养殖厂

负责人 王俊怀
电 话 022－29373459
地 址 武清区徐官屯街楮庄村东
邮 编 301700
养殖品种 荷斯坦
存栏量 500 头

武清区绿海奶牛养殖场

负责人 刚海生
电 话 13902162608
地 址 武清区下朱庄街五间房村
邮 编 300701
养殖品种 荷斯坦
存栏量 560 头

武清区思源奶牛场

负责人 郎家三
电 话 13032236866
地 址 武清区下朱庄街藕店村西
邮 编 301700
养殖品种 荷斯坦
存栏量 1 000 头

武清农场第三奶牛场

负责人 管永成
电 话 13602190994
地 址 武清区武清农场内
邮 编 301100
养殖品种 荷斯坦
存栏量 1 200 头

天津市金威乳牛庄园有限公司

负责人 王培胜
电 话 022－29521225
地 址 武清区王庆坨镇大柳子村
邮 编 301713
养殖品种 荷斯坦
存栏量 2 700 头

天津市富利养殖场

负责人 王全利
电 话 022－29519442 13820398515
地 址 武清区王庆坨镇北
邮 编 301713
养殖品种 荷斯坦
存栏量 650 头

天津市帅博养殖场

负责人 王振喜
电 话 022－22158038
地 址 武清区石各庄镇梁各庄东口
邮 编 301708
养殖品种 荷斯坦
存栏量 520 头

武清区海林养殖场

负责人 贾春涛
电 话 022－25157889 13820097243
地 址 武清区石各庄镇敖咀村南口 800 米
邮 编 301718
养殖品种 荷斯坦
存栏量 550 头

天津市润华奶牛养殖有限公司

负责人 李晓军
电 话 022－29411043
地 址 武清区南蔡村镇砖厂村
邮 编 301700
养殖品种 荷斯坦
存栏量 2 100 头

武清区大老李牛农有限公司

负责人 李进友
电 话 022－29411043
地 址 武清区南蔡村镇砖厂村
邮 编 301709
养殖品种 荷斯坦
存栏量 500 头

武清区华兴畜牧养殖有限公司

负责人 宗荣旺
电 话 022－29411208
地 址 武清区南蔡村镇南陈庄村
邮 编 301709
养殖品种 荷斯坦
存栏量 630 头

武清区朋成养殖有限公司

负责人 王耀成

电　话　13920453510
地　址　武清区南蔡村镇丁圈村
邮　编　301709
养殖品种　荷斯坦
存栏量　1 600 头

天津市福远养殖场

负责人　徐士广
电　话　022－29348768　13820699131
地　址　武清区梅厂镇灰锅口村
邮　编　301701
养殖品种　荷斯坦
存栏量　1 000 头

武清区晨光奶业有限公司

电　话　022－82101043
地　址　武清区黄庄街城上村
养殖品种　荷斯坦
存栏量　560 头

天津市银雪奶牛养殖有限公司

负责人　冯作忠
电　话　022－29484086
地　址　武清区黄花店镇第三瓴瓦厂
邮　编　301708
养殖品种　荷斯坦
存栏量　574 头

武清区天缘畜牧养殖场

负责人　陈书宽
电　话　13821040358
地　址　武清区高村乡兰城村东口
邮　编　301714
养殖品种　荷斯坦
存栏量　521 头

武清供电有限公司养殖场

负责人　肖辉
电　话　022－82129614
地　址　武清区东蒲洼乡杨村小世界西侧
邮　编　301700
养殖品种　荷斯坦
存栏量　503 头

天津市超越畜牧养殖有限责任公司

负责人　李俊田
电　话　022－29472028
地　址　武清区东马圈安标堡
邮　编　301717
养殖品种　荷斯坦
存栏量　1 500 头

武清区文明奶牛场

负责人　何文明
电　话　13072256630
地　址　武清区大孟庄镇政府南
邮　编　301700
养殖品种　荷斯坦
存栏量　560 头

武清区宝利畜牧养殖场

负责人　吴宝利
电　话　13820260037
地　址　武清区大孟庄镇大程庄村东
邮　编　301711
养殖品种　荷斯坦
存栏量　600 头

武清区新世纪牧业有限公司

负责人　刘存来
电　话　022－22290185
地　址　武清区大良镇北小营村
邮　编　301703
养殖品种　荷斯坦
存栏量　600 头

天津市海通万利养殖有限公司

负责人　于海介
电　话　022－82218430
地　址　武清区大碱厂镇孙小屯南
邮　编　301706
养殖品种　荷斯坦
存栏量　570 头

武清区富泉奶牛养殖场

负责人　吴俊
电　话　13820088552
地　址　武清区城关镇西门外
邮　编　301712
养殖品种　荷斯坦
存栏量　510 头

天津市华明奶牛一场

负责人　赵书明
电　话　022－29558899
地　址　武清区曹子乡曹子里村西南
邮　编　301700
养殖品种　荷斯坦
存栏量　1 500 头

天津市华明奶牛二场

负责人　赵书明
电　话　022－29558881
地　址　武清区曹子里乡石棉庄村东
邮　编　301700
养殖品种　荷斯坦
存栏量　800 头

武清区文稷养殖有限公司

负责人　丁文藻
电　话　022－29558299
地　址　武清区曹子里乡东柳店村
邮　编　301700
养殖品种　荷斯坦
存栏量　540 头

天津市华明奶牛三场

负责人　赵书明
电　话　022－29368899
地　址　武清农场东安驾校教练场对面
邮　编　301700
养殖品种　荷斯坦
存栏量　4 000 头

塘沽农场奶牛场

负责人　刘宏杰
电　话　022－66360256
地　址　塘沽区四道桥
邮　编　300451
养殖品种　荷斯坦
存栏量　963 头

宁河县东棘坨镇潮白河奶牛场

负责人　张树宏
电　话　022－69379842
地　址　宁河县东棘坨镇政府东
邮　编　301507
养殖品种　荷斯坦
存栏量　512 头

宁河县东棘坨镇小倾店奶牛养殖场

负责人　张树宏
电　话　022－69379842
地　址　宁河县东棘坨镇小倾店村
邮　编　301507
养殖品种　荷斯坦
存栏量　1 200 头

静海县利瞬奶牛场

负责人　边春风
电　话　022－68651328
地　址　静海县杨成庄乡董庄窠村
邮　编　301617
养殖品种　荷斯坦

存栏量 450头

静海县宝生乳牛养殖场

负责人 陈宝生
电 话 022-68651328
地 址 静海县杨成庄乡董庄家村
邮 编 301617
养殖品种 荷斯坦
存栏量 658头

天津市东兴奶牛养殖场

负责人 杨增才
电 话 13920811121
地 址 静海县杨成庄乡东寨村东侧
邮 编 301600
养殖品种 荷斯坦
存栏量 1 300头

天津市团泊洼奶牛养殖中心

负责人 王立伟
电 话 022-68509028
地 址 静海县团泊镇张家房村
邮 编 301607
养殖品种 荷斯坦
存栏量 500头

天津市光大奶牛场

负责人 李泽亮
地 址 静海县双塘镇杨学士村东
邮 编 301600
养殖品种 荷斯坦
存栏量 700头

静海县腾达奶牛养殖场

负责人 杜恩祥
电 话 022-68868400
地 址 静海县双塘镇朴楼村
邮 编 301600
养殖品种 荷斯坦
存栏量 930头

静海县运河奶牛场

负责人 杜庆新
电 话 022-68868400
地 址 静海县双塘镇朴楼村
邮 编 301600
养殖品种 荷斯坦
存栏量 500头

静海县海翔奶牛养殖场

负责人 杨景波
电 话 022-68865080
地 址 静海县双塘镇东双塘村铁路东
邮 编 301600
养殖品种 荷斯坦
存栏量 800头

天津市玉泰畜牧养殖有限公司

负责人 刘永远
电 话 13920122338
地 址 东丽区新立街卧河村(津塘二线旁)
邮 编 300300
养殖品种 荷斯坦
存栏量 500头

天津市东海奶牛二场

负责人 刘连超
地 址 东丽区津北公路红贯路8号
养殖品种 荷斯坦
存栏量 1 000头

天津北大港农场奶牛三场

负责人 张长江
电 话 022-63128070
地 址 大港区小王庄镇
邮 编 300273
养殖品种 荷斯坦
存栏量 900头

天津北大港农场奶牛一场

负责人 杜和平
电 话 022-63128109
地 址 大港区小王庄镇
邮 编 300273
养殖品种 荷斯坦
存栏量 600头

天津市红旗奶牛场

负责人 李明清
地 址 北辰区宜兴阜北
邮 编 300402
养殖品种 荷斯坦
存栏量 700头

北辰区同发奶牛养殖场

负责人 刘利同
电 话 022-87911075
地 址 北辰区双口镇杨河村
邮 编 300401
养殖品种 荷斯坦
存栏量 300头

北辰区绍堂养殖场

负责人 李绍堂
电 话 022-86832085
地 址 北辰区双口镇杨河
邮 编 300401
养殖品种 荷斯坦
存栏量 350头

天津市荣发奶牛场

负责人 李文发
电 话 022-86831828
地 址 北辰区双口镇杨河
邮 编 300401
养殖品种 荷斯坦
存栏量 620头

天津市线河奶牛养殖有限公司

负责人 王庆强
电 话 13820148408
地 址 北辰区双口镇线河南卫河西侧500米
邮 编 300380
养殖品种 荷斯坦
存栏量 1 200头

天津市立新奶牛场

负责人 刘加邦
电 话 022-86839015
地 址 北辰区双口乡北立新园林场内
邮 编 300401
养殖品种 荷斯坦
存栏量 510头

天津市红光农场奶牛一场

负责人 张家国
电 话 022-26954152
地 址 北辰区红光农场
邮 编 300401
养殖品种 荷斯坦
存栏量 853头

天津市红光农场奶牛二场

负责人 张家国
电 话 022-26954151
地 址 北辰区红光农场
邮 编 300401
养殖品种 荷斯坦
存栏量 840头

天津市红光农场奶牛三场

负责人 张家国
电 话 022-26953141
地 址 北辰区红光农场
邮 编 300401

养殖品种　荷斯坦
存栏量　655 头

天津市民丰种养殖场

负责人　张学勤
电　话　022－86829702
地　址　北辰区大张庄镇下殷庄村
邮　编　300402
养殖品种　荷斯坦
存栏量　350 头

天津市里自沽农场奶牛场

负责人　张学利
电　话　022－29668075
地　址　宝坻区里自沽农场
邮　编　301809
养殖品种　荷斯坦
存栏量　800 头

天津市黄庄农场第二奶牛场

负责人　刘新民
电　话　022－82558052
地　址　宝坻区黄庄农场内
邮　编　301800
养殖品种　荷斯坦
存栏量　1 400 头

天津市武清区源达奶牛场

负责人　王会芬
地　址　曹子里乡小白马村北
邮　编　301741
养殖品种　荷斯坦
存栏量　580 头

天津市奥雪奶牛场

负责人　王伯良
地　址　武清区陈嘴镇东肖庄村东
邮　编　301741
养殖品种　荷斯坦
存栏量　620 头

天津市宝丰养殖场

负责人　张连保
电　话　022－22156050
地　址　武清区石各庄镇
邮　编　301718
养殖品种　荷斯坦
存栏量　500 头

天津市龙海养殖场

负责人　解庆林
地　址　武清区石各庄镇敖南村
邮　编　301718
养殖品种　荷斯坦
存栏量　500 头

天津市正信养殖场

负责人　刘兴德
电　话　022－22159185
地　址　武清区石各庄镇
邮　编　301718
养殖品种　荷斯坦
存栏量　513 头

天津市武清区五福奶牛场

负责人　冀贵良
电　话　022－29482169
地　址　武清区黄花店镇冀营村
邮　编　301708
养殖品种　荷斯坦
存栏量　540 头

天津市武清区巨强奶牛养殖场

负责人　宋红强
地　址　武清区梅场镇六指村
邮　编　301701
养殖品种　荷斯坦
存栏量　1 500 头

天津市佳禾牧业有限公司

负责人　周克力
地　址　武清区下朱庄街柳河村
邮　编　301700
养殖品种　荷斯坦
存栏量　500 头

天津鹰旺良种奶牛场

负责人　高景旺
电　话　022－22159281
地　址　武清区石各庄镇
邮　编　301718
养殖品种　荷斯坦
存栏量　3 000 头

天津市德兴隆奶业有限公司

负责人　刘宪辉
地　址　武清区豆张庄乡政府西侧
邮　编　301700
养殖品种　荷斯坦
存栏量　820 头

天津市武清区海洋奶牛养殖有限公司

负责人　王元九
地　址　武清区石各庄镇敖东村南
邮　编　301718
养殖品种　荷斯坦
存栏量　700 头

天津三义牧业养殖中心

负责人　王　辉
地　址　武清区梅厂镇塘坊村南
邮　编　301701
养殖品种　荷斯坦
存栏量　1 200 头

天津武清区富万家奶牛养殖有限公司

负责人　刘建成
电　话　022－29472018
地　址　武清区东马圈镇半城
邮　编　301717
养殖品种　荷斯坦
存栏量　500 头

天津市金鹏畜牧养殖有限公司

负责人　王立斌
地　址　武清区南蔡村镇苏羊坊村南
邮　编　301709
养殖品种　荷斯坦
存栏量　1 000 头

天津汇友畜牧养殖有限公司

负责人　王春乐
地　址　静海县独流镇西抬路北
邮　编　301602
养殖品种　荷斯坦
存栏量　450 头

天津市静海县志华养殖场

负责人　陈志奎
电　话　022－68868323
地　址　静海县双塘镇杨家园村铁路东
邮　编　301600
养殖品种　荷斯坦
存栏量　1 400 头

天津市静海县长兴畜牧养殖场

负责人　胡明来
地　址　静海县唐官屯镇长张屯村
邮　编　301608
养殖品种　荷斯坦
存栏量　500 头

天津宝龙养殖有限公司

负责人　关宝树

地　址　静海县独流镇大青河南
邮　编　301602
养殖品种　荷斯坦
存栏量　500 头

天津市兴达奶牛养殖场

负责人　严宝成
地　址　静海县王口镇津涞公路东
邮　编　301603
养殖品种　荷斯坦
存栏量　800 头

天津市静海县康达养殖场

负责人　李洪建
电　话　022－68761048
地　址　静海县陈关屯一街 104 国道东
邮　编　301604
养殖品种　荷斯坦
存栏量　700 头

天津市静海县润丰奶牛养殖场

负责人　邢德喜
地　址　静海县双塘镇李靖村
邮　编　301600
养殖品种　荷斯坦
存栏量　300 头

天津市静海县蓄驰奶牛养殖场

负责人　刘建华
地　址　静海县西翟镇巨家庄村
邮　编　301600
养殖品种　荷斯坦
存栏量　500 头

天津市富达奶业有限公司

负责人　刘伟
地　址　静海县高楼 104 国道东 2 公里
邮　编　301600
养殖品种　荷斯坦
存栏量　500 头

天津隆达复合包装制品公司奶牛养殖场

负责人　高文林
地　址　静海县唐官屯镇九宣闸东南
邮　编　301608
养殖品种　荷斯坦
存栏量　600 头

天津合力奶牛养殖有限公司

负责人　李庆丰
地　址　静海县良王庄乡罗各庄村
邮　编　301600
养殖品种　荷斯坦
存栏量　912 头

天津市静海县亚华奶牛养殖场

负责人　孙世忠
地　址　静海县陈官屯镇潘庄
邮　编　301604
养殖品种　荷斯坦
存栏量　800 头

天津市东元养牛场

负责人　孙少来
电　话　022－23994729
地　址　西青区王稳庄镇小孙庄村东
邮　编　300380
养殖品种　荷斯坦
存栏量　300 头

天津西青区乐民畜牧业发展有限公司

负责人　刘振中
电　话　022－83983998
地　址　西青区大寺镇青凝侯
邮　编　300381
养殖品种　荷斯坦
存栏量　300 头

天津津妙奶牛饲养有限公司

负责人　李　云
地　址　宝坻区八门城镇后辛庄
邮　编　301800
养殖品种　荷斯坦
存栏量　500 头

天津市妙生奶牛饲养有限公司

负责人　王连庸
电　话　022－82479260
地　址　宝坻区新安镇小赵村
邮　编　301800
养殖品种　荷斯坦
存栏量　550 头

天津津河奶牛饲养有限公司

负责人　刘宝中
电　话　022－82466888
地　址　宝坻区新安镇大高庄
邮　编　301800
养殖品种　荷斯坦
存栏量　680 头

天津宝坻区俱进奶牛场

负责人　吴奎全
地　址　宝坻区黄庄乡黄庄村西南
邮　编　301803
养殖品种　荷斯坦
存栏量　660 头

天津市宝坻区双齐盛奶牛场

负责人　王学军
电　话　022－22566238
地　址　宝坻区口东镇前齐各庄村南
邮　编　301800
养殖品种　荷斯坦
存栏量　518 头

天津市曦利奶牛饲养有限公司

负责人　刘　虎
地　址　宝坻区黄庄乡水流庄村北
邮　编　301803
养殖品种　荷斯坦
存栏量　620 头

天津市宝坻区飞天奶牛场

负责人　宋　涛
地　址　宝坻区新安镇大赵庄村北
邮　编　301804
养殖品种　荷斯坦
存栏量　1 000 头

天津市宁河县东棘坨镇绿源奶牛场

负责人　高文生
电　话　022－69379803
地　址　宁河县东棘坨镇姜庄村西
邮　编　301507
养殖品种　荷斯坦
存栏量　1 200 头

宁河县东棘坨镇王洪奶牛养殖小区

负责人　刘义怀
电　话　022－69376280
地　址　宁河县东棘坨镇王洪村北
邮　编　301507
养殖品种　荷斯坦
存栏量　800 头

天津市康洁奶业购销站

负责人　王建立
地　址　宁河县东棘坨镇毛毛将村北
邮　编　301507
养殖品种　荷斯坦
存栏量　650 头

宁河县苗庄镇大沙窝奶牛养殖小区

负责人　张　勇
地　址　宁河县苗庄镇大沙窝村东
邮　编　301500
养殖品种　荷斯坦
存栏量　500头

天津润泽奶业发展有限公司

负责人　于　斌
地　址　北辰区青光镇北警备区农场
邮　编　300401
养殖品种　荷斯坦
存栏量　1 800头

天津市展望奶牛养殖场

负责人　张　臣
地　址　北辰区大张庄镇南麻疸村东
邮　编　300400
养殖品种　荷斯坦
存栏量　650头

天津市北辰区佳亿养殖场

负责人　张玉顺
电　话　022－26980886
地　址　北辰区振兴水泥厂东侧
邮　编　300400
养殖品种　荷斯坦
存栏量　1 700头

天津市祥乐奶牛养殖场

负责人　轧乃祥
地　址　北辰区大张庄镇南麻疸村
邮　编　300400
养殖品种　荷斯坦
存栏量　900头

天津市蓟县巨发奶牛养殖场

负责人　孟学军
电　话　022－29148116
地　址　蓟县穿芳峪乡大巨各庄村
邮　编　301909
养殖品种　荷斯坦
存栏量　508头

天津市神农奶牛养殖中心

负责人　许宝贵
电　话　022－29775885
地　址　蓟县别山镇盘山电场东侧
邮　编　301907
养殖品种　荷斯坦
存栏量　500头

东棘坨镇常店村奶牛养殖小区

地　址　宁河县东棘坨镇常店村
养殖品种　荷斯坦
存栏量　500头

天津建业农庄奶牛养殖有限公司

负责人　梁学刚
电　话　022－66201119
地　址　塘沽区胡家园街中心庄村
养殖品种　荷斯坦
存栏量　500头

河　北

河北省广联奶牛小区

负责人　雍银虎
电　话　0311－8249898
地　址　正定小邯村村东
邮　编　050800
养殖品种　中国黑白花
存栏量　1 058头

正定胡村奶牛小区

负责人　康银忠
电　话　0311－8294100
地　址　正定胡村
邮　编　050800
养殖品种　中国黑白花
存栏量　1 123头

宣化县乐乳业有限责任公司

负责人　王永龙
电　话　0313－3160617
传　真　0313－3160617
地　址　张家口市宣化区大西街40号
邮　编　075100
养殖品种　荷兰黑白花
存栏量　500头

张家口市塞北管理区

负责人　范亚平
电　话　0313－5754222
传　真　0313－5754265
地　址　张家口市塞北管理区
邮　编　076576
养殖品种　荷斯坦
存栏量　8 600头

张家口市牛奶公司

负责人　苟秉兴
电　话　0313－4061011
传　真　0313－4054155
地　址　张家口市桥东区一东路7号
邮　编　075000
养殖品种　黑白花
存栏量　1 000头

河北省察北牧场

负责人　班　勇
电　话　0313－5364040
传　真　0313－5364040
地　址　张家口市察北牧场
邮　编　076481
养殖品种　中国荷斯坦
存栏量　9 500头

永年县西韩寨奶牛小区司

负责人　郭树堂
电　话　0310－6970021
地　址　永年县小西堡乡韩寨村
邮　编　057151
养殖品种　黑白花
存栏量　550头

行唐县余底奶牛小区

负责人　郝喜福
电　话　0311－2682888
地　址　行唐余底村
邮　编　050600
养殖品种　中国黑白花
存栏量　800头

行唐县南桥奶牛小区

负责人　闫晋法
电　话　0311－2732430
地　址　行唐南桥村东
邮　编　050600
存栏量　500头

新乐市大流南区

负责人　王瑞江
电　话　0311－8680068
地　址　新乐畜牧场
邮　编　050700
养殖品种　中国黑白花
存栏量　560头

新乐市大流北区

负责人　姚志辉

电　话　0311－8680359
地　址　新乐市原河北军区农场
邮　编　050700
养殖品种　中国黑白花
存栏量　300 头

新乐市闵镇村西小区

负责人　赵振香
电　话　0311－8537222
地　址　新乐市闵镇村
邮　编　050700
养殖品种　中国黑白花
存栏量　700 头

辛集市鑫星养牛小区

负责人　何炳仁
电　话　0311－3396578
地　址　辛集市田庄乡倾井村
邮　编　052360
存栏量　320 头

辛集市南智邱富民基地

负责人　王辰山
电　话　0311－3191336
地　址　辛集市南智邱村
邮　编　052360
养殖品种　中国黑白花
存栏量　500 头

献县阳兴奶牛养殖场

负责人　杨国琴
电　话　0317－4502329
传　真　0317－4502335
地　址　献县段村乡代村
养殖品种　黑白花
存栏量　412 头

承德天添乳业有限公司

负责人　马玉民
电　话　0314－7512900
传　真　0314－7514903
地　址　围场县围场镇孟滦街 63 号
邮　编　068450
养殖品种　中国荷斯坦
存栏量　500 头

河北省芦台农场乳业公司

负责人　姜宝康
电　话　022－69388743
传　真　022－69388743
地　址　天津市宁河县芦台镇
邮　编　301505
养殖品种　荷斯坦
存栏量　3 040 头

河北省汉沽农场

负责人　田玉贵
电　话　022－69213452
传　真　022－69213452
地　址　天津市宁河县
邮　编　301501
养殖品种　荷斯坦
存栏量　3 000 头

唐山丰润区王兆民牛场

负责人　王兆民
地　址　唐山市丰润区石各庄
邮　编　064000
存栏量　308 头

唐山丰润区沙流河奶牛小区

地　址　唐山市丰润区沙流河镇沙流河村
邮　编　064000
存栏量　760 头

石家庄长安区十里铺奶牛小区

负责人　马明键
电　话　0311－5301013
地　址　石家庄市长安区十里铺村北
邮　编　050031
存栏量　800 头

石家庄长安区南石家庄小区

负责人　马明健
电　话　0311－5301013
地　址　石家庄市长安区南石家庄村北
邮　编　050031
存栏量　900 头

石家庄长安区凌透养牛基地

负责人　王建敏
地　址　石家庄市长安区凌透村北
邮　编　050031
养殖品种　中国黑白花
存栏量　400 头

三河市红星奶牛场

负责人　肖　林
电　话　0316－3450124
地　址　三河市李旗庄镇二刘村
邮　编　065200
养殖品种　荷斯坦
存栏量　370 头

宁晋县大曹庄农场奶牛发展中心

负责人　王维谦
电　话　0319－5568251
传　真　0319－5568251
地　址　宁晋县大曹庄农场
邮　编　055550
养殖品种　荷斯坦
存栏量　12 500 头

栾城县盛邦一区

负责人　杨云乐
电　话　0311－6587699
地　址　栾城县北高村
邮　编　051430
养殖品种　中国黑白花
存栏量　800 头

鹿泉市南铜冶小区

负责人　李印田
电　话　0311－223736
地　址　鹿泉市南铜冶
邮　编　050200
养殖品种　中国黑白花
存栏量　1 200 头

廊坊市古县村奶牛养殖园区

负责人　邵宗舫
电　话　0316－2194871
地　址　廊坊市古县村奶牛养殖区
邮　编　065000
养殖品种　荷斯坦奶牛
存栏量　800 头

黄骅市中捷农场养殖基地

负责人　李文星
电　话　0317－5486770
传　真　0317－5482183
地　址　黄骅市中捷农场
邮　编　061108
养殖品种　荷斯坦
存栏量　2 650 头

怀来县京西奶业养殖合作社

负责人　王秀和
电　话　13931308523
地　址　怀来县土木乡太平堡村
邮　编　075400
养殖品种　黑白花
存栏量　300 头

怀来县乔家营奶牛养殖小区

负责人　刘德民
电　话　0313－6250953
地　址　怀来县沙城镇乔家营村
邮　编　075400
养殖品种　黑白花
存栏量　700 头

怀来县湖滨奶牛场

负责人　寇成江
电　话　13803131275
地　址　怀来县官厅镇
邮　编　075400
养殖品种　黑白花
存栏量　300 头

怀来县大黄庄奶牛养殖小区

负责人　颜春良
电　话　13831351598
地　址　怀来县大黄庄乡大黄庄村
邮　编　075431
养殖品种　黑白花
存栏量　300 头

衡水市康乐乳业养殖小区

负责人　李陆海
电　话　13180001888
传　真　2026083
地　址　衡水市深州乔运乡林莆村
邮　编　053000
养殖品种　荷斯坦
存栏量　2 800 头

邯郸滏阳乳业有限责任公司

负责人　李殿华
电　话　0310－6068235
传　真　0310－6068235
地　址　邯郸市渚河路 157 号
邮　编　056001
养殖品种　黑白花
存栏量　1 800 头

御道口牧场奶牛协会

负责人　于少相
电　话　0314－7996632
地　址　国营御道口牧场
邮　编　068463
养殖品种　中国荷斯坦
存栏量　2 000 头

藁城鑫达奶牛小区

负责人　阎书兴
电　话　0311－8083332
地　址　藁城市岗上镇岗上村西北
邮　编　052160
养殖品种　中国黑白花
存栏量　500 头

藁城市北桥宅奶牛小区

负责人　范三臣
电　话　0311－8075044
地　址　藁城市北桥宅村
邮　编　052260
养殖品种　中国黑白花
存栏量　470 头

大城县平舒镇奶牛小区

负责人　杜广增
电　话　13932686370
地　址　大城县畜牧水产局畜牧股
邮　编　065900
养殖品种　黑白花
存栏量　450 头

大城县大尚屯陈良村奶牛小区

负责人　陈新民
电　话　13630165792
地　址　大城县畜牧水产局畜牧股
邮　编　065900
养殖品种　荷斯坦
存栏量　360 头

承德县上板城养殖小区

负责人　张万来
电　话　0314－3050958
地　址　承德县上板城镇漫子沟村
邮　编　067411
养殖品种　黑白花
存栏量　2 500 头

泊头市天天乳业养殖基地

负责人　常守江
电　话　0317－8184901
地　址　泊头市龙华街
邮　编　062150
养殖品种　黑白花
存栏量　300 头

山　西

山西省原平农场

负责人　李彬
电　话　0350－8278043　8275093
地　址　原平市
邮　编　031010
养殖品种　荷斯坦
存栏量　640 头

阳泉市煤业集团鸿源乳制品厂

负责人　李海荣
电　话　0353－7071427
地　址　阳泉市简子沟
邮　编　045000
养殖品种　荷斯坦
存栏量　410 头

忻州市解村农场

负责人　刘海浩
电　话　0350－3671148
传　真　0350－3671345
地　址　忻州市播明东路 9 号
邮　编　034014
养殖品种　荷斯坦
存栏量　445 头

太原农牧场

负责人　郝锁业
电　话　0351－7957575　7957334
地　址　太原市小店区新东庄
邮　编　030032
养殖品种　荷斯坦
存栏量　1 200 头

太原市长风乳业公司

负责人　孟五牛
电　话　0351－7093503
地　址　太原市小店区小庄镇
邮　编　030061
养殖品种　荷斯坦
存栏量　1 080 头

山西恒康乳业科技有限公司

负责人　李建华
电　话　0351－7236088
传　真　0351－7244168
地　址　太原市小店区高新区
邮　编　030032
养殖品种　荷斯坦

存栏量 700 头

太原市金胜奶牛场

负责人 王虎平
电 话 0351-6322064
地 址 太原市金胜镇金胜村
邮 编 030021
养殖品种 荷斯坦
存栏量 698 头

朔州市雁音乳业有限责任公司

负责人 吴宏友
电 话 0349-2197963
传 真 0349-2197963
地 址 朔州市朔城区
邮 编 038500
养殖品种 荷斯坦
存栏量 880 头

山阴农牧场嘉禾奶牛场

负责人 王式义
电 话 0349-7095021
传 真 0349-7095040
地 址 山阴县薛OO乡山阴农牧场
邮 编 036900
养殖品种 荷斯坦
存栏量 385 头

山阴农牧场三友奶牛场

负责人 温亮
电 话 0349-7095040
传 真 0349-7095040
地 址 山阴县薛OO乡山阴农牧场
邮 编 036900
养殖品种 荷斯坦
存栏量 384 头

山阴农牧场海宇奶牛场

负责人 尹德喜
电 话 0349-7095046
传 真 0349-7095040
地 址 山阴县薛OO乡山阴农牧场
邮 编 036900
养殖品种 荷斯坦
存栏量 381 头

山阴农牧场春蕾奶牛场

负责人 温培祥
电 话 0349-7095046
传 真 0349-7095040
地 址 山阴县薛OO乡山阴农牧场
邮 编 036900
养殖品种 荷斯坦
存栏量 376 头

山阴农牧场东达奶牛场

负责人 韩世功
电 话 0349-7095058
传 真 0349-7095040
地 址 山阴县薛OO乡山阴农牧场
邮 编 036900
养殖品种 荷斯坦
存栏量 365 头

山阴县兴荣养殖公司

负责人 孙 荣
地 址 山阴县马营乡故驿村
邮 编 036900
养殖品种 荷斯坦
存栏量 367 头

山西省古城乳业集团有限公司

负责人 乔道首、张明亮
电 话 0349-7082006
传 真 0349-7082001
地 址 山阴县古城镇
邮 编 036900
养殖品种 荷斯坦
存栏量 680 头

离石市益欣食品有限公司

负责人 武玉根
电 话 0358-8355253
传 真 0358-8343170
地 址 离石市宝峰山绿色食品开发基地
邮 编 033015
养殖品种 荷斯坦
存栏量 810 头

大同云城乳业有限公司

负责人 张建强、张宝石
电 话 0352-4193016
传 真 0352-4193159
地 址 大同市新平旺新胜街
邮 编 037003
养殖品种 荷斯坦
存栏量 1 400 头

内 蒙 古

内蒙古奈伦天然乳品有限公司奶源泉基地

负责人 田 志
电 话 0471-5684270
传 真 0471-5684316
地 址 呼托旧公路 4.5 公里处
邮 编 010070
网 站 www. nailun. com. cn
养殖品种 荷斯坦
存栏量 1 100 头

呼和浩特市土左旗奶牛养殖示范小区

负责人 李高德
电 话 0471-8112716 13704712096
地 址 呼和浩特市土左旗畜牧局
邮 编 010100
养殖品种 荷斯坦
存栏量 1 300 头

呼和浩特市大黑河奶牛场

地 址 呼和浩特市南郊
邮 编 010050
养殖品种 荷斯坦
存栏量 500 头

内蒙古家畜改良站奶牛场

负责人 那达木德
电 话 0471-4963294
传 真 0471-4963294
地 址 呼和浩特市东郊
邮 编 010010
养殖品种 荷斯坦
存栏量 70 头

内蒙古乳泉奶业有限公司

负责人 郭予丰
电 话 0472-8922552
传 真 0472-8922552
地 址 包头市土右旗
邮 编 014100
养殖品种 荷斯坦
存栏量 2 500 头

包头市黄河奶牛场

地 址 包头市北原区
邮 编 014013
养殖品种 荷斯坦
存栏量 300 头

辽 宁

铁岭市种畜场

负责人 王佐俊

电　话　0410－2690549　13904109301
传　真　0410－2690254
地　址　铁岭市开发区
邮　编　112616
养殖品种　中国荷斯坦
存栏量　2 100 头

沈阳乳业有限责任公司

负责人　李安民
电　话　024－88043662
传　真　024－88643662
地　址　沈阳市东陵区高新技术开发区20号
邮　编　110164
养殖品种　中国荷斯坦
存栏量　5 059 头

大连建达农业发展有限公司

负责人　王少鹏
电　话　0411－3462227　3464278
地　址　大连市普兰店大刘家镇
邮　编　116228
养殖品种　黑白花
存栏量　650 头

大连奶牛场

负责人　展树清
电　话　0411－6289006
传　真　0411－6289188
地　址　大连市旅顺口区英歌石
邮　编　116051
养殖品种　黑白花
存栏量　1 320 头

大连三寰乳业有限公司奶牛场

负责人　白军
地　址　大连市金州区登沙河镇北关村
邮　编　116105
养殖品种　黑白花
存栏量　1 400 头

大连金星畜牧公司

负责人　徐才涛
电　话　0411－6428257
地　址　大连市甘井子区泡崖村
邮　编　116038
养殖品种　黑白花
存栏量　680 头

本溪市小堡畜牧场

负责人　韩晓光
电　话　0414－4511816
传　真　0414－45117716
地　址　本溪市明山区小堡
邮　编　117022
养殖品种　中国荷斯坦
存栏量　900 头

鞍钢副业总厂畜牧场

负责人　刘永先
电　话　0412－6752053
传　真　0412－5211082
地　址　鞍山市千山区鞍千路十里
邮　编　114044
养殖品种　中国荷斯坦
存栏量　890 头

辽宁惠泽牧业集团

负责人　李森荣
电　话　0419－4222461
传　真　0419－4222462
地　址　辽阳市宏伟高新技术开发区
邮　编　111000
E－mail　market@lnhz. com

吉　林

吉林市春光牧工商实业有限公司

负责人　曲江
电　话　0432－2043677
传　真　0432－2043659
地　址　吉林市春光经济开发区
邮　编　132012
养殖品种　中国荷斯坦
存栏量　830 头

吉林市九牛乳业发展有限公司

负责人　孙孝德
电　话　0432－4899123
传　真　0432－4898204
地　址　吉林市船营区军民路 188 号
邮　编　132011
网　站　www. gcow. com. cn
养殖品种　中国荷斯坦
存栏量　1 123 头

长春新希望乳业有限公司

负责人　黄代云
电　话　0431－4595308
传　真　0431－4595308
地　址　长春市二道区长德公路 6 公里处
邮　编　130102
网　站　miaomiao. changchun. gov. cn
养殖品种　中国荷斯坦
存栏量　1 200 头

吉林农业大学教学实验场畜牧站

负责人　李殿深
电　话　0431－4512401
地　址　长春市长东公路 5 公里处
邮　编　130118
养殖品种　中国荷斯坦
存栏量　600 头

黑　龙　江

牡丹江大湾畜牧公司奶牛场

负责人　曲乃常
电　话　0453－6408450
地　址　牡丹江兴龙镇大湾村
邮　编　157000
养殖品种　黑白花
存栏量　1 304 头

牡丹江三道乳业有限公司

负责人　郝秀礼
电　话　0453－6392204
传　真　0453－6394103
地　址　牡丹江市铁岭三道
邮　编　157614
养殖品种　荷斯坦
存栏量　1 500 头

黑龙江省香坊实验农场奶牛良种场

负责人　李豫江
电　话　0451－2052622
传　真　0451－5100075
地　址　哈尔滨市香坊区香福路 51 号
邮　编　150038
养殖品种　荷斯坦
存栏量　1 100 头

哈尔滨市松花江奶牛场

负责人　许宪福
电　话　0451－82030243
传　真　0451－82030040
地　址　太平区团结镇东直路 88 号
邮　编　150059
养殖品种　荷斯坦
存栏量　2 000 头

哈尔滨牛奶公司

负责人 王哲斌
电 话 0451－86672774
传 真 0451－86636004
地 址 哈尔滨动力区哈平公路7.5公里
邮 编 150069
养殖品种 荷斯坦
存栏量 700头

大庆市银螺乳业有限公司

负责人 刘树清
电 话 0459－6283801
传 真 0459－6280865
地 址 大庆高新技术产业开发区建设路6号
邮 编 163316
养殖品种 荷斯坦
存栏量 11 300头

普陀区长征镇奶牛场

负责人 秦根发
电 话 021－62507166
地 址 桃浦西路桥东2号
邮 编 200331
存栏量 460头

松江区张泽奶牛场

负责人 胡秋坤
电 话 021－57883190
地 址 松江区张泽镇南马桥村
邮 编 201608
存栏量 600头

松江区种奶牛场

负责人 朱秀庆
电 话 021－57775088
传 真 021－67832310
地 址 松江北松公路奶牛棚桥南
邮 编 201611
养殖品种 黑白花
存栏量 800头

上　　海

青浦健康奶牛场

负责人 盛淦林
电 话 021－59750508
传 真 021－59752469
地 址 青浦沪青平公路3839号
邮 编 201703
养殖品种 荷斯坦
存栏量 300头

浦东新区唐镇奶牛场

负责人 顾天福
电 话 021－58960567
地 址 浦东新区唐镇唐四村庆丰大队
邮 编 201202
存栏量 600头

上海杰隆生物工程股份有限公司

负责人 陈东良
电 话 021－58593978
地 址 浦东新区六团镇七灶村
邮 编 201202
存栏量 500头

浦东新区合庆镇畜牧水产场

负责人 沈建明
电 话 021－58971218
地 址 浦东新区合庆镇向阳一村
邮 编 201201
存栏量 370头

上海真元乳业有限公司

负责人 王德新
电 话 021－58251235
传 真 021－58251333
地 址 南汇区芦潮港农场内
邮 编 201309
养殖品种 黑白花
存栏量 787头

上海朝阳希迪乳业有限公司

负责人 金德华
电 话 021－58051853
传 真 021－58050312
地 址 南汇朝阳农场内
邮 编 201302
养殖品种 荷斯坦
存栏量 800头

闵行区浦江奶牛场

负责人 张志刚
电 话 021－64500542
传 真 021－64522890
地 址 闵行区塘湾镇乐道村南
邮 编 200241
养殖品种 荷斯坦
存栏量 300头

金山区吕巷奶牛场

负责人 夏连忠
电 话 021－57371424
传 真 021－57371457
地 址 金山吕巷镇溪南路31号
邮 编 201517
养殖品种 荷斯坦
存栏量 1 650头

金山廊下畜牧种场

负责人 何道清
电 话 021－57391424
地 址 金山金张支线2325号
邮 编 201516
养殖品种 荷斯坦
存栏量 450头

嘉定区马陆镇奶牛场

负责人 王梁燕
电 话 021－59156074
传 真 021－59156074
地 址 嘉定区马陆镇东樊家大严
邮 编 201801
存栏量 500头

嘉定区利嘉奶牛场

负责人 周根发
电 话 13501902766
传 真 59946246
地 址 嘉定区曹王镇俞湾村
邮 编 201809
存栏量 400头

上海牛奶五四牛奶有限公司

负责人 唐新仁
电 话 021－57169835
地 址 奉贤区五四农场
邮 编 201422
养殖品种 荷斯坦
存栏量 1 500头

奉贤区健康奶牛场

负责人 王仲士
电 话 021－57120042
传 真 021－57120042
地 址 奉贤区奉新镇人民塘西路29号

邮　编　201418
养殖品种　黑白花
存栏量　520 头

上海燎原农场奶牛场

负责人　卫功宇
电　话　021-57110055
传　真　021-57110055
地　址　奉贤燎原农场内
邮　编　201408
养殖品种　黑白花
存栏量　560 头

奉贤区西渡奶牛场

负责人　李昌喜
电　话　021-57434225
地　址　奉贤大叶公路 4388 号
邮　编　201401
养殖品种　荷斯坦
存栏量　300 头

上海新海农场新港奶牛场

负责人　陈惠忠
电　话　021-59655146
传　真　021-59655186
地　址　崇明新海农场内
邮　编　202172
存栏量　600 头

上海红星农场奶牛场

负责人　李国庆
电　话　021-59341591
地　址　崇明红星农场内
邮　编　202173
养殖品种　黑白花
存栏量　720 头

上海佳辰牧业有限公司

负责人　倪德佳
电　话　021-59311477
传　真　021-59311447
地　址　崇明长征农场内
邮　编　202174
养殖品种　黑白花
存栏量　500 头

上海长江农场奶牛二场

负责人　施凤勤
电　话　021-59666346
传　真　021-59666346
地　址　崇明长江奶农场内
邮　编　202178
养殖品种　荷斯坦
存栏量　700 头

宝山区罗南奶牛场

负责人　陈剑忠
电　话　021-56011361
地　址　宝山区罗南西陶
邮　编　201908
存栏量　340 头

宝山区宝罗奶牛场

负责人　陈建清
电　话　021-56014654
地　址　宝山区罗店镇张士村
邮　编　201908
存栏量　430 头

宝山区奶牛场

负责人　张春海
电　话　021-56860413
地　址　宝山区罗店镇石太路
邮　编　201908
存栏量　390 头

宝山区兴康奶牛场

负责人　庄德兴
电　话　021-66861916
地　址　宝山区罗店镇光明村
邮　编　201908
存栏量　300 头

江　苏

南京奶业（集团）有限公司

负责人　蔡敬东
电　话　025-4872392
传　真　025-4875156
地　址　南京卫岗童卫路 5 号
邮　编　210014
网　站　www. njdairy. com
养殖品种　荷斯坦
存栏量　22 000 头

徐州绿健乳业有限责任公司

负责人　陈正晖
电　话　0516-7627810
传　真　0516-7627800
地　址　徐州北区马场湖
邮　编　221006
养殖品种　荷斯坦
存栏量　22 000 头

维维农牧科技有限公司

负责人　崔桂华
电　话　0516-3298937
传　真　0516-3298672
地　址　徐州市城南开发区维维总部
邮　编　221111
养殖品种　荷斯坦
存栏量　3 000 头

镇江市长江乳业有限公司

负责人　王　辉
电　话　0511-5625117
传　真　0511-5626533
地　址　镇江市镇句路四摆渡
邮　编　212111
养殖品种　荷斯坦
存栏量　806 头

扬州大学实验农牧场

负责人　吕贞龙
电　话　0514-7979263
传　真　0514-7369499
地　址　扬州市大学路 60 号
邮　编　225009
养殖品种　中国荷斯坦
存栏量　720 头

盐城市泰来神奶业有限公司

负责人　陈连根
电　话　0515-8897088
传　真　0515-8897088/888
地　址　盐城市城区南洋镇江西村
邮　编　224005
存栏量　306 头

无锡东北塘乳制品有限公司

负责人　过献忠
电　话　0510-3775816
传　真　0510-3771707
地　址　无锡锡山区东北塘黄信桥
邮　编　214191
养殖品种　黑白花
存栏量　508 头

无锡市马山牛奶有限公司

负责人　曹善成
电　话　0510-5996657　5994377
传　真　0510-5990457
地　址　无锡市马山鱼花路 29 号
邮　编　214092
网　站　www. wxmilk. com

养殖品种　黑白花
存栏量　538 头

无锡市黄巷奶牛场

负责人　杨建清
联系人　唐建度
电　话　0510－3119213
传　真　0510－3119213
地　址　无锡市黄巷镇锡龙路百子桥
邮　编　214045
存栏量　495 头

苏州市上方山牧场

负责人　陆火林
电　话　0512－68130178
传　真　0512－68236623
地　址　苏州市上方山北
邮　编　215009
网　站　www. szyunlan. com
养殖品种　黑白花
存栏量　500 头

苏州市牛奶公司

负责人　缪晓航
电　话　0512－67232511
传　真　0512－67232511
地　址　苏州市城北公路 6 号桥
邮　编　215008
网　站　www. szdairy. com
养殖品种　黑白花
存栏量　850 头

南通市乳品厂

负责人　陈国权
电　话　0513－5568165
传　真　0513－5568165
地　址　南通港闸区闸西乡团结村八组
邮　编　226000
养殖品种　荷斯坦
存栏量　720 头

南京珠江乳牛场有限责任公司

负责人　徐　家
电　话　025－8883132
传　真　025－8883132
地　址　南京市浦口区珠江镇北口
邮　编　211800
存栏量　870 头

南京川田乳品有限公司

负责人　许翌星
电　话　025－2121883
传　真　025－2121881
地　址　南京江宁开发区经五路 129 号
邮　编　211100
网　站　www. shantian. com. cn
养殖品种　荷斯坦
存栏量　2 200 头

淮安快鹿牛奶有限公司

负责人　顾荫民
电　话　0517－3666382
传　真　0517－3676372
地　址　淮安市淮海西路 282 号
邮　编　223001
养殖品种　荷斯坦
存栏量　3 800 头

东台市宇航奶业有限公司奶牛场

负责人　丁昌根
电　话　0515－5234344
传　真　0515－5270921
地　址　东台市惠民路南首
邮　编　224200
养殖品种　黑白花
存栏量　302 头

无锡市惠山区长安牧场

负责人　朱　宏
电　话　0510－3762431
地　址　无锡市堰桥长安后妨里
邮　编　214177
养殖品种　荷斯坦
存栏量　300 头

浙　江

余杭南湖农场

负责人　黄月平
电　话　0571－88677169
地　址　余杭南湖农场
邮　编　311121
养殖品种　荷斯坦
存栏量　400 头

鄞州区永盛奶牛场

负责人　王永岳
电　话　0574－88345112
传　真　0574－88473040
地　址　鄞州区云龙镇甲村
邮　编　315137
养殖品种　荷斯坦
存栏量　1 000 头

杭州市湘湖奶牛场

负责人　汪关明
电　话　0571－62766179
地　址　萧山区湘湖农场内
邮　编　311258
养殖品种　荷斯坦
存栏量　590 头

宁波牛奶公司

负责人　徐志雄
电　话　0574－87500234
传　真　0574－87506416
地　址　宁波市中山西路 796 弄 11 号
邮　编　315010
网　站　www. nbnn. com. cn
养殖品种　荷斯坦
存栏量　1 200 头

金华丁丁良种奶牛养殖场

负责人　韩志龙
电　话　0579－2199070
地　址　金华市金东区多湖王宅
邮　编　321000
养殖品种　荷斯坦
存栏量　1 100 头

李子园牛奶食品有限公司

负责人　李国平
电　话　0579－2887719
传　真　0579－2887719
地　址　金华市金东区曹宅镇李子园工业区
邮　编　321031
网　站　www. liziyuan. com
养殖品种　荷斯坦
存栏量　1 000 头

金华市青青奶牛场

负责人　金根松
电　话　0579－8277267
地　址　金华市佳乐乳业有限公司
邮　编　321001
养殖品种　荷斯坦
存栏量　653 头

金华三路口牧场

负责人　林献桃
电　话　13905791531
地　址　金华开发区三江街道三路口村
邮　编　321000
养殖品种　荷斯坦

存栏量 300 头

金东区王坦牧场

负责人 盛茂樟
电 话 13095897411
地 址 金东区多湖街道王坦村
邮 编 321000
养殖品种 荷斯坦
存栏量 300 头

杭州市南湖奶牛场

负责人 黄月平
电 话 0571－88661923
地 址 杭州市余杭区南湖农场内
邮 编 311121
养殖品种 荷斯坦
存栏量 530 头

杭州市湘湖奶牛场

负责人 汪关明
电 话 0571－82766179
地 址 杭州市萧山区
邮 编 311258
养殖品种 荷斯坦
存栏量 550 头

杭州市下沙第一奶牛场

负责人 叶雪泉
电 话 0571－86921895
地 址 杭州市下沙镇
邮 编 310018
养殖品种 荷斯坦
存栏量 890 头

杭州市下沙第二奶牛场

负责人 许荣虎
电 话 0571－66921742
地 址 杭州市下沙镇
邮 编 310018
养殖品种 荷斯坦
存栏量 490 头

杭江奶牛场

负责人 王元法
电 话 0571－86931778/2818
地 址 杭州市外乔司
邮 编 310018
养殖品种 荷斯坦
存栏量 2 040 头

杭州市三口奶牛场

负责人 周乐民
电 话 0571－63767037
地 址 杭州市临安市三口乡
邮 编 311301
养殖品种 荷斯坦
存栏量 390 头

杭州奶业有限公司

负责人 严宫乐
电 话 0571－88147002
传 真 0571－88147002
地 址 杭州市半山广济路 10 号
邮 编 310022
养殖品种 荷斯坦
存栏量 2 477 头

杭州正兴牧业有限公司

负责人 叶树生
电 话 0571－63769091
地 址 杭州临安市板桥乡
邮 编 311301
养殖品种 荷斯坦
存栏量 1 009 头

杭州近江奶牛养殖有限公司

负责人 何泽敏
地 址 杭州经济技术开发区内
邮 编 310018
养殖品种 荷斯坦
存栏量 1 087 头

杭州双峰奶牛场

负责人 叶炳泉
电 话 0571－86034169
地 址 杭州经济技术开发区内
邮 编 310018
养殖品种 荷斯坦
存栏量 1 019 头

杭州市常青奶牛场

负责人 李兴法
电 话 0571－86912508
地 址 杭州经济技术开发区
邮 编 310018
养殖品种 荷斯坦
存栏量 469 头

安 徽

宣城市华龙乳业商品奶牛发展公司

负责人 汪礼龙
电 话 0563－3630018
传 真 0563－3630068
地 址 宣城市宣州区黄渡街道
邮 编 242081
养殖品种 中国荷斯坦
存栏量 350 头

芜湖卫岗乳品有限公司

负责人 贲曙光
电 话 0553－2863227
传 真 0553－2832576
地 址 芜湖市康复路 167 号
邮 编 241000
养殖品种 中国荷斯坦
存栏量 600 头

马鞍山市牛奶场

负责人 潘先松
电 话 0555－2353799
传 真 0555－2353799
地 址 马鞍山市东环路立交桥旁
邮 编 243000
养殖品种 中国荷斯坦
存栏量 400 头

六安市奶牛场

负责人 张先国
电 话 0564－3269257
传 真 0564－3269257
地 址 六安市佛子岭路 59 号
邮 编 237011
养殖品种 中国荷斯坦
存栏量 500 头

安徽益益乳业有限公司

负责人 吴明楼
电 话 0554－3607120
传 真 0554－3607120
3607588
地 址 淮南市九龙岗北
邮 编 232035
养殖品种 中国荷斯坦
存栏量 5 500 头

淮北市奶牛场

负责人 王平哲
电 话 0561－3222653
地 址 淮北市渠沟
邮 编 235000
养殖品种 中国荷斯坦
存栏量 2 500 头

安徽白帝乳业有限公司

负责人 王光荣
电 话 0551-5562571
传 真 0551-5570961
地 址 合肥市陈村路21号
邮 编 230031
养殖品种 中国荷斯坦
存栏量 2 000头

安徽省保健奶牛场

负责人 李远福
电 话 0551-5562989 6771776
传 真 0551-5562989
地 址 合肥市长江西路407号
邮 编 230031
养殖品种 荷斯坦
存栏量 600头

滁州市奶业有限责任公司

负责人 张顺利
电 话 0550-3022980
传 真 0550-3047757
地 址 滁州市环山路8号
邮 编 239000
养殖品种 荷斯坦
存栏量 2 300头

亳州市天达奶牛示范场

负责人 支道友
电 话 0558-5010476
地 址 亳州市大杨镇
邮 编 236800
养殖品种 荷斯坦
存栏量 350头

蚌埠市蚂蚁山奶牛场

负责人 刘世清
电 话 0552-2811281
传 真 0552-2811281
地 址 蚌埠市蚂蚁山奶牛场
邮 编 233000
养殖品种 中国荷斯坦
存栏量 890头

福 建

百信实业（漳州）有限公司

负责人 陈学炎
电 话 0596-3642303
传 真 0596-6342303
地 址 漳浦县前亭镇大社工业区
邮 编 363207
养殖品种 荷斯坦
存栏量 420头

尤溪县大乘天发奶牛场

负责人 詹恽华
电 话 0598-6246569
传 真 0598-6243097
地 址 尤溪县联合乡东边村
邮 编 365102
养殖品种 荷斯坦
存栏量 580头

福建长富乳业第六牧场

负责人 于佩强
电 话 0599-7852466
传 真 0599-7854066
地 址 顺昌县水南镇新屯村
邮 编 353200
网 站 www. fjchangfu. com
养殖品种 荷斯坦
存栏量 1 516头

福建长富乳业第二十六牧场

负责人 程素红
电 话 0599-6668286
传 真 0599-6668285
地 址 邵武市吴家塘镇
邮 编 354003
网 站 www. fjchangfu. com
养殖品种 荷斯坦
存栏量 889头

邵武市平荣奶牛养殖有限公司

负责人 朱江平
联系人 翁晓荣
电 话 0599-6712988
6712998
传 真 0599-6713333
地 址 邵武市拿口庄上村
邮 编 354000
养殖品种 荷斯坦
存栏量 1 100头

邵武市长盛奶牛养殖有限公司

负责人 陈国英
电 话 0599-6763008
传 真 0599-6763008
地 址 邵武市洪墩镇水口寨
养殖品种 荷斯坦
存栏量 800头

浦城县华美乳业有限公司

负责人 李天华
联系人 陈庆荣
电 话 0599-2712998
传 真 0599-2711888
地 址 浦城县南浦生态工业园区三元1号
邮 编 353400
养殖品种 荷斯坦
存栏量 3 000头

福建长富乳业第二牧场

负责人 王友祥
联系人 林秀通
电 话 0599-8482489
传 真 0599-8482489
地 址 南平延平区樟湖镇杨梅峡开发区
邮 编 353016
网 站 www. fjchangfu. com
养殖品种 荷斯坦
存栏量 2 924头

福建长富乳业第十三牧场

负责人 蔡永健
电 话 0599-8578562
传 真 0599-8578562
地 址 南平市延平区峡阳镇埂头村
邮 编 353005
网 站 www. fjchangfu. com
养殖品种 荷斯坦
存栏量 1 748头

福建长富乳业第五牧场

负责人 骆建安
电 话 0599-8577951
地 址 南平市延平区峡阳浪石村
邮 编 353005
网 站 www. fjchangfu. com
养殖品种 荷斯坦
存栏量 549头

福建大乘广平奶牛有限公司

负责人 游加荣
电 话 0599-8427489
地 址 南平市延平区南山镇大坎村
邮 编 353021
养殖品种 荷斯坦
存栏量 520头

福建长富乳业第三牧场

负责人 林 青
电 话 0599-8455233

地　址　南平市延平区炉下镇瓦口村
邮　编　353013
网　站　www. fjchangfu. com
养殖品种　荷斯坦
存栏量　1 401 头

福建长富乳业第二十五牧场

负责人　郑祖新
电　话　0599－8564896
地　址　南平市来舟镇王富村渡口
邮　编　353004
网　站　www. fjchangfu. com
养殖品种　荷斯坦
存栏量　1 056 头

福建大乘乳业股份有限公司

负责人　陈　龙
电　话　0599－8805888
传　真　0599－8805079
地　址　南平市建溪路 81 号
邮　编　353000
网　站　www. fjdcd. com
养殖品种　中国荷斯坦
存栏量　6 500 头

福建大乘乳业大横牧场

负责人　邱承亮
联系人　罗金木
电　话　0599－8418668
地　址　南平市横镇新村
邮　编　353033
养殖品种　荷斯坦
存栏量　1 050 头

福建大乘康顺奶牛养殖有限公司

负责人　李弥金
电　话　0599－8417127
地　址　南平市大横镇葫芦丘村
邮　编　353033
养殖品种　荷斯坦
存栏量　442 头

福建大乘乳业公司常坑牧场

负责人　林增俊
联系人　严孝凤
电　话　0599－8811489
地　址　南平市常坑口
邮　编　353000
养殖品种　荷斯坦
存栏量　950 头

福建长富集团股份有限公司

负责人　陈学坤
电　话　0599－8635788　8635188
传　真　0599－8635318
地　址　南平市长富路 168 号
邮　编　353000
网　站　www. fjchangfu. com
养殖品种　中国荷斯坦
存栏量　13 188 头

福建长富乳业第一牧场

负责人　陈新华
电　话　0599－8614820
地　址　南平市长富路 168 号
邮　编　353000
养殖品种　荷斯坦
存栏量　1 023 头

福建长富乳业第三十三牧场

负责人　潘建东
电　话　0599－5877333
地　址　建阳市水吉镇玉瑶村老虎山
邮　编　354207
网　站　www. fjchangfu. com
养殖品种　荷斯坦
存栏量　1 054 头

福建长富乳业第二十八牧场

负责人　陈锦山
电　话　0599－5566668
地　址　建阳市莒口镇后山村
邮　编　354202
网　站　www. fjchangfu. com
养殖品种　荷斯坦
存栏量　1 167 头

福建大乘徐墩山边奶牛场

负责人　兰振兴
联系人　谢德明
电　话　13850941439
地　址　建瓯市徐墩镇山边村
邮　编　353103
养殖品种　荷斯坦
存栏量　440 头

福建大乘富头奶牛有限公司

负责人　詹小文
联系人　张启信
电　话　0599－3568386
地　址　建瓯市徐墩镇富头村
邮　编　353100
养殖品种　荷斯坦
存栏量　760 头

福建大乘德鲜奶牛饲养有限公司

负责人　张孙明
联系人　陈文秀
电　话　13960683877
地　址　建瓯市南雅镇房村小松溪桔园
邮　编　353102
养殖品种　荷斯坦
存栏量　480 头

福建长富乳业第七牧场

负责人　郑道年
电　话　0599－3525168
传　真　0599－3525168
地　址　建瓯市南雅镇房村爱竹村
邮　编　353101
网　站　www. fjchangfu. com
养殖品种　荷斯坦
存栏量　1 066 头

福建大乘雅鲜奶牛有限公司

负责人　苏省忠
联系人　杨静奇
电　话　0599－3525206
地　址　建瓯市房村口
邮　编　353102
养殖品种　荷斯坦
存栏量　450 头

福建大乘东源生态牧业有限公司

负责人　陈道平
联系人　任景张
电　话　0599－3598633
传　真　0599－3598633
地　址　建瓯市东峰镇井岐村
邮　编　353100
养殖品种　荷斯坦
存栏量　580 头

福建惠尔康乳业有限公司

负责人　叶争鸣
电　话　0591－3928777/828
传　真　0591－3923222
地　址　福州市晋安区连江中路 80 号
邮　编　350011
养殖品种　荷斯坦
存栏量　500 头

福州市康利达乳业有限公司

负责人　刘声锵
电　话　13609539356
地　址　福州市金山
邮　编　350002
养殖品种　荷斯坦
存栏量　508 头

福清市福牛乳业有限公司

负责人　林光明
电　话　0591－5109788
传　真　0591－5318673
地　址　福清市宏路镇
邮　编　350300
养殖品种　荷斯坦
存栏量　106 头

长泰县新龙华乳业有限公司

负责人　林立新
电　话　0596－8318609
传　真　0596－8317316
地　址　长泰县新泰工业区
邮　编　363900
养殖品种　荷斯坦
存栏量　310 头

江　西

江西李子园牛奶食品有限公司

负责人　金旭浩
联系人　池跃进
电　话　0797－6327598
传　真　0797－6327599
地　址　于都县楂林工业园李子园公司
邮　编　342300
存栏量　3 000 头

于都县屏山牧场

负责人　叶彩义
电　话　0797－6292338
传　真　0797－6292338
地　址　于都县靖石乡黄沙村
邮　编　342300
存栏量　1 032 头

江西金牛集团南湖农场

负责人　江　洪
电　话　0791－3116299
地　址　南昌新建县七里岗镇
邮　编　330100
养殖品种　中国荷斯坦
存栏量　1 964 头

江西金牛集团谭家农场

负责人　熊绪初
电　话　0791－3975396
地　址　南昌新建县乐化镇
邮　编　330100
养殖品种　中国荷斯坦
存栏量　1 149 头

江西阳光乳业四牧场

负责人　张旱霖
电　话　0791－5275901
地　址　南昌县横岗
邮　编　330001
养殖品种　中国荷斯坦
存栏量　425 头

新建县北郊奶牛场

负责人　肖　鹏
电　话　0791－3700427
地　址　南昌市新建县北郊
邮　编　330100
养殖品种　中国荷斯坦
存栏量　762 头

南昌市北郊林场奶牛场

负责人　陈可波
电　话　0791－3705766
地　址　南昌市新建县
邮　编　330100
养殖品种　中国荷斯坦
存栏量　800 头

江西金牛企业集团公司

负责人　席德三
电　话　0791－3975819
传　真　0791－3977811
地　址　南昌市蛟桥
邮　编　330044
存栏量　8 000 头

江西金牛集团三牧场

负责人　陈华生
电　话　0791－3975975
地　址　南昌市蛟桥
邮　编　330044
养殖品种　中国荷斯坦
存栏量　1 229 头

江西金牛集团二牧场

负责人　郭建明
电　话　0791－3975797
地　址　南昌市蛟桥
邮　编　330044
养殖品种　中国荷斯坦
存栏量　1 197 头

江西金牛企业集团冠山农场

负责人　曹茂南
电　话　0791－3975171
传　真　0791－3977811
地　址　南昌市蛟桥
邮　编　330044
养殖品种　中国荷斯坦
存栏量　1 064 头

江西金牛集团钟山农场

负责人　邓必汉
电　话　0791－3975987
地　址　南昌市蛟桥
邮　编　330044
养殖品种　中国荷斯坦
存栏量　553 头

江西金牛集团一牧场

负责人　何园喜
电　话　0791－3975739
地　址　南昌市蛟桥
邮　编　330044
养殖品种　中国荷斯坦
存栏量　505 头

南昌市北郊奶牛服务有限公司

负责人　罗原宽
联系人　方小春
电　话　0791－3705766
地　址　南昌市北郊
邮　编　330100
养殖品种　荷斯坦
存栏量　850 头

江西阳光乳业三牧场

负责人　万大俄
电　话　0791－5273187
地　址　南昌青云谱苗圃
邮　编　330001
养殖品种　中国荷斯坦
存栏量　265 头

江西阳光乳业二牧场

负责人　罗国富
电　话　0791－5274484
地　址　南昌青云谱岱山西路
邮　编　330001
养殖品种　中国荷斯坦
存栏量　585 头

江西阳光乳业一牧场

负责人　熊功光
电　话　0791－5275079
地　址　南昌青云谱岱山东路
邮　编　330001
养殖品种　中国荷斯坦
存栏量　504 头

九江市牛奶公司

负责人　赵　升
电　话　0792－8362869
传　真　0792－8362564
地　址　九江市牛奶公司
邮　编　332000
养殖品种　荷斯坦
存栏量　360 头

景德镇牛奶公司

负责人　潘镇华
地　址　景德镇
邮　编　222490
养殖品种　中国荷斯坦
存栏量　394 头

英雄奶业（赣州）有限责任公司

负责人　李起来
联系人　殷贤塔
电　话　0797－8227999
传　真　0797－8223566
地　址　赣州市健康路 50 号
邮　编　341000
存栏量　400 头

江西国营红星企业集团红壤开发公司

负责人　杨国龙
电　话　0794－542358
地　址　东乡县寺前
邮　编　381800
养殖品种　中国荷斯坦
存栏量　1 018 头

江西国营红星企业集团南山牧场

负责人　徐武文
电　话　0794－542318
地　址　东乡县寺前
邮　编　381800
养殖品种　中国荷斯坦
存栏量　780 头

山　东

青岛玉皇岭奶牛场

负责人　王学瑞
电　话　0532－7883635
传　真　0532－7881901
地　址　青岛市城阳区正阳东路
邮　编　266106
养殖品种　中国荷斯坦
存栏量　900 头

河　南

郑州市宋柴奶牛场

电　话　0371－3722630
地　址　郑州市金水区庙李镇宋柴村
邮　编　450007

郑州市热电厂奶牛场

电　话　0371－3722630
地　址　郑州市电厂路北头
邮　编　450007

许昌县昌宁奶业公司奶牛场

负责人　宁晓波
地　址　许昌五女店镇
邮　编　461114

许昌市屈丙林奶牛场

电　话　0374－4364422
地　址　许昌市魏都区
邮　编　461000

洛阳市郊区洛南乳牛场

电　话　0379－5890009
地　址　洛阳市郊区青阳屯村
邮　编　471023

鹤壁市安钢集团奶牛场

电　话　0392－7771187
地　址　鹤壁市淇县北阳乡
邮　编　456781

湖　北

武汉开隆高新农业发展有限公司

负责人　周世同
电　话　027－82902858/1305
传　真　027－82902858/1368
地　址　武汉市武湖农场武汉生态农业园中心路 2 号
邮　编　430345
养殖品种　中国荷斯坦
存栏量　3 000 头

武汉惠尔康扬子江乳业畜牧分公司

负责人　易邦富
电　话　027－82866777
传　真　027－82866555
地　址　武汉市江岸区惠济路 55 号
邮　编　430010
网　站　www. yzjdairy. com
养殖品种　荷斯坦
存栏量　4 000 头

武汉惠尔康扬子江乳业武昌牧场

负责人　李开桥
电　话　027－87803822
传　真　027－87803822
地　址　武汉市洪山区卓刀泉刘家咀
邮　编　430079
网　站　www. yzjdairy. com
养殖品种　中国荷斯坦
存栏量　1 100 头

武汉惠尔康扬子江乳业青菱牧场

负责人　桂　峰
电　话　027－88115450
传　真　027－88115450
地　址　武汉市洪山区
邮　编　430065
网　站　www. yzjdairy. com
养殖品种　中国荷斯坦
存栏量　400 头

武汉市汉南乌金奶牛场

负责人　何跃进

电　话　027-84854494
地　址　武汉市汉南区
邮　编　430090
存栏量　450 头

武汉友芝友保健乳品有限公司

负责人　袁　谦
电　话　027-83370148
　　　　83228336
传　真　027-83226549
地　址　武汉市东西湖区吴家山梨花园路248号
邮　编　430040
网　站　www. yzymilk. com
养殖品种　荷斯坦
存栏量　6 500 头

武汉惠尔康扬子江乳业八一牧场

负责人　毛兆训
电　话　027-61811175
传　真　027-61811175
地　址　武汉黄陂区武湖农场高车 39435 部队农场
邮　编　432241
网　站　www. yzjdairy. com
养殖品种　中国荷斯坦
存栏量　1 000 头

武汉惠尔康扬子江乳业矸口牧场

负责人　唐业斌
电　话　027-83832665
传　真　027-83832665
地　址　矸口古田四路长丰乡北院新墩
邮　编　430034
网　站　www. yzjdairy. com
养殖品种　中国荷斯坦
存栏量　900 头

武汉惠尔康扬子江乳业汉南牧场

负责人　陈守强
电　话　027-84731406
传　真　027-84731406
地　址　汉南区乌金农场汉南牧场
邮　编　430090
网　站　www. yzjdairy. com
养殖品种　中国荷斯坦
存栏量　220 头

湖　南

湖南亚华种业股份有限公司

负责人　邹定民
电　话　0731-2566572
传　真　0731-2566602
地　址　长沙市八一路 509 号亚华大厦
邮　编　410011
网　站　www. yahuaseeds. com
养殖品种　荷斯坦、西门塔尔
存栏量　15 000 头

广　东

肇庆市鼎湖温氏乳业有限公司

负责人　温志芬
联系人　伍尚雄
电　话　0758-2612828
传　真　0758-2613600
地　址　肇庆市鼎湖区莲花镇
邮　编　526072
养殖品种　荷斯坦、娟姗
存栏量　1 300 头

湛江市湖光奶牛场

负责人　陈马玉
电　话　0759-2843488
传　真　0759-2845683
地　址　湛江市郊志满
邮　编　524086
养殖品种　荷斯坦
存栏量　950 头

深圳市鹏发时代奶品饮料有限公司

负责人　朱楚坚
电　话　0755-84060423
传　真　0755-84060966
地　址　深圳市龙岗区坪地镇六联富临路
邮　编　518117
养殖品种　荷斯坦
存栏量　1 500 头

深圳市光明集团牛奶公司

负责人　陈　良
电　话　0755-27400639
传　真　0755-27406808
地　址　深圳市宝安区光明街道办
邮　编　518107
网　站　www. szgm. com
养殖品种　荷斯坦
存栏量　7 600 头

惠州市慧明食品饮料有限公司

负责人　黄文震
电　话　0752-6860266
传　真　0752-6860268
地　址　惠州市博罗县龙溪镇慧明大道
邮　编　516121
网　站　www. gdhuiming. com
养殖品种　荷斯坦、娟姗
存栏量　2 520 头

广东华怡（集团）牛奶有限公司

负责人　黄志平
电　话　0762-3370761
传　真　0762-3371888
地　址　河源市兴源东路 1 号
邮　编　517000
养殖品种　中国荷斯坦
存栏量　500 头

广州市国营凤凰公司二牧场

负责人　赖炽文
电　话　020-87210955
传　真　020-37394212
地　址　广州市天河区渔沙坦凤凰公司二牧
邮　编　510520
养殖品种　荷斯坦
存栏量　800 头

广州市天河强兴畜牧有限公司

负责人　杨群兴
电　话　020-87039109
传　真　020-87039109
地　址　广州市天河区柯木塱强兴畜牧有限公司
邮　编　510520
养殖品种　荷斯坦
存栏量　1 000 头

广州市华美牛奶公司

负责人　林辉新
电　话　020-82370622
传　真　020-82370622
地　址　广州市天河区东圃镇
邮　编　510663
养殖品种　荷斯坦
存栏量　2 300 头

广州市奶牛研究所试验奶牛场

负责人　关伟昆
电　话　020－86590250
传　真　020－86590250
地　址　广州市广园中麓景路388号
邮　编　510405
养殖品种　娟姗、荷斯坦、娟荷杂
存栏量　600头

广州市云燕畜牧发展公司

负责人　张祝华
电　话　020－87429012
传　真　020－87426979
地　址　广州沙河燕塘
邮　编　510507
养殖品种　中国荷斯坦
存栏量　700头

广州九龙奶牛场

负责人　李玉奇
电　话　020－86798919
地　址　广州花都区花桥镇杨荷作业区
邮　编　510897
养殖品种　荷斯坦、娟珊
存栏量　600头

广　西

广西水牛研究所水牛场

负责人　杨炳壮
电　话　0771－3320780
传　真　0771－3313814
地　址　南宁市邕武路24号
邮　编　530001
养殖品种　奶用水牛
存栏量　460头

广西畜牧研究所奶牛场

负责人　韦干显
电　话　0771－3305285
传　真　0771－3313026
地　址　南宁市邕武路24号
邮　编　530001
养殖品种　澳型荷斯坦、西门塔尔、短角牛
存栏量　260头

广西农垦金光实业总公司畜牧有限公司

负责人　覃富超
电　话　0771－3355324
地　址　南宁市坛洛镇
邮　编　537104
养殖品种　澳大利亚荷斯坦
存栏量　570头

广西农垦西江畜牧有限公司奶牛场

负责人　邓绍辉
电　话　0775－4270941
传　真　0775－4271041
地　址　贵港市
邮　编　537104
养殖品种　荷斯坦
存栏量　300头

海　南

海南新海乳业有限公司

负责人　和平
联系人　李良森
电　话　0898－65778207　13005027958
传　真　0898－65778207
地　址　海口罗牛山农业综合开发区
邮　编　571133
养殖品种　荷斯坦
存栏量　140头

海南艾森牧业有限公司

负责人　戴桂海
联系人　孙　滨
电　话　0898－67486601/6602/6603
传　真　0898－67486604
地　址　澄迈县老城邮电支局008号信箱
邮　编　571924
网　站　www.asichina.com
养殖品种　中国荷斯坦
存栏量　174头

重　庆

南岸区峡口镇奶牛养殖园区

负责人　何德富
联系人　陈永全
电　话　023－62390518
传　真　023－62390809
地　址　南岸区峡口镇人民政府
邮　编　400072
存栏量　300头

四　川

雅安熊猫乳业有限公司

负责人　张健康
电　话　0835－2615168
传　真　0835－2613938
地　址　雅安市康藏路95号
邮　编　625000
养殖品种　中国荷斯坦
存栏量　300头

西昌攀西乳业有限责任公司

负责人　贺飞
联系人　黄学云
电　话　0834－3957018
　　　　3957858
传　真　0834－3957028
地　址　西昌市新村路
邮　编　615022
养殖品种　中国荷斯坦
存栏量　500头

眉山大业育种生物工程有限公司

负责人　罗蜀杭
联系人　郑宏亮
电　话　0833－6069299
传　真　0833－6069299
地　址　仁寿县视高乡河心村
邮　编　620564
养殖品种　荷斯坦
存栏量　406头

彭山县曾家股份制奶牛场

负责人　曾正清
电　话　0833－7795826
地　址　彭山县观音镇曾家村
邮　编　612760
养殖品种　黑白花
存栏量　300头

攀枝花市综合农场

负责人　颜明发
电　话　0812－2900348
传　真　0812－2900348
地　址　攀枝花市综合农场
邮　编　617061
养殖品种　荷斯坦
存栏量　400头

南充市乳制品有限公司

负责人　李全中
电　话　0817－2701741
　　　　2708078
传　真　0817－2701741
地　址　南充市文峰街54号
邮　编　637000
养殖品种　中国荷斯坦
存栏量　580头

绵阳市种畜场

负责人　刘义贵
电　话　0816－6331513
传　真　0816－6331513
地　址　绵阳市西山北路55号
邮　编　621000
养殖品种　中国荷斯坦
存栏量　410头

四川应林集团现代奶牛生物技术研发有限公司

负责人　童应林
电　话　0833－8103250
传　真　0833－8113078
地　址　眉山市三苏大道东段
邮　编　620010
网　站　www.yinglingroup.com
养殖品种　荷斯坦
存栏量　2 500头

四川美联胚胎生物工程有限公司

负责人　贾成群
电　话　0833－7676858
传　真　0833－7676858
地　址　眉山市彭山县彭溪镇
邮　编　612760
养殖品种　荷斯坦
存栏量　800头

四川阳平共发种子奶牛有限责任公司

负责人　祝志祥
联系人　凌建中
电　话　0833－7497418
地　址　眉山市洪雅县临江路12号
邮　编　620360
养殖品种　中国荷斯坦
存栏量　1 100头

眉山市东坡区大旺奶牛养殖有限公司

负责人　游玉珍
联系人　雷兴明
电　话　0833－8761396
传　真　0833－8761389
地　址　眉山市东坡区复兴乡高塔村
邮　编　620010
养殖品种　荷斯坦
存栏量　350头

四川省阳平种牛场

负责人　李天华
联系人　段利君
电　话　0833－7496173
传　真　0833－7496073
地　址　洪雅县临江路12号
邮　编　620360
网　站　www.yangpingdairy.com
养殖品种　西门塔尔
存栏量　400头

宣汉县胡家镇云蒙山牧场

地　址　达州市宣汉县胡家镇
邮　编　636154
养殖品种　西门塔尔、黑白花
存栏量　4 500头

成都凤兴实业有限公司

负责人　刘成利
电　话　028－83112627
地　址　成都外北凤凰山单石桥
邮　编　610081
养殖品种　黑白花
存栏量　450头

成都市红瓦寺乳牛场联合奶场

负责人　杨学成
电　话　028－83987198
地　址　成都市新都区石板滩镇
邮　编　610511
养殖品种　黑白花
存栏量　450头

成都市共发实业有限责任公司

负责人　祝志祥
电　话　028－87321213　87349077
传　真　028－87321213
地　址　成都市外西苏坡乡青波堰
邮　编　610091
养殖品种　黑白花
存栏量　700头

彭州丰乐乳业有限公司

负责人　卢思荣
电　话　028－83832352
地　址　成都市彭州市桂花镇插旗村
邮　编　611937
养殖品种　荷斯坦
存栏量　300头

成都市大面联合乳牛场

负责人　赵俊德
电　话　028－84630839
地　址　成都市龙泉驿区
邮　编　610101
存栏量　429头

四川奶奇乐乳业美国高产奶牛繁育示范中心

负责人　濮　健
电　话　028－87846201
传　真　028－87846207
地　址　成都高新技术开发区（西区）
　　　　银河西路
邮　编　611731
网　站　www.sc-natural.com
养殖品种　荷斯坦
存栏量　110头

贵　州

贵阳三联乳业有限公司

负责人　孙良缔
电　话　0851－5562457
　　　　5562452
传　真　0851－5562457
　　　　5568323
地　址　贵阳市兴关路19号
邮　编　550002
养殖品种　中国荷斯坦
存栏量　6 000头

安顺市西秀区宋旗大坡脚奶牛基地

负责人　滕代远
电　话　0853－3625069
地　址　安顺市西秀区宋旗镇大坡
　　　　脚村
邮　编　561000
养殖品种　荷斯坦
存栏量　104头

云　南

宜良县木希奶牛合作社

负责人　李泽宾
地　址　宜良县汤池镇
邮　编　652100
养殖品种　荷杂
存栏量　482 头

昆明雪兰公司孙家坝奶牛合作社

负责人　程树才
联系人　陆永国
电　话　0871－7813416
地　址　昆明市晋宁县新街乡孙家坝
邮　编　650600
养殖品种　荷斯坦
存栏量　655 头

昆明雪兰公司现代奶牛合作社

负责人　余祖映
联系人　陆永国
电　话　0871－5151988
地　址　昆明市晋宁县上蒜乡
邮　编　650600
养殖品种　荷斯坦
存栏量　326 头

昆明雪兰公司绿源奶牛合作社

负责人　赵思聪　顾建林
联系人　陆永国
地　址　昆明市晋宁县晋城镇
邮　编　650605
养殖品种　荷斯坦
存栏量　568 头

昆明雪兰公司月表奶牛合作社

负责人　李绍明
联系人　陆永国
电　话　0871－7817888
地　址　昆明市晋宁县化乐乡月表
邮　编　650611
养殖品种　荷斯坦
存栏量　825 头

昆明雪兰公司第二奶牛场

负责人　何桂林
电　话　0871－7353054
传　真　0871－7353054
地　址　昆明市官渡区跑马山
邮　编　650213
养殖品种　荷斯坦
存栏量　611 头

昆明雪兰公司第七奶牛场

负责人　王光明
电　话　0871－7361493
传　真　0871－7361493
地　址　昆明市官渡区小哨
邮　编　650221
养殖品种　荷斯坦
存栏量　648 头

昆明雪兰公司第三奶牛场

负责人　李春
电　话　0871－7354156
传　真　0871－7354156
地　址　昆明市官渡区跑马山
邮　编　650213
养殖品种　荷斯坦
存栏量　627 头

昆明雪兰公司第六奶牛场

负责人　何桂林
电　话　0871－8613535
地　址　安宁市太平乡
邮　编　560300
养殖品种　荷斯坦
存栏量　614 头

昆明雪兰公司第五奶牛场

负责人　罗继云
电　话　0871－3806222
地　址　昆明市官渡区白沙河
邮　编　650216
养殖品种　荷斯坦
存栏量　406 头

昆明雪兰公司第四奶牛场

负责人　曹　勇
电　话　0871－3806675
地　址　昆明市官渡区白沙河
邮　编　650216
养殖品种　荷斯坦
存栏量　612 头

昆明雪兰公司第八奶牛场

负责人　李吉荣
电　话　0871－8403251
地　址　昆明市西山区西郊农场
邮　编　650107
养殖品种　荷斯坦
存栏量　200 头

昆明雪兰公司伊桂奶牛合作社

负责人　李书明
联系人　陆永国
地　址　昆明市呈贡县小古城
邮　编　650500
养殖品种　荷斯坦
存栏量　519 头

昆明雪兰公司宏尚奶牛合作社

负责人　马敏尚
联系人　陆永国
地　址　昆明市官渡区跑马山
邮　编　650213
养殖品种　荷斯坦
存栏量　646 头

昆明雪兰公司建昌奶牛合作社

负责人　张建昌
联系人　陆永国
地　址　昆明市呈贡县洛羊镇
邮　编　650500
养殖品种　荷斯坦
存栏量　580 头

昆明官渡区兴桂奶牛合作社

负责人　桂宝仪、新桂一
地　址　昆明官渡区矣六乡
邮　编　650200
养殖品种　荷杂
存栏量　615 头

昆明官渡区华达奶牛合作社

负责人　王文明
地　址　昆明官渡区跑马山
邮　编　650213
养殖品种　荷杂
存栏量　402 头

呈贡县伊桂奶牛合作社

负责人　李才明
地　址　昆明呈贡县小古城
邮　编　650500
养殖品种　荷杂
存栏量　519 头

呈贡县穆盛达奶牛合作社

负责人　保佑章
地　址　昆明呈贡县可乐乡
邮　编　650500
养殖品种　荷杂

存栏量　1 520 头

大理金泰奶牛合作社

负责人　杜桂山
电　话　0872－2670517
传　真　0872－2670367
地　址　大理市喜洲镇
邮　编　671003
养殖品种　荷斯坦
存栏量　500 头

个旧市国营乍甸农场

负责人　季　魁
电　话　0873－2671025
传　真　0873－2671212
地　址　个旧市乍甸镇
邮　编　663600
养殖品种　荷斯坦

陕　西

西安现代农业综合开发总公司奶牛一场

负责人　王铁芦
电　话　029－6677083
地　址　西安现代农业综合开发区东区
邮　编　710021
养殖品种　中国荷斯坦
存栏量　1 100 头

西安现代农业综合开发总公司奶牛三场

负责人　夏守兵
电　话　029－6602246
地　址　西安现代农业综合开发区
邮　编　710021
养殖品种　中国荷斯坦
存栏量　900 头

西安现代农业综合开发总公司奶牛四场

负责人　程丰收
电　话　029－6602243
地　址　西安现代农业综合开发区
邮　编　710021
养殖品种　中国荷斯坦
存栏量　700 头

西安现代农业综合开发总公司奶牛二场

负责人　严立学
电　话　029－6602241
地　址　西安现代农业综合开发区
邮　编　710021
养殖品种　中国荷斯坦
存栏量　650 头

西安现代农业综合开发总公司奶牛五场

负责人　秦海鹏
电　话　029－6602245
地　址　西安现代农业综合开发区
邮　编　710086
养殖品种　中国荷斯坦
存栏量　600 头

西安市红星乳品厂牧业分场

负责人　牛　隽
电　话　029－4519754
地　址　西安市三桥镇西
邮　编　710086
养殖品种　中国荷斯坦
存栏量　550 头

西安现代农业综合开发总公司畜牧开发公司

负责人　武钢旦
电　话　029－6602067
传　真　029－6602312
地　址　西安市北郊草滩农场
邮　编　710021
养殖品种　中国荷斯坦
存栏量　4 010 头

西安奶业科学研究所良种奶牛试验场

负责人　李永鹏
电　话　029－6602726
传　真　029－6602726
　　　　6602683
地　址　北郊现代农业综合开发区中站
邮　编　710021
养殖品种　中国荷斯坦
存栏量　320 头

宝鸡市得力康乳业公司

负责人　高亚凤
电　话　0917－3576453
地　址　宝鸡市金台区高家坪村
邮　编　721001
养殖品种　黑白花
存栏量　1 000 头

甘　肃

天祝白牦牛育种实验场

负责人　梁育林
电　话　0935－3123902
地　址　天祝县会柴沟镇
邮　编　733200
养殖品种　天祝白牦牛
存栏量　600 头

甘肃凯悦生物科技有限公司

负责人　牟克敏
电　话　0931－8440397
传　真　0931－8440397
地　址　兰州市庆阳路 277 号
邮　编　730020
养殖品种　荷斯坦
存栏量　1 000 头

兰州牧工商联合总公司华庄奶牛繁殖场

负责人　刘淇平
联系人　孙连克
电　话　0931－4887505　6271518
传　真　0931－4687297
地　址　兰州市红古区华庄镇
邮　编　730020
养殖品种　中国荷斯坦
存栏量　1 000 头

兰州牧工商联合总公司段家滩奶牛繁殖场

负责人　刘淇平
联系人　张富强
电　话　0931－4887505　4677345
传　真　0931－4687297
地　址　兰州市段家滩 75 号
邮　编　730020
养殖品种　中国荷斯坦
存栏量　900 头

兰州好为尔生物公司奶牛繁育中心

负责人　王联盟
联系人　张辉军
电　话　0931－7691235　7654160
传　真　0931－7691235
地　址　兰州市安宁西路 122 号
邮　编　730070
网　站　www. hovill. com. cn

养殖品种　荷斯坦
存栏量　1 000 头

青　海

青海天露乳业有限责任公司

负责人　张历新
联系人　徐庆林
电　话　0971－5318063　5318210
传　真　0971－5318063
地　址　西宁市宁张路 29 号
邮　编　810003
养殖品种　荷斯坦
存栏量　1 088 头

宁　夏

银川市北塔乳业东门奶牛场

负责人　张伯卅
电　话　0951－6151754
地　址　银川银通路东门外一公里
邮　编　750004
存栏量　892 头

宁夏北方乳业奶牛场

负责人　孙承彦
电　话　0951－4066251
传　真　0951－4085086
地　址　银川市永宁望远经济开发区
邮　编　750100
存栏量　1 000 头

银川市平吉堡奶牛场

负责人　毛荣业
电　话　0951－2161294
传　真　0951－2161093
地　址　银川市平吉堡
邮　编　750024
存栏量　5 000 头

贺兰县青松乳业

负责人　孙立军
电　话　13909576989
传　真　8943088
地　址　银川市贺兰县新胜一社
邮　编　750200
存栏量　450 头

宁夏四正生物工程中心

负责人　史远刚
电　话　0951－8064700
传　真　0951－8068752
地　址　银川市贺兰县城北郊
邮　编　750200
存栏量　584 头

银川市北塔乳业八里桥奶牛场

负责人　黄跃树
电　话　0951－6721613
地　址　银川市八里桥
邮　编　750004
存栏量　848 头

吴忠金宁兰垦牧公司奶牛场

负责人　马庭选
电　话　13909538988
传　真　0953－2796205
地　址　吴忠金银滩农场
邮　编　751100
存栏量　680 头

宁夏连湖农场奶牛场

负责人　张文会
电　话　0953－3710064
地　址　青铜峡市连湖农场
邮　编　751600
存栏量　308 头

灵农畜牧发展公司牛场

负责人　朱　军
电　话　0953－4092141　13014227899
传　真　0953－4092122
地　址　灵武农场
邮　编　754002
存栏量　843 头

新　疆

新疆物华畜牧股份有限公司呼图壁种牛场

负责人　庞海涛
电　话　0994－4352898　4352004　4352015
传　真　0994－4352898
地　址　呼图壁种牛场
邮　编　831203
养殖品种　西门塔尔、蒙贝利亚、荷斯坦
存栏量　2 800 头

新疆金牛生物有限公司

负责人　沈杏桥
电　话　0991－3757690
传　真　0991－3711224
地　址　乌市经济开发区校园路 15 号
养殖品种　进口荷斯坦、安格斯、海福特、西门塔尔、褐牛
存栏量　8 000 头

乳品加工

北　京

北京三元食品股份有限公司

负责人　郭维健
电　话　010－64045361
传　真　010－64005995
地　址　西城区鼓楼西大街 75 号
邮　编　100009
主产品　液态奶、酸奶
品　牌　三元
日处理鲜奶能力　1 729.4 吨

北京三元食品乳品一厂

负责人　申屠竹良
电　话　010－85390576
传　真　010－85390576
地　址　朝阳区双桥东路
邮　编　100025
主产品　液态奶
品　牌　三元、绿岛
日处理鲜奶能力　500 吨

伊利集团北京乳品厂

负责人　王树俊
电　话　010－69076949
传　真　010－69076949
地　址　密云县工业开发区锦程路 7 号
邮　编　101500
主产品　酸牛奶、鲜牛奶、冰激凌
品　牌　伊利
日处理鲜奶能力　500 吨

北京双娃乳业股份有限公司

负责人　胡克勤
联系人　程兵
电　话　010－64391817
传　真　010－64391816
地　址　朝阳区望京利泽中园二区 203 号洛娃大厦

邮　编　100102
网　站　www. luowa. com
主产品　全脂淡奶粉
品　牌　双娃
日处理鲜奶能力　400 吨

北京绿顿乳业有限公司

负责人　王应海
电　话　010－60489898
传　真　010－60489696
地　址　顺义区北小营镇宏大工业区
邮　编　101305
主产品　纯牛奶、酸奶、乳酸菌饮料、花色奶
品　牌　绿乐尔、绿顿
日处理鲜奶能力　300 吨

北京三元食品乳品三厂

负责人　李殿元
电　话　010－67522742
传　真　010－67522742
地　址　丰台区右安门外北甲地
主产品　发酵奶
品　牌　三元
日处理鲜奶能力　300 吨

北京兴起食品有限公司

负责人　王兴起
电　话　010－80212600
传　真　010－80213999
地　址　大兴区青云店镇工业区内
邮　编　102605
主产品　鲜奶、酸奶、超高温灭菌奶、乳饮料
品　牌　喜达客
日处理鲜奶能力　300 吨

蒙牛乳业（北京）有限责任公司

负责人　付吉祥
地　址　通州区潞城镇
主产品　乳酸菌饮料、酸奶
品　牌　蒙牛
日处理鲜奶能力　250 吨

大草原乳业（北京）有限公司

负责人　任子祥
电　话　010－81196835
地　址　延庆县经济技术开发区双杏路 2 号
邮　编　102100
品　牌　大草原
日处理鲜奶能力　200 吨

北京冰凌花乳业有限公司

负责人　刘永成
电　话　010－81198888
传　真　010－81194444
地　址　延庆县奶水南街 19 号
邮　编　102100
主产品　液态奶、乳酸饮料、酸奶
品　牌　冰凌花
日处理鲜奶能力　200 吨

北京三元食品乳品四厂

负责人　陈慧峰
电　话　010－67990346
传　真　010－67990346
地　址　昌平区南口镇
主产品　奶粉、甜炼乳、稀奶油
品　牌　燕山
日处理鲜奶能力　200 吨

北京诚成奶制品有限公司

负责人　李新培
电　话　010－87912771
传　真　010－87912528
地　址　大兴区旧宫镇工业园区南区 22 号
邮　编　100076
主产品　酸奶、鲜奶
品　牌　诚成
日处理鲜奶能力　200 吨

北京光明健能乳业有限公司

负责人　魏晓琨
电　话　010－89495539
传　真　010－89495539
地　址　顺义区林河开发区
邮　编　101300
主产品　酸奶、保鲜奶
品　牌　光明
日处理鲜奶能力　150 吨

北京三元食品华冠分公司

负责人　王顺宏
电　话　010－62912266
传　真　010－62913955
地　址　海淀区清河西三旗安宁庄
邮　编　100085
主产品　酸奶、干酪、UHT
品　牌　三元、雪凝
日处理鲜奶能力　127 吨

奥德华乳品（北京）有限公司

负责人　何亚军
电　话　010－61363665
传　真　010－61363665
地　址　房山区长沟镇新世纪工业园
邮　编　102407
主产品　鲜奶、酸奶
品　牌　维奥
日处理鲜奶能力　120 吨

北京三元食品乳品五厂

负责人　马满生
电　话　010－69732480
传　真　010－69732480
地　址　昌平区朱辛庄村西
主产品　液态奶、花色奶
品　牌　三元
日处理鲜奶能力　100 吨

北京光明健康乳业有限公司

负责人　吕公良
电　话　010－68667090
传　真　010－68668299
地　址　石景山区京源路 7 号
邮　编　100043
主产品　酸奶、鲜奶、超高温灭菌奶
品　牌　光明
日处理鲜奶能力　100 吨

北京润生食品有限公司

负责人　金　毅
电　话　010－60507589
传　真　010－60507589
地　址　通州区马驹桥姚村
主产品　鲜奶、酸奶、奶粉
品　牌　润生
日处理鲜奶能力　100 吨

北京南郊牛奶公司德茂乳品厂

负责人　阎　伟
电　话　010－67991311
传　真　010－67963520
地　址　大兴区旧宫镇德茂庄路 42 号
邮　编　100076
主产品　巴氏杀菌乳、酸牛奶、超高温纯奶
品　牌　德茂
日处理鲜奶能力　100 吨

北京南郊康乐乳品厂

负责人　王铁柱
电　话　010－69279578　67993752
传　真　010－69279578
地　址　大兴区沄海镇怡乐村
邮　编　100076

主产品　酸奶、消毒奶
品　牌　京世康
日处理鲜奶能力　100 吨

北京聚福乳品厂

负责人　茹永江
电　话　010－69773519
地　址　昌平区马池口镇马池口村
邮　编　102200
主产品　酸奶
品　牌　聚康
日处理鲜奶能力　60 吨

北京鸿达乳品有限公司

负责人　沈桂荣
电　话　010－69766819
传　真　010－69676796
地　址　怀柔区桥梓镇西茶坞村
邮　编　101402
主产品　可可奶、早餐奶
品　牌　光明
日处理鲜奶能力　60 吨

北京华臣食品有限公司

负责人　姚思栋
电　话　010－67474193
地　址　朝阳区十八里店乡十八里店村
邮　编　100023
主产品　酸奶、超高温灭菌奶
品　牌　新南洋
日处理鲜奶能力　50 吨

北京延利天然食品饮料有限公司

负责人　李延桐
电　话　010－80212288
传　真　010－80212233
地　址　大兴区青云店镇南大门桥西路1号
邮　编　102605
网　站　www. yali. com
主产品　乳制品、酸奶
品　牌　延利、奇好
日处理鲜奶能力　50 吨

北京龙泉乳品有限公司

负责人　邓占礼
电　话　010－69842933
传　真　010－69867836
地　址　门头沟区三家店东街平1号
邮　编　102300
主产品　花色奶
品　牌　光明
日处理鲜奶能力　50 吨

北京宏宝莱饮品有限公司

负责人　卢宪臣
电　话　010－89095597
传　真　010－89095597
地　址　密云县工业开发区
邮　编　101500
主产品　雪糕
品　牌　宏宝莱
日处理鲜奶能力　50 吨

北京太子奶生物科技发展有限责任公司

负责人　严夏松
电　话　010－61085050
传　真　010－61085051
地　址　密云县工业开发区大盛路158号
邮　编　101500
主产品　太子奶
品　牌　日出
日处理鲜奶能力　50 吨

北京昌平区鲜奶供应站

负责人　王　翔
电　话　010－69725055
传　真　010－89741351
地　址　昌平区十三陵镇
邮　编　102200
主产品　鲜奶、酸奶
品　牌　燕山
日处理鲜奶能力　40 吨

北京三喜乳业有限公司

负责人　刘玉荣
电　话　010－83385615　63975615
传　真　010－66862318
地　址　丰台区长辛店乡辛庄村东坡6号
邮　编　100074
主产品　酸奶
品　牌　伊利
日处理鲜奶能力　35 吨

北京八达岭乳业有限公司

负责人　刘长永
电　话　010－81193473
传　真　010－81194542
地　址　延庆县大榆树镇东香园村北
邮　编　102100
主产品　乳制品、冷饮
品　牌　延乐
日处理鲜奶能力　30 吨

北京日晨奶制品有限公司

负责人　李春山
电　话　010－69738598
地　址　昌平区沙河镇西二村
邮　编　102206
主产品　酸奶
品　牌　日晨
日处理鲜奶能力　30 吨

北京耕耘维康乳业有限公司

负责人　胡国清
电　话　010－69400818
传　真　010－69408118
地　址　顺义区马坡镇石家营村光明大街18号
主产品　鲜牛奶、酸奶、果味乳酸菌饮品
品　牌　耕耘
日处理鲜奶能力　30 吨

北京延庆华庆乳品厂

负责人　孔建军
电　话　010－61112353
传　真　010－61111555
地　址　延庆县城西
邮　编　102100
主产品　奶粉、炼乳
品　牌　双吉
日处理鲜奶能力　25 吨

北京牧牛人乳品有限公司

负责人　金　辉
电　话　010－80496446
传　真　010－80481322
地　址　顺义区后沙峪镇回民村
邮　编　101300
主产品　系列酸牛奶及调配型酸牛奶
品　牌　牧牛人
日处理鲜奶能力　20 吨

北京妙士乳业有限公司

负责人　缪长青
电　话　010－61669550
传　真　010－61669550
地　址　怀柔区雁栖镇工业开发区
邮　编　101407
主产品　妙士一品乳、妙士果汁系列

品　牌　妙士一品乳

北京汇源饮料食品集团有限公司

负责人　徐元利
电　话　010－60483388/8616
传　真　010－60488333
地　址　顺义区北小营镇
邮　编　101305

天　津

天津海河乳业股份有限公司

负责人　何秀恒
电　话　022－26727967
传　真　022－26727982
地　址　北辰区新宜白大道科技园区
邮　编　300402
主产品　鲜奶、超高温灭菌奶、酸奶、奶粉
品　牌　海河
日处理鲜奶能力　400 吨

天津完达山乳业有限公司

主产品　超高温灭菌奶、酸奶
品　牌　完达山
日处理鲜奶能力　300 吨

天津光明梦得乳制品有限公司

负责人　于　静
电　话　022－26978612
传　真　022－26975931
地　址　北辰开发区双辰前路 15 号
邮　编　300400
主产品　鲜奶、超高温灭菌奶、酸奶
品　牌　梦思得露
日处理鲜奶能力　200 吨

天津娃哈哈乳制品有限公司

负责人　宗庆后
电　话　022－82109106
地　址　武清开发区泉州北路 18 号
邮　编　301700
主产品　超高温灭菌奶
品　牌　娃哈哈
日处理鲜奶能力　150 吨

天津津河乳业有限公司

负责人　魏福盛
电　话　022－82577228
传　真　022－82579124
地　址　宝坻区黄庄村北
邮　编　301803
主产品　超高温灭菌奶
品　牌　妙生
日处理鲜奶能力　80 吨

天津福是妙乳业有限公司

负责人　沈小健
电　话　022－29515938
传　真　022－29521211
地　址　武清区王庆坨镇
邮　编　301713
主产品　酸奶、乳饮料
品　牌　福是妙
日处理鲜奶能力　60 吨

天津三元乳业股份有限公司

负责人　邱志刚
电　话　022－68865066
传　真　022－68867006
地　址　静海县双塘镇东双塘村
主产品　超高温灭菌奶、奶粉
品　牌　三元
日处理鲜奶能力　40 吨

天津市亚亿实业有限公司

负责人　刘　丽
电　话　022－88238168
传　真　022－88238187
地　址　河西区围堤道 146 号华盛广场 A 座 27B
邮　编　300201
主产品　羊奶粉、羊奶片
品　牌　美可高特

天津宁河芦台农场乳业公司

负责人　王国伟
地　址　宁河县芦台农场乳业公司
邮　编　301505

天津市华明乳品公司

负责人　赵书明
电　话　022－29338899
传　真　022－29324156
地　址　武清区新华路 2 号
邮　编　301700

河　北

石家庄三鹿集团股份有限公司

负责人　田文华
联系人　刘福莲
电　话　0311－8615360
传　真　0311－8615365
地　址　石家庄市和平西路 539 号
邮　编　050071
网　站　www. sanludairy. com
主产品　奶粉、液态奶、酸奶、饮品
品　牌　三鹿
日处理鲜奶能力　2 670 吨

天香乳业（集团）有限公司

负责人　胡金全
电　话　0312－5052301、5022757
传　真　0312－5015208、5022757
地　址　保定市卫生路 61 号
邮　编　071000
主产品　乳饮料
品　牌　天香
日处理鲜奶能力　500 吨

唐山市三隆工业公司

负责人　武力群
电　话　0315－2240771
传　真　0315－2337001
地　址　唐山市北新西道友谊路北
邮　编　063004
主产品　奶粉
品　牌　三隆
日处理鲜奶能力　400 吨

丰宁三鹿乳业有限公司

负责人　马忠岳
电　话　0314－8038238
传　真　0314－8038238
地　址　承德市丰宁县大阁镇
邮　编　068350
主产品　奶粉
品　牌　三鹿
日处理鲜奶能力　350 吨

沽源三鹿乳业有限公司

负责人　马　江
电　话　0313－5754306
传　真　0313－5754265
地　址　张家口市沽源县
邮　编　076576
主产品　奶粉、液态奶
品　牌　三鹿
日处理鲜奶能力　320 吨

汉沽三鹿乳业有限公司

负责人　孟宪忠
电　话　0315－6921325

地　址　唐山市汉沽农场乳品厂
邮　编　301501
主产品　奶粉、保鲜奶
品　牌　三鹿
日处理鲜奶能力　320 吨

廊坊市伊利乳品有限公司

负责人　潘　刚
电　话　0316－6078801
传　真　0316－6087415
地　址　廊坊市经济开发区永兴路
邮　编　065001
网　站　www. yili. gpr. com.cn
主产品　饮料、纯牛奶
品　牌　伊利
日处理鲜奶能力　300 吨

河北察北牧场福星乳业集团有限公司

负责人　冯海军
电　话　0311－5364107
传　真　0311－5364107
地　址　张家口市察北牧场
邮　编　076481
主产品　奶粉、液态奶
品　牌　福星
日处理鲜奶能力　200 吨

邯郸康诺食品有限公司

负责人　王炜健
电　话　0310－7020485
传　真　0310－7021193
地　址　邯郸高新技术开发区天园街 6 号
邮　编　056007
网　站　www. kangnuo. com
主产品　酸奶、纯奶、果奶
品　牌　康诺
日处理鲜奶能力　200 吨

宁晋婴泊乳业公司

地　址　邢台市宁晋县
主产品　奶粉、鲜奶
品　牌　婴泊
日处理鲜奶能力　200 吨

河北乡谣乳业有限公司

负责人　张长兴
电　话　0317－5481888
传　真　0317－5482424
地　址　黄骅市中捷农场
邮　编　061108
主产品　奶粉、液态奶、酸奶
品　牌　乡谣
日处理鲜奶能力　170 吨

鹿泉三鹿乳业有限公司

负责人　田文华
电　话　0311－2237241
地　址　鹿泉市铜冶镇南铜冶
邮　编　050221
主产品　奶粉
品　牌　三鹿
日处理鲜奶能力　160 吨

唐山市田力乳业公司

负责人　张建东
电　话　0315－3112450
地　址　唐山市新区刘家营魏庄子
邮　编　063030
主产品　奶粉、液态奶
品　牌　田力
日处理鲜奶能力　150 吨

石家庄三鹿乐时乳业有限公司

主产品　液态奶、乳饮料
品　牌　三鹿
日处理鲜奶能力　150 吨

行唐三鹿乳业有限公司

负责人　白锁贵
电　话　0311－2981713
地　址　石家庄市行唐县只里乡只里
邮　编　050600
主产品　奶粉
品　牌　三鹿
日处理鲜奶能力　110 吨

衡水市康乐乳业公司

负责人　李陆海
电　话　0318－2130630
地　址　衡水市八里庄村
邮　编　053000
主产品　消毒牛奶、酸奶、花色奶
品　牌　康乐
日处理鲜奶能力　100 吨

邯郸滏阳乳业有限责任公司

负责人　李殿华
电　话　0310－6050505
传　真　0310－6068235
地　址　邯郸市渚河路 157 号
邮　编　056001
主产品　超高温灭菌奶、巴氏消毒奶、瓶酸奶、花色奶、乳饮料、奶粉
品　牌　滏阳
日处理鲜奶能力　100 吨

宁晋三鹿乳业有限公司

负责人　田文华
电　话　0319－5569312
传　真　0319－5569312
地　址　邢台市宁晋县大曹庄农场
邮　编　055550
主产品　奶粉、液态奶
品　牌　三鹿
日处理鲜奶能力　100 吨

石家庄世达乳制品有限公司

负责人　雍海晖
联系人　吴桂萍
电　话　0311－5383498
传　真　0311－5383498
地　址　石家庄市黄河大道 111 号
邮　编　050000
主产品　液态奶
品　牌　世达
日处理鲜奶能力　100 吨

唐山丰润营佳乳品有限公司

负责人　闫益金
电　话　0315－5589438
传　真　0315－3241045
地　址　唐山丰润区燕东集团南 200 米
邮　编　064009
主产品　全脂大包粉、婴儿粉、幼儿粉、中老年奶、铁锌钙粉、甜粉、妈咪奶粉
品　牌　营佳
日处理鲜奶能力　100 吨

唐山市丰润区御带山乳品厂

负责人　郭瑞岭
电　话　0315－5589150
传　真　0315－5589150
地　址　唐山丰润区姜家营郭庄子村南
邮　编　064009
主产品　奶粉
品　牌　御带山
日处理鲜奶能力　80 吨

保定高阳新世纪乳业有限公司

负责人　刘红亮
电　话　0312－6802168
地　址　保定市高阳县
邮　编　071500
主产品　乳饮料

日处理鲜奶能力　80 吨

唐山明乐乳业公司

负责人　崔守财
电　话　0315－4167557
地　址　唐山市滦南县城镇张土坎村
邮　编　063500
主产品　工业奶粉
品　牌　明乐
日处理鲜奶能力　60 吨

伊利芦台乳业有限公司

负责人　陈　彦
电　话　022－69380900
传　真　022－69380900
地　址　唐山市伊利芦台乳业有限公司
邮　编　301505
主产品　奶粉
品　牌　伊利
日处理鲜奶能力　60 吨

张家口长城乳业有限责任公司

负责人　苟秉兴、吴春旺
电　话　0313－4058825
传　真　0313－4058975
地　址　张家口市桥东区纬一东路 7 号
邮　编　075000
主产品　消毒牛奶、超高温灭菌奶、乳饮料
品　牌　长城
日处理鲜奶能力　60 吨

泊头市天天乳业养殖基地

负责人　常守江
电　话　0317－8184901
地　址　沧州市泊头市龙华街
邮　编　062150
主产品　超高温灭菌奶、酸奶
品　牌　三井一品
日处理鲜奶能力　50 吨

栾城三鹿乳业有限公司

负责人　田文华
电　话　0311－5462918
地　址　石家庄市栾城县窦妪工业区
邮　编　051430
主产品　奶粉、豆奶粉
品　牌　三鹿
日处理鲜奶能力　50 吨

张北县鹿源乳业有限责任公司

负责人　荀　渊
电　话　0313－5364467、5365007
传　真　0313－5364467　5365007
地　址　张家口市张北县
邮　编　076481
主产品　全脂奶粉、脱脂奶粉
品　牌　鹿源
日处理鲜奶能力　40 吨

承德御泉乳业有限责任公司

负责人　崔　杰
电　话　0314－7996640
传　真　0314－7996640
地　址　承德市围场县御道口牧场
邮　编　068463
主产品　奶粉
品　牌　御泉
日处理鲜奶能力　40 吨

容城县三元乳业有限责任公司

负责人　黄小刚
电　话　0312－5612673
传　真　0312－5612673
地　址　保定市容城县环城西路 99 号
品　牌　三元
日处理鲜奶能力　30 吨

宣化旭乐乳业有限责任公司

负责人　王永龙
电　话　0313－3160617
传　真　0313－3160617
地　址　张家口市宣化区大西街 40 号
邮　编　075100
主产品　消毒牛奶、活性乳
品　牌　旭乐
日处理鲜奶能力　30 吨

滦南县龙港乳品厂

负责人　靳　荣
电　话　0315－4422106
地　址　唐山市滦南县扒港镇
邮　编　063500
主产品　工业奶粉
品　牌　龙港
日处理鲜奶能力　23 吨

泊头市三井乳业有限公司

负责人　祁建发
电　话　0317－8193200
传　真　0317－8183544
地　址　沧州市泊头市裕华路
邮　编　062150
网　站　www. 3jmg. com
主产品　消毒奶、超高温灭菌奶、酸奶
品　牌　三井一品
日处理鲜奶能力　20 吨

北戴河四同乳业责任有限公司

负责人　侣桐礼
电　话　0335－4044444　4033333
传　真　0335－4042983
地　址　秦皇岛北戴河滨海大道 18 号
邮　编　066100
主产品　酸牛奶、消毒奶、果味奶、钙奶
品　牌　四同
日处理鲜奶能力　20 吨

三鹿集团国富盛邦奶业有限公司

负责人　杨云乐
电　话　0311－5540000
传　真　0311－5549999
地　址　石家庄市栾城县
邮　编　051430

徐州维维乳业有限公司保定分厂

负责人　吴向阳
电　话　0312－8325063
地　址　保定市博野县环城北路
邮　编　071300
主产品　豆奶粉

保定妙士生物工程食品有限公司

负责人　爱文学
电　话　0312－3170601
地　址　保定新保满路
邮　编　071500

河北沽源牧场乳品厂

负责人　高建国
电　话　0313－5754306
传　真　0313－5754306
地　址　张家口市沽源县

山　西

山西古城乳业集团有限公司

负责人　乔道首
电　话　0349－7082039
传　真　0349－7082001
地　址　朔州市山阴县古城镇
邮　编　036900
主产品　鲜牛奶、系列奶粉、灭菌乳、冷冻

饮品等
品　牌　古城
日处理鲜奶能力　500 吨

山西恒康乳业科技有限公司

负责人　李建华
电　话　0351－7236088
传　真　0351－7244168
地　址　太原市寇庄南街 81 号
邮　编　030012
主产品　鲜牛奶、UHT 奶、酸奶、乳酸菌饮料奶
品　牌　恒康
日处理鲜奶能力　205 吨

山阴县康喜奶业有限公司

负责人　崔建国
电　话　0349－7078888
地　址　朔州市山阴县岱岳镇
邮　编　036900
主产品　奶粉、酸奶
品　牌　康喜
日处理鲜奶能力　250 吨

山西金赛利乳业有限公司

负责人　原电明
电　话　0351－6322644
地　址　太原市晋祠三段 81 号
邮　编　030025
主产品　鲜牛奶、酸奶、乳酸菌饮料奶
品　牌　金赛利
日处理鲜奶能力　200 吨

山西田仁乳业有限责任公司

负责人　李和平
电　话　0349－5063566
传　真　0349－5021320
地　址　朔州市应县新建东路 32 号
邮　编　037600
主产品　鲜牛奶、系列奶粉、灭菌乳、冷冻饮品等
品　牌　金凤
日处理鲜奶能力　160 吨

离石市益欣食品有限公司

负责人　武玉根
电　话　0358－8355253
传　真　0358－8343170
地　址　离石市宝峰山绿色食品开发基地
邮　编　033015
主产品　鲜奶、酸奶、AD 奶、乳饮料
品　牌　益欣
日处理鲜奶能力　60 吨

大同云城乳业有限公司

负责人　张建强　薛起恭
电　话　0352－4193016
传　真　0352－4193159
地　址　大同市新平旺新胜街
邮　编　037003
主产品　鲜奶、果奶、酸奶、钙奶
品　牌　云城
日处理鲜奶能力　50 吨

山阴县农牧场

负责人　周进军
电　话　0349－7095040
传　真　0349－7095040
地　址　朔州市山阴县薛 00 乡
邮　编　036900
主产品　奶粉、鲜奶、酸奶
品　牌　红卫
日处理鲜奶能力　50 吨

山西鸣源奶业有限公司

负责人　李长清
电　话　0355－7666616
传　真　0355－7666615
地　址　长治市屯留东鸣水
邮　编　046100
主产品　鲜奶、酸奶
品　牌　鸣源
日处理鲜奶能力　50 吨

山西维尔生物乳制品有限公司

负责人　谢海军
电　话　0351－7024958
地　址　太原市平阳路 398 号
邮　编　030006
主产品　鲜牛奶、酸奶、乳酸菌饮料奶
品　牌　众和
日处理鲜奶能力　50 吨

大同九龙乳业有限公司

负责人　陈建民
电　话　0352－5024266
传　真　0352－5030895
地　址　大同市迎宾西路 15 号
邮　编　037000
主产品　鲜奶
品　牌　九龙
日处理鲜奶能力　50 吨

山阴县春城乳业有限公司

负责人　温日厚
电　话　0349－7077888
传　真　0349－7078833
地　址　朔州市山阴县后所乡南万庄
邮　编　036900
主产品　酸牛奶、牛奶等
品　牌　春城
日处理鲜奶能力　40 吨

大同市金键鲜牛奶公司

负责人　赵　彬
电　话　0352－5195430
地　址　大同市南郊区全家湾村
邮　编　037000
主产品　鲜牛奶、酸奶
品　牌　金键
日处理鲜奶能力　40 吨

山西省阿实业有限公司

负责人　李劲草
电　话　0351－3283226
地　址　太原市阳曲县万亩草场
邮　编　030013
主产品　鲜牛奶、二次灭菌奶、酸奶、乳酸菌饮料奶
品　牌　阿牛
日处理鲜奶能力　40 吨

大同市蒙源乳业有限公司

负责人　郭金荣
电　话　0352－4032688
地　址　大同市大庆西路时庄经济区
邮　编　037000
主产品　酸奶
品　牌　蒙源
日处理鲜奶能力　32 吨

大同市御宝乳业有限责任公司

负责人　李正保
电　话　0352－5050391
传　真　0352－5050157
地　址　大同市南郊区小南头村
邮　编　037004
主产品　活性钙奶、酸奶、纯牛奶
品　牌　御福
日处理鲜奶能力　30 吨

太原长风乳业集团

负责人　孟五牛
电　话　0351－7093503

地　址　太原市小店区小马村西
邮　编　030032
主产品　鲜牛奶、超高温灭菌奶、酸奶、乳酸菌饮料奶
品　牌　长风
日处理鲜奶能力　30 吨

榆次博瑞乳品有限公司

负责人　么瑞娟
电　话　0354－2024401　2081193
地　址　晋中市榆次区东顺城街
邮　编　030600
主产品　鲜牛奶、奶粉、酸奶、奶饮料
品　牌　博瑞
日处理鲜奶能力　30 吨

朔州市雁音乳业有限责任公司

负责人　吴宏友
电　话　0349－2197963
传　真　0349－2197963
地　址　朔州市朔城区
邮　编　038500
主产品　系列奶粉、鲜奶
品　牌　雁音
日处理鲜奶能力　30 吨

山西原平农场

负责人　李　彬
电　话　0350－8275043
地　址　忻州市原平市
邮　编　031010
主产品　奶粉、鲜奶
品　牌　天崖山
日处理鲜奶能力　20 吨

永济市超人奶业有限公司

负责人　胡小创
电　话　0359－8033565
地　址　永济市飞机场
邮　编　044500
主产品　鲜奶、营养奶
品　牌　超人
日处理鲜奶能力　20 吨

太原农牧场

负责人　郝锁业
联系人　梁海玉
电　话　0351－7957575、7957334
地　址　太原市小店区新东庄
邮　编　030032
主产品　鲜奶、酸奶
品　牌　源威
日处理鲜奶能力　20 吨

太原市天一乳品厂

负责人　张　忠
电　话　0351－7585736
地　址　太原市龙堡街 9 号
邮　编　030031
主产品　鲜牛奶、酸奶、乳酸菌饮料奶
品　牌　天一
日处理鲜奶能力　20 吨

山西溶溶乳业有限公司

负责人　许福亮
电　话　0349－7071810
地　址　朔州市山阴县岱岳镇
邮　编　036900
主产品　奶粉
品　牌　溶溶

内　蒙　古

内蒙古伊利实业集团股份有限公司

负责人　郑俊怀
电　话　0471－3602202
传　真　0471－3601615
地　址　呼和浩特市金川开发区 2 号
邮　编　010080
品　牌　伊利

内蒙古蒙牛乳业（集团）股份有限公司

负责人　牛根生
联系人　郭万富
电　话　0471－5921748
传　真　0471－5922220
地　址　呼和浩特市赛罕区锡林南路山丹大厦 B 座 4 楼
邮　编　010020
网　站　www.mengniu.com.cn
主产品　液体奶、冰激凌、奶粉
品　牌　蒙牛
日处理鲜奶能力　1 000 吨

包头蒙牛乳业有限公司

电　话　0472－3644013
传　真　0472－3632641
地　址　包头市青山区民主路 7 号
邮　编　014030
品　牌　蒙牛
日处理鲜奶能力　700 吨

包头伊利乳业有限公司

电　话　0472－5103805
传　真　0472－5155711
地　址　包头市稀土高新技术产业开发区新建区黄河路 31 号
邮　编　014030
品　牌　伊利
日处理鲜奶能力　600 吨

呼伦贝尔三元乳业有限责任公司

负责人　王发兴
联系人　栾　玲
电　话　0470－8246008
传　真　0470－8225433
地　址　呼伦贝尔市海拉尔市建设大街
邮　编　021008
品　牌　三元
日处理鲜奶能力　250 吨

内蒙古牛妈妈乳业有限公司

电　话　0474－3606068
地　址　乌兰察布盟察哈尔右翼前旗平地泉经济开发区 1 号
邮　编　012200
主产品　液态奶
日处理鲜奶能力　150 吨

内蒙古奈伦天然乳品有限公司

负责人　胡利平
电　话　0471－5684316
传　真　0471－5684316
地　址　呼和浩特市呼托公路 4 公里
邮　编　010070
网　站　www.nailun.com.cn
主产品　纯奶、乳酸
品　牌　奈伦、奶王
日处理鲜奶能力　105 吨

额尔古纳梅鹿乳业有限公司

负责人　潘毓栋
电　话　0470－6822540
传　真　0470－6822527
地　址　额尔古纳市
邮　编　022250
主产品　纯牛奶、奶粉
日处理鲜奶能力　100 吨

内蒙古草原兴发天然奶食品总厂

电　话　0476－3206222
传　真　0476－3206221
地　址　赤峰市元宝山区建昌营
邮　编　024079
主产品　鲜奶、奶粉
日处理鲜奶能力　100吨

乌兰浩特市乳品有限责任公司

负责人　邵晓君
电　话　0482－8215302　8229443
传　真　0482－8212928
地　址　乌兰浩特市富民北路乳品巷
邮　编　013740
主产品　鲜奶、奶粉
日处理鲜奶能力　90吨

乌兰浩特市乳品有限公司

主产品　鲜奶、奶粉
日处理鲜奶能力　90吨

包头市奶业公司

负责人　李虎英
电　话　0472－5980168
地　址　包头市嫱原区麻池镇南
邮　编　014013
主产品　鲜奶、酸奶（袋、盒）
日处理鲜奶能力　55吨

内蒙古锡林高勒乳业有限公司

负责人　马　思
联系人　阿拉达尔图
电　话　0479－8208888
传　真　0479－8209999
地　址　锡林浩特市锡林大街东段128号
邮　编　026000
主产品　纯牛奶
品　牌　锡林高勒
日处理鲜奶能力　50吨

内蒙古科尔沁乳业有限公司

负责人　王立新
电　话　0472－5980180
传　真　0472－5980067
地　址　包头市火车站南
邮　编　014013
主产品　纯牛奶、酸乳乐、可可奶、奶茶、酸冰乳
日处理鲜奶能力　50吨

赤峰市物宝奶牛有限责任公司

负责人　刘志仁
电　话　0476－8901456
地　址　赤峰市红山区
邮　编　024007
主产品　酸牛奶、鲜牛奶、营养奶、酸奶饮料
日处理鲜奶能力　50吨

通辽市科尔沁乳业有限公司

负责人　邱丽梅
电　话　0479－8317555
地　址　通辽市霍林河大街10号
邮　编　028000
主产品　纯牛奶、酸乳乐、可可奶、奶茶、酸冰乳
日处理鲜奶能力　50吨

新巴尔虎左旗三元乳业有限责任公司

负责人　王发兴
联系人　刘士强
电　话　0470－8235328
传　真　0470－8225433
地　址　新巴尔虎左旗阿木古郎镇
日处理鲜奶能力　40吨

满洲里三元乳业有限责任公司

负责人　王发兴
联系人　吴德山
电　话　0470－6552516
传　真　0470－6556385
地　址　满洲里扎赉诺尔乳品街20号
邮　编　021410
主产品　乳制品、畜牧业
品　牌　三元、草原
日处理鲜奶能力　40吨

内蒙古龙驹乳业（集团）有限公司

电　话　0472－2126430
地　址　包头市团结大街22号街坊
邮　编　014000

包头骑士－泰可奶酪有限公司

负责人　张永强
电　话　0472－4173787
传　真　0472－4173808
地　址　包头市东河区二里半旧机场开发区
邮　编　014040

内蒙古乌兰布和乳业有限公司

电　话　0478－4213312
地　址　磴口县巴彦高勒镇
邮　编　015200

鄂温克旗天鹅乳业有限责任公司

负责人　钟学敏
电　话　0470－8242121
地　址　鄂温克族自治旗南辉天鹅公司
邮　编　021100
主产品　全脂奶粉

呼伦贝尔光明乳品有限责任公司

负责人　倪卫兵
电　话　0470－8812202
传　真　0470－8812202
地　址　呼伦贝尔市鄂温克族自治旗中央街巴彦托海
邮　编　021100
主产品　奶粉、脱脂粉、奶油

牙克石市友谊乳业有限公司

负责人　金　海
电　话　0470－7303422
地　址　呼伦贝尔市牙克石市友谊街
邮　编　022150

辽　宁

大连三寰乳业有限公司

负责人　徐万能
电　话　0411－4602584
传　真　0411－4602194
地　址　大连市沙河口区西南路
邮　编　116021
主产品　鲜牛奶、强化奶、酸奶、乳饮料
品　牌　三寰、佳能
日处理鲜奶能力　100吨

辽宁千山乳业有限公司

负责人　王广祥
电　话　0412－8227222
传　真　0412－8239938
地　址　鞍山市兴盛南路永康街1号
邮　编　111000
主产品　鲜牛奶、酸牛奶、乳饮料

品　牌　千山
日处理鲜奶能力　100 吨

本溪木兰花乳业有限公司

负责人　韩晓光
电　话　0414－4511816
传　真　0414－4511716
地　址　本溪市明山区小堡
邮　编　117022
主产品　鲜牛奶、酸牛奶、乳饮料
品　牌　木兰花
日处理鲜奶能力　80 吨

大连渤海乳品厂

负责人　郭永财
电　话　0411－4215945
传　真　0411－4215945
地　址　大连沙河口区马栏广场 358 号
邮　编　116021
主产品　鲜牛奶、强化奶、酸奶、乳饮料
品　牌　奥乐
日处理鲜奶能力　50 吨

阜新市比牛哥乳业有限公司

负责人　李　勇
电　话　0418－2813969
传　真　0418－2813969
地　址　阜新市细河区华东镇
邮　编　123000
主产品　鲜牛奶、酸牛奶、乳饮料
品　牌　比牛哥
日处理鲜奶能力　50 吨

辽宁森氏集团阿森乳业有限公司

负责人　张玉森
电　话　0418－3315818
传　真　0418－2825630
地　址　阜新市海洲区建设路 36 号
邮　编　123000
主产品　鲜牛奶、酸牛奶
品　牌　阿森
日处理鲜奶能力　40 吨

吉　林

吉林市九牛乳业发展有限公司

负责人　孙孝德
电　话　0432－4899123
传　真　0432－4898204
地　址　吉林市船营区军民路 188 号
邮　编　132011
网　站　www. gcow. com. cn
主产品　超高温灭菌奶、酸奶、巴氏消毒奶
品　牌　乃力
日处理鲜奶能力　200 吨

长春新希望乳业有限公司

负责人　邢东顺
电　话　0431－4595308
传　真　0431－4595308
地　址　长春二道区长德公路六公里处
邮　编　130102
网　站　miaomiao. changchun. gov. cn
主产品　超高温灭菌奶、巴氏奶、核桃花生奶、可可奶、活性奶、酸奶
品　牌　天牌
日处理鲜奶能力　150 吨

吉林省乳业集团广泽有限公司

负责人　柴　琇
电　话　0431－4626708
传　真　0431－4646198
地　址　长春市经济技术开发区自由大路 331－1 号
邮　编　130031
网　站　www. gzry. com
主产品　鲜奶、酸奶、乳饮料
品　牌　广泽、恒牛、红牛
日处理鲜奶能力　100 吨

吉林市春光乳业集团

负责人　曲　江
电　话　0432－2043677
传　真　0432－2043659
地　址　吉林市春光经济开发区
邮　编　132012
主产品　袋鲜奶、酸奶、饮料奶
品　牌　春柳
日处理鲜奶能力　50 吨

吉林查干花种畜场乳品厂

负责人　殷　强
电　话　0438－2690025
传　真　0438－2690021
地　址　前郭县查干花种畜场
邮　编　131100
主产品　淡奶粉
品　牌　郭尔罗斯
日处理鲜奶能力　30 吨

吉林农业大学乳制品厂

负责人　赵全民
电　话　0431－4519059
地　址　长春市长东公路 5 公里处
邮　编　130118
主产品　鲜牛奶、酸奶、活性乳
品　牌　净月潭
日处理鲜奶能力　10 吨

黑　龙　江

黑龙江完达山乳业股份有限公司

负责人　郑新民
联系人　王秀全
电　话　0451－82341887
传　真　0451－82343776
地　址　哈尔滨市南岗区长江路 368 号
邮　编　150090
网　站　www. wondersun. com. cn
主产品　乳及乳制品
品　牌　完达山
日处理鲜奶能力　1 200 吨

黑龙江光明松鹤乳品有限公司

负责人　吕公良
联系人　夏雪松
电　话　0452－3122888/61
传　真　0452－31228888
地　址　富裕县新华南路
邮　编　161200
主产品　奶粉、液态奶
品　牌　光明、松鹤
日处理鲜奶能力　1 000 吨

黑龙江北亚乳业有限公司

负责人　刘贵亭
联系人　姜翠萍
电　话　0459－6040775
传　真　0459－6040770
地　址　大庆市高新技术产业开发区
邮　编　163316
网　站　www. beiya. com. cn
主产品　液态奶
日处理鲜奶能力　500 吨

黑龙江龙丹业科技股份有限公司

负责人　王心祥
电　话　0451－6668600

传　真　0451－6664742
地　址　哈尔滨市南岗区学府路337号
邮　编　150086
主产品　奶粉、液态奶
品　牌　龙丹
日处理鲜奶能力　450吨

黑龙江绿洲乳业集团

负责人　刘　勇
联系人　李国彬
电　话　0455－5925838
传　真　0455－7724721
地　址　肇东市宋站镇
邮　编　151134
主产品　奶粉、液态奶
品　牌　绿洲
日处理鲜奶能力　360吨

黑龙江飞鹤乳业有限公司

负责人　冷友斌
联系人　马锦延
电　话　0452－4312788
传　真　0452－4312293
地　址　克东县庆祥街1号
邮　编　164800
网　站　www. feihe. com
主产品　配方奶粉
品　牌　飞鹤
日处理鲜奶能力　320吨

黑龙江摇篮乳业股份有限公司

负责人　万春临
联系人　王业顺
电　话　0451－82368503
传　真　0451－82368503
地　址　哈尔滨市香坊区衡山路18号A座7楼
邮　编　150036
网　站　www. zhengyuandairy. com. cn
主产品　奶粉
品　牌　摇篮、正元、本元、正丰
日处理鲜奶能力　310吨

哈尔滨绿乐尔乳业科技有限公司

负责人　王应海
电　话　0451－2300825
传　真　0451－2335694
地　址　哈尔滨市湘江路39号
邮　编　150090
主产品　纯牛奶、乳酸菌饮料
品　牌　绿乐尔
日处理鲜奶能力　300吨

肇东伊利乳业有限责任公司

负责人　潘　刚
电　话　0455－7700615
地　址　肇东市
邮　编　151100
主产品　UHT奶
品　牌　伊利
日处理鲜奶能力　120吨

伊利杜蒙分公司

负责人　陈　彦
联系人　包和平
电　话　0459－3438654
传　真　0459－3421239
地　址　杜蒙县东街
邮　编　166204
主产品　奶粉
品　牌　伊利
日处理鲜奶能力　120吨

杜尔伯特伊利乳业有限公司

负责人　吴子荣
电　话　0459－3421389
传　真　0459－3421239
地　址　大庆市杜尔伯特伊利乳业有限公司
邮　编　166201
主产品　奶粉
品　牌　伊利
日处理鲜奶能力　120吨

哈尔滨金星乳业集团公司

负责人　刘星文
联系人　李宗宝
电　话　0451－57322754
传　真　0451－57339768
地　址　哈尔滨市呼兰县光安路6号
邮　编　150500
主产品　奶粉、液态奶
品　牌　金星
日处理鲜奶能力　90吨

黑龙江红星集团股份有限公司

负责人　王增礼
联系人　苗　冰
电　话　0455－7224431
传　真　0455－7224431
地　址　安达市铁西区
邮　编　151400
主产品　奶粉、保鲜奶、奶酪
品　牌　红星
日处理鲜奶能力　60吨

黑龙江冰都乳业有限责任公司

电　话　0451－6721411
传　真　0451－6721473
地　址　哈尔滨市南岗区
邮　编　150089
网　站　www. bingdu. com
主产品　奶粉
品　牌　冰都
日处理鲜奶能力　60吨

哈尔滨雪田乳品高科技开发公司

负责人　樊兆武
电　话　0451－55655875
传　真　0451－5641901
地　址　哈尔滨香坊区公滨路441号
邮　编　150036
主产品　奶粉
品　牌　雪田、雪丰
日处理鲜奶能力　50吨

大庆妙士乳业有限公司

负责人　刘吉惠
联系人　韩子丹
电　话　0459－3433917
传　真　0459－3433917
地　址　大庆市杜蒙县新城街
邮　编　162200
主产品　液态奶
品　牌　妙士
日处理鲜奶能力　30吨

黑龙江省鹤王乳业集团有限公司

负责人　李文柱
电　话　0456－7802989
传　真　0456－7899629
地　址　嫩江县九三分局
邮　编　161441
主产品　乳制品

大庆乳品厂有限责任公司

负责人　崔国新
电　话　0459－6281693
传　真　0459－6281828
地　址　大庆市高新技术产业开发区
邮　编　163311

五大连池鹤王乳业集团有限公司

负责人　董　明
电　话　0456－6311200
传　真　0456－6329699
地　址　五大连池市城东
邮　编　164100

大庆市银螺乳业有限公司

负责人　刘树清
电　话　0459－6280865
传　真　0459－6280865
地　址　大庆高新技术产业开发区建设路6号皇宫饭店
邮　编　163316

上　海

光明乳业股份有限公司

负责人　王佳芬
电　话　021－54584520
传　真　021－64655033
地　址　吴中路578号
邮　编　201103
主产品　液态奶、奶粉、酸奶、果汁饮料
品　牌　光明
日处理鲜奶能力　5 784吨

均瑶集团乳业股份有限公司

负责人　王均豪
电　话　021－68130855
传　真　021－58138800
地　址　浦东康桥东路8号
邮　编　201315
网　站　www. junyao. com
主产品　液态奶
品　牌　均瑶
日处理鲜奶能力　250吨

上海真元乳业有限公司

负责人　王德新
电　话　021－58250888
传　真　021－58251333
地　址　南汇区芦潮港农场东侧
邮　编　201309
主产品　液态奶、酸奶乳饮料等
品　牌　真元
日处理鲜奶能力　120吨

上海三元全佳乳业有限公司

负责人　高小祥
电　话　021－59700511
传　真　021－59700311
地　址　青浦区外青松公路4789号
邮　编　201707
网　站　www. bestmilk. com. cn
主产品　液态奶、酸奶
品　牌　三元、全佳
日处理鲜奶能力　80吨

上海蜜儿可营养乳品有限公司

负责人　李玉钻
联系人　山秋新
电　话　021－66243491
传　真　021－56403158
地　址　宝山庙行镇场北路200号
邮　编　200436
主产品　巴氏杀菌乳、含乳饮料、酸奶、乳酸菌饮料
品　牌　蜜儿可
日处理鲜奶能力　70吨

上海卫岗乳品有限公司

负责人　王晋益
电　话　021－56130111
传　真　021－56130555
地　址　陈太路2039号
邮　编　200436
主产品　液态奶系列
品　牌　卫岗
日处理鲜奶能力　50吨

上海乳品一厂

负责人　陈馥苏
联系人　李建中
电　话　021－59511837
传　真　021－59511369
地　址　嘉定区马陆浜镇大治路315号
邮　编　201818
主产品　瓶装、袋状牛奶
品　牌　嘉光
日处理鲜奶能力　20吨

上海三元昂立营养食品有限公司

负责人　凌　怡
电　话　021－64274085－116
传　真　021－64387136
地　址　漕溪北路468号宏汇大厦10楼A－B座（1001－1002室）
邮　编　200030

上海牛奶（集团）公司

负责人　沈伟平
电　话　021－65182893
地　址　枫林路251号
邮　编　200032

江　苏

南京奶业（集团）有限公司

负责人　蔡敬东
电　话　025－4872392
传　真　025－4875156
地　址　南京市卫岗童卫路7号
邮　编　210014
网　站　www. njdairy. com
主产品　消毒奶、超高温灭菌奶、酸奶、奶粉、含乳饮料
品　牌　卫岗
日处理鲜奶能力　500吨

徐州绿健乳业有限公司

负责人　陈正晖
电　话　0516－7767291　7521668
传　真　0516－7826362
地　址　徐州市北区马场湖
邮　编　221006
网　站　www. lujiandairy. com
主产品　液体奶系列产品
品　牌　绿健
日处理鲜奶能力　600吨

徐州维维食品饮料股份有限公司

负责人　崔桂亮
电　话　0516－3290298
传　真　0516－2704888
地　址　徐州市城南开发区维维集团总部
邮　编　221111
网　站　www.group. com. cn
主产品　液体奶、豆奶粉
品　牌　维维、天山雪
日处理鲜奶能力　560吨

常州红梅乳业有限公司

负责人　盛国兴
电　话　0519－3270480
传　真　0519－3272941
地　址　常州市花园路25号
邮　编　213016

网　站　www. hmdairy. com
主产品　消毒奶、酸牛奶、花色奶、乳酸菌饮料、超高温灭菌奶、乳珍
品　牌　红梅
日处理鲜奶能力　150 吨

南通市乳品厂

负责人　陈国权
电　话　0513－5609191
传　真　0513－5609199
地　址　南通市港闸开发区黄海路
邮　编　226002
主产品　消毒牛奶、酸牛奶、含乳饮料
品　牌　赛翔
日处理鲜奶能力　150 吨

张家港梁丰食品饮料有限公司

地　址　张家港市西环路 245 号
电　话　0512－58213471　58213455
传　真　0512－58213471
邮　编　215600
主产品　消毒牛奶、酸牛奶、灭菌奶等
品　牌　梁丰
日处理鲜奶能力　150 吨

南京光明乳品有限公司

电　话　025－2774171
传　真　025－2774577
地　址　南京市禄口开发区来凤路 2 号
邮　编　211100
主产品　消毒牛奶、酸牛奶等
品　牌　光明
日处理鲜奶能力　150 吨

扬州大学实验农牧场

负责人　吕贞龙
电　话　0514－7979263
传　真　0514－7369499
地　址　扬州市大学路 60 号
邮　编　225009
主产品　鲜牛奶、酸奶、含乳饮料
品　牌　扬农
日处理鲜奶能力　100 吨

均瑶集团（无锡）乳业股份有限公司

负责人　王均豪
电　话　0510－2116413
传　真　0510－2104684
地　址　无锡市郊区南站镇锡甘路道口
邮　编　214026
主产品　消毒牛奶、酸牛奶、灭菌奶等
品　牌　均瑶
日处理鲜奶能力　100 吨

江苏维维双宝乳业有限公司

负责人　孙立智
电　话　0518－5498409　5496016
传　真　0518－5498408
地　址　连云港市东辛农场
邮　编　222248
主产品　消毒牛奶、酸牛奶等
品　牌　双宝
日处理鲜奶能力　90 吨

南京金阳光乳品有限公司

负责人　李恩霞
电　话　025－4444227
传　真　025－4444418
地　址　南京市玄武区孝陵双拜巷 137－1 号
邮　编　210014
网　站　www. jinyangguang. com
主产品　鲜奶、酸奶、含乳饮料
品　牌　金阳光
日处理鲜奶能力　65 吨

苏州市牛奶公司

负责人　缪晓航
电　话　0512－67232511
传　真　0512－67232511
地　址　苏州市城北公路 6 号桥
邮　编　215008
网　站　www. szdairy. com
主产品　鲜牛奶、酸奶、超高温灭菌奶、奶粉
品　牌　双喜
日处理鲜奶能力　60 吨

淮安快鹿牛奶有限公司

负责人　顾荫民
电　话　0517－3666382
传　真　0517－3676372
地　址　淮安市淮海西路 282 号
邮　编　223001
主产品　鲜奶、酸奶
品　牌　快鹿
日处理鲜奶能力　60 吨

南京川田乳品有限公司

负责人　许翌星
电　话　025－2121883
传　真　025－2121881
地　址　南京市江宁开发区经五路 129 号
邮　编　211100
网　站　www. shantian. com. cn
主产品　鲜奶、酸牛奶、早餐营养奶、乳饮料
品　牌　山田
日处理鲜奶能力　60 吨

泰州卫岗乳品有限公司

负责人　孙正荣
电　话　0523－6668178
传　真　0523－6668336
地　址　泰州市东郊斜桥东路
邮　编　225300
主产品　液态奶
品　牌　卫岗
日处理鲜奶能力　60 吨

无锡光明乳品有限公司

负责人　楼守俭
电　话　0510－5016187
传　真　0510－5016646
地　址　无锡市塘南三支路三号
邮　编　214026
主产品　液态奶
品　牌　光明
日处理鲜奶能力　57 吨

无锡卫岗乳品有限公司

负责人　顾光林
联系人　盛丽娟
电　话　0510－6011668
传　真　0510－6011668
地　址　江阴市云亭工业园云顾路 78 号
邮　编　214422
主产品　液态奶
品　牌　卫岗
日处理鲜奶能力　50 吨

镇江市长江乳业有限公司

负责人　王　辉
电　话　0511－5625117
传　真　0511－5626533
地　址　镇江市镇句路四摆渡
邮　编　212111
主产品　鲜牛奶、酸奶、花色奶、
品　牌　长江
日处理鲜奶能力　50 吨

无锡佳浓乳制品有限公司

负责人　过献忠
电　话　0510－3775816
传　真　0510－3771707

地　址　无锡市锡山区东北塘黄信桥
邮　编　214191
主产品　消毒牛奶、炼乳
品　牌　蓉湖
日处理鲜奶能力　50 吨

苏州市云兰奶业公司

负责人　陆火林
电　话　0512－68130178
传　真　0512－68236623
地　址　苏州市上方山北
邮　编　215009
网　站　www. szyunlan. com
主产品　消毒牛奶、花色牛奶
品　牌　云兰
日处理鲜奶能力　50 吨

丹阳市练湖乳品有限公司

负责人　谭先贵
电　话　0511－6872577　6871168
传　真　0511－6871168
地　址　丹阳市练湖农场
邮　编　212334
主产品　消毒鲜牛奶、酸奶类、果味类
品　牌　练湖
日处理鲜奶能力　50 吨

无锡市马山牛奶有限公司

负责人　曹善成
电　话　0510－5996657　5994377
传　真　0510－5990457
地　址　无锡市马山鱼花路 29 号
邮　编　214092
网　站　www.wxmilk.com
主产品　消毒奶、酸牛奶、含乳饮料
品　牌　美尔可
日处理鲜奶能力　50 吨

东台市宇航奶业有限公司

负责人　丁昌根
联系人　王敬东
电　话　0515－5250922/8002
传　真　0515－5270921
地　址　东台市新东东路 64 号
邮　编　224200
主产品　纯鲜牛奶、酸牛奶
品　牌　宇航
日处理鲜奶能力　50 吨

启东市尔福乳品厂

负责人　陈广昌
电　话　0513－3313845
地　址　启东市人民西路 1280 号
邮　编　226200
主产品　鲜奶、酸奶
品　牌　尔福
日处理鲜奶能力　50 吨

无锡海浪乳品工业有限公司

电　话　0510－5751175
传　真　0510－5751175
地　址　无锡市清扬路 414 号
邮　编　214026
主产品　消毒牛奶、酸牛奶等
品　牌　海浪
日处理鲜奶能力　50 吨

徐州卫岗乳品有限公司

电　话　0516－8685800
地　址　徐州市新沂市府东路 168 号
主产品　液态奶
品　牌　卫岗
日处理鲜奶能力　50 吨

常州市武进现代畜牧有限公司

负责人　吴新代
电　话　0519－6158348
传　真　0519－6151788
地　址　常州市武进区雪堰镇
邮　编　213169
主产品　消毒奶、酸奶、果味奶
品　牌　春晖
日处理鲜奶能力　40 吨

无锡市天资乳品饮料厂

负责人　杨建清
电　话　0510－3119213
传　真　0510－3119213
地　址　无锡市黄巷镇锡龙路百子桥
邮　编　214045
主产品　消毒鲜牛奶、含乳饮料系列、酸奶、鲜牛奶
品　牌　唯得
日处理鲜奶能力　30 吨

盐城市泰来神奶业有限公司

负责人　陈连根
电　话　0515－8897088
传　真　0515－8897088/888
地　址　盐城市城区南洋镇跃进村
邮　编　224005
主产品　鲜牛奶、酸奶、含乳饮料
品　牌　泰来神
日处理鲜奶能力　25 吨

浙　江

浙江李子园牛奶食品有限公司

负责人　李国平
电　话　0579－2887719
传　真　0579－2887719
地　址　金华市金东区曹宅镇李子园工业区
邮　编　321031
主产品　液态奶
品　牌　李子园
日处理鲜奶能力　400 吨

金华市佳乐乳业有限公司

负责人　夏济平
电　话　0579－2285140
传　真　0579－2285140
地　址　金华市环城西路 2851 号
邮　编　321001
主产品　纯牛奶
品　牌　佳乐
日处理鲜奶能力　200 吨

金华丁丁乳业有限公司

负责人　韩志龙
电　话　0579－2423286
传　真　0579－2423222
地　址　金华市环城北路 706 号
邮　编　321000
主产品　纯牛奶、甜牛奶
品　牌　丁丁
日处理鲜奶能力　100 吨

杭州美丽健乳品有限公司

负责人　吴东阳
联系人　唐伟兴
电　话　0571－86963806　86045759
传　真　0571－86034010　86093846
地　址　杭州市秋涛北路 188 号
邮　编　310020
主产品　鲜纯奶、酸奶等
品　牌　美丽健、西湖
日处理鲜奶能力　100 吨

宁波市牛奶有限公司

负责人　徐志雄
电　话　0574－87500234　87506550
传　真　0574－87506416
地　址　宁波市牛山西路 796 弄 11 号
邮　编　315010

网　站　www. nbnn. com. cn
主产品　鲜奶、酸奶
品　牌　宁波
日处理鲜奶能力　100 吨

金华市伟业乳品有限公司

负责人　吴建双
电　话　0579－2711666
传　真　0579－2711217
地　址　金华市婺城区蒋堂镇伟业西路88号
邮　编　321071
主产品　纯牛奶、甜味奶、酸奶及果味奶
品　牌　伟业
日处理鲜奶能力　100 吨

杭州燕牌乳业有限公司

负责人　郑迅伟
联系人　汪德利
电　话　0571－86066094
传　真　0571－86066094　86074847
地　址　杭州市秋涛路 373 号
邮　编　310009
主产品　鲜奶、酸奶
品　牌　燕牌
日处理鲜奶能力　90 吨

瑞安市百好乳业有限公司

负责人　王仲达
电　话　0577－65663931
传　真　0577－65672552
地　址　瑞安市安阳镇沿江西路 163 号
邮　编　325200
主产品　炼乳
日处理鲜奶能力　85 吨

杭州新希望双峰乳业有限公司

负责人　林永裕
联系人　潘燕山
电　话　0571－86949417　86034169
传　真　0571－86091006　86034169
地　址　杭州市清泰门外七甲路 98 号
邮　编　310016
主产品　鲜奶、酸奶
品　牌　双峰
日处理鲜奶能力　60 吨

嘉兴振华乳业食品有限公司

负责人　陈珊蓉
电　话　0573－2222001
传　真　0573－2221793
地　址　嘉兴经济开发区昌盛路永兴桥堍
邮　编　314001
主产品　鲜牛奶、酸奶、奶粉
品　牌　中华、张家弄
日处理鲜奶能力　30 吨

杭州娃哈哈集团有限公司

负责人　孟岳成
电　话　0571－86911846
传　真　0571－86911367
地　址　杭州下沙经济技术开发区
邮　编　310018

浙江熊猫乳品有限公司

负责人　郭　红
电　话　0577－64838790
地　址　苍南县灵溪镇建兴东路 650－668 号
邮　编　325800
主产品　炼乳
品　牌　熊猫

安　徽

安徽白帝乳业有限公司

负责人　袁有林
电　话　0551－5562571
传　真　0551－5562571
地　址　合肥市陈村路 21 号
邮　编　230031
主产品　各种乳制品
品　牌　白帝、江淮
日处理鲜奶能力　150 吨

安徽益益乳业有限公司

负责人　吴明楼
电　话　0554－3607120
传　真　0554－3607120　3607588
地　址　淮南市九龙岗北
邮　编　232035
网　站　www. yiyi. ccroup. com. cn
主产品　奶粉、UHI 奶、巴氏消毒奶、酸奶
品　牌　益益
日处理鲜奶能力　120 吨

歙县练江上海乳品七厂

负责人　张承吉
电　话　0559－6740008
传　真　0559－6740005
地　址　黄山市歙县练江大道 18 号
邮　编　245203
网　站　www. shenguang－rp. com. cn
主产品　奶粉、鲜牛奶、酸奶
品　牌　申光
日处理鲜奶能力　80 吨

蚌埠市和平乳业有限责任公司

负责人　李杨民
电　话　0552－4014827
传　真　0552－4014827
地　址　蚌埠市朝阳路 670 号
邮　编　233000
主产品　纯鲜奶、酸奶、花色奶、奶粉等
品　牌　和平
日处理鲜奶能力　60 吨

芜湖卫岗乳品有限公司

负责人　赉曙光
电　话　0553－2863227
传　真　0553－2832576
地　址　芜湖市康复路 162 号
邮　编　241000
主产品　液态奶
品　牌　卫岗
日处理鲜奶能力　50 吨

滁州市奶业有限责任公司

负责人　张顺利
电　话　0550－3022980　3047781
传　真　0550－3047757
地　址　滁州市环山路 8 号
邮　编　239000
主产品　奶粉、液态奶
品　牌　琅琊
日处理鲜奶能力　50 吨

安徽丰大乳业有限责任公司

负责人　吴开启
电　话　0551－6370455
传　真　0551－6370455
地　址　合肥市双凤大道 67 号
邮　编　231131
主产品　鲜奶、酸奶等
品　牌　丰大
日处理鲜奶能力　30 吨

安徽淮北相山乳业有限公司

负责人　王平哲
电　话　0561－3112228
传　真　0561－3112228
邮　编　235000
主产品　鲜奶、酸奶、各类花色奶
品　牌　相山

日处理鲜奶能力 30 吨

福 建

福建长富乳业股份有限公司

负责人 陈学坤
电 话 0591-8635188
传 真 0591-8635318
地 址 南平市长富路 168 号
邮 编 353000
网 站 www. fjchangfu. com
主产品 鲜奶、超高温灭菌奶
品 牌 长富
日处理鲜奶能力 300 吨

福建惠尔康乳业有限公司

负责人 叶争鸣
电 话 0591-3928777/828
传 真 0591-3923222
地 址 福州市晋安区连江中路 80 号
邮 编 350011
主产品 鲜奶、酸奶
品 牌 惠尔康
日处理鲜奶能力 300 吨

福建宏宝露乳业股份有限公司

负责人 林光明
电 话 0591-5361196
传 真 0591-5361077
地 址 福清市宏路镇东坪 88 号
邮 编 350301
主产品 巴氏杀菌奶、酸奶、功能性乳制品及风味乳饮料
品 牌 福牛
日处理鲜奶能力 200 吨

浦城县华美乳业有限公司

负责人 李天华
电 话 0599-2712998
传 真 0599-2711888
地 址 浦城县南浦生态工业园区三元 1 号
邮 编 353400
网 站 www. fjhmd. com
主产品 纯奶、屋型奶、风味奶
品 牌 天凌
日处理鲜奶能力 50 吨

厦门心鲜乳业有限公司

电 话 0592-6254616
传 真 0592-6240575
地 址 厦门市杏林区西亭村羊场
邮 编 361022
主产品 纯鲜牛奶、羊奶、酸奶
品 牌 心鲜
日处理鲜奶能力 50 吨

长泰县新龙华乳业有限公司

负责人 林立新
电 话 0596-8317316
传 真 0596-8318609
地 址 长泰县新泰工业区
邮 编 363900
主产品 消毒奶
品 牌 龙华
日处理鲜奶能力 50 吨

福州市康利达乳业有限公司

负责人 刘声锵
地 址 福州市金山开发区
邮 编 350002
主产品 纯奶、活性乳、乳酸饮料
品 牌 康利达
日处理鲜奶能力 30 吨

闽西绿蒙奶业有限公司

负责人 龚林旺
电 话 0597-3761962
传 真 0597-3761962
地 址 上杭县龙湖开发区
邮 编 364200
主产品 纯鲜奶、AD 高钙奶
品 牌 绿蒙
日处理鲜奶能力 30 吨

百信实业（漳州）有限公司

负责人 陈学炎
电 话 0596-3642303
传 真 0596-3642303
地 址 漳浦县前亭镇大社工业区
邮 编 363207
主产品 消毒奶
品 牌 百信

江 西

江西光明英雄乳业股份有限公司

负责人 席德三
联系人 邓昌华
电 话 0791-3975172
传 真 0791-3975264
地 址 南昌市蛟桥
邮 编 330044
网 站 www. hero dairy. com
主产品 超高温奶、巴氏消毒奶、酸奶、奶粉、调味奶
品 牌 英雄、光明
日处理鲜奶能力 200 吨

江西阳光乳业有限公司

负责人 胡霄云
联系人 高金文
电 话 0791-5278434
传 真 0791-5273187
地 址 南昌市青云谱岱山东路 1 号
邮 编 330001
主产品 鲜奶、酸奶、乳饮料
品 牌 天天阳光、天天健康
日处理鲜奶能力 200 吨

江西友芝友保健乳品有限公司

电 话 0791-3700408
传 真 0791-3700419
地 址 南昌市新建县长堎外商投资工业区
邮 编 330100
网 站 www. yzymilk. com
主产品 超高温奶、巴氏消毒奶、酸奶、调味奶
品 牌 友芝友
日处理鲜奶能力 80 吨

江西卫岗乳品有限公司

负责人 宋如森
电 话 0790-5899307
传 真 0790-5899308
地 址 新余市中国林科院亚热带林木研究中心
邮 编 338000
主产品 液态奶系列
品 牌 卫岗
日处理鲜奶能力 70 吨

世威（宜春）奶业发展有限公司

负责人 古陵波
电 话 0795-5482999
传 真 0795-5482999
地 址 高安市八景镇工业开发区
主产品 液态奶
日处理鲜奶能力 60 吨

江西省大富乳业有限公司

负责人 何春民
电 话 0799-7507888
传 真 0799-7507666
地 址 芦溪县银河镇
邮 编 337200
主产品 鲜奶制品
品 牌 大富
日处理鲜奶能力 60吨

江西牛牛乳业有限公司

负责人 郑建民
电 话 0796-8342315 8320241
传 真 0796-8310606
地 址 吉安市郊三公里
邮 编 343000
主产品 液态奶、含乳饮料
品 牌 牛牛乐
日处理鲜奶能力 50吨

江西李子园牛奶食品有限公司

负责人 金旭浩
电 话 0797-6327598
传 真 0797-6327599
地 址 于都县楂林工业园
邮 编 342300
网 站 www.liziyuan.com
主产品 纯鲜奶、乳饮料
品 牌 李子园
日处理鲜奶能力 50吨

新余圣牛乳业有限公司

负责人 余奎喜
电 话 0790-6753166
传 真 0790-6753166
地 址 新余市姚圩镇
主产品 纯牛奶、甜牛奶、酸牛奶
品 牌 圣牛
日处理鲜奶能力 33吨

英雄奶业（赣州）有限责任公司

负责人 李起来
电 话 0797-8227999
传 真 0797-8223566
地 址 赣州市健康路50号
邮 编 341000
主产品 鲜奶
日处理鲜奶能力 25吨

山 东

山东凯银乳业有限责任公司

负责人 许兰祥
联系人 王 良
电 话 0546-6872557
传 真 0546-6872994
地 址 山东东营市高效生态农业科技园
邮 编 257335
网 站 www.dwry.com
主产品 液态奶、冷饮、奶粉
品 牌 凯银
日处理鲜奶能力 300吨

山东鹏程食品股份有限公司

负责人 王志海
联系人 于 萍
电 话 0631-8571018
传 真 0631-8571035
地 址 文登市北郊
邮 编 264416
网 站 www.pengcheng-food.com
主产品 液态奶、冷饮、奶粉、面食
品 牌 鹏程
日处理鲜奶能力 280吨

淄博绿赛尔乳业有限公司

负责人 王德山
联系人 张 崎
电 话 0533-2766547
传 真 0533-2766547
地 址 淄博市张店区世纪路北首
邮 编 255090
网 站 www.lusaier.com
主产品 鲜奶、酸奶、超高温牛奶、乳酸菌饮料
品 牌 绿赛尔
日处理鲜奶能力 260吨

济南佳宝乳业有限公司

负责人 孙作刚
电 话 0531-8901901
地 址 济南市佳宝路6号
邮 编 250100
主产品 液态奶、乳饮料
品 牌 佳宝
日处理鲜奶能力 250吨

青岛市奶业总公司

电 话 0532-5816389
传 真 0532-5816487
地 址 青岛市宁夏路129号
邮 编 266071
网 站 www.qddairy.com
主产品 液态奶
品 牌 琴牌
日处理鲜奶能力 200吨

青岛迎春乐乳业(集团)有限公司

负责人 郭克从
电 话 0532-7766116
传 真 0532-7766776
地 址 青岛市城阳区礼阳路8号
邮 编 266109
网 站 www.qdmilk.com
主产品 液体奶
品 牌 迎春乐
日处理鲜奶能力 180吨

文登市金洋乳品有限公司

电 话 0631-8681188
主产品 奶粉、液态奶
品 牌 金洋
日处理鲜奶能力 180吨

青岛天泰饮乐多食品有限公司

负责人 王若雄
联系人 潘瑞春
电 话 0532-3837676
传 真 0532-3835130
地 址 青岛市市北区辽宁路12号
邮 编 266021
网 站 www.yogurt.com.cn
主产品 活性乳酸菌饮料
品 牌 饮乐多
日处理鲜奶能力 150吨

莱阳宝宁食品有限公司

负责人 冯寿宝
电 话 0535-7321333
地 址 莱阳市凤凰路1号
邮 编 265202
日处理鲜奶能力 90吨

山东大强集团思达乳品公司

负责人 冯承湖
地 址 济南市黄台北路7号
邮 编 270011
主产品 液态奶、乳饮料
品 牌 思达
日处理鲜奶能力 50吨

青岛龙马乳业有限责任公司

负责人　王学瑞
电　话　0532－7883616
传　真　0532－7881901
地　址　青岛市城阳区惜福镇正阳东路
邮　编　266106
主产品　液态奶、酸奶
品　牌　日日乐
日处理鲜奶能力　50吨

青岛仁和奶业有限公司

负责人　刘典同
电　话　0532－7658174
传　真　0532－7657192
地　址　青岛市李沧区308国道2648号
邮　编　266100
网　站　www. cnrenhe. com
主产品　鲜牛奶
品　牌　麦优祥
日处理鲜奶能力　50吨

青岛金大洋乳业有限公司

负责人　李宣文
电　话　0532－3131046
传　真　0532－3131496
地　址　胶南市王台镇高效农业园
邮　编　266425
主产品　牛奶、奶粉
品　牌　海滨
日处理鲜奶能力　40吨

枣庄生活园发展有限公司

负责人　单立保
电　话　0632－3353560
地　址　枣庄市中工业园（前陈湖）
邮　编　277100
主产品　液态奶、乳饮料
日处理鲜奶能力　30吨

枣庄大立乳业有限公司

负责人　孙单启
电　话　0632－3318302　3258161
传　真　0632－3332289
地　址　枣庄市中区刘岭路12号
邮　编　277102
主产品　消毒奶、花色奶
日处理鲜奶能力　30吨

山东得益乳业有限公司

负责人　王培亮
电　话　0533－3915810
传　真　0533－3915810
地　址　淄博市张店世纪路西得益路1号
邮　编　255090

青岛圣元乳业有限公司

负责人　夏柏松
电　话　0532－6971111
传　真　0532－6972599
地　址　青岛市保税区2号A
邮　编　266555

河　南

河南三鹿花花牛乳业有限公司

负责人　李文献
电　话　0371－5711117
传　真　0371－5719602
地　址　郑州市畜牧路
邮　编　450008
网　站　hnahnaniu. com. cn
主产品　巴氏消毒奶、袋酸奶、超高温灭菌奶
品　牌　三鹿、花花牛
日处理鲜奶能力　320吨

河南洛阳巨尔乳业有限公司

负责人　陈彦斌
电　话　0379－5599618
传　真　0379－5521553
地　址　洛阳市牡丹桥南端
邮　编　471022
主产品　巴氏消毒奶、袋酸奶、超高温灭菌奶
品　牌　巨尔
日处理鲜奶能力　200吨

河南科迪食品集团股份有限公司

电　话　0370－4471098
传　真　0370－4471193
地　址　虞城市利民工贸区18号
邮　编　476343
主产品　巴氏消毒奶、袋酸奶、超高温灭菌奶
品　牌　科迪
日处理鲜奶能力　160吨

郑州山盟乳业有限责任公司

负责人　董　波
电　话　0371－7538252
传　真　0371－7528799
地　址　郑州市电厂路7号
邮　编　450051
主产品　巴氏消毒奶、袋酸奶、果奶
品　牌　山盟
日处理鲜奶能力　100吨

洛阳生生乳业有限公司

联系人　刘　星
电　话　0379－3785088
传　真　0379－3787188
地　址　孟津县平乐镇翟泉村
邮　编　471125
主产品　巴氏消毒奶、袋酸奶、UHT奶
品　牌　龙脉
日处理鲜奶能力　100吨

河南三剑客奶业有限责任公司

电　话　0395－2921388、2923804
地　址　漯河市长江路39号
邮　编　462000

湖　北

武汉惠尔康扬子江乳业有限公司

负责人　叶争鸣
联系人　吴也钦
电　话　027－82866777
传　真　027－82866555
地　址　武汉市江岸区惠济路55号
邮　编　430010
网　站　www. yzjdairy. com
主产品　鲜奶、酸奶、奶粉
品　牌　扬子江
日处理鲜奶能力　320吨

武汉友芝友保健乳品有限公司

负责人　袁　谦
电　话　027－83370148　83228336
传　真　027－83226549
地　址　武汉市东西湖区吴家山梨花园路248号
邮　编　430040
网　站　www. yzymilk. com
主产品　鲜奶、酸奶、含乳饮料
品　牌　友芝友
日处理鲜奶能力　200吨

武汉惠尔康扬子江乳业乳品一厂

负责人　叶争鸣

联系人 李 民
电 话 027-82401664
传 真 027-82401664
地 址 武汉市江岸区惠济路55号
邮 编 430010
网 站 www. yzjdairy. com
主产品 鲜奶、酸奶、奶粉
品 牌 扬子江
日处理鲜奶能力 150吨

武汉光明乳品有限公司

负责人 张华富
联系人 李 萍
电 话 027-83213509 83217040
传 真 027-83892136
地 址 武汉市东西湖张柏路1号
邮 编 430040
主产品 鲜奶、酸奶
品 牌 光明
日处理鲜奶能力 100吨

宜昌安琪集团喜旺鲜奶加工厂

主产品 鲜牛奶、酸奶、含乳饮料
品 牌 喜旺
日处理鲜奶能力 100吨

湖北宜昌均瑶乳业有限公司

主产品 鲜牛奶、酸奶、含乳饮料
品 牌 均瑶
日处理鲜奶能力 100吨

武汉香满楼乳制品工业有限公司

负责人 张卫平
联系人 张春平
电 话 027-84898305
传 真 027-84896936
地 址 武汉经济技术开发区南街55号
邮 编 430056
网 站 www. xiangmamlou. com
主产品 鲜牛奶、酸牛奶、乳酸菌饮料
品 牌 香满楼
日处理鲜奶能力 60吨

武汉惠尔康扬子江乳业乳品二厂

负责人 叶争鸣
联系人 卢全福
电 话 027-88080886
传 真 027-88731375
地 址 武汉市武昌区复兴路77号
邮 编 430060
网 站 www. yzjdairy. com
主产品 鲜奶、超高温灭菌奶
品 牌 扬子江
日处理鲜奶能力 50吨

武汉惠尔康扬子江乳业乳品三厂

负责人 叶争鸣
联系人 余长生
电 话 027-86841607
传 真 027-86841607
地 址 武汉市青山区红钢城109街
邮 编 430080
网 站 www. yzjdairy. com
品 牌 扬子江
日处理鲜奶能力 40吨

武汉妙士生物乳业有限公司

负责人 缪长青
电 话 027-83823332
传 真 027-83857567
地 址 武汉古田二路硚口经济开发区
邮 编 430034
主产品 妙士一品乳
品 牌 妙士
日处理鲜奶能力 20吨

湖 南

湖南亚华种业南山绿色食品开发公司

负责人 李沛云
电 话 0739-7395219 7395038
传 真 0739-7395066
地 址 城步苗族自治县南山牧场
邮 编 422512
主产品 奶粉、液态奶
品 牌 南山
日处理鲜奶能力 260吨

湖南亚种业华宾佳乐乳业有限公司

负责人 康军战
电 话 0731-5593065
传 真 0731-8861585
地 址 长沙天心区马王堆青园路54号
邮 编 410004
主产品 奶粉、液态奶
品 牌 宾佳乐
日处理鲜奶能力 150吨

湖南派派光明食品有限公司

负责人 王 云
电 话 0731-4414107
传 真 0731-4443091
地 址 长沙市解放路151号
邮 编 410011
主产品 鲜奶、酸奶
品 牌 光明、派派
日处理鲜奶能力 80吨

湖南阳光乳业股份有限公司

负责人 陈运国
电 话 0736-7322800 7322222
传 真 0736-7322800
地 址 常德市德山经济开发区桃林东路
邮 编 415001
网 站 www. ygry. com
主产品 纯鲜牛奶、酸牛奶
品 牌 金健
日处理鲜奶能力 50吨

湖南太子奶生物科技股份有限公司

电 话 0733-8481141
地 址 株州市红旗中路15号
邮 编 412000

广 东

深圳晨光乳业有限公司

负责人 杨志成
联系人 胡祖海
电 话 0755-27402788
传 真 0755-27400241
地 址 深圳宝安区光明南区晨光大道
邮 编 518107
网 站 www. szgm. com. cn
主产品 杀菌奶、超高温灭菌奶
品 牌 晨光
日处理鲜奶能力 300吨

广东国营燕塘牛奶公司

负责人 黄 宣
电 话 020-61372250
传 真 020-87700451
地 址 广州沙河燕塘大院
邮 编 510507
网 站 www. yantangmilk. com
主产品 液态乳、超高温灭菌奶
品 牌 燕塘

日处理鲜奶能力　300 吨

广州光明乳品有限公司

负责人　张华富
电　话　020－82978928
传　真　020－82978938
地　址　广州市经济技术开发区永和经济区新区二路 38 号
邮　编　511356
主产品　鲜奶、酸奶、酸奶饮料
品　牌　光明
日处理鲜奶能力　300 吨

深圳活力宝有限公司

负责人　朱忠琦
联系人　张亿群
电　话　0755－6980622
传　真　0755－26980066
地　址　深圳市高新技术产业园北区 5 号
邮　编　518051
主产品　乳酸菌饮料
品　牌　活力宝
日处理鲜奶能力　200 吨

惠州市慧明食品饮料有限公司

负责人　黄文震
电　话　0752－6860266
传　真　0752－6860268
地　址　惠州市博罗县龙溪镇慧明大道
邮　编　516121
网　站　www. gdhuiming. com
主产品　纯鲜奶、酸牛奶饮品、甜牛奶饮品
品　牌　慧明
日处理鲜奶能力　180 吨

广州风行牛奶有限公司

负责人　林辉新
电　话　020－87241615　87242982　87714910
传　真　020－87241615　87649901
地　址　广州天河区沙太路盘龙岗临 84 号
邮　编　510510
主产品　鲜奶、炼乳、酸奶、花色奶
品　牌　风行
日处理鲜奶能力　150 吨

珠海维维大亨乳业有限公司

负责人　李大鹏
联系人　熊铁虹
电　话　0756－8508181　8501061
传　真　0756－8609966
地　址　珠海市前山镇东坑村乳品生产基地
邮　编　519000
网　站　www. bigshot－milk. com
主产品　纯鲜奶、花色奶
品　牌　大亨
日处理鲜奶能力　150 吨

广美香满楼畜牧有限公司

负责人　Colvin Morton Brown
电　话　020－82374371
传　真　020－82373473
地　址　广州市东圃小新塘
邮　编　510663
主产品　巴氏奶、超高温奶、酸奶
品　牌　香满楼
日处理鲜奶能力　150 吨

深圳喜之康饮料有限公司

负责人　林国浩
电　话　0755－8764888
传　真　0755－28763000
地　址　深圳布吉镇岗头雪岗北路 45 号
邮　编　518129
网　站　www. xizhikang. com
主产品　牛奶
品　牌　喜之康
日处理鲜奶能力　100 吨

佛山澳纯乳业有限公司

负责人　孔翠玉
电　话　0757－3209215
传　真　0757－3201423
地　址　佛山市迳口华侨经济区
邮　编　528145
主产品　巴氏奶、超高温奶、酸奶
品　牌　澳纯
日处理鲜奶能力　100 吨

广州金鼎乳制品厂

负责人　苏汝荣
电　话　020－84213148　84266493
传　真　020－84213964　84266493
地　址　广州海珠区石榴岗华洲路 68 号
邮　编　510320
主产品　婴儿奶粉、助长奶粉、鲜奶
品　牌　金鼎
日处理鲜奶能力　80 吨

珠海顺恩食品有限公司

负责人　梁　荣
电　话　0756－5571888
传　真　0756－5572303
地　址　珠海市斗门区五山第一工业区
邮　编　519175
网　站　www. soon-cn. com
主产品　巴氏纯鲜奶、酸奶、花色奶
品　牌　顺恩
日处理鲜奶能力　80 吨

广州益力多乳品有限公司

负责人　平野博胜
电　话　020－82301108　38772408
传　真　020－82303018
地　址　广州市天河区中山大道 286 号东圃商业大厦 B 座 6 楼
邮　编　510660
网　站　www. yakult-gz. com
主产品　乳酸菌乳饮料
品　牌　益力多
日处理鲜奶能力　62 吨

广东太阳宝乳业有限公司

负责人　李庆生
电　话　0754－8872082
传　真　0754－8869771
地　址　汕头市黄山路 59 号三楼
邮　编　515041
网　站　www. tyb-milk. com
主产品　超高温灭菌奶、巴氏杀菌奶
品　牌　太阳宝
日处理鲜奶能力　60 吨

深圳市鹏发时代奶品饮料有限公司

负责人　朱楚坚
联系人　赵庆政
电　话　0755－84060423
传　真　0755－84060966
地　址　深圳龙岗区坪地镇六联富临路
邮　编　518117
主产品　纯牛奶
品　牌　时代
日处理鲜奶能力　50 吨

梅州市英雄乳业发展有限公司

负责人　王宇明
电　话　0753－2523884
传　真　0753－2523884
地　址　梅州市华侨城中央大道华南大厦 B－2 号
邮　编　514087
主产品　巴氏杀菌奶及系列产品

品　牌　客乡奶
日处理鲜奶能力　50 吨

南海市水牛奶研究开发有限公司

负责人　尹秋旺
联系人　梁勤儿
电　话　0757－6236187
传　真　0757－6236187
地　址　南海区桂城南海农科所工业区内
邮　编　528200
网　站　www.buffalo.com.cn
主产品　巴氏纯鲜奶、酸奶、花色奶
品　牌　百富露
日处理鲜奶能力　40 吨

湛江市湖光奶业有限公司

负责人　邓培义
电　话　0759－2845372
传　真　0759－2845683
地　址　湛江市郊志满湖光农场
邮　编　524086
主产品　巴氏杀菌奶、酸牛奶、花色奶
品　牌　湖光
日处理鲜奶能力　30 吨

广州市强强兴乳品有限公司

联系人　申华东
电　话　020－82038606
　　　　87038008
地　址　广州市天河区工业区后侧
邮　编　510520
主产品　鲜奶、酸奶、乳酸菌饮料
日处理鲜奶能力　30 吨

肇庆市温氏乳业有限公司

负责人　温志芬
联系人　张　明
电　话　0758－2613982
传　真　0758－2612828
地　址　肇庆市鼎湖区莲花镇
邮　编　526070
主产品　巴氏奶、含乳饮料
品　牌　温氏
日处理鲜奶能力　10 吨

广州市宜锋乳品有限公司

电　话　020－84366212
传　真　020－84360100
地　址　广州市沙园路奋勇十二街 6 号二楼
邮　编　510250

广东四明燕塘乳业有限公司

负责人　黄　宣
电　话　020－87633953
地　址　广州市沙河大塘岗
邮　编　510507

广州市国营凤凰乳品厂

负责人　刘　华
电　话　020－37394872
传　真　020－37394135
地　址　广州市天河区凤凰农工沙河
邮　编　510520
主产品　鲜牛奶

汕头澳士兰牧场有限公司

负责人　杨基波
联系人　余静玲
电　话　0754－8875698
传　真　0754－8875262
地　址　汕头市衡山路明珠广场商业大厦 16D
邮　编　515041
网　站　www.aoshilan.com
主产品　巴氏纯鲜奶、酸奶、花色奶等
品　牌　澳士兰

广东雅士利集团有限公司

负责人　张利坤
电　话　0768－5811338
传　真　0768－5812128
地　址　潮州市潮安大道雅士利工业城
邮　编　515638

广　西

广西皇氏生物工程乳品有限公司

负责人　黄嘉棣
电　话　0771－3163008
传　真　0771－3180638
地　址　南宁市新阳路 310 号
邮　编　530003
主产品　消毒奶、酸奶
品　牌　甲天下皇品乳
日处理鲜奶能力　100 吨

广西大学农大食品厂

负责人　王金龙
电　话　0771－3237715
传　真　0771－3237715
地　址　南宁市秀灵路 13 号
邮　编　530005
主产品　消毒奶、酸奶、果奶
品　牌　尤格
日处理鲜奶能力　50 吨

南宁市多乐乳品有限公司

负责人　张祖韬
电　话　0771－4017527
传　真　0771－5665369
地　址　南宁市邕宁沿海开发区玉洞工业园 6 街
邮　编　530221
主产品　消毒奶
品　牌　石埠
日处理鲜奶能力　50 吨

柳州市奶业有限公司

负责人　姚汉光
电　话　0772－3127508
传　真　0772－3121759
地　址　柳州市柳石路 169 号
邮　编　545005
主产品　消毒奶、酸奶、豆奶
品　牌　天爱
日处理鲜奶能力　20 吨

桂林市乳品厂

负责人　梁启军
电　话　0773－3623626
传　真　0773－3623608
地　址　桂林市瓦窑路二巷 3 号
邮　编　541003
主产品　酸奶、消毒奶、豆奶
品　牌　漓光
日处理鲜奶能力　20 吨

广西畜牧研究所乳品厂

负责人　莫琼才
电　话　0771－3315635
传　真　0771－3303129
地　址　南宁市邕武路 24 号
邮　编　530001
主产品　酸奶、消毒奶
品　牌　永望
日处理鲜奶能力　20 吨

海　南

海南新海乳业有限公司

负责人　和　平

电　话　0898－65774545
传　真　0898－65778207
地　址　海口罗牛山农业综合开发区
邮　编　571133
日处理鲜奶能力　10 吨

海南国鹰乳品有限公司

负责人　黄文昌
电　话　0898－66827671
传　真　0898－66827095
地　址　海口市金盘工业区美国工业村3－7号
邮　编　570216

重　庆

重庆市天友乳业股份有限公司

负责人　王永树
电　话　023－63871568
传　真　023－63629525
地　址　渝中区中山三路 121 号
邮　编　400015
网　站　www. tianyoudairl. com
主产品　消毒奶、UHT 奶、酸奶
品　牌　天友、山城
日处理鲜奶能力　350 吨

重庆海浪科技实业(集团)有限公司

负责人　李　忠
电　话　023－68591512
传　真　023－68591511
地　址　渝中区大坪虎头岩 1 号
邮　编　400042
网　站　www. hailiang. com
主产品　液态奶、豆乳制品、大豆深加工制品
品　牌　海浪
日处理鲜奶能力　80 吨

重庆太易乳业有限公司

负责人　陈　建
电　话　023－65200093
传　真　023－65200093
地　址　沙坪坝区上桥工业园区
邮　编　400037
网　站　www. Cqtaiyi. com
主产品　纯牛奶、风味奶
品　牌　太易
日处理鲜奶能力　80 吨

重庆三高乳业有限责任公司

负责人　何　涛
电　话　023－62756592
传　真　023－62756593
地　址　南岸区四公里街 403 号
邮　编　400074
网　站　www. sangaodairy. com
主产品　奶酪
品　牌　益生
日处理鲜奶能力　60 吨

重庆新大陆龙麦乳业有限公司

电　话　023－67706858
地　址　江北区红土地 64 号
邮　编　400023

重庆荣鑫乳品开发有限责任公司

负责人　黄成鑫
电　话　023－68832679
传　真　023－68909330
地　址　大渡口区八桥镇新华村
邮　编　400084

四　川

四川新希望农业股份有限公司乳业事业部

负责人　黄代云
电　话　028－86658600
传　真　028－86659060
地　址　成都市新开街 1 号金竹大厦七楼
邮　编　610016
网　站　www. newhopegroop. com
主产品　液态奶、奶粉
品　牌　天友、山城、阳平、天、白帝、江淮、双峰、美丽健、西湖、华西、琴、天香 V 美、酒前一杯
日处理鲜奶能力　800 吨

四川华西乳业有限公司

负责人　华昌明
联系人　史玉忠
电　话　028－85321866
传　真　028－85316599
地　址　成都市高新区石羊场
邮　编　610041
主产品　鲜奶、超高温灭菌奶
品　牌　华西
日处理鲜奶能力　250 吨

四川菊乐食品有限公司

负责人　童恩文
联系人　吴小兰
电　话　028－85068723/8000
传　真　028－85069113
地　址　成都市一环路西一段菊乐路 19 号
邮　编　610041
网　站　www. jule. com
主产品　纯牛奶、酸奶、学生奶
品　牌　菊乐
日处理鲜奶能力　200 吨

四川新阳平乳业有限公司

负责人　黄代云
联系人　欧仕田
电　话　0833－7496848
传　真　0833－7496373
地　址　洪雅县临江路 12 号
邮　编　620360
主产品　奶粉、液态奶
品　牌　阳坪
日处理鲜奶能力　125 吨

成都鑫华生乳品有限公司

联系人　林　生
电　话　028－87542460
传　真　028－87540485
地　址　成都市金牛区营门口黄忠五组
邮　编　610036
主产品　乳品、乳饮料
品　牌　鑫华生
日处理鲜奶能力　120 吨

四川红原牦牛乳业公司

负责人　代启明
电　话　028－87730135
地　址　成都市一环路西三段 33 号
邮　编　610031
主产品　各种奶粉、奶油
品　牌　红原
日处理鲜奶能力　110 吨

绵阳雪宝乳业有限公司

电　话　0816－2687770　2681236
传　真　0816－2681236
地　址　绵阳长虹大道北段 67 号
邮　编　621000
网　站　www. xuebaoruye. com
主产品　酸奶、消毒鲜牛奶、双岐因子纯牛奶等
品　牌　雪宝

日处理鲜奶能力 80吨

成都沙河乳品厂

负责人 冉龙海
联系人 罗载群
电 话 028－84790740
传 真 028－84790351
地 址 成都市外东沙河堡
邮 编 610066
主产品 鲜奶、酸奶、乳饮料
品 牌 宝龄
日处理鲜奶能力 80吨

雅安熊猫乳业有限公司

负责人 张健康
联系人 张 建
电 话 0835－2615168
传 真 0835－2613938
地 址 雅安市康藏路95号
邮 编 625000
主产品 全脂奶粉、纯牛奶、酸奶及花色奶
品 牌 熊猫
日处理鲜奶能力 70吨

宣汉县西塔乳业有限公司

负责人 郑贵祥
电 话 0818－5822074
传 真 0818－5822081
地 址 宣汉县胡家云城路34号
邮 编 636154
主产品 奶粉、巴氏消毒奶、超高温灭菌奶活性乳
品 牌 西塔
日处理鲜奶能力 40吨

南充市乳制品有限公司

负责人 李全中
电 话 0817－2708078
传 真 0817－2701741
地 址 南充市文峰街54号
邮 编 637000
主产品 纯牛奶、鲜奶、酸奶、乳饮料
品 牌 天太
日处理鲜奶能力 40吨

泸州市五峰乳业有限公司

负责人 邓 坤
联系人 向国章
电 话 0830－2505502
传 真 0830－2510216
地 址 泸州龙马潭区小市五峰村60号
邮 编 646100
主产品 奶粉系列、液态奶系列
品 牌 五峰
日处理鲜奶能力 30吨

西昌攀西乳业公司

负责人 贺 飞
联系人 李 怀
电 话 0384－3957018
传 真 0384－3957028
地 址 西昌市新村路
邮 编 615022
主产品 鲜奶、酸奶、乳饮料
品 牌 美日
日处理鲜奶能力 20吨

德阳市乳品公司

负责人 任运国
电 话 0838－2500212
传 真 0838－2502588
地 址 德阳市凯江路东段文化娱乐城内
邮 编 618000
主产品 消毒牛奶、酸牛奶
品 牌 同心
日处理鲜奶能力 20吨

自贡一对山乳业有限公司

负责人 郭仁平
联系人 张 超
电 话 0813－8204943 8205953
传 真 0813－8100210
地 址 自贡市汇东路135号
邮 编 653000
主产品 酸奶、纯牛奶、奶粉
品 牌 一对山
日处理鲜奶能力 20吨

贵 州

贵州山花乳业食品有限公司

负责人 柳云松
联系人 崔益琴
电 话 0851－5203502
传 真 0851－5203342
主产品 液态奶、酸奶
品 牌 好1多
日处理鲜奶能力 200吨

贵阳三联乳业有限公司

负责人 孙良缔
电 话 0851－5562457
传 真 0851－5562457
地 址 贵阳市兴关路19号
邮 编 550003
主产品 液态奶、酸奶
品 牌 山花
日处理鲜奶能力 80吨

遵义乳制品有限公司

负责人 梅继昭
电 话 0852－8910065
传 真 0852－8910065
地 址 遵义市西郊海龙坝
邮 编 563002
主产品 奶粉、液态奶
品 牌 遵义
日处理鲜奶能力 50吨

贵阳羊艾乳业有限公司

负责人 张卫国
联系人 刘 勇
电 话 0851－5833483
主产品 巴氏消毒奶、鲜奶
日处理鲜奶能力 20吨

安顺市有德乳品厂

负责人 柴其秀
电 话 0853－3410252
地 址 安顺市经济开发区果木场
邮 编 561000
主产品 酸奶、鲜奶
品 牌 其秀
日处理鲜奶能力 8吨

云 南

云南邓川蝶泉乳品有限公司

负责人 黄松乔
联系人 江 平
电 话 0872－5384127
传 真 0872－5384011
地 址 洱源县邓川镇新州街88号
邮 编 671204
主产品 全脂奶粉、纯鲜奶、酸奶
品 牌 蝶泉
日处理鲜奶能力 200吨

昆明雪兰牛奶有限责任公司

负责人 王 洪
联系人 岳春明
电 话 0871－5153488
传 真 0871－5151988

地　址　昆明市环城北路 100 号
邮　编　650051
网　站　www. xuelan. com. cn

昆明跑马山实业总公司

负责人　栗　铨
联系人　张华镇
电　话　0871－7354606　7353893
传　真　0871－7354602
地　址　昆明市东郊跑马山
邮　编　650213
网　站　www. kmpms. com
主产品　奶粉、液态奶
品　牌　前进、茶花
日处理鲜奶能力　200 吨

大理东亚乳业有限公司

负责人　彭金国
联系人　马紫怡
电　话　0872－2318556　2318816
传　真　0872－2318816
地　址　大理市开发区绿色食品园
邮　编　671000
网　站　www. dy-ry. com
主产品　超高温灭菌奶
品　牌　欧亚
日处理鲜奶能力　150 吨

大理羊苴咩乳业有限责任公司

负责人　杨子彪
联系人　赵凤生
电　话　0872－2673378
传　真　0872－2673378
地　址　大理市大城西大理农校内
邮　编　671003
主产品　液态奶、酸奶
品　牌　来思尔
日处理鲜奶能力　50 吨

昆明市海子乳业有限公司

负责人　鄢仁宁
电　话　0871－7332046
地　址　昆明官渡区阿拉乡
邮　编　650201
主产品　鲜牛奶
品　牌　海子
日处理鲜奶能力　20 吨

宜良李子园牛奶食品有限公司

负责人　王顺明
电　话　0871－7591818
地　址　宜良县西山营
邮　编　652100
主产品　甜牛奶、乳饮料
品　牌　李子园
日处理鲜奶能力　30 吨

个旧市乍甸农场

负责人　季　逵
电　话　0873－2671025
传　真　0873－2671212
地　址　个旧市乍甸镇
邮　编　661400
主产品　牛奶、酸奶、乳饮料
品　牌　乍甸
日处理鲜奶能力　30 吨

丽江生态牛奶有限责任公司

负责人　和世强
联系人　和红梅
电　话　0888－5177337
传　真　0888－5177337
地　址　丽江市玉龙县西安街长安巷
邮　编　674100
主产品　纯鲜牛奶、酸奶
品　牌　云山坪

西　藏

高原之宝牦牛股份有限公司

负责人　陶　音
联系人　王常锋
电　话　0891－6322804
传　真　0891－6323052
地　址　拉萨市色拉路 31 号
邮　编　850000
主产品　保鲜奶、酸奶
品　牌　高原之宝
日处理鲜奶能力　50 吨

陕　西

杨凌晨光乳业有限责任公司

负责人　方义仁
电　话　029－7012939　7012855
传　真　029－7012939
地　址　咸阳市杨凌区国家农业高新技术产业示范区常乐西路 1 号
邮　编　712100
主产品　酸奶、鲜奶、乳饮料
品　牌　晨光、妙味
日处理鲜奶能力　1 200 吨

西安银桥股份有限公司

负责人　刘华国
电　话　029－3886868
传　真　029－3886998
地　址　西安市临潼经济开发区
邮　编　710600
主产品　奶粉、液体奶
品　牌　秦俑、银桥
日处理鲜奶能力　280 吨

陕西和氏乳品有限公司

负责人　刘安让
电　话　0917－4501167
地　址　陇县城关陇马路 48 号
邮　编　721200
主产品　奶粉
日处理鲜奶能力　200 吨

陕西泾阳光明乳业有限公司

主产品　液态奶、酸奶
品　牌　光明
日处理鲜奶能力　200 吨

西安东方乳业有限公司

负责人　杨林伟
电　话　029－6060129　3417381
传　真　029－6060129
地　址　西安市东郊新合镇
邮　编　710027
主产品　纯奶、酸奶、奶饮料
品　牌　东方、朵鲜
日处理鲜奶能力　180 吨

陕西神果股份有限公司

负责人　张普成
联系人　刘　誉
电　话　0910－7496067
传　真　0910－7496007
地　址　武功县苏坊乡
邮　编　712200
主产品　全脂奶粉、配方奶粉
品　牌　神果
日处理鲜奶能力　120 吨

西安市康桥乳业有限公司

负责人　周世英
电　话　029－6821198
传　真　029－6821238
地　址　西安市阎良区阎关路中段
邮　编　710089
主产品　全脂奶粉、全脂加糖奶粉

品　牌　唐城
日处理鲜奶能力　100 吨

西安市蓝田乳制品厂

负责人　刘述信
电　话　029－2721062
传　真　029－2721062
地　址　西安市蓝田县北环路 5 号
邮　编　710500
主产品　全脂甜奶粉、淡奶粉、鲜奶、含乳饮料
品　牌　公王
日处理鲜奶能力　100 吨

西安牧童乳业有限公司

负责人　张和平
电　话　029－4280915
传　真　029－4296225
地　址　西安市浐镐东路 392 号
邮　编　710077
主产品　酸牛奶、纯牛奶、乳酸饮料
品　牌　牧童
日处理鲜奶能力　80 吨

陕西关山乳品有限公司

负责人　李小林
电　话　0917－4601817、4601358
地　址　陇县城关北关路 6 号
邮　编　721200
主产品　奶粉
日处理鲜奶能力　70 吨

西安市玉山奶粉厂

负责人　王军旗
电　话　029－2955002
传　真　029－2955001
地　址　西安市蓝田县许庙镇
邮　编　710504
网　站　www. xbry. com、yushan. htm
主产品　奶粉
品　牌　玉山
日处理鲜奶能力　60 吨

西安市红星乳品厂

负责人　杨安定
电　话　029－4264149
传　真　029－4264532
地　址　西安市浐镐东路 392 号
邮　编　710077
主产品　鲜牛奶、酸牛奶、乳饮料
品　牌　牧童
日处理鲜奶能力　50 吨

西安市骊山乳品集团

负责人　靳民生
电　话　029－3850949
传　真　029－3850949
地　址　西安市临潼区西关 15 号
邮　编　710600
主产品　奶粉、鲜奶
品　牌　骊山
日处理鲜奶能力　48 吨

西安永森乳业有限公司

电　话　029－3410421
地　址　西安市灞桥区水流乡
邮　编　710028

西安光明乳品有限责任公司

负责人　宋改宇
电　话　029－2216227
传　真　029－2216227
地　址　西安市新城区长樱东路 19 号
邮　编　710032

西安维佳乳品实业有限公司

负责人　陈近祥
电　话　029－5243883
传　真　029－5230499
地　址　西安市现代农业综合开发区中心
邮　编　710068

陕西宝塔乳业有限责任公司

负责人　杨　朋
电　话　0913－8212436
传　真　0913－8212435
地　址　渭南市富平县望湖路 55 号
邮　编　711700

甘　肃

兰州好为尔生物科技股份有限公司

负责人　王联盟
电　话　0931－7691235
传　真　0931－7691235
地　址　兰州安宁西路 122 号
邮　编　730070
网　站　www. hovill. com.cn
主产品　消毒奶、酸奶、果奶
品　牌　好为尔
日处理鲜奶能力　220 吨

兰州雪顿生物乳业有限公司

负责人　安多才老
电　话　0931－2862870
传　真　0931－2882178
地　址　兰州七里河区彭家坪路 16 号
邮　编　730050
主产品　乳酸饮料、酸奶、纯鲜奶
品　牌　雪顿
日处理鲜奶能力　100 吨

兰州庄园乳业有限公司

负责人　马宏富
电　话　0931－8468595
传　真　0931－8468591
地　址　兰州市榆中县三角城
邮　编　730100
主产品　超高温灭菌（利乐包、百利包）奶、消毒奶、酸奶、乳饮料
品　牌　庄园
日处理鲜奶能力　60 吨

兰州乳品厂

负责人　李明高
电　话　0931－4683948
传　真　0931－4687153
地　址　兰州市段家滩 697 号
邮　编　730020
主产品　消毒奶、酸奶、果奶
品　牌　佳佳、一口爽
日处理鲜奶能力　50 吨

青　海

青海天露乳业有限责任公司

负责人　张历新
联系人　达庭荣
电　话　0971－8220595
传　真　0971－5318063
地　址　西宁市南关街 35 号
邮　编　810000
主产品　鲜奶、乳制品
品　牌　天露
日处理鲜奶能力　100 吨

青海西海明珠乳业发展有限公司

负责人　杨　正
联系人　邵小林
电　话　0971－6142195
传　真　0971－6142195

地　址　西宁市新宁路5号
邮　编　810001
主产品　奶粉
品　牌　联合
日处理鲜奶能力　50吨

青海小西牛乳品饮料有限公司

负责人　王维生
电　话　0971－5512880
地　址　西宁市埠北区朝阳西路51－3
邮　编　810028
主产品　酸牛奶、鲜奶
品　牌　小西牛

青海省果洛州雪山有限责任公司

负责人　西　尕
电　话　0975－8382794
地　址　果洛州大武镇
邮　编　814000
主产品　奶粉、牛肉干
品　牌　雪山

宁　夏

新华百货夏进乳业股份有限公司

负责人　张志前
电　话　0953－2691380
传　真　0953－2692890
地　址　吴忠市利通区金积镇东大街
邮　编　751101
网　站　www. xiajinmilr. com
主产品　液体奶
品　牌　夏进
日处理鲜奶能力　300吨

银川维维北塔乳业股份有限公司

负责人　焦明义
电　话　0951－6029511
传　真　0951－6025135
地　址　银川市解放东街518号
邮　编　750004
主产品　奶粉、酸奶、液态奶、含乳品饮料
品　牌　北塔
日处理鲜奶能力　200吨

宁夏东方乳业有限公司

负责人　张建群
电　话　0951－6042435
传　真　0951－6014162
地　址　银川市解放东街518号
邮　编　750004
主产品　奶粉、酸奶、液态奶、含乳饮料
品　牌　东方北塔
日处理鲜奶能力　100吨

宁夏夏进昊尔乳品有限公司

负责人　张志前
联系人　柳柏青
电　话　0951－2161154
传　真　0951－2161154
地　址　银川市平吉堡奶牛场
邮　编　750024
主产品　纯牛奶
品　牌　夏进
日处理鲜奶能力　50吨

银川金河乳品饮料公司

负责人　阎建国
电　话　0951－6151898
地　址　银川市南郊光华门
邮　编　750001
主产品　酸奶
品　牌　金河
日处理鲜奶能力　50吨

宁夏北方乳业有限公司

负责人　孙承彦
电　话　0951－8429251
传　真　0951－4085086
地　址　银川市永宁望远经济开发区
邮　编　750100
主产品　液体奶
品　牌　北方

新　疆

德隆畜牧业投资有限公司

负责人　何贵品
电　话　0991－2336328
传　真　0991－2333500
地　址　乌市文艺路2号宏源大厦24楼
邮　编　830002
主产品　纯牛奶、酸奶、UHT奶、奶粉
品　牌　天山、佳丽
日处理鲜奶能力　500吨

伊犁伊力特乳业有限责任公司

负责人　顾学礼
电　话　0999－4870236
传　真　0999－4870236
地　址　尼勒克县寨口镇
邮　编　835705
主产品　奶粉
品　牌　团结、唐布拉
日处理鲜奶能力　240吨

新疆麦趣尔乳业有限公司

负责人　李　勇
电　话　0994－2518888
传　真　0994－2518999
地　址　昌吉市乌伊西路22号
邮　编　831100
主产品　纯牛奶、酸奶、UHT奶
品　牌　麦趣尔
日处理鲜奶能力　200吨

新疆物华畜牧股份有限公司西域春乳业分公司

负责人　赵　斌
电　话　0994－4352192
传　真　0994－4352192
地　址　新疆呼图壁种牛场内
邮　编　831203
主产品　巴氏消毒奶、灭菌奶、超高温灭菌奶、奶粉
品　牌　西域春
日处理鲜奶能力　150吨

新疆维维天山雪乳业有限公司

负责人　崔　刚
联系人　梁大强
电　话　0994－4516512
传　真　0994－4509777
地　址　呼图壁县幸福路99号
邮　编　831200
主产品　纯牛奶、酸奶、原味酸奶、花色奶
品　牌　天山雪、维维、怡然
日处理鲜奶能力　150吨

新疆兵地天元乳业有限公司

电　话　0991－3712473
传　真　0991－3714278
地　址　乌鲁木齐市百园路附7号
邮　编　830011
主产品　巴氏消毒奶、酸奶、UHT奶、奶粉

品　牌　佳丽
日处理鲜奶能力　120吨

金牛生物股份有限公司

负责人　冯立社
电　话　0991－3733677
传　真　0991－3711224
地　址　乌鲁木齐市经济技术开发区校园路15号
主产品　巴氏奶、UHT奶
品　牌　盖瑞
日处理鲜奶能力　120吨

昌吉市新欧奶业发展有限公司

负责人　戴金龙
电　话　0994－2282112
传　真　0994－2282112
地　址　昌吉市宁边西路63号
邮　编　831100
主产品　巴氏奶、酸奶
品　牌　新欧
日处理鲜奶能力　70吨

乌鲁木齐市牛奶公司

负责人　严思琳
电　话　0991－5818115
传　真　0991－5818115
地　址　乌鲁木齐市钱塘江路40号
邮　编　830006
主产品　鲜牛奶、酸牛奶、奶茶粉、奶酪、冰激凌
品　牌　白雪公主
日处理鲜奶能力　60吨

新疆新华联投资集团华鑫农业乳品分公司

负责人　王桂兰
电　话　0991－6624151
传　真　0991－6612266
地　址　乌鲁木齐市江苏东路7号
邮　编　830011
主产品　鲜奶、酸奶、花色奶
品　牌　瑞科
日处理鲜奶能力　30吨

新疆物华畜牧股份有限公司

负责人　行庆华
电　话　0991－2839683
传　真　0991－2833451　2833375
地　址　乌鲁木齐市新华北路92号消防大厦11楼
邮　编　830001

乌鲁木齐市牛奶公司乳品厂

负责人　原　平
电　话　0991－5813186
传　真　0991－5816259
地　址　乌鲁木齐市钱塘江路40号
邮　编　830006

新疆天润乳业生物制品股份有限公司

负责人　陆东林
电　话　0991－4551224
地　址　乌鲁木齐市西北路1号天润大厦
邮　编　830011

乌鲁木齐新绿洲乳业公司

负责人　蒋曙光
电　话　0991－8533602
传　真　0991－8533424
地　址　乌鲁木齐市燕尔窝路82号
邮　编　830049

新疆呼图壁种牛场奶业公司

负责人　张再国
电　话　0994－4352015
传　真　0994－4352192
地　址　昌吉回族自治州呼图壁县种牛场乳品厂
邮　编　831203

新疆龙元乳业集团

负责人　杨松柏
电　话　0993－2621296
传　真　0993－2621296
地　址　石河子开发区64小区
邮　编　832000

新疆大草原乳业有限公司

负责人　周宗武
电　话　0994－5823399
传　真　0994－5823388
地　址　五家渠市南屯大草原工业区
邮　编　831300

兵地天元石河子分公司

负责人　郭志强
电　话　0993－2620621
传　真　0993－2620621
地　址　石河子市开发区北三路64号小区
邮　编　832000

德隆畜牧玛纳斯乳制品有限公司

负责人　蒋　炜
电　话　0994－6602670
传　真　0994－6602670
地　址　玛纳斯县德隆食品工业园

牧草及草种

北京克劳沃草业技术开发中心

负责人　刘自学
电　话　010－64950380/81/82/83/84/85/86
传　真　010－64899278
地　址　朝阳区慧新东街23号8楼
邮　编　100029
网　站　www. clover. com
主产品　经营牧草草坪草种子、草业机械、生化产品

北京克劳沃种业有限公司

电　话　010－64950381/85/86
传　真　010－64950379

北京克劳沃机械设备销售中心

电　话　010－64950353
传　真　010－64950383

北京神州克劳沃园艺技术有限公司

电　话　010－64950382/84
传　真　010－64980452

北京阳光克劳沃生化技术有限公司

电　话　010－64950371
传　真　010－64950383

北京克劳沃绿化工程中心

电　话　010－64985641
传　真　010－64950383

北京东方克劳沃绿地养护有限公司

电　话　010－64950359
传　真　010－64950379

郑州克劳沃草业有限公司

电　话　0371－5750348
传　真　0371－5750349

武汉长江克劳沃生态技术有限公司

电　话　027－50655138

上海天圣克劳沃草业有限公司

电　话　021－52988584
传　真　021－52987721

昆明克劳沃草业有限公司

电　话　0871－4639381
传　真　0871－4639379

青岛金皇后草业有限公司

电　话　0532－5796053　5739888
传　真　0532－5796053

陇东克劳沃草业有限公司

电　话　0934－8215354
传　真　0934－8215524

北京中种草业有限公司

联系人　张　萍
电　话　010－64452760　64436699/4022
传　真　010－64438530
地　址　朝阳区安贞西里四区甲一号
邮　编　100029

中种集团承德长城种子有限公司

联系人　孙吉茹
电　话　0314－2053723
传　真　0314－2053107
地　址　承德市开发区种子路3号
邮　编　067000

北京绿冠草业科技发展中心

联系人　张凤友
电　话　010－84238585　84238584/8583/8645
传　真　010－84238643
地　址　和平里东街18号国家林业局
邮　编　100714

横店集团草业有限公司

联系人　袁　艳
电　话　010－62142266
传　真　010－62197432
地　址　中关村南大街2号科技会展中心B座22G1
邮　编　100086

临河市晨宇草业科技服务中心

联系人　李志勇
电　话　0478－8217244　8726060
地　址　临河市临狼路九公里处临河农场场部
邮　编　015001

宁夏远声绿阳草业有限公司

联系人　脱向银
电　话　0951－6036489
传　真　0951－6036489
地　址　银川市鼓楼北街裕隆小区6号楼02室
邮　编　750001

牧场设备

北京达尔曼农业科技发展有限公司

联系人　仝宝生
电　话　010－82896059、82896057
传　真　010－62985455
地　址　北京市海淀区上地信息中路2号创业园D座704室
邮　编　100085

现代农装科技股份有限公司

联系人　李　辉
电　话　010－65882588
传　真　010－65886911
地　址　德胜门外北沙滩一号35信箱
邮　编　100083

现代农装科技股份有限公司节水灌溉装备事业部

联系人　马学良
电　话　010－64882407
传　真　010－64878649
地　址　德外北沙滩一号24信箱行政楼三层340－5房间
邮　编　100083

北京博达通工贸有限公司

电　话　010－61531911
传　真　010－61535621
地　址　通州区台湖区湖乡窑上工业区
邮　编　101116
主产品　荷兰GM公司挤奶设备及零部件

北京嘉源易润工程技术有限公司

联系人　冯　阳
电　话　010－67378528/29　67377614
传　真　010－67376477　63271135
地　址　海淀区复兴路2号
邮　编　100038
网　址　www. yirun. com.cn
主产品　挤奶设备及相关产品

北京市农业机械研究所畜牧工程公司

联系人　刘文玺
电　话　010－82913159　82951543
传　真　010－82913159　82913004
地　址　海淀区建材城西路87号
邮　编　100096

北京微至信达技术有限公司

联系人　于燚
电　话　010－84565800、84565542－8007
传　真　010－84563367
地　址　朝阳区南皋草场地336号
邮　编　100015
主产品　代理丹麦SAC挤奶设备

天津市宏达挤奶设备技术服务公司

联系人　李宝顺
电　话　022－23791075
传　真　022－23791075
地　址　津静公路工农联盟场部南侧
邮　编　300384
主产品　挤奶设备安装、设备维护及零配件制造

天津市蓝水晶净化制冷设备技术有限公司

联系人　何战铜
电　话　022－27259888　27259988　27282188
传　真　022－27259888　27259988　27282188

地　址　南开发区南马路邮电公寓 9-5-101 室
邮　编　300100

天津市天光永新畜牧设备有限公司

联系人　刘庆会
电　话　022-24391830
地　址　东丽区新立村驯海路海星道 18 号
邮　编　300300
主产品　牛奶罐、运输罐、挤奶机

长城科贸有限公司

联系人　胡晓江
电　话　0315-6923788
传　真　0315-6924638
地　址　遵化市

河北省涿州市光明园林机械制造厂

联系人　泰春利
电　话　0312-3611085
传　真　0312-3635056
地　址　涿州城西大马村

胖龙（邯郸）温室工程有限公司

联系人　赵秉君
电　话　0310-4059002
传　真　0310-4057378
地　址　邯郸市联纺西路 15 号
邮　编　056002

胖龙（邯郸）温室工程公司北京办事处

联系人　王志勇
电　话　010-65917657　65954947
传　真　010-65954967
地　址　农展馆南路 5 号京朝大厦 10 层
邮　编　100026

乾地农牧机械有限公司

联系人　郭春旭
电　话　0411-3136600
传　真　0411-3136604
地　址　大连市普兰店南山办事处
邮　编　116200

黑龙江农垦畜牧工程技术装备公司

联系人　石海星
电　话　0451-5632012　5399781
传　真　0451-5637384
地　址　哈尔滨市香坊区香康街 7 号
邮　编　150036
主产品　挤奶机

上海华幸直冷式奶罐制造有限公司

联系人　董顺川
电　话　021-69204859
传　真　021-69220447
地　址　青浦区胜利路 588 号
邮　编　201700

江苏省常州市洛阳冷库设备厂

联系人　胡国新
电　话　0519-8551902
传　真　0519-8551902
地　址　常东市东门外洛阳镇
邮　编　213105

江苏武进洛阳冷藏箱包厂

联系人　上官曙鹏
电　话　0519-8793526
地　址　常州市东门外洛阳镇

江苏正昌粮机股份有限公司

电　话　0519-7309802　7309800
地　址　溧阳昆仑开发区正昌路 28 号
邮　编　213330

西安市畜牧乳品机械厂

联系人　马主任
电　话　029-6602073　6602074
地　址　西安市北郊西安市现代农业综合开发区（原草滩农场内）
邮　编　710021
主产品　奶罐车、挤奶设备、奶槽、奶泵、铡草机

加工设备

杭州中亚机械有限公司

联系人　史　正
电　话　0571-88237011
传　真　0571-88237012
地　址　杭州市拱墅区方家埭路 3 号
邮　编　310011
主产品　液态奶罐装设备

杭州中亚机械有限公司北京分公司

电　话　010-64057977
传　真　010-64020016
地　址　西城区鼓楼西大街 75 号
邮　编　100009

杭州中亚机械有限公司成都办事处

电　话　028-87546177
地　址　成都市二环路西三段 26 号黄龙宾馆 6 楼
邮　编　610036

杭州中亚机械有限公司乌鲁木齐办事处

电　话　0991-5855555/2028
地　址　乌鲁木齐市长江路 98 号皇朝大酒店
邮　编　830000

浙江温兄机械阀业有限公司成都分公司

电　话　028-86475758
传　真　028-86475759
地　址　成都市交大路 222 号机械商城 B 区 56 号
邮　编　610031
主产品　乳化机、CIP 清洗系统等

浙江温兄机械阀业公司贵阳分公司

电　话　0851-6608088
传　真　0851-6608677
地　址　贵阳市新添大道南段 284 号
邮　编　550004
主产品　乳化机、CIP 清洗系统等

浙江温兄机械阀业公司哈尔滨分公司

电　话　0451-8300778
传　真　0451-8300778
地　址　哈尔滨市道外区景阳街 240 号
邮　编　150020
主产品　乳化机、CIP 清洗系统等

浙江温兄机械阀业公司兰州分公司

电　话　0931-2502577
传　真　0931-2502579
地　址　兰州市西津西路 566 号

邮　编　730030

浙江温兄机械阀业公司沈阳分公司

电　话　024－23512388
传　真　024－23512389
地　址　沈阳市和平区太原南街188号
邮　编　110001

浙江温兄机械阀业公司西安分公司

电　话　029－8638186
传　真　029－8643321
地　址　西安市莲湖区环城西路北段正7号
邮　编　710082

浙江温兄机械阀业公司总公司

联系人　姜瑞玉
电　话　0577－86922333
传　真　0577－86922389
地　址　温州市永强高新技术产业园区
邮　编　325024

豪斯特自动化设备有限公司

联系人　丁　勇
电　话　027－84887488　84867233/825
传　真　027－84671673
地　址　武汉市汉阳区邹家湾32＃
邮　编　430051

广州奔科机械设备有限公司

联系人　李　强
电　话　020－38664856
传　真　020－38662016
主产品　代理意大利瑞达公司的牛奶前期处理设备及从收奶到灭菌系统的整套牛奶处理设备

广州铭瑞企业有限公司

电　话　020－38858838
传　真　020－38858768
地　址　广州市珠江新城马场路519号汇豪大厦南豪阁903
邮　编　510627
网　址　www. mingrui. com

广州市花都轻工机械厂

联系人　刘永洪
电　话　020－86898519
传　真　020－86899043
地　址　广州市花都区宝华路43号
邮　编　510800
主产品　标准屋顶型牛奶灌装机

温州市龙泰轻工机械有限公司

联系人　章方辉
电　话　010－67331970
　　　　67334775
传　真　010－67334775
地　址　温州龙湾区永强大道1718号
邮　编　325025

温州市龙泰轻工机械有限公司北京分公司

联系人　孔德俊
电　话　010－67331970　67334775
传　真　010－67334775

温州市乳宝机械有限公司

联系人　潘正华
电　话　0577－86877585
传　真　0577－86875777
地　址　温州市龙湾海滨工业区
邮　编　325024
主产品　奶罐、储罐、发酵罐、不锈钢阀门等

温州市天宇轻工机械有限公司

联系人　沈永贤
电　话　0577－86822228
传　真　0577－86819349
地　址　温州市永强大道1831号

温州天宇轻工机械公司上海办事处

联系人　李秀春
电　话　021－59222905
传　真　021－59222567
地　址　上海青浦区大鱼香大路528号
邮　编　201712

北京冰山机电冷冻设备有限公司

联系人　于锡权
电　话　010－83972799　83972077
传　真　010－63573077
地　址　丰台区右安门外大街97号1号楼301室

北京长空工业有限公司

电　话　010－64886093
地　址　德胜门外安翔里
邮　编　100101

北京得昊力新科技发展有限公司

联系人　张振国
电　话　010－82895103　82895102
传　真　010－82895102
地　址　海淀区上地信息中路一号国际科技创业园2号楼B504
邮　编　100085
主产品　超高温瞬时灭菌机

北京航空制造工程研究所

联系人　方贵春
电　话　010－85701757　85701479
传　真　010－85701390
地　址　朝阳区八里桥北东军庄1号
邮　编　100024
主产品　小袋无菌包装生产线

北京三元恒泰乳品机械有限公司

联系人　任明喜
电　话　010－64383441
传　真　010－64383442
地　址　朝阳区酒仙桥南十里居4号

北京市商业机械研究所

联系人　谢恩忠
电　话　010－83681068　63483889
传　真　010－83681069
地　址　丰台区科学城航丰路甲4号
邮　编　100070

北京先发流体技术有限责任公司

联系人　孙成杰
电　话　010－62719015
传　真　010－62719025
地　址　海淀区西三旗金榜园212室
邮　编　100096

萌进有限公司

联系人　裴志达
电　话　022－24160269
传　真　022－24160295
地　址　天津河东区津东大厦A－201室
邮　编　300171
主产品　荷兰施托克盘管超高温机、法国百利

天津巴氏轻工机械有限公司

联系人　许如涛

电　话　022－26782984
传　真　022－26758023
地　址　河北区大江路满江里25号
邮　编　300251

天津上一机电有限公司

联系人　郭　海
电　话　022－28593531　28593532
传　真　022－28593530
地　址　津南区双港柳林毛纺线厂院内

石家庄德建机械有限公司

联系人　王晓先
电　话　0311－8083055　8083602
传　真　0311－8083055

太原理工天成科技股份有限公司

联系人　王建华
电　话　0351－7233010
传　真　0351－7233010
地　址　山西省太原市千峰南路鸿峰花园10－11楼5层
邮　编　030024
主产品　自动售奶机

包头市农牧林经济技术开发服务中心

联系人　张书伟
电　话　0472－5110342
地　址　包头市钢铁大街8号（农牧局二楼）
邮　编　014030

内蒙古一机集团一、三产业公司

联系人　王文偵
电　话　0472－3634388　3118031/8068
传　真　0472－3635537
地　址　包头市青山区奇峰北道
邮　编　014030

沈阳市沈松轻工食品机械厂

联系人　张文恒
电　话　024－86526068
传　真　024－86536375
地　址　沈阳市黄河北大街128－13号
邮　编　110034

黑龙江安达天元乳品机械有限公司

联系人　赵元军
电　话　0455－7224395
传　真　0455－1223401
地　址　安达市北一道街
邮　编　151400

黑龙江大三源乳品机械有限公司

联系人　宋胜文
电　话　0451－2292795　2292905－13
传　真　0451－2292793
地　址　哈尔滨市南岗区长江路380号宏洋大厦802室
邮　编　150090
主产品　无菌灌装系统、豆奶生产成套设备

中国轻工业机械总公司乳品工程中心

联系人　辛立斌
电　话　0451－82729576　82723925
传　真　0451－82726446

彬台机械（苏州）有限公司

联系人　谢志坚
电　话　021－64729528
传　真　021－64724203
地　址　肇嘉浜路746号4楼B座
邮　编　200030

廊坊市汇宇食品设备厂

电　话　0316－2687201
传　真　0316－2687201
地　址　廊坊市永华道131号
邮　编　065000

上海长隆工业设备有限公司

联系人　平补章
电　话　021－37441640、67102082－802
传　真　021－67104262
地　址　奉浦江海经济园区肖南路88号
邮　编　201400

上海三强工业设备有限公司

地　址　延安西路1088号2402、2405
邮　编　200052

上海申鹿均质机有限公司

联系人　王文龙
电　话　021－52823759　52822127　52823533
传　真　021－52816789
地　址　真北支路420号
邮　编　200333
网　址　www. china-samro. com
主产品　均质机

上海张堰轻工设备有限公司

联系人　姜卫东
电　话　021－52340882
传　真　021－32200293
地　址　上海市延安西路1088号长峰中心2405室
邮　编　200052
网　址　www. liond. com
主产品　高压均质机、无菌软包装牛奶生产线、酸奶泵

天宇企业—上海昊宇机械有限公司

联系人　袁红梅
电　话　021－59220567
传　真　021－59222567
地　址　青浦区大鱼香大路528号
邮　编　201712

上海贯一机械设备有限公司

联系人　王雪莲
电　话　021－63161698
传　真　021－63160396
地　址　陆家浜路1398号1205B座
邮　编　200011
网　址　www. shguanyi. com
主产品　乳品机械

上海轻工机械有限公司饮料机械厂

联系人　顾　平
电　话　021－56655084
传　真　021－56771480
地　址　汶水路31号
邮　编　200072
主产品　BTO波纹管式换热器

宁波象山食品机械总厂

联系人　周建民
电　话　0574－65717418
传　真　0574－65724882
地　址　象山丹西路61号
邮　编　315700

宁波象山食品设备厂

联系人　俞海德
电　话　0574－65722309
传　真　0574－65726901

地　址　象山县丹城镇下半河工业区
邮　编　315709
主产品　食品机械

上海瑞派机械有限公司

联系人　郑元生
电　话　021－67103588　67103586
传　真　021－67103585
地　址　工业综合开发区沪杭公路瑞派工业园
邮　编　201400
网　址　www. ruipai. cn

上海瑞派机械有限公司北京办事处

联系人　张宝财
电　话　010－87678601
传　真　010－87678601
地　址　南二环芳城园一区 10 号楼乙门 206 室
邮　编　100078

上海达和包装机械制造有限公司

联系人　王纯立
电　话　021－50855577
传　真　021－50851177
地　址　浦东新区联民路 477 号
邮　编　200124
主产品　包装机械

上海德泵机电设备有限公司

联系人　唐　炜
电　话　021－58461844
传　真　021－58468591
地　址　浦东新区枣庄路 210 弄 57 号 302 室
邮　编　200129
主产品　卫生型离心泵、转子泵

上海第一冷冻机厂

联系人　金华峰
电　话　021－65450658
传　真　021－65457059
地　址　长阳路 555 号
邮　编　200082
主产品　低温冷冻水设备等

上海峰业食品机械有限公司

联系人　姜国安
电　话　021－50865537
传　真　021－50865537
地　址　浦东新区浦三路 1326 号
邮　编　200125
主产品　乳品机械

上海福峰乳业机械有限公司

联系人　章方富
电　话　021－62901026
传　真　021－62901026

上海米尔可直冷式储液罐制造有限公司

联系人　虞正明
传　真　021－63913256

上海南华换热器制造有限公司

联系人　徐德政
电　话　021－63275151　33100801
传　真　021－63586801
地　址　威海路 168 号长发大厦 A 栋 9 层
邮　编　200003
主产品　杀菌设备

上海轻工装备（集团）有限公司

联系人　陈桂芬
电　话　021－63053429　63027299
传　真　021－63053687
地　址　斜土路 433 号
邮　编　200023
主产品　轻工机械、铝材、压力容器、锁具、锅炉等

上海轻工装备（集团）总公司轻工机械厂

电　话　021－52815509
传　真　021－52813313
地　址　普陀区中江路 601 号
邮　编　200062

上海瑞丹轻工机械有限公司

联系人　章吉华
电　话　021－56553928
传　真　021－56551877
地　址　闸北区大统路 958 弄（协诚大厦 1 号 1705 室）
邮　编　200070

上海市机械设备成套（集团）公司实业公司

电　话　021－63061213
地　址　甘肃路 140 号
邮　编　200085

上海市前卫机械厂

电　话　021－58113607
地　址　浦东周浦康沈路 1916 号
邮　编　201318

上海星光机械厂

电　话　021－63026064
传　真　021－63013479
地　址　斜土路 433 号
邮　编　200023

上海远安流体设备有限公司

联系人　黄红华
电　话　021－64079977
传　真　021－64479922
地　址　徐家汇虹桥路 550 号 801 石

上海远安流体设备公司北京办事处

联系人　邵显荣
电　话　010－67677700
传　真　010－67676600
地　址　朝阳区成寿寺路 221 号

上海远安流体设备公司成都办事处

电　话　028－85181368
传　真　028－85180995
地　址　成都市二环路南四段 10 号附 10 号

上海远安流体设备公司武汉办事处

电　话　027－83660820
传　真　027－83660820
地　址　武汉市青年路 155 号

江苏白熊机械有限公司

电　话　0520－8570321　8570538
地　址　张家港市三兴镇白熊路 68 号
邮　编　215624

江苏达能乳品设备厂

联系人　顾经理
电　话　0512－65315579
地　址　苏州市城北公路 6 号桥
邮　编　215008

江苏美星顺峰集团总部

电　话　0512－58572988　58573999
传　真　0512－58572858

南京帕克机械制造有限公司

电　话　025-6665007
地　址　南京市汉中门大街涌泉里8号
邮　编　210029

富阳市盛大机电制造有限公司总部

联系人　钟福美
电　话　0571-63326689　63311214
传　真　0571-63340046
地　址　杭州富阳金桥北路308号
邮　编　311400

宁波乐伟机械有限公司

联系人　陈剑宏
电　话　0574-65601234
传　真　0574-65601713
地　址　象山工业园区园中路
邮　编　315700

宁波市江北永红食品机械有限公司

联系人　李岱崇
电　话　0574-87211298　87227078
传　真　0574-87227541
地　址　宁波市江北文教路83号
邮　编　315010
主产品　灌装封口机、装箱机、不锈钢容器、灭菌机

宁波市中兴机械制造有限公司

联系人　蒋锐敏
电　话　0574-87905666
传　真　0574-87906999
地　址　宁波科技园区杨木契路406号
邮　编　315040
网　址　www. zxfeef. com

宁波中兴机械制造有限公司

联系人　张建平
电　话　0574-87906999
传　真　0574-87907968
地　址　宁波市科技园区杨木契路406号
邮　编　315040

欧利伐流体设备有限公司

联系人　张维飞
电　话　0577-85355776　86811129
传　真　0571-85772301
地　址　温州市沙城工业区永强大道2206号
邮　编　325025

台州市通宇变速机械有限公司

联系人　贺兴海
电　话　0576-8317357
传　真　0576-8317356
地　址　台州椒江区加止车站南100米
邮　编　318013
主产品　减速机、变速机

温州昌源机械设备有限公司

联系人　陈宏生
电　话　0577-86896189

温州国泰轻工机械有限公司

联系人　章奎军
电　话　0577-86818855
传　真　0577-86810745
地　址　温州市永强大道1827号
邮　编　325025
主产品　塑杯自动成型设备、灌装设备、封口成套设备、液体无菌灌装机、乳品饮料等

温州金榜轻工机械有限公司

联系人　孙昌榜
电　话　0577-86810733
传　真　0577-86811958

温州科田轻工机械有限公司

联系人　孔德涛
电　话　0577-86818358
传　真　0577-86822520
地　址　温州市永强大道1707号沙城机械工业区
邮　编　325025
主产品　乳品设备

温州市富田不锈钢管有限公司

联系人　孔建华
电　话　0577-86888885
传　真　0577-86896578
地　址　温州龙湾区永中建中南街34号
邮　编　325024
主产品　不锈钢镜面管等

温州市江波乳品设备制造厂

联系人　章兆土
电　话　0577-86810943
传　真　0577-86814928
地　址　永强大道1829号
邮　编　325025
主产品　超高温灭菌设备及卫生级泵

温州市龙强乳品机械厂

联系人　项光清
电　话　0577-86810851
传　真　0577-86825278
地　址　温州龙湾区永强大道2097号
邮　编　325025
网　址　www. long-qiang. com

温州市龙强乳品机械厂北京办事处

联系人　穆向东
电　话　010-64836108
地　址　德胜门外北沙滩一号

温州市龙强乳品机械厂山东办事处

联系人　刘晓康
电　话　0531-5812486
地　址　济南市大桥济洛路162-6号

温州市龙湾星火食品工程机械厂

联系人　沈永贤
电　话　0577-86812171
传　真　0577-86829658
地　址　龙湾沙城工业区
邮　编　325025
网　址　www. xinghuojixie. com

温州市宇达轻工机械公司北京办事处

联系人　郑笃达
电　话　010-67448091　67764599
传　真　010-67748091
地　址　朝阳区化工路西口鑫企旺写字楼305室
邮　编　100022

温州永德信流体设备有限公司

联系人　林钟福
电　话　0577-86824666
传　真　0577-86825681
地　址　温州市龙湾区沙堀北工业区金瓯路9号
邮　编　325025

温州振先食品成套设备有限公司

联系人　李振先
电　话　0577-86359900
传　真　0577-86359966

地　址　温州龙湾区状元三期工业区15号地块
邮　编　325011
主产品　超高温灭菌包装设备、学生奶UHT杀菌包装设备

宜兴市轻工机械厂

联系人　潘焕忠
电　话　0510－7801691
传　真　0510－7801723
地　址　江苏宜兴和桥镇永昌路
邮　编　214211

浙江省象山中乳机械有限公司

联系人　周吉良
电　话　0574－65605552
传　真　0574－65605552
地　址　象山爵溪前岙开发区
邮　编　315708

浙江台州市赛特食品设备厂

电　话　0576－8200388
地　址　台州市经济技术开发区赛特科技工业园
邮　编　318000

浙江温州市鸿昌机械制造有限公司

联系人　项公选
电　话　0577－86810341　86828666
传　真　0577－86810654
地　址　温州市龙湾区永强大道2012号
邮　编　325025
网　址　www. cnhongchang. com

舟山市普陀轻工机械厂

联系人　金　海
电　话　0580－3092178
传　真　0580－3091747
地　址　舟山市普陀浦西工业区
邮　编　316102

河南省东方兴企食品机械有限公司

电　话　0371－5978011　5800160
地　址　郑州市红专路51号
邮　编　450002

洛阳奥源设备制造有限公司

联系人　马维成
电　话　0379－7853999
传　真　0379－7856666
地　址　洛阳市洛东经济开发区
邮　编　471121

广州巴氏轻工机械有限公司

电　话　020－82266930
传　真　020－82264423
地　址　广州云埔工业区云埔一路23号
邮　编　510530

日新流体设备（惠州）有限公司

联系人　徐豪翔
电　话　0752－3323038　3324304
传　真　0752－3321055

特林机械工业（广州）有限公司

联系人　郭晓明
电　话　020－87582355　85515536
传　真　020－87599720
地　址　广州市天河区龙口西路86路天龙大厦23楼D室
邮　编　510635

海口宏邦机械有限公司

电　话　0898－68534989
传　真　0898－68536272
地　址　海口市国贸置地广场2－19A号
邮　编　570125

原料及添加剂

北京三乐元食品加工有限公司

联系人　赵英学
电　话　010－80212759　80213766
传　真　010－80212793
地　址　大兴区垡上工业区兴城集团院内
邮　编　102605
主产品　各类果酱、果粒

北京生泰尔生物科技有限公司

联系人　江厚生
电　话　010－62196270　62148214
传　真　010－62146147
地　址　中关村南大街12号中国农业科学院175信箱
邮　编　100081

北京世纪维他营养保健品有限公司

联系人　霍军生
电　话　010－83600831
传　真　010－83601507
地　址　丰台区花乡纪家庙南里168号
邮　编　100070

北京天天维他保健食品公司

联系人　殷泰安
电　话　010－67473110
传　真　010－67473837
地　址　朝阳区十八里店714号
邮　编　100023

北京万微联合科技有限公司

联系人　王　韬
电　话　010－82784251
传　真　010－82783219
地　址　海淀区上地信息路8号辰光大厦105室
邮　编　100085

北京维尔健康食品有限公司

联系人　于　炜
电　话　010－84916096
传　真　010－84916759
地　址　朝阳区来广营6号
邮　编　100012
主产品　复合营养素

北京优力科商贸有限公司

联系人　宋卫东
电　话　010－65255523
传　真　010－65277427
地　址　东城区北河沿大街95号510室
邮　编　100006

北京中佳达食品技术有限公司

电　话　010－67748091　67764599
传　真　010－67748091
地　址　朝阳区化工路西口鑫企旺写字楼305室
邮　编　100022

丰泽（天津）生物科技有限公司

联系人　孙宝庆
电　话　022－26428317　26428319
传　真　022－82685600　26428320
地　址　河北区正义道万科城市花园25－401

格瑞果汁工业（天津）有限公司

联系人　王登攀
电　话　022－23369686
传　真　022－23676802
地　址　西青区李七庄邓店村北
邮　编　300381
主产品　浓缩果汁、果浆、果酱、果粒等水果制品

纳美生物工程有限公司

联系人　刘成云
电　话　022－25887568
传　真　022－25887568
地　址　经济技术开发区天大生物园
邮　编　300457

秦皇岛市信业经贸有限公司

联系人　段致亮
电　话　0335－3619001/2
传　真　0335－3620100
地　址　秦皇岛市燕山大街119号中化河北大厦11层
邮　编　066001
主产品　脱脂奶粉、全脂奶粉、脱盐乳清粉、初乳粉、乳糖、乳清蛋白浓缩粉、乳清蛋白分离物、乳钙及矿物质混合物、乳铁生物蛋白、酶凝酪素、磨耗酸性酪蛋白、无水奶油、食用甜乳清粉、饲料用乳清粉、奶酪

山西壶关化工集团有限公司

联系人　申志红
电　话　0355－8775777
传　真　0355－8778413

上海康海食品工业研究所

联系人　黄　恺
电　话　021－59181999
传　真　021－59193205
地　址　曹安路1905号
邮　编　201824
主产品　乳品用：乳化稳定剂、保鲜剂、香精

上海励成食品工业有限公司

联系人　陈　众
电　话　021－52707333/212　52701320
传　真　021－52707999
地　址　长征工业园区同普路1175号2栋二层
邮　编　200333
网　址　richenchina. com　richenchina. com. cn
主产品　营养强化剂、乳化稳定剂、变性淀粉、食品级双氧水、膳食纤维饮料主剂、天然色素香精、酶制剂、焦糖色

上海明厚食品有限公司销售部

联系人　陈　明
电　话　021－52901875
传　真　021－52901875

上海上大生物工程有限公司

联系人　王孟轩
电　话　021－56389955
传　真　021－56389988

上海旭梅香精香料有限公司

联系人　房女士
电　话　021－64956074

上海伊威营养食品有限公司

电　话　021－56514631　63053477
传　真　021－56514631
地　址　塘沽路309号东泰大厦18楼F座

张家港浩波化学品公司上海分公司

电　话　021－64722871　64154733
传　真　021－64154733
地　址　徐家汇路518号天天花园福苑楼7楼D座
邮　编　200025
网　址　www. hopechem. com
　　　　www. xwhg. com

豪蓓特香化有限公司

联系人　赵远华
电　话　0516－3750287　3753470
　　　　3732620
传　真　0516－3750259
地　址　青年东路69号

江苏奥奇海洋生物工程有限公司

联系人　蔡凌辉
电　话　0519－6217259
传　真　0519－6217803
地　址　漕桥镇金三角东54号
邮　编　213171
主产品　DHA鱼油微胶囊

苏州海洋雪生物工程有限公司

联系人　王　琰
电　话　0512－52833886
传　真　0512－52832886
地　址　藕渠经济开发区312国道47.3公里处
邮　编　215558
主产品　发酵型酸奶稳定剂、酸奶菌饮料稳定剂调配型酸、奶稳定剂中型奶稳定剂等

一统 & 豪蓓特技术公司

联系人　赵远华
电　话　0516－3758192
传　真　0516－3753470　3756196
地　址　青年东路69号
邮　编　210003
主产品　豪蓓特乳品乳化稳定剂、乳制品营养强化剂等

张家港浩波化学品有限公司

电　话　0512－58391063　58391190
传　真　0512－58391989
地　址　张家港市南沙镇
邮　编　215632
网　址　www. hopechem. com
　　　　www. xwhg. com

张家港浩波化学品有限公司北京办事处

电　话　010－83514663　83519785
传　真　010－83519785
地　址　宣武区南线阁怡华园414A
邮　编　100053
网　址　www. hopechem. com
　　　　www. xwhg. com

张家港浩波化学品有限公司广州办事处

电　话　020－83567125
传　真　020－83516978
地　址　东山区小北路（旧北园）7号102室
邮　编　510050
网　址　www. hopechem. com
　　　　www. xwhg. com

杭州绿晶香料有限公司

电　话　0571－88172822
传　真　0571－88172811

地　址　石祥路516号
邮　编　310015
网　址　www.ljflavor.com

金华市迪耳化工有限公司

联系人　姜国林
电　话　0579－2390102　2382715
传　真　0579－2390102
地　址　李渔路1958号
邮　编　321016
主产品　乳复合乳化稳定剂蔗糖酯系列产品、DR系列

浙江仕顺食品有限公司

联系人　顾士顺
电　话　0576－4277178　4277278
传　真　0576－4277378
地　址　黄岵区东城开发区龙浦路8号
邮　编　318020
网　址　www.shishun.com

浙江医药股份有限公司新昌制药厂

联系人　邵　斌
电　话　0575－6126668
传　真　0575－6131771
地　址　新昌县环城东路59号
邮　编　312500
主产品　维生素E、醋酸酯干粉、胡萝卜素干粉、水溶性维生素E、维生素A醋酸酯干粉、生物素

浙江银象生物工程有限公司

联系人　叶明训
电　话　0576－3939828　3939666
传　真　0576－3939815
地　址　天台县丰泽路22号
邮　编　317200
主产品　乳酸链球菌素

福州先同达贸易有限公司

联系人　陈　晋
电　话　0591－7844958　7827153
传　真　0591－7809435
地　址　华路201号华林大厦20层
邮　编　350003

江西可生食品有限公司

联系人　胡亚平
电　话　0701－6272888
传　真　0701－6258717
地　址　交通路35号
邮　编　335000

青岛海博特国际贸易有限公司

联系人　李瑞国
电　话　0532－5918198
传　真　0532－5919327
地　址　香港中路6号世界贸易中心A－2719
邮　编　266071
网　址　www.hys.com.cn
主产品　DHA微粉、EPA微粉、多烯酸乙酯

青岛天润来精细化工有限公司

联系人　张立伟
电　话　0532－7636080
传　真　0532－7636072
地　址　李沧区建材市场内
邮　编　266100

山东宝龄宝生物技术股份公司

联系人　李　跃
电　话　0534－7221879
传　真　0534－7220979

禹城市环宇集团宝龄宝生物开发有限公司

联系人　刘　峰
电　话　0534－7221879
传　真　0534－7220979
地　址　开拓路173号
邮　编　251200
主产品　膳食纤维、低聚糖、乳品专用糖浆、麦特灵、无糖专用糖浆

武汉烯王生物工程有限公司

联系人　王济华
电　话　027－87659156　87659191　87659190
传　真　027－87659187
地　址　武昌路瑜路71号东星大厦16F
邮　编　430079

长沙兴嘉生物工程有限公司

联系人　黄逸强
电　话　0731－4747890
传　真　0731－4765109
地　址　高新技术产业开发区金荣科技园
邮　编　410001

广州汇普化工新材料有限公司

联系人　覃传海
电　话　020－87568088
传　真　020－87595606
地　址　黄埔大道西159号富星商贸大厦西塔25层
邮　编　510620
主产品　乳化稳定剂、消泡剂、香精、抑菌剂等

广州仟壹生物技术有限公司

联系人　潘亮君
电　话　020－84432538　84485317　84246925
传　真　020－84378798
地　址　荔福路68号
邮　编　510250

广州市汇诚建业化工有限公司

联系人　陈焯荣
电　话　020－85636208
传　真　020－85636091
地　址　黄埔大道中197号伟诚广场1幢403室
邮　编　510655
主产品　菌种、乳晶稳定剂、冰淇淋稳定剂、香精香料、乳化剂等

广州市凯闻食品原料有限公司

联系人　罗凯文
电　话　020－85636448
传　真　020－85636108
地　址　黄埔区大道中197号之二伟城广场甲栋写字楼1205室
邮　编　510655
主产品　乳制品专用复配乳化稳定剂、果胶、天然色素、天然果蔬粉

广州市乐通泰生物科技有限公司

联系人　宋浩恩
电　话　020－83295483　83295473　83295422　83295466
传　真　020－83295429
地　址　八旗二马路48号广东航运大厦1505室
邮　编　510111

美晨集团股份有限公司

联系人　郑育銮
电　话　020－81215537
传　真　020－81215535
地　址　荔湾区沙面南街48号（白天鹅宾馆东北侧）
邮　编　510130

主产品 乳晶添加剂

汕头市润科生物工程有限公司

联系人 李建平
电 话 0754－8380515
传 真 0754－8351963
地 址 东夏北路龙盛工业区
邮 编 515041
主产品 微藻 DHA 粉末

重庆市科农生物技术有限公司

联系人 陈长庚
电 话 023－67625833
传 真 023－67625833
地 址 渝北区龙溪镇加州花园 A2 栋 15－7 号
邮 编 501157

三原琪佳食品原料厂

联系人 郭军辉
电 话 0910－2461328
传 真 0910－2461316

西安麦得法药业有限公司

联系人 孟军堂
电 话 029－8322708
地 址 高新区高新五路 2 号创拓大厦 B128
邮 编 710075

包装机械与材料

山东泉林包装有限公司

电 话 0635－3961380
传 真 0635－3961290
地 址 高唐县城官道街北首 26 号
邮 编 252800

山东泉林包装有限公司北京办事处

负责人 毕 桦
电 话 010－64356368
传 真 010－64356068
地 址 朝阳区酒仙桥路 14 号 A 区 4－2/F
邮 编 100016

山东泉林包装有限公司上海办事处

负责人 洪 钢
电 话 021－64133100
传 真 021－64133477
地 址 闵行区沪闵路 6555 号建行大厦 1805 室
邮 编 201100

云南玉溪创新彩印有限公司

联系人 张 明
电 话 0877－2076788
传 真 0877－2076598
地 址 玉溪市高新区
邮 编 653100

湖南万容包装有限公司

联系人 王 立
电 话 0731－5508388 5525498
传 真 0731－5508383
地 址 长沙市劳动西路 128 号中扬大厦 23F
邮 编 410007

沈阳虹桥饮料机械有限公司

联系人 姜 兵
电 话 024－86372273
传 真 024－86373482

乐惠实业

联系人 赖云来
电 话 0574－65836556
传 真 0574－65836111

乐惠实业北京办事处

联系人 符经理
电 话 010－64311638 64311639
传 真 010－64313890

乐惠实业广州办事处

电 话 020－84309888 84321668
传 真 020－84308988
主产品 系列杀菌设备

乐惠实业宁波办事处

电 话 0574－88266210
88266211
传 真 0574－88250021

北京清华丰新技术有限责任公司

联系人 贺建敏
电 话 010－62615334 62566087
传 真 010－62545744
地 址 清华大学西门北侧 300 米
邮 编 100084

北京绿先锋环保科技有限责任公司

联系人 张 斌
电 话 010－84916458
传 真 010－84915298
地 址 安外大洋坊 8 号

北京全顺容器包装有限公司

联系人 于 滨
电 话 010－61318315
传 真 010－61318314
地 址 房山区长沟镇北正蓝宝啤酒厂
邮 编 102407

波特拉其公司

联系人 蒋建波
电 话 010－65992613/302
传 真 010－65992711
地 址 朝阳门外大街 19 号华普国际大厦 815 房间
邮 编 100020

奥瑞金制罐

联系人 周旭华
电 话 010－84990072
传 真 010－84990071
地 址 朝阳区北辰东路 8 号汇欣大厦 B404－405

北京美宝龙食品包装材料有限公司

联系人 于 滨
电 话 010－69503580
传 真 010－69503681
地 址 通州台湖镇安定营工业园区北
邮 编 101111
主产品 酸奶杯、冰激凌杯、PS 片材、饮水杯等乳制品包装材料

格来纳亚洲塑料技术（上海）有限公司

电 话 021－58124359
传 真 021－58124048
地 址 浦东康桥路 1157 号
邮 编 201315

格来纳亚洲塑料技术（上海）有限公司北京办事处

联系人 侯晓明
电 话 010－63274879
传 真 010－63274879

天津市三桥包装机械股份合作公司

联系人 高玉征
电 话 022－27353724
传 真 022－27357361
地 址 红桥区子牙河南路26号

天津天商包装机械有限公司

联系人 姜宗升
电 话 022－27571201
传 真 022－27599177
地 址 红桥区复兴路先春园隆春里底商A区乙一
邮 编 300121
主产品 液体包装设备、异型袋自动分装机、塑杯、纸杯、盒、全自动灌装机

河北程氏塑业包装有限公司

联系人 程国辉
电 话 0312－5791096 5791228
传 真 0312－5792286

呼和浩特市三环机电有限公司

联系人 王元光
电 话 0471－3958898 3959746
传 真 0471－3958898
地 址 呼和浩特市海拉尔西路209号
邮 编 010051

大连大诺印刷包装有限公司

联系人 李淑珍
电 话 0411－6511166 6510687
传 真 0411－6508808
地 址 大连市甘井子区华北路431号
主产品 黑白奶膜、白奶膜

大连吉润塑料包装制品有限公司

联系人 高吉良
电 话 0411－7160238
传 真 0411－7160186
网 址 www. jirun. com

抚顺市时代包装厂

电 话 0413－7722355
地 址 抚顺市顺城区高山路126号
邮 编 113006

辽宁现代纸业包装有限公司

联系人 宋英范
电 话 024－25360218 25814797
传 真 024－25367887
地 址 沈阳经济开发区流花湖街6号
邮 编 110141

沈阳白桦林轻工食品机械有限公司

联系人 王福林
电 话 024－86618220
传 真 024－86618219
地 址 沈阳市于洪区陵东街上岗子18号
邮 编 110032
主产品 侧封软包装机、全自动杯式软包装机

沈阳北亚饮品机械有限公司

联系人 周 娟
电 话 024－86783978
传 真 024－86783978
地 址 沈阳市皇姑区塔湾街32号
邮 编 110035
主产品 屋顶型包装机

沈阳农业大学工厂化农业工程技术中心

联系人 马 健
电 话 024－88492895
地 址 沈阳市东陵路120号
邮 编 110161

旅顺荣华塑料厂

电 话 0411－6220121
地 址 旅顺市荣华塑料厂
邮 编 116046

长春市农机发展服务中心

联系人 李社潮
电 话 0431－4727250
传 真 0431－4724562
地 址 长春市东荣大路1号（5段）

哈尔滨建成集团有限公司

联系人 郭秀喜
电 话 0451－5332762
传 真 0451－5332762

哈尔滨赛德技术发展有限公司

联系人 徐忠利
电 话 0451－2282044
传 真 0451－2282045
地 址 哈尔滨市嵩山路58号万宝大厦607室
邮 编 150036
网 址 www. saide. com

黑龙江隆华包装制品有限公司

电 话 0451－6673248
地 址 哈尔滨市学府路287号
邮 编 150086

上海阿仁科机械有限公司

联系人 吴建鸿
电 话 021－58341845
传 真 021－58991844
地 址 上海浦东金桥出口加工区宁桥路755号
邮 编 201206

上海东华高压均质机厂

联系人 汪杭生
电 话 021－64580106 64580351
传 真 021－64580270
地 址 沪闵路3725号
邮 编 201108
网 址 www. donghuamachine. com
主产品 高压均质机、胶体磨

上海弗鲁克流体机械制造有限公司

联系人 王冰斌
电 话 021－63178096/812
传 真 021－63178193
地 址 恒丰路600号机电大厦16楼A座
邮 编 200070

上海豪浦机电设备有限公司

联系人 曹 宏
电 话 021－59134286
传 真 021－59134286

上海虹康玻璃彩印厂

联系人 过明成
电 话 021－53821911
传 真 021－53060967

上海建技机械有限公司

联系人 王燕敏
电 话 021－64154668
传 真 021－62192290
地 址 淮海中路775号新华联大厦西楼14B室
邮 编 200020

上海利士包装有限公司

电　话　021－64090315
地　址　闵行区北松路1500号
邮　编　201111

上海乳品机械厂有限公司

联系人　陈慧樑
电　话　021－54770117/12　54774281
传　真　021－54774050
地　址　吴中路558号
邮　编　201103

上海富程塑料制品有限公司

电　话　021－64105252
地　址　莘朱路1400号
邮　编　201100

上海古林纸工有限公司

电　话　021－57741516
地　址　上海松江工业区繁华路25号
邮　编　201613

上海人民塑料印刷厂

电　话　021－64106416
地　址　上海朱行路55号
邮　编　200237

上海三樱包装材料有限公司

电　话　021－59137755
地　址　曹安路2611号
邮　编　201812

仪一包装设备有限公司

联系人　吴立平
电　话　0511－6885686
传　真　0511－6885044
地　址　丹阳开发区百花经济园丹桂路3号
邮　编　212310

溧阳市四方不锈钢制品有限公司

联系人　史旦菊
电　话　0519－7360223　7360038
传　真　0519－7360738
地　址　溧阳市埭头工业区
邮　编　213311
主产品　不锈钢流体管道、管件、阀门

南京第二轻工机械厂

联系人　王立文
电　话　025－8882629
传　真　025－8882729
地　址　南京江浦文德西路30号
邮　编　211800

江阴市东亚铝箔包装有限公司

电　话　0510－6303443
传　真　0510－6303442
地　址　江阴市长泾兴隆桥北首
邮　编　214411

连云港根深纸制品有限公司

电　话　0518－2340456
地　址　连云港经济技术开发区
邮　编　222047

泰兴市金鹏塑料有限公司

联系人　蔡立功
电　话　0523－7212078/811
传　真　0523－7212078/801
地　址　泰兴市城黄路409号
邮　编　225411
网　址　www. cnjinpeng. com

镇江汇川玻璃有限责任公司

联系人　马国刚
电　话　0511－2171073
传　真　0511－5011073

杭州宋城机械制造有限公司

联系人　郭锐剑
电　话　0571－86810536
传　真　0571－86069329
地　址　杭州市秋涛路18号中国针织城12层1－6号
邮　编　310008
网　址　www. songchengmachine. com

杭州正达彩印厂

联系人　戚国林
电　话　0571－86497388
　　　　86490053
传　真　0571－86490288
地　址　杭州市江干区彭埠直街
邮　编　310017

杭州中大包装机械有限公司

联系人　黄国年
电　话　0571－88150106
传　真　0571－88150675
地　址　杭州市石桥路279号
邮　编　310022

平湖市比例包装材料有限公司

联系人　高建平
电　话　0573－5095912
传　真　0573－5095905
地　址　平湖市工业园区昌盛路2号
邮　编　314200

温州市恒丰包装机械有限公司

联系人　俞经理
电　话　0577－86761998
传　真　0577－86362920
地　址　温州市瓯海经济开发区北纬三路18号
邮　编　325014

温州市一洲机械有限公司成都办事处

联系人　孙　通
电　话　028－7681592
地　址　成都市光荣西路67号506室
邮　编　610031
主产品　奶业机械

浙江宏华机械塑胶有限公司

联系人　蔡丽娜
电　话　0577－65659808
传　真　0577－65602277
地　址　瑞安市瑞祥大道(飞云江大桥边)
网　址　www. honghua. com

浙江金石包装有限公司

联系人　赵国途
电　话　0577－62985999
传　真　0577－62992676
地　址　温州市北白象（白塔王）技术开发区
邮　编　325603

浙江金石包装有限公司上海代表处

联系人　叶瑜斌
电　话　021－63175858/2760/2379
传　真　021－63531826　63531807
地　址　天目西路547号恒基不夜城逸升阁605室
邮　编　200070

浙江宁波东升包装材料有限公司

电　话　0574－88483818
地　址　宁波市梅墟工业区

邮　编　315013

浙江省东阳市塑料工业公司

电　话　0579－6813511
地　址　东阳市经济开发区蒋店
邮　编　322100

浙江天外包装印刷股份有限公司

联系人　刘建民
电　话　0572－2361178
传　真　0572－2361178

浙江伟博包装印刷品有限公司

联系人　陈寿武
电　话　0572－8025999
传　真　0572－8025126

杭州新光塑料有限公司

电　话　0571－86052260
地　址　杭州市海潮路44号
邮　编　310016

杭州新明包装有限公司

联系人　吕圣华
电　话　0571－88941558　88941568
传　真　0571－88941086　88941568
地　址　杭州市西湖区三墩街4号
邮　编　310030
网　址　www. xmbz. com
主产品　食品软包装材料

温州市正泰包装有限公司

电　话　0577－64499888
传　真　0577－64498275
地　址　温州市钱库镇钱东路194号
邮　编　325804

浙江苍南软包装厂

电　话　0577－64201245　64227378
地　址　苍南县龙港镇人民南路1000号
邮　编　325802

浙江诚信包装材料有限公司

联系人　叶　军
电　话　0573－7966364
传　真　0573－7966352

浙江海宁诚信薄膜有限公司

联系人　付海港
电　话　0573－7966495
传　真　0573－7966352

安徽省科苑包装系统有限公司

电　话　0551－5329999　5321111
传　真　0551－5320099
地　址　合肥市长江西路669号高新技术产业开发区天乐路
邮　编　230088

济南泉华包装制品有限公司

联系人　韩丕礼
电　话　0531－2892009
传　真　0531－2892009
地　址　济南仲宫龙山路北首
邮　编　250115

青岛金派克包装机械有限公司

联系人　张　伟
电　话　0532－3728333/9333
传　真　0532－3749377

青岛全通塑印有限公司

联系人　薛清林、朱峰
电　话　0532－4012628
传　真　0532－4012242
地　址　青岛市四方区周口路321号
邮　编　266042
主产品　塑料印刷包装

青岛人民印刷有限公司

联系人　茹庆钊
电　话　0532－4630577
传　真　0532－4630576
地　址　青岛市李沧区兴华路15号
邮　编　266041
主产品　屋顶盒包装

新乡市海洋包装机厂

电　话　0373－3043860
地　址　新乡市荣校路24号军分区第一干休所内
邮　编　453002

武汉人天包装机械有限公司

电　话　027－82839298
传　真　027－82805168
地　址　武汉汉口沿江大道141号
邮　编　430014

武汉市博源纸塑彩印制品有限公司

联系人　何天江
电　话　027－82348369
传　真　027－82348369
地　址　武汉市江岸区游湖一村特2号
邮　编　430011
主产品　乳品杯及乳品杯的彩印

波利泰普包装进出口有限公司

联系人　胡小姐
电　话　0755－82943085
传　真　0755－82943090
地　址　深圳市福田区益田路江苏大厦A座1013室
邮　编　518048

波利泰普包装进出口公司上海办事处

电　话　021－62520236
传　真　021－62263097
地　址　长寿路1118号金源国际大厦B座18楼D室
邮　编　200042

广东远东食品包装机械有限公司

电　话　0668－8812508　8821597
地　址　信宜市教育路38号
邮　编　525300

汕头市虹桥包装实业有限公司

联系人　孙立军
电　话　0754－8229387
传　真　0754－8217791
地　址　汕头市大学路32号
邮　编　515021
主产品　印刷包装材料、鲜奶膜、吸管立式袋

汕头虹桥包装实业公司北方市场部

联系人　林建华
电　话　010－67659344
传　真　010－67612146
地　址　丰台区芳古园一区四号楼703室
邮　编　100078

汕头市虹桥包装实业公司北京办事处

电　话　010－67659344
传　真　010－67612146

汕头市立信塑胶制品有限公司

电　话　0754－8337723
地　址　汕头市下蓬西畔（立信工业城）

邮　编　515045

汕头市粤东机械厂有限公司

联系人　李岳云
电　话　0754－8105300
传　真　0754－8107722
地　址　汕头潮汕路金园工业城 2 片区
邮　编　515021
网　址　www. yuedong. org

万日乳业机械有限公司

联系人　蓝兹恩
电　话　020－86509738
传　真　020－86509347
地　址　广州市西湾路 148 号之五

汕头新华食品包装材料实业有限公司

电　话　0754－8886193　8875386
地　址　汕头市珠池路头珠湖工业区
邮　编　515000

深圳市硕美包装材料厂

电　话　0755－27624606
地　址　深圳市宝安区石岩镇应人石春

顺德金冠塑料制品有限公司

电　话　0765－3225321
地　址　顺德市龙江镇瑞苑工业二路
邮　编　528319

中山市东森纸业有限公司

电　话　0760－8409088　8409998
地　址　中山市港口镇民主工业区 8 号
邮　编　528447

中山市中升包装材料有限公司

电　话　0760－8417328
地　址　中山市港口镇兴港南路
邮　编　528447

四川西南食品包装机械有限公司

电　话　028－7667395
地　址　成都市一环路北一段 134 号
邮　编　610031
主产品　食品包装机械

绵阳市高新区三阳塑胶有限责任公司

联系人　李春燕
电　话　0816－2536118
传　真　0816－2550727
地　址　绵阳高新区普明南路东段 133 号
邮　编　621000

四川威之国际新材料有限公司

联系人　王威之
电　话　028－87855555
传　真　028－87820477

昆明市穗江彩印包装有限责任公司

联系人　袁慧宇
电　话　0871－8253935
传　真　0871－8253199
地　址　昆明市红联新村 1 号
邮　编　650118

陕西双健包装有限公司

电　话　029－6276571
传　真　029－6255785
地　址　西安市米宏路纬 28 街 28 号
邮　编　710016
主产品　乳品包装

西安依莱新食品包装有限公司

联系人　王崇民
电　话　029－4516296/8010
传　真　029－4515892　4516295

检测仪器

北京安普生化科技有限公司

联系人　周　旋
电　话　010－62564318　82616249
传　真　010－62575877
地　址　北京海淀区中关村大街甲 38 号燕山大酒点店公寓 1401－1408 室
邮　编　100086
网　址　www. anapure. com
主产品　食品安全检测产品

北京天大光谱技术有限公司

联系人　袁　伟
电　话　010－82254840
传　真　010－82250839
地　址　朝阳区裕民路 12 号华展国际公寓 B 座 1205 室
邮　编　100029
主产品　乳品成份快速分析仪

南京南分医疗生化仪器有限责任公司

联系人　王　平
电　话　025－2202439
传　真　025－2202487
地　址　南京市中华路 26 号
邮　编　210001
主产品　RE－001 型乳脂测定仪、MT－100 型乳成份测定仪

杭州浙大优创科技有限公司

联系人　李洪波
电　话　0571－86962803　86962627
传　真　0571－86962621
地　址　杭州市艮山西路 309 号
邮　编　310004

浙江大学食品科学与发酵工程研究所

联系人　叶兴乾
电　话　0571－86094795
传　真　0571－86971169
地　址　杭州市凯旋路 268 号
邮　编　310029
主产品　全自动乳成份分析仪、体细胞分析仪、乳房炎诊断仪

广州市千江企业有限公司

联系人　唐炜如
电　话　020－85593241　85593262
传　真　020－85593248

国内其他

艾利特农牧业发展（天津）有限公司

联系人　胡　良
电　话　022－23190310　23190055
传　真　022－23190288
地　址　和平区大同道 22 号 503 室
邮　编　300041

多米诺喷码技术有限公司北京分公司

联系人　刘　剑

电　话　010－65836666
传　真　010－65836665
地　址　朝阳区光华路甲8号和乔大厦C座1103室
邮　编　100026

建成专用车有限公司

联系人　唐大平
电　话　0451－5332762
传　真　0451－5304538
地　址　哈尔滨市香坊区南直路65号
网　址　www. jiancheng. com. cn

北京绿乐科技发展有限责任公司

联系人　武先生
电　话　010－64802596　010－64803082
传　真　010－64802596
地　址　朝阳慧忠北里313号天创世缘C座1503
邮　编　100012
主产品　综合技术服务

北京德利冷迅制冷设备有限公司

联系人　王茂盛
电　话　010－85111152　85110082
传　真　010－85111152
地　址　东城区东总布19号
邮　编　100005

珠海经济特区伟迪捷电子有限公司

联系人　沐　欣
电　话　010－68002540
传　真　010－68002533
地　址　西城区车公庄大街6号市委大院内思鸿博3号写字楼564室
邮　编　100044
主产品　喷码机

《中国乳品》杂志社

负责人　席晓剑
电　话　010－86876508　82258330
传　真　010－82258330
地　址　北京西城区安德路安德磬居126－3－503室

黑龙江省双城市荣耀饲料生物技术开发公司

联系人　付荣耀
电　话　0451－53182888/102
传　真　0451－53182888/208
地　址　车站街变压器路28号
邮　编　150100

外资乳业机构

种　畜　贸　易

加拿大畜牧服务有限公司

负责人　史佳霖
电　话　010－65575646
传　真　010－65589739
地　址　朝阳区通惠家园惠民园4号楼1706室
邮　编　100025

北京艾格威科贸有限公司

负责人　Robert　Watson
电　话　010－64678822/1688
传　真　010－64608244
地　址　北京亮马桥光明饭店1688
邮　编　100016

澳大利亚艾德士有限公司上海代表处

负责人　韩力克
电　话　021－62178996
传　真　021－62184125
地　址　中国上海市南京西路1038号梅龙镇广场1505B室
邮　编　200041

澳大利亚种畜基因公司（ABS　Asia）北京联络处

负责人　全春明
电　话　010－82251053
传　真　010－82252932
地　址　朝阳区德外马甸裕民路12号元辰鑫E1座536室
邮　编　100029

乳　品　加　工

双城雀巢有限公司

负责人　思伟达
电　话　0451－53123734
传　真　0451－53123712
地　址　双城市友谊路
邮　编　150100
E－mail　dc@cn. nestle. com
主产品　全脂奶粉
品　牌　雀巢
日处理鲜奶能力　1500吨

青岛雀巢有限公司

负责人　朱　凯
电　话　0532－8438628
传　真　0532－8438300
地　址　中国青岛莱西市牛溪埠镇
邮　编　266600
网　站　www. cnnestle. com
主产品　液体乳制品、冰激凌
品　牌　雀巢、鹰唛、山花
日处理鲜奶能力　500吨

天津雀巢牛奶有限公司

电　话　022－25326313
地　址　经济技术开发区南海路149号
邮　编　300457

北京艾莱发喜食品有限公司

负责人　包宗业
电　话　010－62981696　62983508
传　真　010－62983510
地　址　海淀区唐家岭路21号
邮　编　100094
主产品　冰激凌
品　牌　八喜
日处理鲜奶能力　90吨

上海达能酸乳酪有限公司

电　话　021－56483600
传　真　021－66247953
地　址　场中路3100号
邮　编　200435
主产品　乳制品制造业、饮料

广州达能酸乳酪有限公司

负责人　秦　鹏、刘学良
电　话　020－82978928
传　真　020－82978938
地　址　广州花园沙太公路盘龙岗
邮　编　510510
主产品　酸牛奶、乳酸菌饮料

天津帕玛拉特乳业有限公司

负责人　白智生
电　话　022－28124840
传　真　022－28340426

地　址　河西区洞庭路南
邮　编　300222
主产品　巴氏奶、酸奶、超高温奶、奶粉
品　牌　帕玛拉特
日处理鲜奶能力　100 吨

帕玛拉特（南京）乳制品有限公司

电　话　025－5894879
传　真　025－5579074
地　址　栖霞区仙鹤门外大塘村
邮　编　210046

天津中芬乳业有限公司

负责人　吕志恒
电　话　022－88181607
传　真　022－88181607
地　址　天津市河西区洞庭路南
邮　编　300222
主产品　鲜奶、UHT、酸奶、奶粉
品　牌　红牛
日处理鲜奶能力　240 吨

菲仕兰（天津）乳制品有限公司

负责人　李海峰
电　话　022－28126880
传　真　022－28126885
地　址　河西区洞庭路南
邮　编　300222
主产品　UHT 奶、乳饮料
品　牌　子母
日处理鲜奶能力　150 吨

中澳合资保定美森乳业有限公司

电　话　0312－6631355
传　真　0312－6630308
地　址　保定市高保路东河路口
邮　编　071500

沈阳乳业有限责任公司

负责人　李安民
电　话　024－88043209
传　真　024－88043665
地　址　沈阳市农业高新技术开发区辉山街 20 号
邮　编　110164
主产品　液态奶
品　牌　辉山
日处理鲜奶能力　700 吨

英特儿（上海）营养乳品有限公司

负责人　M. 麦惠舜
联系人　陈慧英
电　话　021－58990899
传　真　021－58995155
地　址　浦东金桥出口加工区宁桥路 188 号
邮　编　201206
网　站　www. dumex. com. cn
主产品　婴幼儿配方奶粉
品　牌　多美滋
日处理鲜奶能力　200 吨

英特儿（无锡）营养乳品有限公司

电　话　0510－2755523
地　址　无锡中山路

美赞臣（广州）有限公司

负责人　郑宏若
电　话　020－82219180
传　真　020－82211275
地　址　广州黄埔区夏港街东基夏园路
邮　编　510730
主产品　奶粉

安佳乳业（广州）有限公司

负责人　林伟峰
电　话　020－83511780
传　真　020－83511781
地　址　广州市东风中路 268 号交易广场 2103－05 室
邮　编　510030

上海惠氏营养乳品有限公司

负责人　胡文耀
联系人　马　白
电　话　021－54772510
传　真　021－54778175
地　址　闵行区虹桥镇吴中路 582 号
邮　编　201103
网　站　www. wyeth. com. cn
主产品　婴幼儿配方奶粉等

纽迪希亚（黑龙江）营养制品有限公司

联系人　王传俊
电　话　0452－6301770
传　真　0452－6301402
地　址　齐齐哈尔市昂昂溪区化工乳品街 278 号
邮　编　161033
主产品　婴幼儿配方奶粉、无水奶油、麦片
品　牌　亲亲宝贝、荷兰乳牛
日处理鲜奶能力　300 吨

哈尔滨隆迪乳业有限公司

负责人　杜德金
电　话　0451－4603948
地　址　哈尔滨道里区建国二道街 15 号
邮　编　150076
主产品　乳制品

北京怡美食品有限公司

负责人　王剑智
电　话　010－69981848
传　真　010－69981166
地　址　平谷区兴谷开发区平谷大街 16 号
邮　编　101200
主产品　纯牛奶、果味奶、酸奶
品　牌　怡美、乐园
日处理鲜奶能力　20 吨

北京新世纪美登高食品有限公司

负责人　李安民
电　话　010－88363638
传　真　010－88363638
地　址　密云县工业开发区
邮　编　101500
主产品　雪糕、冰激凌
品　牌　美登高

北京吉雅食品有限公司

电　话　010－69711498
地　址　昌平区南邵村
邮　编　102200

北京味全食品有限公司

负责人　张伟修
电　话　010－64212233/106
传　真　010－64226499
地　址　朝阳区香西坝河西里 18 号
邮　编　100028
主产品　乳制品

乐百氏（丰润）食品饮料有限公司

负责人　韦忠明
电　话　0315－5183494
传　真　0315－5180687

地　址　唐山市丰润区丰顺路2号
邮　编　064000
主产品　液态奶
品　牌　乐百氏
日处理鲜奶能力　1 500吨

黑龙江密山希诺乳业制品有限公司

负责人　刘京河
电　话　0467-5222818
传　真　0467-5222218
地　址　密山市晨曲街332号
邮　编　158300

哈尔滨森永乳品有限公司

负责人　酒井义雄
电　话　0451-4319932　4335253
传　真　0451-4306664　4335253
地　址　哈尔滨市道里区机场路8号
邮　编　150070
主产品　奶粉

上海诺华营养食品有限公司

电　话　021-52925666
传　真　021-52925999
地　址　南京西路1168号中信泰富广场41楼
邮　编　200041

芬兰维利奥有限公司上海代表处

负责人　刘金杰
电　话　021-63910381　63910382
传　真　021-63910383
地　址　淮海中路93号大上海时代广场1401室
邮　编　200021
主产品　黄油、奶酪、鲜奶制品及食品配料

乐百氏（无锡）食品饮料有限公司

电　话　0510-5509237
地　址　无锡市望湖路

福建大乘乳业股份有限公司

负责人　陈　龙
联系人　夏小华
电　话　0599-8805259
传　真　0599-8805079
地　址　南平市建溪路81号
邮　编　353000
主产品　袋装奶、利乐奶、屋型奶
品　牌　大乘
日处理鲜奶能力　200吨

江西维雀乳业有限公司

负责人　刘道君
联系人　邓传兵
电　话　0791-6496262
传　真　0791-6496262
地　址　南昌市新建县长堎外商投资工业区大道011号
邮　编　330100
网　站　www. zhengbang. com
主产品　鲜乃奶、花色奶、酸奶
品　牌　维雀
日处理鲜奶能力　80吨

广州维记牛奶食品有限公司

电　话　020-87793078
传　真　020-87793077
地　址　广州天河区兴华沙太路盘龙岗
邮　编　510510
主产品　巴氏奶、乳酸饮品、纯牛奶
品　牌　维记
日处理鲜奶能力　60吨

四川奶奇乐乳业有限公司

负责人　濮　健
电　话　028-87846208
地　址　成都市高新西区银河西路
邮　编　610041
主产品　纯鲜奶、酸奶
品　牌　奶奇乐
日处理鲜奶能力　100吨

海南艾森乳业有限公司

负责人　戴桂海
联系人　符　诗
电　话　0898-68640171
传　真　0898-68640170
地　址　海口市秀英区白水塘路海南省扶贫工业开发区
邮　编　570311
网　站　www. asichina. com
主产品　纯鲜牛奶、低脂酸奶
品　牌　艾森
日处理鲜奶能力　50吨

乐百氏（广东）食品饮料有限公司

负责人　王　磊
电　话　020-38783488
传　真　020-38783121
地　址　广州市天河区林和西路1号国贸中心23F
邮　编　510610
E-mail　nnjs@robust. com. cn

海南艾森牧业有限公司

电　话　0898-67486601/6602/6603
传　真　0898-67486604
地　址　澄迈县老城邮电支局008号信箱
邮　编　571924
网　站　www. asichina. com

牧草及草种

澳洲良种公司上海代表处

联系人　廖　敏
电　话　021-54655126
传　真　021-54654826
地　址　建国西路91号3号楼20F
邮　编　200025
网　址　www. selectedseeds. com. au

丹麦丹农种子公司

电　话　010-84977049/7263
传　真　010-84984156
地　址　朝阳区汇宾大厦B1616

美国百绿（集团）北京代表处

联系人　陈　谷
电　话　010-65561872/73/74
传　真　010-65561876
地　址　朝阳区十里堡京港城市大厦写字楼9C
邮　编　100025

美国辛普劳草业公司北京办事处

电　话　010-64687369　64638383
传　真　010-64687350
地　址　朝阳区亮马桥路32号高斓大厦906
邮　编　100016

牧场设备

利拉伐（上海）乳业机械有限公司

负责人　黄静怡
电　话　021-32051155
传　真　021-32051166
地　址　普陀区玉门路215号

邮　编　200331

利拉伐（上海）乳业机械有限公司北京办事处

联系人　张晨光
电　话　010－85817600
传　真　010－85827253
地　址　朝阳区十里堡北里1号恒泰大厦3层3030室
邮　编　100025

利拉伐（上海）乳业机械有限公司福州办事处

电　话　0591－7616774
传　真　0591－7616774

利拉伐（上海）乳业机械有限公司广州办事处

联系人　李铭耀
电　话　020－84101991
传　真　020－84101990
地　址　广州滨江西路40号海星大厦1201室
邮　编　510235

利拉伐（上海）乳业机械有限公司哈尔滨办事处

传　真　0451－6619004

利拉伐（上海）乳业机械有限公司衡阳办事处

电　话　0734－8140042
传　真　0734－8140042

利拉伐（上海）乳业机械有限公司呼和浩特办事处

电　话　0471－6268874
传　真　0471－6268874

利拉伐（上海）乳业机械有限公司济南办事处

电　话　0531－7163881
传　真　0531－7163881

利拉伐（上海）乳业机械有限公司宁夏办事处

电　话　0951－5048974
传　真　0951－5041211

利拉伐（上海）乳业机械有限公司沈阳办事处

传　真　024－88041038

利拉伐（上海）乳业机械有限公司西安办事处

电　话　029－8324083
传　真　029－8324083

上海伐利牧业技术设备有限公司

电　话　021－56387106
传　真　021－56385091
地　址　洛川东路285号上海东方明珠欧洲城商务楼426室
邮　编　200072

荷兰麦格国际集团

电　话　010－63953449
传　真　010－63951981
地　址　丰台区西客站北广场东方联发大厦6812室

天津宝一饲养设备有限公司

电　话　022－24963447
传　真　022－24955442
地　址　津塘公路三号桥北侧
邮　编　300300

天津乾命畜牧机械有限公司

联系人　张修刚
电　话　022－82108867/8
传　真　022－82102217
地　址　武清开发区泉兴路32号
邮　编　301700
主产品　挤奶机、冷却罐及相关畜牧机械

天津三友机械制造有限公司

联系人　安光德
电　话　022－23970881/82
传　真　022－23974331
地　址　西青区经济开发区建福工业园7号
邮　编　300385
网　址　www. samwoo. eng. com
主产品　牛奶制冷罐、挤奶机、养牛饲料自动供料器

万日乳业机械有限公司

电　话　020－86364458
传　真　020－86381458
地　址　广州市广园中路麓景路388号
邮　编　510405
主产品　挤奶设备

韦斯伐利亚（上海）牧业设备有限公司

联系人　周国强
电　话　021－50643651/188
传　真　021－50463163

韦斯伐利亚保兴成工程公司

联系人　冯家礼
电　话　020－81407808
传　真　020－81508629

以色列阿菲金特种设备公司

联系人　李玉珏
电　话　0755－26966841
传　真　0755－26966843
地　址　深圳市南山区科技园汇景豪苑海悦阁20A
邮　编　518057

意大利 Storti 公司

联系人　李　蔚
电　话　010－68250346

菲亚特国际股份公司

联系人　杨宇红
电　话　010－64624354
传　真　010－64624358

约翰迪尔（中国）投资有限公司

联系人　马俊伟
电　话　010－84536419/39
传　真　010－84536298

杜邦（中国）有限公司

联系人　谷向光　杨　兵
电　话　010－65058000－1520
传　真　010－65058008
地　址　国贸大厦2座11层
邮　编　100004

加　工　设　备

荷兰佳农有限公司

联系人　谢树华
电　话　021－58202510
传　真　021－58202513
地　址　浦东张扬路828－838号华都大厦19号楼G室
邮　编　200122

主产品　乳品加工机械、灌装包装机械、贮乳及运输设备、食品加工用乳制品

IEC 工程有限公司中国总代理

电　话　010－82085718/12
地　址　德胜门外东滨河路 3 号 508 室
邮　编　100011

德国乐嘉文洋行/RIECKE-RMANN

联系人　王学军
电　话　010－65102266
传　真　010－65240006
地　址　建国门内大街 7 号光华长安大厦 2 座 625 室
邮　编　100005
主产品　奶酪加工成型及包装设备、牛奶接收、巴氏杀菌机超高温灭菌系统、超洁净及无菌、灌装系统

德国耐驰（兰州）泵业有限公司

联系人　郑盈洁
电　话　0931－8841538/301
传　真　0931－8417505
地　址　兰州市民主东路 210 号
邮　编　730000
主产品　NEMA（单螺杆泵）

法国安其乐公司 ARCIL

联系人　周　丹
电　话　010－65148800
传　真　010－65237512
地　址　劳动人民文化宫东门内文华宫写字楼 2609 室
邮　编　100006
主产品　塑杯成型－灌装－封口机

法国德枫丹公司北京代表处

联系人　张　燕
电　话　010－68723626
传　真　010－68946029
地　址　友谊宾馆苏园写字楼 298 室
邮　编　100873

韩国 KM 株式会社

联系人　柳庆稣
电　话　0082－31－6732980
传　真　0082－31－6732981
地　址　韩国京几道一竹面芳本里

华粤企业公司

联系人　秦　毅
电　话　010－64908182/19
传　真　010－64908182/12
地　址　朝阳区北苑路 172 号欧陆经典 9 号楼 701 室
邮　编　100101

华粤企业公司（香港总部）

电　话　00852－27703628
传　真　00852－27511904
地　址　香港九龙旺角登打士街 56 号柏裕商业中心 16 号楼 1613A 室

建技机械有限公司

电　话　00852－23141928
传　真　00852－23147668
地　址　香港九龙尖沙咀东部科学馆道 1 号康宏广场南座 1005 室

建技机械有限公司北京办事处

联系人　朱红梅
电　话　010－64616156/57/58
传　真　010－64616159
地　址　朝阳区东三环北路 3 号幸福大厦 A 座 1506 室
邮　编　100027
主产品　挤奶设备、无菌袋灌装设备

建技机械有限公司福州办事处

电　话　0591－7811457　7826771
传　真　0591－7826771

建技机械有限公司广州办事处

电　话　020－37604332/30
传　真　020－37602079
地　址　广州市环市东水荫路 2 号华信大厦西塔 1901、1902 室
邮　编　510075

建技机械有限公司海口办事处

电　话　0898－5872879
传　真　0898－5872879

建技机械有限公司上海办事处

电　话　021－64275798
传　真　021－64276299
地　址　漕溪北路 18 号上海实业大厦 18E 室
邮　编　200020

建技机械有限公司深圳办事处

电　话　0755－25412310　25425352
传　真　0755－25412311
地　址　深圳市罗湖区文锦中路深港花园 12 楼 B 座
邮　编　518001

科瑞股份有限公司上海办事处

电　话　021－62269944
传　真　021－62076694
地　址　延安西路 1088 号长峰中心 2508 室
邮　编　200052

科瑞股份有限公司北京办事处

联系人　曹宇非
电　话　010－65127289
传　真　010－65125509
地　址　东城区灯市口大街 33 号国中商业大厦 1208 室
邮　编　100026
主产品　屋顶型灌装机

科瑞股份有限公司广州办事处

联系人　王旭华
电　话　020－87311043
传　真　020－87310011
地　址　广州市农林下路 83 号广发银行大厦 3310 室
邮　编　510080

科瑞股份有限公司台北分公司

电　话　00886－2－88098559
传　真　00886－2－88098557

青岛日清食品机械有限公司

联系人　姜礼新
电　话　0532－4855979
传　真　0532－4863994
地　址　青岛市长沙路 103 号
邮　编　266042
网　址　www. meetnissin. com

瑞典马驰集团上海阿仁科机械有限公司

联系人 刘 天
电 话 021－58346799
传 真 021－58991844
地 址 浦东金桥出口加工区宁桥路755号
邮 编 201206
主产品 热收缩包装机、三角包热收缩包装机等

韦斯伐里亚分离机（中国）有限公司香港总部

联系人 李仕德
电 话 00852－28660009
传 真 00852－25200432
地 址 香港港湾道26号华润大厦27楼2708室

韦斯伐里亚分离机（中国）有限公司北京代表处

联系人 于凯健
电 话 010－65814606/07/08/09
传 真 010－65814610
地 址 朝阳区光华路甲8号和乔大厦北座209室
邮 编 100026

韦斯伐里亚分离机（中国）有限公司广州代表处

联系人 李仕德
电 话 020－84243384
传 真 020－84412063
地 址 广州市江南大道中348号广州珀丽酒店2603房
邮 编 510245

韦斯伐里亚分离机（中国）有限公司上海代表处

联系人 吴丹人
电 话 021－63239156/8851
传 真 021－63238852
地 址 金陵东路2号光明大厦207室
邮 编 200002

温州国泰轻工机械有限公司

联系人 孙新春
电 话 0577－86818488/8855
传 真 0577－86810745
地 址 温州市沙城工业区永强大道1827号
邮 编 325025

沃喀莎公司

联系人 刘 芳
电 话 021－54955616/806
传 真 021－54955626
地 址 黎安路1189号
邮 编 201100
主产品 离心泵、阀门、管件

岩井机械（昆山）有限公司

联系人 贺集繁
电 话 0512－57715081
传 真 0512－57715091
地 址 昆山开发区金沙江南路25号
邮 编 215300
主产品 列管式灭菌机设备及CIP装置

原料及添加剂

新西兰乳品原料（中国）有限公司

负责人 郭学研
电 话 00852－27202218
传 真 00852－27087225
地 址 香港九龙荔枝角道777号田氏企业中心1203－06&07－09室
网 址 www. nzmp. com

新西兰乳品原料（中国）有限公司北京代表处

电 话 010－65263686/3856
传 真 010－65262586
地 址 东城区建国门内大街8号中粮广场B座1320室
邮 编 100005
网 址 www. nzmp. com

新西兰乳品原料（中国）有限公司广州代表处

电 话 020－38871350/52/53
传 真 020－38871329
地 址 广州市天河体育东路122号羊城国际商贸中心东塔3305室
邮 编 510620
网 址 www. nzmp. com

新西兰乳品原料（中国）有限公司上海代表处

电 话 021－52981578
传 真 021－52980375
地 址 成都北路333号招商局广场南楼1507室
邮 编 200041
网 址 www. nzmp. com

新百利国际工贸有限公司

负责人 赵蔚蔚
电 话 0411－2655663
传 真 0411－2652812
地 址 大连市中山区人民路26号人寿大厦1906室
邮 编 116001

泛亚乳品（上海）有限公司北京办事处

联系人 董立军
电 话 010－64641966
传 真 010－64604478
地 址 朝阳区左家庄1号国门大厦4F
邮 编 100028
网 址 www. pacificdairy. com

戴维林贸易公司北京代表处

电 话 010－65260810
传 真 010－65260812
地 址 北京中粮广场A座405室
邮 编 100005

戴维林贸易公司上海代表处

电 话 021－64277337
传 真 021－64277336
地 址 上海漕溪北路18号上海实业大厦5座H座
邮 编 200030

DSM公司食品添加剂

联系人 慕博瑞
电 话 010－85262643/4/5/6/7
传 真 010－85262648
地 址 建外大街19号国际大厦2601室
邮 编 100004

DSM公司食品添加剂（上海）

联系人 陶耀娟
电 话 021－63863080/409
传 真 021－63862928
地 址 重庆中路25号
邮 编 200020

北京豪日中天科贸有限公司（惠益集团）

电　话　010－65229796　65229798
传　真　010－65221393

达翎国际贸易（上海）有限公司

联系人　唐伯文
电　话　021－56553707
传　真　021－56557443
地　址　芷江西路788号华舟大厦1904－06室
邮　编　200070
主产品　变性淀粉（法国进口）水溶性膳食纤维

丹麦帕思嘉有限公司上海代表处

联系人　杨锦健
电　话　021－58368536
传　真　021－58368408
地　址　浦东张杨路500号时代广场28C室
邮　编　200122
网　址　www. palsgaard. com
主产品　乳化剂和稳定剂

丹尼斯克（中国）有限公司

联系人　林　原
电　话　0512－57703894　57703888
传　真　0512－57703865
地　址　昆山经济技术开发区南浜路168号
邮　编　215300

丹尼斯克（中国）有限公司北京销售处

联系人　贾　焱
电　话　010－65007333　65931837/1838　85261430/1431
传　真　010－65007399
地　址　建国门外大街19号国际大厦1403房间
邮　编　100004

丹尼斯克（中国）有限公司广州销售处

联系人　刘卫斌
电　话　020－83836899　83836933
传　真　020－83836433
地　址　环市东路362－366号好世界广场2302室
邮　编　510060

德国贝克吉利尼化学有限公司上海代表处

联系人　虞　军
电　话　021－62567728
传　真　021－62567456
网　址　www. bk-giulini. com

法国罗地亚公司

电　话　021－54422630
传　真　021－54422887
地　址　莘庄工业园金都路3966号
邮　编　201108

法国罗地亚公司北京办事处

联系人　孟　彤
电　话　010－65102222/308
传　真　010－65102323
地　址　建国门内大街7号光华长安大厦1座17层
邮　编　100005

广州伟恩贸易有限公司（惠益集团）

联系人　林应坚
电　话　020－81301677　81302669
传　真　020－81301901
地　址　人民中路555号美国银行中心1305室
邮　编　510145

国民淀粉化学贸易（上海）有限公司

联系人　王海峰
电　话　021－64278178　57745700/3231
传　真　021－64642085　64278179
地　址　漕溪北路18号上海实业大厦11楼E座
邮　编　200030

国民淀粉化学有限公司北京办事处

电　话　010－65814166　65814167
传　真　010－65814169
地　址　朝阳区光华路甲8号和乔大厦107A室

惠益集团有限公司成都办事处

电　话　028－84375864
传　真　028－84375864

惠益集团有限公司广州办事处

电　话　020－81301677
传　真　020－81301901

惠益集团厦门华展贸易有限公司

电　话　0592－5818557　5144356
传　真　0592－5819477

纽特香港有限公司北京代表处

电　话　010－64501388
传　真　010－64501387
地　址　北京市10621－001信箱
邮　编　100621

乔富食品工业有限公司北京办事处

联系人　周水明
电　话　010－67676262
传　真　010－67675298

乔富食品工业有限公司上海办事处

联系人　徐　哲
电　话　021－64385777
传　真　021－64384666
地　址　漕溪北路45号航空科技大厦4楼
邮　编　200030

上海德立食品添加剂有限公司（韩国）DJD株式会社上海代表处

联系人　岳传静
电　话　021－64957099　56677426
传　真　021－64853172

上海佳碧国际贸易有限公司

联系人　李哲民
电　话　021－68406090　68406091
传　真　021－68406092

上海乐维经贸有限公司（惠益集团）

电　话　021－62124979　62124980

传　真　021－62401000

上海麦可维贸易有限公司

联系人　高彦霞
电　话　021－50563551
传　真　021－50563983
地　址　外高桥保税区华京路8号三联大厦533室
邮　编　200131

上海统园食品技术有限公司

联系人　李方兰
电　话　021－54481678
传　真　021－54481624
地　址　漕宝路401号2A
邮　编　200233

味之素（中国）有限公司广州分公司

联系人　许　毅
电　话　020－86373377
传　真　020－86594486
地　址　机场路十号之一丽珠大厦九楼
邮　编　510405

包装机械与材料

利乐（中国）有限公司

联系人　王爱盈
电　话　021－32174688
传　真　021－32174680
地　址　南京西路1168号中信泰富广场29层
邮　编　200041

利乐（中国）有限公司北京代表处

联系人　柴彤涛
电　话　010－67739355
传　真　010－67769765
地　址　光渠门外大街双井29号
邮　编　100022

利乐（中国）有限公司成都代表处

电　话　028－86198311
传　真　028－86198310
地　址　成都市西御街77号国信大厦7楼C座
邮　编　610015

利乐（中国）有限公司佛山代表处

电　话　0757－3831626
传　真　0757－3832872
地　址　佛山市高新技术产业开发区
邮　编　528041

利乐（中国）有限公司哈尔滨代表处

电　话　0451－3605941
传　真　0451－3605942
地　址　哈尔滨市南岗区花园街235号东方大厦806室
邮　编　150001

利乐（中国）有限公司昆山代表处

电　话　0512－57717725
传　真　0512－57717729
地　址　昆山经济开发区顺帆南路208号
邮　编　215301

利乐（中国）有限公司西安代表处

电　话　029－7203181
传　真　029－7203258
地　址　西安市南大街30号陕西中大国际大厦510房
邮　编　710002

利乐（中国）有限公司厦门代表处

电　话　0592－5185662
传　真　0592－5185659
地　址　厦门市湖滨南路鸿翔大厦7楼B，C座
邮　编　361004

利乐（中国）有限公司香港代表处

电　话　00852－28611933
传　真　00852－25279854
地　址　香港太古城英皇道1111号太古城第一期2313－15室

康美包包装技术服务（上海）有限公司

电　话　021－50461329
传　真　021－50461453
地　址　外高桥保税区希雅路55号F区5号地块12号二层
邮　编　200131

康美包有限公司北京代表处

电　话　010－86542332
传　真　010－65906559
地　址　朝阳区东三环北路8号亮马河大厦A座2202室
邮　编　100004

康美包有限公司上海代表处

联系人　王　忆
电　话　021－62480885
传　真　021－62499541
地　址　延安西路129号华侨大厦22层
邮　编　200040

上海国际纸业有限公司

联系人　林丕坚
电　话　021－50311391
　　　　50311548－208
传　真　021－58543855
地　址　浦东金桥金海路450号
邮　编　201206
网　址　www. internationalpaper. com. cn

上海国际纸业有限公司北京办事处

电　话　010－65832154
传　真　010－65832285
地　址　朝阳区光华路甲8号和乔大厦C座1201室
邮　编　100022

上海国际纸业有限公司广州办事处

电　话　020－83579005
传　真　020－83505756
地　址　广州市淘金路50号丽晶大厦10B
邮　编　510095

爱克林（天津）有限公司北京办事处

联系人　郝莉霞
电　话　010－85275066
传　真　010－85275070
地　址　朝阳区新源里16号世方豪庭A－1601房间
邮　编　100026
主产品　灌装液态食品的立式袋及配套的全自动灌装设备

爱克林（天津）有限公司上海办事处

电　话　021-52560258
传　真　021-52560130
地　址　武定息路1185号上海神州大厦4028房间
邮　编　200042
网　址　www. ecolean. com

北京诺盟乳品无菌技术有限公司

电　话　010-65975309
传　真　010-65975310
地　址　朝阳区东三环北路19号华鹏大厦南楼408室
邮　编　100020
网　址　www. taiwan-ricego. com
主产品　圆型类凸板干式印刷设备及塑料杯、印刷机及软管包装印刷机和各类瓶盖印刷机

芬兰依莱克斯德公司北京代表处

联系人　瑞斯托
电　话　010-65900047
传　真　010-65900047
地　址　朝阳区亮马大厦A座1205室
邮　编　100026

上海四国食品包装机械有限公司

联系人　卢易进
电　话　021-57740495
传　真　021-57740496
地　址　松江区洞泾路18号
邮　编　200006

APV远东有限公司北京代表处

联系人　李彦君
电　话　010-65975138/39/40
传　真　010-65975110
地　址　朝阳区东三环19号华鹏大厦北楼301室
邮　编　100020

APV远东有限公司大连代表处

电　话　0411-3675851　3608777
传　真　0411-3675853
地　址　大连市西岗区新开路99号大连珠江国际大厦708室
邮　编　116011

APV远东有限公司广州代表处

电　话　020-81363326、81363356/57
传　真　020-81363327
地　址　广州市盘福路13-35号广州白云麒麟大厦A405室
邮　编　510810

APV远东有限公司上海代表处

联系人　钱　伟
电　话　021-63758186
传　真　021-63759409
地　址　上海市黄陂北路227号中区广场507室
网　址　apv. invensys. com
邮　编　200003

APV远东有限公司香港总部

电　话　00852-23673175
传　真　00852-27241290
地　址　香港铜锣湾恩平道28号嘉兰中心9楼902室

波利泰普包装进出口有限公司

联系人　胡经理
电　话　0755-82943085
传　真　0755-82943090

博世包装技术（杭州）有限公司

电　话　0571-88913077
传　真　0571-88913011
地　址　杭州高新技术开发区文二路247号三号厂房
邮　编　310012

丹麦帕思嘉有限公司上海办事处

联系人　杨锦健
电　话　021-58368536
传　真　021-58368408

德国宝得北京办事处

联系人　朱先生
电　话　010-65156508
传　真　010-65156507

德国宝得广州代表处

电　话　020-87698379
传　真　020-87604979
地　址　广州市东风东路828-836号东峻广场2座13楼1305室
邮　编　510080

德国宝得上海代表处

电　话　021-64865875
传　真　021-64865110
地　址　漕溪北路18号上海实业大厦27E
邮　编　200030

德国海思亚包装机械有限公司

联系人　斯蒂尔
电　话　0049-604181260
传　真　0049-604181213

德国海思亚包装机械有限公司上海代表处

电　话　021-62494340
传　真　021-62488465
地　址　华山路301号静安商楼408室
网　址　www. hassia. de

德国意韦卡工业股份有限公司

联系人　张云声
电　话　021-62494340
传　真　021-62488465
地　址　华山路301号静安商楼408室
邮　编　200040

荷兰纸业（香港）有限公司北京办事处

联系人　李　龙
电　话　010-65900372
传　真　010-65900373
地　址　朝阳区东三环北路8号亮马大厦办公楼1座1007室
邮　编　100004

华美集团

联系人　冯　时
电　话　010-65565087/6944
传　真　010-65566955
地　址　朝阳区朝阳路十里堡甲3号城市广场4号楼15层D、E、F室
邮　编　100025

惠州宝柏印刷有限公司

联系人　罗　斌
电　话　0752－2609023
传　真　0752－2608168　2600820
地　址　惠州仲恺大道马过渡华宝工业区
邮　编　516006

基伊埃技术设备（上海）有限公司

联系人　陈雯燕
电　话　021－64191318
传　真　021－64591368
地　址　上海市新链路 1678 号
邮　编　201101

金光集团

联系人　张友培
电　话　0574－7225153
传　真　0574－7336621
地　址　宁波育才路 288 号繁景花园海棠阁 8A2 室
邮　编　315010

美国博特莱包装公司（Protola Packaging, Inc.）

联系人　姜瑞君
电　话　021－54425588/28
传　真　021－54422723
地　址　上海莘莊工业区春中路 66 号
邮　编　201108

美国惠好中国有限公司上海代表处

联系人　顾　云
电　话　021－64747606
传　真　021－64673701
地　址　卢湾区淮海中路 887 号永新大厦 8009 室
邮　编　200020

挪威艾罗派克公司北京代表处

电　话　010－65546118
传　真　010－65541833
地　址　东城区朝阳门外北大街 8 号富华大厦 D 座 2 层 1 室
邮　编　100027

斯道拉恩索香港办事处

联系人　陈炳堂
电　话　00852－21265018
传　真　00852－25761480
地　址　香港告士打道 280 号

斯道拉恩索北京代表处

联系人　王志刚
电　话　010－65686699
传　真　010－65672921

斯道拉恩索香港有限公司上海代表处

电　话　021－32100385　32100386
地　址　南京西路 1168 号中信泰富广场 3108 室
邮　编　200041

香港捷成洋行有限公司北京代表处

联系人　Geoffrey P. Ziebart
电　话　010－65181188
传　真　010－65182066
地　址　东城区建国门内大街 18 号恒基中心办公楼二座 10 层
邮　编　100005

香港捷成洋行有限公司成都代表处

联系人　Anbing Che
电　话　028－86613366/1415/1416
传　真　028－86761710
地　址　成都市新华大道文武路 42 号时代广场 14 楼 C 座
邮　编　610017

香港捷成洋行有限公司大连代表处

联系人　杨继萍
电　话　0411－36911270
　　　　3608888－3710
传　真　0411－3691271
地　址　大连市西岗区新开路 99 号珠江国际大厦 710B 室
邮　编　116011

香港捷成洋行有限公司广州代表处

联系人　Cheong Chan Ian
电　话　020－87322616
传　真　020－87322620
地　址　广州市环市东路 403 号国际电子大厦 28 楼 2806－7 室
邮　编　510095

香港捷成洋行有限公司青岛代表处

联系人　蒋月红
电　话　0532－5753038/16
传　真　0532－5753017
地　址　青岛市南京路 9 号青岛联合大厦 6 楼 6D－6E 室
邮　编　266071

香港捷成洋行有限公司上海代表处

联系人　Ms. Linda Lam
电　话　021－63527002
传　真　021－63527003
地　址　延安东路 588 号东海商业中心 10 楼
邮　编　200001

香港捷成洋行有限公司深圳代表处

联系人　朱丽坤
电　话　0755－83594421
传　真　0755－83594415
地　址　深圳市福田保税区红花路 1001 号国际商贸中心 3 栋 132 号
邮　编　518038

香港捷成洋行有限公司天津代表处

联系人　梁碧恩
电　话　022－23306998/3998
传　真　022－23305991　23303990
地　址　南京路 75 号天津国际大厦 1608 室
邮　编　300050

香港捷成洋行有限公司武汉代表处

联系人　Wong Kan, Borgia
电　话　027－85712556　85712681/80
传　真　027－85712757
地　址　武汉武胜路泰合广场 27 楼 2709 室
邮　编　430033

尤尼法斯特有限公司

联系人　宗　莉
电　话　010－64381380　65042844
传　真　010－65042704/5
地　址　朝阳区农展北路 55 号中欧宾馆 201 室

邮　编　100026

浙江伟博包装印刷品有限公司

电　话　0572－8025999
传　真　0572－8025126
地　址　德清县三桥镇莫干山经济开发区（104国道）
邮　编　313205

大连大诺印刷包装有限公司

联系人　李淑珍
电　话　0411－6511166　6510687
传　真　0411－6508808
地　址　大连市甘井子区华北路431号
邮　编　116037
主产品　塑料包装膜

检　测　仪　器

SGS（通标标准技术服务有限公司）

联系人　杜　军
电　话　010－63955949　63955945/48
传　真　010－63951014
地　址　复兴路戊12号恩菲科技大厦1026室
邮　编　100038

环球分析测试仪器有限公司

联系人　唐　瑄
电　话　010－68946260
传　真　010－68463639
地　址　中关村南大街9号理工科技大厦506室
邮　编　100081
主产品　乳制品检测仪：1．成份分析仪、2．体细胞计数器、3．细胞检测仪器

布鲁克光谱仪器公司

联系人　朱雨杰
电　话　010－68415912　68474826　68472060
传　真　010－68474799

德国赛多利斯公司 SartoriusAG

联系人　郭　卫
电　话　010－64391688
传　真　010－64391685
地　址　朝阳区望京工业园区东湖渠
邮　编　100102
主产品　乳品收集取样系统、电子天平、水分测定仪、金属检测机

德国赛多利斯公司 SartoriusAG 上海代表处

联系人　陆　微
电　话　021－64270612
传　真　021－64270604
地　址　朝阳区望京工业园区东湖渠
邮　编　100102

福斯集团公司北京代表处

联系人　曹　勇
电　话　010－68467239/40
传　真　010－68467241
地　址　海淀区白石桥路11号北京理工科技大厦1105室
邮　编　100081

环球分析测试仪器有限公司北京办事处

联系人　朱　强
电　话　010－68946260
传　真　010－68463639
地　址　中关村南大街9号理工科技大厦506室
邮　编　100081

梅勒特－托利多（常州）称重设备系统有限公司

联系人　杨　勇
地　址　常州市常锡路111号
邮　编　213001

生物梅里埃（中国）有限公司北京代表处

联系人　郭　剑
电　话　010－65156963
地　址　朝阳区建国门外大街甲24号东海中心1601号
邮　编　100004
主产品　微生物细菌学检测试剂和检测系统

生物梅里埃（中国）有限公司上海代表处

联系人　李　志
电　话　021－52401118
传　真　021－52400196

生物梅里埃（中国）有限公司香港总部

电　话　00852－23567033
传　真　00852－23302085
地　址　香港九龙观塘鸿图道57号南洋广场1701－02室A

台湾爱德士股份有限公司

联系人　颜伟强
电　话　00886－2－28883336
传　真　00886－2－28883340
地　址　台北市至善路二段55号8楼

沃尔包装计量机械

联系人　谢恩忠
电　话　010－83681067/68
传　真　010－83681069
地　址　丰台区科学城航丰路甲4号
邮　编　100070

香港波通仪器亚洲有限公司北京代表处

联系人　祝宏宽
电　话　010－63423835
传　真　010－63420907
地　址　宣武区南滨河路31号华亨大厦818室
邮　编　100055
主产品　鲜奶、奶粉分析仪

附 录

主要国家奶业情况

加拿大奶业

（一）概况

奶业是加拿大农业部门的一个重要组成部分，也是加拿大农业食品经济中第四大部门，仅次于谷物、牛羊肉及园艺业。2001年，奶业农场的现金收入总值为42亿加元。同期，加拿大乳业加工部门的销售总额达98亿加元，占加拿大食品及饮料部门加工总收入的17%。2001—2002奶业年里，加拿大的18 673个奶牛场里约有35 000名员工，还有21 000工人受雇于其他294个在加拿大注过册的奶牛场。这使得加拿大奶业部门成为加拿大解决就业人口的第二大部门，仅次于牛羊肉部门。

从奶牛产量、液态奶生产、乳制品生产、消费及乳业遗传产品的出口方面来看，加拿大都名列世界前20名。在过去的30年内，加拿大的生产部门经历了巨大的变化。奶牛场的数量急剧下降，国家牛群的数量减少了一半，但是牛奶总产量却保持不变。这种调整迫使一些大农场进行重组，结果，农场的数量少了，但是农场规模大了，牛头数也增加了（表1）。自20世纪70年代起，每个牛场的牛头数增加了200%，平均每个加拿大牛场里有61头奶牛。优质饲料、疾病预防及遗传改良还使每头牛的牛奶产量提高了。加拿大乳品部门拥有世界上遗传水平最高的奶牛。这些要得益于从1905年就开始进入加拿大的牛奶记录系统及遗传评估系统的应用。

表1 全国奶牛场情况

	1970/1971年	2001/2002年	增减变化（%）
农场数	122 194	18 673	−85
母牛数（千头）	2 390	1 137	−52
牛场产奶量（百万升）	7 705	7 600	−1
每个牛场的产奶量（升）	63 100	408 200	+545
牛场平均母牛数（头）	20	61	+205

在过去几年里，乳品加工部门相对来说比较集中，而且管理得到加强。如今，36%的加工厂都为三大加工公司拥有，即帕玛拉特（Parmalat）、萨谱头（Saputo）及安格罗谱尔（Agropur），加拿大71%的牛奶都是由这三大公司加工的。乳业合作社在奶业加工部门中，仍继续占有重要地位，1/3多的牛奶是由乳业合作社加工的。加拿大加工出来的主要乳品包括：奶酪、黄油、冰激凌、冰激凌产品、冻酸奶及酸奶（表2）。

表2 加拿大世界贸易

	2002年	2001—2002奶业年
出口（百万加元）	361.5	413.9
进口（百万加元）	540.4	548.2
主要进口产品（%）		
奶酪	39.8	37.1
酪蛋白及酪蛋白产品	16.9	17.8
加拿大主要乳品供应商（%）		
欧盟	35	35.3
新西兰	26.3	27.1
美国	22.6	22.4

(二) 乳品生产

加拿大的奶牛在世界上拥有最高的遗传水平。这解释了为什么世界上20%多的遗传产品，包括高质量的奶牛、胚胎及冻精等都是由加拿大供应的。然而，在国际市场上，加拿大对外出口的乳品还不到其总乳品的1%。国际上，加拿大奶牛以其多胎高产而受到认可，并出口到50多个国家。加拿大每年出口的遗传产品总价值为1.51亿加元。2001年，加拿大的主要出口市场是美国、西班牙、英国、日本、德国、墨西哥、巴西、澳大利亚及伊朗等国。

加拿大是世界上平均牛奶产量最高的国家之一，这证明加拿大拥有世界上最好的遗传产品。这种成功要得益于许多加拿大乳业组织的共同努力，尤其是把许多不同的奶牛改良及分析组织集中到一起的加拿大牛奶纪录委员会，以及负责加拿大奶牛遗传评估的加拿大乳业网络。约81%的加拿大奶农都集中在安大略及魁北克省，14%的奶农在西部省区，5%的奶农集中在沿海各省。奶牛的品种主要为：荷斯坦牛（占加拿大奶牛群的91%）、埃尔夏牛、泽西牛、瑞士褐牛、加拿大地方牛、更杉牛及短角乳牛。根据动物系谱法案，每个品种的奶牛都有一个品种委员会。官方牛奶记录中各个品种的奶牛的平均产量见表3。

表3 加拿大各品种奶牛的平均产量

	牛奶（千克）	乳脂（千克）	乳脂（%）	乳蛋白（千克）	乳蛋白（%）
埃尔夏	7 214	288	4.00	242	3.35
瑞士褐牛	8 020	323	4.02	281	3.50
加拿大地方牛	6 089	259	4.25	224	3.68
更杉牛	6 015	268	4.45	211	3.51
荷斯坦	9 440	348	3.68	304	3.22
泽西牛	6 186	301	4.87	237	3.83
短角乳牛	6 906	259	3.75	228	3.30

注：此表为加拿大官方纪录的平均产量。

加拿大“均衡育种”哲学这一育种目标把高产及理想的能延长奶牛生命的体型外貌结合了起来。国家育种目标是选择产量高，尤其是蛋白质产量高，体型外貌得到改良的母牛，这样才能保证奶牛在多次泌乳之后仍保持高产。加拿大奶业在技术开发及现代技术的应用领域也很积极。通过强大的遗传改良及遗传评估系统，利用高级的技术及方法，比如利用测试日模式来进行遗传评估，加拿大的核心奶牛群得以形成。

加拿大奶牛生产者所生产的牛奶的价格一般来说也各不相同（表4）。乳品销售的价格随牛奶的使用方法不同而不同。家用流质牛奶市场的牛奶价格最高，而工业乳产品中的牛奶或是含有牛奶成分的产品，如黄油、脱脂奶粉的价格则最低。

表4 加工商购买牛奶的价格

加拿大乳业网络（加元/升）	1997年	1997—1998年	1998—1999年	1999—2000年	2000—2001年
加 拿 大	0.534 8	0.523 0	0.531 3	0.543 3	0.564 4

(三) 乳品加工

乳品加工业是加拿大经济的命脉，在农业食品部门中排名第二，仅次于牛羊肉业。乳品加工业约雇佣了20 500人，并在其他相关部门造就了上万个工作机会，比如说运输部门，包装部门，管理部门及乳品营销部门。牧场里生产的牛奶卖给许多不同的乳品部门或是加工厂。牛奶一般能加工成两种产品。一种是我们在餐桌上喝的液态牛奶，它包括均脂牛奶（3.25%），部分脱脂牛奶（2%），低脂牛奶（1%），脱脂牛奶，超过滤牛奶，特质奶，巧克力牛奶，酸奶等。另一种是工业牛奶及奶油，这些工业牛奶及奶油用来生产其他的乳品，比如黄油、奶酪及冰激凌等。生产的所有牛奶中，工业牛奶占据了62.6%，流质牛奶占据37.4%。

乳品工业是食品加工业中增长比较缓慢的一个环节。过去的15年内，液态牛奶及工业牛奶部门增长萎缩，甚至停止增长。导致乳品工业停止增长的原因包括人口年龄老化，消费者越来越偏爱低脂食品，以及一些外来移民乳品消费甚少。液态牛奶也遇到来自其他饮料的激烈竞争，比如瓶装水，果汁及软饮料。1980—1992年间，工业牛奶在国内市场失去了很多阵地，直至1993年之后才稍有回升。在过去30多年里，加拿大奶业的产品组合发生了变化，像黄油、脱脂奶粉及炼乳等传统的乳制品，已经让位了，人们代之以高营养价值的乳品、特质奶酪、各种酸奶、特种冰激凌及其他冷餐（表

5)。事实上，1990—2001年期间，人们对特质奶酪及酸奶的需求分别增长了44%、77%。

表5 1990—2001年各种乳品加工量

乳品名称	加工量				
	1990年	1995年	1999年	2000年	2001年
液态牛奶消受（百万升）	2 644	2 647	2 673	2 718	2 710
奶油（千升）	145 340	159 898	193 285	209 618	230 758
切达干酪（吨）	113 250	116 868	128 250	134 829	120 673
特质奶酪（吨）	60 728	68 185	81 261	79 005	84 787
意大利干酪（吨）	81 306	103 952	119 622	114 593	115 251
松软干酪（吨）	30 944	24 446	21 717	22 723	22 696
酸奶（吨）	90 940	95 190	131 205	149 850	161 268
黄油（吨）	99 426	92 515	88 825	76 825	81 584
脱脂奶粉（吨）	92 925	71 073	78 407	75 385	90 150
冰激凌（千升）	478 428	512 644	478 218	414 408	443 768

过去几十年内，加拿大奶业一直朝着理性化发展。一些公司倒闭了，而另一些公司则表现得更有竞争能力及生产能力（表6）。这种趋势一直持续了很多年，自1990年之后则更加加速了。1965年，加拿大有1 413家工厂。2001年，加工厂的数量下降到292家，其中包括219家工业牛奶加工厂及56家流质牛奶加工厂（有些工厂则既加工液态牛奶又加工工业牛奶）。加拿大每个地方都有牛奶加工厂，且一般都坐落于牧场、牛奶生产都比较集中的地方。液态牛奶场却倾向于建在市中心不远处，从而为消费者服务。而加工生产保存期限较长的产品，如黄油、奶粉、干酪及乳清粉，这些厂家则建立在离原料奶供应不远的农村地区。

表6 加拿大乳品加工业中的优秀企业

企业（年月日）	所有制	总收入（千加元）	国家
帕玛拉特加拿大区（Parmalat）（1999/12/31新闻杂志报道）	私有	2 000 000	意大利
安格罗坡尔公司（Agropur，Co-op）（预计销售值）	合资	1 750 000	加拿大
萨谱头公司（预计加拿大国内销售，销售额达1 700 000加元）（Saputo Inc.）	私有	3 124 093	加拿大
卡夫特加拿大区（1999/12/31）（Karft Canada）	私有	2 091 000	美国
雀巢加拿大区（1999/12/31）（Nestle Canada）	私有	1 638 127	瑞士
联合丽华加拿大有限公司（Unilever Canada Limited）	私有	1 372 000	英国
尼尔逊乳业（Neilson Dairy 2000）	私有	400 000	加拿大
戈力食品（Gay Lee Foods 1999）	合作	219 726	加拿大
斯科特合作社服务有限公司（Scotsburn Coop Services 1998）	合作	183 083	加拿大
农民合作乳业有限公司（Farmers' Coop Dairy Limited 1998）	合作	145 172	加拿大

2000—2001年，加拿大生产了约75.1亿升牛奶，从地区的角度来看，乳品加工业主要集中在加拿大中部。60%多的加工厂都在安大略及魁北克省，约75%的工业产值也是来自这两个省。安大略省是生产经过包装的流质乳品既冰激凌的主要省份，而魁北克省则在黄油、奶酪及酸奶的生产方面占了主要地位。

（四）乳品消费

社会和人口的变化会影响消费者的需求、品味及花钱习惯。在加拿大，消费者越来越对产品的营养感兴趣。他们期望他们吃的食物会对身体健康有益。这就解释了为什么自20世纪80年代末，人造奶油代替了黄油，而销售货架上出现了乳脂率为1%的牛奶。

加拿大的消费模式还受外来移民的影响。过去的10年或是10多年内，涌入的移民超过了人口的自然增长率。随着移民伦理观念的异化，我们见证了人们对食品的多样化的要求正日益增加。而沿海省份则受到这种食品需求差异的影响较小，因为这些地方的大多数移民都一贯来自于欧洲和美国。安大略、魁北克以及西部省份都因为乳品种类的变化而正经历着革命。除此以外，由于单身族、三口之家以及劳动力市场上妇女人数的增加，人们对现成食品及高营养食品的需求也在日益增加。

通过给消费者提供一些更新产品，如过滤牛奶、不同大小的包装品以及现在市场上正销售的一些乳品，如健康食品等，奶业也在影响着需求。加拿大市场上有一些优质乳品，包括特质奶酪、冰激凌、酸奶以及餐桌上的奶酪及牛奶。乳品是一种均衡消费性食品，对身体的成长来说是必需的。为了满足消费者的需求，乳品市场上有好几种产品可供选择。消费者的品味在改变，奶业就必须要迅速做出调整，以随时满足市场需求。在过去的20多年内，无数的特质奶酪、乳品点心、酸奶、酸奶饮料及花饰冰激凌都为乳品中的牛奶、奶油、黄油及干奶酪增加了新成员。近几年，加拿大消费者在乳品方面的开支一直保持相对稳定，将近占了食品及饮品开支的14%。而且消费者购买乳品的种类也发生了巨大的变化（表7）。

表7　不同年份消费者购买乳品种类的变化情况

乳品种类	1980年	1990年	2000年	2001年
液态牛奶（升）	103.03	95.63	88.01	87.01
奶油（升）	4.01	5.25	6.44	7.44
冰激凌（升）	12.72	11.5	8.8	9.35
奶酪（千克）	8.74	10.59	11.58	11.09
黄油（千克）	4.44	3.29	2.89	3.28
酸奶（升）	1.61	3.09	4.89	4.88
奶粉（千克）	3.86	2.8	2.52	3.57
炼乳（升）	2.78	1.97		

（五）奶业政策

加拿大有两大牛奶市场。液态牛奶市场，它占牛奶生产总量的40%，剩下的60%的牛奶用来生产诸如黄油、奶酪、冰激凌等乳品。每个省都负责生产本省的流质牛奶，给自己生产的牛奶定价、制定配额政策及其他规定。联邦政府对工业牛奶市场享有司法权，通常是通过联邦政府和省政府之间达成的关于国家牛奶市场计划这一协议来管理工业牛奶市场。

国家奶业政策包括：通过市场分占配额来管理牛奶供应，对乳品实施进口配额，基于生产配方成本指定价格，联邦政府通过给奶农直接付款来支持这种价格指定政策（2002年2月1日禁止），联邦政府同时还支持黄油及脱脂牛奶的价格制订政策。大部分乳品的进口都要受外交部及国际贸易部制定的关税配额的限制。关税配额所制定的关税及配额关税的多少要由加拿大税务局来定夺。为了保证乳品的安全，加拿大卫生部仍在继续制订乳品标准及政策，并通过加拿大食品检察局来实施。

让牛奶从奶牛身体里流向消费者的口中，这需要生产者、加工者、省政府、联邦政府及检察人员高度配合合作。加拿大乳业委员会、加拿大农业部、乳品生产协会（加拿大奶农协会）以及乳品加工组织（如省乳业委员会）通力合作，在保证加拿大奶业的生机与活力方面起了重要作用。加拿大的正常销售系统是鼓励生产足够的工业牛奶及奶油以满足国内及出口计划对乳品的需求。加拿大乳业委员会帮助协调奶业内部意见，使之达成共识，这是加拿大奶业正常销售系统的一大特色。

（作者　北京艾格威科贸有限公司　罗伯特·华森
翻译　北京艾格威科贸有限公司　潘艳波）

美国奶业

（一）奶业发展回顾

美国奶业于二战后发生巨大的变革，奶农、乳品加工及生产厂家、乳制品市场销售公司（包括乳制品供销合作社）及零售业与50年前或20年前相比，发生了巨大变化。与此同时，奶业的产业结构也发生变化。美国奶业产业结构的变迁是长期演进的结果（表1、表2），其推动力可归纳为下列三项因素：科技的创新、牛奶生产系统的改进及专业化的发展。

表1　美国牛奶产量、奶牛存栏数及单产量（1950—2002年）

年　代	奶牛平均存栏数（万头）	平均单产（吨/头）	总量（万吨）
1950	2 199.4	2.41	5 289.03
1955	2 104.4	2.65	5 576.75
1960	1 751.5	3.19	5 584.19
1965	1 495.3	3.77	5 632.77
1970	1 200.0	4.42	5 307.40
1975	1 113.9	4.70	5 234.42

（续）

年代	奶牛平均存栏数（万头）	平均单产（吨/头）	总量（万吨）
1980	1 079.9	5.39	5 824.46
1985	1 098.1	5.91	6 486.98
1990	999.3	6.71	6 700.58
1995	946.6	7.44	7 044.00
2000	921.0	8.26	7 604.92
2001	911.5	8.23	7 499.60
2002	913.5	8.43	7 703.50
2003*	905.0	8.62	7 797.00

资料来源：美国农业部国家农业资料服务局（USDA-NASS）2003年6月。

* 2003年的数据为估算值。

表2 美国牛奶平均总产量、平均奶牛存栏数及平均单产量每10年的演变情势

年代	平均奶牛存栏数改变（%）	平均单产改变（%）	平均总量改变（%）
1950—1960	-20.36	32.27	5.58
1960—1970	-31.49	38.73	-4.96
1970—1980	-10.01	21.95	9.74
1980—1990	-7.46	24.31	15.04
1990—2000	-7.84	23.15	13.50
2000—2003*	-1.74	4.34	2.53

资料来源：美国农业部国家农业资料服务局（USDA-NASS）2003年6月。

* 2003年的数据为估算值。

科技的创新改变了农业生产。以机械化的设备取代人工可大大提高牛奶的生产效率，这是农业机械化的一个重要环节。奶农可以将其精力专注于牛奶的生产，而其他工作如牧草和其他农作物的种植及收成可由农机来完成。同时奶牛饲养栏中，机械化的挤奶机，喂料系统，及秽物处理设备也增强了生产效率。由于远郊农村电力的普及，方便了奶农们使用冷藏设备及大型储奶槽来存储鲜奶，不但提高了生产效率并改进了产品的品质及卫生水平。不断改良的挤奶槽及畜舍，加上电脑化的监控设备及不断更新的科研成果，使美国奶业仍在持续深化地发展。

另一改革动力，就是将以往放养的生产模式改变为圈养系统。同时改变了以前自己种植或购买牧草饲料的生产方式，将释放出的人力及更进一步注入的资金（雇佣人员）专注于奶牛的管理，因此奶牛的单产量提高了并有效地降低了生产成本。现代奶农们可以同样的奶牛数（或更少的奶牛）达到或提高牛奶的产量，这样就可有效地增加经济效益。提高产量的同时可使奶农们跳出以往的固定经济范畴，即生产牛奶仅仅是为自己或为附近城镇食用。

还有一改革动力就是专业奶农的形成。牛奶生产在早期仅为农家农闲时的副业，后来逐渐演变为一项重要的日常活动。专业化牛奶生产使奶农从以往万能农民的角色（从事各样农事活动：由庄稼的种植、收成、养殖、挤奶、销售，等等）转变为专职奶农，但此专职又并不仅限于专职挤牛奶。奶农们可能不再是全天候守在农场了，他们可能要同时充当采购员（如采买饲料），经理人（管理雇员及奶牛），或财会经理来负责农场全部的经济活动。简而言之，所谓专业奶农就是全心全力投入有关牛奶生产的实业。对于有些奶农而言，这可能是个很难转换的过程。除此之外，专业化造就了奶业生产特区的形成，进而用来区分并确定奶农在社会上的地位。

早期的美国移民主要集中于东北部新英格兰区，美国奶业的兴起也始于1850年。1851年第一座奶酪厂成立于纽约州，随后1855年密西根州立大学开设奶制品专业，1856年第一座乳制品厂成立并使用巴氏灭菌开始了美国规模化的乳制品加工。奶业多年来为美国东北部重要的农事活动，尔后西部拓荒潮的兴起与便宜土地资源的吸引，使奶农们也随之西进。奶业也于五大湖区落户兴盛并随后成为加利福尼亚州农业的重要项目。因此，牛奶的生产在美国又分为“传统区”或“非传统区”两类，美国农业部并进一步将全国的生产划分为10个区域（即东北部、大湖区、玉米带、北方平原、阿帕拉契亚山脉区、东南部、三角洲区、南方平原、山脉区、太平洋区）。奶业延伸到非传统区后更进一步地扩展了美国的奶品工业。

（二）国际市场的实力与地位

2002年，美国牛奶的总产量为7 704万吨，占全世界近20%（表3），以单一国家产量而言为世界第一。而牛奶的总消耗量为2 690万吨，占全世界总量的17.6%（表4），仅次于印度（占全世界的21.9%）为世界第二。美国奶牛存栏数为914万头，占全世界的7.3%（表5），也次于印度（占全世界的28.7%）为世界第二。而美国的奶牛单产量为8.43吨/头是世界平均单产量的2.7倍，为世界第一（表6）。美国奶酪的生产量为379万吨，占世界总产量的30.4%，而奶酪的消耗量与生产量一致为379万吨，占世界总产量的31.3%，以单一国家产量而言为世界第一。美国不是奶酪的主要出口国，出口量仅占全世界的5%，而美国为世界主要的奶酪进口国，进口量为22.5万吨，占全世界进口量的1/4。美国的黄油产量与消耗量基本持平，皆为62万吨上下且占全世界总量的10%。黄油的进出口量与产量一致，基本保持自给自足的情势，对外要求与供应不强。美国不是奶粉生产与消耗的主要国家，生产与消耗量皆为2.5万吨，约占世界总量的1%。美国对奶粉的出口占全世界的13%，而进口接近0，这告诉我们其生产的奶粉基本都出口了。

表3 美国牛奶产量与世界主要产奶国家的比较（包括世界总量）

单位：万吨

	1998年	1999年	2000年	2001年	2002年	*2003年
欧共体	11 375.3	11 521.8	11 490.0	11 516.5	11 535.5	11 537.5
新西兰	1 164.0	1 107.0	1 223.5	1 316.2	1 392.5	1 420.4
澳大利亚	972.2	1 048.3	1 117.2	1 086.0	1 160.7	1 100.0
波兰	1 250.0	1 206.8	1 180.0	1 189.4	1 200.0	1 220.0
阿根廷	945.0	1 030.0	980.0	950.0	820.0	770.0
加拿大	820.0	816.4	816.1	810.6	813.0	817.0
俄罗斯	3 300.0	3 200.0	3 190.0	3 300.0	3 325.0	3 320.0
墨西哥	836.6	887.7	930.5	950.1	956.0	957.5
印度	3 550.0	3 600.0	3 625.0	3 640.0	3 620.0	3 700.0
其他国家	6 016.2	6 013.0	6 087.9	6 371.2	6 544.5	6 591.1
上述总量	30 229.3	30 431.0	30 640.2	31 130.0	31 367.2	31 433.5
美国	7 137.3	7 380.7	7 600.4	7 499.6	7 703.5	7 797.0
世界总量	37 366.6	37 811.7	38 240.6	38 629.6	39 070.7	39 230.5
占世界的%	19.1	19.5	19.9	19.4	19.7	19.9

资料来源：美国农业部国家农业资料服务局（USDA-NASS）及美国农业部经济研究中心（USDA-ERS）及美国农业部驻外机构报告（USDA-FAS）。

* 2003年的数据为估算值。

表4 美国牛奶消耗量与世界主要产奶国家的比较（包括世界总量）

单位：万吨

	1998年	1999年	2000年	2001年	2002年	*2003年
欧共体	3 213.7	3 220.9	3 232.4	3 223.7	3 212.0	3 215.0
新西兰	40.0	40.0	34.6	35.5	35.5	35.5
澳大利亚	191.3	198.9	199.2	197.8	195.7	196.2
波兰	530.0	540.0	505.0	500.0	498.0	500.0
阿根廷	220.0	230.0	230.0	235.0	206.0	203.0
加拿大	282.0	283.7	291.3	290.9	285.0	285.0
俄罗斯	1 476.5	1 450.0	1 415.6	1 414.0	1 410.0	1 400.0
墨西哥	352.5	367.2	391.5	407.5	408.0	408.5
印度	3 250.0	3 300.0	3 300.0	3 330.0	3 350.0	3 400.0
其他国家	2 849.6	2 812.1	2 940.7	2 989.2	3 027.6	3 022.2
上述总量	12 405.6	12 442.8	12 540.3	12 623.6	12 627.8	12 665.4
美国	2 670.0	2 697.8	2 689.0	2 685.2	2 690.0	2 690.0
世界总量	15 075.6	15 140.6	15 229.3	15 308.8	15 317.8	15 355.4
占世界的%	17.7	17.8	17.7	17.5	17.6	17.5

资料来源：美国农业部国家农业资料服务局（USDA-NASS）及美国农业部经济研究中心（USDA-ERS）及美国农业部驻外机构报告（USDA-FAS）。

* 2003年的数据为估算值。

表 5　美国奶牛存栏数与世界主要产奶国家的比较（包括世界总量）

单位：万头

	1998 年	1999 年	2000 年	2001 年	2002 年	*2003 年
欧共体	2 114.2	2 093.0	2 061.0	2 048.0	2 035.0	2 025.0
新西兰	327.0	328.5	333.7	355.7	374.9	384.4
澳大利亚	206.0	215.4	217.1	228.1	240.1	247.7
波兰	349.6	347.1	329.6	313.0	310.0	300.0
阿根廷	250.0	250.0	245.0	245.0	230.0	215.0
加拿大	120.2	118.0	114.1	109.1	108.4	108.0
俄罗斯	1 450.0	1 350.0	1 290.0	1 250.0	1 230.0	1 215.0
墨西哥	660.0	670.0	680.0	680.0	680.0	680.0
印度	3 500.0	3 550.0	3 575.0	3 590.0	3 600.0	3 650.0
其他国家	3 016.4	2 882.9	2 827.6	2 819.1	2 815.3	2 742.7
上述总量	11 993.4	11 804.9	11 673.1	11 638.0	11 623.7	11 567.8
美国	915.4	915.6	920.6	911.5	913.5	905.0
世界总量	12 908.8	12 720.5	12 593.7	12 549.5	12 537.2	12 472.8
占世界%	7.1	7.2	7.3	7.3	7.3	7.3

资料来源：美国农业部国家农业资料服务局（USDA-NASS）及美国农业部经济研究中心（USDA-ERS）及美国农业部驻外机构报告（USDA-FAS）。

* 2003 年的数据为估算值。

表 6　美国奶牛单产量与世界主要产奶国家的比较（包括世界总量）

单位：吨/头

	1998 年	1999 年	2000 年	2001 年	2002 年	*2003 年
欧共体	5.38	5.50	5.57	5.62	5.67	5.70
新西兰	3.56	3.37	3.67	3.70	3.71	3.70
澳大利亚	4.72	4.87	5.15	4.76	4.83	4.44
波兰	3.58	3.48	3.58	3.80	3.87	4.07
阿根廷	3.78	4.12	4.00	3.88	3.57	3.58
加拿大	6.82	6.92	7.15	7.43	7.50	7.56
俄罗斯	2.28	2.37	2.47	2.64	2.70	2.73
墨西哥	1.27	1.32	1.37	1.40	1.41	1.41
印度	1.01	1.01	1.01	1.01	1.01	1.01
其他国家	1.99	2.09	2.15	2.26	2.32	2.40
上述总量	2.52	2.58	2.62	2.67	2.70	2.72
美国	7.80	8.06	8.26	8.23	8.43	8.62
世界平均单产	2.89	2.97	3.04	3.08	3.12	3.15
与世界单产量的比较%	269.4	271.2	271.9	267.3	270.6	273.9

资料来源：美国农业部国家农业资料服务局（USDA-NASS）及美国农业部经济研究中心（USDA-ERS）及美国农业部驻外机构报告（USDA-FAS）。

* 2003 年的数据为估算值。

（三）奶业结构的改变

美国奶业结构演进的主要因素为：（1）产量的探讨，总量及单产；（2）生产区域的变迁；（3）奶农数目及大小的变革；（4）奶农的经济组织；（5）居民牛奶消费与社会结构的改变；（6）奶业支持政策；（7）国际市场的实力与地位。

（四）牛奶的产量

2002 年，美国牛奶的产量为 7 703 万吨，比 1975 年足足增长了 47%。此 28 年中，其中的 20 年呈现增长势头并以每年平均 1.8%的速率递增。而 1975 年以前的产量情势则上下起伏。1975 年，美国的产量为 5 234 万吨，比 1950 年的产量少了 1%，由 1950 年到 1975 年，产量则以每年平均 −0.02%的速率递减（表 1）。

从 1950 年至今，奶牛存栏数及单产量有非常大的变化，牛奶单产及总量并没因为奶牛存栏数的缩减而减少，反而呈现显著的增长趋势。从 1950—1975 年，平均奶牛存栏数降低近一半（49.35%；由 2 200 万头降至 1 114万头），单产却翻了一番（95%；由 2.41 万吨到

4.7万吨）。1975—2002年，观察到类似的趋势，平均奶牛存栏数降低了18%（由1 114万头降至914万头），单产却增长近80%（由4.7万吨到8.43万吨）。这些改变可归功于奶农们采纳了创新的养殖科技及了解奶牛的生理周期并有效地运用营养学中的强化饲养技术。

牛奶的质量也随着奶业科技的更新而提高。美国农业部依照卫生条件及营养含量制订了牛奶等级制。A级牛奶可作为液态饮用奶，B级牛奶则作为加工奶（如奶酪、黄油、奶粉及浓缩炼乳等等）。1975年时，有1 002万吨的B级牛奶（近总产量的20%），到2000年，此数字下降到150万吨（仅占总产量的2%）。

（五）牛奶的主要产区

美国全国50个州都产奶。如上述，美国奶业的西进现象已打破了所谓“传统”与“非传统”生产格局。2000年，全美前5名产奶州为加利福尼亚州、威斯康星州、纽约州、宾夕法尼亚州及明尼苏达州，前5名的总和占全美总产量的53%。此前5名在1975年所占的比例也相当大（占全国总产量的48%），但排名略有不同。前10名的总量分别占1975年及2000年全国总产量的65%及70%。而5～10名的排名却有些变动，一些如俄亥俄州、爱荷华州、密苏里州等美国“传统”产区（玉米带；美国黑土地的谷仓州）被“非传统”产区如新墨西哥州、华盛顿州、爱荷华州等取代。此产量排名的变迁奠定了美国奶业西移的趋势，并使西部地区鼎立于全美牛奶产业的前列。

美国农业部划分的10个生产区中，美国东北部、大湖区、玉米带称为“传统的”奶业生产区。2000年比1975年，7个产区（包括此3个传统产区）牛奶的产量都显现下降的趋势（表7），而另3个“非传统”产区却呈现上升趋势（特别是山脉区及太平洋区）。大部分的奶牛及奶农们仍然聚集在传统的生产区，2000年的统计数字指出超过70%的奶农及奶牛仍保留在此3个传统产区（特别是专业奶农）。单产的上升与奶牛存栏数的下降可有效地提升并稳定区域性的产量增长，可由三个非传统区1975年到2000年印证此论点（表8）。每个产区奶农的奶牛存栏数基本上都呈增长的趋势，然而有些产区的增长速率比其他区域大出许多，南方平原区增长了5倍，太平洋区及东南部增长了6倍，山脉区更增长11倍（图1）。图2各产区的单产量的增长比较，虽然数量上有所差异，但增长的速率基本相同。

表7 美国区域牛奶产量的分布比较（%）

区 域	1975年	1980年	1985年	1990年	1995年	2000年
东北部	20.41	20.36	20.05	18.43	18.30	17.60
大湖区	27.95	28.73	28.74	26.71	24.42	22.94
玉米带	13.56	12.37	11.80	11.36	10.27	9.01
北方平原	4.59	4.09	3.84	3.64	3.02	3.05
阿帕拉契亚山脉区	6.89	6.55	6.08	5.47	4.75	3.85
东南部	3.79	3.54	3.12	3.33	3.10	2.75
三角洲区	2.29	2.00	1.84	1.70	1.51	1.06
南方平原	3.70	3.69	3.60	4.59	4.77	4.19
山脉区	4.40	4.77	5.46	6.42	8.96	11.90
太平洋区	12.42	13.90	15.46	18.36	20.90	23.65
美国全国	100.00	100.00	100.00	100.00	100.00	100.00

表8 美国区域奶牛单产量的分布比较

单位：吨/头

区 域	1975年	1980年	1985年	1990年	1995年	2000年
东北部	4.82	5.47	5.94	6.63	7.40	7.96
大湖区	4.71	5.45	5.86	6.43	7.14	8.01
玉米带	4.55	5.02	5.57	6.49	7.06	7.65
北方平原	4.12	4.80	5.18	5.80	6.30	7.26
阿帕拉契亚山脉区	4.19	4.78	5.15	5.70	6.38	6.73
东南部	4.19	4.80	5.24	6.07	6.75	7.16
三角洲区	3.46	4.07	4.61	5.36	5.57	5.91
南方平原	4.28	5.02	5.50	6.32	6.77	7.26
山脉区	5.11	5.81	6.53	7.62	8.32	9.33
太平洋区	5.98	6.71	7.29	8.29	8.84	9.62
美国全国	4.70	5.39	5.91	6.70	7.45	8.26

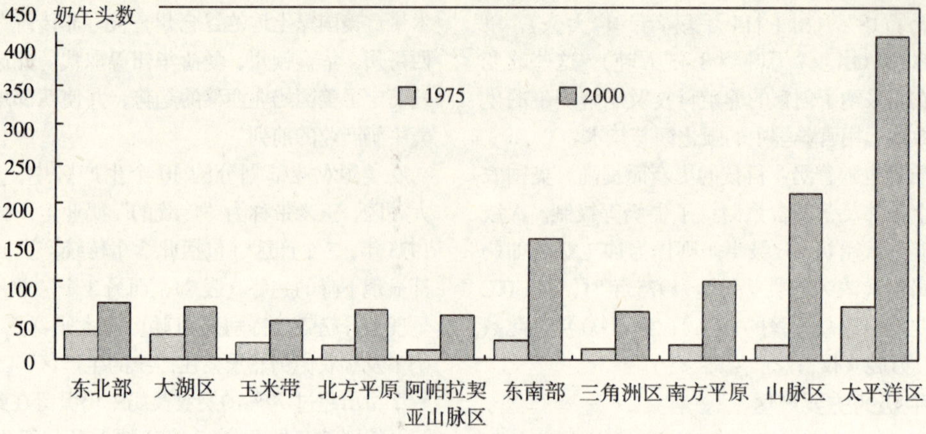

图1 美国区域奶农的奶牛存栏数分布比较

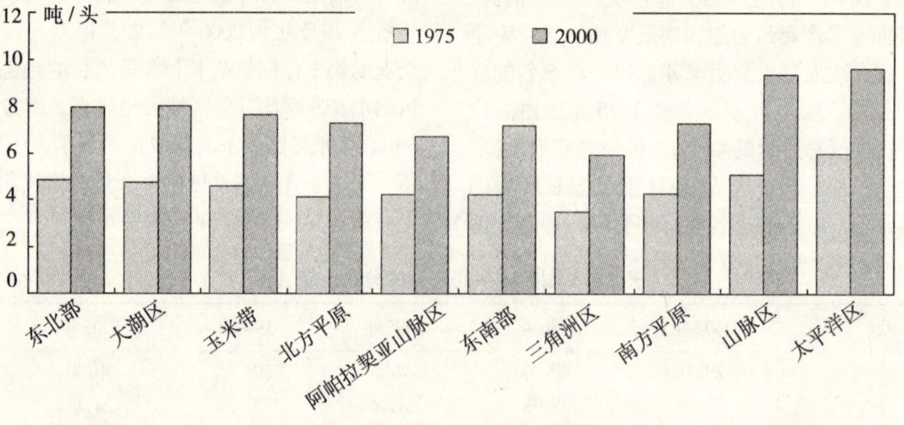

图2 美国区域奶牛单产量分布比较

（六）奶农数目的变革

从1940年到1997年人口普查资料中，我们可以发现奶农所占总农业人口的比例由76%降至6%，而从事奶牛养殖的农户的降幅更大。1964—1969年的降幅接近50%。是什么造成如此大幅度的剧减呢？这是由于从50年代到60年代，产生了许多奶农专业户专职从事奶牛的养殖，这与农业机械化开始大规模应用有关，当时许多农户利用农机高效率地种植农产品，并得到比奶牛养殖更丰厚的利润，从而加速奶农数目的起伏。不是全部的奶农都是“奶农专业户”。依据1997年美国工业分类标准局的定义，奶农专业户其收入的主要来源为销售牛奶。而根据美国农业普查局对农户的定义（1974年）为从事农业种植或养殖并由其耕地或养殖每年至少获得1 000美元的收入。奶农户的数字由1978年的31.2万降到1997年的11.6万，降幅达63%，奶农专业户却由53%增长到72%。结构的改变与农户的大小也有相对的关系，奶农的平均奶牛数也由1974年的24头增长到1997年的75头。2000年，71.1%的牛奶产量是由100头奶牛的农户生产出来的，而此数字在1993年时仅为55.2%，而小农户所占的百分比也由4.1%降到2%以下。由此可见，“奶农专业户”在美国奶业舞台上扮演非常重要的角色。

（七）奶农的经济组织

美国农业部将农业经济组织分为：个人或家族型（独资企业）、合伙型、企业型（家族或非家族成员组成）及其他（包括农业供销合作社、学术组织、投资商社，等等）。美国农业普查资料显示历年来美国奶业的经济组织模式都是以家族或伙伴关系来运作，独资企业占全美奶业的80%以上，伙伴型企业占约15%，剩下的则为企业型或其他型式组织，这与美国奶业的传统有密切的相关性。在美国的奶业市场中奶牛的占有率及市场的销售占有率也都是由家族或伙伴型企业占主流。

美国奶业产区“奶农专业户”分布形式，家族独资奶农专业户1997年在全美各产区所占的比例由63%到82%。如再加上家族型企业，此比例将会达到73%至87%。如再加上伙伴型企业，无论是任何产区此数值都将超过95%。但家族独资型奶农专业户的比例在奶牛存栏数高的产区（如太平洋区、山脉区及东南区）的比例要比其他产区相对来得低。相对而言，伙伴型企业奶农专业户的分布在这些奶牛高存栏数的产区的比例为高。

（八）牛奶消费与社会结构的改变

美国人均液态奶的占有量（包括全脂、脱脂、低脂、调味、酪奶）由1975年的115.2千克下降到2001年的86.3千克，下降了25%（表9）。如加上其他奶品（高脂奶、奶油、酸奶油、奶油制品、酒蛋奶、酸奶），人均占有量总体下降约20%强（118.5千克到94.3千克）。全奶的下降趋势最大，超过50%。但其他的奶品，如调味奶、脱脂奶、酸奶、奶油等产品有非常明显的上升趋势，且升幅为2倍以上。与其他液体饮料相比，牛奶的消耗不增反减（表10）。为什么造成牛奶剧降呢？有许多报道指出，牛奶的广告投入没能像软饮料或其他饮品般来得积极。有些果汁饮料甚至强调加钙来取宠消费者。消费者是很容易受广告的影响，殊不知牛奶才是含钙量最高的液体食品。另一项原因是因为生活形态的改变，人们虽然仍食用早餐，但形式已改变为边走边吃，不常食用以往的早餐麦片（以添加牛奶来食用）。此改变造成牛奶消耗量的降低。但其他奶品的消耗量有逐步上升的趋势，如酸奶、调味奶、奶油、奶酪等等，与消费形态（如酸奶及调味奶可作为即食产品）或加工食品的应用有关。还有就是要考虑消费形态的改变，消费者更注重健康食品及休闲食品的选择。

表9 美国居民液态奶及奶品的销售量

单位：万吨

年代	全奶	低脂奶	脱脂奶	加味全奶	其他加味奶	酪乳	全部液态奶量	农户用	人口数（亿）	人均占有量（千克）
1975	1 641.5	520.2	112.5	62.0	32.6	45.9	2 414.6	67.8	2.2	115.2
1980	1 417.6	722.0	119.6	48.8	54.3	42.0	2 404.3	42.8	2.3	107.7
1985	1 259.2	898.7	136.5	40.0	64.9	47.4	2 446.7	32.2	2.4	104.2
1990	967.7	1 111.7	258.6	31.3	75.2	39.9	2 484.4	23.2	2.5	100.5
1995	846.5	1 097.8	379.2	31.9	86.8	33.5	2 475.7	15.7	2.7	93.6
2000	836.8	1 072.7	382.6	40.5	110.9	28.2	2 471.7	8.9	2.8	87.9
2001	816.8	1 071.8	373.1	44.1	115.8	26.9	2 448.5	8.2	2.8	86.3

表10 美国居民液态奶及奶品的销售量

单位：万吨

年代	高脂奶	奶油	酸奶油	全部奶油制品	酒蛋奶	酸奶	全部液态奶及制品	人均占有量（千克）
1975	23.3	9.3	15.9	48.5	3.4	19.3	2 485.8	118.5
1980	25.0	9.7	18.5	53.2	4.3	25.9	2 487.7	111.4
1985	32.4	14.9	24.7	71.9	5.5	42.6	2 566.7	109.2
1990	33.5	18.7	28.3	80.6	5.6	47.9	2 618.4	105.8
1995	37.7	22.5	34.8	95.0	5.1	74.7	2 650.5	100.1
2000	45.7	33.7	41.5	120.9	4.2	83.3	2 680.1	95.3
2001	52.0	36.2	44.9	133.0	4.8	90.7	2 677.0	94.3

（九）奶业支持政策

美国奶业政策有两类：联邦及各州的立法。联邦的奶业政策又分为联邦牛奶市场政策及牛奶价格支持政策。美国政府同时也有政策协助奶业的国际贸易优惠政策。将几项现行的政策列举如下：

牛奶价格支持政策（Price Support Programs）：始于1949年的农业法案并实际上执行过几次。联邦农产品信用组织（Commodity Credit Corporation; CCC）会依照规定的价格收购达标的黄油、奶酪及脱脂奶粉。而制订每45.36千克（100磅）的价格为9.90美元。照规定1996年的农业法案应于1999年底失效但又顺延了2年到2001年底。2002年的农业法案及农村投资法案又继续顺延此支持政策到2007年。

奶品出口鼓励政策（Dairy Export Incentive Program）：联邦政府会以美国国内售价的差价返还来补偿出口奶品于出口国的销售价。此政策为1990年农业法案制订，其初衷是想将脱脂奶粉、酪乳及一些奶酪制品由国内市场清除出去并协助出口市场。

国家奶业市场补偿协助政策（National Dairy Market Loss Payments）：此为一项2002年新颁布的立法。合法的奶农可获得国家的补偿奶品市场中的损失；其计算公式为45%×[联邦波士顿一级公告奶价－16.94美元/45.36千克（100磅）]×他们每月合法销售的牛奶量。此法案的有效期由2001年12月1日至2005年9月30日。

联邦牛奶市场政策（Federal Milk Marketing Orders）：此法令由农业市场协议法案签署颁布于1937年并经过多次修订。初衷为设定奶业市场秩序以保护奶农及消费者。主要制订液态奶及加工奶制品的市场分类价格体系及设置资金库以控制牛奶市场的秩序。2000年新颁布执行的联邦牛奶市场政策有11项（由1996年农业法案的33项缩减而成）。不是全美都受此政策的管辖，加利福尼亚州有其独立的市场管理政策。

（杜邦 Solae 公司　杨继勤）

荷兰奶业

荷兰的第一座乳品加工厂成立于120年前，当时，荷兰全国年产牛奶约200万吨，人口为400万。二战以后，牛奶产量的增速超过了人口数量的增速。从1930—2000年，荷兰人口增加了一倍，而牛奶的产量增加了三倍。1960年以后，荷兰成为世界上主要的乳品出口国，出口量达到总产量的60%。

目前，荷兰有26 000家奶牛场，150万头奶牛。每年的牛奶产量达1 100万吨，其中大部分被加工成奶酪、黄油、奶粉、鲜奶制品或其他奶制品，其余部分由农场加工消化。另外，大约有160家经销商（经销奶酪、黄油和奶粉）和6 750个零售网点参与乳制品的贸易和销售，为乳品行业提供了6万多个就业机会。

荷兰奶业组织程度很高，产业链的每个环节都有代表其利益的相应机构。其中，奶农的利益由荷兰农业和园艺组织（LTO Nederland）代表，加工业由荷兰乳业组织（NZO）来代表，贸易商的利益则由乳业联合会（Gemzu）来代表。另外，荷兰乳业委员会主管行政方面（配额机制，欧盟管治）和提供服务（政策指导和信息提供），荷兰乳品局（NZB）负责在国内外推广荷兰的乳制品，NIZO食品研究机构负责产品技术的研究，牧业研究站负责农牧业方面的研究。荷兰牛奶及奶制品监管署（COKZ）和荷兰奶业监督站（MCS）负责整个乳品行业的质量控制事宜，动物健康服务组织提供服务来预防和治疗兽类疾病。

（一）奶畜养殖

1. 历史和现状　1960年以来，由于养殖业的专业化和机械化以及养殖规模的扩大，荷兰的牛奶产量迅速提高。1960年，牧场的年平均牛奶产量是37吨，而现在已经超过了400吨。奶畜业成为荷兰农业最重要的组成部分之一。奶牛场用地面积占农业用地的60%，牛奶产值占荷兰农业附加产值的30%。

2. 牧场　2002年，荷兰的奶牛牧场的数量减少了5%，奶农数量减少到26 000多人，和90年代中期相比减少了30%。同时，总产量却十分稳定。2002—2003年，荷兰奶农完成了欧盟分配的牛奶配额（共交付1 099.5万吨）。2002年，牧场的平均产量达到了404吨，比2001年提高了3%，和1990年相比则提高了68%；平均单个牧场拥有奶牛超过56头，增长了1.6%。而且，从表1中可以看到，2002年，奶牛拥有量超过70头的大牧场，已达牧场总数的28%。在荷兰，95%以上的原奶都送到了加工厂。标准工业牛奶（脂肪含量4.2%，蛋白质含量3.5%）的平均收购价为每千克0.32欧元（约合人民币3元）。

表1　荷兰奶牛牧场的数量（按奶牛数量分类）

项目 / 年份	1～29头的牧场数	占总数的%	30～69头的牧场数	占总数的%	超过70头的牧场数	占总数的%	牧场总数
1995	11 355	30.3	19 823	52.9	6 287	16.8	37 465
2000	6 855	23.3	16 231	55.1	6 381	21.6	29 467
2001	5 759	20.6	14 523	52.0	7 644	27.4	27 926
2002	5 183	19.6	13 824	52.4	7 389	28.0	26 396

资料来源：荷兰奶业委员会（CBS Landbouwtelling）。

3. 奶牛　2002年，荷兰的奶牛总数约为150万头。从1995年起，奶牛的数量平均每年减少2%。每头奶牛的平均年产量约为7.2吨，但有记录的奶牛的平均年产量达到了8.7吨（表2）。

表2　荷兰的奶牛数量、平均单产量和牛奶总产量

项目 / 年份	奶牛数量（头）	平均单产量（千克）	有记录奶牛的平均单产量（千克）	牛奶总产量（吨）	工厂加工的比例（%）
1995	1 708	6 613	7 508	11 294	95.9
2000	1 504	7 296	8 418	10 974	96.6
2001	1 546	7 096	8 601	10 970	96.8
2002	1 486	7.187	8 704	10 677	97.0

资料来源：CBS Landbouwtelling / LEI / 荷兰奶业委员会。

荷兰奶牛的传统品种为黑白花的弗兰斯兰奶牛（FH）、马斯河奶牛、莱茵河奶牛、艾塞尔河奶牛及

GRONINGGEN 奶牛。FH 奶牛几乎全是黑斑或黑白花的，只有一小部分是红斑的。艾塞尔河奶牛是红斑的。荷兰弗兰斯兰奶牛从 19 世纪中叶起被卖到北美，形成了荷斯坦（Holstein Friesian）奶牛的基础。现在，荷兰每年出口 5 万头奶牛、数千个胚胎和 135 万份精液。荷斯坦奶牛现已成为主要的奶牛品种，占荷兰黑白花奶牛的 95%以上。荷兰的中心饲养组织是 CR-Delta 的合作社，该合作社有 33 000 名社员，总部在荷兰东部的阿纳姆（Arnhem）。

（二）乳品加工业

1. 历史和现状　1870 年以前，荷兰所有乳制品都是在牧场里生产的。其第一座乳品厂建于 1871 年，1910 年，全国已有 958 座黄油厂和 291 座奶酪厂，乳品产业不断集中，规模进一步扩大。到了 20 世纪 70 年代和 80 年代，荷兰乳品行业的集中度在世界上名列前茅。荷兰乳业由合作制结构所主导，奶农合作社历史悠久。同时，合作社的整合也加速进行。现在，两家国际性的合作社 Campina 和 Friesland Coberco，位于世界最大的乳品公司之列，加工处理荷兰 80%的原奶（表 3）。

表 3　荷兰主要奶业公司（2002 年）

	公　司	组织形式	营业额（百万欧元）
1	Friesland Coberco Dairy Foods - FCDF	合作经营	4.723
2	Campina	合作经营	3.707
3	荷兰雀巢[a]	私营	355
4	Leerdammer Company（Fromageries Bel）	私营	292
5	D.O.C. Hoogeveen	合作经营	269

[a] 约数。

资料来源：年度报告/荷兰奶业协会。

2. 乳品加工厂　2002 年，荷兰总共有 13 家乳品公司，58 家乳品工厂，其中，40 家属于上述的两家最大的合作社。由于历史原因，Friesland Coberco 主导荷兰东部和北部的市场，Campina 则主导西部和南部的市场。目前，荷兰乳业的一个重要事件就是皇家 Wessanen 的欧洲乳品集团 Leerdammer 公司被卖给了法国的奶酪集团 Fromageries Bel。在这笔交易中，Wessanen 是要建立投资能力来强化其核心战略；而对 Fromageries Bel 来说这意味着在其产品组合中又加入了一个很有价值的奶酪品牌。

3. 国际导向和最新发展　荷兰乳品行业在技术和质量方面一直坚持高标准，再加上荷兰又是历史悠久的贸易国家，所以荷兰乳业在国际上有很强的竞争优势。荷兰是世界主要乳品出口国之一，目前的乳品出口总额达 37 亿欧元。欧盟是荷兰乳品出口的主要市场，占乳品出口总额的 2/3 强（表 4），其中 75%出口到德国、法国和比利时。此外，荷兰还是乳制品的主要进口国，由于荷兰是欧洲的贸易中心，许多产品都再次出口到欧洲的其他地方，成为进入西欧和世界市场的跳板。

表 4　荷兰乳制品总出口

单位：千吨

	2002 年			与 2001 年相比的百分比变化（%）		
	欧盟	第三国	合计	欧盟	第三国	合计
奶酪	403	77	479	−2.2%	−0.1%	−1.8%
黄油	88	34	122	−1.7%	−23.3%	+4.1%
无水黄油	29	24	53	+3.2%	+14.0%	+7.9%
炼乳	79	144	223	+18.6%	−14.6%	−5.2%
全脂奶粉	17	152	169	+14.4%	+8.5%	+9.1%
脱脂奶粉	28	34	62	−27.6%	+4.2%	−13.2%

资料来源：Productschap Zuivel（荷兰奶业协会）。

Campina 和 Friesland Coberco 不仅从事贸易，而且还在世界各地开展业务。Campina 基本上集中在荷兰、德国和比利时进行发展，扩张方向主要为东欧（如波兰、俄罗斯）。Campina 还将其合作社也国际化，吸收了德国和比利时的奶农加入其合作社组织，这在欧洲也是一个创举。Friesland Coberco 在许多亚洲国家（如印度尼西亚、中国）和东南欧国家（如匈牙利、罗马尼亚、捷克、斯洛伐克等）很有影响。2001 年 11 月，它从荷兰皇家 Numico 手中收购了 Nutricia 乳品和饮料集团后，使其市场地位得到了进一步的加强。

（三）荷兰的乳制品消费

在荷兰，牛奶和乳制品的消费有着悠久的传统。由于环境和气候适合放牧和养牛，也适合乳制品的加工及保存，畜牧业和乳品加工已成为荷兰人生活的一部分，所以，乳品消费量很高。欧盟是世界上乳品消费最多的地区之一，而荷兰大部分乳制品的消费量都高于欧盟的平均水平，鲜奶、奶酪和用牛奶制成的各种甜点是荷兰人日常饮食的重要组成部分。

近年来，荷兰液态奶的消费趋于下降，但许多高附加值的乳品和新鲜甜点的消费量逐渐提高，尤其是酸奶的消费增长惊人。2002年，果粒酸奶和类似的发酵产品的增长达20%，是增长最快的产品。同时，传统甜点（奶油蛋羹、麦片粥、原味酸奶）的消费比较稳定。顾客对黄油的消费越来越少，尽管在烘焙行业和某些特殊产品中黄油的应用仍相对稳定。荷兰奶酪的人均消费量在过去几年中一直稳步上升，2002年，仅工业用奶酪的人均消费量就达到了17.8千克（表5）。除了传统的切片奶酪，奶酪还在许多食品中找到了新的应用，特别是在快餐行业（如必胜客）。

表5　荷兰人均牛奶和乳制品消费量[a]

单位：千克

人均牛奶消费量	2002	2001	1995
液态奶消费[b]：	61.3	62.5	71.5
巴氏处理、半脱脂	39.2	40.1	41.6
酸奶	21.1	20.0	20.3
奶制甜点（奶油冻等）	10.5	10.5	13.6
牛奶和乳制品总量	92.9	93.0	105.4
奶油	1.2	1.5	2.2
（工厂）奶酪[c]	17.8	17.2	16.1
黄油	3.2	3.3	3.5

a　2002年初数字。

b　包括巧克力、黄油奶及其他奶制饮料。

c　以牛奶为原料。

资料来源：荷兰奶业协会。

（四）乳业政策和法规

荷兰的乳业完全在欧盟“通用农业政策”（Common Agricultural Policy）的框架内运作，受严格的管制，一整套复杂的法规和政策措施对欧盟内部的乳品市场和对外贸易做出了广泛而完整的规定。所以，荷兰的乳业必须遵守欧盟的各项市场管制规定。大部分和乳业有关的欧盟市场管制措施由荷兰乳业委员会负责实施。该委员会是一个经农业部自然和食品质量司授权的法定组织。

对荷兰乳业有重大影响的欧盟乳业政策措施有：

配额机制：牛奶生产受到严格的限制；

干预机制：维持乳品市场的最低价格，必要时购买黄油和脱脂奶粉，放入干预库存；

出口退税制：以消除欧盟和国际市场的价格差。

（荷兰合作银行　孙闻宇）

澳大利亚奶业

奶业是澳大利亚农村的主要产业。在2001/2002年度，奶业产值估计超过90亿澳元。澳大利亚有大约240万头奶牛，2002年牛奶总产量为1 160万吨，比上年增长约7%。四大主要乳制品系列为奶油/脱脂奶粉、酪蛋白/奶油、奶酪和全脂奶粉。

目前，澳大利亚牛奶产量中55%以上用于制成品出口。2001/2002年度按国际市场价格计算出口价值为32.5亿澳元。2002年，澳大利亚在国际市场所占的份额为17%，仅次于新西兰（37%）和欧盟（31%）。

（一）奶业生产

澳大利亚的气候和自然资源十分有利奶业生产，本地奶业主要以牧场为主，约80%的奶牛是放牧养殖。因此，牛奶生产效率高，成本低，质量优异。奶业生产大都集中在沿海地区，牧草生长靠天然降雨；然而，在维多利亚州北部和新南威尔士州南部也有若干个内陆灌溉区域。牛奶生产大部分集中在维多利亚州（在2001/2002年度占66%），但各个州都有独立发展、效益良好的奶业，为附近城镇供应新鲜牛奶和优质制成品如酸奶、各种奶酪以及散装特制奶粉。

在过去20年中，澳大利亚的奶牛场数量几乎减少了一半，从1980年的22 000家减少到目前的11 000多家，平均奶牛头数从1980年的85头增加到2001/2002年的215头，每头奶牛的年均产奶量从2 850升增加到4 760升。大多数奶牛场的经营模式为家庭经营和合伙经营，其中家庭经营非常成功。此外，超大型奶牛场也涌现出来，其中一家奶牛场可牧养500～1 000头奶牛。奶农在生产中普遍使用补给性饲料以及干草、青贮饲料和谷物饲料，并不断通过改善牧场、饲料和牛群管理技术来提高牧场生产率。

澳大利亚的主要奶牛品种为荷斯坦黑白花牛，占总数的70%以上。其他品种包括娟姗牛和澳大利亚自行培育的品种伊拉瓦拉短角奶牛，大多数繁殖采用人工授精的方法，约有70%的奶牛场定期进行牛群记录，以掌握牛群的生产情况。

澳大利亚牛奶生产成本低于世界上其他主要牛奶生产国，2001/2002年度的平均牛奶价格为每千克0.33澳元。澳大利亚对加工商向奶农收购牛奶的加工，没有法律约束。奶牛场的牛奶价格因生产商而异，这是因为各个公司的赢利受产品组合、营销策略和加工效率等因素的影响。牛奶价格大都根据新鲜牛奶的乳脂和非脂乳固体而定，加工商向各个奶农支付的款额也略有区别。

（二）乳品加工

与奶牛生产一样，牛奶加工也在不断进行合理化调整。每个工厂所收购的牛奶数量大幅增加，这是因为经营规模的增大提高了效率和规模效益。澳大利亚的乳品公司也不断提高加工能力，以跟上牛奶产量增长的步伐。牛奶加工由澳大利亚奶农所有的合作社公司以及上市公司和私营公司进行。合作社公司在奶业中占据主导地位，所加工的牛奶大约占牛奶总产量的75%。三大合作社公司——双江MG公司、邦拉克 食品有限公司和乳牛牧场主集团——加工的牛奶占牛奶收购总量的60%左右，并且加工生产制成品所使用的牛奶总量的70%以上。最大的合作社公司每年收购的牛奶超过40亿升，而一些中型合作社的牛奶收购量在3亿～5亿升之间。

除了奶农合作社公司之外，还有一些跨国乳品公司也在澳大利亚奶业开展业务，其中包括Fonterra、雀巢、卡夫和帕玛拉特。明治和雪印也与澳大利亚的合作社公司有密切的联系。其他澳大利亚乳品公司的业务遍及各个多样化的市场和产品，从挂牌上市的牛奶加工公司国民食品有限公司到高度专业化的农庄奶酪生产商不一而足。最近，澳大利亚顺应国际潮流，在产品组合方面呈现出增加奶酪和全脂奶粉生产而减少奶油和脱脂奶粉系列产品生产的总体趋势（表1)。

表1 澳大利亚的主要乳制品品种和产量

产 品	2001/2002年度产量（吨）	比2000/2001年度增长
干酪	412 612	10%
脱脂奶粉	243 136	−2%
全脂奶粉	238 684	16%
奶油	98 685	3%
乳清制品	87 806	43%
中脂奶粉	17 975	13%

（三）乳品消费

饮用奶 自20世纪90年代中期以来，澳大利亚饮用奶消费水平在2001/2002年度下降到每年人均96升。近年来，牛奶消费也从普通全脂牛奶转为较为特制的牛奶品种，如减脂乳和低脂乳。超高温灭菌乳和特制乳也已增加了各自的市场份额，但新鲜全脂白牛奶的份额却有所减少。由于牛奶加工商之间竞争激烈，促使他们开发出具有不同脂肪含量或者添加各种维生素和矿物质的特制牛奶。此外，还有不含乳糖的牛奶和用于冲泡卡普奇诺咖啡的特多泡沫牛奶等产品。

奶酪 澳大利亚每年人均消费奶酪约12千克，其中一半以上属于契达奶酪和契达类奶酪。然而，非契达类奶酪的消费正在增长，反映出澳大利亚人日益多样化和都市化的饮食特点。

奶油 长期以来，澳大利亚人为了降低自己对饱和脂肪的摄取量，减少了对奶油的消费，目前每年人均消费约3千克。近年，随着涂抹更为方便、饱和脂肪更低的奶油和蔬菜油基乳类混合品的推出，这种下降趋势有所稳定。

酸奶 酸奶作为一种健康方便的食品，在澳大利亚奶业中一直是发展较快的领域，年消费量大约在人均5.5千克左右，其中，低脂酸奶和特种饮食品种占超市每年酸奶销售量的一半以上，如Ski、优诺、雀巢和达能等都是知名的国际品牌。由于在包装、口味、益生菌、饮用型酸奶和酸奶点心食品方面的不断创新，推动了酸奶消费的增长。

奶粉 澳大利亚奶粉产量中用于内销的不足20%，零售网点占内销的比例也很小，而且本地主要用作食品原料。

冰激凌 澳大利亚人对冰激凌的消费量较高，每年每人达到18千克。这一市场非常稳定，季节性强。一升或一升以上的大桶装冰激凌以超市销售为主，冰棍和即兴购买的系列产品在路线销售中占据主导地位。最近，由于对甜食品牌实行许可证制度，使人们对这类产品产生了兴趣。

乳品甜点和稀奶油 乳品甜点市场虽然规模较小，但是增长较快。这些产品作为高档食品或款待食品来进行市场营销，通常的促销对象是成年消费者，产品包括穆斯、焦糖蛋奶冻和干乳酪。也可以针对儿童促销，在干乳酪和加味蛋奶冻的包装盒上印有受人喜爱的人物图样。销售和饮食服务市场对稀奶油的需要保持稳定，普通稀奶油和酸稀奶油广泛用于食品装饰或用作原料。

（四）乳品出口

澳大利亚牛奶产量仅占全球产量的2%，但却是乳品的重要出口国，占世界出口总量的17%，在全球乳品贸易中排第三位。2001/2002年度的乳品出口总值超过32.5亿澳元。澳大利亚的出口集中于亚洲（东亚），按出口价值计算，占澳大利亚出口额的将近1/5。按出口量计算，最大出口市场为日本、菲律宾、新加坡、马来西亚和印度尼西亚；而按出口价值计算的5个最大出口市场为日本、菲律宾、沙特阿拉伯、马来西亚和美国（表2)。

表2 2001/2002年度主要乳制品出口量

产 品	2001/2002年度出口量（吨）	比2000/2001年度增加
脱脂奶粉、中脂奶粉以及脱脂奶粉/中脂奶粉混合物	231 490	6.3%
干酪	217 641	−0.6%
全脂奶粉	213 223	16.8%
奶油/无水奶油	109 020	−0.8%
液态奶	86 799	7.1%

在过去三年中，澳大利亚对中国的乳品出口按价值

计算，从占澳大利亚出口总量的1%增加到4%，增长迅速。按出口数量计算，对中国的出口总量从2000年的30 131吨增加到2002年的56 275吨，每年平均增长43%。出口的主要产品为全脂奶粉（2002年为22 571吨）、脱脂奶粉（2002年为11 511吨）和乳清粉（2002年为15 000吨）。澳大利亚向中国（包括香港和台湾）出口的乳制品总量按价值计算占澳大利亚全部出口市场的第三位，按出口数量计算则占第二位。

（五）国家奶业政策

联邦政府和州政府对澳大利亚国内的乳制品行业不提供任何直接的帮助，对于价格（收奶价格、零售价格或出口价格）都没有限制，也没有生产补贴、出口补贴或其他形式的出口支持。

澳大利亚乳制品行业从2002年开始完全取消管制。牛奶由奶农拥有的合作社形式的公司或私有公司收购，生产、销售和定价方面完全由市场机制来决定。

澳大利亚乳业局的资金来源是国家立法对所有牛奶产品所征收的费用，并通过提供以下服务来支持乳制品行业的发展：为乳制品在澳大利亚国内和一些海外目标市场提供市场推广支持；为澳大利亚公司收集和分析澳大利亚和国际市场的信息；提供有关贸易、技术和其他政府的政策方面的建议；为澳大利亚乳制品行业的发展开展研究开发工作。在研究开发方面，有一些特别项目将由联邦政府提供配套资金，同时得到州政府在研究、开发和相关服务方面的资金。

（六）乳制品进出口法规

大多数的乳制品进口澳大利亚是免税的。奶酪（除了某些蓝霉奶酪、白霉奶酪和羊奶奶酪之外）的进口由进口配额来控制。这些奶酪的每年进口配额是11 500吨。国内对这些奶酪的需求通常低于配额所规定的最高量。在配额内进口的奶酪产品每吨征收96澳元的关税；在配额以外的进口产品每千克的关税是1.22澳元。乳品涂抹产品的关税是进口价值的4%。其他的乳制品的进口是免税和没有配额限制的。所有从新西兰和南太平洋国家进口的乳制品都是免税和没有配额限制的。进入澳大利亚的产品必须接受检疫检验，并必须符合澳大利亚的食品标准。

对从澳大利亚出口的乳制品产品的惟一控制是检疫。澳大利亚出口商必须达到进口国的要求以及最基本的食品安全和诚信标准，并必须通过澳大利亚检疫局检验，达到标准的产品就可获得出口许可证。

（澳大利亚乳品局供稿）

新西兰奶业

新西兰是一个以农业为主的国家，乳品行业是其支柱产业。乳品出口是新西兰出口创汇的主要途径之一，2002年出口70.6亿纽币，占新西兰出口总额的23%。新西兰牛奶总产量约为1 400万吨，其中93%用于出口，7%用于国内消费。新西兰在国际乳品贸易中占最大份额约为34%。

奶牛养殖

新西兰的奶牛总数为530多万头（包括在牧场的小牛和用于育种的公牛），成母牛为410万头，其中泌乳期的成母牛为390万头。成母牛的单产为4吨/年左右。全国主要牛种是荷兰黑白花-娟姗奶牛超过总数的50%。同时还有泽西种和荷兰黑白花-娟姗-泽西杂交奶牛等品种。

新西兰奶牛养殖分布在南岛和北岛。农场的生产情况如下表所示，其中有5%的农场奶牛数超过500头。

	北岛	南岛
农场平均规模（公顷）	88	137
平均牛头数	232	354
乳固体/头（千克）	305	338
每头牛产奶量（升）	3 600	4 110

由于新西兰气候温暖湿润、草场广茂，所以国内奶牛全年放养于露天草场，完全无人工饲料喂养。由于统一配种，全国的奶牛产奶有明显的季节性，即每年的9月到翌年3月是奶牛泌乳的高峰期，届时工厂要夜以继日地运转。每年的5月到7月基本为“枯奶季”。乳品加工业主要集中在北岛土质肥沃的平原和丘陵地带。

牛奶产量

产　量	1998—1999年度	1999—2000年度	2000—2001年度
牛奶总产量（千吨）	10 563	11 860	12 713
用于工厂加工（千吨）	10 068	11 480	12 321

行业的演变

新西兰乳业产生于19世纪，到20世纪30年代，许多城镇建了乳品工厂。1963年，新西兰乳品局成立。1970—1990年，许多乳品公司通过合并生产效率提高。2000年，整个乳品行业主要由New Zealand Dairy Group和Kiwi Co－operative Dairies两大公司主宰。2001年10月，新西兰乳品局与New Zealand Dairy Group和Kiwi Co－operative Dairies合并成为Fonterra Co－operative Limited。

目前，Fonterra 是新西兰最大的公司，拥有新西兰96%的奶源。除 Fonterra 以外的乳品公司大多是供应本地市场的小规模的公司。

Fonterra 的概况

Fonterra 占新西兰国内生产总值的7%，占海外收入的20%，是13 000 位新西兰牧场主所拥有的合作制企业，在全球120 个国家设有分支机构，拥有2 万多名员工。全球业务由旗下的两个业务单位运作：(1) 新西兰乳品原料是负责经营"从牛奶到客户"的乳品原料；(2) 新西兰牛奶是经营消费品。在新西兰本土有25 个工厂，在海外有4 家工厂。每年的鲜奶加工能力在1 300 万吨左右。按鲜奶加工能力比较，全球排名第二。每年乳制品产量约180 万吨，主要产品为奶粉，奶油，乳酪和蛋白共600 多种。

国际奶业统计资料

表1　世界奶类产量

单位：百万吨

	1993	1994	1995	1996	1997	1998	1999	2000	2001	2002
奶　类	529.0	533.6	540.8	549.3	553.4	562.0	569.4	576.7	585.1	594.0
牛　奶	460.1	461.8	465.2	470.8	472.1	478.1	483.0	488.1	494.5	501.5
水牛奶	50.0	52.5	54.5	57.0	59.7	62.5	64.9	67.1	68.9	70.7
山羊奶	9.9	10.0	11.8	11.8	12.1	12.0	12.1	12.1	12.2	12.3
绵羊奶	7.8	7.9	8.0	8.3	8.2	8.1	8.0	8.1	8.2	8.2
其　他	1.2	1.3	1.3	1.4	1.3	1.3	1.3	1.3	1.3	1.3

资料来源：ZMP，联合国粮农组织、IDF 各国家委员会及其他国际组织。

表2　世界各地区牛奶产量

单位：百万吨

	1993	1994	1995	1996	1997	1998	1999	2000	2001	2002
世界	460.1	461.8	465.2	470.8	472.1	478.1	483.0	488.1	490.0	490.0
非洲[1]	4.8	4.9	5.3	4.6	5.4	5.5	5.3	5.2	4.8	4.7
北美[2]	83.5	85.0	86.0	85.8	87.0	88.1	91.2	93.7	93.2	95.4
南美[3]	27.4	28.7	31.6	33.5	34.3	36.0	36.7	36.6	36.8	37.0
亚洲[4]	57.9	56.6	58.0	58.4	59.8	61.7	63.7	66.0	69.0	70.5
欧盟15国	119.6	120.1	121.8	121.5	121.4	121.2	122.3	122.0	122.5	123.0
中东欧国家	29.6	33.0	32.8	33.2	33.3	33.7	32.8	32.0	31.7	32.3
独联体国家	71.6	66.8	62.4	56.3	53.5	53.0	51.6	50.4	51.6	53.0
其他西欧国家[5]	5.9	5.9	5.9	5.8	5.8	5.8	5.8	5.7	5.6	5.6
大洋洲[6]	17.4	17.2	18.5	19.6	20.2	20.2	22.4	23.9	24.2	24.7

注：[1] 仅包括南非、肯尼亚和津巴布韦；[2] 美国、加拿大、墨西哥；[3] 阿根廷、巴西、智利、乌拉圭、委内瑞拉；[4] 中国、日本、印度和亚洲独联体国家；[5] 瑞士、挪威和冰岛；[6] 新西兰、澳大利亚：乳业年度分别截止到下年的5月、6月。

资料来源：ZMP，联合国粮农组织、IDF 各国家委员会及其他国际组织。

表 3　世界主要国家水牛奶产量

单位：百万吨

	1993	1994	1995	1996	1997	1998	1999	2000	2001	*2002
世界	50.0	52.5	54.5	57.0	59.7	62.5	64.9	67.1	68.9	70.7
印度[1]	29.3	31.2	35.7	37.0	38.4	40.1	41.9	43.5	45.2	46.9
巴基斯坦	12.8	13.2	14.0	14.8	15.6	16.5	16.9	17.5	17.5	17.6
中国	2.0	2.1	2.2	2.3	2.5	2.5	2.5	2.4		
埃及	1.4	1.4	1.4	1.6	1.9	2.0	2.0	2.0	2.1	2.1
意大利	0.1	0.1	0.1	0.1	0.1	0.2	0.2	0.2	0.2	0.2

注：* 估计数。[1] 乳业年度截止到下年的 3 月。1995 年以前的数字同后来的数字没有可比性。

资料来源：ZMP，联合国粮农组织、IDF 各国家委员会及其他国际组织。

表 4　世界山羊奶和绵羊奶产量

单位：千吨

	1993	1994	1995	1996	1997	1998	1999	2000	2001	*2002
世界	17 693	17 981	19 767	20 073	20 265	20 114	20 170	20 381	20 263	20 300
非洲	3 293	3 518	4 135	4 025	4 076	4 212	4 317	4 293	4 421	
亚洲	8 702	9 968	10 180	10 348	10 478	10 228	10 297	10 370	10 286	
欧洲	4 515	5 124	5 076	5 109	5 351	5 307	5 183	5 275	5 173	5 200
其中：山羊奶	9 858	10 035	11 773	11 812	12 098	12 049	12 140	12 377	12 455	12 500
绵羊奶	7 835	7 946	7 994	8 261	8 167	8 065	8 030	8 004	7 808	7 800

注：* 估计数。

资料来源：ZMP，联合国粮农组织、IDF 各国家委员会及其他国际组织。

表 5　世界主要国家乳牛存栏数（一）

单位：千头

	1997	1998	1999	2000	2001
比利时	640	632	619	594	596
丹麦	695	680	681	644	628
德国	5 026	4 833	4 710	4 564	4 448
希腊	184	172	168	162	162
西班牙	1 254	1 278	1 207	1 141	1 190
法国	4 502	4 432	4 424	4 412	4 353
爱尔兰	1 268	1 277	1 261	1 238	1 233
意大利	2 078	2 110	2 116	2 172	2 169
卢森堡	47	47	45	44	44
荷兰	1 674	1 600	1 570	1 532	1 551
奥地利	720	729	698	621	598
葡萄牙	362	355	357	355	334
芬兰	383	380	373	361	353
瑞典	462	471	447	426	425
英国	2 498	2 475	2 438	2 339	2 203
欧盟 15 国	21 794	21 477	21 125	20 604	20 287
挪威	326	322	324	316	299
瑞士	742	737	725	714	718
冰岛	29	29	28	27	
保加利亚	390	389	424	434	419
克罗地亚	305	271	275	287	255
捷克共和国	627	598	583	547	529

表 5 世界主要国家乳牛存栏数（二）

单位：千头

	1997	1998	1999	2000	2001
爱沙尼亚	173	159	144	131	129
拉脱维亚	277	242	206	205	200
立陶宛	590	583	541	494	438
波兰	3 496	3 471	3 296	3 047	2 991
罗马尼亚	1 798	1 769	1 698	1 656	1 580
匈牙利	403	407	399	380	368
斯洛伐克	315	288	262	246	239
白俄罗斯		1 258	1 249	1 242	
俄罗斯	14 620	13 531	12 900	12 500	12 500
乌克兰	6 280	5 864	5 600	5 431	5 375
加拿大	1 253	1 202	1 180	1 142	1 156
美国[1]	9 199	9 154	9 156	9 206	9 115
墨西哥	6 500	6 600	6 700	6 800	6 900
澳大利亚	2 060	2 154	2 170	2 165	2 281
新西兰	3 273	3 300	3 270	3 485	3 520
阿根廷	2 525	2 567	2 630	2 500	2 400
巴西	17 067	17 067	16 194	16 040	16 045
智利	725	615	613	608	610
日本	1 204	1 190	1 171	1 150	1 124
中国		4 397	4 300	5 238	5 680
印度[2]	77 750	83 885	85 358	86 862	88 401
以色列		110	110	115	115
尼泊尔		803	828		
泰国		220	239	266	292
南非	554	552	550	545	545
津巴布韦		45	43	39	36

注：[1] 下年的1月1日；[2] 包括水牛。

资料来源：ZMP，国家统计组织，FAO。

表 6 世界主要国家牛奶产量（一）

单位：千吨

	1997	1998	1999	2000	2001	*2002
世界	472 100	478 100	483 000	488 100	494 400	501 500
比利时	3 213	3 418	3 382	3 436	3 425	3 430
丹麦	4 633	4 668	4 656	4 717	4 618	4 650
德国	28 668	28 378	28 334	28 332	28 200	28 150
希腊	750	769	775	789	815	
西班牙	5 997	5 980	6 172	5 900	6 220	
法国	24 893	24 793	24 614	24 929	24 766	25 000
爱尔兰	5 366	5 141	5 320	5 260	5 373	5 350
意大利	11 223	11 500	11 682	11 600	11 700	11 750
卢森堡	264	264	267	267	269	
荷兰	10 922	10 995	11 174	11 155	11 291	11 100
奥地利	3 015	3 043	3 132	3 233	3 300	3 280

表 6　世界主要国家牛奶产量（二）

单位：千吨

	1997	1998	1999	2000	2001	*2002
葡萄牙	1 824	1 830	1 920	1 970	1 920	
芬兰	2 463	2 450	2 475	2 524	2 530	
瑞典	3 334	3 331	3 352	3 348	3 339	
英国	14 814	14 632	15 015	14 489	14 719	14 940
欧盟 15 国	121 406	121 191	122 269	121 950	122 485	123 000
冰岛	105	109	119	115	117	116
挪威	1 827	1 819	1 797	1 690	1 640	1 600
瑞士	3 867	3 894	3 852	3 872	3 942	3 900
爱沙尼亚	714	733	626	629	687	
拉脱维亚	988	948	797	823	848	850
立陶宛	1 950	1 930	1 714	1 725	1 730	
保加利亚	1 197	1 327	1 389	1 390	1 290	
斯洛伐克	1 239	1 359	1 142	1 099	1 114	1 156
斯洛文尼亚	603	627	644	649	660	670
捷克共和国	2 703	2 716	2 736	2 708	2 702	2 715
俄罗斯	34 067	33 197	32 274	31 938	33 000	33 500
乌克兰	13 717	13 738	13 140	12 436	13 200	13 300
白俄罗斯	5 133	5 232	4 762	4 320	4 300	
摩尔多瓦	646	589	569	551	575	
波兰	12 123	12 596	12 284	11 900	12 030	12 200
罗马尼亚	5 390	5 160	5 076	5 002	5 047	
匈牙利	1 931	2 045	2 045	2 080	2 100	2 150
克罗地亚	669	615	560	600	588	
澳大利亚[1]	9 723	10 474	11 172	10 864	11 300	
新西兰[1]	10 929	10 500	11 900	12 700	13 300	13 400
加拿大	8 093	8 130	8 289	8 148	8 377	8 200
美国	70 802	71 373	73 807	76 004	74 995	77 020
墨西哥	8 084	8 565	9 161	9 591	9 786	
阿根廷	9 086	9 684	10 329	9 794	9 400	8 700
巴西	20 600	21 630	21 700	22 134	22 580	
智利	2 110	2 142	2 160	2 250	2 300	
乌拉圭	1 031	1 150	1 187	1 150	1 200	
委内瑞拉	1 431	1 440	1 312	1 300	1 300	
日本[2]	8 645	8 572	8 460	8 497	8 300	
中国	6 674	6 621	7 120	8 420	10 255	
印度	29 800	31 200	32 680	33 890	35 270	
印度[2]	68 100	71 300	74 600	77 360	80 500	
以色列	1 128	1 160	1 166	1 162	1 208	1 215
土耳其	8 914	8 832	8 800	8 700	8 600	
南非	2 289	2 429	2 238	2 197	2 206	2 175
津巴布韦	193	173	176	168	160	

注：* 估计数。[1] 乳业年度截止到下年的 5 月或 6 月；[2] 包括水牛乳和其他动物乳。

资料来源：ZMP、IDF 各国委员会、FAO、EUROSTA、USDA。

表 7 世界主要国家商品牛奶量[1]

单位：千吨

	1997	1998	1999	2000	2001	2002
欧盟 15 国	113 539	113 466	114 996	114 969	115 450	116 060
冰岛	105	109	111	107	110	109
挪威	1 682	1 670	1 644	1 544	1 500	
瑞士	3 103	3 121	3 062	3 187	3 224	3 250
保加利亚	642	760	740			
克罗地亚	488	404	393	380	392	
捷克	2 491	2 450	2 385	2 493	2 521	2 550
爱沙尼亚	518	532	395	409	429	
匈牙利	1 504	1 638	1 582	1 711	1 726	1 750
拉脱维亚	362	464	390	398	403	420
立陶宛	1 412	1 477	1 207	1 103	1 153	
波兰	6 973	7 221	6 520	6 662	7 037	
斯洛伐克	898	929	936	903	952	997
斯洛文尼亚	399	420	435	448	461	475
白俄罗斯	2 900	2 991	2 804	2 664		
俄罗斯	12 550	12 400	12 800			
乌克兰	4 470	4 590	4 740	8 830		
加拿大[2]	7 357	7 391	7 535	7 407	7 615	7 500
墨西哥		8 078	8 565	9 144	9 591	9 786
美国[2]	69 583	70 735	73 204	75 410	74 422	76 459
阿根廷	8 512	8 966	9 651	9 103	8 710	8 000
智利	1 542	1 576	1 514	1 490	1 686	
以色列	1 128	1 160	1 166	1 162	1 208	
日本	8 532	8 467	8 357	8 391	8 208	
中国		3 715	4 060	8 391	8 208	
泰国		390	420	430		
澳大利亚[3]	9 723	10 484	11 172	10 864	11 300	
新西兰[4]	10 540	10 100	11 500	12 300	12 900	13 000
津巴布韦	188	177	169	160		
南非	2 120	2 235	2 058	1 977	2 068	2 069

注：[1] 除特别指出，仅指牛乳；[2] 包括售给乳品厂和直接售给消费者的牛乳；[3] 乳业年度截止到下年 6 月；[4] 乳业年度截止到下年 5 月。

资料来源：ZMP，IDF 各国家委员会，EUROSTAT。

表 8 世界主要国家液态奶产量（一）

单位：千吨

	1996	1997	1998	1999	2000	2001
欧盟 15 国[1]	298 786	29 477	29 743	29 664	29 390	29 828
瑞士	533	520	512	517	511	519
挪威	635	547	529	505	490	467
冰岛		43	40	39	39	38
克罗地亚	162	262	285	280	287	313
捷克共和国	496	503	503	489	475	480
斯洛伐克	391	387	414	410	322	321
斯洛文尼亚	149	142	143	150	160	177
爱沙尼亚	43	54	49	55	57	
拉脱维亚	51	54	62	55	59	63
立陶宛	88	78	81	73	75	

表 8 世界主要国家液态奶产量（二）

单位：千吨

	1996	1997	1998	1999	2000	2001
波兰[2]	1 296	1 336	1 391	1 803	1 803	1 786
匈牙利	603	557	570	576	607	561
白俄罗斯	727		915	945	920	
俄罗斯	5 305	4 799	4 900	5 200		
乌克兰[2]	4 000	3 832	3 492	4 820	3 425	
加拿大	2 667	2 679	2 761	2 754	2 800	2 791
墨西哥	3 412	3 552	3 525	3 733	3 765	3 633
美国	25 163	25 130	25 230	25 170	24 979	24 745
阿根廷	1 408	1 457	1 535	1 553	1 608	1 600
巴西[3]	11 400	12 100	12 826	12 726	12 690	12 670
智利	247	279	277	288	284	300
以色列	327	327	339	347	348	351
约旦		2	3	5		
日本	5 187	5 157	5 047	4 950	4 970	4 942
中国		490	570	720	1 230	2 380
尼泊尔		12	12	13		
泰国			580	670	750	
澳大利亚[4]	1 962	1 976	1 993	1 994	1 978	1 960
南非	1 100	1 130	1 124	1 177	1 200	1 208
津巴布韦		130	104	109	104	

注：[1] 大多数情况下包括酪乳；[2] 自 1999 年以后修改的数据；[3] 包括由牧场销售的液体奶；[4] 乳业年度截止到下年 6 月。

资料来源：ZMP，IDF 各国家委员会，EUROSTAT。

表 9 世界主要国家含乳饮料、酸奶和发酵乳产量（一）

单位：千吨

	1996	1997	1998	1999	2000	2001
欧盟 15 国	6 400	5 960	6 170	6 397	6 390	6 550
冰岛		7	10	10	10	10
挪威	69	85	79	79	75	74
瑞士[1]	96	99	100	101	99	116
保加利亚	100	125	132			
克罗地亚	36	61	57	48	55	56
捷克	113	102	102	121	128	129
爱沙尼亚	209	330	330	187	195	
立陶宛	31	30	32	34	31	
匈牙利	100	90	105	121	123	115
波兰	88	131	155	165	175	162
斯洛伐克	20	29	34	38	46	48
斯洛文尼亚	27	30	32	38	38	39
白俄罗斯			342	375	309	
乌克兰	117	164	170	172	174	
加拿大	100	100	111	131	150	161
阿根廷	216	215	224	253	243	240
智利		79	82	100	107	95
澳大利亚[2]	101	111	112	108		
以色列	141	147	178	183	179	181
中国			120	130	270	420

表 9　世界主要国家含乳饮料、酸奶和发酵乳产量（二）

单位：千吨

	1996	1997	1998	1999	2000	2001
泰国			330	340	350	
南非	130	135	138	140	142	144

注：本表所列数据的可比性很有限，主要原因是对这类产品的定义各国差异巨大。[1] 同牛乳；[2] 乳业年度截止到下年6月。

资料来源：ZMP，IDF各国家委员会；EUROSTAT。

表 10　世界主要国家奶油产量[1]

单位：千吨

	1996	1997	1998	1999	2000	2001
欧盟15国	1 836.0	1 707.7	1 722.8	1 742.7	1 706.3	1 673.5
瑞士	39.6	39.7	39.5	36.4	36.5	36.5
挪威	19.4	17.8	22.6	25.6	22.9	22.7
冰岛	1.3	1.4	1.4	1.5	1.5	1.5
保加利亚	2.1	2.1	2.1	1.4	1.4	
克罗地亚	3.0	2.6	2.4	3.7	2.3	2.6
捷克共和国	68.9	61.9	65.4	65.4	63.5	64.5
爱沙尼亚	16.9	21.3	12.6	7.6	8.8	6.9
匈牙利	10.8	9.4	13.0	13.8	13.0	12.5
拉脱维亚	7.5	7.8	9.2	5.8	6.3	5.1
立陶宛	34.8	34.8	35.9	26.3	19.4	
马其顿王国			9.0	9.0		
斯洛伐克	15.0	14.5	16.5	16.3	16.1	17.0
斯洛文尼亚	2.0	1.9	3.1	4.1	3.0	3.1
波兰	129.7	136.5	146.0	133.0	137.9	149.8
罗马尼亚	13.4	9.2	6.4	9.2	10.0	
白俄罗斯	61.8	61.0	72.8	61.2	64.1	
俄罗斯	323.0	277.0	271.0	262.0	269.7	269.0
乌克兰	116.5	79.0	76.0	102.2	131.2	160.0
摩尔多瓦			2.6	1.9	2.5	
澳大利亚[2]	157.8	164.2	186.9	183.2	176.0	181.0
新西兰[2]	351.0	344.0	339.0	346.0	353.0	360.0
加拿大	93.2	89.7	85.9	88.8	76.9	81.9
墨西哥	12.7	15.0	13.0	15.0	15.5	15.0
美国	525.9	520.7	529.8	579.2	569.7	561.1
阿根廷	52.2	49.0	49.1	54.1	46.7	43.0
巴西	70.0	72.0	70.0	70.0	72.0	78.0
智利	6.5	9.6	11.2	11.0	9.9	11.8
乌拉圭	14.5	15.0	16.4	15.1	15.6	15.6
中国	3.5	3.5	4.0	5.0	15.0	20.0
印度[3]	36.3	33.2	30.0	26.0	36.9	37.5
印度[1]		80.8	83.6		98.1	103.3
尼泊尔			3.0	3.0		
伊朗	5.4	5.0				
以色列	4.2	4.7	4.7	5.0	5.2	5.2
约旦			0.1	0.2		
日本	86.3	87.2	88.9	85.3	87.6	79.5
南非	8.1	10.8	17.3	10.5	9.0	9.0

注：[1] 包括与奶油等价的无水奶油；[2] 乳业年度截止到下年5月或6月结束；[3] 佐餐奶油。

资料来源：ZMP、各国统计数字、EUROSTAT、FAO、IDF各国家委员会、USDA。

表 11　世界主要国家干酪产量[1]

单位：千吨

	1996	1997	1998	1999	2000	2001
欧盟 15 国	5 985.4	6 022.9	6 126.5	6 166.0	6 348.4	6 575.9
冰岛	4.8	4.8	5.4	5.5	5.7	6.7
挪威	84.1	84.8	88.9	84.7	81.4	80.5
瑞士	130.4	133.3	136.8	134.3	146.3	146.3
阿尔巴尼亚			11.2	11.4	11.4	
波黑			14.0	11.0	8.7	
保加利亚	71.0	72.0	71.0	58.0	56.0	
克罗地亚	19.0	12.3	12.9	15.3	19.2	19.7
捷克共和国	124.1	117.9	125.6	129.3	133.5	131.4
爱沙尼亚	8.8	10.3	10.7	9.2	8.6	10.6
匈牙利	76.7	88.1	89.9	93.9	99.2	107.1
拉脱维亚	9.7	10.7	10.6	11.0	11.0	12.6
立陶宛	40.2	47.8	54.4	52.5	57.7	
马其顿王国			1.5	1.5		
波兰	337.8	379.2	457.6	411.9	398.0	428.0
罗马尼亚	42.6	41.8	47.8	49.4	51.4	
斯洛伐克	39.5	42.0	44.2	45.5	40.4	43.7
斯洛文尼亚	12.9	14.5	16.0	16.1	17.2	17.7
南斯拉夫	13.5	17.8	13.6	11.5	11.5	
白俄罗斯	28.5	28.5	39.7	38.1	38.9	
摩尔多瓦			1.2	1.1	1.1	
俄罗斯	191.0	165.0	177.0	183.0	220.0	260.0
乌克兰	84.9	53.5	58.0	56.0	63.9	75.0
以色列		96.2	95.9	97.4	99.4	101.9
约旦		0.4	0.7	1.3		
加拿大	288.7	336.3	330.2	329.1	328.4	321.8
墨西哥	109.5	116.4	116.9	125.6	133.5	139.6
美国	3 272.8	3 334.6	3 398.4	3 580.7	3 745.8	3 687.3
阿根廷	388.0	411.0	419.0	446.2	442.0	440.0
巴西	385.0	405.0	421.0	434.0	445.0	460.0
智利	48.5	50.8	54.2	51.8	51.9	57.9
日本	109.0	114.0	123.8	123.5	126.2	123.4
澳大利亚[2]	290.0	310.4	327.2	377.9	375.5	400.0
新西兰[2]	254.0	266.0	250.0	297.0	289.0	311.0
南非[3]	39.5	39.8	41.5	43.7	43.3	47.4
津巴布韦		1.2	0.9	5.2	6.9	

注：[1] 不包括农舍干酪；[2] 乳业年度截止到下年 5 月或 6 月；[3] 契达干酪和古尔达干酪。

资料来源：ZMP、各国家统计数字、FAO、EUROSTAT 、USDA。

表 12 世界主要国家炼乳产量

单位：千吨

	1996	1997	1998	1999	2000	2001
欧盟 15 国	1 272.0	1 348.1	1 284.1	1 257.6	1 248.3	1 316.1
克罗地亚	2.5	0.3	7.8	6.7	6.6	9.2
立陶宛	11.4	15.2	12.4	9.2	3.5	
白俄罗斯			107.2	79.2	78.4	
乌克兰	58.0	51.4	44.9	41.3	46.7	
匈牙利	3.7	3.9	4.6	4.1	2.2	1.8
加拿大	96.9	107.0	92.3	81.2	102.6	
美国[1]	211.8	255.3	209.3	225.8	211.1	212.2
阿根廷	14.7	15.0	15.4	11.8	11.5	11.0
智利	9.8	10.2	13.2	15.7	24.4	25.4
中国	60.0	55.0	60.0	69.0	80.0	90.0
日本	52.8	45.7	43.7	43.0	41.4	39.6
南非	18.1	24.9	20.2	21.8	19.9	20.8

注：[1] 仅包括罐装淡炼乳和甜炼乳。

资源来源：ZMP、各国统计数字、IDF 各国家委员会、EUROSTAT 、FAO。

表 13 世界主要国家全脂和半脱脂奶粉产量

单位：千吨

	1996	1997	1998	1999	2000	2001
欧盟 15 国	877.5	898.8	926.3	895.3	873.3	838.4
冰岛		0.2	0.2	0.2	0.2	0.2
瑞士	9.9	9.3	8.0	7.6	10.2	15.2
挪威	1.7	1.7	1.7	1.8	1.4	1.2
捷克共和国	29.2	22.5	25.9	21.9	22.6	19.0
波兰	35.2	39.8	39.3	34.7	30.4	34.1
匈牙利	3.0	2.7	4.1	2.2	1.8	
立陶宛		4.5	3.6	4.9		
斯洛伐克	6.4	3.5	6.3	5.8	4.1	4.8
白俄罗斯	1.5		12.0	11.2	13.6	
俄罗斯	79.0	80.0	72.0	79.0	75.0	85.0
乌克兰	6.3	4.8	3.2	8.6	10.8	12.5
美国	58.8	55.4	64.6	53.5	50.5	18.7
阿根廷	162.3	166.0	207.0	244.3	202.0	160.0
巴西	220.0	231.0	240.0	244.0	256.0	310.0
澳大利亚[1]	133.7	126.5	144.8	186.7	205.3	207.5
新西兰[1]	337.2	396.0	381.0	450.0	515.0	500.0
日本	23.7	18.9	18.7	17.8	18.3	17.8
印度[2]	103.8	115.2			131.8	148.7
中国[2]	358.0	391.0	422.0	552.0	615.0	610.0
南非	9.7	13.0	10.8	11.5	10.0	13.2
津巴布韦		3.4	2.1	13.4		

注：[1] 乳业年度截止到下年 5 月或 6 月；[2] 包括全部乳粉。

资料来源：ZMP、各国统计数字、IDF 各国家委员会、EUROSTAT 、FAO、USDA。

表 14　世界主要国家脱脂奶粉产量

单位：千吨

	1996	1997	1998	1999	2000	2001
欧盟 15 国	1210.0	1130.4	1074.0	1121.6	1038.0	950.0
冰岛		0.6	0.6	0.6	0.4	0.2
瑞士	26.9	27.2	29.1	29.6	22.1	18.7
挪威	5.3	6.1	5.1	10.6	5.3	3.6
波兰	120.6	119.9	131.3	109.0	119.0	0.5
斯洛伐克	7.0	9.7	10.1	8.5	7.8	
斯洛文尼亚			1.7	2.5	2.0	1.4
捷克共和国	51.6	33.6	31.9	34.6	34.5	38.6
爱沙尼亚	21.6	16.1	14.1	10.2	10.6	6.2
拉脱维亚	1.8	3.1	4.2	2.5	2.9	1.3
立陶宛	25.0	32.0	16.0	23.0	14.0	
白俄罗斯	33.0	33.0	33.1	27.3	34.8	
摩尔多瓦	3.8	2.9	2.7	2.0	3.1	
乌克兰	28.0	19.8	22.4	32.0	61.0	82.0
匈牙利	4.1	3.6	6.7	5.6	4.7	9.1
加拿大	64.6	66.2	69.7	78.4	68.6	90.2
美国	477.6	548.0	517.0	618.9	661.0	643.8
阿根廷	36.6	40.0	38.0	46.3	45.0	40.0
巴西	50.0	55.0	58.0	60.0	62.0	87.0
以色列			11.1	10.7	9.2	
南非	9.0	10.5	22.1	9.8	8.1	8.5
澳大利亚[1]	237.8	230.6	272.6	264.4	265.1	272.7
新西兰[1]	172.0	177.0	172.0	187.0	251.0	245.0
日本	200.3	199.9	201.8	191.1	193.8	175.1

注：[1] 乳业年度截止到下年的 5 月或 6 月。

资料来源：ZMP，EUROSTAT，IDF 各国委员会、各国统计数字、EUROSTAT、FAO、USDA。

表 15　世界主要国家乳制品出口量

单位：千吨

	1997	1998	1999	2000[1]	*2001	*2002
奶油						
世界	783	746	753	737	780	800
欧盟	218	164	159	175	166	180
美国	21	11	5	9	4	10
澳大利亚	106.4	116.6	138.6	120.5	118.0	120
新西兰	314	317	277	336	329	300
其他国家	100	174	173	97	163	190
脱脂奶粉						
世界	1 087	942	1 115	1 278	1 100	1 120
欧盟	282	175	272	357	140	130
加拿大	30	31	41	32	43	
美国	92	111	183	113	106	69
阿根廷	17	15	29	27	20	
澳大利亚	205	199	243	244	225	240
新西兰	183	166	174	172	191	220
波兰	112	101	83	86	108	110
其他国家	165	144	89	247	267	290
全脂奶粉						
世界	1 302	1 392	1 486	1 516	1 490	1 500
欧盟	571	588	576	575	478	500
美国	27	20	18	25	40	
阿根廷	62	97	149	104	85	95
澳大利亚	109	110	139	169	205	208
新西兰	341	359	362	393	474	475
其他国家	254	315	243	250	208	200
干酪						
世界	1 145	1 206	1 184	1 260	1 300	1 350
欧盟	511	448	398	458	466	480
瑞士	61	56	60	58	58	50
澳大利亚	138	167	202	223	215	210
新西兰	236	232	240	249	262	300
美国	37	37	38	48	53	55
其他国家	242	263	247	224	247	255

注：* 估计数。

资料来源：ZMP，FAO，EUROSTAT、ONILAIT，PZ。

表 16 世界主要国家乳制品进口量

单位：千吨

	1997	1998	1999	2000	2001
奶油					
世界	783	746	753	737	780
欧盟	92	88	105	104	113
俄罗斯	190	83	53	54	102
埃及	38	40	43	44	
摩洛哥	16	22	20	27	
墨西哥	25	27	34	25	
巴西	6	10	11	12	
伊朗	10	26	11	20	
约旦	15	14	13	3	
美国	13	27	15	19	50
全脂奶粉					
世界	1 302	1 392	1 486	1 516	1 490
俄罗斯		35	35	40	
阿尔及利亚	89	104	106	96	
巴西	105	133	147	125	
墨西哥	30	46	45	45	
委内瑞拉	56	60	67	60	
沙特阿拉伯	63	64	33.8	43	
马来西亚	66	45	54	76	
新加坡	26	21	20	22	
菲律宾	52	47	37	58	
脱脂奶粉					
世界	1 087	942	1 115	1 278	1 100
欧盟	74	65	73	78	57
俄罗斯	20	31	109	51	65
日本	73	57	57	52	53
菲律宾	98	76	87	96	
巴西	41	42	46	34	16
墨西哥	133	93	125	129	144
阿尔及利亚	79	87	71	91	
干酪					
世界	1 145	1 206	1 184	1 260	1 300
欧盟	109	127	146	148	174
瑞士	31	31	31	31	31
俄罗斯	195	85	60	36	112
美国	140	163	198	189	204
巴西	29	24	20	16	11
埃及	16	14	16	15	15
日本	168	178	181	205	202
沙特阿拉伯	52	64	77	73	
澳大利亚	32	31	33	38	43

注：[1] 世界进口数字来源于出口分析数字；[2] 暂定数 / 预测数。

资料来源：ZMP，FAO，EUROSTAT，USDA，PZ。

表 17 世界主要国家液态奶消费量[1]

单位：千吨

	1998	1999	2000	2001
奥地利	719	747	778	810
比利时/卢森堡	938	942	940	
丹麦	677	698	710	717
芬兰	938	981	975	967
法国	5 601	5 493	5 513	5 460
德国	7 244	7 474	7 385	7 484
希腊	668	685	725	
爱尔兰	559	546	546	556
意大利	4 920	5 110	5 030	
荷兰	1 569	1 608	1 629	1 630
葡萄牙	1 089	1 130	1 120	1 110
西班牙	4 447	4 788	4 808	4 850
瑞典	1 294	1 279	1 261	
英国	6 986	6 929	6 860	6 760
欧盟 15 国[2]	35 591	35 842	35 649	36 214
挪威	614	572	554	551
瑞士	680	660	680	726
冰岛	53	52	51	50
白俄罗斯	1 257	1 320	1 229	
保加利亚	748			
克罗地亚	464	536		
捷克共和国	726	764	747	
匈牙利	868	883	905	850
波兰	3 363	3 309	3 205	3 130
斯洛伐克	416	440	446	443
斯洛文尼亚	131	137	147	145
爱沙尼亚	118	103	100	
乌克兰	3 492	3 350	3 178	
加拿大	2 884	2 898	2 861	2 710
墨西哥	3 525	3 733	3 765	3 633
美国	24 728	24 905	24 716	24 485
阿根廷	2 325	2 533	2 514	2 490
巴西	12 826	12 726	12 690	12 670
智利	417	431	443	
澳大利亚[2]	2 095	2 100	2 086	2 067
新西兰[2]	385	380	380	380
中国	690	850	1 500	2 800
日本[3]	4 976	4 890	4 955	
泰国	550	600	650	
以色列	469	478	479	483
约旦	54	63		
南非	1 250	1 304	1 365	1 349
津巴布韦	104	109	104	

注：[1] 包括乳品厂加工的乳制品，及直接由牧场销售给消费者的乳制品，同时包括可用的乳饮料和发酵乳制品数据资料；[2] 乳业年度截止到下年5月或6月；[3] 财政年度截止到下年3月。

资料来源：IDF 各国家委员会、ZMP、USDA。

表 18　世界主要国家液态奶人均消费量[1]

单位：千克

	1998	1999	2000	2001
奥地利	89.0	91.6	93.1	100.0
比利时/卢森堡	90.8	88.5	88.3	
丹麦	127.7	131.4	133.1	134.0
芬兰	183.9	189.9	188.3	186.4
法国	95.0	93.1	93.5	92.6
德国	88.3	91.2	89.9	90.2
希腊	63.4	65.0	68.9	
爱尔兰	150.7	145.6	144.2	144.7
意大利	85.3	88.7	87.2	
荷兰	100.0	102.4	102.3	101.6
葡萄牙	109.1	113.2	112.0	111.0
西班牙	112.9	121.5	123.8	123.0
瑞典	135.3	121.7	122.0	123.0
英国	117.9	116.5	114.8	112.7
欧盟 15 国[2]	94.9	95.6	95.0	96.4
挪威	138.5	127.7	123.4	121.9
瑞士	94.0	90.0	92.5	98.0
冰岛	192.7	189.9	180.4	176.1
白俄罗斯	122.0	128.0	119.0	
保加利亚	90.0			
克罗地亚	97.0	112.0		
捷克共和国	72.4	76.2	73.2	75.0
匈牙利	85.6	87.5	90.0	84.8
波兰	87.0	85.0	83.0	82.0
斯洛伐克	77.0	81.5	81.5	81.8
斯洛文尼亚	65.2	68.4	73.3	72.5
爱沙尼亚	81.6	71.2	75.1	
乌克兰	69.6	67.0	64.0	
加拿大	95.5	95.2	90.9	90.0
墨西哥	37.0	38.3	38.1	36.3
美国	90.2	89.3	87.6	85.6
阿根廷	64.6	69.6	69.8	68.8
巴西	77.3	75.8	74.6	73.7
智利	28.2	28.8	29.2	
澳大利亚[2]	111.1	110.1	108.5	106.8
新西兰[2]	102.4	99.2	99.0	98.7
中国	0.6	0.7	1.2	2.2
日本[3]	39.3	38.6	39.0	
泰国	9.5	10.2	10.8	
以色列	76.7	76.2	74.6	73.4
约旦	12.1	13.7		
南非	28.2	28.9	30.3	29.4
津巴布韦	8.3	8.6	8.1	

注：[1] 包括乳品厂加工的乳制品，及直接由牧场销售给消费者的乳制品，同时包括可用的乳饮料和发酵乳制品数据资料；[2] 乳业年度截止到下年 5 月或 6 月；[3] 财政年度截止到下年 3 月。

资料来源：IDF 各国家委员会、ZMP、USDA。

表 19 世界主要国家含乳饮料、发酵乳消费量

单位：千吨

	1998	1999	2000	2001
奥地利	133	146	173	
比利时	209	229	216	
丹麦	179	189	191	198
芬兰	198	212	209	211
法国	1 641	1 634	1 646	1 672
德国	2 026	2 143	2 176	2 156
荷兰	707	750	739	740
葡萄牙	103	108	107	
西班牙	579	600	620	
瑞典	279	288	284	296
欧盟 15 国	5 945	6 258	6 345	6 462
挪威	85	79	75	74
瑞士			167	179
冰岛	10	10	10	10
克罗利亚	37	71		
捷克共和国	109	137	142	147
爱沙尼亚		9	8	9
斯洛伐克		61	63	68
匈牙利	95	110		
波兰	472	550	575	
白俄罗斯	342	375	309	
乌克兰	170	172	174	
加拿大	111	132	150	162
阿根廷	224	250	243	240
澳大利亚	108	106	108	110
以色列	178	183	179	186
约旦	47	56		
中国	120	130	270	420
泰国	300	620	650	
南非	138	140	142	146

资料来源：IDF 各国家委员会、ZMP、USDA。

表 20　世界主要国家含乳饮料、发酵乳人均消费量

单位：千克

	1998	1999	2000	2001
奥地利	16.4	18.0	21.4	
比利时	20.5	22.5	21.1	
丹麦	33.7	35.5	35.8	37
芬兰	38.8	41.1	40.3	40.8
法国	27.8	27.1	27.9	28.3
德国	24.7	26.1	26.5	26.2
荷兰	45.0	47.1	46.4	46.1
葡萄牙	9.2	9.8	9.7	
西班牙	14.7	15.2	15.7	
瑞典	31.5	32.6	32.1	33.3
欧盟 15 国	15.9	16.7	16.9	17.2
挪威	19.3	17.7	16.6	16.4
瑞士			22.8	24.2
冰岛	35.4	35.7	34.9	34
克罗利亚	7.7	14.7		
捷克共和国	10.6	13.3	13.8	14.3
爱沙尼亚		6.0	5.7	5.9
斯洛伐克		11.2	11.7	12.6
匈牙利	9.4	10.9		
波兰	12.2	14.2	14.9	
白俄罗斯	33.2	36.4	30.0	
乌克兰	3.4	3.4	3.5	
加拿大	3.7	4.3	4.9	5.2
阿根廷	6.2	6.9	6.7	6.6
澳大利亚	5.6	5.8	5.6	5.7
以色列	29.0	29.2	28.0	28.2
约旦	10.7	12.2		
中国	0.1	0.1	0.2	0.3
泰国	5.2	5.4	5.8	
南非	3.3	3.3	3.2	3.2

资料来源：IDF 各国家委员会、ZMP、USDA。

表 21　世界主要国家奶油消费量

单位：千吨

	1998	1999	2000	2001
奥地利	40	40	40	40
比利时	58	55	51	
丹麦	11	11	9	9
芬兰	36	35	35	33
法国	490	490	490	485
德国	555	548	545	536
希腊	10	10	10	
爱尔兰	13	12	11	11
意大利		176	162	158
荷兰	51	54	53	53
葡萄牙	18	20	21	
西班牙		25	24	27
瑞典[1]	53	50	44	
英国	176	188	209	199
欧盟	1 765	1 749	1 734	1 738
挪威[1]	26	26	23	23
瑞士	46	44	44	44
冰岛	1	1	1	1
捷克共和国	41	40	42	
匈牙利	8	8	8	8
波兰	135	138	138	150
斯洛伐克	16	16	15	15
斯洛文尼亚	2	2	2	
爱沙尼亚	2	3	3	3
拉脱维亚	5	5	4	5
立陶宛	10	11	11	
白俄罗斯		47	41	
俄罗斯	470	360	322	369
乌克兰	64	88	116	
加拿大	87	87	90	106
美国	548	593	579	579
阿根廷	60	45	43	40
澳大利亚	59	59	57	57
新西兰	22	22	22	22
以色列	5	5	5	5
日本	83	84	83	
南非	14	11	10	10

注：[1] 包括乳脂肪混合物。

资料来源：IDF 各国家委员会、ZMP、USDA。

表 22 世界主要国家奶油人均消费量

单位：千克

	1998	1999	2000	2001
奥地利	4.9	4.9	4.9	4.9
比利时	5.7	5.1	5.0	
丹麦	2.2	2.0	1.6	1.6
芬兰	7.1	6.9	6.7	6.3
法国	8.3	8.3	8.3	8.2
德国	6.8	6.7	6.6	6.5
希腊	1.0	1.0	1.0	
爱尔兰	3.4	3.2	3.0	2.9
意大利	2.3	2.3	2.8	2.7
荷兰	3.3	3.1	3.3	3.3
葡萄牙	3.2	3.4	1.9	2.0
西班牙	0.9	0.9	0.9	0.9
瑞典[1]	6.0	5.6	4.9	4.7
英国	3.1	3.2	3.4	3.3
欧盟	4.6	4.7	4.6	4.6
挪威[1]	4.4	4.4	4.4	4.4
瑞士	6.2	6	6	6
冰岛	3.6	3.6	4.3	4.2
捷克共和国	4.0	3.9	4.1	
匈牙利	0.8	0.8	0.8	0.6
波兰	3.5	3.6	3.4	3.9
斯洛伐克	2.9	3.0	2.7	2.7
斯洛文尼亚	0.8	1.0	0.8	
爱沙尼亚	1.7	2.1	2.1	2.2
拉脱维亚	2.0	2.2	1.6	1.9
立陶宛	2.8	2.9	3.0	
白俄罗斯		4.6	4.0	
俄罗斯	3.2	2.4	2.3	2.5
乌克兰	1.2	1.8	2.3	
加拿大	2.9	2.8	2.9	3.4
美国	2.0	2.1	2.1	2.0
阿根廷	1.2	1.3	1.2	1.1
澳大利亚	3.2	3.1	3.1	3.0
新西兰	5.7	5.7	5.7	5.7
以色列	0.8	0.8	0.8	0.7
日本	0.7	0.7	0.7	
南非	0.3	0.3	0.2	0.2

注：[1] 包括乳脂肪混合物。

资料来源：IDF 各国家委员会、ZMP、USDA。

表 23 世界主要国家干酪消费量[1]

单位：千吨

	1998	1999	2000	2001
奥地利	126	130	146	140
比利时	170	165	161	152
丹麦	87	74	77	79
芬兰	83	83	83	92
法国	1 423	1 453	1 510	1 445
德国	1 683	1 701	1 740	1 775
希腊	250	255	258	
爱尔兰	34	37	39	40
意大利	1 147	1 222	1 284	1 238
荷兰	259	260	231	235
葡萄牙	82	90	93	
西班牙	339	340	353	344
瑞典	145	165	148	153
英国	575	590		
欧盟	6 563	6 695	6 883	7 040
挪威	63	66	65	66
瑞士	121	123	131	
冰岛	5	5	5	7
保加利亚	72	60	58	
克罗地亚	33	30		
捷克共和国	91	95	108	104
匈牙利	93	83	90	90
波兰	439	443	436	
斯洛伐克	55	45	31	34
爱沙尼亚	13	12	13	13
拉脱维亚	9	9	10	19
白俄罗斯		46	38	
俄罗斯	520	450		
乌克兰	58	54	56	
加拿大	416	426	422	428
美国	3 864	4 075	4 217	3 836
阿根廷	390	434	410	450
墨西哥	155	170	180	
澳大利亚	202	212	218	239
新西兰	28	28	28	28
以色列	99	100	102	
约旦	5	5		
日本	218	227	243	
南非	42	44	43	45
津巴布韦[1]		5	7	

注：[1] 以现有数据为基础，包括农舍干酪、粗制脱脂酸奶干酪和融化干酪。

资料来源：IDF 各国家委员会、ZMP、USDA。

表 24　世界主要国家干酪人均消费量[1]

单位：千克

	1998	1999	2000	2001
奥地利	15.6	16.0	18.0	17.3
比利时	16.9	16.3	16.1	14.8
丹麦	16.4	17.8	14.5	14.8
芬兰	16.3	16.3	16.3	17.8
法国	24.2	24.8	25.7	24.3
德国	20.6	20.7	21.2	21.6
希腊	23.8	24.3	24.6	
爱尔兰	9.0	10.0	10.3	10.4
意大利	19.9	21.2	22.3	21.4
荷兰	16.5	16.6	14.5	14.7
葡萄牙	8.2	9.0	9.3	
西班牙	8.6	8.6	9.0	8.7
瑞典	16.8	19.0	16.9	17.2
英国	9.7	9.9		
欧盟	17.5	17.9	18.3	18.6
挪威	14.2	14.9	14.4	14.6
瑞士	16.7	16.9	17.8	
冰岛	18.2	18.8	20.6	22.8
保加利亚	8.6	7.2	7.1	
克罗地亚	6.9	6.3		
捷克共和国	8.8	9.3	10.5	10.2
匈牙利	9.2	9.4	10.1	9
波兰	11.3	11.4	11.3	
斯洛伐克	10.2	10.7	5.7	6.2
爱沙尼亚	9.1	8.4	9.0	8.9
拉脱维亚	3.7	3.6	4.2	7.9
白俄罗斯		4.5	3.7	
俄罗斯	3.6	3.1		
乌克兰	1.2	1.1	1.1	
加拿大	13.8	14.0	13.8	13.8
美国	14.3	14.9	15.3	13.4
阿根廷	10.9	12.1	11.4	12.4
墨西哥	1.6	1.7	1.8	
澳大利亚	10.7	11.1	11.4	12.3
新西兰	7.3	7.3	7.3	7.3
以色列	16.2	15.9	15.9	
约旦	1.1	1.0		
日本	1.7	1.8	1.9	
南非	1.0	1.0	1.0	1.0
津巴布韦[1]	0.1	0.5	0.5	

注：[1] 以现有数据为基础，包括农舍干酪、粗制脱脂酸奶干酪和融化干酪。

资料来源：IDF 各国家委员会、ZMP、USDA。

表 25 世界主要国家支付给奶农的平均奶价

		各国货币/100 千克				美元/100 千克
		1998	1999	2000	2001	2001
比利时	欧元	28.93	26.67	28.81	30.07	26.93
丹麦	丹麦克朗	236.00	229.00	231.00	242	29.08
德国	欧元	29.72	28.47	30.00	32.82	29.39
希腊	欧元	33.15	33.77	33.95	34.80	31.17
西班牙	欧元	28.55	27.95	27.42	30.35	27.18
法国	欧元	28.73	28.20	28.97	30.22	27.07
爱尔兰	欧元	27.99	27.36	28.15	29.22	26.17
意大利	欧元	35.12	34.19	32.88	35.45	31.75
荷兰	欧元	31.31	28.59	30.31	32.38	29.00
奥地利	欧元	27.83	27.76	27.83	31.90	28.57
葡萄牙	欧元	28.53	28.03	28.03	32.00	28.66
芬兰	欧元	30.27	30.06	30.50	33.32	29.84
瑞典	瑞典克朗	284.00	283.00	282.00	278	26.89
英国	英镑	18.81	17.82	16.44	18.70	27.05
欧盟平均价格	欧元	30.50	28.77	29.18	31.50	
瑞士（脂肪 3.8%）	瑞士法郎	81.00	78.70	77.20	51.31	49.95
挪威[1]	挪威法郎	333.00	319.00	332.00	41.27	36.96
爱沙尼亚	本国货币	240.80	187.70	271.90	319.70	18.30
拉脱维亚	本国货币	85.54	78.24	84.63	93.11	14.88
立陶宛	本国货币	58.10	58.10	44.80	50.60	12.86
波兰[1]	兹罗提	60.80	60.46	76.07	21.18	18.97
斯洛伐克	克朗	7.27	7.50	8.13	8.55	17.69
斯洛文尼亚	本国货币	48.70	52.01		61.45	25.25
捷克共和国	克朗	7.65	7.03	7.23	7.53	19.79
匈牙利（免税乳品厂、脂肪 3.68%）	福林	56.60	60.60	63.30	71.20	24.85
克罗地亚	克朗	2.22	2.00	2.40	37.84	33.89
白俄罗斯	美元	11.00	8.00	9.00		
乌克兰	美元	10.88	13.56	9.19		
美国	美元	34.00	31.70	27.33	33.18	33.18
加拿大（脂肪 3.6%）	加元	50.68	51.89	53.67	55.38	35.77
澳大利亚[2]	澳元	26.21	24.66	29.16	31.07	16.46
新西兰	新元	29.13	31.07	39.80	42.80	18.37
阿根廷（脂肪 3.5%）	斯特拉尔	20.50	16.50	15.50	14.50	14.50
阿根廷（脂肪 3.5%，农村地区）	斯特拉尔	17.50	14.00	13.50	12.50	12.50
智利	美元	8.56	8.56	9.46	10.47	9.21
南非[1]	兰特	116.64	110.73	126.08	142.66	16.62
津巴布韦（干物质含量 12.21%）	美元	39.00	7.59	10.75		
以色列（脂肪 3.37%）	谢克尔	138	141	149	35.32	31.63
中国（城市地区，脂肪 3.4%）	人民币	230.00	230.00	230.00	190	23.87
印度	卢比		818	826	825	17.60
泰国（脂肪 3.5%）	铢	1 060.00	1 250.00	1 250.0		
日本	日元	8 260.0	8 210	8 150	8 250	67.98

注：[1] 普通乳脂肪含量；[2] 乳业年度截止到下年 5 月或 6 月。

资料来源：IDF 各国家委员会、ZMP、EUROSTAT 、USDA。

表 26 世界部分国家奶油价格

单位：美元/千克

	月份	2000	2001	2002
阿根廷	3/4	1.60	1.40	1.35
加拿大	3	4.62	4.51	4.19
中国	3/4		3.14	2.30
捷克共和国	5		2.00	2.29
欧盟	7	3.16	2.86	2.98
匈牙利	6		2.99	3.07
冰岛	3/4	3.50	3.66	3.63
日本	4	8.67	8.41	7.20
拉脱维亚	3/4		1.92	1.73
挪威	3/4	2.90	2.72	3.09
波兰	6	2.61	2.23	2.26
美国	6	2.94	4.36	2.30
斯洛伐克	6	2.08	1.81	1.83
斯洛文尼亚	3/4		3.24	3.29
世界市场（西欧离岸价）	7	1.48	1.35	1.00

资料来源：IDF 各国家委员会、ZMP、USDA。

表 27 世界部分国家全脂奶粉价格

单位：美元/千克

	月份	2000	2001	2002
阿根廷	3/4	1.80	2.10	1.30
澳大利亚	3/4	1.49	1.94	
中国	3/4	2.17	2.36	2.14
克罗地亚	3/4	3.30		
捷克共和国	5		1.97	
欧盟	3/4	2.67	2.43	2.15
日本	3/4	7.22	7.62	5.92
拉脱维亚	3/4		1.87	1.73
挪威	6	2.84	2.68	3.33
美国	6	2.78	3.35	
斯洛伐克	6	1.92	1.85	1.97
世界市场（西欧离岸价）	7	1.90	2.02	1.15

资料来源：IDF 各国家委员会、ZMP、USDA。

中国奶业协会章程与机构

中国奶业协会章程

（2002年10月15日第四次会员代表大会通过）

第一章　总　　则

第一条　本协会名称为中国奶业协会。其英文名称是Dairy Association of China，缩写为DAC。

第二条　中国奶业协会是由全国奶牛养殖和乳品加工业以及为其服务的相关企业、事业单位和个体经营者自愿组成的非营利性的行业组织，是社会团体法人。

第三条　本协会遵守宪法、法律、法规，遵守社会道德规范。其宗旨是在中国共产党的路线、方针、政策指导下，根据政府业务主管部门赋予的职能，在本行业中发挥服务、协调和管理作用，成为政府和行业之间的桥梁和纽带，为推动我国奶业的持续健康发展做出贡献。

第四条　本协会接受业务主管单位农业部和社团管理登记机关民政部的业务指导和监督管理，遵守《农业部社会团体管理暂行办法》。

第五条　本协会设在北京市。

第二章　业务范围

第六条　本协会的业务范围是：

（一）宣传和贯彻党和国家关于发展畜牧业、发展奶业的方针、政策；

（二）组织开展会员单位之间的技术协作和经济协作；

（三）反映生产者的愿望与要求，维护本行业的合法权益，协助政府部门规范行业的自我管理行为，促进企业公平竞争；

（四）组织进行奶业市场的调查研究，掌握市场动态，搜集、传递信息，为本行业企业经济效益提高提供信息服务；

（五）组织推动会员单位之间的联系，促进奶业产业化进程和集团化经营，促进奶业经济体制和经济增长方式两个转变；

（六）开展技术咨询，组织技术培训和科普宣传，提高从业者的科技素质；

（七）配合业务主管部门组织全国奶牛联合育种和牛群改良工作；

（八）组织开展奶业新工艺、新技术、新产品的研制与开发和新技术推广，推进奶业的科技进步；

（九）配合政府有关部门进行奶产品的质量监督；

（十）参与组织、拟订和修改行业管理的各项标准和规范，参与制定行业发展规划，并推进其贯彻实施；

（十一）开展与国际奶业界的科技交流和经济技术合作；

（十二）办好协会刊物和出版发行；

（十三）完成政府部门委托和交办的其他工作。

第三章　会　　员

第七条　本协会分团体会员和个人会员。凡从事奶牛养殖和乳品加工以及为奶业服务的相关企业、事业单位（包括科研单位、大专院校）和个体经营者、合资和外资企业、有关的业务管理部门，均可申请参加本协会，成为团体会员或个人会员。

凡对本行业的发展作出重大贡献的专家、教授、学者、工程技术人员、业务管理人员（包括外籍学者、离退休者）可聘请担任协会名誉职务或特邀理事。

外籍人士申请加入本协会，经批准，可作为通讯会员。

第八条　申请加入本协会的会员，必须具备下列条件：

（一）拥护本协会的章程；

（二）自愿提出申请；

（三）在奶牛养殖和乳品加工业及为奶业服务的相关行业的生产和学科研究领域中具有一定的影响。

第九条　会员入会的程序是：

（一）提交入会申请书；

（二）经理事会讨论通过；

（三）由理事会授权秘书处发给会员证。

第十条　会员享有下列权利：

（一）本协会的选举权、被选举权和表决权；

（二）参加本协会的各种活动；

（三）获得本协会服务的优先权；

（四）对本协会工作的批评建议权和监督权；

（五）入会自愿、退会自由。

第十一条　会员履行下列义务：

（一）执行本协会的决议；

（二）维护本协会的合法权益；

（三）完成本协会交办的工作；

（四）按规定交纳会费（交费办法另定）；

（五）向本协会反应情况，提供本单位的生产、经营、产品开发等方面的统计和信息资料。

第十二条 会员退会应书面通知本协会，并交回会员证；会员如果一年不交纳会费或不参加本协会活动的，视为自动退会。

第十三条 会员如有违反本章程的行为，经理事会或常务理事会表决通过予以除名。

第四章 组织机构和负责人的产生与罢免

第十四条 本协会的权力机构是会员代表大会。会员代表大会的职权是：

（一）制定和修定章程；

（二）选举和罢免理事；

（三）审议理事会的工作报告和财务报告；

（四）决定终止事宜；

（五）决定其他重大事宜。

第十五条 会员代表大会须有三分之二以上的会员代表出席方能召开，其决议须经到会会员代表半数以上表决通过方能生效。

第十六条 会员代表大会每届四年。因特殊情况需提前或延期换届的，须由理事会表决通过，报业务主管单位审查并经社团登记管理机关批准同意。但延期换届最长不超过一年。

第十七条 理事会是会员代表大会的执行机构，在闭会期间领导本协会开展日常工作，对会员代表大会负责。

第十八条 理事会的职权是：

（一）执行会员代表大会的决议；

（二）选举和罢免理事长、副理事长、秘书长；

（三）筹备召开会员代表大会；

（四）向会员代表大会报告工作和财务状况；

（五）决定会员的吸收或除名；

（六）决定设立办事机构、分支机构、代表机构和实体机构；

（七）决定副秘书长、各机构主要负责人的聘任；

（八）领导本协会各机构开展工作；

（九）制定内部管理制度；

（十）决定其他重大事项。

第十九条 理事会须有三分之二以上理事出席方能召开，其决议须经到会理事三分之二以上表决通过方能生效。

第二十条 理事会每年至少召开一次会议；情况特殊时，采用通讯形式召开。

第二十一条 本团体设立常务理事会。常务理事会由理事会选举产生，在理事会闭会期间行使第十八条（一）、（三）、（五）、（六）、（七）、（八）、（九）项的职权，对理事会负责。常务理事人数不超过理事人数的三分之一。

第二十二条 常务理事会须有三分之二以上常务理事出席方能召开，其决议须经到会常务理事三分之二以上表决通过方能生效。

第二十三条 常务理事会至少半年召开一次会议；情况特殊时采用通讯形式召开。

第二十四条 本协会的理事长、副理事长、秘书长必须具备下列条件：

（一）坚持党的路线、方针、政策，政治素质好；

（二）在本团体业务领域内有较大影响；

（三）理事长、副理事长、秘书长最高任职年龄不超过70周岁，秘书长为专职；

（四）身体健康，能坚持正常工作；

（五）未受过剥夺政治权力的刑事处罚；

（六）具有完全民事行为能力。

第二十五条 本协会理事长、副理事长、秘书长如超过最高任职年龄的，须经理事会表决通过，报业务主管单位审查并经社团登记管理机关批准同意后，方可任职。

第二十六条 本协会理事长、副理事长、秘书长任期四年。理事长、副理事长、秘书长任期最长不超过两届，因特殊情况需延长任期的，须经会员代表大会三分之二以上会员代表表决通过，报业务主管单位审查并经社团登记管理机关批准后方可任职。

第二十七条 本协会秘书长为本团体法定代表人。本协会法定代表人不兼任其他团体的法定代表人。

第二十八条 本协会理事长行使下列职权：

（一）召集和主持理事会（或常务理事会）；

（二）检查会员代表大会、理事会（或常务理事会）决议的落实情况；

（三）代表本协会签署有关重要文件。

第二十九条 本协会秘书长行使下列职权：

（一）主持办事机构开展日常工作，组织实施年度工作计划；

（二）协调各分支机构、代表机构、实体机构开展工作；

（三）提名副秘书长以及各办事机构、分支机构、代表机构和实体机构主要负责人，交理事会或常务理事会决定；

（四）决定办事机构、分支机构、代表机构、实体机构专职工作人员的聘用；

（五）处理其他日常事务。

第五章 资产的管理与使用原则

第三十条 本协会经费来源：

（一）会费；

（二）社会及会员单位捐赠；

（三）政府有关部门资助；

（四）在核准的业务范围内开展活动或服务的收入；

（五）利息；

（六）其他合法收入。

第三十一条　本协会按照国家有关规定收取会员会费。

第三十二条　本协会经费必须用于本章程规定的业务范围和事业的发展，不得在会员中分配。

第三十三条　本协会建立严格的财务管理制度，保证会计资料合法、真实、准确、完整。

第三十四条　本协会配备具有专业资格的会计人员。会计不得兼任出纳。会计人员必须进行会计核算，实行会计监督。会计人员调动工作或离职时，必须与接管人员办清交接手续。

第三十五条　本协会的资产管理必须执行国家规定的财务管理制度，接受会员代表大会和财政部门的监督。资产来源属于国家拨款或者社会捐赠、资助的，必须接受审计机关的监督，并将有关情况以适当方式向社会公布。

第三十六条　本协会换届或更换法定代表人之前必须接受社团登记管理机关和业务主管单位组织的财务审计。

第三十七条　本协会的资产，任何单位、个人不得侵占、私分和挪用。

第三十八条　本协会专职工作人员的工资和保险福利待遇，参照国家对事业单位的有关规定执行。

第六章　章程的修改程序

第三十九条　对本协会章程的修改，须经理事会表决通过后报会员代表大会审议。

第四十条　修改后的章程，须在会员代表大会通过后十五日内，经业务主管单位审查同意，并报社团登记管理机关核准后生效。

第七章　终止程序及终止后的财产处理

第四十一条　本协会完成宗旨或自行解散或由于分立、合并等原因需要注销的，由理事会或常务理事会提出终止动议。

第四十二条　本协会终止动议须经会员代表大会表决通过，并报业务主管单位审查同意。

第四十三条　本协会终止前，须在业务主管单位及有关机关指导下成立清算组织，清理债权债务，处理善后事宜。清算期间，不开展清算以外的活动。

第四十四条　协会经社团登记管理机关办理注销登记手续后即终止。

第四十五条　本协会终止后的剩余财产，在业务主管单位和社团登记管理机关的监督下，按照国家有关规定，用于发展与本协会宗旨相关的事业。

第八章　附　　则

第四十六条　本章程2002年10月15日经第四次会员代表大会表决通过。

第四十七条　本章程的解释权属于本协会的理事会。

第四十八条　本章程自社团登记管理机关核准之日起生效。

附件：中国奶业协会会费收取标准及管理办法（暂行）

附　件

中国奶业协会
会费收取标准及管理办法（暂行）

第一条　为保证协会正常业务活动开展，根据协会“章程”第五章第30条、31条的规定，按照《民政部、财政部关于社会团体收取会费的通知》（民社发［1992］27号）和《民政部关于进行全国性社会团体收取会费标准审定工作的通知》（民社函［1994］23号）精神，制定本办法。

第二条　会费收取标准

（一）乳品加工企业

1. 上年度总产值在亿元以上（或日加工鲜奶在100吨以上）的团体会员，年交纳会费2 000元。

2. 上年度总产值在5 000万元以上，亿元以下（或日加工鲜奶在50吨以上，100吨以下）的团体会员，年交纳会费1 500元。

3. 上年度总产值在5 000万元以下（或日加工鲜奶在50吨以下）的团体会员，年交纳会费1 000元。

（二）奶牛饲养场（包括民营奶牛场）

按上年度末奶牛存栏数，每头年交纳会费1元。最高年交纳1 500元，最低年交纳500元。

（三）其他涉奶相关企业

参照乳品加工企业规定，年交纳会费2 000～1 000

元。

（四）大专院校、科研单位及非生产经营性单位，年交纳会费500元。

（五）其他行政、事业单位和社会团体年交纳会费300元。

（六）个人会员年交纳会费50元（含资料费）。

（七）理事单位（不含非生产经营性理事单位）按以上规定若低于2 000元标准，按2 000元交纳。

第三条 会员会费每年第一季度一次交清。新入会会员，收到协会批准入会通知后，应向协会交纳当年会费，然后领取会员证书。

第四条 会员不履行交纳会费义务，接协会催交通知后仍不交纳，又不说明理由，即按自动退会处理。

第五条 当会员按章程规定退会时，即停止交纳会费，当年已交会费不予退还。

第六条 会员会费用于按协会"章程"规定的业务范围开展活动的经费补贴；支付专职人员工资、福利及办公开支，不得挪作他用。

第七条 收取会费，必须使用由财政部门监制、民政部门统一印制的"社会团体会费收据"。按规定，企业交纳会费可以在企业管理费用中列支。事业单位从预算包干结余（收支结余）中开支。

第八条 会费由协会秘书处负责管理。秘书处每半年向常务理事会报告一次收支情况，每年向理事会报告并公布会费收支情况。

第九条 本规定报农业部财务司、人事劳动司审核并报民政部社会团体管理局核准后，提交会员代表大会通过后执行。

第十条 本规定的修改权属于会员代表大会。在会员代表大会闭会期间，修改权属于协会理事会或常务理事会。

第十一条 本规定作为协会章程附件，当协会终止时，同时自行终止。

中国奶业协会第四次会员代表大会选举产生协会负责人及理事会、常务理事会

中国奶业协会第四次会员代表大会于2002年10月15～16日在北京召开，会议选举产生了协会负责人及理事会、常务理事会，通过聘请名誉理事长和协会顾问的提议。

一、名誉理事长

杜青林（农业部部长） 徐冠华（科技部部长）
刘　江（国家计委副主任） 伍精华（全国人大农业与农村委员会副主任）

二、顾问

杜子端 于若木 肖万钧 李易方 王伟琪
骆承庠 秦志锐 加里·朗尼

三、协会负责人

理事长：刘成果

副理事长：魏克佳 方有生 王怀宝 王佳芬（女） 王德胜 牛根生 田文华（女） 刘永好 刘树清 谷继承 周光宏 周诗平 张　沅 郑俊怀 徐定人 高青山 崔桂亮

秘书长：魏克佳（兼任）

四、常务理事会

常务理事共82名，名单见附件1。

五、理事会

理事共300名，名单见附件2。

附件1：中国奶业协会常务理事名单

（各省、区、市内排名，以姓氏笔画为序）

北京市	王怀宝	北京市牛奶公司	原党委书记
	张胜利	北京奶牛中心	副主任
	周诗平	北京市奶业协会	理事长
	周瑞君	北京奶牛中心	主　任
	范学珊	北京三元集团总公司	副总经理

	高青山	北京三元食品有限公司	总经理
天津市	王树贵	天津市奶业办公室	高级畜牧师
	韦恩学	天津农垦集团总公司	副总经理
	李海峰	天津市奶业办公室	主 任
河北省	田文华	石家庄三鹿集团股份有限公司	董事长
	孟俊杰	河北省奶业协会	理事长
山西省	王印魁	山西省奶业协会	秘书长
	乔道首	山西省古城乳业集团有限公司	董事长
内蒙古自治区	牛根生	内蒙古蒙牛乳业股份有限公司	董事长
	那达木德	内蒙古家畜改良站	站 长
	郑俊怀	内蒙古伊利实业集团股份有限公司	董事长
辽宁省	林仁堂	辽宁省乳品协会	董事长
吉林省	张天铎	吉林省奶业协会	秘书长
黑龙江省	王心祥	黑龙江乳业集团	董事长
	王德胜	黑龙江省完达山集团	董事长
	孔宪臣	黑龙江省家畜繁育指导站	站 长
	刘树清	大庆银螺集团	董事长
	李海林	黑龙江省畜牧局	副局长
上海市	王均豪	均瑶集团乳业股份有限公司	总经理
	王佳芬	上海光明乳业股份有限公司	董事长兼总经理
	吕银华	上海市农工商（集团）总公司	产业部经理
	陈 新	上海市奶业行业协会	秘书长
江苏省	王春喜	江苏省农林厅	副厅长
	周光宏	南京农业大学	副校长
	崔桂亮	维维集团	董事长
	蔡敬东	南京奶业（集团）有限公司	董事长兼总经理
浙江省	吴东阳	杭州市牛奶联合企业公司	总经理
	戴旭明	浙江省农业厅畜牧管理局	副局长
安徽省	吴明楼	安徽省国营淮南乳品公司	总经理
	钱东方	安徽省农委畜牧局	局 长
福建省	田元智	福建长富集团有限公司	总经理
	吴大新	福建省畜牧兽医总站	主 任
江西省	张旱霖	江西阳光乳业有限公司	高级畜牧兽医师
	席德三	江西金牛企业集团	总经理

山东省	牛树田	山东省畜牧兽医总站	站　长
	李国升	山东省济南市农工商集团有限公司	副总经理
河南省	谢振生	河南省畜牧局	局　长
湖北省	施纪明	武汉市畜牧局	副局长
湖南省	张桂才	湖南省畜牧水产局	处　长
	明果英	湖南万容包装有限公司	董事长
广东省	林树斌	广东省奶业协会	秘书长
	黄　宣	广东国营燕塘牛奶公司	总经理
广西壮族自治区	杨炳壮	广西壮族自治区水牛研究所	所　长
	欧书林	广西畜牧总站	站　长
重庆市	华昌明	重庆天友乳业股份有限公司	总经理
四川省	冯　丹	四川省农业厅	副厅长
	刘永好	四川新希望集团	董事长
贵州省	王　犁	贵州省奶业协会	副理事长
云南省	王天喜	云南省农业厅畜牧兽医局	副局长
	朱　宝	昆明雪兰奶牛有限责任公司	总经理
西藏自治区	才旺达	西藏自治区农牧厅	副厅长
陕西省	王　锋	陕西省农业厅	副厅长
	刘华国	西安银桥集团公司	董事长
甘肃省	王联盟	兰州好为尔生物科技股份有限公司	董事长
	黄全成	甘肃省农牧厅	副厅长
青海省	殷生宏	青海省奶牛协会	副秘书长
宁夏回族自治区	毛荣业	平吉堡奶牛场	场　长
	高万理	宁夏奶业协会	理事长
新疆维吾尔自治区	行庆华	新疆物华畜牧股份有限公司	总经理
	刘建设	新疆奶业办公室	主　任
	李　勇	新疆麦趣尔食品有限公司	董事长
	苗启华	新疆生产建设兵团畜牧局	处　长
行政管理部门	丁　力	农业部农垦局	副局长
	方有生	农业部老干部局	原处长
	刘成果	农业部	原副部长

	刘佳文	农业部畜牧兽医局畜牧处	处 长
	谷继承	全国畜牧兽医总站	副站长
	张喜武	农业部畜牧兽医局	副局长
	林典生	农业部农垦局农业处	调研员
	殷成文	全国畜牧兽医总站	副主任
	徐定人	全国畜牧兽医总站	原站长
	程国辉	中国种畜进出口公司	副总经理
	魏克佳	农业部农垦局	局 长
科研院所	于 彤	中国农垦经济发展中心	主 任
	王加启	中国农科院畜牧研究所	研究员
	张 沅	中国农业大学动科院	教 授
	南庆贤	中国农业大学食品工程学院	教 授

附件 2：中国奶业协会理事名单

（各省、自治区、直辖市内排名，以姓氏笔画为序）

北京市	王怀宝	北京市牛奶公司
	王宗钰	北京兴起食品有限公司
	王铁柱	北京南郊瀛海畜牧养殖场
	史钟学	北京市牛奶公司
	吕 奇	农业部牛冷冻精液质检中心（北京）
	刘文奇	北京市农工商联合总公司
	许宗良	北京市奶业协会
	陈历俊	中瑞奶业培训中心
	陈华林	北京市农工商联合总公司畜牧兽医总站
	张玉诚	北京怀柔区畜牧局奶牛办
	张胜利	北京奶牛中心
	芮国强	北京市万里长城粮食饲料公司
	周卫东	北京三元绿荷奶牛养殖中心
	周诗平	北京市奶业协会
	周瑞君	北京奶牛中心
	范学珊	北京市农工商联合总公司
	赵慧芬	北京市乳品质量监督检验站
	徐广峰	北京顺义区北务奶牛合作社
	高青山	北京三元食品有限公司
	殷泰安	北京天天维他公司
	黄文明	北京市大兴区畜牧水产服务中心
	蒋林树	北京农学院饲料研究所
天津市	于 静	天津梦得奶制品有限公司
	王金华	天津市乳品监测中心
	王树贵	天津市奶业办公室
	韦恩学	天津农垦集团总公司
	刘 壮	天津市奶牛发展中心
	刘 丽	天津市亚亿实业有限公司
	祁连结	天津佳农饲料有限公司

	曲金铎	天津市奶业协会
	李海峰	天津市奶业办公室
	李德生	天津市工农联盟农牧场
	赵书明	天津华明乳品有限公司
	郭继贤	天津中芬乳品研究培训中心
河北省	王吉秋	河北省行唐县畜牧局
	田文华	石家庄三鹿集团股份有限公司
	杜　勇	河北省畜牧局
	范亚平	河北省沽源牧场
	孟俊杰	河北省奶业协会
	高世远	河北省唐山市丰润区人民政府
	郭　河	河北省农垦局
	郭占江	河北省唐山市丰润区畜牧水产局
	倪俊卿	河北省畜牧良种服务中心
	黄仁录	河北农业大学动科院
	梁振江	石家庄三鹿集团股份有限公司
山西省	王印魁	山西省奶业协会
	乔道首	山西省古城乳业集团有限公司
	张宝石	大同云城乳业有限责任公司
	李建华	山西恒康乳业有限公司
	黄应祥	山西农业大学动物科学院
	樊茂枝	山西省农业厅
内蒙古自治区	于凤祥	呼和浩特市奶业协会
	牛根生	内蒙古蒙牛乳业股份有限公司
	那达木德	内蒙古家畜改良站
	那顺孟和	内蒙古计委
	刘志仁	内蒙古赤峰市物宝奶牛公司
	吴一微	内蒙古经贸委
	李虎英	内蒙古包头市奶业公司
	郑俊怀	内蒙古伊利实业集团股份有限公司
	郝斗林	内蒙古畜牧业厅
	鄂光宇	内蒙古泛蒙乳品有限公司
	崔志刚	内蒙古呼和浩特市昭君牧场
	嘎日迪	内蒙古海拉尔农垦集团
辽宁省	白　军	大连三寰集团乳制品厂
	林仁堂	辽宁省乳品协会
	周传平	沈阳市农垦企业总公司
	范　颖	大连市奶业协会
	韩晓光	本溪市木兰花乳业有限公司
	张喜凡	辽宁省畜牧局
吉林省	王洪喜	长春苗苗豆乳（集团）有限公司
	刘亚学	吉林省牧业管理局产业处

	孙孝德	吉林省九牛乳业发展有限责任公司
	张天铎	吉林省奶业协会
	赵 旷	吉林市春光牧工商实业有限公司
	徐德元	吉林农大教学实验场
黑龙江省	于春明	黑龙江省农垦总局畜牧水产局
	王心祥	黑龙江省乳业集团
	王存国	黑龙江省奶业协会
	王英和	安达市市委
	王德胜	黑龙江省完达山乳业股份公司
	孔宪臣	黑龙江省家畜繁育指导站
	包 军	东北农业大学
	朴范泽	黑龙江八一农垦大学
	许金铃	黑龙江省草原试验站
	刘树清	大庆银螺集团
	张秀芝	黑龙江省人大常委会农林委
	张丽萍	黑龙江八一农垦大学食品工程系
	李海林	黑龙江省畜牧局
	郎义臣	黑龙江省哈尔滨综合牧场
	郑新民	黑龙江省完达山乳业股份公司
	郭景友	黑龙江双城市政府
上海市	王均豪	均瑶集团乳业股份有限公司
	王佳芬	上海光明乳业股份有限公司
	王德新	上海真元乳业有限公司
	吕银华	上海市农工商（集团）总公司
	陈 新	上海市奶业行业协会/市奶业办
	陈宝祥	上海牛奶（集团）有限公司
	张苏华	上海市畜牧兽医站
	金德华	上海希迪乳业有限公司
	夏连中	上海金山区吕巷奶牛场
	黄静怡	利拉伐（上海）乳业有限公司
江苏省	干生元	苏州市相城区阳澄湖奶业有限公司
	王春喜	江苏省农林厅
	刘 敞	江苏省奶业协会
	孙立智	江苏双宝乳业有限公司
	陈正晖	徐州绿健乳业有限责任公司
	杨利国	南京农业大学动科院
	张国农	江南大学（原无锡轻工业大学）
	张国钧	江苏省奶业协会
	周光宏	南京农业大学
	金穗华	农业部牛冷冻精液质检中心（南京）
	盛国兴	常州市红梅乳业有限公司
	崔桂亮	徐州维维集团股份有限公司
	缪晓航	苏州市牛奶公司
	蔡敬东	南京奶业（集团）公司

浙江省	王建华	杭州市奶业协会
	史中伟	杭州中亚机械有限公司
	吴东阳	杭州市牛奶联合企业公司
	吴阿宏	宁波市牛奶有限公司
	郑讯伟	杭州燕牌乳业有限公司
	宗庆后	杭州娃哈哈集团公司
	戴旭明	浙江省农业厅畜牧管理局
安徽省	王光荣	合肥奶业集团有限公司
	吴明楼	安徽省国营淮南乳品公司
	李赛明	安徽省奶业协会
	宣依群	安徽省农委畜牧局
	钱东方	安徽省农委畜牧局
福建省	田元智	福建长富集团有限公司
	叶争鸣	福建厦门惠尔康集团
	吴大新	福建省畜牧兽医总站良种推广与测定中心
	吴移山	福建大乘乳业股份有限公司
	龚林旺	福建闽西绿蒙奶业有限公司
江西省	万建设	江西省奶业协会
	张旱霖	江西省阳光乳业有限公司
	赵　升	江西省九江市牛奶公司
	徐武文	江西红星企业集团公司
	席德三	江西金牛企业集团
	曾志明	江西省农业厅畜牧兽医局
山东省	王志海	山东省文登市鹏程乳业公司
	王培亮	山东省淄博市得益乳业集团
	牛树田	山东省畜牧兽医总站
	冯承湖	山东省大强集团
	孙作刚	济南佳宝乳业有限公司
	杜　敏	青岛圣元乳业有限公司
	李国升	山东省济南市农工商集团有限公司
	张思聪	山东省畜牧兽医总站
	黄光杨	山东省青岛市奶业公司
河南省	王春祥	河南省畜牧局
	李文献	郑州花花牛实业股份有限公司
	张社会	开封南郊奶业有限公司
	张清海	河南省科迪食品集团股份有限公司
	宋洛文	河南省奶业协会
	宋鸿道	洛阳生生乳业有限公司
	陈彦彬	洛阳巨尔乳业有限公司
	谢振生	河南省畜牧局
湖北省	李　萍	武汉光明乳品有限公司

	张春平	武汉香满楼乳制品公司
	罗　凯	武汉市奶业管理办公室
	施纪明	武汉市奶业协会
	胡建洪	湖北省农垦局
	晏邦富	武汉惠尔康扬子江乳业有限公司
湖南省	伍湘群	湖南城步县畜牧水产局
	陈志杰	长沙市畜牧水产局
	陈运国	湖南省常德市阳光乳业股份有限公司
	陈远荣	湖南亚华南山绿色食品南山开发分公司
	肖兵南	湖南省畜牧兽医研究所
	张桂才	湖南省畜牧水产局
	明果英	湖南万容包装有限公司
	魏　翔	湖南亚华佳乐乳业有限公司
广东省	王丁棉	广州市奶业管理办公室
	甘小红	深圳市金谷园实业发展有限公司
	刘　华	广州市凤凰农工商联合公司
	关伟昆	广州市奶牛研究所
	陈应捷	广东国营燕塘牛奶公司
	杨基波	汕头经济特区澳士兰牧场有限公司
	时毓栋	广美香满楼畜牧有限公司
	练伟强	广州市强兴畜牧有限公司
	林树斌	广东省奶业协会
	林辉新	广州风行牛奶有限公司
	梁芳安	深圳市光明华侨农场（集团）公司牛奶公司
	黄　宣	广东国营燕塘牛奶公司
	郭建伟	广东太阳宝乳业有限公司
广西壮族自治区	杨炳壮	广西壮族自治区水牛研究所
	陈家贵	广西畜牧总站
	欧书林	广西水产畜牧业学会奶业分会
	郎国梁	南宁乳业有限责任公司
	姚汉光	柳州市奶业有限责任公司
海南省	张一心	海南省农业厅畜牧处
	戴桂海	海南艾森乳业有限公司
重庆市	孙　明	重庆海浪生物乳业股份有限公司
	华昌明	重庆天友乳业股份有限公司
	刘德君	重庆市奶业管理办公室
	廖祯华	重庆市奶协
	薛继春	重庆市农业局畜牧兽医处
四川省	冯　丹	四川省农业厅
	刘永好	四川新希望集团
	李　谦	四川省奶业协会

	李自成	四川省家畜繁育改良总站
	童恩文	成都菊乐企业（集团）股份有限公司
	曾祥林	成都中际集团
	黎宗稷	成都金凤液氮容器有限责任公司
	霍　军	四川阿坝牦牛产业联合有限公司
贵州省	王　犁	贵州省奶业协会
	孙良缔	贵阳三联乳业有限公司
云南省	王天喜	云南省农业厅畜牧兽医局
	朱　宝	昆明雪兰奶牛有限责任公司
	刘国璋	云南省冻精站
	张　藻	昆明市农场管理局
	张华镇	昆明跑马山实业总公司
	李林星	云南邓川蝶泉乳品有限责任公司
	陈德端	云南省畜牧兽医学会
西藏自治区	才旺达	西藏自治区农牧厅
	李建英	西藏拉萨市农牧局
	琼　达	西藏拉萨牛奶公司
陕西省	王　锋	陕西省农业厅
	王伟民	西安农工商联合公司
	刘华国	西安银桥股份有限公司
	庆麦玉	陕西省畜牧兽医总站
	张志恒	农业厅畜牧处
	张烈财	宝鸡惠民乳品（集团）有限公司
	杨林伟	西安市东方乳品厂
	高亚凤	陕西省奶牛良种繁育中心
甘肃省	王联盟	兰州好为尔生物科技股份有限公司
	李明高	兰州奶牛繁殖场
	黄全成	甘肃省农牧厅
	曹藏虎	甘肃省农牧厅畜牧兽医处
青海省	杨　正	青海省西海明珠乳业发展有限公司
	张历新	青海省天露乳业有限责任公司
	侯昌作	青海省种畜冷冻精液站
	殷生宏	青海省奶牛协会
宁夏回族自治区	毛荣业	平吉堡奶牛场
	史远刚	宁夏四正生物工程技术研究中心/家畜繁育中心
	许振清	银川维维北塔乳业股份有限公司
	罗晓瑜	宁夏奶业协会
	高万理	宁夏自治区农业厅
	郭新民	宁夏新华百货夏进乳业股份有限公司

新疆维吾尔自治区	王锡波	新疆维吾尔自治区畜禽育种改良总站
	冯立社	新疆金牛生物股份有限公司
	行庆华	新疆物华畜牧股份有限公司
	刘建设	新疆奶业办公室
	李 勇	新疆麦趣尔食品有限公司
	李 勇	新疆奥科畜牧生物科技有限公司
	陆东林	新疆天润乳生物制品股份有限公司
	何贵品	新疆德隆集团
	严恩林	新疆乌鲁木齐市牛奶公司
	苗启华	新疆生产建设兵团畜牧局
	庞海涛	新疆呼图壁种牛场
	周福东	新疆乌鲁木齐农垦乳业集团公司
	胡晓明	新疆伊犁唐布拉乳业有限责任公司
	蒋曙光	新疆新绿洲乳业有限公司
	戴虎鸣	新疆新欧奶业有限公司
行政管理部门	丁 力	农业部农垦局
	方有生	农业部老干部局
	王青立	农业部科教司计划处
	刘成果	农业部
	刘佳文	农业部畜牧兽医局畜牧处
	张亚辉	农业部国际合作司综合处
	张喜武	农业部畜牧兽医局
	罗 鸣	农业部国际合作司欧洲处
	林典生	农业部农垦局农业处
	潘燕荣	农业部财物司资产处
	魏克佳	农业部农垦局
科研院所、事业单位	于 彤	中国农垦经济发展中心
	于德洪	中国奶协繁殖专业委员会
	王 生	中国农垦经济发展中心
	王 恒	中国农机研究院试验站
	王加启	中国农科院畜牧研究所
	田文儒	山东莱阳农学院
	朱化彬	中国农科院畜牧研究所（西门塔尔育种委员会）
	许尚忠	中国农科院畜牧研究所（西门塔尔育种委员会）
	张 沅	中国农业大学动科院
	张 涌	西北农业大学
	张忠诚	中国农业大学动科院
	陈 渝	北京中乳精华经济研究所
	陈葆琼	中国奶协北方协作组
	陆汉希	南京农业大学
	李永鹏	中国奶协育种专业委员会
	李胜利	中国农业大学动科院
	肖定汉	中国奶协疾病防治专业委员会
	谷继承	全国畜牧兽医总站
	南庆贤	中国农业大学食品工程学院

	殷成文	农业部奶类项目办
	徐定人	全国畜牧兽医总站
	常　洪	扬州大学
	程漱兰	中国人民大学农业经济系
相关企业	刘伯菊	河北省唐山世创无菌奶技术有限公司
	陈　谷	美国百绿（集团）北京代表处
	豆　明	中国奶业年鉴编辑部
	张开展	中国种畜进出口公司
	张进喜	抚顺永大橡胶公司
	张建设	中地种业有限公司
	李忠林	沈阳虹桥饮料机械有限公司
	李赫逊	利乐中国有限公司
	杨铭潜	上海国际纸业有限公司
	易　涛	广州罗威特动物营养有限公司
	赵建森	北京中棉紫光生物科技有限公司
	恽景昌	中国轻机总公司乳品工程中心
	郭学研	新西兰乳品原料（中国）有限公司
	崎田一	上海四国仪器包装机械有限公司
	傅　瑶	北京神州圣业科技有限公司
	程国辉	中国种畜进出口公司

中国奶业协会秘书处

负责人：张祥元

联系人：关智萍

地　址：北京市德外清河南镇

电　话：010－62948025　传　真：010－62948006

E－mail：dac999@sohu.com

《中国奶牛》编辑部

负责人：方有生

联系人：于德洪

地　址：北京市德外清河南镇奶牛中心院内（100085）

电　话：010－62948051　传　真：010－62943084

中国奶业协会信息网

负责人：王　森

联系人：李　静

地　址：西城区西口砖塔胡同 56 号北楼 324 号

电　话：010-66115937 转 64　传　真：010-66513406

E－mail：chinadairy@vip.sina.com.cn

《中国乳业》编辑部

负责人：冯艳秋

联系人：赵京颐

地　址：北京市海淀区中关村南大街 12 号

电 话：010－68919914 传 真：010－68977484
E－mail：zhgry@mail.cass.net.cn

《中国奶业年鉴》编辑部

负责人：豆 明
联系人：陈联奇
地 址：北京朝阳区农展馆南里11号农业部
电 话：010－64191563/64 传 真：010－64191565
E－mail：yearbook@21dairy.com

中国奶业协会专业委员会

信息专业委员会

职责：信息专业委员会是中国奶业协会领导下的，负责全国奶业信息资料汇集、处理、交流、发布的专业机构，由秘书处负责组织协调。

任务：

1. 协同其他专业委员会，对全国奶牛有关饲养、管理、科技等信息资料汇集、整理、报告和发布。
2. 负责全国奶业发展、经济信息的收集、交流和奶业生产统计资料的汇集、发布。
3. 负责对全国奶牛数据处理中心和中国奶业协会信息网、有关刊物日常协调管理工作。

负责人及联系方式：
主 任：魏克佳（兼） 中国奶业协会副理事长 高级经济师
联系人：李 静
地 址：西四砖塔胡同56号（中国奶业协会信息网）北楼324房间
邮 编：100810
电 话：010－66115937转64 传 真：010－66513406
E－mail：chinadairy@vip.sina.com.cn
联系人：乔丽娥
地 址：北京市德外清河南镇（中国奶业协会秘书处）
邮 编：100085
电 话：010－62948043 传 真：010－62948006

乳品工业专业委员会

职责：乳品工业专业委员会是中国奶业协会领导下的，为全国乳品工业企业提供咨询服务、维护企业合法权益、协助政府进行行业管理，为促进我国奶业持续、快速、健康发展的专业机构，由秘书处负责组织协调。

任务：

1. 反映企业的愿望和要求，维护企业利益，规范企业自律行为，促进企业公平竞争。配合政府部门加强对企业产品质量的监督。
2. 组织企业间生产、科研、技术交流。开展技术培训、咨询服务、科普宣传，促进企业与国外同行业的交流与合作，推进企业科技进步和生产发展。
3. 争取、接受政府部门授权或委托，组织、参与拟定、修改有关乳品方面标准、规范和发展规划，并推进其贯彻实施。承担国家有关部、委、办、局重点课题研发和有关重大专题的调查研究。
4. 加强与协会各部门、各专业委员会间的合作。完成协会秘书处委托或交办的工作。

负责人及联系方式：
主 任：王怀宝 中国奶业协会 副理事长
联系人：陈绍祜 中国奶业协会信息网 助理畜牧师
地 址：西四砖塔胡同56号北楼324室
邮 编：100810
电 话：010－66115937/38/39转63分机

传　真：010－66513406

育种专业委员会

职责：育种专业委员会是中国奶业协会领导下的，负责起草、制定和执行全国奶牛品种遗传改良策略、方案和相应的技术措施，促进全国奶牛群体遗传改良技术水平不断提高，实现奶业健康发展的专业机构，由秘书处负责组织协调。

任务：

在已经开展的工作基础上，本届育种委员会拟做好以下工作：

（1）修订全国奶牛遗传改良方案；

（2）组织实施全国联合育种的基础工作：

——稳定并有计划地扩大全国奶牛生产性能测定（DHI）的规模，进一步提高数据生产纪录的质量和可靠性；

——制定和修订包括生产性能测定、良种登记、育种数据统计分析、种牛遗传评定等项基础工作的技术规程与管理规范；

——建立健全奶牛育种数据的收集、传输、保存和统计分析技术体系；

——开展品种登记工作，并在遗传评定的基础上，组织实施全国良种登记；

——继续做好全国青年公牛联合后裔测定工作。

（3）继续组织实施新品系（耐热品系、高蛋白低脂品系）的培育工作；

（4）争取新的资助项目和国际合作项目；

（5）加强与国际奶牛组织的交流与信息交换工作；

（6）加强与繁殖委员会的合作，推进在育种实践中科学、高效地应用胚胎生物工程技术工作。

负责人及联系方式：

主　任：张　沅　中国农业大学　教授、博士生导师

联系人：石万海

地　址：北京市德胜门外清河南镇　北京奶牛中心

邮　编：100085

电　话：010－62948032　传　真：010－62936559

E－mail：bdccbd@bdcc.com.cn

繁殖专业委员会

职责：繁殖专业委员会是中国奶业协会领导下的，负责克服奶牛不孕、提高繁殖力、防治乳房疾病的专业机构，由秘书处负责组织协调。

任务：

1. 联合全国各地从事奶牛繁殖研究工作的科研与奶牛生产企业及兽药生产企业，争取重大研究项目，研究开发提高奶牛繁殖力的新技术、新器械和新兽药。

2. 组织奶牛生产单位以及为其服务的相关企、事业单位中从事奶牛繁殖及其管理工作的人员开展学术活动，促进相关企、事业单位之间加强技术合作和经济合作，进一步促进科学技术的推广，提高奶牛生产经济效益。

3. 为各级政府部门制定奶业发展战略和相关法规提出专业性建议。

4. 配合育种专业委员会实施全国奶牛联合育种和牛群改良工作，配合卫生保健专业委员会和饲养与饲料专业委员会做好乳房疾病、繁殖疾病的防治和提高犊牛存活率等方面的工作。

负责人及联系方式：

主　任：杨利国　华中农业大学动物科技学院　教授、博士生导师

联系人：张淑君　华中农业大学动物科技学院　教授

地　址：华中农业大学动物科技学院（武汉市洪山区狮子山1号）

邮　编：430070

电　话：027－87281396

饲养与饲料专业委员会

职责：饲养与饲料专业委员会是中国奶业协会领导下的，由广大科研院所和大学的科研工作者、奶牛养殖和饲料生产企业的科技人员以及企业经营管理者组成，以我国广大奶牛养殖、饲料生产企业和个人为服务对象的专业机构，由秘书处负责组织协调。

任务：

1. 组织行业专家对奶牛养殖与饲料生产相关的国际先进技术和国内新技术新成果进行讨论验证和经验交流，为科学技术的引进、组装、配套和推广提供权威意见和建议；

2. 定期组织开展各种形式的企业科技人员和管理者与科研教学单位科研人员之间的交流活动，建立真正的科研与生产之间的信息互通渠道，为实现科学研究服务于生产实践作出努力；

3. 组织专家学者对现行奶牛饲养标准进行整理，形成用于指导全国奶牛养殖行业的奶牛饲养行业标准；

4. 通过各种渠道对国内外奶牛养殖行业饲养与饲料的现状和发展趋势进行系统全面持续的调研工作，获取准确翔实的信息资料，为我国奶牛养殖业的健康持续发展提供政策建议。

负责人及联系方式：

主 任：王加启 中国农业科学院畜牧研究所 副所长、研究员

联系人：黄庆生 中国农业科学院畜牧研究所 助研

地 址：北京市圆明园西路2号

邮 编：100094

电 话：010－62818802 传 真：010－62897587

E－mail：huang－qs@163.net

奶业经济专业委员会

职责：奶业经济专业委员会在中国奶业协会的领导下，由从事奶业经济理论和政策研究、产业和企业发展决策咨询、部门和企业管理的专家、学者和实际工作者自愿组成，以提高中国奶业国际竞争力为目标，推介和借鉴相关国际经验和经济管理理论，促进中国奶业各相关部门、产业和环节的各类经济主体的经济利益的协调，提高奶农收入的专业机构，由秘书处负责组织协调。

任务：

(1) 对国内外奶业经济发展进行动态跟踪研究；

(2) 为乳品加工企业提供咨询服务；

(3) 举办各种培训与讲座活动；

(4) 为政府相关部门提供政策建议；

(5) 收集奶农与中小乳品加工企业的意见并向有关部门反映；

负责人及联系方式：

主 任：程漱兰 中国人民大学农经系 教授、博士生导师

联系人：董筱丹 国家信息中心 管理学硕士

电 话：010－68635977

E－mail：windyfeng@vip.sina.com

卫生保健专业委员会

职责：卫生保健专业委员会是中国奶业协会领导下的，负责全国奶牛卫生保健工作的专业机构，由秘书处负责组织协调。

任务：

1. 执行并协助落实中国奶业协会关于对全国奶牛卫生保健工作的意见和要求。

2. 推广统一正确的卫生保健、治疗及操作技术规程；进行奶牛疾病诊疗技术咨询。

3. 努力争取奶牛卫生保健领域的研究课题，为解决全国奶牛疑难病症、推广技术、保证奶牛的健康提供理论基础。

4. 为政府决策部门制定兽医卫生保健法律、法规和奶牛业发展战略提供可参考的建议。

负责人及联系方式：

主 任：田文儒 莱阳农学院 教授

联系人：曹荣峰 莱阳农学院动科院 讲师

地址：山东莱阳市文化路65号莱阳农学院动科学院

邮编：265200

电话：0535－2923104 传真：0535－7331152

E－mail：wrtian@lyac.edu.cn

图书在版编目（CIP）数据

中国奶业年鉴.2003/刘成果主编 .—北京：中国农业出版社，2004.2
ISBN 7-109-08841-3

Ⅰ.中… Ⅱ.刘… Ⅲ.乳品工业-中国-2003-年鉴 Ⅳ.F426.82-54

中国版本图书馆 CIP 数据核字（2004）第 004682 号

中国奶业年鉴编辑部

地址：北京市朝阳区农展馆南里 11 号农业部
电话：010-64191563 64191564
传真：010-64191565
电子邮箱：yearbook@21dairy. com

中国农业出版社出版
（北京市朝阳区农展馆北路 2 号）
（邮政编码 100026）
出版人：傅玉祥
责任编辑 刘博浩 豆 明

中国农业出版社印刷厂印刷 新华书店北京发行所发行
2004 年 2 月第 1 版 2004 年 2 月北京第 1 次印刷

开本：889mm×1194mm 1/16 印张：45.75 插页：36
字数：1 627 千字 印数：1～5 000 册
定价：300.00 元

CDYB

2003 2004 20